KICKER-ALMANACH 1991

KICKER-ALMANACH 1991

Zusammenstellung und Bearbeitung

Karl-Heinz Heimann

Karl-Heinz Jens

COPRESS VERLAG MÜNCHEN

Herausgegeben in Zusammenarbeit mit der Redaktion des kicker-sportmagazin

Gesamtherstellung: Bruckmann München
Printed in Germany
ISBN 3-7679-0323-1

INHALTSVERZEICHNIS

Die Fotos für den KICKER-Almanach 1991 stammen von: von Fumetti (1), Hartung (2), Horstmüller (1), Moenkebild (3), Schaumann (1), P. Schneider (1), WEREK (1).

Umschlagfoto: Werek

Vorwort

Wir sind Weltmeister! Drei Worte der Glückseligkeit. Doch wenn Sie diesen Almanach in Händen halten, hat uns der Fußball-Alltag längst eingeholt. Und das ist gut so.
Doch ein paar Worte mehr als diese drei ist uns der Titel doch wert. Schließlich war es das dritte Finale in Folge, der dritte Titel insgesamt. Und noch nie stand ein Land so oft im Endspiel wie Deutschland – sechsmal. Und auch kein anderes erreichte das Halbfinale so oft wie wir – nämlich neunmal. Noch nie gab es bisher die gleiche Paarung, und die jetzt gleich hintereinander. Und noch eins: in den letzten fünf Weltturnieren zogen wir viermal ins Endspiel ein. Aber auch das passierte: in der relativen „Ewigen" Tabelle überflügelten wir jetzt Brasilien, das 14mal an einer WM-Endrunde teilnahm, wir aber nur zwölfmal, d. h.: teilt man den Punktestand durch die Zahl der Teilnahmen, kommen wir auf einen Punkte-Index von 8,0 gegenüber den Südamerikanern von nur 7,0. Obwohl wir also zwei Endrunden weniger mitmachten, sind wir den Brasilianern (98 Punkte) bis auf zwei (96) auch hier bedenklich nahe auf den Pelz gerückt.
In den anderen Wettbewerben auf internationaler Ebene dagegen konnten wir keine Lorbeeren ernten. Im UEFA-Cup zeichnete sich zwar ein deutsches Endspiel ab, aber im Halbfinale kam für den 1. FC Köln und Werder Bremen das „Aus". Italien dagegen schaffte, was in der nunmehr 34jährigen Geschichte der europäischen Wettbewerbe noch keinem Land glückte: es gewann nicht nur alle drei Titel, sondern brachte sogar vier Mannschaften in die Finals.
Auf der Strecke blieben erneut unsere U 16, U 18 und U 21, und nur die Damen haben eine gute Chance, ihren EM-Titel zu verteidigen, zumal sie ihre Qualifikationsgruppe souverän mit 7:1 Punkten anführen.
Bayern München machte das Dutzend voll, holte sich den deutschen Meistertitel zum 12. Mal und ist mit acht Pokalsiegen auch hier Rekordgewinner. 15 dieser Titel gewann Bayern in den letzten 20 Jahren und ist neben dem FC Liverpool, der im gleichen Zeitraum eine ähnliche bewundernswerte Serie aufweist, Europas erfolgreichste Mannschaft nicht nur auf nationaler, sondern auch auf internationaler Ebene, rechnet man noch die Europacuperfolge hinzu.
Symbolwirkung im Jahr der deutschen Einheit mit der Öffnung des Brandenburger Tores hatte der Aufstieg des beliebtesten Berliner Klubs, Hertha BSC. Nach siebenjähriger Abwesenheit öffnete sich dem Verein vom einstigen Gesundbrunnen, der 1992 sein hundertjähriges Bestehen feiert, das Tor zur Bundesliga. Ein Neuling aus dem Westen, Wattenscheid 09, ist als zweiter Aufsteiger der nunmehr 40. Klub in der Bundesliga seit deren Gründung 1963. Und weil der VfL nach zwei Relegationsspielen gegen den 1. FC Saarbrücken „drin" blieb, hat Bochum in der jetzigen Saison zwei Bundesligaver-

eine. Die Saarländer waren damit im dritten Anlauf hintereinander in der Relegation gescheitert.
Ein anderer, großer Traditionsverein hat es wiederum nicht geschafft, obwohl von vielen herbeigesehnt: Schalke 04.
Wehmut beschleicht manchen über den Abstieg eines nicht minder traditionsreichen Klubs aus der Zweiten Liga in das Amateurlager: auf dem gefürchteten „Tivoli“ mußte in all den Jahren der Zugehörigkeit der Alemannia aus Aachen in Gauligazeiten, der alten Oberliga West, der Bundes- und Zweiten Liga so mancher Große Punkte lassen.
Während im Vorjahr beide Westklubs der Nordgruppe den Aufstieg in die Zweite Liga schafften, glückte das diesmal mit VfB Oldenburg und TSV Halvelse dem Norden. Mainz 05 zieht im Süden zum zweiten Mal in die „Zweite“ ein, und der FC 05 Schweinfurt nimmt nach nur einjährigem Gastspiel den Platz der SpVgg. Unterhaching ein. Damit erhöht sich die Zahl in der eingleisigen Zweiten auf nunmehr 49 Klubs.
Bei den Damen wurde der TSV Siegen zum zweiten Mal deutscher Meister, der FSV Frankfurt zum zweiten Mal Pokalsieger. Auch sie haben den Schritt vollzogen, vom dem sie sich in spielerischer Hinsicht mehr versprechen: seit dieser Saison gibt es eine zweigeteilte Bundesliga Nord und Süd. Zweifel sind angemeldet, ob auch am Ende die finanzielle Seite stimmt.
Ein kleines Kuriosum am Rande ist die Tatsache, daß die Jahreszahl dieses Almanachs, 1991, auch von hinten zu lesen ist. Das passiert übrigens nur einmal in einem Jahrhundert. Die nächste allerdings läßt nicht lange auf sich warten – 2002. Dann jedoch folgt eine Zeitdauer von über 100 Jahren – 2112 und 2222. Ob es den Almanach dann wohl noch gibt? Und in welcher Form vor allem?
Im Moment aber sind wir erst bei der 33. Nachkriegsausgabe. Den allerersten gab's im Jahre 1937, und der Autor dieses Vorwortes darf sich glücklich schätzen, ein solch seltenes Exemplar sein eigen zu nennen. 94 Seiten damals – heute fast 500.
So präsentieren wir Ihnen denn eine neue Ausgabe des unentbehrlichen Nachschlagewerks über den deutschen und internationalen Fußball in gewohnt übersichtlicher und handlicher Form und gewissermaßen als ständigen Begleiter durch das Fußballjahr. Und wie immer verbunden mit dem Wunsch, uns eine kurze Nachricht zukommen zu lassen, wenn sich hier und da der Fehlerteufel eingeschlichen haben sollte.
Viel Vergnügen also bei der Lektüre des neuen Kicker-Almanachs 1991! **(khj)**

Nürnberg, im September 1990

Fußballer des Jahres 1990: Lothar Matthäus

Der Kapitän unserer Weltmeistermannschaft wurde, wie nicht anders zu erwarten war, erstmals „Fußballer des Jahres", nachdem er 1988 schon einmal auf Rang 2 gekommen war. Ein Vorbild an Einsatzbereitschaft, auf dem Spielfeld der verlängerte Arm von Teamchef Beckenbauer und bei Inter Mailand endgültig in die Weltklasse vorgestoßen, wurde Lothar auch zum überragenden Spieler bei der Weltmeisterschaft in Italien. Es war übrigens schon seine dritte hintereinander (wie auch Littbarski alle drei WM-Turniere seit 1982 aus der jetzigen Besetzung mitmachte). Lothars neues Ziel heißt jetzt nach 81 Länderspielen: die hundert vollmachen und wenn möglich noch ein paar mehr (Rekordnationalspieler ist Franz Beckenbauer mit 103 Länderspielen).

Foto: WEREK

Jörn Andersen

wurde als erster Ausländer Gewinner der begehrten Torjäger-Kanone des KICKER-Sportmagazins und damit Bundesliga-Torschützenkönig der Saison 1989/90 mit 18 Treffern, während er in der vorangegangenen Saison nur auf ganze zwei Tore kam. Daß das Toreschießen in der Bundesliga immer schwerer wird, zeigt die Torausbeute der letzten drei Spielzeiten, in denen die Torjäger-Könige stets unter 20 Treffern blieben (1988 = 19 Tore, 1989 = 17 Tore, 1990 = 18 Tore). Der Norweger, der 18mal für sein Land international spielte, traf in der Bundesliga 48mal ins Schwarze. Foto: P. Schneider

TEIL I

DIE SAISON

Die deutschen Länderspiele

Die A-Nationalmannschaft:

6. September 1989 gegen **Irland** in Dublin 1:1 (1:1)
4. Oktober 1989 gegen **Finnland** in Dortmund, WM-Qualifikation 6:1 (1:0)
15. November 1989 gegen **Wales** in Köln, WM-Qualifikation 2:1 (1:1)
28. Februar 1990 gegen **Frankreich** in Montpellier 1:2 (1:1)
25. April 1990 gegen **Uruguay** in Stuttgart 3:3 (0:0)
26. Mai 1990 gegen **Tschechoslowakei** in Düsseldorf 1:0 (1:0)
30. Mai 1990 gegen **Dänemark** in Gelsenkirchen 1:0 (1:0)
10. Juni 1990 gegen **Jugoslawien** in Mailand, WM-Gruppenspiel 4:1 (2:0)
15. Juni 1990 gegen **VAE** in Mailand, WM-Gruppenspiel 5:1 (2:0)
19. Juni 1990 gegen **Kolumbien** in Mailand, WM-Gruppenspiel 1:1 (0:0)
24. Juni 1990 gegen **Holland** in Mailand, WM-Achtelfinale 2:1 (0:0)
1. Juli 1990 gegen **Tschechoslowakei** in Mailand, WM-Viertelfinale 1:0 (1:0)
4. Juli 1990 gegen **England** in Turin, WM-Halbfinale 1:1 (0:0, 1:1)
n. V., Elfmeterschießen 4:3 für Deutschland
8. Juli 1990 gegen **Argentinien** in Rom, WM-Endspiel 1:0 (0:0)

Die Juniorenmannschaft U 21:

5. September 1989 gegen **CSSR** in Pribram 1:1 (0:0)
3. Oktober 1989 gegen **Finnland** in Arnsberg, EM-Qualifikation 2:0 (2:0)
25. Oktober 1989 gegen **Island** in Saarbrücken, EM-Qualifikation 1:1 (0:1)
20. Dezember 1989 gegen **Kamerun „A“** in Jaunde 1:0 (0:0)
23. Dezember 1989 gegen **Kamerun „A“** in Jaunde 1:1 (1:1)
28. Februar 1990 gegen **Frankreich** in Ales 1:0 (1:0)
14. März 1990 gegen **Sowjetunion** in Simferopol, EM-Viertelfinale 1:1 (1:0)
28. März 1990 gegen **Sowjetunion** in Augsburg, EM-Viertelfinale 1:2 (1:0)
n. V.
29. April 1990 gegen **CSFR** in Frydek-Mistek, EM-Qualifikation 1:0 (1:0)

Die Juniorenmannschaft U 19:

11. Februar 1990 gegen **Brasilien** in Maspalomas, Turnier 2:0 (1:0)
14. Februar 1990 gegen **Spanien** in Maspalomas, Turnier 1:1 (0:1)
16. Februar 1990 gegen **Frankreich** in Maspalomas, Turnier 2:2 (1:2)

Die Junioren-Nationalmannschaft U 18/U 17:

13. September 1989 gegen **Malta** in Ta'Qali 2:0 (2:0)
15. September 1989 gegen **Malta** in Ta'Qali 3:0 (2:0)
19. September 1989 gegen **Frankreich** in Burgsolms 2:1 (1:1)
21. September 1989 gegen **Frankreich** in Marburg 0:2 (0:1)
27. September 1989 gegen **Polen** in Jaworzno, EM-Qualifikation 0:1 (0:1)
18. Oktober 1989 gegen **Schottland** in Motherwell, EM-Qualifikation 2:1 (1:1)
1. November 1989 gegen **Schweden** in Kassel, EM-Qualifikation 2:1 (1:0)
11. Januar 1990 gegen **China** in Leningrad, 10. Granatkin-Turnier 0:3 (0:3)
13. Januar 1990 gegen **Finnland** in Leningrad, 10. Granatkin-Turnier 2:0 (2:0)
15. Januar 1990 gegen **DDR** in Leningrad, 10. Granatkin-Turnier 0:0
19. Januar 1990 gegen **UdSSR** in Leningrad, 10. Granatkin-Turnier 2:2 (2:0)

Die Junioren-Nationalmannschaft U 16:

16. September 1989 gegen **Schweiz** in Bonn 1:1 (1:0)
17. Oktober 1989 gegen **Spanien** in Chiavari, Turnier 0:0
18. Oktober 1989 gegen **Frankreich** in Chiavari, Turnier 4:1 (3:1)
19. Oktober 1989 gegen **Schottland** in Chiavari, Turnier 0:0
21. Oktober 1989 gegen **Sowjetunion** in Chiavari, Turnier, Semifinale 0:2 (0:1)
23. Oktober 1989 gegen **England** in Genua, Turnier, 3. Platz 2:1 (0:0)
13. Dezember 1989 gegen **Luxemburg** in Luxemburg, EM-Qualifikation 5:1 (2:1)
28. Dezember 1989 gegen **Portugal** in Haifa, Turnier 0:0
29. Dezember 1989 gegen **Ungarn** in Lod, Turnier 0:2 (0:1)
30. Dezember 1989 gegen **Malta** in Holon, Turnier 12:0 (5:0)
31. Dezember 1989 gegen **Polen** in Lod, Turnier, Gr.-Vierter 2:2 (1:0)
24. Februar 1990 gegen **Portugal** in Silves, Turnier 2:2 (2:0)

DEUTSCHLAND WELTMEISTER 1990! Zum 3. Mal nach 1954 und 1974. Stehend v. l.: Osiek, Beckenbauer, Augenthaler, Reuter, Klinsmann, Mill, Buchwald, Steiner, Berthold, Köpke, Kohler, Möller, Pflügler, Vogts; unten v. l.: Littbarski, Thon, Maier, Brehme, Matthäus, Riedle, Illgner, Bein, Hermann, Völler, Häßler, Aumann.
Foto: Hartung

25. Februar 1990 gegen **UdSSR** in Vila Real St. Antonio, Turnier	2:2 (1:1)
27. Februar 1990 gegen **Israel** in Loule, Turnier, 2. Platz	0:0
4. April 1990 gegen **Luxemburg** in Saarbrücken, EM-Qualifikation	3:0 (2:0)
17. Mai 1990 gegen **Tschechoslowakei** in Ruhla, EM-Endrunde	0:0
19. Mai 1990 gegen **Schottland** in Sömmerda, EM-Endrunde	5:1 (1:0)
21. Mai 1990 gegen **Frankreich** in Sondershausen, EM-Endrunde	1:1 (0:1)

Die Junioren-Nationalmannschaft U 15 (Schüler):

31. Oktober 1989 gegen **Frankreich** in Blois	1:1 (1:0)
2. November 1989 gegen **Frankreich** in Versailles	3:2 (1:2)
6. März 1990 gegen **Malta** in Ta'Qali	0:0
8. März 1990 gegen **Malta** in Ta'Qali	5:0 (3:0)
13. April 1990 gegen **Spanien** in Montaigu, Turnier	0:0
14. April 1990 gegen **UdSSR** in St. Georges de Mont, Turnier	1:2 (0:2)
14. April 1990 gegen **Dänemark** in Bouffere, Turnier	2:0 (0:0)
15. April 1990 gegen **Ägypten** in Montaigu, Turnier	2:1 (1:0)
16. April 1990 gegen **UdSSR** in Montaigu, Turnier-Endspiel	1:2 (0:1)
8. Mai 1990 gegen **England** in München	2:0 (1:0)
10. Mai 1990 gegen **England** in Berlin	0:4 (0:3)

Die Damen-Nationalmannschaft:

1. Oktober 1989 gegen **Ungarn** in Straubing, EM-Qualifikation	0:0
22. November 1989 gegen **CSSR** in Marburg, EM-Qualifikation	5:0 (3:0)
11. April 1990 gegen **Bulgarien** in Sofia, EM-Qualifikation	4:1 (2:0)
29. April gegen **CSFR** in Frydell – Mistell, EM-Qualifikation	1:0 (1:0)

Die Olympia-Auswahl:

15. Mai 1990 gegen die **Schweiz** in Muri	2:1 (0:0)
18. Mai 1990 gegen die **Tschechoslowakei** in Würzburg	0:3 (0:2)

Die Spiele der A-Nationalmannschaft

Irland – Deutschland 1:1 (1:1) am 6. 9. 1989 in Dublin

Irland: Bonner – Morris (beide Celtic Glasgow), McCarthy (Olympique Lyon), O'Leary (Arsenal London), Staunton – Whelan (beide FC Liverpool), Brady (West Ham United London), ab 36. Townsend (Norwich City), McGrath (Aston Villa Birmingham), Galvin (Swindon Town), Aldridge (FC Liverpool), ab 75. Byrne (AC Le Havre), Stapleton (Blackburn Rovers), ab 75. Cascarino (FC Millwall).

Deutschland: Illgner/10 Länderspiele (1. FC Köln), ab 46. Aumann/1 (Bayern München) – Augenthaler/15, Reuter/13 (beide Bayern München), Buchwald/27 (VfB Stuttgart), ab 46. A. Reinhardt/2 (Bayer Leverkusen), Pflügler/9 – Dorfner/6 (beide Bayern München), ab 85. Fach/5 (Bayer Uerdingen), Littbarski/61 (1. FC Köln), Möller/5 (Borussia Dortmund), Thon/30 (Bayern München), Häßler/6 (1. FC Köln) – Wohlfarth/2 (Bayern München).

Tore: 1:0 Aldridge (10.), 1:1 Dorfner (33.). – Schiedsrichter: van den Wijngaert (Belgien). – Zuschauer: 48000.

Anmerkung: Bei den weiteren Länderspielen werden die Vereinsnamen nur noch bei neu hinzukommenden Spielern angegeben.

Deutschland – Finnland 6:1 (1:0) am 4. 10. 1989 in Dortmund

Deutschland: Illgner/11 – Augenthaler/16 – Reuter/14, Buchwald/28, Brehme/46 (Inter Mailand) – Häßler/7, ab 46. Bein/1 (Eintracht Frankfurt), Matthäus/70 (Inter Mailand), Möller/6, ab 80. Mill/15 (Borussia Dortmund), Völler/59 (AS Rom).

Finnland: Laukkanen (Kickers Stuttgart) – Europäus (PS Rovaniemi) – Holmgren (GAIS Göteborg), Heikkinen (PS Turku), Lathinen (Oulu TP) – Ikalainen (Kiruna), 71 Hjelm (Kickers Stuttgart), Myyry (SC Lokeren), Ukkonen (Anderlecht), Tarkkio (Hamarby IF) – Lipponen (Twente Enschede), Paatelainen (Dundee United), 62. Lius (Kuusysi).

Tore: 1:0 Möller (12.), 2:0 Littbarski (47.), 3:0 Klinsmann (53)., 4:0 Völler (62.), 4:1 Lipponen (72.), 5:1 Möller (80.), 6:1 Matthäus (84., Foulelfmeter). – Schiedsrichter: Snoddy (Nordirland). – Zuschauer: 40000.

Deutschland – Wales 2:1 (1:1) am 15. 11. 1989 in Köln

Deutschland: Illgner/12 – Augenthaler/17, ab 46. A. Reinhardt/3 – Reuter/15, Buchwald/29, Brehme/47 – Häßler/8, Dorfner/7, Möller/7, ab 82. Bein/2, Littbarski/63 – Klinsmann/14, Völler/60.

Wales: Southall (Everton) – Philips (Norwich), Maguire (Portsmouth), Aizlewood (Bradford City), Melville (Swansea City), ab 79. Pascoe (Sunderland) – Nicholas (Chelsea), Blackmore (Manch. United), Bowen (Norwich), ab 65. Horne (Southampton), Saunders (Derby County) – Hughes (Manch. United), Allen (Norwich).

Tore: 0:1 Allen (11.), 1:1 Völler (25.), 2:1 Häßler (48). – Schiedsrichter: Vautrot (Frankreich). – Zuschauer: 60000.

Frankreich – Deutschland 2:1 (1:1) am 28. 2. 1990 in Montpellier

Frankreich: Martini (AJ Auxerre) – Amoros (Ol. Marseille), Boli (AJ Auxerre), ab 49. Blanc (SC Montpellier), Casoni (SC Toulon), Di Maco (Ol. Marseille) – Deschamps (Ol. Marseille), Ferreri (Girondins Bordeaux), ab 65. Vahirua (AJ Auxerre), Pardo (Girondins Bordeaux), Garde (Ol. Lyon) – Papin (Ol. Marseille), Cantona (St. Montpellier).

Deutschland: Illgner/13 – Berthold/32 (AS Rom), Augenthaler/18, A. Reinhardt/4, Brehme/48 – Häßler/9, Möller/8, Matthäus/71, Bein/3 – Klinsmann/15, Riedle/5 (Werder Bremen), ab 66. Littbarski/64.

Tore: 0:1 Möller (36.), 1:1 Papin (43.), 2:1 Cantona (82.). – Schiedsrichter: Ramos Marcos (Spanien). – Zuschauer: 25000.

Deutschland – Uruguay 3:3 (0:0) am 25. 4. 1990 in Stuttgart

Deutschland: Illgner/14, ab 46. Aumann/2 – Kohler/25, Berthold/33, Buchwald/30, Brehme/49 – Häßler/10, Littbarski/65, Matthäus/72, Bein/4, ab 68. Thon/31 – Klinsmann/16, Völler/61.

Uruguay: E. Pereira (Independiente Buenos Aires) – Herrera (Figueras), Revelez (Nacional Montevideo), De Leon (River Plate, Buenos Aires), Dominquez (Penarol Montevideo) – R. Pereira (Danubio Montevideo), Ostolaza (Nacional), Perdo-mo, Paz (beide FC Genua), ab 70. Fonseca (Danubio) – Aguilera (FC Genua), ab 79. Martinez (Defensor Montevideo), Sosa (Lazio Rom).

Tore: 0:1 Aguilera (49.), 1:1 Matthäus (60.), 2:1 Völler (64.), 2:2 Ostolaza (73.), 3:2 Klinsmann (75.), 3:3 Revelez (78.). – Schiedsrichter: Karlsson (Schweden). – Zuschauer: 35000.

Deutschland – Tschechoslowakei 1:0 (1:0) am 26. 5. 1990 in Düsseldorf

Deutschland: Illgner/15 – Augenthaler/19, Buchwald/31, Kohler/26, Brehme/50 – Häßler/11, ab 76. Thon/32, Littbarski/66, ab 69. Möller/9, Matthäus/73, Bein/5, ab 76. Berthold/34 – Klinsmann/17, ab 76. Mill/16, Völler/62.

CSFR: Stejskal (Sparta Prag) – Kocian (FC St. Pauli Hamburg) – Straka (Borussia Mönchengladbach), Kadlec (TJ Vitkovice) – Bielik (Sparta Prag), ab 85. Weiss (Inter Preßburg), Hasek (Sparta Prag), Kubik (AC Florenz), ab 46. Knoflicek (FC St. Pauli), Chovanec (PSV Eindhoven), Bilek – Skuhravy (beide Sparta Prag), ab 69. Luhovy (Sporting Gijon), Moravcik (AC Nitra).

Tor: 1:0 Bein (24.). – Schiedsrichter: Galler (Schweiz). – Zuschauer: 26000.

Deutschland – Dänemark 1:0 (1:0) am 30. 5. 1990 in Gelsenkirchen

Deutschland: Aumann/3, ab 46. Köpke/1 (1. FC Nürnberg) – Augenthaler/20, ab 46. Steiner/1 (1. FC Köln) – Kohler/27, ab 77. Reuter/16, Buchwald/32, Brehme/51, ab 46. Pflügler/10 – Häßler/12, ab 81. Hermann/2, Littbarski/67, ab 46. Berthold/35, Matthäus/74, ab 67. Thon/33, Bein/6, ab 67. Möller/10 – Klinsmann/18, ab 67. Mill/17, Völler/63, ab 67. Riedle/6.

Dänemark: Schmeichel – L. Olsen (beide Bröndby IF) – Sivebaek (AS St. Etienne), K. Nielsen (Aston Villa), H. Andersen (RSC Anderlecht) – Bruun, ab 77. Skaerup (beide Silkeborg IF), John Jensen, Vilfort (beide Bröndby IF), Bartram (Bayer Uerdingen), ab 81. Frandsen (BK 03 Kopenhagen) – Christensen (Bröndby IF), ab 72. Risom (Vejle BK), Povlsen (PSV Eindhoven).

Tor: 1:0 Völler (35.). – Schiedsrichter: Midgeley (England). – Zuschauer: 42000.

Deutschland – Jugoslawien 4:1 (2:0) am 10. 6. 1990 in Mailand

Deutschland: Illgner/16 – Augenthaler/21, Reuter/17, Buchwald/33, Brehme/52 – Berthold/36, Häßler/13, ab 75. Littbarski/68, Matthäus/75, Bein/7, ab 75. Möller/11 – Völler/64, Klinsmann/19.

Jugoslawien: Ivkovic (Sporting Lissabon) – Jozic (AC Cesena) – Hadzibegic (FC Sochaux), Spasic (Partizan Belgrad), Baljic (FC Sion) – Vulic (RCD Mallorca), Susic (Paris St. Germain), 57. Brnovic (FC Metz), Katanec (Sampdoria Genua), Stojkovic – Savicevic (beide Roter Stern Belgrad), ab 57. Prosinecki (Roter Stern Belgrad), Vujovic (Paris St. Germain).
Tore: 1:0 Matthäus (29.), 2:0 Klinsmann (40.), 2:1 Jozic (55.), 3:1 Matthäus (63.), 4:1 Völler (71.). – Schiedsrichter: Mikkelsen (Dänemark). – Zuschauer: 74567.

Deutschland – Vereinigte Arab. Emirate 5:1 (2:0) am 15. 6. 1990 in Mailand

Deutschland: Illgner/17 – Augenthaler/22, Reuter/18, Buchwald/34, Brehme/53 – Berthold/37, ab 46. Littbarski/69, Häßler/14, Matthäus/77, Bein/8 – Völler/65, Klinsmann/20, ab 72. Riedle/7.
VAR: Faraj – E. M. Abdulrahman, Mohamed, I. M. Abdulrahman, ab 82. Haddad (alle Sharjah), K. H. Mubarak (Khalleej) – N. K. Mubarek (Al-Wasl), M. Abdullah (Al-Nasr), Juma'a, Abbes (beide Sharhah) – Al Talyani (Al-Shaab), I. Mubarak (Al-Nasr), ab 82. Hussain (Al-Wasl).
Tore: 1:0 Völler (36.), 2:0 Klinsmann (37.), 2:1 I. Mubarak (46.), 3:1 Matthäus (48.), 4:1 Bein (59.), 5:1 Völler (75.). – Schiedsrichter: Sprin (UdSSR). – Zuschauer: 71167.

Deutschland – Kolumbien 1:1 (0:0) am 19. 6. 1990 in Mailand

Deutschland: Illgner/18 – Augenthaler/23, Reuter/19, Buchwald/35, Pflügler/11 – Berthold/38, Häßler/15, ab 84. Thon/34, Bein/9, ab 46. Littbarski/70 – Völler/66, Klinsmann/21.
Kolumbien: Higuita – Herrera, Perea (alle Nacional Medellin), Escobar (Young Boys Bern), Gilardo Gomez – Alvarez (beide Nacional), Gabriel Gomez (Independiente Medellin) – Valderama (SC Montpellier), Rincon (America Cali), Fajardo (Nacional) – Estrada (Deportivo Cali).
Tore: 1:0 Littbarski (88.), 1:1 Rincon (90.). – Schiedsrichter: Snoddy (Irland). – Zuschauer: 72510.

Deutschland – Holland 2:1 (0:0) am 24. 6. 1990 in Mailand

Deutschland: Illgner/19 – Augenthaler/24, Reuter/20, Berthold/39, Kohler/28, Brehme/54 – Littbarski/72, Matthäus/78, Buchwald/36 – Klinsmann/22, ab 79. Riedle/8, Völler/67,
Holland: van Breukelen (PSV Eindhoven) – R. Koeman (FC Barcelona) – van Aerle (PSV), ab 68. Kieft (PSV), Wouters (Ajax Amsterdam), Rijkaard (AC Mailand), van Tiggelen (RSC Anderlecht) – van't Schip (Ajax), Gullit (AC Mailand), Winter, Witschge (beide Ajax), ab 79. Gillhaus (FC Aberdeen).
Tore: 1:0 Klinsmann (51.), 2:0 Brehme (85.), 2:1 R. Koeman (89., Foulelfmeter). – Schiedsrichter: Loustau (Argentinien). – Zuschauer: 74559.

Deutschland – Tschechoslowakei 1:0 (1:0) am 1. 7. 1990 in Mailand

Deutschland: Illgner/20 – Augenthaler/25, Berthold/40, Kohler/29, Buchwald/37, Brehme/55 – Littbarski/72, Matthäus/79, Bein/10, ab 83. Möller/12 – Riedle/9, Klinsmann/23.
Tschechoslowakei: Stejskal (Sparta Prag) – Kocian (FC St. Pauli) – Kadlec (TJ Vitkovice), Straka (Borussia Mönchengladbach) – Moravcik (AC Nitra), Hasek (Sparta Prag), Kubik (AC Florenz), ab 80. Griga (Feyenoord Rotterdam), Bilek, ab. 68. Nemecek – Skuhravy (alle Sparta Prag), Knoflicek (FC St. Pauli).
Tor: 1:0 Matthäus (25., Foulelfmeter). – Schiedsrichter: Kohl (Österreich). – Zuschauer: 73347.

Deutschland – England 1:1 (0:0, 1:1) n. V./4:3 im Elfmeterschießen am 4. 7. 1990 in Turin

Deutschland: Illgner/21 – Augenthaler/26, Berthold/41, Buchwald/38, Kohler/30, Brehme/56 – Häßler/16, ab 67. Reuter/21, Matthäus/80, Thon/35 – Klinsmann/24, Völler/68, ab 38. Riedle/10.
England: Shilton (Derby County) – Butcher (Glasgow Rangers), ab 71. Steven (Rangers) – Walker (Nottingham Forest), Wright (Derby County), Pearce (Nottingham Forest) – Parker (Queens Park Rangers), Waddle (Olympique Marseille), Gascoigne (Tottenham Hotspurs), Platt (Aston Villa) – Beardsley (FC Liverpool), Lineker (Tottenham).
Tore: 1:0 Brehme (59.), 1:1 Lineker (80.) – Elfmeterschießen: 0:1 Lineker, 1:1 Brehme, 1:2 Beardsley, 2:2 Matthäus, 2:3 Platt, 3:3 Riedle, Pearce (Illgner gehalten), 4:3 Thon, Waddle (darüber). – Schiedsrichter: Wright (Brasilien). – Zuschauer: 45000.
Anmerkung: Die Tore aus dem Elfmeterschießen zählen nicht in der Torjägerstatistik, sondern dienen lediglich der Ermittlung des Siegers. Das Ergebnis wird in allen Statistiken mit 1:1 Toren, aber als Sieg gewertet.

Deutschland – Argentinien 1:0 (0:0) am 8. 7. 1990 in Rom

Deutschland: Illgner/22 – Augenthaler/27, Berthold/42, ab 74. Reuter/22, Kohler/31, Buchwald/39, Brehme/57 – Häßler/17, Matthäus/81, Littbarski/73, Klinsmann/25, Völler/69.

Argentinien: Goycoechea (Millionaris Bogota) – Simon (Boca Juniors) – Serrizuela (River Plate), Ruggeri (Real Madrid), ab 46. Monzon (Independiente) – Troglio (Lazio Rom), Sensini (FC Udinese), Burruchaga (FC Nantes), ab 53. Calderon (FC Paris-St. Germain), Basualdo (VfB Stuttgart), Lorenzo (AS Bari) – Dezotti (US Cremonese), Maradona (SSC Neapel).

Tor: 1:0 Brehme (85., Foulelfmeter). – Schiedsrichter: Codesal Mendez (Mexiko). – Zuschauer: 73603.

Die Spiele der Juniorennationalmannschaft U 21

Tschechoslowakei – Deutschland 1:1 (0:0) am 5. 9. 1989 in Pribram

CSSR: Juracka – Stas – Juriga (46. Matta), Skarabela, Kotolek – Smid, Latal, Memec, Chlipik (84. Molnar) – Pecko (46. Siegel), Kuka (46. Lednicky).

Deutschland: Golz (Hamburger SV) – Spyrka (1. FC Saarbrücken) – Strehmel (VfB Stuttgart), Klinkert (Borussia Mönchengladbach), Metz (Karlsruher SC) – Luginger (Schalke 04), ab 46. Steffen (Bayer Uerdingen), Schneider (1. FC Nürnberg), Dammeier (Hamburger SV), ab 71. Wagner (1. FC Nürnberg), Knut Reinhardt (Bayer Leverkusen) – Bierhoff (Hamburger SV), ab 71. Sternkopf (Karlsruher SC), Witeczek (Bayer Uerdingen), ab 46. Preetz (Fortuna Düsseldorf).

Tore: 0:1 Bierhoff (54.), 1:1 Stas (57., Foulelfmeter im Nachschuß). – Schiedsrichter: Orlovski (Polen). – Zuschauer: 411.

Anmerkung: Bei den weiteren Länderspielen werden die Vereinsnamen nur noch bei neu hinzukommenden Spielern angegeben.

Deutschland – Finnland 2:0 (2:0) am 3. 10. 1989 in Arnsberg

Deutschland: Golz – Spyrka – Luginger, Klinkert, Metz – Sturm (1. FC Köln), ab 57. Kober (Hamburger SV), Steffen, Dammeier, Knut Reinhardt, Witeczek, ab. 76. Bode (Werder Bremen), Banach (Wattenscheid 09).

Finnland: Viitanen – Rissanen, Vuorela, Piippa – Suominen (80. Rantanen), Suokonautio, Grönholm, Saastomoinen, Lethinen, Yla-Jussila – Rayamäki (70. Tauriainen).

Tore: 1:0 Knut Reinhardt (12.), 2:0 Witeczek (30.). – Schiedsrichter: Wijngaert (Belgien). – Zuschauer: 6700.

Deutschland – Island 1:1 (0:1) am 25. 10. 1989 in Saarbrücken

Deutschland: Brunn (Borussia Mönchengladbach) – Spyrka – Strehmel, Klinkert, Nils Schmäler (VfB Stuttgart) – Sturm, ab 49. Sternkopf, Schneider, Weber (Eintracht Frankfurt), ab 46. Luginger, K. Reinhardt – Bode, Bierhoff.

Island: Gottskalsson – Tomasson, Jonsson, Kristjansson – Adolffsson, Thordarson, Haldorsson, Kristinsson (84. Guoojonsson), Ingolfsson – Bjarnason (69. Einarsson), Svoricson.

Tore: 0:1 Bjarnason (6.), 1:1 Bode (59.). – Schiedsrichter: Girard (Frankreich). – Zuschauer: 1500.

Kamerun „A" – Deutschland 0:1 (0:0) am 20. 12. 1989 in Jaunde

Deutschland: Golz – Klinkert – Heidenreich (Hessen Kassel), Kober, Metz – Luginger, Poschner (VfB Stuttgart), Steffen, Schneider (54. Bierhoff, Borussia Mönchengladbach), K. Reinhardt – Bode (89. Dammeier).

Tore: 0:1 Bode (62.). – Schiedsrichter: Pettcha (Kamerun). – Zuschauer: 10000.

Kamerun „A" – Deutschland 1:1 (1:1) am 23. 12. 1989 in Jaunde

Deutschland: Brunn – Luginger – Heidenreich (48. Klinkert), Kober, Metz – Lasser (Eintracht Frankfurt), 86. Steffen, Fink (Wattenscheid 09), Poschner, Dammeier (66. Schneider) – Bierhoff, Bode (81. K. Reinhardt).

Tore: 0:1 Bierhoff (3.), 1:1 Kunde (25., Foulelfmeter). – Schiedsrichter: Aboh (Kamerun). – Zuschauer: 4000.

Frankreich – Deutschland 0:1 (0:1) am 28. 2. 1990 in Ales

Frankreich: Chaumin (75. Palatsi) – Petit (46. Magnier) – Deguerville, Thétis – Debeve (69. Loko), Llacer, Gava, Lizerazu, Mendy (46. Roche) – Pickeu, Maharzi.

Deutschland: Golz – Klinkert – Strehmel, Metz – Luginger (85. Kober), Steffen (82. M. Schneider), Strunz (Bayern München) (Th. Chmielewski, Bayer Uerdingen), Poschner, K. Reinhardt – Bierhoff (68. Sturm), Sternkopf.

Tor: 0:1 Sternkopf (8.). – Schiedsrichter: Velasques (Spanien). – Zuschauer: 5000.

Sowjetunion – Deutschland 1:1 (0:1) am 14. 3. 1990 in Simferopol

Sowjetunion: Charin – Bal – Luschny, Sidelnikow, Schmatowalenko – Mostowoi, Pjatnizki (55. Kirjakow), Kobelew (74. Sajez), Schalimow – Kontschleski, Koliwanow.

Deutschland: Golz – Binz (Eintracht Frankfurt) – Klinkert, Strehmel, Metz – Strunz, Luginger, Hochstätter (Borussia Mönchengladbach), K. Reinhardt – Witeczek, ab 62. Steffen, Sternkopf.

Tore: 0:1 Bal (9., Eigentor), 1:1 Schalimow (67.). – Schiedsrichter: Natri (Finnland). – Zuschauer: 10000.

Deutschland – Sowjetunion 1:2 (1:0) n. V. am 28. 3. 1990 in Augsburg

Deutschland: Golz – Binz – Metz, ab 73. Bierhoff, Klinkert, Strehmel – Luginger, Hochstätter, Möller (Borussia Dortmund), Effenberg (Borussia Mönchengladbach), K. Reinhardt – Sternkopf.

Sowjetunion: Charin – Bal – Luschny, Tschernyschow, Schmatowalenko – Tschugunow (98. Sajez), Sidelnikow, Kobelew, Mostowoi, Schalimow – Kirjakow.

Tore: 1:0 Hochstätter (37.), 1:1 Tschugunow (67.), 1:2 Sidelnikow (115.). – Schiedsrichter: Halle (Norwegen). – Zuschauer: 11000.

Die Spiele der Damen-Nationalmannschaft

Deutschland – Ungarn 0:0 am 1. 10. 1989 in Straubing

Deutschland: Isbert (TuS Ahrbach) – Kuhlmann (SSV Schmalfeld), Nardenbach (TuS Ahrbach), Unsleber (FSV Frankfurt), Raith (TSV Siegen) – Damm (VfR Eintracht Wolfsburg), Wiegmann (Grün-Weiß Brauweiler), Neid (TSV Siegen) – Gottschlich (KBC Duisburg), Fitschen (VfR Eintracht Wolfsburg), ab 57. Sonn (SC Husen-Kurl), Lohn (Grün-Weiß Brauweiler). – Schiedsrichter: Martino (Schweiz). – Zuschauer: 3400.

Anmerkung: Bei den weiteren Länderspielen sind die Vereinsnamen nur noch bei neu hinzukommenden Spielerinnen angegeben.

Deutschland – Tschechoslowakei 5:0 (3:0) am 22. 11. 1989 in Marburg

Deutschland: Isbert – Landers (SSG 09 Berg. Gladbach) – Raith, Übelhör (Bayern München), Nardenbach – Bindl (Bayern München), ab 66. Gottschlich, Neid, Unsleber, Sonn, ab 62. Damm – Mohr, Bartelmann (Asker SC Oslo).

Tore: 1:0 Unsleber (14.), 2:0 Mohr (34.), 3:0 Bindl (35.), 4:0 Neid (45.), 5:0 Mohr (75.). – Schiedsrichter: Steindl (Österreich). – Zuschauer: 3200.

Bulgarien – Deutschland 1:4 (0:2) am 11. 4. 1990 in Sofia

Deutschland: Isbert – Übelhör – Nardenbach, Raith, Unsleber, Fitschen, Bindl, Damm – Lohn, Mohr, Bartelmann, ab 53. Gottschlich.

Tore: 0:1 Lohn (9.), 0:2 Mohr (39.), 0:3 Damm (67.), 1:3 Georgieva (69.), 1:4 Unsleber (88.). – Schiedsrichter: Constantin (Rumänien). – Zuschauer: 500.

Tschechoslowakei – Deutschland 0:1 (0:1) am 29. 4. 1990 in Frydek-Mistek

Deutschland: Isbert – Übelhör – Nardenbach, Raith – Unsleber, Damm, Fitschen, Bindl, ab 72. Kuhlmann – Lohn, Mohr, Bartelmann.

Tor: 0:1 Nardenbach (28.). – Schiedsrichter: Pireaux (Belgien). – Zuschauer: 1000.

Die Spiele der Olympia-Auswahl

Deutschland – Schweiz 2:1 (0:0) am 15. 5. 1990 in Muri

Deutschland: Lehmann (Schalke 04), ab 46. Heinen (Bayer Leverkusen) – Kastner (Karlsruher SC) – Stadler (1. FC Kaiserslautern), ab 60. Hubner (VfL Bochum), Wörns (SV Waldhof Mannheim) – J. Bode (Hamburger SV), ab 46. Lasser (Eintracht Frankfurt), Franck (SV Waldhof Mannheim), Spanring (Fortuna Düsseldorf), Poschner (VfB Stuttgart), Kliche (Bayern München) – Herrlich (Bayer Leverkusen), Klauß (Bayer Uerdingen), ab 60. Türr (1. FC Nürnberg).

Tore: 0:1 Bezzola (58.), 1:1 Franck (67.), 2:1 Hubner (82.). – Schiedsrichter: Steindl (Österreich). – Zuschauer: 1500.

Anmerkung: Bei den weiteren Länderspielen sind die Vereinsnamen nur noch bei neu hinzukommenden Spielern angegeben.

Deutschland – Tschechoslowakei 0:3 (0:2) am 18. 5. 1990 in Würzburg

Deutschland: Lehmann – N. Schmäler (VfB Stuttgart) – Wörns, Spanring, ab 67. Stadler – Kastner, ab 27. Lasser, Feinbier (Bayer Leverkusen), ab 46. Heldt (1. FC Köln), Hubner, Franck, Kliche – Türr, Herrlich, ab 82. Klauß.

Tore: 0:1 Necas (14., Handelfmeter), 0:2 Majoros (29.), 0:3 Poviser (76.). – Schiedsrichter: Heynemann (DDR). – Zuschauer: 1566.

Der Weg Bayern Münchens im Europapokal der Landesmeister

1. Runde:

Glasgow Rangers – Bayern München 1:3 (1:1) am 13. 9. 1989

Rangers: Woods – Stevens, Nisbet, Butcher, Munro – Stevens, D. Ferguson, Wilkins, I. Ferguson – Johnston, Walters.

Bayern: Scheuer – Augenthaler – Grahammer, Johnson – Reuter, Thon, Schwabl, Pflügler, Kögl – Wohlfarth (73. Mihajlovic), McInally (83. Kastenmaier).

Tore: 1:0 Walters (26., Foulelfmeter), 1:1 Kögl (29.), 1:2 Thon (47., Foulelfmeter), 1:3 Augenthaler (65.). – Schiedsrichter: D'Elia (Italien). – Zuschauer: 42000.

Bayern München – Glasgow Rangers 0:0 am 27. 9. 1989

Bayern: Aumann – Augenthaler – Grahammer, Johnson (46. Schwabl), Pflügler – Reuter, Strunz, Thon, Kögl – Mihajlovic (70. Wohlfarth), McInally.

Rangers: Ginzburg – Stevens, Gough, Butcher, Munro – Stevens, I. Ferguson, Wilkins, Cowan, (61. Drinkell), Walters – Johnston.

Schiedsrichter: Eriksson (Schweden). – Zuschauer: 45000.

Achtelfinale:

Bayern München – 17. Nentori Tirana 3:1 (2:1) am 18. 10. 1989

Bayern: Aumann – Augenthaler – Grahammer, Kohler, Pflügler – Reuter, Dorfner, Schwabl (46. McInally), Kögl – Wohlfarth (79. Kastenmeier), Mihajlovic.

Nentori: Mersini – Hodja – Daja, Alimohti (85. Ismaili), Lekbello, Stoja, (87. Liti), Josa, Omuri – Minga, Riza, Kola.

Tore: 1:0 Kögl (16., Foulelfmeter), 2:0 Mihajlovic (26.), 2:1 Minga (30.), 3:1 Mihajlovic (64.). – Schiedsrichter: Philipp (Luxemburg). – Zuschauer: 11500.

17. Nentori Tirana – Bayern München 0:3 (0:1) am 1. 11. 1989

Nentori: Mersini (46. Shara) – Hodja – Lekbello, Daja – Alimehti, Minga, Stoja, Josa, Omuri – Riza, Kola.

Bayern: Aumann – Augenthaler – Kastenmeier, Kohler, Pflügler – Reuter (46. Grahammer), Dorfner, Strunz, Schwabl – McInally (64. Bender), Mihajlovic.

Tore: 0:1 Strunz (45.), 0:2 Grahammer (47.), 0:3 Dorfner (89.). – Schiedsrichter: Krchnak (Tschechoslowakei). – Zuschauer: 33000.

Viertelfinale:

Bayern München – PSV Eindhoven 2:1 (0:0) am 7. 3. 1990

Bayern: Aumann – Augenthaler – Grahammer, Kohler – Reuter, Dorfner, Strunz, Kögl, (69. Bender), Pflügler – McInally, Wohlfarth.

PSV: van Breukelen – Gerets – Nielsen, Valckx, Heintze – Vanenburg, van Aerle, Chovanec, Lerby – Povlsen (89. Ellermann), Kieft.

Tore: Wohlfarth (76.), 1:1 Povlsen (78.), 2:1 Grahammer (80.). – Schiedsrichter: van Langenhove (Belgien). – Zuschauer: 35000.

PSV Eindhoven – Bayern München 0:1 (0:0) am 21. 3. 1990

PSV: van Breukelen – Nielsen (68. de Jong), Valckx – Gerets, Vanenburg, Boerebach (77. Ellermann), van Aerle, Lerby, Heintze – Povlsen, Kieft.

Bayern: Aumann – Augenthaler – Grahammer, Kohler – Reuter, Strunz, Dorfner, (66. Flick), Kögl, Pflügler – McInally (66. Bender), Wohlfarth.

Tor: 0:1 Augenthaler (90.). – Schiedsrichter: Kohl (Österreich). – Zuschauer: 28000.

Halbfinale:

AC Mailand – Bayern München 1:0 (0:0) am 4. 4. 1990

AC: G. Galli – Tassotti, Baresi, F. Galli, Maldini – Colombo (46. Stroppa), Simone (69. Borgonova), Rijkaard, Evani – Massaro, van Basten.

Bayern: Aumann – Augenthaler – Reuter, Kohler, Pflügler – Flick, Dorfner, Strunz, Kögl – McInally, Bender (81. Thon).

Tore: 1:0 van Basten (76., Foulelfmeter). – Schiedsrichter: Karlsson (Schweden). – Zuschauer: 62717 (ausverkauft).

Bayern München – AC Mailand 2:1 (0:0, 1:0) n. V. am 18. 4. 1990

Bayern: Aumann – Augenthaler – Grahammer, Kohler, Pflügler – Reuter, Strunz, Dorfner, Kögl (97. Bender) – Wohlfarth, Thon (82. McInally).

AC: G. Galli – Tassotti, Costacurta, Baresi (104. F. Galli), Maldini – Colombo, Rijkaard, Stroppa, (68. Borgonova), Evani – Massaro, van Basten.

Tore: 1:0 Strunz (58.), 1:1 Borgonovo (101.), 2:1 McInally (108.). – Schiedsrichter: Soriano-Aladren (Spanien). – Zuschauer: 72000 (ausverkauft).

Der Weg Borussia Dortmunds im Europapokal der Pokalsieger

1. Runde:

Besiktas Istanbul – Borussia Dortmund 0:1 (0:1) am 13. 9. 1989

Besiktas: Engin – Gökhan, Recep, Ulvi, Kadir – Mehmet, Riza, Wilson, Walsh (80. McDonald) – Feyyaz, Ali.

Borussia: de Beer – McLeod – Nikolic, Helmer, Schulz – Lusch, Zorc, Möller, M. Rummenigge (4. Kroth) – Wegmann (74. Driller), Mill.

Tor: 0:1 Mill (14). – Schiedsrichter: Hope (Schottland). – Zuschauer: 30000.

Borussia Dortmund – Besiktas Istanbul 2:1 (1:0) am 27. 9. 1989

Borussia: de Beer – McLeod – Kutowski, Helmer – Lusch, Möller, Zorc, M. Rummenigge, Schulz – Driller (78. Wegmann), Mill.

Besiktas: Engin – Recep, Ulvi, Kadir, Gökhan – Metin, Mehmet, Riza, Wilson – Feyyaz, Ali.

Tore: 1:0 Driller (17.), 1:1 Ali (76.), 2:1 Wegmann (85). – Schiedsrichter: Blankenstein (Holland). – Zuschauer: 43600.

Achtelfinale:

Borussia Dortmund – Sampdoria Genua 1:1 (0:0) am 17. 10. 1989

Borussia: de Beer – Kroth – Kutowski, Helmer – Lusch, Zorc, Möller, McLeod, Schulz – Driller, Mill (46. Wegmann).

Sampdoria: Pagliuca – Pellegrini – Mannini, Vierchowod – Carboni, Pari, Victor (73. Lombardo), Katanec, Dossena (87. Salsano) – Mancini, Vialli.

Tore: 1:0 Wegmann (64.), 1:1 Mancini (89). – Schiedsrichter: Spirin (Sowjetunion). – Zuschauer: 45000.

Sampdoria Genua – Borussia Dortmund 2:0 (0:0) am 1. 11. 1989

Sampdoria: Pagliuca – Pellegrini – Mannini, Vierchowod – Lombardo, Cerezo, Salsano (90. Invernizzi), Pari, Dossena (55. Victor) – Mancini, Vialli.

Borussia: de Beer – Kroth (74. Schulz) – Kutowski, Helmer – Lusch, Möller, Zorc, M. Rummenigge, McLeod – Wegmann (74. Driller), Mill.

Tore: 1:0, 2:0 Vialli (73., Foulelfmeter, 88.). – Schiedsrichter: van Langenhove (Belgien). – Zuschauer: 35000.

BUNDESLIGA 1989/90 (27. Saison): Alle Einsätze, alle Tore

FC Bayern München (19 Spieler eingesetzt):
Aumann, Pflügler, Reuter (je 33), McInally (31), Dorfner (29), Grahammer (28), Kohler (26), Kögl, Mihajlovic, Schwabl (je 25), Augenthaler, Wohlfarth (je 24), Flick (22), Bender, Strunz, Thon (je 20), Kastenmaier (9), Johnsen (8) Scheuer (1).

15 Spieler erzielten 63 Tore:
Wohlfarth (13), McInally (10), Thon (8), Dorfner, Strunz (je 5), Kögl, Mihajlovic (je 4), Pflügler, Schwabl (je 3), Bender, Kohler (je 2), Augenthaler, Flick, Grahammer, Kastenmaier (je 1). – Dazu ein Eigentor von Oswald (VfL Bochum).

1. FC Köln (20 Spieler eingesetzt):
Häßler, Illgner, Littbarski (je 34), Götz (33), Higl, Ordenewitz, Steiner (je 30), Giske (29), Görtz, Janßen (je 27), Sturm (25), Rahn (23), Greiner (20), Rudy (18), Dreßen (17), Gielchen (11), Jensen (7), Britz (4), Povlsen (3), Gerlach (1).

12 Spieler erzielten 53 Tore:
Götz (11), Littbarski, Sturm (je 8), Häßler, Rahn (je 6), Görtz, Janßen, Ordenewitz (je 3), Rudy (2), Giske, Greiner, Povlsen (je 1). – Dazu ein Eigentor von Effenberg (Bor. Mönchengladbach).

Eintracht Frankfurt (21 Spieler eingesetzt):
Andersen, Binz, Körbel, Stein (je 34), Bein, Falkenmayer, Studer (je 33), Eckstein (28), Roth (26), Gründel, Sievers (je 23), Bindewald (20), Sippel, Weber (je 18), Turowski (16), Klein (12), Lasser (11), Bakalorz (5), Hobday (2), Conrad, Klepper (je 1).

13 Spieler erzielten 59 Tore:
Andersen (18), Bein (9), Eckstein (7), Falkenmayer (6), Binz (4), Gründel, Turowski (je 3), Sippel, Studer, Weber (je 2), Hobday, Körbel, Roth (je 1). – Dazu je ein Eigentor von Wohlert (FC Homburg) und Klinkert (Bor. Mönchengladbach).

Borussia Dortmund (22 Spieler eingesetzt):
Helmer (34), De Beer (33), Möller, Zorc (je 32), MacLeod (31), Rummenigge (29), Wegmann (27), Nikolic (25), Breitzke, Driller, Kroth, Mill (je 24), Kutowski, Lusch (je 23), Schulz (21), Gorlukowitsch (10), Strerath (7), Dickel (6), Karl, Wiercimok (je 2), Meyer, Ritz (je 1).

12 Spieler erzielten 51 Tore:
Möller, Zorc (je 10), Rummenigge (9), Breitzke, Helmer (je 4), Driller (3), Dickel, Lusch, MacLeod, Mill, Wegmann (je 2), Schulz (1).

Bayer Leverkusen (23 Spieler eingesetzt):
Kree, Vollborn (je 34), Buncol, Lesniak (je 33), Hörster (32), Demandt, Fischer, K. Reinhardt (je 31), A. Reinhardt (27), Schreier (25), de Keyer (21), Jorginho, Seckler (je 20), Feinbier (18), Herrlich (16), Thom (13), Radschuweit, Waas (je 3), Aden, von Ahlen (je 2), Germann, Hinterberger, Schröder (je 1).

10 Spieler erzielten 39 Tore:
Lesniak (8), Kree (7), Demandt, Buncol (je 6), Schreiner (4), Thom (3), Jorginho (2), Feinbier, Fischer, Seckler (je 1). – Dazu ein Eigentor von Kaiser (Fortuna Düsseldorf).

VfB Stuttgart (22 Spieler eingesetzt):
Allgöwer (32), Frontzeck, Hartmann, Walter (je 31), Basualdo, Buchwald (je 28), Gaudino, Immel, Strehmel (je 27), N. Schmäler (24), Sigurvinsson (23), Schäfer (22), Kastl (18), Jüptner (15), Poschner, O. Schmäler (je 14), Rasmussen (13), Hotic (11), Trautner (7), Schnalke (6), Sverisson (3), Kurz (1).

15 Spieler erzielten 51 Tore:
Walter (13), Buchwald, O. Schmäler (je 5). Allgöwer, Frontzeck, Gaudino, Kastl (je 4), Hotic (3), Basualdo, Hartmann (je 2), Rasmussen, N. Schmäler, Schnalke, Sigurvinsson, Sverisson (je 1). – Dazu je ein Eigentor von Klotz (Fortuna Düsseldorf) und Greiner (1. FC Köln).

Bundesliga 1989/90

	Bay. München	1. FC Köln	Frankfurt	Dortmund	Leverkusen	VfB Stuttgart	Bremen	Nürnberg	Düsseldorf	Karlsruhe	Hamburg. SV	K'lautern	FC St. Pauli	Uerdingen	M'gladbach	Bochum	Waldhof	FC Homburg	Heimbilanz / Auswärtsbilanz g.	u.	v.	Tore	Pkt.	Gesamt Tore	Punkte
1. Bayern München	● ●	5:1 1:1	1:0 2:1	3:0 2:2	0:1 0:0	3:1 1:2	1:1 2:2	3:2 0:4	0:0 2:1	4:1 3:3	4:0 3:0	3:0 0:0	1:0 2:0	3:0 2:2	2:0 0:0	5:1 0:0	2:0 0:1	1:0 3:1	14 5	2 9	1 3	41:8 23:20	30-4 19-15	64:28	49-19
2. 1. FC Köln	1:1 1:5	● ●	3:5 1:3	1:1 0:0	1:1 2:0	0:0 1:3	4:2 0:4	2:1 1:1	1:3 1:1	0:5 0:0	2:0 2:0	4:1 2:1	1:0 1:1	0:1 3:2	3:0 2:0	2:0 1:0	6:0 3:2	1:0 1:0	9 8	4 5	4 4	32:21 22:23	22-12 21-13	54:44	43-25
3. Eintr. Frankfurt	1:2 0:1	3:1 5:3	● ●	0:2 0:0	0:3 0:2	5:1 1:1	1:0 2:1	5:1 1:1	2:0 2:1	1:1 0:1	2:0 1:1	1:1 1:2	4:1 2:2	2:1 1:1	3:0 1:2	4:0 2:2	3:1 1:1	1:1 3:2	11 4	3 8	3 5	38:16 23:24	25-9 16-18	61:40	41-27
4. Bor. Dortmund	2:2 0:3	0:0 1:1	0:0 2:0	● ●	1:1 0:1	2:0 1:3	4:1 0:2	2:1 3:1	1:0 1:1	2:0 1:2	1:0 1:1	1:1 2:2	3:1 1:2	1:0 3:1	3:0 0:0	0:1 3:2	2:0 1:2	3:0 3:3	11 4	5 6	1 7	28:8 23:27	27-7 14-20	51:35	41-27
5. Leverkusen	0:0 1:0	0:2 1:1	2:0 3:0	1:0 1:1	● ●	1:1 0:0	1:3 0:0	2:0 2:2	3:3 0:2	1:1 1:2	1:0 1:0	1:1 0:2	1:1 0:3	1:1 2:0	0:0 1:1	2:1 2:0	3:0 1:1	3:1 1:2	7 5	8 7	2 5	23:15 17:17	22-12 17-17	40:32	39-29
6. VfB Stuttgart	2:1 1:3	3:1 0:0	1:1 1:5	3:1 0:2	0:0 1:1	● ●	3:1 1:6	4:0 2:0	4:0 2:4	2:0 0:1	3:0 0:1	0:1 2:1	4:0 0:0	1:0 1:4	4:0 1:3	1:0 0:2	1:0 1:2	2:2 2:4	13 2	3 3	1 12	38:8 15:39	29-5 7-27	53:47	36-32
7. Werder Bremen	2:2 1:1	4:0 2:4	1:2 0:1	2:0 1:4	0:0 3:1	6:1 1:3	● ●	4:0 1:1	2:2 1:2	4:0 1:2	2:1 0:4	4:0 2:2	2:1 0:0	0:0 1:0	0:0 0:4	1:1 0:0	0:1 0:0	0:0 1:1	8 2	7 7	2 8	34:11 15:30	23-11 11-23	49:41	34-34
8. 1. FC Nürnberg	4:0 2:3	1:1 1:2	1:1 1:5	1:3 1:2	2:2 0:2	0:2 0:4	1:1 0:4	● ●	3:0 0:0	2:0 0:0	2:0 0:1	0:0 2:0	0:1 1:0	1:1 3:3	2:0 0:3	2:1 3:3	2:0 1:1	2:0 1:0	8 3	6 5	3 9	26:13 16:33	22-12 11-23	42:46	33-35
9. F. Düsseldorf	1:2 0:0	1:1 3:1	1:2 0:2	1:1 0:1	2:0 3:3	4:2 0:4	2:1 2:2	0:0 0:3	● ●	0:0 2:2	1:1 0:1	1:1 0:1	7:0 0:1	2:1 1:0	0:1 1:3	2:2 2:1	0:0 1:0	1:0 0:1	6 4	8 4	3 9	26:15 15:26	20-14 12-22	41:41	32-36
10. Karlsruher SC	3:3 1:4	0:0 5:0	1:0 1:1	2:1 0:2	2:1 1:1	1:0 0:2	2:1 0:4	0:0 0:2	2:2 0:0	● ●	2:0 0:1	0:0 1:5	0:0 1:1	0:0 0:1	0:1 0:0	2:0 0:2	4:0 1:0	0:2 0:2	8 2	7 5	2 10	21:11 11:28	23-11 9-25	32:39	32-36
11. Hamburger SV	0:3 0:4	0:2 0:2	1:1 0:2	1:1 0:1	0:1 0:1	1:0 0:3	4:0 1:2	1:0 0:2	1:0 1:1	1:0 0:2	● ●	3:0 3:1	0:0 0:0	6:0 2:5	3:0 3:1	1:4 1:3	1:0 1:4	2:0 1:0	10 3	3 2	4 12	26:12 13:34	23-11 8-26	39:46	31-37
12. Kaiserslautern	0:0 0:3	1:2 1:4	2:1 1:1	2:2 1:1	2:0 1:1	1:2 1:0	2:2 0:4	0:2 0:0	1:0 1:1	5:1 0:0	1:3 0:3	● ●	1:1 2:0	2:1 2:3	2:1 1:3	2:1 0:2	2:3 0:4	3:1 2:2	8 2	4 7	5 8	29:23 13:32	20-14 11-23	42:55	31-37
13. FC St. Pauli	0:2 0:1	1:1 0:1	2:2 1:4	2:1 1:3	3:0 1:1	0:0 0:4	0:0 1:2	0:1 1:0	1:0 0:7	1:1 0:0	0:0 0:0	0:2 1:1	● ●	1:1 0:1	2:1 1:4	2:0 3:3	2:1 1:0	1:1 2:0	6 3	8 5	3 9	18:14 13:32	20-14 11-23	31:46	31-37
14. Uerdingen	2:2 0:3	2:3 1:0	1:1 1:2	1:3 0:1	0:2 1:1	4:1 0:1	0:1 0:0	3:3 1:1	0:1 1:2	1:0 0:0	5:2 0:6	3:2 1:2	1:0 1:1	● ●	0:0 1:0	3:1 1:2	0:2 1:1	3:0 2:1	7 3	4 6	6 8	29:24 12:24	18-16 12-22	41:48	30-38
15. Bor. M'gladbach	0:0 0:2	0:2 0:3	2:1 0:3	0:0 0:3	1:1 0:0	3:1 0:4	4:0 0:0	3:0 0:2	3:1 1:0	0:0 1:0	1:3 0:3	3:1 1:2	4:1 1:2	0:1 0:0	● ●	1:2 1:2	2:0 2:4	0:0 3:1	8 3	5 3	4 11	27:14 10:31	21-13 9-25	37:45	30-38
16. VfL Bochum	0:0 1:5	0:1 0:2	2:2 0:4	2:3 1:0	0:2 1:2	2:0 0:1	0:0 1:1	3:3 1:2	1:2 2:2	2:0 0:2	3:1 4:1	2:0 1:2	3:3 0:2	2:1 1:3	2:1 2:1	● ●	2:0 2:3	1:0 0:1	8 3	5 2	4 12	27:19 17:34	21-13 8-26	44:53	29-39
17. SV Waldhof	1:0 0:2	2:3 0:6	1:1 1:3	2:1 0:2	1:1 0:3	2:1 0:1	0:0 1:0	1:1 0:2	0:1 0:0	0:1 0:4	4:1 0:1	4:0 3:2	0:1 1:2	1:1 2:0	4:2 0:2	3:2 0:2	● ●	1:2 1:2	7 3	5 1	5 13	27:19 9:34	19-15 7-27	36:53	26-42
18. FC Homburg	1:3 0:1	0:1 0:1	2:3 1:1	3:3 0:3	2:1 1:3	4:2 2:2	1:1 0:0	0:1 0:2	1:0 0:1	2:0 2:0	0:1 0:2	2:2 1:3	0:2 1:1	1:2 0:3	1:3 0:0	1:0 0:1	2:1 2:1	● ●	6 2	3 5	8 10	23:26 10:25	15-19 9-25	33:51	24-44

Die „Ewige" Tabelle der Bundesliga (1964–1990)

Verein	Sp.	gew.	un.	verl.	Tore	Punkte
1. Bayern München	850	472	196	182	1897:1058	1140–560
2. 1. FC Köln	910	425	228	257	1743:1299	1078–742
3. Hamburger SV	910	407	226	277	1660:1308	1040–780
4. Borussia M'gladbach	850	394	218	238	1703:1208	1006–694
5. Werder Bremen	876	372	213	291	1503:1320	957–795
6. Eintracht Frankfurt	910	357	221	332	1580:1448	935–885
7. VfB Stuttgart	842	364	185	293	1528:1272	913–771
8. 1. FC Kaiserslautern	910	344	225	341	1495:1519	913–907
9. Borussia Dortmund	774	298	189	287	1373:1301	785–763
10. FC Schalke 04	774	283	172	319	1186:1303	738–810
11. Eintr. Braunschweig	672	236	170	266	908:1026	642–702
12. MSV Duisburg	638	216	170	252	934:1022	602–674
13. VfL Bochum	646	209	169	268	933:1043	587–705
14. Fortuna Düsseldorf	612	204	162	246	974:1107	570–654
15. Hertha BSC Berlin	502	183	129	190	757:813	495–509
16. 1. FC Nürnberg	536	179	134	223	755:886	492–580
17. Hannover 96	472	136	120	216	683:835	392–552
18. Karlsruher SC	468	125	123	220	618:904	373–563
19. Bayer Leverkusen	374	126	113	135	544:581	365–383
20. TSV 1860 München	332	123	80	129	548:521	326–338
21. Bayer Uerdingen	340	114	84	142	505:618	312–368
22. SV Waldhof Mannheim	238	71	72	95	299:378	214–262
23. Kickers Offenbach	238	77	51	110	368:486	205–271
24. Arminia Bielefeld	238	75	54	109	301:405	204–272
25. Rot-Weiß Essen	238	61	79	98	346:483	201–275
26. Rot-Weiß Oberhausen	136	36	31	69	182:281	103–169
27. Alemannia Aachen	102	34	21	47	140:200	89–115
28. 1. FC Saarbrücken	132	27	35	70	165:265	89–175
29. FC St. Pauli Hamburg	102	24	33	45	116:174	81–123
30. Wuppertaler SV	102	25	27	50	136:200	77–127
31. FC Homburg/Saar	102	21	27	54	103:200	69–135
32. Borussia Neunkirchen	98	25	18	55	109:223	68–128
33. SV Darmstadt 98	68	12	18	38	86:157	42–94
34. Tennis Borussia Berlin	68	11	16	41	85:174	38–98
35. Stuttgarter Kickers	34	10	6	18	41:68	26–42
36. Fortuna Köln	34	8	9	17	46:79	25–43
37. Preußen Münster	30	7	9	14	34:52	23–37
38. Blau-Weiß 90 Berlin	34	3	12	19	36:76	18–50
39. Tasmania 1900 Berlin	34	2	4	28	15:108	8–60

In der Saison 71/72 wurden alle Spiele von Bielefeld nur für den Gegner gewertet.

Bielefeld 71/72	34	6	7	21	41:75	19–49

NANU? Bayern um die Jahrhundertwende? Zumindest in dieser Spielkleidung präsentiert sich der Meister 1990. Hinten v. l.: Flick, Reuter, Strunz, Grahammer, Augenthaler, McInally, Pflügler, Kohler; Mitte links: Masseure Binder, Gebhardt, rechts: Co-Trainer Coordes, Trainer Heynckes; vorn v. l.: Dorfner, Wohlfarth, Cordes, Aumann, Scheuer, Mihajlovic, Thon, liegend Kögl, Schwabl.

Foto: Horstmüller

Werder Bremen (20 Spieler eingesetzt):

Rufer (34), Reck (32), Eilts (31), Bockenfeld, Votava (je 30), Bratseth (29), Borowka, Hermann (je 28), Otten (27), Wolter (21), Bode, Riedle (je 20), Neubarth, Schaaf (je 19), Sauer (18), Harttgen (13), Kutzop (12), Burgsmüller (11), Meier (7), Rollmann (2).

15 Spieler erzielten 47 Tore:

Rufer (10), Riedle (7), Harttgen, Neubarth (je 5), Bode (4), Votava (3), Bockenfeld, Borowka, Bratseth, Sauer (je 2), Burgsmüller, Eilts, Hermann, Kutzop, Meier (je 1). – Dazu je ein Eigentor von Helmer (Borussia Dortmund) und Schmidt (Karlsruher SC).

1. FC Nürnberg (22 Spieler eingesetzt):

Sane, Schneider (je 33), Köpke (31), Metschies (30), Th. Brunner, Wirsching (je 29), Dusend (27), Dittwar, Türr (je 26), Philipkowski (25), Kristl (23), Hausmann (22), Kuhn (20), Bayerschmidt (16), Oechler (15), H. J. Brunner, Drews, Klein (je 11), Wagner (7), Kasalo (5), Kowarz, Wolf (je 3).

17 Spieler erzielten 41 Tore:

Wirsching (7), Sane, Türr (je 6), Th. Brunner (3), Dittwar, Hausmann, Kristl, Metschies, Oechler, Schneider (je 2), Drews, Dusend, Kasalo, Klein, Kuhn, Philipkowski, Wagner (je 1). – Dazu ein Eigentor von Kleppinger (Bayer Uerdingen).

Fortuna Düsseldorf (22 Spieler eingesetzt):

Krümpelmann (34), Loose (33), Büskens (32), Schmadtke, Werner (je 31), Schütz (30), Kaiser (29), Baffoe (26), Fuchs (25), Walz, Wojtowicz (je 23), Chaloupka (22), Backhaus, Rada (je 19), Klotz (17), Preetz (15), Th. Allofs (9), Spanring (8), Carracedo (6), Kimmel (5), Wittmann (3), Hey (1).

13 Spieler erzielten 40 Tore:

Fuchs (7), Schütz (6), Klotz, Krümpelmann (je 5), Chaloupka (4), Th. Allofs, Baffoe, Büskens, Rada, Walz (je 2), Kaiser, Spanring, Werner (je 1). – Dazu ein Eigentor von Augenthaler (Bayern München).

Karlsruher SC (20 Spieler eingesetzt):

Famulla (34), Bogdan, Schütterle (je 33), Harforth, Hermann, Kreuzer (je 32), Schmidt (31), Sternkopf (29), Metz (28), Bany, Süss (je 26), Simmes (23), Trapp (21), Carl (16), Glesius (14), Kastner (13), Pilipovic (8), Scholl (3), Raab, Wittwer (je 1).

12 Spieler erzielten 31 Tore:

Hermann, Schütterle (je 6), Carl, Kreuzer (je 4), Bogdan (3), Sternkopf (2), Glesius, Harforth, Schmidt, Scholl, Simmes, Süss (je 1). – Dazu ein Eigentor von Ippig (FC St. Pauli).

Hamburger SV (23 Spieler eingesetzt):

Eck, Golz (je 34), Furtok (33), von Heesen (32), Beiersdorfer (31), Jusufi, Spörl (je 27), Schröder (26), Kober (24), Ballwanz, Dammeier (je 21), Merkle (20), Bode (18), Moser (17), Jensen (15), Nando (11), Bierhoff, Marin (je 10), Fischer, Jakobs (je 9), Bochert (2), Jester, Kohn (je 1).

11 Spieler erzielten 39 Tore:

Furtok (10), von Heesen (8), Eck, Nando (je 4), Ballwanz, Beiersdorfer, Jusufi (je 3), Bode, Dammeier, Merkle, Spörl (je 1).

1. FC Kaiserslautern (26 Spieler eingesetzt):

Kuntz (32), Schupp (31), Labbadia, Stumpf (je 28), Foda (27), Emig (25), Roos (23), Dooley, Lelle, Scherr (je 22), Ehrmann, Hoos (je 21), Allievi (19), Friedmann (18), Hartmann (15), Hotic, Serr (je 14), Lutz (12), Wuttke (10), Stadler (7), Kranz (6), Schachow, Sommer (je 5), Goldbaek, Haber, Wiezik (je 3).

12 Spieler erzielten 40 Tore:

Kuntz (15), Labbadia (6), Foda, Hotic, Schupp (je 3), Dooley, Friedmann, Lelle (je 2), Allievi, Hartmann, Roos, Wuttke (je 1). – Dazu je ein Eigentor von Knäbel (FC St. Pauli) und Bokkenfeld (Werder Bremen).

FC St. Pauli (22 Spieler eingesetzt):

Trulsen (33), Golke, Gronau, Knäbel (je 32), Kocian (31), Dahms (25), Schlindwein (28), Ottens, Zander (je 24), Großkopf, Ippig (je 22), Olck, Steubing (je 19), Duve (14), Flad, Manzi (je 13), Knoflicek, Thomforde, Wenzel (je 12), Ulbricht (5), Bargfrede (2), Bistram (1).

13 Spieler erzielten 31 Tore:
Golke (10), Zander (5), Ottens (4), Knäbel, Knoflicek (je 2), Dahms, Gronau, Großkopf, Kocian, Manzi, Steubing, Trulsen, Wenzel (je 1).

Bayer Uerdingen (23 Spieler eingesetzt):

Laudrup (34), Bartram, Steffen (je 33), W. Funkel, Klinger, Witeczek (je 32), Chmielewski (26), Fach, Kleppinger (je 25), Kubik, Zietsch (je 24), Mathy (23), Reich (17), Kempkens (16), Stickroth (15), Paßlack (11), Grüninger (10), F. Funkel (9), Klauß (5), Hellmann, Scholtysik (je 2), Trienekens, Wolff (je 1).

12 Spieler erzielten 40 Tore:
Witeczek (7), Laudrup (6), Fach (5), Bartram, W. Funkel, Reich (je 4), Steffen (3), Kleppinger, Zietsch (je 2), Mathy, Paßlack, Stickroth (je 1). – Dazu ein Eigentor von Ridder (VfL Bochum).

Borussia Mönchengladbach (25 Spieler eingesetzt):

Kamps (34), Eichin, Klinkert (je 32), Criens, Straka (je 31), Neun (30), Effenberg (29), Spies (26), Bruns (25), Hochstätter (22), Krauss (20), Stefes (18), Winkhold (16), Belanow (14), Budde, Meier (je 13), Huschbeck, Max, Winter (je 11), Bierhoff (8), Lange (5), Bodden (3), Rekdal, Wynhoff (je 2), Pflipsen (1).

8 Spieler erzielten 36 Tore:
Criens (10), Hochstätter (7), Effenberg (6), Belanow (4), Bruns, Spies (je 3), Budde (2), Klinkert (1). – Dazu ein Eigentor von Herrmann (FC Homburg).

VfL Bochum (24 Spieler eingesetzt):

Rzehaczek (32), Reekers, Wegmann (je 31), Kempe, Leifeld (je 30), Kohn (29), Benatelli, Legat (je 28), Nehl (26), Dressel, Ostermann, Oswald (je 21), Heinemann (20), Wessels, Zumdick (je 17), Hubner (12), Plomp, Zanter (je 10), Farkashazi, Ridder (je 8), Eitzert, Epp (je 2), Mehls, Sadowicz (je 1).

11 Spieler erzielten 44 Tore:
Leifeld (10), Rzehaczek (8), Kohn, Nehl, Wegmann (je 6), Kempe (3), Benatelli, Legat, Ostermann, Reekers, Ridder (je 1).

SV Waldhof Mannheim (26 Spieler eingesetzt):

Güttler, Schindler (je 32), Freiler, Müller (je 30), Tsionanis (28), Dickgießer, Zimmermann (je 27), Buric (24), Lux (23), Bührer, Dais (je 22), Franck, Rudel, Siebrecht, Wörns (je 18), Cvetkovic (16), Meyer (15), Haun (12), Clauß, Zechel (je 7), Fellhauer, Gronbach, Wörner (je 2), Dalmus, Lässig, Trieb (je 1).

11 Spieler erzielten 35 Tore:
Freiler (10), Dais (8), Güttler, Meyer (je 3), Franck, Müller, Rudel, Schindler (je 2), Bührer, Buric, Dickgießer (je 1). – Dazu ein Eigentor von Ballwanz (Hamburger SV).

FC Homburg (22 Spieler eingesetzt):

Gundelach, Homp (je 34), Wohlert (31), Maciel (30), Jurgeleit (29), Herrmann, Hetmanski (je 28), Ellguth (26), Finke, Hoffmann (je 25), Westerbeek (24), Dittmer (20), Gerstner (19), Theiss (17), Baranowski (16), Cardoso (14), Gries, Streich (je 10), Ellmerich, Ockert (je 6), Lahm, Scherer (je 1).

11 Spieler erzielten 33 Tore:
Dittmer (8), Maciel (7), Finke, Jurgeleit (je 4), Westerbeek (3), Theiss (2), Baranowski, Gerstner, Herrmann, Hetmanski, Wohlert (je 1).

Drei bei zwei Vereinen

Für zwei Bundesligaklubs waren in der letzten Saison aktiv: Norbert Meier (Werder Bremen und Borussia Mönchengladbach), Oliver Bierhoff (Hamburger SV) und Borussia Mönchengladbach) und Demir Hotic (VfB Stuttgart und 1. FC Kaiserslautern).

2. Bundesliga 1989/90: Alle Einsätze, alle Torschützen

Hertha BSC Berlin (24 Spieler eingesetzt):

Gowitzke, Gries, Junghans (je 38), Mischke (35), Lünsmann (34), Patzke (33), Halvorsen, Jakobs (je 32), Greiser (30), Kretschmer, Niebel (je 27), Klaus (23), Holzer (15), Kurtenbach, Zernicke (je 13), Aaltonen, Kruse (je 12), Kuhlow (10), Rombach (8), Rinke (7), Unglaube (5), Täuber (4), Kaminski, Scheinhardt (je 1).

14 Spieler erzielten 65 Tore:

Gries (18), Greiser, Klaus, Kruse (je 7), Patzke (5), Halvorsen, Kretschmer (je 4), Gowitzke, Lünsmann (je 3), Kurtenbach, Mischke (je 2), Kuhlow, Rinke, Zernicke (je 1).

SG Wattenscheid 09 (22 Spieler eingesetzt):

Sobich (38), Banach, Eilenberger, Fink (je 37), Bach, Kügler, Neuhaus, Tschiskale (je 36), Emmerling (32), D. Kontny (30), Langbein (21), Buckmaier, Siewert (je 20), Jankovic (18), Hartmann (17), Ueding (8), Kollenberg (5), F. Kontny, Schmitz (je 4), Lewe, Terhaar (je 2), Mai (1).

12 Spieler erzielten 68 Tore:

Banach (22), Tschiskale (19), D. Kontny, Kügler (je 8), Bach (4), Emmerling, Fink, Hartmann, Jankovic, F. Kontny, Neuhaus, Schmitz (je 1). – Dazu je ein Eigentor von Maier (SC Freiburg) und Schön (Stuttgarter Kickers).

1. FC Saarbrücken (19 Spieler eingesetzt):

Wahlen (38), Hach, Yeboah (je 37), Fuhl, Gothe, Knoll (je 36), Pförtner (34), Jelev, Krätzer (je 33), Schlegel (31), Spyrka (25), Nushöhr (22), Kirchhoff (19), Geyer (16), Eichmann, Epp, Hönerbach (je 15), Schnürer (6), Schröder (4).

13 Spieler erzielten 57 Tore:

Yeboah (17), Krätzer, Pförtner, Schlegel (je 7), Knoll, Epp (je 4), Hach (3), Nushöhr, Spyrka (je 2), Fuhl, Geyer, Gothe, Hönerbach (je 1). – Dazu ein Eigentor von Landgraf (Rot-Weiß Essen).

Stuttgarter Kickers (21 Spieler eingesetzt):

Laukkanen, Schwartz (je 37), Schön, Wolf (je 35), Schüler (34), Imhof (33), Ossen (31), Stadler, Vollmer (je 30), Grillemeier (29), Starzmann (26), Fengler (24), Hjelm (23), Keim (22), Tattermusch (16), Grabosch (15), Bunk (11), Broß, Coveli (je 7), Brasas, Ruess (je 1).

14 Spieler erzielten 66 Tore:

Schüler (18), Vollmer (11), Grillemeier, Schwartz (je 6), Hjelm, Omhof (je 5), Wolf (4), Stadler (3), Keim, Starzmann (je 2), Bunk, Grabosch, Ossen, Schön (je 1). – Dazu je ein Eigentor von Anweiler (SpVgg Bayreuth) und Heskamp (VfL Osnabrück).

FC Schalke 04 (23 Spieler eingesetzt):

Sendscheid (38), Luginger, Prus (je 36), Anderbrügge (35), Schacht (32), Borodjuk (30), Schlipper (29), Edelmann (28), Lehmann (27), Müller (24), Ljuty (21), Kotas (20), Belarbi, Goldbaek, Herget (je 19), Flad (16), Marquardt (12), Vollack (11), Bieber, Mielers (je 8), Ruthmann (4), Kortmann (3), Wildoer (1).

12 Spieler erzielten 69 Tore:

Sendscheid (18), Borodjuk (16), Anderbrügge (12), Schacht (6), Müller (4), Goldbaek, Schlipper (je 3), Ljuty, Luginger (je 2), Bieber, Edelmann, Marquardt (je 1).

Rot-Weiß Essen (22 Spieler eingesetzt):

Pusch (37), Chmielewski, Helmig, Kurth, Landgraf (je 36), Regenbogen (34), Serr (29), Biagioli, Koch (je 26), Koniarek (24), Röber (23), Abramczik (22), Thommessen (21), Basler (20), Hayer, Ostendorf (je 19), Steiner (15), F. Kontny, Strube (je 13), Wissel (3), Wiesner (2), Rafoth (1).

12 Spieler erzielten 48 Tore:

Regenbogen (14), Helmig (11), F. Kontny, Röber (je 4), Abramczik, Koniarek (je 3), Landgraf, Serr, Thommessen (je 2), Hayer, Koch, Steiner (je 1). – Dazu ein Eigentor von Holzer (Blau-Weiß 90 Berlin).

2. Bundesliga 1989/90

2. Bundesliga 1989/90	Hertha BSC	Wattenscheid	Saarbrücken	Stuttgart	Schalke 04	RW Essen	Braunschweig	Hannover 96	BW 90 Berlin	Duisburg	SV Meppen	Münster	SC Freiburg	Fortuna Köln	Osnabrück	Darmstadt 98	Hessen Kassel	SpVgg Bayreuth	Alem. Aachen	Unterhaching	Heimbilanz Auswärtsbilanz g.	u.	v.	Tore	Pkt.	Gesamt Tore	Punkte
1. Hertha BSC	● ●	1:1 1:5	4:0 0:3	0:0 2:4	2:2 1:4	2:1 0:0	1:1 2:1	1:0 2:0	3:0 3:2	2:1 3:0	3:0 0:0	2:0 6:2	1:0 2:0	3:0 0:3	3:0 0:3	4:1 0:0	2:0 0:2	1:0 2:0	3:1 1:1	1:1 1:0	14 8	5 4	0 7	39:9 26:30	33-5 20-18	65:39	53-23
2. Wattenscheid 09	5:1 1:1	● ●	0:2 0:2	3:0 3:2	3:1 1:1	1:0 2:0	3:1 0:1	3:0 3:0	0:0 1:1	2:0 2:3	2:0 1:1	4:0 0:1	4:4 0:2	2:0 1:1	1:1 3:0	0:0 1:4	2:0 3:0	4:1 2:0	1:2 3:1	1:0 2:1	13 8	4 5	2 6	41:13 29:22	30-8 21-17	70:35	51-25
3. 1. FC Saarbrücken	3:0 0:4	2:0 2:0	● ●	1:0 0:1	2:0 2:1	2:3 2:1	0:1 0:0	2:0 0:0	1:1 1:0	1:2 1:1	4:0 0:2	1:0 0:0	2:2 4:1	2:2 1:1	7:1 1:1	1:1 0:0	3:1 0:0	0:0 2:2	0:0 1:2	6:1 1:1	10 5	6 10	3 4	40:15 18:18	26-12 20-18	58:33	46-30
4. Stuttg. Kickers	4:2 0:0	2:3 0:3	1:0 0:1	● ●	2:4 0:2	4:1 0:1	4:0 0:3	3:2 1:5	1:1 2:0	4:1 1:1	5:1 1:0	4:0 1:1	1:1 0:2	1:1 1:0	2:1 0:1	2:1 0:0	2:0 6:0	3:1 2:1	4:2 1:2	2:0 1:3	14 5	3 4	2 10	51:22 17:26	31-7 14-24	68:48	45-31
5. FC Schalke 04	4:1 2:2	1:1 1:3	1:2 0:2	2:0 4:2	● ●	1:0 0:0	1:5 2:2	1:1 2:2	2:0 1:1	1:1 3:1	2:0 2:2	0:1 1:2	2:1 3:0	3:0 1:2	4:1 1:3	3:0 2:3	2:0 0:2	2:1 1:1	3:1 4:0	3:3 1:2	12 4	4 7	3 8	38:19 31:32	28-10 15-23	69:51	43-33
6. Rot-Weiß Essen	0:0 1:2	0:2 0:1	1:2 3:2	1:0 1:4	0:0 0:1	● ●	1:0 1:1	4:3 1:4	2:1 0:2	1:1 2:2	1:1 2:3	1:1 3:1	0:1 2:1	3:3 1:1	0:0 1:1	1:0 1:2	1:0 1:0	3:0 2:1	3:1 1:0	1:1 2:0	8 7	8 4	3 8	24:17 25:29	24-14 18-20	49:46	42-34
7. E. Braunschweig	1:2 1:1	1:0 1:3	0:0 1:0	3:0 0:4	2:2 5:1	1:1 0:1	● ●	1:0 0:3	2:0 1:1	4:1 0:2	3:0 1:2	1:2 2:1	0:3 0:1	2:2 2:0	3:1 2:1	5:0 2:2	0:4 1:2	2:1 0:1	4:3 0:2	0:0 1:1	10 5	5 4	4 10	35:22 20:29	25-13 14-24	55:51	39-37
8. Hannover 96	0:2 0:1	0:3 0:3	0:0 0:2	5:1 2:3	2:2 1:1	4:1 3:4	3:0 0:1	● ●	2:0 1:1	2:2 1:2	1:0 0:1	2:1 1:0	0:0 1:1	1:1 1:2	1:1 4:1	1:1 1:1	4:0 1:0	1:1 1:1	2:0 1:2	3:0 0:0	9 3	8 6	2 10	34:16 19:27	26-12 12-26	53:43	38-38
9. BW 90 Berlin	2:3 0:3	1:1 0:0	0:1 1:1	0:2 1:1	1:1 0:2	2:0 1:2	1:1 0:2	1:1 0:2	● ●	3:0 2:2	1:1 1:1	2:1 0:2	3:1 1:0	2:0 1:1	2:1 5:2	3:1 0:3	0:1 1:1	1:0 1:6	1:0 1:2	3:2 1:1	10 2	5 8	4 9	29:18 17:34	25-13 12-26	46:52	37-39
10. MSV Duisburg	0:3 1:2	3:2 0:2	1:1 2:1	1:1 1:4	1:3 1:1	2:2 1:1	2:0 1:4	2:1 2:2	2:2 0:3	● ●	0:0 0:0	3:3 1:1	1:0 2:2	0:2 1:1	1:0 0:1	3:1 1:3	3:1 1:2	3:1 1:2	3:1 2:1	0:0 1:1	9 2	7 8	3 9	31:24 19:34	25-13 12-26	50:58	37-39
11. SV Meppen	0:0 0:3	1:1 0:2	2:0 0:4	0:1 1:5	2:2 0:2	3:2 1:1	2:1 0:3	1:0 0:1	1:1 1:1	0:0 0:0	● ●	5:1 1:2	0:0 1:6	2:2 0:3	3:1 1:1	3:0 3:3	0:1 1:1	1:1 1:1	1:1 3:1	3:1 3:1	8 2	9 7	2 10	30:16 17:41	25-13 11-27	47:57	36-40
12. Pr. Münster	2:6 0:2	1:0 0:4	0:0 0:1	1:1 0:4	2:1 1:0	1:3 1:1	1:2 2:1	0:1 1:2	2:0 1:2	1:1 3:3	2:1 1:5	● ●	0:0 2:0	0:0 5:2	1:4 2:1	1:0 2:1	1:1 0:0	2:1 1:2	2:0 1:7	2:2 0:3	7 6	7 3	5 10	22:24 23:41	21-17 15-23	45:65	36-40
13. SC Freiburg	0:2 0:1	2:0 4:4	1:4 2:2	2:0 1:1	0:3 1:2	1:2 1:0	1:0 3:0	1:1 0:0	0:1 1:3	2:2 0:1	6:1 0:0	0:2 0:0	● ●	4:1 1:1	3:1 1:3	1:2 2:2	0:1 5:2	2:0 1:3	1:1 1:0	2:3 0:0	7 4	3 9	9 6	29:27 24:25	17-21 17-21	53:52	34-42
14. Fortuna Köln	3:0 0:3	1:1 0:2	1:1 2:2	0:1 1:1	2:1 0:3	1:1 3:3	0:2 2:2	2:1 1:1	1:1 0:2	1:1 2:0	3:0 2:2	2:5 0:0	1:1 1:4	● ●	0:2 2:2	2:1 0:2	0:1 0:1	5:2 2:2	0:0 0:3	3:2 2:1	7 2	7 9	5 8	28:24 20:36	21-17 13-25	48:60	34-42
15. VfL Osnabrück	3:0 0:3	0:3 1:1	1:1 1:7	1:0 1:2	3:1 1:4	1:1 0:0	1:2 1:3	1:4 1:1	2:5 1:2	1:0 0:1	1:1 1:3	1:2 4:1	3:1 1:3	2:2 2:0	● ●	4:2 0:1	4:0 5:1	0:3 1:3	3:1 1:1	2:1 2:2	9 3	4 5	6 11	34:30 24:39	22-16 11-27	58:69	33-43
16. Darmstadt 98	0:0 1:4	4:1 0:0	0:0 1:1	0:0 1:2	3:2 0:3	2:1 0:1	2:2 0:5	1:1 1:1	3:0 1:3	3:1 1:3	3:3 0:3	1:2 0:1	2:2 2:1	2:0 1:2	1:0 2:4	● ●	0:1 0:0	3:1 0:2	1:0 0:0	1:1 0:1	9 1	8 5	2 13	32:18 11:37	26-12 7-31	43:55	33-43
17. Hessen Kassel	2:0 0:2	0:3 0:2	0:0 1:3	0:6 0:2	2:0 0:2	0:1 0:1	2:1 4:0	0:1 0:4	1:1 1:0	2:1 1:3	1:1 1:0	0:0 1:1	2:5 1:0	1:0 1:0	1:5 0:4	0:0 1:0	● ●	2:0 1:5	1:5 2:2	3:2 0:1	7 6	5 2	7 11	20:32 15:32	19-19 14-24	35:64	33-43
18. SpVgg Bayreuth	0:2 0:1	0:2 1:4	2:2 0:0	1:2 1:3	1:1 1:2	1:2 0:3	1:0 1:2	1:1 1:1	6:1 0:1	2:1 1:3	1:1 1:1	2:1 1:2	3:1 0:2	2:2 2:5	3:1 3:0	2:0 1:3	5:1 0:2	● ●	3:0 1:2	3:1 0:0	10 1	5 4	4 14	39:22 15:37	25-13 6-32	54:59	31-45
19. Alem. Aachen	1:1 1:3	1:3 2:1	2:1 0:0	2:1 2:4	0:4 1:3	0:1 1:3	2:0 3:4	2:1 0:2	2:1 0:1	1:2 1:3	1:3 1:1	7:1 0:2	0:1 1:1	3:0 0:0	1:1 1:3	0:0 0:1	2:2 5:1	2:1 0:3	● ●	2:0 2:3	9 2	4 4	6 13	31:24 21:39	22-16 8-30	52:63	30-46
20. Unterhaching	0:1 1:1	1:2 3:1	1:1 1:6	3:1 0:2	2:1 3:3	0:2 1:1	1:1 0:0	0:0 0:3	1:1 2:3	1:1 0:0	1:3 1:3	3:0 2:2	0:0 3:2	1:2 2:3	2:2 1:2	1:0 1:1	1:0 2:3	0:0 1:3	3:2 0:2	● ●	6 1	8 7	5 11	22:20 21:41	20-18 9-29	43:61	29-47

Eintracht Braunschweig (22 Spieler eingesetzt):

Hain (38), Pospich (37), Seeliger (36), Scheil, Schmidt (je 35), Buchheister (33), Gorski (31), Lellek (29), Löchelt (27), Scheike (26), Holze (22), Naumann (19), Rose (18), Aden, Dreßel, Probst, Wilke (je 14), Holdorf, Steidl (je 13), Lotz (7), Thumerer (6), Frackiewicz (5).

14 Spieler erzielten 52 Tore:

Buchheister (13), Seeliger (8), Holze (7), Aden (6), Pospich (4), Naumann (3), Lellek, Rose, Schmidt (je 2), Dreßel, Gorski, Löchelt, Probst, Steidl (je 1). – Dazu je ein Eigentor von Zschau, Dämgen (beide Alemannia Aachen) und Puszamszies (MSV Duisburg).

Hannoverscher SV 96 (25 Spieler eingesetzt):

Geils, Heisig (je 35), Sievers (34), Groth (32), Köpper (30), Sundermann (28), Kuhlmey, Surmann, Wojcicki, Prange (je 26), Bicici (25), Pagelsdorf (22), Maaloul (21), Heemsoth (20), Orkas, Radojewski (je 15), Reich (14), Marmon (13), Heidenreich (11), Eckel, Hellberg (je 10), Zimmerling (7), Dierßen (5), Nagel (4), Weiland (3).

19 Spieler erzielten 53 Tore:

Heisig (13), Reich (9), Pagelsdorf (5), Eckel, Radojewski (je 3), Heemsoth, Köpper, Maaloul, Sundermann, Weiland, Wojcicki (je 2), Bicici, Dierßen, Geils, Groth, Hellberg, Kuhlmey, Prange, Zimmerling (je 1).

Blau-Weiß 90 Berlin (26 Spieler eingesetzt):

Kutschera (37), Adler (35), Levy, Schlegel (je 34), Motzke (33), Gehrke (30), Wilbois (27), Schmidt (26), Wagner (25), Gartmann (23), Deffke (22), Dinauer, Haller, Holzer (je 20), Drabow, Schlumberger (je 17), Brefort, Kunert, Steinfurth (je 13), Timm (10), Dignaß (8), Schock (3), Albrecht, Saternus (je 3), Mösle, Wielga (je 1).

15 Spieler erzielten 46 Tore:

Adler (11), Motzke (7), Deffke, Dinauer (je 6), Brefort (3), Drabow, Holzer, Schlegel (je 2), Albrecht, Gartmann, Levy, Schlumberger, Steinfurth, Timm, Wilbois (je 1).

MSV Duisburg (22 Spieler eingesetzt):

Lienen, Macherey (je 37), Notthoff, Semlits, Steininger (je 36), Puszamszies (35), Kober, Tönnies (je 33), Woelk (32), Kessen (26), Schmidt, Thiele (je 24), Struckmann (23), Mariotti (22), Hajszan (15), Alispahic, Azzouzi (je 11), Callea, Kellermann, Telljohann, Voßnacke, Zils (je 1).

13 Spieler erzielten 50 Tore:

Kober (16), Tönnies (11), Struckmann (6), Schmidt (5), Alispahic, Notthoff, Steininger (je 2), Callea, Mariotti, Puszamszies, Semlits, Thiele, Woelk (je 1).

SV Meppen (20 Spieler eingesetzt):

Van der Pütten, Rülander (je 38), Thoben (36), Böttche, Klobke, Menke (je 34), Deters (32), Kretzschmar (30), Schulte, Vorholt (je 29), Faltin (26), Heuermann, Rusche (je 25), Rolfes (23), Sulmann (20), Bruns (16), Dlugajczyk (9), Polenski (6), Abeln (5), Kosowski (1).

12 Spieler erzielten 46 Tore:

Van der Pütten (13), Menke (10), Thoben (8), Klobke (4), Vorholt (3), Sulmann (2), Böttche, Bruns, Faltin, Heuermann, Rolfes, Rusche (je 1). – Dazu ein Eigentor von Posipal (Preußen Münster).

Preußen Münster (23 Spieler eingesetzt):

Gäher, Knauer, Posipal (je 36), Bremser, Fleige (je 35), Ptok (34), Römer, Winter (je 32), Gräbener (27), Riechmann (26), Koop (24), Terhaar (22), Geise (20), Silberbach (19), Acquah (18), Beckstedde (17), Brinkman, Revermann, Westermann (je 8), Dezelak (7), Bargfrede, Pickenäcker (je 6), Schöler (2).

12 Spieler erzielten 45 Tore:

Gäher (11), Fleige (7), Acquah, Posipal (je 6), Bremser (4), Koop, Riechmann, Silberbach, Westermann (je 2), Dezelak, Knauer, Terhaar (je 1).

SC Freiburg (22 Spieler eingesetzt):

Schweizer (37), Moutas, Schäfer, Schulz, M. Zeyer (je 35), Pfahler (33), Haas (31), Buck (28), Janz (27), A. Zeyer (26), Marsing (25), Majka (24), Bernhard (23), Lay, Maier (je 19), Trieb (14), Dum (13), Klemensz (12), Hartenbach (6), Mammana (2), Krieg, Wienhold (je 1).

Die „Ewige“ Tabelle der eingleisigen 2. Bundesliga

Verein	Sais.	Sp.	gew.	un.	verl.	Tore	Punkte
1. Alemannia Aachen	9	342	140	94	108	486:420	374–310
2. Wattenscheid 09	9	342	131	91	120	541:532	353–331
3. Fortuna Köln	9	342	130	90	122	571:550	350–334
4. Kickers Stuttgart	8	304	136	72	96	561:414	344–264
5. SC Freiburg	9	342	117	109	116	487:482	343–341
6. SV Darmstadt 98	8	304	118	81	105	459:446	317–291
7. VfL Osnabrück	8	304	108	74	122	441:486	290–318
8. Hessen Kassel	7	266	113	58	95	318:373	284–248
9. Union Solingen	8	304	98	77	129	422:533	273–335
10. Hannover 96	6	228	95	67	66	414:342	257–199
11. Rot-Weiß Essen	7	266	87	75	104	390:420	249–283
12. 1. FC Saarbrücken	6	228	89	69	70	352:324	247–209
13. Hertha BSC Berlin	6	228	84	72	72	358:308	240–216
14. Blau-Weiß 90 Berlin	5	190	75	57	58	309:258	207–173
15. Kickers Offenbach*	5	190	77	48	65	297:270	202–178
16. FC Schalke 04	4	152	71	43	38	292:182	185–119
17. MSV Duisburg	5	190	62	50	78	264:305	174–206
18. Rot-Weiß Oberhausen	5	190	61	47	82	276:301	169–211
19. Karlsruher SC	3	114	64	24	26	237:144	152–76
20. SpVgg Bayreuth	5	190	55	41	94	241:334	151–229
21. Eintracht Braunschweig	4	152	51	43	58	215:203	145–59
22. FC St. Pauli Hamburg	3	114	49	33	32	176:142	131–97
23. FC 08 Homburg	3	114	51	28	35	187:136	130–98
24. SSV Ulm 46	4	152	40	38	74	212:287	118–186
25. SV Meppen	3	114	34	39	41	157:173	107–121
26. Arminia Bielefeld	3	114	35	33	45	147:169	105–123
27. SV Waldhof Mannheim	2	76	37	22	17	134:82	96–56
28. Fortuna Düsseldorf	2	76	39	17	20	148:90	95–57
29. Viktoria Aschaffenburg	3	114	32	29	53	151:191	93–135
30. Bayer Uerdingen	2	76	33	20	23	112:101	86–66
31. BVL 08 Remscheid	3	114	30	21	63	143:237	81–147
32. SpVgg Fürth	2	76	20	26	30	116:135	66–86
33. 1. FC Nürnberg	1	38	23	4	11	71:45	50–26
34. TSV 1860 München	1	38	19	7	12	87:56	45–31
35. Preußen Münster	1	38	13	10	15	45:65	36–40
36. FC Augsburg	1	38	11	10	17	32:54	32–44
37. VfR Bürstadt	1	38	12	7	19	48:46	31–45
38. SpVgg Unterhaching	1	38	7	15	16	43:61	29–47
39. SC Charlottenburg	1	38	10	9	19	49:68	29–47
40. Tennis Borussia Berlin	1	38	10	9	19	48:73	29–47
41. FSV Mainz 05	1	38	8	13	17	44:76	29–47
42. FSV Frankfurt	1	38	9	8	21	50:86	26–50
43. Wormatia Worms	1	38	8	8	22	34:74	24–52
44. Freiburger FC	1	38	7	9	22	52:88	23–53
45. TuS Schloß Neuhaus	1	38	7	8	23	53:92	22–54
46. FSV Salmrohr	1	38	4	13	21	48:94	21–55

* Kickers Offenbach wurden aus der Saison 1984/85 zwei Pluspunkte wegen Verstoßes gegen die DFB-Auflagen abgezogen.

10 Spieler erzielten 52 Tore:
Janz, Majka, Moutas (je 11), Schweizer (9), Pfahler (3), Schulz, M. Zeyer (je 2), Bernhard, Klemensz, Trieb (je 1). – Dazu ein Eigentor von van der Pütten (SV Meppen).

Fortuna Köln (23 Spieler eingesetzt):
Hamann, Hupe, Ritter (je 37), Brandts, Niggemann (je 36), Seufert (35), Lopes (33), Bolzek (31), Hielscher (30), Gede (25), Außem (24), Rehbein (20), F. Agaciak, Jarecki (je 19), Friz (18), Hutwelker, Pasulko (je 15), Woodcock (5), Krol (4), Th. Agaciak, Engels, Lottner, Luhr (je 1).

11 Spieler erzielten 48 Tore:
Bolzek (15), Brandts (8), Hamann, Hupe, Seufert (je 4), Außem, Lopes, Pasulko (je 3), Gede (2), Friz, Rehbein (je 1).

VfL Osnabrück (22 Spieler eingesetzt):
Kellner (38), Glöde (37), Heskamp (36), Gellrich (32), Helmer (31), Schulz, Wollitz (je 31), Brinkmann, Neidhart, Twyrdy (je 30), Braathen (29), Voigt (27), Hansen (23), Zeravica (16), Pickenäcker (15), Jaschke, Bulanow (je 14), Wallenhorst (12), van den Berg (6), Jursch (4), Kühnel (2), Fremann (1).

14 Spieler erzielten 57 Tore:
Glöde (18), Wollitz (8), Neidhart, Schulz, Voigt (je 5), Gellrich (3), Brinkmann, Helmer, Heskamp, Jaschke, Pickenäcker (je 2), Hansen, Jursch, Twyrdy (je 1). – Dazu ein Eigentor von B. Schmidt (Hessen Kassel).

SV Darmstadt 98 (23 Spieler eingesetzt):
Baier, Lachmann (je 37), Blättel (35), Heß (34), Gutzler (33), Kispert (29), Gu (28), Prinzen (27), Kowalewski (26), Kloss (24), Eichenauer (23), Scholz (22), Huxhorn (21), Berg (16), Kuhl (15), Feucht, Kriz, Sittardt, Täuber (je 14), Dörr (10), Thömmes (9), Hoffmann (5), Eilers (1).

13 Spieler erzielten 41 Tore:
Blättel (15), Lachmann (6), Eichenauer, Gutzler, Kloss (je 3), Kuhl, Prinzen, Thömmes (je 2), Baier, Feucht, Gu, Heß, Kriz (je 1). – Dazu je ein Eigentor von Sobich (Wattenscheid 09) und Helmer (VfL Osnabrück).

Hessen Kassel (28 Spieler eingesetzt):
Hecking (36), Kneuer (35), Th. Schmidt, Schnell (je 34), Schmelting (32), Drube (31), B. Schmidt (29), Ruof (27), Heidenreich (26), Paavola, Raab (je 22), Schäfer (21), Koutsoliakos, Rompel (je 18), Freudenstein (16), Eymold (14), Holthuis, Mohr, Müller (je 12), Findler (10), Brück (5), Marhenke (4), Wulf (3), Jäger, Kistner, Lakies, Strunk (je 2), Conrad (1).

12 Spieler erzielten 35 Tore:
Hecking (9), Schmelting (8), Drube, Raab (je 4), Paavola (3), Findler, Freudenstein, Holthuis, Mohr, Ruof, Schäfer, Th. Schmidt (je 1).

SpVgg Bayreuth (23 Spieler eingesetzt):
Wolff (37), Grüner, Scheler (je 34), Gebhardt, Konradi (je 32), Jalocha, Schneider (je 31), von Aufseß, Gerber (je 30), Staudner (29), Wiest (27), Anweiler (20), Biernat (17), Glowatzky, Sachs, Veh (je 15), Kauper (14), Stockinger (13), Dumpert, Hübner (je 12), Wittenbeck (4), Goldammer, Stapelfeld (je 1).

18 Spieler erzielten 54 Tore:
Wolff (12), Schneider (8), Scheler, Staudner (je 5), Jalocha, Sachs (je 4), von Aufseß, Biernat, Gerber, Konradi (je 2), Dumpert, Gebhardt, Glowatzky, Hübner, Stapelfeld, Stockinger, Veh, Wiest (je 1).

Alemannia Aachen (27 Spieler eingesetzt):
Kau (37), Buschlinger, Dämgen, Delzepich (je 34), Zimmermann (32), Krella, Krisp (je 31), Trares (30), Lipka (27), Beyel (21), Bunk, Goss (je 19), Schneider, Zschau (je 18), Gresens (16), Brunner, Nelles (je 13), Rombach (12), Rousiajew (11), Jackisch, Prusik (je 10), Jelic (9), Vigna (6), Zumbe (3), Wendt (2), Korkala, Schlutter (je 1).

14 Spieler erzielten 52 Tore:
Trares (9), Beyel (8), Zimmermann, Zschau (je 6), Delzepich, Schneider (je 5), Krella (4), Lipka (3), Brunner, Bunk, Dämgen, Prusik, Rombach, Rousiajew (je 1).

SpVgg Unterhaching (23 Spieler eingesetzt):

Häfele (38), Th. Niklaus, Pfluger (je 37), Stöhr (36), Pflügler (33), Müller (32), Ruthe (29), Schmidt (27), Grosser, Leitl (je 26), Andresen, Reichel (je 22), Wasner (20), Beck (17), Betzendörfer, Schreiner (je 16), Gensch, Glaner, M. Niklaus (je 13), Meziani (8), Ehardsberger (7), Keller (3), Prestin (1).

14 Spieler erzielten 43 Tore:

Müller (10), Th. Niklaus (7), Leitl, Reichel (je 5), Wasner (3), Andresen, Gensch, Pflügler, Stöhr (je 2), Glaner, Grosser, M. Niklaus, Pfluger, Ruthe (je 1).

Sechs bei zwei Vereinen

Bei zwei Klubs der 2. Bundesliga kamen zum Einsatz: Leo Bunk (Alemannia Aachen und Stuttgarter Kickers), Robert Holzer (Blau-Weiß 90 und Hertha BSC Berlin), Helmut Rombach (Hertha BSC und Alemannia Aachen), Stefan Täuber (Hertha BSC und Darmstadt 98), Frank Kontny (Wattenscheid 09 und Rot-Weiß Essen) und Jochen Terhaar (Wattenscheid 09 und Preußen Münster).

Deutscher Supercup 1990

Bayern München – 1. FC Kaiserslautern 4:1 (4:0)

Bayern: Aumann – Augenthaler – Grahammer, Kohler, Pflügler – Reuter, Strunz, Bender (68. Sternkopf), Effenberg – Laudrup (74. Wohlfarth), Mihajlovic. – Trainer: Heynckes
1. FC Kaiserslautern: Ehrmann – Stumpf (30. Roos) – Kadlec, Lutz, Scherr (56. Hoffmann), Dooley, Ernst, Schupp, Kranz – Hotic, Kuntz. – Trainer: Feldkamp
Tore: 1:0 Reuter (6.), 2:0 Kohler (19.), 3:0 Bender (28.), 4:0 Strunz (45.), 4:1 Kuntz (62.). – Schiedsrichter: Weber (Essen). – Zuschauer: 27000 am 3. 7. 1990 in Karlsruhe.

Bundesliga-Aufstieg 1990

Automatisch: Die beiden Ersten der 2. Bundesliga, Hertha BSC Berlin (Meister) und SG Wattenscheid 09 (Zweiter).
Entscheidungsspiele des Bundesliga-Sechzehnten und des Zweitliga-Dritten um Verbleib bzw. Aufstieg:
1. FC Saarbrücken – VfL Bochum 0:1 (0:0) am 24. 5. 1990/35000.
VfL Bochum – 1. FC Saarbrücken 1:1 (0:0) am 27. 5. 1990/25000.

Aufstieg zur 2. Bundesliga

Gruppe Nord: VfB Oldenburg – TSV Havelse 5:1 (2:0) am 16. 5. und 0:0 am 2. 6.; Reinickendorfer Füchse – Arminia Bielefeld 1:2 (0:0) am 16. 5. und 0:0 am 2. 6.; Bielefeld – Oldenburg 2:2 (1:1) am 20. 5. und 0:2 (0:0) am 6. 6.; Wuppertaler SV – Reinickendorf 4:1 (1:1) am 20. 5. und 1:0 (1:0) am 6. 6.; Oldenburg – Wuppertal 3:0 (2:0) am 24. 5. und 2:1 (1:1) am 10. 6.; Havelse – Bielefeld 3:2 (2:1) am 24. 5. und 2:2 (1:2) am 10. 6.; Reinickendorf – Oldenburg 2:1 (0:0) am 27. 5. und 2:4 (1:2) am 14. 6.; Wuppertal – Havelse 2:4 (0:2) am 27. 5. und 2:3 (1:0) am 14. 6.; Havelse – Reinickendorf 3:0 (1:0) am 30. 5. und 3:2 (2:0) am 17. 6.; Bielefeld – Wuppertal 3:0 (1:0) am 30. 5. und 5:1 (4:1) am 17. 6. – **Aufsteiger: VfB Oldenburg und TSV Havelse.**

Gruppe Süd: FC Schweinfurt 05 – Rot-Weiss Frankfurt 0:0 am 20. 5. und 2:0 (2:0) am 17. 6.; SSV Reutlingen – FSV Mainz 05 0:1 (0:1) am 20. 5. und 3:2 (0:2) am 17. 6.; Mainz – Schweinfurt 2:0 (1:0) am 26. 5. und 0:1 (0:1) am 10. 6.; Frankfurt – Reutlingen 1:3 (1:1) am 27. 5. und 0:3 (0.0) am 10. 6.; Schweinfurt – Reutlingen 3:1 (1:0) am 2. 6. und 1:1 (1:1) am 6. 6.; Frankfurt – Mainz 1:2 (0:0) am 2. 6. und 1:3 (0:2) am 6. 6. – **Aufsteiger: FSV Mainz 05 und FC Schweinfurt 05.**

Die Spiele um den DFB-Vereinspokal 1989/90

1. Hauptrunde (18.–20. 8., 29./30. 8. 1989)
18. 8.: VfL Bückeburg – Eintracht Braunschweig 0:2 (0:0), Rot-Weiss Frankfurt – SV Waldhof Mannheim 0:1 (0:1), Arminia Hannover – FC 08 Homburg 2:1 (1:0), FC St. Pauli Hamburg – Werder Bremen 1:2 (0:0), Kickers Offenbach – Bayer Uerdingen 2:1 (1:0), **19. 8.:** VfR Sölde – 1. FC Köln in Holzwickede 0:3 (0:2), Eintracht Frankfurt – Bayern München 0:1 (0:1), Hamburger SV – MSV Duisburg 2:4 (1:1), Hannover 96 – Borussia Mönchengladbach 0:3 (0:1), VfL Wolfsburg – VfB Stuttgart 1:3 (0:3), Bayer Leverkusen Amat. – 1. FC Kaiserslautern 0:1 (0:1), Hertha Zehlendorf – 1. FC Nürnberg 0:4 (0:0), SpVgg Plattling – Fortuna Düsseldorf 1:2 (1:0, 1:1) n. V.,

1. FC Saarbrücken – SV Meppen 3:1 (0:0), Rot-Weiß Essen – Wattenscheid 09 1:2 (0:1), VfL Osnabrück – Schalke 04 3:1 (0:0, 1:1) n. V., SV Langenau – Kickers Stuttgart 0:6 (0:4) SC Jülich 1910 – Blau-Weiß 90 Berlin 2:2 (1:1, 1:1) n. V., Wiederholung 29. 8. 1:0 (1:0) für Blau-Weiß, FC Wangen-Darmstadt 98 0:3 (0:2), 1. FC Pforzheim – SpVgg Bayreuth 4:1 (1:1), FC Schweinfurt 05 – Altona 93 1:0 (0:0), TSG Pfeddersheim – VfB Gaggenau 2:0 (2:0), SC Geislingen – TSV München 1860 0:3 (0:1), SV Edenkoben – Saar 05 Saarbrücken 1:0 (0:0), Borussia Dortmund – Fortuna Köln 3:0 (2:0), SV Wiesbaden – VfL Bochum 0:2 (0:0), **20. 8.:** Werder Bremen Amat. – Bayer Leverkusen 1:4 (1:4), Union Solingen – SC Freiburg 1:3 (0:0, 1:1) n.V., FC Gütersloh – Hertha BSC Berlin 1:1 (1:1, 1:1) n.V., Wiederholung 30. 8. 1:0 (0:0) für Gütersloh, FSV Salmrohr – TuS Hoisdorf 1:3 (1:1), Viktoria Aschaffenburg – Karlsruher SC 2:6 (0:3), FSV Mainz 05 – Alemannia Aachen 2:0 (0:0).

2. Hauptrunde (23./24. 9. 1989)
23. 9.: Borussia Mönchengladbach – 1. FC Nürnberg 4:1 (2:1), Bayern München – SV Waldhof Mannheim 2:0 (1:0), SC Freiburg – Karlsruher SC 1:2 (0:2), Darmstadt 98 – Bayer Leverkusen 1:0 (1:0), Kickers Stuttgart – Werder Bremen 2:3 (0:1), FSV Mainz 05 – 1. FC Kaiserslautern 1:3 (0:1), Borussia Dortmund – Eintracht Braunschweig 2:3 (1:2), 1. FC Pforzheim – VfL Bochum 1:0 (0:0), Arminia Hannover – 1. FC Köln 2:4 (2:3), FC Gütersloh – VfB Stuttgart 0:2 (0:0, 0:0) n.V., SV Edenkoben – MSV Duisburg 1:2 (1:1, 1:1) n.V., FC Schweinfurt 05 – Blau-Weiß 90 Berlin 4:2 (0:1), TSG Pfeddersheim – Kickers Offenbach 1:3 (1:1), TuS Hoisdorf – TSV München 1860 0:2 (0:1), **24. 9.:** Fortuna Düsseldorf – 1. FC Saarbrücken 4:0 (3:0), Wattenscheid 09 – VfL Osnabrück 0:2 (0:1).

Achtelfinale (8., 9., 10. und 11. 11. 1989)
8. 11.: TSV 1860 München – Werder Bremen 1:2 (1:1), **9. 11.:** 1. FC Kaiserslautern – 1. FC Köln 2:1 (1:0), VfB Stuttgart – Bayern München 3:0 (1:0), **10. 11.:** Kickers Offenbach – Borussia Mönchengladbach 1:0 (0:0, 0:0) n.V., **11. 11.:** FC Schweinfurt 05 – Eintracht Braunschweig 0:2 (0:1), 1. FC Pforzheim – Fortuna Düsseldorf 1:3 (0:0), MSV Duisburg – Darmstadt 98 4:1 (2:0), VfL Osnabrück – Karlsruher SC 3:2 (1:1).

Viertelfinale (12./13. 12. 1989, 17. 2., 13. 3. 1990)
12. 12.: Werder Bremen – VfB Stuttgart 3:0 (3:0), 1. FC Kaiserslautern – Fortuna Düsseldorf 3:1 (2:1), **13. 12.:** Eintracht Braunschweig – VfL Osnabrück 3:2 (2:0), **17. 2.:** Kickers Offenbach – MSV Duisburg 1:1 (0:1, 1:1) n.V., Wiederholung 13. 3. 1990 1:0 (0:0) für Offenbach.

Halbfinale (27./28. 3. 1990)
27. 3.: Werder Bremen – Eintracht Braunschweig 2:0 (1:0), **28. 3.:** Kickers Offenbach – 1. FC Kaiserslautern 0:1 (0:0).

Endspiel am 19. Mai 1990 in Berlin:

1. FC Kaiserslautern – Werder Bremen 3:2 (3:0)

1. FCK: Ehrmann – Foda – Stumpf, Friedmann (57. Lutz) – Scherr, Schupp (77. Roos), Hotic, Dooley, Lelle – Labbadia, Kuntz. – Trainer: Feldkamp.
Werder: Reck – Bratseth – Borowka (52. Burgsmüller), Otten – Wolter (35. Neubarth), Votava, Harttgen, Eilts, Hermann – Riedle, Rufer. – Trainer: Rehhagel.
Tore: 1:0 Labaddia (19., 26.), 3:0 Kuntz (30.), 3:1 Neubarth (54.), 3:2 Burgsmüller (72.). – Schiedsrichter: Neuner (Leimen). – Zuschauer: 76391.

Die Spiele um den Amateur-Länderpokal der Herren 1989/90

Gruppe 1: 19. 9.: Niedersachsen – Berlin 1:2 (1:1) in Helmstedt, Südwest – Saarland 0:2 (0:1) in Ramstein, 21. 10.: Südwest – Berlin 4:0 (2:0) in Hemmersdorf, Saarland – Niedersachsen 5:1 (1:0) in Dillingen, 22. 10.: Saarland – Berlin 4:1 (1:0) in Schiffweiler, Südwest – Niedersachsen 4:1 (1:0) in Lebach. – **Gruppensieger:** Saarland, 2. Südwest, 3. Berlin, 4. Niedersachsen.

Gruppe 2: 19. 9.: Hamburg – Schleswig-Holstein 4:2 (0:0) in Hamburg, 20. 9.: Hessen – Rheinland 0:0 in Limburg, 21. 10.: Schleswig-Holstein – Hessen 1:1 (0:1) in Schleswig, Rheinland – Hamburg 2:3 (1:2) in Kappeln, 22. 10.: Schleswig-Holstein – Rheinland 4:2 (4:2), Hamburg – Hessen 4:2 (2:0) in Kropp. – **Gruppensieger:** Hamburg, 2. Schleswig-Holstein, 3. Hessen, 4. Rheinland.

Gruppe 3: 19. 9.: Württemberg – Baden 1:2 (1:1) in Beilingen, Bremen – Mittelrhein 1:1 (0:0) in Bremen, 21. 10.: Mittelrhein – Württemberg 3:0 (2:0) in Geilenkirchen, Baden – Bremen 2:5 (1:3)

IM FÜNFTEN ANLAUF hat's geklappt: 1. FC Kaiserslautern Pokalsieger 1990. Stehend v. l.: Co-Trainer Hollmann, Trainer Feldkamp, Schupp, Lutz, Labbadia, Lelle, Foda, Wiezik, Friedmann, Stumpf, vorn v. l.: Hoos, Roos, Scherr, Serr, Kuntz, Ehrmann, Hotic, Dooley. Foto: Hartung

in Düren, 22. 10.: Mittelrhein – Baden 0:3 (0:2) in Troisdorf, Bremen – Württemberg 1:3 (1:2) in Bad Honnef. – **Gruppensieger:** Baden, 2. Bremen, 3. Mittelrhein, 4. Württemberg.

Gruppe 4: 19. 9.: Bayern – Südbaden 4:0 (1:0) in Vestenbergsgreuth, Niederrhein – Westfalen 1:3 (1:0) in Essen, 21. 10.: Westfalen – Bayern 1:4 (1:2) in Greffern, Südbaden – Niederrhein 1:4 (0:3) in Gaggenau, 22. 10.: Südbaden – Westfalen 2:1 (1:0) in Kuppenheim, Bayern – Niederrhein 2:2 (2:1) in Durmersheim. – **Gruppensieger:** Bayern, 2. Niederrhein, 3. Westfalen, 4. Südbaden.

Endspiel am 26. November 1989 in Grünberg:

Bayern – Baden 3:0 (1:0)

Bayern: Hillringhaus (Türk Gücü München) – Beierlorzer (TSV Vestenbergsgreuth) – Wolke (1860 München), Dörr (FC Augsburg) – Windsperger (1860 München), Zeiler (1. FC Amberg), Renner (FC Augsburg), Aigner, Daschner (ab 63. Nielsen, alle Bayern München) – Mayer (FC Memmingen, ab 55. Häcker, Schweinfurt 05), Osterkamp (Bayern München).

Baden: Reiser (SV Sandhausen) – Scharinger (Karlsruher SC) – Werni (FV 09 Weinheim), Kastner (KSC) – Schmitt (VfR Mannheim, ab 46. Kirchstetter, 1. FC Pforzheim), Merx, Streichsbier, Scholl (alle KSC), Baumann (FC 09 Weinheim) – Friedberger (VfR Mannheim), Bernhardt (SV Sandhausen).

Tore: 1:0, 2:0 Renner (29., 75./Foulelfmeter), 3:0 Nielsen (84.). – Schiedsrichter: Strigel (Tuttlingen). – Zuschauer: 500.

Deutsche Amateur-Fußballmeisterschaft 1990

Vorrunde: SpVgg Bad Homburg – Rheydter SpV 1:0 (0:0) am 19. 5. und 1:3 (1:0) am 24. 5.; TSV 1860 München – FSV Salmrohr 1:1 (0:1) am 19. 5. und 2:4 (2:1) am 24. 5.; TuS Paderborn-Neuhaus – TuS Hoisdorf 2:1 (1:1) am 20. 5. und 2:1 (1:0, 1:0) n. V. am 24. 5.; Karlsruher SC Amat. – Hertha Zehlendorf 5:1 (1:1) am 20. 5. und 2:1 (2:1) am 24. 5.

Vorschlußrunde: TuS Paderborn-Neuhaus – FSV Salmrohr 3:1 (1:0) am 27. 5. und 0:3 (0:0) am 2. 6.; Rheydter SpV – Karlsruher SC Amat. 1:1 (1:1) am 27. 5. und 2:0 (1:0) am 2. 6.

Endspiel am 10. Juni 1990 in Salmrohr:

FSV Salmrohr – Rheydter SpV 2:0 (1:0)

FSV: Kieren – Plath – Schömann, Henkes – Schu, Poltrock, Brittner, Herres (76. Irmisch), Alves-Silva – Thiel (87. U. Linz), P. Linz. – Trainer: Hoor.

RSV: Busch – Hammerschlag – Jansen, Günter (60. Stapel) – Vieten, Jung, Addo, Pufahl (60. Müffler), Scheulen – Buschmann, Vossen. – Trainer: Schleuter.

Tore: 1:0 Thiel (42.), 2:0 Plath (85.). – Schiedsrichter: Correll (Heilbronn). – Zuschauer: 3000.

Deutsche A-Junioren-Meisterschaft U 18 1990

Vorrunde (alle Hinspiele 10. 6., alle Rückspiele 17. 6.): Hertha Zehlendorf – Hamburger SV 2:0 (1:0) und 2:1 (0:1); VfB Kiel – Hannover 96 1:0 (1:0) und 4:5 (2:3)/5:4 im 11-m-Schießen; Werder Bremen – Bayer Leverkusen 0:2 (0:1) und 1:2 (1:0); Eintracht Trier – Borussia Dortmund 0:2 (0:1) und 1:3 (0:1); SV Waldhof Mannheim – Eintracht Frankfurt 0:0 und 1:1 (0:1)/3:5 im 11-m-Schießen; FC 08 Homburg – VfB Stuttgart 0:6 (0:2) und 3:6 (0:4); Bayer Uerdingen – 1. FC Kaiserslautern 1:0 (1:0) und 1:2 (0:1)/2:4 im 11-m-Schießen; SC Freiburg – FC Augsburg 0:1 (0:0) und 0:3 (0:0).

Zwischenrunde (alle Hinspiele 20. 6., alle Rückspiele 24. 6.): Zehlendorf – Kiel 8:2 (3:2) und 5:0 (2:0); Leverkusen – Dortmund 1:0 (0:0) und 0:1 (0:0, 0:0)/3:5 im 11-m-Schießen; Frankfurt – Stuttgart 2:3 (0:2) und 0:4 (0:1); Kaiserslautern – Augsburg 2:0 (0:0) und 2:1 (0:0).

Vorschlußrunde (27. 6. und 1. 7.): Zehlendorf – Dortmund 3:0 (1:0) und 0:3 (0:1)/4:3 im 11-m-Schießen; Stuttgart – Kaiserslautern 3:1 (0:0) und 3:0 (1:0).

Endspiel am 8. Juli 1990 in Berlin:

Hertha Zehlendorf – VfB Stuttgart 1:5 (1:3)

Zehlendorf: Sommer – Kohlbuch (50. Mazzucato) – Schleite, Tolle – Fulmek, Gatti, Polat, Braun, Bäron – Block, Lehmann (50. Kirtas). – Trainer: Przesdzing.

FSV SALMROHR deutscher Amateurmeister 1990. Stehend v. l.: Trainer Hoor, Thiel, P. Linz, Kieren, Dockter, U. Linz, Irmisch, Plath, Trainer Berg, 1. Vors. Rauen, 2. Vors. Jondral, unten v. l.: Brittner, Herres, Alves-Silva (liegend), A. Schu, Henkes, Poltrock, Schömann.

Foto: von Fumetti

Stuttgart: Sick, Santelli – Papadopoulos, Posch – Endress (64. Thomas Schneider), Obeida, Otto, Trunkl, Krinke – Kosztovics (68. Kienle), Beierle. – Trainer: Philipp.

Tore: 0:1 Beierle (11.), 0:2 Eigentor Kolbuch (13.), 0:3 Krinke (28.), 1:3 Block (30.), 1:4 Krinke (54.), 1:5 Kienle (76.). – Schiedsrichter: Heitmann (Drentwede). – Zuschauer: 1400.

Deutsche B-Junioren-Meisterschaft U 16 1990

Vorrunde (Hinspiele 10. 6., Rückspiele 17. 6.): Bramfelder SV – Bayer Uerdingen 1:1 (0:1) und 1:2 (0:2), VfB Kiel – SC Siemensstadt Berlin 0:4 (0:2) und 0:2 (0:2), Borussia Dortmund – Werder Bremen 2:2 (0:1) und 0:5 (0:2), FC 08 Homburg – 1. FC Nürnberg 0:5 (0:2) und 0:8 (0:3), KSV Baunatal – SV Waldhof Mannheim 1:2 (1:0) und 1:2 (1:1), FV Offenburg – Spfrde. Eisbachtal/Heilberscheid 1:0 (1:0) und 2:0 (1:0), 1. FC Köln – Hannover 96 3:0 (2:0) und 0:0/ 16. 6., VfB Stuttgart – 1. FC Kaiserslautern 1:1 (1:1) und 3:1 (2:1)/16. 6.

Zwischenrunde (24. 6. und 1. 7.): Köln – Uerdingen 3:1 (2:0) und 1:3 (1:0)//8:7 im 11-m-Schießen, Siemensstadt – Werder 0:0 und 3:2 (0:2), Nürnberg – Waldhof 6:1 (3:1) und 1:0 (1:0), Offenburg – Stuttgart 1:9 (1:3)/23. 6. und 1:7 (0:4).

Vorschlußrunde (8. und 15. 7.): Nürnberg – Stuttgart 1:1 (1:0) und 1:2 (0:1), Köln – Siemensstadt 3:0 (2:0) und 0:1 (0:1).

Endspiel am 22. Juli 1990 in Köln:

1. FC Köln – VfB Stuttgart 2:1 (0:0),

Köln: Sömezoglu – Ploeger – Chang, Schmitt – Carl, Bodelier, Jöres, Jores, (58. Kötting), Koob (69. Biechmann) – Thiam, Lenhart. – Trainer: Schaefer.

Stuttgart: Grillowitzer – Karastergios – Bokowitz (62. Schwab), Keckeisen – Ziegler, Maginot, Nikolajwicz, Reis, Bittmann – Leber (48. Martika), Sobotzik. – Trainer: Mosthaf.

Tore: 1:0 Bodelier (38.), 2:0 Lenhart (58.), 2:1 Reis (68.). – Schiedsrichter: Prengel (Düsseldorf). – Zuschauer: 4500.

DFB-Jugend-Kicker-Pokal 1990 der U 18

Vorrunde (10. 6.): Rheydter SpV – TuS Schwachhausen 2:3 (1:3), VfL Bochum – Viktoria Köln 10:1 (7:0), Itzehoer SV – Lüneburger SK 0:3 (0:2), Kickers Stuttgart – Spvgg. Andernach 2:1 (1:0), TSV München 1860 – SV Sandhausen 2:2 (0:0, 1:1) n. V./2:4 im 11-m-Schießen, SV Fraulautern – Wormatia Worms 1:2 (0:1), 12. 6.: SC Siemensstadt Berlin – Spvgg. Blankenese 0:0 n. V./1:3 im 11-m-Schießen, Darmstadt 98 – FC Villingen 0:0 n. V./3:4 im 11-m-Schießen.

Zwischenrunde (17.6.): TUS Schwachhausen – VfL Bochum 0:3 (0:2), Spvgg. Blankenese – Lüneburger SK 0:1 (0:1), FC Villingen – Kickers Stuttgart 1:2 (1:0), SV Sandhausen – Wormatia Worms 5:1 (2:0).

Vorschlußrunde (24. 6.): VfL Bochum – Lüneburg 1:1 (0:0, 1:1) n. V./5:6 im 11-m-Schießen, Kikkers – Sandhausen 5:0 (3:0).

Endspiel am 29. Juli 1990 in Stuttgart:

Kickers Stuttgart – Lüneburger SK 3:0 (1:0)

Kickers: Kukulinus – Kleyer – Straubmüller, Straube – Lösch, Skibowski, Ziller, Hübner, Ströbel – Kolb, Bobic (79. Intemperante). – Trainer: Rommel.

LSK: Schulmann – Kern – Cordes, Ebrecht – Rölcke, Walter, Jörn Sieben, Heiko Sieben, Hoffmann – Lohmann (63. Baumgarten), Sellmer (73. Meyer). – Trainer: Wiebe.

Tore: 1:0 Skibowski (31.), 2:0 Lösch (62.), 3:0 Ziller (66.). – Schiedsrichter: Föckler (Weisenheim). – Zuschauer: 600.

DFB-Jugend-Länderpokal 1989/90

Vorrunden 8.–10. 9. 1989 in Duisburg, Endrunde 25./26. 11. in Grünberg

Gruppe A: Niederrhein – Rheinland 1:0 (0:0), Hessen – Bayern 0:3 (0:0),Niederrhein – Hessen 0:0, Rheinland – Bayern 0:1 (0:1), Niederrhein – Bayern 1:1 (0:0), Rheinland – Hessen 2:0 (0:0). – **Gruppensieger:** Bayern, 2. Niederrhein, 3. Rheinland, 4. Hessen.

TSV SIEGEN deutscher Fußballmeister der Damen 1990. Diesen Titel holte sich die Mannschaft bereits 1987 und war außerdem zwischen 1986 und 1989 viermal hintereinander Vereinspokalsieger, somit die erfolgreichste Damenmannschaft mit sechs Titeln in fünf Jahren.

Foto: Schaumann

Gruppe B: Hamburg – Württemberg 1:2 (0:1), Saarland – Schl. Holstein 0:0, Hamburg – Saarland 5:1 (1:1), Württemberg – Schl. Holstein 2:1 (1:1), Hamburg – Schl. Holstein 1:1 (1:0), Württemberg – Saarland 3:0 (3:0). – **Gruppensieger:** Württemberg, 2. Hamburg, 3. Schl. Holstein, 4. Saarland.

Gruppe C: Niedersachsen – Berlin 0:2 (0:1), Westfalen – Südwest 1:0 (0:0), Niedersachsen – Westfalen 0:2 (0:2), Berlin – Südwest 3:0 (2:0), Berlin – Westfalen 1:0 (1:0), Niedersachsen – Südwest 0:0. – **Gruppensieger:** Berlin, 2. Westfalen, 3. Niedersachsen, 4. Südwest.

Gruppe D: Bremen – Baden 2:3 (1:2), Südbaden – Mittelrhein 3:3 (2:1), Baden – Mittelrhein 1:3 (0:0), Bremen – Südbaden 0:2 (0:2), Bremen – Mittelrhein 4:5 (1:2), Baden – Südbaden 0:0. – **Gruppensieger:** Mittelrhein, 2. Südbaden, 3. Baden, 4. Bremen.

Vorschlußrunde: Bayern – Württemberg 0:0/6:7 im Elfmeterschießen, Berlin – Mittelrhein 2:0 (0:0).

Um den 3. Platz: Bayern – Mittelrhein 2:2 (1:1)/3:1 im Elfmeterschießen.

Endspiel am 26. November 1989 in Gründberg:

Württemberg – Berlin 2:0 (0:0)

Deutsche Damen-Fußballmeisterschaft 1990

Vorrunde (Hinspiele alle 20./24. 5., alle Rückspiele 27. 5.): 1. FC Neukölln – VfR 09 Saarbrücken 1:2 (0:1)/20. 5. und 1:4 (0:3); TuS Niederkirchen – SSV Schmalfeld 1:0 (0:0)/20. 5. und 2:3 (1:1, 1:2) n. V. 1:3/3:5 im 11-m-Schießen; VfL Sindelfingen – SC Klinge-Seckach 1:0 (1:0)/20. 5. und 4:0 (2:0); SSG Bergisch Gladbach – KBC Duisburg 3:2 (2:1)/20. 5. und 2:2 (1:1); TSV Siegen – TuS Binzen 3:0 (2:0)/20. 5. und 1:0 (0:0); Bayern München – Polizei Bremen 4:0 (3:0)/24. 5. und 3:0 (3:0); FSV Frankfurt – SC Bad Neuenahr 8:0 (3:0)/24. 5. und 6:1 (3:0); Lorbeer Rothenburgsort/Hamburg – VfR Eintracht Wolfsburg 0:2 (0:2)/24. 5. und 1:2 (0:1).

Zwischenrunde (Hinspiel am 3./4. 6., Rückspiele alle 10. 6.): FSV Frankfurt – TSV Siegen 1:2 (0:0)/4. 6. und 1:1 (0:1); VfR 09 Saarbrücken – Bayern München 0:0/3. 6. und 1:2 (0:1); VfL Sindelfingen – VfR Eintracht Wolfsburg 4:1 (1:1)/4. 6. und 1:2 (0:1); SSV Schmalfeld – SSG Bergisch Gladbach 0:5 (0:2)/3. 6. und 0:2 (0:1).

Vorschlußrunde (Hinspiele 14. 6., Rückspiele 17. 6.): TSV Siegen – VfL Sindelfingen 2:0 (0:0) und 1:1 (0:1); Bayern München – SSG Bergisch Gladbach 2:1 (1:0) und 0:1 (0:0, 0:1) n. V./3:4 im 11-m-Schießen.

Endspiel am 24. Juni 1990 in Siegen:

TSV Siegen – SSG Bergisch Gladbach 3:0 (2:0)

TSV: Neuser – Kozany – Sänger, Raith – Wiese, Henkel, Hennecke, Czyganowski (51. Neid), Knieper – Voß, Fitzner (51. Kern). – Trainer: Neuser.
SSG: Goller – Landers – Bünger, Klinz, Degwitz – Trauschke, Dahl, Meyer, Fehrmann – Ruppaner, Koser (60. Schulz). – Trainer: Trabant.
Tore: 1:0, 2:0 Voß (11., 19.), 3:0 Hennecke (63.). – Schiedsrichter: Berg (Konz). – Zuschauer: 3700.

DFB-Vereinspokal für Damen 1989/90

Achtelfinale: 2. 9.: VfR 09 Saarbrücken – TuS Wörrstadt 3:0 (1:0), **3. 9.:** TuS Ahrbach – Grün Weiß Braunweiler 1:2 (0:1), VfR Eintracht Wolfsburg – VfL Sindelfingen 1:3 (0:0), Spvgg. Wiehre – 1. FC Neukölln 6:2 (2:1), KBC Duisburg – FSV Frankfurt 3:5 (1:2), SC Poppenbüttel – SSV Schmalfeld 0:3 (0:1), SC Klinge Seckach – Polizei SV Bremen 6:0 (2:0), Bayern München – TSV Siegen 1:1 (0:0, 1:1) n.V., Wiederholung am 24. 9. 1:1 (0:0, 1:1) n.V., Bayern 5:3 – Sieger im Elfmeterschießen.
Viertelfinale: 14. 10.: SSV Schmalfeld – VfR 09 Saarbrücken 0:2 (0:2), **15. 10.:** FSV Frankfurt – Spvgg. Wiehre 10:0 (6:0), SC Klinge Seckach – Bayern München 1:2 (1:1), VfL Sindelfingen – Grün Weiß Brauweiler 0:1 (0:0).

FSV FRANKFURT Damenpokalsieger 1990. Hinten v. l.: Trainerin Koch-Emsermann, Senkler, Birkenbach, Pohlmann, Bornschein, Weisel, 1. Reihe v. l.: Heinrich, Leisegang, Kraus, Schreder, Mink, unten v. l.: Walter, Mantel, König, Harvey, Unsleber, Maier.
Foto: Moenkebild

Halbfinale: 14. 4.: VfR 09 Saarbrücken – FSV Frankfurt 1:1 (0:1, 1:1) n.V., Wiederholung 21. 4. 3:2 (2:0, 2:2) n.V., für den FSV, **16. 4.:** Grün Weiß Brauweiler – Bayern München 0:1 (0:0).

Endspiel am 19. Mai 1990 in Berlin:

FSV Frankfurt – Bayern München 1:0 (1:0)

FSV: Harvey – Heinrich – Stumpf, Unsleber, K. Pohlmann – König, Mantel, D. Pohlmann, Bornschein – Walter (78. Birkenbach), Mink (70. Rotard). – Trainer: Koch-Emsermann.

Bayern: Friedrich – Übelhör – Paul, Oljknik – Bindl, Wiest, Weis, Steinbrunner – Walden (68. Becker), Grom, Yamak. Trainer: Doll.

Tore: 1:0 Walter (20.). – Zuschauer: 15000 (später 45000, da Vorspiel zum Herrenfinale). – Schiedsrichter: Krug (Gelsenkirchen).

Die Spiele um den Amateur-Länderpokal der Damen 1989/90

Gruppe 1: 15. 9.: Saarland – Berlin 5:0 (0:0) in Saarbrücken, Schleswig-Holstein – Niedersachsen 3:1 (2:1) in Malente, 4. 11.: Saarland – Schl.-Holstein 3:1 (2:1) in Berlin, Berlin – Niedersachsen 0:4 (0:3) in Berlin, 5. 11.: Saarland – Niedersachsen 0:1 (0:0) in Berlin, Berlin – Schl. Holstein 3:5 (1:2) in Berlin. – **Gruppensieger:** Saarland, 2. Niedersachsen, 3. Schl. Holstein, 4. Berlin.

Gruppe 2: 14. 9.: Rheinland – Baden 0:1 (0:1) in Emmelshausen, 15. 9.: Südbaden – Mittelrhein 2:0 (1:0), 4. 11.: Südbaden – Rheinland 1:0 (0:0) in Hennef, Mittelrhein – Baden 0:1 (0:0) in Mariadorf, 5. 11.: Südbaden – Baden 0:1 (0:0) in Hennef, Mittelrhein – Rheinland 3:1 (1:0) in Rheinbach. – **Gruppensieger:** Baden, 2. Südbaden, 3. Mittelrhein, 4. Rheinland.

Gruppe 3: 14. 9.: Hessen – Württemberg 1:1 (1:1) in Gelnhausen, 15. 9.: Niederrhein – Bayern 2:3 (2:0) in Wuppertal, 4. 11.: Hessen – Niederrhein 4:2 (3:1) in Waiblingen, Württemberg – Bayern 2:1 (0:1) in Reutlingen, 5. 11.: Hessen – Bayern 4:1 (2:0) in Neustadt, Württemberg – Niederrhein 1:0 (1:0) in Sindelfingen. – **Gruppensieger:** Hessen, 2. Württemberg, 3. Bayern, 4. Niederrhein.

Gruppe 4: 15. 9.: Hamburg – Südwest 1:1 (1:0) in Hamburg, Bremen – Westfalen 1:5 (1:1) in Bremen, 4. 11.: Bremen – Hamburg 0:1 (0:0) in Siegen, Westfalen – Südwest 5:1 (2:1) in Siegen, 5. 11.: Bremen – Südwest 0:4 (0:1), in Olpe, Westfalen – Hamburg 5:0 (2:0) in Siegen. – **Gruppensieger:** Westfalen, 2. Südwest, 3. Hamburg, 4. Bremen.

Vorschlußrunde: 31. 3. 1990 in Kirchhard: Baden – Westfalen 1:2 (1:0/1:1), in Pfaffengrund: Hessen – Saarland 3:2 (3:1).

Um den dritten Platz am 1. 4. 1990 in Laudenbach: Saarland – Baden 2:1 (0:1).

Endspiel am 1. 4. 1990 in Laudenbach:

Westfalen – Hessen 0:4 (0:2)

Westfalen: Gisela Lepack (VfB Rheine) – Iris Hennecke, Manuela Kozany, ab 41. Min. Meike Fitzner, Edith Kern (alle TSV Siegen), Ursula Landwehr (VfB Rheine), Sissy Raith (TSV Siegen), Claudia Sonn (SC Husen-Kurl), Melanie Träger (SV Brackel), Manuela Weckler, ab 41. Min. Anja Willkomm (beide SG Wattenscheid), Birgit Wiese (TSV Siegen), Karin Witton (VfB Rheine).

Hessen: Mary Harvey – Daniela Stumpf, Britta Unsleber, Carmen Birkenbach (alle FSV Frankfurt) ab 64. Min. Elke Jannermann (TSV Battenberg), Andrea Heinrich, Gaby König, Dagmar Pohlmann (alle FSV Frankfurt), Birgit Austermühl (FSC Lohfelden), Annette Hamacher (SKG Frankfurt) ab 55. Min. Stefanie Jones-Fields (SG Praunheim), Birgit Funk (TSV Münchhausen), Gabi Mink (FSV Frankfurt).

Tore: 0:1 Gaby König (3.), 0:2 Annette Hamacher (9.), 0:3 Stefanie Jones-Fields (56.), 0:4 Britta Unsleber (68.) – Schiedsrichter: Herbert Eli (Idar-Oberstein). – Zuschauer: 1000.

Die Abschlußtabellen der Amateur- und Damen-Oberligen 1990

Berlin

1.	Reinickendorfer Füchse (M)	70:20	57–7
2.	Hertha 03 Zehlendorf	91:22	52–12
3.	Tennis Borussia	69:41	41–23
4.	SC Charlottenburg	61:53	41–23
5.	VfB Lichterfelde (N)	53:43	40–24
6.	Blau-Weiß 90	43:33	36–28
7.	Spandauer SV	46:46	33–31
8.	Türkiyemspor	55:44	31–33
9.	Hertha BSC	44:46	30–34
10.	Tasmania 73	40:50	30–34
11.	Spandauer BC	37:52	26–38
12.	Wacker 04	42:51	25–39
13.	Rapide Wedding	39:55	25–39
14.	BFC Preussen	36:52	22–42
15.	SC Siemensstadt*	39:79	19–45
16.	Frohnauer SC (N)*	29:73	17–47
17.	1. Traber FC*	30:76	17–47

Aufsteiger: Marathon 02, SC Gatow.

Nord

1.	VfB Oldenburg**	72:33	48–20
2.	TSV Havelse (M)**	70:33	45–23
3.	TuS Hoisdorf	59:41	44–24
4.	VfL Wolfsburg	60:48	42–26
5.	Hamburger SV (N)	57:39	40–28
6.	SC Göttingen 05	44:29	40–28
7.	Holstein Kiel	55:47	40–28
8.	SC Norderstedt	49:36	38–30
9.	Werder Bremen	51:47	34–34
10.	FC Altona 93	62:52	31–37
11.	SpVgg 07 Göttingen	53:55	29–39
12.	Concordia Hamburg	48:54	28–40
13.	Arminia Hannover	52:72	28–40
14.	SV Wolfenbüttel	41:55	27–41
15.	VfL Herzlake	43:73	27–41
16.	Bremer SV	39:72	25–43
17.	TuS Esens (N)*	34:74	24–44
18.	FC Mahndorf*	32:61	22–46

Aufsteiger: TuS Celle, Eintracht Nordhorn, VfL Stade, SpVgg Eutin 08.

Westfalen

1.	Arminia Bielefeld	68:17	49–11
2.	TuS Paderborn-Neuhaus	58:27	43–17
3.	ASC Schöppingen	42:33	31–29
4.	DSC Wanne-Eickel	36:35	31–29
5.	VfR Sölde (N)	43:44	30–30
6.	SC Verl	41:37	29–31
7.	SpVgg Marl	50:56	29–31
8.	SpVgg Beckum (N)	34:46	29–31
9.	VfL Bochum (N)	45:43	28–32
10.	Borussia Dortmund	35:43	27–33
11.	SpVgg Erkenschwick	39:43	26–34
12.	SC Buer-Hassel	37:47	26–34
13.	VfB Rheine (N)	33:43	26–34
14.	Hammer SpVgg*	33:46	26–34
15.	FC Gütersloh*	30:45	26–34
16.	Westfalia Herne*	29:48	24–36

Aufsteiger: VfB Hüls, Rot-Weiß Lüdenscheid, FC Recklinghausen.

Nordrhein

1.	Wuppertaler SV	53:22	50–18
2.	Rheydter SV	59:41	47–21
3.	1. FC Bocholt	58:36	41–27
4.	SC Jülich 10	59:42	41–27
5.	BVL 08 Remscheid	47:31	40–28
6.	Bayer Leverkusen	52:44	38–30
7.	Hamborn 07	51:47	38–30
8.	1. FC Köln	52:34	37–31
9.	1. FC Viersen	55:48	36–32
10.	Viktoria Köln	56:48	35–33
11.	Schwarz-Weiß Essen	39:45	32–36
12.	FV Bad Honnef	46:51	30–38
13.	Spfr. Katernberg (N)	27:47	27–41
14.	Bonner SC	43:59	26–42
15.	VfB Remscheid	41:60	26–42
16.	Alemannia Aachen (N)*	60:86	25–43
17.	SC Brück	47:61	23–45
18.	Union Solingen (A)*	33:76	20–48

Aufsteiger: TuS Langerwehe, VfB Homberg. Dazu kommt aus der 2. Bundesliga Alemannia Aachen.

BVL 08 und VfB Remscheid fusionieren zu FC Remscheid.

Südwest

1.	FSV Mainz 05 (A)**	93:20	62–6
2.	FSV Salmrohr	88:23	60–8
3.	Borussia Neunkirchen	76:44	47–21
4.	FK Pirmasens	77:55	45–23
5.	Eintracht Trier	63:42	40–28
6.	Wormatia Worms	50:37	40–28
7.	SV Edenkoben (M)	45:43	36–32
8.	Südwest Ludwigshafen	48:58	33–35
9.	Hassia Bingen	38:50	32–37
10.	FSV Saarwellingen	41:47	30–38
11.	TuS Mayen (N)	38:54	30–38
12.	1. FC Saarbrücken	40:58	28–40
13.	VfL Hamm	48:65	26–42
14.	SV Geinsheim (N)	37:63	25–43
15.	FSG Schiffweiler (N)	46:73	24–44
16.	1. FC Kaiserslautern	39:60	21–47
17.	SV Leiwen*	30:57	20–48
18.	SC Birkenfeld*	31:79	14–54

Aufsteiger: SC Hauenstein, Saar 05 Saarbrükken, Spfr. Eisbachtal.

Hessen

1.	Rot-Weiß Frankfurt	91:34	52–16
2.	SpVgg Bad Homburg	84:36	49–19
3.	Kickers Offenbach (A)	60:36	45–23
4.	SV Wehen (N)	52:40	44–24
5.	VfR Bürstadt	49:44	38–30
6.	SG Hoechst	51:36	37–31
7.	Viktoria Aschaffenburg (A)	48:40	35–33
8.	FSV Frankfurt	52:51	32–36

9.	KSV Baunatal	49:54	32–36
10.	Eintracht Frankfurt	39:47	32–36
11.	Eintracht Haiger	61:66	30–38
12.	Rot-Weiß Walldorf	62:68	30–38
13.	Viktoria Sindlingen	38:52	30–38
14.	SV Wiesbaden	50:70	30–38
15.	Hessen Kassel (N)*	47:59	29–39
16.	TSV Battenberg*	45:75	25–43
17.	SG Egelsbach (N)*	41:65	23–45
18.	SG Bad Soden/Ahl (N)*	48:94	19–49

Aufsteiger: Borussia Fulda, VfL Marburg, Viktoria Griesheim.
Dazu kommt aus der 2. Bundesliga Hessen Kassel.

Baden-Württemberg

1.	Karlsruher SC (N)	63:36	45–23
2.	SSV Reutlingen (M)	60:36	45–23
3.	1. FC Pforzheim	58:37	43–25
4.	SV Schwetzingen	52:32	42–26
5.	Offenburger FV	57:42	41–27
6.	SV Sandhausen	66:52	41–27
7.	FC Marbach	56:47	41–27
8.	SpVgg 07 Ludwigsburg (N)	41:32	37–31
9.	VfB Gaggenau	48:44	32–36
10.	FV 09 Weinheim	50:53	32–36
11.	VfR Mannheim	45:50	32–36
12.	SC Geislingen	44:50	32–36
13.	SSV Ulm 46	58:55	31–37
14.	VfL Kirchheim/Teck	31:42	28–40
15.	Amicitia Viernheim (N)*	43:51	27–41
16.	FC Emmendingen (N)*	36:58	26–42
17.	VfR Aalen (N)*	33:86	19–49
18.	Freiburger FC*	28:66	18–50

Aufsteiger: VfB Stuttgart, VfB Eppingen, SC Pfullendorf, VfL Sindelfingen.

Bayern

1.	FC Schweinfurt 05**	60:27	45–15
2.	TSV 1860 München	60:25	44–16
3.	FC Augsburg	49:33	39–21
4.	TSV Vestenbergsgreuth	74:41	38–22
5.	SpVgg Weiden	40:26	35–25
6.	MTV Ingolstadt	46:44	32–28
7.	SV Türk Gücü München	34:41	28–32
8.	1. FC Amberg	45:57	28–32
9.	FC Memmingen (N)	54:53	27–33
10.	VfB Helmbrechts (N)	36:43	27–33
11.	SpVgg Plattling (N)	41:44	16–34
12.	Bayern München	46:52	26–34
13.	SpVgg Starnberg (N)*	44:67	25–35
14.	Schwaben Augsburg*	33:54	23–37
15.	FC Bayern Hof*	50:81	22–38
16.	VfL Frohnlach*	37:63	15–45

Aufsteiger: Würzburger Kickers, Jahn Regensburg, TSV Eching, SV Lohhof.
Dazu kommen aus der 2. Bundesliga SpVgg Bayreuth und SpVgg Unterhaching.

Damen-Regionalliga West

1.	TSV Siegen	66:9	39–5
2.	VfB Rheine	54:27	29–15
3.	SSG Bergisch Gladbach 09	32:16	29–15
4.	Grün-Weiß Brauweiler	51:17	28–16
5.	KBC Duisburg	41:36	27–17
6.	STV Lövenich	43:32	23–21
7.	VfB Uerdingen	28:44	21–23
8.	GSV Moers	41:46	20–24
9.	SV Dortmund-Brackel	29:44	19–25
10.	FC St. Augustin	20:51	12–32
11.	Teutonia Weiden	23:55	9–35
12.	Concordia Goch	18:69	8–36

Damen-Oberliga Nord

1.	VfR Eintracht Wolfsburg	76:18	38–6
2.	SV Wilhelmshaven	39:22	32–12
3.	Lorbeer Rothenburgsort	51:25	30–14
4.	Schmalfelder SV	43:20	30–14
5.	Fortuna Hannover	46:29	29–15
6.	Jahn Delmenhorst	44:20	24–20
7.	SC Poppenbüttel	45:35	19–25
8.	VfL Wildeshausen	34:46	19–25
9.	SV Hage	30:53	16–28
10.	PSV Bremen	26:50	16–28
11.	Rotenburger SV	20:80	7–37
12.	Spvgg Groß Flottbek	14:70	4–40

Erklärung zu den Tabellen:
M = Meister des Vorjahres
N = Neuling
A = Absteiger aus der 2. Bundesliga des Vorjahres
** = Aufsteiger in die 2. Bundesliga
* = Absteiger in die Verbands- bzw. Landesliga

TEIL II

UNSERE LÄNDERSPIELE

Die Bilanz der 567 deutschen Länderspiele

(Stand: 8. 7. 1990)

Gegner	Zahl der Spiele	Gesamtbilanz				Spiele in Deutschland			im Lande des Gegners oder neutraler Platz			WM- und EM-Endrunden Olympische Spiele		
		Siege	Unentsch.	Niederl.	Tore	Siege	Unentsch.	Niederl.	Siege	Unentsch.	Niederl.	Siege	Unentsch.	Niederl.
Ägypten	1	–	–	1	1:2	–	–	–	–	–	1	–	–	–
Albanien	8	7	1	–	23:2	4	–	–	3	1	–	–	–	–
Algerien	2	–	–	2	1:4	–	–	–	–	–	1	–	–	1
Argentinien	12	5	2	5	17:16	2	–	2	1	1	2	2	1	1
Australien	1	1	–	–	3:0	–	–	–	–	–	–	1	–	–
Belgien	17	12	1	4	42:22	4	1	1	5	–	3	3	–	–
Böhmen-Mähren	1	–	1	–	4:4	–	1	–	–	–	–	–	–	–
Brasilien	12	2	3	7	11:18	2	–	4	–	3	3	–	–	–
Bulgarien	17	15	1	1	48:16	8	–	–	6	1	1	1	–	–
Chile	6	4	–	2	11:7	1	–	–	–	–	2	3	–	–
Dänemark	19	12	2	5	44:27	7	1	1	4	1	3	1	–	1
DDR	1	–	–	1	0:1	–	–	–	–	–	–	–	–	1
England	23	7*)	4	12	28:55	3	3	5	2	–	6	2*)	1	1
Estland	3	3	–	–	11:1	2	–	–	1	–	–	–	–	–
Finnland	15	13	1	1	70:12	5	–	1	8	1	–	–	–	–
Frankreich	19	8*)	4	7	39:33	5	2	1	1	2	5	2*)	–	1
Griechenland	6	3	3	–	11:5	1	1	–	2	1	–	–	1	–
Holland	30	12	11	7	64:51	4	5	4	5	5	2	3	1	1
Republik Irland (Eire)	12	6	2	4	23:18	4	1	1	2	1	3	–	–	–
Island	2	2	–	–	8:1	–	–	–	2	–	–	–	–	–
Israel	1	1	–	–	2:0	–	–	–	1	–	–	–	–	–
Italien	22	5	7	10	28:35	2	3	3	3	1	5	–	3	2
Jugoslawien	24	14	3	7	44:29	5	3	2	4	–	4	5	–	1
Kroatien	3	3	–	–	12:2	2	–	–	1	–	–	–	–	–
Kolumbien	1	–	1	–	1:1	–	–	–	–	–	–	–	1	–

Verein. Arab. Emirate	1	1	–	–	5:1	–	–	–	1	–	–	1	–	–
Lettland	2	2	–	–	6:1	1	–	–	1	–	–	–	–	–
Luxemburg	9	8	–	1	39:9	3	–	–	4	–	1	1	–	–
Malta	6	5	1	–	26:2	3	–	–	2	1	–	–	–	–
Marokko	4	4	–	–	12:3	1	–	–	1	–	–	2	–	–
Mexiko	6	3*)	2	1	13:4	1	–	–	–	2	1	2*)	–	–
Nordirland	7	4	1	2	15:8	2	–	1	2	–	1	–	1	–
Norwegen	18	12	5	1	49:16	6	2	–	6	3	–	–	–	1
Österreich	29	16	5	8	58:47	7	3	2	6	2	4	3	–	2
Peru	1	1	–	–	3:1	–	–	–	–	–	–	1	–	–
Polen	13	9	4	–	24:7	4	2	–	4	1	–	1	1	–
Portugal	9	5	2	2	14:7	2	1	1	3	–	1	–	1	–
Rumänien	9	7	1	1	32:10	4	1	–	2	–	1	1	–	–
Saarland	2	2	–	–	6:1	1	–	–	1	–	–	–	–	–
Schottland	10	3	4	3	15:17	2	2	1	–	2	2	1	–	–
Schweden	29	10	6	13*)	50:50	6	3	4*)	2	3	8	2	–	1
Schweiz	44	31	5	8	119:57	12	3	4	16	1	3	3	1	1
Slowakei	5	4	–	1	13:5	2	–	–	2	–	1	–	–	–
Sowjetunion	12	9	–	3	36:10	4	–	1	2	–	2	3	–	–
Spanien	15	7	4	4	21:16	3	2	1	1	2	2	3	–	1
Tschechoslowakei	16	10	2	4*)	35:23	5	1	1	3	–	1	2	1	2*)
Tunesien	1	–	1	–	0:0	–	–	–	–	–	–	–	1	–
Türkei	13	10	2	1	38:7	3	1	1	5	1	–	2	–	–
Ungarn	29	10	9	10	61:60	7	4	2	2	5	6	1	–	2
Uruguay	7	4	2	1	15:8	1	1	–	1	–	–	2	1	1
Wales	8	4	4	–	14:5	2	2	–	2	2	–	–	–	–
Zypern	4	4	–	–	24:0	2	–	–	2	–	–	–	–	–
Gesamtbilanz	567	320	107	140	1289:737	145	49	44	121	43	75	54	15	21

*) Darunter ein 2:2 n. V. am 20. 6. 1976 in Belgrad gegen CSSR, ein 3:3 n. V. am 8. 7. 1982 in Sevilla gegen Frankreich, ein 0:0 n. V. am 21. 6. 1986 in Monterrey gegen Mexiko, ein 1:1 am 31. 3. 1988 in Berlin gegen Schweden und ein 1:1 am 4. 6 1990 in Turin gegen England. Die Spiele werden mit diesen Torergebnissen in allen Bilanzen gewertet, aber je nach Ausgang des Elfmeterschießens als Sieg oder Niederlage. Die Tore aus dem Elfmeterschießen zählen nicht in der Torübersicht; sie dienen lediglich der Ermittlung des Siegers.

Die Nationalmannschaften

1908: 3 Spiele: 3 Niederlagen

1 **Schweiz,** 5. 4., Basel, 3:5 verloren: Baumgarten – Hempel, Jordan – Ludwig, Hiller II, Weymar – Hensel, Förderer (1), Kipp, Becker (2), Baumgärtner – Kapitän: Hiller II. – Schiedsrichter: H. P. Devitte (Schweiz).

2 **England,** 20. 4., Berlin, 1:5 verloren: Eichelmann – Hantschick, P. Fischer – Poppe, Hiller II, Weymar – Gehrts, Neumann, Förderer (1), Matthes, Baumgärtner – K: Hiller II. – SR: P. Neumann (Deutschland).

3 **Österreich,** 7. 6., Wien, 2:3 verloren: Eichelmann – Riso I, Tänzer – Poetsch, Hiller II, Weymar – Schmidt, Garrn, Kipp (1), Jäger (1), Baumgärtner – K: Kipp – SR: G. Wagstaffe Simmons (England).

1909: 3 Spiele: 1 Sieg, 1 Unentschieden, 1 Niederlage

4 **England,** 16. 3., Oxford, 0:9 verloren: Ad. Werner – Hantschick, Massini – Ugi, Dr. Glaser, Hunder – Albrecht, Garrn, Jäger, Röpnack, Baumgärtner – K: Dr. Glaser. SR: T. Kyle (England).

5 **Ungarn,** 4. 4., Budapest, 3:3 unentschieden: Ad. Werner – Hirth, Riso I – Poetsch, Ugi (1), Hunder – Dutton, Richter, Worpitzky (2), Queck, Schulz – K: Ugi. – SR: H. Meisl (Österreich).

6 **Schweiz,** 4. 4., Karlsruhe, 1:0 gewonnen: Illmer – Dr. Nicodemus, Neumaier – Burger, Dr. Glaser, Hiller II – Schweikert, Förderer, Löble, Kipp (1), Oberle – K: Dr. Glaser. – SR: A. Sohn (Deutschland).

1910: 4 Spiele: 1 Sieg, 3 Niederlagen

7 **Schweiz,** 3. 4., Basel, 3:2 gewonnen: Riso II – Hempel, Kühnle – Burger, Trautmann, Hunder – Wegele, Hiller III (1), Löble, Kipp (2), Philipp – K: Hunder. – SR: H. P. Devitte (Schweiz).

8 **Holland,** 24. 4., Arnheim, 2:4 verloren: Chr. Schmidt – Hempel, Hollstein – Poetsch, Breunig, Unfried – Wegele, Gehrts, Fick (1), Kipp (1), Philipp – K: Chr. Schmidt. – SR: J. T. Howcroft (England).

9 **Belgien,** 16. 5., Duisburg, 0:3 verloren: Faas – Neumaier, Berghausen – Ugi, Dr. Glaser, Budzinski – Gablonsky, Schilling, Bauwens (Breynk), Reißlant, Bert (Adalbert Friedrich) – K: Dr. Glaser. – SR: H. J. Willing (Holland).

10 **Holland,** 16. 10., Kleve, 1:2 verloren: Ad. Werner – Neiße, Hense – Ugi, Bülte, Weymar – Hanssen, Schilling, Worpitzky, Umbach, Queck (1) – K: Ugi. – SR: H. Istace (Belgien).

1911: 7 Spiele: 2 Siege, 1 Unentschieden, 4 Niederlagen

11 **Schweiz,** 26. 3., Stuttgart, 6:2 gewonnen: Ad. Werner – Kühnle, Hollstein – Burger, Breunig (1), Krauß – Gablonsky, Förderer (2), Fuchs (2), Kipp (1), W. Fischer – K: Breunig. – SR: H. Istace (Belgien).

12 **England,** 14. 4., Berlin, 2:2 unentschieden: Ad. Werner – Neiße, Hempel – Burger, Ugi, Hunder – Hanssen, Hiller III, Worpitzky, Kipp, Möller (2) – K: Ugi. – SR: H. J. Willing (Holland).

13 **Belgien,** 23. 4., Lüttich, 1:2 verloren: Ad. Werner – Neiße, Hollstein – Ugi, Breunig, Burger – Hanssen, Förderer (1), Fuchs, Reiser, W. Fischer – K: Breunig. – SR: J. P. Schumacher (England).

14 **Schweden,** 18. 6., Stockholm, 4:2 gewonnen: Ad. Werner – Wiggers, Hempel – Burger, Ugi, Hunder – Dumke (3), Droz, Worpitzky, Kipp (1), Möller – K: Ugi. – SR: C. Buchwald (Dänemark).

15 **Österreich,** 9. 10., Dresden, 1:2 verloren: Ad. Werner – Röpnack, Hempel – Burger, Breunig, Hunder – Gablonsky, Hiller III, Worpitzky (1), Kipp, Möller – K: Breunig. – SR: H. J. Willing (Holland).

16 **Schweden,** 29. 10., Hamburg, 1:3 verloren: Ad. Werner – Burger, Hempel – Sorkale, Ugi, Hunder – Gablonsky, Dumke, Jäger, P. Kugler, Möller (1) – K: Ugi. – SR: H. J. Willing (Holland).

17 **Ungarn,** 17. 12., München, 1:4 verloren: Borck – Hempel, Koenen – Ugi, Knesebeck, Hunder – Wegele, Förderer, Worpitzky (1), Hirsch, Thiel – K: Ugi. – SR: H. Meisl (Österreich).

1912: 8 Spiele: 2 Siege, 2 Unentschieden, 4 Niederlagen

18 **Holland,** 24. 3., Zwolle, 5:5 unentschieden: Ad. Werner – Röpnack, Hollstein – Burger, Breunig, Gros – Wegele, Förderer, Fuchs (1), Hirsch (4), Oberle – K: Breunig. – SR: J. T. Howcroft (England).

19 **Ungarn,** 14. 4., Budapest, 4:4 unentschieden: Ad. Werner – Röpnack, Hempel – Krogmann, Ugi, Krauß – Wegele, Jäger (1), Worpitzky (1), Kipp (1), Möller (1) – K: Jäger. – SR: H. Meisl (Österreich).

20 **Schweiz,** 5. 5., St. Gallen, 2:1 gewonnen: Alb. Weber – Hempel, Neumaier – Burger, Dr. Glaser, Ugi – Wegele, Mechling (1), Löble, Kipp (1), Oberle – K: Dr. Glaser. – SR: H. P. Devitte (England).

21 **Österreich,** 29. 6. (Olymp. Fußballturnier), Stockholm, 1:5 verloren: Alb. Weber – Röpnack, Hollstein – Krogmann, Breunig, Bosch – Wegele, Jäger (1), Worpitzky, Kipp, Hirsch – K: Breunig. – SR: H. J. Willing (Holland).

22 **Rußland,** 1. 7. (Olymp. Fußballturnier), Stockholm, 16:0 gewonnen: Ad. Werner – Reese, Hempel – Burger (1), Dr. Glaser, Ugi – Uhle, Förderer (4), Fuchs (10), Oberle (1), Thiel – K: Ugi. – SR: C. J. Groothoff (Holland).

23 **Ungarn,** 3. 7. (Olymp. Fußballturnier), Stockholm, 1:3 verloren: Ad. Werner – Röpnack, Hollstein – Krogmann, Ugi, Bosch – Wegele, Förderer (1), Fuchs, Hirsch, Oberle – K: Ugi. – SR: C. J. Groothoff (Holland).

24 **Dänemark,** 6. 10., Kopenhagen, 1:3 verloren: Alb. Weber – Möller, Diemer – Ugi, Knesebeck, Bosch – Wegele, Jäger (1), Worpitzky, Kipp, Wolter – K: Ugi. – SR: H. J. Willing (Holland).

25 **Holland,** 17. 11., Leipzig, 2:3 verloren: Hofmeister – Röpnack, Diemer – Ugi, Breunig, Bosch – Wegele, Förderer, Jäger (2), Kipp, Gaebelein – K: Breunig. – SR: E. Herzog (Ungarn).

1913: 4 Spiele: 4 Niederlagen

26 **England,** 21. 3., Berlin, 0:3 verloren: Chr. Schmidt – Diemer, Möller – Völker, Edy, Jungtow – Wegele, Jäger, Löble, Kipp, Fischer – K: Jäger. – SR: H. J. Willing (Holland).

27 **Schweiz,** 18. 5., Freiburg, 1:2 verloren: Chr. Schmidt – Röpnack, Diemer – Bosch, P. Kugler, H. Schmidt – Wegele, Mechling, Fürst, Kipp (1), Hirsch – K: Kipp. – SR: C. Barette (Frankreich).

28 **Dänemark,** 26. 10., Hamburg, 1:4 verloren: J. Schneider – Röpnack, Möller – Kipp, Breunig, Schümmelfeder – Wegele, Förderer, Jäger (1), Hirsch, Zilgas – K: Breunig. – SR: H. J. Willing (Holland).

29 **Belgien,** 23. 11., Antwerpen, 2:6 verloren: J. Schneider – Röpnack, Möller – Kipp, Breunig, Schümmelfeder – Wegele (1), Jäger, Fuchs (1), Hirsch, Fischer – K: Röpnack. – SR: H. A. M. Terwogt (Holland).

1914: 1 Spiel: 1 Unentschieden

30 **Holland,** 5. 4., Amsterdam, 4:4 unentschieden: Hofmeister – Dr. W. Völker, Rokosch – Schümmelfeder, Ludewig, Bollmann – Wegele (1), Jäger (1), Harder (1), Queck (1), Fischer – K: Jäger. – SR: J. T. Howcroft (England).

1920: 3 Spiele: 1 Sieg, 2 Niederlagen

31 **Schweiz,** 27. 6., Zürich, 1:4 verloren: Stuhlfauth – Höschle, Schneider – H. Schmidt, Kalb, Riegel – Wunderlich, Harder, Jäger (1), Seiderer, Wolter – K: Jäger. – SR: L. Ballint (Ungarn).

32 **Österreich,** 26. 9., Wien, 2:3 verloren: Stuhlfauth – Mohns, Lohneis – Hagen, Tewes, Riegel – Wunderlich, Harder, Jäger, Seiderer (1), Sutor (1) – K: Jäger. – SR: L. Fehery (Ungarn).

33 **Ungarn,** 24. 10., Berlin, 1:0 gewonnen: Lohrmann – Gg. Schneider, Mohns – Krause, Tewes, Riegel – L. Flederer, Harder, Jäger (1), Popp, Forell – K: Jäger. – SR: J. Hirrle (Schweiz).

1921: 3 Spiele: 2 Unentschieden, 1 Niederlage

34 **Österreich,** 5. 5., Dresden, 3:3 unentschieden: Stuhlfauth – Mohns, Fritzsche – Riegel, Tewes, Schümmelfeder – Wunderlich, Popp (1), Seiderer (1), Träg (1), Sutor – K: Tewes. – SR: W. Eymers (Holland).

35 **Ungarn,** 5. 6., Budapest, 0:3 verloren: Stuhlfauth – Gg. Schneider, H. Müller – Marohn, Tewes, Schümmelfeder – Höger, Schnürle, Jäger, Gröner, Kreß – K: Jäger. – SR: H. Retschury (Österreich).

36 **Finnland,** 18. 9., Helsingfors, 3:3 unentschieden: Schwedler – Mohns, J. Müller – Au, Tewes, Krause – Höger, Herberger (2), Kalb (1), Hutter, Wolter – K: Tewes. – SR: E. Albihn (Schweden).

1922: 3 Spiele: 1 Sieg, 2 Unentschieden

37 **Schweiz,** 26. 3., Frankfurt a. M., 2:2 unentschieden: Lohrmann – Wellhöfer, J. Müller – Lang, Edy, Hagen – Retter, Franz (1), Seiderer (1), Hutter, Altvater – K: Seiderer. – SR: W. Boas (Holland).

38 **Österreich,** 23. 4., Wien, 2:0 gewonnen: Mauch – Edy, H. Müller – Wetzel, Kalb, Riegel – Strobel, Weißenbacher (1), Jäger (1), Träg, Sutor – K: Jäger. – SR: F. Gerö (Ungarn).

39 **Ungarn,** 2. 7., Bochum, 0:0 unentschieden: Lohrmann – H. Müller, Mohns – Flink, Tewes, H. Schmidt – Strobel, Franz, Jäger, Träg, Esser – K: Jäger. – SR: H. Retschury (Österreich).

1923: 6 Spiele: 2 Siege, 1 Unentschieden, 3 Niederlagen

40 **Italien,** 1. 1., Mailand, 1:3 verloren: Stuhlfauth – T. Kugler, J. Müller – Hagen, Lang, H. Schmidt – Wunderlich, Franz, Seiderer (1), Träg, Sutor – K: Träg. – SR: E. Stutz (Schweiz).

41 **Holland,** 10. 5., Hamburg, 0:0 unentschieden: Dr. Zörner – Risse, H. Müller – Pohl, Eikhof, Krause – Wunderlich, Lüke, Hartmann, Claus-Oehler, Maneval – K: Wunderlich. – SR: A. Björklund (Schweden).

42 **Schweiz,** 3. 6., Basel, 2:1 gewonnen: Dr. Zörner – Risse, H. Müller – H. Schmidt, Eikhof, Riegel – Montag, Sobek, Hartmann (2), Wieder, Sutor – K: Riegel. – SR: G. Mauro (Italien).

43 **Schweden,** 29. 6., Stockholm, 1:2 verloren: Dr. Zörner – Risse, H. Müller – Hagen, Popp, Riegel – Montag, Franz, Seiderer (1), Wieder, Sutor – K: Riegel. – SR: R. Smedvik (Norwegen).

44 **Finnland,** 12. 8., Dresden, 1:2 verloren: Dr. Zörner – Risse, H. Müller – Krause, Eikhof, Pohl – Leip, Lüke, Hartmann, Claus-Oehler (1), Sutor – K: Eikhof. – SR: J. Mutters (Holland).

45 **Norwegen,** 4. 11., Hamburg, 1:0 gewonnen: Stuhlfauth – Risse, Bache – H. Schmidt, Kalb, Krause – Leip, Reißmann, Harder (1), Wieder, Sutor – K: Stuhlfauth. – SR: Th. van Zwieteren (Holland).

1924: 7 Spiele: 3 Siege, 1 Unentschieden, 3 Niederlagen

46 **Österreich,** 13. 1., Nürnberg, 4:3 gewonnen: Stuhlfauth – T. Kugler, J. Müller – Hagen, Kalb, H. Schmidt – Auer (1), Franz (3), Seiderer, Wieder, Sutor – K: Seiderer. SR: E. Hebak (Tschechoslowakei).

47 **Holland,** 21. 4., Amsterdam, 1:0 gewonnen: Stuhlfauth – J. Müller, Kugler – Hagen, Kalb, H. Schmidt – Auer (1), Franz, Seiderer, Träg, Ascherl – K: Seiderer. – SR: F. Herren (Schweiz).

48 **Norwegen,** 15. 6., Christiania, 2:0 gewonnen: Stuhlfauth – Risse, T. Kugler – Lang, Kalb, H. Schmidt – Strobel, Hochgesang, Harder, Wieder (1), Sutor (1) (Krause) – K: Stuhlfauth. – SR: A. Björklund (Schweden).

49 **Schweden,** 31. 8., Berlin, 1:4 verloren: Kuhnt – Risse, Bache – Eschenlohr, Lux, Lang – Leip, Hartmann, Harder (1), Kirsei, Paulsen (Schumann) – K: Harder. – SR: F. Herren (Schweiz).

50 **Ungarn,** 21. 9., Budapest, 1:4 verloren: Stuhlfauth – Popp, Roller – Lang, Kalb, H. Schmidt – Strobel, Hochgesang, Harder (1), Bantle, Sutor – K: Harder. – SR: H. Retschury (Österreich).

51 **Italien,** 23. 11., Duisburg, 0:1 verloren: Stuhlfauth – J. Müller, T. Kugler (H. Müller) – Hagen, Kalb, H. Schmidt – Höger, Fleischmann, Herberger (Franz), Meißner, Paulsen – K: H. Schmidt. – SR: Th. van Zwieteren (Holland).

52 **Schweiz,** 14. 12., Stuttgart, 1:1 unentschieden: Stuhlfauth – Beier, J. Müller – Hagen, Kalb, H. Schmidt – Höger, Franz, Jäger, Harder (1), Paulsen – K: Jäger. – SR: J. Mutters (Holland).

1925: 4 Spiele: 2 Siege, 2 Niederlagen

53 **Holland,** 29. 3., Amsterdam, 1:2 verloren: Zolper – Beier, J, Müller-Lang, Lux, Hagen – Voß (1), Sobek, Herberger, Harder, Paulsen – K: Harder. – SR: F. Herren (Schweiz).

54 **Schweden,** 21. 6., Stockholm, 0:1 verloren: Ertl – Beier (Aug. Werner), Kutterer – Lang, Niederbacher, Martwig – Ruch, Montag, Karl Schulz, Ritter, Paulsen – K: Lang. – SR: L. Andersen (Dänemark).

55 **Finnland,** 26. 6. Helsingfors, 5:3 gewonnen: Ertl – Aug. Werner, Kutterer – Lang, Lux, Martwig – Voß (1), Montag, K. Schulz, Paulsen (3), Ruch (1) – K: Paulsen. – SR: O. Benzer (Schweden).

56 **Schweiz,** 25. 10., Basel, 4:0 gewonnen: Ertl – J. Müller, Kutterer – Lang, Köhler, H. Schmidt – Martwig, Franz, Harder (3), Hochgesang (1), Sutor – K: Harder. – SR: E. Braun (Österreich).

1926: 4 Spiele: 2 Siege, 1 Unentschieden, 1 Niederlage

57 **Holland,** 18. 4., Düsseldorf, 4:2 gewonnen: Ertl – J. Müller, Kutterer – Nagelschmitz, Köhler, Lang – Schröder, Gedlich, Harder (1), Pöttinger (3), L. Hofmann – K: Harder. – SR: L. Andersen (Dänemark).

58 **Schweden,** 20. 6., Nürnberg, 3:3 unentschieden: Stuhlfauth – Popp, Kutterer – Martwig, Köhler, Schmidt – Auer, Franz, Harder (3), Pöttinger, L. Hofmann – K: Harder. – SR: L. Andersen (Dänemark).

59 **Holland,** 31. 10., Amsterdam, 3:2 gewonnen: Ertl – J. Müller, Kutterer – Martwig (Geiger), Kalb, H. Schmidt – Scherm, Hochgesang, Harder (2), Wieder (1), Träg – K: Harder. – SR: A. J. Prince Cox (England).

60 **Schweiz,** 12. 12., München, 2:3 verloren: Ertl – Beier, Kutterer – Geiger, Köhler, H. Schmidt – Scherm (1), Hochgesang (1), Harder, Wolpers, L. Hofmann – K: Harder. – SR: J. Mutters (Holland).

1927: 3 Spiele: 1 Sieg, 1 Unentschieden, 1 Niederlage

61 **Dänemark,** 2. 10., Kopenhagen, 1:3 verloren: Ertl – Brunke, Kling – Mantel, Leinberger, Blum – Haftmann, R. Hofmann, Gedlich, Frank, Kießling (1) – K: Blum. – SR: R. Smedvik (Norwegen).

62 **Norwegen,** 23. 10., Altona, 6:2 gewonnen: Stuhlfauth – Brunke, T. Kugler – Köpplinger, Kalb (1), Martwig – Reinmann, Hochgesang (2), Pöttinger (2), R. Hofmann, L. Hofmann (1) – K: Kalb. – SR: L. Andersen (Dänemark).

63 **Holland,** 20. 11., Köln, 2:2 unentschieden: Stuhlfauth – Falk, T. Kugler – J. Weber, Kalb, Heidkamp – Reinmann, R. Hofmann, Pöttinger (2), Kuzorra, L. Hofmann – K: Kalb. – SR: A. J. Prince Cox (England).

1928: 6 Spiele: 4 Siege, 2 Niederlagen

64 **Schweiz,** 15. 4., Bern, 3:2 gewonnen: Wentorf – J. Müller, Kutterer – Knöpfle, Leinberger, Berthold – E. Albrecht (1), Hornauer (1), Pöttinger, R. Hofmann (1), L. Hofmann – K: J. Müller. – SR: S. F. Rous (England).

65 **Schweiz,** 28. 5. (Olymp. Fußballturnier), Amsterdam, 4:0 gewonnen: Stuhlfauth – Beier, H. Weber – Knöpfle, Kalb, Leinberger – E. Albrecht, Hornauer (1), Pöttinger, R. Hofmann (3), L. Hofmann – K: Kalb. – SR: W. Eymers (Holland).

66 **Uruguay,** 3. 6. (Olymp. Fußballturnier), Amsterdam, 1:4 verloren: Stuhlfauth – Beier, H. Weber – Knöpfle, Kalb, Leinberger – E. Albrecht, Hornauer, Pöttinger, R. Hofmann (1), L. Hofmann – K: Kalb. – SR: Youssef Mohammed (Ägypten).

67 **Dänemark,** 16. 9., Nürnberg, 2:1 gewonnen: Wentorf – Beier, H. Weber – Knöpfle, Leinberger, Heidkamp (1) – Reinmann, Horn, J. Schmitt, Pöttinger, L. Hofmann (1) – K: Beier. – SR: P. Ruoff (Schweiz).

68 **Norwegen,** 23. 9., Oslo, 2:0 gewonnen: Stuhlfauth – H. Müller, Risse – Knöpfle, Leinberger, Heidkamp – E. Albrecht, Winkler, J. Schmitt (1), Kuzorra (1), Kießling – K: Stuhlfauth. – SR: L. Andersen (Dänemark).

69 **Schweden,** 30. 9., Stockholm, 0:2 verloren: Gehlhaar – Beier, H. Weber – Knöpfle, Köhler, Heidkamp – E. Albrecht, Sobek, Pöttinger, Kuzorra, L. Hofmann – K: Beier. – SR: S. Hansen (Dänemark).

1929: 5 Spiele: 4 Siege, 1 Unentschieden

70 **Schweiz,** 10. 2., Mannheim, 7:1 gewonnen: Kreß – Schütz, H. Weber – Geiger, Leinberger, Knöpfle – Reinmann, Sobek (2), Pöttinger (1), Frank (4), L. Hofmann – K: Pöttinger. – SR: L. Andersen (Dänemark).

71 **Italien,** 28. 4., Turin, 2:1 gewonnen: Stuhlfauth – Beier, H. Weber – Geiger, Leinberger, Knöpfle – E. Albrecht, Hornauer (1), Pöttinger, Frank (1), L. Hofmann – K: Stuhlfauth. – SR: E. Gray (England).

72 **Schottland,** 1. 6., Berlin, 1:1 unentschieden: Stuhlfauth – Schütz, Brunke – Geiger, Gruber, Heidkamp – Ruch (1), Sobek, Pöttinger, R. Hofmann, L. Hofmann – K: Stuhlfauth. – SR: O. Olssen (Schweden).

73 **Schweden,** 23. 6., Köln, 3:0 gewonnen: W. Kreß – Schütz, H. Weber – Geiger, Leinberger, Knöpfle – E. Albrecht, Sobek, Horn, R. Hofmann (3), L. Hofmann – K: L. Hofmann. – SR: E. Braun (Österreich).

74 **Finnland,** 20. 10., Altona, 4:0 gewonnen: Blunk – Beier, Hagen – Flick, K. Schulz, W. Völker – E. Albrecht, Szepan (1), Horn, R. Hofmann (1), Sackenheim (2) – K: Hagen. – SR: B. H. Bech (Norwegen).

1930: 6 Spiele, 2 Siege, 2 Unentschieden, 2 Niederlagen

75 **Italien,** 2. 3., Frankfurt a. M., 0:2 verloren: Stuhlfauth – Hagen, H. Weber – Knöpfle (Mantel), Leinberger, Heidkamp – E. Albrecht, Szepan, Pöttinger, Frank, L. Hofmann – K: Stuhlfauth. – SR: P. Ruoff (Schweiz).

76 **Schweiz,** 4. 5., Zürich, 5:0 gewonnen: W. Kreß – Schütz, Stubb (Hagen) – Hergert, Leinberger, Heidkamp – Bergmaier, Sackenheim, Kuzorra (3), R. Hofmann (2), A. Huber – K: Leinberger. – SR: S. F. Rous (England).

77 **England,** 10. 5., Berlin, 3:3 unentschieden: W. Kreß – Schütz, Stubb – Heidkamp, Leinberger, Mantel – Bergmaier, Pöttinger, Kuzorra, R. Hofmann (3), L. Hofmann – K: L. Hofmann. – SR: J. Mutters (Holland).

78 **Dänemark,** 7. 9., Kopenhagen, 3:6 verloren: Wenz – Brunke, Stubb – Hergert, Münzenberg, Mantel – Straßburger, Sobek, Hohmann (1), R. Hofmann (1), Kund (1) – K: R. Hofmann. – SR: O. Olssen (Schweden).

79 **Ungarn,** 28. 9., Dresden, 5:3 gewonnen: Kreß – Schütz, Burkhardt – Hergert, Leinberger, Heidkamp – Albrecht, Lachner (1), Ludwig (1), R. Hofmann (1), L. Hofmann (2) – K: R. Hofmann. – SR: L. Andersen (Dänemark).

80 **Norwegen,** 2. 11., Breslau, 1:1 unentschieden: Jakob – Weber, Stubb – Kauer, Münzenberg, Wendl – Albrecht, Lachner, Hohmann (Hanke 1), R. Hofmann, Straßburger – K: R. Hofmann. – SR: H. S. Boekmann (Holland).

1931: 7 Spiele: 1 Sieg, 3 Unentschieden, 3 Niederlagen

81 **Frankreich,** 15. 3., Paris 0:1 verloren: Kreß – Schütz, Weber – Münzenberg, Leinberger, Knöpfle – Bergmaier, Haringer, Hergert, R. Hofmann, L. Hofmann (Welker) – K: R. Hofmann. – SR: T. Crew (England).

82 **Holland,** 26. 4., Amsterdam, 1:1 unentschieden: Kreß – Schröder, Weber – Stößel, Kauer, Knöpfle – Albrecht, Lachner, Schlösser (1), R. Hofmann, Müller – K: H. Weber. – SR: A. Bergquist (Schweden).

83 **Österreich,** 24. 5., Berlin, 0:6 verloren: Gehlhaar – Beier, Weber – Knöpfle, Münzenberg, E. Müller – Bergmaier, Sobek, Hohmann, R. Hofmann, F. Müller – K: H. Weber. – SR: O. Olssen (Schweden).

84 **Schweden,** 17. 6., Stockholm, 0:0 unentschieden: Kreß – Emmerich, Brunke – Kauer, Leinberger, Knöpfle – Bergmaier, Sobek, Ludwig, Widmayer, Sackenheim – K: Leinberger. – SR: J. Langenus (Belgien).

85 **Norwegen,** 21. 6., Oslo, 2:2 unentschieden: Kreß – Emmerich, Brunke – Kauer, Leinberger, Knöpfle – Bergmaier (1), Sobek, Ludwig (1), Widmayer, Sackenheim – K: Leinberger. – SR: I. Eklind (Schweden).

86 **Österreich,** 13. 9., Wien, 0:5 verloren: Kreß – Emmerich, Brunke – Kauer, Leinberger, Knöpfle – Weiß, Hornauer, Kuzorra, R. Hofmann, Kund – K: Leinberger. – SR: O. Olssen (Schweden).

87 **Dänemark,** 27. 9., Hannover, 4:2 gewonnen: Kreß – Schütz, Stubb – Gramlich, Leinberger, Knöpfle – H. Tibulski, Szepan, Kuzorra (1), R. Hofmann (3), Kobierski – K: Leinberger. – SR: A. Miesz (Österreich).

1932: 5 Spiele: 3 Siege, 2 Niederlagen

88 **Schweiz,** 6. 3., Leipzig, 2:0 gewonnen: Kreß – Schütz, Stubb – Gramlich, Leinberger, Knöpfle – Langenbein, Rohr, Kuzorra, R. Hofmann (2), Kobierski – K: Leinberger. – SR: H. S. Boekmann (Holland).

89 **Finnland,** 1. 7., Helsingfors, 4:1 gewonnen: Jakob – Schütz, Stubb – Gramlich, Leinberger, Knöpfle – Fischer, R. Hofmann (3), Rutz (1), Kuzorra, Kobierski – K: Leinberger. – SR: J. Anderssen (Schweden).

90 **Schweden,** 25. 9., Nürnberg, 4:3 gewonnen: Jakob – Haringer, Stubb – Knöpfle, Leinberger, Oehm – Bergmaier, Krumm (1), Rohr (2), R. Hofmann, Kobierski (1) – K: Leinberger. – SR: R. Barlassina (Italien).

91 **Ungarn,** 30. 10., Budapest, 1:2 verloren: Jakob – L. Huber, Wendl – Janes, Leinberger (Joppich), Knöpfle – Albrecht, Lachner, Malik (1), R. Hofmann, Kobierski – K: Leinberger. – SR: A. Carraro (Italien).

92 **Holland,** 4. 12., Düsseldorf, 0:2 verloren: Buchloh – Schütz, Stubb – Mahlmann, Leinberger, Knöpfle – Albrecht, Wigold, Kuzorra, R. Hofmann, Kobierski – K: Leinberger. – SR: O. Olssen (Schweden).

1933: 6 Spiele: 3 Siege, 2 Unentschieden, 1 Niederlage

93 **Italien,** 1. 1., Bologna, 1:3 verloren: Jakob (Buchloh) – Haringer, Wendl – Gramlich, Leinberger, Knöpfle – Bergmaier, Krumm, Rohr (1), Malik, Kobierski – K: Leinberger. – SR: L. Baert (Belgien).

94 **Frankreich,** 19. 3., Berlin, 3:3 unentschieden: Jakob – Haringer, Wendl – Gramlich, Hergert, Mantel – Fischer, Lachner (1), Rohr (2), Lindner (R. Hofmann), Kobierski – K: Hergert. – SR: T. Crew (England).

95 **Belgien,** 22. 10., Duisburg, 8:1 gewonnen: Buchloh – Busch, Hundt – Janes, Bender, Breuer – Albrecht (1), Wigold (2), Hohmann (3), Rasselnberg (1), Kobierski (1) – K: E. Albrecht. – SR: O. Olssen (Schweden).

96 **Norwegen,** 5. 11., Magdeburg, 2:2 unentschieden: Buchloh – Hundt, Busch – Janes, Bender, Breuer – Albrecht (1), Wigold, Hohmann (1), Rasselnberg, Kobierski – K: E. Albrecht. – SR: J. F. van Moorsel (Holland).

97 **Schweiz,** 19. 11., Zürich, 2:0 gewonnen: Jakob – Haringer, Wendl – Gramlich, Goldbrunner, Eiberle – Lehner, Lachner (1), Hohmann (1), Rasselnberg, Heidemann – K: Gramlich. – SR: R. Barlassina (Italien).

98 **Polen,** 3. 12., Berlin, 1:0 gewonnen: Jakob – Haringer, Krause – Janes, Bender, Appel – Lehner, Lachner, Hohmann, Rasselnberg (1), Kobierski – K: Kobierski. – SR: O. Olssen (Schweden).

1934: 8 Spiele: 7 Siege, 1 Niederlage

99 **Ungarn,** 14. 1., Frankfurt a. M., 3:1 gewonnen: Kreß – Haringer (Schäfer), Stubb (1) – Gramlich, Goldbrunner, Oehm – Lehner, Lachner (1), Conen (1), Noack, Politz – K: Gramlich. – SR: L. Baert (Belgien).

100 **Luxemburg,** 11. 3., Luxemburg, 9:1 gewonnen (WM-Qualifikation): Buchloh – Hundt, Haringer – Janes, Szepan, Oehm – Albrecht (1), Wigold (1), Hohmann (3), Rasselnberg (4), Kobierski – K: E. Albrecht. – SR: Th. de Wolf (Holland).

101 **Belgien,** 27. 5. (Weltmeisterschaft – Vorrunde), Florenz, 5:2 gewonnen: Kreß – Haringer, Schwartz – Janes, Szepan, Zielinski – Lehner, Hohmann, Conen (3), Siffling (1), Kobierski (1) – K: Szepan. – SR: F. Mattea (Italien).

102 **Schweden,** 31. 5. (Weltmeisterschaft – Zwischenrunde), Mailand, 2:1 gewonnen: Kreß – Haringer, Busch – Gramlich, Szepan, Zielinski – Lehner, Hohmann (2), Conen, Siffling, Kobierski – K: Szepan. – SR: R. Barlassina (Italien).

103 **Tschechoslowakei,** 3. 6. (Weltmeisterschaft – Halbfinale), Rom, 1:3 verloren: Kreß – Haringer, Busch – Zielinski, Szepan, Bender – Lehner, Siffling, Conen, Noack (1), Kobierski – K: Szepan. – SR: R. Barlassina (Italien).

104 **Österreich,** 7. 6. (Weltmeisterschaft – Spiel um den 3. und 4. Platz), Neapel, 3:2 gewonnen: Jakob – Janes, Busch – Zielinski, Münzenberg, Bender – Lehner (2), Siffling, Conen (1), Szepan, Heidemann – K: Szepan. – SR: A. Carraro (Italien).

105 **Polen,** 9. 9., Warschau, 5:2 gewonnen: Buchloh – Janes, Busch – Zielinski, Münzenberg, Bender – Lehner (2), Siffling (1), Hohmann (1), Szepan (1), Fath – K: Szepan. – SR: O. Olssen (Schweden).

106 **Dänemark,** 7. 10., Kopenhagen, 5:2 gewonnen: Buchloh – Janes, Schwartz – Gramlich, Münzenberg, Zielinski – Lehner, Hohmann (1), Rohwedder (1), Szepan, Fath (3) – K: Szepan. – SR: R. Bäckström (Schweden).

1935: 17 Spiele: 13 Siege, 1 Unentschieden, 3 Niederlagen

107 **Schweiz,** 27. 1., Stuttgart, 4:0 gewonnen: Buchloh – Stührk, Busch – Gramlich, Goldbrunner, Appel – Lehner (1), Siffling, Conen (3), Rohwedder, Kobierski – K: Goldbrunner. – SR: L. Leclercq (Frankreich).

108 **Holland,** 17. 2., Amsterdam, 3:2 gewonnen: Buchloh – Stührk, Busch – Gramlich, Münzenberg, Zielinski (Janes) – Lehner, Hohmann (1), Conen (1), Rohwedder, Kobierski (1) – K: Gramlich. – SR: O. Olssen (Schweden).

109 **Frankreich,** 17. 3., Paris, 3:1 gewonnen: Jakob – Janes, Busch – Gramlich, Münzenberg, Zielinski – Lehner (1), Hohmann (1), Conen, Siffling, Kobierski (1) – K: Gramlich. – SR: L. Baert (Belgien).

110 **Belgien,** 28. 4., Brüssel, 6:1 gewonnen: Jakob – Munkert, Busch – Gramlich, Goldbrunner, W. Schulz – Lehner, Siffling, Lenz (2), Damminger (2), Fath (2) – K: Gramlich. – SR: Dr. J. F. van Moorsel (Holland).

111 **Irland,** 8. 5., Dortmund, 3:1 gewonnen: Buchloh – Janes, Tiefel – Zielinski, Goldbrunner, Bender – Lehner (1), Siffling, Lenz, Damminger (2), Fath – K: Buchloh. – SR: A. Krist (Tschechoslowakei).

112 **Spanien,** 12. 5., Köln, 1:2 verloren: Buchloh – Janes, Busch – Gramlich, Münzenberg, Bender – Lehner, Hohmann, Conen (1), Rasselnberg, Fath – K: Gramlich. – SR: J. Langenus (Belgien).

113 **Tschechoslowakei,** 26. 5., Dresden, 2:1 gewonnen: Jakob – Janes, Tiefel – Gramlich, Goldbrunner, Zielinski – Lehner, Lenz (2), Conen, Siffling, Fath – K: Gramlich. – SR: J. Langenus (Belgien).

114 **Norwegen,** 27. 6., Oslo, 1:1 unentschieden: Jakob – Janes, Tiefel – Gramlich, Goldbrunner, Zielinski – Lehner, Lenz (1), Conen, Siffling, Fath – K: Gramlich. – SR: S. Flisberg (Schweden).

115 **Schweden,** 30. 6., Stockholm, 1:3 verloren: Buchloh – Janes, Tiefel – Zielinski, Münzenberg, Bender – Lehner, Siffling, Conen, Rohwedder (1), Kobierski – K: Münzenberg. – SR: E. Ulrich (Dänemark).

116 **Finnland,** 18. 8., München, 6:0 gewonnen: Jakob – Janes, Munkert – Gramlich, Goldbrunner, Schulz – Lehner (3), Siffling, Conen (3), Szepan, Fath – K: Szepan. – SR: B. Pfitzner (Tschechoslowakei).

117 **Luxemburg,** 18. 8., Luxemburg, 1:0 gewonnen: Jürissen – Busch, H. Gramlich – Zielinski, Sold, Stephan – Elbern, Gellesch, Fricke, Urban, Günther (1) – K: Busch. – SR: L. Baert (Belgien).

118 **Rumänien,** 25. 8., Erfurt, 4:2 gewonnen: Buchloh – Münzenberg, H. Gramlich – Werner, Deike, Kitzinger – Malecki, Lenz (1), Hohmann (1), Rasselnberg (1), Simetsreiter (1) – K: Hohmann. – SR: Dr. J. F. van Moorsel (Holland).

119 **Polen,** 15. 9., Breslau, 1:0 gewonnen: Jakob – Haringer, H. Gramlich – R. Gramlich, Goldbrunner, Zielinski – Lehner, Lenz, Conen (1), Siffling, Fath – K: Rudolf Gramlich. – SR: O. Olssen (Schweden).

120 **Estland,** 15. 9., Stettin, 5:0 gewonnen: Sonnrein – Münzenberg, Tiefel – Sukop, Mathies, W. Schulz – Malecki (1), Hohmann, Damminger (1), Rasselnberg (1), Simetsreiter (2) – K: Hohmann. – SR: E. Malmström (Schweden).

121 **Lettland,** 13. 10., Königsberg, 3:0 gewonnen: Jürissen – Stührk, Tiefel – Ruchay, Mathies, Appel – Langenbein (1), Lenz (1), Panse (1), Bökle, Heidemann – K: Tiefel. – SR: M. Rutkowski (Polen).

122 **Bulgarien,** 20. 10., Leipzig, 4:2 gewonnen: Buchloh – Münzenberg, Haringer – Gramlich, Goldbrunner, Warncken – Lehner (1), Siffling, Pörtgen (1), Szepan, Simetsreiter (2) – K: Szepan. – SR: M. Ivancsics (Ungarn).

123 **England,** 4. 12., London, 0:3 verloren: Jakob – Haringer, Münzenberg – Janes, Goldbrunner, Gramlich – Lehner, Szepan, Hohmann, Rasselnberg, Fath – K: Szepan. – SR: O. Olssen (Schweden).

1936: 11 Spiele: 5 Siege, 2 Unentschieden, 4 Niederlagen

124 **Spanien,** 23. 2., Barcelona, 2:1 gewonnen: Jakob – Münzenberg, Munkert – Janes, Goldbrunner, R. Gramlich – Lehner, Siffling, Lenz, Szepan, Fath (2) – K: Szepan. – SR: J. Langenus (Belgien).

125 **Portugal,** 27. 2., Lissabon, 3:1 gewonnen: Buchloh (Jakob) – Münzenberg, Tiefel – Janes, Goldbrunner, Kitzinger (1) – Lehner (1), Hohmann (1), Siffling, Szepan, Simetsreiter – K: Szepan. – SR: P. Escartin (Spanien).

126 **Ungarn,** 15. 3., Budapest, 2:3 verloren: Sonnrein – Münzenberg, Munkert – Janes, Sold, Kitzinger – Elbern, Gellesch, Lenz (1), Szepan, Urban (1) – K: Szepan. – SR: A. Krist (Tschechoslowakei).

127 **Luxemburg,** 4. 8., Berlin (Olymp. Fußballturnier), 9:0 gewonnen: Buchloh – Münzenberg, Ditgens – Mehl, Goldbrunner, Bernard – Elbern (1), Gauchel (2), Hohmann, Urban (3), Simetsreiter (3) – K: Münzenberg. – SR: P. von Hertzka (Ungarn).

128 **Norwegen,** 7. 8., Berlin (Olymp. Fußballturnier), 0:2 verloren: Jakob – Münzenberg, Ditgens – Gramlich, Goldbrunner, Bernard – Lehner, Siffling, Lenz, Urban, Simetsreiter – K: Gramlich. – SR: Dr. A. W. Barton (England).

129 **Polen,** 13. 9., Warschau, 1:1 unentschieden: Buchloh – Janes, Münzenberg – Mehl, Rodzinski, Kitzinger – Elbern, Gauchel, Hohmann (1), Euler, Günther – K: Münzenberg. – SR: R. Eklöw (Schweden).

130 **Tschechoslowakei,** 27. 9., Prag, 2:1 gewonnen: Jakob – Münzenberg, Munkert – Rodzinski, Goldbrunner, Kitzinger – Elbern (1), Gellesch, Siffling (1), Lenz, Kobierski – K: Münzenberg. – SR: Dr. J. F. Moorsel (Holland).

131 **Luxemburg,** 27. 9., Krefeld, 7:2 gewonnen: Jürissen – Busch, Sievert – O. Tibulski, Rohde, Zielinski – Malecki (1), Billen, Pörtgen (3), Kuzorra (2), Günther (1) – K: Busch. – SR: O. Olssen (Schweden).

132 **Schottland,** 14. 10., Glasgow, 0:2 verloren: Jakob – Münzenberg, Munkert – Janes, Goldbrunner, Kitzinger – Elbern, Gellesch, Siffling, Szepan, Urban – K: Szepan. – SR: H. Nattras (England).

133 **Irland,** 17. 10., Dublin, 2:5 verloren: Jakob – Münzenberg, Munkert – Rodzinski, Goldbrunner, Kitzinger – Lehner, Siffling, Hohmann, Szepan (1), Kobierski (1) – K: Szepan. – SR: W. Webb (Schottland).

134 **Italien,** 15. 11., Berlin, 2:2 unentschieden: Jakob – Münzenberg, Munkert – Janes, Goldbrunner, Kitzinger – Elbern, Gellesch, Siffling (2), Szepan, Urban – K: Szepan. – SR: R. Eklöw (Schweden).

1937: 11 Spiele: 10 Siege, 1 Unentschieden

135 **Holland,** 31, 1., Düsseldorf, 2:2 unentschieden: Jakob – Janes, Münzenberg – Gellesch, Goldbrunner, Kitzinger – Lehner (2), Hohmann, Friedel, Szepan, Günther – K: Szepan. – SR: L. Leclercq (Frankreich).

136 **Frankreich,** 21. 3., Stuttgart, 4:0 gewonnen: Jakob – Janes, Münzenberg – Gellesch, Goldbrunner, Kitzinger – Lehner (1), Siffling, Lenz (1), Szepan, Urban (2) – K: Szepan. – SR: R. Barlassina (Italien).

137 **Luxemburg,** 21. 3., Luxemburg, 3:2 gewonnen: Köhl – Appel, Klaas – Kupfer, Sold, Schädler – Malecki, Gauchel, Pörtgen (1), Hohmann, Striebinger (2) – K: Hohmann. – SR: K. Wunderlin (Schweiz).

138 **Belgien,** 25. 4., Hannover, 1:0 gewonnen: Jakob – Haringer, Münzenberg – Kupfer, Goldbrunner, Kitzinger – Lehner, Rohwedder, Lenz, Hohmann (1), Striebinger – K: Münzenberg. – SR: A. J. Jewell (England).

139 **Schweiz,** 2. 5., Zürich, 1:0 gewonnen: Jakob – Billmann, Münzenberg – Kupfer, Goldbrunner, Kitzinger (1) – Lehner, Szepan, Eckert, Noack, Urban – K: Szepan. – SR: L. Baert (Belgien).

140 **Dänemark,** 16. 5., Breslau, 8:0 gewonnen: Jakob – Janes, Münzenberg – Kupfer, Goldbrunner, Kitzinger – Lehner (1), Gellesch, Siffling (5), Szepan (1), Urban (1) – K: Szepan. – SR: A. Krist (Tschechoslowakei).

141 **Lettland,** 25. 6., Riga, 3:1 gewonnen: Jürissen – Welsch, Münzenberg – Männer, Sold, Schädler – Elbern, Siffling, Berndt (2), Hohmann (1), Simetsreiter – K: Hohmann. – SR: A. Krist (Tschechoslowakei).

142 **Finnland,** 29. 6., Helsinki, 2:0 gewonnen (WM-Qualifikation): Jakob – Janes, Münzenberg – Kupfer, Goldbrunner, Kitzinger – Lehner (1), Gellesch, Siffling, Szepan, Urban (1) – K: Szepan. – SR: Dr. Remke (Dänemark).

143 **Estland,** 29. 8., Königsberg, 4:1 gewonnen (WM-Qualifikation): Jakob – Janes, Münzenberg – Rose, Goldbrunner, Schädler – Lehner (2), Gauchel (2), Berndt, Szepan, Simetsreiter – K: Szepan. – SR: B. Pfitzner (Tschechoslowakei).

144 **Norwegen,** 24. 10., Berlin, 3:0 gewonnen: Jakob – Janes, Münzenberg – Kupfer, Goldbrunner, Kitzinger – Lehner, Gellesch, Siffling (3), Szepan, Urban – K: Szepan. – SR: P. Snape (England).

145 **Schweden,** 21. 11., Hamburg, 5:0 gewonnen (WM-Qualifikation): Jakob – Janes, Münzenberg – Kupfer, Goldbrunner, Gellesch – Lehner, Schön (2), Siffling (2), Szepan (1), Urban – K: Szepan. – SR: B. Pfitzner (Tschechoslowakei).

1938: 9 Spiele: 3 Siege, 4 Unentschieden, 2 Niederlagen

146 **Schweiz,** 6. 2., Köln, 1:1 unentschieden: Jürissen – Janes, Münzenberg – Kupfer, Sold, Gellesch – Lehner, Urban, Siffling, Szepan (1), Striebinger – K: Szepan. – SR: R. G. Rudd (England).

147 **Ungarn,** 20. 3., Nürnberg, 1:1 unentschieden: Jakob – Billmann, Münzenberg – Kitzinger, Goldbrunner, Mengel – Lehner, Siffling (1), Berndt, Kuzorra, Fath – K: Münzenberg. – SR: J. Langenus (Belgien).

148 **Luxemburg,** 20. 3., Wuppertal, 2:1 gewonnen: H. Klodt – Schulz, Ditgens – Berg, Sold, Schädler – Winkler, Gauchel (2), Lenz, Heibach, Holz – K: Sold. – SR: Wüthrich (Schweiz).

149 **Portugal,** 24. 4., Frankfurt, 1:1 unentschieden: Jakob – Janes, Münzenberg – Kupfer, Goldbrunner, Kitzinger – Lehner, Gellesch, Siffling (1), Szepan, Fath – K: Szepan. – SR: R. Barlassina (Italien).

150 **England,** 14. 5., Berlin, 3:6 verloren: Jakob — Janes, Münzenberg – Kupfer, Goldbrunner, Kitzinger – Lehner, Gellesch (1), Gauchel (1), Szepan, Pesser (1) – K: Szepan. – SR: J. Langenus (Belgien).

151 **Schweiz,** 4. 6., Paris (Weltmeisterschaft), 1:1 nach Verlängerung: Raftl – Janes, Schmaus – Kupfer, Mock, Kitzinger – Lehner, Gellesch, Gauchel (1), Hahnemann, Pesser – K: Mock. – SR: J. Langenus (Belgien).

152 **Schweiz,** 9. 6., Paris (Weltmeisterschaft, Wiederholungsspiel), 2:4 verloren: Raftl – Janes, Streitle – Kupfer, Goldbrunner, Skoumal – Lehner, Stroh, Hahnemann (1), Szepan, Neumer (1 Selbsttor Lörtscher) – K: Szepan. – SR: Eklind (Schweden).

153 **Polen,** 18. 9., Chemnitz, 4:1 gewonnen: Jakob – Janes, Münzenberg – Kupfer, Goldbrunner, Kitzinger – Hahnemann, Stroh, Gauchel (3), Schön (1), Pesser – K: Münzenberg. – SR: Wüthrich (Schweiz).

154 **Rumänien,** 25. 9., Bukarest, 4:1 gewonnen: Raftl – Appel, Schmaus – Wagner, Mock, Skoumal – Biallas, Hahnemann, Stroh (1), Schön (1), Pesser (1) (Eigentor Albu) – K: Mock. – SR: Popovich (Jugoslawien).

1939: 15 Spiele: 9 Siege, 2 Unentschieden, 4 Niederlagen

155 **Belgien,** 25. 1., Brüssel, 4:1 gewonnen: Platzer – Streitle, Schmaus – Rohde, Goldbrunner, Gellesch – Lehner (1), Hahnemann (1), Binder (1), Schön (1), Arlt – K: Goldbrunner. – SR: Eklöw (Schweden).

156 **Jugoslawien,** 26. 2., Berlin, 3:2 gewonnen: H. Klodt – Janes (1), Streitle – Kupfer, O. Tibulski, Kitzinger–Biallas(1),Stroh,Gauchel,Hahnemann,Urban(1)–K:Janes.–SR:Rutkowski(Polen).

157 **Italien,** 26. 3., Florenz, 2:3 verloren: Platzer – Janes (1), Schmaus – Kupfer, Goldbrunner, Kitzinger – Lehner, Hahnemann (1), Gauchel, Schön, Pesser – K: Janes. – SR: Baert (Belgien).

158 **Luxemburg,** 26. 3., Differdingen, 1:2 verloren: Flotho – Münzenberg, Immig – Rohde, Picard, Männer – Malecki, Pöhler, Hänel (1), Fiederer, Arlt – K: Münzenberg. – SR: Charlier (Belgien).

159 **Irland,** 23. 5., Bremen, 1:1 unentschieden: Jakob – Janes, Streitle – Kupfer, Rohde, Kitzinger – Lehner, Hahnemann, Gauchel, Schön (1), Arlt – K: Janes. – Schiedrichter: Dr. Remke (Dänemark).

160 **Norwegen,** 22. 6., Oslo, 4:0 gewonnen: H. Klodt – Janes (1), Schmaus – Kupfer, Goldbrunner, Kitzinger – Lehner, Gellesch, Schön (2), Schaletzki, Urban (1) – K: Janes. – SR: Eklind (Schweden).

161 **Dänemark,** 25. 6., Kopenhagen, 2:0 gewonnen: H. Klodt – Janes, Streitle – Kupfer, Rohde, Kitzinger – Biallas, Hahnemann, Conen (1), Gauchel (1), Arlt – K: Janes. – SR: Johansen (Norwegen).

162 **Estland,** 29. 6., Tallinn, 2:0 gewonnen: Deyhle – Janes, Moog – Jakobs, Rohde, Männer – Lehner (1), Schaletzki (1), Hänel, Gauchel, Arlt – K: Janes. – SR: Jürgens (Lettland).

163 **Slowakei,** 27. 8., Preßburg, 0:2 verloren: Jürissen – Immig, Marischka – Sabeditsch, Pekarek, Merkel – Hofer, Reitermaier, Binder, Kaburek, Gärtner – K: Binder. – SR: Popovich (Jugoslawien).

164 **Ungarn,** 24. 9., Budapest, 1:5 verloren: Jakob – Janes, Schmaus – Kupfer, Goldbrunner, Kitzinger – Lehner (1), Gellesch, Schön, Szepan, Pesser – K: Szepan. – SR: Dattilo (Italien).

165 **Jugoslawien,** 15. 10., Zagreb, 5:1 gewonnen: H. Klodt – Janes, Billmann – Kupfer, Sold, Kitzinger – Lehner, Schön (3), Conen, Szepan (2), Urban – K: Szepan. – SR: Barlassina (Italien).

166 **Bulgarien,** 22. 10., Sofia, 2:1 gewonnen: H. Klodt – Janes, Billmann – Kupfer, Sold, Kitzinger – Lehner, Gellesch, Conen (1), Szepan, Urban (1) – K: Szepan. – SR: Stefanowitsch (Jugoslawien).

167 **Böhmen-Mähren,** 12. 11., Breslau, 4:4 unentschieden: Raftl – Janes (1), Billmann – Kupfer, Sold, Männer – Lehner, Schön, Binder (3), Urban, Arlt – K: Janes. – SR: Popovich (Jugoslawien).

168 **Italien,** 26. 11., Berlin, 5:2 gewonnen: Raftl – Janes, Billmann – Kupfer, Rohde, Kitzinger – Lehner (1), Hahnemann, Conen (1), Binder (3), Pesser – K: Janes. – SR: Escartin (Spanien).

169 **Slowakei,** 3. 12., Chemnitz, 3:1 gewonnen: Jahn – Billmann, Kubus – Goede, Rohde, Kitzinger – Lehner (1), Schön (1), Hänel, Fiederer (1), Arlt – K: Lehner. – SR: Dr. Remke (Kopenhagen).

1940: 10 Spiele: 5 Siege, 2 Unentschieden, 3 Niederlagen

170 **Ungarn,** 7. 4., Berlin, 2:2 unentschieden: H. Klodt – Janes, Billmann – Kupfer, Rohde, Kitzinger – Lehner, Gauchel (1), Conen, Binder (1), Pesser – K: Janes. – SR: Baert (Belgien).

171 **Jugoslawien,** 14. 4., Wien, 1:2 verloren: Raftl – Janes, Schmaus – Hanreiter, Hofstätter, Skoumal – Lehner (1), Hahnemann, Binder, Gauchel, Pesser – K: Janes. – SR: Dattilo (Italien).

172 **Italien,** 5. 5., Mailand, 2:3 verloren: H. Klodt – Janes, Billmann – Kupfer, Rohde, Kitzinger – Lehner, Hahnemann, Binder (2), Urban, Pesser – K: Janes. SR: Ivancsics (Ungarn).

173 **Rumänien,** 14. 7., Frankfurt, 9:3 gewonnen: Martinek – Janes, Moog – Kupfer, Krüger, Kitzinger – Plener (2), Hahnemann (2), F. Walter (3), Fiederer (2), Arlt – K: Janes. – SR: Scorzoni (Italien).

174 **Finnland,** 1. 9., Leipzig, 13:0 gewonnen: H. Klodt – Schneider, Moog – Kupfer, Dzur, Kitzinger – Plener, Hahnemann (6), F. Walter (2), Conen (4), Arlt (1) – K: Kitzinger. – SR: Dr. Remke (Kopenhagen).

175 **Slowakei,** 15. 9., Preßburg, 1:0 gewonnen: Jahn – Janes, Moog – Zwolanowski, Dzur, Männer – Eppenhoff, Hahnemann, Conen, Jeliinek, Durek (1) – K: Janes. – SR: Scarpi (Italien).

176 **Ungarn,** 6. 10., Budapest, 2:2 unentschieden: H. Klodt – Janes, Moog – Kupfer, Goldbrunner, Kitzinger – Lehner (1), Hahnemann (1), F. Walter, Conen, Pesser – K: Janes. – SR: Dattilo (Italien).

177 **Bulgarien,** 20. 10., München, 7:3 gewonnen: H. Klodt – Streitle, Moog – Kupfer (1), Goldbrunner, Hammerl – Lehner (1), F. Walter, Conen (4), Sing, Gärtner (1) – K: Goldbrunner. SR: Kiss (Ungarn).

178 **Jugoslawien,** 3. 11., Zagreb, 0:2 verloren: H. Klodt – Janes, Streitle – Kupfer, Rohde, Kitzinger – Lehner, Zwolanowski, F. Walter, Fiederer, Arlt – K: Janes. – SR: Scarpi (Italien).

179 **Dänemark,** 17. 11., Hamburg, 1:0 gewonnen: Jahn – Janes, Moog – Kupfer, Rohde, Kitzinger – Lehner, F. Walter, Binder, Schön (1), Pesser – K: Janes. – SR: Ahlfors (Finnland).

1941: 9 Spiele: 6 Siege, 1 Unentschieden, 2 Niederlagen

180 **Schweiz,** 9. 3., Stuttgart, 4:2 gewonnen: H. Klodt – Janes, Streitle – Kupfer, Rohde, Kitzinger – Hanreiter, Hahnemann, F. Walter (1), Schön (2), Kobierski (1) – K: Janes. – SR: Scorzoni (Italien).

181 **Ungarn,** 6. 4., Köln, 7:0 gewonnen: H. Klodt – Janes (1), Miller – Kupfer, Rohde, Kitzinger – Hanreiter, Hahnemann (2), F. Walter (1), Schön (2), Kobierski (1) – K: Janes. – SR: Escartin (Spanien).

182 **Schweiz,** 20. 4., Bern, 1:2 verloren: H. Klodt – Janes, Miller – Kupfer, Rohde, Kitzinger – Hanreiter, Hahnemann (1), F. Walter, Schön, Kobierski – K: Janes. – SR: Scarpi (Italien).

183 **Rumänien,** 1. 6., Bukarest, 4:1 gewonnen: H. Klodt – Janes, Billmann – Kupfer, Rohde, Kitzinger – Lehner, F. Walter (1), Binder, Willimowski (2), Kobierski (1) – K: Janes. – SR: Bizic (Slowakei).

184 **Kroatien,** 15. 6., Wien, 5:1 gewonnen: Jahn – Sesta, Schmaus – Urbanek, Mock, Hanreiter – Lehner (2), Hahnemann, F. Walter (2), Willimowski (1), Fiederer – K: Hahnemann. – SR: Mieß (Deutschland), Wüthrich (Schweiz) nicht erschienen.

185 **Schweden,** 5. 10., Stockholm, 2:4 verloren: H. Klodt – Janes, Billmann – Kupfer, Rohde, Kitzinger – Lehner (1), Hahnemann, F. Walter (1), Schön, Gärtner – K: Janes. – SR: Laursen (Dänemark).

186 **Finnland,** 5. 10., Helsinki, 6:0 gewonnen: Jahn – Richter, Miller – Pohl, Dzur, Schubert – Burdenski, Gellesch, Eppenhoff (3), Willimowski (3), Kobierski – K: Gellesch. – SR: Eklind (Schweden).

187 **Dänemark,** 16. 11., Dresden, 1:1 unentschieden: Jahn – Janes, Miller – Kupfer, Rohde, Schubert – Hahnemann (1), F. Walter, Conen, Willimowski, Fiederer – K: Janes. – SR: Eklind (Schweden).

188 **Slowakei,** 7. 12., Breslau, 4:0 gewonnen: Jahn – Janes, Miller – Pohl, Rohde, Schubert – Riegler, Hahnemann, Conen (2), F. Walter (1), Durek (1) – K: Janes. – SR: Kroner (Rumänien).

1942: 10 Spiele: 7 Siege, 1 Unentschieden, 2 Niederlagen

189 **Kroatien,** 18. 1., Agram, 2:0 gewonnen: Jahn – Sesta, Schmaus – Wagner, Mock, Hanreiter – Riegler, Decker (1), Conen, F. Walter, Durek (1 Selbsttor Bocovic) – K: Mock. – SR: Moler (Slowakei).

190 **Schweiz,** 1. 2., Wien, 1:2 verloren: Jahn – Sesta, Schmaus – Wagner, Mock, Hanreiter – Fitz, Decker (1), Eppenhoff, F. Walter, Durek – K: Mock. – SR: Scarpi (Italien).

191 **Spanien,** 12. 4., Berlin, 1:1 unentschieden: Jahn – Janes, Miller – Kitzinger, Rohde, Sing – F. Dörfel, Decker (1), Conen, F. Walter, Durek – K: Janes. – SR: Barlassina (Italien).

192 **Ungarn,** 3. 5., Budapest, 5:3 gewonnen: Jahn – Janes (1), Miller – Kitzinger, Rohde, Sing (1) – F. Dörfel (1), Decker, Conen, F. Walter (2), Durek – K: Janes. SR: Barlassina (Italien).

193 **Bulgarien,** 19. 7., Sofia, 3:0 gewonnen: Jahn – Janes, Miller – Kupfer, Sold, Sing – H. Burdenski, Decker (2), F. Walter, Gauchel, Arlt (1) – K: Janes. – SR: Moler (Slowakei).

194 **Rumänien,** 16. 8., Beuthen, 7:0 gewonnen: Jahn – Janes, Miller – Kupfer, Sold, Sing – H. Burdenski (1), Decker (1), F. Walter (3), Willimowski (1), Klingler (1) – K: Janes. – SR: Moler (Slowakei).

195 **Schweden,** 20. 9., Berlin, 2:3 verloren: Jahn – Janes, Miller – Kupfer, Sold, Rohde – Lehner, Decker (1), F. Walter, Sing, Klingler (1) – K: Janes. – SR: Laursen (Dänemark).

196 **Schweiz,** 18. 10., Bern, 5:3 gewonnen: Jahn – Janes, Miller – Kupfer, Rohde, Sing – Lehner, F. Walter (1), Willimowski (4), Klingler, Urban – K: Janes. – SR: Escartin (Spanien).

197 **Kroatien,** 1. 11., Stuttgart, 5:1 gewonnen: Jahn – Janes (1), Adamkiewicz – Kupfer, Rohde, Sing – Lehner, F. Walter (1), Willimowski (2), Urban, Klingler (1) – K: Janes. – SR: Palasti (Ungarn).

198 **Slowakei,** 22. 11., Preßburg, 5:2 gewonnen: Jahn – Janes, Miller – Kupfer, Rohde, Sing – Adamkiewicz (1), Decker (1), Willimowski, F. Walter, Klingler (3) – K: Janes. – SR: Bazant (Kroatien).

1950: 1 Spiel: 1 Sieg

199 **Schweiz,** 22. 11., Stuttgart, 1:0 gewonnen: Turek – H. Burdenski (1), Streitle – Kupfer, Baumann, Barufka (Röhrig) – B. Klodt, Morlock, O. Walter, Balogh, Herrmann – K: Kupfer. – SR: Ellis (England).

1951: 6 Spiele: 4 Siege, 2 Niederlagen

200 **Schweiz,** 15. 4., Zürich, 3:2 gewonnen: Turek – H. Burdenski, Streitle – Mebus, Baumann, Barufka – Gerritzen (1), Röhrig, O. Walter (1), F. Walter (1), B. Klodt (Schade) – K: Fritz Walter. – SR: Ellis (England).

201 **Türkei,** 17. 6., Berlin, 1:2 verloren: Turek – Streitle, Kohlmeyer – Posipal, Liebrich, Haferkamp (1) – Gerritzen, F. Walter, Schade, Röhrig (Schanko), Herrmann – K: Fritz Walter. – SR: Carpani (Italien).

202 **Österreich,** 23. 9., Wien, 2:0 gewonnen: Turek – Streitle, Kohlmeyer – Mebus, Posipal, Schanko – Gerritzen (Haferkamp 1), Preißler, Morlock (1), F. Walter, Barufka (Herrmann) – K: Fritz Walter. – SR: Evans (England).

203 **Irland,** 17. 10., Dublin, 2:3 verloren: Turek – Streitle, Kohlmeyer – Mebus, Posipal, Schanko – Gerritzen, Preißler, Morlock (1), F. Walter (1), Herrmann – K: Fritz Walter. – SR: Ling (England).

204 **Türkei,** 21. 11., Istanbul, 2:0 gewonnen: Adam – Streitle, Kohlmeyer – Mebus, Posipal, Schanko – Rahn, Morlock (2), F. Walter, Haferkamp, Termath – K: Fritz Walter. – SR: Ellis (England).

205 **Luxemburg,** 23. 12., Essen, 4:1 gewonnen: Bögelein – Juskowiak, Bauer – Mebus, Wewers, Schanko – Rahn (1), Stollenwerk (1), Schröder, F. Walter, Termath (2) – K: Fritz Walter. – SR: Baert (Belgien).

1952: 6 Spiele: 4 Siege, 1 Unentschieden, 1 Niederlage

206 **Luxemburg,** 20. 4., Luxemburg, 3:0 gewonnen: Adam – Retter, Bauer – Wientjes (Haferkamp), Posipal, Schanko – B. Klodt (1), Stollenwerk (1), Zeitler (1), Schröder, Ehrmann – K: Posipal. – SR: Bauwens (Belgien).

207 **Irland,** 4. 5., Köln, 3:0 gewonnen: Adam – Retter, Kohlmeyer – Posipal (1), Streitle, Schanko – B. Klodt, Röhrig, O. Walter (1), Herrmann (Stollenwerk), Termath (1) – K: Streitle. – SR: Ellis (England).

208 **Frankreich,** 5. 10., Paris, 1:3 verloren: Turek – Retter, Borkenhagen – Posipal, Liebrich, Schanko – Rahn, Wientjes, O. Walter (1), (Stollenwerk), F. Walter, Termath – K: Fritz Walter. – SR: Evans (England).

209 **Schweiz,** 9. 11., Augsburg, 5:1 gewonnen: Turek – Retter, Kohlmeyer – Eckel, Posipal, Schanko – B. Klodt, Morlock (1), O. Walter (1), F. Walter (1), Schäfer (2) – K: Fritz Walter. – SR: Orlandini (Italien).

210 **Jugoslawien,** 21. 12., Ludwigshafen, 3:2 gewonnen: Turek – Retter, Kohlmeyer – Eckel, Posipal, Schanko – Rahn (1), Morlock (1), O. Walter, F. Walter (1), Termath – K: Fritz Walter. – SR: Ellis (England).

211 **Spanien,** 28. 12., Madrid, 2:2 unentschieden: Turek – Retter, Kohlmeyer – Eckel, Posipal, Schanko – Rahn, Morlock, O. Walter (1) (Metzner), F. Walter, Termath (1) – K: Fritz Walter. – SR: Orlandini (Italien).

1953: 4 Spiele: 2 Siege, 2 Unentschieden

212 **Österreich,** 22. 3., Köln, 0:0 unentschieden: Turek – Retter, Kohlmeyer – Eckel (Harpers), Posipal, Schanko – Rahn, Morlock, O. Walter (Röhrig), F. Walter, Schäfer – K: Fritz Walter. – SR: Bauwens (Belgien).

213 **Norwegen,** 19. 8., Oslo, 1:1 unentschieden (WM-Qualifikation): Turek – Retter, Kohlmeyer – Eckel, Posipal, Schanko – Rahn, Morlock, O. Walter, F. Walter (1), Schäfer (Pfaff) – K: Fritz Walter. – SR: Aussum (Holland).

214 **Saarland,** 11. 10., Stuttgart, 3:0 gewonnen (WM-Qualifikation): Turek – Retter, Erhardt – Mai, Posipal, Gottinger (Eckel) – Rahn, Morlock (2), Schade (1), Metzner, Schäfer – K: Posipal. – SR: van der Meer (Holland).

215 **Norwegen,** 22. 11., Hamburg, 5:1 gewonnen (WM-Qualifikation): Turek – Retter, Kohlmeyer – Eckel, Posipal, Mai – Rahn (1), Morlock (2), O. Walter (1), F. Walter (1), Herrmann – K: Fritz Walter. – SR: Luty (England).

1954: 12 Spiele: 8 Siege, 4 Niederlagen

216 **Saarland,** 28. 3., Saarbrücken, 3:1 gewonnen (WM-Qualifikation): Turek – Retter, Kohlmeyer – Posipal, Liebrich, Schanko – Rahn, Morlock (2), F. Walter (O. Walter), Röhrig, Schäfer (1) – K: Fritz Walter. – SR: Bronkhorst (Holland).

217 **Schweiz,** 25. 4., Basel, 5:3 gewonnen: Kubsch – Retter (Kohlmeyer), Laband – Eckel, Posipal, Mai – Herrmann (B. Klodt), Morlock (1), O. Walter, F. Walter (2), Schäfer (2) – K: Fritz Walter. – SR: Griffiths (Wales).

218 **Türkei,** 17. 6., Bern, 4:1 gewonnen (Weltmeisterschafts-Vorrunde): Turek – Laband, Kohlmeyer – Eckel, Posipal, Mai – B. Klodt (1), Morlock (1), O. Walter (1), F. Walter, Schäfer (1) – K: Fritz Walter. – SR: da Costa (Portugal).

219 **Ungarn,** 20. 6., Basel, 3:8 verloren (Weltmeisterschafts-Vorrunde): Kwiatkowski – Bauer, Kohlmeyer – Posipal, Liebrich, Mebus – Rahn (1), Eckel, F. Walter, Pfaff (1), Herrmann (1) – K: Fritz Walter. – SR: Ling (England).

220 **Türkei,** 23. 6., Zürich, 7:2 gewonnen (Weltmeisterschafts-Vorrunde, Entscheidung um Platz 2 der Gruppe 2): Turek – Laband, Bauer – Eckel, Posipal, Mai – B. Klodt, Morlock (3), O. Walter (1), F. Walter (1), Schäfer (2) – K: Fritz Walter. – SR: Vincenti (Frankreich).

221 **Jugoslawien,** 27. 6., Genf, 2:0 gewonnen (Weltmeisterschafts-Zwischenrunde): Turek – Laband, Kohlmeyer – Eckel, Liebrich, Mai – Rahn (1), Morlock, O. Walter, F. Walter, Schäfer (Selbsttor Horvat) – K: Fritz Walter. – SR: Zsolt (Ungarn).

222 **Österreich,** 30. 6., Basel, 6:1 gewonnen (Weltmeisterschafts-Vorschlußrunde): Turek – Posipal, Kohlmeyer – Eckel, Liebrich, Mai – Rahn, Morlock (1), O. Walter (2), F. Walter (2), Schäfer (1) – K: Fritz Walter. – SR: Orlandini (Italien).

223 **Ungarn,** 4. 7., Bern, 3:2 gewonnen (Endspiel um die Weltmeisterschaft): Turek – Posipal, Kohlmeyer – Eckel, Liebrich, Mai – Rahn (2), Morlock (1), O. Walter, F. Walter, Schäfer – K: Fritz Walter. – SR: Ling (England).

224 **Belgien,** 26. 9., Brüssel, 0:2 verloren: Herkenrath – Erhardt, Kohlmeyer – Posipal, Liebrich, Mai – Rahn, Morlock, O. Walter, Biesinger, B. Klodt – K: Posipal. – SR: Bronkhorst (Holland).

225 **Frankreich,** 16. 10., Hannover, 1:3 verloren: Turek – Erhardt, Kohlmeyer – Posipal, Liebrich, Mai – B. Klodt, Stürmer (1), O. Walter, Islacker, Termath (Seeler) – K: Posipal. – SR: Griffiths (Wales).

226 **England,** 1. 12.,, London, 1:3 verloren: Herkenrath – Posipal, Kohlmeyer – Erhardt, Liebrich, Harpers – Kaufhold, Pfeiffer, Seeler, Derwall, Beck (1) – K: Posipal. – SR: Orlandini (Italien).

227 **Portugal,** 19. 12., Lissabon, 3:0 gewonnen: Herkenrath – Posipal, Juskowiak (1) – Erhardt (1), Liebrich, Harpers – B. Klodt, Miltz, Kreß (Waldner), Derwall, Pfaff (1) – K: Posipal. – SR: van der Meer (Holland).

1955: 6 Spiele: 2 Siege, 4 Niederlagen

228 **Italien,** 30. 3., Stuttgart, 1:2 verloren: Herkenrath – Juskowiak (1), Kohlmeyer – Mai, Posipal, Harpers – Rahn (Waldner), Morlock, Seeler, F. Walter, Schäfer – K: Fritz Walter. – SR: Zsolt (Ungarn).

229 **Irland,** 28. 5., Hamburg, 2:1 gewonnen: Kubsch – Retter, Erhardt – Schlienz, R. Hoffmann, Mai (1) – Waldner (1), Weilbächer, Biesinger, Röhrig, Schäfer – K: Röhrig. – SR: van der Meer (Holland).

230 **Sowjetunion,** 21. 8., Moskau, 2:3 verloren: Herkenrath – Juskowiak, Posipal – Eckel, Liebrich, Harpers – Rahn, F. Walter (1), Morlock (Schröder), Röhrig, Schäfer (1) – K: Fritz Walter. – SR: Ling (England).

231 **Jugoslawien,** 25. 9., Belgrad, 1:3 verloren: Herkenrath – K. Schmidt, Posipal – Eckel, Liebrich, Röhrig – Waldner (Kraus), Morlock (1), O. Walter, F. Walter, Schäfer – K: Fritz Walter. – SR: Zsolt (Ungarn).

232 **Norwegen,** 16. 11., Karlsruhe, 2:0 gewonnen: Herkenrath – Posipal, K. Schmidt – Eckel, Liebrich, Harpers – Kraus, F. Walter (1), Biesinger (Schröder), Röhrig (1), Waldner – K: Fritz Walter. – SR: Seipelt (Österreich).

233 **Italien,**18.12.,Rom,1:2verloren:Herkenrath–Posipal(Juskowiak),K.Schmidt–Eckel,Liebrich, Mai – Rahn, F. Walter, Stollenwerk, Röhrig (1), Schäfer – K: Fritz Walter. – SR: Ellis (England).

1956: 8 Spiele: 2 Siege, 1 Unentschieden, 5 Niederlagen

234 **Holland,** 14. 3., Düsseldorf, 1:2 verloren: Herkenrath – Posipal, Juskowiak – Eckel, Schlienz, K. Schmidt – B. Klodt, F. Walter, Seeler (Waldner), Röhrig, Schäfer (Selbsttor v. d. Hart) – K: Fritz Walter. – SR: Leafe (England).

235 **England,**25.5.,Berlin,1:3verloren:Herkenrath–Retter,Juskowiak–Schlienz,Wewers,Mai–Waldner,Morlock(Pfaff),O.Walter,F.Walter(1),Schäfer–K:FritzWalter.–SR:Zsolt(Ungarn).

236 **Norwegen,**13.6.,Oslo,3:1 gewonnen:Sawitzki–Erhardt,Juskowiak–Dörner,Wewers,Mai–Bäumler(1),Schröder,Biesinger(1),Pfaff,Schönhöft(1)–K:Pfaff.–SR:vanderMeer(Holland).

237 **Schweden,** 30. 6., Stockholm, 2:2 unentschieden: Sawitzki – Erhardt, Juskowiak – Eckel, Wewers, Dörner – B. Klodt, Schröder (1), Biesinger (1), Pfaff, Vollmar – K: Pfaff. – SR: Schippers (Holland).

238 **Sowjetunion,** 15. 9., Hannover, 1:2 verloren: Herkenrath – K. Schmidt, Juskowiak – Eckel, Posipal, Erhardt – Waldner, Schröder (1), Biesinger (Schäfer), F. Walter, Vollmar – K: Fritz Walter. – SR: Ellis (England).

239 **Schweiz,** 21. 11., Frankfurt, 1:3 verloren: Kubsch – K. Schmidt, Juskowiak – Eckel, Liebrich, Szymaniak (Mai) – Vollmar, F. Walter, Neuschäfer (1), Pfaff, Schäfer – K: Fritz Walter. – SR: Seipelt (Österreich).

240 **Irland,**25.11.,Dublin,0:3verloren:Kwiatkowski–Erhardt,Juskowiak–Schlebrowski,Wewers, Mai – Rahn, Morlock, Miltz, Schäfer (Eckel), Vollmar – K: Morlock. – SR: Murdock (England).

241 **Belgien,** 23. 12., Köln, 4:1 gewonnen: Kwiatkowski – Juskowiak, Köchling – Schlebrowski, Wewers (1), Szymaniak – Waldner, Geiger, Kelbassa (1), Schröder (1), Vollmar (1) – K: Juskowiak. – SR: Bronkhorst (Holland).

1957: 5 Spiele: 4 Siege, 1 Niederlage

242 **Österreich,** 10. 3., Wien, 3:2 gewonnen: Herkenrath – Juskowiak, K. Schmidt – Szymaniak, Wewers, Erhardt – Rahn (2), Schröder, Kraus (1), Schäfer, Vollmar (Waldner) – K: Hans Schäfer. – SR: Bronkhorst (Holland).

243 **Holland,**3.4.,Amsterdam,2:1gewonnen:Tilkowski–Juskowiak,K.Schmidt–Erhardt,Wewers, Szymaniak – Rahn, Schröder, Kraus, A. Schmidt (1), Siedl (1) – K: Rahn. – SR: Leafe (England).

244 **Schottland,** 22. 5., Stuttgart, 1:3 verloren: Tilkowski – Gerdau, Juskowiak – Stollenwerk, Wewers, Szymaniak – Rahn, Schröder, Kelbassa, A. Schmidt, Siedl (1) – K: Rahn. – SR: Dienst (Schweiz).

245 **Schweden,** 20. 11., Hamburg, 1:0 gewonnen: Sawitzki – Erhardt, K. Schmidt – Mai, Herb. Schäfer, Szymaniak – Peters, A. Schmidt (1), Kelbassa, Schröder, Hans Schäfer (Klodt) – K: Hans Schäfer. – SR: Zsolt (Ungarn).

246 **Ungarn,** 22. 12., Hannover, 1:0 gewonnen: Herkenrath – Erhardt (Stollenwerk), Juskowiak – Eckel, Wewers, Szymaniak – Cieslarczyk, A. Schmidt, Kelbassa (1), Schäfer, Vollmar – K: Hans Schäfer. – SR: Martens (Holland).

1958: 14 Spiele: 5 Siege, 5 Unentschieden, 4 Niederlagen

247 **Belgien,** 2. 3., Brüssel, 2:0 gewonnen: Herkenrath – Erhardt, Juskowiak – Eckel, Wewers, Szymaniak – Waldner, A. Schmidt (1), Kelbassa, Schäfer (1), B. Klodt – K: Hans Schäfer. – SR: Leafe (England).

248 **Spanien,** 19. 3., Frankfurt, 2:0 gewonnen: Herkenrath – Stollenwerk, Juskowiak – Eckel, Erhardt, Szymaniak – B. Klodt (1), A. Schmidt, F. Walter, Schäfer, Cieslarczyk (1) – K: Hans Schäfer. – SR: Ellis (England).

249 **Tschechoslowakei,** 2. 4., Prag, 2:3 verloren: Sawitzki – Erhardt, Juskowiak – Eckel, A. Schmidt (Waldner), Schnellinger – Steffen, Sturm, F. Walter, Schäfer, Cieslarczyk (1) (Selbsttor Stacho) – K: Hans Schäfer. – SR: Latyschew (Sowjetunion).

250 **Argentinien,** 8. 6., Malmö, 3:1 gewonnen (Weltmeisterschaft – Vorrunde): Herkenrath – Stollenwerk, Juskowiak – Eckel, Erhardt, Szymaniak – Rahn (2), F. Walter, Seeler (1), A. Schmidt, Schäfer – K: Hans Schäfer. – SR: Leafe (England).

251 **Tschechoslowakei,** 11. 6., Hälsingborg, 2:2 unentschieden (Weltmeisterschaft – Vorrunde): Herkenrath – Stollenwerk, Juskowiak – Schnellinger, Erhardt, Szymaniak – Rahn (1), F. Walter, Seeler, Schäfer (1), B. Klodt – K: Hans Schäfer. – SR: Ellis (England).

252 **Nordirland,** 15. 6., Malmö, 2:2 unentschieden (Weltmeisterschaft – Vorrunde): Herkenrath – Stollenwerk, Juskowiak – Eckel, Erhardt, Szymaniak – Rahn (1), F. Walter, Seeler (1), Schäfer, B. Klodt – K: Hans Schäfer. – SR: Campos (Portugal).

253 **Jugoslawien,** 19. 6., Malmö, 1:0 gewonnen (Weltmeisterschaft – Viertelfinale): Herkenrath – Stollenwerk, Juskowiak – Eckel, Erhardt, Szymaniak – Rahn (1), F. Walter, Seeler, A. Schmidt, Schäfer – K: Hans Schäfer. – SR: Wyssling (Schweiz).

254 **Schweden,** 24. 6., Göteborg, 1:3 verloren (Weltmeisterschaft – Halbfinale): Herkenrath – Stollenwerk, Juskowiak – Eckel, Erhardt, Szymaniak – Rahn, F. Walter, Seeler, Schäfer (1), Cieslarczyk – K: Hans Schäfer. – SR: Zsolt (Ungarn).

255 **Frankreich,** 28. 6., Göteborg, 3:6 verloren (Weltmeisterschaft – Spiel um 3. und 4. Platz): Kwiatkowski – Stollenwerk, Erhardt – Schnellinger, Wewers, Szymaniak – Rahn (1), Sturm, Kelbassa, Schäfer (1), Cieslarczyk (1) – K: Hans Schäfer. – SR: Brozzi (Argentinien).

256 **Dänemark,** 24. 9., Kopenhagen, 1:1 unentschieden: Herkenrath – Stollenwerk, Juskowiak – Erhardt, Jäger, Szymaniak – Kraus, Haller (Cieslarczyk), Seeler, A. Schmidt, Rahn (1) – K: Rahn. – SR: Fencl (Tschechoslowakei).

257 **Frankreich,** 26. 10., Paris, 2:2 unentschieden: Tilkowski – Stollenwerk, Bauer – A. Schmidt, Erhardt, Szymaniak – Rahn (1), Haller, Seeler (1), Geiger, Cieslarczyk – K: Rahn. – SR: Ellis (England).

258 **Österreich,** 19. 11., Berlin, 2:2 unentschieden: Tilkowski – Stollenwerk, Schnellinger – Eckel, Erhardt, Szymaniak – Rahn (2), Haller, Seeler, A. Schmidt, Kapitulski – K: Rahn. – SR: Fencl (Tschechoslowakei).

259 **Bulgarien,** 21. 12., Augsburg, 3:0 gewonnen: Sawitzki – Stollenwerk, Schnellinger – Mai, Erhardt, Benthaus – Waldner (1), Geiger, Seeler (2), Haller (Morlock), Rahn – K: Rahn. – SR: Seipelt (Österreich).

260 **Ägypten,** 28. 12., Kariro, 1:2 verloren: Tilkowski – Zastrau, Schnellinger – Mai (Kördell), Pyka, Benthaus – Rahn, Morlock (1), Biesinger (Ringel), Faeder, Klöckner – K: Rahn. – SR: Lo Bello (Italien).

1959: 6 Spiele: 2 Siege, 2 Unentschieden, 2 Niederlagen

261 **Schottland,** 6. 5., Glasgow, 2:3 verloren: Sawitzki – Juskowiak (1), Schnellinger – Benthaus, Erhardt, Szymaniak – Rahn, Geiger, Seeler (1), A. Schmidt, Schäfer – K: Rahn. – SR: Ellis (England).

262 **Polen,** 20. 5., Hamburg, 1:1 unentschieden: Sawitzki – Mauritz, Juskowiak – Mai, Erhardt, Szymaniak – B. Klodt (Stein 1), Geiger, Haller, A. Schmidt, Klöckner – K: Erhardt. – SR: Campos (Portugal).

263 **Schweiz,** 4. 10., Bern, 4:0 gewonnen: Tilkowski – Stollenwerk, Juskowiak (1) – Benthaus, Erhardt, Szymaniak – Rahn (1), Seeler (A. Schmidt), Brülls (1), Siedl, Vollmar (1) – K: Erhardt. – SR: Seipelt (Österreich).

264 **Holland,** 21. 10., Köln, 7:0 gewonnen: Ewert – Stollenwerk, Juskowiak – Benthaus, Erhardt, Szymaniak – Rahn, A. Schmidt (2), Seeler (3), Brülls (1), Siedl (1) – K: Erhardt. – SR: Galba (Tschechoslowakei).

265 **Ungarn,**8.11.,Budapest,3:4verloren:Tilkowski–Stollenwerk,Juskowiak–Benthaus,Erhardt, Szymaniak–Rahn,A.Schmidt.Seeler(2),Brülls(1),Siedl–K:Erhardt.–SR:Sar(Sowjetunion).

266 **Jugoslawien,** 20. 12., Hannover, 1:1 unentschieden: Sawitzki – Stollenwerk, Schnellinger – Schulz, Erhardt, Szymaniak – Rahn, A. Schmidt (1), Seeler, Brülls (Vollmar), Siedl – K: Erhardt. – SR: Martens (Holland).

1960: 7 Spiele: 5 Siege, 2 Niederlagen

267 **Chile,** 23. 3., Stuttgart, 2:1 gewonnen: Tilkowski – Stollenwerk, Schnellinger – Benthaus, Erhardt (Wilden), Sundermann – Rahn, Haller (1), Seeler (1), A. Schmidt (Schütz), Brülls – K: Erhardt. – SR: Dienst (Schweiz).

268 **Portugal,** 27. 4., Ludwigshafen, 2:1 gewonnen: Tilkowski – Erhardt, Schnellinger – Schulz, Wilden, Szymaniak – Rahn (1), Schütz, Seeler (1), Haller, Brülls – K: Erhardt. – SR: Howley (England).

269 **Irland,** 11. 5., Düsseldorf, 0:1 verloren: Sawitzki – Giesemann, Erhardt – Schulz, Wenauer, Porges – Steffen, A. Schmidt, Brülls, Haller, Vollmar – K: Erhardt. – SR: Ellis (England).

270 **Island,** 3. 8., Reykjavik, 5:0 gewonnen: Tilkowski – Lutz, Schnellinger – Schulz, Erhardt, Szymaniak – Reitgaßl (1), Brülls (Marx 1), Seeler (1), Haller, G. Dörfel (2) – K: Erhardt. – SR: Wharton (Schottland).

271 **Nordirland,** 26. 10., Belfast, 4:3 gewonnen (WM-Qualifikation): Tilkowski – Erhardt, Schnellinger – Giesemann, Wilden, Szymaniak – Kreß, Brülls (1), Seeler (1), Herrmann, G. Dörfel (2) – K: Erhardt. – SR: Horn (Holland).

272 **Griechenland,** 20. 11., Athen, 3:0 gewonnen (WM-Qualifikation): Tilkowski – Lutz, Schnellinger – Giesemann, Erhardt, Szymaniak – Kreß, Haller (1), Seeler, Brülls (1), G. Dörfel (1) – K: Erhardt. – SR: Ehrlich (Jugoslawien).

273 **Bulgarien,** 23. 11., Sofia, 1:2 verloren: Ewert – Lutz, Schnellinger – Giesemann, Erhardt, Szymaniak (Benthaus) – Kreß (G. Dörfel), Haller, Brülls, Herrmann, Vollmar (1) – K: Erhardt. – SR: Kowal (Polen).

1961: 6 Spiele: 5 Siege, 1 Niederlage

274 **Belgien,** 8. 3., Frankfurt, 1:0 gewonnen: Tilkowski – Lutz, Schnellinger (Wilden) – Giesemann, Erhardt, Szymaniak – Vollmar, Haller, Seeler, Brülls, G. Dörfel (1) – K: Erhardt. – SR: Gulde (Schweiz).

275 **Chile,** 26. 3., Santiago, 1:3 verloren: Tilkowski – Lutz, Erhardt – Giesemann (Werner), Wilden, Szymaniak – Kreß, Brülls, Seeler, Herrmann (1), G. Dörfel – K: Erhardt. – SR: Praddaude (Argentinien).

276 **Nordirland,** 10. 5., Berlin, 2:1 gewonnen (WM-Qualifikation): Tilkowski – Erhardt, Schnellinger – Werner, Wilden, Szymaniak – Kreß (1), Herrmann, Seeler, Stürmer, Brülls (1) – K: Erhardt. – SR: Lindberg (Schweden).

277 **Dänemark,** 20. 9., Düsseldorf, 5:1 gewonnen: Tilkowski – Nowak, Schnellinger – Schulz, Wenauer, Giesemann – Kreß (1), Herrmann, Seeler (3), Haller, Brülls (1) – K: Seeler. – SR: Martens (Holland).

278 **Polen,** 8. 10., Warschau, 2:0 gewonnen: Tilkowski – Nowak, Erhardt – Schulz, Wenauer, Giesemann – Olk (Kreß), Herrmann, Seeler, Haller (1), Brülls (1) – K: Erhardt. – SR: Galba (Tschechoslowakei).

279 **Griechenland,** 22. 10., Augsburg, 2:1 gewonnen (WM-Qualifikation): Tilkowski – Nowak, Schnellinger – Schulz, Erhardt, Giesemann – Kreß, Herrmann, Seeler (2), Haller, Brülls – K: Erhardt. – SR: Nilsen (Norwegen).

1962: 8 Spiele: 5 Siege, 2 Unentschieden, 1 Niederlage

280 **Uruguay,** 11. 4., Hamburg, 3:0 gewonnen: Fahrian – Schnellinger, Kurbjuhn – Schulz, Wenauer, Szymaniak – Koslowski (1), Haller (1), Seeler, Brülls, Schäfer (1) – K: Seeler. – SR: Horn (Holland).

281 **Italien,** 31. 5., Santiago, 0:0 unentschieden (Weltmeisterschaft – Vorrunde): Fahrian – Nowak, Schnellinger – Schulz, Erhardt, Szymaniak – Sturm, Haller, Seeler, Schäfer, Brülls – K: Hans Schäfer. – SR: Davidson (Schottland).

282 **Schweiz,** 3. 6., Santiago, 2:1 gewonnen (Weltmeisterschaft – Vorrunde): Fahrian – Nowak, Schnellinger – Schulz, Erhardt, Szymaniak – Koslowski, Haller, Seeler (1), Schäfer, Brülls (1) – K: Hans Schäfer. – SR: Horn (Holland).

283 **Chile,** 6. 6., Santiago, 2:0 gewonnen (Weltmeisterschaft – Vorrunde): Fahrian – Nowak, Schnellinger – Schulz, Erhardt, Giesemann – Kraus, Szymaniak (1), Seeler (1), Schäfer, Brülls – K: Hans Schäfer. – SR: Davidson (Schottland).

284 **Jugoslawien,** 10. 6., Santiago, 0:1 verloren (Weltmeisterschaft – Viertelfinale): Fahrian – Nowak, Schnellinger – Schulz, Erhardt, Giesemann – Brülls, Haller, Seeler, Szymaniak, Schäfer – K: Hans Schäfer. – SR: Yamasaki (Peru).

285 **Jugoslawien,** 30. 9., Zagreb, 3:2 gewonnen: Fahrian – Erhardt, Schnellinger – Schulz, Wilden, Reisch – Trimhold (Koslowski), Schütz, Strehl (3), Konietzka, Kraus – K: Erhardt. – SR: Rigato (Italien).

286 **Frankreich,** 24. 10., Stuttgart, 2:2 unentschieden: Fahrian (Bernard) – Pott, Schnellinger – Schulz (Steinmann 1), Wilden, Reisch – Seeler, Schütz, Strehl, Konietzka (1), Solz – K: Seeler. – SR: Seipelt (Österreich).

287 **Schweiz,** 23. 12., Karlsruhe, 5:1 gewonnen: Bernard – Nowak, Schnellinger – Werner (1), Wilden, Reisch – Kraus (1), Schütz (2), Seeler, Küppers (1), Heiß – K: Seeler. – SR: Roomer (Holland).

1963: 4 Spiele: 2 Siege, 2 Niederlagen

288 **Brasilien,** 5. 5., Hamburg, 1:2 verloren: Fahrian – Nowak, Schnellinger – Schulz, Wilden, Werner (1) – Heiß, Schütz, Seeler, Konietzka (Strehl), G. Dörfel – K: Seeler. – SR: Dienst (Schweiz).

289 **Türkei,** 28. 9., Frankfurt, 3:0 gewonnen: Fahrian – Nowak, Pott – Schulz, Wilden, A. Schmidt (Reisch) – Libuda, Krämer, Seeler (3), Konietzka (Overath), G. Dörfel – K: Seeler. – SR: Rigato (Italien).

290 **Schweden,** 3. 11., Stockholm, 1:2 verloren: Sawitzki – Nowak, Kurbjuhn – Schulz, Wilden, Reisch – Libuda, Krämer, Seeler, Overath, G. Dörfel (1) – K: Seeler. – SR: Horn (Holland).

291 **Marokko,** 29. 12., Casablanca, 4:1 gewonnen: Ewert – Nowak, Kurbjuhn – Schulz, Wilden (Overath), Reisch – Libuda, Krämer (1), A. Schmidt (1), Konietzka (2), Gerwien (Ferner) – K: A. Schmidt. – SR: Gardeazabal (Spanien).

1964: 5 Spiele: 1 Sieg, 2 Unentschieden, 2 Niederlagen

292 **Algerien,** 1. 1., Algier, 0:2 verloren: Ewert (Tilkowski) – Lutz, Kurbjuhn – Schulz, Wilden, Reisch – Libuda (Ferner), Krämer, A. Schmidt (Overath), Konietzka, Gerwien – K: A. Schmidt. – SR: Bahri (Tunesien).

293 **Tschechoslowakei,** 29. 4., Ludwigshafen 3:4 verloren: Fahrian – Nowak, Pott – Schulz (Reisch), Wilden, Weber – Thielen, Geiger (1), Seeler (2), Overath, Solz (Libuda) – K: Seeler. – SR: Hannet (Belgien).

294 **Schottland,** 12. 5., Hannover, 2:2 unentschieden: Tilkowski – Nowak, Steiner – Szymaniak, Giesemann, Weber – Libuda, A. Schmidt (Reisch), Seeler (2), Geiger, G. Dörfel – K: Seeler. – SR: Lindberg (Schweden).

295 **Finnland,** 7. 6., Helsinki, 4:1 gewonnen: Tilkowski – Lutz (W. Sturm), Redder – Schulz, Sieloff, Weber – Kraus (1), Geiger (1), A. Schmidt (1), Konietzka, Overath (1) – K: A. Schmidt. – SR: Lindberg (Schweden).

296 **Schweden,** 4. 11., Berlin, 1:1 unentschieden (WM-Qualifikation): Tilkowski – Nowak, Schnellinger – Szymaniak, Giesemann, Weber – Brunnenmeier (1), Haller, Seeler, Overath, G. Dörfel – K: Seeler. – SR: Dienst (Schweiz).

1965: 8 Spiele: 5 Siege, 1 Unentschieden, 2 Niederlagen

297 **Italien,** 13. 3., Hamburg, 1:1 unentschieden: Tilkowski (Manglitz) – Piontek, Patzke – Höttges (Steinmann), Sieloff (1), Weber – Heiß, Küppers, Brunnenmeier, Konietzka, Hornig – K: Brunnenmeier. – SR: Michaelsen (Dänemark).

298 **Zypern,** 24. 4., Karlsruhe, 5:0 gewonnen (WM-Qualifikation): Manglitz – Höttges, Patzke – Schulz, Sieloff (2), Lorenz – Ulsaß, Konietzka, Strehl (1), Overath (2), Hornig – K: Schulz. – SR: Mootz (Luxemburg).

299 **England,** 12. 5., Nürnberg, 0:1 verloren: Tilkowski – Piontek, Höttges – Schulz, Sieloff, Lorenz (Steinmann) – Thielen, Krämer, Rodekamp, Overath, Hornig – K: Schulz. – SR: Zsolt (Ungarn).

300 **Schweiz,** 26. 5., Basel, 1:0 gewonnen: Tilkowski – Piontek, Höttges – Schulz, Sieloff, Lorenz – Heiß, Küppers, Rodekamp (1), Overath, Rebele – K: Schulz. – SR: Bueno (Spanien).

301 **Brasilien,** 6. 6., Rio de Janeiro, 0:2 verloren: Tilkowski – Piontek, Höttges (Giesemann) – Schulz, Sieloff, Lorenz – Heiß, Krämer, Rodekamp, Overath (Küppers), Libuda – K: Schulz. – SR: Riveros (Peru).

302 **Schweden,** 26. 9., Stockholm, 2:1 gewonnen (WM-Qualifikation): Tilkowski – Höttges, Schnellinger – Beckenbauer, Sieloff, Schulz – Brunnenmeier, Grosser, Seeler (1), Szymaniak, Krämer (1) – K: Seeler. – SR: Dagnall (England).

303 **Österreich,** 9. 10., Stuttgart, 4:1 gewonnen: Tilkowski – Höttges, Lorenz – Beckenbauer, Sieloff (1), Weber – Nafziger, Ulsaß (3), Brunnenmeier, Netzer, Krämer – K: Tilkowski. – SR: Dienst (Schweiz).

304 **Zypern,** 14. 11., Nikosia, 6:0 gewonnen (WM-Qualifikation): Tilkowski – Piontek, Höttges – Beckenbauer, Weber, Szymaniak (1) – Heiß (1), Brunnenmeier (2), Netzer, Krämer (1), Hornig, (Selbsttor Zyperns) – K: Szymaniak. – SR: Francesconi (Italien).

1966: 14 Spiele: 11 Siege, 1 Unentschieden, 2 Niederlagen

305 **England,** 23. 2., London, 0:1 verloren: Tilkowski – Lutz, Lorenz – Schulz, Weber, Szymaniak – Krämer, Beckenbauer, Held, Netzer, Hornig (Heiß) – K: Szymaniak. – SR: Roomer (Holland).

306 **Holland,** 23. 3., Rotterdam, 4:2 gewonnen: Bernard – Höttges, Lorenz – Beckenbauer (2), Schulz, Weber – Brülls, Seeler (1), Held, Overath, Emmerich (1) – K: Seeler. – SR: Dagnall (England).

307 **Irland,** 4. 5., Dublin, 4:0 gewonnen: Maier – Lutz, Kurbjuhn – Beckenbauer (1), Schulz, Höttges – Grabowski, Haller (1), Seeler, Overath (2), Hornig – K: Seeler. – SR: Mullen (Schottland).

308 **Nordirland,** 7. 5., Belfast, 2:0 gewonnen: Bernard – Lutz, Höttges (Piontek) – Weber, Schulz, Beckenbauer – Grabowski, Overath, Seeler (1), Grosser, Heiß (1) – K: Seeler. – SR: Philips (Schottland).

309 **Rumänien,** 1. 6., Ludwigshafen, 1:0 gewonnen: Tilkowski – Lutz, Schnellinger – Szymaniak, Weber, Höttges – Grabowski (Held), Ulsaß, Seeler (1), Overath, Hornig – K: Seeler. – SR: Mayer (Österreich).

310 **Jugoslawien,** 23. 6., Hannover, 2:0 gewonnen: Tilkowski – Höttges, Schnellinger – Beckenbauer, Schulz, Weber – Krämer, Haller, Seeler (1), Overath (1), Held – K: Seeler. – SR: Lööw (Schweden).

311 **Schweiz,** 12. 7., Sheffield, 5:0 gewonnen (Weltmeisterschaft – Achtelfinale) – Tilkowski – Höttges, Schnellinger – Beckenbauer (2), Schulz, Weber – Brülls, Haller (2), Seeler, Overath, Held (1) – K: Seeler. – SR: Philips (Schottland).

312 **Argentinien,** 16. 7., Birmingham, 0:0 unentschieden (Weltmeisterschaft – Achtelfinale): Tilkowski – Höttges, Schnellinger – Beckenbauer, Schulz, Weber – Brülls, Haller, Seeler, Overath, Held – K: Seeler. – SR: Zecevic (Jugoslawien).

313 **Spanien,** 20. 7., Birmingham, 2:1 gewonnen (Weltmeisterschaft – Achtelfinale), Tilkowski – Höttges, Schnellinger – Beckenbauer, Schulz, Weber – Krämer, Overath, Seeler (1), Held, Emmerich (1) – K: Seeler. – SR: Marques (Brasilien).

314 **Uruguay,** 23. 7., Sheffield, 4:0 gewonnen (Weltmeisterschaft – Viertelfinale): Tilkowski – Höttges, Schnellinger – Beckenbauer (1), Schulz, Weber – Haller (2), Overath, Seeler (1), Held, Emmerich – K: Seeler. – SR: Finney (England).

315 **Sowjetunion,** 25. 7., Liverpool, 2:1 gewonnen (Weltmeisterschaft – Halbfinale): Tilkowski – Lutz, Schnellinger – Beckenbauer (1), Schulz, Weber – Haller (1), Overath, Seeler, Held, Emmerich – K: Seeler. – SR: Lo Bello (Italien).

316 **England,** 30. 7., London, 2:4 n. Verlg. verloren (Weltmeisterschaft – Endspiel): Tilkowski – Höttges, Schnellinger – Beckenbauer, Schulz, Weber (1) – Haller (1), Overath, Seeler, Held, Emmerich – K: Seeler. – SR: Dienst (Schweiz).

317 **Türkei,** 12. 10., Ankara, 2:0 gewonnen: Maier – Heidemann, Höttges – Weber, Schulz, Overath – Grabowski, Küppers (1), G. Müller, Netzer, Rupp (1) – K: Schulz. – SR: Romantschev (Bulgarien).

318 **Norwegen,** 19. 11., Köln, 3:0 gewonnen: Maier – Heidemann, Höttges – Beckenbauer, Schulz, Weber – B. Dörfel, Ulsaß (2), Seeler (1), Overath, Held – K: Seeler. – SR: Aalbrecht (Holland).

1967: 8 Spiele: 5 Siege, 1 Unentschieden, 2 Niederlagen

319 **Marokko,** 22. 2., Karlsruhe, 5:1 gewonnen: Wolter – Patzke, Höttges – Beckenbauer, Schulz, Fichtel – Herrmann, Ulsaß (2) (Zaczyk 1), Heynckes (1), Overath (Löhr 1), Held – K: Schulz. – SR: De Marchi (Italien).

320 **Bulgarien,** 22. 3., Hannover, 1:0 gewonnen: Maier – Patzke, Höttges – Weber, Schulz (Fichtel), Overath – Krämer, Herrmann, Heynckes (1), Netzer, Löhr – K: Schulz. – SR: Machin (Frankreich).

321 **Albanien,** 8. 4., Dortmund, 6:0 gewonnen (EM-Qualifikation): Tilkowski – Patzke, Höttges – Beckenbauer, Schulz, Weber – B. Dörfel, Ulsaß, G. Müller (4), Overath, Löhr (2) – K: Schulz. – SR: Hirviniemi (Finnland).

322 **Jugoslawien,** 3. 5., Belgrad, 0:1 verloren (EM-Qualifikation): Maier – Patzke, Vogts – Beckenbauer, Schulz, Fichtel – Held, Küppers, G. Müller, Overath, Löhr – K: Schulz. – SR: de Mendibil (Spanien).

323 **Frankreich,** 27. 9., Berlin, 5:1 gewonnen: Maier – Patzke, Höttges – Beckenbauer (G. Müller 1), Schulz, Weber – Libuda (1), Siemensmeyer (2), Seeler, Overath (1), Löhr – K: Seeler. – SR: Monti (Italien).

324 **Jugoslawien,** 7. 10., Hamburg, 3:1 gewonnen (EM-Qualifikation): Maier – Patzke, Höttges – Siemensmeyer, Schulz, Weber – Roth, Seeler (1), G. Müller (1), Overath, Löhr (1) – K: Seeler. – SR: Lo Bello (Italien).

325 **Rumänien,** 22. 11., Bukarest, 0:1 verloren: Wolter – Patzke, Vogts – Beckenbauer, Schulz, Weber – Libuda, Siemensmeyer, Seeler, Overath, Löhr – K: Seeler. – SR: Mayer (Österreich).

326 **Albanien,** 17. 12., Tirana, 0:0 unentschieden (EM-Qualifikation): Wolter – Patzke, Höttges – Netzer, Schulz, Weber – Held, Küppers, Meyer, Overath, Löhr – K: Schulz. – SR: Marschall (Österreich).

1968: 11 Spiele: 5 Siege, 5 Unentschieden, 1 Niederlage

327 **Belgien,** 6. 3., Brüssel, 3:1 gewonnen: Maier – Vogts, Höttges – Beckenbauer, Schulz, Fichtel – Köppel, Laumen (1), Löhr, Netzer, Volkert (2) (Maas) – K: Schulz. – SR: Scheurer (Schweiz).

328 **Schweiz,** 17. 4., Basel, 0:0 unentschieden: Wolter – Heidemann (Fichtel), Vogts – Beckenbauer, Schulz, Weber – Köppel, Seeler, Löhr, Netzer, Volkert – K: Seeler. – SR: d'Agostini (Italien).

329 **Wales,** 8. 5., Cardiff, 1:1 unentschieden: Wolter (Bernard) – Vogts, Höttges – Fichtel, Bäse, Weber – Laumen, Neuberger, Held, Overath (1) (Netzer), Köppel – K: Overath. – SR: Lindberg (Schweden).

330 **England,** 1. 6., Hannover, 1:0 gewonnen: Wolter – Vogts, Lorenz – L. Müller, Fichtel, Weber – B. Dörfel, Beckenbauer (1), Löhr, Overath, Volkert – K: Overath. – SR: Van Ravens (Holland).

331 **Brasilien,** 16. 6., Stuttgart, 2:1 gewonnen: Wolter – Vogts, Lorenz (Höttges) – L. Müller, Fichtel, Weber – B. Dörfel (1), Beckenbauer, Held (1), Overath, Neuberger – K: Overath. – SR: Lööw (Schweden).

332 **Frankreich,** 25. 9., Marseille, 1:1 unentschieden: Maier – Vogts, Lorenz – Schulz, Fichtel, L. Müller (Netzer) – B. Dörfel, Beckenbauer, G. Müller, Overath (1), Held – K: Schulz. – SR: de Mendibil (Spanien).

333 **Österreich,** 13. 10., Wien, 2:0 gewonnen (WM-Qualifikation): Maier – Vogts, Höttges – Beckenbauer, Schulz, Weber – B. Dörfel, Ulsaß, G. Müller (1), Netzer, Held (Selbsttor Eigenstiller) – K: Schulz. – SR: Ecksztain (Polen).

334 **Zypern,** 23. 11., Nikosia, 1:0 gewonnen (WM-Qualifikation): Wolter – Vogts, Höttges (Gerwien) – Weber, Schulz (Patzke), Lorenz – Wimmer, B. Dörfel, G. Müller (1), Overath, Held – K: Schulz. – SR: Pirvu (Rumänien).

335 **Brasilien,** 14. 12., Rio de Janeiro, 2:2 unentschieden: Maier – Vogts, Patzke – Schulz, Beckenbauer, Weber (Lorenz) – B. Dörfel, Netzer, Held (1), Overath (Wimmer), Volkert (Gerwien, 1) – K: Schulz. – SR: Zsolt (Ungarn).

336 **Chile,** 18. 12., Santiago, 1:2 verloren: Wolter – Vogts, Patzke – Beckenbauer (Bella), Schulz, Lorenz – Wimmer, Netzer, Ohlhauser, Ulsaß (1) (Overath), Gerwien (B. Dörfel) – K: Schulz. – SR: Robbies (Chile).

337 **Mexico,** 22. 12., Mexico City, 0:0 unentschieden: Maier – Vogts, Patzke – Bella, Beckenbauer, Lorenz – B. Dörfel, Held, Ulsaß, Overath (Wimmer), Gerwien (Volkert) – K: Overath. – SR: Robles (Guatemala).

1969: 7 Spiele: 4 Siege, 3 Unentschieden

338 **Wales,** 26. 3., Frankfurt, 1:1 unentschieden: Maier – Vogts, Höttges – Patzke, Schulz, Lorenz – Libuda, Ulsaß (L. Müller), G. Müller (1), Held, Rebele (B. Dörfel) – K: Schulz. – SR: Lo Bello (Italien).

339 **Schottland,** 16. 4., Glasgow, 1:1 unentschieden (WM-Qualifikation): Wolter (Maier) – Patzke, Vogts – Beckenbauer, Schulz, Schnellinger – B. Dörfel, Haller, G. Müller (1), Overath (Lorenz), Held – K: Schulz. – SR: Gardeazabal (Spanien).

340 **Österreich,** 10. 5., Nürnberg, 1:0 gewonnen (WM-Qualifikation): Maier – Höttges, Vogts – Beckenbauer, Schulz, Patzke – B. Dörfel, Overath, G. Müller (1), Held (Heynckes), Brenninger (Volkert) – K: Schulz. – SR: Fiala (CSSR).

341 **Zypern,** 21. 5., Essen, 12:0 gewonnen (WM-Qualifikation): Maier – Vogts, Höttges (1) (L. Müller) – Beckenbauer, Schulz, Lorenz (1) (Patzke) – Libuda, Haller (2), G. Müller (4), Overath (3), Held (1) – K: Schulz. – SR: Colling (Luxemburg)

342 **Österreich,** 21. 9., Wien, 1:1 unentschieden: Wolter – Höttges, Vogts – Beckenbauer, Schulz, Weber (Fichtel) – B. Dörfel (Libuda), G. Müller (1), Seeler, Overath, Held – K: Seeler. – SR: Lo Bello (Italien).

343 **Bulgarien,** 24. 9., Sofia, 1:0 gewonnen: Maier – Höttges, Vogts – Beckenbauer, Schulz (L. Müller), Fichtel – B. Dörfel (1), Seeler, G. Müller, Overath, Maas – K: Seeler. – SR: Dileg Talaz (Türkei).

344 **Schottland,** 22. 10., Hamburg, 3:2 gewonnen (WM-Qualifikation): Maier – Höttges, Vogts – Beckenbauer, Schulz, Fichtel (1) – Libuda (1), Seeler, G. Müller (1), Overath, Haller – K: Seeler. – SR: Droz (Schweiz).

1970: 14 Spiele: 9 Siege, 2 Unentschieden, 3 Niederlagen

345 **Spanien,** 11. 2., Sevilla, 0:2 verloren: Manglitz – Vogts, Schnellinger – Netzer, Schulz, Weber – Libuda, G. Müller, Seeler, Haller, Grabowski – K: Seeler. – SR: Vigliani (Frankreich).

346 **Rumänien,** 8. 4., Stuttgart, 1:1 unentschieden: Maier – Vogts, Höttges – Beckenbauer, Schnellinger, Weber (Sieloff) – Grabowski, Haller (Lorenz), G. Müller, Overath (1), Maas (Roth) – K: Overath. – SR: Emsberger (Ungarn).

347 **Irland,** 9. 5., Berlin, 2:1 gewonnen: Wolter – Patzke, Vogts – Beckenbauer, Schulz, Weber – Grabowski (Dietrich), Seeler (1), G. Müller, Overath (Held), Löhr (1) – K: Seeler. – SR: Bostroem (Schweden).

348 **Jugoslawien,** 13. 5., Hannover, 1:0 gewonnen: Manglitz – Vogts, Höttges – Beckenbauer, Schnellinger, Fichtel – Libuda, Seeler (1), G. Müller, Overath, Löhr – K: Seeler. – SR: Scheurer (Schweiz).

349 **Marokko,** 3. 6., Leon, 2:1 gewonnen (Weltmeisterschaft – Achtelfinale): Maier – Vogts, Höttges (Löhr) – Beckenbauer, Schulz, Fichtel – Haller (Grabowski), Seeler (1), G. Müller (1), Overath, Held – K: Seeler. – SR: Van Ravens (Holland).

350 **Bulgarien,** 7. 6., Leon, 5:2 gewonnen (Weltmeisterschaft – Achtelfinale): Maier – Vogts, Höttges – Beckenbauer (Weber), Schnellinger, Fichtel – Libuda (1), Seeler (1), G. Müller (3), Overath, Löhr (Grabowski) – K: Seeler. – SR: Ortiz de Mendebil (Spanien).

351 **Peru,** 10. 6., Leon, 3:1 gewonnen (Weltmeisterschaft – Achtelfinale): Maier – Vogts, Höttges (Patzke) – Beckenbauer, Schnellinger, Fichtel – Libuda (Grabowski), Seeler, G. Müller (3), Overath, Löhr – K: Seeler. – SR: Aguilar (Mexiko).

352 **England,** 14. 6., Leon, 3:2 n. Verl. gewonnen (Weltmeisterschaft – Viertelfinale): Maier – Vogts, Höttges (Schulz) – Beckenbauer (1), Schnellinger, Fichtel – Libuda (Grabowski), Seeler (1), G. Müller (1), Overath, Löhr – K: Seeler. – Schiedsrichter: Coerezza (Argentinien).

353 **Italien,** 17. 6., Mexico City, 3:4 n. Verlg. verloren (Weltmeisterschaft – Halbfinale): Maier – Vogts, Patzke (Held) – Beckenbauer, Schnellinger (1), Schulz – Grabowski, Seeler, G. Müller (2), Overath, Löhr (Libuda) – K: Seeler. – SR: Yamasaki (Mexiko).

354 **Uruguay,** 20. 6., Mexico City, 1:0 gewonnen (Weltmeisterschaft – Spiel um den 3. Platz): Wolter – Patzke, Vogts – Weber, Schnellinger (Lorenz), Fichtel – Libuda (Löhr), Seeler, G. Müller, Overath (1), Held – K: Seeler. – SR: Sbardella (Italien).

355 **Ungarn,** 9. 9., Nürnberg, 3:1 gewonnen: Maier – Vogts, Höttges – Beckenbauer, Sieloff (1), Weber – Grabowski, Fichtel, Seeler, G. Müller (2), Löhr (Libuda) – K: Seeler. – SR: Marschall (Österreich).

356 **Türkei,** 17. 10., Köln, 1:1 unentschieden (EM-Qualifikation): Maier – Vogts, Höttges – Beckenbauer, Sieloff (Heynckes), Weber – Libuda, Fichtel, G. Müller (1), Overath, Grabowski – K: Overath. – SR: Bonett (Malta).

357 **Jugoslawien,** 18. 11., Zagreb, 0:2 verloren: Maier – Vogts, Höttges – Beckenbauer, Weber, Roth – Libuda, Netzer, Heynckes, Overath, Held (Grabowski) – K: Overath. – SR: Vizhanyo (Ungarn).

358 **Griechenland,** 22. 11., Athen, 3:1 gewonnen: Groß – Vogts, Höttges – Beckenbauer (1), Sieloff, Bella – Libuda, Netzer (1) (Flohe), Heynckes, Overath (Roth), Grabowski (1) – K: Overath. – SR: Bentu (Rumänien).

1971: 9 Spiele: 7 Siege, 1 Unentschieden, 1 Niederlage

359 **Albanien,** 17. 2., Tirana, 1:0 gewonnen (EM-Qualifikation): Maier – Vogts, Patzke (Bella) – Beckenbauer, Schnellinger, Weber – Grabowski, Netzer, G. Müller (1), Overath, Heynckes – K: Overath. – SR: Betschirov (Bulgarien).

360 **Türkei,** 25. 4., Istanbul, 3:0 gewonnen (EM-Qualifikation): Maier – Vogts, Patzke – Wimmer, Beckenbauer, Weber – Grabowski, Köppel (1) (Flohe), G. Müller (2), Netzer, Heynckes – K: Beckenbauer. – SR: Kruaschwili (Sowjetunion).

361 **Albanien,** 12. 6., Karlsruhe, 2:0 gewonnen (EM-Qualifikation): Maier – Schwarzenbeck, Vogts (Bleidick) – Sieloff, Beckenbauer, Wimmer – Grabowski (1), Netzer (1), Köppel, Overath (Held), Heynckes – K: Overath. – SR: Latsios (Griechenland).

362 **Norwegen,** 22. 6., Oslo, 7:1 gewonnen: Kleff – Breitner, Vogts – Schwarzenbeck, Beckenbauer (1) (Bleidick), Wimmer (Sieloff) – Grabowski, Netzer (1), G. Müller (3), Overath (1), Held (1) – K: Overath. – SR: Lööw (Schweden).

363 **Schweden,** 27. 6., Göteborg, 0:1 verloren: Maier – Vogts, Schwarzenbeck – Wimmer, Beckenbauer, Weber – Grabowski, Netzer, G. Müller, Overath, Held (Heynckes) – K: Overath. – SR: Wharton (Schottland).

364 **Dänemark,** 30. 6., Kopenhagen, 3:1 gewonnen: Maier – Vogts, Schwarzenbeck – Flohe (1), Beckenbauer (1), Weber – Köppel (Grabowski), Overath, G. Müller (1), Netzer (Heynckes), Held (Wimmer) – K: Overath. – SR: Boosten (Holland).

365 **Mexiko,** 8. 9., Hannover, 5:0 gewonnen: Maier – Vogts (Zembski), Schwarzenbeck – Weber, Beckenbauer, Fichtel – Grabowski (Libuda), Köppel (1) (Steffenhagen), G. Müller (3), Netzer (1), Heynckes – K: Beckenbauer. – SR: Lööw (Schweden).

366 **Polen,** 10. 10., Warschau, 3:1 gewonnen (EM-Qualifikation): Maier – Breitner, Schwarzenbeck – Fichtel, Beckenbauer, Wimmer – Grabowski (1), Köppel, G. Müller (2), Netzer, Heynckes – K: Beckenbauer. – SR: Marschall (Österreich).

367 **Polen,** 17. 11., Hamburg, 0:0 unentschieden (EM-Qualifikation): Maier – Höttges, Schwarzenbeck – Weber, Beckenbauer, Fichtel – Libuda, Wimmer (Köppel), G. Müller, Overath, Grabowski – K: Overath. – SR: Mullen (Schottland).

1972: 7 Spiele: 6 Siege, 1 Unentschieden

368 **Ungarn,** 29. 3., Budapest, 2:0 gewonnen: Maier – Höttges, Breitner (1) – Schwarzenbeck, Beckenbauer, Wimmer – Hoeneß (1), Flohe, G. Müller, Netzer, Heynckes (Held) – K: Beckenbauer. – SR: Lo Bello (Italien).

369 **England,** 29. 4., London, 3:1 gewonnen (Europameisterschaft – Viertelfinale): Maier – Höttges, Breitner – Schwarzenbeck, Beckenbauer, Wimmer – Grabowski, Hoeneß (1), G. Müller (1), Netzer (1), Held – K: Beckenbauer. – SR: Heliet (Frankreich).

370 **England,** 13. 5., Berlin, 0:0 unentschieden (Europameisterschaft – Viertelfinale): Maier – Höttges, Breitner – Schwarzenbeck, Beckenbauer, Wimmer – Hoeneß (Heynckes), Flohe, G. Müller, Netzer, Held – K: Beckenbauer. – SR: Gugulovic (Jugoslawien).

371 **Sowjetunion,** 26. 5., München, 4:1 gewonnen: Maier (Kleff) – Höttges (Bonhof), Breitner – Schwarzenbeck, Beckenbauer, Wimmer – Heynckes, Hoeneß, G. Müller (4), Netzer, E. Kremers – K: Beckenbauer. – SR: Marques (Brasilien).

372 **Belgien,** 14. 6., Antwerpen, 2:1 gewonnen (Europameisterschaft – Halbfinale): Maier – Höttges, Breitner – Schwarzenbeck, Beckenbauer, Wimmer – Heynckes, Hoeneß (Grabowski), G. Müller (2), Netzer, E. Kremers – K: Beckenbauer. – SR: Mullen (Schottland).

373 **Sowjetunion,** 18. 6., Brüssel, 3:0 gewonnen (Europameisterschaft – Endspiel): Maier – Höttges, Breitner – Schwarzenbeck, Beckenbauer, Wimmer (1) – Heynckes, Hoeneß, G. Müller (2), Netzer, E. Kremers – K: Beckenbauer. – SR: Marschall (Österreich).

374 **Schweiz,** 15. 11., Düsseldorf, 5:1 gewonnen: Maier – Höttges, Breitner – Schwarzenbeck, Beckenbauer, Wimmer (Vogts) – Heynckes, Hoeneß, G. Müller (4), Netzer (1), E. Kremers (Geye) – K: Beckenbauer. – SR: van der Kroft (Holland).

1973: 10 Spiele: 6 Siege, 1 Unentschieden, 3 Niederlagen

375 **Argentinien,** 14. 2., München, 2:3 verloren: Maier – Höttges, Vogts – Schwarzenbeck (Cullmann, 1), Beckenbauer, Breitner – Geye, Wimmer, Heynckes (1), Overath, E. Kremers (Held) – K: Beckenbauer. – SR: Lo Bello (Italien).

376 **Tschechoslowakei,** 28. 3., Düsseldorf, 3:0 gewonnen: Franke – Vogts, Breitner – Schwarzenbeck, Beckenbauer, Flohe – Heynckes, Hoeneß (Cullmann), G. Müller (2), Overath, E. Kremers (1) – K: Beckenbauer. – SR: Keller (Schweiz).

377 **Jugoslawien,** 9. 5., München, 0:1 verloren: Maier – Höttges, Breitner – Schwarzenbeck, Beckenbauer, Flohe – Grabowski, Hoeneß, G. Müller, Overath, Held (E. Kremers) – K: Beckenbauer. – SR: Buzek (Österreich).

378 **Bulgarien,** 12. 5., Hamburg, 3:0 gewonnen: Franke – Höttges, Breitner – Cullmann (1), Beckenbauer (1), Kapellmann – Grabowski, Flohe (Köppel), G. Müller, Overath, E. Kremers (Eigentor Jordanov) – K: Beckenbauer. – SR: Jonsson (Schweden).

379 **Brasilien,** 16. 6., Berlin, 0:1 verloren: Maier – Breitner, Vogts – Cullmann, Beckenbauer, Flohe – Heynckes, Hoeneß (Kapellmann), G. Müller, Overath, E. Kremers – K: Beckenbauer. – SR: van Gemert (Holland).

380 **Sowjetunion,** 5. 9., Moskau, 1:0 gewonnen: Kleff – Höttges, Breitner – Schwarzenbeck, Beckenbauer, Danner – Grabowski (Wunder), Köppel (Hoeneß), G. Müller (1), Flohe, Heynckes (E. Kremers) – K: Beckenbauer. – SR: Mladenovic (Jugoslawien).

381 **Österreich,** 10. 10., Hannover, 4:0 gewonnen: Kleff – Kapellmann (H. Kremers), Höttges – Weber (1) (Hölzenbein), Beckenbauer (Cullmann), Flohe – Grabowski, Hoeneß, G. Müller (2), Overath, E. Kremers (1) – K: Beckenbauer. – SR: Delcourt (Belgien).

382 **Frankreich,** 13. 10., Gelsenkirchen, 2:1 gewonnen: Kleff – Höttges (Cullmann), H. Kremers – Weber, Beckenbauer, Flohe – Grabowski, Hoeneß, G. Müller (2), Overath, E. Kremers – K: Beckenbauer. – SR: Scheurer (Schweiz).

383 **Schottland,** 14. 11., Glasgow, 1:1 unentschieden: Kleff (Maier) – Vogts, Höttges – Weber, Beckenbauer, Wimmer (Cullmann) – Grabowski, Hoeneß (1), Held (Flohe), Netzer, E. Kremers (Heynckes) – K: Beckenbauer. – SR: J. K. Taylor (England).

384 **Spanien,** 24. 11., Stuttgart, 2:1 gewonnen: Maier – Vogts, Höttges (Bonhof) – Weber (Schwarzenbeck), Beckenbauer, Cullmann – Grabowski, Hoeneß (Hölzenbein), G. Müller, Overath, Heynckes (2) – K: Beckenbauer. – SR: MacKenzie (Schottland).

1974: 15 Spiele: 11 Siege, 2 Unentschieden, 2 Niederlagen

385 **Spanien,** 23. 2., Barcelona, 0:1 verloren: Nigbur – Vogts (Breitner), Höttges – Weber, Beckenbauer, H. Kremers (Wimmer) – Grabowski (Heynckes), Hoeneß, G. Müller, Overath, Herzog – K: Beckenbauer. – SR: Jurea (CSSR).

386 **Italien,** 26. 2., Rom, 0:0 unentschieden: Maier – Höttges (H. Kremers), Breitner – Schwarzenbeck, Beckenbauer, Cullmann – Hoeneß, Netzer, G. Müller, Overath, Heynckes – K: Beckenbauer. – SR: Bucheli (Schweiz).

387 **Schottland,** 27. 3., Frankfurt a. M., 2:1 gewonnen: Maier – Breitner (1), Vogts – Schwarzenbeck, Beckenbauer, Cullmann – Grabowski (1), Hoeneß, G. Müller, Wimmer, Herzog – K: Beckenbauer. – SR: Schiller (Österreich).

388 **Ungarn,** 17. 4., Dortmund, 5:0 gewonnen: Nigbur – Vogts, H. Kremers – Schwarzenbeck (Bonhof), Beckenbauer, Cullmann – Grabowski, Hoeneß (Flohe), G. Müller (2), Wimmer (1) (Hölzenbein 1), E. Kremers (1) – K: Beckenbauer. – SR: Schaut (Belgien).

389 **Schweden,** 1. 5., Hamburg, 2:0 gewonnen: Maier – Vogts, Breitner – Schwarzenbeck, Beckenbauer, Cullmann (Hölzenbein) – Grabowski, Hoeneß, G. Müller, Netzer, E. Kremers (Heynckes, 2/Bonhof) – K: Beckenbauer. – SR: Kitabdjan (Frankreich).

390 **Chile,** 14. 6., Berlin, 1:0 gewonnen (Weltmeisterschaft – 1. Finalrunde): Maier – Vogts, Breitner (1) – Schwarzenbeck, Beckenbauer, Cullmann – Grabowski, Hoeneß, G. Müller, Overath, (Hölzenbein), Heynckes – K: Beckenbauer. – SR: Babacan (Türkei).

391 **Australien,** 18. 6., Hamburg, 3:0 gewonnen (Weltmeisterschaft – 1. Finalrunde): Maier – Vogts, Breitner – Schwarzenbeck, Beckenbauer, Cullmann (1) (Wimmer) – Grabowski, Hoeneß, G. Müller (1), Overath (1), Heynckes (Hölzenbein) – K: Beckenbauer. – SR: Kamel (Ägypten).

392 **DDR,** 22. 6., Hamburg, 0:1 verloren (Weltmeisterschaft – 1. Finalrunde): Maier – Vogts, Breitner – Schwarzenbeck (Höttges), Beckenbauer, Cullmann – Grabowski, Hoeneß, G. Müller, Overath (Netzer), Flohe – K: Beckenbauer. – SR: Ruiz (Uruguay).

393 **Jugoslawien,** 26. 6., Düsseldorf, 2:0 gewonnen (Weltmeisterschaft – 2. Finalrunde): Maier – Vogts, Breitner (1) – Schwarzenbeck, Beckenbauer, Bonhof – Hölzenbein (Flohe), Wimmer (Hoeneß), G. Müller (1), Overath, Herzog – K: Beckenbauer. – SR: Marques (Brasilien).

394 **Schweden,** 30. 6., Düsseldorf, 4:2 gewonnen (Weltmeisterschaft – 2. Finalrunde): Maier – Vogts, Breitner – Schwarzenbeck, Beckenbauer, Bonhof (1) – Hölzenbein (Flohe), Hoeneß (1), G. Müller, Overath (1), Herzog (Grabowski, 1) – K: Beckenbauer. – SR: Kasakow (Sowjetunion).

395 **Polen,** 3. 7., Frankfurt a. M., 1:0 gewonnen (Weltmeisterschaft – 2. Finalrunde): Maier – Vogts, Breitner – Schwarzenbeck, Beckenbauer, Bonhof – Grabowski, Hoeneß, G. Müller (1), Overath, Hölzenbein – K: Beckenbauer. – SR: Linemayr (Österreich).

396 **Holland,** 7. 7., München, 2:1 gewonnen (Weltmeisterschaft – Endspiel): Maier – Vogts, Breitner (1) – Schwarzenbeck, Beckenbauer, Bonhof – Grabowski, Hoeneß, G. Müller (1), Overath, Hölzenbein – K: Beckenbauer. – SR: J. K. Taylor (England).

397 **Schweiz,** 4. 9., Basel, 2:1 gewonnen: Maier – Vogts, H. Kremers – Schwarzenbeck (Kapellmann), Beckenbauer, Cullmann (1) – Geye (1), Bonhof, Hölzenbein (Seel), Hoeneß, Herzog – K: Beckenbauer. – SR: Schiller (Österreich).

398 **Griechenland,** 20. 11., Piräus, 2:2 unentschieden (EM-Qualifikation): Maier – Vogts, H. Kremers – Schwarzenbeck, Beckenbauer, Cullmann (1) (Kapellmann) – Geye, Wimmer (1), Hölzenbein, Hoeneß, Heynckes (Pirrung) – K: Beckenbauer. – SR: Rainea (Rumänien).

399 **Malta,** 22. 12., La Valetta, 1:0 gewonnen (EM-Qualifikation): Nigbur – Vogts, Dietz – Körbel, Beckenbauer, Cullmann (1) (Seliger) – Pirrung (B. Nickel), Bonhof, Kostedde, Flohe, Hölzenbein – K: Beckenbauer. – SR: Emsberger (Ungarn).

1975: 7 Spiele: 3 Siege, 3 Unentschieden, 1 Niederlage

400 **England,** 12. 3., London, 0:2 verloren: Maier – Bonhof, Vogts – Körbel, Beckenbauer, Cullmann – Ritschel, Flohe, Kostedde (Heynckes), Wimmer (H. Kremers), Hölzenbein – K: Beckenbauer. – SR: Schaut (Belgien).

401 **Bulgarien,** 27. 4., Sofia, 1:1 unentschieden (EM-Qualifikation): Maier – Vogts, Breitner – Schwarzenbeck, Beckenbauer, Bonhof – Ritschel (1), Hoeneß (Körbel), Seel, Netzer, Heynckes (Hölzenbein) – K: Beckenbauer. – SR: Dubach (Schweiz).

402 **Holland,** 17. 5., Frankfurt, 1:1 unentschieden: Maier – Vogts, Bonhof – Kliemann, Beckenbauer, Körbel – Ritschel, Wimmer (1) (Cullmann), Seel, Beer, Hölzenbein – K: Beckenbauer. – SR: Hungerbühler (Schweiz).

403 **Österreich,** 3. 9., Wien, 2:0 gewonnen: Maier – Kaltz, Vogts – Schwarzenbeck (Danner), Beckenbauer (Beer, 2), Körbel – Seel, Wimmer (Keller), Gersdorff, Stielike, Hölzenbein – K: Beckenbauer. – SR: Palotai (Ungarn).

404 **Griechenland,** 11. 10., Düsseldorf, 1:1 unentschieden (EM-Qualifikation): Maier – Kaltz, Vogts – Körbel, Beckenbauer, Breitner – Hölzenbein, Beer, Kostedde, Netzer, Heynckes (1) – K: Beckenbauer. – SR: Thomas (Wales).

405 **Bulgarien,** 19. 11., Stuttgart, 1:0 gewonnen (EM-Qualifikation): Maier – Vogts, Dietz – Schwarzenbeck, Beckenbauer, Danner – Hölzenbein, Wimmer, Beer, Stielike, Heynckes (1) – K: Beckenbauer. – SR: MacKenzie (Schottland).

406 **Türkei,** 20. 12., Istanbul, 5:0 gewonnen: Kargus – Vogts, Dietz (Reichel) – Schwarzenbeck, Beckenbauer, Danner – Hölzenbein, Wimmer (Bonhof), Beer (1), Stielike (Worm, 2), Heynckes (2) – K: Beckenbauer. – SR: Michelotti (Italien).

1976: 7 Spiele: 5 Siege, 1 Unentschieden, 1 Niederlage

407 **Malta,** 28. 2., Dortmund, 8:0 gewonnen (EM-Qualifikation): Maier – Vogts (1), Dietz – Schwarzenbeck, Beckenbauer, Beer (2) – Hölzenbein (1), Wimmer (Bongartz), Worm (2), Stielike (Cullmann), Heynckes (2) – K: Beckenbauer. – SR: Kuston (Polen).

408 **Spanien,** 24. 4., Madrid, 1:1 unentschieden (EM-Viertelfinale): Maier – Vogts, Dietz (Reichel) – Schwarzenbeck (Cullmann), Beckenbauer, Bonhof – Hölzenbein, Wimmer, Beer (1), Danner, Worm – K: Beckenbauer. – SR: Taylor (England).

409 **Spanien,** 22. 5., München, 2:0 gewonnen (EM-Viertelfinale): Maier – Vogts, Dietz – Schwarzenbeck, Beckenbauer, Bonhof – Hoeneß (1), Wimmer, Toppmöller (1), Beer, Hölzenbein – K: Beckenbauer. – SR: Wurtz (Frankreich).

410 **Jugoslawien,** 17. 6., Belgrad, 4:2 n. Verl. gewonnen (Europameisterschaft – Halbfinale): Maier – Vogts, Dietz – Schwarzenbeck, Beckenbauer, Bonhof – Hoeneß, Wimmer (D. Müller, 3), Beer, Danner (Flohe, 1), Hölzenbein – K: Beckenbauer. – SR: Delcourt (Belgien).

411 **Tschechoslowakei,** 20. 6., Belgrad, 2:2 n. Verl., Elfmeterschießen 5:3 für CSSR (Europameisterschaft – Endspiel): Maier – Vogts, Dietz – Schwarzenbeck, Beckenbauer, Bonhof – Hoeneß, Wimmer (Flohe), D. Müller (1), Beer (Bongartz), Hölzenbein (1) – K: Beckenbauer. – SR: Gonella (Italien). – Das Spiel wird in den Statistiken mit 2:2 Toren, aber als Niederlage gewertet. Die Tore aus dem 11-m-Schießen zählen nicht in der Torjägerstatistik, sondern dienen lediglich der Feststellung des Sieges. Die 11-m-Tore: Bonhof, Flohe, Bongartz.

412 **Wales,** 6. 10., Cardiff, 2:0 gewonnen: Kargus – Vogts, Dietz – Zimmermann (Schwarzenbeck), Beckenbauer (1), Beer (Seliger) – Rummenigge, Flohe, Hoeneß (D. Müller), Stielike, Heynckes (1) – K: Beckenbauer. – SR: Mathewson (England).

413 **Tschechoslowakei,** 17. 11., Hannover, 2:0 gewonnen: Maier – Vogts (Kaltz), Dietz – Schwarzenbeck, Beckenbauer, Bonhof – Rummenigge, Hoeneß, Beer (1), Flohe (1), Heynckes – K: Beckenbauer. – SR: Dubach (Schweiz).

1977: 11 Spiele: 7 Siege, 3 Unentschieden, 1 Niederlage

414 **Frankreich,** 23. 2., Paris, 0:1 verloren: Maier – Vogts, Dietz – Nogly, Beckenbauer, Bonhof – Rummenigge, Flohe, D. Müller (Beer), Stielike, Hölzenbein – K: Beckenbauer. – SR: Sanchez Ibanez (Spanien).

415 **Nordirland,** 27. 4., Köln, 5:0 gewonnen: Maier (Franke) – Vogts, Dietz – Nogly, Kaltz, Bonhof (1) – Abramczik, Fischer (2), D. Müller (1), Flohe (1), Hölzenbein – K: Vogts. – SR: Palotai (Ungarn).

416 **Jugoslawien,** 30. 4., Belgrad, 2:1 gewonnen: Maier (Kargus) – Tenhagen, Vogts – Rüßmann, Kaltz, Bonhof (1) – Abramczik, Beer, Fischer, D. Müller (1), Flohe (Magath) – K: Vogts. – SR: Babacan (Türkei).

417 **Argentinien,** 5. 6., Buenos Aires, 3:1 gewonnen: Franke – Vogts, Dietz – Rüßmann, Kaltz, Bonhof – Abramczik, Hölzenbein (1), Fischer (2), Beer (Rummenigge), Volkert – K: Vogts. – SR: Coelho (Brasilien).

418 **Uruguay,** 8. 6., Montevideo, 2:0 gewonnen: D. Burdenski – Vogts, Dietz – Rüßmann (Nogly), Kaltz, Bonhof – Rummenigge, Flohe (1), D. Müller (1), Magath, Volkert (Abramczik, Hölzenbein) – K: Vogts. – SR: Coerezza (Argentinien).

419 **Brasilien,** 12. 6., Rio de Janeiro, 1:1 unentschieden: Maier – Vogts, Dietz – Rüßmann, Kaltz, Bonhof – Abramczik, Hölzenbein (Tenhagen), Fischer (1), Beer (Flohe), Volkert (Rummenigge) – K: Vogts. – SR: Pestarino (Argentinien).

420 **Mexiko,** 14. 6., Mexiko City, 2:2 unentschieden: Maier – Vogts, Dietz – Rüßmann, Kaltz, Bonhof (Nogly) – Hölzenbein, Bongartz, Fischer (2), D. Müller (Volkert), Flohe (Beer) – K: Vogts. – SR: Dorantes (Mexiko).

421 **Finnland,** 7. 9., Helsinki, 1:0 gewonnen: Maier – Vogts, Dietz – Bonhof, Kaltz, Rüßmann – Abramczik (Rummenigge), Hölzenbein, Fischer (1), Beer (Bongartz), Volkert – K: Vogts. – SR: Jarkow (Sowjetunion).

422 **Italien,** 8. 10., Berlin, 2:1 gewonnen: Maier – Vogts, Dietz – Bonhof, Kaltz (1), Rüßmann – Rummenigge (1), Flohe, Fischer, Beer, Volkert (Hölzenbein) – K: Vogts. – SR: Rion (Belgien).

423 **Schweiz,** 16. 11., Stuttgart, 4:1 gewonnen: Franke – Vogts, Dietz (H. Zimmermann) – Bonhof, Kaltz, Rüßmann – Abramczik, Burgsmüller, Fischer (2), Flohe (1), Seel. Dazu Selbsttor Meyer – K: Vogts. – SR: Gonella (Italien).

424 **Wales,** 14. 12., Dortmund, 1:1 unentschieden: Maier – Vogts, Dietz – Bonhof, Tenhagen, Rüßmann – Abramczik, Burgsmüller, Fischer 1 (Seel), Flohe, Hölzenbein – K: Vogts. – SR: Corver (Holland).

1978: 13 Spiele: 5 Siege, 5 Unentschieden, 3 Niederlagen

425 **England,** 22. 2., München, 2:1 gewonnen: Maier – Vogts, H. Zimmermann – Bonhof (1), Schwarzenbeck, Rüßmann – Abramczik, Flohe (Burgsmüller), Hölzenbein (Worm 1), Neumann (Dietz), Rummenigge – K: Vogts. – SR: Wöhrer (Österreich).

426 **Sowjetunion,** 8. 3., Frankfurt, 1:0 gewonnen: Maier – Vogts, Dietz – Bonhof, Kaltz, Rüßmann (1) – Abramczik, Hölzenbein, Fischer, Flohe, Rummenigge – K: Vogts. – SR: Gordon (Schottland).

427 **Brasilien,** 5. 4., Hamburg, 0:1 verloren: Maier – Vogts, Dietz (Kh. Förster) – Bonhof, Kaltz, Rüßmann – Abramczik (H. Müller), Beer (Worm), Fischer, Flohe, Rummenigge – K: Vogts. – SR: Palotai (Ungarn).

428 **Schweden,** 19. 4., Stockholm, 1:3 verloren: Maier (D. Burdenski) – Vogts, H. Zimmermann – Bonhof (1) (Dietz), Kaltz, Rüßmann – Abramczik, Hölzenbein, Fischer, H. Müller (Worm), Rummenigge – K: Vogts. – SR: Burns (England).

429 **Polen,** 1. 6., Buenos Aires, 0:0 unentschieden (Weltmeisterschaft): Maier – Vogts, H. Zimmermann – Bonhof, Kaltz, Rüßmann – Abramczik, Beer, Fischer, Flohe, H. Müller – K: Vogts. – SR: Coerezza (Argentinien).

430 **Mexiko,** 6. 6., Cordoba, 6:0 gewonnen (Weltmeisterschaft): Maier – Vogts, Dietz – Bonhof, Kaltz, Rüßmann – Rummenigge (2), Flohe (2), Fischer, D. Müller (1), H. Müller (1) – K: Vogts. – SR: Bouzo (Syrien).

431 **Tunesien,** 10. 6., Cordoba, 0:0 unentschieden (Weltmeisterschaft): Maier – Vogts, Dietz – Bonhof, Kaltz, Rüßmann – Rummenigge, Flohe, Fischer, D. Müller, H. Müller – K: Vogts. – SR: Orozco (Peru).

432 **Italien,** 14. 6., Buenos Aires, 0:0 unentschieden (Weltmeisterschaft): Maier – Vogts, Dietz – Bonhof, Kaltz, Rüßmann – Rummenigge, Flohe (Beer), Fischer, H. Zimmermann (Konopka), Hölzenbein – K: Vogts. – SR: Maksimovic (Jugoslawien).

433 **Holland,** 18. 6., Cordoba, 2:2 unentschieden (Weltmeisterschaft): Maier – Vogts, Dietz – Bonhof, Kaltz, Rüßmann – Abramczik (1), Beer, D. Müller (1), Hölzenbein, Rummenigge – K: Vogts. – SR: Barreto (Uruguay).

434 **Österreich,** 21. 6., Cordoba, 2:3 verloren (Weltmeisterschaft): Maier – Vogts, Dietz – Bonhof, Kaltz, Rüßmann – Abramczik, Beer (H. Müller), D. Müller (Fischer), Hölzenbein (1), Rummenigge (1) – K: Vogts. – SR: Klein (Israel).

435 **Tschechoslowakei,** 11. 10., Prag, 4:3 gewonnen: Maier – Kaltz, Dietz – Bonhof (2), Zewe, Kh. Förster – Abramczik (1), Cullmann, Fischer, H. Müller (1) (Worm, Kl. Allofs), Rummenigge – K: Maier. – SR: Daina (Schweiz).

436 **Ungarn,** 15. 11., Frankfurt/M., 0:0 (nach 60 Minuten wegen Nebels abgebrochen): Maier – Kaltz, Dietz – Bonhof, Zewe, Rüßmann – Abramczik, Cullmann, Fischer, Kl. Allofs, Rummenigge – K: Maier. – SR: Wurtz (Frankreich).

437 **Holland,** 20. 12., Düsseldorf, 3:1 gewonnen: D. Burdenski – Kaltz, Dietz – Bonhof (1), Zewe, Stielike – Abramczik (Borchers), Cullmann (H. Zimmermann), Fischer (1), Kl. Allofs, Rummenigge (1) – K: Dietz. – SR: Palotai (Ungarn).

1979: 9 Spiele: 7 Siege, 2 Unentschieden

438 **Malta,** 25. 2., La Valetta, 0:0 unentschieden (EM-Qualifikation): Maier – Kaltz, Dietz – Bonhof, Zewe (Toppmöller), Kh. Förster – Abramczik, Cullmann, Fischer, H. Müller, Rummenigge (Kl. Allofs). – K: Maier. – SR: Vojtech (CSSR).

439 **Türkei,** 1. 4., Izmir, 0:0 unentschieden (EM-Qualifikation): D. Burdenski – Kaltz, Dietz – Bonhof Stielike, H. Zimmermann (Kh. Förster) – Rummenigge (Kelsch), Cullmann, Toppmöller, H. Müller, Borchers. – K: Dietz. – SR: Stuper (UdSSR).

440 **Wales,** 2. 5., Wrexham, 2:0 gewonnen (EM-Qualifikation): Maier – Kaltz, Dietz – Bonhof, Stielike (Martin), Kh. Förster – Rummenigge, Cullmann, Fischer (1), H. Zimmermann (1), Kl. Allofs. – K: Maier. – SR: Michelotti (Italien).

441 **Irland,** 22. 5., Dublin, 3:1 gewonnen: Maier (D. Burdenski) – Kaltz, B. Förster – H. Zimmermann (Hartwig), Cullmann, Kh. Förster – Rummenigge (1) (Memering), Schuster, D. Hoeneß (1), H. Müller (Kelsch, 1), Kl. Allofs. – K: Maier / Cullmann. – SR: Courtney (England).

442 **Island,** 26. 5., Reykjavik, 3:1 gewonnen: Maier (Schumacher) – Konopka, B. Förster – Kh. Förster (Kaltz), Cullmann, Schuster – Kelsch (1), H. Zimmermann (Hartwig), D. Hoeneß (2), Groh, Memering. – K: Maier / Cullmann. – SR: Hope (Schottland).

443 **Argentinien,** 12. 9., Berlin, 2:1 gewonnen: D. Burdenski – Kaltz, Dietz – Kh. Förster, Cullmann, Schuster – Rummenigge (1), Bonhof, Fischer, H. Müller, Kl. Allofs (1). – K: Dietz. – SR: Eriksson (Schweden).

444 **Wales,** 17. 10., Köln, 5:1 gewonnen (EM-Qualifikation): D. Burdenski – Kaltz (1), Dietz – Kh. Förster (1), Cullmann, Schuster (Zimmermann) – Rummenigge (1) (Briegel), Bonhof, Fischer (2), H. Müller, Kl. Allofs. – K: Dietz. – SR: Keizer (Holland).

445 **Sowjetunion,** 21. 11., Tiflis, 3:1 gewonnen: Nigbur – Kaltz (Zimmermann), Briegel – Kh. Förster, Cullmann, Dietz (Votava) – Rummenigge (2), Schuster (B. Förster), Fischer (1), H. Müller, H. Nickel. – K: Dietz / Cullmann. – SR: Hirviniemi (Finnland).

446 **Türkei,** 22. 12., Gelsenkirchen, 2:0 gewonnen (EM-Qualifikation): Nigbur – Kaltz, Dietz – Bonhof, Cullmann, B. Förster – Rummenigge, Stielike (Zimmermann 1), Fischer (1), H. Müller, H. Nickel. – K: Dietz. – SR: Renggli (Schweiz).

1980: 11 Spiele: 9 Siege, 2 Unentschieden

447 **Malta,** 27. 2., Bremen, 8:0 gewonnen (EM-Qualifikation): D. Burdenski – Kaltz, Cullmann, Kh. Förster, Dietz – Bonhof (1), B. Förster (Kelsch 1), H. Müller – Rummenigge (1), Fischer (2), Kl. Allofs (2) (H. Nickel). – K: Dietz. – SR: Rolles (Luxemburg). – Dazu ein Selbsttor von Holland.

448 **Österreich,** 2. 4., München, 1:0 gewonnen: Nigbur (Schumacher) – Kaltz, Cullmann, Kh. Förster, Dietz (Briegel) – Bonhof, B. Förster (Schuster), H. Müller (1) – Rummenigge, Hrubesch, Kl. Allofs (Del Haye). – K: Dietz / Cullmann. – SR: Vautrot (Frankreich).

449 **Polen,** 13. 5., Frankfurt, 3:1 gewonnen: Schumacher – Kaltz, Cullmann, Kh. Förster, Dietz – B. Förster (Schuster 1), Magath, Briegel (Jakobs), H. Müller (Hrubesch) – Rummenigge (1), Kl. Allofs (1). – K: Dietz. – SR: Menegali (Italien).

450 **Tschechoslowakei,** 11. 6., Rom (EM-Endrunde), 1:0 gewonnen: Schumacher – Kaltz, Cullmann, Kh. Förster, Dietz – B. Förster (Magath), Stielike, Briegel, H. Müller – Rummenigge (1), Kl. Allofs. – K: Dietz. – SR: Michelotti (Italien).

451 **Holland,** 14. 6., Neapel (EM-Endrunde), 3:2 gewonnen: Schumacher – Kaltz, Stielike, Kh. Förster, Dietz (Matthäus) – Schuster, Briegel, H. Müller (Magath) – Rummenigge, Hrubesch, Kl. Allofs (3). – K: Dietz / Rummenigge. – SR: Wurtz (Frankreich).

452 **Griechenland,** 17. 6., Turin (EM-Endrunde), 0:0 unentschieden: Schumacher – Kaltz, Stielike, Kh. Förster, B. Förster (Votava) – Cullmann, Briegel, H. Müller, Memering – Rummenigge (Del Haye), Hrubesch. – K: Cullmann. – SR: McGinley (Schottland).

453 **Belgien,** 22. 6., Rom (EM-Finale), 2:1 gewonnen: Schumacher – Kaltz, Stielike, Kh. Förster, Dietz – Schuster, Briegel (Cullmann), H. Müller – Rummenigge, Hrubesch (2), Kl. Allofs. – K: Dietz. – SR: Rainea (Rumänien).

454 **Schweiz,** 10. 9., Basel, 3:2 gewonnen: Schumacher – Kaltz, Schuster, Kh. Förster, Dietz – Briegel, Magath (1), H. Müller (2) – Rummenigge, Hrubesch, Kl. Allofs. – K: Dietz. – SR: Agnolin (Italien).

455 **Holland,** 11. 10., Eindhoven, 1:1 unentschieden: Schumacher (Immel) – Kaltz, Niedermayer, Kh. Förster, Dietz – Briegel, Magath, H. Müller – Rummenigge, Hrubesch (1), Kl. Allofs. – K: Dietz. – SR: Cristoph (CSSR).

456 **Frankreich,** 19. 11., Hannover, 4:1 gewonnen: Schumacher – Kaltz (1), Schuster, Kh. Förster, Dietz – Briegel (1), Votava, H. Müller – Allgöwer, Hrubesch (1), Kl. Allofs (1). – K: Dietz. – SR: Nyhus (Norwegen).

457 **Bulgarien,** 3. 12., Sofia, 3:1 gewonnen (WM-Qualifikation): Schumacher – Kaltz (2), Stielike, Kh. Förster, Dietz – Briegel, Magath (Votava), H. Müller – Rummenigge (1), Hrubesch, Kl. Allofs (Borchers). – K: Dietz. – SR: Latanzi (Italien).

1981: 11 Spiele: 8 Siege, 3 Niederlagen

458 **Argentinien,** 1. 1., Montevideo, 1:2 verloren (Copa de Oro/Mini-WM): Schumacher – Kaltz, Bonhof, Kh. Förster, Dietz – Briegel, Magath, H. Müller – Rummenigge, Hrubesch (1), Kl. Allofs. – K: Dietz. – SR: Castillo (Spanien).

459 **Brasilien,** 7. 1., Montevideo, 1:4 verloren (Copa de Oro/Mini-WM): Schumacher – Kaltz (Dremmler), Bonhof, Kh. Förster, Dietz – Votava, Briegel, Magath, H. Müller – Rummenigge, Kl. Allofs (1) (Allgöwer). – K: Dietz. – SR: Silvagno (Chile).

460 **Albanien,** 1. 4., Tirana, 2:0 gewonnen (WM-Qualifikation): Schumacher – Kaltz, Stielike, Kh. Förster (Hannes), Dietz – Schuster (2), Magath, H. Müller – Rummenigge, Hrubesch, Kl. Allofs. – K: Dietz. – SR: Venci (CSSR).

461 **Österreich,** 29. 4., Hamburg, 2:0 gewonnen (WM-Qualifikation): Schumacher – Kaltz, Stielike, Kh. Förster, Briegel – Schuster, Breitner, Magath, H. Müller – Rummenigge, Fischer (1) (Allgöwer). Dazu ein Eigentor des Österreichers Krauss. – K: Rummenigge. – SR: Corver (Holland).

462 **Brasilien,** 19. 5., Stuttgart, 1:2 verloren: Schumacher (Immel) – Kaltz, Hannes, Kh. Förster, Briegel – Schuster (Dietz), Breitner, Magath, H. Müller – Rummenigge, Fischer (1) (Allgöwer). – K: Rummenigge. – SR: White (England).

463 **Finnland,** 24. 5., Lahti, 4:0 gewonnen (WM-Qualifikation): Schumacher – Kaltz (1), Hannes, Kh. Förster, Briegel (1) – Dremmler, Breitner, Magath (Allgöwer) – Rummenigge, Fischer (2), H. Müller (Borchers). – K: Rummenigge. – SR: Carpenter (Irland).

464 **Polen,** 2. 9., Königshütte, 2:0 gewonnen: Schumacher – Kaltz (Hieronymus), Hannes, B. Förster, Briegel (Dremmler) – Breitner, Magath, H. Müller – Borchers, Fischer (1), Rummenigge (1). – K: Rummenigge. – SR: Johannsen (Schweden).

465 **Finnland,** 23. 9., Bochum, 7:1 gewonnen (WM-Qualifikation): Schumacher – Kaltz, Stielike, B. Förster, Briegel – Dremmler (1), Breitner (2), Magath – Borchers, Fischer (1), Rummenigge (3). – K: Rummenigge. – SR: Rolles (Luxemburg).

466 **Österreich,** 14. 10., Wien, 3:1 gewonnen (WM-Qualifikation): Schumacher – Kaltz, Stielike, Kh. Förster, Briegel – Dremmler, Breitner, Magath (1) – Littbarski (2), Fischer, Rummenigge. – K: Rummenigge. – SR: Ponnet (Belgien).

467 **Albanien,** 18. 11., Dortmund, 8:0 gewonnen (WM-Qualifikation): Immel – Kaltz (1) (Matthäus). Stielike, Kh. Förster, Briegel – Dremmler, Breitner (1), Magath – Rummenigge (3) (Milewski), Fischer (2), Littbarski (1). – K: Rummenigge / Fischer. – SR: Björnestad (Norwegen).

468 **Bulgarien,** 22. 11., Düsseldorf, 4:0 gewonnen (WM-Qualifikation): Schumacher – Kaltz (1), Hannes, Kh. Förster, Briegel – Dremmler, Breitner, Magath (Kl. Allofs). – Rummenigge (2), Hrubesch, Fischer (1). – K: Rummenigge. – SR: Eriksson (Schweden).

1982: 15 Spiele: 8 Siege, 3 Unentschieden, 4 Niederlagen

469 **Portugal,** 17.2., Hannover, 3:1 gewonnen: Schumacher (Franke) – Kaltz, B. Förster, Kh. Förster, Briegel, Dremmler, Breitner, Rummenigge – Hrubesch (Matthäus), Fischer (2), Littbarski (Allgöwer). Dazu ein Eigentor von Humberto. – K: Rummenigge. – SR: Ponnet (Belgien).

470 **Brasilien,** 21. 3., Rio de Janeiro, 0:1 verloren: Schumacher – Kaltz, Stielike, Kh. Förster, Briegel – Dremmler, Breitner, Matthäus – Littbarski (Mill), Fischer (Hrubesch), H. Müller (Engels). – K: Kaltz. – SR: Castilho (Spanien).

471 **Argentinien,** 24. 3., Buenos Aires, 1:1 unentschieden: Schumacher – Kaltz, Stielike, Kh. Förster, Briegel – Dremmler (1), Matthäus, Breitner (B. Förster), H. Müller – Littbarski (Mill), Hrubesch (Engels). – K: Kaltz. – SR: Bazan (Uruguay).

472 **Tschechoslowakei,** 14. 4., Köln, 2:1 gewonnen: Schumacher – Kaltz (Engels), Hannes, Kh. Förster, Briegel – Dremmler (B. Förster), Breitner (1), Matthäus – Rummenigge, Fischer (Mill), Littbarski (1). – K: Rummenigge. – SR: Quiniou (Frankreich).

473 **Norwegen,** 12. 5., Oslo, 4:2 gewonnen: Franke (Immel) – B. Förster (Hannes), Stielike, Kh. Förster, Briegel (Hieronymus) – Matthäus, Breitner (Reinders), Magath – Rummenigge (2), Hrubesch (Fischer), Littbarski (2) – K: Rummenigge. – SR: Johansson (Schweden).

474 **Algerien,** 16. 6., Gijon, 1:2 verloren (WM-Endrunde): Schumacher – Kaltz, Stielike, Kh. Förster, Briegel – Dremmler, Breitner, Magath (Fischer) – Rummenigge (1), Hrubesch, Littbarski. – K: Rummenigge. – SR: Revoredo (Peru).

475 **Chile,** 20. 6., Gijon, 4:1 gewonnen (WM-Endrunde): Schumacher – Kaltz, Stielike, Kh. Förster, Briegel – Dremmler, Breitner (Matthäus), Magath, Rummenigge (3) – Hrubesch, Littbarski (Reinders 1). – K: Rummenigge. – SR: Galler (Schweiz).

476 **Österreich,** 25. 6., Gijon, 1:0 gewonnen (WM-Endrunde): Schumacher – Kaltz, Stielike, Kh. Förster, Briegel – Dremmler, Breitner, Magath, Rummenigge (Matthäus) – Littbarski, Hrubesch (1) (Fischer) – K: Rummenigge / Kaltz. – SR: Valentine (Schottland).

477 **England,** 29. 6., Madrid, 0:0 unentschieden (2. WM-Finalrunde): Schumacher – Kaltz, Stielike, Kh. Förster, Briegel – Dremmler, B. Förster, Breitner, H. Müller (Fischer) – Reinders (Littbarski), Rummenigge. – K: Rummenigge. – SR: Coelho (Brasilien).

478 **Spanien,** 2. 7., Madrid, 2:1 gewonnen (2. WM-Finalrunde): Schumacher – Kaltz, Stielike, Kh. Förster, B. Förster – Dremmler, Breitner, Briegel, Rummenigge (Reinders) – Littbarski (1), Fischer (1). – K: Rummenigge/Kaltz. – SR: Casarin (Italien).

479 **Frankreich,** 8. 7., Sevilla, 3:3 n. V. unentschieden, Deutschland 5:4-Sieger im Elfmeterschießen (WM-Halbfinale): Schumacher – Kaltz, Stielike, Kh. Förster, B. Förster – Dremmler, Breitner, Magath (Hrubesch), Briegel (Rummenigge 1) – Littbarski (1), Fischer (1). – K: Kaltz. – SR: Corver (Holland). Das Spiel wird in allen Statistiken mit 3:3 Toren, aber als Sieg gewertet. Die Tore aus dem Elfmeterschießen zählen nicht in der Torjägerstatistik, sie dienen lediglich der Feststellung des Siegers. 11-m-Tore: Kaltz, Breitner, Littbarski, Hrubesch, K.-H. Rummenigge.

480 **Italien,** 11. 7., Madrid 1:3 verloren (WM-Endspiel): Schumacher – Kaltz, Stielike, Kh. Förster, B. Förster – Dremmler (Hrubesch), Breitner (1), Rummenigge (H. Müller), Briegel – Littbarski, Fischer. – K: Rummenigge/Kaltz. – SR: Coelho (Brasilien).

481 **Belgien,** 22. 9., München, 0:0 unentschieden: Schumacher – Dremmler, Hannes, Kh. Förster, B. Förster – H. Müller (Milewski), Stielike, Matthäus, Briegel – Littbarski, Rummenigge. – K: Rummenigge. – SR: Christov (CSSR).

482 **England,** 13. 10., London, 2:1 gewonnen: Schumacher – Kaltz, Strack, Kh. Förster (Hieronymus), B. Förster – Meier (Littbarski), Dremmler, Briegel, Matthäus – Rummenigge (2), Kl. Allofs (Engels). – K: Rummenigge. – SR: Palotai (Ungarn).

483 **Nordirland,** 17. 11., Belfast, 0:1 verloren (EM-Qualifikation): Schumacher – Kaltz, Stielike, Strack, B. Förster – Matthäus (Völler), Schuster (Engels), Briegel – Rummenigge, Kl. Allofs, Littbarski. – K: Rummenigge. – SR: Nyhus (Norwegen).

1983: 10 Spiele: 6 Siege, 2 Unentschieden, 2 Niederlagen

484 **Portugal,** 23. 2., Lissabon, 0:1 verloren: Schumacher – Kaltz, B. Förster, Kh. Förster, Briegel – Dremmler, Rolff, Matthäus (Otten) – Rummenigge, Völler (Meier), Littbarski (Kl. Allofs). – K: Rummenigge. – SR: Bacou (Frankreich).

485 **Albanien,** 30. 3., Tirana, 2:1 gewonnen (EM-Qualifikation): Schumacher – B. Förster, Strack, Kh. Förster, Otten – Engels, H. Müller, Briegel – Littbarski, Völler (1) (Meier), Rummenigge (1). – K: Rummenigge. – SR: Menegali (Italien).

486 **Türkei,** 23. 4., Izmir, 3:0 gewonnen (EM-Qualifikation): Schumacher – Dremmler (1), Strack, Kh. Förster, Briegel – Engels, Schuster, H. Müller – Littbarski (Rolff), Völler, Rummenigge (2). – K: Rummenigge. – SR: Christov (CSSR).

487 **Österreich,** 27. 4., Wien, 0:0 unentschieden (EM-Qualifikation): Schumacher – Dremmler, Strack, Kh. Förster, Briegel (B. Förster) – Engels, Schuster, H. Müller (Rolff) – Littbarski, Völler, Rummenigge. – K: Rummenigge. – SR: McGinlay (Schottland).

488 **Jugoslawien,** 7. 6., Luxemburg, 4:2 gewonnen (Jubiläumsspiel anl. des 75jährigen Bestehens des Luxemburgischen FV): D. Burdenski (Stein) – B. Förster (Otten), Stielike, Kh. Förster, Briegel – Rolff, Schuster (1), H. Müller (Waas) – Rummenigge (1), Völler, Meier (2) (Matthäus). – K: Rummenigge. – SR: Bastian (Luxemburg).

489 **Ungarn,** 7. 9., Budapest, 1:1 unentschieden: Schumacher (D. Burdenski) – B. Förster (Matthäus), Strack, Kh. Förster, Briegel – Rolff, Groh, H. Müller (Waas), Meier – Littbarski, Völler (1). – K: Kh. Förster. – SR: Krchnak (CSSR).

490 **Österreich,** 5. 10., Gelsenkirchen, 3:0 gewonnen (EM-Qualifikation): Schumacher – Dremmler, Strack, Kh. Förster, Briegel – Rolff, Augenthaler, Schuster, Meier (Matthäus) – K.-H. Rummenigge (1), Völler (2) (Waas). – K: K.-H. Rummenigge. – SR: Agnolin (Italien).

491 **Türkei,** 26. 10., Berlin, 5:1 gewonnen (EM-Qualifikation): Schumacher – Otten, Strack, Augenthaler, Briegel (Herget) – Matthäus, Stielike (1), Meier (M. Rummenigge) – Littbarski, Völler (2), K.-H. Rummenigge (2). – K: K.-H. Rummenigge. – SR: Sostaric (Jugoslawien).

492 **Nordirland,** 16. 11., Hamburg, 0:1 verloren (EM-Qualifikation): Schumacher – Dremmler, Stielike (Strack), Kh. Förster, Briegel – Matthäus, Augenthaler, Rolff, Meier (Littbarski) – K.-H. Rummenigge, Waas. – K: K.-H. Rummenigge. – SR: Palotai (Ungarn).

493 **Albanien,** 20. 11., Saarbrücken, 2:1 gewonnen (EM-Qualifikation): Schumacher – B. Förster, Strack (1), Kh. Förster, Briegel (Otten) – Dremmler, Matthäus, Meier – Littbarski (Waas), Völler, K.-H. Rummenigge (1). – K: K.-H. Rummenigge. – SR: Mattsson (Finnland).

1984: 11 Spiele: 7 Siege, 1 Unentschieden, 3 Niederlagen

494 **Bulgarien,** 15. 2., Varna, 3:2 gewonnen: D. Burdenski – Bockenfeld, Herget, Kh. Förster, Brehme – Stielike (2), Schuster, Meier – Bommer, Völler (1) (Kl. Allofs), K.-H. Rummenigge. – K: K.-H. Rummenigge. – SR: Wöhrer (Österreich).

495 **Belgien,** 29. 2., Brüssel, 1:0 gewonnen: Schumacher – Dremmler, Herget, Kh. Förster (Augenthaler), Brehme (Bruns) – Stielike, Schuster, Matthäus – Bommer (Kl. Allofs), Völler (1), K.-H. Rummenigge. – K: K.-H. Rummenigge. – SR: Thomas (Holland).

496 **UdSSR,** 28. 3., Hannover, 2:1 gewonnen: Schumacher (Roleder) – Rolff (Otten), Herget, Kh. Förster, Briegel – Matthäus, Bruns, Meier – Milewski (Bommer), Völler (1), Kl. Allofs (Brehme 1). – K: Kh. Förster. – SR: Namoglu (Türkei).

497 **Frankreich,** 18. 4., Straßburg, 0:1 verloren: Schumacher – B. Förster, Bruns, Kh. Förster, Briegel – Rolff (Herget), Matthäus, Brehme, Meier (Littbarski) – K.-H. Rummenigge, Völler. – K: K.-H. Rummenigge. – SR: Barbaresco (Italien).

498 **Italien,** 22. 5., Zürich, 1:0 gewonnen (80 Jahre FIFA): Schumacher (D. Burdenski) – B. Förster, Stielike, Kh. Förster, (Matthäus), Briegel (1) – Buchwald (Bommer), K.-H. Rummenigge, Rolff, Brehme – Völler, Kl. Allofs. – K: K.-H. Rummenigge. – SR: Coelho (Brasilien).

499 **Portugal,** 14. 6., Straßburg, 0:0 unentschieden (EM-Endrunde): Schumacher – B. Förster, Stielike, Kh. Förster, Briegel – Rolff (Bommer), Buchwald (Matthäus), K.-H. Rummenigge, Brehme – Völler, Kl. Allofs. – K: K.-H. Rummenigge. – SR: Juschka (UdSSR).

500 **Rumänien,** 17. 6., Lens, 2:1 gewonnen (EM-Endrunde): Schumacher – B. Förster, Stielike, Kh. Förster (Buchwald), Briegel – Matthäus, Meier (Littbarski), Brehme – K.-H. Rummenigge, Völler (2), Kl. Allofs. – K: K.-H. Rummenigge. – SR: Keizer (Holland).

501 **Spanien,** 20. 6., Paris, 0:1 verloren (EM-Endrunde): Schumacher – B. Förster, Stielike, Kh. Förster, Briegel – Matthäus, Meier (Littbarski), Brehme (Rolff) – K.-H. Rummenigge, Völler, Kl. Allofs. – K: K.-H. Rummenigge. – SR: Christov (CSSR).

502 **Argentinien,** 12. 9., Düsseldorf, 1:3 verloren: Schumacher – Brehme, Bruns, Jakobs (1), Frontzeck – Bommer, Matthäus, Magath, Falkenmayer – Völler (Stielike), Mill (Schreier). – K: Schumacher. – SR: Wurtz (Frankreich).

503 **Schweden,** 17. 10., Köln, 2:0 gewonnen (WM-Qualifikation): Schumacher – Jakobs, Herget, Kh. Förster, Briegel – Brehme, Matthäus, Falkenmayer (Kl. Allofs), Magath (Rahn 1) – K.-H. Rummenigge (1), Völler. – K: K.-H. Rummenigge. – SR: Valentine (Schottland).

504 **Malta,** 16. 12., La Valetta, 3:2 gewonnen (WM-Qualifikation): Schumacher – Jakobs (Thon), Herget, Kh. Förster (1) – Matthäus, Rahn, Brehme, Briegel – K.-H. Rummenigge, Völler, Kl. Allofs (2). – K: K.-H. Rummenigge. – SR: Petrovic (Jugoslawien).

1985: 11 Spiele: 4 Siege, 2 Unentschieden, 5 Niederlagen

505 **Ungarn,** 29. 1., Hamburg, 0:1 verloren: Stein (Schumacher) – Berthold (Herget), Jakobs, Kh. Förster, Briegel (Frontzeck) – Littbarski (Mill), Matthäus, Magath, Thon (Kroth) – K.-H. Rummenigge, Völler. – K: K.-H. Rummenigge. – SR: Halle (Norwegen).

506 **Portugal,** 24. 2., Lissabon, 2:1 gewonnen (WM-Qualifikation): Schumacher – Berthold, Herget, Jakobs, Frontzeck – Matthäus, Falkenmayer, Magath, Briegel – Littbarski (1), Völler (1). – K: Schumacher. – SR: Casarin (Italien).

507 **Malta,** 27. 3., Saarbrücken, 6:0 gewonnen (WM-Qualifikation): Schumacher – Berthold, Herget, Kh. Förster, Frontzeck – Rahn 2 (Thon), Briegel (Brehme), Magath (1) – Littbarski (1), Völler, K.-H. Rummenigge (2). – K: K.-H. Rummenigge. – SR: Tokat (Türkei).

508 **Bulgarien,** 17. 4., Augsburg, 4:1 gewonnen: Schumacher (Stein) – Brehme, Herget, Kh. Förster, Frontzeck (Berthold) – Matthäus, Magath, Rahn 1 (Jakobs) – Littbarski (1), Völler (2), K.-H. Rummenigge (Thon). – K: K.-H. Rummenigge/Kh. Förster. – SR: Galler (Schweiz).

509 **Tschechoslowakei,** 30. 4., Prag, 5:1 gewonnen (WM-Qualifikation): Schumacher – Berthold (1), Jakobs, Kh. Förster, Brehme – Matthäus 1 (Thon), Herget (1), Magath, Rahn (Kl. Allofs 1) – Littbarski (1), Völler. – K: Schumacher. – SR: Quiniou (Frankreich).

510 **England,** 12. 6., Mexiko City, 0:3 verloren: Schumacher – Berthold, Herget, Jakobs, Augenthaler, Brehme – Matthäus, Magath (Thon), Rahn – Littbarski (Waas), Mill. – K: Schumacher. – SR: Leanza (Mexiko).

511 **Mexiko,** 15. 6., Mexiko City, 0:2 verloren: Stein – Matthäus, Augenthaler (Frontzeck), Jakobs, Brehme – Rahn, Herget, Magath – Mill, Völler, Kögl. – K: Magath. – SR: Hackett (England).

512 **Sowjetunion,** 28. 8., Moskau, 0:1 verloren: Schumacher – Herget – Berthold, Kh. Förster, Brehme – Matthäus, Littbarski, Magath, Rahn – Völler, Kl. Allofs (Meier). – K: Schumacher. – SR: Ravander (Finnland).

513 **Schweden,** 25. 9., Stockholm, 2:2 unentschieden (WM-Qualifikation): Schumacher – Augenthaler – Berthold, Kh. Förster, Jakobs – Littbarski, Herget (1), Briegel, Brehme – K.-H. Rummenigge, Völler (1). – K: K.-H. Rummenigge. – SR: van Langenhove (Belgien).

514 **Portugal,** 16. 10., Stuttgart, 0:1 verloren (WM-Qualifikation): Schumacher – Jakobs (Gründel) – Berthold, Kh. Förster, Brehme – Allgöwer, Herget, Meier, Briegel – Littbarski (Th. Allofs), K.-H. Rummenigge. – K: K.-H. Rummenigge. – SR: Hackett (England).

515 **Tschechoslowakei,** 17. 11., München, 2:2 unentschieden (WM-Qualifikation): Schumacher – Augenthaler – Brehme (1), Kh. Förster, Briegel (Frontzeck) – Rolff, Thon, Allgöwer – Littbarski (Rahn), K.-H. Rummenigge (1), Kögl. – K: K.-H. Rummenigge. – SR: Thime (Norwegen).

1986: 15 Spiele: 9 Siege, 3 Unentschieden, 3 Niederlagen

516 **Italien,** 5. 2., Avellino, 2:1 gewonnen: Schumacher – Augenthaler – Buchwald, Kh. Förster, Briegel – Matthäus (1), Rolff, Herget (1), Magath – K.-H. Rummenigge, Kl. Allofs (Gründel). – K: K.-H. Rummenigge. – SR: Igna (Rumänien).

517 **Brasilien,** 12. 3., Frankfurt/M., 2:0 gewonnen: Schumacher – Herget – Brehme, Jakobs (Buchwald), Briegel (1) – Matthäus, Rolff, Magath, Thon – Mill (Gründel), K.-H. Rummenigge (Kl. Allofs 1). – K: K.-H. Rummenigge/Schumacher. – SR: Agnolin (Italien).

518 **Schweiz,** 9. 4., Basel, 1:0 gewonnen: Stein – Augenthaler – Berthold, Kh. Förster (Jakobs), Briegel (Buchwald) – Falkenmayer (Brehme), Matthäus, Magath, Rolff – D. Hoeneß (1), Thon (Allgöwer). – K: Kh. Förster/Magath. – SR: Quiniou (Frankreich).

519 **Jugoslawien,** 11. 5., Bochum, 1:1 unentschieden: Schumacher – Augenthaler – Buchwald (Berthold), Kh. Förster, Eder – Matthäus, Herget (Kl. Allofs), Thon, Briegel – D. Hoeneß (Littbarski), Völler (1). – K: Schumacher. – SR: Eriksson (Schweden).

520 **Holland,** 14. 5., Dortmund, 3:1 gewonnen: Stein – Herget (1) – Berthold, Eder (W. Funkel), Briegel – Matthäus (Allgöwer), Rolff, Littbarski (Gründel), Brehme – Völler (2) (Mill), Kl. Allofs. – K: Briegel. – SR: Wöhrer (Österreich).

521 **Uruguay,** 4. 6., Queretaro, 1:1 unentschieden (WM-Gruppenspiel): Schumacher – Augenthaler – Berthold, Kh. Förster, Briegel – Matthäus (K.-H. Rummenigge), Eder, Magath, Brehme (Littbarski) – Kl. Allofs (1), Völler. – K: Schumacher. – SR.: Christov (CSSR).

522 **Schottland,** 8. 6., Queretaro, 2:1 gewonnen (WM-Gruppenspiel): Schumacher – Augenthaler – Berthold, Eder, Kh. Förster, Briegel (Jakobs) – Littbarski (K.-H. Rummenigge), Matthäus, Magath – Kl. Allofs (1), Völler (1). – K: Schumacher. – SR: Igna (Rumänien).

523 **Dänemark,** 13. 6., Queretaro, 0:2 verloren (WM-Gruppenspiel): Schumacher – Jakobs, Berthold, Eder, Kh. Förster (K.-H. Rummenigge), Brehme – Matthäus, Rolff (Littbarski), Herget – Kl. Allofs, Völler. – K: Schumacher. – SR: Pennet (Belgien).

524 **Marokko,** 17. 6., Monterrey, 1:0 gewonnen (WM-Achtelfinale): Schumacher – Jakobs – Berthold, Kh. Förster, Briegel – Matthäus (1), Magath, Eder – K.-H. Rummenigge, Völler (Littbarski), Kl. Allofs. – K: K.-H. Rummenigge. – SR: Z. Petrovic (Jugoslawien).

525 **Mexiko,** 21. 6., Monterrey, 0:0 unentschieden n. V., 4:1 gewonnen im Elfmeterschießen (WM-Viertelfinale): Schumacher – Jakobs – Berthold, Eder (Littbarski), Kh. Förster, Briegel – Matthäus, Magath, Brehme – K.-H. Rummenigge (D. Hoeneß), Kl. Allofs. – K: K.-H. Rummenigge/Schumacher. – SR: Diaz (Kolumbien). – Tore aus dem Elfmeterschießen (zählen nicht in der Torjägerstatistik, sondern dienen lediglich der Feststellung des Siegers): Kl. Allofs, Brehme, Matthäus, Littbarski. – Das 0:0 wird in allen Statistiken gemäß int. Reglement als Sieg gewertet.

526 **Frankreich,** 25. 6., Guadalajara, 2:0 gewonnen (WM-Halbfinale): Schumacher – Jakobs – Brehme (1), Eder, Kh. Förster, Briegel – Matthäus, Rolff, Magath – K.-H. Rummenigge (Völler 1), Kl. Allofs. – K: K.-H. Rummenigge/Schumacher. – SR: Agnolin (Italien).

527 **Argentinien,** 29. 6., Mexico City, 2:3 verloren (WM-Endspiel): Schumacher – Jakobs – Brehme, Kh. Förster, Briegel – Berthold, Matthäus, Eder, Magath (D. Hoeneß) – K.-H. Rummenigge (1), Kl. Allofs (Völler 1). – K:K.-H. Rummenigge. – SR: Arppi Filho (Brasilien).

528 **Dänemark,** 24. 9., Kopenhagen, 2:0 gewonnen: Schumacher – Hörster – Berthold, Kohler, Buchwald, Frontzeck – Matthäus, Thon 1 (Rahn), Rolff – Völler, Kl. Allofs 1 (Waas). – K: Schumacher. SR: Frederiksson (Schweden).

529 **Spanien,** 15. 10., Hannover, 2:2 unentschieden: Schumacher – Hörster (Augenthaler) – Berthold, Kohler, Buchwald, Frontzeck – Matthäus, Rahn (1), Rolff (Wuttke) – Wohlfarth, Waas 1 (Eckstein). – K: Schumacher. – SR: Sawtschenko (Sowjetunion).

530 **Österreich,** 29. 10., Wien, 1:4 verloren: Immel – Hörster – Berthold, Buchwald, W. Funkel, Frontzeck (Völler 1) – Rolff, Matthäus, Thon (M. Rummenigge) – Waas, Kl. Allofs. – K: Kl. Allofs. – SR: Agnolin (Italien).

1987: 9 Spiele: 4 Siege, 4 Unentschieden, 1 Niederlage

531 **Israel,** 25. 3., Tel Aviv, 2:0 gewonnen: Immel – Hörster – Kohler, Buchwald, Pflügler – Brehme, Matthäus (1), Rahn, Thon (1) – Waas, Völler (Wuttke). – K: Matthäus. – SR: Gächter (Schweiz).

532 **Italien,** 18. 4., Köln, 0:0 unentschieden: Immel – Herget – Kohler, Buchwald, Pflügler (Frontzeck) – Rolff (Reuter), Littbarski, Matthäus, Thon – Völler, Kl. Allofs. – K: Kl. Allofs. – SR: Thomas (Holland).

533 **Frankreich,** 12. 8., Berlin, 2:1 gewonnen: Immel – Herget – Kohler, Buchwald (Rolff), Pflügler – Brehme (Reuter), Matthäus, Rahn, Dorfner – Völler 2 (Littbarski), Kl. Allofs. – K: Kl. Allofs. – SR: Lund-Sörensen (Dänemark).

534 **England,** 9. 9., Düsseldorf, 3:1 gewonnen: Immel – Herget – Brehme (Reuter), Kohler, Buchwald, Frontzeck – Littbarski (2), Thon, Dorfner – Völler (Wuttke 1), Kl. Allofs. – K: Kl. Allofs. – SR: Casarin (Italien).

535 **Dänemark,** 23. 9., Hamburg, 1:0 gewonnen: Illgner – Herget – Reuter, Kohler, Buchwald, Frontzeck – Littbarski, Rolf, Thon (Schwabl) – Völler (1), Kl. Allofs (Rahn). – K: Kl. Allofs. – SR: Brummeier (Österreich).

536 **Schweden,** 13. 10., Gelsenkirchen, 1:1 unentschieden: Illgner – Herget – Berthold (Brehme), Kohler, Buchwald, Pflügler – Littbarski (1), Thon, Dorfner – Völler, Kl. Allofs. – K: Kl. Allofs. – SR: Sanchez-Arminio (Spanien).

537 **Ungarn,** 18. 11., Budapest, 0:0 unentschieden: Immel – Herget – Berthold, Kohler, Frontzeck – Rolff, Matthäus (Eckstein), Thon, Reuter – Littbarski, Kl. Allofs. – K: Kl. Allofs. – SR: Krchnak (CSSR).

538 **Brasilien,** 12. 12., Brasilia, 1:1 unentschieden: Immel – Reuter (1), Kohler, Buchwald, Brehme (Hochstätter) – Herget – Schwabl (Ordenewitz), Matthäus, Frontzeck (Foda) – Klinsmann, Thon. – K: Matthäus. – SR: Racomin (Ecuador).

539 **Argentinien,** 16. 12., Buenos Aires, 0:1 verloren: Illgner – Herget – Reuter (Foda), Kohler, Pflügler – Rolff, Matthäus, Thon, Schwabl (Hochstätter) – Klinsmann, Ordenewitz. – K: Matthäus. – SR: Coelho (Brasilien).

1988: 11 Spiele: 6 Siege, 3 Unentschieden, 2 Niederlagen

540 **Schweden,** 31. 3., Berlin, 1:1, 2:4 verloren im Elfmeterschießen: Immel – Herget – Berthold (Reuter), Kohler, Buchwald, Frontzeck – Matthäus, Littbarski (Rolff), Thon – Völler, Kl. Allofs (1) (Eckstein). – K: Kl. Allofs/Matthäus. – SR: Hartman (Ungarn). Tore aus dem 11-m-Schießen zählen nicht in der Torstatistik: Thon, Eckstein.

541 **Argentinien,** 2. 4., Berlin, 1:0 gewonnen: Immel – Herget – Berthold (Brehme), Kohler (Pflügler), Borowka – Matthäus (1), Thon, Rolff – Klinsmann, Völler, Eckstein (Neubarth). – K: Matthäus. – SR: Röthlisberger (Schweiz).

542 **Schweiz,** 27. 4., Kaiserslautern, 1:0 gewonnen: Immel – Herget – Brehme, Kohler, Görtz (Reuter) – Matthäus, Rolff, Thon (Littbarski), Dorfner (Schwabl) – Klinsmann (1), Völler. – K: Matthäus. – SR: Blankenstein (Holland).

543 **Jugoslawien,** 4. 6., Bremen, 1:1 unentschieden: Immel – Herget – Berthold (Dorfner), Kohler, Borowka – Matthäus (1), Rolff, Thon (Eckstein), Brehme – Klinsmann, Völler (Mill). – K: Matthäus. – SR: Spirin (Sowjetunion).

544 **Italien,** 10. 6., Düsseldorf, 1:1 unentschieden (EM-Endrunden-Gruppenspiel): Immel – Herget – Berthold, Kohler, Buchwald, Brehme (1) (Borowka) – Matthäus, Littbarski, Thon – Klinsmann, Völler (Eckstein). – K: Matthäus. – SR: Hackett (England).

545 **Dänemark,** 14. 6., Gelsenkirchen, 2:0 gewonnen (EM-Endrunden-Gruppenspiel): Immel – Herget – Buchwald (Borowka), Kohler, Brehme – Rolff, Littbarski, Matthäus, Thon (1) – Klinsmann (1), Völler (Mill). – K: Matthäus. – SR: Valentine (Schottland).

546 **Spanien,** 17. 6., München, 2:0 gewonnen (EM-Endrunden-Gruppenspiel): Immel – Herget – Borowka, Kohler, Brehme – Matthäus, Littbarski (Wuttke), Rolff, Thon – Klinsmann (Mill), Völler (2). – K: Matthäus. – SR: Vautrot (Frankreich).

547 **Holland,** 21. 6., Hamburg, 1:2 verloren (EM-Halbfinale): Immel – Herget (Pflügler) – Brehme, Kohler, Borowka – Matthäus (1), Rolff, Thon – Mill (Littbarski), Klinsmann, Völler. – K: Matthäus. – SR: Igna (Rumänien).

548 **Finnland,** 31. 8., Helsinki, 4:0 gewonnen (WM-Qualifikation): Illgner – Fach – Brehme, Kohler, Buchwald (Rolff), Görtz – Matthäus (1), Häßler – Littbarski, Völler (2), Eckstein (Riedle 1). – K: Matthäus. – SR: Juk (Sowjetunion).

549 **Sowjetunion,** 21. 9., Düsseldorf, 1:0 gewonnen: Illgner – Herget – Reuter, Kohler (Buchwald), Pflügler (K. Reinhardt) – Möller, Rolff, Hermann – Littbarski, Th. Allofs, Waas. Eigentor Schmatowalenko. – K: Littbarski. – SR: Galler (Schweiz).

550 **Holland,** 19. 10., München, 0:0 unentschieden (WM-Qualifikation): Illgner – Fach, Berthold, Kohler, Buchwald, Brehme – Matthäus, Thon, Häßler – Klinsmann (Mill), Völler. – K: Matthäus. – SR: d'Elia (Italien).

1989: 6 Spiele, 3 Siege, 3 Unentschieden

551 **Bulgarien,** 22. 3., Sofia, 2:1 gewonnen: Illgner – Fach (Littbarski 1) – Berthold, Kohler, Buchwald, Brehme – Häßler, Möller, Matthäus – Riedle, Völler (1). – K: Matthäus. – SR: Krchnak (CSSR).

552 **Holland,** 26. 4., Rotterdam, 1:1 unentschieden (WM-Qualifikation): Illgner – Berthold – Reuter, Buchwald, Kohler (Rolff), Brehme – Matthäus, Möller, Häßler – Riedle (1), Völler (Klinsmann). – K: Matthäus. – SR: Fredriksson (Schweden).

553 **Wales,** 31. 5., Cardiff, 0:0 unentschieden (WM-Qualifikation): Illgner – Berthold – Reuter, A. Reinhardt, Buchwald, Brehme – Häßler, Fach, Möller – Riedle (Klinsmann), Völler. – K: Völler. – SR: da Silva Valente (Portugal).

554 **Irland,** 6. 9., Dublin, 1:1 unentschieden: Illgner (Aumann) – Augenthaler – Reuter, Buchwald (A. Reinhardt), Pflügler – Dorfner (1) (Fach), Littbarski, Möller, Thon, Häßler – Wohlfahrt. – K: Littbarski. – SR: van den Wijngaort (Belgien)

555 **Finnland,** 4. 10., Dortmund, 6:1 gewonnen (WM-Qualifikation): Illgner – Augenthaler – Reuter, Buchwald, Brehme – Häßler (Bein), Matthäus (1), Möller (2) (Mill), Littbarski (1) – Klinsmann (1), Völler (1). – K: Matthäus. – SR: Snoddy (Nordirland)

556 **Wales,** 15. 11., Köln 2:1 gewonnen (WM-Qualifikation): Illgner – Augenthaler (A. Reinhardt) – Reuter, Buchwald, Brehme – Häßler (1), Dorfner, Möller (Bein), Littbarski – Klinsmann, Völler (1). – K: Littbarski. – SR: Vautrot (Frankreich).

1990: 11 Spiele, 8 Siege, 2 Unentschieden, 1 Niederlage

557 **Frankreich,** 28. 2., Montpellier, 1:2 verloren: Illgner – Augenthaler – Berthold, A. Reinhardt, Brehme – Häßler, Möller (1), Matthäus – Bein – Klinsmann, Riedle (Littbarski). – K: Matthäus. – SR: Ramos Marcos (Spanien).

558 **Uruguay,** 25. 4., Stuttgart, 3:3 unentschieden: Illgner (Aumann) – Kohler, Berthold, Buchwald, Brehme – Häßler, Littbarski, Matthäus (1), Bein (Thon) – Klinsmann (1), Völler (1) – K: Matthäus. – SR: Karlsson (Schweden).

559 **Tschechoslowakei,** 26. 5., Düsseldorf, 1:0 gewonnen: Illgner – Augenthaler – Buchwald, Kohler, Brehme – Häßler (Thon), Littbarski (Möller), Matthäus, Bein (1) (Berthold) – Klinsmann (Mill), Völler. – K: Matthäus. – SR: Galler (Schweiz).

560 **Dänemark,** 30. 5., Gelsenkirchen, 1:0 gewonnen: Aumann (Köpke) – Augenthaler (Steiner) – Kohler (Reuter), Buchwald, Brehme (Pflügler) – Häßler (Hermann), Littbarski (Berthold), Matthäus (Thon), Bein (Möller) – Klinsmann (Mill), Völler (1) (Riedle). – K: Matthäus/Berthold. – SR: Midgeley (England).

561 **Jugoslawien,** 10. 6., Mailand, 4:1 gewonnen (WM-Gruppenspiel): Illgner – Augenthaler – Reuter, Buchwald, Brehme – Berthold, Häßler (Littbarski), Matthäus (2), Bein (Möller) – Völler (1), Klinsmann (1). K: Matthäus. – SR: Mikkelsen (Dänemark).

562 **Vereinigte Arabische Emirate,** 15. 6., Mailand, 5:1 gewonnen (WM-Gruppenspiel): Illgner – Augenthaler – Reuter, Buchwald, Brehme – Berthold (Littbarski), Häßler, Matthäus (1), Bein (1) – Völler (2), Klinsmann (1) (Riedle). – K: Matthäus.– SR: Spirin (UdSSR).

563 **Kolumbien,** 19. 6., Mailand, 1:1 unentschieden (WM-Gruppenspiel): Illgner – Augenthaler – Reuter, Buchwald, Pflügler – Berthold, Häßler (Thon), Matthäus, Bein (Littbarski 1) – Völler, Klinsmann. – K: Matthäus. – SR: Snoddy (Irland).

564 **Holland,** 24. 6., Mailand, 2:1 gewonnen (WM-Achtelfinale): Illgner – Augenthaler – Reuter, Berthold, Kohler, Breme (1), Littbarski, Matthäus, Buchwald – Klinsmann (1) (Riedle), Völler. – K: Matthäus. – SR: Loustau (Argentinien).

565 **Tschechoslowakei,** 1. 7., Mailand, 1:0 gewonnen (WM-Viertelfinale): Illgner – Augenthaler – Berthold, Buchwald, Kohler, Brehme – Littbarski, Matthäus (1), Bein (Möller) – Riedle, Klinsmann. – K: Matthäus. – SR: Kohl (Österreich).

566 **England,** 4. 7., Turin, 1:1 unentschieden n.V./4:3 im 11-m-Schießen (WM-Halbfinale): Illgner – Augenthaler – Berthold, Buchwald, Kohler, Brehme (1) – Häßler (Reuter), Matthäus, Thon – Klinsmann, Völler (Riedle). – K: Matthäus. – SR: Wright (Brasilien).
Das Spiel wird in allen Statistiken mit 1:1-Toren, aber als Sieg gewertet. Die Tore aus dem 11-m-Schießen (Brehme, Matthäus, Riedle Thon) zählen nicht in der Torjägerstatistik, sondern dienen lediglich der Ermittlung des Siegers.

567 **Argentinien,** 8. 7., Rom, 1:0 gewonnen (WM-Endspiel): Illgner – Augenthaler – Berthold (Reuter), Kohler, Buchwald, Brehme (1) – Häßler, Matthäus, Littbarski – Klinsmann, Völler. – K: Matthäus. – SR: Codesal Mendez (Mexiko).

52 Länderspielpartner in der Einzelbilanz

(WM) = Weltmeisterschafts-Endrundenspiele
(EM) = Europameisterschafts-Endrundenspiele
(OS) = Olympische Spiele

Ägypten:

28. 12. 1958	Kairo	1:2
1 Spiel: 1 Niederlage		**1:2 Tore**

Albanien:

8. 4. 1967	Dortmund	6:0
17. 12. 1967	Tirana	0:0
17. 2. 1971	Tirana	1:0
12. 6. 1971	Karlsruhe	2:0
1. 4. 1981	Tirana	2:0
18. 11. 1981	Dortmund	8:0
30. 3. 1983	Tirana	2:1
20. 11. 1983	Saarbrücken	2:1
8 Spiele:		**23:2 Tore**

7 Siege, 1 Unentschieden

Algerien:

1. 1. 1964	Algier	0:2
16. 6. 1982	Gijon (WM)	1:2
2 Spiele: 2 Niederlagen		**1:4 Tore**

Argentinien:

8. 6. 1958	Malmö (WM)	3:1
16. 7. 1966	Birmingham (WM)	0:0
14. 2. 1973	München	2:3
5. 6. 1977	Buenos Aires	3:1
12. 9. 1979	Berlin	2:1
1. 1. 1981	Montevideo	1:2
24. 3. 1982	Buenos Aires	1:1
12. 9. 1984	Düsseldorf	1:3
29. 6. 1986	Mexiko City (WM)	2:3
16. 12. 1987	Buenos Aires	0:1
2. 4. 1988	Berlin	1:0
8. 7. 1990	Rom	1:0
12 Spiele:		**17:16 Tore**

5 Siege, 2 Unentsch., 5 Niederlagen

Australien:

18. 6. 1974	Hamburg (WM)	3:0
1 Spiel: 1 Sieg		**3:0 Tore**

Belgien:

16. 5. 1910	Duisburg	0:3
23. 4. 1911	Lüttich	1:2
23. 11. 1913	Antwerpen	2:6
22. 10. 1933	Duisburg	8:1
27. 5. 1934	Florenz (WM)	5:2
28. 4. 1935	Brüssel	6:1
25. 4. 1937	Hannover	1:0
29. 1. 1939	Brüssel	4:1
26. 9. 1954	Brüssel	0:2
23. 12. 1956	Köln	4:1
2. 3. 1958	Brüssel	2:0
8. 3. 1961	Frankfurt	1:0
6. 3. 1968	Brüssel	3:1
14. 6. 1972	Antwerpen (EM)	2:1
22. 6. 1980	Rom (EM)	2:1
22. 9. 1982	München	0:0
29. 2. 1984	Brüssel	1:0
17 Spiele:		**42:22 Tore**

12 Siege, 1 Unentschieden, 4 Niederlagen

Böhmen/Mähren:

12. 11. 1939	Breslau	4:4
1 Spiel: 1 Unentschieden		**4:4 Tore**

Brasilien:

5. 5. 1963	Hamburg	1:2
6. 6. 1965	Rio de Janeiro	0:2
16. 6. 1968	Stuttgart	2:1
14. 12. 1968	Rio de Janeiro	2:2
16. 6. 1973	Berlin	0:1
12. 6. 1977	Rio de Janeiro	1:1
5. 4. 1978	Hamburg	0:1
7. 1. 1981	Montevideo	1:4
19. 5. 1981	Stuttgart	1:2
21. 3. 1982	Rio de Janeiro	0:1
12. 3. 1986	Frankfurt/M.	2:0
12. 12. 1987	Brasilia	1:1
12 Spiele:		**11:18 Tore**

2 Siege, 3 Unentsch., 7 Niederlagen

Bulgarien:

20. 10. 1935	Leipzig	4:2
22. 10. 1939	Sofia	2:1
20. 10. 1940	München	7:3
19. 7. 1942	Sofia	3:0
21. 12. 1958	Augsburg	3:0
23. 11. 1960	Sofia	1:2
22. 3. 1967	Hannover	1:0
24. 9. 1969	Sofia	1:0
7. 6. 1970	Leon (WM)	5:2
12. 5. 1973	Hamburg	3:0
27. 4. 1975	Sofia	1:1
19. 11. 1975	Stuttgart	1:0
3. 12. 1980	Sofia	3:1
22. 11. 1981	Düsseldorf	4:0
15. 2. 1984	Varna	3:2
17. 4. 1985	Augsburg	4:1
22. 3. 1989	Sofia	2:1
17 Spiele:		**48:16 Tore**

15 Siege, 1 Unentsch., 1 Niederlage

Chile:

23. 3. 1960	Stuttgart	2:1
26. 3. 1961	Santiago	1:3
6. 6. 1962	Santiago (WM)	2:0
18. 12. 1968	Santiago	1:2
14. 6. 1974	Berlin (WM)	1:0
20. 6. 1982	Gijon (WM)	4:1
6 Spiele:		**11:7 Tore**

4 Siege, 2 Niederlagen

DDR:

22. 6. 1974	Hamburg (WM)	0:1
1 Spiel: 1 Niederlage		**0:1 Tore**

Dänemark:

6. 10. 1912	Kopenhagen	1:3
26. 10. 1913	Hamburg	1:4
2. 10. 1927	Kopenhagen	1:3
16. 9. 1928	Nürnberg	2:1
7. 9. 1930	Kopenhagen	3:6
27. 9. 1931	Hannover	4:2
7. 10. 1934	Kopenhagen	5:2
16. 5. 1937	Breslau	8:0
25. 6. 1939	Kopenhagen	2:0
17. 11. 1940	Hamburg	1:0
16. 11. 1941	Dresden	1:1
24. 9. 1958	Kopenhagen	1:1
20. 9. 1961	Düsseldorf	5:1
30. 6. 1971	Kopenhagen	3:1
13. 6. 1986	Queretaro (WM)	0:2
24. 9. 1986	Kopenhagen	2:0
23. 9. 1987	Hamburg	1:0
14. 6. 1988	Gelsenkirchen (EM)	2:0
30. 5. 1990	Gelsenkirchen	1:0
19 Spiele:		**44:27 Tore**

12 Siege, 2 Unentsch., 5 Niederlagen

England:

20. 4. 1908	Berlin	1:5
16. 3. 1909	Oxford	0:9
14. 4. 1911	Berlin	2:2
21. 3. 1913	Berlin	0:3
10. 5. 1930	Berlin	3:3
4. 12. 1935	London	0:3
14. 5. 1938	Berlin	3:6
1. 12. 1954	London	1:3
26. 5. 1956	Berlin	1:3
12. 5. 1965	Nürnberg	0:1
23. 2. 1966	London	0:1
30. 7. 1966	London (WM)	n. V. 2:4
1. 6. 1968	Hannover	1:0
14. 6. 1970	Leon (WM)	n. V. 3:2
29. 4. 1972	London	3:1
13. 5. 1972	Berlin	0:0
12. 3. 1975	London	0:2
22. 2. 1978	München	2:1
29. 6. 1982	Madrid (WM)	0:0
13. 10. 1982	London	2:1
12. 6. 1985	Mexiko City	0:3
9. 9. 1987	Düsseldorf	3:1
4. 7. 1990	Turin (WM)	n. V. 1:1*
		Elfmeterschießen 4:3 f. Dtschl.
23 Spiele:		**28:55 Tore**

7 Siege, 4 Unentsch., 12 Niederlagen
*** Wird als Sieg gewertet**

Estland:

15. 9. 1935	Stettin	5:0
29. 8. 1937	Königsberg	4:1
29. 6. 1939	Tallinn	2:0
3 Spiele: 3 Siege		**11:1 Tore**

Finnland:

18. 9. 1921	Helsinki	3:3
12. 8. 1923	Dresden	1:2
26. 6. 1925	Helsinki	5:3
20. 10. 1929	Hamburg	4:0
1. 7. 1932	Helsinki	4:1
18. 8. 1935	München	6:0
29. 6. 1937	Helsinki	2:0
1. 9. 1940	Leipzig	13:0
5. 10. 1941	Helsinki	6:0
7. 6. 1964	Helsinki	4:1
7. 9. 1977	Helsinki	1:0
24. 5. 1981	Lahti	4:0
23. 9. 1981	Bochum	7:1
31. 8. 1988	Helsinki	4:0
4. 10. 1989	Dortmund	6:1
15 Spiele:		**70:12 Tore**

13 Siege, 1 Unentsch., 1 Niederlage

Frankreich:

15. 3. 1931	Paris	0:1
19. 3. 1933	Berlin	3:3
17. 3. 1935	Paris	3:1
21. 3. 1937	Stuttgart	4:0
5. 10. 1952	Paris	1:3
16. 10. 1954	Hannover	1:3
28. 6. 1958	Göteborg (WM)	3:6
26. 10. 1958	Paris	2:2
24. 10. 1962	Stuttgart	2:2
27. 9. 1967	Berlin	5:1
25. 9. 1968	Marseille	1:1
13. 10. 1973	Gelsenkirchen	2:1
23. 2. 1977	Paris	0:1
19. 11. 1980	Hannover	4:1
8. 7. 1982	Sevilla (WM)	n. V. 3:3*
		Elfmeterschießen 5:4 f. Dtschl.
18. 4. 1984	Straßburg	0:1
25. 6. 1986	Guadalajara (WM)	2:0
12. 8. 1987	Berlin	2:1
28. 2. 1990	Montpellier	1:2
19 Spiele:		**39:33 Tore**

8 Siege, 4 Unentsch., 7 Niederlagen
*** wird als Sieg gewertet**

Griechenland:

20. 11. 1960	Athen	3:0
22. 10. 1961	Augsburg	2:1
22. 11. 1970	Athen	3:1
20. 11. 1974	Piräus	2:2
11. 10. 1975	Düsseldorf	1:1
17. 6. 1980	Turin (EM)	0:0
6 Spiele:		**11:5 Tore**

3 Siege, 3 Unentschieden

Holland:

24. 4. 1910	Arnheim	2:4
16. 10. 1910	Kleve	1:2

24. 3. 1912	Zwolle	5:5
17. 11. 1912	Leipzig	2:3
5. 4. 1914	Amsterdam	4:4
10. 5. 1923	Hamburg	0:0
21. 4. 1924	Amsterdam	1:0
29. 3. 1925	Amsterdam	1:2
18. 4. 1926	Düsseldorf	4:2
31. 10. 1926	Amsterdam	3:2
20. 11. 1927	Köln	2:2
26. 4. 1931	Amsterdam	1:1
4. 12. 1932	Düsseldorf	0:2
17. 2. 1935	Amsterdam	3:2
31. 1. 1937	Düsseldorf	2:2
14. 3. 1956	Düsseldorf	1:2
3. 4. 1957	Amsterdam	2:1
21. 10. 1959	Köln	7:0
23. 3. 1966	Rotterdam	4:2
7. 7. 1974	München (WM)	2:1
17. 5. 1975	Frankfurt	1:1
18. 6. 1978	Cordoba (WM)	2:2
20. 12. 1978	Düsseldorf	3:1
14. 6. 1980	Neapel (EM)	3:2
11. 10. 1980	Eindhoven	1:1
14. 5. 1986	Dortmund	3:1
21. 6. 1988	Hamburg (EM)	1:2
19. 10. 1988	München	0:0
26. 4. 1989	Rotterdam	1:1
24. 6. 1990	Mailand	2:1

30 Spiele: 64:51 Tore
12 Siege, 11 Unentsch., 7 Niederlagen

Republik Irland (Éire):

8. 5. 1935	Dortmund	3:1
17. 10. 1936	Dublin	2:5
23. 5. 1939	Bremen	1:1
17. 10. 1951	Dublin	2:3
4. 5. 1952	Köln	3:0
28. 5. 1955	Hamburg	2:1
25. 11. 1956	Dublin	0:3
11. 5. 1960	Düsseldorf	0:1
4. 5. 1966	Dublin	4:0
9. 5. 1970	Berlin	2:1
22. 5. 1979	Dublin	3:1
6. 9. 1989	Dublin	1:1

12 Spiele: 23:18 Tore
6 Siege, 2 Unentsch., 4 Niederlagen

Island:

3. 8. 1960	Reykjavik	5:0
26. 5. 1979	Reykjavik	3:1

2 Spiele: 2 Siege 8:1 Tore

Israel:

25. 3. 1987	Tel Aviv	2:0

1 Spiel: 1 Sieg 2:0 Tore

Italien:

1. 1. 1923	Mailand	1:3
23. 11. 1924	Duisburg	0:1
28. 4. 1929	Turin	2:1
2. 3. 1930	Frankfurt/M.	0:2
1. 1. 1933	Bologna	1:3
15. 11. 1936	Berlin	2:2
26. 3. 1939	Florenz	2:3
26. 11. 1939	Berlin	5:2
5. 5. 1940	Mailand	2:3
30. 3. 1955	Stuttgart	1:2
18. 12. 1955	Rom	1:2
31. 5. 1962	Santiago (WM)	0:0
13. 3. 1965	Hamburg	1:1
17. 6. 1970	Mexiko (WM)	n. V. 3:4
26. 2. 1974	Rom	0:0
8. 10. 1977	Berlin	2:1
14. 6. 1978	Buenos Aires (WM)	0:0
11. 7. 1982	Madrid (WM)	1:3
22. 5. 1984	Zürich	1:0
5. 2. 1986	Avellino	2:1
18. 4. 1987	Köln	0:0
10. 6. 1988	Düsseldorf (EM)	1:1

22 Spiele: 28:35 Tore
5 Siege, 7 Unentsch., 10 Niederlagen

Jugoslawien:

26. 2. 1939	Berlin	3:2
15. 10. 1939	Zagreb	5:1
14. 4. 1940	Wien	1:2
3. 11. 1940	Zagreb	0:2
21. 12. 1952	Ludwigshafen	3:2
27. 6. 1954	Genf (WM)	2:0
25. 9. 1955	Belgrad	1:3
19. 6. 1958	Malmö (WM)	1:0
20. 12. 1959	Hannover	1:1
10. 6. 1962	Santiago (WM)	0:1
30. 9. 1962	Zagreb	3:2
23. 6. 1966	Hannover	2:0
3. 5. 1967	Belgrad	0:1
7. 10. 1967	Hamburg	3:1
13. 5. 1970	Hannover	1.0
18. 11. 1970	Zagreb	0:2
9. 5. 1973	München	0:1
26. 6. 1974	Düsseldorf (WM)	2:0
17. 6. 1976	Belgrad (EM)	n. V. 4:2
30. 4. 1977	Belgrad	2:1
7. 6. 1983	Luxemburg	4:2
11. 5. 1986	Bochum	1:1
4. 6. 1988	Bremen	1:1
10. 6. 1990	Mailand (WM)	4:1

24 Spiele: 44:29 Tore
14 Siege, 3 Unentsch., 7 Niederlagen

Kolumbien:

19. 6. 1990	Mailand (WM)	1:1

1 Spiel: 1 Unentschieden 1:1 Tore

Kroatien:

15. 6. 1941	Wien	5:1
18. 1. 1942	Agram	2:0
1. 11. 1942	Stuttgart	5:1

3 Spiele: 3 Siege 12:2 Tore

Lettland:

13. 10. 1935	Königsberg	3:0
25. 6. 1937	Riga	3:1
2 Spiele: 2 Siege		**6:1 Tore**

Luxemburg:

11. 3. 1934	Luxemburg	9:1
18. 8. 1935	Luxemburg	1:0
4. 8. 1936	Berlin (OS)	9:0
27. 9. 1936	Krefeld	7:2
21. 3. 1937	Luxemburg	3:2
20. 3. 1938	Wuppertal	2:1
26. 3. 1939	Differdingen	1:2
23. 12. 1951	Essen	4:1
20. 4. 1952	Luxemburg	3:0
9 Spiele:		**39:9 Tore**

8 Siege, 1 Niederlage

Malta:

22. 12. 1974	La Valetta	1:0
28. 2. 1976	Dortmund	8:0
25. 2. 1979	La Valetta	0:0
27. 2. 1980	Bremen	8:0
16. 12. 1984	La Valetta	3:2
27. 3. 1985	Saarbrücken	6:0
6 Spiele:		**26:2 Tore**

5 Siege, 1 Unentschieden

Marokko:

29. 12. 1963	Casablanca	4:1
22. 2. 1967	Karlsruhe	5:1
3. 6. 1970	Leon (WM)	2:1
17. 6. 1986	Monterrey (WM)	1:0
4 Spiele: 4 Siege		**12:3 Tore**

Mexiko:

22. 12. 1968	Mexico City	0:0
8. 9. 1971	Hannover	5:0
14. 6. 1977	Mexico City	2:2
6. 6. 1978	Cordoba (WM)	6:0
15. 6. 1985	Mexico City	0:2
21. 6. 1986	Monterrey (WM)	n. V. 0:0*
	Elfmeterschießen 4:1 f. Dtschl.	
6 Spiele:		**13:4 Tore**

3 Siege, 2 Unentschieden, 1 Niederlage
*** wird als Sieg gewertet**

Nordirland:

15. 6. 1958	Malmö (WM)	2:2
26. 10. 1960	Belfast	4:3
10. 5. 1961	Berlin	2:1
7. 5. 1966	Belfast	2:0
27. 4. 1977	Köln	5:0
17. 11. 1982	Belfast	0:1
16. 11. 1983	Hamburg	0:1
7 Spiele:		**15:8 Tore**

4 Siege, 1 Unentsch., 2 Niederlagen

Norwegen:

4. 11. 1923	Hamburg	1:0
15. 6. 1924	Christiania	2:0
23. 10. 1927	Hamburg	6:2
23. 9. 1928	Oslo	2:0
2. 11. 1930	Breslau	1:1
21. 6. 1931	Oslo	2:2
5. 11. 1933	Magdeburg	2:2
27. 6. 1935	Oslo	1:1
7. 8. 1936	Berlin (OS)	0:2
24. 10. 1937	Berlin	3:0
22. 6. 1939	Oslo	4:0
19. 8. 1953	Oslo	1:1
22. 11. 1953	Hamburg	5:1
16. 11. 1955	Karlsruhe	2:0
13. 6. 1956	Oslo	3:1
19. 11. 1966	Köln	3:0
22. 6. 1971	Oslo	7:1
12. 5. 1982	Oslo	4:2
18 Spiele:		**49:16 Tore**

12 Siege, 5 Unentsch., 1 Niederlage

Österreich:

7. 6. 1908	Wien	2:3
9. 10. 1911	Dresden	1:2
29. 6. 1912	Stockholm (OS)	1:5
26. 9. 1920	Wien	2:3
5. 5. 1921	Dresden	3:3
23. 4. 1922	Wien	2:0
13. 1. 1924	Nürnberg	4:3
24. 5. 1931	Berlin	0:6
13. 9. 1931	Wien	0:5
7. 6. 1934	Neapel (WM)	3:2
23. 9. 1951	Wien	2:0
22. 3. 1953	Köln	0:0
30. 6. 1954	Basel (WM)	6:1
10. 3. 1957	Wien	3:2
19. 11. 1958	Berlin	2:2
9. 10. 1965	Stuttgart	4:1
13. 10. 1968	Wien	2:0
10. 5. 1969	Nürnberg	1:0
21. 9. 1969	Wien	1:1
10. 10. 1973	Hannover	4:0
3. 9. 1975	Wien	2:0
21. 6. 1978	Cordoba (WM)	2:3
2. 4. 1980	München	1:0
29. 4. 1981	Hamburg	2:0
14. 10. 1981	Wien	3:1
25. 6. 1982	Gijon (WM)	1:0
27. 4. 1983	Wien	0:0
5. 10. 1983	Gelsenkirchen	3:0
29. 10. 1986	Wien	1:4
29 Spiele:		**58:47 Tore**

16 Siege, 5 Unentsch., 8 Niederlagen

Peru:

10. 6. 1970	Leon (WM)	3:1
1 Spiel: 1 Sieg		**3:1 Tore**

Polen:

3. 12. 1933	Berlin	1:0
9. 9. 1934	Warschau	5:2
15. 9. 1935	Breslau	1:0
13. 9. 1936	Warschau	1:1
18. 9. 1938	Chemnitz	4:1
20. 5. 1959	Hamburg	1:1
8. 10. 1961	Warschau	2:0
10. 10. 1971	Warschau	3:1
17. 11. 1971	Hamburg	0:0
3. 7. 1974	Frankfurt/M. (WM)	1:0
1. 6. 1978	Buenos Aires (WM)	0:0
13. 5. 1980	Frankfurt	3:1
2. 9. 1981	Königshütte	2:0

13 Spiele: 24:7 Tore
9 Siege, 4 Unentschieden

Portugal:

27. 2. 1936	Lissabon	3:1
24. 4. 1938	Frankfurt/M.	1:1
19. 12. 1954	Lissabon	3:0
27. 1. 1960	Ludwigshafen	2:1
17. 2. 1982	Hannover	3:1
23. 2. 1983	Lissabon	0:1
14. 6. 1984	Straßburg (EM)	0:0
24. 2. 1985	Lissabon	2:1
16. 10. 1985	Stuttgart	0:1

9 Spiele: 14:7 Tore
5 Siege, 2 Unentsch., 2 Niederlagen

Rumänien:

25. 8. 1935	Erfurt	4:2
25. 9. 1938	Bukarest	4:1
14. 7. 1940	Frankfurt/M.	9:3
1. 6. 1941	Bukarest	4:1
16. 8. 1942	Beuthen	7:0
1. 6. 1966	Ludwigshafen	1:0
22. 11. 1967	Bukarest	0:1
8. 4. 1970	Stuttgart	1:1
17. 6. 1984	Lens (EM)	2:1

9 Spiele: 32:10 Tore
7 Siege, 1 Unentsch., 1 Niederlage

Saarland:

11. 10. 1953	Stuttgart	3:0
28. 3. 1954	Saarbrücken	3:1

2 Spiele: 2 Siege 6:1 Tore

Schottland:

1. 6. 1929	Berlin	1:1
14. 10. 1936	Glasgow	0:2
22. 5. 1957	Stuttgart	1:3
6. 5. 1959	Glasgow	2:3
12. 5. 1964	Hannover	2:2
16. 4. 1969	Glasgow	1:1
22. 10. 1969	Hamburg	3:2
14. 11. 1973	Glasgow	1:1
27. 3. 1974	Frankfurt/M.	2:1
8. 6. 1986	Queretaro (WM)	2:1

10 Spiele: 15:17 Tore
3 Siege, 4 Unentsch., 3 Niederlagen

Schweden:

18. 6. 1911	Stockholm	4:2
29. 10. 1911	Hamburg	1:3
29. 6. 1923	Stockholm	1:2
31. 8. 1924	Berlin	1:4
21. 6. 1925	Stockholm	0:1
20. 6. 1926	Nürnberg	3:3
30. 9. 1928	Stockholm	0:2
23. 6. 1929	Köln	3:0
17. 6. 1931	Stockholm	0:0
25. 9. 1932	Nürnberg	4:3
31. 5. 1934	Mailand (WM)	2:1
30. 6. 1935	Stockholm	1:3
21. 11. 1937	Hamburg	5:0
5. 10. 1941	Stockholm	2:4
20. 9. 1942	Berlin	2:3
30. 6. 1956	Stockholm	2:2
20. 11. 1957	Hamburg	1:0
24. 6. 1958	Götoborg (WM)	1:3
3. 11. 1963	Stockholm	1:2
4. 11. 1964	Berlin	1:1
26. 9. 1965	Stockholm	2:1
27. 6. 1971	Göteborg	0:1
1. 5. 1974	Hamburg	2:0
30. 6. 1974	Düsseldorf (WM)	4:2
19. 4. 1978	Stockholm	1:3
17. 10. 1984	Köln	2:0
25. 9. 1985	Stockholm	2:2
13. 10. 1987	Gelsenkirchen	1:1
31. 3. 1988	Berlin	1:1*

Elfmeterschießen 4:2 für Schweden

29 Spiele: 50:50 Tore
10 Siege, 6 Unentsch., 13 Niederlagen
*** wird als Niederlage gewertet**

Schweiz:

5. 4. 1908	Basel	3:5
4. 4. 1909	Karlsruhe	1:0
3. 4. 1910	Basel	3:2
26. 3. 1911	Stuttgart	6:2
5. 5. 1912	St. Gallen	2:1
18. 5. 1913	Freiburg	1:2
27. 6. 1920	Zürich	1:4
26. 3. 1922	Frankfurt/M.	2:2
3. 6. 1923	Basel	2:1
14. 12. 1924	Stuttgart	1:1
25. 10. 1925	Basel	4:0
12. 12. 1926	München	2:3
15. 4. 1928	Bern	3:2
28. 5. 1928	Amsterdam (OS)	4:0
10. 2. 1929	Mannheim	7:1
4. 5. 1930	Zürich	5:0
6. 3. 1932	Leipzig	2:0
19. 11. 1933	Zürich	2:0
27. 1. 1935	Stuttgart	4:0
2. 5. 1937	Zürich	1:0
6. 2. 1938	Köln	1:1

4. 6. 1938	Paris (WM)	n. V. 1:1
9. 6. 1938	Paris (WM)	2:4
9. 3. 1941	Stuttgart	4:2
20. 4. 1941	Bern	1:2
1. 2. 1942	Wien	1:2
18. 10. 1942	Bern	5:3
22. 11. 1950	Stuttgart	1:0
15. 4. 1951	Zürich	3:2
9. 11. 1952	Augsburg	5:1
25. 4. 1954	Basel	5:3
21. 11. 1956	Frankfurt/M.	1:3
4. 10. 1959	Bern	4:0
3. 6. 1962	Santiago (WM)	2:1
23. 12. 1962	Karlsruhe	5:1
26. 5. 1965	Basel	1:0
12. 7. 1966	Sheffield (WM)	5:0
17. 4. 1968	Basel	0:0
15. 11. 1972	Düsseldorf	5:1
4. 9. 1974	Basel	2:1
16. 11. 1977	Stuttgart	4:1
10. 9. 1980	Basel	3:2
9. 4. 1986	Basel	1:0
27. 4. 1988	Kaiserslautern	1:0

44 Spiele: 119:57 Tore
31 Siege, 5 Unentsch., 8 Niederlagen

Slowakei:

27. 8. 1939	Preßburg	0:2
3. 12. 1939	Chemnitz	3:1
15. 9. 1940	Preßburg	1:0
7. 12. 1941	Breslau	4:0
22. 11. 1942	Preßburg	5:2

5 Spiele: 4 Siege, 1 Niederlage 13:5 Tore

Sowjetunion (früher Rußland):

1. 7. 1912	Stockholm (OS)	16:0
21. 8. 1955	Moskau	2:3
15. 9. 1956	Hannover	1:2
25. 7. 1966	Liverpool (WM)	2:1
26. 5. 1972	München	4:1
18. 6. 1972	Brüssel (EM)	3:0
5. 9. 1973	Moskau	1:0
9. 3. 1978	Frankfurt	1:0
21. 11. 1979	Tiflis	3:1
28. 3. 1984	Hannover	2:1
28. 8. 1985	Moskau	0:1
21. 9. 1988	Düsseldorf	1:0

12 Spiele: 36:10 Tore
9 Siege, 3 Niederlagen

Spanien:

12. 5. 1935	Köln	1:2
23. 2. 1936	Barcelona	2:1
12. 4. 1942	Berlin	1:1
28. 12. 1952	Madrid	2:2
19. 3. 1958	Frankfurt	2:0
20. 7. 1966	Birmingham (WM)	2:1
11. 2. 1970	Sevilla	0:2
24. 11. 1973	Stuttgart	2:1
23. 2. 1974	Barcelona	0:1
24. 4. 1976	Madrid	1:1
22. 5. 1976	München	2:0
2. 7. 1982	Madrid (WM)	2:1
20. 6. 1984	Paris (EM)	0:1
15. 10. 1986	Hannover	2:2
17. 6. 1988	München (EM)	2:0

15 Spiele: 21:16 Tore
7 Siege, 4 Unentsch., 4 Niederlagen

Tschechoslowakei:

3. 6. 1934	Rom (WM)	1:3
26. 5. 1935	Dresden	2:1
27. 9. 1936	Prag	2:1
2. 4. 1958	Prag	2:3
11. 6. 1958	Hälsingborg (WM)	2:2
29. 4. 1964	Ludwigshafen	3:4
28. 3. 1973	Düsseldorf	3:0
20. 6. 1976	Belgrad (EM)	n. V. 2:2*
	Elfmeterschießen 5:3 für die CSSR	
17. 11. 1976	Hannover	2:0
11. 10. 1978	Prag	4:3
11. 6. 1980	Rom (EM)	1:0
14. 4. 1982	Köln	2:1
30. 4. 1985	Prag	5:1
17. 11. 1985	München	2:2
26. 5. 1990	Düsseldorf	1:0
1. 7. 1990	Mailand (WM)	1:0

16 Spiele: 35:23 Tore
10 Siege, 2 Unentsch., 4 Niederlagen
*** wird als Niederlage gewertet**

Tunesien:

10. 6. 1978	Cordoba (WM)	0:0

1 Spiel: 1 Unentschieden 0:0 Tore

Türkei:

17. 6. 1951	Berlin	1:2
21. 11. 1951	Istanbul	2:0
17. 6. 1954	Bern (WM)	4:1
23. 6. 1954	Zürich (WM)	7:2
28. 9. 1963	Frankfurt	3:0
12. 10. 1966	Ankara	2:0
17. 10. 1970	Köln	1:1
25. 4. 1971	Istanbul	3:0
20. 12. 1975	Istanbul	5:0
1. 4. 1979	Izmir	0:0
22. 12. 1979	Gelsenkirchen	2:0
23. 4. 1983	Izmir	3:0
26. 10. 1983	Berlin	5:1

13 Spiele: 38:7 Tore
10 Siege, 2 Unentsch., 1 Niederlage

Ungarn:

4. 4. 1909	Budapest	3:3
17. 12. 1911	München	1:4
14. 4. 1912	Budapest	4:4
3. 7. 1912	Stockholm (OS)	1:3
24. 10. 1920	Berlin	1:0

5. 6. 1921	Budapest	0:3
2. 7. 1922	Bochum	0:0
21. 9. 1924	Budapest	1:4
28. 9. 1930	Dresden	5:3
30. 10. 1932	Budapest	1:2
14. 1. 1934	Frankfurt/M.	3:1
15. 3. 1936	Budapest	2:3
20. 3. 1938	Nürnberg	1:1
24. 9. 1939	Budapest	1:5
7. 4. 1940	Berlin	2:2
6. 10. 1940	Budapest	2:2
6. 4. 1941	Köln	7:0
3. 5. 1942	Budapest	5:3
20. 6. 1954	Basel (WM)	3:8
4. 7. 1954	Bern (WM)	3:2
22. 12. 1957	Hannover	1:0
8. 11. 1959	Budapest	3:4
9. 9. 1970	Nürnberg	3:1
29. 3. 1972	Budapest	2:0
17. 4. 1974	Dortmund	5:0
15. 11. 1978	Frankfurt	0:0 abgebr.
7. 9. 1983	Budapest	1:1
29. 1. 1985	Hamburg	0:1
18. 11. 1987	Budapest	0:0

29 Spiele: **61:60 Tore**
10 Siege, 9 Unentsch., 10 Niederlagen

Uruguay:

3. 6. 1928	Amsterdam (OS)	1:4
11. 4. 1962	Hamburg	3:0
23. 7. 1966	Sheffield (WM)	4:0
20. 6. 1970	Mexiko (WM)	1:0
8. 6. 1977	Montevideo	2:0
4. 6. 1986	Queretaro (WM)	1:1
25. 4. 1990	Stuttgart	3:3

7 Spiele: **15:8 Tore**
4 Siege, 2 Unentschieden, 1 Niederlage

Vereinigte Arab. Emirate:

15. 6. 1990	Mailand (WM)	5:1

1 Spiel, 1 Sieg: **5:1 Tore**

Wales:

8. 5. 1968	Cardiff	1:1
26. 3. 1969	Frankfurt	1:1
6. 10. 1976	Cardiff	2:0
14. 12. 1977	Dortmund	1:1
2. 5. 1979	Wrexham	2:0
17. 10. 1979	Köln	5:1
31. 5. 1989	Cardiff	0:0
15. 11. 1989	Köln	2:1

8 Spiele: **14:5 Tore**
4 Siege, 4 Unentschieden

Zypern

24. 4. 1965	Karlsruhe	5:0
14. 11. 1965	Nikosia	6:0
23. 11. 1968	Nikosia	1:0
21. 5. 1969	Essen	12:0

4 Spiele: 4 Siege **24:0 Tore**

Ehrentafel der Nationalspieler

Die Aufstellung umfaßt sämtliche seit dem ersten Länderspiel am 5. April 1908 bis zum 8. Juli 1990 eingesetzten 732 Nationalspieler.

Die Abkürzungen hinter den Namen der Spieler bezeichnen die Länder, gegen die sie eingesetzt wurden:

A = Argentinien, Ä = Ägypten, Ab = Albanien, Al = Algerien, Aus = Australien, Bg = Belgien, Bö = Böhmen/Mähren, Br = Brasilien, Bu = Bulgarien (bei U 23 und Amateuren = Bul), Bv = Bolivien, Ch = Chile (bei Amateuren und U 21 Ch = China), Cu = Curacao, D = Dänemark (bei U 23 und Amateuren = Dä), DDR = Deutsche Demokratische Republik, E = England, Ek = Ekuador, Elf = Elfenbeinküste, Est = Estland, Fi = Finnland, Fr = Frankreich, G = Griechenland, GB = Großbritannien, Gha = Ghana, H = Holland, Hon = Hongkong, Ir = Irland, In = Iran, Is = Island, Isr = Israel, It = Italien, Ja = Japan, Jg = Jugoslawien, Ka = Provinz Kanton (bei U 21, bei Amateuren = Kanada, Km = Kamerun, Kt = Katar, Ko = Kolumbien, Kro = Kroatien, Ku = Kuweit, Le = Lettland, Lib = Liberia, Lu = Luxemburg, Ma = Marokko, Mal = Malta (bei den Amateuren = Malaysia, dort Malta = Mat), Me = Mexiko, N = Norwegen, Nig = Nigeria, Nl = Nordirland, Ö = Österreich, Pa = Panama, Pe = Peru, Pl = Polen, Pg = Portugal, Phi = Philippinen, Py = Paraguay, Rum = Rumänien, Ruß = Rußland (später SU = Sowjetunion), Sa = Saarland, SA = Saudi-Arabien, Sb = Sambia, Si = Singapur, SiL = Sierra Leone, Sen = Senegal, SK = Südkorea, Sd = Schweden, Sl = Slowakei, Sp = Spanien, Sz = Schweiz, Scho = Schottland, SV = Südvietnam, Th = Thailand, Tsch = Tschechoslowakei, To = Togo, Tun = Tunesien, T = Türkei, U = Ungarn, Uy = Uruguay, Ugd = Uganda, USA = Vereinigte Staaten von Nordamerika, VAE = Vereinigte Arabische Emirate, Wa = Wales, Z = Zypern.

A

19 **Abramczik** Rüdiger (Schalke 04), 1977 Ni, Jg, A, Uy, Br, Fi, Sz, Wa – 1978 E. SU, Br, Sd, Pl, H, Ö, Tsch, U, H – 1979 Mal

3 **Adam** Karl (TuS Neuendorf), 1951 T – 1952 Lu, Ir

2 **Adamkiewicz** Edmund (Hamburger SV), 1942 Kro, Sl

1 **Albrecht** Erich (Wacker Leipzig), 1909 E

17 **Albrecht** Ernst (Fortuna Düsseldorf), 1928 Sz, Sz, Uy, N, Sd – 1929 It, Sd, Fi – 1930 It, U, N – 1931 H – 1932 U. H – 1933 Bg. N – 1934 Lu

10 **Allgöwer** Karl (VfB Stuttgart), 1980 Fr – 1981 Br, Ö, Br, Fi – 1982 Pg – 1985 Pg, Tsch – 1986 Sz, H

56 **Allofs** Klaus (Fortuna Düsseldorf 21, 1. FC Köln 29, Olympique Marseille 6), 1978 Tsch, U, H – 1979 Mal, Wa, Ir, A, Wa – 1980 Mal, Ö, Pl, Tsch, H, Bg, Sz, H, Fr, Bu – 1981 A, Br, Ab, Bu – 1982 E, Nl – 1983 Pg – 1984 Bu, Bg, SU, It, Pg, Rum, Sp, Sd, Mal – 1985 Tsch, SU – 1986 It, Br, Jg, H, Uy, Scho, D, Ma, Me, Fr, A, D, Ö – 1987 It, Fr, E, D, Sd, U – 1988 Sd

2 **Allofs** Thomas (1. FC Kaiserslautern 1, 1. FC Köln 1), 1985 Pg – 1988 SU

1 **Altvater** Heinrich (Wacker München), 1922 Sz

5 **Appel** Hans (Berliner SV 92), 1933 Pl – 1935 Sz, Le – 1937 Lu – 1938 Rum

11 **Arlt** Willi (SV Riesa), 1939 Bg, Lu, Ir, D, Est, Bö, Sl – 1940 Rum, Fi, Jg – 1942 Bu

1 **Ascherl** Willy (SpVgg Fürth), 1924 H

1 **Au** Alfred (VfR Mannheim), 1921 Fi

3 **Auer** Karl (SpVgg Fürth), 1924 Ö, H – 1926 Sd

27 **Augenthaler** Klaus (Bayern München), 1983 Ö, T, Nl – 1984 Bg – 1985 E, Me, Sd, Tsch – 1986 It, Sz, Jg, Uy, Scho, Sp – 1989 Ir, Fi, Wa – 1990 Fr, Tsch, D, Jg, VAE, Ko, H, Tsch, E, A

3 **Aumann** Raimond (Bayern München), 1989 Ir – 1990 Uy, D

B

2 **Bache** Fritz (Wacker 04 Berlin), 1923 N – 1924 Sd

1 **Balogh** Fritz (VfL Neckarau), 1950 Sz

1 **Bantle** Ernst (FC Freiburg), 1924 U

3 **Barufka** Karl (VfB Stuttgart), 1950 Sz, – 1951 Sz, Ö

1 **Bäse** Joachim (Eintracht Braunschweig), 1968 Wa

5 **Bauer** Hans (Bayern München), 1951 Lu – 1952 Lu – 1954 U, T – 1958 Fr

2 **Baumann** Gunter (1. FC Nürnberg), 1950 Sz – 1951 Sz

1 **Baumgarten** Fritz (Germania Berlin), 1908 Sz

4 **Baumgärtner** Willy (SV 04 Düsseldorf), 1908 Sz, E, Ö – 1909 E

1 **Bäumler** Erich (Eintracht Frankfurt), 1956 N

1 **Bauwens** Peco (SC 99 Köln), 1910 Bg

1 **Beck** Alfred (FC St. Pauli Hamburg), 1954 E

103 **Beckenbauer** Franz (Bayern München), 1965 Sd, Ö, Z – 1966 E, H, Ir, Nl, Jg, Sz, A, Sp, Uy, SU, E, N – 1967 Ma, Ab, Jg, Fr, Rum – 1968 Bg, Sz, E, Br, Fr, Ö, Br, Ch, Me – 1969 Sch, Ö, Z, Ö, Bu, Scho – 1970 Rum, Ir, Jg, Ma, Bu, Pe, E, It, U, T, Jg, G – 1971 Ab, T, Ab, N, Sd, D, Me, Pl, Pl – 1972 U, E, E, SU, Bg, SU, Sz – 1973 A, Tsch, Jg, Bu, Br, SU, Ö, Fr, Scho, Sp – 1974 Sp, It, Scho, U, Sd, Ch, Aus, DDR, Jg, Sd, Pl, H, Sz, G, Mal – 1975 E, Bu, H, Ö, G, Bu, T – 1976 Mal, Sp, Sp, Jg, Tsch, Wa, Tsch – 1977 Fr

1 **Becker** Fritz (Kickers Frankfurt), 1908 Sz

24 **Beer** Erich (Hertha BSC Berlin), 1975 H, Ö, G, Bu, T – 1976 Mal, Sp, Sp, Jg, Tsch, Wa, Tsch – 1977 Fr, Jg, A, Br, Me, Fi, It – 1978 Br, Pl, It, H, Ö

11 **Beier** Albert (Hamburger SV), 1924 Sz – 1925 H, Sd, – 1926 Sz – 1928 Sz, Uy, D, Sd – 1929 It, Fi – 1931 Ö

10 **Bein** Uwe (Eintracht Frankfurt), 1989 Fi, Wa – 1990 Fr, Uy, Tsch, D, Jg, VAE, Ko, Tsch

4 **Bella** Michael (MSV Duisburg), 1968 Ch, Me – 1970 G – 1971 Ab

9 **Bender** Jakob (Fortuna Düsseldorf), 1933 Bg, N, Pl – 1934 Tsch, Ö, Pl – 1935 Ir, Sp. Sd

8 **Benthaus** Helmut (Westfalia Herne), 1958 Bu, Ä – 1959 Scho, Sz, H, U – 1960 Ch, Bg

1 **Berg** Walter (Schalke 04), 1938 Lu

1 **Berghausen** Alfred (Preußen Duisburg), 1910 Bg

8 **Bergmaier** Josef (Bayern München), 1930 Sz, E – 1931 Fr, Ö, Sd, N – 1932 Sd – 1933 It

5 **Bernard** Günter (Schweinfurt 05 2, Werder Bremen 3), 1962 Fr, Sz – 1966 H. Nl – 1968 Wa

2 **Bernard** Robert (VfR Schweinfurt), 1936 Lu, N

3 **Berndt** Hans (Tennis Borussia Berlin), 1937 Le, Est – 1938 U

1 **Bert** (Friedrich) Adalbert (VfB Leipzig), 1910 Bg

1 **Berthold** Rudolf (Dresdner SC), 1928 Sz

42 **Berthold** Thomas (Eintracht Frankfurt 21, Hellas Verona 10, AS Rom 11), 1985 U, Pg, Mal, Bu, Tsch, E, SU, Sd, Pg – 1986 Sz, Jg, H, Uy, Scho, D, Ma, Me, A, D, Sp, Ö – 1987 Sd, U – 1988 Sd, A, Jg, It, H – 1989 Bu, H, Wa – 1990 Fr, Uy, Tsch, D, Jg, VAE, Ko, H, Tsch, E, A

3 **Biallas** Hans (Duisburg 48/49), 1938 Rum – 1939 Jg, D

7 **Biesinger** Ulrich (BC Augsburg), 1954 Bg – 1955 Ir, N – 1956 N, Sd, Su – 1958 A

1 **Billen** Matthias (VfL Osnabrück), 1936 Lu

11 **Billmann** Willi (1. FC Nürnberg), 1937 Sz – 1938 U – 1939 Jg, Bu, Bö, It, Sl – 1940 U, It – 1941 Rum, Sd

9 **Binder** Franz (Rapid Wien), 1939 Bg, Sl, Bö, It – 1940 U. Jg, It, D – 1941 Rum

2 **Bleidick** Hartwig (Borussia Mönchengladbach), 1971 Ab, N

1 **Blum** Ernst (VfB Stuttgart), 1927 D

1 **Blunk** Wilhelm (Hamburger SV), 1929 Fi

1 **Bockenfeld** Manfred (Fortuna Düsseldorf), 1984 Bu

1 **Bögelein** Karl (VfB Stuttgart), 1951 Lu

1 **Bökle** Otto (VfB Stuttgart), 1935 Le

1 **Bollmann** Albert (Schwarz-Weiß Essen), 1914 H

6 **Bommer** Rudolf (Fortuna Düsseldorf), 1984 Bu, Bg, SU, It, Pg, A

4 **Bongartz** Hans (Schalke 04), 1976 Mal, Tsch – 1977 Me, Fi

53 **Bonhof** Rainer (Borussia Mönchengladbach 40, FC Valencia 11, 1. FC Köln 2), 1972 SU – 1973 Sp – 1974 U. Sd, Jg, Sd. Pl. H, Sz, Mal – 1975 E, Bu, H, T – 1976 Sp, Sp, Jg, Tsch, Tsch – 1977 Fr, Nl, Jg, A, Uy, Br, Me, Fi, It, Sz, Wa – 1978 E, SU, Br, Sd, Pl, Me, Tun, It, H, Ö, Tsch, U, H, – 1979 Mal, T, Wa, A, Wa, T – 1980 Mal, Ö – 1981 A, Br

6 **Borchers** Ronald (Eintracht Frankfurt), 1978 H – 1979 T – 1980 Bu – 1981 Fi, Pl, Fi

1 **Borck** Walter (MTV München), 1911 U

1 **Borkenhagen** Kurt (Fortuna Düsseldorf), 1952 Fr

6 **Borowka** Ulrich (Werder Bremen), 1988 A, Jg, It, D, Sp, H

5 **Bosch** Hermann (Karlsruher FV), 1912 Ö, U. D, H – 1913 Sz

57 **Brehme** Andreas (1. FC Kaiserslautern 28, Bayern München 12, Inter Mailand 17), 1984 Bu, Bg, SU, Fr, It, Pg, Rum, Sp, A, Sd, Mal – 1985 Mal, Bu, Tsch, E, Me, SU, Sd, Pg, Tsch – 1986 Br, Sz, H, Uy, D, Me, Fr, A – 1987 Isr, Fr, E, Sd, Br – 1988 A, Sz, Jg, It, D, Sp, H, Fi, H – 1989 Bu, H, Wa, Fi, Wa – 1990 Fr, Uy, Tsch, D, Jg, VAE, H, Tsch, E, A

48 **Breitner** Paul (Bayern München 46, Real Madrid 2), 1971 N, Pl – 1972 U, E, E, SU, Bg, SU, Sz – 1973 A, Tsch, Jg, Bu, Br, SU – 1974 Sp, It, Scho, Sd, Ch, Aus, DDR, Jg, Sd, Pl, H – 1975 Bu, G – 1981 O, Br, Fi, Pl, Fi, Ö, Ab, Bu – 1982 Pg, Br, A, Tsch, N, Al, Ch, Ö, E, Sp, Fr, It

1 **Brenninger** Dieter (Bayern München), 1969 Ö

2 **Breuer** Theo (Fortuna Düsseldorf), 1933 Bg, N

9 **Breunig** Max (Karlsruher FV 7, 1 FC Pforzheim 2), 1910 H – 1911 Sz, Bg, Ö – 1912 H, Ö, H – 1913 D, Bg

1 **Breynk** Andreas (Preußen Duisburg), 1910 Bg
72 **Briegel** Hans-Peter (1. FC Kaiserslautern 53, Hellas Verona 19), 1979 Wa, SU – 1980 Ö, Pl, Tsch, H, G, Bg, Sz, H, Fr, Bu – 1981 A, Br, Ö, Br, Fi, Pl, Fi, Ö, Ab, Bu – 1982 Pg, Br, A, Tsch, N, Al, Ch, Ö, E, Sp, Fr, It, Bg, E, Nl – 1983 Pg, Ab, T, Ö, Jg, U, Ö, T, Nl, Ab – 1984 SU, Fr, It, Pg, Rum, Sp, Sd, Mal – 1985 U, Pg, Mal, Sd, Pg, Tsch – 1986 It, Br, Sz, Jg, H, Uy, Scho, Ma, Me, Fr, A
25 **Brülls** Albert (Borussia Mönchengladbach 22, AC Brescia 3), 1959 Sz, H, U, Jg – 1960 Ch, Pg, Ir, Is, Nl, G, Bu – 1961 Bg, Ch, Nl, D, Pl, G – 1962 Uy, It, Sz, Ch, Jg – 1966 H, Sz, A
7 **Brunke** Hans (Tennis Borussia Berlin), 1927 D, N – 1929 Scho – 1930 D – 1931 Sd, N, Ö
5 **Brunnenmeier** Rudolf (TSV 1860 München), 1964 Sd – 1965 It, Sd, Ö, Z
4 **Bruns** Hans-Günter (Borussia Mönchengladbach), 1984 Bg, SU, Fr, A
17 **Buchloh** Fritz (VfB Speldorf), 1932 H – 1933 It, Bg, N – 1934 Lu, Pl, D – 1935 Sz, H, Ir, Sp, Sd, Rum, Bu – 1936 Pg, Lu, Pl
39 **Buchwald** Guido (VfB Stuttgart), 1984 It, Pg, Rum – 1986 It, Br, Sz, Jg, D, Sp, Ö – 1987 Isr, It, Fr, E, D, Sd, Br – 1988 Sd, It, D, Fi, SU, H – 1989 Bu, H, Wa, Ir, Fi, Wa – 1990 Uy, Tsch, D, Jg, VAE, Ko, H, Tsch, E, A
1 **Budzinsky** Lothar (Duisburger SV), 1910 Bg
1 **Bülte** Otto (Eintracht Braunschweig), 1910 H
12 **Burdenski** Dieter (Werder Bremen), 1977 Uy – 1978 Sd, H – 1979 T, Ir, A, Wa – 1980 Mal – 1983 Jg, U – 1984 Bu, It
5 **Burdenski** Herbert (Schalke 04 3, Werder Bremen 2), 1941 Fi – 1942 Bu, Rum – 1950 Sz – 1951 Sz
11 **Burger** Karl (SpVgg Fürth), 1909 Sz – 1910 Sz – 1911 Sz, E, Bg, Sd, Ö, Sd – 1912 H, Sz, Ruß
3 **Burgsmüller** Manfred (Borussia Dortmund), 1977 Sz, Wa – 1978 E
1 **Burkhardt** Theodor (Germania Brötzingen), 1930 U
13 **Busch** Willy (Duisburg 99), 1933 Bg. N – 1934 Sd, Tsch, Ö, Pl – 1935 Sz, H, Fr, Bg, Sp, Lu – 1936 Lu

C

7 **Cieslarczyk** Hans (SV Sodingen 5, Borussia Dortmund 2), 1957 U – 1958 Sp, Tsch, Sd, Fr, D, Fr
2 **Claus-Oehler** Walter (Arminia Bielefeld), 1923 H, Fi
28 **Conen** Edmund (FV Saarbrücken 14, Kickers Stuttgart 14), 1934 U, Bg, Sd, Tsch, Ö – 1935 Sz, H, Fr, Sp, Tsch, N, Sd, Fi, Pl – 1939 D, Jg, Bu, It – 1940 U, Fi, Sl, U, Bu – 1941 D, Sl – 1942 U, Sp, Kro
40 **Cullmann** Bernhard (1. FC Köln), 1973 A, Tsch, Bu, Br, Ö, Fr. Scho, Sp – 1974 It, Sch, U, Sd, Ch, Aus, DDR, Sz, G, Mal – 1975 D, H – 1976 Mal, Sp – 1978 Tsch, U, H – 1979 Mal, T, Wa, Ir, Is, A, Wa, SU, T – 1980 Mal, Ö, Pl, Tsch, G, Bg

D

3 **Damminger** Ludwig (Karlsruher FV), 1935 Bg, Ir, Est
6 **Danner** Dietmar (Borussia Mönchengladbach), 1973 Sz – 1975 Ö, Bu, T – 1976 Sp, Jg
8 **Decker** Karl (Vienna Wien), 1942 Kro, Sz, Sp, U, Bu, Rum, Sd, Sl
1 **Deike** Fritz (Hannover 96), 1935 Rum
2 **Del Haye** Karl (Borussia Mönchengladbach), 1980 Ö, G
2 **Derwall** Josef (Fortuna Düsseldorf), 1954 E, Pg
1 **Deyhle** Erwin (Kickers Stuttgart), 1939 Est
4 **Diemer** Kurt (Britannia Berlin), 1912 D, H – 1913 E, Sz
1 **Dietrich** Peter (Borussia Mönchengladbach) 1970 Ir
53 **Dietz** Bernard (MSV Duisburg), 1974 Mal – 1975 Bu, T – 1976 Mal, Sp, Ap, Jg, Tsch, Wa, Tsch – 1977 Fr, Nl, A, Uy, Br, Me, Fi, It, Sz, Wa – 1978 E, SU, Br, Sd, Me, Tun, It, H, Ö, Tsch, U, H – 1979 Mal, T, Wa, A, Wa, SU, T – 1980 Mal, Ö, Pl, Tsch, H, Bg, Sz, H, Fr, Bu – 1981 A, Br, Ab, Br
3 **Ditgens** Heinz (Borussia Mönchengladbach), 1936 Lu, N – 1938 Lu
15 **Dörfel** Bernd (Hamburger SV 4, Eintracht Braunschweig 11), 1966 N – 1967 Ab – 1968 E, Br, Fr, Ö, Z, Br, Ch, Me – 1969 Wa, Scho, Ö, Ö, Bu
2 **Dörfel** Friedrich (Hamburger SV), 1942 Sp, U
11 **Dörfel** Gerd (Hamburger SV), 1960 Is, Nl, G, Bu – 1961 Bg, Ch – 1963 Br, T, Sd – 1964 Scho, Sd
2 **Dörner** Herbert (1. FC Köln), 1956 N, Sd
7 **Dorfner** Hans (Bayern München), 1987 Fr, E, Sd – 1988 Sz, Jg – 1989 Ir, Wa
27 **Dremmler** Wolfgang (Bayern München), 1981 Br, Fi, Pl, Fi, Ö, Ab, Bu – 1982 Pg, Br, A, Tsch, Al, Ch, Ö, E, Sp, Fr, It, Bg, E – 1983 Pg, T, Ö, Ö, Nl, Ab – 1984 Bg
1 **Droz** Rudolf (Preußen Berlin), 1911 Sd
2 **Dumke** Otto (Viktoria 89 Berlin), 1911 Sd, Sd

6 **Durek** Ludwig (FC Wien), 1940 Sl – 1941 Sl – 1942 U, Sp, Kro, Sz
1 **Dutton** Edwin (Preußen Berlin), 1909 U
3 **Dzur** Walter (Dresdner SC), 1940 Fi, Sl – 1941 Fi

E

32 **Eckel** Horst (1. FC Kaiserslautern), 1952 Sz, Jg, Sp – 1953 Ö, N, Sa, N – 1954 Sz, T, U, T, Jg, Ö, U – 1955 SU, Jg, N, It – 1956 H, Sd, SU, Sz, Ir – 1957 U – 1958 Bg, Sp, Tsch, A, Nl, Jg, Sd, Ö
1 **Eckert** Jakob (Wormatia Worms), 1937 Sz
7 **Eckstein** Dieter (1. FC Nürnberg), 1986 Sp – 1987 U – 1988 Sd, A, Jg, It, Fi
9 **Eder** Norbert (Bayern München), 1986 Jg, H, Uy, Scho, D, Ma, Me, Fr, A
3 **Edy** (Pendorf) Eduard (VfB Leipzig), 1913 E – 1922 Sz, Ö
1 **Ehrmann** Kurt (Karlsruher FV), 1952 Lu
1 **Eiberle** Fritz (TSV 1860 München), 1933 Sz
2 **Eichelmann** Paul (Union 92 Berlin), 1908 E, Ö
3 **Eikhof** Ernst (Victoria Hamburg), 1923 H, Sz, Fi
8 **Elbern** Franz (SV 06 Beuel), 1935 Lu – 1936 U, Lu, Pl, Tsch, Scho, It – 1937 Le
3 **Emmerich** Heinz (Tennis Borussia Berlin), 1931 Sd, N, Ö
5 **Emmerich** Lothar (Borussia Dortmund), 1966 H. Sp, Uy, SU, E
8 **Engels** Stefan (1. FC Köln), 1982 Br, A, Tsch, E, Nl – 1983 Ab, T, Ö
3 **Eppenhoff** Hermann (Schalke 04), 1940 Sl – 1941 Fi – 1942 Sz
50 **Erhardt** Herbert (SpVgg Fürth 49, Bayern München 1), 1953 Sa – 1954 Bg, Fr, E, Pg – 1955 Ir – 1956 N, Sd, SU, Ir – 1957 Ö, H, Sd, U – 1958 Bg, Sp, Tsch, A, Tsch, Nl, Jg, Sd, Fr, D, Fr, Ö, Bu – 1959 Scho, Pl, Sz, H, U, Jg – 1960 Ch, Pg, Ir, Is, It, G, Bu – 1961 Bg, Ch, Nl, Pl, G – 1962 It, Sz, Ch, Jg, Jg
7 **Ertl** Georg (Wacker München), 1925 Sa, Fi, Sz – 1926 H, H, Sz – 1927 D
1 **Eschenlohr** Albert (Tennis Borussia Berlin), 1924 Sd
1 **Esser** Franz (Holstein Kiel), 1922 U
1 **Euler** Georg (Köln Sülz 07), 1936 Pl
4 **Ewert** Fritz (1. FC Köln), 1959 H – 1960 Bu – 1963 Ma – 1964 Al

F

1 **Faas** Robert (1. FC Pforzheim), 1910 Bg
5 **Fach** Holger (Bayer Uerdingen), 1988 Fi, H – 1989 Bu, Wa, Ir
1 **Faeder** Helmut (Hertha BSC Berlin), 1958 A
10 **Fahrian** Wolfgang (Ulmer TSG 1846), 1962 Uy, It, Sz, Ch, Jg, Jg, Fr – 1963 Br, T – 1964 Tsch
1 **Falk** Wilhelm (Wacker München), 1927 H
4 **Falkenmayer** Ralf (Eintracht Frankfurt), 1984 A, Sd – 1985 Pg – 1986 Sz
13 **Fath** Josef (Wormatia Worms), 1934 Pl, D – 1935 Bg, Ir, Sp, Tsch, N, Fi, Pl, E – 1936 Sp – 1938 U, Pg
2 **Ferner** Diethelm (Werder Bremen), 1963 Ma – 1964 Al
23 **Fichtel** Klaus (Schalke 04), 1967 Ma, Bu, Jg – 1968 Bg, Sz, Wa, E, Br, Fr – 1969 Ö, Bu, Scho – 1970 Jg, Ma, Bu, Pe, E, Uy, U, T – 1971 Me, Pl, Pl
1 **Fick** Willy (Holstein Kiel), 1910 H
6 **Fiederer** Hans (SpVgg Fürth), 1939 Lu, Sl – 1940 Rum, Jg – 1941 Kro, D
1 **Fiederer** Leo (SpVgg Fürth), 1920 U
2 **Fischer** Erich (1. FC Pforzheim), 1932 Fl – 1933 Fr
45 **Fischer** Klaus (Schalke 04 30, 1. FC Köln 15), 1977 Nl, Jg, A, Br, Me, Fi, It, Sz, Wa – 1978 SU, Br, Sd, Pl, Me, Tun, It, Ö, Tsch, U, H – 1979 Mal, Wa, A, Wa, SU, T – 1980 Mal – 1981 Ö, Br, Fi, Pl, Fi, Ö, Ab, Bu – 1982 Pg, Br, Tsch, N, Al, Ö, E, Sp, Fr, It
1 **Fischer** Paul (Viktoria 89 Berlin), 1908 E
5 **Fischer** Walter (Duisburger SV), 1911 Sz, Bg – 1913 E, Bg – 1914 H
1 **Fitz** Willy (Rapid Wien), 1942 Sz
1 **Fleischmann** Hans (VfR Mannheim), 1924 It
1 **Flick** Hermann (Duisburg 99), 1929 Fi
1 **Flink** Karl (Kölner BC), 1922 U
39 **Flohe** Heinz (1. FC Köln), 1970 G – 1971 T, D – 1972 U, E – 1973 Tsch, Jg, Bu, Br, SU, Ö, Fr, Scho – 1974 U, DDR, Jg, Sd, Mal – 1975 E – 1976 Jg, Tsch, Wa, Tsch – 1977 Fr, Nl, Jg, Uy, Br, Me, It, Sz, Wa – 1978 E, SU, Br, Pl, Me, Tun, It
1 **Flotho** Heinz (VfL Osnabrück), 1939 Lu
2 **Foda** Franco (1. FC Kaiserslautern), 1987 Br, A

11 **Förderer** Fritz (Karlsruher FV), 1908 Sz, E – 1909 Sz – 1911 Sz, Bg, U – 1912 H, Ruß, U, H – 1913 D
33 **Förster** Bernd (VfB Stuttgart), 1979 Ir, Is, SU, T – 1980 Mal, Ö, Pl, Tsch, G – 1981 Pl, Fi – 1982 Pg, A. Tsch, N, E, Sp, Fr, It, Bg, E, Nl – 1983 Pg, Ab, Ö, Jg, U, Ab – 1984 Fr, It, Pg, Rum, Sp
81 **Förster** Karlheinz (VfB Stuttgart) 1978 Br, Tsch – 1979 Mal, T, Wa, Ir, Is, A, Wa, SU – 1980 Mal, Ö, Pl, Tsch, H, G, Bg, Sz, H, Fr, Bu – 1981 A, Br, Ab, Ö, Br, Fi, Ö, Ab, Bu – 1982 Pg, Br, A, Tsch, N, Al, Ch, Ö, E, Sp, Fr, It, Bg, E – 1983 Pg, Ab, T, Ö, Jg, U, Ö, Nl, Ab – 1984 Bu, Bg, SU, Fr, It, Pg, Rum, Sp, Sd, Mal – 1985 U, Mal, Bu, Tsch, SU, Sd, Pg, Tsch – 1986 It, SZ, Jg, Uy, Scho, D, Ma, Me, Fr, A
1 **Forell** Paul (1. FC Pforzheim), 1920 U
4 **Frank** Georg (SpVgg Fürth), 1927 D – 1929 Sz, It – 1930 It
7 **Franke** Bernd (Eintracht Braunschweig), 1973 Tsch, Bu – 1977 Nl, A, Sz – 1982 Pg, N
10 **Franz** Andreas (SpVgg Fürth), 1922 Sz, U – 1923 It, Sa – 1924 Ö, H, It, Sz – 1925 Sz – 1926 Sd
1 **Fricke** Willi (Arminia Hannover), 1935 Lu
1 **Friedel** Georg (1. FC Nürnberg), 1937 H
1 **Fritzsche** Walter (Vorwärts Berlin), 1921 Ö
16 **Frontzeck** Michael (Borussia Mönchengladbach), 1984 A – 1985 U, Pg, Mal, Bu, Me, Tsch – 1986 D, Sp, Ö – 1987 It, E, D, U, Br – 1988 Sd
6 **Fuchs** Gottfried (Karlsruher FV), 1911 Sz, Bg – 1912 H, Ruß, U – 1913 Bg
1 **Fürst** Fritz (Bayern München), 1913 Sz
2 **Funkel** Wolfgang (Bayer Uerdingen), 1986 H, Ö

G

4 **Gablonsky** Max (Bayern München), 1910 Bg – 1911 Sz, Ö, Sd
1 **Gaebelein** Arthur (Hohenzollern Halle), 1912 H
2 **Garrn** (Ehlers) Hermann (Victoria Hamburg), 1908 Ö – 1909 E
3 **Gärtner** Ludwig (Olympia Lorsch), 1939 Sl – 1940 Bu – 1941 Sd
16 **Gauchel** Josef (TuS Neuendorf), 1936 Lu, Pl – 1937 Lu, Est – 1938 Lu, E, Sz, Pl – 1939 Jg, It, Ir, D, Est – 1940 U, Jg – 1942 Bu
2 **Gedlich** Richard (Dresdner SC), 1926 H – 1927 D
2 **Gehlhaar** Paul (Hertha BSC Berlin), 1928 Sd – 1931 Ö
2 **Gehrts** Adolf (Victoria Hamburg), 1908 E – 1910 H
6 **Geiger** Hans (ASV Nürnberg 2, 1. FC Nürnberg 4), 1926 H, Sz – 1929 Sz, It, Scho, Sd
8 **Geiger** Rolf (Stuttgarter Kickers 1, VfB Stuttgart 7), 1956 Bg – 1958 Fr, Bu – 1959 Scho, Pi – 1964 Tsch, Scho, Fi
20 **Gellesch** Rudolf (Schalke 04), 1935 Lu – 1936 U, Tsch, Scho, It – 1937 H, Fr, D, Fi, N, Sd – 1938 Sz, Pg, E, Sz – 1939 Bg, N, U, Bu – 1941 Fi
1 **Gerdau** Willi (Hoider SV), 1957 Scho
4 **Gerritzen** Felix (Preußen Münster), 1951 Sz, T, Ö, Ir
1 **Gersdorff** Bernd (Eintr. Braunschweig), 1975 Ö
6 **Gerwien** Klaus (Eintracht Braunschweig), 1963 Ma – 1964 Al – 1968 Z, Br, Ch, Me
4 **Geye** Rainer (Fortuna Düsseldorf), 1972 Sz – 1973 A – 1974 Sz, G
14 **Giesemann** Willi (Bayern München 11, Hamburger SV 3), 1960 Ir, Nl, G, Bu – 1961 Bg, Ch, D, Pl, G – 1962 Ch, Jg – 1964 Scho, Sd – 1965 Br
5 **Glaser** Josef (Freiburger FC), 1909 E, Sz, – 1910 Bg – 1912 Sz, Ruß
1 **Goede** Erich (Berliner SV 92), 1939 Sl
2 **Görtz** Armin (1. FC Köln), 1988 Sz, Fi
39 **Goldbrunner** Ludwig (Bayern München), 1933 Sz – 1934 U – 1935 Sz, Bg, Ir, Tsch, N, Fi, Pl, Bu, E – 1936 Sp, Pg, Lu, N, Tsch, Scho, Ir, It – 1937 H, Fr, Bg, Sz, D, Fl, Est, N, Sd – 1938 U, Pg, E, Sz, Pl – 1939 Pg, It, N, U – 1940 U, Bu
1 **Gottinger** Richard (SpVgg Fürth), 1953 Sa
44 **Grabowski** Jürgen (Eintracht Frankfurt), 1966 Ir, Nl, Rum, T – 1970 Sp, Rum, Ir, Ma, Bu, Pe, E, It, U, T, Jg, G – 1971 Ab, T, Ab, N, Sd, D, Me, Pl, Pl – 1972 E, Bg – 1973 Jg, Bu, SU, Ö, Fr, Scho, Sp – 1974 Sp, Scho, U, Sd, Ch, Aus, DDR, Sd, Pl, H
3 **Gramlich** Hermann (Villingen 08), 1935 Lu, Rum, Pl
22 **Gramlich** Rudolf (Eintracht Frankfurt), 1931 D – 1932 Sz, Fi – 1933 It, Fr, Sz – 1934 U, Sd, D – 1935 Sz, H, Fr, Bg, Sp, Tsch, N, Fl, Pl, Bu, E – 1936 Sp, N
1 **Gröner** Emil (SC Stuttgart), 1921 U
2 **Groh** Jürgen (1. FC Kaiserslautern 1, Hamburger SV 1), 1979 Is – 1983 U
1 **Gros** Wilhelm (Karlsruher FV), 1912 H
1 **Groß** Volkmar (Hertha BSC Berlin), 1970 G

6 **Grosser** Peter (TSV 1860 München), 1965 Sd – 1966 Nl
1 **Gruber** Hans (Duisburger SV), 1929 Scho
4 **Gründel** Heinz (Hamburger SV), 1985 Pg – 1986 It, Br, H
4 **Günther** Walter (Duisburg 99), 1935 Lu – 1936 Pl, Lu – 1937 H

H

17 **Häßler** Thomas (1. FC Köln), 1988 Fi, H – 1989 Bu, H, Wa, Ir, Fi, Wa – 1990 Fr, Uy, Tsch, D, Jg, VAE, Ko, E, A
4 **Haferkamp** Hans (VfL Osnabrück), 1951 T, Ö, T – 1952 Lu
1 **Haftmann** Martin (Dresdner SC), 1927 D
12 **Hagen** Hans (SpVgg Fürth), 1920 Ö – 1922 Sz – 1923 It, Sd – 1924 Ö, H, It, Sz – 1925 H – 1929 Fi – 1930 It, Sz
23 **Hahnemann** Wilhelm (Admira Wien), 1938 Sz, Sz, Pl, Rum – 1939 Bg, Jg, H, Ir, D, It – 1940 Jg, It, Rum, Fi, Sl, U – 1941 Sz, U, Sz, Kro, Sd, D, Sl
33 **Haller** Helmut (BC Augsburg 19, FC Bologna 8, Juventus Turin 6), 1958 D, Fr, Ö, Bu – 1959 Pl – 1960 Ch, Pg, Ir, Is, G, Bu – 1961 Bg, D, Pl, G – 1962 Uy, It, Sz, Jg – 1964 Sd – 1966 Ir, Jg, Sz, A, Uy, SU, E – 1969 Scho, Z, Scho – 1970 Sp, Rum, Ma
1 **Hammerl** Franz (Post-SV München), 1940 Bu
3 **Hänel** Erich (BC Hartha), 1939 Lu, Est, Sl
1 **Hanke** Richard (FV Breslau 06), 1930 N
8 **Hannes** Wilfried (Borussia Mönchengladbach), 1981 Ab, Br, Fi, Pl, Bu – 1982 Tsch, N, Bg
7 **Hanreiter** Franz (Admira Wien), 1940 Jg – 1941 Sz, U, Sz, Kro – 1942 Kro, Sz
3 **Hanssen** Karl (Altona 93), 1910 H – 1911 E, Bg
2 **Hantschick** Otto (Union 92 Berlin), 1908 E – 1909 E
15 **Harder** Otto (Hamburger SV), 1914 H – 1920 Sz, Ö, U – 1923 N – 1924 N, Sd, U, Sz, H – 1925 Sz – 1926 H, Sd, H, Sz
15 **Haringer** Sigmund (Bayern München 11, Wacker München 4), 1931 Fr – 1932 Sd – 1933 It, Fr, Sz, Pl – 1934 U, Lu, Bg, Sd, Tsch – 1935 Pl, Bu, E – 1937 Bg
6 **Harpers** Gerhard (SV Sodingen), 1953 Ö – 1954 E, Pg – 1955 It, SU, N
4 **Hartmann** Carl (Union Potsdam 3, Victoria Hamburg 1), 1923 H, Sz, Fi – 1924 Sd
2 **Hartwig** William (Hamburger SV), 1979 Ir, Is
1 **Heibach** Hans (Fortuna Düsseldorf), 1938 Lu
3 **Heidemann** Hartmut (MSV Duisburg), 1966 T, N – 1968 Sz
3 **Heidemann** Matthias (Bonner FV 1, Werder Bremen 2), 1933 Sz – 1934 Ö – 1935 Le
9 **Heidkamp** Conrad (SC 99 Düsseldorf 1, Bayern München 8), 1927 H – 1928 D, N, Sd – 1929 Scho – 1930 It, Sz, E, U
8 **Heiß** Alfred (TSV 1860 München), 1962 Sz – 1963 Br – 1965 It, Sz, Br, Z – 1966 E, Nl
41 **Held** Siegfried (Borussia Dortmund 35, Kickers Offenbach 6), 1966 E, H, Rum, Jg, Sz, A, Sp, Uy, SU, E, N – 1967 Ma, Jg, Ab – 1968 Wa, Br, Fr, Ö, Z, Br, Me – 1969 Wa, Scho, Ö, Z, Ö – 1970 Ir, Ma, It, Uy, Jg – 1971 Ab, N, Sd, D – 1972 U, E, E – 1973 A, Jg, Scho
11 **Hempel** Walter (Sportfreunde Leipzig), 1908 Sz – 1910 Sz, H – 1911 E, Sd, Ö, Sd, U – 1912 U, Sz, Ruß
1 **Hense** Robert (Kölner BC), 1910 H
1 **Hensel** Gustav (FV Kassel), 1908 Sz
3 **Herberger** Josef (SV Waldhof 1, VfR Mannheim 2), 1921 Fi – 1924 It – 1925 H
5 **Hergert** Heinrich (FK Pirmasens), 1930 Sz, D, U – 1931 Fr – 1933 Fr
39 **Herget** Matthias (Bayer Uerdingen), 1983 T – 1984 Bu, Bg, SU, Fr, Sd, Mal – 1985 U, Pg, Mal, Bu, Tsch, E, Me, SU, Sd, Pg – 1986 It, Br, Jg, H, D – 1987 It, Fr, E, D, Sd, U, Br, A – 1988 Sd, A, Sz, Jg, It, D, Sp, H, SU
21 **Herkenrath** Fritz (Rot-Weiß Essen), 1954 Bg, E, Pg – 1955 It, SU, Jg, N, It – 1956 H, E, SU – 1957 Ö, U – 1958 Bg, Sp, A, Tsch, Nl, Jg, Sd, D
2 **Hermann** Günter (Werder Bremen), 1988 SU – 1990 D
9 **Herrmann** Günter (Karlsruher SC 7, Schalke 04 2), 1960 Nl, Bg – 1961 Ch, Nl, D, Pl, G – 1967 Ma, Bu
8 **Herrmann** Richard (FSV Frankfurt), 1950 Sz – 1951 T, Ö, Ir – 1952 Ir – 1953 N – 1954 Sz, U
5 **Herzog** Dieter (Fortuna Düsseldorf), 1974 Sp, Scho, Jg, Sd, Sz
39 **Heynckes** Josef (Borussia Mönchengladbach 38, Hannover 96 1), 1967 Ma, Bu – 1969 Ö – 1970 T, Jg, G – 1971 Ab, T, Ab, Sd, D, Me, Pl – 1972 U, E, SU, Bg, SU, Sz – 1973 A, Tsch, Br, SU, Scho, Sp – 1974 Sp, It, Sd, Ch, Aus, G – 1975 E, Bu, G, Bu, T – 1976 Mal, Wa, Tsch
3 **Hieronymus** Holger (Hamburger SV), 1981 Pl – 1982 N, E
4 **Hiller** II Arthur (1. FC Pforzheim), 1908 Sz, E, Ö – 1909 Sz

3 **Hiller** III Marius (1. FC Pforzheim), 1910 Sz – 1911 E, Ö
7 **Hirsch** Julius (Karlsruher FV 4, SpVgg Fürth 3), 1911 U – 1912 H, Ö, U – 1913 Sz, D, Bg
1 **Hirth** Herbert (Hertha BSC Berlin), 1909 U
6 **Hochgesang** Georg (1. FC Nürnberg), 1924 N, U – 1925 Sz – 1926 H, Sz – 1927 N
2 **Hochstätter** Christian (Borussia Mönchengladbach), 1987 Br, A
6 **Hoeneß** Dieter (VfB Stuttgart 2, Bayern München 4), 1979 Ir, Is – 1986 Sz, Jg, Me, A
35 **Hoeneß** Ulrich (Bayern München), 1972 U, E, E, SU, Bg, SU, Sz – 1973 Tsch, Jg, Br, SU, Ö, Fr, Scho, Sp – 1974 Sp, It, Scho, U, Sd, Ch, Aus, DDR, Jg, Sd, Pl, H, Sz, G – 1975 Bu – 1976 Sp, Jg, Tsch, Wa, Tsch
4 **Höger** Karl (SV Waldhof 2, VfR Mannheim 2), 1921 U, Fi – 1924 It, Sz
40 **Hölzenbein** Bernd (Eintracht Frankfurt), 1973 Ö, Sp – 1974 U, Sd, Ch, Aus, Jg, Sd, Pl, H, Sz, G, Mal – 1975 E, Bu, H, Ö, G, Bu, T – 1976 Mal, Sp, Sp, Jg, Tsch – 1977 Fr, Nl, A, Uy, Br, Me, Fi, It, Wa – 1978 E, SU, Sd, It, H, Ö
4 **Hörster** Thomas (Bayer Leverkusen), 1986 D, Sp, Ö – 1987 Isr
1 **Höschle** Adolf (Kickers Stuttgart), 1920 Sz
66 **Höttges** Horst-Dieter (Werder Bremen), 1965 It, Z, E, Sz, Br, Sd, Ö, Z – 1966 H, Ir, Nl, Rum, Jg, Sz, A, Sp, Uy, E, T, N – 1967 Ma, Bu, Ab, Fr, Jg, Ab – 1968 Bg, Wa, Br, Ö, Z – 1969 Wa, Ö, Z, Ö, Bu, Scho – 1970 Rum, Jg, Ma, Bu, Pe, E, U, T, Jg, G – 1971 Pl – 1972 U, E, E, SU, Bg, SU, Sz – 1973 A, Jg, Bu, SU, Ö, Fr, Scho, Sp – 1974 Sp, It, DDR
1 **Hofer** Franz (Rapid Wien), 1939 Sl
1 **Hoffmann** Rudolf (Viktoria Aschaffenburg), 1955 Ir
18 **Hofmann** Ludwig (Bayern München), 1926 H, Sd, Sz – 1927 N, H – 1928 Sz, Sz, Uy, D, Sd – 1929 Sz, It, Scho, Sd – 1930 It, U, E – 1931 Fr
25 **Hofmann** Richard (Meerane 07 6, Dresdner SC 19), 1927 D, N, H – 1928 Sz, Sz, Uy – 1929 Scho, Sd, Fi – 1930 Sz, E, D, U, N – 1931 Fr, H, Ö, Ö, D – 1932 Sz, Fi, Sd, U, H – 1933 Fr
2 **Hofmeister** Ludwig (Bayern München 1, Stuttgarter Kickers 1), 1912 H – 1914 H
1 **Hofstätter** Johann (Rapid Wien), 1940 Jg
26 **Hohmann** Karl (VfL Benrath), 1930 D, N – 1931 Ö – 1933 Bg, Sz, N, Pl – 1934 Lu, Bg, Sd, Pl, D – 1935 H, Fr, Sp, Rum, Est, E – 1936 Pg, Lu, Pl, Ir – 1937 H, Lu, Bg, Le
6 **Hollstein** Ernst (Karlsruher FV), 1910 H – 1911 Sz, Bg – 1912 H, Ö, U
1 **Holz** Friedel (Duisburg 99), 1938 Lu
3 **Horn** Franz (Hamburger SV), 1928 D – 1929 Sd, Fi
5 **Hornauer** Josef (TSV 1860 München 3, 1. FC Nürnberg 2), 1928 Sz, Sz, Uy – 1929 It – 1931 Ö
7 **Hornig** Heinz (1. FC Köln), 1965 It, Z, E, Z – 1966 E, Ir, Rum
21 **Hrubesch** Horst (Hamburger SV), 1980 Ö, Pl, H, G, Bg, Sz, H, Fr, Bu – 1981 A, Ab, Bu – 1982 Pg, Br, A, N, Al, Ch, Ö, Fr, It
1 **Huber** Alfred (SV 04 Rastatt), 1930 Sz
1 **Huber** Lorenz (Karlsruher FV), 1932 U
8 **Hunder** Paul (Viktoria 89 Berlin), 1909 E, U – 1910 Sz – 1911 E, Sd, Ö, Sd, U
3 **Hundt** Eduard (Schwarz-Weiß Essen), 1933 Bg, N – 1934 Lu
2 **Hutter** Willi (SV Waldhof 1, SV Saar 05 1), 1921 Fi – 1922 Sz

I

22 **Illgner** Bodo (1. FC Köln), 1987 D, Sd, A, Fi, SU, H – 1989 Bu, H, Wa, Ir, Fi, Wa – 1990 Fr, Uy, Tsch, Jg, VAE, Ko, H, Tsch, E, A
1 **Ilmer** Eberhardt (FV Straßburg), 1909 Sz
19 **Immel** Eike (Borussia Dortmund 4, VfB Stuttgart 15), 1980 H – 1981 Br, Ab – 1982 N – 1986 Ö – 1987 Isr, It, Fr, E, U, Br – 1988 Sd, A, Sz, Jg, It, D, Sp, H
2 **Immig** Franz (Karlsruher FV), 1939 Lu, Sl
1 **Islacker** Franz (Rot-Weiß Essen), 1954 Fr

J

18 **Jäger** Adolf (Altona 93), 1908 Ö – 1909 E – 1911 Sd – 1912 U, Ö, D, H – 1913 E, D, Bg – 1914 H – 1920 Sz, Ö, U – 1921 U – 1922 Ö, U – 1924 Sz
1 **Jäger** Günter (Fortuna Düsseldorf), 1958 D
17 **Jahn** Helmut (Berliner SV 92), 1939 Sl – 1940 Sl, D – 1941 Kro, Fi, D, Sl – 1942 Sz, Kro, Sp, U, Bu, Rum, Sd, Sz, Kro, Sl
38 **Jakob** Hans (Jahn Regensburg), 1930 N – 1932 Fi, Sd, U – 1933 It, Fr, Sz, Pl – 1934 Ö – 1935 Fr, Bg, Tsch, N, Fi, Pl, E – 1936 Sp, Pg, N, Tsch, Scho, Ir, It – 1937 H, Fr, Bg, Sz, D, Fi, Est, N, Sd – 1938 U, Pg, E, Pl – 1939 Ir, U

20 **Jakobs** Ditmar (Hamburger SV), 1980 Pl – 1984 A, Sd, Mal – 1985 U, Pg, Bu, Tsch, E, Me, Sd, Pg – 1986 Br, Sz, Scho, D, Ma, Me, Fr, A
1 **Jakobs** Johannes (Hannover 96), 1939 Est
71 **Janes** Paul (Fortuna Düsseldorf), 1932 U – 1933 Bg, N, Pl – 1934 Lu, Bg, Ö, Pl, D – 1935 H, Fr, Ir, Sp, Tsch, N, Sd, Fi, E – 1936 Sp, Pg, U, Pl, Scho, It – 1937 H, Fr, D, Fr, Est, N, Sd – 1938 Sz, Pg, E, Sz, Sz, Pl – 1939 Jg, It, Ir, N, D, Est, U, Jg, Bu, Bö, It – 1940 U, Jg, It, Rum, Sl, U, Jg, D – 1941 Sz, U, Sz, Rum, Sd, D, Sl – 1942 Sp, U, Bu, Rum, Sd, Sz, Kro, Sl
1 **Jellinek** Franz (Wiener SK), 1940 Sl
1 **Joppich** Karl (SV Hoyerswerda), 1932 U
1 **Jordan** Ernst (Cricket-Victoria Magdeburg), 1908 Sz
1 **Jungtow** Otto (Hertha BSC Berlin), 1913 E
6 **Jürissen** Willy (Rot-Weiß Oberhausen), 1935 Lu, Le – 1936 Lu – 1937 Le – 1938 Sz – 1939 Sl
31 **Juskowiak** Erich (Rot-Weiß Oberhausen 1, Fortuna Düsseldorf 30), 1951 Lu – 1954 Pg – 1955 It, SU, It – 1956 H, E, N, Sd, SU, Sz, Ir, Bg – 1957 Ö, H, Scho, U – 1958 Bg, Sp, Tsch, A, Tsch, Nl, Jg, Sd, D – 1959 Scho, Pl, Sz, H, U

K

1 **Kaburek** Matthias (Rapid Wien), 1939 Sl
15 **Kalb** Hans (1. FC Nürnberg), 1920 Sz – 1921 Fi – 1922 Ö – 1923 N – 1924 Ö, H, N, U, It, Sz – 1926 H – 1927 N, H – 1928 Sz, Uy
69 **Kaltz** Manfred (Hamburger SV), 1975 Ö, G – 1976 Tsch – 1977 Nl, Jg, A, Uy, Br, Me, Fi, It, Sz – 1978 SU, Br, Sd, Pl, Me, Tun, It, H, Ö, Tsch, U, H – 1979 Mal, T, Wa, Ir, Is, A, Wa, SU, T – 1980 Mal, Ö, Pl, Tsch, H, G, Bg, Sz, H, Fr, Bu – 1981 A, Br, Ab, Ö, Br, Fi, Pl, Fi, Ö, Ab, Bu – 1982 Pg, Br, A, Tsch, Al, Ch, Ö, E, Sp, Fr, It, E, Nl – 1983 Pg
5 **Kapellmann** Hans-Josef (1. FC Köln 2, Bayern München 3), 1973 Bu, Br, Ö – 1974 Sz, G
1 **Kapitulski** Helmut (FK Pirmasens), 1958 Ö
3 **Kargus** Rudi (Hamburger SV), 1975 T – 1976 Wa – 1977 Jg
5 **Kauer** Erich (Tennis Borussia), 1930 N – 1931 H, Sd, N, Ö
1 **Kaufhold** Gerhard (Kickers Offenbach), 1954 E
6 **Kelbassa** Alfred (Borussia Dortmund), 1956 Bg – 1957 Scho, Sd, U – 1958 Bg, Fr
1 **Keller** Ferdinand (TSV 1860 München), 1975 Ö
4 **Kelsch** Walter (VfB Stuttgart), 1979 T, Ir, Is – 1980 Mal
2 **Kießling** Georg (SpVgg Fürth), 1927 D – 1928 N
18 **Kipp** Eugen (Sportfreunde Stuttgart 16, Kickers Stuttgart 2), 1908 Sz, Ö – 1909 Sz – 1910 Sz, H – 1911 Sz, E, Sd, Ö – 1912 U, Sz, Ö, D, H – 1913 E, Sz, D, Bg
1 **Kirsei** Willi (Hertha BSC Berlin), 1924 Sd
44 **Kitzinger** Albin (Schweinfurt 05), 1935 Rum – 1936 Pg, U, Pl, Tsch, Scho, Ir, It – 1937 H, Fr, Bg, Sz, D, Fi, N – 1938 U, Pg, E, Sz, Pl – 1939 Jg, It, Ir, N, D, U, Jg, Bu, It, Sl – 1940 U, It, Rum, Fi, U, Jg, D – 1941 Sz, U, Sz, Rum, Sd – 1942 Sp, U
1 **Klaas** Werner (SV Koblenz), 1937 Lu
6 **Kleff** Wolfgang (Borussia Mönchengladbach), 1971 N – 1972 SU – 1973 SU, Ö, Fr, Scho
1 **Kliemann** Uwe (Hertha BSC Berlin), 1975 H
1 **Kling** Eugen (TSV 1860 München), 1927 D
5 **Klingler** August (FV Daxlanden), 1942 Rum, Sd, Sz, Sl, Kro
25 **Klinsmann** Jürgen (VfB Stuttgart 12, Inter Mailand 13), 1987 Br, A – 1988 A, Sz, Jg, It, D, Sp, H, H – 1989 H, Wa, Fi, Wa – 1990 Fr, Uy, Tsch, D, Jg, VAE, Ko, H, Tsch, E, A
2 **Klöckner** Theo (Schwarz-Weiß Essen), 1958 Ä – 1959 Pl
19 **Klodt** Bernhard (Schalke 04), 1950 Sz – 1951 Sz – 1952 Lu, Ir, Sz – 1954 Sz, T, T, Bg, Fr, Pg – 1956 H, Sd – 1957 Sd – 1958 Bg, Sp, Tsch, Nl – 1959 Pl
17 **Klodt** Hans (Schalke 04), 1938 Lu – 1939 Jg, N, D, Jg, Bu – 1940 U, It, Fi, U, Bu, Jg – 1941 Sz, U, Sz, Rum, Sd
2 **Knesebeck** Willi (Viktoria 89 Berlin), 1911 U – 1912 D
23 **Knöpfle** Georg (SpVgg Fürth 3, FSV Frankfurt 20), 1928 Sz, Sz, Uy, D, N, Sd – 1929 Sz, It, Sd – 1930 It – 1931 Fr, H, Ö, Sd, N, Ö, D – 1932 Sz, Fi, Sd, U, H – 1933 It
26 **Kobierski** Stanislaus (Fortuna Düsseldorf), 1931 D – 1932 Fi, U, H, Sz, Sd – 1933 It, Fr, Bg, N, Pl – 1934 Lu, Bg, Sd, Tsch – 1935 Sz, H, Fr, Sd – 1936 Tsch, Ir – 1941 Sz, U, Rum, Fi, Sz
1 **Köchling** Willi (Rot-Weiß Essen), 1956 Bg
1 **Koenen** Theo (FV Bonn), 1911 U
2 **Kögl** Ludwig (Bayern München), 1985 Me, Tsch

1 **Köhl** Georg (1. FC Nürnberg), 1937 Lu
5 **Köhler** Georg (Dresdner SC), 1925 Sz – 1926 H, Sd, Sz – 1928 Sd
1 **Köpke** Andreas (1. FC Nürnberg), 1990 D
11 **Köppel** Horst (VfB Stuttgart 7, Borussia Mönchengladbach 4), 1968 Bg, Sz, Wa – 1971 T, Ab, D, Me, Pl, Pl – 1973 Bu, SU
1 **Köpplinger** Emil (1. FC Nürnberg), 1927 N
6 **Körbel** Karl-Heinz (Eintracht Frankfurt), 1974 Mal – 1975 E, Bu, H, Ö, G
1 **Kördell** Heinz (Schalke 04), 1958 Ä
31 **Kohler** Jürgen (SV Waldhof Mannheim 4, 1. FC Köln 20, Bayern München 7), 1986 D, Sp – 1987 Isr, It, Fr, E, D, Sd, U, Br, A – 1988 Sd, A, Sz, Jg, It, D, Sp, H, Fi, SU, H – 1989 Bu, H – 1990 Uy, Tsch, D, H, Tsch, E, A
22 **Kohlmeyer** Werner (1. FC Kaiserslautern), 1951 T, Ö, Ir, T – 1952 Ir, Jg, Sp – 1953 Ö, N, N – 1954 Sa, Sz, T, U, Jg, Ö, U, Bg, Fr, E – 1955 It
9 **Konietzka** Friedhelm (Borussia Dortmund), 1962 Jg, Fr – 1963 Br, T, Ma – 1964 Al, Fi – 1965 It, Z
2 **Konopka** Harald (1. FC Köln), 1978 It – 1979 Is
3 **Koslowski** Willi (Schalke 04), 1962 Uy, Sz, Jg
3 **Kostedde** Erwin (Kickers Offenbach 2, Hertha BSC Berlin 1), 1974 Mal – 1975 E, G
13 **Krämer** Werner (MSV Duisburg), 1963 T, Sd, Ma – 1964 Al – 1965 E, Br, Sd, Ö, Z – 1966 E, Jg, Sp – 1967 Bu
9 **Kraus** Engelbert (Kickers Offenbach 8, TSV 1860 München 1), 1955 Jg, N – 1957 Ö, H – 1958 D – 1962 Ch, Jg, Sz – 1964 Fi
1 **Krause** Emil (Hertha BSC Berlin), 1933 Pl
6 **Krause** Walter (Victoria Hamburg 1, Holstein Kiel 5), 1920 U – 1921 Fi – 1923 H, Fi, N – 1924 N
2 **Krauß** Willy (Carl Zeiss Jena), 1911 Sz – 1912 U
15 **Kremers** Erwin (Schalke 04), 1972 SU, Bg, SU, Sz – 1973 A, Tsch, Jg, Bu, Br, SU, Ö, Fr, Scho – 1974 U, Sd
8 **Kremers** Helmut (Schalke 04), 1973 Ö, Fr – 1974 Sp, It, U, Sz, G – 1975 E
1 **Kreß** Anton (1. FC Pforzheim), 1921 U
9 **Kreß** Richard (Eintracht Frankfurt), 1954 Pg – 1960 Nl, G, Bu – 1961 Ch, Nl, D, Pl, G
16 **Kreß** Willibald (Rot-Weiß Frankfurt 12, Dresdner SC 4), 1929 Sz, Sd – 1930 Sz, E, U – 1931 Fr, H, Sd, N, Ö, D – 1932 Sz – 1934 U, Bg, Sd, Tsch
3 **Krogmann** Georg (Holstein Kiel), 1912 U, Ö, U
1 **Kroth** Thomas (Eintracht Frankfurt), 1985 U
1 **Krüger** Kurt (Fortuna Düsseldorf), 1940 Rum
2 **Krumm** Franz (Bayern München), 1932 Sd – 1933 It
3 **Kubsch** Heinz (FK Pirmasens), 1954 Sz – 1955 Ir – 1956 Sz
1 **Kubus** Richard (Vorwärts-Rasensport Gleiwitz), 1939 Sl
7 **Kugler** Anton (1. FC Nürnberg), 1923 It – 1924 Ö, H, N, It – 1927 N, H
2 **Kugler** Paul (Viktoria 89 Berlin), 1911 Sd – 1913 Sz
2 **Kühnle** Paul (Kickers Stuttgart), 1910 Sz – 1911 Sz
1 **Kuhnt** Werner (Norden-Nordwest Berlin), 1924 Sd
2 **Kund** Willi (1. FC Nürnberg), 1930 D – 1931 Ö
44 **Kupfer** Andreas (Schweinfurt 05), 1937 Lu, Bg, Sz, D, Fi, N, Sd – 1938 Sz, Pg, E, Sz, Sz, Pl – 1939 Jg, It, Ir, N, D, U, Jg, Bu, Bö, It – 1940 U, It, Rum, Fi, U, Bu, Jg, D – 1941 Sz, U, Sz, Rum, Sd, D – 1942 Bu, Rum, Sd, Sz, Kro, Sl – 1950 Sz
7 **Küppers** Hans (TSV 1860 München), 1962 Sz – 1965 It, Sz, Br – 1966 T – 1967 Jg, Ab
5 **Kurbjuhn** Jürgen (Hamburger SV), 1962 Uy – 1963 Sd, Ma – 1964 Al – 1966 Ir
8 **Kutterer** Emil (Bayern München), 1925 Sd, Fi, Sz – 1926 H, Sd, H, Sz – 1928 Sz
12 **Kuzorra** Ernst (Schalke 04), 1927 H – 1928 N, Sd – 1930 Sz, E – 1931 Ö, D – 1932 Sz, Fi, H – 1936 Lu – 1938 U
4 **Kwiatkowski** Heinz (Borussia Dortmund), 1954 U – 1956 Ir, Bg – 1958 Fr

L

4 **Laband** Fritz (Hamburger SV), 1954 Sz, T, T, Jg
8 **Lachner** Ludwig (TSV 1860 München), 1930 U, N – 1931 H – 1932 U – 1933 Fr, Sz, Pl – 1934 U
10 **Lang** Hans (SpVgg Fürth 2, Hamburger SV 8), 1922 Sz – 1923 It – 1924 N, Sd, U – 1925 H, Sd, Fi, Sz – 1926 H
2 **Langenbein** Kurt (VfR Mannheim), 1932 Sz – 1935 Le
2 **Laumen** Herbert (Borussia Mönchengladbach), 1968 Bg, Wa

65 **Lehner** Ernst (Schwaben Augsburg 55, Blau-Weiß Berlin 10), 1933 Sz, Pl – 1934 U, Bg, Sd, Tsch, Ö, Pl, D – 1935 Sz, H, Fr, Bg, Ir, Sp, Tsch, N, Sd, Fi, Pl, Bu, E – 1936 Sp, Pg, N, Ir – 1937 H, Fr, Bg, Sz, D, Fi, Est, N, Sd – 1938 Sz, U, Pg, E, Sz, Sz – 1939 Bg, It, Ir, N, Est, U, Jg, Bu, Bö, It, Sl – 1940 U, Jg, It, U, Bu, Jg, D – 1941 Rum, Kro, Sd – 1942 Sd, Sz, Kro

24 **Leinberger** Ludwig (SpVgg Fürth), 1927 D – 1928 Sz, Sz, Uy, D, N – 1929 Sz, It, Sd – 1930 It, Sz, E, U – 1931 Fr, Sd, N, Ö, D – 1932 Sz, Fi, Sd, U, H – 1933 It

3 **Leip** Rudolf (Guts Muths Dresden), 1923 Fi, N – 1924 Sd

14 **Lenz** August (Borussia Dortmund), 1935 Bg, Ir, Tsch, N, Rum, Pl, Le – 1936 Sp, U, N, Tsch – 1937 Fr, Bg – 1938 Lu

26 **Libuda** Reinhard (Schalke 04 24, Borussia Dortmund 2), 1963 T, Sd, Ma – 1964 Al, Tsch, Scho – 1965 Br – 1967 Fr, Rum – 1969 Wa, Z, Ö, Scho – 1970 Sp, Jg, Bu, Pe, E, It, Uy, U, T, Jg, G – 1971 Me, Pl

16 **Liebrich** Werner (1. FC Kaiserslautern), 1951 T – 1952 Fr – 1954 Sa, U, Jg, Ö, U, Bg, Fr, E, Pg – 1955 SU, Jg, N, It – 1956 Sz

1 **Lindner** Willi (Eintracht Frankfurt), 1933 Fr

73 **Littbarski** Pierre (1. FC Köln 71, Racing Paris 2), 1981 Ö, Ab – 1982 Pg, Br, A, Tsch, N, Al, Ch, Ö, E, Sp, Fr, It, Bg, E, Nl – 1983 Pg, Ab, T, Ö, U, T, Nl, Ab – 1984 Fr, Rum, Sp – 1985 U, Pg, Mal, Bu, Tsch, E, SU, Sd, Pg, Tsch – 1986 Jg, H, Uy, Scho, D, Ma, Me – 1987 It, Fr, E, D, Sd, U – 1988 Sd, Sz, It, D, Sp, H, Fi, SU – 1989 Bu, Ir, Fi, Wa – 1990 Fr, Uy, Tsch, D, Jg, VAE, Ko, H, Tsch, A

4 **Löble** Otto (Kickers Stuttgart), 1909 Sz – 1910 Sz – 1912 Sz – 1913 E

20 **Löhr** Johannes (1. FC Köln), 1967 Ma, Bu, Ab, Jg, Fr, Jg, Rum, Ab – 1968 Bg, Sz, E – 1970 Ir, Jg, Ma, Bu, Pe, E, It, Uy, U

1 **Lohneis** Hans (MTV Fürth), 1920 Ö

3 **Lohrmann** Theodor (SpVgg Fürth), 1920 U – 1922 Sz, U

19 **Lorenz** Max (Werder Bremen 17, Eintracht Braunschweig 2), 1965 Z, E, Sz, Br, Ö – 1966 E, H – 1968 E, Br, Fr, Z, Br, Ch, Me – 1969 Wa, Scho, Z – 1970 Rum, Uy

1 **Ludewig** Heinz (Duisburger SV), 1914 H

3 **Ludwig** Johann (Holstein Kiel), 1930 U – 1931 Sd, N

1 **Ludwig** Karl (SC 99 Köln), 1908 Sz

2 **Lüke** Josef (Turu Düsseldorf), 1923 H, Fi

12 **Lutz** Friedel (Eintracht Frankfurt), 1960 Is, G, Bu – 1961 Bg, Ch – 1964 Al, Fi – 1966 E, Ir, Nl, Rum, SU

3 **Lux** Hermann (Tennis Borussia Berlin), 1924 Sd – 1925 H, Fi

M

3 **Maas** Erich (Eintracht Braunschweig), 1968 Bg – 1969 Bu – 1970 Rum

43 **Magath** Felix (Hamburger SV), 1977 Jg, Uy – 1980 Pl, Tsch, H, Sz, H, Bu – 1981 A, Br, Ab, Ö, Br, Fi, Pl, Fi, Ö, Ab, Bu – 1982 N, Al, Ch, Ö, Fr – 1984 A, Sd – 1985 U, Pg, Mal, Bu, Tsch, E, Me, SU – 1986 It, Br, Sz, Uy, Scho, Ma, Me, Fr, A

1 **Mahlmann** Carl-Heinz (Hamburger SV), 1932 H

21 **Mai** Karl (SpVgg Fürth 18, Bayern München 3), 1953 Sa, N – 1954 Sz, T, T, Jg, Ö, U, Bg, Fr – 1955 It, Ir, It – 1956 E, N, Sz, Ir – 1957 Sd – 1958 Bu, A – 1959 Pl

95 **Maier** Josef (Bayern München), 1966 Ir, T, N – 1967 Bu, Jg, Fr, Jg – 1968 Bg, Fr, Ö, Br, Me – 1969 Wa, Scho, Ö, Z, Bu, Scho – 1970 Rum, Ma, Bu, Pe, E, It, U, T, Jg – 1971 Ab, T, Ab, Sd, D, Me, Pl, Pl – 1972 U, E, E, SU, Bg, SU, Sz – 1973 A, Jg, Br, Scho, Sp – 1974 It, Scho, Sd, Ch, Aus, DDR, Jg, Sd, Pl, H, Sz G – 1975 E, Bu, H, Ö, G, Bu – 1976 Mal, Sp, Sp, Jg, Tsch, Tsch – 1977 Fr, Nl, Jg, Br, Me, Fi, It, Wa – 1978 E, SU, Br, Sd, Pl, Me, Tun, It, H, Ö, Tsch, U – 1979 Mal, Wa, Ir, Is

5 **Malecki** Edmund (Hannover 96), 1935 Rum, Est – 1936 Lu – 1937 Lu – 1939 Lu

2 **Malik** Richard (Beuthen 09), 1932 U – 1933 It

1 **Maneval** Hellmut (Kickers Stuttgart), 1923 H

4 **Manglitz** Manfred (MSV Duisburg 2, 1. FC Köln 2), 1965 It, Z – 1970 Sp, Jg

5 **Männer** Ludwig (Hannover 96), 1937 Le – 1939 Lu, Est, Bö – 1940 Sl

5 **Mantel** Hugo (Eintracht Frankfurt 4, Dresdner SC 1), 1927 D – 1930 It, E, D – 1933 Fr

1 **Marischka** Otto (Admira Wien), 1939 Sl

1 **Marohn** Arthur (Viktoria 89 Berlin), 1921 U

1 **Martin** Bernd (VfB Stuttgart), 1979 Wa

1 **Martinek** Alexander (Wacker Wien), 1940 Rum

6 **Martwig** Otto (Tennis Borussia Berlin), 1925 Sd, Fi, Sz – 1926 Sd, H – 1927 N

1 **Marx** Joseph (SV Sodingen), 1960 Is

1 **Massini** Erich (Preußen Berlin), 1909 E
2 **Mathies** Paul (Preußen Danzig), 1935 Est, Le
81 **Matthäus** Lothar (Borussia Mönchengladbach 26, Bayern München 39, Inter Mailand 16), 1980 H – 1981 Ab – 1982 Pg, Br, A, Tsch, N, Ch, Ö, Bg, E, Nl – 1983 Pg, Jg, U, Ö, T, Nl, Ab – 1984 Bg, SU, Fr, It, Pg, Rum, Sp, A, Sd, Mal – 1985 U, Pg, Bu, Tsch, E, Me, SU – 1986, It, Br, Sz, Jg, H, Uy, Scho, D, Ma, Me, Fr, A, D, Sp, Ö – 1987 Isr, It, Fr, U, Br, A – 1988 Sd, A, Sz, Jg, It, D, Sp, H, Fi, H – 1989 Bu, H, Fi – 1990 Fr, Uy, Tsch, D, Jg, VAE, Ko, H, Tsch, E, A
1 **Matthes** Paul (Viktoria 96 Magdeburg), 1908 E
1 **Mauch** Paul (VfB Stuttgart), 1922 Ö
1 **Mauritz** Matthias (Fortuna Düsseldorf), 1959 Pl
6 **Mebus** Paul (VfL Benrath 1, 1. FC Köln 5), 1951 Sz, Ö, Ir, T, Lu – 1954 U
2 **Mechling** Heinrich (FC Freiburg), 1912 Sz – 1913 Sz
2 **Mehl** Paul (Fortuna Düsseldorf), 1936 Lu, Pl
16 **Meier** Norbert (Werder Bremen), 1982 E – 1983 Pg, Ab, Jg, U, Ö, T, Nl, Ab – 1984 Bu, SU, Fr, Rum, Sp – 1985 SU, Pg
1 **Meißner** Kurt (VfR Mannheim), 1924 It
3 **Memering** Caspar (Hamburger SV), 1979 Ir, Is – 1980 G
1 **Mengel** Hans (Turu Düsseldorf), 1938 U
1 **Merkel** Max (Wiener SK), 1939 Sl
2 **Metzner** Karl-Heinz (Hessen Kassel), 1952 Sp – 1953 Sa
1 **Meyer** Peter (Borussia Mönchengladbach), 1967 Ab
17 **Mill** Frank (Borussia Mönchengladbach 9, Borussia Dortmund 8), 1982 Br, A, Tsch – 1984 A – 1985 U, E, Me – 1986 Br, H – 1988 Jg, D, Sp, H, H – 1989 Fi – 1990 Tsch, D
3 **Milewski** Jürgen (Hamburger SV), 1981 Ab – 1982 Bg – 1984 SU
12 **Miller** Karl (FC St. Pauli Hamburg), 1941 U, Sz, Fi, D, Sl – 1942 Sp, U, Bu, Rum, Sa, Sz, Sl
2 **Miltz** Jakob (TuS Neuendorf), 1954 Pg – 1956 Ir
5 **Mock** Hans (Austria Wien), 1938 Sz, Rum – 1941 Kro – 1942 Kro, Sz
12 **Möller** Andreas (Borussia Dortmund), 1988 SU – 1989 Bu, H, Wa, Ir, Fi, Wa – 1990 Fr, Tsch, D, Jg, Tsch
9 **Möller** Ernst (Holstein Kiel), 1911 E, Sd, Ö, Sd – 1912 U, D – 1913 E, D, Bg
5 **Mohns** Arthur (Norden-Nordwest Berlin), 1920 Ö, U – 1921 Ö, Fi – 1922 U
4 **Montag** Otto (Norden-Nordwest Berlin), 1923 Sz, Sd – 1925 Sd, Fi
7 **Moog** Alfons (VfL 99 Köln), 1939 Est – 1940 Rum, Fi, Sl, Bu, D, U
26 **Morlock** Max (1. FC Nürnberg), 1950 Sz – 1951 Ö, Ir, T – 1952 Sz, Jg, Sp – 1953 Ö, N, Sa, N – 1954 Sa, Sz, T, T, Jg, Ö, U, Bg – 1955 It, SU, Jg – 1956 E, Ir – 1958 Bu, Ä
12 **Müller** Dieter (1. FC Köln), 1976 Jg, Tsch, Wa – 1977 Fr, Nl, Jg, Uy, Me – 1978 Me, Tun, H, Ö
1 **Müller** Ernst (Hertha BSC Berlin), 1931 Ö
2 **Müller** Friedrich (Dresdner SC), 1931 H, Ö
62 **Müller** Gerhard (Bayern München), 1966 T – 1967 Ab, Jg, Fr, Jg – 1968 Fr, Ö, Z – 1969 Wa, Scho, Ö, Z, Ö, Bu, Scho – 1970 Sp, Rum, Ir, Jg, Ma, Bu, Pe, E, It, Uy, U, T – 1971 Ab, T, N, Sd, D, Me, Pl, Pl – 1972 U, E, E, SU, Bg, SU, Sz – 1973 Tsch, Jg, Bu, Br, SU, Ö, Fr, Sp – 1974 Sp, It, Scho, U, Sd, Ch, Aus, DDR, Jg, Sd, Pl, H
42 **Müller** Hans (VfB Stuttgart 36, Inter Mailand 6), 1978 Br, Sd, Pl, Me, Tun, Ö, Tsch – 1979 Mal, T, Ir, A, Wa, SU, T – 1980 Mal, Ö, Pl, Tsch, H, G, Bg, Sz, H, Fr, Bu – 1981 A, Br, Ab, Ö, Br, Fi, Pl – 1982 Br, A, F, It, Bg – 1983 Ab, T, Ö, Jg, U
9 **Müller** Henry (Victoria Hamburg), 1921 U – 1922 Ö, U – 1923 H, Sz, Sd, Fi – 1924 It – 1926 N
12 **Müller** Josef (Phönix Ludwigshafen 1, SpVgg Fürth 10, FV 04 Würzburg 1), 1921 Fi – 1922 Sz – 1923 It – 1924 Ö, H, It, Sz – 1925 H, Sz – 1926 H, H – 1928 Sz
6 **Müller** Ludwig (1. FC Nürnberg 5, Borussia Mönchengladbach 1), 1968 E, Br, Fi – 1969 Wa, Z, Bu
41 **Münzenberg** Reinhold (Alemannia Aachen), 1930 D, N – 1931 Fr, Ö – 1934 Ö, Pl, D – 1935 H, Fr, Sp, Sd, Rum, Est, Bu, E – 1936 Sp, Pg, U, Lu, N, Pl, Tsch, Scho, Ir, It – 1937 H, Fr, Bg, Sz, D, Le, Fi, Est, N, Sd – 1938 Sz, U, Pg, E, Pl – 1939 Lu
8 **Munkert** Andreas (1. FC Nürnberg), 1935 Bg, Fi – 1936 Sp, U, Tsch, Scho, Ir, It

N

1 **Nafziger** Rudolf (Bayern München), 1965 Ö
1 **Nagelschmitz** Ernst (Bayern München), 1926 H
3 **Neiße** Hermann (Eimsbütteler TV), 1910 H – 1911 E, Bg
37 **Netzer** Günter (Borussia Mönchengladbach 31, Real Madrid 6), 1965 Ö, Z – 1966 E, T – 1967 Bu, Ab – 1968 Bg, Sz, Wa, Fr, Ö, Br, Ch – 1970 Sp, Jg, G – 1971 Ab, T, Ab, N, Sd, D, Me, Pl – 1972 U, E, E, SU, Bg, SU, Sz – 1973 Scho – 1974 It, Sd, DDR – 1975 Bu, G

1 **Neubarth** Frank (Werder Bremen), 1988 A
2 **Neuberger** Willi (Borussia Dortmund), 1968 Wa, Br
3 **Neumaier** Robert (Phönix Karlsruhe), 1909 Sz – 1910 Bg – 1912 Sz
1 **Neumann** Arno (Dresdner SC), 1908 E
1 **Neumann** Herbert (1. FC Köln), 1978 E
1 **Neumer** Leopold (Austria Wien), 1938 Sz
1 **Neuschäfer** Hans (Fortuna Düsseldorf), 1956 Sz
1 **Nicodemus** Otto (SV Wiesbaden), 1909 Sz
1 **Nickel** Bernd (Eintracht Frankfurt), 1974 Mal
3 **Nickel** Harald (Borussia Mönchengladbach), 1979 SU, T – 1980 Mal
1 **Niederbacher** Max (Kickers Stuttgart), 1925 Sd
1 **Niedermayer** Kurt (Bayern München), 1980 H
6 **Nigbur** Norbert (Schalke 04), 1974 Sp, U, Mal – 1979 SU, T – 1980 Ö
3 **Noack** Rudolf (Hamburger SV), 1934 U, Tsch – 1937 Sz
4 **Nogly** Peter (Hamburger SV), 1977 Fr, Nl, Uy, Me
15 **Nowak** Hans (Schalke 04), 1961 D, Pl, G – 1962 It, Sz, Ch, Jg, Sz – 1963 Br, T, Sd, Ma – 1964 Tsch, Scho, Sd

O

5 **Oberle** Emil (Phönix Karlsruhe), 1909 Sz – 1912 H, Sz, Ruß, U
3 **Oehm** Richard (1. FC Nürnberg), 1932 Sd – 1934 U, Lu
1 **Ohlhauser** Rainer (Bayern München), 1968 Ch
1 **Olk** Werner (Bayern München), 1961 Pl
2 **Ordenewitz** Frank (Werder Bremen), 1987 Br, A
6 **Otten** Jonny (Werder Bremen), 1983 Pg, Ab, Jg, T, Ab – 1984 SU
81 **Overath** Wolfgang (1. FC Köln), 1963 T, Sd, Ma – 1964 Al, Tsch, Fi, Sd – 1965 Z, E, Sz, Br – 1966 H, Ir, Nl, Rum, Jg, Sz, A, Sp, Uy, SU, E, T, N – 1967 Ma, Bu, Ab, Jg, Fr, Jg, Rum, Ab – 1968 Wa, E, Br, Fr, Z, Br, Ch, Me – 1969 Scho, Ö, Z, Ö, Bu, Scho – 1970 Rum, Ir, Jg, Ma, Bu, Pe, E, It, Uy, T, Jg, G – 1971 Ab, Ab, N, Sd, D, Pl – 1973 A, Tsch, Jg, Bu, Br, Ö, Fr, Sp – 1974 Sp, It, Ch, Aus, DDR, Jg, Sd, Pl, H

P

1 **Panse** Herbert (Eimsbütteler TV), 1935 Le
24 **Patzke** Bernd (TSV 1860 München 18, Hertha BSC Berlin 6), 1965 It, Z – 1967 Ma, Bu, Ab, Jg, Fr, Jg, Rum, Ab – 1968 Z, Br, Ch, Me – 1969 Wa, Scho, Ö, Z – 1970 Ir, Pe, It, Uy – 1971 Ab, T
6 **Paulsen** (Pömpner) Paul (VfB Leipzig), 1924 Sd, It, Sz – 1925 H, Sd, Fr
1 **Pekarek** Josef (Wacker Wien), 1939 Sl
12 **Pesser** Hans (Rapid Wien), 1938 E, Sz, Pl, Rum – 1939 It, U, It – 1940 U, Jg, It, U, D
1 **Peters** Wolfgang (Borussia Dortmund), 1957 Sd
7 **Pfaff** Alfred (Eintracht Frankfurt), 1953 N – 1954 U, Pg – 1956 E, N, Sd, Sz
1 **Pfeiffer** Michael (Alemannia Aachen), 1954 E
11 **Pflügler** Hans (Bayern München), 1987 Isr, It, Fr, Sd, A – 1988 A, H, SU – 1989 Ir – 1990 D, Ko
2 **Philipp** Ludwig (1. FC Nürnberg), 1910 Sz, H
1 **Picard** Alfred (SSV Ulm), 1939 Lu
6 **Piontek** Josef (Werder Bremen), 1965 It, E, Sz, Br, Z – 1966 Nl
2 **Pirrung** Josef (1. FC Kaiserslautern), 1974 G, Mal
2 **Platzer** Peter (Admira Wien), 1939 Bg, It
2 **Plener** Ernst (Vorwärts Rasensport Gleiwitz), 1940 Rum, Fi
3 **Poetsch** Ernst (Union 92 Berlin), 1908 Ö – 1909 U – 1910 H
2 **Pohl** Erich (SC 99 Köln), 1923 H, Fi
2 **Pohl** Herbert (Dresdner SC), 1941 Fi, Sl
1 **Pöhler** Ludwig (Hannover 96), 1939 Lu
1 **Politz** Karl (Hamburger SV), 1934 U
5 **Popp** Luitpold (1. FC Nürnberg), 1920 U – 1921 Ö – 1923 Sd – 1924 U – 1926 Sd
1 **Poppe** Walter (Eintracht Braunschweig), 1908 E
1 **Porges** Ingo (FC St. Pauli Hamburg), 1960 Ir
3 **Pörtgen** Ernst (Schalke 04), 1935 Bu – 1936 Lu – 1937 Lu
32 **Posipal** Josef (Hamburger SV), 1951 T, Ö, Ir, T – 1952 Lu, Ir, Fr, Sz, Jg, Sp – 1953 Ö, N, Sd, N – 1954 Sa, Sz, T, U, T, Ö, U, Bg, Fr, E, Pg – 1955 It, SU, Jg, N, It – 1956 H, SU
3 **Pott** Fritz (1. FC Köln), 1962 Fr – 1963 T – 1964 Tsch

14 **Pöttinger** Josef (Bayern München), 1926 H, Sd – 1927 N, H – 1928 Sz, Sz, Uy, D, Sd – 1929 Sz, It, Scho – 1930 It, E
2 **Preißler** Alfred (Preußen Münster), 1951 Ö, Ir
1 **Pyka** Alfred (Westfalia Herne), 1958 Ö

Q

3 **Queck** Richard (Eintracht Braunschweig), 1909 U – 1910 H – 1914 H

R

6 **Raftl** Rudolf (Rapid Wien), 1938 Sz, Sz, Rum – 1939 Bö, It – 1940 Jg
40 **Rahn** Helmut (Rot-Weiß Essen 34, 1. FC Köln 6), 1951 T, Lu – 1952 Fr, Jg, Sp – 1953 Ö, N, Sa, N – 1954 Sa, U, Jg, Ö, U, Bg – 1955 It, SU, It – 1956 Ir – 1957 Ö, H, Scho – 1958 A, Tsch, Nl, Jg, Sd, Fr, D, Fr, Ö, Bu, Ä – 1959 Scho, Sz, H, U, Jg – 1960 Ch, Pg
14 **Rahn** Uwe (Borussia Mönchengladbach), 1984 Sd, Mal – 1985 Mal, Bu, Tsch, E, Me, SU, Tsch – 1986 D, Sp – 1987 Isr, Fr, D
9 **Rasselnberg** Josef (VfL Benrath), 1933 Bg, N, Sz, Pl – 1934 Lu – 1935 Sp, Rum, Est, E
2 **Rebele** Hans (TSV 1860 München), 1965 Sz – 1969 Wa
1 **Redder** Theo (Borussia Dortmund), 1964 Fi
1 **Reese** Hans (Holstein Kiel), 1912 Ruß
2 **Reichel** Peter (Eintracht Frankfurt), 1975 T – 1976 Sp
4 **Reinders** Uwe (Werder Bremen), 1982 N, Ch, E, Sp
4 **Reinhardt** Alois (Bayer Leverkusen), 1989 Wa, Ir, Wa – 1990 Fr
1 **Reinhardt** Knut (Bayer Leverkusen), 1988 SU
4 **Reinmann** Baptist (1. FC Nürnberg), 1927 N, H – 1928 D - 1929 Sz
9 **Reisch** Stefan (1. FC Nürnberg), 1962 Jg, Fr, Sz – 1963 T, Sd, Ma – 1964 Al, Tsch, Scho
1 **Reiser** Otto (Phönix Karlsruhe), 1911 Bg
1 **Reislant** Otto (Wacker Leipzig), 1910 Bg
1 **Reißmann** Martin (Guts Muths Dresden), 1923 N
1 **Reitermaier** Ernst (Wacker Wien), 1939 Sl
1 **Reitgaßl** Willy (Karlsruher SC), 1960 Is
14 **Retter** Erich (VfB Stuttgart), 1952 Lu, Ir, Fr, Sz, Jg, Sp – 1953 Ö, N, Sa, N – 1954 Sa, Sz – 1955 Ir – 1956 E
1 **Retter** Fritz (Sportfreunde Stuttgart), 1922 Sz
22 **Reuter** Stefan (1. FC Nürnberg 9, Bayern München 13), 1987 It, Fr, E, D, U, Br, A – 1988 Sd, Sz, SU – 1989 H, Wa, Ir, Fi, Wa – 1990 D, Jg, VAE, Ko, H, E, A
1 **Richter** Leopold (VfB Leipzig), 1909 U
1 **Richter** Lothar (Chemnitzer BC), 1941 Fi
10 **Riedle** Karlheinz (Werder Bremen), 1989 Fi, Bu, H, Wa – 1990 Fr, D, VAE, H, Tsch, E
7 **Riegel** Carl (1. FC Nürnberg), 1920 Sz, Ö, U – 1921 Ö – 1922 Ö – 1923 Sz, Sd
2 **Riegler** Franz (Austria Wien), 1941 Sl – 1942 Kro
1 **Ringel** Karl (Borussia Neunkirchen), 1958 Ä
1 **Riso** Hans II (Wacker Leipzig), 1910 Sz
2 **Riso** Heinrich I (VfB Leipzig), 1908 Ö – 1909 U
8 **Risse** Walter (SC 99 Düsseldorf 5, Hamburger SV 3), 1923 H, Sz, Sd, Fi, N – 1924 N, Sd – 1928 N
3 **Ritschel** Manfred (Kickers Offenbach), 1975 E, Bu, H
1 **Ritter** Oskar (Holstein Kiel), 1925 Sd
3 **Rodekamp** Walter (Hannover 96), 1965 E, Sz, Br
3 **Rodzinski** Josef (Hamborn 07), 1936 Pl, Tsch, Ir
12 **Röhrig** Josef (1. FC Köln), 1950 Sz – 1951 Sz, T – 1952 Ir – 1953 Ö – 1954 Sa – 1955 Ir, SU, Jg, N, It – 1956 H
25 **Rohde** Hans (Eimsbütteler TV), 1936 Lu – 1939 Bg, Lu, Ir, D, Est, It, Sl – 1940 U, It, Jg, D – 1941 Sz, U, Sz, Rum, Sd, D, Sl – 1942 Sp, U, Sd, Sz, Kro, Sl
4 **Rohr** Oskar (Bayern München), 1932 Sz, Sd – 1933 It, Fr
5 **Rohwedder** Otto (Eimsbütteler TV), 1934 D – 1935 Sz, H, Sd – 1937 Bg
1 **Rokosch** Ernst (SpVgg Leipzig), 1914 H
1 **Roleder** Helmut (VfB Stuttgart), 1984 SU
37 **Rolff** Wolfgang (Hamburger SV 19, Bayer Leverkusen 18), 1983 Pg, T, Ö, Jg, U, Ö, Nl – 1984 SU, Fr, It, Pg, Sp – 1985 Tsch – 1986 It, Br, Sz, H, D, Fr, D, Sp, Ö – 1987 It, Fr, D, U, A – 1988 Sd, A, Sz, Jg, D, Sp, H, Fi, SU – 1989 H

1 **Roller** Gustav (1. FC Pforzheim), 1924 U
10 **Röpnack** Helmut (Viktoria 89 Berlin), 1909 E – 1911 Ö – 1912 H, U, Ö, U, H – 1913 Sz, D, Bg
1 **Rose** Walter (SpVgg Leipzig), 1937 Est
4 **Roth** Franz (Bayern München), 1967 Jg – 1970 Rum, Jg, G
3 **Ruch** Hans (Union 92 Berlin 2, Hertha BSC Berlin 1), 1925 Sd, Fi – 1929 Scho
1 **Ruchay** Fritz (Prussia Samland Königsberg), 1935 Le
20 **Rüßmann** Rolf (Schalke 04), 1977 Jg, A, Uy, Br, Me, Fi, It, Sz, Wa – 19/8 E, SU, Br, Sd, Pl, Me, Tun, It, H, Ö, U
95 **Rummenigge** Karl-Heinz (Bayern München 78, Inter Mailand 17), 1976 Wa, Tsch – 1977 Fr, A, Uy, Br, Fi, It – 1978 E, SU, Br, Sd, Me, Tun, It, H, Ö, Tsch, U, H – 1979 Mal, T, Wa, Ir, A, Wa, SU, T – 1980 Mal, Ö, Pl, Tsch, H, G, Bg, Sz, H, Bu – 1981 A, Br, Ab, Ö, Br, Fi, Pl, Fi, Ö, Ab, Bu – 1982 Pg, Tsch, N, Al, Ch, Ö, E, Sp, Fr, It, Bg, E, Nl – 1983 Pg, Ab, T, Ö, Jg, Ö, T, Nl, Ab – 1984 Bu, Bg, Fr, It, Pg, Rum, Sp, Sd, Mal – 1985 U, Mal, Bu, Sd, Pg, Tsch – 1986 It, Br, Uy, Scho, D, Ma, Me, Fr, A
2 **Rummenigge** Michael (Bayern München), 1983 T – 1986 Ö
1 **Rupp** Bernd (Borussia Mönchengladbach), 1966 T
1 **Rutz** Willi (VfB Stuttgart), 1932 Fi

S

1 **Sabeditsch** Ernst (Vienna Wien), 1939 Sl
4 **Sackenheim** August (Guts Muths Dresden), 1929 Fi – 1930 Sz – 1931 Sd, N
10 **Sawitzki** Günter (SV Sodingen 2, VfB Stuttgart 8), 1956 N, Sd – 1957 Sd – 1958 Tsch, Bu – 1959 Scho, Pl, Jg – 1960 Ir – 1963 Sd
3 **Schade** Horst (SpVgg Fürth 2, 1. FC Nürnberg 1), 1951 Sz, T – 1953 Sa
4 **Schädler** Erwin (Ulmer FV 94), 1937 Lu, Le, Est – 1938 Lu
39 **Schäfer** Hans (1. FC Köln), 1952 Sz – 1953 Ö, N, Sa – 1954 Sa, Sz, T, T, Jg, Ö, U – 1955 It, Ir, SU, Jg, It – 1956 H, E, SU, Sz, Ir – 1957 Ö, Sd, U – 1958 Bg, Sp, Tsch, A, Tsch, Nl, Jg, Sd, Fr – 1959 Scho – 1962 Uy, It, Sz, Ch, Jg
1 **Schäfer** Herbert (Sportfreunde Siegen), 1957 Sd
1 **Schäfer** Max (TSV 1860 München), 1934 U
2 **Schaletzki** Reinhard (Vorwärts Rasensport Gleiwitz), 1939 N, Est
14 **Schanko** Erich (Borussia Dortmund), 1951 T, Ö, Ir, T, Lu – 1952 Lu, Ir, Fr, Sz, Jg, Sp – 1953 Ö, N – 1954 Sa
2 **Scherm** Karl (ASV Nürnberg), 1926 H, Sz
2 **Schilling** Christian (Duisburger SV), 1910 Bg, H
2 **Schlebrowski** Elwin (Borussia Dortmund), 1956 Ir, Bg
3 **Schlienz** Robert (VfB Stuttgart), 1955 Ir – 1956 H, E
1 **Schlösser** Karl (Dresdner SC), 1931 H
10 **Schmaus** Willibald (Vienna Wien), 1938 Sz, Rum – 1939 Bg, It, U, N – 1940 Jg – 1941 Kro – 1942 Kro, Sz
25 **Schmidt** Alfred (Borussia Dortmund), 1957 H, Scho, Sd, U – 1958 Bg, Sp, Tsch, A, Jg, D, Fr, Ö – 1959 Scho, Pl, Sz, H, U, Jg – 1960 Ch, Ir – 1963 T, Ma – 1964 Al, Scho, Fi
3 **Schmidt** Christian (Concordia 95 Berlin 1, Kickers Stuttgart 2), 1910 H – 1913 E, Sz
1 **Schmidt** Hans (Germania Berlin), 1908 Ö
16 **Schmidt** Hans (SpVgg Fürth 1, 1860 Fürth 1, 1. FC Nürnberg 14), 1913 Sz – 1920 Sz – 1922 U – 1923 It, Sz, N – 1924 Ö, H, N, U, It, Sz – 1925 Sz – 1926 Sd, H, Sz
9 **Schmidt** Karl (1. FC Kaiserslautern), 1955 Jg, N, It – 1956 H, SU, Sz – 1957 Ö, H, Sd
2 **Schmitt** Josef (1. FC Nürnberg), 1928 D, N
3 **Schneider** Georg (Bayern München), 1920 Sz, U – 1921 U
1 **Schneider** Helmut (SV Waldhof), 1940 Fi
2 **Schneider** Johannes (VfB Leipzig), 1913 D, Bg
47 **Schnellinger** Karl-Heinz (Düren 99 3, 1. FC Köln 24, AS Rom 1, AC Mailand 19), 1958 Tsch, Tsch, Fr, Ö, Bu, Ä – 1959 Scho, Jg – 1960 Ch, Pg, Is, Nl, G, Bu – 1961 Bg, Nl, D, G – 1962 Uy, It, Sz, Ch, Jg, Jg, Fr, Sz – 1963 Br – 1964 Sd – 1965 Sd – 1966 Rum, Jg, Sz, A, Sp, Uy, SU, E – 1969 Scho – 1970 Sp, Rum, Jg, Bu, Pe, E, It, Uy – 1971 Ab
1 **Schnürle** Fritz (Germania Frankfurt), 1921 U
16 **Schön** Helmut (Dresdner SC), 1937 Sd – 1938 Pl, Rum – 1939 Bg, It, Ir, N, U, Jg, Bö, Sl – 1940 D – 1941 Sz, U, Sz, Sd
1 **Schönhöft** Theo (VfL Osnabrück), 1956 N
1 **Schreier** Christian (Bayer Leverkusen), 1984 A
1 **Schröder** Erich (VfR Köln), 1931 H

1 **Schröder** Hans (Tennis Borussia Berlin), 1926 H
12 **Schröder** Willi (Bremen 1860 2, Werder Bremen 10), 1951 Lu – 1952 Lü – 1955 SU, N – 1956 N, Sd, SU, Bg – 1957 Ö, H, Scho, Sd
3 **Schubert** Helmut (Dresdner SC), 1941 Fi, D, Si
1 **Schulz** Fritz (Hertha BSC Berlin), 1909 U
1 **Schulz** Karl (Viktoria 89 Berlin), 1929 Fi
2 **Schulz** Karl (Holstein Kiel), 1925 Sd, Fi
4 **Schulz** Werner (Arminia Hannover), 1935 Bg, Fi, Est – 1938 Lu
66 **Schulz** Willi (Union Günnigfeld 3, Schalke 04 22, Hamburger SV 41), 1959 Jg – 1960 Pg, Ir, Is – 1961 D, Pl, G – 1962 Uy, It, Sz, Ch, Jg, Jg, Fr – 1963 Br, T, Sd, Ma – 1964 Al, Tsch, Fi – 1965 Z, E, Sz, Br, Sd – 1966 E, H, Ir, Nl, Jg, Sz, A, Sp, Uy, SU, E, T, N – 1967 Ma, Bu, Ab, Jg, Fr, Jg, Rum, Ab – 1968 Bg, Sz, Fr, Ö, Z, Br, Ch – 1969 Wa, Scho, Ö, Z, Ö, Bu, Scho – 1970 Sp, Ir, Ma, E, It
76 **Schumacher** Harald (1. FC Köln), 1979 Is – 1980 Ö, Pl, Tsch, H, G, Bg, Sz, H, Fr, Bu – 1981 A, Br, Ab, Ö, Br, Fi, Pl, Fi, Ö, Bu – 1982 Pg, Br, A, Tsch, Al, Ch, Ö, E, Sp, Fr, It, Bg, E, Nl – 1983 Pg, Ab, T, Ö, U, Ö, T, Nl, Ab – 1984 Bg, SU, Fr, It, Pg, Rum, Sp, A, Sd, Mal – 1985 U, Pg, Mal, Bu, Tsch, E, SU, Sd, Pg, Tsch – 1986 It, Br, Jg, Uy, Scho, D, Ma, Me, Fr, A, D, Sp
1 **Schumann** Georg (Vorwärts Berlin), 1924 Sd
5 **Schümmelfelder** Josef (Bonner FV), 1913 D, Bg – 1914 H – 1921 Ö, U
21 **Schuster** Bernd (1. FC Köln 10, FC Barcelona 11), 1979 Ir, Is, A, Wa, SU – 1980 Ö, Pl, H, Bg, Sz, Fr – 1981 Ab, Ö, Br – 1982 Nl – 1983 T, Ö, Jg, Ö – 1984 Bu, Bg
11 **Schütz** Franz (Eintracht Frankfurt), 1929 Sz, Scho, Sd – 1930 Sz, E, U – 1931 Fr, D – 1932 Sz, Fi, H
6 **Schütz** Jürgen (Borussia Dortmund), 1960 Ch, Pg – 1962 Jg, Fr, Sz – 1963 Br
4 **Schwabl** Manfred (1. FC Nürnberg), 1987 D, Br, A – 1988 Sz
2 **Schwartz** Hans (Victoria Hamburg), 1934 Bg, D
44 **Schwarzenbeck** Georg (Bayern München), 1971 Ab, N, Sd, D, Me, Pl, Pl – 1972 U, E, E, SU, Bg, SU, Sz – 1973 A, Tsch, Jg, SU, Sp – 1974 It, Scho, U, Sd, Ch, Aus, DDR, Jg, Sd, Pl, H, Sz, G – 1975 Bu, Ö, Bu, T – 1976 Mal, Sp, Sp, Jg, Tsch, Wa, Tsch – 1978 E
1 **Schwedler** Willy (VfB Pankow), 1921 Fi
1 **Schweikert** Hermann (1. FC Pforzheim), 1909 Sz
6 **Seel** Wolfgang (Fortuna Düsseldorf), 1974 Sz – 1975 Bu, H, Ö – 1977 Sz, Wa
72 **Seeler** Uwe (Hamburger SV), 1954 Fr, E – 1955 It – 1956 H – 1958 A, Tsch, Nl, Jg, Sd, D, Fr, Ö, Bu – 1959 Scho, Sz, H, U, Jg – 1960 Ch, Pg, Is, Nl, G – 1961 Bg, Ch, Nl, D, Pl, G – 1962 Uy, It, Sz, Ch, Jg, Fr, Sz – 1963 Br, T, Sd – 1964 Tsch, Scho, Sd – 1965 Sd – 1966 H, Ir, Nl, Rum, Jg, Sz, A, Sp, Uy, SU, E, N – 1967 Fr, Jg, Rum – 1968 Sz – 1969 Ö, Bu, Scho – 1970 Sp, Ir, Jg, Ma, Bu, Pe, E, It, Uy, U
8 **Seiderer** Leonhard (SpVgg Fürth), 1920 Sz, Ö – 1921 Ö – 1922 Sz – 1923 It, Sd – 1924 Ö, H
2 **Seliger** Rudolf (MSV Duisburg), 1974 Mal – 1976 Wa
3 **Sesta** Karl (Austria Wien), 1941 Kro – 1942 Kro, Sz
6 **Siedl** Gerhard (Karlsruher SC 2, Bayern München 4), 1957 H, Scho – 1959 Sz, H, U, Jg
14 **Sieloff** Klaus-Dieter (VfB Stuttgart 8, Borussia Mönchengladbach 6), 1964 Fi – 1965 It, Z, E, Sz, Br, Sd, Ö – 1970 Rum, U, T, G – 1971 Ab, N
3 **Siemensmeyer** Hans (Hannover 96), 1967 Fr, Jg, Rum
1 **Sievert** Helmut (Hannover 96), 1936 Lu
31 **Siffling** Otto (SV Waldhof), 1934 Bg, Sd, Tsch, Ö, Pl – 1935 Sz, Fr, Bg, Ir, Tsch, N, Sd, Fi, Pl, Bu – 1936 Sp, Pg, N, Tsch, Scho, Ir, It – 1937 Fr, D, Le, Fi, N, Sd – 1938 Sz, U, Pg
8 **Simetsreiter** Wilhelm (Bayern München), 1935 Rum, Est, Bu – 1936 Pg, Lu, N – 1937, Le, Est
9 **Sing** Albert (Kickers Stuttgart), 1940 Bu – 1942 Sp, U, Bu, Rum, Sd, Sz, Kro Sl
3 **Skoumal** Stefan (Rapid Wien), 1938 Sz, Rum – 1940 Jg
10 **Sobek** Hans (Alemannia Berlin 2, Hertha BSC 8), 1923 Sz – 1925 H – 1928 Sd – 1929 Sz, Scho, Sd – 1930 D – 1931 Ö, Sd, N
12 **Sold** Wilhelm (FV Saarbrücken 6, 1. FC Nürnberg 3, Tennis Borussia Berlin 3), 1935 Lu – 1936 U – 1937 Lu, Le – 1938 Sz, Lu – 1939 Jg, Bu, Bö – 1942 Bu, Rum, Sd
2 **Solz** Wolfgang (Eintracht Frankfurt), 1962 Fr – 1964 Tsch
2 **Sonnrein** Heinrich (Hanau 93), 1935 Est – 1936 U
1 **Sorkale** Walter (Preußen Berlin), 1911 Sd
2 **Steffen** Bernhard (Fortuna Düsseldorf), 1958 Tsch – 1960 Ir
1 **Steffenhagen** Arno (Hertha BSC Berlin), 1971 Me
1 **Stein** Erwin (Griesheim 02), 1959 Pl

6 **Stein** Ulrich (Hamburger SV), 1983 Jg – 1985 U, Bu, Me – 1986 Sz, H
1 **Steiner** Paul (1. FC Köln), 1990 D
1 **Steiner** Rudolf (TSV 1860 München), 1964 Scho
3 **Steinmann** Heinz (Schwarz-Weiß Essen 1, Werder Bremen 2), 1962 Fr – 1965 It, E
1 **Stephan** Günter (Schwarz-Weiß Essen), 1935 Lu
42 **Stielike** Ulrich (Borussia Mönchengladbach 6, Real Madrid 36), 1975 Ö, Bu, T – 1976 Mal, Wa – 1977 Fr – 1978 H – 1979 T, Wa, T – 1980 Tsch, H, G, Bg, Bu – 1981 Ab, Ö, Fi, Ö, Ab – 1982 Br, A, N, Al, Ch, Ö, E, Sp, Fr, It, Bg, Nl – 1983 Jg, T, Nl – 1984 Bu, Bg, It, Pg, Rum, Sp, A
23 **Stollenwerk** Georg (Düren 99 4, 1. FC Köln 19), 1951 Lu – 1952 Lu, Ir, Fr – 1955 It – 1957 Scho, U – 1958 Sp, A, Tsch, Nl, Jg, Sd, Fr, D, Fr, Ö, Bu – 1959 Sz, H U, Jg – 1960 Ch
1 **Stössel** Kurt (Dresdner SC), 1931 H
10 **Strack** Gerhard (1. FC Köln), 1982 E, Nl – 1983 Ab, T, Ö, U, Ö, T, Nl, Ab
2 **Straßburger** Wilhelm (Duisburger SV), 1930 D, N
4 **Strehl** Heinz (1. FC Nürnberg), 1962 Jg, Fr – 1963 Br – 1965 Z
15 **Streitle** Jakob (Bayern München), 1938 Sz – 1939 Bg, Jg, Ir, D – 1940 Bu, Jg – 1941 Sz – 1950 Sz – 1951 Sz, T, Ö, Ir, T – 1952 Ir
3 **Striebinger** Karl (VfR Mannheim), 1937 Lu, Bg – 1938 Sz
4 **Strobel** Wolfgang (1. FC Nürnberg), 1922 Ö, U – 1924 N, U
4 **Stroh** Josef (Austria Wien), 1938 Sz, Pl, Rum – 1939 Jg
10 **Stubb** Hans (Eintracht Frankfurt), 1930 Sz, E, D, N – 1931 D – 1932 Sz, Fi, Sd, H – 1934 U
21 **Stuhlfauth** Heinrich (1. FC Nürnberg), 1920 Sz, Ö – 1921 Ö, U – 1923 It, N – 1924 Ö, H, N, U, It, Sz – 1926 Sd – 1927 N, H – 1928 Sz, Uy, N – 1929 It, Scho – 1930 It
3 **Stührk** Erwin (Eimsbütteler TV), 1935 Sz, H, Le
3 **Sturm** Hans (1. FC Köln), 1958 Tsch, Fr – 1962 It
1 **Sturm** Wilhelm (Borussia Dortmund), 1964 Fi
2 **Stürmer** Klaus (Hamburger SV), 1954 Fr – 1961 Nl
1 **Sukop** Albert (Eintracht Braunschweig), 1935 Est
1 **Sundermann** Hans Jürgen (Rot-Weiß Oberhausen), 1960 Ch
12 **Sutor** Hans (1. FC Nürnberg), 1920 Ö – 1921 Ö – 1922 Ö – 1923 It, Sz, Sd, Fi, N – 1924 Ö, N, U – 1925 Sz
34 **Szepan** Fritz (Schalke 04), 1929 Fi – 1930 It – 1931 D – 1934 Lu, Bg, Sd, Tsch, Ö, Pl, D – 1935 Fi, Bu, E – 1936 Sp, Pg, U, Scho, Ir, It – 1937 H, Fr, Sz, D, Fi, Est, N, Sd – 1938 Sz, Pg, E, Sz – 1939 U, Jg, Bu
43 **Szymaniak** Horst (Wuppertaler SV 20, Karlsruher SC 12, CC Catania 5, Internazionale Mailand 1, FC Varese 1, Tasmania Berlin 4), 1956 Sz, Bg – 1957 Ö, H, Scho, Sd, U – 1958 Bg, Sp, A, Tsch, Nl, Jg, Sd, Fr, D, Fr, Ö – 1959 Scho, Pl, Sz, H, U, Jg – 1960 Pg, Is, Nl, G, Bu – 1961 Bg, Ch, Nl – 1962 Uy, It, Sz, Ch, Jg – 1964 Scho, Sd – 1965 Sd, Z – 1966 E, Rum

T

1 **Tänzer** Willy (Berliner SC), 1908 Ö
3 **Tenhagen** Franz-Josef (VfL Bochum), 1977 Jg, Br, Wa
7 **Termath** Bernhard (Rot-Weiß Essen), 1951 T, Lu – 1952 Ir, Fr, Jg, Sp – 1954 Fr
6 **Tewes** Karl (Viktoria 89 Berlin), 1920 Ö, U – 1921 Ö, U, Fi – 1922 U
2 **Thiel** Otto (Preußen Berlin), 1911 U – 1912 Ruß
2 **Thielen** Karl-Heinz (1. FC Köln), 1964 Tsch – 1965 E
29 **Thon** Olaf (Schalke 04 28, Bayern München 7), 1984 Mal – 1985 U, Mal, Bu, Tsch, E, Tsch – 1986 Br, Sz, Jg, D, Ö – 1987 Isr, It, E, D, Sd, U, Br, A – 1988 Sd, A, Sz, Jg, It, D, Sp, H, H – 1989 Ir – 1990 Uy, Tsch, D, Ko, E
1 **Tibulski** Hans (Schalke 04), 1931 Dä
2 **Tibulski** Otto (Schalke 04), 1936 Lu – 1939 Jg
7 **Tiefel** Willi (Eintracht Frankfurt), 1935 Ir, Tsch, N, Sd, Est, Le – 1936 Pg
39 **Tilkowski** Hans (Westfalia Herne 18, Borussia Dortmund 21), 1957 H, Scho – 1958 Fr, Ö, Ä – 1959 Sz, U – 1960 Ch, Pg, Is, Nl, G – 1961 Bg, Ch, Nl, D, Pl, G – 1964 Al, Scho, Fi, Sd – 1956 It, E, Sz, Br, Sd, Ö, Z – 1966 E, Rum, Jg, Sz, A, Sp, Uy, SU, E – 1967 Ab
3 **Toppmöller** Klaus (1. FC Kaiserslautern), 1976 Sp – 1979 Mal, T
6 **Träg** Heinrich (1. FC Nürnberg), 1921 Ö – 1920 Ö, U – 1923 It – 1924 H – 1926 H
1 **Trautmann** Wilhelm (Viktoria Mannheim), 1910 Sz
1 **Trimhold** Horst (Schwarz-Weiß Essen), 1962 Jg
20 **Turek** Anton (Fortuna Düsseldorf), 1950 Sz – 1951 Sz, T, Ö, Ir – 1952 Fr, Sz, Jg, Sp – 1953 Ö, N, Sa, N – 1954 Sa, T, T, Jg, Ö, U, Fr

U

15 **Ugi** Camillo (VfB Leipzig 14, Sportfreunde Breslau 1), 1909 E, U – 1910 Bg, H – 1911 E, Bg, Sd, Sd, U – 1912 U, Sz, Ruß, U, D, H
1 **Uhle** Karl (VfB Leipzig), 1912 Ruß
10 **Ulsaß** Lothar (Eintracht Braunschweig), 1965 Z, Ö – 1966 Rum, N – 1967 Ma, Ab – 1968 Ö, Ch, Me – 1969 Wa
1 **Umbach** Josef (SC Mönchengladbach), 1910 H
1 **Unfried** Gustav (Preußen Berlin), 1910 H
21 **Urban** Adolf (Schalke 04), 1935 Lu – 1936 U, Lu, N, Scho, It – 1937 Fr, Sz, D, Fi, N, Sd – 1938 Sz – 1939 Jg, N, Jg, Bu, Bö – 1940 It – 1942 Sz, Kro
1 **Urbanek** Hans (Admira Wien), 1941 Kro

V

96 **Vogts** Hans-Hubert (Borussia Mönchengladbach), 1967 Jg, Rum – 1968 Bg, Sz, Wa, E, Br, Fr, Ö, Z, Br, Ch, Me – 1969 Wa, Scho, Ö, Z, Ö, Bu, Scho – 1970 Sp, Rum, Ir, Jg, Ma, Bu, Pe, E, It, Uy, U, T, Jg, G – 1971 Ab, T, Ab, N, Sd, D, Me – 1972 Sz – 1973 A, Tsch, Br, Scho, Sp – 1974 Sp, Scho, U, Sd, Ch, Aus, DDR, Jg, Sd, Pl, H, Sz, G, Mal – 1975 E, Bu, H, Ö, G, Bu, T – 1976 Mal, Sp, Sp, Jg, Tsch, Wa, Tsch – 1977 Fr, Nl, Jg, A, Uy, Br, Me, Fi, It, Sz, Wa – 1978 E, SU, Br, Sd, Pl, Me, Tun, It, H, Ö
1 **Völker** Otto (Preußen Berlin), 1913 E
1 **Völker** Willi (Hertha BSC Berlin), 1929 Fi
1 **Völker** Willy (VfB Leipzig), 1914 H
69 **Völler** Rudi (Werder Bremen 41, AS Rom 28), 1982 Nl – 1983 Pg, Ab, T, Ö, Jg, U, Ö, T, Ab – 1984 Bu, Bg, SU, Fr, It, Pg, Rum, Sp, A, Sd, Mal – 1985 U, Pg, Mal, Bu, Tsch, Me, SU, Sd – 1986 Jg, H, Uy, Scho, D, Ma, Fr, A, D, Ö – 1987 Isr, It, Fr, E, D, Sd – 1988 Sd, A, Sz, Jg, It, D, Sp, H, Fi, H – 1989 Bu, H, Wa, Fi, Wa – 1990 Uy, Tsch, D, Jg, VAE, Ko, H, E, A
12 **Volkert** Georg (1. FC Nürnberg 6, Hamburger SV 6), 1968 Bg, Sz, E, Br, Me – 1969 Ö – 1977 A, Uy, Br, Me, Fi, It
12 **Vollmar** Heinz (SV St. Ingbert 7, 1. FC Saarbrücken 5), 1956 Sd, Su, Sz, Ir, Bg – 1957 Ö, U – 1959 Sz, Jg – 1960 Ir, Bu – 1961 Bg
2 **Voß** Kurt (Holstein Kiel), 1925 H, Fi
5 **Votava** Miroslav (Borussia Dortmund), 1979 SU – 1980 G, Fr, Bu – 1981 Br

W

11 **Waas** Herbert (Bayer Leverkusen) 1983 Jg, U, Ö, Nl, Ab – 1985 E – 1986 D, Sp, Ö – 1987 Isr – 1088 SU
3 **Wagner** Franz (Rapid Wien), 1938 Rum – 1942 Kro, Sz
13 **Waldner** Erwin (VfB Stuttgart), 1954 Pg – 1955 It, Ir, Jg, N – 1956 H, E, SU, Bg – 1957 Ö – 1958 Bg, Tsch, Bu
61 **Walter** Fritz (1. FC Kaiserslautern), 1940 Rum, Fi, U, Bu, Jg, D – 1941 Sz, U, Sz, Rum, Kro, Sd, D, Sl – 1942 Kro, Sz, Sp, U, Bu, Rum, Sd, Sz, Kro, Sl – 1951 Sz, T, Ö, Ir, T, Lu – 1952 Fr, Sz, Jg, Sp – 1953 Ö, N, N – 1954 Sa, Sz, T, U, T, Jg, Ö, U – 1955 It, SU, Jg, N, It – 1956 H, E, SU, Sz – 1958 Sp, Tsch, A, Tsch, Nl, Jg, Sd
21 **Walter** Ottmar (1. FC Kaiserslautern), 1950 Sz – 1951 Sz – 1952 Ir, Fr, Sz, Jg, Sp – 1953 Ö, N, N – 1954 Sa, Sz, T, T, Jg, Ö, U, Bg, Fr – 1955 Jg – 1956 E
1 **Warnken** Heinz (Komet Bremen), 1935 Bu
3 **Weber** Albert (Vorwärts Berlin), 1912 Sz, Ö, D
12 **Weber** Heinrich (Kurhessen Kassel), 1928 Sz, Uy, D, Sz – 1929 Sz, It, Sd – 1930 It, N – 1931 Fr, H, Ö
1 **Weber** Josef (Wacker München), 1927 H
53 **Weber** Wolfgang (1. FC Köln), 1964 Tsch, Scho, Fi, Sd – 1965 It, Ö, Z – 1966 E, H, Nl, Rum, Jg, Sz, A, Sp, Uy, SU, E, T, N – 1967 Bu, Ab, Fr, Jg, Rum, Ab – 1968 Sz, Wa, E, Br, Ö, Z, Br – 1969 Ö – 1970 Sp, Rum, Ir, Bu, Uy, U, T, Jg – 1971 Ab, T, Sd, D, Me, Pl – 1973 Ö, Fr, Scho, Sp – 1974 Sp
15 **Wegele** Karl (Phönix Karlsruhe), 1910 Sz, H – 1911 U – 1912 H, U, Sz, Ö, U, D, H – 1913 E, Sz, D, Bg – 1914 H
1 **Weilbächer** Hans (Eintracht Frankfurt), 1955 Ir
1 **Weiß** Leonhard (1. FC Nürnberg), 1931 Ö
1 **Weißenbacher** Viktor; (1. FC Pforzheim), 1922 Ö
1 **Welker** Hans (Bayern München), 1931 Fr

1 **Wellhöfer** Georg (SpVgg Fürth), 1922 Sz
1 **Welsch** Kurt (Borussia Neunkirchen), 1937 Le
4 **Wenauer** Ferdinand (1. FC Nürnberg), 1960 Ir – 1961 D, Pl – 1962 Uy
5 **Wendl** Josef (TSV 1860 München), 1930 N – 1932 U – 1933 It, Fr, Sz
2 **Wentorf** Hans (Altona 93), 1928 Sz, D
1 **Wenz** Ludwig (ASV Nürnberg), 1930 D
13 **Werner** Adolf (Holstein Kiel 9, Victoria Hamburg 4), 1909 E, U – 1910 H – 1911 Sz, E, Bg, Sd, Ö, Sd – 1912 H, U, Ruß, U
2 **Werner** August (Holstein Kiel), 1925 Sd, Fi
1 **Werner** Heinz (SV Jena), 1935 Rum
4 **Werner** Jürgen (Hamburger SV), 1961 Ch, Nl – 1962 Sz – 1963 Br
1 **Wetzel** Fritz (1. FC Pforzheim), 1922 Ö
12 **Wewers** Heinz (Rot-Weiß Essen), 1951 Lu – 1956 E, N, Sd, Ir, Bg – 1957 Ö, H, Scho, U – 1958 Bg, Fr
4 **Weymar** Hans (Victoria Hamburg) 1908 Sz, E, Ö – 1910 H
2 **Widmayer** Werner (Holstein Kiel), 1931 Sd, N
6 **Wieder** Ludwig (1. FC Nürnberg), 1923 Sz, Sd, N – 1924 Ö, N – 1926 H
2 **Wientjes** Clemens (Rot-Weiß Essen) 1952 Lu, Fr
1 **Wiggers** Hermann (Victoria Hamburg), 1911 Sd
4 **Wigold** Willi (Fortuna Düsseldorf), 1932 H – 1933 Bg, N – 1934 Lu
15 **Wilden** Leo (1. FC Köln), 1960 Ch, Pg, Nl – 1961 Bg, Ch, Nl – 1962 Jg, Fr, Sz – 1963 Br, T, Sd, Ma – 1964 Al, Tsch
8 **Willimowski** Ernst (PSV Chemnitz 4, TSV 1860 München 4), 1941 Fi, D, Rum, Kro – 1942 Rum, Sz, Sl, Kro
36 **Wimmer** Herbert (Borussia Mönchengladbach), 1968 Z, Br, Ch, Me – 1971 T, Ab, N, Sd, D, Pl, Pl – 1972 U, E, E, SU, Bg, SU, Sz – 1973 A, Scho – 1974 Sp, Scho, U, Aus, Jg, G – 1975 E, H, Ö, Bu, T – 1976 Mal, Sp, Sp, Jg, Tsch
1 **Winkler** Paul (Schwarz-Weiß Essen), 1938 Lu
1 **Winkler** Willi (Wormatia Worms), 1928 N
2 **Wohlfarth** Roland (Bayern München), 1986 Sp – 1989 Ir
1 **Wolpers** Eduard (Hamburger SV), 1926 Sz
13 **Wolter** Horst (Eintracht Braunschweig), 1967 Ma, Rum, Ab – 1968 Sz, Wa, E, Br, Z, Ch – 1969 Scho, Ö – 1970 Ir, Uy
3 **Wolter** Karl (Vorwärts Berlin), 1912 D – 1920 Sz – 1921 Fi
7 **Worm** Ronald (MSV Duisburg), 1975 T – 1976 Mal, Sp – 1978 E, Br, Sd, Tsch
9 **Worpitzky** Willi (Viktoria 89 Berlin), 1909 U – 1910 H – 1911 E, Sd, Ö, U – 1912 U, Ö, D
1 **Wunder** Klaus (MSV Duisburg), 1973 SU
5 **Wunderlich** Georg (1860 Fürth 1, Helvetia Bockenheim 2, Stuttgarter Kickers 2), 1920 Sz, Ö – 1921 Ö – 1923 It, H
4 **Wuttke** Wolfram (1. FC Kaiserslautern), 1986 Sp – 1987 Isr, E – 1988 Sp

Z

1 **Zaczyk** Klaus (Karlsruher SC), 1967 Ma
1 **Zastrau** Walter (Rot-Weiß Essen), 1958 Ä
1 **Zeitler** Hans (VfB Bayreuth), 1952 Lu
1 **Zembski** Dieter (Werder Bremen), 1971 Me
4 **Zewe** Gerd (Fortuna Düsseldorf), 1978 Tsch, U, H – 1979 Mal
15 **Zielinski** Paul (Union Hamborn), 1934 Bg, Sd, Tsch, Ö, Pl, D – 1935 H, Fr, Ir, Tsch, N, Sd, Lu, Pl – 1936 Lu
1 **Zilgas** Karl (Victoria Hamburg), 1913 D
14 **Zimmermann** Herbert (1. FC Köln), 1976 Wa – 1977 Sz – 1978 E, Sd, Pl, It, H – 1979 T, Wa, Ir, Is, Wa, SU, T
1 **Zolper** Karl (CfR Köln), 1925 H
4 **Zörner** Karl (SC 99 Köln), 1923 H, Sz, Sd, Fi
2 **Zwolanowski** Felix (Fortuna Düsseldorf), 1940 Sl, Jg

*

Rangliste der Nationalspieler

(mit 30 und mehr Länderspielen)

103	Franz Beckenbauer	FC Bayern München (1965–1977)
96	Hans-Hubert Vogts	Borussia Mönchengladbach (1967–1978)
95	Sepp Maier	FC Bayern München (1966–1979)
95	Karl-Heinz Rummenigge	FC Bayern München, Inter Mailand (1976–1986)
81	Karlheinz Förster	VfB Stuttgart (1978–1986)
81	Lothar Matthäus	Borussia Mönchengladbach, Bayern München, Inter Mailand (1980–1990)
81	Wolfgang Overath	1. FC Köln (1963–1974)
76	Harald Schumacher	1. FC Köln (1979–1986)
73	Pierre Littbarski	1. FC Köln, Racing Paris (1981–1990)
72	Hans-Peter Briegel	1. FC Kaiserslautern, Hellas Verona (1979–1986)
72	Uwe Seeler	Hamburger SV (1954–1970)
71	Paul Janes	Fortuna Düsseldorf (1932–1942)
69	Manfred Kaltz	Hamburger SV (1975–1983)
69	Rudi Völler	Werder Bremen, AS Rom (1982–1990)
66	Horst Höttges	Werder Bremen (1965–1974)
66	Willi Schulz	Union Günnigfeld, Schalke 04, Hamburger SV (1959–1970)
65	Ernst Lehner	Schwaben Augsburg, Blau-Weiß Berlin (1933–1942)
62	Gerd Müller	FC Bayern München (1966–1974)
61	Fritz Walter	1. FC Kaiserslautern (1940–1958)
57	Andreas Brehme	1. FC Kaiserslautern, Bayern München, Inter Mailand (1984–1990)
56	Klaus Allofs	Fort. Düsseldorf, 1. FC Köln, Olymp. Marseille (1978–1988)
53	Rainer Bonhof	Mönchengladbach, FC Valencia, 1. FC Köln (1972–1981)
53	Bernard Dietz	MSV Duisburg (1974–1981)
53	Wolfgang Weber	1. FC Köln (1964–1974)
50	Herbert Erhardt	SpVgg Fürth, Bayern München (1953–1962)
48	Paul Breitner	FC Bayern München, Real Madrid (1971–1982)
47	Karl-Heinz Schnellinger	Düren 99, 1. FC Köln, AS Rom, AC Mailand (1958–1971)
45	Klaus Fischer	Schalke 04, 1. FC Köln (1977–1982)
44	Jürgen Grabowski	Eintracht Frankfurt (1966–1974)
44	Albin Kitzinger	1. FC Schweinfurt 05 (1935–1942)
44	Andreas Kupfer	1. FC Schweinfurt 05 (1937–1950)
44	Georg Schwarzenbeck	FC Bayern München (1971–1978)
43	Felix Magath	Hamburger SV (1977–1986)
43	Horst Szymaniak	Wuppertaler SV, Karlsruher SC, CC Catania, Inter Mailand, FC Varese, Tasmania Berlin (1956–1966)
42	Thomas Berthold	Eintracht Frankfurt, Hellas Verona, AS Rom (1985–1990)
42	Hans Müller	VfB Stuttgart, Inter Mailand (1978–1983)
42	Ulrich Stielike	Bor. Mönchengladbach, Real Madrid (1975–1984)
41	Siegfried Held	Borussia Dortmund, Kickers Offenbach (1966–1973)
41	Reinhold Münzenberg	Alemannia Aachen (1930–1939)
40	Bernd Cullmann	1. FC Köln (1973–1980)
40	Bernd Hölzenbein	Eintracht Frankfurt (1973–1978)
40	Helmut Rahn	Rot-Weiß Essen, 1. FC Köln (1951–1960)
39	Guido Buchwald	VfB Stuttgart (1984–1990)
39	Heinz Flohe	1. FC Köln (1970–1978)
39	Ludwig Goldbrunner	FC Bayern München (1933–1940)
39	Matthias Herget	Bayer Uerdingen (1983–1988)
39	Josef Heynckes	Borussia Mönchengladbach, Hannover 96 (1967–1977)
39	Hans Schäfer	1. FC Köln (1952–1962)
39	Hans Tilkowski	Westfalia Herne, Borussia Dortmund (1957–1967)
38	Hans Jakob	Jahn Regensburg (1930–1939)
37	Günter Netzer	Borussia Mönchengladbach, Real Madrid (1965–1975)
37	Wolfgang Rolff	Hamburger SV, Bayer Leverkusen (1983–1989)
36	Herbert Wimmer	Borussia Mönchengladbach (1968–1976)
35	Ulrich Hoeneß	FC Bayern München (1972–1976)

35	Olaf Thon	Schalke 04, FC Bayern München (1984–1990)
34	Fritz Szepan	FC Schalke 04 (1929–1939)
33	Bernd Förster	VfB Stuttgart (1979–1984)
33	Helmut Haller	BC Augsburg, FC Bologna, Juventus Turin (1958–1970)
32	Horst Eckel	1. FC Kaiserslautern (1952–1958)
32	Josef Posipal	Hamburger SV (1951–1956)
31	Erich Juskowiak	Rot-Weiß Oberhausen, Fortuna Düsseldorf (1951–1959)
31	Jürgen Kohler	SV Waldhof Mannheim, 1. FC Köln, Bayern München (1986–1990)
31	Otto Siffling	SV Waldhof Mannheim (1934–1938)

Rangliste der Vereine

(mit mehr als 50 Berufungen)

FC Bayern München: 817 Berufungen (51 Nationalspieler)
Beckenbauer 103, Maier 95, K.-H. Rummenigge 78, G. Müller 62, Breitner 46, Schwarzenbeck 44, Goldbrunner 39, Matthäus 39, U. Hoeneß 35, Augenthaler 27, Dremmler 27, L. Hofmann 18, Streitle 15, Pöttinger 14, Reuter 13, Brehme 12, Giesemann 11, Haringer 11, Pflügler 11, Eder 9, Bergmaier 8, Heidkamp 8, Kutterer 8, Simetsreiter 8, Dorfner 7, Kohler 7, Thon 7, Bauer 5, Gablonsky 4, D. Hoeneß 4, Rohr 4, Roth 4, Siedl 4, Aumann 3, Kapellmann 3, Mai 3, Schneider 3, Kögl 2, Krumm 2, M. Rummenigge 2, Wohlfarth 2, Brenninger 1, Fürst 1, Hofmeister 1, Erhardt 1, Nafziger 1, Naglschmitz 1, Niedermayer 1, Ohlhauser 1, Olk 1, Welker 1.

1. FC Köln: 694 Berufungen (41 Nationalspieler)
Overath 81, Schumacher 76, Littbarski 71, Weber 53, Cullmann 40, Flohe 39, Schäfer 39, Kl. Allofs 29, Schnellinger 24, Löhr 20, Stollenwerk 19, Fischer 15, Kohler 20, Wilden 15, Zimmermann 14, D. Müller 12, Röhrig 12, Schuster 10, Strack 10, Engels 8, Hornig 7, Rahn 6, Häßler 17, Mebus 5, Ewert 4, Illgner 22, Pott 3, Sturm 3, Bonhof 2, Dörner 2, Görtz 2, Kapellmann 2, Konopka 2, Manglitz 2, Thielen 2, T. Allofs 1, Euler 1, Flink 1, Hense 1, Neumann 1, Steiner 1.

Hamburger SV: 436 Berufungen (37 Nationalspieler)
Uwe Seeler 72, Kaltz 69, Magath 43, W. Schulz 41, Posipal 32, Hrubesch 21, Jakobs 20, Rolff 19, Harder 15, Beier 11, G. Dörfel 11, Lang 8, Stein 6, Volkert 6, Kurbjuhn 5, B. Dörfel 4, Gründel 4, Laband 4, Nogly 4, J. Werner 4, Giesemann 3, Hieronymus 3, Horn 3, Kargus 3, Memering 3, Milewski 3, Noack 3, Risse 3, Adamkiewicz 2, Fr. Dörfel 2, Hartwig 2, Stürmer 2, Blunk 1, Mahlmann 1, Politz 1, Wolpers 1, Groh 1.

Borussia Mönchengladbach: 386 Berufungen (27 Nationalspieler)
Vogts 96, Bonhof 40, Heynckes 38, Wimmer 36, Netzer 31, Matthäus 26, Brülls 22, Rahn 14, Frontzeck 16, Mill 9, Hannes 8, Danner 6, Kleff 6, Sieloff 6, Stielike 6, Köppel 4, Bruns 4, Ditgens 3, H. Nickel 3, Bleidick 2, Del'Haye 2, Hochstätter 2, Laumen 2, Dietrich 1, Meyer 1, L. Müller 1, Rupp 1.

FC Schalke 04: 356 Berufungen (27 Nationalspieler)
Szepan 34, Fischer 30, Thon 28, Libuda 24, Fichtel 23, W. Schulz 22, Urban 21, Gellesch 20, Rüßmann 20, Abramczik 19, B. Klodt 19, H. Klodt 17, E. Kremers 15, Nowak 15, Kuzorra 12, H. Kremers 8, Nigbur 6, Bongartz 4, H. Burdenski 3, Eppenhoff 3, Koslowski 3, Pörtgen 3, Herrmann 2, O. Tibulski 2, Berg 1, Kördell 1, H. Tibulski 1.

VfB Stuttgart: 302 Berufungen (24 Nationalspieler)
Kh. Förster 81, H. Müller 36, B. Förster 33, Buchwald 39, Immel 15, Retter 14, Waldner 13, Allgöwer 10, Klinsmann 12, Sawitzki 8, Sieloff 8, Geiger 7, Köppel 7, Kelsch 4, Barufka 3, Schlienz 3, D. Hoeneß 2, Blum 1, Bögelein 1, Bökle 1, Martin 1, Mauch 1, Roleder 1, Rutz 1.

1. FC Kaiserslautern: 255 Berufungen (14 Nationalspieler)
Fritz Walter 61, Briegel 53, Eckel 32, Brehme 28, Kohlmeyer 22, O. Walter 21, Liebrich 16, K. Schmidt 9, Wuttke 4, Toppmöller 3, Foda 2, Pirrung 2, Th. Allofs 1, Groh 1.

Fortuna Düsseldorf: 240 Berufungen (25 Nationalspieler)
Janes 71, Juskowiak 30, Kobierski 26, Kl. Allofs 21, Turek 20, Albrecht 17, Bender 9, Seel 6, Bommer 6, Herzog 5, Geye 4, Wigold 4, Zewe 4, Breuer 2, Derwall 2, Mehl 2, Steffen 2, Zwolanowski 2, Borkenhagen 1, Heibach 1, Jäger 1, Krüger 1, Mauritz 1, Neuschäfer 1, Bockenfeld 1.

1. FC Nürnberg: 226 Berufungen (37 Nationalspieler)
Morlock 26, Stuhlfauth 21, Kalb 15, H. Schmidt 14, Sutor 12, Billmann 11, Reisch 9, Reuter 9, Munkert 8, Kugler 7, Riegel 7, Eckstein 7, Hochgesang 6, Träg 6, Wieder 6, Volkert 6, Popp 5, L. Müller 5, Geiger 4, Reinmann 4, Schwabl 4, Strehl 4, Strobel 4, Wenauer 4, Oehm 3, Sold 3, Hornauer 2, Kund 2, Philipp 2, J. Schmitt 2, Baumann 2, Friedel 1, Köhl 1, Köpke 1, Köpplinger 1, Weiß 1, Schade 1.

Eintracht Frankfurt: 223 Berufungen (23 Nationalspieler)
Grabowski 44, Hölzenbein 40, Gramlich 22, Berthold 21, Lutz 12, Schütz 11, Bein 10, Stubb 10, Kreß 9, Pfaff 7, Tiefel 7, Körbel 6, Borchers 6, Falkenmayer 4, Mantel 4, Reichel 2, Solz 2, Becker (für Kickers) 1, Bäumler 1, Kroth 1, Lindner 1, B. Nickel 1, Weilbächer 1.

SV Werder Bremen: 211 Berufungen (20 Nationalspieler)
Höttges 66, Völler 41, Lorenz 17, Meier 16, D. Burdenski 12, Riedle 10, W. Schröder 10, Borowka 6, Otten 6, Piontek 6, Reinders 4, G. Bernard 3, H. Burdenski 2, Ferner 2, Heidemann 2, Hermann 2, Ordenewitz 2, Steinmann 2, Neubarth 1, Zembski 1.

Spielvereinigung Fürth: 175 Berufungen (22 Nationalspieler)
Erhardt 49, Leinberger 24, Mai 18, Hagen 12, Burger 11, A. Franz 10, J. Müller 10, Seiderer 8, H. Fiederer 6, Frank 4, Auer 3, Knöpfle 3, Lohrmann 3, Hirsch 3, Kießling 2, Lang 2, Schade 2, Ascherl 1, L. Fiederer 1, H. Schmidt 1, Wellhöfer 1, Gottinger 1.

Borussia Dortmund: 182 Berufungen (22 Nationalspieler)
Held 35, A. Schmidt 25, Tilkowski 21, Lenz 14, Schanko 14, Möller 12, Konietzka 9, Mill 8, Kelbassa 6, Schütz 6, Emmerich 5, Votava 5, Immel 4, Kwiatkowski 4, Burgsmüller 3, Cieslarczyk 2, Libuda 2, Neuberger 2, Schlebrowski 2, Peters 1, Redder 1, W. Sturm 1.

1. FC Schweinfurt 05: 90 Berufungen (3 Nationalspieler)
Kitzinger 44, A. Kupfer 44, G. Bernard 2.

MSV Duisburg: 85 Berufungen (8 Nationalspieler)
Dietz 53, Krämer 13, Worm 7, Bella 4, Heidemann 3, Manglitz 2, Seliger 2, Wunder 1.

Rot-Weiß Essen: 79 Berufungen (8 Nationalspieler)
Rahn 34, Herkenrath 21, Wewers 12, Termath 7, Wientjes 2, Islacker 1, Köchling 1, Zastrau 1.

TSV 1860 München: 68 Berufungen (16 Nationalspieler)
Patzke 18, Lachner 8, Heiß 8, Küppers 7, Wendl 5, Brunnenmeier 5, Willimowski 4, Hornauer 3, Grosser 2, Rebele 2, Eiberle 1, Kling 1, Schäfer 1, Kraus 1, Steiner 1, Keller 1.

Dresdner Sport-Club: 62 Berufungen (15 Nationalspieler)
R. Hofmann 19, Schön 16, Köhler 5, W. Kreß 4, Dzur 3, Schubert 3, Gedlich 2, Müller 2, Pohl 2, Berthold 1, Haftmann 1, Mantel 1, Neumann 1, Schlösser 1, Stössel 1.

BTSV Eintracht Braunschweig: 60 Berufungen (13 Nationalspieler)
Wolter 13, B. Dörfel 11, Ulsaß 10, Franke 7, Gerwien 6, Queck 3, Maas 3, Lorenz 2, Bülte 1, Poppe 1, Sukop 1, Bäse 1, Gersdorff 1.

Schwaben Augsburg: 55 Berufungen (1 Nationalspieler)
Lehner 55.

Hertha BSC Berlin: 54 Berufungen (18 Nationalspieler)
Beer 24, Sobek 8, Patzke 6, Gehlhaar 2, Faeder 1, Hirth 1, Jungtow 1, Kirsel 1, Krause 1, E. Müller 1, Ruch 1, F. Schulz 1, Völker 1, Groß 1, Steffenhagen 1, Kliemann 1, Kostedde 1, Tänzer 1.

Torschützen der A-Länderspiele

(In alphabetischer Reihenfolge)

Abramczik	2
Adamkiewicz	1
Albrecht Ernst	4
Allofs Kl.	17
Arlt	2
Auer	2
Bäumler	1
Beck	1
Beckenbauer	14
Becker Fr.	2
Beer	7
Bein	2
Bergmaier	1
Berndt	2
Berthold	1
Biallas	1
Biesinger	2
Binder	10
Bonhof	9
Brehme	7
Breitner	10
Breunig	1
Briegel	4
Brülls	9
Brunnenmeier	3
Burdenski Herbert	2
Burger	1
Cieslarczyk	3
Claus-Oehler	1
Conen	27
Cullmann	6
Damminger	5
Decker	8
Dörfel Bernd	2
Dörfel Friedo	1
Dörfel Gert	7
Dorfner	1
Dremmler	3
Dumke	3
Durek	2
Elbern	2
Emmerich L.	2
Eppenhoff	3
Erhardt	1
Fath	7
Fick	1
Fichtel	1
Fiederer H.	3
Fischer Kl.	32
Flohe	8
Förderer	10
Förster Kh.	2
Frank	5
Franz	4
Fuchs	14
Gärtner	1
Gauchel	13

Geiger R.	2
Gellesch	1
Gerritzen	1
Gerwien	1
Geye	1
Grabowski	5
Günther W.	2
Hänel	1
Häßler	1
Haferkamp	2
Hahnemann	16
Haller	13
Hanke	1
Harder	14
Hartmann K.	2
Heidkamp	1
Heiß	2
Held	5
Herberger	2
Herget	4
Herrmann G.	1
Herrmann R.	1
Heynckes	14
Hiller III	1
Hirsch	4
Hölzenbein	5
Hochgesang	4
Hoeneß U.	5
Hoeneß D.	4
Hofmann L.	4
Hofmann R.	24
Hohmann	20
Höttges	1
Hornauer	3
Hrubesch	6
Jakobs	1
Janes	7
Jäger A.	11
Juskowiak	4
Kalb Hans	2
Kaltz	8
Kelbassa	2
Kelsch	3
Kießling	1
Kipp	10
Kitzinger	2
Klingler	6
Klinsmann	7
Klodt B.	3
Kobierski	9
Konietzka	3
Köppel	2
Koslowski	1
Krämer W.	3
Kraus E.	3
Kremers E.	3
Kreß R.	2

Krumm	1
Kund	1
Kupfer	1
Küppers	2
Kuzorra	7
Lachner	4
Langenbein	1
Laumen	1
Lehner	30
Lenz	9
Libuda	3
Littbarski	18
Löhr	5
Lorenz	1
Ludwig Joh.	2
Magath	3
Mai	1
Malecki	2
Malik	1
Marx	1
Matthäus	14
Meier	2
Mechling	1
Möller A.	3
Möller E.	4
Morlock	21
Müller Dieter	9
Müller Gerd	68
Müller Hans	5
Neuschäfer	1
Noack	1
Netzer	6
Oberle	1
Overath	17
Panse	1
Paulsen	3
Pesser	2
Pfaff	2
Plener	2
Pörtgen	5
Pöttinger	8
Popp L.	1
Posipal	1
Queck	2
Rahn Helmut	21
Rahn Uwe	5
Rasselnberg	8
Reinders	1
Reitgaßl	1
Reuter	1
Riedle	2
Ritschel	1
Rodekamp	1
Röhrig	2
Rohr Ossi	5
Rohwedder	2
Ruch	2

Rummenigge K.-H.	45	Sing	1	Vollmar	3
Rupp	1	Sobeck	2	Voß	2
Rüßmann	1	Stein E.	1	Waas	1
Rutz	1	Steinmann	1	Waldner	2
Sackenheim	2	Stielike	3	Walter F.	33
Schade	1	Stollenwerk	2	Walter O.	10
Schäfer Hans	15	Strack	1	Weber Wolfg.	2
Schaletzki	1	Strehl	4	Wegele	2
Scherm	1	Striebinger	2	Weißenbacher	1
Schlösser	1	Stroh	1	Werner J.	2
Schmidt A.	8	Stubb	1	Wewers	1
Schmitt J.	1	Stürmer Kl.	1	Wieder	2
Schnellinger	1	Sutor	2	Wigold	3
Schön	17	Szepan	8	Willimowski	13
Schönhöft	1	Szymaniak	2	Wimmer	4
Schröder W.	3	Termath	4	Worm	5
Schütz J.	2	Thon	3	Worpitzky	5
Schuster B.	4	Toppmöller	1	Wuttke	1
Seeler U.	43	Träg	1	Zaczyk	1
Seiderer	5	Ugi	1	Zeitler	1
Siedl	3	Ulsaß	8	Zimmermann H.	2
Sieloff	5	Urban	11	Eigentore des Gegners	14
Siemensmeyer	2	Vogts	1		
Siffling	17	Volkert	2		
Simetsreiter	8	Völler	37		

Nationalspieler in vier und mehr „großen“ Nationalteams

	Nationalmannschaft						Jugend		
	A	B	Am	OA	U21	U23	U18	U16	U15
Immel Eike	19	1	1		14		4	5	4
Otten Jonny	6	1	1	1	16		17	1	
Worm Ronald	7	12	10			3	25		4
Köppel Horst	11	1	2			9	10		1
Nigbur Norbert	6	5	2			4	13		1
Herrmann G.	9	1	5			2	10		
Kaltz Manfred	69	3	7			2	10		
Allofs Thomas	2	4	1	1	17		7		
Nickel Bernd	1	5	41			1			
Steiner Paul	1	5		2	2				
Wunder Klaus	1	3	20			5			
Seliger Rudi	2	5	25			1			
Hornig Heinz	7	1	3			1			
Schulz Willi	66	1	8			1			
Hoffmann Rudi	1	5	4			1			
Reinhardt Alois	1	1		8	14		15		
Ulsaß Lothar	10	1	1			1			
Engels Stefan	8	2		1	9		11	3	
Geils Karlheinz		6	8	6	2				

Einer, der für sechs Vereine international spielte, Horst Szymaniak: 20 A-Länderspiele für Wuppertaler SV, 12 für Karlsruher SC, 5 für CC Catania, 1 für Inter Mailand, 1 für FC Varese, 4 für Tasmania 1900 Berlin.

Die Bilanz der B-Länderspiele

Gegner	Spiele	Siege	Unentsch.	Niederl.	Tore	11-m-Sch.
Belgien	1	1	–	–	2:1	
England	3	–	1	2	2:7	
Finnland „A“	1	1	–	–	6:0	
Frankreich	2	1	–	1	1:1	
Holland	5	2	2	1	8:7	
Honduras	1	1	–	–	3:1	
Irland „A“	2	1	–	1	3:1	
Italien	3	2	–	1	3:2	
Jamaika	1	–	1	–	1:1	
Jugoslawien	1	–	–	1	0:8	
Luxemburg „A“	4	3	–	1	16:4	
Norwegen „A“	1	1	–	–	3:0	
Österreich	6	4	1	1	12:4	
Polen	2	2	–	–	3:1	
Portugal	2	2	–	–	3:0	
Rumänien	3	2	1	–	5:2	
Schweden	2	2	–	–	4:2	
Schweden, Olympiateam	1	1	–	–	3:0	
Schweiz	9	5	–	4	14:10	
Sowjetunion	3	2	–	1	5:3	
Spanien	2	2	–	–	10:4	
Tschechoslowakei	2	1	–	1	2:2	
Ungarn	4	3	1	–	9:3	
USA	1	1	–	–	4:1	
Gesamt:	62	40	7	15	122:65	

Die durch Elfmeterschießen entschiedenen Spiele werden als Siege oder Niederlagen gewertet, aber ohne die Tore aus diesen Elfmeterschießen, die auch nicht in der Torübersicht zählen.

Die B-Mannschaften

1951: 3 Spiele: 1 Sieg, 1 Unentschieden, 1 Niederlage

1 **Schweiz,** 14. 4., Karlsruhe, 0:2 verloren: Rado – Retter, Knoll – Haferkamp, Matzkowski, Trenkel – Kaufhold, Schreiner, Lipponer, Buhtz, Blessing. – Schiedsrichter: Sautel (Frankreich).

2 **Österreich:** 22. 9., Augsburg, 1:1 unentschieden: Schaffer – Mirsberger (Steimle), Bauer – Bergner, Struzina, Röhrig (Ucko) – Krüger, Stollenwerk, Schröder (1), Baitinger, Blessing. – SR: Scherz (Schweiz).

3 **Schweiz,** 14. 10., Basel, 2:0 gewonnen: Schaffer – Mirsberger, Bauer – Sommerlatt, Struzina, Ucko – Mauritz (1), Stollenwerk, Schröder (1), Röhrig, Schäfer. – SR: Grill (Österreich).

1952: 1 Spiel: 1 Sieg

4 **Schweiz,** 9. 11., Basel, 2:0 gewonnen: Kubsch – Eberle, Bauer – Sommerlatt, Schäfer, Harpers – Gerritzen, Preißler, Schröder (2), Weber, Flügel. – SR: Bauwens (Belgien).

1953: 2 Spiele: 1 Sieg, 1 Niederlage

5 **Österreich,** 22. 3., Wien, 1:3 verloren: Bögelein – Mirsberger, Niebel – Sommerlatt, Schäfer, Derwall – Gerritzen, Preißler (1), Schröder, Islacker (Blessing), Termath. – SR: Derfflinger (Schweiz).

6 **Spanien,** 14. 6., Düsseldorf, 5:2 gewonnen: Henig – Rößling, Erhardt – Metzner, Sommer (Mebus), Gottinger – Hellwig (Biesinger), Röhrig, Lipponer, Pfaff (2), Schäfer (3). – SR: van der Meer (Holland).

1954: 2 Spiele: 2 Niederlagen

7 **England,** 24. 3., Gelsenkirchen, 0:4 verloren: Kwiatkowski – Deinert, Erhardt – Lang, Schäfer, Harpers – Ernst, Lettl, Kreß, Laszig, Krämer. – SR: Schnipper (Holland).

8 **Schweiz,** 24. 4., Offenburg, 1:3 verloren: Kwiatkowski – Liebrich, Bauer (Kohlmeyer) – Mebus, Hutfleß, Meinke (Harpers) – Klodt, Metzner (Gerritzen), Biesinger, Wade, Pfaff (1). – SR: Fauquemberghe (Frankreich).

1955: 2 Spiele: 1 Unentschieden, 1 Niederlage

9 **England,** 23. 3., Sheffield, 1:1 unentschieden: Kubsch – H. Hofmann, Juskowiak (1) – Link, Hoffmann (Baureis), Gottinger – Schlump, Biesinger, Meyer, Demski, Haase. – SR: Clough (England).

10 **Jugoslawien,** 25. 9., Laibach, 0:8 verloren: Schnoor – Sattler, Klepacz – Lang, Schäfer, Amann – Habig, Stürmer (Neuschäfer), Uwe Seeler, Schröder, Auernhammer (Hofmann). – SR: Cujic (Tschechoslowakei).

1956: 4 Spiele: 2 Siege, 2 Niederlagen

11 **Holland,** 21. 4., Enschede, 0:1 verloren: Kwiatkowski – Koll, Konopczinski – Karl Hoffmann, Rudi Hoffmann (Kaniber), Dörner – Kraus, Waldner (Biesinger), Neuschäfer, Laumann, Termath. – SR: Schwinte (Frankreich).

12 **Spanien,** 31. 5., Barcelona, 5:2 gewonnen: Sawitzki – Rößling, Erhardt – Dörner, Wewers, Harpers – Gerritzen (Szymaniak), Miltz (1), Biesinger (2), Schröder (1), Bäumler (1). – SR: Campos (Portugal).

13 **Sowjetunion,** 15. 9., Moskau, 1:3 verloren: Kubsch – Stollenwerk, Keck (Gerdau) – Schlienz, Hesse, Dörner – Klodt, Stürmer (Miltz), Seeler, Sommerlatt, Termath (1) (Bäumler). – SR: Matzkow (CSSR).

14 **Schweiz,** 21. 11., Zürich, 2:1 gewonnen: Tilkowski – Geruschke, Keck – Morlock, Hesse, Stollenwerk (Graetsch) – Pfeiffer, Miltz (1), O. Walter (1), Laumann (Schicks), Haase. – SR: Bernardi (Italien).

1957: 3 Spiele: 1 Sieg, 2 Unentschieden

15 **Österreich,** 6. 3., München, 4:0 gewonnen: Tilkowski – Mechnig, Keck – Borutta, Rudi Hoffmann, Semmelmann – Rahn (2) (Waldner), A. Schmidt (1), Kraus (1) (Seeler), H. Müller, Siedl. – SR: Gulde (Schweiz).

16 **Holland,** 27. 3., Essen, 3:3 unentschieden: Tilkowski – Mechnig, Keck (Dimmel) – Borutta, Hesse, Semmelmann (Haase) – Klodt (2), Jagielski, Glomb, H. Müller, Siedl (1). – SR: Grandain (Belgien).

17 **Ungarn,** 21. 12., Budapest, 2:2 unentschieden: Sawitzki – Konopczinski, Sandmann – Borutta, Laag, Krämer (Weilbächer) – Kraus, Kreß, Biesinger, Pfeiffer (2), Nazarenus. – SR: Macko (Tschechoslowakei).

1958: 2 Spiele: 1 Sieg, 1 Niederlage

18 **Luxemburg,** 1. 5., Luxemburg, 1:4 verloren: Sawitzki – Zastrau, Keck – Mai, R. Hoffmann (Weilbächer), Lang – Kreß (Hohmann), Pfeiffer, Biesinger (1), Schröder, Scheidt. – SR: van Leeuwen (Holland).

19 **Österreich,** 22. 10., Karlsruhe, 1:0 gewonnen: Sawitzki – Preis, Barwenczik (Dimmel) – Ruppenstein, Pyka (R. Hoffmann), Benthaus – Koslowski, Faeder (1), Waldner, Herrmann, Grosser. – SR: Dienst (Schweiz).

1959: 2 Spiele: 1 Sieg, 1 Niederlage

20 **Schweiz,** 3. 10., Konstanz, 0:1 verloren: Ewert – Lutz, Giesemann – Schulz, Wenauer, Stinka – Feigenspan (Lindner), Kölbl, Strehl, Pfeiffer, Cieslarczyk. – SR: Moriconi (Italien).

21 **Ungarn,** 8. 11., Saarbrücken, 2:1 gewonnen: Schnoor – Witlatschil, Späth – Nuber, Koll, Dieter Seeler – Grosser (Reitgaßl, 1), Feigenspan (1), Kölbl, Kapitulski, Klöckner. – SR: Dienst (Schweiz).

1965: 2 Spiele: 1 Sieg, 1 Unentschieden

22 **Holland,** 10. 3., Hannover, 1:1 unentschieden: Manglitz – Blusch, Redder – Luttrop (1), Wilden, Walter Schmidt – Nafziger, Ulsaß (Strehl), Rodekamp, Netzer (Beckenbauer), Zebrowski. – SR: Treichel (Berlin).

23 **Sowjetunion,** 1. 9., Köln, 3:0 gewonnen: Tilkowski – Piontek, Höttges – Szymaniak, Beckenbauer, Weber – Heiß, Grosser, Brunnenmeier (2), Krämer (1), Hornig. – SR: Campanati (Italien).

1972: 2 Spiele: 2 Siege

24 **Ungarn,** 29. 3., Tatabanya, 2:0 gewonnen: Franke (Burdenski) – Baltes (Rohrbach), Konopka – Neuberger, Seelmann, Hölzenbein – Geye, Danner, Wunder, Frank (Haun, 1), Reimann (1). – SR: Wöhrer (Österreich).

25 **Schweiz,** 14. 11., Winterthur, 3:1 gewonnen: Welz – Kapellmann, Konopka – Cullmann, H. Kremers, Zobel – Hitzfeld (1), Köppel (2), Wunder, Handschuh (W. Schäfer), Herzog (Seel). – SR: Rolles (Luxemburg).

1974: 2 Spiele: 2 Siege

26 **Schweden,** 30. 4., Kiel, 3:2 gewonnen: Kleff (Franke) – Höttges (Konopka), Hein – H. Kremers (1), Zimmermann (1), Kapellmann – Geye, Seel (1) (Brei), Wunder, Flohe, Herzog. – SR: Ohlson (Dänemark).

27 **Luxemburg A,** 3. 9., Luxemburg, 5:0 gewonnen: Franke (Kargus) – Kaltz, Dietz (Konopka) – Körbel (Bongartz), Zimmermann, Trinklein – Seliger, Schäfer, Reimann (1) (Ohlicher 2), Nickel (2), Worm. – SR: Racin (Schweiz).

1975: 4 Spiele: 3 Siege, 1 Niederlage

28 **Irland A,** 11. 3., Dublin, 0:1 verloren: Kargus – Kaltz, Konopka – Zimmermann, Kliemann, Beer – Pirrung, Seel, D. Müller, Nickel, Keller. – SR: Homewood (England).

29 **Finnland A,** 25. 4., Offenbach, 6:0 gewonnen: Franke – Glowacz (Kaltz), Konopka – Skala, Kliemann (1), Zimmermann – Geye (1/Grau, 1), Beer, Burgsmüller (2), Nickel (1), Worm (Janzon). – SR: Machin (Frankreich).

30 **Österreich,** 2. 9., Augsburg, 2:0 gewonnen: Kargus (Nigbur) – Dürnberger (1), Dietz (Baltes) – Hahn, Kliemann, Kapellmann – Rummenigge, Memering (Dremmler), Keller (1, Thies), Nickel, Worm. – SR: Dörflinger (Schweiz).

31 **Rumänien,** 8. 10., Duisburg, 2:0 gewonnen: Nigbur – Sziedat, Konopka (Neues) – Hollmann, Hahn, Dietz (1) – Geye (Worm, 1), Handschuh (Magath), Graul, Gersdorff, Pirrung. – SR: Keizer (Holland).

1976: 2 Spiele: 1 Unentschieden, 1 Niederlage

32 **Italien,** 25. 2., Essen, 0:1 verloren: Kargus (Franke) – Reichel, H. Kremers – Zimmermann (Tenhagen), Cullmann, Körbel – Bast, Bongartz (Magath), Seel, Nickel, Worm (Schäfer). – SR: Ericsson (Schweden).

33 **Rumänien,** 17. 11., Timisoara, 1:1 unentschieden: Burdenski (Kneib) – Glowacz, Konopka – Schäffer (Magath), Cullmann, Dürnberger – Bongartz (Abramczik), Schäfer (Granitza), Frank, Wohlers, Worm (1). – SR: Velebov (Jugoslawien).

1977: 8 Spiele: 6 Siege, 1 Unentschieden, 1 Niederlage

34 **Frankreich,** 22. 2., Orleans, 0:1 verloren: Kargus – Schneider, Lameck – Hollmann (Segler), Cullmann, Tenhagen – Bast (Abramczik), Bongartz, Worm, Riedl, E. Kremers. – SR: De la Bruna (Schweiz).

35 **Belgien,** 26. 4., Aachen, 2:1 gewonnen: Burdenski – Reichel, H. Zimmermann – Körbel, Gerber, Jakobs (Burgsmüller, 1) – Pirrung (Geyer), Bongartz, Frank, Magath (1), Seel. – SR: Wellinga (Holland).

36 **USA,** 5. 6., Chicago, 4:1 gewonnen: Ferner – Reichel, Lameck – Körbel, Gerber, Kraus – Geyer (1), Burgsmüller (1), Frank (1), H. Müller (Memering), Stegmayer (Wenzel, 1). – SR: Johnson (USA).

37 **Honduras,** 12. 6., Tegucigalpa, 3:1 gewonnen: Koitka – Reichel, Klinkhammer (Lameck) – Körbel, Gerber, Kraus (Wenzel) – Geyer, Burgsmüller (1), Frank (2), H. Müller (Memering), Stegmayer. – SR: Soto (Costa Rica).

38 **Jamaika,** 14. 6., Kingston, 1:1 unentschieden: Ferner (Kneib) – H. Zimmermann, Lameck (Reichel) – Gerber, Körbel, Jakobs (H. Müller) – Pirrung (Wenzel), Memering, Frank, Burgsmüller (1), Geyer. – SR: Chaplin (Jamaika).

39 **Tschechoslowakei,** 7. 9., Nürnberg, 1:0 gewonnen: Franke (Burdenski) – Reichel, Zimmermann; Bast (Bittcher), Gerber, Lameck (Groh) – Geye, Burgsmüller (1), Worm, Neumann, Seel (Geyer). – SR: Kuston (Polen).

40 **Italien,** 7. 10., Bremen, 1:0 gewonnen: Burdenski – Reichel, Zimmermann; Bast (Seliger), Gerber, Lameck – Geye (1), Röber, D. Müller (Wenzel), Burgsmüller, Seel. – SR: Nyhus (Norw.).

41 **Schweiz,** 15. 11., Kaiserslautern, 4:0 gewonnen: Burdenski – Konopka, Huber – Röber (H. Müller), Gerber, Lameck (Strack) – Seliger, Bongartz, Toppmöller, Geye (Geyer 1), D. Müller (3). – SR: Vigliani (Frankreich).

1978: 5 Spiele: 3 Siege, 2 Niederlagen

42 **England,** 21. 2., Augsburg, 1:2 verloren: Burdenski – Lameck, Bierofka – Hadewicz, Zewe, Kh. Förster – Seliger, Bongartz, H. Müller (Lienen), Beer (Worm 1), Seel. – SR: Ericsson (Schweden).

43 **Schweden,** 18. 4., Norrköping, 1:0 gewonnen: Burdenski (Kargus) – Konopka (Weiner), Lameck – Tenhagen, Zewe, Kh. Förster – Seel (Worm), Cullmann (Hadewicz), Burgsmüller (1), Bongartz, Seliger. – SR: Grey (England).

44 **Tschechoslowakei,** 10. 10., Pilsen, 1:2 verloren: Kargus (Schumacher) – Martin, Elmer – Röber, Gerber, Körbel – Borchers (Kelsch), Dürnberger (Hartwig), Nickel, Bongartz, Eggeling (1) (Schröder). – K: Bongartz. – SR: Geiler (Schweiz).

45 **Ungarn,** 14. 11., Karlsruhe, 3:0 gewonnen: Kargus (Schumacher) – Martin (Kruse), Elmer (Jakobs) – Hartwig (Schröder), Körbel, Briegel – Del'Haye, Groh, Hrubesch, Eggert, Kelsch (3). – K: Körbel. – SR: Herrmann (Luxemburg).

46 **Holland,** 19. 12., Bochum, 2:1 gewonnen: Kargus – Martin, Elmer (1) – Jakobs, Melzer, Eggert – Kelsch (Del'Haye), Groh, Hrubesch (Milewski 1), Memering, Eggeling. – K: Jakobs. – SR: Landauer (USA).

1979: 4 Spiele: 4 Siege

47 **Norwegen „A“,** 28. 3., Aachen, 3:0 gewonnen: Kargus – Melzer (Th. Allofs), Elmer – Hartwig (1), Körbel, Briegel (1) – Milewski, Memering (B. Förster), D. Hoeneß (1), Nickel (Hrubesch), Kelsch (Wenzel). – K: Körbel. – SR: Weiten (Luxemburg).

48 **Rumänien,** 11. 9., Kaiserslautern, 2:1 gewonnen: Kargus – Melzer, Groh – Hartwig, Körbel, Jakobs (Augenthaler) – Vöge, Toppmöller (Kruse), Milewski (1), Magath (1) (Votava), Willmer. – K: Körbel. – SR: Bastian (Luxemburg).

49 **Luxemburg „A“,** 16. 10., Koblenz, 9:0 gewonnen: Schumacher (Junghans) – Blau, Groh (1) – Hartwig (1), Augenthaler (1), Niedermayer – Milewski (1) (Martin), Votava (1), Nickel (2), Geyer (1), Vöge (1) (Kempe). – K: Hartwig. – SR: Dellmer (Frankreich).

50 **Italien,** 19. 12., Genua, 2:1 gewonnen: Junghans – Martin, Groh – Augenthaler, Hannes, Blau (Matthäus) – Del'Haye, Niedermayer, D. Hoeneß (1), Dürnberger, Vöge (1) (Dressel). – K: Groh. – SR: Christov (CSSR).

1980: 5 Spiele: 4 Siege, 1 Niederlage

51 **Österreich,** 1. 4., Bayreuth, 1:0 gewonnen: Burdenski (Junghans) – Martin (Blau), Hannes, Augenthaler, H. Zimmermann – Hartwig, Votava (Dürnberger), Groh – Kelsch (Borchers), Nickel (1), Dressel (Milewski). – K: Hartwig. – SR: Christov (CSSR).

52 **Polen,** 14. 5., Kassel, 2:1 gewonnen: Junghans – Martin, Hannes, Augenthaler, H. Zimmermann – Matthäus (1), (Jakobs), Groh (Blau), Borchers (Votava) – Del'Haye (1), Nickel, Memering. – K: H. Zimmermann. – SR: Jourquin (Belgien).

53 **Schweiz,** 9. 9., Luzern, 0:2 verloren: Immel – Martin, Niedermayer, B. Förster, Groh – Blau, Hieronymus (Matthäus), Memering (Hannes) – Littbarski, Klotz, Dressel (Völler). – K: Memering/Groh. – SR: Brummeier (Österreich).

54 **Holland,** 7. 10., Kerkrade, 2:1 gewonnen: Koitka (Roleder) – Martin, Hannes, Dusek, Saborowski – Dremmler, Eilenfeldt (Kanders), Allgöwer (1) – Th. Allofs, Klotz (1), Völler. – K: Martin. – SR: Koster (Luxemburg).

55 **Frankreich,** 18. 11., Braunschweig, 1:0 gewonnen: Roleder (Koitka) – Saborowski, Hannes (1), Koch, Willmer – Eder, Bittcher, Borchers (Schröder) – Milewski (Beierlorzer), Vöge (Eilenfeldt), Völler. – K: Borchers/Eder. – SR: Lund-Sörensen (Dänemark).

1981: 5 Spiele: 5 Siege

56 **Sowjetunion,** 31. 3., Kassel, 1:0 gewonnen: Nigbur – Geils, Augenthaler, Steiner, B. Förster – Bittcher (Kanders), Funkel, Schröder – Vöge, D. Müller (1), Kelsch (Pinkall). – K: D. Müller. – SR: Frederiksson (Schweden).

57 **Portugal,** 28. 4., Coimbra, 2:0 gewonnen: Nigbur (Junghans) – Geils, Augenthaler (Kanders), Steiner, Fleer (Groß) – Dremmler, Schröder (Wiesner), Bittcher – Del Haye, D. Müller (2), Willmer (Vöge). – K: D. Müller. – SR: Sariano-Aladren (Spanien).

58 **Irland „A“,** 21. 5., Bremen, 3:0 gewonnen: Nigbur (Junghans) – Geils, Koch, Steiner, Fleer – Bittcher, Funkel (1), (Groß), Schröder (1) – Del Haye (1), D. Müller (Wiesner), Willmer (Pinkall). – K: D. Müller/Schröder. – SR: Frickmann (Dänemark).

59 **Polen,** 2. 9., Tschenstochau, 1:0 gewonnen: Roleder (Stein) – Geils, Strack, Steiner (Groß), Willmer – Funkel, Bittcher, Schröder (Matthäus) – Kelsch, Worm (1) (Eilenfeldt), Meier. – K: Strack. – SR: Jossifov (Bulgarien).

60 **Luxemburg „A“,** 22. 9., Luxemburg, 1:0 gewonnen: Roleder (Stein) – Geils, Strack, Steiner (Augenthaler), Groß – Bittcher, Funkel (Eilenfeldt), Votava (Schröder) – Abramczik, Worm (1), Meier. – K: Strack. – SR: Macheret (Schweiz).

1982: 1 Spiel: 1 Sieg

61 **Portugal,** 16. 2., Mannheim, 1:0 gewonnen: Greiner – Geils, Strack (1), Gruber (Groß), Otten – Engels (M. Jakobs), Th. Allofs, Allgöwer (Meier), Willmer – Reinders, Pinkall. – K: Strack. – SR: Gatter (Schweiz).

1986: 1 Spiel: 1 Sieg

62 **Schweden, Olympiateam,** 28. 10., Essen, 3:0 gewonnen: Vollack (Zumdick) – Kempe – Roth (Kree), A. Reinhardt, Sievers – Bommer, Grahammer (Zietsch, Schön), Schreier, Engels (Zorc) – Th. Allofs (1), Kuntz (2). – K: Bommer. – SR: Gilson (Luxemburg).

Zu B-Spielen wurden berufen

3 **Abramczik** Rüdiger (Schalke 04 2, Bor. Dortmund 1), 1976 Rum – 1977 Fr – 1981 Lu
2 **Allgöwer** Karl (VfB Stuttgart), 1980 H – 1982 Pg
4 **Allofs** Thomas (Fortuna Düsseldorf 3, 1. FC Köln 1), 1979 N – 1980 H – 1982 Pg – 1986 Sd
1 **Amann** Horst (Phönix Ludwigshafen), 1955 Jg
1 **Auernhammer** Johann (1860 München), 1955 Jg
8 **Augenthaler** Klaus (Bayern München), 1979 Rum, Lu, It – 1980 Ö, Pl – 1981 SU, Pg, Lu

1 **Baitinger** Otto (VfB Stuttgart), 1951 Ö
2 **Baltes** Heiner (Fortuna Düsseldorf), 1972 U – 1975 Ö
1 **Barwenczik** Julius (SpVg Herten), 1958 Ö
4 **Bast** Dieter (Rot-Weiß Essen 2, VfL Bochum 2), 1976 It – 1977 Fr, Tsch, It
4 **Bauer** Hans (Bayern München), 1951 Ö, Sz – 1952 Sz – 1954 Sz
2 **Bäumler** Erich (Eintracht Frankfurt), 1956 Sp, SU
1 **Baureis** Walter (Karlsruher SC), 1955 E
2 **Beckenbauer** Franz (Bayern München), 1965 H, SU
3 **Beer** Erich (Hertha BSC Berlin), 1975 Ir, Fi – 1978 E
1 **Beierlorzer** Bertram (1. FC Nürnberg), 1980 Fr
1 **Benthaus** Helmut (Westfalia Herne), 1958 Ö
1 **Bergner** Gerhard (1. FC Nürnberg), 1951 Ö
1 **Bierofka** Wilhelm (München 1860), 1978 E
7 **Biesinger** Ulrich (BC Augsburg), 1953 Sp – 1954 Sz – 1955 E – 1956 H, Sp – 1957 U – 1958 Lu
7 **Bittcher** Ulrich (Schalke 04), 1977 Tsch – 1980 Fr – 1981 SU, Pg, Ir, Pl, Lu
5 **Blau** Rolf (VfL Bochum), 1979 Lu, It – 1980 Ö, Pl, Sz
3 **Biessing** Rolf (VfB Stuttgart), 1951 Sz, Ö – 1953 Ö
1 **Blusch** Peter (Eintracht Frankfurt), 1965 H
1 **Bögelein** Karl (VfB Stuttgart), 1953 Ö
1 **Bommer** Rudi (Bayer Uerdingen), 1986 Sd
9 **Bongartz** Hans (FC Schalke 04 8, 1. FC Kaiserslautern 1), 1974 Lu – 1976 It, Rum – 1977 Fr, Bg, Sz – 1978 E, Sd, Tsch

4 **Borchers** Ronald (Eintracht Frankfurt), 1978 Tsch – 1980 Ö, Pl, Fr
3 **Borutta** Karl (FC Schalke 04), 1957 Ö, H, U
1 **Brei** Dieter (Fortuna Düsseldorf), 1974 Sd
2 **Briegel** Hans-Peter (1. FC Kaiserslautern), 1978 U – 1979 N
1 **Brunnenmeier** Rudi (TSV 1860 München), 1965 SU
1 **Buhtz** Horst (Karlsruher SC), 1951 Sz
9 **Burdenski** Dieter (Arminia Bielefeld 1, Werder Bremen 8), 1972 U – 1976 Rum – 1977 Bg, Tsch, It, Sz – 1978 E, Sd – 1980 Ö
8 **Burgsmüller** Manfred (Rot-Weiß Essen 1, Borussia Dortmund 7), 1975 Fi – 1977 Bg USA, Hod, Jam, Tsch It – 1978 Sd

1 **Cieslarczyk** Hans (Borussia Dortmund), 1959 Sz
5 **Cullmann** Bernd (1. FC Köln), 1972 Sz – 1976 It, Rum – 1977 Fr – 1978 Sd

1 **Danner** Dietmar (Borussia Mönchengladbach), 1972 U
1 **Deinert** Rudolf (Tennis Borussia Berlin), 1954 E
6 **Del'Haye** Karl (Borussia Mönchengladbach 4, Bayern München 2), 1978 U. H – 1979 It – 1980 Pl – 1981 Pg, Ir
1 **Derwall** Josef (Alemannia Aachen), 1953 Ö
1 **Demski** Willi (SV Sodingen), 1955 E
3 **Dietz** Bernard (MSV Duisburg), 1974 Lu – 1975 Ö, Rum
2 **Dimmel** Wilhelm (Karlsruher SC), 1957 H – 1958 Ö
3 **Dörner** Herbert (1. FC Köln), 1956 H, Sp, SU
3 **Dremmler** Wolfgang (Eintracht Braunschweig 1, Bayern München 2), 1975 Ö – 1980 H – 1981 Pg
3 **Dressel** Werner (Werder Bremen 2, Hamburger SV 1), 1979 It – 1980 Ö, Sz
1 **Dusek** Michael (1 FC Kaiserslautern), 1980 H
5 **Dürnberger** Bernd (Bayern München) 1975 Ö – 1976 Rum – 1978 Tsch – 1979 It – 1980 Ö

1 **Eberle** Hans (Ulm 46), 1952 Sz
1 **Eder** Norbert (1. FC Nürnberg), 1980 Fr
2 **Eggeling** Heinz-Werner (VfL Bochum) 1978 Tsch, H
2 **Eggert** Michael (VfL Bochum), 1978 U, H
4 **Eilenfeldt** Norbert (Arm. Bielefeld 2, 1. FC Kaiserslautern 2), 1980 H, Fr – 1981 Pl, Lu
4 **Elmer** Markus (VfB Stuttgart), 1978 Tsch, U, H – 1979 N
2 **Engels** Stefan (1. FC Köln), 1982 Pg – 1986 Sd
3 **Erhardt** Herbert (SpVgg Fürth), 1953 Sp – 1954 E – 1956 Sp
1 **Ernst** Otto (TSV Straubing), 1954 E
1 **Ewert** Fritz (1. FC Köln), 1959 Sz

1 **Faeder** Helmut (Hertha BSC Berlin), 1958 Ö
2 **Feigenspan** Ekkehard (TSV 1860 München), 1959 Sz, U
2 **Ferner** Dieter (1. FC Saarbrücken), 1977 USA, Jam
2 **Fleer** Jürgen (Borussia Mönchengladbach), 1981 Pg, Ir
1 **Flohe** Heinz (1. FC Köln), 1974 Sd
1 **Flügel** Hans (Borussia Dortmund), 1952 Sz
3 **Förster** Bernd (VfB Stuttgart), 1979 N – 1980 Sz – 1981 SU
2 **Förster** Karlheinz (VfB Stuttgart), 1978 E, Sd
6 **Frank** Wolfgang (VfB Stuttgart 1, Eintracht Braunschweig 5), 1972 U – 1976 Rum – 1977 Bg, USA, Hod, Jam
6 **Franke** Bernd (Eintracht Braunschweig), 1972 U – 1974 Sd, Lu – 1975 Di – 1976 It – 1977 Tsch
4 **Funkel** Friedhelm (1. FC Kaiserslautern), 1981 SU, Ir, Pl, Lu

6 **Geils** Karl-Heinz (Arminia Bielefeld), 1981 SU, Pg, Ir, Pi, Lu – 1982 Pg
8 **Gerber** Roland (1. FC Köln), 1977 Bg, USA, Hod, Jam, Tsch, It, Sz – 1978 Tsch
1 **Gerdau** Willi (Heider SV), 1956 SU
4 **Gerritzen** Felix (Preußen Münster), 1952 Sz – 1953 Ö – 1954 Sz – 1956 Sp
1 **Gersdorff** Bernd (Eintracht Braunschweig), 1975 Rum
1 **Geruschke** Helmut (Hannover 96), 1956 Sz
7 **Geye** Rainer (Fortuna Düsseldorf 4, 1. FC Kaiserslautern 3), 1972 U – 1974 Sd – 1975 Fi, Rum – 1977 Tsch, It, Sz
7 **Geyer** Peter (Borussia Dortmund), 1977 Bg, USA, Hod, Jam, Tsch, SZ – 1979 Lu
1 **Giesemann** Willi (FC Bayern München), 1959 Sz

1 **Glomb** Günter (1. FC Nürnberg), 1957 H
2 **Glowacz** Jürgen (1. FC Köln), 1975 Fi – 1976 Rum
2 **Gottinger** Richard (SpVgg Fürth), 1953 Sp – 1955 E
1 **Graetsch** Günter (SpVgg Herten), 1956 Sz
1 **Grahammer** Roland (1. FC Nürnberg), 1986 Sd
1 **Granitza** Karl-Heinz (Hertha BSC Berlin), 1976 Rum
1 **Grau** Gerhard (Hertha BSC Berlin), 1975 Fi
1 **Graul** Volker (Arminia Bielefeld), 1975 Rum
1 **Greiner** Uwe (Bayer Leverkusen), 1982 Pg
9 **Groh** Jürgen (1. FC Kaiserslautern 8, Hamburger SV 1), 1977 Tsch – 1978 U, H – 1979 Rum, Lu, It – 1980 Ö, Pl, Sz
5 **Groß** Stefan (Karlsruher SC), 1981 Pg, Ir, Pl, Lu – 1982 Pg
3 **Grosser** Peter (FC Bayern München 2, 1860 München 1), 1958 Ö – 1959 U – 1965 SU
1 **Gruber** Rigobert (Werder Bremen), 1982 Pg

2 **Hadewicz** Erwin (VfB Stuttgart), 1978 E, Sd
3 **Haase** Erich (SV Wuppertal 2, Werder Bremen 1), 1955 E – 1956 Sz – 1957 H
1 **Habig** Ernst-Günter (Union Köln), 1955 Jg
1 **Haferkamp** Hans (VfL Osnabrück), 1951 Sz
2 **Hahn** Paul (Bayer 05 Uerdingen), 1975 Ö, Rum
2 **Handschuh** Karlheinz (VfB Stuttgart 1, Eintracht Braunschweig 1), 1972 Sz – 1975 Rum
6 **Hannes** Wilfried (Borussia Mönchengladbach), 1979 It – 1980 Ö, Pl, Sz, H, Fr
4 **Harpers** Gerhard (SV Sodingen), 1952 Sz – 1954 E, Sz – 1956 Sp
6 **Hartwig** William (Hamburger SV), 1978 Tsch, U – 1979 N, Rum, Lu – 1980 Ö
1 **Haun** Eberhard (Eintracht Braunschweig), 1972 U
1 **Hein** Herbert (1. FC Köln), 1974 Sd
1 **Heiß** Alfred (TSV 1860 München), 1965 SU
1 **Hellwig** Karl-Heinz (Arminia Bielefeld), 1953 Sp
1 **Henig** Helmut (Eintracht Frankfurt), 1953 Sp
1 **Herrmann** Günter (Karlsruher SC), 1958 Ö
2 **Herzog** Dieter (Fortuna Düsseldorf), 1972 Sz – 1974 Sd
3 **Hesse** Werner (Karlsruher SC), 1956 SU, Sz – 1957 H
1 **Hieronymus** Holger (Hamburger SV), 1980 Sz
1 **Hitzfeld** Ottmar (FC Basel), 1972 Sz
2 **Hoeneß** Dieter (VfB Stuttgart 1, Bayern München 1), 1979 N, It
1 **Hölzenbein** Bernd (Eintracht Frankfurt), 1972 U
2 **Höttges** Horst-Dieter (Werder Bremen), 1965 SU – 1974 Sd
1 **Hoffmann** Karl (Fortuna Düsseldorf), 1956 H
5 **Hoffmann** Rudolf (Viktoria Aschaffenburg 3, VfB Stuttgart 2), 1955 E – 1956 H – 1957 Ö – 1958 Lu, Ö
2 **Hofmann** Herbert (Eintracht Braunschweig), 1955 E, Jg
1 **Hohmann** Heinz (SV Waldhof), 1958 Lu
2 **Hollmann** Reiner (Eintracht Braunschweig), 1975 Rum – 1977 Fr
1 **Hornig** Heinz (1. FC Köln), 1965 SU
3 **Hrubesch** Horst (Hamburger SV), 1978 U, H – 1979 N
1 **Huber** Lothar (Borussia Dortmund), 1977 Sz
1 **Hutfleß** Karl (Hessen Kassel), 1954 Sz

1 **Immel** Eike (Borussia Dortmund), 1980 Sz
1 **Islacker** Franz (Rot-Weiß Essen), 1953 Ö

1 **Jagielski** Helmut (Schalke 04), 1957 H
6 **Jakobs** Dietmar (Tennis Borussia Berlin 2, MSV Duisburg 2, Hamburger SV 2), 1977 Bg, Jam – 1978 U, H – 1979 Rum – 1980 Pl
1 **Jakobs** Michael (VfL Bochum), 1982 Pg
1 **Janzon** Norbert (Kickers Offenbach), 1975 F
6 **Junghans** Walter (Bayern München), 1979 Lu, It – 1980 Ö, Pl – 1981 Pg, Ir
1 **Juskowiak** Erich (Fortuna Düsseldorf), 1955 E

3 **Kaltz** Manfred (Hamburger SV), 1974 Lu – 1975 Ir, Fi
3 **Kanders** Ludger (Bayer Uerdingen), 1980 H – 1981 SU, Pg
1 **Kaniber** Erich (Kickers Würzburg), 1956 H
3 **Kapellmann** Josef (1. FC Köln 1, Bayern München 2), 1972 Sz – 1974 Sd – 1975 Ö
1 **Kapitulski** Helmut (FK Pirmasens), 1959 U

11 **Kargus** Rudi (Hamburger SV), 1974 Lu – 1975 Ir, Ö – 1976 It – 1977 Fr – 1978 Sd, Tsch, U, H – 1979 N, Rum
1 **Kaufhold** Gerhard (Kickers Offenbach), 1951 Sz
5 **Keck** Albert (1. FC Saarbrücken), 1956 SU, Sz – 1957 Ö, H – 1958 Lu
2 **Keller** Ferdinand (TSV 1860 München), 1975 Ir, Ö
7 **Kelsch** Walter (VfB Stuttgart), 1978 Tsch, U, H – 1979 N – 1980 Ö – 1981 SU, Pl
2 **Kempe** Thomas (MSV Duisburg 1, VfL Bochum 1), 1979 Lu – 1986 Sd
1 **Kieff** Wolfgang (Borussia Mönchengladbach), 1974 Sd
1 **Kiepacz** Franz (Hamburger SV), 1955 Jg
3 **Kliemann** Uwe (Hertha BSC Berlin), 1975 Ir, Fi, Ö
1 **Klinkhammer** Hans (Borussia Mönchengladbach), 1977 Hod
1 **Klöckner** Theo (Schwarz-Weiß Essen), 1959 U
3 **Klodt** Bernhard (Schalke 04), 1954 Sz – 1956 SU – 1957 H
2 **Klotz** Bernd (VfB Stuttgart), 1980 Sz, H
2 **Kneib** Wolfgang (Borussia Mönchengladbach), 1976 Rum – 1977 Jam
1 **Knoll** Adolf (SpVgg Fürth), 1951 Sz
2 **Koch** Meinolf (Borussia Dortmund), 1980 Fr – 1981 Ir
2 **Kölbl** Rudolf (TSV 1860 München), 1959 Sz, U
1 **Köppel** Horst (VfB Stuttgart), 1972 Sz
10 **Körbel** Karl-Heinz (Eintracht Frankfurt), 1974 Lu – 1976 It – 1977 Bg, USA, Hod, Jam – 1978 Tsch, U – 1979 N, Rum
1 **Kohlmeyer** Werner (1. FC Kaiserslautern), 1954 Sz
3 **Koitka** Heinz-Josef (Eintracht Frankfurt 1, Hamburger SV 2), 1977 Ho – 1980 H, Fr
2 **Koll** Willi (Duisburger SV), 1956 H – 1959 U
1 **Kree** Martin (VfL Bochum), 1986 Sd
2 **Konopczinski** Leo (SV Sodingen), 1956 H, 1957 U
10 **Konopka** Harald (1. FC Köln), 1972 U, Sz – 1974 Sd, Lu – 1975 Ir, Fi, Rum – 1976 Rum – 1977 Sz – 1978 Sd
1 **Koslowski** Willi (FC Schalke 04), 1958 Ö
1 **Krämer** Hans (Schalke 04), 1954 E
1 **Krämer** Werner (Meidericher SV), 1965 SU
1 **Krämer** Willi (Alemannia Aachen), 1957 U
3 **Kraus** Engelbert (Kickers Offenbach), 1956 H – 1957 Ö, U
1 **Kree** Martin (VfL Bochum), 1986 Sd
2 **Kraus** Wolfgang (Eintracht Frankfurt), 1977 USA, Hod
1 **Kremers** Erwin (Schalke 04), 1977 Fr
3 **Kremers** Helmut (Schalke 04), 1972 Sz – 1974 Sd – 1976 It
3 **Kreß** Richard (Eintracht Frankfurt), 1954 E – 1957 U – 1958 Lu
2 **Kruse** Thomas (Schalke 04), 1078 U, 1979 Rum
1 **Krüger** Manfred (Hamburger SV) 1951 Ö
3 **Kubsch** Heinz (Spfr. Katernberg 1, FK Pirmasens 2), 1952 Sz – 1955 E – 1956 SU
1 **Kuntz** Stefan (Bayer Uerdingen), 1986 Sd
3 **Kwiatkowski** Heinz (Borussia Dortmund), 1954 E, Sz – 1956 H
1 **Laag** Hermann (FK Pirmasens), 1957 U
9 **Lameck** Michael (VfL Bochum), 1977 Fr, USA, Hod, Jam, Tsch, It, Sz – 1978 E, Sd
3 **Lang** Werner (Bremerhaven 93), 1954 E – 1955 Jg – 1958 Lu
1 **Laszig** Otto (Schalke 04), 1954 E
2 **Laumann** Theodor (VfR Mannheim), 1956 H, Sz
1 **Lettl** Heinz (Bayern München), 1954 E
1 **Liebrich** Werner (1. FC Kaiserslautern), 1954 Sz
1 **Lienen** Ewald (Borussia Mönchengladbach), 1978 E
1 **Lindner** Dieter (Eintracht Frankfurt) 1959 Sz
1 **Link** Max (TSV 1860 München), 1955 E
2 **Lipponer** Paul (SV Waldhof), 1951 Sz – 1953 Sp
1 **Littbarski** Pierre (1. FC Köln) – 1980 Sz
1 **Luttrop** Otto (TSV 1860 München), 1965 H
1 **Lutz** Friedel (Eintracht Frankfurt), 1959 Sz
5 **Magath** Felix (1. FC Saarbrücken 2, Hamburger SV 3), 1975 Rum – 1976 It, Rum – 1977 Bg – 1979 Rum
1 **Mai** Karl (SpVgg Fürth), 1958 Lu
1 **Manglitz** Manfred (Meidericher SV), 1965 H

9 **Martin** Bernd (VfB Stuttgart), 1978 Tsch, U, H – 1979 Lu, It – 1980 Ö, Pl, Sz, H
4 **Matthäus** Lothar (Borussia Mönchengladbach), 1979 It – 1980 Pl, Sz – 1981 Pl
1 **Matzkowski** Paul (Schalke 04), 1951 Sz
1 **Mauritz** Matthias (Fortuna Düsseldorf), 1951 Sz
2 **Mebus** Paul (1. FC Köln), 1953 Sp – 1954 Sz
2 **Mechnig** Hans (Wormatia Worms), 1957 Ö, H
3 **Meier** Norbert (Werder Bremen), 1981 Pl, Lu – 1982 Pg
1 **Meinke** Jochen (Hamburger SV), 1954 Sz
3 **Melzer** Werner (1. FC Kaiserslautern), 1978 H – 1979 N, Rum
8 **Memering** Caspar (Hamburger SV), 1975 Ö – 1977 USA, Hod, Jam – 1978 H – 1979 N – 1980 Pl, Sz
2 **Metzner** Karl-Heinz (Hessen Kassel), 1953 Sp – 1954 Sz
1 **Meyer** Otto (VfR Mannheim), 1955 E
6 **Milewski** Jürgen (Hertha BSC Berlin 4, Hamburger SV 2), 1978 H – 1979 N, Rum, Lu – 1980 Ö, Fr
3 **Miltz** Jakob (TuS Neuendorf), 1956 Sp, SU, Sz
3 **Mirsberger** Alfred (1. FC Nürnberg), 1951 Ö, Sz – 1953 Ö
1 **Morlock** Max (1. FC Nürnberg), 1956 Sz
6 **Müller** Dieter (1. FC Köln), 1975 Ir – 1977 It, Sz – 1981 SU, Pg, Ir
5 **Müller** Hans (VfB Stuttgart), 1977 USA, Hod, Jam, Sz – 1978 E
2 **Müller** Heinrich (1. FC Nürnberg), 1957 Ö, H

1 **Nafziger** Rudolf (FC Bayern München), 1965 H
1 **Nazarenus** II Hermann (Kickers Offenbach), 1957 U
1 **Netzer** Günter (Borussia Mönchengladbach), 1965 H
1 **Neuberger** Willi (Werder Bremen), 1972 U
1 **Neues** Hans-Günter (Rot-Weiß Essen), 1975 Rum
1 **Neumann** Herbert (1. FC Köln), 1977 Tsch
2 **Neuschäfer** Hans (Viktoria Aschaffenburg), 1955 Jg – 1956 H
5 **Nickel** Bernd (Eintracht Frankfurt), 1974 Lu – 1975 Ir, Fi, Ö – 1976 It
5 **Nickel** Harald (Eintracht Braunschweig 2, Borussia Mönchengladbach 3), 1978 Tsch – 1979 N, Lu – 1980 Ö, Pl
1 **Niebel** Werner (FSV Frankfurt), 1953 Ö
3 **Niedermayer** Kurt (Bayern München), 1979 Lu, It – 1980 Sz
5 **Nigbur** Norbert (FC Schalke 04), 1975 Ö, Rum – 1981 SU, Pg, Ir
1 **Nuber** Hermann (Kickers Offenbach), 1959 U

1 **Ohlicher** Hermann (VfB Stuttgart), 1974 Lu
1 **Otten** Johnny (Werder Bremen), 1982 Pg

2 **Pfaff** Alfred (Eintracht Frankfurt), 1953 Sp – 1954 Sz
1 **Pfeiffer** Hans (1. FC Köln), 1956 Sz
3 **Pfeiffer** Michael (Alemannia Aachen 2, Rot-Weiß Essen), 1957 U – 1958 Lu – 1959 Sz
3 **Pinkall** Kurt (VfL Bochum 2, Borussia Mönchengladbach 1), 1981 SU, Ir – 1982 Pg
1 **Piontek** Josef (Werder Bremen), 1965 SU
4 **Pirrung** Josef (1. FC Kaiserslautern), 1975 Ir, Rum – 1977 Bg, Jam
1 **Preis** Albert (SV Waldhof), 1958 Ö
2 **Preißler** Alfred (Borussia Dortmund), 1952 Sz – 1953 Ö
1 **Pyka** Alfred (Westfalia Herne), 1958 Ö

1 **Rado** Willi (FSV Frankfurt), 1951 Sz
1 **Rahn** Helmut (Rot-Weiß Essen), 1957 Ö
1 **Redder** Theo (Borussia Dortmund), 1965 H
7 **Reichel** Peter (Eintracht Frankfurt), 1976 It – 1977 Bg, USA, Hod, Jam, Tsch, It
2 **Reimann** Willi (Hannover 96 1, Hamburger SV 1), 1972 U – 1974 Lu
1 **Reinders** Uwe (Werder Bremen), 1982 Pg
1 **Reinhardt** Alois (Bayer Leverkusen), 1986 Sd
1 **Reitgaßl** Willi (Karlsruher SC), 1959 U
1 **Retter** Erich (VfB Stuttgart), 1951 Sz
1 **Riedl** Hannes (1. FC Kaiserslautern), 1977 Fr
3 **Röber** Jürgen (Werder Bremen), 1977 It, Sz – 1978 Tsch
1 **Rodekamp** Walter (Hannover 96), 1965 H
1 **Rohrbach** Thomas (Eintracht Frankfurt), 1972 U

3 **Röhrig** Josef (1. AS Köln), 1951 Ö, Sz – 1953 Sp
2 **Rößling** Fritz (SV Waldhof), 1953 Sp – 1956 Sp
4 **Roleder** Helmut (VfB Stuttgart), 1980 H, Fr – 1981 Pl, Lu
1 **Roth** Dietmar jbb(Schalke 04), 1986 Sd
1 **Rummenigge** Karl-Heinz (FC Bayern München), 1975 Ö
1 **Ruppenstein** Heinz (Karlsruher SC), 1958 Ö
2 **Saborowski** Frank (MSV Duisburg), 1980 H, Fr
1 **Sandmann** Herbert (Borussia Dortmund), 1957 U
1 **Sattler** Helmut (Kickers Offenbach), 1955 Jg
4 **Sawitzki** Günter (SV Sodingen 1, VfB Stuttgart 3), 1956 Sp – 1957 U – 1958 Lu, Ö
2 **Schäfer** Hans (1. FC Köln), 1951 Sz – 1953 Sp
4 **Schäfer** Herbert (Spfr. Siegen), 1952 Sz – 1953 Ö – 1954 E – 1955 Jg
4 **Schäfer** Winfried (Kickers Offenbach 2, Karlsruher SC 2), 1972 Sz – 1974 Lu – 1976 It, Rum
1 **Schäffer** Frank (Borussia Mönchengladbach), 1976 Rum
2 **Schaffer** Eduard (1. FC Nürnberg), 1951 Ö, Sz
1 **Scheidt** Adolf (Preußen Münster), 1958 Lu
1 **Schicks** Friedel (Hannover 96), 1956 Sz
1 **Schlienz** Robert (VfB Stuttgart), 1956 SU
1 **Schlump** Ludwig (BC Augsburg), 1955 E
1 **Schmidt** Alfred (Borussia Dortmund), 1957 Ö
1 **Schmidt** Walter (Eintracht Braunschweig), 1965 H
1 **Schneider** Werner (MSV Duisburg), 1977 Fr
2 **Schnoor** Horst (Hamburger SV), 1955 Jg – 1959 U
1 **Schön** Alfred (SV Waldhof Mannheim), 1986 Sd
1 **Schreier** Christian (Bayer Leverkusen), 1986 Sd
1 **Schreiner** Kurt (Kickers Offenbach), 1951 Sz
8 **Schröder** Helmut (Arminia Bielefeld), 1978 Tsch, U – 1980 Fr – 1981 SU, Pg, Ir, Pl, Lu
7 **Schröder** Willi (Bremen 1860 5, Werder Bremen 2), 1951 Ö, Sz – 1952 Sz – 1953 Ö – 1955 Jg – 1956 Sp – 1958 Lu
1 **Schulz** Willi (Union Günnigfeld), 1959 Sz
3 **Schumacher** Harald (1. FC Köln), 1978 Tsch, U – 1979 Lu
9 **Seel** Wolfgang (1. FC Kaiserslautern 1, Fortuna Düsseldorf 8), 1972 Sz – 1974 Sd – 1975 Ir – 1976 It – 1977 Bg, Tsch, It – 1978 E, Sd
1 **Seeler** Dieter (Hamburger SV), 1959 U
3 **Seeler** Uwe (Hamburger SV), 1955 Jg – 1956 SU – 1957 Ö
1 **Seelmann** Hans-Dieter (TSV 1860 München), 1972 U
1 **Segler** Burghard (Borussia Dortmund), 1977 Fr
5 **Seliger** Rudolf (MSV Duisburg), 1974 Lu – 1977 It, Sz – 1978 E, Sd
2 **Semmelmann** Fritz (SpVgg Bayreuth), 1957 Ö, H
2 **Siedl** Gerhard (Karlsruher SC), 1957 Ö, H
1 **Sievers** Ralf (Eintracht Frankfurt), 1986 Sd
1 **Skala** Lothar (Kickers Offenbach), 1975 Fi
1 **Sommer** Fritz (1860 München), 1953 Sp
4 **Sommerlatt** Kurt (Karlsruher SC), 1951 Sz – 1952 Sz – 1953 Ö – 1956 SU
1 **Späth** Friedel (Karlsruher SC), 1959 U
2 **Stegmayer** Roland (1. FC Saarbrücken), 1977 USA, Hod
1 **Steimle** Richard (VfB Stuttgart), 1951 Ö
2 **Stein** Ulrich (Hamburger SV), 1981 Pl, Lu
5 **Steiner** Paul (MSV Duisburg 3, 1. FC Köln 2), 1981 SU, Pg, Ir, Pl, Lu
1 **Stinka** Dieter (Eintracht Frankfurt), 1959 Sz
4 **Stollenwerk** Georg (Düren 99 2, 1. FC Köln 2), 1951 Ö, Sz – 1956 SU, Sz
4 **Strack** Gerd (1. FC Köln), 1977 Sz – 1981 Pl, Lu – 1982 Pg
2 **Strehl** Heinz (1. FC Nürnberg), 1959 Sz – 1965 H
2 **Struzina** Peter (Schwaben Augsburg), 1951 Ö, Sz
2 **Stürmer** Klaus (Hamburger SV), 1955 Jg – 1956 SU
1 **Sziedat** Michael (Hertha BSC Berlin), 1975 Rum
2 **Szymaniak** Horst (Wuppertaler SV 1, Tasmania Berlin 1), 1956 Sp – 1965 SU

3 **Tenhagen** Franz-Josef (VfL Bochum), 1976 It – 1977 Fr – 1978 Sd
3 **Termath** Bernhard (Rot-Weiß Essen 1, Karlsruher SC 2), 1953 Ö – 1956 H, SU
1 **Thies** Klaus (MSV Duisburg), 1975 Ö

4 **Tilkowski** Hans (Westfalia Herne 3, Bor. Dortmund 1), 1956 Sz – 1957 Ö, H – 1965 SU
2 **Toppmöller** Klaus (1. FC Kaiserslautern), 1977 Sz – 1979 Rum
1 **Trenkel** Heinz (Karlsruher SC), 1951 Sz
1 **Trinklein** Gerd (Eintracht Frankfurt), 1974 Lu

2 **Ucko** Kurt (1. FC Nürnberg), 1951 Ö, Sz
1 **Ulsaß** Lothar (Eintracht Braunschweig), 1965 H

6 **Vöge** Wolfgang (Borussia Dortmund 3, Bayer Leverkusen 3), 1979 Rum, Lu, It – 1980 Fr – 1981 SU, Pg
3 **Völler** Rudi (1860 München), 1980 Sz, H, Fr
1 **Vollack** Werner (Bayer Uerdingen), 1986 Sd
5 **Votava** Miroslav (Borussia Dortmund), 1979 Rum, Lu – 1980 Ö, Pl – 1981 Lu

1 **Wade** Ernst (Kickers Offenbach), 1954 Sz
3 **Waldner** Erwin (VfB Stuttgart), 1956 H – 1957 Ö – 1958 Ö
1 **Walter** Ottmar (1. FC Kaiserslautern), 1956 Sz
1 **Weber** Willi (Kickers Offenbach), 1952 Sz
1 **Weber** Wolfgang (1. FC Köln), 1965 SU
2 **Weilbächer** Hans (Eintracht Frankfurt), 1957 U – 1958 Lu
1 **Weiner** Hans (Hertha BSC Berlin), 1978 Sd
1 **Welz** Gerhard (1. FC Köln), 1972 Sz
1 **Wenauer** Ferdinand (1. FC Nürnberg), 1959 Sz
5 **Wenzel** Rüdiger (Eintracht Frankfurt), 1977 USA, Hod, Jam, It – 1979 N
1 **Wewers** Heinz (Rot-Weiß Essen), 1956 Sp
2 **Wiesner** Martin (Karlsruher SC), 1981 Pg, Ir
1 **Wilden** Leo (1. FC Köln), 1965 H
6 **Willmer** Holger (1. FC Köln), 1979 Rum – 1980 Fr – 1981 Pg, Ir, Pl – 1982 Pg
1 **Witlatschil** Gustav (Karlsruher SC), 1959 U
1 **Wohlers** Horst (Borussia Mönchengladbach), 1976 Rum
12 **Worm** Ronald (MSV Duisburg 10, Eintracht Braunschweig 2), 1974 Lu – 1975 Fi, Ö, Rum – 1976 It, Rum – 1977 Fr, Tsch – 1978 E, Sd – 1981 Pl, Lu
3 **Wunder** Klaus (MSV Duisburg), 1972 U, Sz – 1974 Sd

1 **Zastrau** Walter (Rot-Weiß Essen), 1958 Lu
1 **Zebrowski** Gerhard (Werder Bremen), 1965 H
2 **Zewe** Gerd (Fortuna Düsseldorf), 1978 E, Sd
1 **Zietsch** Rainer (VfB Stuttgart), 1986 Sd
5 **Zimmermann** Gerhard (Fortuna Köln 1, Fortuna Düsseldorf 4), 1974 Sd, Lu – 1975 Ir, Fi – 1976 It
6 **Zimmermann** Herbert (1. FC Köln), 1977 Bg, Jam, Tsch, It – 1980 Ö, Pl
1 **Zobel** Rainer (FC Bayern München), 1972 Sz
1 **Zorc** Michael (Borussia Dortmund), 1986 Sd
1 **Zumdick** Ralf (VfL Bochum), 1986 Sd

Die meisten Berufungen in die B-Elf:

Worm	12	Bongartz	9	Biesinger	7
Kargus	11	Burdenski	9	Geye	7
Körbel	10	Augenthaler	8	Geyer	7
Konopka	10	Burgsmüller	8	Kelsch	7
Groh	9	R. Gerber	8	Reichel	7
Martin	9	Memering	8	W. Schröder	7
Lameck	9	H. Schröder	8		
Seel	9	Bittcher	7		

Alle Torschützen der B-Länderspiele:

Allgöwer	1	Haun	1	H. Nickel	3
Th. Allofs	1	Hitzfeld	1	Ohlicher	2
Augenthaler	1	D. Hoeneß	2	Pfaff	3
Bäumler	1	Juskowiak	1	M. Pfeiffer	2
Biesinger	3	Keller	1	Preißler	1
Briegel	1	Kelsch	3	Rahn	2
Brunnenmeier	2	Kliemann	1	Reimann	2
Burgsmüller	8	B. Klodt	2	Reitgaßl	1
Del'Haye	2	Klotz	1	Seel	1
Dietz	1	Köppel	2	Siedl	1
Dürnberger	1	Werner Krämer	1	Hans Schäfer	3
Eggeling	1	E. Kraus	1	A. Schmidt	1
Elmer	1	H. Kremers	1	H. Schröder	1
Faeder	1	Kuntz	2	W. Schröder	5
Feigenspan	1	Luttrop	1	Strack	1
Frank	3	Magath	2	Termath	1
Funkel	1	Martin	2	Vöge	2
Geye	2	Matthäus	1	Votava	1
Geyer	3	Mauritz	1	O. Walter	1
Grau	1	Milewski	3	Wenzel	1
Groh	1	Miltz	2	Worm	5
Hannes	1	D. Müller	6	G. Zimmermann	1
Hartwig	2	B. Nickel	3		

Die erfolgreichsten Vereine (Berufungen/Spieler)

1. FC Köln	79 Berufungen/28 Spieler	MSV Duisburg	33 Berufungen/12 Spieler
VfB Stuttgart	62 Berufungen/25 Spieler	Karlsruher SC	30 Berufungen/16 Spieler
Hamburger SV	57 Berufungen/21 Spieler	Fortuna Düsseldorf	29 Berufungen/11 Spieler
Eintracht Frankfurt	52 Berufungen/20 Spieler	Bor. M'Gladbach	29 Berufungen/14 Spieler
Bayern München	42 Berufungen/16 Spieler	VfL Bochum	28 Berufungen/11 Spieler
Schalke 04	40 Berufungen/15 Spieler	Werder Bremen	28 Berufungen/13 Spieler
Borussia Dortmund	40 Berufungen/18 Spieler	Eintr. Braunschweig	25 Berufungen/12 Spieler
1. FC Kaiserslautern	35 Berufungen/15 Spieler		

Die Bilanz unserer Amateur-Länderspiele

Gegner	Spiele	Siege	Unentsch.	Niederl.	Tore	11-m-Sch.
Ägypten	1	1	–	–	3:1	
Belgien	2	2	–	–	5:0	
Brasilien	1	1	–	–	4:2	
Bulgarien „A“	1	1	–	–	3:1	
Burma	1	–	1	–	0:0	
VR China	2	1	1	–	3:2	
Curaçao	1	1	–	–	5:1	
Dänemark Am.	1	1	–	–	1:0	
Dänemark „A“	2	1	–	1	2:3	
Dänemark „U 23“	1	1	–	–	1:0	
DDR „A“	1	–	–	1	2:3	
Elfenbeinküste	1	1	–	–	1:0	
England	9	6	2	1	15:8	
Finnland „A“	7	3	2	2	13:8	
Frankreich	19	9	7	3	47:30	
Ghana	1	–	1	–	1:1	
Griechenland	1	–	1	–	1:1	
Großbritannien	4	3	–	1	5:3	
Holland	10	6	1	3	19:12	4:2
Holland „U 23“	1	1	–	–	2:0	
Hongkong	1	1	–	–	1:0	
Irland „A“	1	–	–	1	0:3	
Irland Am.	1	1	–	–	3:0	
Island „A“	1	1	–	–	3:1	
Israel	2	1	1	–	2:1	
Italien	11	4	4	3	11:8	
Japan „A“	3	2	1	–	6:1	
Japan „B“	1	1	–	–	2:1	
Jugoslawien Am.	8	2	3	3	11:10	1:3
Jugoslawien „A“	1	–	–	1	1:3	
Kanada	1	1	–	–	1:0	
Liberia	1	1	–	–	3:0	
Luxemburg „A“	3	1	1	1	5:6	
Malaysia	2	2	–	–	6:1	
Malta „A“	2	2	–	–	7:0	
Marokko	1	1	–	–	3:0	
Mexiko „A“	1	–	1	–	1:1	
Nigeria	1	1	–	–	2:0	
Norwegen „A“	2	–	–	2	0:3	
Österreich	8	5	2	1	10:4	
Philippinen	1	1	–	–	4:0	
Polen „A“	2	–	–	2	1:6	
Polen „U 23“	1	–	1	–	2:2	
Schottland	3	1	1	1	7:7	
Schottland „U 23“	1	–	–	1	0:1	
Schweden „A“	1	–	–	1	0:2	
Schweden „B“	1	–	–	1	1:5	
Senegal	1	–	–	1	1:2	
Sierra Leone	1	1	–	–	1:0	
Singapur	1	1	–	–	4:1	
Sowjetunion „A“	1	–	–	1	1:2	
Sowjetunion „B“	1	–	–	1	1:3	
Sowjetunion Am.	2	–	1	1	1:3	
Spanien	4	–	3	1	3:4	
Spanien „U 23“	1	1	–	–	4:0	
Südvietnam	1	1	–	–	2:1	

Thailand	2	2	–	–	5:2
Togo	1	1	–	–	3:2
Tunesien „A“	1	–	–	1	0:2
Türkei	4	2	1	1	4:2
Uganda	1	1	–	–	2:1
Ungarn „A“	1	–	–	1	1:4
Ungarn Am.	1	–	1	–	1:1
USA	1	1	–	–	7:0
Gesamt	**154**	**79**	**37**	**38**	**267:172**

Die durch Elfmeterschießen entschiedenen Spiele werden als Siege oder Niederlagen gewertet, aber ohne die Tore aus diesem Elfmeterschießen, die auch nicht in der Torübersicht zählen.

*

Die Nationalmannschaften der Amateure

1952: 7 Spiele: 5 Siege, 2 Niederlagen

1 **Großbritannien,** 14. 5., Düsseldorf, 2:1 gewonnen: Schönbeck – Eberle, Post – Sommerlatt, Jäger, Gleixner – Mauritz, Stollenwerk, Zeitler (2), Schröder, Ehrmann – K: Mauritz. – SR: Franken (Belgien).

2 **Großbritannien,** 18. 5., Nürnberg, 2:0 gewonnen: Schönbeck – Eberle, Post – Sommerlatt, Jäger, Wittig – Hinterstocker, Stollenwerk, Zeitler (1), Schröder (1), Klug – K: Eberle. – SR: Steiner (Österreich).

3 **Österreich,** 8. 6., München, 2:0 gewonnen: Schönbeck – Eberle, Drech – Sommerlatt (1), Schäfer, Post – Mauritz, Hinterstocker, Zeitler, Stollenwerk (1), Linneweber (Rarrasch) – K: Eberle. – SR: Wyssling (Schweiz).

4 **Ägypten,** 20. 7., Turku (Olympische Spiele), 3:1 gewonnen: Schönbeck – Eberle, Post – Sommerlatt, Jäger, Gleixner – Mauritz, Stollenwerk, Schröder (2), Schäfer, Klug (1) – K: Eberle. – SR: Bernardi (Italien).

5 **Brasilien,** 24. 7., Helsinki (Olympische Spiele), 4:2 n. V. gewonnen: Schönbeck – Eberle, Jäger – Sommerlatt, Schäfer, Post – Hinterstocker, Stollenwerk, Zeitler (1), Schröder (2), Klug (1) – K: Eberle. – SR: Ellis (England).

6 **Jugoslawien,** 29. 7., Helsinki (Olympische Spiele), 1:3 verloren: Schönbeck – Eberle, Jäger – Sommerlatt, Schäfer, Gleixner – Mauritz, Stollenwerk (1), Zeitler, Schröder, Ehrmann – K: Eberle. – SR: Karini (Finnland).

7 **Schweden,** 1. 8., Helsinki (Olympische Spiele), 0:2 verloren: Schönbeck – Eberle, Jäger – Sommerlatt, Schäfer, Post – Hinterstocker, Stollenwerk, Zeitler, Schröder, Ehrmann – K: Eberle. – SR: Orlandini (Italien).

1953: 2 Spiele: 2 Siege

8 **Österreich,** 29. 4., Linz, 3:1 gewonnen: Klemm – Eberle, Post – Wittig, Schäfer, Semmelmann – Kreß, Stollenwerk, Zeitler (1), Schröder (1), Klug (1) – K: Eberle. – SR: Wyssling (Schweiz).

9 **Frankreich,** 13. 6., Wuppertal, 1:0 gewonnen: Klemm – Eberle, Post – Gierlich, Schäfer, Semmelmann – Stollenwerk, Herz (Weilbächer), Zeitler (1), Wozniakowski, Rühle – K: Eberle. – SR: van Nuffel (Belgien).

1954: 1 Spiel: 1 Unentschieden

10 **Frankreich,** 30. 5., Longwy, 0:0 unentschieden: Loy – Sattler, Post – Gierlich, Meßmann, Semmelmann – Schumann, Weilbächer, Zeitler, Wade, Höfer – K: Zeitler. – SR: Baumberger (Schweiz).

1955: 1 Spiel: 1 Sieg

11 **England,** 12. 11., London, 3:2 gewonnen: Eglin – Kaniber, Post – Karl Hoffmann, Rudi Hoffmann, Schwall – Mauritz, Grandt (1), Zeitler (1), Schäfer, Fritz Zimmermann (1) – K: R. Hoffmann. – SR: Tarrat (Wales).

1956: 3 Spiele: 1 Sieg, 1 Unentschieden, 1 Niederlage

12 **Frankreich,** 19. 5., Freiburg, 3:3 unentschieden: Görtz – R. Hoffmann, Höfer – K. Hoffmann (Semmelmann, 1), Landerer, Schwall – Mauritz, Grandt (1), Schäfer, Kreß (1), Schneider – K: Herbert Schäfer. – SR: Schicker (Schweiz).

13 **Schottland,** 21. 5., München, 4:1 gewonnen: Görtz – R. Hoffmann (Schwall), Höfer – Wirth, Landerer, Semmelmann – Mauritz (1), Schäfer, Habig (1), Kreß (1), Schneider (1) – K: Herbert Schäfer. – SR: Jiranek (Österreich).

14 **Sowjetunion,** 24. 11., Melbourne (Olympische Spiele), 1:2 verloren: Görtz – Gerdau, Höfer – Karl Hoffmann, Rudi Hoffmann, Semmelmann – Mauritz, Geiger, Zeitler, Schäfer, Habig (1) – K: Herbert Schäfer. – SR: Mann (England).

1957: 3 Spiele: 1 Sieg, 2 Unentschieden

15 **Schottland,** 15. 5., Glasgow, 1:1 unentschieden: Görtz – Gerdau, Höfer – Kurwan, Schäfer, Semmelmann – Mauritz, Geiger, Habig, Kreß, Hornig (1) – K: Herbert Schäfer. – SR: Kelly (England).

16 **England,** 19. 5., Offenburg, 1:1 unentschieden: Görtz – Metzger, Höfer – Kurwan, Schäfer, Semmelmann – Reitgaßl, Mauritz (F. Zimmermann), Habig (1), Kraft, Hornig – K: Herbert Schäfer. – SR: Harzig (Frankreich).

17 **England,** 12. 10., Ilford, 3:2 gewonnen: Basikow – Gerdau, Schnellinger – Waßmuth, Herb. Schäfer, Semmelmann – Kraft, Grosser, Matischak (1), Herrmann (1), Wohlgemuth (1) – K: Herbert Schäfer. – SR: Callaghan (Wales).

1958: 2 Spiele: 1 Sieg, 1 Niederlage

18 **Frankreich,** 4. 5., Le Mans, 2:4 verloren: Basikow – Klausner, H. Zimmermann – Schroeder, Herb. Schäfer, Semmelmann – Wittemaier, Grosser, Matischak (2), Kunzmann (Gollnow), Drehmann – K: Herbert Schäfer. – SR: Grandain (Belgien).

19 **Curaçao,** 7. 5., Gelsenkirchen, 5:1 gewonnen: Sarna – Mauritz, H. Zimmermann – Schroeder, Herb. Schäfer, Semmelmann (1) – Matischak (1), Grosser (1), Gollnow (2), Kreß, Drehmann – K: Herbert Schäfer. – SR: Martens (Holland).

1959: 4 Spiele: 3 Siege, 1 Niederlage

20 **Holland,** 15. 4., Enschede, 2:0 gewonnen: Kunter – Mauritz, Olk – Schulz, Herb, Schäfer (Gerdau), Kleinböhl – Keller, Höher, Stein (2), Herrmann, Dörfel – K: Herbert Schäfer. – SR: Fauquemberghe (Frankreich).

21 **England,** 27. 5., Siegen/Westf., 2:0 gewonnen: Kunter – Kurbjuhn, Olk – Schulz, Herb. Schäfer, Kleinböhl – Höher, Martinsen, Stein (2), Herrmann, Hornig – K: Herbert Schäfer. – SR: van Nuffel (Belgien).

22 **Finnland,** 11. 11., Siegen/Westf., 2:1 gewonnen (Olympia-Qualifikation): Eglin – Gerdau, Kurbjuhn – Schulz, Schäfer, Mauritz – Rühl, Höher, Thimm, Herrmann, Dörfel (1) (und ein Selbsttor des Finnen Forss) – K: Herbert Schäfer. – SR: Vrbovec (Tschechoslowakei).

23 **Polen,** 24. 11., Essen, 0:3 verl. (Olympia-Qualifikation): Eglin – Gerdau, Olk – Tams, Schäfer, Schulz – Rühl, Herrmann, Thimm, Höher, Dörfel – K: Herbert Schäfer. – SR: Versyp (Belgien).

1960: 4 Spiele: 1 Sieg, 1 Unentschieden, 2 Niederlagen

24 **England,** 5. 3., London, 1:1 unentschieden: Tillich – Gerdau, Kurbjuhn – Schulz, Schäfer, Tams – Rühl, Glenski, Walenziak (1), Neuser, Kremer – K: Herbert Schäfer. – SR: Barton (Irland).

25 **Polen,** 18. 4., Warschau, 1:3 verloren (Olympia-Qualifikation): Tillich – Gerdau, Kurbjuhn – Tams, Schäfer, Schulz – Rühl, Walenziak, Rehhagel, Nauheimer, Kremer (Selbsttor des Polen Zientara) – K: Herbert Schäfer. – SR: Steiner (Österreich).

26 **Finnland,** 18. 5., Helsinki, 2:3 verloren (Olympia-Qualifikation): Kunter – Rehhagel, Kurbjuhn – Schulz, Schäfer, Tams – Rühl (1), Himmelmann (1), Neuser, Höher, Kremer – K: Herbert Schäfer. – SR: Johannson (Schweden).

27 **Frankreich,** 26. 5., Saarbrücken, 6:2 gewonnen: Kunter (Tillich) – Weber, Kurbjuhn – Schulz, Schäfer, Tams – Rühl (1), Himmelmann (2), Höher (1), Neuser, Meng (2) – K: Herbert Schäfer. – SR: Liverati (Italien).

1961: 1 Spiel: 1 Sieg

28 **Holland,** 1. 6., Oberhausen, 5:3 gewonnen: Schonz – Michel, Regh – Drewes, Diegel, Kunzmann – Himmelmann, Höher (1), Zettelmaier (1), Bähre (Rost, 1), Neuser (2) – K: Höher. – SR: Raeymaekers (Belgien).

1962: 2 Spiele: 1 Sieg, 1 Unentschieden

29 **Italien,** 7. 4., Hannover, 2:1 gewonnen: Pfeifer – Michel, Patzke – Lungwitz (Ahmann), Winter (Voß), Kunzmann – Ulsaß, Kreh (1), Kühn, Höher (1), Langemann – K: Höher. – SR: Ackeborn (Schweden).

30 **Frankreich,** 31. 5., Merlebach, 3:3 unentschieden: Pfeifer – Michel (Ahmann), Patzke – Lungwitz, Voß, Kunzmann – Jansen, Kreh (1), Kühn (1), Neuser, Höher (1) – K: Höher. – SR: van Nuffel (Belgien).

1963: 9 Spiele: 6 Siege, 1 Unentschieden, 2 Niederlagen

31 **Italien,** 13. 4., Alassio, 1:2 verloren: Martinschledde – Michel, Fritsch – Zott (Birkhold), Winter, Zeller (Liebich) – Hellstern, Himmelmann, Braner, Neuser (1), Leydecker – K: Michel. – SR: Kitabdjan (Frankreich).

32 **Holland,** 15. 5., Durham (England-Turnier), 1:0 gewonnen: Maier – Michel, Liebich – Birkhold, Zott, Kunzmann – Himmelmann, Hönig, Zettelmaier (1), Kreh, Neuser – K: Michel. – SR: Langdahl (England).

33 **England,** 18. 5., Middlesbrough (England-Turnier), 1:0 gewonnen: Maier – Michel, Liebich – Birkhold, Zott, Kunzmann (1) – Himmelmann, Hönig, Zettelmaier, Kreh, Neuser – K: Michel. – SR: Syme (Schottland).

34 **Frankreich,** 20. 5., North Shields (England-Turnier), 4:2 gewonnen: Maier – Liebich, Kraus – Birkhold, Zott, Kunzmann – Neuser, Hönig, Zettelmaier (3), Kreh (1), Leydecker – K: Kunzmann. – SR: Morgan (Kanada).

35 **Schottland,** 22. 5., Sunderland (Endspiel England-Turnier), 2:5 verloren: Maier – Liebich, Kraus – Birkhold, Zott, Kunzmann – Neuser (1), Hönig, Zettelmaier, Kreh (1), Leydecker – K: Kunzmann. – SR: Roomer (Holland).

36 **Japan,** 5. 6., Siegen/Westf., 4:0 gewonnen: Martinschledde – Michel, Liebich (1) – Birkhold, Zott, Kunzmann – Kirchner (1), Hönig, Braner (2), Neuser, Leydecker – K: Neuser. – SR: Cois (Frankreich).

37 **Japan B,** 12. 10., Tokio, 2:1 gewonnen: Grunenberg – Michel, Liebich – Birkhold, Winter, Kunzmann – Hellstern, Hönig, Bayer (1), Neuser (1), Leydecker – K: Michel. – SR: Maruyama (Japan).

38 **Südvietnam,** 14. 10., Tokio, 2:1 gewonnen: Martinschledde – Michel, Liebich – Birkhold, Zott, Kunzmann – Neuser, Hönig (1), Bayer (1), Kreh, Kirchner – K: Michel. – SR: Hayakawa (Japan).

39 **Japan A,** 16. 10., Tokio, 1:1 unentschieden: Martinschledde – Michel, Liebich – Birkhold, Zott, Kunzmann – Neuser, Kreh, Bayer, Hönig, Kirchner (1) – K: Michel. – SR: Yokoyama (Japan).

1964: 4 Spiele: 1 Sieg, 3 Unentschieden

40 **Frankreich,** 2. 5., Bamberg, 1:1 unentschieden: Martinschledde – Ahmann, Liebich (1) – Birkhold, Zott, Kunzmann – Sandmann, B. Dörfel, Zettelmaier, Kreh, Giegeling – K: Kunzmann. – SR: Siama (Tschechoslowakei).

41 **Frankreich,** 24. 5., Albenga (Intern. Amateur-Turnier in Italien), 2:2 unentschieden: Martinschledde – Ahmann, Liebich – Birkhold, Zott, Kunzmann – Sandmann, B. Dörfel, Zettelmaier (1), Hönig (1), Neuser – K: Kunzmann. – SR: Rigato (Italien).

42 **England,** 31. 5., Finale Ligure (Intern. Amateur-Turnier), 1:0 gewonnen: Martinschledde – Ahmann, Liebich – Birkhold, Zott, Kunzmann – Sandmann (B. Dörfel), Kreh, Zettelmaier, Hönig (1), Neuser – K: Kunzmann. – SR: Rigato (Italien).

43 **Spanien,** 2. 6., Genua (Endspiel Intern. Amateur-Turnier), 1:1 unentschieden (Deutschland durch Los Turniersieger): Martinschledde – Ahmann, Liebich (1) – Birkhold, Zott, Kunzmann – Hönig (B. Dörfel), Kreh, Zettelmaier, Giegeling, Neuser – K: Kunzmann. – SR: Rigato (Italien).

1965: 4 Spiele: 3 Siege, 1 Niederlage

44 **Italien,** 2. 5., Heilbronn, 0:1 verl.: Christopeit – Ahmann, Wittmann – Klepatz, Kuhn, Giegeling – Sandmann, Kreh, Zettelmaier, Neuser, Grieger – K: Neuser. – SR: Schwinte (Frankreich).

45 **Thailand,** 15. 5., Siegen, 4:2 gewonnen: Mühlschwein – Ahmann, Wittmann – Birkhold, Klepatz, Giegeling – Himmelmann (1), Grabowski, Zettelmaier (2), Neuser (1), Sandmann – K: Neuser. – SR: Bruguet (Belgien).

46 **Holland,** 2. 6., Winschoten, 4:2 gewonnen: Schonz (Mühlschwein) – Ahmann, Wittmann – Klepatz, Kuhn, Giegeling (1) – Sandmann, Kreh, Faltermeier, Neuser (2), Linz (1) – K: Neuser. – SR: Hannet (Belgien).

47 **Finnland,** 27. 10., Wiesbaden, 6:2 gewonnen: Netzel – Ahmann, Parzl – Klepatz, Kuhn, Giegeling – Krause (2), Halbe (1), Zettelmaier (3), Kreh (Faltermeier), Linz – K: Kreh. – SR: Mootz (Luxemburg).

1966: 6 Spiele: 1 Sieg, 4 Unentschieden, 1 Niederlage

48 **Frankreich,** 20. 3., Chateauroux, 2:2 unentschieden: Netzel – Ahmann, Parzl – Klepatz, Baldauf, Kunzmann – Krause, Halbe, Zettelmaier (1), Kreh, Faltermeier (1) (Grzyb) – K: Kreh. – SR: Houben (Belgien).

49 **Italien,** 19. 6., Ancona, 1:1 unentschieden: Netzel (Nigbur) – Ahmann, Parzl – Birkhold (Giegeling), Zorc, Klepatz – Köppel (1) (Krause), Scheu (Halbe), Zettelmaier, Kreh, Faltermeier – K: Kreh. – SR: Goppel (Schweiz).

50 **Türkei,** 29. 6., Bamberg, 1:0 gewonnen (UEFA-Amateur-Wettbewerb), Nigbur – Ahmann, Parzl – Klepatz (1), Zorc, Giegeling – Krause, Kreh, Zettelmaier, Faltermeier, Köppel – K: Kreh. – SR: Schwinte (Frankreich).

51 **Jugoslawien,** 2. 10., Sisak, 0:0 unentschieden (UEFA-Amateur-Wettbewerb): Netzel – Ahmann, Parzl – Birkhold, Zorc, Kunzmann – Faltermeier, Halbe, Zettelmaier, Scheu, Giegeling – K: Kunzmann. – SR: Linnenmaier (Österreich).

52 **Türkei,** 16. 11., Eskisehir, 0:1 verloren (UEFA-Amateur-Wettbewerb): Netzel – Ahmann, Parzl – Birkhold, Zorc, Kunzmann – Halbe, Scheu, Pohl, Kreh, Giegeling – K: Kreh. – SR: Stavrev (Bulgarien).

53 **Jugoslawien,** 7. 12., Koblenz, 3:3 unentschieden (UEFA-Amateur-Wettbewerb): Netzel – Ahmann, Parzl – Birkhold (1), Zorc, Kunzmann (1) – Bergfelder, Giegeling, Zettelmaier (1), Kreh, Maaß – K: Kreh. – SR: Liedberg (Schweden).

1967: 6 Spiele: 2 Siege, 3 Unentschieden, 1 Niederlage

54 **Holland,** 12. 4., Gladbeck, 4:0 gewonnen: Schulte – Ahmann, Parzl – Maaß, Zorc, Stiller – Bergfelder (1), Bauerkämper (1) (Halbe), Faltermeier (1), Pohl, Alger (1) (Lorenz) – K: Ahmann. – SR: Thier (Deutschland).

55 **Italien,** 25. 5., Konstanz, 0:0 unentschieden: Schulte – Parzl, Keifler – Stiller, Schmitt, Anders – Faltermeier, Bauerkämper, Zettelmaier, Pohl, Lorenz (Weidle) – K: Zettelmaier. – SR: Babauczek (Österreich).

56 **Österreich,** 20. 9., Regensburg, 0:0 unentschieden: Schulte – Ahmann, Mietz – Kitter (K. Schmidt), E. Schmitt, Maaß – Bergfelder, Zobel, Faltermeier, Bauerkämper, Alger (Lorenz) – K: Ahmann. – SR: Droz (Schweiz).

57 **Großbritannien,** 25. 10., Augsburg, 0:2 verloren (Olympia-Qualifikation): Schulte – Ahmann, Mietz – Maaß, Zorc, Keifler – Bergfelder, E. Schmitt, Bauerkämper (Zobel), Faltermeier, Thelen – K: Ahmann. – SR: Roumentschew (Bulgarien).

58 **Großbritannien,** 8. 11., Hendon, 1:0 gewonnen (Olympia-Qualifikation): Schulte – Ahmann, Mietz – Maaß, Zorc, Keifler (1) – Zobel, E. Schmitt, Zettelmaier, Faltermeier, Alger (Thelen) – K: Zettelmaier. – SR: Dorpmans (Holland).

59 **Burma,** 30. 12., Rangoon, 0:0 unentschieden: Schulte – Ahmann, Mietz – Maaß, Zorc, E. Schmitt – Zobel, Faltermeier, Zettelmaier (Thelen), Pohl (Kitter), Bergfelder – K: Zettelmaier

1968: 9 Spiele: 6 Siege, 1 Unentschieden, 2 Niederlagen

60 **Thailand,** 3. 1., Bangkok, 1:0 gewonnen: Schulte – Ahmann, Mietz – Maaß (Kitter), K. Schmidt, Zorc (1) – Zobel, Faltermeier (Thelen), Alger, E. Schmitt, Bergfelder – K: Ahmann.

61 **Malaysia,** 6. 1., Kuala Lumpur, 3:1 gew.: Schulte (Helmschrot) – Ahmann, Mietz – Kitter, K. Schmidt,Zorc–Bergfelder,Pohl(1)(Zobel),Alger(1),E.Schmitt,Lorenz(Thelen1)–K:Ahmann.

62 **Hongkong,** 10. 1., Hongkong, 1:0 gewonnen: Schulte – Ahmann, Mietz – Maaß, K. Schmidt, Zorc – Bergfelder (1), Zobel, Alger, E. Schmitt, Thelen – K: Ahmann.

63 **Philippinien,** 13. 1., Manila, 4:0 gew.: Helmschrot – Ahmann (1), Kitter – Maaß, K. Schmidt, Zorc – Bergfelder, Zobel (Pohl 1), Alger (1), E. Schmitt, Thelen (1) (Lorenz) – K: Ahmann.

64 **Japan,** 17. 1., Tokio, 1:0 gewonnen: Schulte – Ahmann, Mietz – Maaß, K. Schmidt, Zorc (Kitter) – Zobel, Bergfelder (Pohl), Alger, E. Schmitt, Thelen (1) – K: Ahmann

65 **Österreich,** 20. 3., Grieskirchen, 0:2 verloren: Schulte – Ahmann, Mietz – Maaß, Zorc, E. Schmitt – Zobel, Bergfelder (Lorenz), Alger, Pohl (Hermes), Thelen (Habich) – K: Ahmann. – SR: Dr. Galba (Tschechoslowakei).

66 **Italien,** 1. 5., Belluno, 0:0 unentschieden: Schulte – Ahmann, Mietz – Zorc, K. Schmidt, Pöhler (Kitter) – Zobel, Thelen, Nickel, E. Schmitt, Alger (Habich) – K: Ahmann. – SR: Stramecka (Jugoslawien).

67 **Island,** 2. 7., Reykjavik, 3:1 gewonnen: Schulte – Ahmann (Bleidick 1), Mietz – Zorc, K. Schmidt, Keifler – Bergfelder (1), Zobel, Nickel (Alger), E. Schmitt (1), Thelen – K: Ahmann. – SR: McKee (Schottland).

68 **Holland,** 6. 11., Veendam, 0:1 verl., Schulte – Ahmann, Bleidick – Mietz, K. Schmidt, Zorc – Bergfelder, Alger, Zobel, E. Schmitt, Pohl (Thelen) – K: Ahmann. – SR: Boosten (Holland).

1969: 6 Spiele: 1 Sieg, 4 Unentschieden, 1 Niederlage

69 **Italien,** 7. 4., Bamberg, 2:0 gewonnen: Schulte – Ahmann, Bleidick – Mietz, K. Schmidt, Haebermann – Bergfelder, E. Schmitt (Pohl), Nickel (1), Kalb, Alger (1) – K: Ahmann. – SR: Vales (CSSR).

70 **Frankreich,** 1. 5., Hamm, 3:3 unentschieden: Schulte – Ahmann, Bleidick – Mietz, K. Schmidt (Biesenkamp), Haebermann – Bergfelder (1) (Thelen), Kalb, E. Schmitt (1), Nickel (1), Pohl – K: Ahmann. – SR: Boosten (Holland).

71 **Israel,** 2. 9., Frechen, 1:1 unentsch.: Schulte – Ahmann, Bleidick – Hommrich (1), E. Schmitt, Mietz – Bergfelder, Zobel (Pohl), Alger, Kalb, Thelen – K: Ahmann. – SR: Boosten (Holland).

72 **Jugoslawien,** 21. 9., Vinkovici, 1:2 verloren: Schulte – Ahmann, Bleidick – Mietz, Zorc, Haebermann – Schneider, Zobel (Biesenkamp), Nickel (1), E. Schmitt, Thelen (Kalb) – K: Ahmann. – SR: Koygiades (Griechenland).

73 **Österreich,** 18. 10., Konstanz, 0:0 unentschieden: Schulte – Ahmann, Bleidick – Mietz (Haebermann), Zorc, Zobel – Bergfelder (Alger), Schneider, E. Schmitt, Kalb, Thelen – K: Ahmann. – SR: Boogaerts (Holland).

74 **Jugoslawien,** 22. 11., Hagen, 2:2 unentschieden: Schauber – Ahmann (Hommrich), Bleidick – Mietz, Zorc (1), Zobel (Alger) – Schneider (1), Hoeneß, Nickel, Kalb, Bergfelder – K: Ahmann. – SR: Helies (Frankreich).

1970: 10 Spiele: 6 Siege, 4 Unentschieden

75 **Holland,** 25. 3., Meppen, 1:1 unentschieden: Schulte – Haebermann, Hommrich (Kirsch) – Mietz, Zorc, Kalb – Schneider, Zobel, E. Schmitt (1), Nickel, Bergfelder (Alger) – K: Schulte. – SR: Christophersen (Dänemark).

76 **Österreich,**7.4.,Wien,2:0gew.:Bradler–Bleidick(Kalb1),Hollmann–Mietz,Sohnle,E.Schmitt–Thelen, Haebermann, Pohl, Beichle (1), Nickel – K: Bleidick. – SR: Clematide (Schweiz).

77 **Finnland,** 21. 5., Helsinki, 0:0 unentschieden: Bradler – Lindinger, Bleidick – Mietz, Sohnle, Haebermann – Beichle, E. Schmitt (Zorc), Hammes (Stegmayer), Siefert, Schneider (Pohl) – K: Bleidick. – SR: Carlsson (Schweden).

78 **Uganda,** 11. 8., Bamberg, 2:1 gewonnen: Bradler – Ahmann, Bleidick (1) – Haebermann, Zorc, E. Schmitt – Schneider (1), Hoeneß (Mietz), Beichle, Kalb (Siefert), Stegmayer – K: Ahmann. – SR: Wöhrer (Österreich).

79 **Ungarn,** 8.9., Augsburg, 1:1 unentschieden: Bradler – Haebermann (Ahmann), Hollmann – Sohnle, E. Schmitt, Mietz (Zorc) – Pohl (Beichle), Hoeneß (1), Nickel, Kalb, Stegmayer – K: Egon Schmitt. – SR: Linemayer (Österreich).

80 **Türkei,** 18. 10., Ankara, 2:0 gewonnen: Bradler – Semlitsch (Slodczyk), Hollmann – Haebermann (1), E. Schmitt, Hoeneß – Beichle (1), Schneider (Hammes), Nickel, Kalb, Stegmayer – K: E. Schmitt. – SR: Nicalar (Rumänien).

81 **Jugoslawien,** 18. 11., Zagreb, 1:0 gewonnen: Bradler – Semlitsch, Bleidick – Haebermann, E. Schmitt, Sohnle – Schneider, Hoeneß (Hammes), Nickel (1), Kalb, Stegmayer (Wunder) – K: Bleidick. – SR: Birczak (Ungarn).

82 **Griechenland,** 21. 11., Athen, 1:1 unentschieden: Schauber – Bleidick, Ahmann – Haebermann, Mietz, Sohnle – Schneider, Hoeneß (Nickel), Wunder (Kalb), Hammes (1), Stegmayer – K: Ahmann. – SR: Limona (Rumänien).

83 **Nigeria,** 27. 12., Lagos, 2:0 gewonnen: Bradler – Semlitsch (Bitz), Bleidick – Mietz, E. Schmitt, Sohnle – Schneider (Stegmayer), Haebermann, Nickel (1), Hammes (1), Helgert – K: Bleidick. – SR: Do Rego (Dahomey).

84 **Togo,** 30. 12., Lome, 3:2 gewonnen: Schauber – Mietz, Ahmann – Sohnle, E. Schmitt, Zorc (1) – Beichle, Kalb, Wunder (Nickel), Hammes, Stegmayer (2) (Schneider) – K: Ahmann. – SR: Pognon (Dahomey).

1971: 12 Spiele: 5 Siege, 3 Unentschieden, 4 Niederlagen

85 **Ghana,** 3. 1., Accra, 1:1 unentschieden: Bradler – Semlitsch, Bleidick – Sohnle, E. Schmitt, Haebermann (Zorc) – Schneider, Hammes, Nickel, Kalb (Mietz), Stegmayer (Helgert, 1) – K: Bleidick. – SR: Lamptey (Ghana).

86 **Elfenbeinküste,** 6. 1., Abidjan, 1:0 gewonnen: Schauber – Mietz, Bleidick – Sohnle, Zorc, Haebermann (E. Schmitt) – Beichle (Hammes), Wunder, Nickel (1), Bitz, Helgert – K: Bleidick. – SR: Koudou Poll (Elfenbeinküste).

87 **Liberia,** 10. 1., Monrovia, 3:0 gewonnen: Bradler – Bleidick, Ahmann (Wunder) – Sohnle, Zorc, E. Schmitt – Beichle (1) (Hammes, 2), Nickel, Schneider (Kalb), Helgert (Bitz), Stegmayer – K: Ahmann. – SR: Arthur (Liberia).

88 **Sierra Leone,** 13. 1., Freetown, 1:0 gewonnen: Schauber – Mietz, Ahmann – Semlitsch, Zorc, Haebermann (E. Schmitt) – Bleidick, Bitz, Kalb (Nickel), Hammes, Stegmayer (Helgert, 1) – K: Ahmann. – SR: Gondor (Sierra Leone).

89 **Senegal,** 16. 1., Dakar, 1:2 verloren: Bradler – Ahmann (Semlitsch), Bleidick – Sohnle, Zorc, Mietz – Schneider (Kalb), E. Schmitt, Nickel (1), Hammes (Stegmayer), Helgert – K: Ahmann. – SR: Momar N'Diaye (Senegal).

90 **Luxemburg,** 3. 3., Luxemburg, 2:4 verloren: Bradler – Semlitsch, Bleidick – Mietz, Sohnle, E. Schmitt – Bergfelder, Kalb (1), Nickel, Hammes (1), Manns (Wilhelm) – K: E. Schmitt. – SR: Delcourt (Belgien).

91 **Frankreich,** 21. 4., Vittel, 2:1 gewonnen: Schauber – Semlitsch, Hollmann – E. Schmitt, Sohnle, Haebermann – Kalb (Schneider), Stegmayer, Hammes (Hoeneß), Mietz, Nickel (2) – K: E. Schmitt. – SR: Droz (Luxemburg).

92 **Tunesien,** 25. 4., Tunis, 0:2 verloren: Schauber (Birkenmeier) – Semlitsch, Bleidick – E. Schmitt, Sohnle, Haebermann (Kalb) – Bitz (Helgert), Schneider (Geinzer), Hoeneß, Stegmayer, Nickel – K: E. Schmitt. – SR: Seoudi (Tunesien).

93 **Spanien,** 28. 4., Santa Cruz, 0:0 unentschieden: Schauber – Mietz, Haebermann – Zorc, Sohnle, Kalb – Bergfelder, Geinzer, Nickel, Wunder, Stegmayer (Helgert, Hoeneß) – K: Mietz. – SR: Silva (Portugal).

94 **Dänemark,** 25. 8., Flensburg, 1:3 verloren: Bradler (Muche) – Bleidick, Semlitsch (Mietz) – E. Schmitt, Sohnle, Kalb – Bitz (Pohl), Nickel (1), Wunder, Hoeneß, Bergfelder – K: E. Schmitt. – SR: Nystrand (Schweden).

95 **Bulgarien,** 7. 9., München, 3:1 gewonnen: Bradler (Muche) – Bleidick (Baltes), Hollmann – Haebermann, E. Schmitt, Kalb – Bitz (Wunder, 2), Schneider, Nickel, Hoeneß (1), Stegmayer (Hammes) – K: E. Schmitt. – SR: Bucheli (Schweiz).

96 **Sowjetunion,** 6. 10., Nürnberg, 1:1 unentschieden: Bradler (Muche) – Baltes, Hollmann – E. Schmitt, Haebermann, Kalb – Bitz, Wunder, Hoeneß, Nickel, Stegmayer (1), Seliger – K: E. Schmitt. – SR: Carminati (Italien).

1972: 17 Spiele: 6 Siege, 3 Unentschieden, 8 Niederlagen

97 **Irland,** 5. 1., Dublin, 0:3 verloren: Schauber – Semlitsch (Pohl), Bleidick – Baltes (Mietz), Haebermann, Kalb – Schneider (Beichle), Bitz, Wunder, Hoeneß, Nickel – K: Bleidick. – SR: Carpenter (Irland).

98 **Schottland** (Junioren), 10. 1., Glasgow, 0:1 verloren: Bradler – Baltes, Bleidick – Mietz, Haebermann, Bitz (Huhse) – Kalb, Hoeneß, Wunder, Nickel, Stegmayer (Beichle) – K: Bleidick. – SR: Marshall (Schottland).

99 **Holland** (Junioren), 12. 1., Utrecht, 2:0 gewonnen: Wienhold – Baltes, Bleidick (Mietz) – Huhse (Bitz), Haebermann, Helmreich – Seliger, Nickel (1), Wunder (1), Pohl (Kalb), Stegmayer – K: Bleidick. – SR: van Gemert (Holland).

100 **Luxemburg,** 9. 2., Aachen, 2:2 unentschieden: Muche – Baltes, Bleidick (Kaltz) – Mietz (Seelmann), Haebermann, Kalb – Bitz, Seliger (1) (Beichle), Hoeneß, Nickel (1), Stegmayer (Schneider) – K: Bleidick. – SR: Dorpmans (Holland).

101 **Frankreich,** 15. 3., Jülich, 4:0 gewonnen: Bradler (Wienhold) – Baltes, Hollmann (1) – Seelmann (Helmreich), Haebermann, Bitz (Kaltz) – Schneider, Seliger, Wunder (1), Nickel, Worm (2) – K: Nickel. – SR: Queudeville (Luxemburg).

102 **Sowjetunion,** 12. 4., Sotschi, 0:2 verloren: Bradler – Baltes, Bleidick (Kaltz) – E. Schmitt, Haebermann, Bitz – Seliger (Seelmann), Hammes, Wunder, Nickel, Stegmayer – K: E. Schmitt. – SR: Kruaschwili (Sowjetunion).

103 **Dänemark,** 18. 4., Kopenhagen, 1:0 gewonnen: Wienhold – Mietz, Semlitsch – E. Schmitt, Haebermann, Kaltz – Bitz, Helmreich (Hammes), Wunder (1), Krause, Stegmayer (Nickel) – K: E. Schmitt. – SR: Arnshed (Schweden).

104 **Polen** (Junioren), 25. 5., Regensburg, 2:2 unentschieden: Bradler – Baltes (Kaltz), Ahmann (Bleidick) – Mietz, Haebermann, Hollmann – Bitz (1), Seliger, Wunder, Schneider (Hammes), Worm (1) (Dürnberger) – K: Ahmann. – SR: Bucheli (Schweiz).

105 **Schweden** (Junioren), 28. 7., Flensburg, 1:5 verloren: Wienhold – Baltes (Mietz), Hollmann – E. Schmitt (Kaltz), Haebermann, Bitz – Hitzfeld, Hoeneß (Seliger), Wunder (1), Nickel, Worm – K: E. Schmitt. – SR: Oebera (Dänemark).

106 **Finnland,** 30. 7., Lübeck, 1:2 verloren: Bradler – Baltes, Hollmann – E. Schmitt, Haebermann, Kalb (1) – Schneider (Hitzfeld), Hoeneß, Wunder, Nickel, Seliger (Worm) – K: E. Schmitt. – SR: Sörensen (Dänemark).

107 **Malaysia,** 27. 8., München, 3:0 gewonnen (Olympia-Fußballturnier): Wienhold – Baltes, Hollmann – E. Schmitt, Haebermann, Bitz – Seliger (1), Hoeneß, Hammes (Kalb, 1), Nickel, Worm (Hitzfeld) (u. Selbsttor des Malaysiers Fung) – K: E. Schmitt. – SR: Marques (Brasilien).

108 **Marokko,** 29. 8., Passau, 3:0 gewonnen (Olympia-Fußballturnier): Wienhold – Baltes, Bleidick – E. Schmitt, Haebermann, Bitz – Seliger (Hammes), Kalb, Hitzfeld (1), Nickel (2), Worm – K: E. Schmitt. – SR: Babacan (Türkei).

109 **USA,** 31. 8., München, 7:0 gewonnen (Olympia-Fußballturnier): Wienhold – Baltes (Mietz), Bleidick – E. Schmitt, Haebermann, Bitz (1) – Hoeneß, Kalb, Hitzfeld (1), Nickel (4), Worm (Seliger, 1) – K: E. Schmitt. – SR: Garcia (Mexiko).

110 **Mexiko,** 3. 9., Nürnberg, 1:1 unentschieden (Olympia-Fußballturnier): Wienhold – Baltes, Bleidick – E. Schmitt, Haebermann, Bitz – Hoeneß, Kalb (Kaltz), Hitzfeld (1), Nickel, Seliger (Worm) – K: E. Schmitt. – SR: Poh Wha Dei (Malaysia).

111 **Ungarn,** 6. 9., München, 1:4 verloren (Olympia-Fußballturnier): Wienhold – Baltes, Hollmann – E. Schmitt, Haebermann, Bitz (Seliger) – Hoeneß, Kalb, Hitzfeld (1), Nickel, Wunder (Worm) – K: E. Schmitt. – SR: Pestarino (Argentinien).

112 **DDR,** 8. 9., München, 2:3 verloren (Olympia-Fußballturnier): Bradler – Baltes, Hollmann (Seliger) – E. Schmitt, Haebermann, Bitz – Hoeneß (1), Kalb, Hitzfeld (1), Nickel, Wunder (Worm) – K: E. Schmitt. – SR: Mullan (Schottland).

113 **Holland,** 6. 12., Hertogenbosch, 1:2 verloren: Wienhold – Huber, E. Traser (Schuhmann) – Stahl, E. Schmitt, Kalb – Hammes, H. Traser (Bierofka), Hadewicz (Köstner), Kraus, Krause (1) – K: E. Schmitt. – SR: Vervoort (Holland).

1973: 5 Spiele: 4 Siege, 1 Niederlage

114 **Italien,** 28. 2., Montecatini, 2:0 gewonnen: Wienhold (Koitka) – Huber (Schwarz), Kalb – H. Traser, Stahl, Köstner (Nachtmann) – Hammes (1), Kraus, D. Müller (Bierofka), Seliger (1), W. Schneider – K: Kalb. – SR: Dubach (Schweiz).

115 **Österreich,** 23. 5., St. Pölten, 2:1 gewonnen: Muche (Koitka) – E. Traser, Kalb – H. Traser, E. Schmitt, Köstner (Posner) – Hammes (1), Abel, D. Müller (Maulshagen), Seliger (1), W. Schneider – K: E. Schmitt. – SR: Sarka (CSSR).

116 **Malta,** 13. 6., Offenbach, 4:0 gewonnen: Wienhold – Baltes, E. Traser (1) – H. Traser, E. Schmitt, Huber (Kraus) – Seliger, Hammes (1), D. Müller (2) (Dietterle), Kalb, W. Schneider – K: E. Schmitt. – SR: Ohlsen (Dänemark).

117 **Frankreich,** 26. 9., Lüdenscheid, 3:0 gewonnen: Muche (Wienhold) – Baltes, E. Traser – Körbel (Stielike), E. Schmitt, H. Traser – Krause, Köstner (Kraus), Hammes, Kalb (2), W. Schneider (1) – K: E. Schmitt. – SR: Vervoort (Holland).

118 **England,** 31. 10., London, 0:1 verloren: Wienhold – Baltes, E. Traser – Körbel, E. Schmitt, H. Traser – Hammes (Köstner), Kraus, Krause (Müller), Kalb, W. Schneider – K: E. Schmitt. – SR: Bancourt (Frankreich).

1974: 7 Spiele: 6 Siege, 1 Unentschieden

119 **Frankreich,** 23. 1., Quimper, 3:2 gewonnen: Wienhold – Baltes (Rohr), E. Traser – Körbel, E. Schmitt (1), H. Traser – Seliger (2) (Dietterle), Stielike, Müller (Krause), Kalb (W. Schneider), Hammes – K: E. Schmitt. – SR: Geluck (Belgien).

120 **Malta,** 13. 2., La Valetta, 3:0 gewonnen: Muche – Baltes, E. Traser – Stielike (2), E. Schmitt, H. Traser (1) (Wilhelmi) – Krause, Kraus, Müller (Dietterle), Köstner, W. Schneider – K: E. Schmitt. – SR: Stremski (Jugoslawien).

121 **England,** 13. 3., Bielefeld, 3:1 gewonnen: Muche – Baltes, E. Traser (Wilhelmi) – Körbel (1), E. Schmitt, H. Traser (1) – Seliger, Stielike, Krause, Hammes (1), W. Schneider (Kalb) – K: E. Schmitt. – SR: Pijper (Holland).

122 **Holland,** 26. 4., Rijeka, 1:1 unentschieden, Elfmeterschießen 4:2 (Halbfinale Amateur-Europameisterschaft): Muche (Koitka) – H. Müller, E. Traser – Körbel, E. Schmitt, H. Traser – Seliger, Hammes (Hiestermann), Krause (1), Kalb, W. Schneider – K: E. Schmitt. – SR: Karolek (Polen).

123 **Türkei,** 25. 9., Bursa, 1:1 unentschieden: Muche (Behrendt) – E. Traser (H. Müller), Fink – H. Traser, E. Schmitt, Stielike (Schäffer) – W. Schneider, Krause (1/Kraus), Hammes, Köstner (Bihn), Hiestermann – K: E. Schmitt. – SR: Ok (Türkei).

124 **Kanada,** 16. 10., Wiesbaden, 1:0 gewonnen: Muche (Koitka) – E. Traser, Fink – H. Traser, E. Schmitt, Stielike (Kraus) – W. Schneider, Kalb (Hammes), Krause (1), Schäffer, Hiestermann – K: E. Schmitt. – SR: Hermann (Luxemburg).

125 **Italien,** 4. 12., Dortmund, 2:0 gewonnen: Koitka (Kohls) – W. Schneider, Fink (Förster) – E. Traser, E. Schmitt, Kraus (Bihn) – Seliger, Dietterle (1), Krause, Hammes (1), Hiestermann (H. Müller) – K: E. Schmitt. – SR: Vervoort (Holland).

1975: 6 Spiele: 2 Siege, 2 Unentschieden, 2 Niederlagen

126 **Frankreich,** 26. 2., Mannheim, 0:2 verloren: Behrendt – W. Schneider, Kalb – E. Traser (Köstner), E. Schmitt, Kraus (Krause) – Weiler, Dietterle (Rohr), Hammes, Stielike (Bihn), Hiestermann – K: E. Schmitt. – SR: Victor (Luxemburg).

127 **Spanien,** 16. 4., Bielefeld, 0:0 unentschieden (Olympia-Qualifikation): Behrendt – Rohr, W. Schneider – H. Traser, E. Schmitt, Stielike – Krause, Wilhelmi (Eder), Weiler, Hammes, Hiestermann – K: E. Schmitt. – SR: Van Gemert (Holland).

128 **Spanien,** 15. 5., Barcelona, 2:3 verloren (Olympia-Qualifikation): Behrendt – Kalb (Köstner), E. Traser – H. Traser (Hiestermann), E. Schmitt, Rohr – Seliger (2), W. Schneider, Krause, Schäffer, Hammes – K: E. Schmitt. – SR: Beguezal (Algerien).

129 **China,** 5. 7., Peking, 1:1 unentschieden: Behrendt (Holubeck) – Rohr (Büchel), E. Traser – H. Traser, Stielike, E. Schmitt – W. Schneider (Wilhelmi), Eder, Weiler (1), Köstner (Krause), Hiestermann – K: E. Schmitt.

130 **Singapur,** 8. 7., Singapur, 4:1 gewonnen: Holubeck – W. Schneider, E. Traser – H. Traser (1/Köstner), E. Schmitt, Stielike (1) – Krause (Büchel, 1), Eder, Schlief (1), Weiler (Wilhelmi), Hiestermann – K: E. Schmitt. – SR: John Ong (Singapur).

131 **Luxemburg A,** 12. 11., Ensdorf, 1:0 gewonnen: Muche – W. Schneider, Weiler – E. Traser, E. Schmitt, Schäffer – Seliger (1), Wilhelmi, Schlief (Müllner, Büchel), Hammes, Eder – K: E. Schmitt. – SR: Verbeek (Frankreich).

1976: 5 Spiele: 5 Siege

132 **Österreich,** 9. 3., Offenburg, 1:0 gewonnen: Holubeck (Muche) – W. Schneider, Fink (Günther) – E. Traser, E. Schmitt. – Herget (Florian, Eder) – Ripke, Schmitz, Krause, Hammes, Seliger (Stradt, 1) – K: E. Schmitt. – SR: Racine (Schweiz).

133 **Dänemark** (Junioren), 7. 4., Bremerhaven, 1:0 gewonnen: Muche – W. Schneider, Nicot – U. Krause, Herget, Wilhelmi (Jordan) – Seliger (Briegel), Müllner, Schlief, Hammes (1), Hans Müller (Schmitz) – K: Hammes. – SR: Hermann (Luxemburg).

134 **Dänemark** („Unter 21"), 21. 9., Naestved, 1:0 gewonnen: Koitka (Stein) – W. Schneider, Nicot – E. Traser (U. Krause, 1), E. Schmitt, H. Traser – Schlief, Herget, W. Krause (Weiler), Eder, Stradt (Heribert Müller) – K: E. Schmitt. – SR: Haugen (Norwegen).

135 **Jugoslawien,** 27. 10., Augsburg, 2:0 gewonnen: Koitka – W. Schneider, H. Traser (1) – E. Traser, E. Schmitt, Herget – Jordan, Eder (Wilhelmi), Hammes (1), Hans Müller, Briegel (Dietterle) – K: E. Schmitt. – SR: Wöhrer (Österreich).

136 **Israel,** 29. 12., Tel Aviv, 1:0 gewonnen: Stein – Geils, Nicot – E. Traser, E. Schmitt, Dietterle – Weiler, Wilhelmi (Herget, Förster), Hammes (1), Eder, Briegel – K: E. Schmitt. – SR: Andercu (Rumänien).

1977: 4 Spiele: 4 Siege

137 **Belgien,** 9. 3., Tongeren, 3:0 gewonnen: Koitka – W. Schneider (H. Traser), Nicot – Geils, E. Schmitt, Herget – Wilhelmi (2), Dietterle, Hammes (1), Hans Müller, Stradt – K: E. Schmitt. – SR: Beck (Holland).

138 **Frankreich,** 11. 5., Mülhausen, 5:0 gewonnen: Koitka – W. Schneider, Nicot – Geils (1), E. Schmitt (Briegel), Herget (1) – Dietterle, Eder (1), Hammes (2), Hans Müller (Wörn), Stradt. – K: E. Schmitt. – SR: Ciacci (Italien).

139 **Frankreich,** 21. 9., Bielefeld, 2:0 gewonnen: Stein – E. Traser (Schmitz), Nicot – Herget (1), E. Schmitt, Geils – Dietterle, Hammes, H. Traser, Eder (Weikl), Hans Müller (1). – K: E. Schmitt. – SR: Brummdier (Österreich).

140 **Belgien,** 26. 10., Saarbrücken, 2:0 gewonnen: Koitka – Geils, Nicot – Herget, E. Schmitt, Kh. Förster – Dietterle, Hammes, Schmitz (Eder), Hans Müller (2), Stradt. – K: E. Schmitt. – SR: Jensen (Dänemark).

1978: 5 Spiele: 2 Siege, 1 Unentschieden, 2 Niederlagen

141 **Italien,** 22. 3., Lucca, 1:1 unentschieden: Koitka (Stein) – Dietterle, Nicot (Stradt) – Herget, E. Schmitt, Geils – Borchers, Eder, Hammes (1), Weiler, Hans Müller (Weikl), Dressel. – K: E. Schmitt. – SR: Longhi (Italien).

142 **Jugoslawien,** 13. 5., Athen, 0:0 unentschieden, Elfmeterschießen 1:3 verloren, wird in der Bilanz mit 0:0 Toren, aber als verloren gewertet (Europameisterschafts-Halbfinale): Koitka – Geils, Nicot (Briegel) – Eder, E. Schmitt, Kh. Förster – Dietterle (Weikl), Hammes, Borchers, Herget, Dressel. – K: E. Schmitt. – SR: Andercu (Rumänien).

143 **Irland,** 15. 5., Athen, 3:0 gewonnen (Europameisterschaft, 3. Platz): Koitka – Geils (Schmitz), Nicot – Herget, E. Schmitt, Kh. Förster – Borchers (1), Weikl, Briegel, Eder (1), Dressel (1) (Stradt). – K: E. Schmitt. – SR: Parmakov (Bulgarien).

144 **China „A",** 26. 9., Bielefeld, 2:1 gewonnen: Koitka (Stein) – Weiler (Schröder 1), Nicot – E. Traser, Schmitt (Dietterle), Eder (Wörn) – Stradt, Herget, Borchers, Hammes, Dressel (1). – K: E. Schmitt. – SR: Mulder (Holland).

145 **Holland,** 8. 11., Den Haag, 0:2 verloren: Immel – W. Wolf, Kreienbrink – Eplinius, Trapp, Rühle – Malek, Ament (Th. Allofs), Wielandt, Paus (Wagner), Dusend. – K: W. Wolf. – SR: Melkebeke (Belgien).

1979: 9 Spiele: 2 Siege, 1 Unentschieden, 6 Niederlagen

146 **Italien,** 20. 3., Schwenningen, 0:2 verl.: Herr – Prieß (Otten), Eplinius – Ament, Rühle, Richter – Malek (Scherhag), Weiß, Knop (Paus), Schmid, Waiblinger. – K: Rühle. – SR: Galler (Schweiz).

147 **Jugoslawien,** 18. 4., Pristina, 2:3 verloren: Herr – Wieczorek, Stadler (Prieß) – Ament, Rühle, Kubanczyk – A. Wolf (Waiblinger), Jordan, Weiß (Schlindwein), Paus (1), Obermüller. Dazu ein Selbsttor von Krsticevic. – K: Rühle. – SR: Manojlovski (Jugoslawien).

148 **Frankreich,** 9. 5., Le Havre, 1:3 verloren: Herr – Stadler, Prieß (A. Wolf) – Ament (1), Rühle, Wieczorek – Weiß (Eplinius), Halbe (Steubing), Jordan, Paus, Obermüller. – K: Rühle. – SR: Hemwood (England).

149 **Spanien (Jun.),** 6. 6., Cadiz, 4:0 gewonnen: Herr (Diergardt) – Stiller (1), Dickgießer – Ament, Rühle, Wieczorek – Waiblinger (A. Wolf), Kohnle (Eplinius), Birner (1), Schmid (Weiß 1), Obermüller (1). – K: Rühle. – SR: Konrath (Frankreich).

150 **Finnland,** 13. 9., Oberhausen, 2:0 gewonnen: Herr – Stiller, Dickgießer – Kohnle, Kubanczyk, Richter – Reiß, Stark, Halbe (1), Obermüller, Arno Wolf (1). – K: Herr. – SR: Agnolin (Italien).

151 **Norwegen,** 26. 9., Trondheim, 0:2 verloren: Herr – Stiller, Menges – Kohnle, Kubanczyk, Richter – Reiß (Paus), Stark, Halbe, Obermüller, Arno Wolf. – K: Herr. – SR: Foote (Schottland).

152 **Finnland,** 10. 10., Helsinki, 0:0 unentschieden: Herr – Bernhardt, Dickgießer – Eplinius, Stiller, Richter – Halbe, Stark, Paus (Grünewald), Obermüller, Arno Wolf. – K: Herr. – SR: Schoeters (Belgien).

153 **Sowjetunion „B",** 31. 10., Osnabrück, 1:3 verloren: Herr – Stiller, Dickgießer – Eplinius, Bernhardt, Richter (Hartmann) – Halbe (Sixt), Kohnle (Weiß), Gahr (1), Obermüller, Grünewald. – K: Herr. – SR: Mortensen (Dänemark).

154 **Norwegen,** 14. 11., Baunatal, 0:1 verloren: Herr – Stiller, Dickgießer – Eplinius, Bernhardt (Franusch), Richter – Grünewald, Kohnle, Gahr, Obermüller, Arno Wolf (Sixt). – K: Herr. – SR: Palanques (Spanien).

Die Amateur-Nationalspieler

1 **Abel** Jochen (Fortuna Düsseldorf), 1973 Ö

1 **Allofs** Thomas (Fortuna Düsseldorf), 1978 H

44 **Ahmann** Erhard (TuS Sundern 13, Lüner SV 16, SVA Gütersloh 15), 1962 It, Fr – 1964 Fr, Fr, E, Sp – 1965 It, Th, H, Fi – 1966 Fr, It, T, Jg, T, Jg – 1967 H, Ö, GB, GB, Bur – 1968 Th, Mal, Hon, Phi, Ja, Ö, It, Is, H – 1969 It, Fr, Isr, Jg, Ö, Jg – 1970 Ugd, U, G, To – 1971 Lib, SiL, Sen – 1972 Pl

17 **Alger** Paul (1. FC Köln 10, Vikt. Köln 7), 1967 H, Ö, GB – 1968 Th, Mal, Hon, Phi, Ja, Ö, It, Is, H – 1969 It, Isr, Ö, Jg, – 1970 H

5 **Ament** Peter (VfL Wolfsburg), 1978 H – 1979 It, Jg, Fr, Sp

1 **Anders** Peter (Hannover 96), 1967 It

1 **Bähre** Harry (Hamburger SV), 1961 H

1 **Baldauf** Hans (Hannover 96), 1966 Fr

23 **Baltes** Heiner (Fortuna Düsseldorf), 1971 Bul, SU – 1972 Ir, Scho, H, Lu, Fr, SU, Pl, Sd, Fi, Mal, Ma, USA, Me, U, DDR – 1973 Mat, Fr, E – 1974 Fr, Mat, E

2 **Basikow** Klaus (Südring Berlin), 1957 E – 1958 Cu

4 **Bauerkämper** Rolf (SSVg. Velbert 2, ETB Schwarz-Weiß Essen 2), 1967 H, It, Ö, GB

3 **Bayer** Herbert (VfB Lohberg), 1963 Ja, SV, Ja

5 **Behrendt** Manfred (Wattenscheid 09), 1974 T – 1975 Fr, Sp, Sp, Ch

11 **Belchle** Georg (VfR Pforzheim 2, Kickers Offenbach 6, Hannover 96 3), 1970 Ö, Fi, Ugd, U, T, To – 1971 Elf, Lib – 1972 Ir, Scho, Lu
22 **Bergfelder** Helmut (1. FC Köln 12, Bonner SC 7, Fortuna Köln 3), 1966 Jg – 1967 H, Ö, GB, Bur – 1968 Th, Mal, Hon, Phi, Ja, Ö, Is, H – 1969 It, Fr. Isr, Ö, Jg – 1970 H – 1971 Lu, Sp, Dä
3 **Bernhardt** Dieter (SC Fürstenfeldbruck), 1979 Fi, SU, N
2 **Bierofka** Willi (SC Fürstenfeldbruck), 1972 H – 1973 It
2 **Biesenkamp** Peter (Fortuna Düsseldorf), 1969 Fr. Jg
3 **Bihn** Egon (Kickers Offenbach), 1974 T, It – 1975 Fr
1 **Birner** Robert (VfB Stuttgart), 1979 Sp
1 **Birkenmeier** Hubert (Freiburger FC), 1971 Tun
18 **Birkhold** Walter (VfL Heidenheim), 1963 It, H, E, Fr, Scho, Ja, Ja, SV, Ja – 1964, Fr, Fr, E, Sp – 1965 Th – 1966 It, Jg, T, Jg
23 **Bitz** Hermann (1. FC Kaiserslautern), 1970 Nig – 1971 Elf, Lib, SiL, Tun, Dä, Bul, SU – 1972 Ir, Scho, H, Lu, Fr, SU, Dä, Sd, Pl, Mal, Ma, USA, Me, U, DDR
32 **Bleidick** Hartwig (Soester SV 1, Borussia Mönchengladbach 31), 1968 Is, H – 1969 It, Fr, Isr, Jg, Ö, Jg – 1970 Ö, Fi, Ugd, Jg, G, Nig – 1971 Gha, Elf, Lib, SiL, Sen, Lu, Tun, Dä, Bul – 1972 Ir, Scho, H, Lu, SU, Pl, Ma, USA, Me
4 **Borchers** Ronald (Eintracht Frankfurt), 1978 It, Jg, Ir, Ch
20 **Bradler** Jürgen (Turnerbund Eickel 2, VfL Bochum 18), 1970 Ö, Fi, Ugd, U, T, Jg, Nig – 1971 Gha, Lib, Sen, Lu, Dä, Bul, SU – 1972 Scho, Fr, Fi, SU, Pl, DDR
2 **Braner** Harald (Wormatia Worms), 1963 It, Ja
1 **Brech** Walter (TuS Konz), 1952 Ö
6 **Briegel** Hans-Peter (1. FC Kaiserslautern) 1976 Dä, Jg, Isr – 1977 Fr – 1978 Jg, Ir
3 **Büchel** Klaus (Viktoria Köln), 1975 Ch, Si, Lu

1 **Christopeit** Horst (VfL 48 Bochum), 1965 It

5 **Dickgießer** Roland (SV Waldhof Mannheim), 1979 Sp, Fi, Fi, SU, N
1 **Diegel** Hans-Günther (Turnerbund Eickel), 1961 H
1 **Diergardt** Volker (ASV Wuppertal), 1979 Sp
14 **Dietterle** Helmut (VfR Aalen 3, VfB Stuttgart 11), 1973 Mat – 1974 Fr, Mat, It – 1975 Fr – 1976 Jg, Isr – 1977 Bg, Fr, Fr, Bg – 1978 It, Jg, Ch
4 **Dörfel** Bernd (Hamburger SV), 1964 Fr, Fr, E, Sp
3 **Dörfel** Gerd (Hamburger SV), 1959 H, Fi, Pl
2 **Drehmann** Willi (Duisburger SpV), 1958 Fr, Cu
4 **Dressel** Werner (Werder Bremen), 1978 It, Jg, Ir, Ch
1 **Drewes** Dagmar (Langendreer 04), 1961 H
1 **Dürnberger** Bernhard (ESV Freilassing), 1972 Pl
1 **Dusend** Ralf (Fortuna Düsseldorf), 1978 H

9 **Eberle** Hans (Ulm 46), 1952 GB, GB, Ö, Ä, Dr, Jg, Sd – 1953 Ö, Fr
15 **Eder** Norbert (1. FC Nürnberg), 1975 Sp, Ch, Si, Lu – 1976 Ö, Dä, Jg, Isr – 1977 Fr, Fr, Bg – 1978 It, Jg, Ir, Ch
3 **Eglin** Manfred (Karlsruher FV), 1955 E – 1959 Fi, Pl
3 **Ehrmann** Kurt (Karlsruher FV), 1952 GB, Ja, Sd
7 **Eplinius** Uwe (Concordia Hamburg 4, Spvgg. Erkenschwick 3), 1978 H – 1979 It, Fr, Sp, Fi, SU, N

13 **Faltermeier** Gerhard (SSV Jahn Regensburg), 1965 H, Fi – 1966 Fr, It, T, Jg – 1967 H, It, Ö, GB, GB, Bur – 1968 Th
4 **Fink** Alwin (FC Augsburg), 1974 T, Ka, It – 1976 Ö
1 **Florian** Hans-Gerd (Schwarz-Weiß Essen), 1976 Ö
1 **Förster** Bernd (FC Bayern München), 1974 It
4 **Förster** Karl-Heinz (VfB Stuttgart), 1976 Isr – 1977 Bg – 1978 Jg, Ir
1 **Franusch** Günther (Kickers Offenbach), 1979 N
1 **Fritsch** Hans-Jürgen (Rhenania Bottrop), 1963 It

2 **Gahr** Klaus (MTV Gifhorn), 1979 SU, N
2 **Geiger** Rolf (Kickers Stuttgart), 1956 SU – 1957 Scho
8 **Geils** Karlheinz (Werder Bremen), 1976 Isr – 1977 Bg, Fr, Fr, Bg – 1978 It, Jg, Ir
2 **Geinzer** Curt (1. FC Nürnberg), 1971 Tun, Sp
8 **Gerdau** Willi (Heider SV), 1956 SU – 1957 Scho, E – 1959 H, Fi, Pl – 1960 E, Pl
11 **Giegeling** Friedrich (SSVg. Velbert 5, SSV Heiligenhaus 6), 1964 Fr, Sp – 1965 It, Th, H, Fi – 1966 It, T, Jg, T, Jg
2 **Gierlich** Willi (1. FC Köln), 1953 Fr – 1954 Fr

3 **Gleixner** Erich (VfL Osnabrück), 1952 GB, Ä, Jg
1 **Glenski** Alfred (SV Baesweiler), 1960 E
5 **Görtz** Albert (Düsseldorf 99), 1956 Fr, Scho, SU – 1957 Scho, E
2 **Gollnow** Gerhard (SV Wolfenbüttel), 1958 Fr, Cu
1 **Grabowski** Jürgen (SV Biebrich), 1965 Th
2 **Grandt** Günter (Westfalia Herne), 1955 E – 1956 Fr
1 **Grieger** Hans (SV Netphen), 1965 It
3 **Grosser** Peter (FC Bayern München), 1957 E – 1958 Fr, Cu
3 **Grünewald** Michael (Kickers Offenbach), 1979 Fi, SU, N
1 **Grunenberg** Horst (Hermannia Kassel), 1963 Ja
1 **Grzyb** Wolfgang (Eintracht Braunschweig), 1966 Fr
1 **Günther** Manfred (VfB Stuttgart), 1976 Ö
2 **Habich** Wolfgang (TSV Alemannia Aachen), 1968 Ö, It
4 **Habig** Ernst-Günter (Union Köln 1, Rapid Köln 3), 1956 Scho, SU – 1957 Scho, E
1 **Hadewicz** Erwin (VfR Aalen), 1972 H
37 **Haebermann** Friedhelm (Eintracht Duisburg 2, Eintracht Braunschweig 35), 1969 It, Fr, Jg, Ö – 1970 H, Ö, Fi, Ugd, U, T, Jg, G, Nig – 1971 Gha, Elf, SiL, Fr, Run, Sp, Bul, SU – 1972 Ir, Scho, H, Lu, Fr, SU, Dä, Pl, Sd, Fi, Mal, Ma, USA, Me, U, DDR
5 **Halbe** Jürgen (Rot-Weiß Oberhausen), 1979 Fr, Fi, N, Fi, SU
6 **Halbe** Rüdiger (Eintracht Braunschweig 3, TuS Celle 3), 1965 Fi – 1966 Fr, It, Jg, T – 1967 H
46 **Hammes** Ewald (Germania Metternich 1, Wattenscheid 09 45), 1970 Fi, T, Jg, G, Nig, To – 1971 Gha, Elf, Lib, SiL, Sen, Lu, Fr, Bul – 1972 SU, Dä, Pl, Mal, Ma, H – 1973 It, Ö, Mat, Fr, E – 1974 Fr, E, H, T, Ka, It – 1975 Fr, Sp, Sp, Lu – 1976 Ö, Dä, Jg, Isr – 1977 Bg, Fr, Fr, Bg – 1978 It, Jg, Ch
1 **Hartmann** Norbert (ESV Ingolstadt), 1979 SU
8 **Helgert** Günter (SpVgg Weiden), 1970 Nig – 1971 Gha, Elf, Lib, SiL, Sen, Tun, Sp
2 **Hellstern** Wolfgang (FC Hechingen), 1963 It, Ja
3 **Helmreich** Leonhard (Fortuna Düsseldorf), 1972 H, Fr, Dä
2 **Helmschrot** Bernd (Hannover 96), 1968 Mal, Phi
13 **Herget** Matthias (SC Gelsenkirchen 2, VfL Bochum 10, Rot-Weiß Essen 1), 1976 Ö, Dä, Dä, Jg, Isr – 1977 Bg, Fr, Fr, Bg – 1978 It, Jg, Ir, Ch
1 **Hermes** Bernhard (1. FC Köln), 1968 Ö
9 **Herr** Valentin (SV Kuppenheim 4, Bayer Leverkusen 5), 1979 It, Jg, Fr, Sp, Fi, N, Fi, SU, N
5 **Herrmann** Günter (Eintracht Trier 1, Karlsruher SC 4), 1957 E – 1959 H, E, Fi, Pl
1 **Herz** Winfried (Eintracht Braunschweig), 1953 Fr
9 **Hiestermann** Hans-Otto (SC Fürstenfeldbruck 1, 1. FC Nürnberg 8), 1974 H, T, Ka, It – 1975 Fr, Sp, Sp, Ch, Si
7 **Himmelmann** Hans Jürgen (VfB Gießen 6, Borussia Fulda 1), 1960 Fi, Fr – 1961 H – 1963 It, H, E – 1965 Th
4 **Hinterstocker** Ludwig (FC Traunstein), 1952 GB, Ö, Br, Sd
8 **Hitzfeld** Ottmar (FC Basel), 1972 Sd, Fi, Mal, Ma, USA, Me, U, DDR
6 **Höfer** Hermann (Eintr. Frankfurt), 1954 Fr – 1956 Fr, Scho, SU – 1957 Scho, E
9 **Höher** Heinz (Bayer Leverkusen), 1959 H, E, Fi, Pl – 1960 Fi, Fr – 1961 H – 1962 It, Fr
22 **Hoeneß** Ulrich (TSG Ulm 1846 1, FC Bayern München 21), 1969 Jg – 1970 Ugd, U, T, Jg, G – 1971 Fr, Tun, Sp, Dä, Bul, SU – 1972 Ir, Scho, Lu, Sd, Fi, Mal, USA, Me, U, DDR
11 **Hönig** Franz-Josef (FV 08 Geisenheim), 1963 H, E, Fr, Scho, Ja, Ja, SV, Ja – 1964 Fr, E, Sp
3 **Hoffmann** Karl (Fortuna Düsseldorf), 1955 E – 1956 Fr, SU
4 **Hoffmann** Rudolf (Viktoria Aschaffenburg), 1955 E – 1956 Fr, Scho, SU
13 **Hollmann** Reiner (Eintracht Duisburg 1, Rot-Weiß Oberhausen 12), 1970 Ö, U, T – 1971 Fr, Bul, SU – 1972 Fr, Pl, Sd, Fi, Mal, U, DDR
3 **Holubeck** Horst (Viktoria Köln), 1975 Ch, Si – 1976 Ö
3 **Hommrich** Klaus (Eintracht Frankfurt), 1969 Isr, Jg – 1970 H
3 **Hornig** Heinz (Eintracht Gelsenkirchen 2, FC Schalke 04 1), 1957 Scho, E – 1959 E
3 **Huber** Lothar (1. FC Kaiserslautern), 1972 H – 1973 It, Mat
2 **Huhse** Hartmut (FC Schalke 04), 1972 Scho, H
1 **Immel** Eike (Borussia Dortmund), 1978 H
6 **Jäger** Herbert (SC Cronenberg), 1952 GB, GB, Ä, Br, Jg, Sd
1 **Jansen** Hans-Jürgen (Homberger SpV), 1962 Fr
4 **Jordan** Hans Otto (SpVgg Neu-Isenburg 1, VfR Bürstadt 3), 1976 Dä, Jg – 1979 Jg, Fr
48 **Kalb** Jürgen (Eintracht Frankfurt), 1969 It, Fr, Isr, Jg, Ö, Jg – 1970 H, Ö, Ugd, U, T, Jg, G, To – 1971 Gha, Lib, SiL, Sen, Lu, Fr, Tun, Sp, Dä, Bul, SU – 1972 Jr, Scho, H, Lu, Fi, Mal, Ma,

USA, Me, U, DDR, H – 1973 Jt, Ö, Mat, Fr, E – 1974 Fr, E, H, Ka – 1975 Fr, Sp
7 **Kaltz** Manfred (Hamburger SV), 1972 Lu, Fr, SU, Dä, Pl, Sd, Me
1 **Kaniber** Erich (Kickers Würzburg), 1955 E
4 **Keifler** Günter (VfL Marburg 1, Eintracht Frankfurt 3), 1967 It, GB, GB – 1968 Is
1 **Keller** Otto (MBV Linden), 1959 H
3 **Kirchner** Bernd (DSC Arminia Bielefeld), 1963 Ja, SV, Ja
1 **Kirsch** Roland (SV Alsenborn), 1970 H
7 **Kitter** Walter (VfR Pforzheim), 1967 Ö, Bur – 1968 Th, Mal, Phi, Ja, It
1 **Klausner** Dieter (Karlsruher Sport-Club), 1958 Fr
2 **Kleinböhl** Helmut (Opel Rüsselsheim), 1959 H, E
2 **Klemm** Günter (Nassau Wiesbaden 1, FSV Frankfurt 1), 1953 Ö, Fr
7 **Klepatz** Peter (Blumenthaler SV), 1965 It, Th, H, Fi – 1966 Fr, It, T
4 **Klug** Karl (Sterkrade 06/07), 1952 GB, Ä, Br – 1953 Ö
1 **Knop** Jens (Atlas Delmenhorst), 1979 It
5 **Kohnle** Dieter (SSV Ulm 46), 1979 Sp, Fi, N, SU, N
1 **Kohls** Wilfried (Kickers Offenbach), 1974 It
2 **Köppel** Horst (VfB Stuttgart), 1966 It, T
5 **Körbel** Karl-Heinz (Eintracht Frankfurt), 1973 Fr, E – 1974 Fr, E, H
11 **Köstner** Günter (VfB Helmbrechts 3, Bor. Mönchengladbach 6, Bayer Uerdingen 2), 1972 H – 1973 It, Ö, Fr, E – 1974 Mat, T – 1975 Fr, Sp, Ch, Si
14 **Koitka** Heinz-Josef (Wattenscheid 09 5, Eintracht Frankfurt 9), 1973 It, Ö – 1974 H, Ka, It – 1976 Dä, Jg – 1977 Bg, Fr, Bg – 1978 It, Jg, Ir, Ch
2 **Kraft** Rudolf (Tura Ludwigshafen), 1957 E, E
2 **Kraus** Hans (VfR Mannheim), 1963 Fr, Scho
10 **Kraus** Wolfgang (Eintracht Frankfurt), 1972 H – 1973 It, Mat, Fr, E – 1974 Mat, T, Ka, It – 1975 Fr
2 **Krause** Uwe (Eintracht Braunschweig), 1976 Dä, Dä
18 **Krause** Walter (Hamburger SV 7, Kick. Offenbach 2, RW Oberhausen 3, MSV Duisburg 5, Wattenscheid 09 1), 1972 Dä, H – 1973 Fr, E – 1974 Fr, Mat, E, H, T, Ka, It – 1975 Fr, Sp, Sp, Ch, Si – 1976 Ö, Dä
4 **Krause** Wolfgang (Eintracht Braunschweig), 1965 Fi – 1966 Fr, It, T
19 **Kreh** Heinz- Herbert (1. FC Haßfurt), 1962 It, Fr – 1963 H, E, Fr, Scho, SV, Ja – 1964 Fr, E, Sp – 1965 It, H, Fi – 1966 Fr, It, T, T, Jg
1 **Kreienbrink** Arthur (Barmbek-Uhlenhorst Hamburg), 1978 H
3 **Kremer** Willibert (Viktoria Köln), 1960 E, Pl, Fi
4 **Kreß** Manfred (Schwarz-Weiß Essen 3, 1860 München 1), 1956 Fr, Scho – 1957 Scho – 1958 Cu
1 **Kreß** Richard (Horas Fulda), 1953 Ö
3 **Kubanczyk** Walter (SSV Ulm 46), 1979 Jg, Fi, N
2 **Kühn** Albert (Sportfr. Siegen), 1962 It, Fr
3 **Kuhn** Dieter (SV Wiesbaden), 1965 It, H, Fi
4 **Kunter** Peter (Eintracht Wetzlar), 1959 H, E – 1960 Fi, Fr
20 **Kunzmann** Horst (FC Birkenfeld), 1958 Fr – 1961 H – 1962 It, Fr – 1963 H, E, Fr, Scho, Ja, Ja, SV, Ja – 1964 Fr, Fr, E, Sp – 1966 Fr, Jg, T, Jg
6 **Kurbjuhn** Jürgen (SV Buxtehude), 1959 E, Fi – 1960 E, Pl, Fi, Fr
2 **Kurwan** Herbert (Union Hamborn), 1957 Scho, E

2 **Landerer** Ludwig (Bayern München), 1956 Fr, Scho
1 **Langemann** Willi (Leu Braunschweig), 1962 It
5 **Leydecker** Wilfried (FV 08 Geisenheim), 1963 It, Fr, Scho, Ja, Ja
13 **Liebich** Walter (Lüner SV), 1963 It, H, E, Fr, Scho, Ja, Ja, SV, Ja – 1964 Fr, Fr, E, Sp
1 **Lindinger** Günter (1. FC Passau), 1970 Fi
1 **Linneweber** Josef (Borussia Dortmund), 1952 Ö
2 **Linz** Manfred (SpVgg Weiden), 1965 H, Fi
6 **Lorenz** Bernd (Duwo 08 Hamburg), 1967 H, It, Ö – 1966 Mal, Phi, Ö
1 **Loy** Egon (Schwabach 04), 1954 Fr
2 **Lungwitz** Werner (SSVg. Velbert), 1962 It, Fr

11 **Maaß** Günter (Borussia Fulda 2, VfR Pforzheim 9), 1966 Jg – 1967 H, Ö, GB, GB, Bur – 1968 Th, Hon, Phi, Ja, Ö
4 **Maier** Josef (FC Bayern München), 1963 H, E, Fr, Scho
2 **Malek** Siegmund (Barmbek-Uhlenhorst Hamburg), 1978 H – 1979 It
1 **Manns** Helmut (SSV Mülheim), 1971 Lu
8 **Martinschledde** Manfred (FV Hombruch 09), 1963 It, Ja, SV, Ja – 1964 Fr, Fr, E, Sp

1 **Martinsen** Horst (SC Comet Kiel), 1959 E
3 **Matischak** Klaus (VfB Bottrop), 1957 E – 1958 Fr, Cu
1 **Maulshagen** Heino (VfB Marathon Remscheid) 1973 Ö
13 **Mauritz** Matthias (Fortuna Düsseldorf), 1952 GB, Ö, Ä, Jg – 1955 E – 1956 Fr, Scho, SU – 1957 Scho, E – 1958 Cu – 1959 H, Fi
1 **Meng** Karl (1. FC Saarbrücken), 1960 Fr
1 **Menges** Rüdiger (VfB Eppingen), 1979 N
1 **Meßmann** Rudolf (1. FC Amberg), 1954 Fr
1 **Metzger** Sebastian (Wacker München), 1957 E
10 **Michel** Hermann (SV Ibbenbüren), 1961 H – 1962 It, Fr – 1963 It, H, E, Ja, Ja, SV, Ja
42 **Mietz** Dieter (SG Wattenscheid 09 33, Borussia Dortmund 7, Spfrd. Siegen 2), 1967 Ö, GB, GB, Bur – 1968 Th, Mal, Hon, Ja, Ö, It, Is, H – 1969 It, Fr, Isr, Jg, Ö, Jg – 1970 H, Ö, Fi, Ugd, U, G, Nig, To – 1971 Gha, Elf, SiL, Sen, Lu, Fr, Sp, Dä – 1972 Ir, Scho, H, Lu, Dä, Pl, Sd, USA
14 **Muche** Jürgen (1. FC Saarbrücken 11, Borussia Neunkirchen 3), 1971 Dä, Bul, SU – 1972 Lu – 1973 Ö, Fr – 1974 Mat, E, H, T, Ka – 1975 Lu – 1976 Ö, Dä
2 **Mühlschwein** Wolfgang (Eintracht Frankfurt), 1965 Th, H
6 **Müller** Dieter (Kickers Offenbach 3, 1. FC Köln 3), 1973 It, Ö, Mat, E – 1974 Fr, Mat
7 **Müller** Hans (VfB Stuttgart), 1976 Dä, Jg – 1977 Bg, Fr, Fr, Bg – 1978 It
3 **Müller** Helmut (Eintracht Frankfurt), 1974 H, T, It
1 **Müller** Heribert (Würzburg 04), 1976 Dä
2 **Müllner** Georg (Werder Bremen), 1975 Lu – 1976 Dä

1 **Nachtmann** Jürgen (Wormatia Worms) 1973 It
1 **Nauheimer** Günter (FSV Frankfurt), 1960 It
6 **Netzel** Rudolf (TSV Straubing 3, SpVgg Weiden 3), 1965 Fi – 1966 Fr, It, Jg, T, Jg
20 **Neuser** Gerhard (Spfr. Siegen), 1960 E, Fi, Fr – 1961 H – 1962 Fr – 1963 It, H, E, Fr, Scho, Ja, Ja, SV, Ja – 1964 Fr, E, Sp – 1965 It, Th, H
41 **Nickel** Bernhard (Eintracht Frankfurt), 1968 It, Is – 1969 It, Fr, Jg, Jg – 1970 H, Ö, U, T, Jg, G, Nig, To – 1971 Gha, Elf, Lib, SiL, Sen, Lu, Fr, Tun, Sp, Dä, Bul, SU – 1972 Ir, Scho, H, Lu, Fr, SU, Dä, Sd, Fi, Mal, Ma, USA, Me, U, DDR
11 **Nicot** Rainer (1. FC Köln), 1976 Dä, Dä, Isr – 1977 Bg, Fr, Fr, Bg – 1978 It, Jg, Ir, Ch
2 **Nigbur** Norbert (Gelsenkirchen 06), 1966 It, T

8 **Obermüller** Ralf (VfR Heilbronn 3, VfB Stuttgart 5), 1979 Jg, Fr, Sp, Fi, N, Fi, SU, N
3 **Olk** Werner (Arminia Hannover), 1959 H, E, Pl
1 **Otten** Johnny (Hagener SV), 1979 It

9 **Parzl** Josef (TSV Straubing), 1965 Fi – 1966 Fr, It, T, Jg, T, Jg – 1967 H, It
2 **Patzke** Bernd (Minerva 93 Berlin), 1962 It, Fr
6 **Paus** Gisbert (SpVgg Erkenschwick), 1978 H – 1979 It, Jg, Fr, N, Fi
2 **Pfeifer** Werner (TuS Meerbeck), 1962 It, Fr
1 **Pöhler** Werner (1. FC Mönchengladbach), 1968 It
18 **Pohl** Horst (FC Wacker München), 1966 T – 1967 H, It, Bur – 1968 Mal, Phi, Ja, Ö, H – 1969 It, Fr, Isr – 1970 Ö, Fi, U – 1971 Dä – 1972 Ir, H
1 **Posner** Walter (SC Euskirchen), 1973 Ö
10 **Post** Alfred (Rheydter SV 8, Eintracht Nordhorn 2), 1952 GB, GB, Ö, Ä, Br, Sd – 1953 Ö, Fr – 1954 Fr – 1955 E
3 **Prieß** Rainer (VfL Wolfsburg), 1979 It, Jg, Fr

1 **Rarrasch** Werner (Sportfreunde Siegen), 1952 Ö
1 **Regh** Toni (SV Stotzheim), 1961 H
2 **Rehhagel** Otto (TuS Helene Essen), 1960 Pl, Fi
2 **Reiß** Herbert (FC Rastatt), 1979 Fi, N
1 **Reitgaßl** Willy (VfB Coburg), 1957 E
6 **Richter** Karl (FC Villingen), 1979 It, Fi, N, Fi, SU, N
1 **Ripke** Franz-Josef (Werder Bremen), 1976 Ö
5 **Rohr** Gernot (FC Bayern München 1, SV Waldhof 3, Kickers Offenbach 1), 1974 Fr – 1975 Fr, Sp, Sp, Ch
1 **Rost** Leo (1. FC Bamberg), 1961 H
6 **Rühl** Karl-Heinz (Viktoria Köln), 1959 Fi, Pl – 1960 E, Pl, Fi, Fr
1 **Rühle** Helmut (Kickers Stuttgart), 1953 Fr
5 **Rühle** Rainer (VfB Stuttgart), 1978 H – 1979 It, Jg, Fr, Sp
6 **Sandmann** Helmut (Hamburger SV), 1964 Fr, Fr, E – 1965 It, Th, H
1 **Sarna** Franz-Josef (Spfr. Buer), 1958 Cu

1 **Sattler** Helmut (Kickers Offenbach), 1954 Fr
24 **Schäfer** Herbert (Sportfreunde Siegen), 1952 Ö, Ä, Br, Jg, Sd – 1953 Ö, Fr – 1955 E – 1956 Fr, Scho, SU – 1957 Scho, E, E – 1958 Fr, Cu – 1959 H, E, Fi, Pl – 1960 E, Pl, Fi, Fr
4 **Schäffer** Frank (Borussia Mönchengladbach), 1974 T, Ka – 1975 Sp, Lu
9 **Schauber** Hans-Peter (Opel Rüsselsheim 1, Rot-Weiß Frankfurt 8), 1969 Jg – 1970 G, To – 1971 Elf, SiL, Fr, Tun, Sp – 1972 Ir
1 **Scherhag** Ludwig (TuS Neuendorf), 1979 It
3 **Scheu** David (VfB Koblenz-Lützel 1, Karlsruher SC 2), 1966 It, Jg, T
4 **Schlief** Wolfgang (Werder Bremen 3, Eintracht Trier 1), 1975 Si, Lu – 1976 Dä, Dä
1 **Schlindwein** Dieter (SV Waldhof Mannheim), 1979 Jg
2 **Schmid** Bernd (FV Offenburg), 1979 It, Sp
11 **Schmidt** Klaus (SV Alsenborn), 1967 Ö – 1968 Th, Mal, Hon, Phi, Ja, It, Is, H – 1969 It, Fr
79 **Schmitt** Egon (Kickers Offenbach 52, 1. FC Saarbrücken 27), 1967 It, Ö, GB, GB, Bur – 1968 Th, Mal, Hon, Phi, Ja, Ö, It, Is, H – 1969 It, Fr, Isr, Jg, Ö – 1970 H, Ö, Fi, Ugd, U, T, Jg, Nig, To – 1971 Gha, Elf, Lib, SiL, Sen, Lu, Fr, Tun, Dä, Bul, SU – 1972 Su, Dä, Sd, Fi, Mal, Ma, USA, Me, U, DDR, H – 1973 Ö, Mat, Fr, E – 1974 Fr, Mat, E, H, T, Ka, It – 1975 Fr, Sp, Sp, Ch, Si, Lu – 1976 Ö, Dä, Jg, Isr – 1977 Bg, Fr, Fr, Bg – 1978 It, Jg, Ir, Ch
5 **Schmitz** Hubert (TuS Langerwehe 2, Fort. Düsseldorf 3), 1976 Ö, Dä – 1977 Fr, Bg, Ir
22 **Schneider** Edgar (VfR Pforzheim 5, FC Bayern München 17), 1969 Jg, Ö, Jg – 1970 H, Fi, Ugd, T, Jg, G, Nig, To – 1971 Gha, Lib, Sen, Fr, Tun, Bul – 1972 Ir, Lu, Fr, Pl, Fi
2 **Schneider** Manfred (VfB Coburg), 1956 Fr, Scho
24 **Schneider** Werner (MSV Duisburg), 1973 It, Ö, Mat, Fr, E – 1974 Fr, Mat, E, H, T, Ka, It – 1975 Fr, Sp, Sp, Ch, Si, Lu – 1976 Ö, Dä, Dä, Jg – 1977 Bg, Fr
1 **Schnellinger** Karl-Heinz (SG Düren 99), 1957 E
7 **Schönbeck** Rudolf (FC St. Pauli 3, SV Itzehoe 4), 1952 GB, GB, Ö, Ä, Br, Jg, Sd
2 **Schonz** Klaus (VfR Neuß), 1961 H – 1965 H
2 **Schroeder** Lothar (VfB Peine), 1958 Fr, Cu
1 **Schröder** Helmut (Arminia Bielefeld), 1978 Ch
7 **Schröder** Willi (Bremen 1860), 1952 GB, GB, Ö, Br, Jg, Sd – 1953 Ö
1 **Schuhmann** Heiner (TSV 1860 München), 1972 H
20 **Schulte** Friedhelm (TuS Eving-Lindenhorst 2, SG Wattenscheid 09 18), 1967 H, It, Ö, GB, GB, Bur – 1968 Th, Mal, Hon, Ja, Ö, It, Is, H – 1969 It, Fr, Isr, Jg, Ö – 1970 H
8 **Schulz** Willi (Union Günnigfeld), 1959 H, E, Fi, Pl – 1960 E, Pl, Fi, Fr
1 **Schumann** Heinz (Eintr. Nordhorn), 1954 Fr
3 **Schwall** Max (FV Daxlanden), 1955 E – 1956 Fr, Scho
1 **Schwarz** Peter (1. FC Kaiserslautern), 1973 It
3 **Seelmann** Hans-Dieter (TSV 1860 München), 1972 Lu, Fr, SU
25 **Seliger** Rudolf (MSV Duisburg), 1971 SU – 1972 H, Lu, Fr, SU, Pl, Sd, Fi, Mal, Ma, USA, Me, U, DDR – 1973 It, Ö, Mat – 1974 Fr, E, H, It – 1975 Sp, Lu – 1976 Ö, Dä
11 **Semmelmann** Fritz (SpVgg Bayreuth), 1953 Ö, Fr – 1954 Fr – 1956 Fr, Scho, SU – 1957 Scho, E, E – 1958 Fr, Cu
12 **Semlitsch** Nikolaus (Kickers Offenbach), 1970 T, Jg, Nig – 1971 Gha, SiL, Sen, Lu, Fr, Tun, Dä – 1972 Ir, Dä
2 **Siefert** Bernd (DJK Gütersloh), 1970 Fi, Ugd
2 **Sixt** Hermann (1860 Rosenheim), 1979 SU, N
1 **Slodczyk** Rainer (Eintracht Braunschweig), 1970 T
16 **Sohnle** Walter (FC Augsburg 15, TSV 1860 München 1), 1970 Ö, Fi, U, Jg, G, Nig, To – 1971 Gha, Elf, Lib, Sen, Lu, Fr, Tun, Sp, Dä
7 **Sommerlatt** Kurt (Karlsruher SC), 1952 GB, GB, Ö, Ä, Br, Jg, Sd
2 **Stadler** Josef (ESV Ingolstadt), 1979 Jg, Fr
2 **Stahl** Klaus (FSV Frankfurt) 1972 H – 1973 It
3 **Stark** Hans-Peter (Union 06 Berlin), 1979 Fi, N, Fi
22 **Stegmayer** Roland (FC Augsburg 1, 1. FC Nürnberg 14, Arminia Bielefeld 7), 1970 Fi, Ugd, U, T, Jg, G, Nig, To – 1971 Gha, Lib, SiL, Sen, Fr, Tun, Sp, Bul, SU – 1972 Scho, H, Lu, SU, Dä
2 **Stein** Erwin (SpVgg Griesheim 02), 1959 H, E
5 **Stein** Ulrich (Arminia Bielefeld), 1976 Dä, Isr – 1977 Fr – 1978 It, Ch
1 **Steubing** Waldemar (VfR Mannheim), 1979 Fr
10 **Stielike** Ulrich (Borussia Mönchengladbach), 1973 Fr – 1974 Fr, Mal, E, T, Ka – 1975 Fr, Sp, Ch, Si
6 **Stiller** Hans-Jörg (Fortuna Düsseldorf), 1979 Sp, Fi, N, Fi, SU, N
2 **Stiller** Rainer (Hannover 96), 1967 H, It
9 **Stollenwerk** Georg (Düren 99), 1952 GB, GB, Ö, Ä, Br, Jg, Sd – 1953 Ö, Fr

8 **Stradt** Winfried (Eintracht Frankfurt 2, Tennis Borussia Berlin 5, Alemannia Aachen 1), 1976 Ö, Dä – 1977 Bg, Fr, Bg – 1978 It, Ir, Ch

5 **Tams** Günter (Flensburg 08), 1959 Pl – 1960 E, Pl, Fi, Fr
17 **Thelen** Werner (1. FC Köln), 1967 GB, GB, Bur – 1968 Th, Mal, Hon, Phi, Ja, Ö, It, Is, H – 1969 Fr, Isr, Jg, Ö – 1970 Ö
2 **Thimm** Joachim (Arminia Hannover), 1959 Fi, Pl
3 **Tillich** Wolfgang (Hertha BSC Berlin), 1960 E, Pl, Fr
1 **Trapp** Wolfgang (Eintracht Frankfurt), 1978 H
23 **Traser** Ernst (Kickers Offenbach 5, 1. FC Saarbrücken 18), 1972 H – 1973 Ö, Mat, Fr, E – 1974 Fr, Mat, E, H, T, Ka, It – 1975 Fr, Sp, Ch, Si, Lu – 1976 Ö, Dä, Jg, Isr – 1977 Fr – 1978 Ch
20 **Traser** Heinz (Kickers Offenbach 6, 1. FC Saarbrücken 14), 1972 H – 1973 It, Ö, Mat, Fr, E – 1974 Fr, Mat, E, H, T, Ka – 1975 Sp, Sp, Ch, Si – 1976 Dä, Jug – 1977 Bg, Fr

1 **Ulsaß** Lothar (Arminia Hannover), 1962 It

2 **Voss** Heinz- Rüdiger (Preußen Münster), 1962 It, Fr

1 **Wade** Ernst (Kickers Offenbach), 1954 Fr
1 **Wagner** Helmut (1. FC Kaiserslautern), 1978 H
3 **Waiblinger** Günther (FC Villingen), 1979 It, Jg, Sp
2 **Walenziak** Gustav (Sterkrade 06/07), 1960 E, Pl
1 **Waßmuth** Helmut (SC Altenkessel), 1957 E
1 **Weber** Richard (VfL Marburg), 1960 Fr
1 **Weidle** Roland (VfB Stuttgart), 1967 It
4 **Weikl** Josef (Fortuna Düsseldorf), 1977 Fr – 1978 It, Jg, Ir
2 **Weilbächer** Hans (Eintracht Frankfurt), 1953 Fr – 1954 Fr
9 **Weiler** Rudolf (1. FC Kaiserslautern 6, FSV Frankfurt 3), 1975 Fr, Sp, Ch, Si, Lu – 1976 Dä, Isr – 1978 It, Ch
5 **Weiß** Gunar (FC Eislingen 4, VfB Stuttgart 1), 1979 It, Jg, Fr, Sp, SU
3 **Wieczorek** Peter (DSC Wanne-Eickel), 1979 Jg, Fr, Sp
1 **Wielandt** Ulrich (SV Kirchzarten), 1978 H
15 **Wienhold** Günther (FC Singen 04 3, Eintracht Frankfurt 12), 1972 H, Fr, Dä, Sd, Mal, Ma, USA, Me, U, H – 1973 It, Mat, Fr, E – 1974 Fr
1 **Wilhelm** Jürgen (SC 09 Oberlahnstein), 1971 Lu
10 **Wilhelmi** Heinz (1. FC Kaiserslautern), 1974 Mat, E – 1975 Sp, Ch, Si, Lu – 1976 Dä, Jg, Isr – 1977 Bg
3 **Winter** Rolf (SC Victoria Hamburg), 1962 It – 1963 It, Ja
1 **Wirth** Bernhard (VfB Helmbrechts), 1956 Scho
1 **Wittemaier** Kurt (ASV Freudenheim), 1958 Fr
2 **Wittig** Heinz (VfL Neustadt), 1952 GB – 1953 Ö
3 **Wittmann** Heinz (SC Zwiesel), 1965 It, Th, H
2 **Wörn** Gerd (VfB Stuttgart), 1977 Fr – 1978 Ch
1 **Wohlgemuth** Günter (Etus Bismarck-Gelsenkirchen), 1957 E
7 **Wolf** Arno (1. FC Kaiserslautern), 1979 Jg, Fr, Sp, Fi, N, Fi, N
1 **Wolf** Wolfgang (1. FC Kaiserslautern), 1978 H
10 **Worm** Ronald (MSV Duisburg), 1972 Fr, Pl, Sd, Fi, Mal, Ma, USA, Me, U, DDR
1 **Wozniakowski** Heinz (Eintracht Braunschweig), 1953 Fr
20 **Wunder** Klaus (Arminia Hannover 6, MSV Duisburg 14), 1970 Jg, G, To – 1971 Elf, Lib, Sp, Dä, Bul, SU – 1972 Ir, Scho, H, Fr, SU, Dä, Pl, Sd, Fi, U, DDR

11 **Zeitler** Hans (VfB Bayreuth), 1952 GB, GB, Ö, Br, Jg, Sd – 1953 Ö, Fr – 1954 Fr – 1955 E – 1956 SU
1 **Zeller** Rolf (Germania Bietigheim), 1963 It
20 **Zettelmaier** Dieter (1. FC Bamberg), 1961 H – 1963 H, E, Fr, Scho – 1964 Fr, Fr, E, Sp – 1965 It, Th, Fi – 1966 Fr, It, T, Jg, Jg – 1967 It, GB, Bur
2 **Zimmermann** Fritz (SuS Niederscheiden), 1955 E – 1957 E
2 **Zimmermann** Horst (Fortuna Düsseldorf), 1958 Fr, Cu
18 **Zobel** Rainer (SC Uelzen 09 12, Hannover 96 6), 1967 Ö, GB, GB, Bur – 1968 Th, Mal, Hon, Phi, Ja, Ö, It, Is, H – 1969 Isr, Ju, Ö, Jg – 1970 H
32 **Zorc** Dieter (TuS Eving-Lindenhorst 2, Lüner SV 30), 1966 It, T, Jg, T, Jg – 1967 H, GB, GB, Bur – 1968 Th, Mal, Hon, Phi, Ja, Ö, It, Is, H – 1969 Jg, Ö, Jg – 1970 H, Fi, Ugd, U, To – 1971 Gha, Elf, Lib, SiL, Sen, Sp
12 **Zott** Wilhelm (FC Wacker München), 1963 It, H, E, Fr, Scho, Ja, SV, Ja – 1964 Fr, Fr, E, Sp

Rangliste der Amateur-Nationalspieler

(mit 20 und mehr Länderspielen)

Egon Schmitt	Kick. Offenbach/1. FC Saarbrücken	79
Jürgen Kalb	Eintracht Frankfurt	48
Ewald Hammes	Germ. Metternich/Wattenscheid 09	46
Erhard Ahmann	TuS Sundern/Lüner SV/SVA Gütersloh	44
Dieter Mietz	SG Wattenscheid 09/ Bor. Dortmund/Sp. Siegen	42
Bernd Nickel	Eintracht Frankfurt	41
Friedhelm Haebermann	Eintr. Duisburg/Eintr.Braunschweig	37
Dieter Zorc	TuS Eving-Lindenhorst/Lüner SV	32
Hartwig Bleidick	Soester SV/Bor. Mönchengladbach	32
Rudolf Seliger	MSV Duisburg	25
Herbert Schäfer	Sportfreunde Siegen	24
Werner Schneider	MSV Duisburg	24
Hermann Bitz	1. FC Kaiserslautern	23
Heiner Baltes	Fortuna Düsseldorf	23
Ernst Traser	Kick. Offenbach/1. FC Saarbrücken	23
Helmut Bergfelder	1. FC Köln/Bonner SC/ Fort. Köln	22
Uli Hoeneß	TSG Ulm 1846/Bayern München	22
Roland Stegmayer	FC Augsburg/1. FC Nürnberg/Arm. Bielefeld	22
Edgar Schneider	VfR Pforzheim/Bayern München	22
Horst Kunzmann	FC Birkenfeld	20
Gerhard Neuser	Sportfreunde Siegen	20
Friedhelm Schulte	TuS Eving-Lindenhorst/Wattenscheid 09	20
Dieter Zettelmaier	1. FC Bamberg	20
Jürgen Bradler	TB Eickel/VfL Bochum	20
Heinz Traser	Kick Offenbach/1. FC Saarbrücken	20
Klaus Wunder	Arminia Hannover/MSV Duisburg	20

Die erfolgreichsten Vereine (Berufungen/Spieler)

Eintracht Frankfurt	146 Berufungen/15 Spieler
Wattenscheid 09	117 Berufungen/ 6 Spieler
Kickers Offenbach	97 Berufungen/14 Spieler
MSV Duisburg	78 Berufungen/ 5 Spieler
1. FC Saarbrücken	71 Berufungen/ 5 Spieler
Fortuna Düsseldorf	62 Berufungen/12 Spieler
Lüner SV	59 Berufungen/ 3 Spieler
1. FC Kaiserslautern	58 Berufungen/ 8 Spieler
1. FC Köln	56 Berufungen/ 7 Spieler
Bor. Mönchengladbach	50 Berufungen/ 4 Spieler
Spfrde. Siegen	49 Berufungen/ 5 Spieler
Bayern München	49 Berufungen/ 7 Spieler
Eintr. Braunschweig	48 Berufungen/ 8 Spieler

Alle Torschützen der Amateur-Länderspiele

(In alphabetischer Reihenfolge)

Ahmann	1
Alger	4
Ament	1
Bauerkämper	1
Bayer	2
Beichle	3
Bergfelder	4
Birkhold	1
Birner	1
Bitz	2
Bleidick	2
Borchers	1
Braner	2
Büchel	1
Dietterle	1
G. Dörfel	1
Dressel	2
Eder	2
Faltermeier	2
Gahr	1
Geils	1
Giegeling	1
Gollnow	2
Grandt	2
P. Grosser	1
Habig	3
R. Halbe	1
J. Halbe	1
Haebermann	1
Hammes	17
Helgert	2
Herget	2
G. Herrmann	1
Himmelmann	4
Hitzfeld	5
Hollmann	1
Hommrich	1
U. Hoeneß	3
Höher	4
Hönig	3
Hornig	1
Kalb	6
Keifler	1
Kirchner	2
Klepatz	1
Klug	3
Körbel	1
Köppel	1
Wa. Krause	4
Wo. Krause	2
U. Krause	1
Kreh	4
M. Kreß	2
Kühn	1
Kunzmann	2
Liebich	3
Linz	1
Matischak	4
Mauritz	1
Meng	2
D. Müller	2
Hans Müller	3
Neuser	8
B. Nickel	18
Obermüller	1
Paus	1
Pohl	2
Rost	1
Rühl	2
Schlief	1
E. Schmitt	4
E. Schneider	2
M. Schneider	1
W. Schneider	1
H. Schröder	1
W. Schröder	6
Seliger	10
Semmelmann	2
Sommerlatt	1
Erwin Stein	4
Stielike	3
H. J. Stiller	1
Stegmayer	3
Stollenwerk	2
Stradt	1
Thelen	3
E. Traser	1
H. Traser	4
Walenziak	1
Weiß	1
Weiler	1
Wilhelmi	2
Wohlgemuth	1
A. Wolf	1
Worm	3
Wunder	6
Zeitler	7
Zettelmaier	13
Fr. Zimmermann	1
Zorc	3
Selbsttore des Gegners	4

Die Bilanz der Olympia-Mannschaft

Gegner	Spiele	Siege	Unentsch.	Niederl.	Tore	11-m-Sch.
Brasilien	2	–	–	2	1:2	2:3
China	2	2	–	–	9:2	
CSFR (CSSR)	3	–	–	3	0:5	
Dänemark	2	1	1	–	2:1	
Frankreich	2	–	1	1	1:2	
Griechenland	2	2	–	–	5:0	
Holland	2	–	2	–	1:1	
Israel	3	3	–	–	5:1	
Italien	1	1	–	–	3:0	
Jugoslawien	2	–	–	2	4:8	
Marokko	1	1	–	–	2:0	
Nigeria	1	1	–	–	2:1	
Polen	3	1	2	–	7:3	
Portugal	2	1	–	1	4:3	
Rumänien	2	1	–	1	3:1	
Sambia	1	1	–	–	4:0	
Saudi-Arabien	1	1	–	–	6:0	
Schweden	1	–	–	1	1:2	
Schweiz	1	1	–	–	2:1	
Tunesien	1	1	–	–	4:1	
Gesamt	35	18	6	11	66:34	

Die durch Elfmeterschießen entschiedenen Spiele werden als Siege oder Niederlagen gewertet, aber ohne die Tore aus diesem Elfmeterschießen, die auch nicht in der Torübersicht zählen.

Die Olympia-Mannschaften

1982: 1 Spiel: 1 Unentschieden

1 **Holland,** 16. 11., Emmen, 0:0 unentschieden: Franke – Geils, Bast, Hupe, Groh – Pagelsdorf, Bittcher (Heck), Möhlmann (Mohr), Koch (Otten) – Klotz (Schatzschneider), Dressel – K: Bast. – SR: Verhaeghe (Belgien).

1983: 7 Spiele: 3 Siege, 1 Unentschieden, 3 Niederlagen

2 **Polen,** 29. 3., Wuppertal, 1:1 unentschieden: Franke – Huber, Bast (Bockenfeld), Hupe, Wehmeyer – Hartwig, Mohr, Groh – Del'Haye (Patzke), Schatzschneider (1), Dressel. – K: Bast/Schatzschneider. – SR: Thomas (Holland).

3 **Portugal,** 24. 4., Lissabon, 1:3 verloren (Olympia-Qualifikation): Franke – Geils, Bast, Hupe, Wehmeyer – Hartwig, Mohr (Patzke), Groh – Del'Haye, Schatzschneider (1), Dressel (Klotz). – K: Bast. – SR: Bridges (Wales).

4 **Israel,** 8. 6., Wuppertal, 2:0 gewonnen (Olympia-Qualifikation): Franke – Geils, Groh, Hupe, Wehmeyer – Hartwig (1) (Pagelsdorf), Bockenfeld, Mohr, Patzke – Waas (1), Klotz. – K: Groh. – SR: Sanchez Arminio (Spanien).

5 **CSSR,** 20. 9., Hof, 0:1 verloren: Franke – Geils, Bast, Dickgießer, Wehmeyer – Hartwig, Bommer (Brehme), Bein – Del'Haye, Klotz, Schreier (Heck). – K: Bast. – SR: Mathias (Österreich).

6 **Portugal,** 4. 10., Osnabrück, 3:0 gewonnen (Olympia-Qualifikation): Franke – Bockenfeld (Geils), Bast, Dickgießer, Wehmeyer – Hartwig, Groh, Bommer (1), Brehme – Schatzschneider (2), Mill (Schreier). – K: Bast. – SR: Worral (Schottland).

7 **Jugoslawien,** 25. 10., Maribor, 2:3 verloren: Franke (Zumdick) – Bockenfeld, Bast (Th. Allofs), Dickgießer, Lux – Buchwald (1), Groh, Bommer, Brehme – Klotz (1), Schreier (Bein). – K: Bast/Groh. – SR: Nikic (Jugoslawien).

8 **Israel,** 20. 11., Tel Aviv, 1:0 gewonnen (Olympia-Qualifikation): Junghans – Bockenfeld, Bast, Dickgießer, Wehmeyer – Bommer, Hartwig (Buchwald), Groh, Brehme – Schatzschneider (1), Schreier (Geils). – K: Bast. – SR: Biguet (Frankreich).

1984: 7 Spiele: 3 Siege, 1 Unentschieden, 3 Niederlagen

9 **Frankreich,** 27. 3., Paris, 1:1 unentschieden (Olympia-Qualifikation): Franke – Bockenfeld, Bast, Buchwald, Wehmeyer – Hartwig, Groh, Brehme – Bommer (Schreier), Schatzschneider (1), Mill. – K: Bast. – SR: Nyffenegger (Schweiz).

10 **Frankreich,** 17. 4., Bochum, 0:1 verloren (Olympia-Qualifikation): Zumdick – Buchwald, Bast, Dickgießer, Wehmeyer – Bommer, Hartwig, Groh, Falkenmayer (Schreier) – Schatzschneider, Mill. – K: Bast. – SR: Nielsen (Dänemark).

11 **China,** 17. 7., Koblenz, 6:2 gewonnen: Junghans – Bockenfeld (Schlindwein), Bast, Buchwald, Wehmeyer – Bommer 1 (Lux), Rahn 1 (Schön), Groh (Dickgießer), Brehme (1) – Schatzschneider 2 (Schreier), Mill (1). – K.: Bast. – SR.: Gilson (Luxemburg).

12 **Marokko,** 30. 7., Palo Alto, 2:0 gewonnen (Olympia-Gruppenspiel): Franke – Bockenfeld, Bast, Buchwald, Wehmeyer – Bommer, Groh, Rahn (1), Brehme (1) – Schatzschneider (Schreier), Mill (Lux). – K.: Bast. – SR.: Evangelista (Kanada).

13 **Brasilien,** 1. 8., Palo Alto, 0:1 verloren (Olympia-Gruppenspiel): Franke – Bockenfeld (Dickgießer), Bast, Buchwald, Wehmeyer – Bommer, Groh, Rahn, Brehme – Schatzschneider (Lux), Mill. – K.: Bast. – SR.: Cha (Südkorea).

14 **Saudi-Arabien,** 3. 8., Palo Alto, 6:0 gewonnen (Olympia-Gruppenspiel): Franke – Bockenfeld, Bast, Buchwald, Wehmeyer – Bommer 2, Rahn 1 (Lux), Groh (Schön), Brehme – Schreier (2), Mill (1). – K.: Bast. – SR.: Igna (Rumänien).

15 **Jugoslawien,** 5. 8., Pasadena, 2:5 verloren (Olympia-Viertelfinale): Franke – Bockenfeld, Bast, Buchwald, Wehmeyer – Bommer (1), Groh, Rahn (1), Brehme – Schreier (Schatzschneider), Mill. – K.: Bast. – SR.: Romero (Argentinien).

1987: 8 Spiele: 5 Siege, 1 Unentschieden, 2 Niederlagen

16 **Israel B,** 25. 3., Tel Aviv, 2:1 gewonnen: Zumdick (Vollack) – W. Funkel (1) – A. Reinhardt, Borowka – Lehnhoff (Bommer), Schreier (Mill 1), Kempe (Zorc), Dorfner, Grahammer – Criens, Eckstein. – K: Schreier/Mill. – SR: Hope (Schottland).

17 **Rumänien,** 18. 4., Cluj-Napoca, 0:1 verloren (Olympia-Qualifikation): Vollack – Steiner – Schäfer, A. Reinhardt – Lehnhoff (Engels), W. Funkel, Schreier, Zorc, Grahammer – Dickel (Walter), Klinsmann. – K: Schreier. – SR: Matusik (CSSR).

18 **CSSR,** 10. 8., Aschaffenburg, 0:1 verloren: Vollack (Zimmermann) – Steiner – Borowka, W. Funkel, Schäfer – Zorc, Schreier, Schulz (Schön), Kroth (Dickel) – Klinsmann (Walter), Mill. – K: Schreier. – SR: Röthlisberger (Schweiz).

19 **Holland,** 8. 9., Maastricht, 1:1 unentschieden: Köpke – Hörster – Sievers, Borowka, W. Funkel, Grahammer – Schreier (Bommer), Häßler (Kroth), Hausmann (Schön) – Klinsmann, Ordenewitz (Walter 1). – K: Schreier/Bommer. – SR: Goris (Belgien).

20 **Griechenland,** 22. 9., Offenburg, 3:0 gewonnen (Olympia-Qualifikation): Köpke – Grahammer – Borowka, W. Funkel, Schäfer – Zorc, Bommer, Schreier, Wuttke 1 (Bakalorz) – Klinsmann (Walter), Mill (2). – K: Bommer. – SR: Colic (Jugoslawien).

21 **Polen,** 13. 10., Osnabrück, 5:1 gewonnen (Olympia-Qualifikation): Kamps – Hörster – Borowka, W. Funkel, Schäfer – Bommer, Hochstätter (1), Häßler, Wuttke 1 (Schreier) – Klinsmann (2), Mill 1 (Ordenewitz). – K: Bommer. – SR: van Swieten (Holland).

22 **Dänemark,** 18. 11., Aarhus, 1:0 gewonnen (Olympia-Qualifikation): Köpke – Hörster – W. Funkel, A. Reinhardt – Grahammer, Bommer, Borowka, Wuttke (1), Görtz – Klinsmann, Walter (Häßler). – K: Bommer. – SR: Hartmann (Ungarn).

23 **Griechenland,** 12. 12., Larissa, 2:0 gewonnen (Olympia-Qualifikation): Köpke – Hörster – W. Funkel, A. Reinhardt – Grahammer, Bommer, Bakalorz, Borowka (Schäfer), Görtz – Walter (1), Schreier (1). – K: Bommer. – SR: Spirin (UdSSR).

1988: 10 Spiele: 6 Siege, 2 Unentschieden, 2 Niederlagen

24 **Dänemark,** 30. 3., Osnabrück, 1:1 unentschieden (Olympia-Qualifikation): Köpke – Hörster – Grahammer, W. Funkel – Häßler, A. Reinhardt, Hochstätter (Neubarth), Borowka, Görtz (1) – Klinsmann, Mill. – K: Mill. – SR: Aladren (Spanien).

25 **Polen,** 27. 4., Chorzow, 1:1 unentschieden (Olympia-Qualifikation): Köpke – Sauer – Schäfer, W. Funkel – Bommer, Häßler, Fach, Wuttke, Grahammer (Kleppinger) – Mill (1), Eckstein. – K: Mill. – SR: Sawtschenko (UdSSR).

26 **Rumänien,** 31. 5., Dortmund, 3:0 gewonnen (Olympia-Qualifikation): Köpke – Sauer – A. Reinhardt (Zorc), Borowka – W. Funkel, Fach – Häßler – Wuttke (1), Görtz – Klinsmann 2 (Eckstein), Mill. – K: Mill. – SR: Martin (England).

27 **Nigeria,** 30. 8., Siegen, 2:1 gewonnen: Köpke (Kamps) – Hörster – Kleppinger, W. Funkel (Kreuzer), Schulz – Bommer, Schreier (2), Janßen, Bakalorz – Walter, Ordenewitz. – K: Bommer. – SR: Assenmacher (Deutschland).

28 **China,** 17. 9., Pusan, 3:0 gewonnen (Olympia-Gruppenspiel): Kamps – Hörster – Grahammer, W. Funkel, Schulz, Görtz – Fach (Schreier), Häßler, Wuttke 1 (Kleppinger) – Klinsmann, Mill (2). – K: Mill. – SR: Cardellino (Uruguay).

29 **Tunesien,** 19. 9., Pusan, 4:1 gewonnen (Olympia-Gruppenspiel): Kamps – Hörster – Grahammer (1), W. Funkel, Schulz, Görtz (Kleppinger) – Fach, Häßler, Wuttke 1 (Schreier) – Klinsmann, Mill (1), dazu ein Eigentor von Mizouri. – K: Mill. – SR: Hope (Schottland).

30 **Schweden,** 21. 9., Taegu, 1:2 verloren (Olympia-Gruppenspiel): Kamps – Hörster – Kleppinger, Grahammer, Schulz, Görtz – Fach, Häßler, Wuttke (Schreier) – Klinsmann, Mill (Walter 1). – K: Mill/Hörster. – SR: Röthlisberger (Schweiz).

31 **Sambia,** 25. 9., Kwangju, 4:0 gewonnen (Olympia-Viertelfinale): Kamps – Hörster – Grahammer, W. Funkel (1), Schulz, Görtz – Fach, Häßler (Janßen), Wuttke – Klinsmann (3), Riedle (Kleppinger). – K: Hörster. – SR: Dias (Kolumbien).

32 **Brasilien,** 27. 9., Seoul, 1:1 unentschieden n. V., Brasilien 3:2-Sieger im Elfmeterschießen (Olympia-Halbfinale): Kamps – Hörster – Grahammer, W. Funkel, Schulz, Görtz (Kleppinger) – Fach (1), Häßler, Wuttke – Klinsmann, Mill (Janßen). – K: Mill/Hörster. – SR: Hackett (England).

33 **Italien,** 30. 9., Seoul, 3:0 gewonnen (Olympia, Platz 3): Kamps – Hörster – Grahammer, W. Funkel, Schulz, Kleppinger (1) – Häßler, Wuttke (Schreier 1), Sievers (Bommer) – Klinsmann (1), Mill. – K: Mill. – SR: Lousteau (Argentinien).

1990: 2 Spiele: 1 Sieg, 1 Niederlage

34 **Schweiz,** 15. 5., Muri, 2:1 gewonnen: Lehmann (Heinen) – Kastner – Stadler (Hubner 1), Wörns – J. Bode (Lasser), Franck (1), Spanring, Poschner, Kliche – Herrlich, Klauß (Türr). – K: Franck. – SR: Steindl (Österreich).

35 **Tschechoslowakei,** 18. 5., Würzburg, 0:3 verloren: Lehmann – N. Schmäler – Wörns, Spanring (Stadler) – Kastner (Lasser), Feinbier (Heldt), Hubner, Franck, Kliche – Türr, Herrlich (Klaus). – K: Franck. – SR: Heynemann (DDR).

Zu Spielen der Olympiamannschaft wurden berufen:

1 **Allofs** Thomas (1. FC Kaiserslautern), 1983 Jg

3 **Bakalorz** Dirk (Borussia Mönchengladbach 2, Eintracht Frankfurt 1), 1987 G, G – 1988 Nig

14 **Bast** Dieter (VfL Bochum 3, Bayer Leverkusen 11), 1982 H – 1983 Pl, Pg, Tsch, Pg, Jg, Isr – 1984 Fr, Fr, Ch, Ma, Br, SA, Jg

2 **Bein** Uwe (Kickers Offenbach), 1983 Tsch, Jg

1 **Bittcher** Ulrich (Schalke 04), 1982 H

11 **Bockenfeld** Manfred (Fortuna Düsseldorf), 1983 Pl, Isr, Pg, Jg, Isr – 1984 Fr, Ch, Ma, Br, SA, Jg

1 **Bode** Jörg (Hamburger SV), 1990 Sz

20 **Bommer** Rudi (Fortuna Düsseldorf 11, Bayer Uerdingen 7, Viktoria Aschaffenburg 2), 1983 Tsch, Pg, Jg, Isr – 1984 Fr, Fr, Ch, Ma, Br, SA, Jg – 1987 Isr, H, G, Pl, D, G – 1988 Pl, Nig, It

9 **Borowka** Ulrich (Borussia M'gladbach 1, Werder Bremen 8), 1987 Isr, Tsch, H, G, Pl, D, G – 1988 D, Rum

10 **Brehme** Andreas (1. FC Kaiserslautern), 1983 Tsch, Pg, Jg, Isr – 1984 Fr, Ch, Ma, Br, SA, Jg

9 **Buchwald** Guido (VfB Stuttgart), 1983 Jg, Isr – 1984 Fr, Fr, Ch, Ma, Br, SA, Jg

1 **Criens** Hans-Jörg (Borussia M'gladbach), 1987 Isr

3 **Del'Haye** Carl (Bayern München), 1983 Pl, Pg, Tsch

2 **Dickel** Norbert (Borussia Dortmund), 1987 Rum, Tsch

7 **Dickgießer** Roland (SV Waldhof Mannheim), 1983 Tsch, Pg, Jg, Isr – 1984 Fr, Ch, Ma, Br

1 **Dorfner** Hans (Bayern München), 1987 Isr

3 **Dressel** Werner (1. FC Nürnberg), 1982 H – 1983 Pl, Pg

3 **Eckstein** Dieter (1. FC Nürnberg), 1987 Isr – 1988 Pl, Rum
1 **Engels** Stefan (1. FC Köln), 1987 Rum
7 **Fach** Holger (Bayer Uerdingen), 1988 Pl, Rum, Ch, Tun, Sd, Sb, Br
1 **Falkenmayer** Ralf (Eintracht Frankfurt), 1984 Fr
1 **Feinbier** Markus (Bayer Leverkusen), 1990 Tsch
2 **Franck** Thomas (SV Waldhof Mannheim), 1990 Sz, Tsch
12 **Franke** Bernd (Eintracht Braunschweig), 1982 H – 1983 Pl, Pg, Isr, Tsch, Pg, Jg – 1984 Fr, Ma, Br, SA, Jg
17 **Funkel** Wolfgang (Bayer Uerdingen), 1987 Isr, Rum, Tsch, H, G, Pl, D, G – 1988 D, Pl, Rum, Nig, Ch, Tun, Sb, Por, It
6 **Geils** Karl-Heinz (Arminia Bielefeld), 1982 H – 1983 Pg, Isr, Tsch, Pg, Isr
9 **Görtz** Armin (1. FC Köln), 1987 D, G – 1988 D, Rum, Ch, Tun, Sd, Sb, Br
14 **Grahammer** Roland (1. FC Nürnberg 8, Bayern München 6), 1987 Isr, Rum, H, G, D, G – 1988 D, Pl, Ch, Tun, Sd, Sb, Br, It
14 **Groh** Jürgen (Hamburger SV), 1982 H – 1983 Pl, Pg, Isr, Pg, Jg, Isr – 1984 Fr, Fr, Ch, Ma, Br, SA, Jg
11 **Häßler** Thomas (1. FC Köln), 1987 H, Pl, D – 1988 D, Pl, Rum, Ch, Tun, Sd, Sb, Br, It
8 **Hartwig** William (Hamburger SV), 1983 Pl, Pg, Isr, Tsch, Pg, Isr – 1984 Fr, Fr
1 **Hausmann** Christian (Bayer Leverkusen), 1987 H
2 **Heck** Werner (1. FC Nürnberg), 1982 H – 1983 Tsch
1 **Heinen** Dirk (Bayer Leverkusen), 1990 Sz
1 **Heldt** Horst (1. FC Köln), 1990 Tsch
2 **Herrlich** Heiko (Bayer Leverkusen), 1990 Sz, Tsch
2 **Hochstätter** Christian (Borussia Mönchengladbach), 1987 Pl – 1988 D
12 **Hörster** Thomas (Bayer Leverkusen), 1987 H, Pl, D, G – 1988 D, Nig, Ch, Tun, Sd, Sb, Br, It
1 **Huber** Lothar (Borussia Dortmund), 1983 Pl
2 **Hubner** Michael (VfL Bochum), Sz, Tsch
4 **Hupe** Dirk (Arminia Bielefeld), 1982 H – 1983 Pl, Pg, Isr
3 **Janßen** Olaf (1. FC Köln), 1988 Nig, Sb, Br
2 **Junghans** Walter (Schalke 04), 1983 Isr – 1984 Ch
8 **Kamps** Uwe (Borussia Mönchengladbach), 1987 Pl – 1988 Nig, Ch, Tun, Sd, Sb, Br, It
2 **Kastner** Frank (Karlsruher SC), 1990 Sz, Tsch
1 **Kempe** Thomas (VfL Bochum), 1987 Isr
2 **Klauß** Michael (Bayer Uerdingen), 1990 Sz, Tsch
8 **Kleppinger** Gerhard (Borussia Dortmund 1, Bayer Uerdingen 7), 1988 Pl, Nig, Ch, Tun, Sd, Sb, Por, It
2 **Kliche** Ulf (Bayern München), 1990 Sz, Tsch
14 **Klinsmann** Jürgen (VfB Stuttgart), 1987 Rum, Tsch, H, G, Pl, D – 1988 D, Rum, Ch, Tun, Sd, Sb, Br, It
5 **Klotz** Bernd (Borussia Dortmund), 1982 H – 1983 Pg, Isr, Tsch, Jg
1 **Koch** Meinolf (Borussia Dortmund), 1982 H
8 **Köpke** Andreas (1. FC Nürnberg), 1987 H, G, D, G – 1988 D, Pl, Rum, Nig
1 **Kreuzer** Oliver (Karlsruher SC), 1988 Nig
2 **Kroth** Thomas (Hamburger SV), 1987 Tsch, H
2 **Lasser** Thomas (Eintracht Frankfurt), 1990 Sz, Tsch
2 **Lehmann** Jens (Schalke 04), 1990 Sz, Tsch
2 **Lehnhoff** Hans Peter (1. FC Köln), 1987 Isr, Rum
5 **Lux** Peter (Eintracht Braunschweig), 1983 Jg – 1984 Ch, Ma, Br, SA
19 **Mill** Frank (Borussia M'gladbach 8, Borussia Dortmund 11), 1983 Pg – 1984 Fr, Fr, Ch, Ma, Br, SA, Jg – 1987 Isr, G, Pl – 1988 D, Pl, Rum, Ch, Tun, Sd, Por, It
1 **Möhlmann** Benno (Werder Bremen), 1982 H
4 **Mohr** Jürgen (Hertha BSC Berlin), 1982 H – 1982 Pl, Pg, Isr
1 **Neubarth** Frank (Werder Bremen), 1988 D
3 **Ordenewitz** Frank (Werder Bremen), 1987 H, Pl – 1988 Nig
1 **Otten** Johnny (Werder Bremen), 1982 H
2 **Pagelsdorf** Frank (Arminia Bielefeld), 1982 H – 1983 Isr
3 **Patzke** Wolfgang (VfL Bochum), 1983 Pl, Pg, Isr
1 **Poschner** Gerhard (VfB Stuttgart), 1990 Sz

5 **Rahn** Uwe (Borussia Mönchengladbach), 1984 Ch, Ma, Br, SA, Jg
6 **Reinhardt** Alois (Bayer Leverkusen), 1987 Isr, Rum, D, G – 1988 D, Rum
1 **Riedle** Karlheinz (Werder Bremen), 1988 Sb
2 **Sauer** Gunnar (Werder Bremen), 1988 Pl, Rum
6 **Schäfer** Günther (VfB Stuttgart), 1987 Rum, Tsch, G, Pl, G – 1988 Pl
11 **Schatzschneider** Dieter (Hannover 96 1, Fortuna Köln 2, Hamburger SV 4, Schalke 04 4), 1982 H – 1983 Pl, Pg, Pg, Isr – 1984 Fr, Fr, Ch, Ma, Br, Jg
1 **Schlindwein** Dieter (SV Waldhof Mannheim), 1984 Ch
1 **Schmäler** Nils (VfB Stuttgart), 1990 Tsch
4 **Schön** Alfred (SV Waldhof Mannheim), 1984 Ch, SA – 1987 Tsch, H
22 **Schreier** Christian (VfL Bochum 6, Bayer Leverkusen 16), 1983 Tsch, Pg, Jg, Isr – 1984 Fr, Fr, Ch, Ma, SA, Jg – 1987 Isr, Rum, Tsch, H, G, Pl, G – 1988 Nig, Ch, Tun, Sd, It
1 **Schulz** Frank (Eintracht Frankfurt), 1987 Tsch
7 **Schulz** Michael (1. FC Kaiserslautern), 1988 Nig, Ch, Tun, Sd, SB, Por, It
2 **Sievers** Ralf (Eintracht Frankfurt), 1987 H – 1988 It
2 **Spanring** Martin (Fortuna Düsseldorf), 1990 Sz, Tsch
2 **Stadler** Joachim (1. FC Kaiserslautern), 1990 Sz, Tsch
2 **Steiner** Paul (1. FC Köln), 1987 Rum, Tsch
2 **Türr** Frank (1. FC Nürnberg), 1990 Sz, Tsch
3 **Vollack** Werner (Bayer Uerdingen), 1987 Isr, Rum, Tsch
1 **Waas** Herbert (Bayer Leverkusen), 1983 Isr
8 **Walter** Fritz (SV Waldhof Mannheim 1, VfB Stuttgart 7), 1987 Rum, Tsch, G, Pl, G, H – 1988 Nig, Sd
13 **Wehmeyer** Bernd (Hamburger SV), 1983 Pl, Pg, Isr, Tsch, Pg, Isr – 1984 Fr, Fr, Ch, Ma, Br, SA, Jg
2 **Wörns** Christian (SV Waldhof Mannheim), 1990 Sz, Tsch
11 **Wuttke** Wolfram (1. FC Kaiserslautern), 1987 G, Pl, D – 1988 Pl, Rum, Ch, Tun, Sd, Sb, Br, It
1 **Zimmermann** Uwe (SV Waldhof Mannheim), 1987 Tsch
5 **Zorc** Michael (Borussia Dortmund), 1987 Isr, Rum, Tsch, G – 1988 Rum
3 **Zumdick** Ralf (VfL Bochum), 1983 Jg – 1984 Fr – 1987 Isr

Alle Torschützen der Olympia-Auswahl

(in alphabetischer Reihenfolge)

Bommer	5	Hartwig	1	Schatzschneider	8
Brehme	2	Hochstätter	1	Schreier	6
Buchwald	1	Hubner	1	Waas	1
Fach	1	Kleppinger	1	Walter	3
Franck	1	Klinsmann	8	Wuttke	6
W. Funkel	2	Klotz	1	Eigentore des Gegners	1
Görtz	1	Mill	10		
Grahammer	1	Rahn Uwe	4		

Die meisten Einsätze in der Olympia-Auswahl

Schreier	22	Groh	14	Häßler	11
Bommer	20	Klinsmann	14	Schatzschneider	11
Mill	19	Wehmeyer	13	Wuttke	11
W. Funkel	17	Franke	12	Brehme	10
Bast	14	Hörster	12		
Grahammer	14	Bockenfeld	11		

Die erfolgreichsten Vereine (Berufungen/Spieler)

Bayer Leverkusen	51 Berufungen/10 Spieler	1. FC Köln	30 Berufungen/ 7 Spieler
Bayer Uerdingen	43 Berufungen/ 6 Spieler	Borussia Dortmund	27 Berufungen/ 7 Spieler
Hamburger SV	42 Berufungen/ 6 Spieler	Bor. M'gladbach	27 Berufungen/ 7 Spieler
VfB Stuttgart	38 Berufungen/ 6 Spieler	1. FC Nürnberg	26 Berufungen/ 6 Spieler
1. FC Kaiserslautern	31 Berufungen/ 5 Spieler	Fortuna Düsseldorf	24 Berufungen/ 3 Spieler

Die Bilanz der Junioren-Länderspiele „U 23"

Gegner	Spiele	Siege	Unentsch.	Niederl.	Tore	11-m-Sch.
Albanien	2	2	–	–	4:0	
Belgien	4	4	–	–	14:6	
Bulgarien	1	–	–	1	0:1	
Dänemark	4	3	1	–	6:0	
England	6	1	1	4	6:14	
Frankreich	3	1	–	2	3:2	
Jugoslawien	1	–	1	–	3:3	
Österreich	1	–	1	–	2:2	
Polen	6	3	2	1	13:6	
Rumänien	3	–	2	1	3:4	
Sowjetunion	2	–	1	1	1:3	
Tschechoslowakei	3	2	1	–	5:2	
Türkei	3	2	–	1	7:2	
Ungarn	2	–	2	–	5:5	
USA	1	1	–	–	5:1	
Bilanz	42	19	12	11	77:51	

Spiele der Junioren-Auswahl „U 23"

Juniorenspiele internationalen Charakters gibt es erst seit den 50er Jahren. Zuerst liefen sie unter mannigfachen Namen (z. B. „Fohlenspiele"), und erst allmählich fanden diese Spiele Eingang in den offiziellen internationalen Spielverkehr. Teilnahmeberechtigt waren nur solche Spieler, die am 1. September des Spieljahres noch nicht 23 Jahre alt waren. Eine Neuregelung galt für die Europameisterschaften „Unter 23". Wer für das erste Spiel spielberechtigt war, konnte bis zum Schluß des über zwei Jahre laufenden Wettbewerbs eingesetzt werden. Der DFB führt seit 1974 keine Juniorenländerspiele „Unter 23" mehr durch und ersetzte das Team „U 23" durch die neue „U 21", die auch im internationalen Spielbetrieb die Europameisterschaft „U 23" ablöste. „U 21"-Länderspiele im DFB gibt es seit Herbst 1979.

1955: 1 Spiel: 1 Unentschieden

1 **Jugoslawien,** 25. 6., Frankfurt, 3:3 unentschieden: Orzessek – Vigna, Eder (Faller) – Rehbein, R. Hoffmann, Mayer – Dächert, Kraus (2), Buchenau, Wade (Sauer), Sanmann (1). – SR Fauquemberghe (Frankreich).

1956: 1 Spiel: 1 Sieg

2 **Belgien,** 19. 12., Lüttich, 3:2 gewonnen: Tilkowski (Schnoor) – Zastrau, Barwenczik – Borutta, Hesse, Jagielski (Pyka) – Schmid, Laumann (Geiger), Bohnes, A. Schmidt (3), Kapitulski. – SR: Grandain (Belgien).

1957: 3 Spiele: 1 Sieg, 2 Unentschieden

3 **Belgien,** 27. 3., Essen, 4:2 gewonnen: Traska – Zastrau, Barwenczik – Wieczorek (Pyka), Graetsch, Nuber (Foitzik) – Schmid (1), Faeder (1), Marx, Cieslarczyk, Cyliax (2). – SR: Dusch (Deutschland).

4 **Tschechoslowakei,** 26. 5., Bayreuth, 1:1 unentsch.: Ewert – Dienelt, Höfer – Borutta, Jäger, Kempf – Dächert (1), Faeder, Marx (Pastoors), A. Schmidt, Hornig. – SR: Stoll (Österreich).

5 **Ungarn,** 21. 12., Braunschweig, 3:3 unentsch.: Schmitz – Preuß, Lutz – Nuber, O. Laszig, Mühlenbock – Koslowski (2), Soya (1), Pörschke, Matischak, Habig. – SR: Ackeborn (Schw.).

1958: 2 Spiele: 1 Sieg, 1 Unentschieden

6 **Belgien,** 26. 2., Wuppertal, 4:1 gewonnen: Tilkowski – Preuß (Jäger), Späth – Borutta, Landerer, Sturm – Koslowski (Wischnowsky, 1), Steffen (2), Uwe Seeler, Pörschke, Cieslarczyk (1). – SR: Ternieden (Deutschland).

7 **Dänemark,** 23. 9., Kiel, 0:0 unentschieden: Ewert – Preis, Rausch – Werner, Giesemann, Schneider – Marquardt, Hänel, Schlagowski, Brülls (Mühlenbock), Steffen. – SR: Roomer (Holland).

1959: 3 Spiele: 1 Sieg, 2 Unentschieden

8 **England,** 10. 5., Bochum, 2:2 unentschieden: Ewert – Giesemann, Rausch – Schulz, Jäger, Lowin – Kuster, Herrmann, Kölbl, Höher, Backhaus (2). – SR: Martens (Holland).

9 **Polen,** 20. 5., Krakau, 4:2 gewonnen: Traska – Seibold, Rausch – Parzl, Wenauer, Lowin – Marquardt, Herrmann (1), Brülls (1), Backhaus (1), Dörfel (Steffen, 1). – SR: Christoph (Bulgarien).

10 **Ungarn,** 7. 11., Miskolc, 2:2 unentschieden: Ewert – Gehling, Rausch – Graetsch, Wenauer, Lowin – May, Horn, Strehl (2), Steffen, Backhaus. – SR: Bilak (Polen).

1961: 4 Spiele: 3 Siege, 1 Niederlage

11 **England,** 15. 3., London, 1:4 verloren: Bernard – Neumann, Olk – Sundermann, Wenauer, Porges – Flachenecker, Schütz, Strehl (1), Straschitz (Höher), Kremer. – SR: Horn (Holland).

12 **Belgien,** 13. 5., Waterschei, 3:1 gewonnen: Bernard – Neumann, Höfig – Porges, Stapelfeldt, Baum (Weber) – Flachenecker (1), Haller (1), Heiser, Thun (Arnold), Hartz (1). – SR: Devillers (Frankreich).

13 **Dänemark,** 20. 9., Odense, 1:0 gewonnen: Bernard – Piontek, Kurbjuhn – Luttrop, Porges, Arnold – Flachenecker (1), Ulsaß, Schütz, Elfert, Lotz. – SR: Johansson (Schweden).

14 **Polen,** 8. 10., Gelsenkirchen, 5:0 gewonnen: Fahrian – Kurbjuhn, Rausch – Luttrop, Horst, Reisch – Thielen (1), Ipta (2), Bergstein (2), Schult (Krämer), Lotz. – SR: van Leeuwen (Holland).

1962: 2 Spiele: 1 Sieg, 1 Niederlage

15 **Frankreich,** 6. 5., Aachen, 3:0 gewonnen: Bernard – Piontek, Patzke – Luttrop, Voß, Sundermann – Rühl (1), Trimhold, Bergstein (1) (Peters), Gast (1), Lotz. – SR: Mootz (Luxemburg).

16 **Frankreich,** 24. 10., Lyon, 0:1 verloren: Kirsch – Walter, Rausch – Hemmersbach, Eisele, Hoffmann (Kahn) – Thielen, Ipta, Brunnenmeier, Trimhold, Greif. – SR: Keller (Schweiz).

1963: 2 Spiele: 2 Niederlagen

17 **Bulgarien,** 25. 9., Karlsruhe, 0:1 verloren: Manglitz – Piontek, Becher – Entenmann (Diehl), Kaack, W. Sturm – Heiß, Rebele, Brunnenmeier, Elfert (Ferner), Görts. – SR: Babouczek (Österreich).

18 **England,** 27. 11., Liverpool, 1:4 verloren: Pfeifer – Voß, Höttges – Neumann, Kaack, Lungwitz – Gerwien, Ferner, Lechner (1), Brunnenmeier, Elfert. – SR: Roomer (Holland).

1964: 2 Spiele: 1 Sieg, 1 Niederlage

19 **Türkei,** 4. 3., Ankara, 1:2 verloren: Fahrian – Heidemann, Höttges – Neumann (1), Kaack, Becher – Libuda, Peters, Brunnenmeier, Ferner (Wild), Heiß. – SR. Petrusic (Jugoslawien).

20 **Tschechoslowakei,** 29. 4., Karlsbad, 1:0 gewonnen: Danner – Heidemann, Höttges – Hemmersbach, Kaack, Becher – Kentschke, Gecks, Peters (1), Netzer, Becker (Wild). – SR: Haberfellner (Österreich).

1965: 1 Spiel: 1 Sieg

21 **England,** 25. 6., Freiburg, 1:0 gewonnen: Danner – Dieckmann, Redder – L. Müller, Reich, Kurrat – Gecks, H. Schulz (1), Held, Löhr, Wild. – SR: Bucheli (Schweiz).

1966: 2 Spiele: 1 Sieg, 1 Unentschieden

22 **Türkei,** 12. 10., Saarbrücken, 3:0 gewonnen: Danner – Wittmann (1), Vogts – Friedrich, Fichtel, Assauer – Libuda, B. Dörfel, Saborowski (1), Elfert (1) (Peter), Köppel. – SR: Nilsen (Norwegen).

23 **Rumänien,** 16. 11., Bukarest, 1:1 unentschieden: Nigbur – Wittmann, Vogts – Bella, Assauer, Elfert (Rumor) – Nafziger (H. Wimmer), Müller (1), Saborowski, Heynckes, Neuberger. – SR: Francesconi (Italien).

1967: 2 Spiele: 1 Sieg, 1 Unentschieden

24 **Tschechoslowakei,** 3. 5., Mönchengladbach, 3:1 gewonnen: Nigbur – Koppenhöfer, Wittmann (Rausch) – Bella, Assauer, Flohe – H. Wimmer, Netzer (2), Heynckes (1), Saborowski, Köppel. – SR: Tom Finney (England).

25 **Rumänien,** 22. 11., Saarbrücken, 1:1 unentschieden: Rynio – Koppenhöfer (Rausch), Bella – Fichtel, Assauer, Simmet (1) – Wimmer (Volkert), Grabowski, Heynckes, Neuberger, Köppel. – SR: Helies (Frankreich).

1968: 1 Spiel: 1 Niederlage

26 **England,** 3. 6., Kassel, 0:1 verloren: Rynio – Sandmann, Koppenhöfer – Vogts, Fichtel, Höbusch – Jung, Hellfritz, Handschuh, Budde (Wimmer), Köppel. – SR: Dr. Galba (Tschechoslowakei).

1969: 2 Spiele: 1 Unentschieden, 1 Niederlage

27 **Österreich,** 7. 5., Graz, 2:2 unentschieden: Heinze (Rynio) – Koppenhöfer, Kroth – Schwarzenbeck, Pirsig (Anders), Helmut Schmidt (Hölzenbein) – Roth, Zaczyk, Wittkamp (1), Köppel (1), Steffenhagen (Nüssing). – SR: Strmensky (Jugoslawien).

28 **Rumänien,** 24. 9., Bukarest, 1:2 verloren: Nigbur – Koppenhöfer, Merkhoffer – Hellfritz, Blankenburg, Hölzenbein – Köppel, Flohe (Schäfer), Beer, Neuberger 1 (Schmidt), Kapellmann. – SR: Babacan (Türkei).

1970: 1 Spiel: 1 Niederlage

29 **England,** 14. 10., Leicester, 1:3 verloren: Rynio – Bella, H. Kremers – Rüßmann, Zech, Lütkebohmert – Köppel, Scheer, Weist (1) (Kapellmann), Neuberger, Erler. – SR: Brouwer (Holland).

1971: 5 Spiele: 4 Siege, 1 Unentschieden

30 **Albanien,** 16. 2., Elbasan, 2:0 gewonnen (EM-Qualifikation): Bradler – Sobieray (Geye), Linssen – Rüßmann, E. Schmitt, Peitsch – Pirrung (Fischer), Flohe, Weist (1), Scheer, Köppel (1). – SR: Carminati (Italien).

31 **Türkei,** 24. 4., Augsburg, 3:0 gewonnen (EM-Qualifikation): Heinze – Peitsch, H. Kremers – Rüßmann, Schwarzenbeck, Lütkebohmert – Steffenhagen, Pirrung (1) (Kapellmann), Reimann (2), Linssen, E. Kremers (Schäfer). – SR: Wurtz (Frankreich).

32 **Albanien,** 11. 6., Heilbronn, 2:0 gewonnen (EM-Qualifikation): Heinze – Breitner, H. Kremers – Rüßmann, E. Schmitt, Nogly – Bertl (Pirrung), Hoeneß (1) (Reimann), Nickel, Linssen, Steffenhagen (1). – SR: Rolles (Luxemburg).

33 **Polen,** 9. 10., Lodz, 1:1 unentschieden (EM-Qualifikation): Burdenski – Sobieray, H. Kremers – Bonhof, E. Schmitt, Seel – Steffenhagen, Scheer (Pirrung), Fischer (Reimann, 1), Linssen, E. Kremers. – SR: Jonsson (Schweden).

34 **Polen,** 16. 11., Bremen, 1:0 gewonnen (EM-Qualifikation): Burdenski – Kapellmann, Konopka – Rüßmann, E. Schmitt, Bonhof – Seel, Scheer (Danner), Weist (1), Lütkebohmert, Steffenhagen. – SR: Balthasar (Portugal).

1972: 2 Spiele: 1 Unentschieden, 1 Niederlage

35 **Sowjetunion,** 29. 4., Eriwan, 1:3 verloren (EM-Viertelfinale): Burdenski – Baltes, Konopka – E. Schmitt, Kliemann, Kaltz – Geye, Schäfer (Kapellmann), Wunder (1), Danner, Haun (Reimann). – SR: Berstad (Norwegen).

36 **Sowjetunioon,** 11. 5., Duisburg, 0:0 unentschieden (EM-Viertelfinale): Burdenski – Baltes, Konopka – Bonhof, Kliemann (Cullmann), Hollmann – Geye, Köppel (Danner), Wunder, Bitz, Riedl. – SR: Bonnet (Malta).

1973: 6 Spiele: 3 Siege, 1 Unentschieden, 2 Niederlagen

37 **USA,** 27. 3., Duisburg, 5:1 gewonnen: Welz – Kapellmann, Konopka (1) – H. Kremers (1), Cullmann (Skala), Zewe – Seel (Seliger), Schäfer, Wunder (3), Danner (Kulik), Worm (W. Schneider). – SR: Rion (Belgien).

38 **Dänemark,** 8. 5., Randers, 2:0 gewonnen (EM-Qualifikation): Welz – Kaltz, Konopka – Zimmermann, Skala, Zewe (Bast) – Geye, Schäfer (1), Wunder, Hein, Haun (Worm, 1). – SR: Andersen (Norwegen).

39 **Polen,** 5. 9., Essen, 2:3 verloren (EM-Qualifikation): Burdenski – Baltes, Konopka (1) – Zimmermann (1), Skala, Bonhof – Geye, Zewe, Walitza, Kulik (Schäfer), Herzog. – SR: Verbeke (Frankreich).

40 **Frankreich,** 14. 10., Mülhausen, 0:1 verloren: Zander (Burdenski) – Lameck (Hidien), Konopka (Sziedat) – Hein, Zimmermann, Danner – Seel, Bast, Walitza, Scheer (Tenhagen), Reimann. – SR: Keller (Schweiz).

41 **Dänemark,** 24. 10., Bochum, 3:0 gewonnen (EM-Qualifikation): Burdenski – Sziedat, Hidien – Lameck, Zimmermann, H. Kremers – Reimann (2), Bitz, Walitza (1), Wunder, Worm. – SR: Dubach (Schweiz).

42 **Polen,** 21. 11., Warschau, 0:0 unentschieden (EM-Qualifikation): Nigbur – Bonhof, Hein – Zimmermann, Cullmann, Danner – Geye (Schildt), Flohe, Hoeneß, Kulik, Reimann. – SR: Mladenovic (Jugoslawien).

Zu Juniorenspielen „U 23" wurden berufen

1 **Anders** Peter (Hannover 96), 1969 Ö
2 **Arnold** Hans (VfR Mannheim), 1961 Bg, D
4 **Assauer** Rudolf (Borussia Dortmund), 1966 T, Rum – 1967 Tsch, Rum
3 **Backhaus** Dieter (VfL Bochum), 1959 E, Pl, U
3 **Baltes** Heiner (Fortuna Düsseldorf), 1972 SU, SU – 1973 Pl
2 **Barwenczik** Julius (SpVgg Herten), 1956 Bg – 1957 Bg
2 **Bast** Dieter (Rot-Weiß Essen), 1973 Dä, Fr
1 **Baum** Otto (Schweinfurt 05), 1961 Bg
3 **Becher** Hans-Jürgen (Schalke 04), 1963 Bu – 1964 T, Tsch
1 **Becker** Gerd (KSV Hessen Kassel), 1964 Tsch
1 **Beer** Erich (Rot-Weiß Essen), 1969 Rum
4 **Bella** Michael (MSV Duisburg), 1966 Rum – 1967 Tsch, Rum – 1970 E
2 **Bergstein** Wilhelm (Alemannia Aachen), 1961 Pl – 1962 Fr
4 **Bernard** Günter (Schweinfurt 05), 1961 E, Bg, Dä – 1962 Fr
1 **Bertl** Horst (Hannover 96), 1971 Ab
2 **Bitz** Hermann (1. FC Kaiserslautern), 1972 SU – 1973 Dä
1 **Blankenburg** Horst (TSV 1860 München), 1969 Rum
1 **Bohnes** Heinz (Meidericher SV), 1956 Bg
5 **Bonhof** Rainer (Borussia Mönchengladbach), 1971 Pl, Pl – 1972 SU – 1973 Pl, Pl
3 **Borutta** Karl (Schalke 04), 1956 Bg – 1957 Tsch – 1958 Bg
1 **Bradler** Jürgen (VfL Bochum), 1971 Ab
1 **Breitner** Paul (FC Bayern München), 1971 Ab
2 **Brülls** Albert (Borussia Mönchengladbach), 1958 Dä – 1959 Pl
4 **Brunnenmeier** Rudolf (TSV 1860 München), 1962 Fr – 1963 Bu, E – 1964 T
1 **Buchenau** Berthold (FSV Frankfurt), 1955 Jg
1 **Budde** Rainer (MSV Duisburg), 1968 E
7 **Burdenski** Dieter (Arminia Bielefeld 4, Werder Bremen 3), 1971 Pl, Pl – 1972 SU, SU – 1973 Pl, Fr, Dä

2 **Cieslarczyk** Hans (SV Sodingen), 1957 Bg – 1958 Bg
3 **Cullmann** Bernhard (1. FC Köln), 1972 SU – 1973 USA, Pl
1 **Cyliax** Gerd (Westfalia Herne), 1957 Bg

2 **Dächert** Walter (SV Phönix Ludwigshafen), 1955 Jg – 1957 Tsch
6 **Danner** Dietmar (Borussia Mönchengladbach), 1971 Pl – 1972 SU, SU – 1973 USA, Fr, Pl
3 **Danner** Volker (1. FC Saarbrücken 2, Borussia Mönchengladbach 1), 1964 Tsch – 1965 E – 1966 T
1 **Dieckmann** Holger (Hamburger SV), 1965 E
1 **Diehl** Hans-Dieter (1. FC Saarbrücken), 1963 Bul
1 **Dienelt** Herbert (Stuttgarter Kickers), 1957 Tsch
1 **Dörfel** Bernd (Hamburger SV), 1966 T
1 **Dörfel** Gerd (Hamburger SV), 1959 Pl

1 **Eder** Hans (Union 06 Berlin), 1955 Jg
1 **Eisele** Hans (VfB Stuttgart), 1962 Fr

5 **Elfert** Gerhard (Arminia Hannover 3, Borussia Mönchengladbach 2), 1961 Dä – 1963 Bu, E – 1966 T, Rum
1 **Entenmann** Rudi (VfB Stuttgart), 1963 Bu
1 **Erler** Dietmar (Eintracht Braunschweig), 1970 E
4 **Ewert** Fritz (Turu Düsseldorf 1, 1. FC Köln 3), 1957 Tsch – 1958 Dä – 1959 E, U

2 **Faeder** Helmut (Hertha BSC Berlin), 1957 Bg, Tsch
2 **Fahrian** Wolfgang (Ulmer TSG 1846), 1961 Pl – 1964 T
1 **Faller** Gerhard (SV Phönix Ludwigshafen), 1955 Jg
3 **Ferner** Diethelm (Werder Bremen), 1963 Bu, E – 1964 T
3 **Fichtel** Klaus (FC Schalke 04), 1966 T – 1967 Rum – 1968 E
2 **Fischer** Klaus (FC Schalke 04), 1971 Ab, Pl
3 **Flachenecker** Gustav (1. FC Nürnberg), 1961 E, Dä, Bg
4 **Flohe** Heinz (1. FC Köln), 1967 Tsch – 1969 Rum – 1971 Ab – 1973 Pl
1 **Foitzik** Marian (Eintracht Trier) 1957 Bg
1 **Friedrich** Jürgen (Eintracht Frankfurt), 1966 T

1 **Gast** Siegfried (Kickers Offenbach), 1962 Fr
2 **Gecks** Horst (Meidericher SV), 1964 Tsch – 1965 E
1 **Gehling** Robert (1. FC Schweinfurt 05), 1959 U
1 **Geiger** Rolf (Stuttgarter Kickers), 1956 Bg
1 **Gerwien** Klaus (Eintracht Braunschweig), 1963 E
6 **Geye** Reiner (Fortuna Düsseldorf), 1971 Ab – 1972 SU, SU – 1973 Dä, Pl, Pl
2 **Giesemann** Willi (VfL Wolfsburg), 1958 D – 1959 E
1 **Görts** Werner (Bayer Leverkusen), 1963 Bu
1 **Grabowski** Jürgen (Eintracht Frankfurt), 1967 Rum
2 **Graetsch** Günter (SpVgg Herten), 1957 Bg – 1959 U
1 **Greif** Manfred (Holstein Kiel), 1962 Fr

1 **Habig** Ernst-Günter (SC Viktoria Köln), 1957 U
1 **Haller** Helmut (BC Augsburg), 1961 Bg
1 **Handschuh** Karl-Heinz (VfB Stuttgart), 1968 E
1 **Hänel** Klaus (Werder Bremen), 1958 Dä
1 **Hartz** Otto (Phönix Lübeck), 1961 Bg
2 **Haun** Eberhard (Eintracht Braunschweig), 1972 SU – 1973 Dä
2 **Heidemann** Hartmut (Meidericher SV), 1964 T, Tsch
3 **Hein** Herbert (1. FC Köln), 1973 Dä, Fr, Pl
3 **Heinze** Gerhard (VfB Stuttgart), 1969 Ö – 1971 T, Ab
1 **Heiser** Fredy (Hannover 96), 1961 Bg
2 **Heiß** Alfred (TSV 1860 München), 1963 Bu – 1964 Dä
1 **Held** Siegfried (Kickers Offenbach), 1965 E
2 **Hellfritz** Klaus-Jürgen (Hamburger SV), 1968 E – 1969 Rum
2 **Hemmersbach** Matthias (1. FC Köln), 1962 Fr – 1964 Tsch
2 **Herrmann** Günter (Karlsruher SC), 1959 E, Pl
1 **Herzog** Dieter (Fortuna Düsseldorf), 1973 Pl
1 **Hesse** Werner (Karlsruher Sport-Club), 1956 Bg
3 **Heynckes** Josef (Borussia Mönchengladbach 2, Hannover 96 1), 1966 Rum – 1967 Tsch, Rum
2 **Hidien** Peter (Hamburger SV), 1973 Fr, Dä
1 **Höbusch** Herbert (FC Schalke 04), 1968 E
2 **Hoeneß** Ulrich (FC Bayern München), 1971 Ab – 1973 Pl
1 **Höfer** Hermann (Eintracht Frankfurt), 1957 Tsch
1 **Hoffmann** Rudolf (Viktoria Aschaffenburg), 1955 Jg
1 **Hoffmann** Theo (VfB Stuttgart), 1962 Fr
1 **Höfig** Wolfgang (SV Waldhof), 1961 Bg
2 **Höher** Heinz (Bayer 04 Leverkusen), 1959 E – 1961 E
2 **Hölzenbein** Bernd (Eintracht Frankfurt), 1969 Ö, Rum
3 **Höttges** Horst-Dieter (Borussia Mönchengladbach), 1963 E – 1964 T, Tsch
1 **Hollmann** Rainer (Rot-Weiß Oberhausen), 1972 SU
1 **Horn** Alfred (FC Bayern Hof), 1959 U
1 **Hornig** Heinz (Eintracht Gelsenkirchen), 1957 Tsch
1 **Horst** Egon (FC Schalke 04), 1961 Pl

2 **Ipta** Werner (FC Schalke 04), 1961 Pl – 1962 Fr

3 **Jäger** Günter (Fortuna Düsseldorf), 1957 Tsch – 1958 Bg – 1959 E
1 **Jagielski** Helmut (FC Schalke 04), 1956 Bg
1 **Jung** Gustav (FC Bayern München), 1968 E

4 **Kaack** Peter (Eintracht Braunschweig), 1963 Bu, E – 1964 T, Tsch
1 **Kahn** Rolf (Karlsruher SC), 1962 Fr
2 **Kaltz** Manfred (Hamburger SV), 1972 SU – 1973 Dä
6 **Kapellmann** Hans-Josef (Alemannia Aachen 1, 1. FC Köln 5), 1969 Rum – 1970 E – 1971 T, Pl – 1972 SU – 1973 USA
1 **Kapitulski** Helmut (Borussia Dortmund), 1956 Bg
1 **Kempf** Heinz (SV Phönix Ludwigshafen), 1957 Tsch
1 **Kentschke** Gerhard (Karlsruher SC), 1964 Tsch
1 **Kirsch** Horst (Borussia Neunkirchen), 1962 Fr
2 **Kliemann** Uwe (Rot-Weiß Oberhausen), 1972 SU, SU
1 **Kölbl** Rudolf (TSV 1860 München), 1959 E
9 **Köppel** Horst (VfB Stuttgart 5, Borussia Mönchengladbach 4), 1966 T – 1967 Tsch, Rum – 1968 E – 1969 Ö, Rum – 1970 E – 1971 Ab – 1972 SU
7 **Konopka** Harald (1. FC Köln), 1971 Pl – 1972 SU, SU – 1973 USA, Dä, Pl, Fr
5 **Koppenhöfer** Herwart (1. FC Kaiserslautern 4, Bayern München 1), 1967 Tsch, Rum – 1968 E – 1969 Ö, Rum
2 **Koslowski** Willi (FC Schalke 04), 1957 U – 1958 Bg
1 **Krämer** Werner (Meidericher SV), 1961 Pl
1 **Kraus** Engelbert (Offenbacher Kickers), 1955 Jg
1 **Kremer** Willibert (Viktoria Köln), 1961 E
2 **Kremers** Erwin (Kickers Offenbach 1, Schalke 04 1), 1971 T, Pl
6 **Kremers** Helmut (Kickers Offenbach 3, FC Schalke 04 3), 1970 E – 1971 T, Ab, Pl – 1973 USA, Dä
1 **Kroth** Hans-Günter (TSV 1860 München), 1969 Ö
3 **Kulik** Christian (Borussia Mönchengladbach), 1973 USA, Pl, Pl
2 **Kurbjuhn** Jürgen (Hamburger SV), 1961 Dä, Pl
1 **Kurrat** Dieter (Borussia Dortmund), 1965 E
1 **Kuster** Manfred (Eintracht Gelsenkirchen), 1959 E

2 **Lameck** Michael (VfL Bochum), 1973 Fr, Dä
1 **Landerer** Ludwig (FC Bayern München), 1958 Bg
1 **Laszig** Otto (FC Schalke 04), 1957 U
1 **Laumann** Teddy (VfR Mannheim), 1956 Bg
1 **Lechner** Georg (Schwaben Augsburg), 1963 E
2 **Libuda** Reinhard (FC Schalke 04 1, Borussia Dortmund 1), 1964 T – 1966 T
4 **Linssen** Johannes (MSV Duisburg), 1971 Ab, T, Ab, Pl
1 **Löhr** Johannes (1. FC Köln), 1965 E
3 **Lotz** Oskar (Kickers Offenbach), 1961 Dä, Pl – 1962 Fr
3 **Lowin** Heinz (VfL Bochum), 1959 E, Pl, U
3 **Lütkebohmert** Herbert (FC Schalke 04), 1970 E – 1971 T, Pl
1 **Lungwitz** Werner (Preußen Münster), 1963 E
3 **Luttrop** Otto (Westfalia Herne), 1961 Dä, Pl – 1962 Fr
1 **Lutz** Heinz (Ludwigshafener Sport-Club), 1957 U

1 **Manglitz** Manfred (Meidericher SV), 1963 Bu
2 **Marquardt** Karl-Otto (Rot-Weiß Oberhausen), 1958 Dä – 1959 P
2 **Marx** Josef (SV Sodingen), 1957 Bg, Tsch
1 **Malischak** Klaus (VfB Bottrop), 1957 U
1 **May** Elmar (Eintracht Trier), 1959 U
1 **Mayer** Werner (FSV Frankfurt), 1955 Jg
1 **Merkhoffer** Franz (Eintracht Braunschweig), 1969 Rum
2 **Mühlenbock** Günter (1. FC Köln), 1957 U – 1958 Dä
1 **Müller** Gerhard (FC Bayern München), 1966 Rum
1 **Müller** Ludwig (1. FC Nürnberg), 1965 E

1 **Nafziger** Rudolf (FC Bayern München), 1966 Rum
2 **Netzer** Günter (Borussia Mönchengladbach), 1964 Tsch – 1967 Tsch
4 **Neuberger** Willi (Borussia Dortmund), 1966 Rum – 1967 Rum – 1969 Rum – 1970 E
4 **Neumann** Jürgen (1. FC Kaiserslautern), 1961 E, Bg – 1963 E – 1964 T
1 **Nickel** Bernd (Eintracht Frankfurt), 1971 Ab

4 **Nigbur** Norbert (FC Schalke 04), 1966 Rum – 1967 Tsch – 1969 Rum – 1973 Pl
1 **Nogly** Peter (Hamburger SV), 1971 Ab
2 **Nuber** Hermann (Offenbacher Kickers), 1957 Bg, U
1 **Nüssing** Dieter (1. FC Nürnberg), 1969 Ö

1 **Olk** Werner (Bayern München), 1961 E
1 **Orzessek** Manfred (FC Schalke 04), 1955 Jg

1 **Parzl** Josef (TSV Straubing), 1959 Pl
1 **Pastoors** Gerhard (Eintracht Gelsenkirchen), 1957 Tsch
1 **Patzke** Bernd (Minerva 93 Berlin), 1962 Fr
2 **Peitsch** Roland (Rot-Weiß Essen), 1971 Ab, T
1 **Peter** Gottfried (TSV 1860 München), 1966 T
3 **Peters** Hans-Otto (Bayer Leverkusen), 1962 Fr – 1964 T, Tsch
1 **Pfeifer** Werner (Fortuna Düsseldorf), 1963 E
3 **Piontek** Josef (Werder Bremen), 1961 Dä – 1962 Fr – 1963 Bu
4 **Pirrung** Josef (1. FC Kaiserslautern), 1971 Ab, T, Ab, Pl
1 **Pirsig** Detlef (MSV Duisburg), 1969 Ö
3 **Porges** Ingo (FC St. Pauli Hamburg), 1961 E, Bg, Dä
2 **Pörschke** Gerhard (Minerva 93 Berlin), 1957 U – 1958 Bg
1 **Preis** Albert (SV Waldhof), 1958 Dä
2 **Preuß** Günter (Meidericher SV), 1957 U – 1958 Bg
2 **Pyka** Alfred (Westfalia Herne), 1956 Bg – 1957 Bg

6 **Rausch** Friedrich (Meidericher SV 5, Schalke 04 1), 1958 Dä – 1959 E, Pl, U – 1961 Pl – 1962 Fr
2 **Rausch** Wolfgang (1. FC Köln), 1967 Tsch, Rum
1 **Rebele** Hans (TSV 1860 München), 1963 Bu
1 **Redder** Theo (Borussia Dortmund), 1965 E
1 **Rehbein** Günter (Eintracht Kreuznach), 1955 Jg
1 **Reich** Hans (TSV 1860 München), 1965 E
7 **Reimann** Wilhelm (Hannover 96), 1971 T, Ab, Pl – 1972 SU – 1973 Fr, Dä, Pl
1 **Reisch** Stefan (1. FC Nürnberg), 1961 Pl
1 **Riedl** Johannes (MSV Duisburg), 1972 SU
1 **Roth** Franz (FC Bayern München), 1969 Ö
1 **Rühl** Karl-Heinz (Viktoria Köln), 1962 Fr
5 **Rüßmann** Rolf (FC Schalke 04), 1970 E – 1971 Ab, T, Ab, Pl
1 **Rumor** Jürgen (1. FC Köln), 1966 Rum
4 **Rynio** Jürgen (Karlsruher SC 2, 1. FC Nürnberg 1, Bor. Dortmund 1), 1967 Rum – 1968 E – 1969 Ö – 1970 E

3 **Saborowski** Gerhard (Eintracht Braunschweig), 1966 T, Rum – 1967 Tsch
1 **Sandmann** Helmut (Hamburger SV), 1968 E
1 **Sanmann** Jürgen (SC Concordia Hamburg), 1955 Jg
1 **Sauer** Vitus (SV Mainz-Gonsenheim), 1955 Jg
6 **Schäfer** Winfried (Borussia Mönchengladbach 1, Kickers Offenbach 5), 1969 Rum – 1971 T – 1972 SU – 1973 USA, Dä, Pl
5 **Scheer** Klaus (FC Schalke 04), 1970 E – 1971 Ab, Pl, Pl – 1973 Fr
1 **Schildt** Gerd (Werder Bremen), 1973 Pl
1 **Schlagowski** Horst (Rot-Weiß Oberhausen), 1958 Dä
2 **Schmid** Max (1. FC Nürnberg), 1956 Bg – 1957 Bg
2 **Schmidt** Alfred (Borussia Dortmund), 1956 Bg – 1957 Tsch
2 **Schmidt** Helmut (FC Bayern München), 1969 Ö, Rum
5 **Schmitt** Egon (Kickers Offenbach), 1971 Ab, Ab, Pl, Pl – 1972 SU
1 **Schmitz** Theo (VfB Speldorf), 1957 U
1 **Schneider** Werner (SpVgg Fürth), 1958 Dä
1 **Schneider** Werner (MSV Duisburg), 1973 USA
1 **Schnoor** Horst (Hamburger Sport-Verein), 1956 Bg
1 **Schult** Jürgen (Viktoria Köln), 1961 Pl
1 **Schulz** Hans (Werder Bremen), 1965 E
1 **Schulz** Willi (Union Günnigfeld), 1959 E
2 **Schütz** Jürgen (Borussia Dortmund), 1961 E, Dä
2 **Schwarzenbeck** Georg (FC Bayern München), 1969 Ö – 1971 T
4 **Seel** Wolfgang (1. FC Kaiserslautern 3, Fortuna Düsseldorf 1), 1971 Pl, Pl – 1973 USA, Fr

1 **Seeler** Uwe (Hamburger Sport-Verein), 1958 Bg
1 **Seibold** Günter (VfB Stuttgart), 1959 Pl
1 **Seliger** Rudolf (MSV Duisburg), 1973 USA
1 **Simmet** Heinz (1. FC Köln), 1967 Rum
3 **Skala** Lothar (Kickers Offenbach), 1973 USA, Dä, Pl
2 **Sobieray** Jürgen (FC Schalke 04), 1971 Ab, Pl
1 **Soya** Willi (FC Schalke 04), 1957 U
1 **Späth** Friedel (1. FC Kaiserslautern), 1958 Bg
1 **Stapelfeldt** Hubert (Hamburger SV), 1961 Bg
4 **Steffen** Bernhard (Fortuna Düsseldorf), 1958 Bg, Dä – 1959 Pl, U
5 **Steffenhagen** Arno (Hertha BSC Berlin), 1969 Ö – 1971 T, Ab, Pl, Pl
1 **Straschitz** Hermann (Fortuna Düsseldorf), 1961 E
2 **Strehl** Heinz (1. FC Nürnberg), 1959 U – 1961 E
1 **Sturm** Hans (1. FC Köln), 1958 Bg
1 **Sturm** Wilhelm (Borussia Dortmund), 1963 Bu
2 **Sundermann** Hans-Jürgen (Rot-Weiß Oberhausen), 1961 E – 1962 Fr
2 **Sziedat** Michael (Hertha BSC Berlin), 1973 Fr, Dä

1 **Tenhagen** Franz-Josef (VfL Bochum), 1973 Fr
2 **Thielen** Karl-Heinz (1. FC Köln), 1961 Pl – 1962 Fr
1 **Thun** Dieter (VfV Hildesheim), 1961 Bg
2 **Tilkowski** Hans (Westfalia Herne), 1956 Bg – 1958 Bg
2 **Traska** Helmut (STV Horst-Emscher), 1957 Bg – 1959 Pl
2 **Trimhold** Horst (ETB Schwarz-Weiß Essen), 1962 Fr, Fr

1 **Ulsaß** Lothar (Arminia Hannover), 1961 D

1 **Vigna** Werner (Fortuna Düsseldorf), 1955 Jg
3 **Vogts** Hans-Hubert (Borussia Mönchengladbach), 1966 T, Rum – 1968 E
1 **Volkert** Georg (1. FC Nürnberg), 1967 Rum
2 **Voß** Heinz-Rüdiger (Preußen Münster), 1962 Fr – 1963 E

1 **Wade** Ernst (Offenbacher Kickers), 1955 Jg
3 **Walitza** Hans (VfL Bochum), 1973 Pl, Fr, Dä
1 **Walter** Werner (VfB Stuttgart), 1962 Fr
1 **Weber** Richard (VfL Marburg), 1961 Bg
3 **Weist** Werner (Borussia Dortmund 2, Werder Bremen 1), 1970 E – 1971 Ab, Pl
2 **Welz** Gerhard (1. FC Köln), 1973 USA, Dä
3 **Wenauer** Ferdinand (1. FC Nürnberg), 1959 Pl, U – 1961 E
1 **Werner** Jürgen (Hamburger SV), 1958 Dä
1 **Wieczorek** Heinz (Meidericher SpV), 1957 Bg
3 **Wild** Horst (Karlsruher SC), 1964 T, Tsch – 1965 E
4 **Wimmer** Herbert (Borussia Mönchengladbach), 1966 Rum – 1967 Tsch, Rum – 1968 E
1 **Wischnowsky** Reinhold (STV Horst-Emscher), 1958 Bg
1 **Wittkamp** Jürgen (FC Schalke 04), 1969 Ö
3 **Wittmann** Heinz (Borussia Mönchengladbach), 1966 T, Rum – 1967 Tsch
3 **Worm** Ronald (MSV Duisburg), 1973 USA, Dä, Dä
5 **Wunder** Klaus (MSV Duisburg), 1972 SU, SU – 1973 USA, Dä, Dä

1 **Zaczyk** Klaus (1. FC Nürnberg), 1969 Ö
1 **Zander** Thomas (Hertha BSC Berlin), 1973 Fr
2 **Zastrau** Walter (Rot-Weiß Essen), 1956 Bg – 1957 Bg
1 **Zech** Reinhold (VfB Stuttgart), 1970 E
3 **Zewe** Gerd (Fortuna Düsseldorf), 1973 USA, Dä, Pl
5 **Zimmermann** Gerhard (Fortuna Köln), 1973 Dä, Pl, Fr, Dä, Pl

Alle Torschützen in den Juniorenländerspielen „U 23“

Backhaus	3	Konopka	2	A. Schmidt	3
Bergstein	3	Koslowski	2	H. Schulz	1
Brülls	1	Kraus	2	Simmet	1
Cieslarczyk	1	H. Kremers	1	Soya	1
Cyliax	2	Lechner	1	Steffen	3
Dächert	1	G. Müller	1	Steffenhagen	1
Elfert	1	Neumann	1	Strehl	3
Faeder	1	Neuberger	1	Thielen	1
Flachenecker	2	Netzer	2	Walitza	1
Gast	1	Peters	1	Weist	3
Haller	1	Pirrung	1	Wischnowsky	1
Hartz	1	Rühl	1	Wittkamp	1
Herrmann	1	Reimann	5	Wittmann	1
Heynckes	1	Saborowski	1	Worm	1
U. Hoeneß	1	Sanmann	1	Wunder	4
Ipta	2	W. Schäfer	1	G. Zimmermann	1
Köppel	2	M. Schmid	1		

Die Spieler mit den meisten Einsätzen „U 23“

Köppel	9	H. Kremers	6	Scheer	5
D. Burdenski	7	Rausch	6	E. Schmitt	5
Konopka	7	W. Schäfer	6	Steffenhagen	5
Reimann	7	Bonhof	5	Wunder	5
Danner	6	Elfert	5	G. Zimmermann	5
Geye	6	Koppenhöfer	5		
Kapellmann	6	Rüßmann	5		

Die erfolgreichsten Vereine (Berufungen/Spieler)

Schalke 04	47 Berufungen/22 Spieler	Fortuna Düsseldorf	24 Berufungen/10 Spieler
Bor. M'gladbach	41 Berufungen/14 Spieler	Borussia Dortmund	20 Berufungen/11 Spieler
1. FC Köln	39 Berufungen/15 Spieler	Hamburger SV	17 Berufungen/13 Spieler
MSV Duisburg	36 Berufungen/17 Spieler	1. FC Nürnberg	16 Berufungen/10 Spieler
Kickers Offenbach	26 Berufungen/11 Spieler	Bayern München	14 Berufungen/11 Spieler

Die Bilanz der Junioren-Länderspiele „U 21“

Gegner	Spiele	Siege	Unentsch.	Niederl.	Tore	11-m-Sch.
Albanien	2	–	2	–	2:2	
Algerien	1	–	1	–	0:0	
Belgien	2	2	–	–	5:0	
Brasilien	1	–	1	–	2:2	
Bulgarien	6	3	1	2	9:4	
China	2	2	–	–	7:2	4:2
Dänemark	2	1	1	–	2:0	
England	3	2	–	1	6:5	
Finnland	4	4	–	–	11:3	
Frankreich	4	1	–	3	1:3	3:4
Griechenland	1	–	1	–	0:0	
Holland	5	2	1	2	4:5	
Island	2	–	2	–	2:2	
Italien	1	–	1	–	1:1	
Kamerun	2	1	1	–	2:1	
Prov. Kanton	1	1	–	–	1:0	
Luxemburg	2	2	–	–	8:2	
Mexiko	1	1	–	–	1:0	
Österreich	4	3	1	–	8:2	
Polen	1	–	–	1	0:1	
Portugal	3	2	–	1	6:3	
Rumänien	1	1	–	–	6:2	
Schottland	3	1	–	2	2:3	
Schweden	2	1	–	1	2:2	
Schweiz U23	1	–	1	–	0:0	
Schweiz B	1	–	1	–	3:3	
Schweiz	3	2	1	–	11:2	
Sowjetunion	7	2	2	3	14:11	
Spanien	3	2	–	1	5:2	
Südkorea A	1	–	1	–	0:0	
Tschechoslowakei	4	1	3	–	6:4	
Türkei	2	2	–	–	8:0	
Ungarn	1	–	1	–	0:0	
Gesamt:	79	38	24	17	135:67	

Die durch Elfmeterschießen entschiedenen Spiele werden als Siege oder Niederlagen gewertet, aber ohne die Tore aus diesem Elfmeterschießen, die auch nicht in der Torübersicht zählen.

Die Nationalmannschaften der Junioren „U 21“

Nachdem der DFB seit 1974 keine Juniorenspiele „U 23“ mehr durchführt, wurden, wesentlich später als in anderen Ländern, 1979 erstmals Länderspiele der neugegründeten Junioren-National-Elf „U 21“ ausgetragen, die auch künftig an allen internationalen Wettbewerben teilnimmt.

1979: 2 Spiele: 2 Niederlagen

1 **Polen,** 10. 10., Thorn, 0:1 verloren: Greiner – Kruse, Willkomm, Gorski, Otten – Th. Schneider, Dierssen (Klotz), Kempe – Th. Allofs (Löw), Littbarski, Völler (Dusend). – Kapitän: Kruse. – Schiedsrichter: Poczek (Tschechoslowakei).

2 **Sowjetunion,** 20. 11., Tiflis, 1:2 verloren: Immel – Kruse, Willkomm (Schneider), Gruber, Otten – Matthäus, Löw, Th. Allofs – Littbarski, Klotz (1), Völler (Augustin). – K: Kruse. – SR: Laktso (Finnland).

1980: 10 Spiele: 6 Siege, 2 Unentschieden, 2 Niederlagen

3 **Schottland,** 26. 2., Dortmund, 1:0 gewonnen: Immel – Kruse, Schuster, Gruber, Otten – Kroth (Gorski), Schneider, Löw (Kempe) – Littbarski, Klotz (1), Augustin (Völler). – K: Kruse. – SR: Jensen (Dänemark).

4 **Schweiz,** 2. 4., St. Gallen, 3:3 unentschieden: Greiner – Kruse (Gebauer), Hieronymus, Gruber (1), Otten – Th. Schneider, Kempe (Geier), Löw (Remark), Kroth (1) – Littbarski (1), Klotz – K: Kruse/Littbarski. – SR: Fahndler (Österreich).

5 **Belgien,** 20. 5., Lüttich, 4:0 gewonnen: Immel – Schreml, Hieronymus (1), Geier, Gorski (Rolff) – Kroth, Dittus, Lehmann (1) – Littbarski 1 (Th. Allofs), Schatzschneider (Klotz), Völler (1). – K: Littbarski. – SR: Rion (Luxemburg).

6 **Provinz Kanton,** 10. 6., Kanton, 1:0 gewonnen (Vom DFB-Spielausschuß als offizielles Länderspiel deklariert): Greiner – Schreml, Kroth, Freund (Th. Schneider), Saborowski – Littbarski (Dusend), Blau, Rolff – Klotz, Schatzschneider (1), Völler (Th. Allofs). – K: Littbarski/Blau. – SR: Junichi (Japan).

7 **Mexiko,** 14. 6., Kanton, 1:0 gewonnen: Fuhr – Saborowski, Kroth, Blau, Gebauer (Freund) – Rolff, Th. Schneider, Dusend – Augustin (Schatzschneider), Remark, Völler (1) (Littbarski). – K: Blau. – SR: Pu Hung (China).

8 **Rumänien,** 17. 6., Kanton, 6:2 gewonnen: Greiner – Schreml, Kroth, Th. Schneider, Saborowski – Rolff, Blau (1), Littbarski (2) – Th. Allofs 1 (Dusend 1), Schatzschneider (Klotz), Völler 1 (Remark). – K: Littbarski. – SR: Jin-Jian (China).

9 **China,** 21. 6., Kanton, 2:2 unentschieden, Deutschland 4:2-Sieger im Elfmeterschießen (wird daher als Sieg gewertet): Greiner – Schreml, Kroth, Th. Schneider, Saborowski – Rolff, Blau, Littbarski (2) – Klotz (Remark, Dusend), Th. Allofs, Völler (Schatzschneider). – K: Littbarski. – Die Elfmetertore schossen: Allofs, Blau, Schatzschneider, Littbarski (zählen nicht in der Torübersicht). – SR: Garcia (Mexiko).

10 **Holland,** 8. 10., Mönchengladbach, 0:0 unentschieden: Greiner – Schreml, Kroth (Geier), Gorski, Rolff – Matthäus, Dittus, Dierssen (Buchwald) – Littbarski, Dreher, Wuttke (Dusend). – K: Littbarski. – SR: Peeters (Belgien).

11 **Frankreich,** 18. 11., Sarrebourg, 0:1 verloren: Greiner (Fuhr) – Schreml, Brehme (Th. Allofs), Rolff, Matthäus (Löhr) – Th. Schneider, Blau, Dierssen – Littbarski, Mill (Hönnscheidt), Engels. – K: Littbarski. – SR: Baumann (Schweiz).

12 **Bulgarien,** 2. 12., Plovdiv, 0:1 verloren (EM-Qual.): Greiner – Schreml (Dittus), Blau, Rolff, Th. Schneider – Matthäus, Th. Allofs (Völler), Engels, Dierssen – Littbarski, Mill. – K: Littbarski. – SR: Goksel (Türkei).

1981: 6 Spiele: 6 Siege

13 **Spanien,** 31. 3., Koblenz, 3:1 gewonnen: Fuhr – Löhr, Hieronymus, Dickgießer, Otten – Matthäus (1), Dittus, Engels (Dierssen) – Littbarski (1), Schatzschneider (1), Völler (Wuttke). – K: Littbarski. – SR: Dellmer (Frankreich).

14 **Österreich,** 28. 4., Kiel, 4:0 gewonnen (EM-Qual.): Greiner – Schäfer, Hieronymus, Dickgießer, Otten – Matthäus, Dittus, Th. Allofs – Littbarski (Kempe 1), Engels (Steubing 1), Völler (2). – K: Littbarski/Matthäus. – SR: McGinlay (Schottland).

15 **Finnland,** 23. 5., Lämpääle, 2:1 gewonnen (EM-Qual.): Fuhr – Rolff, Hieronymus, Dickgießer, Otten – Matthäus, Dittus, Th. Allofs – Littbarski (2), Schatzschneider (Steubing), Völler (Steininger). – K: Littbarski. – SR: Johannssen (Schweden).

16 **Finnland,** 22. 9., Arnsberg, 4:2 gewonnen (EM-Qual.): Greiner – Rolff, Hieronymus, Gruber, Otten – Brehme (Dierssen), Matthäus (1), Kempe – Littbarski (2), Patzke (1), Völler (Geiger). – K: Littbarski. – SR: Maanson (Dänemark).

17 **Österreich,** 13. 10., Krems, 1:0 gewonnen (EM-Qual.): Immel – Brehme, Strack, Gruber, Otten – Rolff, Hieronymus (von Heesen 1), Matthäus – Th. Allofs, Kempe, Völler (Bittorf). – K: Matthäus. – SR: Padar (Ungarn).

18 **Bulgarien,** 21. 11., Koblenz, 4:1 gewonnen (EM-Qual.): Immel – Rolff, Strack (1), Bittorf, Otten – Matthäus (Geiger), Milewski, Engels (1) – Littbarski (1) (Kempe), Th. Allofs, Völler (1). – K: Littbarski/Strack. – SR: Barbaresco (Italien).

1982: 8 Spiele: 4 Siege, 2 Unentschieden, 2 Niederlagen

19 **Spanien,** 24. 2., Santa Cruz, 0:1 verloren (EM-Viertelfinale): Immel – Geiger, Strack, Dickgießer, Otten – Hieronymus, Matthäus, Dittus (Kempe) – Littbarski, Th. Allofs, Engels. – K: Littbarski. – SR: Sostaric (Jugoslawien).

20 **Schweiz,** 23. 3., Schwenningen, 1:1 unentschieden: Vollborn – Rolff, Loose, Reinhardt, Quaisser – Zorc (Opitz), Schön (Schäfer), Falkenmayer – Reichert, von Heesen, Mathy (1) (Wohlfarth). – K: von Heesen. – SR: Dellmer (Frankreich).

21 **Spanien,** 6. 4., Augsburg, 2:0 gewonnen (EM-Viertelfinale): Immel – Geiger (Völler 1), Strack, Gruber (Kempe), Otten – Rolff, Matthäus, Engels – Reinders, Th. Allofs, Littbarski (1). – K: Littbarski. – SR: Van Langenhove (Belgien).

22 **Tschechoslowakei,** 14. 4., Prag, 1:1 unentschieden: Vollborn (Zimmermann) – Borowka, Schäfer, Reinhardt, Falkenmayer – Opitz (Quaisser), Rahn, Brunner (Wohlfarth) – Wuttke, von Heesen (1), Brummer (Schön). – K: von Heesen. – SR: Savo (Ungarn).

23 **Sowjetunion,** 21. 4., Charkow, 4:3 gewonnen (EM-Halbfinale): Immel – Schäfer (Falkenmayer), Strack, Reinhardt, Otten – Rolff, Kroth, Dittus – Reinders, Th. Allofs (1), Völler (2), dazu ein Eigentor von Dumanski. – K: Strack. – SR: Eriksson (Schweden).

24 **Sowjetunion,** 30. 4., Aachen, 5:0 gewonnen (EM-Halbfinale): Immel – Rolff, Strack (1), Gruber (1), Otten – Matthäus, Dittus, Kroth – Littbarski (2), Reinders (1), Völler (Kempe). – K: Littbarski. – SR: Igna (Rumänien).

25 **England,** 21. 9., Sheffield, 1:3 verloren (EM-Finale): Immel – Geils, Strack, Reinhardt, Otten – Rolff, Kempe (Kroth), Engels – Wuttke (Reichert), Th. Allofs, Völler (1). – K: Strack. – SR: Schoetgers (Belgien).

26 **England,** 12. 10., Bremen, 3:2 gewonnen (EM-Finale): Immel – Geils, Reinhardt, Otten – Geiger (Dittus), Möhlmann, Engels, Kroth (von Heesen) – Reichert, Th. Allofs, Littbarski (3). – K: Littbarski. – SR: Casarin (Italien).

1983: 12 Spiele: 5 Siege, 6 Unentschieden, 1 Niederlage

27 **Portugal,** 22. 2., Setubal, 3:1 gewonnen: Zimmermann – Schäfer, Fach, Reinhardt, Winklhofer (1) – Quaisser, Dittus, Falkenmayer (Zorc) – Reichert (Neubarth), Mathy 1 (Schön), Waas 1 (Brummer). – K: Reinhardt. – SR: Perez (Spanien).

28 **Albanien,** 29. 3., Shkodra, 1:1 unentschieden (EM-Qualifikation): Vollborn – Hönerbach, Reinhardt, Schäfer, Winklhofer – Quaisser, Wuttke, Trieb – Reichert (Herbst), Mathy (1), Waas (Schön). – K: Reinhardt. – SR: Szabo (Ungarn).

29 **Türkei,** 22. 4., Izmir, 1:0 gewonnen (EM-Qualifikation): Vollborn – Schäfer, Reinhardt, Beierlorzer, Quaisser (Trieb) – Fach, Matthäus, Falkenmayer – Reichert, Herbst, Wuttke (1) – K: Reinhardt. – SR: Tzontchev (Bulgarien).

30 **Österreich,** 26. 4., St. Pölten, 1:1 unentschieden (EM-Qualifikation): Zimmermann – Hönerbach (Quaisser), Beierlorzer, Reinhardt, Schäfer – Matthäus, Trieb, Falkenmayer – Wuttke, Herbst (1), Reichert. – K: Reinhardt. – SR: Wurtz (Frankreich).

31 **Algerien,** 6. 6., Toulon, 0:0 unentschieden (Turnier): Vollborn – Storck, Loose, Metschies, Plath – Brunner (Neubarth), Schön (Wohlfarth), Quaisser, Falkenmayer – Herbst, Brummer. – K: Falkenmayer. – SR: Wurtz (Frankreich)

32 **China,** 8. 6., Toulon, 5:0 gewonnen (Turnier): Zimmermann – Storck, Loose, Schäfer, Falkenmayer – Quaisser, Schön (1) (Plath), Brunner (Brummer) – Reichert (3), Neubarth, Wohlfarth (1). – K: Falkenmayer. – SR: Dante (Portugal).

33 **Brasilien,** 10. 6., Toulon, 2:2 unentschieden (Turnier): Vollborn – Storck, Loose, Schäfer, Metschies (Wohlfarth) – Quaisser (1), Schön, Falkenmayer – Brunner, Reichert, Herbst (1). – K: Falkenmayer. – SR: van Langenhove (Belgien).

34 **Frankreich,** 12. 6., Toulon, 0:0 unentschieden, Frankreich 4:3-Sieger im Elfmeterschießen (Turnier, um Platz 3): Vollborn – Storck, Loose, Schäfer, Falkenmayer – Quaisser, Schön, Plath – Reichert, Neubarth (Herbst), Brunner (Wohlfarth). – K: Falkenmayer. – SR: van Langenhove (Belgien). Wird im Torverhältnis mit 0:0, aber in den Statistiken als Niederlage gewertet. – Elfmetertore (zählen nicht in der Statistik): Schön, Quaisser, Reichert.

35 **Ungarn,** 6. 9., Gyöngyös, 0:0 unentschieden: Grüner – Schäfer, Loose, Reinhardt, Falkenmayer – Quaisser, Schön, Brunner (Trieb) – Reichert, Mathy, Brummer (M. Rummenigge). – K: Reinhardt. – SR: Marko (CSSR).

36 **Österreich,** 4. 10., Arnsberg, 2:1 gewonnen (EM-Qualifikation): Grüner – Storck, Herget (1),

Schröder, Falkenmayer – Brunner, Schön, Rahn – Reichert, Mathy (Kuntz), M. Rummenigge (1) (Quaisser). – K: Schön. – SR: Midgley (England).

37 Türkei, 25. 10., Berlin, 7:0 gewonnen (EM-Qualifikation): Vollborn – Storck, Steiner (1), Herget (2), Schäfer – Brunner, Schön, Falkenmayer – Mathy (2), M. Rummenigge (Kuntz 1), Waas (1) (Reichert). – K: Schön. – SR: Hora (CSSR).

38 Albanien, 19. 11., Trier, 1:1 unentschieden (EM-Qualifikation): Zimmermann – Schäfer, Herget, Steiner, Falkenmayer – Brunner, Schön (Storck), von Heesen – Reichert (Thiele), M. Rummenigge (1), Kuntz. – K: Schön/Herget. – SR: Quiniou (Frankreich).

1984: 5 Spiele: 2 Siege, 2 Unentschieden, 1 Niederlage

39 **Belgien,** 28. 2., Koblenz, 1:0 gewonnen: Vollborn – Schäfer, Zietsch, Reinhardt, Grahammer (Kraaz) – Rahn, Falkenmayer, Frontzeck (Schön) – Mathy (1), Reichert, M. Rummenigge (Zechel). – K: Reinhardt. – SR: Bindels (Luxemburg).

40 **Sowjetunion,** 27. 3., Osnabrück, 1:1 unentschieden: de Beer – Berthold, Schröder, Kraaz (Pomp), Frontzeck – Grahammer (Scheike), Schön, Zietsch – Müller, M. Rummenigge (1), Zechel (Wegmann). – K: M. Rummenigge. – SR: Costantin (Belgien).

41 **Griechenland,** 17. 4., Aschaffenburg, 0:0 unentschieden: Reck – Scheike (Hoos), Schröder, Reinhardt (Klinsmann), Frontzeck – Berthold, Pomp, Zietsch – Lusch, Wegmann (Zechel), Müller. – K: Frontzeck. – SR: Pernkopf (Österreich).

42 **Schottland,** 11. 9., Edinburgh, 1:2 verloren: Immel – Moser, Schröder, Roth, Kraaz – Klinsmann (Thon), Pomp (Wegmann), Hochstätter, Kree (Bunte) – M. Rummenigge (1), Müller. – K: M. Rummenigge. – SR: Richardson (England).

43 **Schweden,** 16. 10., Münster, 1:0 gewonnen (EM-Qualifikation): Aumann – Roth, Schröder, Bunte, Kraaz – Thon (1), Berthold, Kroth, Kögl (Müller) – Waas, M. Rummenigge. – K: Waas. – SR: Petrovic (Jugoslawien).

1985: 8 Spiele: 3 Siege, 2 Unentschieden, 3 Niederlagen

44 **Portugal,** 23. 2., Lissabon, 1:2 verloren (EM-Qualifikation): Aumann – Kohler, Schröder, Kraaz, Roth, Foda (1), von Heesen, Pomp (Kögl), Gielchen – Hochstätter (Wegmann), Waas. – K: Waas. – SR: Martinez (Spanien).

45 **Schweiz U23,** 26. 3., Schaffhausen, 0:0 Unentschieden: Gundelach (Reck) – Roth, W. Funkel, Schröder, Kree – Kohler, Dorfner, Hochstätter (Drehsen), Anderbrügge (Nitsche) – Krämer (Neun), Klinsmann (Ordenewitz). – K: Schröder. – SR: Frost (Israel).

46 **Bulgarien,** 16. 4., Aichach, 2:0 gewonnen: Aumann – Roth, W. Funkel, Drehsen, Kree – Klinsmann (2), Hochstätter, Rolff, Haas (Moser) – Waas (Müller), Kögl. – K: Waas/W. Funkel. – SR: Gregr (CSSR).

47 **Tschechoslowakei,** 30. 4., Mladev Boleslav, 1:1 unentschieden (EM-Qualifikation): Aumann – Roth, W. Funkel (1), Kraaz, Kree – Drehsen, Hochstätter, Haas (Kohler), Anderbrügge – Klinsmann, Kögl (Müller). – K: W. Funkel. – SR: Mercier (Schweiz).

48 **Sowjetunion,** 27. 8., Moskau, 1:2 verloren: Gundelach (Aumann) – W. Funkel – Kohler, Roth (Bunte), Kree – Dorfner (Anderbrügge), M. Rummenigge, Drehsen – Klinsmann (Hochstätter), Waas (Eckstein 1), Kögl. – K: Waas/W. Funkel. – SR: Natri (Finnland).

49 **Schweden,** 24. 9., Eskilstuna, 1:2 verloren (EM-Qualifikation): Aumann – Zietsch – Roth, Kohler, Ruländer – Rolff, Dorfner, Reuter (Kögl) – Waas, M. Rummenigge (Hochstätter), Klinsmann (1). – K: Waas. – SR: Smith (Schottland).

50 **Portugal,** 15. 10., Karlsruhe, 2:0 gewonnen (EM-Qualifikation): Aumann – Theiss – Reuter, Kohler, Frontzeck – Hochstätter (Drehsen), Rolff, Thon (1) – Klinsmann (Eckstein 1), Waas, Kögl. – K: Waas. – SR: Kohl (Österreich).

51 **Tschechoslowakei,** 16. 11., Regensburg, 3:1 gewonnen (EM-Qualifikation): Illgner – W. Funkel – Schmidt, Kohler, Moser – Reuter, M. Heidenreich (Gaudino), Schwabl (Schupp), Neun – Eckstein (1), Kuntz (2). – K: W. Funkel. – SR: van Swieten (Holland).

1986: 6 Spiele: 2 Siege, 3 Unentschieden, 1 Niederlage

52 **Italien,** 4. 2., Salerno, 1:1 unentschieden: Immel – W. Funkel – Berthold, Kohler, Frontzeck – Schupp (Drews), Schwabl (Trares), Reuter, Gaudino (1) – Waas, Eckstein (Geilenkirchen). – K: W. Funkel. – SR: Borg (Malta).

53 **Südkorea A,** 11. 3., Koblenz, 0:0 unentschieden: Immel – W. Funkel – Berthold, Hannes, Frontzeck – Drews (Fuchs), Schwabl, Reuter, Falkenmayer – Geilenkirchen (Schupp), Waas. – K: Waas. – SR: Ponnet (Belgien).

54 **Schweiz,** 8. 4., Kehl, 2:1 gewonnen: Illgner – Theiss – Reuter, Kuhlmey – Schwabl (Heidenreich), Gomminginger, Schupp, Moser – Simmes (Leifeld 1), Eckstein (1), Kögl. – K: Kögl. – SR: Gilson (Luxemburg).

55 **Schottland,** 9. 9., Glasgow, 0:1 verloren: Illgner – Drews – Kutowski, Kohler – Zanter (Simmes), Moser, Reuter, Neun (Kreuzer), Gaudino – Leifeld (Trares), Kögl. – K: Kögl. – SR: Hall (England).

56 **Dänemark,** 23. 9., Kopenhagen, 0:0 unentschieden: Illgner (Kubik) – Fach – Zanter, Reuter, Kutowski – Drews (Schupp), Neun, Schwabl (Heidenreich) – Kohn (Riedle), Merkle, Kögl. – K: Kögl. – SR: Halle (Norwegen).

57 **Bulgarien,** 29. 10., Koblenz, 2:0 gewonnen (EM-Qualifikation): Illgner – Reuter (1) – Kleppinger, Kohler, Kutowski – Moser, Schwabl (Häßler), Neun – Leifeld (1), Eckstein, Kögl (Schupp). – K: Kögl/Kohler. – SR: Presberg (Norwegen).

1987: 8 Spiele: 4 Siege, 4 Niederlagen

58 **Luxemburg,** 24. 3., Koblenz, 4:1 gewonnen (EM-Qualifikation): Illgner – Drews – Moser, Conrad, Kutowski – Schwabl, Gaudino (1) (Schupp), Neun (1) – Kastl, Dickel (2), Kögl. – K: Kögl. – SR: Sörensen (Dänemark).

59 **Holland,** 28. 4., Venlo, 1:3 verloren (EM-Qualifikation): Illgner – Sauer – Moser (Gaudino), Kohler, Kutowski – Reuter, Schwabl, Borowka, Neun – Simmes, Schmöller (Kohn1). – K: Kohler. – SR: King (Wales).

60 **Frankreich,** 11. 8., Trier, 0:2 verloren: Berg – Sauer – Beiersdorfer, Kutowski (Foda) – Moser, Drews, Schwabl, Neun, Gaudino (Labbadia) – Kastl, Riedle (Janßen). – K: Schwabl. – SR: Crucke (Belgien).

61 **England,** 8., 9., Lüdenscheid, 2:0 gewonnen: Reck – Sauer – Kutowski (Binz), Kreuzer, Zanter – Neun, Foda, Schwabl, Kögl – Riedle 1 (Kirchhoff), Labbadia 1 (Glesius). – K: Kögl. – SR: Nervik (Norwegen).

62 **Dänemark,** 22. 9., Lübeck, 2:0 gewonnen: Reck – Sauer – Kreuzer, Foda, Zanter – Binz, Schwabl, Neun (Kutowski), Kögl – Labbadia, Glesius 2 (Schütterle). – K: Kögl. – SR: Ruokonen (Finnland).

63 **Luxemburg,** 28. 10., Luxemburg, 4:1 gewonnen (EM-Qualifikation): Reck – Binz – Kutowski, Kreuzer – Reuter (1), Foda, Schwabl (1), Neun (Pförtner) – Leifeld (Kirchhoff), Labbadia (1), Glesius (1). – K: Reuter. – SR: Girard (Frankreich).

64 **Holland,** 17. 11., Münster, 0:2 verloren (EM-Qualifikation): Reck – Binz (Pförtner) – Kreuzer, Kutowski, Schaaf, Schütterle, Foda, Neun, Kögl – Riedle, Labbadia (Glesius). – K: Kögl. – SR: Martin (England).

65 **Bulgarien,** 2. 12., Sofia, 1:2 verloren (EM-Qualifikation): Reck – Binz – Schaaf, Kreuzer, Kutowski – Foda, Schwabl, Neun (Pförtner) – Schütterle (Baranowski), Labbadia (1), Kögl. – K: Kögl. – SR: Petrovic (Jugoslawien).

1988: 3 Spiele: 3 Siege

66 **Schweiz,** 26. 4., Kreuzlingen, 8:0 gewonnen: Rekers (Brunn) – Spyrka – Strehmel, Metz (Kober) – H. J. Heidenreich, M. Schneider 1 (Legat), Möller 1 (Klinkert), Dammeier, K. Reinhardt – Witeczek 2 (Epp 1), Bierhoff (3). – K: Möller/Klinkert. – SR: Kaupe (Österreich).

67 **Finnland,** 30. 8., Kouvola, 3:0 gewonnen (EM-Qualifikation): Reck – Binz – Luginger, Strehmel, Metz – Steffen, Dammeier 1 (Preetz), Möller (1), K. Reinhardt (1) – Witeczek, Bierhoff (Effenberg). – K: Möller. – SR: Timoschenko (Sowjetunion).

68 **Holland,** 18. 10., Augsburg, 2:0 gewonnen (EM-Qualifikation): Reck – Binz – Luginger, Strehmel, Metz – Steffen (Effenberg 1), Möller, Dammeier, K. Reinhardt – Witeczek (Kober), Bierhoff (1). – K: Möller. – SR: Negreira (Spanien).

1989: 3 Spiele: 1 Sieg, 2 Unentschieden

69 **Bulgarien,** 21. 3., Sofia, 0:0 unentschieden: Reck – A. Reinhardt – Metz, Luginger, Klinkert – Effenberg (M. Schneider), Wagner, Dammeier (Poschner), K. Reinhardt – Witeczek (Eichenauer), Feinbier. – K: K. Reinhardt. – SR: Varga (Ungarn).

70 **Holland,** 25. 4., Venlo, 1:0 gewonnen (EM-Qualifikation): Reck – Spyrka – A. Reinhardt, Klinkert – Metz, Steffen, Luginger, Poschner (Sturm), N. Schmäler – Witeczek (1), Banach (Kober). – K: Luginger. – SR: Spillang (Irland).

71 **Island,** 30. 5., Reykjavik, 1:1 unentschieden (EM-Qualifikation): Reck – Spyrka – Kreuzer, Klinkert – Steffen, Effenberg, N. Schmäler (Bierhoff 1), Luginger – Banach, Witeczek, Poschner (M. Schneider). – K: Luginger. – SR: Nielsen (Dänemark).

72 **Tschechoslowakei,** 5. 9., Pribram, 1:1 unentschieden: Golz – Spyrka – Strehmel, Klinkert, Metz – Luginger (Steffen), Schneider, Dammeier (Wagner), K. Reinhardt – Bierhoff 1 (Sternkopf), Witeczek (Preetz). – K: Reinhardt. – SR: Orlovski (Polen).

73 **Finnland,** 3. 10., Arnsberg, 2:0 gewonnen (EM-Qualifikation): Golz – Spyrka – Luginger, Klinkert, Metz – Sturm (Kober), Steffen, Dammeier, K. Reinhardt (1) – Witeczek 1 (M. Bode), Banach. – K: K. Reinhardt. – SR: Wijngaert (Belgien).

74 **Island,** 25. 10., Saarbrücken, 1:1 unentschieden (EM-Qualifikation): Brunn – Spyrka – Strehmel, Klinkert, N. Schmäler – Sturm (Sternkopf), Schneider, Weber (Luginger), K. Reinhardt – M. Bode (1), Bierhoff. – K: Reinhardt. – SR: Girard (Frankreich).

75 **Kamerun „A“,** 20. 12., Jaunde, 1:0 gewonnen: Golz – Klinkert – Heidenreich, Kober, Metz – Luginger, Poschner, Steffen, Schneider (Bierhoff), K. Reinhardt – M. Bode 1 (Dammeier). – K: Reinhardt. – SR: Pettcha (Kamerun).

76 **Kamerun „A“,** 23. 12., Jaunde, 1:1 unentschieden: Brunn – Luginger – H. J. Heidenreich (Klinkert), Kober, Metz – Lasser (Steffen), Fink, Poschner, Dammeier (Schneider) – Bierhoff (1), M. Bode (K. Reinhardt). – K: Luginger. – SR: Aboh (Kamerun).

1990: 3 Spiele: 1 Sieg, 1 Unentschieden, 1 Niederlage

77 **Frankreich,** 28. 2., Ales, 1:0 gewonnen: Golz – Klinkert – Strehmel, Metz – Luginger (Kober), Steffen (Schneider), Strunz, (Th. Chmielewski), Poschner, K. Reinhardt – Bierhoff (Sturm), Sternkopf (1). – K: K. Reinhardt. – SR: Velasques (Spanien).

78 **Sowjetunion,** 14. 3., Simferopol, 1:1 unentschieden (EM-Viertelfinale): Golz – Binz – Klinkert, Strehmel, Metz – Strunz, Luginger, Hochstätter, K. Reinhardt – Witeczek (Steffen), Sternkopf. – Eigentor Bal. – K: K. Reinhardt. – SR: Natri (Finnland).

79 **Sowjetunion,** 28. 3., Augsburg, 1:2 n. V. verloren (EM-Viertelfinale): Golz – Binz – Metz (Bierhoff), Klinkert, Strehmel – Luginger, Hochstätter (1), Möller, Effenberg, K. Reinhardt – Sternkopf. – K: Möller. – SR: Halle (Norwegen).

Zu Juniorenspielen „U 21“ wurden berufen:

17 **Allofs** Thomas (Fortuna Düsseldorf 15, 1. FC Kaiserslautern 2) 1979 Pl, SU – 1980 Bg, Ka, Rum, Ch, Fr, Bu – 1981 Ö, Fi, Ö, Bu – 1982 Sp, Sp, SU, E, E
3 **Anderbrügge** Ingo (Borussia Dortmund) 1985 Sz, Tsch, SU
3 **Augustin** Ralf (Borussia Dortmund) 1979 SU – 1980 Scho, Me
7 **Aumann** Raimond (Bayern München) 1984 Sd – 1985 Pg, Bu, Tsch, SU, Sd, Pg
3 **Banach** Maurice (SG Wattenscheid 09) 1989 H, Is, Fi
1 **Baranowski** Matthias (1. FC Köln) 1987 Bg
2 **Beierlorzer** Bertram (Bayern München)1983 T, Ö
1 **Beiersdorfer** Dietmar (Hamburger SV) 1987 Fr
1 **Berg** Rainer (SV Darmstadt 98) 1987 Fr
5 **Berthold** Thomas (Eintracht Frankfurt) 1984 SU, G, Sd – 1986 It, SK
10 **Bierhoff** Oliver (Bayer Uerdingen 1, Hamburger SV 5, Borussia Mönchengladbach 4) 1988 Sz, Fi, H – 1989 Is, Tsch, Is, Km, Km – 1990 Fr, SU
9 **Binz** Manfred (Eintracht Frankfurt) 1987 E, D, Lu, H, Bg – 1988 Fi, H – 1990 SU, SU
2 **Bittorf** Ulrich (VfL Bochum) 1981 Ö, Bu
6 **Blau** Rolf (VfL Bochum) 1980 Ka, Me, Rum, Ch, Fr, Bu
4 **Bode** Marco (Werder Bremen) 1989 Fi, Is, Km, Km
2 **Borowka** Uli (Borussia Mönchengladbach) 1982 Tsch – 1987 H
3 **Brehme** Andreas (1. FC Saarbrücken 1, 1. FC Kaiserslautern 2) 1980 Fr – 1981 Fi, Ö
5 **Brummer** Axel (1. FC Kaiserslautern) 1982 Tsch – 1983 Pg, Al, Ch, U
3 **Brunn** Uwe (1. FC Köln 1, Borussia Mönchengladbach 2) 1988 Sz – 1989 Is, Km
9 **Brunner** Thomas (1. FC Nürnberg) 1982 Tsch – 1983 Al, Ch, Br, Fr, U, Ö, T, Ab
1 **Buchwald** Guido (Kickers Stuttgart) 1980 H
3 **Bunte** Michael (Fortuna Düsseldorf) 1984 Scho, Sd – 1985 SU

1 **Conrad** Alexander (Eintracht Frankfurt) 1987 Lu
1 **Chmielewski** Thorsten (Bayer Uerdingen) 1990 Fr

8 **Dammeier** Detlev (Hannover 96 4, Hamburger SV 4) 1988 Sz, Fi, H – 1989 Bu, Tsch, Fi, Km, Km
1 **de Beer** Wolfgang (MSV Duisburg) 1984 SU
1 **Dickel** Norbert (Borussia Dortmund) 1987 Lu
4 **Dickgießer** Roland (SV Waldhof Mannheim) 1981 Sp, Ö, Fi – 1982 Sp
6 **Dierssen** Bernd (Arminia Hannover 1, Hannover 96 5) 1979 Pl – 1980 H, Fr, Bu – 1981 Sp, Fi
11 **Dittus** Uwe (Karlsruher SC) 1980 Bg, H, Bu – 1981 Sp, Ö, Fi – 1982 Sp, SU, SU, E – 1983 Pg
3 **Dorfner** Hans (1. FC Nürnberg) 1985 Sz, SU, Sd
1 **Dreher** Uwe (Kickers Stuttgart) 1980 H
5 **Drehsen** Hans-Georg (Borussia Mönchengladbach) 1985 Sz, Bu, Tsch, SU, Pg
6 **Drews** Günter (Bayer Leverkusen 5, Hannover 96 1) 1986 It, SK, Scho, D – 1987 Lu, Fr
6 **Dusend** Ralf (Fortuna Düsseldorf) 1979 Pl – 1980 Ka, Me, Rum, Ch, H

6 **Eckstein** Dieter (1. FC Nürnberg) 1985 SU, Pg, Tsch – 1986 It, Sz, Bu
5 **Effenberg** Stefan (Borussia Mönchengladbach) 1988 Fi, H – 1989 Bu, Is – 1990 SU
1 **Eichenauer** Henrik (SV Darmstadt 98) 1989 Bu
9 **Engels** Stefan (1. FC Köln) 1980 Fr, Bu – 1981 Sp, Ö, Bu – 1982 Sp, Sp, E, E
1 **Epp** Thomas (VfL Bochum) 1988 Sz

3 **Fach** Holger (Fortuna Düsseldorf) 1983 Pg, T – 1986 D
16 **Falkenmayer** Ralf (Eintracht Frankfurt) 1982 Sz, Tsch, SU – 1983 Pg, T, Ö, Al, Ch, Br, Fr, U, Ö, T, Ab – 1984 Bg – 1986 SK
1 **Feinbier** Markus (Bayer Leverkusen) 1989 Bu
1 **Fink** Thorsten (Wattenscheid 09) 1989 Km
7 **Foda** Franco (Arminia Bielefeld 1, 1. FC Kaiserslautern 6) 1985 Pg – 1987 Fr, E, D, Lu, H, Bg
2 **Freund** Horst (Borussia Dortmund) 1980 Ka, Me
6 **Frontzeck** Michael (Borussia M'gladbach) 1984 Bg, SU, G – 1985 Pg – 1986 It, SK
1 **Fuchs** Uwe (FC Homburg) 1986 SK
4 **Fuhr** Bernd (Kickers Offenbach) 1980 Me, Fr – 1981 Sp, Fi
7 **Funkel** Wolfgang (Bayer Uerdingen) 1985 Sz, Bu, Tsch, SU, Tsch – 1986 It, SK

6 **Gaudino** Mauricio (SV Waldhof Mannheim 5, VfB Stuttgart 1) 1985 Tsch – 1986 It, Scho – 1987 Lu, H, Fr
2 **Gebauer** Klaus (MSV Duisburg) 1980 Sz, Me
3 **Geier** Winfried (Schalke 04) 1980 Sz, Bg, H
5 **Geiger** Michael (Eintracht Braunschweig) 1981 Fi, Bu – 1982 Sp, Sp, E
2 **Geilenkirchen** Ralf (1. FC Köln) 1980 It, SK
2 **Geils** Karl-Heinz (Arminia Bielefeld) 1982 E, E
1 **Gielchen** Andreas (1. FC Köln) 1985 Pg
4 **Giesius** Arno (Karlsruher SC) 1987 E, D, Lu, H
6 **Golz** Richard (Hamburger SV) 1989 Tsch, Fi, Km – 1990 Fr, SU, SU
1 **Gomminginger** Thomas (VfB Stuttgart) 1986 Sz
4 **Gorski** Bernd (Hamburger SV 1, Hannover 96 3) 1979 Pl – 1980 Scho, Bg, H
2 **Grahammer** Roland (1. FC Nürnberg) 1984 Bg, SU
10 **Greiner** Uwe (VfB Stuttgart 9, Bayer Leverkusen 1) 1979 Pl – 1980 Sz, Ka, Rum, Ch, H, Fr, Bu – 1981 Ö, Fi
7 **Gruber** Rigobert (Eintracht Frankfurt 3, Werder Bremen 4) 1979 SU – 1980 Scho, Sz – 1981 Ö, Fi – 1982 Sp, SU
2 **Grüner** Roland (1. FC Kaiserslautern) 1983 U, Ö
2 **Gundelach** Hans-Jürgen (Eintracht Frankfurt) 1985 Sz, SU

2 **Haas** Uwe (1. FC Köln) 1985 Bu, Tsch
1 **Häßler** Thomas (1. FC Köln) 1986 Bu
1 **Hannes** Wilfried (Borussia Mönchengladbach) 1986 SK
6 **Heesen von** Thomas (Hamburger SV) 1981 Ö – 1982 Sz, Tsch, E – 1983 Ab – 1985 Pg
3 **Heidenreich** Hans-Jürgen (1. FC Nürnberg 1, Hessen Kassel 2) 1988 Sz – 1989 Km, Km
3 **Heidenreich** Maximilian (Hannover 96) 1985 Tsch – 1986 Sz, D
6 **Herbst** Thomas (Eintracht Braunschweig) 1983 Ab, T, Ö, Al, Br, Fr
3 **Herget** Matthias (Bayer Uerdingen) 1983 Ö, T, Ab
8 **Hieronymus** Holger (Hamburger SV) 1980 Sz, Bg – 1981 Sp, Ö, Fi, Fi, Ö – 1982 Sp

10 **Hochstätter** Christian (Borussia Mönchengladbach) 1984 Scho – 1985 Pg, Sz, Bu, Tsch, SU, Sd, Pg – 1990 SU, SU
1 **Hoos** Herbert (1. FC Kaiserslautern) 1984 G
2 **Hönerbach** Mathias (1. FC Köln) 1983 Ab, Ö
1 **Hönnscheidt** Norbert (Eintracht Frankfurt) 1980 Fr

7 **Illgner** Bodo (1. FC Köln) 1985 Tsch – 1986 Sz, Scho, D, Bu – 1987 Lu, H
14 **Immel** Eike (Borussia Dortmund) 1979 SU – 1980 Bg – 1981 Ö, Bu – 1982 Sp, Sp, SU, SU, E, E – 1984 Scho – 1986 It, SK

1 **Janßen** Olaf (1. FC Köln) 1987 Fr

2 **Kastl** Manfred (Hamburger SV) 1987 Lu, Fr
11 **Kempe** Thomas (MSV Duisburg 10, VfB Stuttgart 1) 1979 Pl – 1980 Scho, Sz – 1981 Ö, Fi, Ö, Bu – 1982 Sp, Sp, SU, E
2 **Kirchhoff** Frank (Bayer Uerdingen) 1987 E, Lu
1 **Kleppinger** Gerhard (Schalke 04) 1986 Bu
12 **Klinkert** Michael (Schalke 04 4, Borussia Mönchengladbach 8) 1988 Sz – 1989 Bu, H, Is, Tsch, Fi, Is, Km, Km – 1990 Fr, SU, SU
8 **Klinsmann** Jürgen (Kickers Stuttgart 1, VfB Stuttgart 7) 1984 G, Scho – 1985 Sz, Bu, Tsch, SU, Sd, Pg
8 **Klotz** Bernd (VfB Stuttgart) 1979 Pl, SU – 1980 Scho, Sz, Bg, Ka, Rum, Ch
2 **Kober** Carsten (Hamburger SV) 1988 Sz – 1989 H
2 **Kohn** Stefan (Bayer Leverkusen) 1986 D – 1987 H
16 **Kögl** Ludwig (Bayern München) 1984 Sd – 1985 Pg, Bu, Tsch, SU, Sd, Pg – 1986 Sz, Scho, D, Bu – 1987 Lu, E, D, H, Bg
7 **Kober** Carsten (Hamburger SV) 1988 Sz, H – 1989 H, Fi, Km, Km – 1990 Fr
11 **Kohler** Jürgen (SV Waldhof) 1985 Pg, Sz, Tsch, SU, Sd, Pg, Tsch – 1986 It, Scho, Bu – 1987 H
6 **Kraaz** Armin (Eintracht Frankfurt) 1984 Bg, SU, Scho, Sd – 1985 Pg, Tsch
1 **Krämer** Harald (Eintracht Frankfurt) 1985 Sz
5 **Kree** Martin (VfL Bochum) 1984 Scho – 1985 Sz, Bu, Tsch, SU
7 **Kreuzer** Oliver (Karlsruher SC) 1986 Scho – 1987 E, D, Lu, H, Bg – 1989 Is
13 **Kroth** Thomas (1. FC Köln 12, Eintracht Frankfurt 1) 1980 Scho, Sz, Bg, Ka, Me, Rum, Ch, H – 1982 SU, SU, E, E – 1984 Sd
4 **Kruse** Thomas (Schalke 04) 1979 Pl, SU – 1980 Scho, Sz
1 **Kubik** Manfred (Bayer Uerdingen) 1986 D
1 **Kuhlmey** Matthias (Hannover 96) 1986 Sz
4 **Kuntz** Stefan (VfL Bochum) 1983 Ö, T, Ab – 1985 Tsch
11 **Kutowski** Günter (Borussia Dortmund),1986 Scho, D, Bu – 1987 Lu, H, Fr, E, D, Lu, H, Bg

6 **Labbadia** Bruno (Hamburger SV) 1987 Fr, E, D, Lu, H, Bg
1 **Lasser** Thomas (Eintracht Frankfurt) 1989 Km
1 **Legat** Thorsten (VfL Bochum) 1988 Sz
1 **Lehmann** Ralf (VfL Osnabrück) 1980 Bg
4 **Leifeld** Uwe (VfL Bochum) 1986 Sz, Scho, Bu – 1987 Lu
21 **Littbarski** Pierre (1. FC Köln) 1979 Pl, SU – 1980 Scho, Sz, Bg, Ka, Me, Rum, Ch, H, Fr, Bu – 1981 Sp, Ö, Fi, Fi, Bu – 1982 Sp, Sp, SU, E
2 **Löhr** Peter (VfR Bürstadt 1, Fortuna Düsseldorf 1) 1980 Fr – 1981 Sp
4 **Löw** Joachim (SC Freiburg) 1979 Pl, SU – 1980 Scho, Sz
6 **Loose** Ralph (Borussia Dortmund) 1982 Sz – 1983 Al, Ch, Br, Fr, U
13 **Luginger** Jürgen (Schalke 04) 1988 Fi, H – 1989 Bu, H, Is, Tsch, Fi, Is, Km, Km – 1990 Fr, SU, SU
1 **Lusch** Michael (Borussia Dortmund) 1984 G

7 **Mathy** Reinhold (Bayern München) 1982 Sz – 1983 Pg, Ab, U, Ö, T – 1984 Bg
15 **Matthäus** Lothar (Borussia Mönchengladbach) 1979 SU – 1980 H, Bu, Fr – 1981 Sp, Ö, Fi, Fi, Ö, Bu – 1982 Sp, Sp, SU – 1983 T, Ö
1 **Merkle** Andreas (VfB Stuttgart) 1986 D
2 **Metschies** Ulf (VfL Osnabrück) 1983 Al, Br
12 **Metz** Gunter (Karlsruher SC) 1988 Sz, Fi, H – 1989 Bu, H, Tsch, Fi, Km, Km – 1990 Fr, SU, SU
1 **Milewski** Jürgen (Hamburger SV) 1981 Bu

2 **Mill** Frank (Rot-Weiß Essen) 1980 Fr, Bu
1 **Möhlmann** Benno (Werder Bremen) 1982 E
4 **Möller** Andreas (Borussia Dortmund) 1988 Sz, Fi, H – 1990 SU
9 **Moser** Hans-Werner (1. FC Kaiserslautern) 1984 Scho – 1985 Bu, Tsch – 1986 Sz, Scho, Bu – 1987 Lu, H, Fr
6 **Müller** Uwe (Eintracht Frankfurt) 1984 SU, G, Scho, Sd – 1985 Bu, Tsch
4 **Neubarth** Frank (Werder Bremen) 1983 Pg, Al, Ch, Fr
13 **Neun** Jörg (Kickers Offenbach 1, 1. FC Nürnberg 1, SV Waldhof Mannheim 10, Borussia Mönchengladbach 1) 1985 Sz, Tsch – 1986 Scho, D, Bu – 1987 Lu, H, Fr, E, D, Lu, H, Bg
1 **Nitsche** Frank (1. FC Nürnberg) 1985 Sz
2 **Opitz** Michael (Schalke 04) 1982 Sz, Tsch
1 **Ordenewitz** Frank (Werder Bremen) 1985 Sz
16 **Otten** Jonny (Werder Bremen) 1979 Pl, SU – 1980 Scho, Sz – 1981 Sp, Ö, Fi, Fi, Ö, Bu – 1982 Sp, Sp, SU, SU, E, E
1 **Patzke** Wolfgang (VfL Bochum) 1981 Fi
3 **Pförtner** Christian (Fortuna Köln) 1987 Lu, H, Bg
3 **Plath** Manfred (1. FC Kaiserslautern) 1983 Al, Fr, Ch
4 **Pomp** Manfred (Bayer Leverkusen) 1984 SU, G, Scho – 1985 Pg
6 **Poschner** Gerhard (VfB Stuttgart) 1989 Bu, H, Is, Km, Km – 1990 Fr
2 **Preetz** Michael (Fortuna Düsseldorf) 1988 Fi – 1989 Tsch
12 **Quaisser** Ulf (SV Waldhof Mannheim) 1982 Sz, Tsch – 1983 Pg, Ab, T, Ö, Al, Ch, Br, Fr, U, Ö
3 **Rahn** Uwe (Borussia Mönchengladbach) 1982 Tsch – 1983 Ö – 1984 Bg
12 **Reck** Oliver (Kickers Offenbach 2, Werder Bremen 10) 1984 G – 1985 Sz – 1987 E, D, Lu, H, Bg – 1988 Fi, H – 1989 Bu, H, Is
15 **Reichert** Peter (VfB Stuttgart) 1982 Sz, E, E – 1983 Pg, Ab, T, Ö, Ch, Br, Fr, U, Ö, T, Ab – 1984 Bg
3 **Reinders** Uwe (Werder Bremen) 1982 Sp, SU, SU
14 **Reinhardt** Alois (1. FC Nürnberg 12, Bayer Leverkusen 2) 1982 Sz, Tsch, SU, E, E – 1983 Pg, Ab, T, Ö, U – 1984 Bg, G – 1989 Bu, H
12 **Reinhardt** Knut (Bayer Leverkusen) 1988 Sz, Fi, H – 1989 Bu, Tsch, Fi, Is, Km, Km – 1990 Fr, SU, SU
1 **Rekers** Christoph (VfL Osnabrück) 1988 Sz
4 **Remark** Thomas (Hertha BSC Berlin) 1980 Sz, Me, Rum, Ch
11 **Reuter** Stefan (1. FC Nürnberg) 1985 Sd, Pg, Tsch – 1986 It, SK, Sz, Scho, D, Bu – 1987 H, Lu
4 **Riedle** Karl-Heinz (Blau-Weiß 90 Berlin 1, Werder Bremen 3) 1986 D – 1987 Fr, E, H
20 **Rolff** Wolfgang (OSC Bremerhaven 5, Fortuna Köln 11, Hamburger SV 4) 1980 Bg, Ka, Me, Rum, Ch, H, Fr, Bu – 1981 Fi, Fi, Ö, Bu, Sz – 1982 Sp, SU, SU, E – 1985 Bu, Sd, Pg
8 **Roth** Dietmar (Karlsruher SC 6, Schalke 04 2) 1984 Scho, Sd – 1985 Pg, Sz, Bu, Tsch, SU, Sd
1 **Ruländer** Matthias (Werder Bremen) 1985 Sd
10 **Rummenigge** Michael (Bayern München) 1983 U, Ö, T, Ab – 1984 Bg, SU, Scho, Sd – 1985 SU, Sd
4 **Saborowski** Frank (MSV Duisburg) 1980 Ka, Me, Rum, Ch
4 **Sauer** Gunnar (Werder Bremen) 1987 H, Fr, E, D
2 **Schaaf** Thomas (Werder Bremen) 1987 H, Bg
7 **Schatzschneider** Dieter (Hannover 96) 1980 Bg, Ka, Me, Rum, Ch – 1981 Sp, Fi
15 **Schäfer** Günther (VfB Stuttgart) 1981 Ö – 1982 Sz, Tsch, SU – 1983 Pg, Ab, T, Ö, Ch, Br, Fr, U, T, Ab – 1984 Bg
2 **Scheike** Michael (Eintracht Braunschweig) 1984 SU, G
3 **Schmäler** Nils (VfB Stuttgart) 1989 H, Is, Is
1 **Schmidt** Lars (Karlsruher SC) 1985 Tsch
1 **Schmöller** Frank (Hamburger SV) 1987 H
8 **Schneider** Martin (1. FC Nürnberg) 1988 Sz – 1989 Bu, Is, Tsch, Is, Km, Km – 1990 Fr
10 **Schneider** Theo (Borussia Dortmund) 1979 Pl, SU – 1980 Scho, Sz, Ka, Me, Rum, Ch, Fr, Bu
14 **Schön** Alfred (SV Waldhof Mannheim) 1982 Sz, Tsch – 1983 Pg, Ab, Al, Ch, Br, Fr, U, Ö, T, Ab – 1984 Bg, SU
7 **Schreml** Uwe (SpVgg Bayreuth 4, München 1860 3) 1980 Bg, Ka, Rum, Ch, H, Fr, Bu
7 **Schröder** Michael (Hamburger SV) 1983 Ö – 1984 SU, G, Scho, Sd – 1985 Pg, Sz

3 **Schütterle** Rainer (VfB Stuttgart) 1987 D, H, Bg
7 **Schupp** Markus (1. FC Kaiserslautern) 1985 Tsch – 1986 It, SK, Sz, D, Bu – 1987 Lu
1 **Schuster** Bernd (1. FC Köln) 1980 Scho
13 **Schwabl** Manfred (Bayern München 4, 1. FC Nürnberg 9) 1985 Tsch – 1986 It, SK, Sz, D, Bu – 1987 Lu, H, Fr, E, D, Lu, Bg
3 **Simmes** Daniel (Borussia Dortmund) 1986 Sz, Scho – 1987 H
6 **Spyrka** Adrian (Borussia Dortmund 1, 1. FC Saarbrücken 5) 1988 Sz – 1989 H, Is, Tsch, Is, Fi
5 **Steffen** Horst (Bayer Uerdingen) 1988 Fi, H – 1989 H, Is, Tsch, Fi, Km, Km – 1990 Fr, SU
8 **Strehmel** Alexander (VfB Stuttgart) 1988 Sz, Fi, H – 1989 Tsch, Is – 1990 Fra, SU, SU
2 **Steiner** Paul (1. FC Köln) 1983 T, Ab
1 **Steininger** Franz-Josef (MSV Duisburg) 1981 Fi
5 **Sternkopf** Michael (Karlsruher SC) 1989 Tsch, Is – 1990 Fr, SU, SU
2 **Steubing** Waldemar (Bayer Uerdingen) 1981 Ö, Fi
7 **Storck** Bernd (VfL Bochum 4, Borussia Dortmund 3) 1983 Al, Ch, Br, Fr, Ö, T, Ab
7 **Strack** Gerhard (1. FC Köln) 1981 Ö, Bu – 1982 Sp, Sp, SU, SU, E
2 **Strunz** Thomas (Bayern München) 1990 Fr, SU
4 **Sturm** Ralf (1. FC Köln) 1989 H, Fi, Is – 1990 Fr

2 **Theiss** Klaus (Eintracht Frankfurt) 1985 Pg – 1986 Sz
1 **Thiele** Günter (Fortuna Düsseldorf) 1983 Ab
3 **Thon** Olaf (Schalke 04) 1984 Scho, Sd – 1985 Pg
2 **Trares** Bernhard (SV Darmstadt 98) 1986 It, Scho
4 **Trieb** Martin (Eintracht Frankfurt) 1983 Ab, T, Ö, U

19 **Völler** Rudi (Kickers Offenbach 8, München 1860 10, Werder Bremen 1) 1979 Pl, SU – 1980 Scho, Bg, Ka, Me, Rum, Ch, Bu – 1981 Sp, Ö, Fi, Fi, Ö, Bu – 1982 SU, SU, Sp, E
9 **Vollborn** Rüdiger (Bayer Leverkusen) 1982 Sz, Tsch – 1983 Ab, T, Al, Br, Fr, T – 1984 Bg

11 **Waas** Herbert (Bayer Leverkusen) 1983 Pg, Ab, T – 1984 Sd – 1985 Pg, Bu, SU, Sd, Pg – 1986 It, SK
2 **Wagner** Martin (1. FC Nürnberg) 1989 Bu, Tsch
1 **Weber** Ralf (Eintracht Frankfurt) 1989 Is
4 **Wegmann** Jürgen (Borussia Dortmund) 1984 SU, G, Scho – 1985 Pg
2 **Willkomm** Jürgen (1. FC Köln) 1979 Pl, SU
2 **Winklhofer** Helmut (Bayer Leverkusen) 1983 Pg, Ab
6 **Witeczek** Marcel (Bayer Uerdingen) 1988 Sz, Fi, H – 1989 Bu, H, Is, Tsch, Fi – 1990 SU
6 **Wohlfarth** Roland (MSV Duisburg) 1982 Sz, Tsch – 1983 Al, Ch, Br, Fr
7 **Wuttke** Wolfram (Schalke 04 4, Borussia Mönchengladbach 3) 1980 H – 1981 Sp – 1982 Tsch, E – 1983 Ab, T, Ö

4 **Zanter** Peter (Bayer Leverkusen) 1986 Scho, D – 1987 E, D
3 **Zechel** Thomas (Bayer Leverkusen) 1984 Bg, SU, G
4 **Zietsch** Reiner (VfB Stuttgart) 1984 Bg, SU, G – 1985 Sd
5 **Zimmermann** Uwe (SV Waldhof Mannheim) 1982 Tsch – 1983 Pg, Ö, Ch, Ab
2 **Zorc** Michael (Borussia Dortmund) 1982 Sz – 1983 Pg

Alle Torschützen in den Junioren-Länderspielen „U 21"

(in alphabetischer Reihenfolge)

Allofs Th.	2
Bierhoff	7
Blau	1
M. Bode	2
Dammeier	1
Dickel	2
Dusend	1
Eckstein	4
Effenberg	1
Engels	1
Epp	1
Foda	1
Funkel W.	1
Gaudino	2
Glesius	3
Gruber	2
Heesen von	2
Herbst	2
Herget	3
Hieronymus	1
Hochstätter	1
Kempe	1
Klinsmann	3
Klotz	2
Kohn	1
Kroth	1
Kuntz	3
Labbadia	3
Lehmann	1
Leifeld	2
Littbarski	18
Mathy	6
Matthäus	2
Möller	2
Neun	1
Patzke	1
Quaisser	1
Reichert	3
Reinders	1
Reinhardt Knut	2
Reuter	2
Riedle	1
Rummenigge M.	4
Schatzschneider	2
Schneider M.	1
Schön	1
Schwabl	1
Steiner	1
Sternkopf	1
Steubing	1
Strack	2
Thon	2
Völler	10
Waas	2
Winklhofer	1
Witeczek	4
Wohlfarth	1
Wuttke	1
Selbsttore des Gegners	2

Am häufigsten berufen wurden in die „U 21"

Littbarski	21
Rolff	20
Völler	19
Allofs Th.	17
Falkenmayer	16
Kögl	16
Olten	16
Matthäus	15
Reichert	15
Schäfer	15
Immel	14
Schön	14
Reinhardt Alois	14
Kroth	13
Luginger	13
Neun	13
Schwabl	13
Klinkert	12
Metz	12
Quaisser	12
K. Reinhardt	12
Reck	12
Dittus	11
Kempe	11
Kohler	11
Kutowski	11
Reuter	11
Waas	11
Bierhoff	10
Greiner	10
Hochstätter	10
Rummenigge M.	10
Schneider Th.	10

Die erfolgreichsten Vereine (Berufungen/Spieler)

VfB Stuttgart	81 Berufungen/14 Spieler
1. FC Köln	76 Berufungen/17 Spieler
Borussia Dortmund	68 Berufungen/15 Spieler
1. FC Nürnberg	65 Berufungen/12 Spieler
Bor. M'gladbach	65 Berufungen/13 Spieler
Waldhof Mannheim	61 Berufungen/ 7 Spieler
Hamburger SV	59 Berufungen/13 Spieler
Eintracht Frankfurt	59 Berufungen/15 Spieler
Bayer Leverkusen	56 Berufungen/12 Spieler
Werder Bremen	54 Berufungen/13 Spieler
Bayern München	48 Berufungen/ 7 Spieler
Karlsruher SC	46 Berufungen/ 7 Spieler
1. FC Kaiserslautern	37 Berufungen/ 9 Spieler
Bayer Uerdingen	37 Berufungen/ 9 Spieler
Schalke 04	36 Berufungen/ 9 Spieler
Fortuna Düsseldorf	30 Berufungen/ 7 Spieler

TEIL III

DIE DEUTSCHE MEISTERSCHAFT

Ehrentafel

DER DEUTSCHEN MEISTER

1903	VfB Leipzig
1905	Union 92 Berlin
1906	VfB Leipzig
1907	Freiburger FC
1908	Viktoria Berlin
1909	Phönix Karlsruhe
1910	Karlsruher FV
1911	Viktoria Berlin
1912	Holstein Kiel
1913	VfB Leipzig
1914	SpVgg Fürth
1920	1. FC Nürnberg
1921	1. FC Nürnberg
1922	kein Meister
1923	Hamburger SV
1924	1. FC Nürnberg
1925	1. FC Nürnberg
1926	SpVgg Fürth
1927	1. FC Nürnberg
1928	Hamburger SV
1929	SpVgg Fürth
1930	Hertha BSC Berlin
1931	Hertha BSC Berlin
1932	Bayern München
1933	Fortuna Düsseldorf
1934	FC Schalke 04
1935	FC Schalke 04
1936	1. FC Nürnberg
1937	FC Schalke 04
1938	Hannover 96
1939	FC Schalke 04
1940	FC Schalke 04
1941	Rapid Wien
1942	FC Schalke 04
1943	Dresdner SC
1944	Dresdner SC
1948	1. FC Nürnberg
1949	VfR Mannheim
1950	VfB Stuttgart
1951	1. FC Kaiserslautern
1952	VfB Stuttgart
1953	1. FC Kaiserslautern
1954	Hannover 96
1955	Rot-Weiß Essen
1956	Borussia Dortmund
1957	Borussia Dortmund
1958	FC Schalke 04
1959	Eintracht Frankfurt
1960	Hamburger SV
1961	1. FC Nürnberg
1962	1. FC Köln
1963	Borussia Dortmund
1964	1. FC Köln
1965	Werder Bremen
1966	TSV 1860 München
1967	Eintracht Braunschweig
1968	1. FC Nürnberg
1969	FC Bayern München
1970	Borussia Mönchengladbach
1971	Borussia Mönchengladbach
1972	FC Bayern München
1973	FC Bayern München
1974	FC Bayern München
1975	Borussia Mönchengladbach
1976	Borussia Mönchengladbach
1977	Borussia Mönchengladbach
1978	1. FC Köln
1979	Hamburger SV
1980	Bayern München
1981	Bayern München
1982	Hamburger SV
1983	Hamburger SV
1984	VfB Stuttgart
1985	Bayern München
1986	Bayern München
1987	Bayern München
1988	Werder Bremen
1989	Bayern München
1990	Bayern München

Die Meistermannschaften

1903: VfB Leipzig (gegen DFC Prag 7:2):
Dr. Raydt – E. Schmidt, Kuller, – Rößler, W. Friedrich, O. Braune – Steinbeck, Stanischewski, H. Riso, Adalbert Friedrich, Werner. – Hamburg 31. 5. – Zuschauer: 2000 – Schiedsrichter: Behr (Altona).

1905: Union 92 Berlin (gegen Karlsruher FV 2:0):
Krüger – Köhne, A. Bock – Jurga, Heinrich, Reinecke – R. Bock, Wagenseil, Fröhde, Herzog, Pisarra. – Köln: 21. 5. – Zuschauer 3500 – Schiedsrichter: Dr. Westendarp (Hamburg).

1906: VfB Leipzig (gegen 1. FC Pforzheim 2:1):
H. Schneider – E. Schmidt, Werner – G. Steinbeck, Oppermann, C. Ugi – Uhle, H. Riso, E. Blüher, Lässig, Adalbert Friedrich. – Nürnberg: 27. 5. – Zuschauer: 1100 – Schiedsrichter: Eickhof (Hamburg).

1907: Freiburger FC (gegen Viktoria 89 Berlin 3:1):
von Goldberger – De Villiers, Falschlunger – Bodenweber, Mayer, Hunn – Haase, Sydler, Dr. Glaser, Hofherr, Burkhart. – Mannheim, 2. 6. – Zuschauer: 3000 – Schiedsrichter: Eickhof (Hamburg).

1908: Viktoria 89 Berlin (gegen Stuttgarter Kickers 3:0):
Skranowitz – Hahn, Fischer – Moek, Knesebeck, Hunder – Pause, Dumke, Worpitzky, Röpnack, R. Bock. – Berlin, 7. 6. – Zuschauer: 2000 – Schiedsrichter: Götzel (Hamburg).

1909: Phönix Karlsruhe (gegen Viktoria 89 Berlin 4:2):
Michaelis – Karth, Neumaier – Heger, Bayer, Schweinshaut – Wegele, O. Reiser, Leibold, Noe, Oberle. – Breslau, 30. 5. – Zuschauer: 1500 – Schiedsrichter: G. Hinze (Duisburg).

1910: Karlsruher Fußball-Verein (gegen Holstein Kiel 1:0 n. Verl.):
Dell – Hüber, Hollstein – Ruzek, Breunig, Schwarze – Tscherter, Förderer, Fuchs, Hirsch, Bosch. – Köln, 15. 5. – Zuschauer: 5000 – Schiedsrichter: Grafe (Leipzig).

1911: Viktoria 89 Berlin (gegen VfB Leipzig 3:1):
Welkisch – Hahn, Röpnack – Graßmann, Knesebeck, Hunder – Krüger, Dumke, Worpitzky, Kugler, Gasse. – Dresden, 4. 6. – Zuschauer: 12000 – Schiedsrichter: P. Schröder (Mönchengladbach).

1912: KSV Holstein Kiel (gegen Karlsruher FV 1:0):
Ad. Werner – Homeister, Reese – Dehning, Zincke, Krogmann – E. Möller, W. Fick, Binder, H. Fick, Borck. – Hamburg, 26. 5. – Zuschauer: 10000 – Schiedsrichter: P. Schröder (Mönchengladbach).

1913: VfB Leipzig (gegen Duisburger SpV 3:1):
H. Schneider – Dr. Völker, A. Herrmann – Michel, Edy (Pendorf), Hesse – Richter, Paulsen (Paul Pömpner), Völkers, Dolge, Adalbert Friedrich. – München, 11. 5. – Zuschauer: 5000 – Schiedsrichter: Knab (Stuttgart).

1914: Spielvereinigung Fürth (gegen VfB Leipzig 3:2 n. Verl.):
Polenski – Burger, Wellhöfer – Seidel, Riebe, Schmidt – Wunderlich, Franz, Weicz, Hirsch, Jakob. – Magdeburg, 31. 5. – Zuschauer: 6000 – Schiedsrichter: v. Pacquet (Berlin).

1920: 1. FC Nürnberg (gegen Spielvereinigung Fürth 2:0):
Stuhlfauth – Bark, Dr. Steinlein – Kugler, Dr. Kalb, Riegel – Strobel, Popp, Böß, Träg, Szabo. Tore: Szabo, Popp – Frankfurt, 13. 6. – Zuschauer 35000 – Schiedsrichter: Dr. Bauwens (Köln).

1921: 1. FC Nürnberg (gegen Vorwärts Berlin 5:0):
Stuhlfauth – Bark, Kugler – Grünerwald, Dr. Kalb, Riegel – Strobel, Popp, Böß, Träg, Sutor. – Tore: Popp (3), Träg (2) – Düsseldorf 12. 6. – Zuschauer 22000 – Schiedsr.: Dr. Bauwens (Köln).

1922: kein Meister

Der DFB erklärte den HSV nach den beiden unentschieden ausgegangenen Spielen satzungsgemäß zum Meister. Dagegen protestierte der 1. FC Nürnberg, und so wurde das „Hildesheimer Urteil" infolge falscher Satzungsauslegung wieder aufgehoben und in der Revision in Würzburg beschlossen, daß für 1922 kein Meister ermittelt worden ist. Auf dem Bundestag in Jena im November 1922, auf dem die Klärung der Meisterfrage nochmals anstand, verzichtete dann der HSV auf den Titel. Die beiden Spiele:

18. 6. in Berlin 2:2 (2:1 für Nürnberg), Zuschauer: 25000, Tore: Rave, Flohr für HSV, Träg, Popp für Nürnberg, Schiedsrichter: Bauwens, Köln.

HSV: Martens – Beier, Schmerbach – Flohr, Halvorsen, Krohn – Kolzen, Breuel, Harder, Schneider, Rave. – Nürnberg: Stuhlfauth – Bark, Grünerwald – Köpplinger, Kugler, Riegel – Strobel, Popp, Böß, Träg, Sutor.

6. 8. in Leipzig 1:1 (0:0), Zuschauer 50000, Tore:Träg (Nürnberg), Schneider (HSV), Schiedsrichter: Bauwens, Köln.

HSV: gleiche Mannschaft, nur Agte für Schmerbach, Nürnberg: gleiche Mannschaft, nur Reitzenstein für Grünerwald.

1923: Hamburger Sport-Verein (gegen Union Oberschöneweide 3:0):

Martens – Beier, Speyer – Carlsson, Halvorsen, Krohn – Kolzen, Breuel, Harder, Schneider, Rave. – Tore: Schneider, Harder, Breuel – 10. 6. Berlin – Zuschauer: 64000 – Schiedsrichter: Brucker (Stuttgart).

1924: 1. FC Nürnberg (gegen Hamburger SV 2:0):

Stuhlfauth – Bark, Kugler – Schmidt, Dr. Kalb, Riegel – Strobel, Hochgesang, Wieder, Träg, Sutor. – Tore: Hochgesang, Strobel – Berlin, 9.6. – Zuschauer 30000 – Schiedsrichter: Seiler (Chemnitz).

1925: 1. FC Nürnberg (gegen FSV Frankfurt 1:0 n. Verl.):

Stuhlfauth – Popp, Kugler – Schmidt, Dr. Kalb, Riegel – Strobel, Wieder, Hochgesang, Träg, Sutor. – Tor: Wieder – Frankfurt, 7. 6. – Zuschauer 50000 – Schiedsrichter: Guyenz (Essen).

1926: Spielvereinigung Fürth (gegen Hertha BSC Berlin 4:1):

Hörgren – Müller, Hagen – Kleinlein, Leinberger, Krauß I – Auer, Franz, Seiderer, Ascherl, Kießling. – Tore: Seiderer, Auer, Ascherl, Selbsttor Domscheid (für Hertha: Sobek) – Frankfurt, 13. 6. – Zuschauer: 40000 – Schiedsrichter: Spranges (Glauchau).

1927: 1. FC Nürnberg (gegen Hertha BSC Berlin 2:0):

Stuhlfauth – Popp, Winter – Köpplinger, Dr. Kalb, Schmidt – Reinmann, Hochgesang, Schmitt, Wieder, Träg. – Tore: Kalb, Träg – Berlin, 12. 6. – Zuschauer 50000 – Schiedsrichter: Guyenz (Essen).

1928: Hamburger Sport-Verein (gegen Hertha BSC Berlin 5:2):

Blunk – Beier, Risse – Lang, Halvorsen, Carlsson – Kolzen, Ziegenspeck, Harder, Horn, Rave. – Tore: Kotzen (2), Harder, Horn, Rave (Kirsei, Grenzel) – Hamburg, 29. 7. – Zuschauer 50000 – Schiedsrichter: Maul (Nürnberg).

1929: Spielvereinigung Fürth (gegen Hertha BSC Berlin 3:2):

Neger – Hagen, Kraus I – Röschke, Leinberger, Krauß II – Auer, Rupprecht, Franz, Frank, Kießling. – Tore: Auer, Frank, Rupprecht (Sobek 2). – Nürnberg, 28. 7. – Zuschauer: 50000. – Schiedsrichter: Dr. Bauwens (Köln).

1930: Hertha BSC Berlin (gegen Holstein Kiel 5:4):

Gehlhaar – Völker, Wilhelm - Leuschner, Müller, Radecke – Ruch, Sobek, Lehmann, Kirsei, Hahn. – Tore: Ruch (2), Sobek, Lehmann, Kirsei (Ritter 2, Ludwig, Widmaier) – Düsseldorf, 22. 6. – Zuschauer: 45000 – Schiedsrichter: Guyenz (Essen).

1931: Hertha BSC Berlin (gegen TSV 1860 München 3:2):

Gehlhaar – Völker, Wilhelm – Appel, Müller, Stahr – Ruch, Sobek, Lehmann, Kirsei, Hahn. – Tore: Sobek, Kirsei, Lehmann (Oeldenberger, Lachner) – Köln, 14. 6. – Zuschauer 60000 – Schiedsrichter: Fissenwerth (Köln).

1932: FC Bayern München (gegen Eintracht Frankfurt 2:0):
Lechler – Haringer, Heidkamp – Breindl, Goldbrunner, Nagelschmitz – Bergmaier, Krumm, Rohr, Schmid, Welker. – Tore: Rohr, Krumm – Nürnberg 12. 6. – Zuschauer: 55000 – Schiedsrichter: Birlem (Berlin).

1933: Fortuna Düsseldorf (gegen FC Schalke 04 3:0):
Pesch – Trautwein, Bornefeld – Janes, Bender, Breuer – Mehl, Wigold, Hochgesang, Zwolanowski, Kobierski. – Tore: Zwolanowski, Mehl, Hochgesang – Köln, 11. 6. – Zuschauer: 60000 – Schiedsrichter: Birlem (Berlin).

1934: FC Schalke 04 (gegen 1. FC Nürnberg 2:1):
Mellage – Bornemann, Zajons – Tibulski, Szepan, Valentin – Kalwitzkl, Urban, Nattkemper, Kuzorra, Rothardt. – Tore: Szepan, Kuzorra (Friedel) – Berlin, 24. 6. – Zuschauer: 45000 – Schiedsrichter: Birlem (Berlin).

1935: FC Schalke 04 (gegen VfB Stuttgart 6:4):
Mellage – Bornemann, Nattkemper – Tibulski, Szepan, Valentin – Kalwitzki, Gellesch, Pörtgen, Kuzorra, Urban. – Tore: Pörtgen (3), Urban, Gellesch, Kalwitzki (Bökle 2, Koch, Rutz) – Köln, 23. 6. – Zuschauer 74000 – Schiedsrichter: Best (Frankfurt/Main).

1936: 1. FC Nürnberg (gegen Fortuna Düsseldorf 2:1 n. Verl.):
Köhl – Billmann, Munkert – Uebelein I, Carolin, Oehm – Gußner, Eiberger, Friedel, Schmitt, Schwab. – Tore: Eiberger, Gußner (Nachtigall) – Berlin, 21. 6. – Zuschauer: 45000 – Schiedsrichter: Birlem (Berlin).

1937: FC Schalke 04 (gegen 1. FC Nürnberg 2:0):
Klodt – Bornemann, Schweißfurt – Gellesch, Tibulski, Berg – Kalwitzki, Szepan, Pörtgen, Kuzorra, Urban. – Tore: Pörtgen, Kalwitzki – Berlin, 20. 6. – Zuschauer: 100000 – Schiedsrichter: Birlem (Berlin).

1938: Hannover 96 (gegen FC Schalke 04 3:3 n. Verl. und 4:3 n. Verl.):
Pritzer – Sievert, Petzold – Jacobs, Ernst Deike, Männer – Malecki, Pöhler, Erich Meng, Lay, Richard Meng. – Tore: Im ersten Spiel (3:3): R. Meng, E. Meng, Selbsttor Gellesch (Pörtgen 2, Kalwitzki); im zweiten Spiel (4:3): Lay, R. Meng, Jacobs, E. Meng (Kuzorra 2, Szepan) – Berlin, 26. 6. und 3. 7. – Zuschauer: Zweimal 100000 – Schiedsrichter: 1. Spiel: Peters (Berlin); 2. Spiel: Grabler (Regensburg).

1939: FC Schalke 04 (gegen Admira Wien 9:0):
Klodt – Bornemann, Schweißfurt – Gellesch, Tibulski, Berg – Eppenhoff, Szepan, Kalwitzki, Kuzorra, Urban. – Tore: Kalwitzki (5), Urban, Tibulski, Kuzorra, Szepan – Berlin, 18. 6. – Zuschauer: 100000 – Schiedsrichter: Schulz (Dresden).

1940: FC Schalke 04 (gegen Dresdner Sport-Club 1:0):
Klodt – Bornemann, Hinz – Füller, Tibulski, Burdenski – Eppenhoff, Szepan, Kalwitzki, Kuzorra, Schuh. – Tor: Kalwitzki – Berlin, 21. 7. – Zuschauer: 95000 – Schiedsrichter: Stark (München).

1941: Rapid Wien (gegen FC Schalke 04 4:3):
Raftl – Wagner II, Sperner – Wagner I, Gernhardt, Skoumal – Fitz, Schors, Binder, Dvoracek, Pesser. – Tore: Binder (3), Schors (Hinz 2, Eppenhoff) – Berlin, 22. 6. – Zuschauer: 95000 – Schiedsrichter: Reinhardt (Stuttgart).

1942: FC Schalke 04 (gegen Vienna Wien 2:0):
Flotho – Hinz, Schweißfurt – Bornemann, Tibulski, Burdenski – Kalwitzki, Szepan, Eppenhoff, Kuzorra, Urban. – Tore: Kalwitzki, Szepan – Berlin, 5. 7. – Zuschauer: 90000 – Schiedsrichter: Boullion (Königsberg).

1943: Dresdner Sport-Club (gegen FV Saarbrücken 3:0):
Kreß–Pechan, Hempel–Pohl, Dzur, Schubert–Kugler, Schaffer, Hofmann, Schön, Erdl.–Tore: Erdl, Schubert, Kugler–Berlin, 27.6.–Zuschauer 80000–Schiedsrichter: Raspel (Düsseldorf).

1944: Dresdner Sport-Club (gegen LSV Hamburg 4:0):
Kreß – Belger, Hempel – Pohl, Dzur, Schubert – Voigtmann, Schön, Machate, Hofmann, Schaffer. – Tore: Schaffer (2), Voigtmann, Schön – Berlin, 18. 6. – Zuschauer: 70000 – Schiedsrichter: Trompeter (Köln).

1948: 1. FC Nürnberg (gegen 1. FC Kaiserslautern 2:1):
Schaffer – Uebelein I, Knoll – Bergner, Kennemann, Gebhardt – Herbolsheimer, Morlock, Pöschl, Winterstein, Hagen. – Tore: Winterstein, Pöschl (Selbsttor Uebelein I) – Köln, 8. 8. – Zuschauer 75000 – Schiedsrichter: Burmeister (Hamburg).

1949: VfR Mannheim (gegen Borussia Dortmund 3:2 n. Verl.):
Jöckel – Rößling, Henninger – Maier, Keuerleber, Müller – Bolleyer, Langlotz, Löttke, Stiefvater, de la Vigne. – Tore: Löttke (2), Langlotz (Erdmann 2) – Stuttgart, 10. 7. – Zuschauer: 92000 – Schiedsrichter: Zacher (Berlin).

1950: VfB Stuttgart (gegen FC Kickers Offenbach 2:1):
Schmid – Retter, Steimle – Otterbach, Ledl, Barufka – Läpple, Schlienz, Bühler, Baitinger, Blessing. – Tore: Läpple, Bühler (Buhtz) – Berlin, 25. 6. – Zuschauer: 86000 – Schiedsrichter: Kormannshaus (Gohfeld).

1951: 1. FC Kaiserslautern (gegen Preußen Münster 2:1):
Adam – Rasch, Kohlmeyer – E. Liebrich, W. Liebrich, Jergens – Eckel, F. Walter, O. Walter, Baßler, Fuchs. – Tore: Ottmar Walter (2), (Gerritzen) – Berlin, 30. 6. – Zuschauer: 85000 – Schiedsrichter: Reinhardt (Stuttgart).

1952: VfB Stuttgart (gegen 1. FC Saarbrücken 3:2):
Bögelein – Krauß, Steimle – Schlienz, Retter, Barufka – Baitinger, L. Kronenbitter, Wehrle, Krieger, Blessing. – Tore: Baitinger (2), Schlienz (Schreiner, Martin) – Ludwigshafen, 22. 6. – Zuschauer 80000 – Schiedsrichter Nettekoven (Bonn).

1953: 1. FC Kaiserslautern (gegen VfB Stuttgart 4:1):
Hölz – E. Liebrich, Kohlmeyer – Eckel, W. Liebrich, Render – Scheffler, F. Walter, O. Walter, Wenzel, Wanger. – Tore: F. Walter, Wanger, Scheffler, Wenzel (L. Kronenbitter) – Berlin, 21. 6. – Zuschauer: 80000 – Schiedsrichter: Ternieden (Oberhausen).

1954: Hannover 96 (gegen 1. FC Kaiserslautern 5:1):
Krämer – Geruschke, Kirk – Müller, Bothe, Gehrke – Wewetzer, Paetz, Tkotz, Zielinski, Kruhl. – Tore: Tkotz, Wewetzer, Kruhl, Paetz, Eigentor Kohlmeyer (Eckel) – Hamburg, 23. 5. – Zuschauer: 76000 – Schiedsrichter: Schmetzer (Mannheim).

1955: Rot-Weiß Essen (gegen 1. FC Kaiserslautern 4:3):
Herkenrath – Jänisch, Köchling – Jahnel, Wewers, Grewer – Rahn, Islacker, Gottschalk, Röhrig, Termath. – Tore: Islacker (3), Röhrig (Wenzel 2, Baßler) – Hannover, 26. 6. – Zuschauer: 76000 – Schiedsrichter: Meißner (Nürnberg).

1956: BV 09 Borussia Dortmund (gegen Karlsruher Sport-Club 4:2):
Kwiatkowski – Burgsmüller, Sandmann – Schiebrowski, Michallek, Bracht – Peters, Preißler, Kelbassa, Niepieklo, Kapitulski. – Tore: Niepieklo, Kelbassa, Preißler, Peters (Kunkel, Eigentor Burgsmüller) – Berlin, 24. 6. – Zuschauer: 75000 – Schiedsrichter: Dusch (Kaiserslautern).

1957: BV 09 Borussia Dortmund (gegen Hamburger Sport-Verein 4:1):
Kwiatkowski – Burgsmüller, Sandmann – Schlebrowski, Michallek, Bracht – Peters, Preißler, Kelbassa, Niepieklo, Kapitulski. – Tore: Kelbassa (2), Niepieklo (2) (Krug) – Hannover, 23. 6. – Zuschauer: 76000 – Schiedsrichter: Dusch (Kaiserslautern).

1958: FC Schalke 04 (gegen Hamburger Sport-Verein 3:0):
Orzessek – Sadlowski, Brocker – Borutta, O. Laszig, Karnhof – Koslowski, Kördell, Siebert, Kreuz, Klodt. – Tore: Klodt (2), Kreuz – Hannover, 18. 5. – Zuschauer: 80000 – Schiedsrichter: Dusch (Kaiserslautern).

1959: SG Eintracht Frankfurt (gegen Kickers Offenbach 5:3 n. Verl.):

Loy – Eigenbrodt, Höfer – Stinka, Lutz, Weilbächer – Kreß, Sztani, Feigenspan, Lindner, Pfaff. – Tore: Feigenspan (3), Sztani (2), (Kraus, Preisendörfer, Gast) – Berlin, 28. 6. – Zuschauer: 75000 – Schiedsrichter: Asmussen (Flensburg).

1960: Hamburger Sport-Verein (gegen 1. FC Köln 3:2):

Schnoor – Piechowiak, Krug – Werner, Meinke, Dieter Seeler – Neisner, Dehn, Uwe Seeler, Stürmer, Dörfel. – Tore: Uwe Seeler (2), Dörfel, (Breuer, Müller) – Frankfurt, 25. 6. – Zuschauer: 71000 – Schiedsrichter: Kandlbinder (Regensburg).

1961: 1. FC Nürnberg (gegen Borussia Dortmund 3:0):

Wabra – Derbfuß, Hilpert – Zenger, Wenauer, Reisch – Flachenecker, Morlock, Strehl, Müller, Haseneder. – Tore: Haseneder, Müller, Strehl – Hannover, 24. 6. – Zuschauer: 82000 – Schiedsrichter: Schulenburg (Hamburg).

1962: 1. FC Köln (gegen 1. FC Nürnberg 4:0):

Ewert – Pott, Schnellinger – Hemmersbach, Wilden, Sturm – Thielen, Habig, Müller, Schäfer, Breuer. – Tore: Habig (2), Schäfer, Pott – Berlin, 12. 5. – Zuschauer: 82000 – Schiedsrichter Dusch (Kaiserslautern).

1963: BV 09 Borussia Dortmund (gegen 1. FC Köln 3:1):

Wessel – Burgsmüller, Geisler – Bracht, Paul, Kurrat Wosab, Schmidt, Schütz, Konietzka, Cyliax. – Tore: Kurrat, Wosab, Schmidt (Schnellinger) – Stuttgart, 29. 6. – Zuschauer: 75000 – Schiedsrichter: Tschenscher (Mannheim)

1963 fand das letzte Endspiel um die Deutsche Meisterschaft statt. In der Spielzeit 1963/64 wurde der Meister zum ersten Male in einer Bundesliga mit 16 Vereinen (ab 1965/66 mit 18 Vereinen) ermittelt. Deutscher Meister wird jetzt, wer nach einer doppelten Punktrunde mit Hin- und Rückspielen das beste Punkteverhältnis (bzw bei Punktgleichheit den höheren Torunterschied) aufweist.
Da es keine Endspielmannschaften mehr gibt, werden von hier an die Standardaufstellungen der Meisterklubs und die weiteren in der Saison eingesetzten Spieler aufgeführt.

1964: 1. FC Köln

Ewert (Schumacher) – Pott, Regh (Hemmersbach) – Benthaus, Wilden, Sturm (Weber) – Thielen, Schäfer, Müller, Overath, Hornig (Ripkens). – Trainer: Georg Knöpfle.

1965: SV Werder Bremen

Bernard – Höttges, Piontek (Bordel) – Steinmann, Jagielski, Lorenz (Schimeczek) – Zebrowski, Schütz, Matischak, Ferner, Schulz (Klöckner, Soya, Hänel, Thun). – Trainer: Willi Multhaup.

1966: TSV 1860 München

Radenkovic – Wagner, Patzke (Steiner) – Luttrop, Reich, Perusic (Zeiser) – Heiß, Konietzka, Brunnenmeier, Grosser, Rebele (Kohlars, Küppers). – Trainer: Max Merkel.

1967: BTSV Eintracht Braunschweig

Wolter (Jäcker) – Meyer, Moll (Brase) – Schmidt, Kaack, Bäse (Matz) – Gerwien, Ulsaß, Saborowski, Dulz, Maas (Grzyb, Krause). – Trainer: Helmut Johannsen.

1968: 1. FC Nürnberg

Wabra (Toth) – Leupold, Popp (Hilpert) – L. Müller, Wenauer, Ferschl – Cebinac, Strehl, Brungs, H. Müller, Volkert (Starek, Schöll). – Max Merkel.

1969: FC Bayern München

Maier – Pumm, Kupferschmidt – Schwarzenbeck, Beckenbauer, Olk (Schmidt) – Roth, Ohlhauser, Müller, Starek, Brenninger (Jung). – Trainer: Branko Zebec.

1970: VfL Borussia Mönchengladbach

Kleff (Danner) – Vogts, Bleidick (Zimmermann) – L. Müller, Sieloff, Dietrich (Spinnler, Krakke) – Wimmer, Laumen, Köppel, Netzer, Le Fevre (Schäfer, Kaiser, Meyer) – Trainer: Hennes Weisweiler.

1971: VfL Borussia Mönchengladbach

Kleff – Vogts, Wittmann (Bleidick) – Wimmer, Müller, Sieloff – Köppel, Laumen, Heynckes, Netzer, Le Fevre (Dietrich, Bonhof, Wloka) – Trainer: Hennes Weisweiler.

1972: FC Bayern München

Maier (Seifert) – Hansen, Breitner (Koppenhöfer, Rybarczyk) – Schwarzenbeck, Beckenbauer, Roth – Krauthausen, Zobel, Müller, Hoeneß, Sühnholz (Schneider, Gerber, Hoffmann) – Trainer: Udo Lattek.

1973: FC Bayern München

Maier – Hansen, Breitner (Rybarczyk, Zimmermann) – Schwarzenbeck, Beckenbauer, Roth (Rohr) – Krauthausen, Zobel, Müller, Hoeneß, Dürnberger (Hoffmann, Schneider, Jörg) – Trainer: Udo Lattek.

1974: FC Bayern München

Maier – Hansen, Breitner (Kapellmann, Jensen, Rohr) – Schwarzenbeck, Beckenbauer, Roth – Torstensson, Zobel, Müller, Hoeneß, Dürnberger (Hoffmann, Gersdorff, Hadewicz, Schneider, Zimmermann) – Trainer: Udo Lattek.

1975: VfL Borussia Mönchengladbach

Kleff – Klinkhammer, Vogts (Surau, Schäffer) – Bonhof, Wittkamp, Danner (Posner) – Simonsen, Wimmer, Jensen, Stielike, Heynckes (Kulik, Köstner, Köppel, Hilkes, Del Haye) – Trainer: Hennes Weisweiler.

1976: VfL Borussia Mönchengladbach

Kleff – Vogts, Klinkhammer (Surau) – Bonhof, Wittkamp, Danner (Schäffer, Wohlers, Ringels) – Simonsen, Wimmer, Jensen, Stielike, Heynckes (Köppel, Hannes, Kulik, Del Haye) – Trainer: Udo Lattek.

1977: VfL Borussia Mönchengladbach

Kneib – Vogts, Klinkhammer (Ringels) – Bonhof, Wittkamp, Schäffer (Kulik, Danner) – Simonsen, Wimmer, Stielike, Wohlers, Heynckes (Köppel, Hannes, Heidenreich, Del Haye, Nielsen) – Trainer: Udo Lattek.

1978: 1. FC Köln

Schumacher – Konopka (Hein), Zimmermann (Nicot) – Strack, Gerber, Cullmann (Simmet, Glowacz) – van Gool, Neumann, D. Müller, Flohe, Okudera (Prestin, Willmer, Löhr) – Trainer: Hennes Weisweiler.

1979: Hamburger Sport-Verein

Kargus – Kaltz, Hidien (Ripp) – Memering (Bertl), Nogly (Beginski), Buljan – Reimann (Wehmeyer), Hartwig, Hrubesch, Magath (Plücken), Keegan – Trainer: Branko Zebec.

1980: Bayern München

Junghans (Müller) – Weiner (Dremmler), Horsmann (Gruber) – Niedermayer (Kraus), Augenthaler (Schwarzenbeck, Aas), Breitner – Dürnberger, Janzon, D. Hoeneß, Oblak, Rummenigge (Reisinger). – Trainer: Pal Csernai.

1981: Bayern München

Junghans (Müller) – Dremmler, Horsmann, – Dürnberger, Weiner (Aas), Breitner (Niedermayer), Augenthaler, Kraus (Röber, Güttler) – Del'Haye (Rautiainen), D. Hoeneß (Mathy), Rummenigge (Janzon). – Trainer: Pal Csernai.

1982: Hamburger Sport-Verein

Stein – Kaltz, Hieronymus (Beckenbauer), Jakobs, Wehmeyer (Hidien) – Hartwig (Schröder), Groh (Kramer), Magath (Djordjevic), Memering (Milewski) – Bastrup, Hrubesch, von Heesen (Dreßel). – Trainer: Ernst Happel.

1983: Hamburger Sport-Verein

Stein – Kaltz, Hieronymus, Jakobs, Wehmeyer (Schröder) – Hartwig, Groh (Schmidt), Rolff,

Magath (von Heesen) – Milewski (Hansen), Hrubesch (Bastrup, Djordjevic). – Trainer: Ernst Happel.

1984: VfB Stuttgart

Roleder (Jäger) – B. Förster, Makan, Kh. Förster, Buchwald (Schäfer) – Ohlicher, Allgöwer, Niedermayer, Sigurvinsson (Kempe, Zietsch) – Reichert, Corneliusson (A. Müller, Kelsch, Glückler, Lorch). – Trainer: Helmut Benthaus.

1985: Bayern München

Pfaff (Aumann) – Dremmler (Martin), Augenthaler (Beierlorzer), Eder (Grobe), Willmer (Pflügler, Dürnberger) – Mathy, Matthäus, Lerby (Nachtweih) – M. Rummenigge, D. Hoeneß, Wohlfarth (Kögl). – Trainer: Udo Lattek.

1986: Bayern München

Pfaff (Aumann) – Nachtweih (Winklhofer, Dremmler), Augenthaler (Beierlorzer), Eder, Pflügler – Matthäus (Flick), Willmer, Lerby (Schwabl) – Wohlfarth (Mathy, Hartmann), D. Hoeneß, M. Rummenigge (Kögl). – Trainer: Udo Lattek.

1987: Bayern München

Pfaff – Nachtweih (Winklhofer), Augenthaler (Bayerschmidt), Eder, Pflügler (Flick, Willmer) – Dorfner, Brehme, M. Rummenigge (Mathy), Matthäus – D. Hoeneß (Hartmann), Wohlfarth (Lunde, Kögl). – Trainer: Udo Lattek.

1988: Werder Bremen

Reck (Burdenski) – Schaaf, Bratseth, Sauer (Kutzop), Otten (Ruländer) – Borowka, Hermann (Wolter, Eilts), Votava (Meier, Möhlmann) – Neubarth, Riedle, Ordenewitz (Burgsmüller). – Trainer: Otto Rehhagel.

1990: Bayern München

Aumann – Augenthaler – Reuter (Nachtweih), Grahammer (Johnson), Flick (Winklhofer), Pflügler – Dorfner, Thon, Kögl (Eck) – Wohlfahrt, Wegmann (Eckström). – Trainer: Josef Heynckes.

1989: Bayern München

Aumann (Scheuer) – Augenthaler – Reuter, Kohler, Pflügler (Kastenmaier) – Grahammer (Schwabl), Dorfner (Flick), Strunz (Kögl), Thon (Johnsen) – Wohlfahrt (Bender), McInally (Mihajlovic). – Trainer: Josef Heynckes.

Die Endrundenspiele von 1903 bis 1963

1903

Vorrunde: Altonaer FC 93 – Viktoria Magdeburg 8:1; DFC Prag – Karlsruher FV ausgef.; VfB Leipzig – Britannia Berlin 3:1.
Zwischenrunde: VfB Leipzig – Altonaer FC 93 6:3
Endspiel: VfB Leipzig – DFC Prag 7:2

1904

Vorrunde: Germania Hamburg – ASC Hannover 11:0; Britannia Berlin – Karlsruher FV 6:1; Duisburger SpV – FV Kassel 5:3; VfB Leipzig – Viktoria Magdeburg 1:0.
Zwischenrunde: Britannia Berlin – Germania Hamburg 3:1; VfB Leipzig – Duisburger SpV 3:2 nach Verlängerung.
Endspiel: VfB Leipzig – Britannia Berlin ausgefallen. Kein Meister!

Der DFB hatte in seiner Ausschreibung die Austragung der Spiele auf neutralen Plätzen angeordnet, sich später aber selbst nicht daran gehalten. Dagegen protestierte der Karlsruher FV, der in der ersten Runde in Berlin gegen Britannia 92 Berlin antreten mußte und die 1:6-Niederlage auf diesen Umstand zurückführte. Der DFB, der seinen Bundestag anläßlich des beabsichtigten Endspiels in Kassel abhielt, entschied am Vormittag, das Finale ausfallen zu lassen, und erklärte gleichzeitig alle vorangegangenen Endrundenspiele für ungültig.

1905

Vorrunde: Schlesien Breslau – Alemannia Cottbus 5:1; Eintr. Braunschweig – Hannover 96 3:2; Karlsruher FV – Duisburger SpV 1:0; Dresdner SC – Victoria Hamburg 5:3
Zwischenrunde: Eintr. Braunschweig – Viktoria Magdeburg 2:1 nach Verlängerung; Union Berlin – Dresdner SC 5:2; Schlesien Breslau verzichtet gegen KFV; Union 92 Berlin – Eintr. Braunschweig 4:1.
Endspiel: Union 92 Berlin – Karlsruher FV 2:0

1906

Vorrunde: VfB Leipzig – Norden-Nordwest Berlin 9:1; Hertha BSC – Schlesien Breslau 7:1; Union 92 Berlin – Victoria Hamburg 3:1; 1. FC Pforzheim – SC Köln 99 4:2.
Zwischenrunde: VfB Leipzig – Hertha BSC 3:2; 1. FC Pforzheim – Union 92 Berlin 4:0
Endspiel: VfB Leipzig – 1. FC Pforzheim 2:1.

1907

Vorrunde: Viktoria 89 Berlin – Schlesien Breslau 2:1; Victoria Hamburg – SC Düsseldorf 99 8:1
Zwischenrunde: Viktoria 89 Berlin – Victoria Hamburg 4:1; FC Freiburg – VfB Leipzig 3:2
Endspiel: 1. FC Freiburg – Viktoria 89 Berlin 3:1.

1908

Vorrunde: Stuttgarter Kickers – 1. FC Freiburg 5:1; Viktoria 89 Berlin – VfB Königsberg 7:0; Duisburger SpV – Eintr. Braunschweig 1:0; Wacker Leipzig – VfR Breslau 3:1
Zwischenrunde: Stuttgarter Kickers – Duisburger SpV 5:1; Viktoria 89 Berlin – Wacker Leipzig 4:0.
Endspiel: Viktoria 89 Berlin – Stuttgarter Kickers 3:0.

1909

Vorrunde: Altonaer FC 93 – Tasmania Berlin 4:3; SC Erfurt – Alemannia Cottbus 4:3; Phönix Karlsruhe – FC M-Gladbach 5:0; Viktoria 89 Berlin – VfB Königsberg 12:1.
Zwischenrunde: Viktoria 89 Berlin – Altonaer FC 7:0; Phönix Karlsruhe – SC Erfurt 9:1.
Endspiel: Phönix Karlsruhe – Viktoria 89 Berlin 4:2.

1910

Ausscheidungsspiel: Tasmania Berlin – Prussia Samland Königsberg 5:1.
Vorrunde: Karlsruher FV – Duisburger SpV 1:0; Phönix Karlsruhe – VfB Leipzig 2:1; Holstein Kiel – Preußen Berlin 4:1; Tasmania Berlin – VfR Breslau 2:1.
Zwischenrunde: Holstein Kiel – Tasmania Berlin 6:0; Karlsruher FV – Phönix Karlsruhe 2:1.
Endspiel: Karlsruher FV – Holstein Kiel 1:0 nach Verlängerung.

1911

Vorrunde: Viktoria 89 Berlin – Lituania Tilsit (Tilsit verzichtet); Karlsruher FV – Tasmania Berlin 4:0; Holstein Kiel – Duisburger SpV 3:1; VfB Leipzig – Askania Forst 3:2.
Zwischenrunde: VfB Leipzig – Karlsruher FV 2:0; Viktoria 89 Berlin – Holstein Kiel 4:0.
Endspiel: Viktoria 89 Berlin – VfB Leipzig 3:1.

1912

Vorrunde: SpVgg Leipzig – ATV Liegnitz 3:2; Viktoria 89 Berlin – BuEV Danzig 7:0; Holstein Kiel – Preußen Berlin 2:1; Karlsruher FV – Kölner BC 8:1.
Zwischenrunde: Karlsruher FV – SpVgg Leipzig 3:1; Holstein Kiel – Viktoria 89 Berlin 2:1.
Endspiel: Holstein Kiel – Karlsruher FV 1:0.

1913

Vorrunde: Viktoria 89 Berlin – Prussia Samland Königsberg 6:1; Duisburger SpV – Stuttgarter Kickers 2:1; VfB Leipzig – Askania Forst 5:1.
Zwischenrunde: Duisburger SpV – Holstein Kiel 2:1; VfB Leipzig – Viktoria 89 Berlin 3:1.
Endspiel: VfB Leipzig – Duisburger SpV 3:1.

1914

Vorrunde: VfB Leipzig – Prussia Samland Königsberg 4:1; Duisburger SpV – Altonaer FC 93 4:1; Berliner BC – Askania Forst 4:0; SpVgg Fürth – SpVgg Leipzig 2:1.
Zwischenrunde: SpVgg Fürth – Berliner BC 4:3 n. Verl.; VfB Leipzig – Duisburger SpV 1:0;
Endspiel: SpVgg Fürth – VfB Leipzig 3:2 nach Verlängerung.

Von 1915 bis 1919
wurden keine Spiele um die Deutsche Meisterschaft ausgetragen

1920

Vorrunde: Titania Stettin – Arminia Hannover 2:1; Sportfreunde Breslau – Union Oberschöneweide Berlin 3:2; 1. FC Nürnberg – VfB Leipzig 2:0; SpVgg Fürth – Borussia M-Gladbach 7:0.
Zwischenrunde: SpVgg Fürth – Sportfreunde Breslau 4:0; 1. FC Nürnberg – Titania Stettin 3:0.
Endspiel: 1. FC Nürnberg – SpVgg Fürth 2:0.

1921

Vorrunde: Wacker Halle – Sportfreunde Breslau 2:1; Duisburger SpV – Hamburger SV 2:1; Vorwärts Berlin – SC Stettin 2:1.
Zwischenrunde: Vorwärts Berlin – Duisburger SpV 2:1; 1. FC Nürnberg – Wacker Halle 5:1.
Endspiel: 1. FC Nürnberg – Vorwärts Berlin 5:0.

1922

Vorrunde: Hamburger SV – Titania Stettin 5:0; Norden-Nordwest Berlin – FC Viktoria Forst 1:0; 1. FC Nürnberg – SpVgg Leipzig 3:0; Wacker München – Arminia Bielefeld 5:0.
Zwischenrunde: Hamburger SV – Wacker München 4:0; 1. FC Nürnberg – Norden-Nordwest Berlin 1:0.
Endspiel: 1. FC Nürnberg – Hamburger SV 2:2 n. Verlg.; Wiederholung 1:1 n. Verlg. Der DFB erklärte den Hamburger SV zum Meister. Der HSV jedoch verzichtete auf den Titel.

1923

Vorrunde: Union Oberschöneweide Berlin – Arminia Bielefeld 0:0 n. Verlg. u 2:1 n. Verlg.; Hamburger SV – Guts Muths Dresden 2:0; SpVgg Fürth – Sprtfr. Breslau 4:0.
Zwischenrunde: Union Oberschöneweide Berlin – SpVgg Fürth 2:1; Hamburger SV – VfB Königsberg 3:2.
Endspiel: Hamburger SV – Union Oberschöneweide Berlin 3:0.

1924

Vorrunde: 1. FC Nürnberg – Alemannia Berlin 6:1; Hamburger SV – Sportfreunde Breslau 3:0; SpVgg Leipzig – VfB Königsberg 6:1.
Zwischenrunde: 1. FC Nürnberg – Duisburger SpV 3:1; Hamburger SV – SpVgg Leipzig 1:0.
Endspiel: 1. FC Nürnberg – Hamburger SV 2:0.

1925

Vorrunde: Duisburger SpV – Alemannia Berlin 2:1; SC Breslau 08 – VfB Leipzig 2:1; Schwarz-Weiß Essen – FC Viktoria Forst 2:1; FSV Frankfurt – Hamburger SV 2:1 n. Verlg.; TuR Union Düsseldorf – VfR Mannheim 4:1; Hertha BSC – VfB Königsberg 3:2 n. Verlg.; 1. FC Nürnberg – 1. FV Jena 2:0; Altonaer FC 93 – Titania Stettin 4:2.
Zwischenrunde: Hertha BSC – TuR Union Düsseldorf 4:1; FSV Frankfurt – Schwarz-Weiß Essen 3:1; 1. FC Nürnberg – SC Breslau 08 4:1; Duisburger SpV – Altonaer FC 93 2:0.
Vorschlußrunde: 1. FC Nürnberg – Duisburger SpV 3:0; FSV Frankfurt – Hertha BSC 1:0 n. Verlg.
Endspiel: 1. FC Nürnberg – FSV Frankfurt 1:0 n. Verlg.

1926

Vorrunde: Hertha BSC – VfB Königsberg 4:0; SC Breslau 08 – Dresdner SC 1:0; Hamburger SV – Duisburger SpV 3:1; FSV Frankfurt – BV Altenessen 2:1; SpVgg Fürth – Viktoria Forst 5:0; Holstein Kiel – SC Stettin 8:2; Fortuna Leipzig – Bayern Münch. 2:0; Norden-Nordwest Berlin – VfR Köln 2:1.
Zwischenrunde: Holstein Kiel – Norden-Nordwest Berlin 4:0; Hamburger SV – Fortuna Leipzig 6:2; SpVgg Fürth – SC Breslau 08 4:0; Hertha BSC – FSV Frankfurt 8:2
Vorschlußrunde: Hertha BSC – Hamburger SV 4:2; SpVgg Fürth – Holstein Kiel 3:1.
Endspiel: SpVgg Fürth – Hertha BSC 4:1.

1927

Vorrunde: Kickers 1900 Berlin – Duisburger SpV 5:4 n. Verl.; SpVgg Fürth – Sportfr. Breslau 3:1; 1860 München – FC Schalke 04 3:1; Hamburger SV – Fortuna Düsseldorf 4:1; 1. FC Nürnberg – Chemnitzer BC 5:1; Holstein Kiel – Titania Stettin 9:1; Hertha BSC – VfB Königsberg 2:1; VfB Leipzig – FV Breslau 06 3:0.
Zwischenrunde: Hertha BSC – Holstein Kiel 4:2; 1. FC Nürnberg – Hamburger SV 2:1; 1860 München – VfB Leipzig 3:0; SpVgg Fürth – Kickers 1900 Berlin 9:0.
Vorschlußrunde: Hertha BSC – SpVgg Fürth 2:1; 1. FC Nürnberg – 1860 München 4:1.
Endspiel: 1. FC Nürnberg – Hertha BSC 2:0.

1928

Vorrunde: Wacker München – Dresdner SC 1:0 n. Verlg.; Bayern München – Wacker Halle 3:0; Köln Sülz 07 – Eintr. Frankfurt 3:1; Hertha BSC – Sportfr. Breslau 7:0; Tennis Borussia Berlin – Preußen Krefeld 3:1; Hamburger SV – FC Schalke 04 4:2; VfB Königsberg – SC Breslau 08 3:2; Holstein Kiel – Preußen Stettin 4:1.
Zwischenrunde: Hamburger SV – VfB Königsberg 4:0; Hertha BSC – Holstein Kiel 4:0; Bayern München – Köln-Sülz 07 5:2; Wacker München – Tennis Borussia Berlin 4:1.
Vorschlußrunde: Hamburger SV – Bayern München 8:2; Hertha BSC – Wacker München 2:1.
Endspiel: Hamburger SV – Hertha BSC 5:2.

1929

Vorrunde: SpVgg Fürth – Fortuna Düsseldorf 5:1; Hertha BSC – Preußen Hindenburg 8:1; 1. FC Nürnberg – Holstein Kiel 6:1; SC Breslau 08 – VfB Königsberg 2:1; Bayern München – Dresdner SC 3:0; FC Schalke 04 – Wacker Leipzig 5:1; Tennis Borussia Berlin – Titania Stettin 3:2; Hamburger SV – Meidericher SpV 3:2.
Zwischenrunde: SpVgg Fürth – Hamburger SV 2:0; Hertha BSC – FC Schalke 04 4:1; 1. FC Nürnberg – Tennis Borussia Berlin 3:1; SC Breslau 08 – Bayern München 4:3 n. Verlg.
Vorschlußrunde: SpVgg Fürth – SC Breslau 08 6:1; Hertha BSC – 1. FC Nürnberg 0:0 n. Verlg. und 3:2.
Endspiel: SpVgg Fürth – Hertha BSC 3:2.

1930

Vorrunde: Eintracht Frankfurt – VfL Benrath 1:0; SpVgg Fürth – Tennis Borussia Berlin 4:1; 1. FC Nürnberg – Sportfreunde Breslau 7:0; Hertha BSC – Beuthen 09 3:2; FC Schalke 04 – Arminia Hannover 6:2; Dresdner SC – VfB Königsberg 8:1; Holstein Kiel – VfB Leipzig 4:3, Köln-Sülz 07 – Titania Stettin 4:2.
Zwischenrunde: Holstein Kiel – Eintracht Frankfurt 4:2; Hertha BSC – Köln-Sülz 07 1:1 n. Verlg. und 8:1; Dresdner SC – SpVgg Fürth 5:4; 1. FC Nürnberg – FC Schalke 04 6:2.
Vorschlußrunde: Hertha BSC – 1. FC Nürnberg 6:3; Holstein Kiel – Dresdner SC 2:0.
Endspiel: Hertha BSC – Holstein Kiel 5:4.

1931

Vorrunde: Hertha BSC – VfB Bielefeld 5:2; 1860 München – Meidericher SpV 4:1; Hamburger SV – Beuthen 09 2:0; Holstein Kiel – Prussia Samland Königsberg 3:2; SpVgg Fürth – SpVgg Leipzig 3:0; Tennis Borussia Berlin – VfB Liegnitz 6:1; Dresdner SC – VfB Königsberg 8:1; Eintracht Frankfurt – Fortuna Düsseldorf 3:2 n. Verl.
Zwischenrunde: Hertha BSC – SpVgg Fürth 3:1; 1860 München – Tennis Borussia Berlin 1:0, Holstein Kiel – Dresdner SC 4:3; Hamburger SV – Eintracht Frankfurt 2:0.
Vorschlußrunde: Hertha BSC – Hamburger SV 3:2, 1860 München – Holstein Kiel 2:0.
Endspiel: Hertha BSC – 1860 München 3:2.

1932

Vorrunde: Bayern München – Minerva 93 Berlin 4:2; 1. FC Nürnberg – Borussia Fulda 5:2; Eintracht Frankfurt – Hindenburg Allenstein 6:0; FC Schalke 04 – SuBC Plauen 5:4 n. Verlg.; Hamburger SV – VfL Benrath 3:1; Tennis Borussia Berlin – Viktoria Stolp 3:0; Holstein Kiel – SC Breslau 08 4:1; Polizei Chemnitz – Beuthen 09 5:1.
Zwischenrunde: Bayern München – Polizei Chemnitz 3:2; 1. FC Nürnberg – Holstein Kiel 4:0; Eintracht Frankfurt – Tennis Borussia Berlin 3:1; FC Schalke 04 – Hamburger SV 4:2.
Vorschlußrunde: Bayern München – 1. FC Nürnberg 2:0; Eintracht Frankfurt – FC Schalke 04 2:1.
Endspiel: Bayern München – Eintracht Frankfurt 2:0.

1933

Vorrunde: 1860 München – VfL Benrath 2:0; Hindenburg Allenstein – Hertha BSC 4:1; Beuthen 09 – Prussia Samland Königsberg 7:1; FSV Frankfurt – Polizei Chemnitz 6:1; Arm. Hannover – Dresdner SC 2:1 n. Verlg.; Eintr. Frankfurt – Hamburger SV 4:1; Fortuna Düsseldorf – Vorwärts-Rasensport Gleiwitz 9:0; FC Schalke 04 – Viktoria 89 Berlin 4:1.
Zwischenrunde: Eintracht Frankfurt – Hindenburg Allenstein 12:2; FC Schalke 04 – FSV Frankfurt 1:0; Fortuna Düsseldorf – Arminia Hannover 3:0; 1860 München – Beuthen 09 3:0.
Vorschlußrunde: Fortuna Düsseldorf – Eintracht Frankfurt 4:0; FC Schalke 04 – 1860 München 4:0.
Endspiel: Fortuna Düsseldorf – FC Schalke 04 3:0.

1934

Gruppe I: Viktoria 89 Berlin – Beuthen 09 4:1 und 5:2; Viktoria 89 Berlin – Viktoria Stolp 3:0 und 4:2; Viktoria 89 Berlin – Preußen Danzig 3:0 und 5:2; Beuthen 09 – Viktoria Stolp 2:1 und 1:1; Beuthen 09 – Preußen Danzig 2:1 und 4:1; Viktoria Stolp – Preußen Danzig 3:1 und 1:1. – Gruppensieger: Viktoria 89 Berlin.
Gruppe II: FC Schalke 04 – VfL Benrath 0:1 und 2:0; FC Schalke 04 – Werder Bremen 5:2 und 3:0; FC Schalke 04 – TV Eimsbüttel 4:1 und 2:3; VfL Benrath – Werder Bremen 2:2 und 4:1; VfL Benrath – TV Eimsbüttel 1:5 und 4:1; Werder Bremen – TV Eimsbüttel 2:1 u. 4:2. – Gruppensieger: FC Schalke 04.
Gruppe III: SV Waldhof – Mülheimer SV 6:1 und 1:1; SV Waldhof – Kickers Offenbach 2:2 und 0:0; SV Waldhof – Union Böckingen 4:2 und 6:0; Mülheimer SV – Kickers Offenbach 4:4 und 3:1; Mülheimer SV – Union Böckingen 2:0 und 2:6; Kickers Offenbach – Union Böckingen 4:1 und 3:6. – Gruppensieger: SV Waldhof.
Gruppe IV: 1. FC Nürnberg – Dresdner SC 1:2 und 1:0, 1. FC Nürnberg – Borussia Fulda 2:1 und 1:1; 1. FC Nürnberg – Wacker Halle 2:0 und 3:0; Dresdner SC – Borussia Fulda 0:0 und 3:1; Dresdner SC – Wacker Halle 7:2 und 4:2; Borussia Fulda – Wacker Halle 1:2 und 3:2. – Gruppensieger: 1. FC Nürnberg.
Vorschlußrunde: FC Schalke 04 – SV Waldhof 5:2; 1. FC Nürnberg – Viktoria 89 Berlin 2:1.
Endspiel: FC Schalke 04 – 1. FC Nürnberg 2:1.

1935

Gruppe I: Polizei Chemnitz – Hertha BSC 1:2 und 2:1; Polizei Chemnitz – York Insterburg 6:1 und 8:1; Polizei Chemnitz – Vorwärts-Rasensport Gleiwitz 2:1 und 3:1; Hertha BSC – York Insterburg 7:3 und 9:0; Hertha BSC – Vorwärts-Rasensport Gleiwitz 2:0 und 1:2; York Insterburg – Vorwärts-Rasensport Gleiwitz 1:2 und 2:2 – Gruppensieger: Polizei Chemnitz.
Gruppe II: FC Schalke 04 – Eimsbütteler TV 4:0 und 1:2; FC Schalke 04 – Hannover 96 3:2 und 4:1; FC Schalke 04 – SC Stettin 9:1 und 6:0; Eimsbütteler TV – Hannover 96 1:3 und 3:9; Eimsbütteler TV – SC Stettin 3:1 und 2:2; Hannover 96 – SC Stettin 5:0 und 4:1. – Gruppensieger: FC Schalke 04.
Gruppe III: VfL Benrath – VfR Mannheim 3:2 und 3:2; VfL Benrath – Phönix Ludwigshafen 0:0 und 2:1; VfL Benrath – VfR Köln 5:0 und 4:0; VfR Mannheim – Phönix Ludwigshafen 0:5 und

0:5; VfR Mannheim – VfR Köln 2:3 und 3:2; Phönix Ludwigshafen – VfR Köln 4:0 und 4:1. – Gruppensieger: VfL Benrath.
Gruppe IV: VfB Stuttgart – SpVgg Fürth 4:1 und 3:2; VfB Stuttgart – Hanau 93 0:3 und 2:1; VfB Stuttgart – 1. SV Jena 1:2 und 3:2; SpVgg Fürth – Hanau 93 0:1 und 5:1; SpVgg Fürth – 1. SV Jena 2:0 und 1:0; Hanau 93 – 1. SV Jena 0:1 und 2:0. – Gruppensieger: VfB Stuttgart.
Vorschlußrunde: VfB Stuttgart – VfL Benrath 4:2; FC Schalke 04 – Polizei Chemnitz 3:2.
Endspiel: FC Schalke 04 – VfB Stuttgart 6:4.

1936

Gruppe I: FC Schalke 04 – Polizei Chemnitz 2:1 und 2:3; FC Schalke 04 – Berliner SV 92 4:0 und 3:2; FC Schalke 04 – Hindenburg Allenstein 4:1 und 7:0; Polizei Chemnitz – Berliner SV 92 4:1 und 4:1; Polizei Chemnitz – Hindenburg Allenstein 4:1 und 3:2; Berliner SV 92 – Hindenburg Allenstein 3:1 und 3:1. – Gruppensieger: FC Schalke 04
Gruppe II: Vorwärts-Rasensport Gleiwitz – Werder Bremen 5:2 und 4:2; Vorwärts-Rasensport Gleiwitz – Eimsbütteler TV 0:3 und 4:1; Vorwärts-Rasensport Gleiwitz – Viktoria Stolp 5:0 und 3:1; Werder Bremen – Eimsbütteler TV 6:1 und 2:0; Werder Bremen – Viktoria Stolp 6:0 und 4:1; Eimsbütteler TV – Viktoria Stolp 0:1 und 2:1. – Gruppensieger: Vorwärts-Rasensport Gleiwitz.
Gruppe III: 1. FC Nürnberg – Wormatia Worms 2:2 und 2:1; 1. FC Nürnberg – 1. SV Jena 5:1 und 3:0; 1. FC Nürnberg – Stuttgarter Kickers 2:0 und 5:0; Wormatia Worms – 1. SV Jena 3:1 und 1:3; Wormatia Worms – Stuttgarter Kickers 2:3 und 6:2; 1. SV Jena – Stuttgarter Kickers 0:1 und 2:0. – Gruppensieger: 1. FC Nürnberg.
Gruppe IV: Fortuna Düsseldorf – Hanau 93 3:1 und 1:5; Fortuna Düsseldorf – SV Waldhof 4:0 und 3:1; Fortuna Düsseldorf – CfR Köln 2:0 und 3:0; Hanau 93 – SV Waldhof 0:0 und 0:1; Hanau 93 – CfR Köln 3:0 und 0:1; SV Waldhof – CfR Köln 2:0 und 2:3. – Gruppensieger: Fortuna Düsseldorf.
Vorschlußrunde: 1. FC Nürnberg – FC Schalke 04 2:0; Fortuna Düsseldorf – Vorwärts Rasensport Gleiwitz 3:1.
Endspiel: 1. FC Nürnberg – Fortuna Düsseldorf 2:1 nach Verlängerung.
Um den dritten Platz: FC Schalke 04 – Vorwärts-Rasensport Gleiwitz 8:1

1937

Gruppe I: Hamburger SV – BC Hartha 3:0 und 3:0; Hamburger SV – Hindenburg Allenstein 5:2 und 6:1; Hamburger SV – Beuthen 09 6:0 und 4:1; BC Hartha – Hindenburg Allenstein 1:1 und 6:2; BC Hartha – Beuthen 09 4:2 und 2:6; Hindenburg Allenstein – Beuthen 09 2:2 und 2:1. – Gruppensieger Hamburger SV.
Gruppe II: FC Schalke 04 – Werder Bremen 5:1 und 2:2; FC Schalke 04 – Hertha BSC 2:1 und 2:1; FC Schalke 04 – Viktoria Stolp 8:0 und 12:0; Werder Bremen – Hertha BSC 3:1 und 5:2; Werder Bremen – Viktoria Stolp 5:0 und 4:0; Hertha BSC – Viktoria Stolp 4:0 und 3:1. – Gruppensieger: FC Schalke 04.
Gruppe III: VfB Stuttgart – Wormatia Worms 0:0 und 1:0; VfB Stuttgart – Dessau 05 1:2 und 2:0; VfB Stuttgart – SpV Kassel 3:0 und 5:1; Wormatia Worms – Dessau 05 1:0 und 4:0; Wormatia Worms – SpV Kassel 3:1 und 3:1; Dessau 05 – SpV Kassel 0:2 und 4:2. – Gruppensieger: VfB Stuttgart.
Gruppe IV: 1. FC Nürnberg – Fortuna Düsseldorf 3:1 und 0:0; 1. FC Nürnberg – SV Waldhof 4:1 und 7:1; 1. FC Nürnberg – VfR Köln 3:1 und 1:0; Fortuna Düsseldorf – SV Waldhof 2:1 und 1:1; Fortuna Düsseldorf – VfR Köln 0:2 und 5:1; SV Waldhof – VfR Köln 1:0 und 1:0 – Gruppensieger: 1. FC Nürnberg.
Vorschlußrunde: FC Schalke 04 – VfB Stuttgart 4:2; 1. FC Nürnberg – Hamburger SV 3:2
Endspiel: FC Schalke 04 – 1. FC Nürnberg 2:0.
Um den dritten Platz: VfB Stuttgart – Hamburger SV 1:0

1938

Gruppe I: Stettiner SC – York Boyen Insterburg 1:0 und 5:2; Hamburger SV – York Boyen Insterburg 6:0 und 3:1; Hamburger SV – SC Stettin 2:0 und 3:1; Hamburger SV – Eintracht Frankfurt 5:0 und 2:3; York Boyen Insterburg – Eintracht Frankfurt 1:5 und 0:5; Eintracht Frankfurt – Stettiner SC 6:5 und 5:0. – Gruppensieger: Hamburger SV.
Gruppe II: Berliner SV 92 – Dessau 05 0:0 und 2:3; Berliner SV 92 – FC Schalke 04 1:1 und 0:3; Berliner SV 92 – VfR Mannheim 3:1 und 2:3; Dessau 05 – FC Schalke 04 0:6 und 1:6; Dessau 05 – VfR Mannheim 1:6 und 1:1; FC Schalke 04 – VfR Mannheim 1:2 und 2:2. – Gruppensieger: FC Schalke 04.

Gruppe III: Vorwärts-Rasensport Gleiwitz – BC Hartha 2:2 und 5:0; Vorwärts-Rasensport Gleiwitz – Fortuna Düsseldorf 0:3 und 1:3; Vorwärts-Rasensport Gleiwitz – VfB Stuttgart 1:7 und 0:5; BC Hartha – Fortuna Düsseldorf 1:1 und 2:2; BC Hartha – VfB Stuttgart 1:1 und 2:1; Fortuna Düsseldorf – VfB Stuttgart 3:0 und 2:0. – Gruppensieger: Fortuna Düsseldorf.

Gruppe IV: Hannover 96 – Alemannia Aachen 2:1 und 6:1; Hannover 96 – FC Hanau 93 1:0 und 3:1; Hannover 96 – 1. FC Nürnberg 2:1 und 2:1; Alemannia Aachen – FC Hanau 93 4:2 und 2:0; Alemannia Aachen – 1. FC Nürnberg 2:4 und 1:3; FC Hanau 93 – 1. FC Nürnberg 1:2 und 1:4. – Gruppensieger: Hannover 96.

Vorschlußrunde: Hannover 96 – Hamburger SV 3:2 nach Verlängerung; FC Schalke 04 – Fortuna Düsseldorf 1:0.

Endspiel: Hannover 96 – FC Schalke 04 3:3 nach Verlängerung, Wiederholung 4:3 nach Verlängerung.

Um den dritten Platz: Fortuna Düsseldorf – Hamburger SV 0:0 nach Verlg. und 4:2.

1939

Gruppe I: Hamburger SV – Blau-Weiß Berlin 3:3 und 3:0; Hamburger SV – Hindenburg Allenstein 4:1 und 5:2; Hamburger SV – VfL Osnabrück 5:1 und 2:4; Hindenburg Allenstein – Blau-Weiß Berlin 1:2 und 3:0; Hindenburg Allenstein – VfL Osnabrück 0:0 und 3:1; Blau-Weiß Berlin – VfL Osnabrück 1:3 und 1:1. – Gruppensieger: Hamburger SV.

Gruppe IIa: Fortuna Düsseldorf – Köln-Sülz 07 3:1 und 3:2; Viktoria Stolp – Köln-Sülz 07 0:2 und 0:5; Fortuna Düsseldorf – Viktoria Stolp 1:0 und 0:1;

Gruppe IIb: Dresdner SC – Warnsdorfer FK 3:1 und 5:1; Schweinfurt 05 – Warnsdorfer FK 4:1 und 4:2; Dresdner SC – Schweinfurt 05 0:1 und 1:0.

Entscheidungsspiele: Dresdner SC – Fortuna Düsseldorf 4:1 und 3:3. – Gruppensieger: Dresdner SC.

Gruppe III: Admira Wien – Stuttgarter Kickers 6:2 und 1:1; VfR Mannheim – SV Dessau 05 3:1 und 0:0; Admira Wien – SV Dessau 05 0:1 und 5:1; Stuttgarter Kickers – VfR Mannheim 3:2 und 4:1; VfR Mannheim – Admira Wien 3:0 und 3:8; Stuttgarter Kickers – SV Dessau 05 3:2 und 0:1. – Gruppensieger: Admira Wien.

Gruppe IV: FC Schalke 04 – Kasseler SC 6:1 und 3:1; Vorwärts-Rasensport Gleiwitz – Wormatia Worms 5:3 und 2:1; FC Schalke 04 – Wormatia Worms 1:0 und 1:2; Vorwärts-Rasensport Gleiwitz – Kasseler SC 03 2:1 und 2:0; FC Schalke 04 – Vorwärts-Rasensport Gleiwitz 2:1 und 4:0; Wormatia Worms – Kasseler SC 03 3:1 und 3:0. – Gruppensieger: FC Schalke 04.

Vorschlußrunde: FC Schalke 04 – Dresdner SC 3:3 n. Verlg. und 2:0, Admira Wien – Hamburger SV 4:1.

Endspiel: FC Schalke 04 – Admira Wien 9:0.

Um den dritten Platz: Dresdner SC – Hamburger SV 3:2.

1940

Gruppe Ia: Union Oberschöneweide – VfB Königsberg 6:3 und 1:3; VfL Stettin – Union Oberschöneweide 1:3 und 1:3; VfB Königsberg – VfL Stettin 5:2 und 2:1.

Gruppe Ib: Rapid Wien – NSTG Graslitz 7:0 und 7:1; Vorwärts-Rasensport Gleiwitz – NSTG Graslitz 4:2 und 4:4; Rapid Wien – Vorwärts-Rasensport Gleiwitz 3:1 und 2:2.

Entscheidungsspiele: Rapid Wien – Union Oberschöneweide 3:2 und 3:1 – Gruppensieger: Rapid Wien.

Gruppe II: 1.SV Jena – Dresdner SC 0:2 und 0:1; Dresdner SC – VfL Osnabrück 3:0 und 0:0; Eimsbütteler TV – 1. SV Jena 0:1 und 3:2; VfL Osnabrück – 1. SV Jena 5:2 und 2:2; Dresdner SC – Eimsbütteler TV 0:0 und 3:0; Eimsbütteler TV – VfL Osnabrück 3:1 und 4:3. – Gruppensieger: Dresdner SC.

Gruppe III: FC Schalke 04 – Mülheimer SV 5:0 und 8:2; Fortuna Düsseldorf – SC Kassel 03 7:0 und 5:0; Mülheimer SV – Fortuna Düsseldorf 2:1 und 1:7; SC Kassel 03 – FC Schalke 04 2:5 und 0:16; SC Kassel 03 – Mülheimer SV 3:5 und 5:4; FC Schalke 04 – Fortuna Düsseldorf 0:0 und 1:1. – Gruppensieger: FC Schalke 04.

Gruppe IV: Stuttgarter Kickers – SV Waldhof 1:0 und 2:7; Stuttgarter Kickers – Offenbacher Kickers 4:0 und 0:1; 1. FC Nürnberg – SV Waldhof 0:0 und 1:1; 1. FC Nürnberg – Stuttgarter Kickers 1:0 und 0:2; Offenbacher Kickers – SV Waldhof 1:2 und 0:4; Offenbacher Kickers – 1. FC Nürnberg 1:0 und 0:8. – Gruppensieger SV Waldhof.

Vorschlußrunde: FC Schalke 04 – SV Waldhof 3:1; Rapid Wien – Dresdner Sportclub 1:2 nach Verlängerung.

Endspiel: FC Schalke 04 – Dresdner SC 1:0.

Um den dritten Platz: Rapid Wien – SV Waldhof 4:4 nach Verlängerung und 5:2.

1941

Gruppe Ia: Vorwärts-Rasensport Gleiwitz – LSV Stettin 3:1 und 2:3; Vorwärts-Rasensport Gleiwitz – Preußen Danzig 0:0 und 4:1; LSV Stettin – Preußen Danzig 3:3 und 1:1.
Gruppe Ib: Dresdner SC – Tennis Borussia Berlin 1:0 und 5:2; Dresdner SC – NSTG Prag 4:2 und 1:0; Tennis Borussia Berlin – NSTG Prag 3:1 und 0:0.
Entscheidungsspiele: Dresdner SC – Vorwärts-Rasensport Gleiwitz 3:0 und 3:0. – Gruppensieger: Dresdner SC.
Gruppe IIa: Hamburger SV – 1. SV Jena 2:1 und 2:2; Hamburger SV – VfB Königsberg 3:1 und 2:1; 1. SV Jena – VfB Königsberg 4:0 und 2:4.
Gruppe IIb: FC Schalke 04 – Hannover 96 4:0 und 6:1; FC Schalke 04 – Borussia Fulda 4:0 und 2:1; Hannover 96 – Borussia Fulda 6:1 und 3:4.
Entscheidungsspiele: FC Schalke 04 – Hamburger SV 3:0 und 0:1. – Gruppensieger: FC Schalke 04.
Gruppe III: TuS Helene-Altenessen – Kickers Offenbach 1:1 und 0:4; TuS Helene-Altenessen – VfL Köln 99 1:3 und 6:1; TuS Helene-Altenessen – Mülhausen 93 5:2 und 2:2; Kickers Offenbach – VfL Köln 99 2:2 und 1:3; Kickers Offenbach – Mülhausen 93 6:2 und 5:1; VfL Köln 99 – Mülhausen 93 6:1 und 4:1. – Gruppensieger: VfL Köln 99.
Gruppe IV: Rapid Wien – 1860 München 1:2 und 2:0; Rapid Wien – Stuttgarter Kickers 1:1 und 5:1; Rapid Wien – VfL Neckarau 7:0 und 8:1; 1860 München – Stuttgarter Kickers 3:3 und 2:1; 1860 München – VfL Neckarau 6:2 und 1:2; Stuttgarter Kickers – VfL Neckarau 2:0 und 3:5. – Gruppensieger: Rapid Wien.
Vorschlußrunde: Rapid Wien – Dresdner SC 2:1; FC Schalke 04 – VfL Köln 99 4:1.
Endspiel: Rapid Wien – FC Schalke 04 4:3.
Um den dritten Platz: Dresdner SC – VfL Köln 99 4:1.

1942

Ausscheidungsspiele: 1. FC Kaiserslautern – Waldhof 7:1; SS Straßburg – Stuttgarter Kickers 2:0; Stade Düdelingen – FC Schalke 04 0:2; Borussia Fulda – Dessau 05 0:2; LSV Olmütz – Vienna Wien 0:1; HUS Marienwerder – VfB Königsberg 1:7; Hamborn 07 – Werder Bremen 1:1 n. Verlg. und 1:5; SC Planitz – Boelcke Krakau 5:2; Blau-Weiß Berlin – LSV Pütnitz 3:1.
Vorrunde: VfB Königsberg – Pol. Litzmannstadt 8:1; SC Planitz – Breslau 02 2:1 nach Verlängerung; Dessau 05 – Blau-Weiß Berlin 0:3; Werder Bremen – Eimsbüttel 4:2; FC Schalke 04 – 1. FC Kaiserslautern 9:3; Kickers Offenbach – Köln 99 3:1; SS Straßburg – Schweinfurt 05 2:1; Vienna Wien – Germania Königshütte 1:0.
Zwischenrunde: Blau-Weiß Berlin – VfB Königsberg 2:1; Vienna Wien – SC Planitz 3:2; FC Schalke 04 – SS Straßburg 6:0; Kickers Offenbach – Werder Bremen 4:3.
Vorschlußrunde: FC Schalke 04 – Kickers Offenbach 6:0; Blau-Weiß Berlin – Vienna Wien 2:3.
Endspiel: FC Schalke 04 – Vienna Wien 2:0.
Um den dritten Platz: Blau-Weiß Berlin – Kickers Offenbach 4:0.

1943

Ausscheidungsspiele: Holstein Kiel – TSG Rostock 4:0 und 1:1.
Erste Vorrunde: 1860 München – VfB Stuttgart 3:0; VfR Mannheim – 1. FC Nürnberg 3:1; FV Saarbrücken – Mülhausen 93 5:1; FC Schalke 04 – SV Kassel 8:1; Vienna Wien – MSV Brünn 5:2; Viktoria Köln – TuS Neuendorf 2:0; LSV Brieg – Germ. Königshütte 4:3 nach Verlängerung; Eintracht Braunschweig – Victoria Hamburg 5:1; SG Warschau – DWM Posen 3:1; BSV 92 – LSV Pütnitz 2:2 n. Verlg. und 2:0; Dresdner SC – Dessau 05 2:1; VfB Königsberg – Neufahrwasser 3:1.
Vorrunde: FC Schalke 04 – Wilhelmshaven 05 4:1; 1860 München – Kickers Offenbach 2:0; Dresdner SC – Eintracht Braunschweig 4:0; VfR Mannheim – Westende Hamborn 8:1; FV Saarbrücken – Vikt. Köln 5:0; Vienna Wien – Reinecke Brieg 8:0; VfB Königsberg – SG Warschau 5:1 (wegen nichtberechtigten Mitwirkens eines Spielers schied der VfB Königsberg aus dem weiteren Wettbewerb aus. Neufahrwasser trat an seine Stelle); Holstein Kiel – BSV 92 2:0.
Zwischenrunde: FV Saarbrücken – VfR Mannheim 3:2; Holstein Kiel – FC Schalke 04 4:1; Vienna Wien – 1860 München 2:0; Dresdner SC – Neufahrwasser 4:0.
Vorschlußrunde: Dresdner SC – Holstein Kiel 3:1; FV Saarbrücken – Vienna Wien 2:1.
Endspiel: Dresdner SC – FV Saarbrücken 3:0.
Um den dritten Platz: Holstein Kiel – Vienna Wien 4:1.

1944

Ausscheidungsspiele: 1. FC Nürnberg – NSTG Brüx 8:0; Dresdner SC – Germania Königshütte 9:2; Hertha BSC – LSV Danzig 0:0 n. Verlg und 7:1; STG Hirschberg – SDW Posen 7:0; Groß Born – LSV Rerik 6:4; VfR Mannheim – Bayern München 2:1 n. Verlg.; FC Schalke 04 – TuS Neuendorf 5:0; LSV Hamburg – WSC Celle 4:0; SV Göppingen – KSG Saarbrücken 3:5; RSG Köln-Sülz 07/VfL 99 – KSG Duisburg 0:2; FC Mülhausen – Kickers Offenbach 4:2; Vienna Wien – MSV Brünn 6:3; Wilhelmshaven 05 – Eintracht Braunschweig 2:1 nach Verlängerung; Holstein Kiel – Dessau 05 3:2 nach Verlängerung; VfB Königsberg – Mölders Krakau 4:1.
Vorrunde: Wilhelmshaven 05 – LSV Hamburg 1:1 n. Verlg. und 2:4; KSG Duisburg – FC Schalke 04 2:1; 1. FC Nürnberg – VfR Mannheim 3:2; KSG Saarbrücken – FC Mülhausen 5:3; Vienna Wien – STG Hirschberg 5:0; Dresdner SC – Borussia Fulda 9:2; Hertha BSC – Holstein Kiel 4:2; VfB Königsberg – Groß Born 3:10.
Zwischenrunde: LSV Hamburg – KSG Duisburg 3:0; 1. FC Nürnberg – KSG Saarbrücken 5:1; Groß Born – Hertha BSC 3:2; Dresdner SC – Vienna Wien 3:2.
Vorschlußrunde: LSV Hamburg – Groß Born 3:2; Dresdner SC – 1. FC Nürnberg 3:1.
Endspiel: Dresdner SC – LSV Hamburg 4:0.
Um den dritten Platz: Groß Born verzichtet zugunsten des 1. FC Nürnberg.

Von 1945 bis 1947
wurden keine Spiele um die Deutsche Meisterschaft ausgetragen

1948

Vorrunde: 1. FC Nürnberg – SC Planitz (Planitz nicht angetreten); 1. FC Kaiserslautern – 1860 München 5:1; Hamburger SV – TuS Neuendorf 1:2; FC St. Pauli – Union Oberschöneweide 7:0.
Zwischenrunde: 1. FC Nürnberg – FC St. Pauli Hamburg 3:2 n. Verlg.; 1. FC Kaiserslautern – TuS Neuendorf 5:1.
Endspiel: 1. FC Nürnberg – 1. FC Kaiserslautern 2:1.

1949

Vorrunde: Berliner SV 92 – Borussia Dortmund 0:5; Wormatia Worms – Kickers Offenbach 2:2 n. Verlg. und 0:2; VfR Mannheim – Hamburger SV 5:0; 1. FC Kaiserslautern – FC St. Pauli Hamburg 1:1 n. Verlg. und 4:1.
Zwischenrunde: VfR Mannheim – Kickers Offenbach 2:1; Borussia Dortmund – 1. FC Kaiserslautern 0:0 n. Verlg. und 4:1.
Endspiel: VfR Mannheim – Borussia Dortmund 3:2 nach Verlängerung.
Um den dritten Platz: 1. FC Kaiserslautern – Kickers Offenbach 2:1 nach Verlg.

1950

Vorrunde: Kickers Offenbach – Tennis Borussia Berlin 3:1; Hamburger SV – Union 06 Berlin 7:0; FC St. Pauli Hamburg – TuS Neuendorf 4:0; SpVgg Fürth – STV Horst Emscher 3:2; VfR Mannheim – Borussia Dortmund 3:1; VfB Stuttgart – VfL Osnabrück 2:1; Preußen Dellbrück – SSV Reutlingen 1:0 nach Verlängerung; 1. FC Kaiserslautern – RW Essen 2:2 n. Verlg. und 3:2 n. Verlg.
Zwischenrunde: Kickers Offenbach – Hamburger SV 3:2; SpVgg Fürth – FC St. Pauli Hamburg 2:1; VfB Stuttgart – 1. FC Kaiserslautern 5:2; Preußen Dellbrück – VfR Mannheim 2:1.
Vorschlußrunde: VfB Stuttgart – SpVgg Fürth 4:1; Kickers Offenbach – Preußen Dellbrück 0:0 n. Verlg. und 0:0.
Endspiel: VfB Stuttgart – Kickers Offenbach 2:1.

1951

Gruppe I: FC Schalke 04 – FC St. Pauli Hamburg 1:2 und 1:0; SpVgg Fürth – 1. FC Kaiserslautern 2:2 und 1:3; FC Schalke 04 – SpVgg Fürth 0:0 und 2:1; FC St. Pauli Hamburg – 1. FC Kaiserslautern 2:4 und 0:2; FC Schalke 04 – 1. FC Kaiserslautern 0:1 und 3:2; SpVgg Fürth – FC St. Pauli Hamburg 4:1 und 0:1. – Gruppensieger: 1. FC Kaiserslautern.
Gruppe II: Preußen Münster – 1. FC Nürnberg 2:1 und 6:4; Preußen Münster – Hamburger SV 1:5 und 3:1; Preußen Münster – Tennis Borussia Berlin 2:3 und 8:2; 1. FC Nürnberg – Hamburger SV 2:1 und 4:1; 1. FC Nürnberg – Tennis Borussia Berlin 3:2 und 3:1; Hamburger SV – Tennis Borussia Berlin 3:2 und 1:0. – Gruppensieger Preußen Münster.
Endspiel: 1. FC Kaiserslautern – Preußen Münster 2:1.

1952

Gruppe I: 1. FC Saarbrücken – 1. FC Nürnberg 2:5 und 3:1; 1. FC Saarbrücken – FC Schalke 04 4:1 und 4:2; 1. FC Saarbrücken – Hamburger SV 3:0 und 1:4; 1. FC Nürnberg – FC Schalke 04 2:2 und 4:2; 1. FC Nürnberg – Hamburger SV 2:4 und 4:0; FC Schalke 04 – Hamburger SV 3:0 und 2:8. – Gruppensieger: 1. FC Saarbrücken.
Gruppe II: VfB Stuttgart – Rot-Weiß Essen 5:3 und 2:3; VfB Stuttgart – VfL Osnabrück 0:0 und 3:1; VfB Stuttgart – Tennis Borussia Berlin 3:0 und 1:1; Rot-Weiß Essen – VfL Osnabrück 2:3 und 2:0; Rot-Weiß Essen – Tennis Borussia Berlin 2:4 und 2:1; Tennis Borussia Berlin – VfL Osnabrück 2:1 und 0:4. – Gruppensieger: VfB Stuttgart.
Endspiel: VfB Stuttgart – 1. FC Saarbrücken 3:2.

1953

Gruppe I: 1. FC Kaiserslautern – Eintracht Frankfurt 5:1 und 1:0; 1. FC Kaiserslautern – 1. FC Köln 2:1 und 2:2; 1. FC Kaiserslautern – Holstein Kiel 2:1 und 4:2; Eintracht Frankfurt – 1. FC Köln 2:0 und 0:0; Eintracht Frankfurt – Holstein Kiel 4:1 und 1:0; 1. FC Köln – Holstein Kiel 2:2 und 3:2. – Gruppensieger: 1. FC Kaiserslautern.
Gruppe II: VfB Stuttgart – Borussia Dortmund 1:2 und 2:1; VfB Stuttgart – Hamburger SV 2:1 und 2:1; VfB Stuttgart – Union 06 Berlin 6:0 und 3:1; Borussia Dortmund – Hamburger SV 4:1 und 4:3; Borussia Dortmund – Union 06 Berlin 4:0 und 2:0; Hamburger SV – Union 06 Berlin 3:1 und 2:2. – Gruppensieger: VfB Stuttgart.
Endspiel: 1. FC Kaiserslautern – VfB Stuttgart 4:1.

1954

Gruppe I: 1. FC Kaiserslautern – 1. FC Köln 4:3; 1. FC Kaiserslautern – Eintracht Frankfurt 1:0; 1. FC Köln – Eintracht Frankfurt 3:2. – Gruppensieger: 1. FC Kaiserslautern.
Gruppe II: Hannover 96 – VfB Stuttgart 3:1; Hannover 96 – Berliner SV 92 2:1; VfB Stuttgart – Berliner SV 92 3:0. – Gruppensieger: Hannover 96.
Endspiel: Hannover 96 – 1. FC Kaiserslautern 5:1.

1955

Qualifikationsspiele: SV Herne-Sodingen – SSV Reutlingen 3:0; TuS Bremerhaven 93 – Wormatia Worms 3:3 nach Verlängerung und 3:2; Wormatia Worms – SSV Reutlingen 2:1.
Gruppe I: 1. FC Kaiserslautern – Hamburger SV 2:2 und 2:1; 1. FC Kaiserslautern – SV Herne-Sodingen 2:2 und 2:2; 1. FC Kaiserslautern – Viktoria 89 Berlin 2:1 und 10:0; Hamburger SV – SV Herne-Sodingen 1:0 und 1:1; Hamburger SV – Viktoria 89 Berlin 1:0 und 2:0; SV Herne-Sodingen – Viktoria 89 Berlin 5:1 und 3:2. – Gruppensieger: 1. FC Kaiserslautern.
Gruppe II: Rot-Weiß Essen – TuS Bremerhaven 93 4:0 und 1:1; Rot-Weiß Essen – Kickers Offenbach 3:1 und 4:1; Rot-Weiß Essen – Wormatia Worms 1:1 und 3:1; TuS Bremerhaven 93 – Kickers Offenbach 2:0 und 0:4; TuS Bremerhaven 93 – Wormatia Worms 1:0 und 1:1; Kickers Offenbach – Wormatia Worms 0:1 und 5:2. – Gruppensieger: Rot-Weiß Essen.
Endspiel: Rot-Weiß Essen – 1. FC Kaiserslautern 4:3.

1956

Qualifikationsspiele: FC Schalke 04 – Hannover 96 2:1 nach Verlängerung; VfB Stuttgart – TuS Neuendorf 8:0; Hannover 96 – TuS Neuendorf 3:3 nach Verlängerung und 3:2.
Gruppe I: Karlsruher SC – FC Schalke 04 3:0 und 3:2; Karlsruher SC – 1. FC Kaiserslautern 1:0 und 0:1; Karlsruher SC – Hannover 96 0:0 und 0:2; FC Schalke 04 – 1. FC Kaiserslautern 3:1 und 4:4; FC Schalke 04 – Hannover 96 4:0 und 3:1; 1. FC Kaiserslautern – Hannover 96 5:2 und 5:3. – Gruppensieger: Karlsruher SC.
Gruppe II: Borussia Dortmund – Hamburger SV 5:0 und 1:2; Borussia Dortmund – VfB Stuttgart 4:1 und 2:0; Borussia Dortmund – Viktoria 89 Berlin 1:1 und 6:0; Hamburger SV – VfB Stuttgart 0:0 und 4:2; Hamburger SV – Viktoria 89 Berlin 3:1 und 5:1; VfB Stuttgart – Viktoria 89 Berlin 3:1 und 3:3. – Gruppensieger: Borussia Dortmund.
Endspiel: Borussia Dortmund – Karlsruher SC 4:2.

1957

Qualifikationsspiel: Kickers Offenbach – Holstein Kiel 3:2 nach Verlängerung.
Gruppe I: Hamburger SV – Duisburger SpV 1:1; Hamburger SV – 1. FC Nürnberg 2:1; Hamburger SV – 1. FC Saarbrücken 2:1; Duisburger SpV – 1. FC Nürnberg 2:2; Duisburger SpV – 1. FC Saarbrücken 3:1; 1. FC Nürnberg – 1. FC Saarbrücken 2:2. – Gruppensieger: Hamburger SV.
Gruppe II: Borussia Dortmund – Kickers Offenbach 2:1; Borussia Dortmund – 1. FC Kaiserslautern 3:2; Borussia Dortmund – Hertha BSC Berlin 2:1; Kickers Offenbach – 1. FC Kaiserslautern 4:1; Kickers Offenbach – Hertha BSC Berlin 3:1; 1. FC Kaiserslautern – Hertha BSC Berlin 14:1. – Gruppensieger: Borussia Dortmund.
Endspiel: Borussia Dortmund – Hamburger SV 4:1.

1958

Qualifikationsspiele: 1. FC Köln – 1. FC Kaiserslautern 3:3 nach Verlängerung und 3:0.
Gruppe I: Hamburger SV – 1. FC Nürnberg 3:1; Hamburger SV – FK Pirmasens 2:1; Hamburger SV – 1. FC Köln 3:1; 1. FC Nürnberg – FK Pirmasens 2:2; 1. FC Nürnberg – 1. FC Köln 4:3; FK Pirmasens – 1. FC Köln 1:1. – Gruppensieger: Hamburger SV.
Gruppe II: FC Schalke 04 – Karlsruher SC 3:0; FC Schalke 04 – Eintracht Braunschweig 4:1; FC Schalke 04 – Tennis Borussia Berlin 9:0; Karlsruher SC – Eintracht Braunschweig 2:1; Karlsruher SC – Tennis Borussia Berlin 1:0; Eintracht Braunschweig – Tennis Borussia Berlin 8:3. – Gruppensieger: FC Schalke 04.
Endspiel: FC Schalke 04 – Hamburger SV 3:0.

1959

Qualifikationsspiel: Werder Bremen – Bor. Neunkirchen 6:3.
Gruppe I: Eintracht Frankfurt – Werder Bremen 7:2 und 4:2; Eintracht Frankfurt – 1. FC Köln 2:1 und 4:2; Eintracht Frankfurt – FK Pirmasens 3:2 und 6:2; 1. FC Köln – FK Pirmasens 0:4 und 3:2; 1. FC Köln – Werder Bremen 2:2 und 2:0; FK Pirmasens – Werder Bremen 4:1 und 2:5. – Gruppensieger: Eintracht Frankfurt.
Gruppe II: Kickers Offenbach – Hamburger SV 3:2 und 0:1; Kickers Offenbach – Westfalia Herne 2:1 und 4:1; Kickers Offenbach – Tasmania Berlin 2:2 und 3:2; Hamburger SV – Westfalia Herne 4:2 und 1:3; Hamburger SV – Tasmania Berlin 2:0 und 3:0; Westfalia Herne – Tasmania Berlin 1:0 und 0:2. – Gruppensieger: Kickers Offenbach.
Endspiel: Eintracht Frankfurt – Kickers Offenbach 5:3 nach Verlängerung.

1960

Qualifikationsspiel: Westfalia Herne – Kickers Offenbach 1:0.
Gruppe I: Hamburger SV – Karlsruher SC 3:3 und 3:4; Hamburger SV – Bor. Neunkirchen 4:0 und 6:0; Hamburger SV – Westfalia Herne 4:3 und 2:1; Karlsruher SC – Bor. Neunkirchen 2:4 und 2:2; Karlsruher SC – Westf. Herne 5:4 und 2:2; Bor. Neunkirchen – Westf. Herne 1:2 und 2:1. – Gruppensieger: Hamburger SV.
Gruppe II: 1. FC Köln – Werder Bremen 2:1 und 2:5; 1. FC Köln – Tasmania Berlin 2:1 und 3:0; 1. FC Köln – FK Pirmasens 4:0 und 1:1; Werder Bremen – Tasmania Berlin 1:2 und 2:1; Werder Bremen – FK Pirmasens 6:4 und 3:1; Tasmania Berlin – FK Pirmasens 2:1 und 5:2. – Gruppensieger: 1. FC Köln.
Endspiel: Hamburger SV – 1. FC Köln 3:2.

1961

Qualifikationsspiel: Eintr. Frankfurt – Bor. Neunkirchen 5:0.
Gruppe I: Borussia Dortmund – Eintr. Frankfurt 0:1 und 2:1; Borussia Dortmund – Hamburger SV 7:2 und 5:2; Borussia Dortmund – 1. FC Saarbrücken 2:2 und 3:4; Eintracht Frankfurt – Hamburger SV 4:2 und 1:2; Eintracht Frankfurt – 1. FC Saarbrücken 1:1 und 5:2; Hamburger SV – 1. FC Saarbrücken 3:0 und 3:2. – Gruppensieger: Borussia Dortmund.
Gruppe II: 1. FC Nürnberg – Werder Bremen 4:0 und 4:2; 1. FC Nürnberg – 1. FC Köln 3:3 und 2:1; 1. FC Nürnberg – Hertha BSC Berlin 3:3 und 2:0; Werder Bremen – 1. FC Köln 1:1 und 1:1; Werder Bremen – Hertha BSC Berlin 1:0 und 3:1; 1. FC Köln – Hertha BSC Berlin 3:4 und 2:1. – Gruppensieger: 1. FC Nürnberg.
Endspiel: 1. FC Nürnberg – Borussia Dortmund 3:0.

1962

Qualifikationsspiel: FC Schalke 04 – SV Werder Bremen 4:1 n. Verlg.
Gruppe I: Tasmania Berlin – 1. FC Nürnberg 1:2; FC Schalke 04 – Bor. Neunkirchen 3:2; 1. FC Nürnberg – Bor. Neunkirchen 3:2; Tasmania – FC Schalke 04 1:1; 1. FC Nürnberg – FC Schalke 04 3:1; Bor. Neunkirchen – Tasmania 0:1. – Gruppensieger: 1. FC Nürnberg.
Gruppe II: Eintr. Frankfurt – 1. FC Köln 1:3; FK Pirmasens – Hamburger SV 3:6; 1. FC Köln – Hamburger SV 1:0; Eintr. Frankfurt – FK Pirmasens 8:1; 1. FC Köln – FK Pirmasens 10:0; Hamburger SV – Eintr. Frankfurt 1:2. – Gruppensieger: 1. FC Köln.
Endspiel: 1. FC Köln – 1. FC Nürnberg 4:0.

1963

Qualifikationsspiel: 1. FC Nürnberg – SV Werder Bremen 2:1.
Gruppe I: 1. FC Köln – 1. FC Kaiserslautern 8:2 und 1:1; 1. FC Köln – 1. FC Nürnberg 6:2 und 3:3; 1. FC Köln – Hertha BSC Berlin 5:1 und 6:3; 1. FC Nürnberg – 1. FC Kaiserslautern 5:1 und 2:2; 1. FC Nürnberg – Hertha BSC Berlin 5:0 und 2:0; Hertha BSC Berlin – 1. FC Kaiserslautern 3:0 und 1:1. – Gruppensieger: 1. FC Köln.
Gruppe II: Borussia Dortmund – TSV 1860 München 4:0 und 2:3; Borussia Dortmund – Bor. Neunkirchen 0:0 und 5:2; Borussia Dortmund – Hamburger SV 3:2 und 1:0; TSV 1860 München – Bor. Neunkirchen 4:0 und 1:2; TSV 1860 München – Hamburger SV 2:1 und 0:3; Bor. Neunkirchen – Hamburger SV 3:0 und 1:1. – Gruppensieger: Borussia Dortmund.
Endspiel: Borussia Dortmund – 1. FC Köln 3:1.

*

1963 wurde die Deutsche Meisterschaft zum letzten Male in Endrunde und Endspiel ausgetragen. Von der Saison 1963/64 an wurde der Deutsche Meister in einer Bundesliga mit 16 bzw. 18 Vereinen ermittelt.

Ehrentafel

DER DEUTSCHEN AMATEURMEISTER

1951	TSV Bremen 1860	1971	SC Jülich 1910
1952	VfR Schwenningen	1972	FSV Frankfurt
1953	SV B. Gladbach 09	1973	SpVgg Bad Homburg
1954	TSV Marl-Hüls	1974	SSV Reutlingen
1955	Sportfreunde Siegen	1975	VfR Oli Bürstadt
1956	SpVgg Neu-Isenburg	1976	SV Holzwickede
1957	VfL Benrath	1977	Fortuna Düsseldorf, Amat.
1958	FV Hombruch 09	1978	SV Sandhausen
1959	FC Singen 04	1979	ESV Ingolstadt
1960	Hannover 96, Amat.	1980	VfB Stuttgart, Amat.
1961	KSV Holstein Kiel, Amat.	1981	1. FC Köln, Amat.
1962	SC Tegel Berlin	1982	FSV Mainz 05
1963	VfB Stuttgart, Amat.	1983	FC 08 Homburg/Saar
1964	Hannover 96, Amat.	1984	Offenburger FV
1965	Hannover 96, Amat.	1985	Werder Bremen, Amat.
1966	Werder Bremen, Amat.	1986	BVL 08 Remscheid
1967	STV Horst-Emscher	1987	MSV Duisburg
1968	Marathon Remscheid	1988	Eintracht Trier
1969	SC Jülich 1910	1989	Eintracht Trier
1970	SC Jülich 1910	1990	FSV Salmrohr

Die Meistermannschaften

1951: TSV Bremen 1860 (gegen Karlsruher FV 3:2):

Otten – Stehmeier, Scherer – Neuhaus, Meseberg, Neumann – Nagel, Haase, Schröder, Körner, Kratz. – Tore: Schröder (2), Körner (für KFV Kittlitz II, Ehrmann) – Berlin, 30. 6. – Zuschauer: 70000 – Schiedsrichter: Pucka (Berlin).

1952: VfR Schwenningen (gegen SC Cronenberg 5:2):

Seckinger – Bortsche, Quattländer – Neumeier, Kübler, Müller – Schimmelpfennig, Laßmann, Richter, Haller, Hauser. – Tore: Haller (2), Richter, Hauser, Schimmelpfennig (Dapprich, Görts) – Ludwigshafen, 22. 6. – Zuschauer: 80000 – Schiedsrichter: Zacher (Berlin).

1953: SV Bergisch Gladbach 09 (gegen Homberger SpV 3:2):

Hinden – Esser, Timm – Ullmeyer, Hartmann, Blum – Hochgeschurtz, Werheid, Förling, Brück, Höffken. – Tore: Höffken (2), Förling (Klocke, Franse) – Wuppertal, 28. 6. – Zuschauer: 35000 – Schiedsrichter: Dusch (Kaiserslautern).

1954: TSV Marl-Hüls (gegen SpVgg Neu-Isenburg 6:1):

Korpjuhn – Sewina, Sottek – Mattheus, Finn, Berger – Gerigk, Wollenberg, Schweinsberg, Zawiracz, Pawlinka. – Tore: Schweinsberg (3), Wollenberg (2), Zawiracz (Müller) – Gelsenkirchen, 26. 6. – Zuschauer: 15000 – Schiedsrichter: Eberle (Stuttgart).

1955: Sportfreunde Siegen (gegen SpVgg Bad Homburg 5:0):

Steffe – Kirsch, Klein – Rarrasch, Czerny, Neuser – Elze, Schäfer, Nauroth, Haase, Kurth. – Tore: Nauroth (2), Haase (2), Kurth – Wetzlar, 25. 6. – Zuschauer: 15000 – Schiedsrichter: Dusch (Kaiserslautern).

1956: SpVgg Neu-Isenburg (gegen VfB Speldorf 3:2):
Wehner – Herth, Bitz – Tilke, Kundermann, Krapf – Schmitt, Fuchs, Müller, Kabatzki, Stamer. – Tore: Müller, Schmitt, Stamer (Zimmermann, Klöckner) – Berlin, 24. 6. – Zuschauer: 25000 – Schiedsrichter: Pennig (Ruchheim).

1957: VfL Benrath (gegen Alemannia 90 Berlin 4:2):
Scheffler – Heinen, Pehl – Röhrl, Ries, Schöneseiffer – Evers, Sichting, Fehling, Neunzig, Meyer. – Tore: Fehling, Evers, Neunzig, Meyer (Franke 2) – Hannover, 23. 6. – Zuschauer: 60000 – Schiedsrichter: Tschenscher (Mannheim).

1958: FV Hombruch 09 (gegen ASV Bergedorf 85 3:1):
Burgsmüller, Ullrich, Legré – Czidzik, Schulte-Braucks, Meinsen – Thiele, Jördes, Prothmann, Schürmann, Schmidt. – Tore: Prothmann (2), Jördes (Hansen) – Dortmund, 14. 6. – Zuschauer: 20000 – Schiedsrichter: Treichel (Berlin).

1959: FC Singen 04 (gegen Arminia Hannover 3:2):
Roser – Resch, Schneck – Pfeifle, Janko, Säger – Busch, Marin, Strittmatter, Recher, Knobloch. – Tore: Strittmatter, Marin, Busch (Mnich, Wilkening) – Offenburg, 14. 6. – Zuschauer: 9000 – Schiedsrichter: Machenbach (Solingen-Ohligs).

1960: Hannover 96 Amat. (gegen BV Osterfeld 1:1 nach Verl. und 3:0):
Isendahl – Flegel, Wimmers – Baldauf, Fahrtmann, Patzke – Hartmann, Künnecke, Schmidtke, Driesselmann, Bohnsack (im ersten Spiel mit Glinka und ohne Bohnsack).– Tore: Schmidtke (2), Patzke (im ersten Spiel Hartmann für Hannover und Mnitkowski für Osterfeld) – Herford, 26. 6. und 29. 6. – Zuschauer: 12000 und 9000 – Schiedsrichter: 1. Spiel Kreitlein (Stuttgart). 2. Spiel Tschenscher (Mannheim).

1961: KSV Holstein Kiel (gegen SV Siegburg 04 5:1):
Horn – Balsam, Berczuk – Broszat, Rautenberg, Meyer – Mund, Lempfert, Krafczyk, Lankeit, Podlich. – Tore: Lankeit (2), Krafczyk, Mund, Meyer (Witter) – Hannover, 24. 6. – Zuschauer: 70000 – Schiedsrichter: Ott (Bad Hönningen).

1962: SC Tegel Berlin (gegen Tura Bonn 1:0):
Faist – Jahn, Hahn – Lehmann, Mrosek, Bold – Behnke, Schröder, Stütze, Bölk, Gräbe. – Tor: Bölk – Wuppertal, 30. 6. – Zuschauer 12000 – Schiedsrichter Ommerborn (Saarbrükken).

1963: VfB Stuttgart Amat. (gegen VfL Wolfsburg 1:0):
Silbernagel – Kocher, Pfeiffer – Reichert, Grau, Seifert – Talpay, Böhringer, Röhm, Schäffler, Weiß. – Tor: Talpay – Kassel, 6. 7. – Zuschauer 10000 – Schiedsrichter: Treichel (Berlin).

1964: Hannover 96 Amat. (gegen SV Wiesbaden 2:0):
Steinbach – Thomassek, Fricke – Krüger, Baldauf, Hennemann – Bode, Schicks, Esch, Dittmann, Ferenz. – Esch, Ferenz – Hagen, 27. 6. – Zuschauer: 10000 Schiedsrichter: Treichel (Berlin).

1965: Hannover 96 Amat. (gegen SV Wiesbaden 2:1):
Steinbach – Thomassek, Fricke – Hennemann, Baldauf, Stiller – Bode, Momme, Esch, Dittmann, Ferenz. – Tore: Esch (2) – (für Wiesbaden Bertram) – Siegen, 27. 6. – Zuschauer: 8000 – Schiedsrichter: Hans Fritz (Oggersheim).

1966: SV Werder Bremen Amat. (gegen Hannover 96 Amat. 5:1):
Teupel – Schygula, Mindermann – Schröder, Feske, Wegener – Kapitän, Ey, Baumann, M. Zebrowski, Meiners. – Tore: Baumann (3), Schröder, Ey (für Hannover Esch) – Herford, 2. 7. – Zuschauer: 10000 – Schiedsrichter: Thier (Gelsenkirchen).

1967: STV Horst Emscher (gegen Hannover 96 Amat. 2:0):
Petrasch – Kaczmarzik, Kleinert – Kammer, Krull, Grabinski – Büchner, Thon, Urban, Weißpfennig, Leske. – Tore: Urban, Weißpfennig – Herford, 1. 7. – Zuschauer: 8500 – Schiedsrichter: Deuschel (Ludwigshafen).

1968: VfB Marathon Remscheid (gegen Wacker München 5:3 nach Verl.):
Hoth – Bender, Losleben – Roos, Müller, Marson – Budde, Kohle, Klapper (Kraft), Frantzen, Stachel. – Tore: Kohle (3), Budde, Stachel (von Kummant 2 und Gottwald für Wacker München) – Bochum, 9. 6. – Zuschauer: 10000 – Schiedsrichter: Seekamp (Bremen).

1969: SC Jülich 1910 (gegen SpVgg Erkenschwick 2:1):
Kamper – Kosprad, Osenberg – Barthels, Kettenhoven, Görgens – Marx, Hoss (Vogts), Henseler (Mühlenberg), Zander, Stendel. – Tore: Marx, Zander (Seidenkranz für Erkenschwick) – Krefeld-Uerdingen, 12. 7. – Zuschauer: 12000 – Schiedsrichter: Handwerker (Ketsch).

1970: SC Jülich 1910 (gegen Eintracht Braunschweig Amat. 3:0):
Kamper – Classen, Osenberg – Kettenhofen, Barthels, Fabry (Aretz) – Görgens, Rick, Mühlenberg, Marx, Henseler (Schnitzler). – Tore: Mühlenberg, Classen, Rick – Siegen, 11. 7. – Zuschauer: 8000 – Schiedsrichter: Helmut Fritz (Ludwigshafen).

1971: SC Jülich 1910 (gegen VfB Stuttgart Amat. 1:0):
Kamper – Dolfus, J. Heck – Fabry, Barthels, Görgens – Pelzer, Rick, Heinrichs (Hübsch), Ender, Henseler (Aretz). – Tor: Ender – Würzburg, 10. 7. – Zuschauer: 6000 – Schiedsrichter: Ohmsen (Hamburg).

1972: FSV Frankfurt (gegen TSV Marl-Hüls 2:1):
Grün – Walter, Wagner – Kesper, Mann, Koch – Klebs, Genz, Hardt, Trimhold, Seitz. – Tore: Genz, Trimhold (Schulte-Kellinghaus) – Neuwied, 8. 7. – Zuschauer: 10000 – Schiedsrichter: Schröck (Riegelsberg).

1973: SpVgg Bad Homburg 05 (gegen 1. FC Kaiserslautern Amat. 1:0):
Loweg – Schülein, Ceh – Solz, Gebert, Weida – Diehl, Schmittner, Hild (Sauer), Reidel (Drefahl), Kuhn. – Tor: Reidel – Offenbach, 30. 6. – Zuschauer: 7000 – Schiedsrichter: Eschweiler (Bonn).

1974: SSV 05 Reutlingen (gegen VfB Remscheid 2:2 n. Verl. und 2:1)
Kirsch – Strunk, Murrmann, Düren, Dirscherl – Hipp, Eippert – Kapp, Aymar, Rothe (Pleikies), Ziegelmüller. – Tore: Aymar, Kapp (Kohlmann, Eigentor Strunk) im 1. Spiel am 16. 6. in Worms – Zuschauer: 5000 – Schiedsrichter: Gabor (Berlin) – Kapp, Eippert (Münch) im 2. Spiel am 29. 6. in Worms. – Zuschauer: 2500 – Schiedsrichter: Dittmer (Ludwigshafen).

1975: VfR Oli Bürstadt (gegen Victoria Hamburg 3:0):
Neuwinger – Walz, Gleim – Ludwig, Reinhardt, Geier, Grimm – Gerndroth (Stetter), Groh, Vogt, Köhle, Schmiedl. – Tore: Vogt (3) – Ludwigsburg, 29. 6. – Zuschauer: 8000 – Schiedsrichter: Betz (Regensburg).

1976: SV Holzwickede (gegen VfR Oli Bürstadt 1:0):
Scholz – Bell, Backs – Woköck, Eiler, D. Kurrat – Kühlhüser, Wulf, Peter, Waldschmidt (Weltmann), H. J. Kurrat. – Tor: Weltmann – Oldenburg, 27. 6. – Zuschauer: 750 – Schiedsrichter: Picker (Hamburg).

1977: Fortuna Düsseldorf Amat. (gegen SV Sandhausen 1:0 und 2:2):
Ach – Stiller, Albrecht – Bungert, Biesenkamp, Fischer – Weikl, Lubberichs, Helmreich, Schmitz, Eickels (Schwidden). – Tore: Im 1. Spiel am 22. 6. in Düsseldorf Albrecht, im 2. Spiel am 26. 6. in Sandhausen Weikl, Schwidden (Heintz, Frey) – Zuschauer 8000 und 10000 – Schiedsrichter: Fork (Unna) und Walther (Würzburg).

1978: SV Sandhausen (gegen ESV Ingolstadt 2:0 und 1:1):
B. Baust – Reinhard, E. Baust, Kern, Herb – Vogel, Jung, Heintz, Helferich (Engelhardt) – Faltermann, Frey (Störzer). – Tore: im 1. Spiel am 24. 6. in Ingolstadt Faltermann, Engelhardt, im 2. Spiel am 28. 6. in Sandhausen Frey (Bittl) – Zuschauer: 2100 und 5000 – Schiedsrichter: Aldinger (Waiblingen) und Hennig (Duisburg).

1979: ESV Ingolstadt (gegen Hertha Zehlendorf 4:1 und 0:1):

Mahr – Michalka, Pohl, Richthammer, Zieglmeier, Hartmann, Ruhs, Mühldorfer (Fischer), Bittl, Krzyzanowski, Jung (Stadler). – Tore: im 1. Spiel am 27. 6. in Ingolstadt Bittl (2), Jung, Ruhs (ESV), Lehmann (Hertha), im 2. Spiel am 30. 6. in Berlin Lehmann (Hertha). – Zuschauer: 3000 und 3600. – Schiedsrichter: Quindeau (Ludwigshafen) und Roth (Salzgitter).

1980: VfB Stuttgart Amat. (gegen FC Augsburg 2:1):

Grüninger – Gaß, A. Schäfer, Toth (Tüfekci), Wohlfahrt – Wörn, Adrion, Weiß – Elser, Kakoko, Frick. – Tore: Frick, Weiß (Perrey). – Stuttgart, 20. 6. – Zuschauer: 2000. – Schiedsrichter: Messmer (Mannheim).

1981: 1. FC Köln Amat. (gegen FC St. Pauli Hamburg 2:0):

Mattern – Marti, Faber, Knöppel, Nicot – Herlein, Langer, Grabosch – Halbe, Faust, Abels. – Tore: Grabosch, Faust. – Köln, 14. 6. – Zuschauer 7500 – Schiedsrichter: Hontheim (Trier).

1982: Mainz 05 (gegen Werder Bremen Amat. 3:0):

Petz – Wocker, Menger, Janz, Keller – Mähn, Bopp, Scheller, Wagner (Reichert) – Klasen (Halter), Scherhag. – Tore: Mähn (2), Scherhag. – Mainz, 17. 6. – Zuschauer: 8000 – Schiedsrichter: Luca (Luisenthal).

1983: FC 08 Homburg (gegen Bayern München Amat. 2:0 n. V.):

Scherer – Lebong, Friedmann, Niederländer, Petersen – Drumm (119. Schwartz), Dörr, Zeller (76. Tilk), Plattek-Fritzsche, Lenz. – Tore: Petersen, Tilk – Homburg, 17. 6. – Zuschauer: 6000 – Schiedsrichter: Assenmacher (Fischenich).

1984: Offenburger FV (gegen SC Eintracht Hamm 4:1):

Müller – Hertwig, Bruder, Kornetzki, Kern – Schmider, Hartmann, Trenkel, Hertweck – Todzi, Anderer. – Tore: Todzi 3, Hertweck (Ellbracht). – Offenburg, 16. 6. – Zuschauer: 8000. – Schiedsrichter: Niebergall (Rammelsbach).

1985: Werder Bremen Amat. (gegen DSC Wanne-Eickel 3:0):

Kröger – Sauer, Lellek, Noruschat – Klobke, Hanses (Wick), Dressler, Gentzsch, Eilts – Hermann (Wachaczewsky), Ordenewitz. – Tore: Lellek, Ordenewitz, Sauer. – Bremen, 22. 6. – Zuschauer: 3000. – Schiedsrichter: Umbach (Rottorf).

1986: BVL 08 Remscheid (gegen VfR Bürstadt 2:1):

Stocki – Balewski – Fuchs, Rohr, Schröter – Kazama, Kosanovic, Reimann (Vonk) – Köhler, Kremer, Brühl (Hanschmann). – Tore: Köhler 2 (Vorreiter). – Remscheid, 21. 6. – Zuschauer: 8000. – Schiedsrichter: Schütte (Dortmund).

1987: MSV Duisburg (gegen Bayern München Amat. 4:1)

Macherey – Notthoff – Puszamszies, Struckmann – Strunz, Rohr, Kober, Ronden, Semlits – Voßnacke, Tönnies (Zils). – Tore: Tönnies 2, Kober 2 (Summerer). – Duisburg, 21. 6. – Zuschauer: 10000. – Schiedsrichter: Jupe (Mühltal).

1988: Eintracht Trier (gegen VfB Oldenburg 0:0 n. V. / 5:4 im Elfmeterschießen)

Roth – Brinsa – Klodt, Schmidt (Jochem) – Dahler, Hahn, Thömmes, Schanda, Pfahler – Mees, Dubois (Müller). – Oldenburg, 19. 6. – Zuschauer: 7000. – Schiedsrichter: Osmers (Bremen).

1989: Eintracht Trier (gegen Spvgg. Bad Homburg 1:1 n. V./5:4 im 11-m-Schießen)

Roth – P. Schmidt – Klodt, Jochem (Raach) – R. Thömmes, Dahler (H. Thömmes), Lauer, Dubois, Schüßler, Mees, E. Schmitt. – Tore: Schüßler (Dahl). – Trier, 17. 6. – Zuschauer: 5500. – Schiedsrichter: Wiesel (Ottbergen).

1990: FSV Salmrohr (gegen Rheydter SpV 2:0)

Kieren – Plath – Schömann, Henkes – Schu, Poltrock, Brittner, Herres (Irmisch), Alves-Silva – Thiel (U. Linz), P. Linz. – Tore: Thiel, Plath. – Salmrohr, 10. 6. – Zuschauer: 3000. – Schiedsrichter: Correll (Heilbronn).

Die Spiele um die Amateur-Meisterschaft

1951

Vorrunde: Heider SV – Union Altona 4:2; Troisdorf 05 – VfL Neuwied 4:1; VfL Nord Berlin – Bremen 1860 1:4; SSV Delmenhorst –SpVgg Röhlinghausen 2:1; Borussia Fulda – TSC Zweibrücken 1:0; Karlsruher FV – FC 08 Villingen 3:2; FC Bayreuth – VfL Sindelfingen 0:1 n. Verlg.; SC Cronenberg Freilos.
Zwischenrunde: Bremen 1860 – Heider SV 3:0; SSV Delmenhorst – SC Cronenberg 2:3; Troisdorf 05 – Borussia Fulda 3:1; Sindelfingen – Karlsruher FV 0:2.
Vorschlußrunde: SC Cronenberg – Bremen 1860 0:2 nach Verlängerung; Karlsruher FV – Troisdorf 05 3:1.
Endspiel: Bremen 1860 – Karlsruher FV 3:2.

1952

Vorrunde: ASV Bergedorf 85 – SSC Südwest Berlin 3:2; Bremen 1860 – Arminia Ickern 2:0; Eintracht Nordhorn – Itzehoer SV 3:0; TuS Mudersbach – SC Cronenberg 1:3; Viktoria Alsdorf – SC West Kaiserslautern 5:1; SV 98 Schwetzingen – TSV Schwabach 2:2 nach Verlängerung, 0:4; VfL Konstanz – VfR Schwenningen 1:5; Borussia Fulda (Freilos).
Zwischenrunde: TSV Schwabach – Borussia Fulda 4:0; Bremen 1860 – Bergedorf 85 2:0; VfR Schwenningen – Viktoria Alsdorf 4:1; SC Cronenberg – Eintracht Nordhorn 1:1 n. Verlg., 1:0.
Vorschlußrunde: SC Cronenberg – Bremen 1860 1:0; VfR Schwenningen – TSV Schwabach 5:1.
Endspiel: VfR Schwenningen – SC Cronenberg 5:2.

1953

Gruppe 1: Tura Bremen – Hertha Zehlendorf 1:3, 1:1; VfB Bielefeld – Güldenstern Stade 5:1, 5:0; Zehlendorf – Bielefeld 1:2, 0:3; Güldenstern – Tura 2:1, 3:6; Zehlendorf – Güldenstern 6:0, 3:1; Tura – Bielefeld 2:3, 2:4. – Gruppensieger: VfB Bielefeld.
Gruppe 2: Heider SV – Borussia Fulda 2:3, 1:1; Eintracht Nordhorn – Homberger SpV 4:5, 2:3; Fulda – Nordhorn 3:4, 1:4; Heide – Homberg 2:3, 0:5; Nordhorn – Heide 4:2, 7:3; Homberg – Fulda 2:1, 3:2. – Gruppensieger: Homberger SpV.
Gruppe 3: FSV Schifferstadt – Villingen 08 4:1, 1:1; Hockenheim 08 – SC 09 Bergisch Gladbach 2:3, 0:3; Schifferstadt – Hockenheim 1:3, 2:2; Gladbach – Villingen 3:2, 5:0; Gladbach – Schifferstadt 7:1, 4:1; Villingen – Hockenheim 2:1, 2:3. – Gruppensieger: SV 09 Bergisch Gladbach.
Gruppe 4: VfL Sindelfingen – FC Urbar 3:2, 4:1; Urbar – Kickers Würzburg 4:1, 3:2; Würzburg – Sindelfingen 0:2, 0:2. – Gruppensieger: VfL Sindelfingen.
Vorschlußrunde: Sindelfingen – Bergisch Gladbach 0:4; VfB Bielefeld – Homberger SpV 2:4.
Endspiel: SV Bergisch Gladbach 09 – Homberger SpV 3:2.

1954

Gruppe 1: Uetersen – Hertha BSC Berlin 4:1, 1:4; SV Hemelingen – Phönix Lübeck 1:1, 1:3; Hertha – Hemelingen 7:3, 2:1; Lübeck – Uetersen 1:1, 4:3; Hertha – Lübeck 4:5, 0:1; Uetersen – Hemelingen 1:0, 4:0. – Gruppensieger: Phönix Lübeck.
Gruppe 2: Eintracht Nordhorn – TSV Marl Hüls 2:3, 4:3; VfL Benrath – Rapid Köln 4:1, 4:0; Köln – Nordhorn 4:1, 0:4; TSV Marl-Hüls – Benrath 4:1, 0:0; Benrath – Nordhorn 0:3, 1:2; Köln – TSV Marl Hüls 0:4, 1:4. – Gruppensieger: TSV Marl-Hüls.
Gruppe 3: SpVgg Neu-Isenburg – SpVgg Ingelheim 3:3, 1:0; Ingelheim – FC Urbar 6:0, 3:2; Urbar – Neu-Isenburg 2:0, 0:4; Entscheidungsspiel: Neu-Isenburg – Ingelheim 2:0. – Gruppensieger: SpVgg Neu-Isenburg.
Gruppe 4: FV Daxlanden – VfB Friedrichshafen 0:1, 0:4; FC Baden-Baden – FC Lichtenfels 0:1, 1:1; Lichtenfels – Daxlanden 2:3, 0:0; Friedrichshafen – Baden-Baden 1:1, 0:0; Daxlanden – Baden-Baden 2:0, 0:2; Lichtenfels – Friedrichshafen 2:0, 0:1. – Gruppensieger: VfB Friedrichshafen.
Vorschlußrunde: TSV Marl-Hüls – Phönix Lübeck 2:0; SpVgg Neu-Isenburg – VfB Friedrichshafen 2:2 nach Verlängerung, 3:2 nach Verlängerung.
Endspiel: TSV Marl-Hüls – SpVgg Neu-Isenburg 6:1.

1955

Gruppe 1: ASV Blumenthal – TSV Uetersen 3:0, 1:3; Heider SV – Eintr. Braunschweig (Amat.) 2:1, 1:0; Uetersen – Heide 1:2, 0:3; Braunschweig – Blumenthal 2:1, 4:1; Braunschweig – Uetersen 3:1, 5:2; Blumenthal – Heide 3:2, 1:4. – Gruppensieger: Heider SV.

Gruppe 2: FC Neukölln – Spfr. Siegen 0:6, 1:4; Sterkrade 06/07 – SC 09 Berg. Gladbach 2:2, 1:4; Sterkrade – Neukölln 2:1, 4:0; Gladbach – Siegen 0:1, 1:2; Neukölln – Gladbach 2:3, 0:3; Sterkrade – Siegen 0:2, 2:2. – Gruppensieger: Spfr. Siegen.
Gruppe 3: SV Niederlahnstein – Normannia Pfiffligheim 0:1, 1:5; ASV Feudenheim – SpVgg Bad Homburg 2:4, 2:3; Niederlahnstein – Feudenheim 0:0, 1:1; Niederlahnstein – Homburg 2:2, 0:3; Pfiffligheim – Homburg 1:5, 1:3; Feudenheim – Pfiffligheim 0:3, 0:4. – Gruppensieger: SpVgg Bad Homburg.
Gruppe 4: VfL Konstanz – FC Eislingen 2:3, 0:2; Konstanz – Kickers Würzburg 1:3, 1:3; Eislingen – Würzburg 1:0, 2:4; Entscheidungssp.: Eislingen – Würzburg 0:1. – Gruppens.: Kickers Würzburg.
Vorschlußrunde: Spfr. Siegen – Heider SV 3:1; SpVgg Bad Homburg – Kickers Würzburg 2:1.
Endspiel: Spfr. Siegen – SpVgg Bad Homburg 5:0.

1956

Ausscheidungsspiel: BFC Südring Berlin – SV Niederlahnstein 2:1.
Vorschlußrunde: BFC Südring Berlin – SpVgg Neu-Isenburg 0:5; VfB Speldorf – Eintracht Braunschweig (Amateure) 3:1.
Endspiel: SpVgg Neu-Isenburg – VfB Speldorf 3:2.

1957

Ausscheidungsspiel: Alemannia 90 Berlin – Werder Bremen 3:2.
Vorschlußrunde: Alemannia 90 – Amicitia Viernheim 2:0; VfL Benrath – FC Homburg 3:2.
Endspiel: VfL Benrath – Alemannia 90 Berlin 4:2.

1958

Ausscheidungsspiel: Rapide Wedding Berlin – VfB Friedberg 1:0.
Vorschlußrunde: Rapide Wedding – FV Hombruch 09 0:2; ASV Bergedorf 85 – VfB Theley 6:2.
Endspiel: FV Hombruch 09 – ASV Bergedorf 85 3:1.

1959

Ausscheidungsspiel: Norden-Nordwest Berlin – Duisburg 48/99 1:3.
Vorschlußrunde: Hassia Bingen – FC Singen 04 2:3; Arminia Hannover – Duisburg 48/99 2:1 nach Verlängerung.
Endspiel: FC Singen 04 – Arminia Hannover 3:2.

1960

Ausscheidungsspiel: Polizei-SV Berlin – 1. FC Kaiserslautern 1:3 nach Verlg.
Vorschlußrunde: BV Osterfeld – 1. FC Kaiserslautern 2:0 nach Verlängerung; Hannover 96 – Borussia Fulda 0:0 nach Verlängerung und 2:1.
Endspiel: Hannover 96 – BV Osterfeld 1:1 nach Verlängerung und 3:0.

1961

Ausscheidungsspiele: Union 06 Berlin – Holstein Kiel 2:2 nach Verlg. und 1:4.
Vorschlußrunde: Siegburger SV 04 – FC Haßfurt 5:4; FC Sobernheim – Holstein Kiel 2:5 nach Verlängerung.
Endspiel: Holstein Kiel – Siegburger SV 04 5:1.

1962

Ausscheidungsspiel: SC Tegel Berlin – SpVgg Büchenbach 4:2.
Vorschlußrunde: Werder Bremen – Tura Bonn 1:2; SC Tegel Berlin – Phönix Bellheim 1:0.
Endspiel: SC Tegel Berlin – Tura Bonn 1:0.

1963

Ausscheidungsspiele: Blau-Weiß 90 Berlin – Lüner SV 3:3 n. Verlg und 0:2.
Vorschlußrunde: Viktoria Sulzbach – VfB Stuttgart 0:3; Lüner SV – VfL Wolfsburg 2:3 nach Verlängerung.
Endspiel: VfB Stuttgart – VfL Wolfsburg 1:0.

1964

Ausscheidungsspiel: Viktoria 89 Berlin – FC Germania Metternich 5:1.
Vorschlußrunde: Hannover 96 – Homberger SpV 3:1; SV Wiesbaden – Viktoria 89 Berlin 6:2.
Endspiel: Hannover 96 – SV Wiesbaden 2:0.

1965

Von Vorrunde bis Vorschlußrunde in Hin- und Rückspielen!

Vorrunde: SpVgg. Erkenschwick – 1. FC Köln 3:2 und 2:1; Hannover 96 – VfB Lohberg 0:1 und 3:0; SV Kuppenheim – SSV Mülheim 0:0 und 3:5; SV Wiesbaden – TSV Langenhorn 2:0 und 1:1; VfB Stuttgart – FSV Schifferstadt 3:0 und 0:2; Karlsruher SC Amat. – VfL Bad Oldesloe 2:2 und 0:1; FC Neukölln – SV St. Ingbert 1:1 und 1:2 n. Verl.; Blumenthaler SV – BC Augsburg 1:3 und 1:6.

Zwischenrunde: Hannover 96 – VfL Bad Oldesloe 1:0 und 1:2 n. Verlg., Los für Hannover; SpVgg. Erkenschwick – SSV Mülheim 1:1 und 2:1; SV St. Ingbert – SV Wiesbaden 2:2 und 1:3; VfB Stuttgart – BC Augsburg 2:3 und 1:6.

Vorschlußrunde: BC Augsburg – Hannover 96 2:1 und 0:1 n. Verl., Los für Hannover; SV Wiesbaden – SpVgg. Erkenschwick 1:1 und 2:1.

Endspiel: Hannover 96 – SV Wiesbaden 2:1.

1966

Vorrunde: Rapide Wedding – Holsatia Elmshorn 3:0 und 4:2; Phönix Lübeck – SSV Mülheim 3:2 und 0:2; Hannover 96 – Viktoria Wuppertal 6:2 und 3:0; 1. FC Nürnberg – SG Westend Frankfurt 1:1 und 0:1; VfR Kirn – Union Böckingen 3:3 und 0:3; SC Baden-Baden – Werder Bremen 0:6 und 0:3; Amicitia Viernheim – SG Düren 99 6:0 und 1:2; Viktoria Sulzbach – SpVg Erkenschwick 2:1 und 0:1 n. Verl. (Los für Sulzbach).

Zwischenrunde: Werder Bremen – Union Böckingen 4:2 und 1:1; Amicitia Viernheim – SSV Mülheim 2:1 abgebr., 3:0 und 3:0; Rapide Wedding – Hannover 96 5:4 und 1:5; SG Westend Frankfurt – Viktoria Sulzbach 3:0 und 0:2.

Vorschlußrunde: SG Westend Frankfurt – Hannover 96 2:3 und 2:5; Amicitia Viernheim – Werder Bremen 3:2 und 0:3.

Endspiel: SV Werder Bremen – Hannover 96 5:1.

1967

Vorrunde: Holsatia Elmshorn – STV Horst-Emscher 1:2 und 0:0; VfR Kirn – Hannover 96 0:6 und 0:4; SpVgg Neu-Isenburg – Freiburger FC 5:0 und 3:1; 1. FC Köln – Spfr. Neukölln 5:1 und 2:0; Werder Bremen – VfB Stuttgart 1:1 und 0:3; Bayer 05 Uerdingen – FV Engers 4:1 und 4:1; SV St. Ingbert – ESV Ingolstadt 0:0 und 1:2 n. Verlg.; Holstein Kiel – Karlsruher SC 3:3 und 3:6.

Zwischenrunde: VfB Stuttgart – Hannover 96 1:0 und 0:3; SpVgg Neu-Isenburg – Karlsruher SC 5:4 und 2:2; Bayer 05 Uerdingen – 1. FC Köln 2:0 und 2:1; STV Horst-Emscher – ESV Ingolstadt 3:2 und 3:2.

Vorschlußrunde: SpVgg Neu-Isenburg – STV Horst-Emscher 1:2 und 0:1; Bayer 05 Uerdingen – Hannover 96 0:6 und 1:7.

Endspiel: STV Horst-Emscher – Hannover 96 2:0.

1968

Vorrunde: Werder Bremen – TSV Uetersen 3:1 und 3:1; SC Staaken Berlin – Wacker München 0:5 u. 2:2; Spfr. Saarbrücken – VfB Kiel 3:2 und 0:2; Rheinahr Sinzig – SSV Reutlingen 1:3 und 2:2; 1. FC Köln – Hessen Kassel Amat. 4:4 und 2:0; FC Rastatt – Hammer SpVgg 0:1 u. 0:5; FC Kaiserslautern – Marathon Remscheid 1:1 und 2:6 n. Verlg.; 1. FC Pforzheim – Arminia Hannover Amat. 0:1 und 0:5.

Zwischenrunde: Marathon Remscheid – Arm. Hannover Amat. 1:0 u. 1:1; VfB Kiel – Hammer SpVgg 1:1 u. 1:5; Werder Bremen – 1. FC Köln 3:1 u. 0:7; SSV Reutlingen – Wacker München 2:0 u. 0:3.

Vorschlußrunde: 1. FC Köln – Marathon Remscheid 0:3 und 2:1; Hammer SpVgg – Wacker München 0:3 und 3:2.

Endspiel: VfB Marathon Remscheid – FC Wacker München 5:3 nach Verlg.

1969

Vorrunde: FC Emmendingen – SV Niederlahnstein 5:1 und 3:3; SpVgg Erkenschwick – SV St. Ingbert 7:1 und 4:1; 1. FC Pforzheim – SC Jülich 1910 2:3 und 2:7; Arminia Hannover – VfL Pinneberg 2:0 und 3:2; Phönix Bellheim – VfL Bad Oldesloe 1:1 und 0:0 n. V., Los für Bellheim; TuS Wannsee Berlin – SV Göppingen 1:7 und 2:3; BC Augsburg – Bremerhaven 93 6:4 und 2:5; FSV Frankfurt – Bayer 05 Uerdingen 2:2 und 0:2.

Zwischenrunde: Bremerhaven 93 – SC Jülich 1910 1:3 und 1:5; Bayer 05 Uerdingen – SpVgg Erkenschwick 2:6 und 1:4; SV Göppingen – Arminia Hannover 7:0 und 0:5; Phönix Bellheim – FC Emmendingen 2:5 und 0:2.

Vorschlußrunde: SpVgg Erkenschwick – FC Emmendingen 6:1 und 4:2; SC Jülich 1910 – SV Göppingen 1:0 und 2:1.

Endspiel: SC Jülich 1910 – SpVgg Erkenschwick 2:1.

1970

Vorrunde: SC Jülich 1910 – Rheydter SpV 1:0 und 3:0; 1. FC Kaiserslautern – 1. FC Lichtenfels 1:1 und 1:2 n. Verl.; Union Böckingen – BSC Brunsbüttel 0:1 und 1:5; FV Eppelborn – SpVgg Bendorf 2:1 und 2:2; Eintracht Bremen – VfL Neckarau 3:2 und 1:4; FC Emmendingen – SVA Gütersloh 1:4 und 1:3; Eintracht Braunschweig – Alemannia 90 Berlin 7:2 und 3:0; Victoria Hamburg – Eintracht Frankfurt 2:1 und 0:2.
Zwischenrunde: Eintracht Frankfurt – Eintracht Braunschweig 0:1 und 0:1; FV Eppelborn – BSC Brunsbüttel 1:1 und 2:0; 1. FC Lichtenfels – VfL Neckarau 3:2 und 2:4; SVA Gütersloh – SC Jülich 1910 1:4 und 2:4.
Vorschlußrunde: VfL Neckarau – SC Jülich 1910 1:0 und 1:3 n. Verl.; FV Eppelborn – Eintracht Braunschweig 0:3 und 3:1.
Endspiel: SC Jülich – Eintracht Braunschweig 3:0.

1971

Vorrunde: Eintracht Braunschweig – SC Jülich 1910 0:2 und 0:1; VfR Kaiserslautern – Spfr. Saarbrücken 1:1 und 0:3; SpVgg Weiden – VfB Stuttgart 3:4 und 1:5; Berliner SV 92 – Eisbachtaler Spfr. 0:2 und 1:2; 1. FC Pforzheim – Spfr. Siegen 3:1 und 1:0; FC Gottmadingen – Duwo 08 Hamburg 1:1 und 2:2 n. V. (Gottmadingen 5:4-Sieger nach Elfmeterschießen); Sterkrade 06/07 – VfB Kiel 1:0 und 1:0; Hastedter TSV – FSV Frankfurt 0:5 und 0:3.
Zwischenrunde: SC Jülich 1910 – Eisbachtaler Spfr. 2:0 und 1:0; VfB Stuttgart – 1. FC Pforzheim 6:0 und 6:1; FC Gottmadingen – Spfr. Saarbrücken 4:1 und 2:0; FSV Frankfurt – Sterkrade 06/07 0:0 und 3:1.
Vorschlußrunde: FSV Frankfurt – SC Jülich 1910 0:1 und 1:2; FC Gottmadingen – VfB Stuttgart 1:1 und 0:5.
Endspiel: SC Jülich 1910 – VfB Stuttgart 1:0.

1972

Vorrunde: Victoria Hamburg – Lahrer FV 1:1 und 1:2; SV Saar 05 Saarbrücken – Marathon Remscheid 1:3 und 2:2; Werder Bremen – TSV Marl-Hüls 1:1 und 2:3; BFC Preußen Berlin – SC Jülich 1910 1:3 und 1:4; MTV Ingolstadt – VfB Wissen 2:0 und 1:0; SV Eichholz – FC Rodalben 1:1 und 4:1; Normannia Gmünd – FV Weinheim 3:0 und 2:3; FSV Frankfurt – TuS Haste 3:0 und 6:1.
Zwischenrunde: SV Eichholz – Normannia Gmünd 0:2 und 1:8; TSV Marl-Hüls – MTV Ingolstadt 1:0 und 1:0; FSV Frankfurt – Lahrer FV 1:1 und 4:0; SC Jülich – Marathon Remscheid 1:1 und 3:3 (Elfmeterschießen 4:3 für Jülich).
Vorschlußrunde: FSV Frankfurt – Normannia Gmünd 3:0 und 0:2; TSV Marl-Hüls – SC Jülich 6:0 und 0:6 (Elfmeterschießen 5:3 für Marl-Hüls).
Endspiel: FSV Frankfurt – TSV Marl-Hüls 2:1.

1973

Vorrunde: Bergedorf 85 – Polizei SV Bremen 2:1 und 1:1; 1. FC Kaiserslautern – SV Ludweiler 6:2 und 1:3; BBC Südost Berlin – TSV Büdelsdorf 1:4 und 1:1; Karlsruher FV – SpVgg Bad Homburg 05 1:1 und 0:4; FC Emmendingen – SC 09 Oberlahnstein 1:1 und 1:3; Frechen 20 – Eintracht Nordhorn 5:1 und 2:2; SC Hassel – ESV Ingolstadt 4:3 und 1:4 n. Verl.; VfB Remscheid – VfR Aalen 4:2 und 2:4 n. Verl. (Elfmeterschießen 5:3 für Aalen).
Zwischenrunde: Frechen – Büdelsdorf 1:1 und 1:2; Aalen – Ingolstadt 1:2 und 3:4 n. Verl.; Oberlahnstein – Kaiserslautern 2:3 und 2:5; Bad Homburg – Bergedorf 2:0 und 3:1.
Vorschlußrunde: Bad Homburg – Ingolstadt 1:1 und 2:1; Büdelsdorf – Kaiserslautern 1:2 und 1:7.
Endspiel: SpVgg Bad Homburg 05 – 1. FC Kaiserslautern 1:0.

1974

Vorrunde: SC Staaken Berlin – SC Victoria Hamburg 1:1 und 0:2; Bayer Leverkusen – Flensburg 08 3:0 und 3:1; Preußen Hameln – TuS Neuenrade 0:0 und 0:1; Blumenthaler SV – VfB Remscheid 1:1 und 0:2; Karlsruher FV – FC 08 Villingen 1:3 und 2:2; ASV Herzogenaurach – SV Leiwen 1:0 und 4:1; SV St. Ingbert – FK Clausen 1:2 und 1:2; Viktoria Aschaffenburg – SSV Reutlingen 3:2 und 1:4.
Zwischenrunde: VfB Remscheid – TuS Neuenrade 4:0 und 0:2; Victoria Hamburg – Bayer Leverkusen 3:1 und 0:1; SSV Reutlingen – ASV Herzogenaurach 0:0 und 5:2; FK Clausen – FC Villingen 3:0 und 2:3.
Vorschlußrunde: VfB Remscheid – Victoria Hamburg 1:1 und 2:1; SSV Reutlingen – FK Clausen 4:0 und 4:1.
Endspiel: SSV Reutlingen – VfB Remscheid 2:2 n. Verl und 2:1.

1975

Vorrunde: SVA Gütersloh – Bremerhaven 93 2:0 und 3:1; Schwarz-Weiß Essen Amat. – Hertha 03 Zehlendorf 6:4 und 2:2; SC Brühl – Victoria Hamburg 3:2 und 0:4; SV Meppen – Itzehoer SV 2:2 und 0:1; SC Freiburg – VfB Theley 2:2 und 0:4; VfL Neuwied – SpVgg Ludwigsburg 1:3 und 0:1; SV Sandhausen – FC Rodalben 0:2 und 4:5; FV 04 Würzburg – VfR Oli Bürstadt 0:0 und 0:1.
Zwischenrunde: SVA Gütersloh – Schwarz-Weiß Essen 0:0 und 2:1; Victoria Hamburg – Itzehoer SV 2:2 und 2:1 n. Verlg.; VfB Theley – SpVgg Ludwigsburg 0:2 und 1:2; FC Rodalben – VfR Oli Bürstadt 1:0 und 0:4.
Vorschlußrunde: SpVgg Ludwigsburg – Victoria Hamburg 1:2; VfR Bürstadt – SVA Gütersloh 3:0.
Spiel um den 3. Platz: SpVgg Ludwigsburg – SVA Gütersloh 1:2.
Endspiel: VfR Oli Bürstadt – Victoria Hamburg 3:0.

1976

Vorrunde: Wacker München – Freiburger FC 1:4 u. 3:1; Schwarz-Weiß Essen – VfR Oli Bürstadt 3:2 und 0:4; TuS Langerwehe – VfB Oldenburg 1:2 und 1:3; Blumenthaler SV – VfB Theley 3:1 und 2:2; Hertha BSC Berlin Amat. – Concordia Hamburg 1:1 und 2:4; Gummi-Mayer Landau – SV Sandhausen 1:0 und 4:2; TuS Neuendorf – FV Biberach 1:0 u. 2:2; Holstein Kiel – SV Holzwickede 0:2 u. 2:2.
Zwischenrunde: VfR Oli Bürstadt – Freiburger FC 3:0 und 2:0; Blumenthaler SV – VfB Oldenburg 1:0 und 2:5; Gummi-Mayer Landau – Concordia Hamburg 1:1 und 0:2; SV Holzwickede – TuS Neuendorf 0:0 und 1:0 n. Verlg.
Vorschlußrunde: VfR Oli Bürstadt – Concordia Hamburg 2:1, SV Holzwickede – VfB Oldenburg 1:1 n. Verlg. (Holzwickede 3:2-Sieger nach Elfmeterschießen).
Spiel um den 3. Platz: VfB Oldenburg – Concordia Hamburg 1:3.
Endspiel: SV Holzwickede – VfR Oli Bürstadt 1:0.

1977

Vorrunde: FC Tailfingen – Werder Bremen 2:3 und 3:5; DSC Wanne-Eickel – Hassia Bingen 1:0 und 0:2 n. Verlg.; SSV Dillenburg – 1. FC Köln 3:1 und 2:2; Atlas Delmenhorst – ATS Kulmbach 0:0 und 0:2; BFC Preußen Berlin – SC Freiburg 0:0 und 4:0; Concordia Hamburg – Fortuna Düsseldorf 1:2 und 0:5; Itzehoer SV – SV Sandhausen 1:1 und 0:4; FC Bitburg – FV Eppelborn 6:2 und 1:2.
Zwischenrunde: SV Sandhausen – Werder Bremen 0:1 u. 6:3; ATS Kulmbach – SSV Dillenburg 3:1 u. 3:1; FC Bitburg – Fortuna Düsseldorf 3:4 u. 2:4; BFC Preußen Berlin – Hassia Bingen 2:0 u. 1:1.
Vorschlußrunde: Fortuna Düsseldorf – ATS Kulmbach 3:0 und 1:1; SV Sandhausen – BFC Preußen Berlin 3:1 und 4:3.
Endspiele: Fortuna Düsseldorf – SV Sandhausen 1:0 und 2:2.

1978

Vorrunde: Röchling Völklingen – ESV Ingolstadt 1:4 und 1:4; Werder Bremen Am. – SV Sandhausen 2:0 und 0:4; VfB Lübeck – Preußen Berlin 3:1 und 2:0; SpVgg Erkenschwick – FV Biberach 3:0 und 4:3; Eintracht Kreuznach – Rot-Weiß Oberhausen 3:1 und 2:1; SV Baesweiler – VfB Oldenburg 5:4 und 1:0; Eintracht Frankfurt Am. – Barmbek-Uhlenhorst Hamburg 3:1 und 2:3; FSV Salmrohr – FC Rastatt 0:0 und 1:1 n. V., Rastatt 4:2-Sieger im Elfmeterschießen.
Zwischenrunde: VfB Lübeck – FC Rastatt 3:1 und 0:4; SV Baesweiler – SV Sandhausen 1:4 und 1:2; Eintracht Kreuznach – Eintracht Frankfurt Am. 1:1 und 0:1; ESV Ingolstadt – SpVgg Erkenschwick 1:0 und 4:2.
Vorschlußrunde: SV Sandhausen – FC Rastatt 0:0 und 3:2; ESV Ingolstadt – Eintracht Frankfurt Am. 1:1 und 2:1 n. V.
Endspiele: SV Sandhausen – ESV Ingolstadt 2:0 und 1:1.

1979

Vorrunde: ESV Ingolstadt – VfR Bürstadt 2:0 und 1:1; Hertha Zehlendorf – SC Herford 7:2 und 1:0; Röchling Völklingen – OSV Hannover 0:1 und 1:2; SSV Ulm 46 – Rot-Weiß Oberhausen 1:3 und 0:2.
Vorschlußrunde: ESV Ingolstadt – OSV Hannover 5:0 und 1:3; Rot-Weiß Oberhausen – Hertha Zehlendorf 1:2 und 0:2.
Endspiele: ESV Ingolstadt – Hertha Zehlendorf 4:1 und 0:1.

1980

Vorrunde: FC Augsburg – VfB Oldenburg 5:0 und 0:2; KSV Hessen Kassel – Preußen Berlin 4:0 und 2:1; Borussia Neunkirchen – VfB Stuttgart Amat. 0:4 und 2:0; 1. FC Bocholt – SpVgg Erkenschwick 2:0 und 2:0.

Vorschlußrunde: KSV Hessen Kassel – VfB Stuttgart Amat. 1:3 und 0:11; FC Augsburg – 1. FC Bocholt 5:3 und 2:3.
Endspiel: VfB Stuttgart Amat. – FC Augsburg 2:1.

1981

Vorrunde: 1. FC Köln Am. – Viktoria Griesheim 5:1 und 1:4; BFC Preußen Berlin – MTV Ingolstadt 2:1 und 0:4; 1. FC Paderborn – SV Sandhausen 1:0 und 2:1; FSV Mainz 05 – FC St. Pauli Hamburg 0:1 und 1:3.
Vorschlußrunde: FC St. Pauli Hamburg – MTV Ingolstadt 2:1 und 2:2; 1. FC Köln Am. – 1. FC Paderborn 2:2 und 5:0.
Endspiel: 1. FC Köln Am. – FC St. Pauli Hamburg 2:0.

1982

Vorrunde: FC Schweinfurt 05 – Hertha 03 Zehlendorf 2:2 und 1:2; Viktoria Köln – Mainz 05 1:4 und 1:4; SpVgg 07 Ludwigsburg – FC Gütersloh 0:0 und 4:3; VfR Oli Bürstadt – Werder Bremen Am. 4:4 und 2:3 n. V.
Vorschlußrunde: Hertha 03 Zehlendorf – Mainz 05 0:1 und 2:3; Werder Bremen – SpVgg 07 Ludwigsburg 2:1 und 4:3 n. V.
Endspiel: Mainz 05 – Werder Bremen Am. 3:0.

1983

Vorrunde: Bayern München – Hertha 03 Zehlendorf 4:2 und 3:2; Eintracht Frankfurt – Offenburger FV 5:1 und 1:6; Rot-Weiß Lüdenscheid – 1. FC Bocholt 1:1 und 1:2; FC Homburg – Werder Bremen 2:0 und 4:2.
Vorschlußrunde: FC Homburg – 1. FC Bocholt 0:0 und 2:1; Offenburger FV – Bayern München 4:2 und 0:6.
Endspiel: FC 08 Homburg – Bayern München Am. 2:0 n. V.

1984

Vorrunde: Viktoria Aschaffenburg – Eintracht Trier 3:1 und 2:4 n. V., Trier 5:4-Sieger im Elfmeterschießen, Tennis Borussia Berlin – FV Offenburg 2:1 und 1:4, Werder Bremen Am. – Bayern München Am. 2:2 und 4:1, Viktoria Köln – SC Eintracht Hamm 1:0 und 0:2.
Vorschlußrunde: Werder Bremen Am. – SC Eintracht Hamm 1:2 und 0:5, Eintracht Trier – FV Offenburg 4:4 und 1:4.
Endspiel: Offenburger FV – SC Eintracht Hamm 4:1 (1:0).

1985

Vorrunde: VfR Mannheim – CSC 03 Kassel 3:1 und 1:2, SC Charlottenburg – FC Augsburg 2:1 und 3:1, Schwarz-Weiß Essen – DSC Wanne-Eickel 1:1 und 2:3, Werder Bremen Am. – FSV Mainz 05 2:1 und 3:1.
Vorschlußrunde: SC Charlottenburg – DSC Wanne-Eickel 0:4 und 1:0, VfR Mannheim – Werder Bremen Am. 0:5 und 2:3.
Endspiel: Werder Bremen Amat. – DSC Wanne Eickel 3:0 (1:0).

1986

Vorrunde: Wormatia Worms – Freiburger FC 2:1 und 2:2, VfR Bürstadt – SV Meppen 0:1 und 3:1 n. V., SpVgg Landshut – Traber FC Berlin 2:1 und 2:1, BVL 08 Remscheid – TuS Paderborn-Neuhaus 3:1 und 2:1.
Vorschlußrunde: Wormatia Worms – BVL 08 Remscheid 0:3 und 1:2, SpVgg Landshut – VfR Bürstadt 2:2 und 0:2.
Endspiel: BVL 08 Remscheid – VfR Bürstadt 2:1 (1:1, 1:1) n. V.

1987

Vorrunde: Eintracht Haiger – MSV Duisburg 0:0 und 2:3, Offenburger FV – Wormatia Worms 5:2 und 1:1, Bayern München Amat. – Preußen Münster 3:0 und 2:2, Tennis Borussia Berlin – Göttingen 05 2:0 und 3:4.
Vorschlußrunde: Tennis Borussia Berlin – MSV Duisburg 0:0 und 1:2, Offenburger FV – Bayern München Amat. 3:0 und 1:5.
Endspiel: MSV Duisburg – Bayern München Amat. 4:1 (1:0).

1988

Vorrunde: Eintracht Trier – Freiburger FC 1:2 und 3:0, Hessen Kassel – Schwarz-Weiß Essen 3:2 und 2:1, VfB Oldenburg – Tennis Borussia Berlin 3:2 und 3:1, Westfalia Herne – TSV Vestenbergsgreuth 0:1 und 2:3.
Vorschlußrunde: VfB Oldenburg – TSV Vestenbergsgreuth 2:3 und 6:2, Hessen Kassel – Eintracht Trier 2:1 und 0:1 / 4:5 im Elfmeterschießen.
Endspiel: Eintracht Trier – VfB Oldenburg 0:0 n. V. / 5:4 im Elfmeterschießen.

1989

Vorrunde: 1. FC Pforzheim – Spvgg. Bad Homburg 2:2 und 2:4 n. V.; FC Schweinfurt 05 – VfL Wolfsburg 2:1 und 1:1; Arminia Bielefeld – BVL 08 Remscheid 2:2 und 1:4; Eintracht Trier – Hertha Zehlendorf 3:1 und 2:2.
Vorschlußrunde: FC Schweinfurt 05 – Eintracht Trier 2:1 und 0:3; Spvgg. Bad Homburg – BVL 08 Remscheid 4:1 und 3:1.
Endspiel: Eintracht Trier – Spvgg. Bad Homburg 1:1 (0:0, 1:1) n. V./5:4 im Elfmeterschießen.

1990

Vorrunde: Spvgg. Bad Homburg – Rheydter SpV 1:0 und 1:3; TSV 1860 München – FSV Salmrohr 1:1 und 2:4; TuS Paderborn-Neuhaus – TuS Hoisdorf 2:1 und 2:1; Karlsruher SC Amat. – Hertha Zehlendorf 5:1 und 2:1.
Vorschlußrunde: TuS Paderborn-Neuhaus – FSV Salmrohr 3:1 und 0:3; Rheydter SpV – Karlsruher SC Amat. 1:1 und 2:0.
Endspiel: FSV Salmrohr – Rheydter SpV 2:0 (1:0).

TEIL IV

DIE DEUTSCHEN POKALWETTBEWERBE

Ehrentafel

DER VEREINS-POKALSIEGER

1935	1. FC Nürnberg	1968	1. FC Köln
1936	VfB Leipzig	1969	Bayern München
1937	FC Schalke 04	1970	Kickers Offenbach
1938	Rapid Wien	1971	Bayern München
1939	1. FC Nürnberg	1972	FC Schalke 04
1940	Dresdner Sport-Club	1973	Bor. Mönchengladbach
1941	Dresdner Sport-Club	1974	Eintracht Frankfurt
1942	TSV 1860 München	1975	Eintracht Frankfurt
1943	Vienna Wien	1976	Hamburger SV
1953	Rot-Weiß-Essen	1977	1. FC Köln
1954	VfB Stuttgart	1978	1. FC Köln
1955	Karlsruher Sport-Club	1979	Fortuna Düsseldorf
1956	Karlsruher Sport-Club	1980	Fortuna Düsseldorf
1957	Bayern München	1981	Eintracht Frankfurt
1958	VfB Stuttgart	1982	Bayern München
1959	Schwarz-Weiß Essen	1983	1. FC Köln
1960	Bor. Mönchengladbach	1984	Bayern München
1961	SV Werder Bremen	1985	Bayer 05 Uerdingen
1962	1. FC Nürnberg	1986	Bayern München
1963	Hamburger SV	1987	Hamburger SV
1964	TSV 1860 München	1988	Eintracht Frankfurt
1965	Borussia Dortmund	1989	Borussia Dortmund
1966	Bayern München	1990	1. FC Kaiserslautern
1967	Bayern München		

Die Pokalsieger

1935: 1. FC Nürnberg (gegen FC Schalke 04 2:0 gewonnen):
Köhl – Billmann, Munkert – Uebelein I, Carolin, Oehm – Gußner, Eiberger, Friedel, Schmitt, Spieß. – Tore: Friedel (2) – Düsseldorf, 8. 12. – Zuschauer: 55000 – Schiedsrichter: Birlem (Berlin).

1936: VfB Leipzig (gegen FC Schalke 04 2:1 gewonnen):
Wöllner – Dobermann, Grosse – Richter, Thiele, Jähnig – Breidenbach, Schön, May, Reichmann, Gabriel. – Tore: May, Gabriel (für Schalke: Kalwitzki) – Berlin, 3. 1. 1937 – Zuschauer: 70000 – Schiedsrichter: Zacher (Berlin).

1937: FC Schalke 04 (gegen Fortuna Düsseldorf 2:1 gewonnen):
Klodt – Sontow, Bornemann – Gellesch, Tibulski, Berg – Kalwitzki, Szepan, Pörtgen, Kuzorra, Urban. – Tore: Szepan, Kalwitzki (Janes) – Köln, 9. 1. 1938 – Zuschauer: 72000 – Schiedsrichter: Grabler (Regensburg).

1938: Rapid Wien (gegen FSV Frankfurt 3:1 gewonnen):
Raftl – Sperner, Schlauf – Wagner I, Hofstätter, Skoumal – Hofer, Schors, Binder, Holec, Pesser. – Tore: Schors, Hofstätter, Binder (Dosedzal) – Berlin, 8. 1. 1939 – Zuschauer: 40000 – Schiedsrichter: Rühle (Merseburg).

1939: 1. FC Nürnberg (gegen SV Waldhof 2:0 gewonnen):
Köhl – Billmann, Uebelein I – Luber, Sold, Carolin – Gußner, Eiberger, Uebelein II, Pfänder, Kund. – Tore: Eiberger (2) – Berlin, 28. 4. 1940 – Zuschauer: 60000 – Schiedsrichter: Schütz (Düsseldorf).

1940: Dresdner Sport-Club (gegen 1. FC Nürnberg 2:1 n. Verl. gewonnen):
Kreß – Miller, Hempel – Pohl, Dzur, Schubert – Boczek, Schaffer, Machate, Schön, Carstens. – Tore: Schaffer, Machate (Gußner) – Berlin, 1. 12. – Zuschauer: 60000 – Schiedsrichter: Pennig (Mannheim).

1941: Dresdner Sport-Club (gegen FC Schalke 04 2:1 gewonnen):
Kreß – Miller, Hempel – Pohl, Dzur, Schubert – Kugler, Schaffer, Hofmann, Schön, Carstens. – Tore: Kugler, Carstens (Kuzorra) – Berlin, 2. 11. – Zuschauer: 65000 – Schiedsrichter: Fink (Frankfurt).

1942: TSV 1860 München (gegen FC Schalke 04 2:0 gewonnen):
Keis – Pledl, Schmeisser – Rockinger, Bayerer, Kanitz – Schiller, L. Janda, Krückeberg, Willimowski, Schmidhuber. – Tore: Willimowski, Schmidhuber – Berlin, 15. 11. – Zuschauer: 75000 – Schiedsrichter: Multer (Landau).

1943: Vienna Wien (gegen LSV Hamburg 3:2 n. Verl. gewonnen):
Schwarzer – Kaller, Bortoli – Gröbel, Sabeditsch, R. Dörfel – Holoschefski, Decker, Fischer, R. Noack, Widhalm. – Tore: Noack (2), Decker (Gornick, Heinrich) – Stuttgart, 31. 10. – Zuschauer: 45000 – Schiedsrichter: Schmetzer (Mannheim).

1953: Rot-Weiß Essen (gegen Alemannia Aachen 2:1 gewonnen):
Herkenrath – Göbel, Köchling – Jahnel, Wewers, Wientjes – Rahn, Islacker, Gottschalk, Abromeit, Termath. – Tore: Rahn, Islacker (Derwall) – Düsseldorf, 1. 5. – Zuschauer: 40000 – Schiedsrichter: Reinhardt (Stuttgart).

1954: VfB Stuttgart (gegen 1. FC Köln 1:0 n. Verl. gewonnen):
Bögelein – Retter, Steimle – Krieger, Schlienz, Barufka – Hinterstocker, Baitinger, Bühler, Blessing, Waldner. – Tor: Waldner – Ludwigshafen, 17. 4. – Zuschauer: 60000 – Schiedsrichter: Dusch (Kaiserslautern).

1955: Karlsruher Sport-Club (gegen FC Schalke 04 3:2 gewonnen):
R. Fischer – M. Fischer, Baureis – Roth, Geesmann, Dannenmeier – Traub, Sommerlatt, Kohn, Kunkel, Strittmatter. – Tore: Traub, Kunkel, Sommerlatt (Sadlowski, 2) – Braunschweig, 21. 5. – Zuschauer: 25000 – Schiedsrichter: Treichel (Berlin).

1956: Karlsruher Sport-Club (gegen Hamburger SV 3:1 gewonnen):
R. Fischer – Hesse, Baureis – Ruppenstein, Geesmann, Siedl – Traub, Sommerlatt, Kohn, Beck, Termath. – Tore: Termath (2), Kohn (Uwe Seeler) – Karlsruhe, 5. 8. – Zuschauer: 25000 – Schiedsrichter: Loser (Essen).

1957: FC Bayern München (gegen Fortuna Düsseldorf 1:0 gewonnen):
Fazekas – Knauer, Bauer – Mayer, Landerer, Manthey – Siedl, Sommerlatt, Velhorn, Jobst, Huber. – Tor: Jobst – Augsburg, 29. 12. – Zuschauer: 42000 – Schiedsrichter: Dusch (Kaiserslautern).

1958: VfB Stuttgart (gegen Fortuna Düsseldorf 4:3 n. Verl. gewonnen):
Sawitzki – Eisele, Seibold – Hartl, Hoffmann, Schlienz – Waldner, Geiger, Weise, Blessing, Praxl. – Tore: Praxl (2), Waldner, Weise (Hoffmann, Jansen, Wolffram) – Kassel, 16. 11. – Zuschauer: 25000 – Schiedsrichter: Treichel (Berlin).

1959: ETB Schwarz-Weiß Essen (gegen Bor. Neunkirchen 5:2 gewonnen):
Merchel – Mozin, Pips – Steinmann, Kasperski, Ingenbold – Trimhold, Schieth, Rummel, Küppers, Klöckner. – Tore: Rummel (2), Klöckner, Trimhold, Schieth (Emser, Dörrenbächer) – Kassel, 27. 12. – Zuschauer: 21000 – Schiedsrichter: Schulenburg (Hamburg).

1960: VfL Borussia Mönchengladbach (gegen Karlsruher Sport-Club 3:2 gewonnen):
G. Jansen – Pfeiffer, de Lange – A. Jansen, Göbbels, Frontzeck – Brungs, Brülls, Kohn, Mülhausen, Fendel. – Tore: Mülhausen, Kohn, Brülls (Herrmann, Schwarz) – Düsseldorf, 5. 10. – Zuschauer: 49000 – Schiedsrichter: Dusch (Kaiserslautern).

1961: SV Werder Bremen (gegen 1. FC Kaiserslautern 2:0 gewonnen):
Kokartis – Piontek, Nachtwey – Schimeczek, Schütz, Jagielski – Wilmowius, Schröder, Barth, Soya, Hänel. – Tore: Schröder, Jagielski – Gelsenkirchen, 13. 9. – Zuschauer: 8000 – Schiedsrichter: Sparing (Kassel).

1962: 1. FC Nürnberg (gegen Fortuna Düsseldorf 2:1 n. Verl. gewonnen).
Wabra – Derbfuß, Hilpert – Flachenecker, Wenauer, Reisch – Dachlauer, Haseneder, Strehl, Wild, Albrecht. – Tore: Haseneder, Wild (Wolffram) – Hannover, 29. 8. – Zuschauer: 41000 – Schiedsrichter: Seekamp (Bremen).

1963: Hamburger SV (gegen Borussia Dortmund 3:0 gewonnen):
Schnoor – Krug, Kurbjuhn – Giesemann, Stapelfeldt, Dieter Seeler – Boyens, Wulf, Uwe Seeler, Kreuz, Dörfel. – Tore: Uwe Seeler (3) – Hannover, 14. 8. – Zuschauer: 70000 – Schiedsrichter: Kreitlein (Stuttgart).

1964: TSV 1860 München (gegen Eintracht Frankfurt 2:0 gewonnen):
Radenkovic – Wagner, Steiner – Zeiser, Stemmer, Luttrop – Kraus, Kohlars, Brunnenmeier, Küppers, Heiß. – Tore: Kohlars, Brunnenmeier – Stuttgart, 13. 6. – Zuschauer: 45000 – Schiedsrichter Malka (Herten).

1965: BV 09 Borussia Dortmund (gegen Alem. Aachen 2:0 gewonnen):
Tilkowski – Cyliax, Redder – Kurrat, Paul, Straschitz – Wosab, W. Sturm, Schmidt, Konietzka, Emmerich. – Tore: Schmidt, Emmerich – Hannover, 22. 5. – Zuschauer: 48000 – Schiedsrichter: Jakobi (Sandhausen).

1966: FC Bayern München (gegen MSV Duisburg 4:2 gewonnen):
Maier – Nowak, Olk – Rigotti, Beckenbauer, Kupferschmidt – Nafziger, Müller, Ohlhauser, Koulmann, Brenninger. – Tore: Brenninger (2), Ohlhauser, Beckenbauer (Mielke, Heidemann) – Frankfurt/Main, 4. 6. – Zuschauer: 60000 – Schiedsrichter: Schulenburg (Hamburg).

1967: FC Bayern München (gegen Hamburger SV 4:0 gewonnen):
Maier – Kupferschmidt, Schwarzenbeck – Roth, Beckenbauer, Olk – Nafziger, Ohlhauser, Müller, Koulmann, Brenninger. – Tore: Müller (2), Ohlhauser, Brenninger – Stuttgart, 10. 6. – Zuschauer: 68000 – Schiedsrichter: Niemeyer (Bad Godesberg).

1968: 1. FC Köln (gegen VfL Bochum 4:1 gewonnen):
Soskic – Pott, Hemmersbach – Flohe, Weber, Thielen – Rühl, Simmet, Löhr, Overath, Hornig. – Tore: Rühl (2), Hornig, Löhr (Böttcher für Bochum) – Ludwigshafen, 9. 6. – Zuschauer: 60000 – Schiedsrichter: Riegg (Augsburg).

1969: FC Bayern München (gegen FC Schalke 04 2:1 gewonnen):
Maier – Olk, Pumm – Schwarzenbeck, Beckenbauer, Schmidt – Roth, Ohlhauser, Müller, Starek, Brenninger. – Tore: Müller (2) (Pohlschmidt für Schalke) – Frankfurt, 14. 6. – Zuschauer: 64000 – Schiedsrichter: Helmut Fritz (Oggersheim).

1970: Offenbacher Kickers (gegen 1. FC Köln 2:1 gewonnen):
Volz – Weilbächer, H. Kremers – Weida, Reich, H. Schmidt – Gecks, Bechtold (Nerlinger), E. Schmitt, Schäfer, Winkler. – Tore: Winkler, Gecks (Löhr für Köln) – Hannover, 29. 8. – Zuschauer: 50000 – Schiedsrichter: Schulenburg (Hamburg).

1971: FC Bayern München (gegen 1. FC Köln 2:1 n. Verl. gewonnen):
Maier – Koppenhöfer, Breitner – Roth (Schneider), Beckenbauer, Schwarzenbeck – Zobel, Mrosko, Müller, Hoeneß (Hansen), Brenninger. – Tore: Beckenbauer, Schneider (Rupp für Köln) – Stuttgart, 19. 6. – Zuschauer: 71 000 – Schiedsrichter: Biwersi (Bliesransbach).

1972: FC Schalke 04 (gegen 1. FC Kaiserslautern 5:0 gewonnen):
Nigbur – Huhse, Helmut Kremers – Rüßmann, Fichtel, van Haaren – Libuda, Lütkebohmert, Fischer, Scheer, Erwin Kremers. – Tore: Helmut Kremers (2), Scheer, Lütkebohmert, Fischer – Hannover, 1. 7. – Zuschauer: 61 000 – Schiedsrichter: Aldinger (Waiblingen).

1973: Borussia Mönchengladbach (gegen 1. FC Köln 2:1 n. Verl. gewonnen):
Kleff – Bonhof, Michallik – Vogts, Sieloff, Danner – Jensen, Wimmer, Rupp (Stielike), Kulik (Netzer), Heynckes. – Tore: Wimmer, Netzer (Herbert Neumann für Köln) – Düsseldorf, 23. 6. – Zuschauer: 69600 – Schiedsrichter: Tschenscher (Mannheim).

1974: Eintracht Frankfurt (gegen Hamburger SV 3:1 n. Verl. gewonnen):
Dr. Kunter – Reichel (Müller), Kalb – Trinklein, Körbel, Beverungen – Nickel, Weidle (Kraus), Hölzenbein, Grabowski, Rohrbach. – Tore: Trinklein, Hölzenbein, Kraus (Björnmose für Hamburg) – Düsseldorf, 17. 8. – Zuschauer: 52800 – Schiedsrichter: Weyland (Oberhausen).

1975: Eintracht Frankfurt (gegen MSV Duisburg 1:0 gewonnen):
Wienhold – Reichel, Neuberger – Körbel, Trinklein, Weidle – Beverungen, Hölzenbein, Grabowski, Nickel, Lorenz. – Tor: Körbel – Hannover, 21. 6. – Zuschauer: 43000 – Schiedsrichter: Horstmann (Groß-Escherde).

1976: Hamburger SV (gegen 1. FC Kaiserslautern 2:0 gewonnen):
Kargus – Kaltz, Hidien – Blankenburg, Nogly, Memering – Reimann, Zaczyk (Sperlich), Björnmose, Eigl, Volkert. – Tore: Nogly, Björnmose – Frankfurt, 26. 6. – Zuschauer: 61 000 – Schiedsrichter: Eschweiler (Euskirchen).

1977: 1. FC Köln (gegen Hertha BSC Berlin 1:1 n. Verl. und 1:0 gewonnen):
Schumacher – Konopka, Zimmermann – Gerber, Strack, Simmet – van Gool, Flohe, Dieter Müller, Overath (Neumann, Cullmann), Löhr (Larsen). – Tore: Im 1. Spiel Dieter Müller (Horr), im 2. Spiel Dieter Müller – Hannover 28. und 30. Mai – Zuschauer 57 000 und 35 000 – Schiedsrichter: Frickel (München) und Ohmsen (Hamburg).

1978: 1. FC Köln (gegen Fortuna Düsseldorf 2:0 gewonnen):
Schumacher – Konopka, Zimmermann – Strack, Gerber, Cullmann – van Gool, Neumann, D. Müller, Flohe, Okudera. – Tore: Cullmann, van Gool – Gelsenkirchen, 15. 4. – Zuschauer: 70 000 – Schiedsrichter: Redelfs (Hannover).

1979: Fortuna Düsseldorf (gegen Hertha BSC Berlin 1:0 n. Verl. gewonnen):
Daniel – Weikl, Zewe, Fanz, Baltes – Köhnen, Schmitz, Bommer, Th. Allofs (Dusend) – Kl. Allofs, Seel. – Tor: Seel – Hannover, 23. 6. – Zuschauer: 56000 – Schiedsrichter: Linn (Altendiez).

1980: Fortuna Düsseldorf (gegen 1. FC Köln 2:1 gewonnen):
Daniel – Weikl, Zewe, Köhnen, Baltes – Wenzel (Bansemer), Wirtz, Bommer – Th. Allofs, Kl. Allofs, Seel. – Tore: Wenzel, Th. Allofs (Cullmann für Köln) – Gelsenkirchen, 4. 6. – Zuschauer: 55 000 – Schiedsrichter: Aldinger (Waiblingen).

1981: Eintracht Frankfurt (gegen 1. FC Kaiserslautern 3:1 gewonnen):
Pahl – Sziedat, Pezzey, Körbel, Neuberger – Lorant, Nickel, Borchers, Nachtweih – Tscha, Hölzenbein. – Tore: Neuberger, Borchers, Tscha (Geye für Kaiserslautern) – Stuttgart, 2. 5. – Zuschauer: 71 000 – Schiedsrichter: Joos (Stuttgart).

1982: Bayern München (gegen 1. FC Nürnberg 4:2 gewonnen):
Müller – Beierlorzer (Niedermayer), Weiner, Augenthaler, Horsmann – Dremmler, Kraus, Breitner, Dürnberger – D. Hoeneß, Rummenigge. – Tore: Rummenigge, Kraus, Breitner, D. Hoeneß (Hintermaier, Dressel für Nürnberg) – Frankfurt, 1. 5. – Zuschauer: 61 000 – Schiedsrichter: Hennig (Duisburg).

1983: 1. FC Köln (gegen Fortuna Köln 1:0 gewonnen):

Schumacher – Prestin, Strack, Steiner, Zimmermann – Konopka (Willmer), Neumann, Engels – Littbarski, Fischer, Kl. Allofs (Hartmann). – Tor: Littbarski – Köln, 11. 6. – Zuschauer: 61 000 – Schiedsrichter: Engel (Reimsbach).

1984: Bayern München (gegen Borussia Mönchengladbach 1:1 n. V., Bayern 7:6-Sieger im Elfmeterschießen)

Pfaff – Martin, Augenthaler, Grobe – Dremmler, Kraus (Mathy), Lerby, Nachtweih, Dürnberger (D. Hoeneß) – M. Rummenigge, K.-H. Rummenigge. – Tore: Dremmler (Mill). – Frankfurt, 31. 5. – Schiedsrichter: Roth (Salzgitter). – Zuschauer: 61 000.

1985: Bayer 05 Uerdingen (gegen Bayern München 2:1 gewonnen):

Vollack – Wöhrlin, Herget, Brinkmann, L. van de Loo – W. Funkel, F. Funkel, Feilzer (Loontiens), Buttgereit – Schäfer, Gudmundsson (Thomas). – Tore: Feilzer, Schäfer (D. Hoeneß). – Berlin, 26. 5. – Schiedsrichter: Föckler (Weisenheim). – Zuschauer: 70 398.

1986: Bayern München (gegen VfB Stuttgart 5:2 gewonnen):

Pfaff – Augenthaler – Nachtweih, Eder, Pflügler – Matthäus, Lerby, M. Rummenigge (Willmer) – Wohlfarth (Frank Hartmann), D. Hoeneß, Mathy. – Tore: Wohlfarth 3, M. Rummenigge 2 (Buchwald, Klinsmann). – Berlin, 3. 5. – Schiedsrichter: Pauly (Rheydt). – Zuschauer: 76 000.

1987: Hamburger SV (gegen Kickers Stuttgart 3:1 gewonnen):

Stein – Jakobs – Kaltz, Beiersdorfer, Homp – Jusufi (Schmöller), Lux, von Heesen, Kroth – Kastl, Okonski. – Tore: Beiersdorfer, Kaltz, Eigentor Schlotterbeck (Kurtenbach). – Berlin, 20. 6. – Zuschauer: 76 000. – Schiedsrichter: Gabor (Berlin).

1988: Eintracht Frankfurt (gegen VfL Bochum 1:0 gewonnen):

Stein – Binz – Schlindwein, Körbel – Kostner (Klepper), Sievers, Schulz, Detari, Roth – Friz (Turowski), Smolarek. – Tor: Detari. – Berlin, 28. 5. – Zuschauer: 76 000. – Schiedsrichter: Heitmann (Drentwede).

1989: Borussia Dortmund (gegen Werder Bremen 4:1 gewonnen):

De Beer – Kroth – Kutowski, McLeod, Helmer, Breitzke (Lusch) – Zorc, Möller, M. Rummenigge – Dickel (Storck), Mill. – Tore: Dickel 2, Mill, Lusch (Riedle). – Berlin, 24. 6. – Zuschauer: 76 500. – Schiedsrichter: Tritschler (Freiburg).

1990: 1. FC Kaiserslautern (gegen Werder Bremen 3:2 gewonnen):

Ehrmann – Foda – Stumpf, Friedmann (Lutz) – Scherr, Schupp (Roos), Hotic, Dooley, Lelle – Labbadia, Kuntz. – Tore: Labbadia 2, Kuntz (Neubarth, Burgsmüller). – Berlin, 19. 5. – Zuschauer: 76 391. – Schiedsrichter: Neuner (Leimen).

Die Schlußrunden um den Vereinspokal

1935

Vorrunde: Schalke 04 – Hannover 96 6:2; VfL Benrath – VfR Mannheim 3:2; SpVgg Fürth – FC Freiburg 2:3; Hanau 93 – Berolina Berlin 5:1; SV Waldhof – Fortuna Düsseldorf 3:0; Dresdner Sportfreunde – Masovia Lyck 2:1; Minerva Berlin – Eintracht Braunschweig 4:2; Polizei Chemnitz – 1. FC Nürnberg 1:3.
Zwischenrunde: FC Schalke 04 – VfL Benrath 4:1; FC Freiburg – Hanau 93 2:1; SV Waldhof – Sportfreunde Dresden 1:0; Minerva Berlin – 1. FC Nürnberg 1:4.
Vorschlußrunde: FC Schalke 04 – FC Freiburg 6:2; SV Waldhof – 1. FC Nürnberg 0:1.
Endspiel: 1. FC Nürnberg – FC Schalke 04 2:0 (0:0).

1936

Vorrunde: FC Schalke 04 – VfB Stuttgart 0:0 n. Verl und 6:0; Werder Bremen – Wacker 04 Berlin 3:1; FC Schweinfurt 05 – SSV Ulm 4:2; SV Waldhof – Polizei Chemnitz 1:0; Wormatia Worms – 1. FC Pforzheim 2:1; VfL Benrath – Hertha BSC Berlin 1:1 n. Verl. und 8:2; VfB Peine – Hindenburg Allenstein 3:1; VfB Leipzig – Berliner SV 92 2:0.
Zwischenrunde: FC Schalke 04 – Werder Bremen 5:2; FC Schweinfurt 05 – SV Waldhof 2:1; Wormatia Worms – VfL Benrath 3:3 n. Verl. und 3:2; VfB Leipzig – VfB Peine 4:2.
Vorschlußrunde: FC Schalke 04 – FC Schweinfurt 05 3:2; VfB Leipzig – Wormatia Worms 5:1.
Endspiel: VfB Leipzig – Schalke 04 2:1 (2:1).

1937

Vorrunde: FC Schalke 04 – Eintracht Braunschweig 1:0 n. Verl.; Berliner SV 92 – SpVgg Fürth 1:0; SV Waldhof – Polizei Chemnitz 2:0; Borussia Dortmund – Duisburg 08 1:1 n. Verl. und 3:1; VfB Stuttgart – Hannover 96 2:1; Dresdner SC – Eimsbüttel 3:0; BC Hartha – Wormatia Worms 4:2; Fortuna Düsseldorf – Holstein Kiel 2:1.
Zwischenrunde: FC Schalke 04 – Berliner SV 92 3:1; SV Waldhof – Borussia Dortmund 4:3; Dresdner SC – VfB Stuttgart 3:1; Fortuna Düsseldorf – BC Hartha 4:1.
Vorschlußrunde: FC Schalke 04 – SV Waldhof 2:1; Dresdner SC – Fortuna Düsseldorf 2:5.
Endspiel: FC Schalke 04 – Fortuna Düsseldorf 2:1 (0:0).

1938

Vorrunde: FSV Frankfurt – Fortuna Düsseldorf 3:1; SV Waldhof – Westfalia Herne 6:0; VfB Mühlburg – VfB Stuttgart 2:1; 1860 München – Dresdner SC 3:0; Brandenburg 05 – Vorwärts-Rasensport Gleiwitz 0:1; 1. FC Nürnberg – VfR Mannheim 1:0; Rot-Weiß Essen – Hertha BSC Berlin 3:0; Blau-Weiß Berlin – Phönix Lübeck 1:0.
Erste Zwischenrunde: SV Waldhof – Rot-Weiß Essen 3:2 n. Verl.; Blau-Weiß Berlin – 1860 München 1:2; FSV Frankfurt – VfB Mühlburg 3:1; Vorwärts-Rasensport Gleiwitz – 1. FC Nürnberg 2:4 – Ausscheidungsrunde der Ostmark: Vienna Wien – Admira 6:0; Rapid Wien – Austro Fiat 5:1; Wiener Sport-Klub – Wacker Wien 1:0; Grazer Sportklub – Austria Wien 3:2.
Zweite Zwischenrunde: 1. FC Nürnberg – Vienna Wien 3:1; SV Waldhof – Rapid Wien 2:3, 1860 München – FSV Frankfurt 1:2 n. Verl.; Wiener Sport-Klub – Grazer Sportklub 6:1.
Vorschlußrunde: Rapid Wien – 1. FC Nürnberg 2:0, FSV Frankfurt – Wiener Sport-Klub 3:2.
Endspiel: Rapid Wien – FSV Frankfurt 3:1 (0:1).

1939

Vorrunde: Blau-Weiß Berlin – Sportfreunde Leipzig 9:2; BC Hartha – 1. FC Nürnberg 0:1; Neumeyer Nürnberg – Berliner SV 92 2:1; Rapid Wien – Vorwärts-Rasensport Gleiwitz 6:1; VfL 99 Köln – Wacker Wien 1:3; Fortuna Düsseldorf – Tennis Borussia Berlin 8:1; Hamburger SV – Westende Hamborn 2:0; SV Waldhof – VfL Osnabrück 4:0.
Zwischenrunde: Blau-Weiß Berlin – Rapid Wien 1:7; 1. FC Nürnberg – Fortuna Düsseldorf 3:1; SV Waldhof – Hamburger SV 6:2; Wacker Wien – Neumeyer Nürnberg 7:4.
Vorschlußrunde: Rapid Wien – 1. FC Nürnberg 0:1; SV Waldhof – Wacker Wien 1:1 n. Verl.; 2:2 n. Verl. und 0:0 n. Verl., Losentscheid für SV Waldhof.
Endspiel: 1. FC Nürnberg – SV Waldhof 2:0 (1:0).

1940

Vorrunde: Union Oberschöneweide – 1. FC Nürnberg 0:1; SpVgg Fürth – FC Schalke 04 2:1; Stuttgarter Kickers – Rapid Wien 1:5; Eintracht Frankfurt – Fortuna Düsseldorf 2:3; Schwarz-Weiß Essen – Eschweiler 5:2; Wacker Wien – Wiener Sport-Klub 5:6; Dresdner SC – Rot-Weiß Frankfurt 6:0; VfB Königsberg – BuEV Danzig 5:1.
Zwischenrunde: 1. FC Nürnberg – Schwarz-Weiß Essen 2:1; Rapid Wien – SpVgg Fürth 6:1; Fortuna Düsseldorf – Wiener Sport-Klub 2:1; VfB Königsberg – Dresdner SC 0:8.
Vorschlußrunde: Dresdner SC – Rapid Wien 3:1; Fortuna Düsseldorf – 1. FC Nürnberg 0:1.
Endspiel: Dresdner SC – 1. FC Nürnberg 2:1 (1:1, 1:1) nach Verlängerung.

1941

Vorrunde: Holstein Kiel – Blau-Weiß Berlin 4:0; LSV Kamp – VfB Königsberg 3:2; Dresdner SC – Hannover 96 9:2; Austria Wien – Vorwärts-Rasensport Gleiwitz 8:0; Stuttgarter Kickers – 1. FC Nürnberg 4:1; SV Waldhof – Admira Wien 0:1; Schwarz-Weiß Essen – FC Schalke 04 1:5; 1. SV Jena – FC Metz 3:0.
Zwischenrunde: Holstein Kiel – 1. SV Jena 2:1; FC Schalke 04 – Austria Wien 4:1; Admira Wien – Stuttgarter Kickers 5:0; LSV Kamp – Dresdner SC 1:4.
Vorschlußrunde: FC Schalke 04 – Holstein Kiel 6:0; Dresdner SC – Admira Wien 4:2.
Endspiel: Dresdner SC – FC Schalke 04 2:1 (1:0).

1942

Vorrunde: LSV Stettin – LSV Pütnitz 4:1; TuS Lipine – Adler Deblin 4:1; Werder Bremen – Kickers Offenbach 6:1; FC Schalke 04 – Westende Hamborn 4:1; 1860 München – SS Straßburg 15:1; VfB Stuttgart – Stade Düdelingen 0:2; Hamburger SV – Dessau 05 3:4; Blau-Weiß Berlin – NSTG Falkenau 4:1.
Zwischenrunde: Dessau 05 – FC Schalke 04 0:4; Stade Düdelingen – 1860 München 0:7; TuS Lipine – Blau-Weiß Berlin 4:1; Werder Bremen – LSV Stettin 4:1.
Vorschlußrunde: 1860 München – TuS Lipine 6:0; FC Schalke 04 – Werder Bremen 2:0.
Endspiel: 1860 München – FC Schalke 04 2:0 (0:0).

1943

Vorrunde: FC Schalke 04 – Spfr. Katernberg 4:2; VfB Königsberg – Dresdner SC 0:5; Vienna Wien – Breslau 02 6:5; Hertha BSC – Holstein Kiel 0:3; Kickers Offenbach – FV Saarbrücken 1:2; LSV Pütnitz – LSV Hamburg 2:3; MSV Brünn – 1. FC Nürnberg 1:5; VfR Mannheim – BC Augsburg 4:2.
Zwischenrunde: Holstein Kiel – LSV Hamburg 2:4; FV Saarbrücken – FC Schalke 04 1:2: n. Verl.; 1. FC Nürnberg – Vienna Wien 2:3; Dresdner SC – VfR Mannheim 5:3.
Vorschlußrunde: Vienna Wien – FC Schalke 04 6:2; LSV Hamburg – Dresdner SC 2:1.
Endspiel: Vienna Wien – LSV Hamburg 3:2 (2:2, 0:1) nach Verlängerung.

1953

1. Hauptrunde: VfB Stuttgart – Kickers Offenbach 0:3; Rot-Weiß Essen – Jahn Regensburg 5:0; SV Waldhof – Eintracht Braunschweig 2:1; Eintracht Osnabrück – Preußen Dellbrück 1:2; 1. FC Saarbrücken – FC St. Pauli 1:2; Borussia Neunkirchen – FC Schalke 04 2:1; SpVgg Fürth – VfR Kaiserslautern 6:1; Wacker 04 Berlin – 1. FC Nürnberg 2:6; Concordia Hamburg – Borussia Dortmund 4:3; Hamburger SV – Victoria Hamburg 6:1; Blau-Weiß Berlin – Eintracht Trier 0:1; VfB Mühlburg – Preußen Münster 5:3 n. Verlg.; Alemannia Aachen – SC Essen West 81 5:2; SSV Reutlingen – Wormatia Worms 4:5 n. Verlg.; Hamborn 07 – Göttingen 05 4:1 n. Verlg.; VfL Osnabrück – Phönix Ludwigshafen 2:2 n. Verlg und 2:0.
2. Hauptrunde: SV Waldhof – SpVgg Fürth 5:2; Concordia Hamburg – VfB Mühlburg 4:3; Preußen Dellbrück – Kickers Offenbach 2:3 n. Verlg.; Wormatia Worms – Eintracht Trier 4:1; 1. FC Nürnberg – Alemannia Aachen 3:3 n. Verlg. und 0:2; Hamburger SV – Borussia Neunkirchen 2:0; Hamborn 07 – FC St. Pauli 1:1 n. Verlg. und 4:3; Rot-Weiß Essen – VfL Osnabrück 2:0.
Zwischenrunde: Rot-Weiß Essen – Hamburger SV 6:1; Kickers Offenbach – Wormatia Worms 1:2; SV Waldhof – Concordia Hamburg 2:1; Alemannia Aachen – Hamborn 07 3:1.
Vorschlußrunde: Rot-Weiß Essen – SV Waldhof 3:2; Alemannia Aachen – Wormatia Worms 3:1.
Endspiel: Rot-Weiß Essen – Alemannia Aachen 2:1 (1:0).

1954

Zwischenrunde (Die Regionalpokalsieger, die beiden Endspielteilnehmer der Vertragsspieler und der Deutsche Amateurmeister nehmen teil): 1. FC Kaiserslautern – Hamburger SV 2:3; 1. FC Köln – Viktoria 89 Berlin 3:2; TuS Neuendorf – 1. FC Nürnberg 2:1; VfB Stuttgart – SC 09 Berg. Gladbach 1:1 nach Verlängerung (Wiederholung 6:0).
Vorschlußrunde: Hamburger SV – 1. FC Köln 1:3 nach Verlängerung; VfB Stuttgart – TuS Neuendorf 2:2 nach Verlängerung und 2:0.
Endspiel: VfB Stuttgart – 1. FC Köln 1:0 (0:0) nach Verlängerung.

1955

1. Hauptrunde: FC Schalke 04 – Jahn Regensburg 1:1 nach Verlg. (Wiederholung 6:3); Hamburger SV – Eintracht Trier 5:3 nach Verlg.; Kickers Offenbach – Hannover 96 6:3; 1. FC Nürnberg – TSV Hüls 2:0; Eintracht Frankfurt – FK Pirmasens 1:0; Karlsruher SC – FSV Frankfurt 5:1; Bremerhaven 93 – Erkenschwick 5:1; VfB Stuttgart – Arminia Hannover 4:2; Düren 99 – 1. FC Kaiserslautern 2:5; Altona 93 – 1. FC Saarbrücken 3:2; 1. FC Köln – Horst-Emscher 2:1; Tennis Borussia – Schweinfurt 05 2:4; Union Krefeld – Eintracht Braunschweig 4:0; Phönix Ludwigshafen – Alemannia Aachen 0:0 nach Verlg. (Wiederholung 0:4); Tura Ludwigshafen – FC St. Pauli 0:1; Spandauer SV – VfB Lübeck 1:2.
2. Hauptrunde: FC Schalke 04 – Schweinfurt 05 1:1 nach Verlg. (Wiederholung 1:0); VfB Stuttgart – VfB Lübeck 5:1; Altonaer FC 93 – Eintracht Frankfurt 2:1; Karlsruher SC – 1. FC Nürnberg 1:0; Bremerhaven 93 – Hamburger SV 3:1; 1. FC Kaiserslautern – 1. FC Köln 7:0; Alemannia Aachen – Union Krefeld 4:2 nach Verlg.; Kickers Offenbach – FC St. Pauli 2:0.
Zwischenrunde: Altonaer FC 93 – Alemannia Aachen 2:0; VfB Stuttgart – Karlsruher SC 2:5; Kickers Offenbach – 1. FC Kaiserslautern 4:1; FC Schalke 04 – Bremerhaven 93 2:0.
Vorschlußrunde: FC Schalke 04 – Kickers Offenbach 2:1; Altonaer FC 93 – Karlsruher SC 3:3 nach Verlg. (Wiederholung 0:3).
Endspiel: Karlsruher SC – FC Schalke 04 3:2 (1:1).

1956

Ausscheidungsspiel: Spandauer SV – FK Pirmasens 0:1.
Vorschlußrunde: Fortuna Düsseldorf – Hamburger SV 1:2; FK Pirmasens – Karlsruher SC 1:5.
Endspiel: Karlsruher SC – Hamburger SV 3:1 (1:1).

1957

Ausscheidungsspiel: Spandauer SV – FC Bayern München 1:4.
Vorschlußrunde: FC Bayern München – 1. FC Saarbrücken 3:1 nach Verlängerung; Fortuna Düsseldorf – Hamburger SV 1:0.
Endspiel: FC Bayern München – Fortuna Düsseldorf 1:0 (0:0).

1958

Ausscheidungsspiel: Tasmania Berlin – VfL Osnabrück 1:1 nach Verlg. und 3:1.
Vorschlußrunde: Tasmania Berlin – Fortuna Düsseldorf 1:2; 1. FC Saarbrücken – VfB Stuttgart 1:4.
Endspiel: VfB Stuttgart – Fortuna Düsseldorf 4:3 (3:3, 1:0) nach Verlängerung.

1959

Ausscheidungsspiel: Hertha BSC Berlin – Schwarz Weiß Essen 3:6.
Vorschlußrunde: Borussia Neunkirchen – VfR Mannheim 2:1; Hamburger SV – Schwarz-Weiß Essen 1:2 nach Verlängerung.
Endspiel: Schwarz-Weiß Essen – Borussia Neunkirchen 5:2 (1:0).

1960

Ausscheidungsspiel: Hertha BSC Berlin – FK Pirmasens 0:1.
Vorschlußrunde: Borussia Mönchengladbach – Hamburger SV 2:0; Karlsruher SC – FK Pirmasens 3:4; da Pirmasens einen nicht spielberechtigten Spieler mitwirken ließ, wurde das Spiel wiederholt, der Karlsruher SC gewann 2:0.
Endspiel: Borussia Mönchengladbach – Karlsruher SC 3:2 (2:1).

1961

Vorrunde: Eintracht Frankfurt – 1. FC Köln 2:3 nach Verlängerung; VfV Hildesheim – VfB Stuttgart 1:2; Tasmania Berlin – Altona 93 4:1; 1. FC Saarbrücken – Werder Bremen 0:1; 1. FC Kaiserslautern – Heider SV 2:0; Hamborn 07 – SV Waldhof 3:1; Karlsruher SC – Wuppertaler SV 7:2; FK Pirmasens – VfL Bochum 3:2.

Zwischenrunde: VfB Stuttgart – Karlsruher SC 0:1; Werder Bremen – 1. FC Köln 3:2; 1. FC Kaiserslautern – Tasmania Berlin 2:1 nach Verlängerung; Hamborn 07 – FK Pirmasens 3:2 nach Verlängerung.
Vorschlußrunde: Hamborn 07 – 1. FC Kaiserslautern 1:2; Werder Bremen – Karlsruher SC 3:2 nach Verlängerung.
Endspiel: Werder Bremen – 1. FC Kaiserslautern 2:0.

1962

Vorrunde: VfV Hildesheim – Westfalia Herne 3:2; Holstein Kiel – FC Schalke 04 3:4; Mainz 05 – 1. FC Köln 0:5; Fort. Düsseldorf – Spfr. Lebenstedt 2:1; 1860 München – Hessen Kassel 6:1; 1. FC Saarbrücken – Eintr. Braunschweig 4:1; SV Saar 05 Saarbrücken – 1. FC Nürnberg 0:3; Eintr. Frankfurt – Tasmania Berlin 1:0.
Zwischenrunde: 1. FC Nürnberg – VfV Hildesheim 11:0; 1. FC Saarbrücken – Fort. Düsseldorf 2:2 nach Verlg. und 1:2; FC Schalke 04 – 1860 München 4:2; 1. FC Köln – Eintr. Frankfurt 1:2 nach Verlg.
Vorschlußrunde: 1. FC Nürnberg – Eintr. Frankfurt 4:2; Fort. Düsseldorf – FC Schalke 04 3:2.
Endspiel: 1. FC Nürnberg – Fort. Düsseldorf 2:1 (1:1, 0:0) nach Verlg.

1963

Vorrunde: Bor. Dortmund – Sportfr. Saarbrücken 4:2; TSV 1860 München – FC Schalke 04 3:2; FC Bayern Hof – Hamburger SV 2:5; 1. FC Saarbrücken – VfL Wolfsburg 3:0; Hessen Kassel – Wuppertaler SV 2:2 n. Verlg und 0:3; 1. FC Nürnberg – Bor. Neunkirchen 1:2; Werder Bremen – VfB Lohberg 4:3; Concordia Hamburg – Tasmania Berlin 1:3.
Zwischenrunde: Bor. Dortmund – TSV 1860 München 3:1; Hamburger SV – 1. FC Saarbrücken 1:0; Wuppertaler SV – Bor. Neunkirchen 1:0; Werder Bremen – Tasmania Berlin 1:0.
Vorschlußrunde: Bor. Dortmund – Werder Bremen 2:0; Wuppertaler SV – Hamburger SV 0:1.
Endspiel: Hamburger SV – Bor. Dortmund 3:0.

1964

1. Hauptrunde: Hamburger SV – SpVgg Fürth 1:1 n. Verlg. und 1:2 n. Verl.; Meidericher SV – Hertha BSC Berlin 1:2 n. Verlg.; VfL Wolfsburg – Eintracht Frankfurt 0:2; Wormatia Worms – Hessen Kassel 2:3; Stuttgarter Kickers – Phönix Ludwigshafen 0:3; Werder Bremen – FC Schalke 04 0:2; 1. FC Köln – 1. FC Nürnberg 3:2 n. Verlg.; Eintracht Trier – Hannover 96 1:1 n. Verlg. und 0:4; Altonaer FC 93 – Borussia Mönchengladbach 2:1; Eintracht Gelsenkirchen – Duisburger SV 0:2; Preußen Münster – Karlsruher SC 1:3; 1. FC Saarbrücken – Tennis Borussia Berlin 6:1; Eintracht Braunschweig – VfL Osnabrück 3:0; TSV 1860 München – Borussia Dortmund 2:0; 1. FC Kaiserslautern – Wuppertaler SV 2:0; VfB Stuttgart – SSV Reutlingen 2:2 nach Verlängerung und 4:0.
2. Hauptrunde: Eintracht Frankfurt – Hessen Kassel 6:1; Phönix Ludwigshafen – FC Schalke 04 1:2; Hertha BSC Berlin – SpVgg Fürth 4:3; 1. FC Köln – Hannover 96 3:0 n. Verlg.; Altonaer FC 93 – Duisburger SV 2:1; 1. FC Saarbrücken – Eintracht Braunschweig 2:1 n. Verlg.; TSV 1860 München – 1. FC Kaiserslautern 4:2; Karlsruher SC – VfB Stuttgart 2:1.
Zwischenrunde: Eintracht Frankfurt – FC Schalke 04 2:1; Hertha BSC Berlin – 1. FC Köln 4:2; Altonaer FC 93 – Karlsruher SC 2:1; 1. FC Saarbrücken – TSV 1860 München 1:3.
Vorschlußrunde: Eintracht Frankfurt – Hertha BSC Berlin 3:1; Altonaer FC 93 – TSV 1860 München 1:4 nach Verlängerung.
Endspiel: TSV 1860 München – Eintracht Frankfurt 2:0 (1:0).

1965

1. Hauptrunde: 1. FC Nürnberg – 1. FC Köln 2:0; Rot-Weiß Oberhausen – Ulmer TSG 1846 5:0; 1. FC Kaiserslautern – Karlsruher SC 3:0; Westfalia Herne – Tennis Borussia 3:4 n. Verlg.; VfR Frankenthal – VfB Stuttgart 0:5; Altona 93 – Hannover 96 0:5; Hertha BSC Berlin – Eintracht Braunschweig 1:5; VfL Wolfsburg – TSV 1860 München 3:4; Preußen Münster – Borussia Dortmund 0:1; VfL Osnabrück – Alemannia Aachen 1:3, FSV Mainz 05 – Werder Bremen 1:0; Hessen Kassel – Hamburger SV 0:2; SuS Northeim – Meidericher SV 0:1 n. Verlg.; Schwaben Augsburg – FC Schalke 04 5:7 n. Verlg.; Eintracht Frankfurt – Borussia Neunkirchen 2:1; Kickers Offenbach – Wormatia Worms 2:4.
2. Hauptrunde: Eintracht Frankfurt – FC Schalke 04 1:2; FSV Mainz 05 – TSV 1860 München 2:2 n. Verlg.; und 2:1; Wormatia Worms – VfB Stuttgart 0:2; 1. FC Nürnberg – Hamburger SV 3:1; 1. FC Kaiserslautern – Hannover 96 1:3; Meidericher SV – Eintracht Braunschweig 0:1; Tennis Borussia Berlin – Borussia Dortmund 1:2; Rot-Weiß Oberhausen – Alemannia Aachen 0:1.
Zwischenrunde: Eintracht Braunschweig – Borussia Dortmund 0:2; FC Schalke 04 – VfB Stutt-

gart 4:2; Alemannia Aachen – Hannover 96 2:1; FSV Mainz 05 – 1. FC Nürnberg 0:3.
Vorschlußrunde: Borussia Dortmund – 1. FC Nürnberg 4:2; Alemannia Aachen – FC Schalke 04 4:3 nach Verlängerung.
Endspiel: Borussia Dortmund – Alemannia Aachen 2:0.

1966

Qualifikation: FC Bayern München – Borussia Dortmund 2:0; Borussia Mönchengladbach – SC Opel Rüsselsheim 5:1.
1. Hauptrunde: Werder Bremen – TSV 1860 München 4:0; FC Bayern München – Eintracht Braunschweig 1:0; 1. FC Köln – Tasmania Berlin 1:1 n. Verlg und 2:0; Hannover 96 – Hamburger SV 2:4; Meidericher SV – VfB Stuttgart 2:0; Borussia Mönchengladbach – Borussia Neunkirchen 0:1 n. Verlg.; Südwest Ludwigshafen – 1. FC Kaiserslautern 0:1; Eintracht Frankfurt – SV Alsenborn 2:1; FC Schalke 04 – Tennis Borussia Berlin 3:1 n. Verlg.; Karlsruher SC – Preußen Münster 3:0; Schwaben Augsburg – 1. FC Nürnberg 0:1; Fortuna Düsseldorf – Kickers Offenbach 1:2; FC St. Pauli Hamburg – 1. FC Saarbrücken 4:2; Holstein Kiel – Arminia Bielefeld 3:1; Freiburger FC – Alemannia Aachen 4:3; TuS Haste – Concordia Hamburg 1:2.
2. Hauptrunde: Hamburger SV – Borussia Neunkirchen 4:0; Meidericher SV – FC Schalke 04 6:0; 1. FC Nürnberg – Eintracht Frankfurt 2:1; Freiburger FC – Karlsruher SC 1:3; 1. FC Kaiserslautern – Holstein Kiel 3:0; Werder Bremen – Concordia Hamburg 2:0; FC St. Pauli Hamburg – Kickers Offenbach 3:1; FC Bayern München – 1. FC Köln 2:0.
Zwischenrunde: Meidericher SV – Karlsruher SC 1:0; Hamburger SV – FC Bayern München 1:2; 1. FC Kaiserslautern – Werder Bremen 3:1; FC St. Pauli Hamburg – 1. FC Nürnberg 0:1.
Vorschlußrunde: 1. FC Nürnberg – FC Bayern München 1:2 n. Verlg.; Meidericher SV – 1. FC Kaiserslautern 4:3.
Endspiel: FC Bayern München – Meidericher SV 4:2.

1967

Qualifikation: Altonaer FC 93 – 1. FC Nürnberg 2:1; Hessen Kassel – Eintracht Frankfurt 6:2.
1. Hauptrunde: Borussia Dortmund – 1. FC Köln 2:2 n. Verlg. und 0:1; Eintracht Braunschweig – MSV Duisburg 2:3 n. Verlg.; FC Schalke 04 – Borussia Mönchengladbach 4:2; Duisburger FV 08 – ETB Schwarz-Weiß Essen 0:2; Alemannia Aachen – FK Pirmasens 1:1 n. Verlg. u. 1:0; SVW 07 Mannheim – Fortuna Düsseldorf 1:3; Hessen Kassel – Werder Bremen 2:2 n. Verlg. und 1:2 n. Verlg.; Hertha BSC Berlin – FC Bayern München 2:3 n. Verlg.; Altonaer FC 93 – Hamburger SV 0:6; Rot-Weiß Essen – Karlsruher SC 1:2; VfB Lübeck – Kickers Offenbach 0:1 n. Verlg.; Arminia Hannover – TSV 1860 München 1:4; 1. FC Saarbrücken – VfB Stuttgart 2:4; SpVg Erkenschwick – Stuttgarter Kickers 1:0; Hannover 96 (Amat.) – Borussia Neunkirchen 2:2 n. Verlg. und 1:2; 1. FC Kaiserslautern – Hannover 96 2:1.
2. Hauptrunde: FC Köln – Hamburger SV 0:0 n. Verlg. und 0:2; Alemannia Aachen – Karlsruher SC 4:2; Borussia Neunkirchen – Werder Bremen 1:1 n. Verlg. und 2:1; VfB Stuttgart – FC Schalke 04 0:1; 1. FC Kaiserslautern – Kickers Offenbach 0:0 n. Verlg. und 0:1 n. Verlg.; Schwarz-Weiß Essen – Fortuna Düsseldorf 1:1 n. Verlg. und 0:1; SpVg Erkenschwick – FC Bayern München 1:3; TSV 1860 München – MSV Duisburg 1:0.
Zwischenrunde: TSV 1860 München – Fortuna Düsseldorf 2:0; Kickers Offenbach – Hamburger SV 0:0 n. Verlg. und 0:2; Alemannia Aachen – Borussia Neunkirchen 3:1; FC Schalke 04 – FC Bayern München 2:3.
Vorschlußrunde: Hamburger SV – Alemannia Aachen 3:1; FC Bayern München – TSV 1860 München 3:1.
Endspiel: FC Bayern München – Hamburger SV 4:0.

1968

1. Hauptrunde: Bor. Neunkirchen – Eintr. Braunschweig 2:3; Bayer Leverkusen – 1. FC Nürnberg 0:2; SV Röchling Völklingen – Werder Bremen 4:2; Hertha BSC Berlin – Hamburger SV 1:0 n. Verlg.; VfL Bochum – Karlsruher SC 3:2; Preußen Münster – Alemannia Aachen 2:1; FC Homburg 08 – 1. FC Köln 1:4; Arminia Bielefeld – FC Schalke 04 0:1; Bayern Hof – Bor. Mönchengladbach 0:1; VfB Stuttgart – 1. FC Kaiserslautern 1:0; MSV Duisburg – Hannover 96 4:1; Schweinfurt 05 – Eintr. Frankfurt 1:2 n. Verlg.; VfB Lübeck – 1860 München 0:1; Jahn Regensburg – Bayern München 1:4 n. Verlg.; VfB Oldenburg – Borussia Dortmund 2:3; SSV Reutlingen – Itzehoer SV 7:1.
2. Hauptrunde: Bayern München – MSV Duisburg 3:1; VfL Bochum – VfB Stuttgart 2:1; SSV Reutlingen – Bor. Dortmund 1:3; FC Schalke 04 – Eintr. Braunschweig 2:3; 1. FC Nürnberg – Preußen Münster 4:0; Hertha BSC Berlin – Röchling Völklingen 2:1; 1860 München – Bor. Mönchengladbach 2:4; FC Köln – Eintr. Frankfurt 1:1 n. Verlg. und 1:0.

Zwischenrunde: Bayern München – 1. FC Nürnberg 2:1; Bor. Dortmund – Hertha BSC Berlin 2:1; Eintr. Braunschweig – 1. FC Köln 1:1 n. Verlg. und 1:2; VfL Bochum – Bor. Mönchengladbach 2:0.
Vorschlußrunde: 1. FC Köln – Bor. Dortmund 3:0; VfL Bochum – Bayern München 2:1.
Endspiel: 1. FC Köln – VfL Bochum 4:1.

1969

1. Hauptrunde: Wormatia Worms – Preußen Münster 2:3; TSV Langenhorn Hamburg – Sperber Hamburg 1:2; Borussia Mönchengladbach – Hertha BSC Berlin 5:2; Rot-Weiß Essen – Werder Bremen 1:2; SV Alsenborn – MSV Duisburg 2:1; Eintracht Trier – 1. FC Nürnberg 1:3; Rot-Weiß Oberhausen – FC Schalke 04 2:3 n. Verlg.; VfL Wolfsburg – Hamburger SV 1:2; Jahn Regensburg – Alemannia Aachen 0:1; Freiburger FC – 1. FC Kaiserslautern 0:1; Arminia Hannover – Schweinfurt 05 4:0 VfB Stuttgart – 1. FC Köln 1:0; Eintracht Braunschweig – 1860 München 1:0; Bayern München – Kickers Offenbach 0:0 n. Verlg. und 1:0; Eintracht Frankfurt – Borussia Dortmund 6:2; Wacker 04 Berlin – Hannover 96 1:4.
2. Hauptrunde: Hamburger SV – Bor. Mönchengladbach 2:0 n. Verlg.; Alem. Aachen – Preußen Münster 2:0; Bayern München – Arm. Hannover 1:0; Schalke 04 – SV Alsenborn 3:1; 1. FC Kaiserslautern – Eintr. Frankfurt 1:0; Werder Bremen – Eintr. Braunschweig 5:0; Hannover 96 – VfB Stuttgart 2:2 n. Verlg. und 1:0; Sperber Hamburg – 1. FC Nürnberg 0:0 n. Verlg. u. 0:7.
Zwischenrunde: Hamburger SV – Bayern München 0:2; FC Schalke 04 – Alem. Aachen 2:0; 1. FC Kaiserslautern – Werder Bremen 3:0; 1. FC Nürnberg – Hannover 96 1:0.
Vorschlußrunde: Bayern München – 1. FC Nürnberg 2:0; 1. FC Kaiserslautern – FC Schalke 04 1:1 n. Verlg und 1:3.
Endspiel: FC Bayern München – FC Schalke 04 2:1.

1970

1. Hauptrunde: Eintracht Gelsenkirchen – Borussia Mönchengladbach 1:3; 1. FC Nürnberg – VfB Stuttgart 1:0; Kickers Offenbach – TSV 1860 München 4:1; Hannover 96 – Rot-Weiß Oberhausen 3:2; Jahn Regensburg – Eintracht Braunschweig 1:0; FC 08 Villingen – Hamburger SV 1:3; Rot-Weiß Essen – 1. FC Köln 3:3 n. Verlg. und 1:5; SG Wattenscheid 09 – FC Bayern München 1:6; SC Göttingen 05 – MSV Duisburg 0:1 n. Verlg.; Wuppertaler SV – 1. FC Kaiserslautern 1:0; VfL Osnabrück – Eintracht Frankfurt 1:2 n. Verlg.; SV Alsenborn – FC Schalke 04 1:5; FK Pirmasens – Hertha BSC Berlin 1:2; ETB Schwarz-Weiß Essen – Borussia Dortmund 1:2; Tennis Borussia Berlin – SV Werder Bremen 0:2; Arminia Hannover – Alemannia Aachen 0:3.
2. Hauptrunde: FC Bayern München – SSV Jahn Regensburg 4:0; Hannover 96 – Borussia Mönchengladbach 1:3; Eintracht Frankfurt – Hamburger SV 2:0; Wuppertaler SV – 1. FC Nürnberg 0:3; 1. FC Köln – MSV Duisburg 6:1; FC Schalke 04 – Hertha BSC Berlin 0:0 n. Verl. und 0:4; Alemannia Aachen – Werder Bremen 1:1 n. Verlg. und 1:1 n. Verlg., Los für Aachen; Kickers Offenbach – Borussia Dortmund 2:1 n. Verlg.
Zwischenrunde: Borussia Mönchengladbach – 1. FC Köln 2:3 n. Verl.; 1. FC Nürnberg – Bayern München 2:1; Eintr. Frankfurt – Kickers Offenbach 0:3; Alemannia Aachen – Hertha BSC Berlin 1:0.
Vorschlußrunde: Alemannia Aachen – 1. FC Köln 0:4; Kickers Offenbach – 1. FC Nürnberg 4:2 n. V.
Endspiel: Kickers Offenbach – 1. FC Köln 2:1.

1971

1. Hauptrunde: Hessen Kassel – Bayern München 2:2 n. Verlg. und 0:3; TSV Westerland – Borussia Dortmund in Leck 0:4; Wattenscheid 09 – Hertha BSC Berlin 1:2; VfR Heilbronn – Kickers Offenbach 2:0; SV Alsenborn – Borussia Mönchengladbach 1:1 n. Verlg. und 1:3; SSV Reutlingen – 1. FC Köln 2:5; Borussia Neunkirchen – 1. FC Kaiserslautern 0:1; Tasmania Berlin – Eintracht Braunschweig 1:0; Hannover 96 – Hamburger SV 2:3 n. Verlg.; Rot-Weiß Oberhausen – Rot-Weiß Essen 4:3; FC St. Pauli Hamburg – Eintracht Frankfurt 2:3 n. Verlg.; VfL Wolfsburg – FC Schalke 04 2:2 n. Verlg und 1:1 n. Verlg (Schalke 3:1-Sieger nach Elfmeterschießen); Fortuna Düsseldorf – Werder Bremen 3:1 n. Verlg.; FC Homburg – MSV Duisburg 1:1 n. Verlg. und 0:4; Holstein Kiel – VfB Stuttgart 2:1; Wuppertaler SV – Arminia Bielefeld 5:0.
2. Hauptrunde: 1. FC Kaiserslautern – Bayern München 1:1 n. Verlg. und 0:5; Eintracht Frankfurt – 1. FC Köln 1:4; Hamburger SV – Borussia Dortmund 3:1 n. Verlg.; Fortuna Düsseldorf – Wuppertaler SV 4:0; MSV Duisburg – Tasmania Berlin 2:0; Holstein Kiel – Rot-Weiß Oberhausen 2:5 n. Verlg.; Hertha BSC Berlin – Borussia Mönchengladbach 1:3; FC Schalke 04 – VfR Heilbronn 4:0.
Zwischenrunde: Bayern München – MSV Duisburg 4:0; 1. FC Köln – Hamburger SV 2:0; Fortuna Düsseldorf – Borussia Mönchengladbach 3:1; FC Schalke 04 – Rot-Weiß Oberhausen 1:0.
Vorschlußrunde: Fortuna Düsseldorf – Bayern München 0:1; FC Schalke 04 – 1. FC Köln 2:3.
Endspiel: Bayern München – 1. FC Köln 2:1 n. Verl.

1972

Nach dem Muster der Europapokale wurden 1972 und 1973 bis auf das Endspiel in allen Runden Hin- und Rückspiele ausgetragen.

1. Hauptrunde: FC St. Pauli Hamburg – Rot-Weiß Oberhausen 1:1 und 1:2; Bayer Leverkusen – Bor. Mönchengladbach 0:3 und 2:4; Alsenborn – Fortuna Düsseldorf 0:0 und 0:3; Tasmania Berlin – VfL Bochum 2:2 und 0:2; VfR Heilbronn – VfB Stuttgart 1:1 und 0:4; Kickers Offenbach – Borussia Dortmund 1:1 und 3:0; FC Schalke 04 – Hertha BSC Berlin 3:1 und 0:3 (2. Spiel für Hertha verloren gewertet wegen Einsatz eines gesperrten Spielers); Holstein Kiel – Hannover 96 5:4 und 1:7; Freiburger FC – Hamburger SV 1:2 und 2:2; Essener FV 1912 – 1. FC Köln 1:9 und 0:5; Wuppertaler SV – 1. FC Kaiserslautern 2:1 und 2:3 n. Verl. (Kaiserslautern nach Elfmeterschießen 5:3-Sieger); Fortuna Köln – Bayern München 2:1 und 0:6; Arminia Bielefeld – MSV Duisburg 1:1 und 1:3; SpVg Bad Pyrmont – Werder Bremen 1:4 und 0:6; Bor. Neunkirchen – Eintr. Braunschweig 2:4 und 0:0; Schweinfurt 05 – Eintr. Frankfurt 1:0 und 1:6.

2. Hauptrunde: Bor. Mönchengladbach – Eintr. Frankfurt 4:2 und 2:3; Hannover 96 – VfL Bochum 0:0 und 4:2; Werder Bremen – Hamburger SV 4:2 und 0:1; Fort. Düsseldorf – Schalke 04 1:1 und 1:2; VfB Stuttgart – 1. FC Kaiserslautern 4:3 und 1:3; MSV Duisburg – Rot-Weiß Oberhausen 2:2 und 0:1; Kickers Offenbach – 1. FC Köln 3:1 und 0:4; Eintr. Braunschweig – Bayern München 0:0 und 1:3 n. Verl.

Zwischenrunde: Bayern München – 1. FC Köln 3:0 und 1:5; Bor. Mönchengladbach – Schalke 04 2:2 und 0:1; Rot-Weiß Oberhausen – 1. FC Kaiserslautern 3:1 und 0:5 n. Verl.; Hannover 96 – Werder Bremen 0:2 und 1:2.

Vorschlußrunde: 1. FC Kaiserslautern – Werder Bremen 2:1 und 2:1; 1. FC Köln – Schalke 04 4:1 und 2:5 n. Verl. (Schalke nach Elfmeterschießen 6:5-Sieger).

Endspiel: FC Schalke 04 – 1. FC Kaiserslautern 5:0.

1973

1. Hauptrunde: Hannover 96 – Eintracht Frankfurt 1:0 und 2:4; VfL Wolfsburg – VfB Stuttgart 2:2 und 2:3; OSV Hannover – Hertha BSC Berlin 0:6 und 0:3; FK Pirmasens – Rot-Weiß Oberhausen 4:1 und 0:4; Stuttgarter Kickers – Eintracht Braunschweig 1:1 und 1:5; Wacker 04 Berlin – Werder Bremen 1:5 und 0:4; Rot-Weiß Essen – Hamburger SV 5:3 und 0:5 n. Verl.; FC St. Pauli Hamburg – Kickers Offenbach 3:1 und 0:3; Wormatia Worms – VfL Bochum 4:4 und 1:3; Südwest Ludwigshafen – FC Schalke 04 1:3 und 1:3; Preußen Münster – MSV Duisburg 2:1 und 0:3; Barmbek-Uhlenhorst – Bayern München 1:4 und 0:7; Freiburger FC – Borussia Mönchengladbach 3:1 und 1:7; SpVgg Bayreuth – 1. FC Kaiserslautern 4:2 und 0:4; Fortuna Köln – 1. FC Köln 2:1 und 0:4 n. Verl.; Wuppertaler SV – Fortuna Düsseldorf 3:0 und 0:2.

2. Hauptrunde: Eintr. Braunschweig – Eintr. Frankfurt 1:0 und 2:2; Wuppertaler SV – Kick. Offenbach 3:2 und 0:3; MSV Duisburg – Hertha BSC 1:2 und 2:4; Schalke 04 – Bor. Mönchengladbach 0:2 und 1:1; Hamburger SV – 1. FC Köln 2:2 und 1:4; RW Oberhausen – Bay. München 1:2 und 1:3; VfL Bochum – Werder Bremen 4:4 und 1:2; VfB Stuttgart – 1. FC Kaiserslautern 2:1 und 0:2 n. Verl.

Zwischenrunde: Eintr. Braunschweig – 1. FC Köln 0:5 und 2:3; Kick. Offenbach – Bay. München 2:2 und 4:2; Werder Bremen – Hertha BSC 2:0 und 2:2; Bor. Mönchengladbach – 1. FC Kaiserslautern 2:1 und 3:1.

Vorschlußrunde: Werder Bremen – Bor. Mönchengladbach 1:3 und 2:4; 1. FC Köln – Kick. Offenbach 5:0 und 1:1.

Endspiel: Borussia Mönchengladbach – 1. FC Köln 2:1 n. Verl.

1974

1. Hauptrunde: TuS Neuendorf – Wuppertaler SV 0:2; FC Schalke 04 – SG Wattenscheid 09 1:2; FC Bayern München – MSV Duisburg 3:1; Arminia Bielefeld – Alemannia Aachen 2:1; 1. FC Köln – Eintr. Braunschweig 2:0; Tennis Borussia Berlin – Eintr. Frankfurt 1:8; 1. FC Nürnberg – FSV Mainz 05 4:1; VfB Oldenburg – Bor. Mönchengladbach 0:6; Fort. Köln – VfB Stuttgart 3:2 n. Verl.; 1. FC Kaiserslautern – Rot-Weiß Essen 5:3 n. Verl.; Hertha BSC Berlin – Fort. Düsseldorf 2:2 n. Verl. und 1:1, Elfmeterschießen 4:1 für Hertha BSC; Hamburger SV – SV Darmstadt 98 3:1; Bor. Dortmund – Hannover 96 1:4; Kick. Offenbach – VfR Heilbronn 2:2 n. Verl. und 3:2 n. Verl.; Hessen Kassel – Barmbek-Uhlenhorst 2:1; VfL Bochum – Werder Bremen 2:2 n. Verl. und 1:2.

2. Hauptrunde: 1. FC Köln – Wuppertaler SV 1:0; Werder Bremen – Bayern München 1:2; Arm. Bielefeld – 1. FC Kaiserslautern 1:1 n. Verl. und 0:3; Hessen Kassel – Eintr. Frankfurt 2:3; Kick. Offenbach – 1. FC Nürnberg 3:2; Fort. Köln – Hannover 96 0:0 n. Verl und 0:2; Bor. Mönchengladbach – Hamburger SV 2:2 n. Verl. und 1:1 n. Verl., Elfmeterschießen 3:1 für Hamburg; Wattenscheid 09 – Hertha BSC 1:0.

Zwischenrunde: Bayern München – Hannover 96 3:2; Wattenscheid 09 – Hamburger SV 0:1 n. Verl.; Eintr. Frankfurt – 1. FC Köln 4:3 n. Verl.; Kick Offenbach – 1. FC Kaiserslautern 2:2 n. Verl. und 3:2 n. Verl.
Vorschlußrunde: Hamburger SV – Kick. Offenbach 1:0; Eintr. Frankfurt – Bayern München 3:2.
Endspiel: Eintracht Frankfurt – Hamburger SV 3:1 n. Verl.

1975

1. Hauptrunde: Eintr. Braunschweig – Hertha BSC Berlin 4:1 n. Verl.; Bayern München – VfB Stuttgart 3:2; Schweinfurt 05 – 1. FC Kaiserslautern 3:4; SpVgg Bayreuth – FC Schalke 04 1:2; Arminia Bielefeld – Eintracht Frankfurt 1:3; Preußen Münster – Hamburger SV 0:4; SV Darmstadt 98 – Wuppertaler SV 2:1; Werder Bremen – BSC Grünhöfe 11:1; TV Gültstein – Bor. Mönchengladbach 0:5; Blumenthaler SV – MSV Duisburg 1:3; Fortuna Düsseldorf – ASV Neumarkt 6:0; OSV Hannover – Rot-Weiß Essen 2:5; Herforder SC – VfL Bochum 0:3; VfB Oldenburg – 1. FC Köln 2:6; Union Solingen – Kickers Offenbach 2:1; Rheydter SpV – Tennis Borussia Berlin 1:2; VfL Osnabrück – Borussia Neunkirchen 0:2; Göttingen 05 – Hannover 96 3:2; Karlsruher SC – Bayern Hof 0:1; Schwarz-Weiß Essen – Wattenscheid 09 3:0; FC Augsburg – 1. FC Saarbrükken 2:1; Alemannia Aachen – SpVgg Erkenschwick 1:0; Wacker 04 Berlin – FSV Mainz 05 0:1 n. Verl.; Borussia Dortmund – VfR Heilbronn 3:0; 1860 München – Wormatia Worms 3:2 n. Verl.; VfR Mannheim – SC Sperber Hamburg 8:0; Bremerhaven 93 – VfL Wolfsburg 1:2; FK Pirmasens – VfR Neumünster 7:1; FV 09 Weinheim – Bayer Uerdingen 2:4 n. Verl.; FC Homburg/Saar – TuS Schwachhausen 3:0; FC St. Pauli Hamburg – SC Bad Neuenahr 3:0; TSV Weißenburg – SpVgg Fürth 0:5; Viktoria Köln – Stuttgarter Kickers 4:0; 1. FC Nürnberg – Wacker München 2:2 n. Verl. und 5:2; SpVgg Ludwigsburg – 1. FC Mülheim-Styrum 2:2 n. Verl. und 1:3; SV Chio Waldhof – Heider SV 4:0; VfB Eppingen – Röchling Völklingen 2:1; Barmbek-Uhlenhorst – Sportfr. Siegen 1:2; Hamborn 07 – Fortuna Köln 1:3; Olympia Wilhelmshaven – Eintracht Trier 4:1; Rot-Weiß Oberhausen – TuS Langerwehe 4:2 n. Verl.; VfB Homberg – DJK Gütersloh 1:3; FV Lörrach – ASV Gummi-Mayer Landau 1:2; SV Leiwen – 1. FC Pforzheim 2:2 n. Verl. und 0:0 n. Verl. (Pforzheim nach Elfmeterschießen 5:3-Sieger); Holstein Kiel – Rot-Weiß Frankfurt 6:1; FV Eppelborn – Sportfr. Eisbachtal 4:2; FV Baden-Oos – Arminia Hannover 1:3; Rapide Wedding – TuS Mayen 3:0; TSV Klein-Linden – Rot-Weiß Lüdenscheid 1:2; SV Sandhausen – FC Wunstorf 3:1; Eintracht Kreuznach II – Bayer Leverkusen 1:3; SB Heidenheim – Hertha Zehlendorf 2:2 n. Verl. und 0:5; VfB Stuttgart (Amateure) – FC 08 Villingen 8:4 n. Verl.; TuS Ahlen – VfB Theley 1:2; TSV Ersen – VfB Dillingen 0:1 n. Verl.; Eintracht Nordhorn – Westend 01 Berlin 5:1; SC Jülich 1910 – SV Göppingen 2:1; TSG Usingen – FSV Teutonia Obernau 3:2; ASC Dudweiler – FC Emmendingen 2:1; Victoria Hamburg – FC Altona 93 1:2 n. Verl.; VfB Lübeck – Bayern München (Amateure) 3:1; Spandauer SV – Hamburger SV (Amateure) 2:0; Eintracht Kreuznach I – Westfalia Herne 2:0; FC Rodalben – TSV Taunusstein-Bleidenstadt 0:1 n. Verl.
2. Hauptrunde: Bor. Mönchengladbach – 1. FC Köln 3:5; MSV Duisburg – 1. FC Nürnberg 3:0; Rot-Weiß Essen – DJK Gütersloh 6:2; Bayern München – Rot-Weiß Oberhausen 2:0; Bayern Hof – VfL Bochum 2:2 n. Verlg. und 0:5; VfL Wolfsburg – Werder Bremen 1:4; Fort. Düsseldorf – FV Eppelborn 4:1; 1. FC Kaiserslautern – Spandauer SV 7:1; Schalke 04 – Hertha Zehlendorf 6:0; TB Berlin – Rapide Wedding 4:0; Rot-Weiß Lüdenscheid – Eintr. Braunschweig 3:5; VfB Eppingen – Hamburger SV 2:1; Union Solingen – Eintr. Frankfurt 1:2 n. Verlg.; Alem. Aachen – Bor. Neunkirchen 2:1; FC St. Pauli Hamburg – FSV Mainz 05 8:3; SpVgg Fürth – Bor. Dortmund 1:1 n. Verlg. und 0:1; Fort. Köln – Ol. Wilhelmshaven 7:2; 1. FC Mülheim-Styrum – VfR Mannheim 2:0; Schwarz-Weiß Essen – Darmstadt 98 2:0; FK Pirmasens – VfB Lübeck 6:0; Chio Waldhof – SV Sandhausen 0:1; Holst. Kiel – Bayer Uerdingen 0:1; ASV Gummi-Mayer Landau – FC Augsburg 0:1; TSV Taunusstein-Bleidenstadt – FC Homburg /Saar 0:0 n. Verlg. und 0:0 n. Verlg. (Bleidenstadt nach Elfmeterschießen 2:0-Sieger); Eintr. Kreuznach I – 1860 München 2:4; Sportfr. Siegen – Göttingen 05 1:0; Vikt. Köln – TSG Usingen 6:1 n. Verlg.; VfB Theley – FC Altona 93 2:4 n. Verlg.; Bayer Leverkusen – Eintr. Nordhorn 2:0; Arm. Hannover – ASC Dudweiler 5:0; VfB Dillingen – SC Jülich 1910 2:2 n. Verlg. und 0:4; VfB Stuttgart (Amat). – 1. FC Pforzheim 2:0.
3. Hauptrunde: Fort. Düsseldorf – 1. FC Kaiserslautern 3:2; Bayern München – MSV Duisburg 2:3; Fort. Köln – Schalke 04 2:0; Bayer Uerdingen – VfL Bochum 0:2; Werder Bremen – FC Augsburg 2:2 n. Verlg. und 2:1; 1. FC Köln – St. Pauli Hamburg 4:1; 1. FC Mülheim-Styrum – Eintr. Frankfurt 0:3; TB Berlin – Alem. Aachen 1:0; Schwarz-Weiß Essen – Rot-Weiß Essen 1:2; Eintr. Braunschweig – Vikt. Köln 1:2; FK Pirmasens – 1860 München 4:2; Bor. Dortmund – Sportfr. Siegen 2:1; SV Sandhausen – VfB Eppingen 1:2; VfB Stuttgart (Amat.) – Bayer Leverkusen 2:0; Jülich 1910 – TSV Taunusstein-Bleidenstadt 4:1; Altona 93 – Armin. Hannover 2:0.

4. Hauptrunde: Eintr. Frankfurt – VfL Bochum 1:0; Fort. Düsseldorf – 1. FC Köln 5:2; Rot-Weiß Essen – FK Pirmasens 6:0; MSV Duisburg – Altona 93 7:0; VfB Stuttgart (Amat.) – TB Berlin 2:1; VfB Eppingen – Werder Bremen 0:2; Fort. Köln – Jülich 1910 0:0 n. Verlg. und 1:0; Vikt. Köln – Bor. Dortmund 0:0 n. Verlg und 0:3.
Zwischenrunde: Werder Bremen – MSV Duisburg 0:2; Rot-Weiß Essen – Fort. Düsseldorf 1:0; Eintr. Frankfurt – Fort. Köln 4:2; VfB Stuttgart (Amat.) – Bor. Dortmund 0:4.
Vorschlußrunde: MSV Duisburg – Bor. Dortmund 2:1 n. Verlg.; Eintr. Frankfurt – Rot-Weiß Essen 3:1 n. Verlg.
Endspiel: Eintracht Frankfurt – MSV Duisburg 1:0.

1976

1. Hauptrunde: Werder Bremen – Bor. Mönchengladbach 0:3; Bayern München – 1. FC Saarbrücken 3:1; Karlsruher SC – SpVgg Bayreuth 4:2; 1. FC Nürnberg – Rot-Weiß Essen 2:1; FC Augsburg – Fort. Düsseldorf 0:1; SpVgg Erkenschwick – VfL Bochum 2:3; Schwarz-Weiß Essen – Bayer Uerdingen 2:1 n. Verlg.; Gummi-Mayer Landau – Hannover 96 1:7; VfB Oldenburg – FC Schalke 04 0:6; Bor. Neunkirchen – Kick. Offenbach 2:0; Hamburger SV – 1. FC Köln (Amateure) 4:0; 1. FC Köln – Olympia Wilhelmshaven 2:0; Eintr. Frankfurt – Vikt. Köln 6:0; FV 09 Weinheim – Hertha BSC Berlin 1:7; 1. FC Kaiserslautern – VfR Mannheim 2:0; MTV Fürth/Bayern – MSV Duisburg 2:10; SpVgg Freudenstadt – Eintr. Braunschweig 0:7; 1860 München – Göttingen 05 2:1; FC St. Pauli – FK Pirmasens 1:1 n. Verlg., Wiederholung 5:2 für Pirmasens; Tennis Borussia Berlin – Schweinfurt 05 2:0; FSV Frankfurt – SpVgg Fürth 1:1 n. Verlg.; 0:1; FC 08 Homburg – Un. Solingen 4:0; Wuppertaler SV – Schwarz-Weiß Essen (Amateure) 3:0; Rapide Wedding – VfB Stuttgart 2:9; VfR Oli Bürstadt – Bayern Hof 1:2; SV Darmstadt 98 – VfB Eppingen 4:1; SpVgg Andernach – DJK Gütersloh 0:2; Fortuna Köln – ASV Bergedorf 85 6:1; SV Chio Waldhof – SV Cuxhaven 2:1; SpVgg 07 Ludwigsburg – Bor. Dortmund 0:6; Wattenscheid 09 – SC Condor Hamburg 4:0; SC Jülich 1910 – Wacker 04 Berlin 3:0; Stuttg. Kickers – Holstein Kiel 1:1 n. Verlg., 2:1; Röchling Völklingen – Wacker München 5:1; Arm. Bielefeld – SV St. Georg Hamburg 4:0; Westf. Herne – Freiburger FC 3:1; TSG Thannhausen – Bayer Leverkusen 0:6; Spandauer SV – Rot-Weiß Oberhausen 2:1; FSV Mainz 05 – TSV Osterholz-Tenever 7:2; Pr. Münster – Siemensstadt Berlin 7:1; 1. FC Mülheim – SpVgg 06/07 Sterkrade 4:2; VfL Osnabrück – VfL Wolfsburg 3:2; Hessen Kassel – Alem. Aachen 1:0; SV Hasborn – VfL Neuwied 3:1; VfL Trier – TSV Kücknitz 3:6 n. Verlg.; SV Auersmacher – VfB Gaggenau 6:0; FK Clausen – Wormatia Worms 0:2; SpVgg Lindau – Itzehoer SV 3:0; Hassia Bingen – Frisia Husum 7:0; ASV Idar-Oberstein – SG Frankfurt-Höchst 3:2; Sprfr. Salzgitter – SV Weiskirchen 0:1; Offenburger FV – FSV Cappel 2:0; SC Freiburg – Victoria Hamburg 2:1; Spfr. Siegen – ATS Kulmbach 4:2; SGO Bremen – 1. FC Herzogenaurach 5:1; TuS Xanten – TS Woltmershausen 0:2; Spfr. Schwäbisch Hall – TuS Mayen 5:1; Eintr. Höhr-Grenzhausen – SV Spielberg 4:3; Un. Salzgitter – TSV Abbehausen 5:0; VfR Heilbronn Rot-Weiß Lüdenscheid 3:2 n. Verlg.; VfB Stuttgart (Amateure) – SV Barmbek-Uhlenhorst 1:3; SC Herford – SC Friedrichsthal 3:1; Bünder SV 08/09 – VfR Pforzheim 2:2 n. Verlg. 2:1; Hertha Zehlendorf – Blumenthaler SV 0:1 n. Verlg.
2. Hauptrunde: MSV Duisburg – Karlsruher SC 4:0; Bayer Leverkusen – VfL Bochum 0:2; Schalke 04 – Bor. Dortmund 2:1; Hannover 96 – FC 08 Homburg 1:2; Hertha BSC Berlin – VfB Stuttgart 4:2; 1. FC Köln – SC Freiburg 8:2; Bor. M'gladbach – SV Hasborn 3:0; Hamburger SV – Un. Salzgitter 4:0; Bünder SV 08/09 – Bayern München 0:3; Wormatia Worms – Eintr. Braunschweig 0:3; Offenburger FV – Eintr. Frankfurt 1:5, Hessen Kassel – Fort. Düsseldorf 2:3; Blumenthaler SV – 1. FC Kaiserslautern 1:5; Pr. Münster – Wuppertaler SV 1:0; 1. FC Nürnberg – Fort. Köln 1:0 n. Verl.; Chio Waldhof – 1860 München 4:1; FSV Mainz 05 – Röchl. Völklingen 1:2; FK Pirmasens – Spandauer SV 7:1; 1. FC Mülheim – Bayern Hof 1:3 n. Verlg.; Arm. Bielefeld – Eintr. Höhr-Grenzenhausen 5:1; Schwarz-Weiß Essen – SGO Bremen 3:0; SV Darmstadt 98 – VfR Heilbronn 4:0; Spfr. Schwäbisch Hall – Stuttg. Kickers 0:5; TSV Kücknitz – DJK Gütersloh 0:1; Spfr. Siegen – Tennis Borussia Berlin 1:2; VfL Osnabrück – Bor. Neunkirchen 3:2; SpVgg Fürth – TS Woltmershausen 7:1; Wattenscheid 09 – SC Herford 4:0; Westf. Herne – ASV Idar-Oberstein 4:0; SV Weiskirchen – SV Auersmacher 4:1; SC Jülich 1910 – SpVgg Lindau 5:1; Barmbek-Uhlenhorst – Hassia Bingen 2:3 n. Verlg.
3. Hauptrunde: MSV Duisburg – Bor. M'gladbach 0:1; FC Schalke 04 – Eintr. Braunschweig 1:2; Fort. Düsseldorf – VfL Bochum 4:4 n. Verlg., 3:1 n. Verlg.; 1. FC Köln – SpVgg Fürth 3:1; Bayern München – Tennis Bor. Berlin 3:0; Stuttg. Kickers – Hertha BSC Berlin 1:3; Eintr. Frankfurt – VfL Osnabrück 3:0; Westf. Herne – 1. FC Kaiserslautern 1:3; Hamburger SV – SC Jülich 1910 4:0; Arm. Bielefeld – DJK Gütersloh 3:2; Pr. Münster – Schwarz-Weiß Essen 2:2 n. Verlg., 2:3; Darmstadt 98 – 1. FC Nürnberg 3:1 n. Verlg.; FC 08 Homburg – Chio Waldhof 1:0; Wattenscheid 09 – Bayern Hof 2:3; SV Weiskirchen – FK Pirmasens 0:1; Röchl. Völklingen – Hassia Bingen 4:1.

4. Hauptrunde: Bayern Hof – Hamburger SV 0:2; Schwarz-Weiß Essen – 1. FC Köln 1:1 n. Verlg., 0:1 n. Verlg.; FC 08 Homburg – Darmstadt 98 3:0; 1. FC Kaiserslautern – Eintr. Braunschweig 2:0; Fort. Düsseldorf – Bor. M'gladbach 3:2; Hertha BSC Berlin – Eintr. Frankfurt 1:0 n. Verlg.; FK Pirmasens – Bayern München 0:2; Röchl. Völklingen – Arm. Bielefeld 1:0.
Zwischenrunde: 1. FC Köln – Bayern München 2:5; FC 08 Homburg – Hamburger SV 1:2; Hertha BSC Berlin – Röchl. Völklingen 1:1 n. Verlg., 2:1; 1. FC Kaiserslautern – Fort. Düsseldorf 3:0.
Vorschlußrunde: Hamburger SV – Bayern München 2:2 n. Verlg., 1:0; 1. FC Kaiserslautern – Hertha BSC Berlin 4:2.
Endspiel: Hamburger SV – 1. FC Kaiserslautern 2:0.

1977

1. Hauptrunde: Bor. Mönchengladbach – Eintr. Braunschweig 0:2; Hannover 96 – MSV Duisburg 0:1; Hamburger SV – Schwarz-Weiß Essen 4:1; Fortuna Düsseldorf – Eintr. Trier 3:1; SV Wiesbaden – FC Schalke 04 1:3; 1. FC Kaiserslautern – VfR Mannheim 1:0; Werder Bremen – Südwest Ludwigshafen 4:0; Karlsruher SC – 1. FC Bocholt 2:0; Preußen 07 Hameln – 1. FC Saarbrücken 0:5; Hertha BSC Berlin – TuS Langerwehe 7:3; Borussia Dortmund – Concordia Haaren 10:0; SpVgg Steinhagen – VfL Bochum 0:3; Saar 05 Saarbrücken – Eintr. Frankfurt 1:6; Tennis Borussia Berlin – Sparta Bremerhaven 5:0; SV Meppen – Rot-Weiß Essen 2:3 n. Verlg.; Itzehoer SV – 1. FC Köln 0:7; Hannover 96 (Amateure) – Bayern München 0:10; Fortuna Köln – Westfalia Herne 4:1; Kickers Offenbach – SpVgg Bayreuth 4:4 n. Verlg. und 1:4; 1860 München – Wuppertaler SV 1:0; VfB Stuttgart – SpVgg Fürth 3:0; FK Pirmasens – Preußen Münster 5:1; Bayer Uerdingen – VfB Weidenau 6:0; Bayern Hof – VfB Oldenburg 3:2; VfL Pinneberg – FC Augsburg 0:4; SV Chio Waldhof – Bremer SV 6:0; 1. FC Köln (Amateure) – Röchling Völklingen 1:2; FC Konstanz – Alemannia Aachen 0:2; Wattenscheid 09 – Tura Harksheide 5:1; FC Homburg/Saar – SpVgg Erkenschwick 2:1; Arminia Bielefeld – 1. FC Passau 6:2 n. Verlg.; Bayer Leverkusen – IF Tönning 4:0; Werder Bremen (Amateure) – 1. FC Nürnberg 0:3; SC Freiburg – Stuttgarter Kickers 1:6; Jahn Regensburg – VfR Heilbronn 3:1; VfL Osnabrück – Union 06 Berlin 12:1; Wacker 04 Berlin – FC 08 Villingen 1:0; Urania Hamburg – FC St. Pauli 1:6; Union Solingen – Pegulan Frankenthal 1:1 n. Verlg. und 1:0; SVA Gütersloh – Darmstadt 98 2:3 n. Verlg.; Wormatia Worms – Göttingen 05 2:1; FV Faurndau – FC Hanau 93 1:4; SSV Dillenburg – Bayern München (Amateure) 1:3; Schweinfurt 05 – Hassia Bingen 2:3; Hertha BSC Berlin (Amateure) – DJK Gütersloh 0:2; FC Niederembt – Spandauer SV 1:3; VfB Theley – BFC Preußen Berlin 2:0; VfR Pforzheim – Olympia Bocholt 2:3; SV Neckargerach – SSV Ulm 1846 3:1; SpVgg Andernach – FSV Mainz 05 1:1 n. Verlg. und 0:3; Phönix Lübeck – Eintr. Kreuznach 0:2; Sportfr. Salzgitter – Hülser SC 1920 2:1; Lüner SV – SG Ellingen-Bonefeld 0:1 n. Verlg.; SVO Germaringen – VfR Laboe 9:0; Hertha Zehlendorf – TuS Mayen 1:0; Victoria Hamburg – FC Ensdorf 1:0; TuS Feuchtwangen – SV Weiskirchen 4:3 n. Verlg.; 1. FC Mülheim-Styrum – SG Egelsbach 0:3; TV Unterboihingen – SG Dielheim 8:2; Eisbachtaler Spfr. – TSG Leihgestern 1:1 n. V. u. 2:0; VfR Achern – BV Bad Lippspringe 2:0; TSV Güntersleben – SSV Reutlingen 1:2 n. V.; Bremerhaven 93 – VfR Neuß 3:0; FSV Frankfurt – SpVgg Freudenstadt 5:0.
2. Hauptrunde: Bayern München – Hamburger SV 5:1; Fort. Düsseldorf – 1. FC Köln 2:4 n. Verlg.; 1. FC Saarbrücken – RW Essen 0:3; Hertha BSC – Bayern Hof 3:1; Stuttg. Kick. – 1. FC Kaiserslautern 1:1 n. Verlg. und 1:3; Werder Bremen – Wattenscheid 09 4:1; Alem. Aachen – Bor. Dortmund 0:0 n. Verlg. und 0:2; Röchl. Völklingen – Eintr. Braunschweig 2:1; FC Homburg/Saar – Karlsruher SC 0:2 (annulliert) und 1:0; Eintr. Frankfurt – Hertha Zehlendorf 10:2; Schalke 04 – SG Ellingen 6:1; VfB Theley – MSV Duisburg 0:4; Tennis Borussia – Ol. Bocholt 4:4 n. Verlg. und 1:1 n. Verlg. (Tennis 3:1-Sieger im Elfmeterschießen); Jahn Regensburg – Fortuna Köln 1:2 n. Verlg.; Bremerhaven 93 – VfL Bochum 1:3; Bayer Leverkusen – FC St. Pauli 3:1 n. Verlg.; VfB Stuttgart – Union Solingen 2:0; Wacker 04 Berlin – 1. FC Nürnberg 0:5; FSV Frankfurt – Eintr. Kreuznach 2:1 n. Verlg.; SG Egelsbach – VfL Osnabrück 0:2; Arm. Bielefeld – SVO Germaringen 6:0; Hanau 93 – 1860 München 1:6; Victoria Hamburg – Chio Waldhof 2:5; SV Neckargerach – FK Pirmasens 2:3; SpVgg Bayreuth – SSV Reutlingen 2:1; Spandauer SV – Darmstadt 98 2:3; Spfr. Salzgitter – Bayern München (Amateure) 1:2; TuS Feuchtwangen – DJK Gütersloh 2:3 n. Verlg.; Eisbachtaler Spfr. – Hassia Bingen 0:4; VfR Achern – TV Unterboihingen 1:2; Bayer Uerdingen – Mainz 05 3:0; Wormatia Worms – FC Augsburg 1:2.
3. Hauptrunde: RW Essen – VfL Bochum 5:1; 1. FC Köln – Tennis Borussia 5:1; Bayer Uerdingen – 1. FC Kaiserslautern 3:1; Werder Bremen – Bayer Leverkusen 3:0; Darmstadt 98 – Hertha BSC 0:1 n. Verlg.; Röchl. Völklingen – Eintr. Frankfurt 2:3; Schalke 04 – FSV Frankfurt 1:0; VfL Osnabrück – Bor. Dortmund 3:1 n. Verlg.; Bayern München – TV Unterboihingen 10:1; FC Augsburg – 1860 München 2:1; FK Pirmasens – Arm. Bielefeld 3:4; 1. FC Nürnberg – Chio Waldhof 3:2; DJK Gütersloh – FC Homburg/Saar 0:6; Bayern München (Amateure) – VfB Stuttgart 2:1; SpVgg Bayreuth – Hassia Bingen 2:1; MSV Duisburg – Fortuna Köln 4:0.

4. Hauptrunde: MSV Duisburg – Hertha BSC 1:2; Schalke 04 – Eintr. Frankfurt 2:2 n. Verlg. und 3:4; 1. FC Köln – FC Homburg/Saar 7:2; RW Essen – Arm. Bielefeld 2:0; Bayer Uerdingen – Werder Bremen 2:0; Bayern München – Bayern München (Amateure) 5:3; 1. FC Nürnberg – VfL Osnabrück 1:0; SpVgg Bayreuth – FC Augsburg 2:0.
Zwischenrunde: Hertha BSC – Bayern München 4:2 n. Verlg.; 1. FC Köln – 1. FC Nürnberg 4:2; Bayer Uerdingen – Eintr. Frankfurt 6:3 n. Verlg.; SpVgg Bayreuth – RW Essen 1:2.
Vorschlußrunde: Bayer Uerdingen – Hertha BSC 0:1; 1. FC Köln – RW Essen 4:0.
Endspiele: 1. FC Köln – Hertha BSC 1:1 n. Verlg. und 1:0.

1978

1. Hauptrunde: 1. FC Saarbrücken – Bayern München 1:2; 1860 München – Arminia Bielefeld 4:2; Kickers Offenbach – 1. FC Köln 0:4; Göttingen 05 – FC Schalke 04 0:2; TSV Ofterdingen – Hamburger SV 0:5; Eintr. Braunschweig – Eintr. Nordhorn 10:1; VfB Stuttgart – TuS Eintracht Bremen 10:0; RSV Rehburg – Hertha BSC Berlin 1:6; FC Konstanz – Eintr. Frankfurt 1:6; FC St. Wendel – Fortuna Düsseldorf 1:6; Blumenthaler SV – Werder Bremen 1:5; SG Ellingen-Bonefeld – FC St. Pauli 1:6; 1. FC Viersen – Borussia Mönchengladbach 0:8; FSV Ludwigshafen – 1. FC Kaiserslautern 0:3; TuS Sulzbach-Rosenberg – MSV Duisburg 1:11; VfB Oldenburg – VfL Bochum 0:2; TSV Ottobrunn – Borussia Dortmund 0:9; Rot-Weiß Essen – Oli Bürstadt 3:2; Wuppertaler SV – SC Herford 2:2 n. Verlg. und 0:3; OSC Bremerhaven – Preußen Münster 3:2; KSV Baunatal – Alemannia Aachen 2:3; Karlsruher SC – 1. FC Nürnberg 2:1; Union Solingen – Schwarz-Weiß Essen 2:2 n. Verlg. und 0:2; FC Villingen 08 – SpVgg Bayreuth 0:1; SB Heidenheim – FK Pirmasens 1:2; Chio Waldhof – Lüssumer TV 12:0; Wattenscheid 09 – TSV Bleidenstadt 1:2 n. Verlg.; Bayer Leverkusen – FSV Salmrohr 5:0; FV Würzburg 04 – Jahn Regensburg 1:0; TSV Rendsburg – VfL Osnabrück 0:2; FC Normannia Gmünd – Fortuna Köln 2:0; Eintracht Trier – Blau-Weiß Wulfen 3:0; Arminia Hannover – FC Augsburg (Amateure) 0:1; Südwest Nürnberg – Darmstadt 98 1:3; Hassia Bingen – Kickers Stuttgart 0:1; BV 08 Lüttringhausen – Freiburger FC 1:2; Concordia Hamburg – Bayern Hof 2:0; OSV Hannover – FSV Frankfurt 2:5; Westfalia Herne – BC Efferen 1920 6:1; SpVgg Bad Homburg – FC Homburg/Saar 1:2; Olympia Kirrlach – Bayer Uerdingen 0:6; Hummelsbütteler SV – TuS Schloß Neuhaus 0:2; BV 04 Düsseldorf – VfL Bad Schwartau 3:0; Schleswig 06 – Röchling Völklingen 0:1; VfV Hildesheim – TV Unterboihingen 4:1 n. Verlg.; Itzehoer SV – Borussia Brand 2:1; VfL Wolfsburg – FSV Bad Orb 3:1; Saar 05 Saarbrücken – Wacker 04 Berlin 1:1 n. Verlg. und 0:0 n. Verlg. (Wacker 04 5:4-Sieger nach Elfmeterschießen); Tura Harksheide – SV Ottweiler 1:1 n. Verlg und 1:2; Horner TV – Alemannia Eggenstein 0:8 (Das Spiel wurde nach Urteil des DFB-Bundesgerichts nach Einspruch Eggensteins gegen die Wertung der ersten Begegnung, die 2:1 für den Horner TV endete, neu angesetzt.); FSV Mainz 05 – Hertha 03 Zehlendorf 7:1; Viktoria Köln – Eintracht Kreuznach 0:2; SC Gladenbach – SSV Elpe 2:1; Eintr. Glas-Chemie Wirges – DSC Wanne-Eickel 2:3; Viktoria 89 Berlin – BSV Schwenningen 2:3 n. Verlg.; FC Tailfingen – SpVgg Neckargemünd 3:2; Bonner SC – Spfr. Eisbachtal 5:1; SV Sandhausen – Traber FC Berlin 3:1; FC Rastatt – TuS Struck 2:1; Lichterfelder SU – Alemannia Plaidt 2:2 n. Verlg. und 1:3; Warendorfer SU – FSV Hemmersdorf 3:1; TuS Langerwehe – VfB Coburg 3:0, FC Augsburg – SpVgg. Fürth 1:0, Hannover 96 – Tennis Bor. Berlin 0:2.
2. Hauptrunde: Fort. Düsseldorf – Bor. Dortmund 3:1; MSV Duisburg – VfB Stuttgart 3:0; FC St. Pauli – VfL Bochum 0:3; Chio Waldhof – Hertha BSC Berlin 1:3; Eintr. Braunschweig – Kick. Stuttgart 3:1; Bayern München – Eintr. Trier 3:1; 1. FC Kaiserslautern – Wacker 04 Berlin 4:1; BV 04 Düsseldorf – Bor. M'gladbach 1:4; TuS Schloß Neuhaus – Eintr. Frankfurt 2:2 n. Verlg. und 0:4; 1. FC Köln – Eintr. Kreuznach 3:1; FSV Mainz 05 – Hamburger SV 1:4; Röchling Völklingen – Werder Bremen 0:4; Karlsruher SC – FK Pirmasens 4:3 n. Verlg.; Bayer Uerdingen – FSV Frankfurt 0:3; Tennis Borussia Berlin – Westfalia Herne 1:3; VfL Osnabrück – Darmstadt 98 2:1; FC Homburg/Saar – SC Herford 3:0; OSC Bremerhaven – FC Augsburg 0:1; FC Tailfingen – Rot-Weiß Essen 1:2; Bayer Leverkusen – FC Rastatt 3:1; Schwarz-Weiß Essen – Concordia Hamburg 2:0; Warendorfer SU – Freiburger FC 1:4; TuS Langerwehe – FV Würzburg 04 1:0 n. Verlg.; VfV Hildesheim – Alemannia Aachen 3:0; Itzehoer SV – SpVgg Bayreuth 1:6; Normannia Gmünd – FC Augsburg (Amateure) 1:2; SC Gladenbach – SV Sandhausen 1:5; DSC Wanne-Eickel – VfL Wolfsburg 3:1; Alemannia Plaidt – Bonner SC 1:2; BSV Schwenningen – SV Ottweiler 4:0, Schalke 04 – TSV Bleidenstadt 8:1, München 1860 – Horner TV 15:0 (Da Alemannia Eggenstein das Wiederholungsspiel gegen den Horner TV 8:0 gewann, mußte München 1860 in der 2. Hauptrunde ein weiteres Spiel austragen, das er mit 7:1 gegen Alemannia Eggenstein gewann.).
3. Hauptrunde: MSV Duisburg – 1. FC Kaiserslautern 2:1; FC Schalke 04 – Eintr. Frankfurt 1:0; FC Homburg/Saar – Bayern München 3:1; 1860 München – FC Augsburg 3:0; Fort. Düsseldorf – Rot-Weiß Essen 4:1; Freiburger FC – VfL Bochum 2:6; FSV Frankfurt – 1. FC Köln 0:3; FC Augs-

burg (Amateure) – Hertha BSC Berlin 0:4; SV Sandhausen – Eintr. Braunschweig 0:4; DSC Wanne-Eickel – Werder Bremen 0:2; Hamburger SV – VfV Hildesheim 6:0; Borussia M'gladbach – Bonner SC 3:0; Bayer Leverkusen – Westfalia Herne 1:5; Karlsruher SC – SpVgg Bayreuth 2:0; TuS Langerwehe – VfL Osnabrück 2:0; Schwarz-Weiß Essen – BSV Schwenningen 2:1 n. Verlg.
4. Hauptrunde: FC Schalke 04 – Hamburger SV 4:2; Werder Bremen – 1860 München 2:1; 1. FC Köln – Karlsruher SC 4:0; TuS Langerwehe – MSV Duisburg 1:3; Borussia M'gladbach – VfL Bochum 3:0; Fort. Düsseldorf – Eintr. Braunschweig 3:1; FC Homburg/Saar – Hertha BSC Berlin 1:1 n. Verlg. und 1:4 n. Verlg.; Schwarz-Weiß Essen – Westf. Herne 0:0 n. Verlg. und 1:0.
Zwischenrunde: 1. FC Köln – Schwarz-Weiß Essen 9:0; MSV Duisburg – Hertha BSC Berlin 1:0; Werder Bremen – Borussia M'gladbach 2:1; FC Schalke 04 – Fort. Düsseldorf 1:1 n. Verlg. und 0:1.
Vorschlußrunde: 1. FC Köln – Werder Bremen 1:0; Fortuna Düsseldorf – MSV Duisburg 4:1.
Endspiel: 1. FC Köln – Fortuna Düsseldorf 2:0.

1979

1. Hauptrunde: Arminia Bielefeld – Hamburger SV 2:1 n. V.; MSV Duisburg – Wattenscheid 09 4:3; Fortuna Düsseldorf – Kickers Stuttgart 7:2; FV Würzburg 04 – Hertha BSC Berlin 0:2 n. V.; Borussia M'gladbach – Wuppertaler SV 4:2; 1860 München – FC Schalke 04 0:5; Rot-Weiß Lüdenscheid – 1. FC Köln 1:4; Bayern München – SSV Glött 5:0; Eintr. Braunschweig – ETB Schwarz-Weiß Essen 2:0; VfB Stuttgart – Spandauer SV 12:0; SV Darmstadt 98 – DJK Abenberg 4:1; Werder Bremen – SV Holzwickede 5:0; 1. FC Kaiserslautern – BFC Preußen Berlin 7:0; VfL Bochum – Bünder SV 08/09 4:0; SpVgg Bad Pyrmont – Eintracht Frankfurt 1:2; Borussia Dortmund – BSV Schwenningen 14:1; 1. FC Nürnberg – ASV Neumarkt 4:0; 1. FC Saarbrücken – SpVgg Fürth 1:0 n. V.; Tennis Borussia Berlin – Union Solingen 2:0 n. V.; Fortuna Köln – FC Hanau 93 2:0; SC Freiburg – Rot-Weiß Essen 3:1; Freiburger FC – SpVgg Neckarelz 6:1; Eintracht Trier – SG Fuchsmühl 3:1; DSC Wanne-Eickel – VfR Mannheim 2:1; SC Pfullendorf – FC Homburg/Saar 0:3; Preußen Münster – SV Leiwen 6:0; SSV Dillenburg – FSV Frankfurt 2:4; SVW Mannheim 07 – SV Börnsen 5:0; SC Jülich 1910 – Kickers Offenbach 1:10; VfB Schrecksbach – Arminia Hannover 3:5; Karlsruher SC – Eintracht Kreuznach 3:1; FC Augsburg – Offenburger FV 4:2; SuS Nord-Harrislee – Borussia Neunkirchen 0:6; Holstein Kiel – Saar 05 Saarbrücken 5:0; Viktoria Sindlingen – Bayer Leverkusen 0:3; Wormatia Worms – VfB Remscheid 4:2; Union Böckingen – Bayer Uerdingen 2:8; Alemannia Aachen – FC Eislingen 4:1; FC St. Pauli – Bayern Hof 3:0 n. V.; KSV Baunatal – SV Union Essen-Frintrop 5:0; SV Haidlfing – SpVgg Bayreuth 0:5; TuS Hessisch-Oldendorf – Westfalia Herne 0:4; TuS Iserlohn – VfL Osnabrück 0:2; OSC Bremerhaven – Hannover 96 0:3; ASV Burglengenfeld – Viktoria Köln 1:4; ESV Ingolstadt – Viktoria Klein-Gladbach 4:0; FC Tailfingen – SV Sandhausen 4:3; Südwest Ludwigshafen – Concordia Hamburg 2:0; SV Memmelsdorf – 1. FC Bocholt 1:8; SVO Germaringen – VfR Oli Bürstadt 1:7; Rot-Weiß Oberhausen – ETSV Landshut 5:1 n. V.; SG Bad Soden-Salmünster – VfL Neustadt/W. 1:3; SG Ellingen-Bonefeld – VfB Lübeck 3:1; Göttingen 05 – FC Epe 2:0; SC Herford – Kickers Würzburg 2:1; OSV Hannover – TSV Helmstedt 5:1; FC Gütersloh – Eintracht Nordhorn 4:1; 1. FC Kirchheim – Eintracht Wirges 1:2; SV Bliesen – FV Melsungen 2:3; W. Bremen (Amateure) – TuS Neuendorf 1:1 n. V. und 2:5; MTV Gifhorn – FK Pirmasens 0:3; Victoria Hamburg – SSV Ulm 1846 0:6; VfR Heilbronn – TuS Langerwehe 1:0; SV Blumenthal – Fort. Düsseldorf (Amat.) 1:2 n. V.
2. Hauptrunde: MSV Duisburg – Arminia Bielefeld 3:1; FC Schalke 04 – VfB Stuttgart 3:2; Werder Bremen – Eintracht Frankfurt 2:3; VfL Bochum – DSC Wanne-Eickel 4:2 n. V.; Bayern München – VfL Osnabrück 4:5; Borussia Mönchengladbach – Arminia Hannover 6:1; Eintracht Trier – 1. FC Kaiserslautern 0:1; SV Darmstadt 98 – Preußen Münster 2:1; FC Augsburg – 1. FC Nürnberg 1:3; Bor. Neunkirchen – Bor. Dortmund 0:0 n. V. und 0:2; Wormatia Worms – Hertha BSC 1:1 n. V. und 0:2; Westfalia Herne – 1. FC Köln 2:3; Eintr. Braunschweig – SG Ellingen-Bonefeld 1:0; Fortuna Düsseldorf – VfR Heilbronn 3:0; 1. FC Saarbrücken – Bayer Uerdingen 2:3; Hannover 96 – Alemannia Aachen 1:3; Tennis Borussia – VfR Bürstadt 3:3 n. V. und 0:0 n. V.; Tennis 4:3-Sieger nach Elfmeterschießen; Südwest Ludwigshafen – Viktoria Köln 4:2; SSV Ulm 1846 – FSV Frankfurt 4:2; Kickers Offenbach – ESV Ingolstadt 3:0; SC Herford – Holstein Kiel 0:3; SVW Mannheim 07 – VfL Neustadt/Weinstr. 7:0; KSV Baunatal – Göttingen 05 3:0; FC Homburg/Saar – FK Pirmasens 4:2; SC Freiburg – FC Tailfingen 2:0; OSV Hannover – Bayer Leverkusen 0:3; SpVgg Bayreuth – FV Melsungen 6:0; Eintracht Wirges – Fortuna Köln 1:7; FC Gütersloh – Karlsruher SC 1:1 n. V. und 0:3; RW Oberhausen – Fort. Düsseldorf (Amateure) 3:2, FC St. Pauli – TuS Neuendorf 1:2, Freiburger FC – 1. FC Bocholt 2:2 n. V. und 2:3 n. V.
3. Hauptrunde: 1. FC Köln – Eintracht Braunschweig 3:2 n. V.; Hertha BSC Berlin – Borussia M'gladbach 2:0; Tennis Borussia Berlin – 1. FC Nürnberg 0:2; Fortuna Düsseldorf – Alemannia Aachen 2:1; FC Homburg/Saar – VfL Bochum 0:0 n. V. und 0:1; MSV Duisburg – SVW Mann-

heim 07 2:1; Borussia Dortmund – Kickers Offenbach 6:1; Eintracht Frankfurt – KSV Baunatal 4:1; Bayer Uerdingen – FC Schalke 04 2:1; SV Darmstadt 98 – SSV Ulm 1846 1:5; Südwest Ludwigshafen – 1. FC Kaiserslautern 2:1, Holstein Kiel – Karlsruher SC 5:2; VfL Osnabrück – Fortuna Köln 2:1; Bayer Leverkusen – SpVgg Bayreuth 1:0; RW Oberhausen – SC Freiburg 1:1 n. V. und 0:0 n. V.; Oberhausen 3:2-Sieger im Elfmeterschießen, TuS Neuendorf – 1. FC Bocholt 3:1 n. V.

Achtelfinale: MSV Duisburg – Fortuna Düsseldorf 0:1; Hertha BSC Berlin – 1. FC Köln 2:0 n. V.; Borussia Dortmund – Eintracht Frankfurt 1:3; Südwest Ludwigshafen – SSV Ulm 46 1:1 n. V. und 1:0; 1. FC Nürnberg – Holstein Kiel 7:1; Bayer Uerdingen – VfL Bochum 4:2; Rot-Weiß Oberhausen – VfL Osnabrück 1:0; TuS Neuendorf – Bayer Leverkusen 1:4.

Viertelfinale: 1. FC Nürnberg – Südwest Ludwigshafen 4:0; Hertha BSC Berlin – Bayer Uerdingen 6:1; Fortuna Düsseldorf – Bayer Leverkusen 2:1; Eintracht Frankfurt – Rot-Weiß Oberhausen 2:1.

Halbfinale: Fortuna Düsseldorf – 1. FC Nürnberg 4:1 n. V.; Hertha BSC Berlin – Eintracht Frankfurt 2:1.

Endspiel: Fortuna Düsseldorf – Hertha BSC Berlin 1:0 n. V.

1980

1. Hauptrunde: 1. FC Kaiserslautern – MSV Duisburg 2:0; Alemannia Aachen – Werder Bremen 0:1; Eintracht Braunschweig – Preußen Münster 1:0; SB Heidenheim – Hertha BSC Berlin 0:4; Hamburger SV – FC 08 Villingen 6:0; Eintracht Frankfurt – BSK Neugablonz 6:1; Borussia Mönchengladbach – FV Biberach 2:1; Borussia Dortmund – Bremer SV 7:0; 1. FC Köln – FSV Mainz 05 5:1; Borussia Neunkirchen – Fortuna Düsseldorf 0:4; 1860 München – FC St. Pauli Hamburg 5:0; TSV Buxtehude – Bayer Uerdingen 0:6; FV Weingarten – VfL Bochum 2:7; MTV Gifhorn – Bayer 04 Leverkusen 1:4; VfL Wolfsburg – VfB Stuttgart 0:3; Spfr. Eisbachtal – FC Schalke 04 0:1; FC Östringen – Bayern München 1:10; Karlsruher SC – SC Freiburg 5:1; Freiburger FC – 1. FC Saarbrücken 2:1; Kickers Offenbach – Hannover 96 3:1; Wuppertaler SV – Wormatia Worms 1:4; Holstein Kiel – OSV Hannover 3:2; Viktoria Köln – Tennis Borussia Berlin 1:0; Wattenscheid 09 – MTV Ingolstadt 2:1; VfL Osnabrück – Rot-Weiß Lüdenscheid 3:2 n. V.; SpVgg Fürth – BSV Weißenthurm 3:1; Eintr. Trier – Wuppertaler SV (Amateure) 4:2; SpVgg Bayreuth – Preußen 07 Hameln 5:0; Arminia Bielefeld – Preußen Berlin 1:0; Rot-Weiß Essen – 1. FC Köln (Amateure) 2:1; 1. FC Nürnberg – Eintr. Braunschweig (Amateure) 3:0; FC Vilshofen – FV 04 Würzburg 2:3 n. V.; VfB 1900 Gießen – FC Homburg/Saar 2:4; Stuttgarter Kickers – TSV Ofterdingen 3:0; SV Geinsheim – DSC Wanne-Eickel 2:4; Union Solingen – VfR Aalen 3:1; SV Heng – Fortuna Köln 0:4; Westfalia Weitmar – SV Darmstadt 98 1:2; TuS Chlodwig Zülpich – ESV Ingolstadt 2:6; FSV Frankfurt – Viktoria Aschaffenburg 2:0; TuS Xanten – Arminia Hannover 2:1; SVW Mannheim 07 – TBV Lemgo 5:1; Hanau 93 – Wacker 04 Berlin 2:2 n. V. und 1:4; FC Augsburg – FC Wipfeld 7:0; TSV Ampfing – SV Bramfeld 1:2 n. V.; FT Geestemünde – SV Zeitlarn 4:1; TSV Battenberg – SV Auersmacher 5:4 n. V.; TuS Schloß Neuhaus – 1. FC Nürnberg (A) 3:2 n. V.; BV Lüttringhausen – SpVgg Erkenschwick 3:2; VfB Gaggenau – SpVgg Au 2:2 n. V. und 0:5; SV Göppingen – TuS Neuendorf 3:1; SG Ohetal – KSV Baunatal 0:2; Reinickendorfer Füchse – VfB Lübeck 4:2; SpVgg Elversberg – Heider SV 5:2 n. V.; TuS Langerwehe – SV Hamborn 4:2; 1. FC Kaiserslautern (Amat.) – SV Meppen 3:1; FC Altona 93 – Viktoria Sindlingen 1:0; Westfalia Herne – SG Hagen-Vorhalle 4:0; Union Neumünster – Spfr./DJK Freiburg 0:2; Bonner SC – Salamander Türkheim 4:0; VfB Oldenburg – SC Verl 1:2; 1. FC Bocholt – SV Spoicher 8:0; VfL Frohnlach – SV Alemannia Haibach 8:4 n. V.; 1. FC Pforzheim – Phönix Düdelsheim 10:2.

2. Hauptrunde: Werder Bremen – Hertha BSC Berlin 0:2; Borussia Mönchengladbach – Rot-Weiß Essen 4:0; 1. FC Nürnberg – Bayer 04 Leverkusen 5:2; VfB Stuttgart – Wattenscheid 09 10:2; FSV Frankfurt – Borussia Dortmund 1:3 n. V.; Eintracht Braunschweig – Holstein Kiel 3:1; Viktoria Köln – Bayern München 1:3; Darmstadt 98 – 1. FC Kaiserslautern 4:0; Freiburger FC – Eintracht Frankfurt 1:4; Wormatia Worms – Hamburger SV 0:3; VfL Bochum – SpVgg Fürth 2:1; 1860 München – 1. FC Pforzheim 6:1; Bayer Uerdingen – Reinickendorfer Füchse 5:0; FC Schalke 04 – KSV Baunatal 3:0; Fortuna Düsseldorf – Wacker 04 Berlin 2:0; 1. FC Köln – FC Altona 93 10:0; DSC Wanne-Eickel – Kickers Offenbach 3:5; FC Homburg/Saar – FV 04 Würzburg 5:0; Union Solingen – ESV Ingolstadt 3:0; FC Augsburg – Karlsruher SC 1:1 n. V. und 0:3; SpVgg Bayreuth – SpVgg Au 6:0; SVW Mannheim – Spfr./DJK Freiburg 7:2; TuS Xanten – Arminia Bielefeld 1:8; 1. FC Bocholt – VfL Osnabrück 1:1 n. V. und 2:3; Stuttgarter Kickers – VfL Frohnlach 9:0; Eintracht Trier – TuS Langerwehe 0:2; TuS Schloß Neuhaus – Fortuna Köln 1:2 n. V.; TSV Battenberg – SV Bramfeld 2:0 n. V.; SC Verl – SpVgg Elversberg 3:1; SV Göppingen – FT Geestemünde 3:1; 1. FC Kaiserslautern (Amat.) – Bonner SC 2:3 n. V.; Westfalia Herne – BV Lüttringhausen 1:4.

3. Hauptrunde: Eintracht Braunschweig – VfB Stuttgart 2:3 n. V.; VfL Bochum – 1. FC Köln 3:3 n. V. und 1:2; Eintracht Frankfurt – SVW Mannheim 07 2:0; Borussia Dortmund – Arminia Bielefeld 3:1 n. V.; SpVgg Bayreuth – Bayern München 1:0; Karlsruher SC – Borussia M'gladbach 1:0 n. V.; Bayer Uerdingen – Union Solingen 2:0; Kickers Offenbach – Hamburger SV 2:0; SV Göppingen – Fortuna Düsseldorf 1:4; Hertha BSC – TuS Langerwehe 0:0 n. V. und 1:2; 1860 München – BV 08 Lüttringhausen 3:0; FC Schalke 04 – Bonner SC 3:1; 1. FC Nürnberg – FC Homburg/Saar 1:2; Darmstadt 98 – Fortuna Köln 7:2; SC Verl – Stuttgarter Kickers 1:7; VfL Osnabrück – TSV Battenberg 4:0.
Achtelfinale: Karlsruher SC – Fortuna Düsseldorf 3:5; VfB Stuttgart – Eintracht Frankfurt 3:2; Borussia Dortmund – Bayer Uerdingen 2:1; FC Homburg/Saar – 1860 München 1:0; Stuttgarter Kickers – Kickers Offenbach 2:5; SpVgg Bayreuth – TuS Langerwehe 5:2 n. V.; FC Schalke 04 – VfL Osnabrück 2:0; 1. FC Köln – SV Darmstadt 98 3:1.
Viertelfinale: Borussia Dortmund – VfB Stuttgart 3:1; FC Homburg/Saar – 1. FC Köln 1:4; FC Schalke 04 – SpVgg Bayreuth 3:1; Kickers Offenbach – Fortuna Düsseldorf 2:5 n. V.
Halbfinale: FC Schalke 04 – 1. FC Köln 0:2; Fortuna Düsseldorf – Borussia Dortmund 3:1.
Endspiel: Fortuna Düsseldorf – 1. FC Köln 2:1.

1981

1. Hauptrunde: Bayern München – Arminia Bielefeld 2:0; VfB Stuttgart/Amateure – Borussia Dortmund 2:5 n. V.; Hannover 96 – Borussia Hannover 8:1; MSV Duisburg – Wacker 04 Berlin 9:0; Concordia Hamburg – Hammer SpVgg 2:2 n. V. und 2:3; Darmstadt 98 – FSV Hemmersdorf 10:0; FV Lauda – VfB Oldenburg 1:2 n. V.; RSV Würges – FC Ottering 2:0; Schalke 04 – Bayer Uerdingen 2:5; Hamburger SV – Wormatia Worms 11:1; VfB Stuttgart – Fortuna Köln 4:0; Borussia Mönchengladbach – OSV Hannover 7:3; VfB Gaggenau – Eintracht Frankfurt 0:3; SpVgg Emsdetten – 1. FC Köln 0:6; Bramfelder SV – Bayer Leverkusen 2:8; VfL Bochum – SV Wilhelmshaven 4:1; Eintracht Trier – Fortuna Düsseldorf 0:1; Hertha BSC Berlin – Holstein Kiel 3:1; Werder Bremen – Viktoria Köln 6:3 n. V.; Alemannia Aachen – VfB Eppingen 3:0; Rot-Weiß Essen – VfR Neuß 7:2; Blau-Weiß Niederembt – Preußen Münster 1:4 n. V.; FSV Frankfurt – Röchling Völklingen 3:1; SC Herford – Eintracht Nordhorn 3:0; Eintracht Braunschweig – SC Fürstenfeldbruck 4:1; SC Freiburg – Bremer SV 4:2; FC Homburg 08 – SG Limburgerhof 3:0; TuS Neuendorf – SG Egelsbach 3:4 n. V.; VfL Klafeld-Geisweid – Rot-Weiß Frankfurt 1:2; Rot-Weiß Niebüll – Eintracht Braunschweig/Amateure 3:2; Bünder SV – Südwest Ludwigshafen 2:0; TuS Langerwehe – SV Stuttgart-Rot 5:0; SpVgg Ansbach – FSV Pfaffenhofen 1:0; TSV Gersthofen – OSC Bremerhaven 0:1; SG 05 Pirmasens – TSV 1860 München 0:8; Borussia Neunkirchen – SpVgg Bayreuth 1:1 n. V. und 1:2; TSV Plön – 1. FC Saarbrücken 0:3; Arminia Hannover – SpVgg Erkenschwick 2:1; Moselfeuer Lehmen – Kickers Offenbach 1:15; Spfrde. Eisbachtal – Wattenscheid 09 1:3; Buchonia Flieden – ESV Ingolstadt 1:4; VfB Bielefeld – VfB Friedrichshafen 1:3; VfR Heilbronn – 1. FC Kaiserslautern 0:3; TSV Pliezhausen – SSV Ulm 46 0:3; DSC Wanne-Eickel – SpVgg Frechen 1:3; Kickers Würzburg – TSV Hirschaid 2:1 n. V.; SV Waldhof Mannheim – FSV Harburg 8:0; FC Augsburg – Wuppertaler SV 2:0; 1. FC Viersen – Karlsruher SC 2:2 n. V. und 1:2; SpVgg Fürth – 1. FC Nürnberg 1:1 n. V. und 0:3; Schwarz-Weiß Essen – FC Neureut 6:0; ASV Burglengenfeld – VfB Wissen 2:3; Rot-Weiß Oberhausen – Offenburger FV 1:0; TSV Röttenbach – Hessen Kassel 2:4; Freiburger FC – VfB Bottrop 3:1; ASC Dudweiler – FV 04 Würzburg 0:1; Blumenthaler SV – SC Pfullendorf 0:2; Atlas Delmenhorst – Blau-Weiß Wesselburen 6:2; SV Siegburg 04 – BFC Preußen Berlin 2:1; VfL Osnabrück – Tennis Borussia Berlin 2:0 n. V.; Kickers Stuttgart – Rot-Weiß Lüdenscheid 2:0; FSV Mainz 05 – MTV Ingolstadt 3:2; VfR Oli Bürstadt – SSV Dillenburg 4:1 n. V.; TuS Celle – Union Solingen 0:0 n. V. und 0:5.
2. Hauptrunde: Bayer Uerdingen – Wattenscheid 09 4:1; Hannover 96 – Werder Bremen 5:5 n. V. und 0:1; Eintracht Braunschweig – Preußen Münster 3:1; Hertha BSC Berlin – FV 04 Würzburg 4:1; VfL Bochum – Rot-Weiß Essen 5:1; Kickers Offenbach – Bayer Leverkusen 5:2; Rot-Weiß Niebüll – Schwarz-Weiß Essen 0:4; SpVgg Bayreuth – VfB Stuttgart 1:3; Kickers Würzburg – Fortuna Düsseldorf 0:2; TuS Langerwehe – Borussia Mönchengladbach 1:7; FC Homburg 08 – VfB Oldenburg 0:1; Darmstadt 98 – VfR Oli Bürstadt 4:1 n. V.; SSV Ulm 46 – SC Herford 1:0; OSC Bremerhaven – RSV Würges 0:2; Bünder SV – SpVgg Frechen 3:1; Borussia Dortmund – TSV 1860 München 3:1; 1. FC Köln – SC Freiburg 1:1 n. V. und 1:3; Bayern München – SV Waldhof Mannheim 4:2; Karlsruher SC – Alemannia Aachen 1:1 n. V. und 0:1; Eintracht Frankfurt – VfB Friedrichshafen 6:0; Kickers Stuttgart – SpVgg Ansbach 13:0; Union Solingen – Rot-Weiß Frankfurt 1:2; FC Augsburg – FSV Mainz 05 2:0; VfB Wissen – VfL Osnabrück 1:7; SC Pfullendorf – SV Siegburg 04 0:1; Hessen Kassel – Hammer SV 4:0; ESV Ingolstadt – 1. FC Nürnberg 1:3; 1. FC Saarbrücken – Freiburger FC 2:2 n. V. und 1:3; FSV Frankfurt – MSV Duisburg 2:0; Arminia Hannover – Hamburger SV 3:7; SG Egelsbach – 1. FC Kaiserslautern 1:3; Atlas Delmenhorst – Rot-Weiß Oberhausen 1:0.

3. Hauptrunde: 1. FC Kaiserslautern – Bayern München 2:1; VfB Stuttgart – 1. FC Nürnberg 2:0; Fortuna Düsseldorf – Borussia Dortmund 3:0; Eintracht Frankfurt – SSV Ulm 46 3:0; Schwarz-Weiß Essen – Bayer Uerdingen 1:2; Bünder SV – Borussia Mönchengladbach 1:7; Hamburger SV – Rot-Weiß Frankfurt 11:0; SC Freiburg – Hessen Kassel 2:1 n. V.; Eintracht Braunschweig – Kickers Stuttgart 3:2; Hertha BSC Berlin – Darmstadt 98 4:1; Alemannia Aachen – Freiburger FC 5:2; FC Augsburg – Werder Bremen 1:3; SV Siegburg 04 – VfB Oldenburg 1:2 n. V.; RSV Würges – VfL Osnabrück 0:1; Kickers Offenbach – Atlas Delmenhorst 1:1 n. V. und 1:2; FSV Frankfurt – VfL Bochum 1:2.
Achtelfinale: Hamburger SV – VfL Bochum 4:1; Fortuna Düsseldorf – Werder Bremen 2:0; VfL Osnabrück – VfB Stuttgart 1:3; VfB Oldenburg – Eintracht Frankfurt 4:5; Borussia Mönchengladbach – Atlas Delmenhorst 6:1; 1. FC Kaiserslautern – Alemannia Aachen 3:0; Hertha BSC – Bayer Uerdingen 5:1; Eintracht Braunschweig – SC Freiburg 1:0.
Viertelfinale: Eintracht Braunschweig – Hamburger SV 4:3 n. V.; Hertha BSC Berlin – Fortuna Düsseldorf 2:1; 1. FC Kaiserslautern – Borussia Mönchengladbach 3:1; Eintracht Frankfurt – VfB Stuttgart 2:1.
Halbfinale: Eintracht Frankfurt – Hertha BSC Berlin 1:0; 1. FC Kaiserslautern – Eintracht Braunschweig 3:2.
Endspiel: Eintracht Frankfurt – 1. FC Kaiserslautern 3:1.

1982

1. Hauptrunde: Hertha BSC Berlin – Bayer Leverkusen Am. 5:1; VfB Stuttgart – FC Rastatt 5:0; VfL Osnabrück – VfB Bottrop 5:0; Bayern München – SC Jülich 1910 8:0; SV Sandhausen – Arminia Bielefeld 3:6; SpVgg Landshut – Hassia Bingen 2:3; TSV Nördlingen – VfB Oldenburg 0:3; SV Leiwen – SC Herford 3:2 n. V.; Preußen Berlin – Schwarz-Weiß Essen 2:0; MSV Duisburg – 1. FC Köln 2:1; Werder Bremen – 1. FC Kaiserslautern 1:0; Kickers Stuttgart – Hamburger SV 1:5; Karlsruher SC – Union Solingen 3:0; FC Grone 1910 – Borussia Dortmund 0:4; VfL Bochum – 1. FC Paderborn 3:2; Eintracht Frankfurt – BSC Brunsbüttel 6:1; SSV Dillenburg – Borussia Mönchengladbach 2:7; Fortuna Düsseldorf – SSV Überherrn 10:1; FC Eislingen – Darmstadt 98 0:3; 1. FC Haßfurt – 1. FC Nürnberg 0:2; Wuppertaler SV – Eintracht Braunschweig 1:0; Hannover 96 – Kickers Offenbach 5:1; SpVgg Bayreuth – Bayer Uerdingen 3:1; Bayern Hof – SV Waldhof Mannheim 0:2; TuS Lörrach-Stetten – Wormatia Worms 1:2; Freiburger FC – TS Woltmershausen 4:0; Rot-Weiß Essen – OSV Hannover 2:0; 1. FC Saarbrücken – Alemannia Aachen 0:0 n. V., Wiederhol. 2:1 für Aachen; SV Rasensport Osnabrück – Fortuna Köln 1:2; FC Tailfingen – SV Ruchheim 3:1; ASC Dudweiler – FSV Salmrohr 0:0 n. V., Wiederhol. 3:1 für Salmrohr, SV Neckargerach – Kickers Würzburg 4:2; FV 09 Weinheim – SpVgg Ludwigsburg 2:1 n. V.; SC Urania Hamburg – VfL Hamm 6:4 n. V.; FC Homburg – 1. FC Kaiserslautern Am. 1:4; Eintracht Trier – FSV Frankfurt Bezirksliga 2:1; FC St. Pauli Hamburg – 1. FC Bocholt 1:2 n. V.; TSV Rendsburg – Viktoria Köln 1:1 n. V., Wiederhol. 3:0 für Köln, SSV Ulm 46 – 1. FC Nürnberg Am. 1:1 n. V., Wiederhol. 3:1 für Ulm; Union Salzgitter – FC Augsburg 2:0; Borussia Neunkirchen – Preußen Münster 1:0; TuS Oberwinter – FC Rhade 2:0; Holstein Kiel – Hermannia Kassel 3:2 n. V.; Offenburger FV – Reinickendorfer Füchse 3:0; TSV Röttenbach – SpVgg Elversberg 1:3; SV Siegburg 04 – FK Pirmasens 0:1; München 1860 – SpVgg Fürth 2:0; TSV Marktl – SC Freiburg 0:4; VfB Eppingen – Hannover 96 Am. 3:1; Tennis Borussia Berlin – Post SV Regensburg 4:3; SpVgg Erkenschwick – Bayer Leverkusen 0:3; SG Wattenscheid 09 – TuS Iserlohn 2:0 n. V.; TuS Xanten – Göttingen 05 0:1; Viktoria Griesheim – Hamburger SV Am. 8:2; FC Gohfeld – FVgg. 06 Kastel 2:1; Rot-Weiß Oberhausen – Tuspo Ziegenhain 5:3; FSV Frankfurt Oberliga – Witten 07 2:0; TuS Celle – ESV Ingolstadt 4:2; Rot-Weiß Lüdenscheid – VfL Wolfsburg 1:2; 1. FC Köln Am. – OSC Bremerhaven 3:2 n. V.; VfB Stuttgart Am. – VfL Klafeld 4:0; Hessen Kassel – Schalke 04 4:1; SC Geislingen – VfR Oli Bürstadt 1:1 n. V., Wiederholung 4:0 für Bürstadt, Arminia Hannover – TSV Kappeln 6:1.
2. Hauptrunde: Bayern München – SV Neckargerach 5:1; MSV Duisburg – FK Pirmasens 3:0; Alemannia Aachen – SC Freiburg 2:1; Rot-Weiß Essen – SV Leiwen 4:1; Fortuna Düsseldorf – Eintracht Frankfurt 3:1; Arminia Bielefeld – 1. FC Nürnberg 0:1; Darmstadt 98 – Hassia Bingen 4:1; FSV Salmrohr – Werder Bremen 0:3; Hamburger SV – Eintracht Trier 2:1; Borussia M'gladbach – Arminia Hannover 3:1; Karlsruher SC – Wuppertaler SV 3:0; VfB Stuttgart – TuS Oberwinter 10:1; VfL Bochum – FC Tailfingen 3:1; SpVgg. Elversberg – Borussia Dortmund 1:4; Wattenscheid 09 – Hannover 96 2:2 n V., Wiederholung 6:0 für Hannover 96; Hessen Kassel – Fortuna Köln 1:0 n. V.; München 1860 – SV Waldhof Mannheim 0:1 n. V.; Freiburger FC – TuS Celle 5:1; FV 09 Weinheim – VfL Osnabrück 1:3; Hertha BSC Berlin – Viktoria Griesheim 6:2; Borussia Neunkirchen – Wormatia Worms 1:2; Göttingen 05 – Rot-Weiß Oberhausen 1:0 n. V.; VfB Eppingen – Preußen Berlin 2:0; FSV Frankfurt – FC Gohfeld 2:0; SSV Ulm 46 – VfL Wolfsburg 2:1, 1. FC Kaiserslautern Am. – Urania Hamburg 1:3; Viktoria Köln – VfR Oli Bürstadt 1:1 n.

V., Wiederholung 1:0 für Bürstadt n. V.; VfB Stuttgart Am. – SpVgg Bayreuth 1:2; Tennis Borussia Berlin – VfB Oldenburg 1:2; 1. FC Bocholt – FV Offenburg 2:1; Holstein Kiel – Union Salzgitter 3:2; 1. FC Köln Am. – Bayer Leverkusen 3:3 n. V., Wiederholung 5:0 für Leverkusen.
3. Hauptrunde: Alemannia Aachen – Hamburger SV 0:3; Hannover 96 – VfL Osnabrück 2:0; Hertha BSC Berlin – SSV Ulm 46 1:2; MSV Duisburg – Karlsruher SC 1:2 n. V.; VfB Stuttgart – Borussia M.'gladbach 0:2; Bayern München – Borussia Dortmund 4:0; Darmstadt 98 – Werder Bremen 1:3; Hessen Kassel – VfL Bochum 1:2; SV Waldhof Mannheim – VfB Eppingen 3:1; Freiburger FC – Holstein Kiel 2:0; Urania Hamburg – Göttingen 05 1:3; 1. FC Bocholt – VfR Oli Bürstadt 3:1; Rot-Weiß Essen – Bayer Leverkusen 4:1; 1. FC Nürnberg – Fortuna Düsseldorf 2:0; Wormatia Worms – FSV Frankfurt 0:2; SpVgg Bayreuth – VfB Oldenburg 2:0 n. V.
Achtelfinale: Hannover 96 – 1. FC Nürnberg 1:3; Rot-Weiß Essen – Borussia M.'gladbach 0:4; Werder Bremen – SpVgg Bayreuth 2:0; SV Waldhof Mannheim – VfL Bochum 1:1 n. V., Wiederholung 3:1 für Bochum; 1. FC Bocholt – SC Göttingen 05 3:3 n V., Wiederholung 3:2 für Göttingen; SSV Ulm 46 – FSV Frankfurt 1:0; Freiburger FC – Bayern München 0:3; Hamburger SV – Karlsruher SC 6:1.
Viertelfinale: SC Göttingen 05 – Hamburger SV 2:4; 1. FC Nürnberg – Borussia M.'gladbach 3:1; Werder Bremen – Bayern München 1:2 n. V.; VfL Bochum – SSV Ulm 46 3:1 n. V.
Halbfinale: 1. FC Nürnberg – Hamburger SV 2:0; VfL Bochum – Bayern München 1:2.
Endspiel: Bayern München – 1. FC Nürnberg 4:2.

1983

1. Hauptrunde: Kickers Offenbach – Fortuna Düsseldorf 1:3 n. V.; Wattenscheid 09 – Eintracht Braunschweig 0:3; Hannover 96 Amat. – Bayer Leverkusen 2:3 n. V.; Fortuna Köln – SC Freiburg 2:0; VfL Bochum – Karlsruher SC 3:1; FSV Frankfurt – 1. FC Kaiserslautern 3:2; SV Waldhof Mannheim – Eintracht Frankfurt 2:0; 1. FC Köln – Bayer Uerdingen 3:1; Schalke 04 – Hessen Kassel 1:0; Rot-Weiß Essen – Borussia Dortmund 1:3; VfL Osnabrück – VfB Stuttgart 0:2; VfB Wissen – Borussia M'gladbach 0:4; Germania Walsrode – 1. FC Nürnberg 0:3; Hertha Zehlendorf – Hertha BSC 2:4 n. V.; FV Offenburg – Werder Bremen 1:4; Bergedorf 85 – Bayern München 1:5 n. V.; Bayern Hof – Arminia Bielefeld 0:5; SpVgg. Bayreuth – SpVgg. Fürth 3:1; FC Ensdorf – Union Solingen 1:3; SSV Ulm 46 – TuS Schloß Neuhaus 3:1; Wormatia Worms – Alemannia Aachen 3:1 n. V.; VfB Stuttgart Amat. – Kickers Stuttgart 1:5; Arminia Hannover – Eintracht Trier 0:2 n. V.; Bayern München Amat. – Werder Bremen Amat. 5:3 n. V.; Freiburger FC – Rot-Weiß Lüdenscheid 1:1 n. V.; Wiederholung 2:1 für Lüdenscheid, MSV Duisburg – Hamburger SV 1:1 n. V., Wiederholung 5:0 für HSV; Hannover 96 – SV Darmstadt 98 0:4; Bayer Uerdingen Amat. – KSV Baunatal 0:3; SVO Germaringen – Hammer SpVgg 1:2; 1. FC Köln Amat. – FSV Mainz 05 1:3; SV Sandhausen – Rot-Weiß Oberhausen 1:3; Heider SV – München 1860 1:1 n. V., Wiederholung 2:1 für 1860 München.
2. Hauptrunde: Rot-Weiß Lüdenscheid – SV Darmstadt 98 1:3; 1. FC Köln – Bayer Leverkusen 3:1; Fortuna Düsseldorf – VfB Stuttgart 0:2; Hamburger SV – Werder Bremen 3:2; Arminia Bielefeld – 1. FC Nürnberg 2:0; Eintracht Braunschweig – Bayern München 2:0; Union Solingen – Borussia Mönchengladbach 0:2; FSV Mainz 05 – Schalke 04 3:6 n. V.; SpVgg Bayreuth – Hertha BSC Berlin 0:1; Rot-Weiß Oberhausen – Borussia Dortmund 0:1; SV Waldhof Mannheim – FSV Frankfurt 2:0; Eintracht Trier – Kickers Stuttgart 1:2; Wormatia Worms – KSV Baunatal 2:0; München 1860 – Bayern München/Amat. 1:0; Hammer SpVgg. – VfL Bochum 1:1 n. V., Wiederholung 6:1 für Bochum, SSV Ulm 46 – Fortuna Köln 0:0 n. V., Wiederholung 3:0 für Köln.
Achtelfinale: Eintracht Braunschweig – Fortuna Köln 1:2; Borussia Dortmund – SV Darmstadt 98 4:2; Borussia Mönchengladbach – SV Waldhof Mannheim 1:0; Hertha BSC Berlin – Hamburger SV 2:1; Wormatia Worms – VfB Stuttgart 0:4; München 1860 – VfL Bochum 1:3; 1. FC Köln – Stuttgarter Kickers 5:1; Schalke 04 – Arminia Bielefeld 2:2 n. V., Wiederholung 1:0 für Schalke.
Viertelfinale: Borussia Mönchengladbach – Fortuna Köln 2:2 n. V., Wiederholung 2:1 für Fortuna;VfB Stuttgart – Hertha BSC Berlin 2:0; 1. FC Köln – Schalke 04 5:0; Borussia Dortm. – VfL Bochum 3:1 n. V.
Halbfinale: 1. FC Köln – VfB Stuttgart 3:2 n. V.; Fortuna Köln – Borussia Dortmund 5:0.
Endspiel: 1. FC Köln – Fortuna Köln 1:0

1984

1. Hauptrunde: Mainz 05 – VfB Stuttgart 0:1, VfL Osnabrück – 1. FC Nürnberg 3:1, Alemannia Aachen – VfL Bochum 1:0, Schalke 04 – Fortuna Düsseldorf 3:0, SV Heidingsfeld – SV Göppingen 5:1, Hamburger SV – Borussia Dortmund 4:1, SV Waldhof Mannheim – Bayer Leverkusen 3:1, Hessen Kassel – Bayern München 0:3, Fortuna Köln – Borussia Mönchengladbach 2:3, MSV Duisburg – 1. FC Kaiserslautern 1:2 n. V., Werder Bremen – Darmstadt 98 5:0, SV Sandhausen – Bayer Uerdingen 0:0 n. V., Wiederholung 2:0 für Bayer, VfR Forst – 1. FC Köln 1:6, SC

Pfullendorf – Eintracht Braunschweig 0:7, Rot-Weiß Essen – Hannover 96 3:4, SC Charlottenburg – Wattenscheid 09 2:1, SC Freiburg – Union Solingen 3:2, Werder Bremen Am. – Kickers Stuttgart 1:3, Rot-Weiß Lüdenscheid – SSV Ulm 46 3:2, FC Homburg 08 – Hertha BSC Berlin 0:6, SC Herford – Karlsruher SC 0:3, 1. FC Köln Am. – FC Gohfeld 2:1, SpVgg Fürth – TuS Lingen 2:1 n. V., ASV Burglengenfeld – KSV Baunatal 2:1 n. V., Arminia Hannover – SpVgg Neu Isenburg 1:2, SG Ellingen-Bonefeld – Holstein Kiel 2:3, FC Augsburg – SpVgg Bayreuth 2:1 n. V., Hummelsbüttler SV – Kickers Offenbach 1:6, FSV Frankfurt – Arminia Bielefeld 1:3, Göttingen 05 – Eintracht Frankfurt 4:2, TuS Schloß Neuhaus – BV 08 Lüttringhausen 2:0, Hassia Bingen – 1. FC Bocholt 4:4 n. V., Wiederholung 3:2 für Bocholt.

2. Hauptrunde: FC Augsburg – Bayern München 0:6, Eintracht Braunschweig – VfL Osnabrück 2:1, Alemannia Aachen – SV Waldhof Mannheim 1:0, SC Charlottenburg – Schalke 04 0:3, SV Heidingsfeld – Hannover 96 1:3, Borussia Mönchengladbach – Arminia Bielefeld 3:0, 1. FC Köln – Kickers Offenbach 6:2, SC Freiburg – Hamburger SV 1:4, Karlsruher SC – 1. FC Kaiserslautern 5:4 n. V., ASV Burglengenfeld – Werder Bremen 0:3, Holstein Kiel – Bayer Uerdingen 1:2, 1. FC Bocholt – Kickers Stuttgart 3:1, TuS Schloß Neuhaus – Hertha BSC Berlin 0:2, SpVgg Fürth – Rot-Weiß Lüdenscheid 1:0, SpVgg Neu-Isenburg – Göttingen 05 0:1, 1. FC Köln Am. – VfB Stuttgart 1:8.

Achtelfinale: SpVgg Fürth – Borussia Mönchengladbach 0:6, Hannover 96 – 1. FC Köln 3:2, Schalke 04 – Karlsruher SC 2:1, Göttingen 05 – Hertha BSC Berlin 0:1, 1. FC Bocholt – Eintracht Braunschweig 3:1 n. V., VfB Stuttgart – Hamburger SV 1:1 n. V., Wiederholung 4:3 n. V. für Stuttgart, Bayer Uerdingen – Bayern München 0:0 n. V., Wiederholung 1:0 für Bayern, Alemannia Aachen – Werder Bremen 0:1 n. V.

Viertelfinale: Hannover 96 – Borussia Mönchengladbach 0:1, 1. FC Bocholt – Bayern München 1:2, Werder Bremen – VfB Stuttgart 1:0, Hertha BSC Berlin – Schalke 04 3:3 n. V., Wiederholung 2:0 für Schalke.

Halbfinale: Borussia Mönchengladbach – Werder Bremen 5:4 n. V., Schalke 04 – Bayern München 6:6 n. V., Wiederholung 3:2 für Bayern.

Endspiel: Bayern München – Borussia Mönchengladbach 1:1 n. V., Bayern 7:6-Sieger im Elfmeterschießen.

1985

1. Hauptrunde: FV 08 Duisburg – SV Waldhof Mannheim 1:4, VfB Stuttgart – Rot-Weiß Oberhausen 5:4, VfL Osnabrück – TSV Friesen Hänigsen 2:5 n. V., TSV Havelse – VfL Bochum 2:2 n. V., W.: 0:4, Altona 93 – Eintracht Trier 2:1, Bayer Leverkusen – 1. FC Kaiserslautern 5:0, 1. FC Paderborn – Hannover 96 1:4, 1. FC Köln – Kickers Stuttgart 8:0, Borussia Mönchengladbach – Blau-Weiß 90 Berlin 4:1, TSV Ofterdingen – VfL Bochum Am. 0:1, Rot-Weiß Essen – 1. FC Saarbrücken 1:2, FC Olympia Bocholt – Schalke 04 1:3, Eintracht Braunschweig – Eintracht Frankfurt 1:3, SpVgg. Bayreuth – SV Mettlach 7:0, 1. FC Nürnberg Am. – SV Südwest Ludwigshafen 1:0, Hertha BSC Berlin – Hessen Kassel 1:0, VfL Kellinghusen – Union Solingen 1:4, ASC Dudweiler – Borussia Dortmund 1:5, Darmstadt 98– SC Freiburg 3:0, Arminia Bielefeld – 1. FC Nürnberg 1:3 n. V., SC Geislingen – Hamburger SV 2:0, SC Jülich 1910 – FC Rastatt 04 2:1, VfB Oldenburg – Bayer 05 Uerdingen 1:6, BV 08 Lüttringhausen – Bayern München 0:1, SC Herford – Kickers Offenbach 2:3, SV Schwetzingen – Alemannia Aachen 1:2, Fortuna Köln – MSV Duisburg 2:2 n. V., W.: 2:2 n. V., Köln 5:3-Sieger im Elfmeterschießen, Eintracht Haiger – CSC 03 Kassel 2:1 n. V., SC Charlottenburg – Karlsruher SC 1:3 n. V., Bayern München Am. – SG Wattenscheid 09 0:5, OSC Bremerhaven – Werder Bremen 0:4, Fortuna Düsseldorf – SSV Ulm 46 2:0.

2. Hauptrunde: Borussia Dortmund – Schalke 04 1:1 n. V., W. 2:3, Bayer 05 Uerdingen – Fortuna Düsseldorf 2:1, VfL Bochum Am. – VfB Stuttgart 1:2, SpVgg. Bayreuth – Union Solingen 1:2, TSV Friesen Hänigsen – Bayern München 0:8, 1. FC Nürnberg Am. – SC Jülich 1910 0:3, SC Geislingen – Kickers Offenbach 4:2, Altona 93 – Bayer Leverkusen 0:3, Eintracht Haiger – Karlsruher SC 1:0 n. V., Hertha BSC Berlin – Fortuna Köln 4:3 n. V., SG Wattenscheid 09 – SV Waldhof Mannheim 0:4, Werder Bremen – Darmstadt 98 5:0, 1. FC Saarbrücken – 1. FC Nürnberg 4:1, Borussia Mönchengladbach – Eintracht Frankfurt 4:2 n. V., Alemannia Aachen – VfL Bochum 3:0, Hannover 96 – 1. FC Köln 2:1.

Achtelfinale: Bayern München – SV Waldhof Mannheim 1:0, SC Jülich 1910 – Werder Bremen 2:4, SC Geislingen – Bayer 05 Uerdingen 0:2, Eintracht Haiger – Union Solingen 0:8, Hannover 96 – Schalke 04 1:0, Alemannia Aachen – Borussia Mönchengladbach 0:2, VfB Stuttgart – 1. FC Saarbrücken 0:0 n. V., W. 2:2 n. V., 1. FCS 3:0-Sieger im Elfmeterschießen, Hertha BSC Berlin – Bayer Leverkusen 0:4.

Viertelfinale: Union Solingen – Borussia Mönchengladbach 1:2, Bayer Leverkusen – Bayern München 1:3, Bayer 05 Uerdingen – Werder Bremen 2:1, 1. FC Saarbrücken – Hannover 96 1:0.

Halbfinale: 1. FC Saarbrücken – Bayer 05 Uerdingen 0:1, Bayern München – Borussia Mönchengladbach 1:0 n. V.
Endspiel: Bayer 05 Uerdingen – Bayern München 2:1.

1986

1. Hauptrunde: 1. FC Kaiserslautern – Eintracht Frankfurt 3:1, VfL Bochum – Hamburger SV 3:2, VfB Stuttgart – Eintracht Braunschweig 6:3, Hannover 96 – SC Freiburg 3:1, Hertha BSC Berlin – Bayer Leverkusen 2:5, SG Wattenscheid 09 – Bor. Mönchengladbach 2:5, Kickers Offenbach – Bayern München 1:3, SV Weil – Werder Bremen 0:7, SpVgg. Ansbach – SV Waldhof Mannheim 0:3, München 1860 – 1. Köln 2:4, VfR Bürstadt – Bayer Uerdingen 1:3, FC Altona 93 – Fortuna Düsseldorf 2:3 n. V., Sportfreunde Eisbachtal – Schalke 04 1:2, SC Neukirchen – Borussia Dortmund 2:9, SC Göttingen 05 – 1. FC Saarbrücken 1:6, FV Ebingen – 1. FC Nürnberg 2:7, Blau-Weiß 90 Berlin – Fortuna Köln 3:0, Alemannia Aachen – Tennis Bor. Berlin 1:0, Eintracht Trier – Karlsruher SC 3:0, 1. FC Achterberg – VfL Osnabrück 0:2, Wuppertaler SV – Hessen Kassel 2:3, Bor. Neunkirchen – Rot-Weiß Oberhausen 3:2, Bremer SV – MSV Duisburg 1:3, SV Sandhausen – Union Solingen 1:0, FC Wangen – SV Darmstadt 98 2:1, FC St. Pauli Hamburg – Arminia Bielefeld 2:0 n. V., SpVgg. Plattling – Itzehoer SV 2:0, VfR Langelsheim – DSC Wanne-Eickel 2:5, TuS Paderborn/Neuhaus – 1. FC Köln Amat. 5:3, VfL Erp – SSV Ulm 46 1:2, FC Erbach – SC Birkenfeld 2:1, Kickers Stuttgart – FC Homburg 3:3 n. V. und 1:4.
2. Hauptrunde: 1. FC Nürnberg – VfB Stuttgart 0:1, Schalke 04 – Borussia Mönchengladbach 3:1, 1. FC Kaiserslautern – 1. FC Köln 4:1 n. V., 1. FC Saarbrücken – Bayern München 1:3, SV Waldhof Mannheim – VfL Osnabrück 4:1, Hannover 96 – Hessen Kassel 2:1, SpVgg. Plattling – Bayer Leverkusen 0:2, TuS Paderborn/Neuhaus – Borussia Dortmund 2:4, DSC Wanne-Eickel – Werder Bremen 0:4, Alemannia Aachen – MSV Duisburg 4:3 n. V., FC Erbach – Blau-Weiß 90 Berlin 0:1, Borussia Neunkirchen – FC Homburg 1:3, SSV Ulm 46 – FC St. Pauli Hamburg 5:2, SV Sandhausen – FC Wangen 4:1, Eintracht Trier – Bayer Uerdingen 0:0 n. V., Wiederholung 3:0, Fortuna Düsseldorf – VfL Bochum 1:1 n. V., Wiederholung 2:2 n. V. und 1:3 im Elfmeterschießen.
Achtelfinale: SV Waldhof Mannheim – Hannover 96 5:1, VfB Stuttgart – Werder Bremen 2:0, VfL Bochum – Bayern München 1:1 n. V., Wiederholung 0:2, FC Homburg – Borussia Dortmund 1:3 n. V., Alemannia Aachen – Schalke 04 1:2 n. V., SSV Ulm 46 – 1. FC Kaiserslautern 3:4 n. V., Eintracht Trier – Bayer Leverkusen 1:3 n. V., SV Sandhausen – Blau-Weiß 90 Berlin 3:2.
Viertelfinale: Bayer Leverkusen – SV Waldhof Mannheim 0:1, SV Sandhausen – Borussia Dortmund 1:3, VfB Stuttgart – Schalke 04 6:2, 1. FC Kaiserslautern – Bayern München 0:3.
Halbfinale: SV Waldhof Mannheim – Bayern München 0:2, VfB Stuttgart – Bor. Dortmund 4:1.
Endspiel: Bayern München – VfB Stuttgart 5:2.

1987

1. Hauptrunde: SC Charlottenburg – Darmstadt 98 0:3, TSG Giengen – Hannover 96 1:3, Werder Bremen – Alemannia Aachen 0:0 n. V., 0:0 n. V., Elfmeterschießen 7:6 für Aachen, Eintracht Frankfurt – Eintracht Braunschweig 3:1, Hamburger SV – Union Solingen 3:0, Rot-Weiß Lüdenscheid – 1. FC Saarbrücken 2:4 n. V., Tennis Borussia Berlin – Kickers Stuttgart 0:5, Blau-Weiß Friedrichstadt – Hassia Bingen 1:0, VfL Wolfsburg – Karlsruher SC 2:2, n. V. 1:4, Hertha BSC Berlin – Bayern München 1:2, DSC Wanne-Eickel – Blau-Weiß 90 Berlin 2:4, SV Sandhausen – Fortuna Köln 0:1, Viktoria Köln – SC Freiburg 2:5, Viktoria Goch – FC Homburg 0:3, 1. FC Amberg – Borussia Mönchengladbach 0:7, VfR Aalen – Fortuna Düsseldorf 0:2, FSV Mainz 05 – Schalke 04 1:0, TSV Stelingen – Arminia Bielefeld 1:5, Bayer Uerdingen – VfB Stuttgart 6:4 n. V., SKV Mörfelden – Borussia Neunkirchen 1:3, SV Meppen – MSV Duisburg 1:2, SpVgg Bayreuth – Wattenscheid 09 0:3 n. V., Rot-Weiß Oberhausen – Borussia Dortmund 1:3, FC Emmendingen – 1. FC Köln 0:4, Bayer Leverkusen – VfL Osnabrück 6:0, VfL Hamm – FC Gütersloh 1:1 n. V., 2:2 n. V., Elfmeterschießen 5:4 für Gütersloh, München 1860 – FC Augsburg 1:5 n. V., Viktoria Aschaffenburg – SV Waldhof Mannheim 1:2, VfL Bochum – FC St. Pauli Hamburg 1:2, Bremer SV – Hessen Kassel 1:1 n. V., 1:1 n. V., Elfmeterschießen 5:4 für Bremen, BVL 08 Remscheid – 1. FC Kaiserslautern 3:0, FSV Frankfurt – 1. FC Nürnberg 2:8.
2. Hauptrunde: FC Augsburg – Hamburger SV 1:2, MSV Duisburg – Wattenscheid 09 1:1 n. V., Wiederholung 2:1 für Wattenscheid, Fortuna Köln – SC Freiburg 1:1 n. V., W.: 2:1 für Köln, Arminia Bielefeld – Karlsruher SC 0:2, Alemannia Aachen – 1. FC Saarbrücken 4:0, Bayer Uerdingen – 1. FC Nürnberg 3:2, FC Homburg – Bayern München 1:3, FC Gütersloh – Blau-Weiß 90 Berlin 0:5, Fortuna Düsseldorf – Bayer Leverkusen 2:1 n. V., 1. FC Köln – SV Waldhof Mannheim 3:1, Bremer SV – FC St. Pauli 0:3, Blau-Weiß Friedrichstadt – Darmstadt 98 1:2, Borussia Neunkirchen – Kickers Stuttgart 2:3, FSV Mainz 05 – Eintracht Frankfurt 0:1 n. V., Borussia Mönchengladbach – Borussia Dortmund 6:1, BVL 09 Remscheid – Hannover 96 3:3 n. V., W.: 2:1 für Hannover.
Achtelfinale: Fortuna Düsseldorf – Bayern München 3:0, Wattenscheid 09 – Eintracht Frankfurt

1:3, Kickers Stuttgart – Hannover 96 2:0, Hamburger SV – FC St. Pauli 6:0, Blau-Weiß 90 Berlin – Karlsruher SC 1:2, Fortuna Köln – Darmstadt 98 0:2 n. V., Alemannia Aachen – Borussia Mönchengladbach 0:2 n. V., Bayer Uerdingen – 1. FC Köln 3:1.
Viertelfinale: Darmstadt 98 – Hamburger SV 0:1, Fortuna Düsseldorf – Karlsruher SC 1:0, Borussia Mönchengladbach – Bayer Uerdingen 9:2, Kickers Stuttgart – Eintracht Frankfurt 3:1.
Halbfinale: Hamburger SV – Borussia Mönchengladbach 1:0, Kickers Stuttgart – Fortuna Düsseldorf 3:0.
Endspiel: Hamburger SV – Kickers Stuttgart 3:1.

1988

1. Hauptrunde: Südwest Ludwigshafen – Fortuna Köln 1:6, FC St. Pauli Hamburg – Blau-Weiß 90 Berlin 0:3 n. V., 1. FC Pforzheim – 1. FC Saarbrücken 3:2, TSV Verden – Werder Bremen 0:4, Eintracht Frankfurt – Schalke 04 3:2, VfB Oldenburg – VfL Bochum 0:0 n. V., W.: 4:1 für VfL Bochum, VfL Wolfsburg – Hannover 96 3:0, 1. FC Kaiserslautern – SV Waldhof Mannheim 3:1 n. V., Hamburger SV – FC Homburg 3:0, Borussia Mönchengladbach – Bayer Leverkusen 2:1 n. V., 1. FC Köln – VfB Stuttgart 3:0, Rot-Weiß Essen – Bayern München 1:3, VfR Aachen-Forst – Karlsruher SC 0:5, SV Heidingsfeld – Bayer Uerdingen 1:2, Arminia Bielefeld – SC Freiburg 1:4 n. V.,TuS Paderborn-Neuhaus – Kickers Stuttgart 0:5, RSV Würges – Fortuna Düsseldorf 0:3, TSV Vestenbergsgreuth – SV Darmstadt 98 0:4, SV St. Ingbert – Union Solingen 0:2, Viktoria Aschaffenburg – Wattenscheid 09 4:0, VfR Aalen – Alemannia Aachen 1:2, FSV Salmrohr – VfL Osnabrück 2:0, VfI Hamm – Hessen Kassel 2:7, VfB Dillingen – TSG Giengen 0:1, Werder Bremen Amat. – MTV Ingolstadt 5:1, Eintracht Braunschweig – 1. FC Nürnberg 2:3, KSV Baunatal – SSV Ulm 46 1:1 n. V., W.: 2:1 für SSV Ulm 46, Offenburger FV – Borussia Dortmund 3:3 n. V., W.: 5:0 für Borussia Dortmund, Viktoria Köln – Hertha BSC Berlin 1:3, VfB Lübeck – Schwarz-Weiß Essen 1:2, Concordia Hamburg – SpVgg Erkenschwick 3:0, Preußen Münster – Rot-Weiß Oberhausen 1:1 n. V., W.: 2:0 für Preußen Münster.
2. Hauptrunde: 1. FC Kaiserslautern – Blau-Weiß 90 Berlin 4:3, Werder Bremen Amat. – Hamburger SV 1:3, Preußen Münster – Alemannia Aachen 2:2 n. V., W.: 1:0 für Preußen Münster, TSV Giengen – VfL Bochum 1:2 n. V., Hertha BSC – Bayer Uerdingen 1:2, 1. FC Pforzheim – Concordia Hamburg 2:0, Viktoria Aschaffenburg – 1. FC Köln1:0, Eintracht Fankfurt – SSV Ulm 46 3:0, Hessen Kassel – Kickers Stuttgart 3:1, Karlsruher SC – 1. FC Nürnberg 1:1 n. V., W.: 2:1 für 1. FC Nürnberg, Fortuna Köln – SC Freiburg 1:0, Union Solingen – Fortuna Düsseldorf 1:2, FSV Salmrohr – Borussia Dortmund 0:1, Schwarz-Weiß Essen – Darmstadt 98 1:0, Borussia Mönchengladbach – Bayern München 2:2 n. V., W.: 3:2 n. V. für Bayern München, VfL Wolfsburg – Werder Bremen 4:5 n. V.
Achtelfinale: Fortuna Düsseldorf – Eintracht Frankfurt 0:1, Preußen Münster – Fortuna Köln 2:3, Bayer Uerdingen – Borussia Dortmund 3:3 n. V., W.: 2:1 für Bayer Uerdingen, 1. FC Pforzheim – Werder Bremen 1:1 n. V., W.: 3:1 für Werder Bremen, Hessen Kassel – Viktoria Aschaffenburg 0:1, 1. FC Kaiserslautern – Hamburger SV 1:2, Bayern München – 1. FC Nürnberg 3:1, Schwarz-Weiß Essen – VfL Bochum 0:1.
Viertelfinale: Hamburger SV – Bayern München 2:1, Viktoria Aschaffenburg – Werder Bremen 1:3, Eintracht Frankfurt – Bayer Uerdingen 4:2, VfL Bochum – Fortuna Köln 4:1.
Halbfinale: VfL Bochum – Hamburger SV 2:0, Werder Bremen – Eintracht Frankfurt 0:1.
Endspiel: Eintracht Frankfurt – VfL Bochum 1:0.

1989

1. Hauptrunde: 1. FC Kaiserslautern – FC St. Pauli 2:1, Werder Bremen – Hannover 96 4:1, Karlsruher SC – Kickers Stuttgart 2:1, Borussia Dortmund – Eintracht Braunschweig 6:0, 1. FC Köln – SV Darmstadt 98 6:1, Bayern München – Blau-Weiß 90 Berlin 11:2, Schalke 04 – Borussia Mönchengladbach 1:1 n. V., 2:1, SV Meppen – Bayer Uerdingen 1:2, SSV Ulm 46 – 1. FC Nürnberg 1:4, VfL Wolfsburg – Eintracht Frankfurt 1:1 n. V., 1:6, SKG Heidelberg – SV Waldhof Mannheim 1:3, Arminia Bielefeld – VfL Bochum 0:0 n. V., 1:4 n. V., SV Ottfingen – VfB Stuttgart 0:5, BSC Erlangen – Bayer Leverkusen 0:5, MSV Duisburg – Hamburger SV 3:5 n. V., Wattenscheid 09 – VfL Osnabrück 1:1 n. V., 1:2, Fortuna Köln – Fortuna Düsseldorf 1:0, TSV Verden – Rot-Weiß Essen 1:2, FC Augsburg – Alemannia Aachen 1:4, FC Germania Dörnigheim – Spvgg. Bayreuth 0:5, SG Düren 99 – Kickers Offenbach 1:3, TBV Lemgo – FC 08 Homburg 0:4, FSV Salmrohr – SC Freiburg 2:0, STV Horst Emscher – Union Solingen 0:0 n. V., 1:5, Wormatia Worms – 1. FC Saarbrücken 1:3, VfL Kirchheim/Teck – SV Wehen 1:2, TuS Hoisdorf – Rot-Weiß Oberhausen 3:0, SSV Reutlingen – Hamborn 07 2:1, FC Türkyemspor Berlin – FC Emmendingen 0:2, Meiendorfer SV/Hamburg – TSV Osterholz-Tenever 0:1, BVL 08 Remscheid – Spvgg. Landshut 2:3, FC Bitburg – Saar 05 Saarbrücken 1:3.

2. Hauptrunde: 1. FC Köln – SV Waldhof Mannheim 1:2, 1. FC Nürnberg – Karlsruher SC 1:1 n. V., 0:1, VfB Stuttgart – VfL Bochum 3:2 n. V., Bayer Uerdingen – Eintracht Frankfurt 5:4 n. V., VfL Osnabrück – Hamburger SV 0:1, Werder Bremen – Spvgg. Bayreuth 6:1, 1. FC Kaiserslautern – Kickers Offenbach 5:0, Borussia Dortmund – FC 08 Homburg 2:1, TuS Hoisdorf – Bayern München 0:4, TSV Osterholz-Tenever – Bayer Leverkusen 0:6, Union Solingen – Fortuna Köln 2:2 n. V., 2:5, Saar 05 Saarbrücken – Schalke 04 3:3 n. V., 1:7, SSV Reutlingen – Rot-Weiß Essen 1:1 n. V., 1:3, Spvgg. Landshut – Alemannia Aachen 1:2, FSV Salmrohr – 1. FC Saarbrücken 0:1 n. V., FC Emmendingen – SV Wehen 1:3.
Achtelfinale: Schalke 04 – Borussia Dortmund 2:3, Bayer Leverkusen – SV Waldhof Mannheim 5:2, SV Wehen – 1. FC Kaiserslautern 2:3, Bayern München – Karlsruher SC 3:4, Alemannia Aachen – Bayer Uerdingen 1:4, Werder Bremen – Fortuna Köln 3:1 n. V., Hamburger SV – Rot-Weiß Essen 3:1, VfB Stuttgart – 1. FC Saarbrücken 2:0 n. V.
Viertelfinale: Borussia Dortmund – Karlsruher SC 1:0, Bayer Leverkusen – Bayer Uerdingen 2:0, VfB Stuttgart – 1. FC Kaiserslautern 4:0, Hamburger SV – Werder Bremen 0:1.
Halbfinale: Borussia Dortmund – VfB Stuttgart 2:0, Bayer Leverkusen – Werder Bremen 1:2.
Endspiel: Borussia Dortmund – Werder Bremen 4:1.

1990

1. Hauptrunde: VfL Bückeburg – Eintracht Braunschweig 0:2, Rot-Weiß Frankfurt – SV Waldhof Mannheim 0:1, Arminia Hannover – FC 08 Homburg 2:1, FC St. Pauli Hamburg – Werder Bremen 1:2, Kickers Offenbach – Bayer Uerdingen 2:1, VfR Sölde – 1. FC Köln in Holzwickede 0:3, Eintracht Frankfurt – Bayern München 0:1, Hamburger SV – MSV Duisburg 2:4, Hannover 96 – Borussia Mönchengladbach 0:3, VfL Wolfsburg – VfB Stuttgart 1:3, Bayer Leverkusen Amat. – 1. FC Kaiserslautern 0:1, Hertha Zehlendorf – 1. FC Nürnberg 0:4, Spvgg. Plattling – Fortuna Düsseldorf 1:2 n.V., 1. FC Saarbrücken – SV Meppen 3:1, Rot-Weiß Essen – Wattenscheid 09 1:2, VfL Osnabrück – Schalke 04 3:1 n.V., SV Langenau – Kickers Stuttgart 0:6, SC Jülich 1910 – Blau-Weiß 90 Berlin 2:2 n.V., W.: 1:0 für Blau-Weiß, FC Wangen – Darmstadt 98 0:3, 1. FC Pforzheim – Spvgg. Bayreuth 4:1, FC Schweinfurt 05 – FC Altona 93 1:0, TSG Pfeddersheim – VfB Gaggenau 2:0, SC Geislingen – TSV München 1860 0:3, SV Edenkoben – Saar 05 Saarbrükken 1:0, Borussia Dortmund – Fortuna Köln 3:0, SV Wiesbaden – VfL Bochum 0:2, Werder Bremen Amat. – Bayer Leverkusen 1:4, Union Solingen – SC Freiburg 1:3 n.V., FC Gütersloh – Hertha BSC Berlin 1:1 n.V., W.: 1:0 für Gütersloh, FSV Salmrohr – TuS Hoisdorf 1:3, Viktoria Aschaffenburg – Karlsruher SC 2:6, FSV Mainz 05 – Alemannia Aachen 2:0.
2. Hauptrunde: Borussia Mönchengladbach – 1. FC Nürnberg 4:1, Bayern München – SV Waldhof Mannheim 2:0, SC Freiburg – Karlsruher SC 1:2, Darmstadt 98 – Bayer Leverkusen 1:0, Kickers Stuttgart – Werder Bremen 2:3, Borussia Dortmund – Eintracht Braunschweig 2:3, Fortuna Düsseldorf – 1. FC Saarbrücken 4:0, 1. FC Pforzheim – VfL Bochum 1:0, Arminia Hannover – 1. FC Köln 2:4, FSV Mainz 05 – 1. FC Kaiserslautern 1:3, FC Gütersloh – VfB Stuttgart 0:2 n.V., Wattenscheid 09 – VfL Osnabrück 0:2, SV Edenkoben – MSV Duisburg 1:2 n.V., FC Schweinfurt 05 – Blau-Weiß 90 Berlin 4:2, TSG Pfeddersheim – Kickers Offenbach 1:3, TuS Hoisdorf – TSV München 1860 0:2.
Achtelfinale: TSV München 1860 – Werder Bremen 1:2, 1. FC Kaiserslautern – 1. FC Köln 2:1, VfB Stuttgart – Bayern München 3:0, Kickers Offenbach – Borussia Mönchengladbach 1:0 n.V., FC Schweinfurt 05 – Eintracht Braunschweig 0:2, 1. FC Pforzheim – Fortuna Düsseldorf 1:3, MSV Duisburg – Darmstadt 98 4:1, VfL Osnabrück – Karlsruher SC 3:2.
Viertelfinale: Werder Bremen – VfB Stuttgart 3:0, 1. FC Kaiserslautern – Fortuna Düsseldorf 3:1, Eintracht Braunschweig – VfL Osnabrück 3:2, Kickers Offenbach – MSV Duisburg 1:1 n.V., W.: 1:0 für Offenbach.
Halbfinale: Werder Bremen – Eintracht Braunschweig 2:0, Kickers Offenbach – 1. FC Kaiserslautern 0:1.
Endspiel: 1. FC Kaiserslautern – Werder Bremen 3:2.

★

Das Endspiel erreichten: Bayern München und 1. FC Köln je 9mal, Schalke 04 8mal, Fortuna Düsseldorf 7mal, Hamburger SV 6mal, 1. FC Nürnberg, 1. FC Kaiserslautern und Eintracht Frankfurt je 5mal.
Das Halbfinale erreichten: Schalke 04 14mal, Bayern München 13mal, Hamburger SV 12mal, 1. FC Nürnberg und Fortuna Düsseldorf je 11mal, 1. FC Köln und Werder Bremen je 10mal.

Der Länderpokal der Amateure

Die bisherigen Sieger

1909 Mitteldeutschland – 1910 Süddeutschland – 1911 Norddeutschland – 1912 Süd – 1913 Westdeutschland – 1914 Nord – 1917 Nord – 1918 Brandenburg – 1919 Nord – 1920 West – 1921 Mittel – 1922 bis 1924 Süd – 1925 Nord – 1926 Süd – 1927 Mittel – 1928 Südostdeutschland – 1929 Brandenburg – 1930 Nord – 1931 Süd – 1932 Nord – 1933 Süd – 1935 (Gaue) Mittel – 1936 Sachsen – 1937 Niederrhein – 1938 Nordmark – 1939 Schlesien – 1940 Bayern – 1941 Sachsen – 1942 Niederrhein – 1950 (Landesverbände) Bayern.

Anmerkung: 1909–18 Kronprinzenpokal, 1919–33 Bundespokal, 1935–42 Reichsbundpokal, 1950 Länderpokal – ab 1951 Amateur-Länderpokal.

Die Sieger:

1951 Niederrhein – 1952 bis 1955 Bayern – 1956 Hessen – 1957 Niedersachsen – 1958 Niederrhein – 1959 Hamburg – 1960 Mittelrhein – 1961 Hamburg – 1962 Westfalen – 1963 Bayern – 1964 Mittelrhein – 1965 Bayern – 1966 Westfalen – 1967 Nordbaden – 1968 Bayern – 1969 Nordbaden – 1970 und 1971 Bayern – 1972 und 1973 Nordbaden – 1974 Mittelrhein – 1975 Südwest – 1976 Niedersachsen – 1977 Bayern – 1978 Westfalen – 1979 Württemberg – 1980 Bayern – 1981 und 1982 Südwest – 1983 Hessen – 1984 Bremen – 1985 Rheinland – 1986 Westfalen – 1987 Niedersachsen – 1988 Württemberg – 1989 und 1990 Bayern.

1951: Niederrhein

Vorrunde: Nordwürttemberg – Südwürttemberg 5:2; Südbaden – Nordbaden 1:3; Hessen – Bayern 0:1; Rheinland – Niederrhein 1:5; Bremen – Berlin 0:2; Hamburg – Schleswig-Holstein 2:1; Niedersachsen – Westfalen 1:4; Südwest – Mittelrhein 0:2.
Zwischenrunde: Bayern – Mittelrhein 6:0; Berlin – Hamburg 5:2; Westfalen – Nordwürttemberg 4:0; Niederrhein – Nordbaden 4:4 n. Verlg. und 1:0 n. Verlg.
Vorschlußrunde: Berlin – Bayern 3:2; Niederrhein – Westfalen 1:0.
Endspiel: Niederrhein – Berlin 5:4 nach Verlängerung. – **Niederrhein:** Gärtner – Hoffmann, Hausmann – Auerhahn, Jäger, Reinmann – Klug, Mauritz, Küster, van Burgh, Laskavi.

1952: Bayern

Vorrunde: Westfalen – Hessen 2:3; Schleswig-Holstein – Bremen 2:1; Niedersachsen – Hamburg 4:2; Niederrhein – Berlin 5:1; Mittelrhein – Rheinland 4:0; Nordbaden – Rheinhessen/Pfalz 5:2; Südbaden – Württemberg 0:2 (Bayern hatte Freilos).
Zwischenrunde: Mittelrhein – Bayern 1:3; Württemberg – Nordbaden 6:1; Schleswig-Holstein – Niedersachsen 4:1; Hessen – Niederrhein 2:3.
Vorschlußrunde: Bayern – Württemberg 5:4 n. Verlg.; Niederrhein – Schleswig-Holstein 4:1.
Endspiel: Bayern – Niederrhein in Wuppertal 4:0. – **Bayern:** Loy – Kraft, Koch – Pohl, Meßmann, Wittig – Hinterstocker, Bäumler, Zeitler, Siemko, Kapp.

1953: Bayern

Vorrunde: Berlin – Niedersachsen 1:3; Bremen – Hamburg 5:1; Westfalen – Mittelrhein 6:3; Hessen – Nordbaden 2:0; Württemberg – Bayern 2:3; Südwest – Südbaden 2:2 n. Verlg. und 1:2; Schleswig-Holstein – Niederrhein 2:2 n. Verlg. und 2:7 (Rheinland hatte Freilos).
Zwischenrunde: Niedersachsen – Bremen 3:2; Hessen – Westfalen 3:2 nach Verlängerung; Niederrhein – Rheinland 5:3 nach Verlängerung; Bayern – Südbaden 5:0.
Vorschlußrunde: Bayern – Niederrhein 8:1; Niedersachsen – Hessen 3:2 nach Verlängerung.
Endspiel: Bayern – Niedersachsen 5:2 in Hannover. – **Bayern:** Loy – Kraft, Koch – Wittig, Meßmann, Semmelmann – Hinterstocker, Bäumler, Zeitler, Baumgärtner, Rosa.

1954: Bayern

Vorrunde: Niederrhein – Westfalen 4:2; Mittelrhein – Württemberg 2:1; Hamburg – Berlin 2:1; Bayern – Rheinland 5:0; Nordbaden – Südbaden 4:2; Niedersachsen – Bremen 1:0; Hessen – Südwest 3:1; Freilos: Schleswig-Holstein.
Zwischenrunde: Hamburg – Niedersachsen 0:4; Niederrhein – Hessen 1:3 nach Verlängerung; Mittelrhein – Schleswig-Holstein 3:4 nach Verlängerung; Nordbaden – Bayern 0:4.
Vorschlußrunde: Hessen – Schleswig-Holstein 0:2; Bayern – Niedersachsen 1:0.

Endspiel: Bayern – Schleswig-Holstein 3:0 in Kiel. – **Bayern:** Loy – Wittig, Neubig – Pohl, Meßmann, Semmelmann – Hofmeier, Bäumler, Zeitler, Baumgärtner, Rosa.

1955: Bayern

Vorrunde: Württemberg – Nordbaden 1:4; Südwest – Niederrhein 4:3; Westfalen – Mittelrhein 2:1; Hamburg – Schleswig-Holstein 2:0; Bremen – Niedersachsen 2:6; Rheinland – Hessen 1:2 abgebr. und 3:1; Bayern – Südbaden 3:1 (Berlin hatte Freilos).
Zwischenrunde: Bayern – Südwest 5:1; Berlin – Westfalen 0:5; Nordbaden – Rheinland 4:1; Niedersachsen – Hamburg 3:3 nach Verlängerung und 0:1.
Vorschlußrunde: Bayern – Nordbaden 4:0; Westfalen – Hamburg 1:1 nach Verlg. und 6:0.
Endspiel: Bayern – Westfalen 5:2 in Augsburg. – **Bayern:** Guhl – Kaniber, Landerer – Wirth, Meßmann, Semmelmann – Reitgaßl, Börstler, Zeitler, Riedel, Schneider.

1956: Hessen

Vorrunde: Schleswig-Holstein – Berlin 2:4; Niedersachsen – Hamburg 1:0 nach Verlängerung; Niederrhein – Bremen 1:0; Mittelrhein – Südwest 3:2; Nordbaden – Rheinland 5:1; Hessen – Südbaden 3:2 nach Verlängerung; Bayern – Württemberg 6:4 (Westfalen hatte Freilos).
Zwischenrunde: Berlin – Niederrhein 1:3; Hessen – Westfalen 1:1 nach Verlängerung und 4:2; Mittelrhein – Niedersachsen 3:1; Bayern – Nordbaden 2:5.
Vorschlußrunde: Hessen – Mittelrhein 5:3 nach Verlängerung; Niederrhein – Nordbaden 1:0 nach Verlängerung.
Endspiel: Hessen – Niederrhein 3:1 in Frankfurt. – **Hessen:** Groh – Schmidt, Volland – Kellner, Kronenberg, Höfer – Rahner, Kabatzki, Elze II, Hauner, Kalbfleisch.

1957: Niedersachsen

Vorrunde: Hamburg – Nordbaden 6:0; Rheinland – Südbaden 5:3; Bremen – Mittelrhein 4:2; Südwest – Bayern 2:6; Württemberg – Niederrhein 3:2; Schleswig-Holstein – Niedersachsen 2:2 n. Verlg. und 0:3; Westfalen – Berlin 2:0 nach Verlängerung; Hessen – Saarland 2:3.
Zwischenrunde: Niedersachsen – Württemberg 2:1; Bayern – Saarland 3:1; Rheinland – Hamburg 2:1; Bremen – Westfalen 0:5.
Vorschlußrunde: Niedersachsen – Bayern 2:0; Westfalen – Rheinland 3:0.
Endspiel: Niedersachsen – Westfalen 3:2 nach Verlängerung in Hannover. – **Niedersachsen:** Bolchert – Frohmüller, Reichert – Alscher, M. Hoffmann, Schröder – Winkler, Giesemann, Gollnow, W. Hoffmann, Pichotta.

1958: Niederrhein

Vorrunde: Hamburg – Schleswig-Holstein 3:0; Niedersachsen – Bremen 5:2; Hessen – Rheinland 2:0; Mittelrhein – Westfalen 0:1; Bayern – Nordbaden 2:3; Südbaden – Saarland 3:1; Berlin – Württemberg 2:3; Niederrhein – Südwest 4:0.
Zwischenrunde: Nordbaden – Niedersachsen 0:5; Südbaden – Niederrhein 0:4; Württemberg – Hessen 3:1; Westfalen – Hamburg 3:4 nach Verlängerung.
Vorschlußrunde: Niederrhein – Hamburg 4:3; Württemberg – Niedersachsen 0:1.
Endspiel: Niederrhein – Niedersachsen 2:0 in Hannover. – **Niederrhein:** Sauer – Mauritz, Zimmermann – Besten, Kratky, Giegeling – Klocke, Bahrfeck, Matischak, Bedürftig, Drehmann.

1959: Hamburg

Vorrunde: Schleswig-Holstein – Niederrhein 2:4; Saarland – Niedersachsen 3:2; Nordbaden – Südbaden 0:1; Rheinland – Mittelrhein 0:2; Bremen – Berlin 3:2; Westfalen – Hamburg 2:3; Südwest – Hessen 0:3; Württemberg – Bayern 4:1 nach Verlängerung.
Zwischenrunde: Mittelrhein – Württemberg 2:4, Niederrhein – Saarland 2:1, Hamburg – Bremen 5:1, Hessen – Südbaden 4:1.
Vorschlußrunde: Hessen – Württemberg 4:2; Hamburg – Niederrhein 3:2.
Endspiel: Hamburg – Hessen 4:1 in Hamburg. – **Hamburg:** Hillebrand – Kurbjuhn, Huberth – Winter, Sell, Witt – Paulsen, Bischoff, Wullenweber, Dörfel, Schütze.

1960: Mittelrhein

Vorrunde: Hessen – Bremen 3:1; Bayern – Rheinland 5:1; Hamburg – Württemberg 4:2; Niedersachsen – Schleswig-Holstein 0:2; Mittelrhein – Saarland 4:1; Südbaden – Südwest 2:1; Niederrhein – Nordbaden 0:3; Berlin – Westfalen 1:3.

Zwischenrunde: Westfalen – Hessen 1:2; Schleswig-Holstein – Mittelrhein 2:3; Nordbaden – Hamburg 1:0; Südbaden – Bayern 0:4.
Vorschlußrunde: Mittelrhein – Bayern 3:1; Hessen – Nordbaden 5:3.
Endspiel: Mittelrhein – Hessen 3:0 in Wiesbaden. – **Mittelrhein:** Dresbach – Nasdalla, Regh – Bisanz, Dossing, Kuhn – Thielen, Ripkens, Bergstein, Glenski, Kremer.

1961: Hamburg

Vorrunde: Südwest – Hamburg 0:1; Rheinland – Südbaden 1:5; Württemberg – Mittelrhein 2:1 nach Verlg.; Saarland – Bayern 3:7; Nordbaden – Hessen 1:2 nach Verlg.; Schleswig-Holstein – Berlin 6:1; Bremen – Niederrhein 0:3; Westfalen – Niedersachsen 2:0.
Zwischenrunde: Südbaden – Schleswig-Holstein 2:6; Niederrhein – Württemberg 3:1; Hamburg – Bayern 2:0; Hessen – Westfalen 1:2.
Vorschlußrunde: Westfalen – Hamburg 1:1 nach Verlg.; Wiederholung 2:2 nach Verlg., Los für Hamburg; Schleswig-Holstein – Niederrhein 2:0.
Endspiel: Hamburg – Schleswig-Holstein 2:1 in Hamburg. – **Hamburg:** Krakow – Schröder, Usko – Brauer, Winter, Lewandowski – Schmidt, Neudorf, Warszta, Bähre, Sonnemann.

1962: Westfalen

Vorrunde: Hamburg – Bremen 5:3 nach Verlg.; Hessen – Saarland 1:3; Niedersachsen – Schleswig-Holstein 4:1; Südbaden – Rheinland 3:1; Bayern – Württemberg 1:0; Mittelrhein – Nordbaden 2:2 n. Verlg.; Wiederholung 2:2 n. Verlg., Los für Mittelrhein; Südwest – Berlin 1:2 n. Verlg.; Niederrhein – Westfalen 0:2.
Zwischenrunde: Berlin – Bayern 4:1; Saarland – Niedersachsen 1:3; Westfalen – Südbaden 4:0; Mittelrhein – Hamburg 3:0.
Vorschlußrunde: Niedersachsen – Westfalen 2:5; Berlin – Mittelrhein 1:3 nach Verlängerung.
Endspiel: Westfalen – Mittelrhein 1:0 in Siegen. – **Westfalen:** Mühlmann – Ahmann, Michel – Germann, Voß, Geilfuß – Wosab, Netthövel, Kühn, Neuser, Kentschke.

1963: Bayern

Vorrunde: Rheinland – Hessen 0:5; Niederrhein – Saarland 1:0; Bremen – Südbaden 1:2 n. Verlg.; Württemberg – Niedersachsen 2:0; Mittelrhein – Bayern 1:5; Südwest – Nordbaden 1:2; Westfalen – Berlin 7:1; Schleswig-Holstein – Hamburg 2:1.
Zwischenrunde: Nordbaden – Württemberg 0:2; Hessen – Schleswig-Holstein 2:0; Südbaden – Niederrhein 1:3; Bayern – Westfalen 3:2.

Vorschlußrunde: Niederrhein – Hessen 0:1; Württemberg – Bayern 0:2
Endspiel: Bayern – Hessen 3:1 in Bayreuth. – **Bayern:** Maier – Kirchinger, Zimmermann – Pohl, Zott, Landerer – Partosch, Kreh, Zettelmaier, März, Mikulasch.

1964: Mittelrhein

Vorrunde: Hamburg – Rheinland 5:2; Bayern – Saarland 2:1; Berlin – Niedersachsen 2:1; Niederrhein – Bremen 2:1 n. Verlg.; Hessen – Südwest 7:2; Südbaden – Westfalen 1:0; Nordbaden – Württemberg 0:5; Schleswig-Holstein – Mittelrhein 2:2 n. Verlg. und 0:3.
Zwischenrunde: Bremen – Berlin 5:1; Mittelrhein – Hamburg 1:0; Bayern – Hessen 0:1 n. Verlg.; Württemberg – Südbaden 3:3 n. Verlg. und 1:2.
Vorschlußrunde: Hessen – Mittelrhein 0:2; Südbaden – Bremen 1:0.
Endspiel: Mittelrhein – Südbaden 4:0 in Köln. – **Mittelrhein:** Honnef – Schlebusch, Zimmermann – Apweiler, Lambertin, Bernardy – Eder, Knoch, Gerstner, Nacken, Ackermann.

1965: Bayern

Vorrunde (mit Hin- und Rückspielen): Saarland – Rheinland 3:2 und 3:1; Bayern – Bremen 1:0 und 5:2; Hamburg – Westfalen 2:2 und 1:3; Nordbaden – Niederrhein 0:3 und 0:0; Berlin – Südbaden 0:3 und 1:2; Schleswig-Holstein – Hessen 0:4 und 2:4; Niedersachsen – Mittelrhein 2:3 und 1:2; Württemberg – Südwest 1:2 und 3:3.
Zwischenrunde: Westfalen – Südbaden 2:0; Südwest – Bayern 2:4; Mittelrhein – Hessen 1:2 n. Verlg.; Saarland – Niederrhein 0:1.
Vorschlußrunde: Bayern – Niederrhein 4:2; Hessen – Westfalen 0:3.
Endspiel: Westfalen – Bayern 2:3 in Hamm/Westfalen. – **Bayern:** Netzel – Felbinger, Wittmann – Holzschuh, Parzl, Schwab – Kunstmann, Peter, Glinka, Faltermeier, Linz.

1966: Westfalen

Vorrunde (mit Hin- und Rückspielen): Südbaden – Berlin 1:2 und 3:1; Hamburg – Südwest 0:2 und 4:1; Hessen – Rheinland 2:0 und 3:1; Niederrhein – Saarland 5:1 und 0:1; Württemberg – Schleswig-Holstein 3:0 und 2:0; Niedersachsen – Bremen 4:1 und 1:1; Nordbaden – Mittelrhein 1:0 und 5:3; Westfalen – Bayern 0:0 und 2:1.
Zwischenrunde: Westfalen – Hessen 0:0 n. Verlg. (Los für Westfalen); Niederrhein – Niedersachsen 2:3 n. Verlg.; Nordbaden – Württemberg 3:0; Hamburg – Südbaden 5:0.
Vorschlußrunde: Hamburg – Westfalen 0:1; Niedersachsen – Nordbaden 6:1.
Endspiel: Westfalen – Niedersachsen 1:0 in Minden/Westfalen. – **Westfalen:** Schulte – Ahmann, Mietz – Wagner, Zorc, Stürz – Waldschmidt, Reismann, Erler, Jahnel, Bradatsch.

1967: Nordbaden

Vorrunde (mit Hin- und Rückspielen): Südbaden – Bayern 0:4 und 3:3; Saarland – Hessen 0:3 und 1:4; Berlin – Bremen 1:3 und 1:1; Nordbaden – Württemberg 4:2 und 0:1; Niederrhein – Hamburg 1:1 und 0:2; Rheinland – Niedersachsen 1:0 und 2:3 n. Verlg. Los für Rheinland; Mittelrhein – Südwest 2:0 und 3:1; Westfalen – Schleswig-Holstein 4:0 und 3:3.
Zwischenrunde: Hamburg – Mittelrhein 2:1; Westfalen – Bayern 2:0; Hessen – Rheinland 7:3; Nordbaden – Bremen 2:1.
Vorschlußrunde: Hessen – Hamburg 2:1; Nordbaden – Westfalen 1:0.
Endspiel: Nordbaden – Hessen 2:1 in Viernheim. – **Nordbaden:** Koch – Luft, Rückert – Dielmann, Kitter, Kunzmann – Schreiner, Rosner, Burkhäuser, Layh, Firnkes.

1968: Bayern

Vorrunde (mit Hin- und Rückspielen): Hamburg – Mittelrhein 1:1 und 2:1; Niedersachsen – Saarland 9:0 und 0:1; Schleswig-Holstein – Berlin 4:0 und 4:3; Württemberg – Bremen 1:1 und 1:2; Bayern – Südbaden 3:2 und 1:0; Niederrhein – Hessen 1:1 und 1:4; Westfalen – Nordbaden 1:0 und 1:0; Rheinland – Südwest 2:2 und 3:1.
Zwischenrunde: Bayern – Westfalen 2:1 n. Verlg.; Bremen – Hessen 0:1; Niedersachsen – Schleswig-Holstein 1:2 n. Verlg.; Hamburg – Rheinland 3:1 n. Verlg.
Vorschlußrunde: Hessen – Hamburg 1:1 n. Verlg.; Los für Hamburg; Bayern – Schleswig-Holstein 4:2.
Endspiel: Bayern – Hamburg 5:0 in Straubing. – **Bayern:** Hofmann – Ziegelmeier, W. Müller – Kunstwadl, Lamprecht, Pohl – Ritschel, Peter, Mansfeld (Deuerling), Nüssing, Faltermeier.

1969: Nordbaden

Vorrunde (mit Hin- und Rückspielen): Württemberg – Südbaden 2:0 und 2:0; Nordbaden – Rheinland 1:2 und 3:0 n. Verl.; Westfalen – Bremen 1:0 und 1:3 n. Verlg.; Bayern – Niedersachsen 2:2 und 1:0; Niederrhein – Berlin 5:1 und 1:1; Südwest – Mittelrhein 0:4 und 0:3; Hessen – Hamburg 4:2 und 0:4; Schleswig-Holstein – Saarland 1:1 und 1:4.
Zwischenrunde: Hamburg – Niederrhein 1:0; Saarland – Bayern 2:0; Bremen – Württemberg 2:0; Mittelrhein – Nordbaden 0:2.
Vorschlußrunde: Bremen – Hamburg 1:2; Nordbaden – Saarland 4:1.
Endspiel: Hamburg – Nordbaden 1:2 in Hamburg-Harburg. – **Nordbaden:** Tepe – Luft, Rückert – Kitter, Rosner, Dielmann – Fecht (Firnkes), Schneider, Ripp, Seifert, Spankowski.

1970: Bayern

Vorrunde (mit Hin- und Rückspielen): Nordbaden – Saarland 4:1 und 1:1; Südbaden – Rheinland 1:5 und 0:0; Schleswig-Holstein – Mittelrhein 2:1 und 3:2; Württemberg – Berlin 6:2 und 2:1; Niederrhein – Hamburg 2:0 und 1:0; Niedersachsen – Westfalen 0:0 und 2:1; Bayern – Hessen 2:0 und 4:3; Südwest – Bremen 1:2 und 1:0 n. Verl.; Los für Bremen.
Zwischenrunde: Niedersachsen – Württemberg 0:0 und 5:3 nach Verl.; Bremen – Schleswig-Holstein 2:0 und 4:1; Nordbaden – Rheinland 3:1 und 1:1; Niederrhein – Bayern 1:1 und 1:2.
Vorschlußrunde: Bremen – Nordbaden 0:5 und 2:2; Niedersachsen – Bayern 3:3 und 1:3.
Endspiel: Bayern – Nordbaden 2:0 in Karlsruhe. – **Bayern:** Ruff – Schuhmann (Fink), Willi Müller, Walter Müller, Sohnle – Pohl, Obermeier (Größler), Mischor – Helgert, Horn, Stegmayer.

1971: Bayern

Vorrunde (mit Hin- und Rückspielen): Bremen – Bayern 2:1 und 0:6; Niederrhein – Rheinland 6:1 und 1:1; Hamburg – Westfalen 1:0 und 2:4; Hessen – Niedersachsen 3:0 und 1:1; Mittelrhein – Schleswig-Holstein 2:2 und 0:1; Berlin – Südbaden 0:0 und 2:2 n. Verlg. (Südbaden 7:6-Sieger

nach Elfmeterschießen); Nordbaden – Saarland 1:1 und 3:2 n. V.; Südwest – Württemberg (Südwest kampflos Sieger).
Zwischenrunde: Bayern – Hessen 4:2 und 3:1; Südbaden – Niederrhein 1:1 und 0:4; Südwest – Nordbaden 1:1 und 2:0; Schleswig-Holstein – Westfalen 0:0 und 0:3.
Vorschlußrunde: Bayern – Westfalen 4:0 und 1:1; Niederrhein – Südwest 1:1 und 6:1.
Endspiel: Bayern – Niederrhein 2:1 n. V. in Bayreuth. – **Bayern:** Ruff – Rauh, Sohnle, Fink, Schuhmann – Pohl, Horn, Gerling – Größler (Lindinger), Helgert, Linz (Jörg).

1972: Nordbaden

Vorrunde (mit Hin- und Rückspielen): Nordbaden – Niederrhein 3:1 und 1:2; Berlin – Rheinland 2:2 und 1:2; Hessen – Schleswig-Holstein 7:1 und 3:1; Saarland – Südwest 0:2 und 4:0; Bremen – Württemberg 0:0 und 1:0 n. V.; Mittelrhein – Niedersachsen 0:1 und 1:2; Westfalen – Bayern 1:3 und 1:2; Hamburg – Südbaden 2:1 und 3:0.
Zwischenrunde: Saarland – Nordbaden 0:2 und 2:8; Hessen – Hamburg 2:1 und 5:0; Bayern – Rheinland 1:0 und 3:1; Bremen – Niedersachsen 2:2 und 0:1.
Vorschlußrunde: Bayern – Nordbaden 0:1 und 1:2; Niedersachsen – Hessen 1:1 und 1:0.
Endspiel: Nordbaden – Niedersachsen 2:1 in Weinheim. – **Nordbaden:** Kraus – Gernot Rohr, Volker Rohr, Luft, Poly – Layh, Sebert, Bartels – Spankowski, Träutlein (Dziobaka), Harm.

1973: Nordbaden

Vorrunde: Hamburg – Mittelrhein 1:1 und 1:0; Berlin – Württemberg 0:5 und 0:0; Südwest – Südbaden 2:0 und 0:5; Bayern – Bremen 1:1 und 3:4; Niedersachsen – Saarland 2:2 und 1:1 n. Ver. (Elfmeterschießen 3:2 für Niedersachsen); Schleswig-Holstein – Nordbaden 1:0 und 1:6; Rheinland – Hessen 1:2 und 2:3; Westfalen – Niederrhein 1:4 und 1:4.
Zwischenrunde: Bremen – Niederrhein 0:1 und 0:0; Südbaden – Nordbaden 0:1 und 2:2; Hessen – Württemberg 1:1 und 1:5; Niedersachsen – Hamburg 0:1 und 1:2.
Vorschlußrunde: Niederrhein – Hamburg 1:2 und 5:3 n. V.; Württemberg – Nordbaden 0:1 u. 1:1.
Endspiel: Niederrhein – Nordbaden 1:1 n. Verl. in Neuß; nachdem zum festgelegten Termin für ein Wiederholungsspiel der Niederrhein in der Schulferienzeit kurzfristig keine Mannschaft aufbieten konnte, wurde Nordbaden vom DFB zum Sieger erklärt – **Nordbaden:** Seitz – Ehmann, Rohr, Weidlandt, Halder – Achstätter, Fanz, Renaud (Last) – Wink (Bertsch), Störzer, Träutlein.

1974: Mittelrhein

Gruppe 1: Bayern – Württemberg 1:1; Nordbaden – Schleswig-Holstein 4:1; Württemberg – Nordbaden 1:1 Schleswig-Holstein – Bayern 1:5; Bayern – Nordbaden 1:0; Schleswig-Holstein – Württemberg 1:5. – Gruppensieger: Bayern.
Gruppe 2: Westfalen – Südwest 2:1; Hessen – Südbaden 5:1; Südwest – Hessen 0:1; Südbaden – Westfalen 2:1; Westfalen – Hessen 4:1; Südbaden – Südwest 3:1. – Gruppensieger: Westfalen.
Gruppe 3: Hamburg – Berlin 2:0; Niedersachsen – Rheinland 2:3; Rheinland – Hamburg 2:1; Berlin – Niedersachsen 2:3; Hamburg – Niedersachsen 2:2; Rheinland – Berlin 1:0. – Gruppensieger: Rheinland.
Gruppe 4: Niederrhein – Saarland 1:0; Mittelrhein – Bremen 2:1; Saarland – Mittelrhein 0:1; Bremen – Niederrhein 1:1; Niederrhein – Mittelrhein 1:1; Bremen – Saarland 3:1. – Gruppensieger: Mittelrhein.
Vorschlußrunde: Westfalen – Rheinland 2:1; Mittelrhein – Bayern 1:1 n. Verl.; Elfmeterschießen 2:1 für Mittelrhein.
Spiel um den 3. Platz: Bayern – Rheinland 4:1.
Endspiel: Mittelrhein – Westfalen 1:0 in Herford. – **Mittelrhein:** Holubek – Gelath, Vetter, Eickerling, Rehbach – Schäfer, Büchel, Surbach – Kentschke (Del' Haye), Schumann, Thies.

1975: Südwest

Gruppe 1: Saarland – Nordbaden 0:2; Rheinland – Bayern 2:2; Bayern – Saarland 0:2; Nordbaden – Rheinland 3:0; Nordbaden – Bayern 1:1; Saarland – Rheinland 1:1. – Gruppensieger: Nordbaden.
Gruppe 2: Südwest – Hessen 3:0; Südbaden – Westfalen 2:2; Westfalen – Südwest 2:2; Hessen – Südbaden 0:1; Hessen – Westfalen 0:3; Südwest – Südbaden 3:2. – Gruppensieger: Südwest.
Gruppe 3: Württemberg – Niedersachsen 0:2; Bremen – Hamburg 6:1; Hamburg – Württemberg 2:3; Niedersachsen – Bremen 1:0; Niedersachsen – Hamburg 2:1; Württemberg – Bremen 2:3. – Gruppensieger: Niedersachsen.

Gruppe 4: Berlin – Mittelrhein 0:2; Schleswig-Holstein – Niederrhein 0:4; Niederrhein – Berlin 1:1; Mittelrhein – Schleswig-Holstein 2:0; Mittelrhein – Niederrhein 0:1; Berlin – Schleswig-Holstein 1:1. – Gruppensieger: Niederrhein.
Vorschlußrunde: Niedersachsen – Nordbaden 0:1; Südwest – Niederrhein 3:1.
Spiel um den 3. Platz: Niedersachsen – Niederrhein 1:2.
Endspiel: Südwest – Nordbaden 0:0 n. Verlg. und 4:2 nach Elfmeterschießen in Meppen. – **Südwest:** Kirsch – Hufsky, Brust, Hösl, Plivelitsch – Alber, Schäfer, Spiekermann – Zacher, Wilhelm, Hupp (Bütow).

1976: Niedersachsen

Gruppe 1: Hamburg – Mittelrhein 2:3 und 0:0; Westfalen – Schleswig-Holstein 2:0 und 1:0. – Gruppenendspiele: Westfalen – Mittelrhein 0:3 und 1:2.
Gruppe 2: Berlin – Niederrhein 2:0 und 2:1; Niedersachsen – Bremen 2:1 und 2:2. – Gruppenendspiele: Niedersachsen – Berlin 2:0 und 1:1.
Gruppe 3: Hessen – Südwest 2:0 und 1:1; Saarland – Südbaden 2:2 und 2:2 n. Verlg. (Saarland 5:4-Sieger nach Elfmeterschießen). – Gruppenendspiele: Hessen – Saarland 0:0 und 2:1.
Gruppe 4: Bayern – Rheinland 3:0 und 1:1; Württemberg – Nordbaden 0:3 und 1:0. – Gruppenendspiele: Nordbaden – Bayern 1:5 und 0:3.
Vorschlußrunde: Bayern – Mittelrhein 2:1; Niedersachsen – Hessen 3:0.
Spiel um den 3. Platz: Hessen – Mittelrhein 6:1.
Endspiel (in Würzburg): Niedersachsen – Bayern 1:0 – **Niedersachsen:** Stein – Eismann, Speh, Vogeler, Otte – Behrends, Rühmkorb, W. Krause – Mrosko, Wallek (U. Krause), Dudda (Wegner).

1977: Bayern

Gruppe 1: Saarland – Bayern 3:6 und 2:2; Südbaden – Württemberg 2:2 und 0:1. – Gruppenendspiele: Württemberg – Bayern 0:1 und 1:1.
Gruppe 2: Rheinland – Nordbaden 2:2 und 1:0; Hessen – Berlin 3:2 und 0:2. – Gruppenendspiele: Berlin – Rheinland 3:1 und 1:0.
Gruppe 3: Westfalen – Bremen 1:0 und 3:0; Niedersachsen – Niederrhein 2:1 und 1:1. – Gruppenendspiele: Niedersachsen – Westfalen 3:1 und 1:4 n. Verlg.
Gruppe 4: Schleswig-Holstein – Mittelrhein 3:2 und 0:3; Südwest – Hamburg 3:2 und 4:2. – Gruppenendspiele: Südwest – Mittelrhein 5:0 und 1:1.
Vorschlußrunde: Südwest – Westfalen 2:2 n. Verlg. (Südwest 4:2-Sieger nach Elfmeterschießen); Bayern – Berlin 1:0.
Spiel um den 3. Platz: Berlin – Westfalen 3:1.
Endspiel (in Ludwigshafen): Bayern – Südwest 4:2 n. Verlg. – **Bayern:** Huber – Schenk, Seufert, Markert, Ludwig Müller (Weißberger), Schrettenbrunner (Augenthaler), Metzger, Wohland, Thaumüller, Kirschner, Hampl.

1978: Westfalen

Vorrunde: Bayern – Südbaden 3:1 und 4:2; Rheinland – Niederrhein 0:2 und 2:4; Württemberg – Niedersachsen 0:3 und 1:1; Westfalen – Schl.-Holstein 3:0 und 2:1; Bremen – Berlin 2:0 und 1:2; Südwest – Hessen 3:1 und 2:1; Nordbaden – Hamburg 3:1 und 1:1; Mittelrhein – Saarland 1:1 und 1:1 n. V., Saarland 4:2-Sieger im Elfmeterschießen.
Zwischenrunde: Bremen – Niedersachsen 2:3 und 2:3; Westfalen – Saarland 4:0 und 2:1; Nordbaden – Niederrhein 6:2 und 0:2; Bayern – Südwest 1:1 und 2:2 n. V., Südwest 4:2-Sieger im Elfmeterschießen.
Vorschlußrunde: Südwest – Westfalen 1:1 und 1:2; Nordbaden – Niedersachsen 0:3 und 2:2.
Endspiele (in Wanne Eickel und Goslar): Westfalen – Niedersachsen 1:0 und 1:0. – **Westfalen:** Scholz – Steinhoff, Pietschock, Mathes, Andree – Sack, Eigenwillig, Kriegler – Peter, Lücke, Andexer (de Vries, Herget, Wischniewski).

1979: Württemberg

Vorrunde: Württemberg – Hessen 4:3 und 2:1; Niederrhein – Schl.-Holstein 2:0 und 2:2; Rheinland – Saarland 1:1 und 1:3 n. V.; Südbaden – Nordbaden 4:2 und 1:3 n. V., Südbaden 4:3-Sieger im Elfmeterschießen; Bremen – Südwest 1:1 und 0:2; Hamburg – Mittelrhein 2:2 und 1:3; Niedersachsen – Westfalen 1:0 und 5:2; Bayern – Berlin 3:2 und 4:6 n. V.
Zwischenrunde: Berlin – Saarland 3:0 und 2:4; Südbaden – Südwest 2:0 und 3:3; Württemberg – Niedersachsen 2:1 (N. verzichtet auf das Rückspiel); Mittelrhein – Niederrhein 1:1 und 0:3.
Vorschlußrunde: Niederrhein – Berlin 0:2; Südbaden – Württemberg 1:3.

Platz 3 (in Villingen): Südbaden – Niederrhein 2:0 n. V.
Endspiel (in Villingen): Württemberg – Berlin 2:1. – **Württemberg:** Modick, Seiler, Löbel, Weiler, Huber, Piller, Obermüller, W. Haug, U. Haug, Weiß, Rahn (Mettang).

1980: Bayern

Vorrunde: Niedersachsen – Bremen 1:0 und 1:0; Württemberg – Saarland 4:0 und 6:2; Berlin – Bayern 0:3 und 0:4; Mittelrhein – Hamburg 3:0 und 2:1; Hessen – Westfalen 2:0 und 0:0; Baden – Rheinland 2:2 und 4:0; Niederrhein – Südbaden 4:0 und 3:5; Schleswig-Holstein – Südwest 2:1 und 0:1 n. V., Schl.-H. 5:3-Sieger im 11-m-Schießen.
Zwischenrunde: Württemberg – Niederrhein 1:1 und 1:4; Schl.-Holstein – Baden 0:2 und 1:3; Niedersachsen – Hessen 3:2 und 0:1 n. V., Hessen 4:2-Sieger im 11-m-Schießen; Mittelrhein – Bayern 1:3 und 1:3.
Vorschlußrunde: Bayern – Hessen 3:0 und 1:2; Baden – Niederrhein 0:1 und 1:1.
Endspiel (in Bocholt): Bayern – Niederrhein 4:2 – **Bayern:** Meier; Pflügler, Bernhardt, Meßmann, Schweiger (Kindermann); Summerer, Hartmann (Müller), Bayer; Sixt, Ullmann, Dykta.

1981: Südwest

Gruppe 1: Niederrhein – Westfalen 1:1; Niedersachsen – Hamburg 5:0; Niederrhein – Niedersachsen 0:2; Westfalen – Hamburg 2:0; Niederrhein – Hamburg 1:2; Westfalen – Niedersachsen 2:0. – **Gruppensieger:** Westfalen.
Gruppe 2: Rheinland – Baden 2:4; Hessen – Württemberg 2:0; Rheinland – Hessen 1:4; Baden – Württemberg 2:2; Rheinland – Württemberg 1:3; Baden – Hessen 1:1. – **Gruppensieger:** Hessen.
Gruppe 3: Mittelrhein – Südbaden 0:1; Saarland – Südwest 1:3; Mittelrhein – Saarland 0:1; Südbaden – Südwest 0:0; Mittelrhein – Südwest 0:2; Südbaden – Saarland 1:3. – **Gruppensieger:** Südwest.
Gruppe 4: Bremen – Schl.-Holstein 3:3; Berlin – Bayern 2:2; Berlin – Bremen 1:1; Bayern – Schl.-Holstein 1:0; Berlin – Schl.-Holstein 4:1; Bayern – Bremen 2:2. – **Gruppensieger:** Berlin.
Vorschlußrunde: Berlin – Hessen 0:3 n. V.; Westfalen – Südwest 3:4.
Platz 3 (in Gießen): Westfalen – Berlin 3:2.
Endspiel (in Gießen): Südwest – Hessen 1:1, Südwest 4:3-Sieger im Elfmeterschießen. – **Südwest:** Hermann – Schlieck, Brehm, Karch (Neu) – Wilhelmi, Wilhelm, Geiersbach, Gerber – Nebel, Iser, Behr (Graffert).

1982: Südwest

Gruppe 1: Hamburg – Mittelrhein 1:1; Bremen – Baden 1:1; Hamburg – Bremen 1:1; Mittelrhein – Baden 0:3; Hamburg – Baden 2:1; Mittelrhein – Bremen 1:2. – **Gruppensieger:** Bremen (nach Entscheidungsspiel gegen Hamburg 2:1).
Gruppe 2: Württemberg – Niedersachsen 0:1; Niederrhein – Bayern 1:0; Württemberg – Niederrhein 1:2; Niedersachsen – Bayern 1:2; Württemberg – Bayern 1:5; Niedersachsen – Niederrhein 2:3. – **Gruppensieger:** Niederrhein.
Gruppe 3: Südwest – Hessen 3:0; Berlin – Westfalen 1:1; Südwest – Berlin 3:1; Hessen – Westfalen 3:0; Südwest – Westfalen 2:1; Hessen – Berlin 1:4. – **Gruppensieger:** Südwest.
Gruppe 4: Schl.-Holstein – Rheinland 0:2; Saarland – Südbaden 0:1; Schl.-Holstein – Saarland 2:4; Rheinland – Südbaden 1:3; Schl.-Holstein – Südbaden 0:3; Rheinland – Saarland 4:2. – **Gruppensieger:** Südbaden.
Vorschlußrunde: Niederrhein – Südbaden 4:0; Südwest – Bremen 3:1.
Platz 3 (in Duisburg): Südbaden – Bremen 3:2.
Endspiel (in Bottrop): Südwest – Niederrhein 3:1. **Südwest:** Hermann – Gerber, Brehm, Hentrich, Geiersbach – Wilhelmi, Iser, Frowein (Balte), Wilhelm – Nebel, Behr.

1983: Hessen

Gruppe 1: Baden – Hessen 0:3; Südwest – Berlin 3:2; Baden – Südwest 3:2; Hessen – Berlin 3:1; Baden – Berlin 1:0; Hessen – Südwest 1:2. – **Gruppensieger:** Hessen.
Gruppe 2: Bayern – Niederrhein 3:1; Hamburg – Niedersachsen 2:0; Bayern – Hamburg 4:2; Niederrhein – Niedersachsen 1:2; Bayern – Niedersachsen 1:0; Niederrhein – Hamburg 0:1. – **Gruppensieger:** Bayern.
Gruppe 3: Westfalen – Rheinland 1:2; Mittelrhein – Saarland 4:0; Westfalen – Mittelrhein 1:2; Rheinland – Saarland 1:0; Westfalen – Saarland 3:1; Rheinland – Mittelrhein 1:2. – **Gruppensieger:** Mittelrhein.
Gruppe 4: Südbaden – Schl.-Holstein 1:4; Württemberg – Bremen 2:1; Südbaden – Württemberg 3:2; Schl.-Holstein – Bremen 3:1; Südbaden – Bremen 2:3; Schl.-Holstein – Württemberg 1:1. – **Gruppensieger:** Schl.-Holstein.

Vorschlußrunde: Schleswig Holstein – Bayern 1:1 n. V., Schl.-H. 8:7-Sieger im Elfmeterschießen, Hessen – Mittelrhein 1:0.
Platz 3: (in Kappeln): Bayern – Mittelrhein 2:1.
Endspiel (in Flensburg): Hessen – Schleswig-Holstein 2:1 n. V.
Hessen: Kowarz – Mintgen, Grawunder, Gerber, Allig – Schmidt, Dickkopf, Peukert, Schäfer (Krämer) – Ludewig, Wagner (Müller).

1984: Bremen

Gruppe 1: Hessen – Bremen 2:2, Baden – Berlin 1:1, Hessen – Baden 2:2, Bremen – Berlin 2:1, Hessen – Berlin 3:1, Bremen – Baden 4:2. – **Gruppensieger:** Bremen.
Gruppe 2: Niedersachsen – Württemberg 1:2, Bayern – Rheinland 2:2, Niedersachsen – Bayern 0:2, Württemberg – Rheinland 0:1, Niedersachsen – Rheinland 1:1, Württemberg – Bayern 0:3. – **Gruppensieger:** Bayern.
Gruppe 3: Saarland – Südwest 3:1, Westfalen – Mittelrhein 2:3, Saarland – Westfalen 1:0, Südwest – Mittelrhein 3:0, Saarland – Mittelrhein 2:2, Südwest – Westfalen 0:2. – **Gruppensieger:** Saarland.
Gruppe 4: Südbaden – Niederrhein 7:3, Schl.-Holstein – Hamburg 1:0, Schl.-Holstein – Südbaden 5:1, Hamburg – Niederrhein 3:0, Schl.-Holstein – Niederrhein 0:0, Hamburg – Südbaden 4:0. – **Gruppensieger:** Schl.-Holstein.
Vorschlußrunde: Bremen – Schl.-Holstein 2:1, Bayern – Saarland 2:0.
Platz 3 (in Bremen): Schl.-Holstein – Saarland 2:0.
Endspiel (in Bremen): Bremen – Bayern 3:1.
Bremen: Busch – W. Zander, Groothuis, Lellek, Fehse – Gentzsch, Hermann, Wohlers, Dressler – Vico, Ordenewitz.

1985: Rheinland

Gruppe 1: Südwest – Bremen 5:1, Hamburg – Württemberg 2:1, Südwest – Hamburg 1:2, Bremen – Württemberg 3:1, Südwest – Württemberg 5:1, Bremen – Hamburg 3:4. – **Gruppensieger:** Hamburg.
Gruppe 2: Baden – Saarland 3:3, Hessen – Rheinland 1:2, Baden – Hessen 3:1, Saarland – Rheinland 0:1, Baden – Rheinland 0:4, Saarland – Hessen 1:5. – **Gruppensieger:** Rheinland.
Gruppe 3: Westfalen – Mittelrhein 0:4, Niederrhein – Bayern 3:4, Westfalen – Niederrhein 4:0, Mittelrhein – Bayern 2:2, Westfalen – Bayern 0:3, Mittelrhein – Niederrhein 2:1. – **Gruppensieger:** Mittelrhein.
Gruppe 4: Berlin – Südbaden 1:0, Schl.-Holstein – Niedersachen 1:3, Berlin – Schl.-Holstein 3:2, Südbaden – Niedersachsen 3:2, Berlin – Niedersachsen 2:0, Südbaden – Schl.-Holstein 2:2. – **Gruppensieger:** Berlin.
Vorschlußrunde: Hamburg – Berlin 2:1 n. V., Rheinland – Mittelrhein 3:0.
Platz 3 (in Koblenz): Mittelrhein – Berlin 1:0.
Endspiel (in Koblenz): Rheinland – Hamburg 1:1 n. V., Rh. 3:2-Sieger im Elfmeterschießen.
Rheinland: Wahlen – Plath, Brinsa, Jochem, Schömann – Lüders, Fischer (Eimer), Toppmöller, Kartz – Leimig (Knechtges), Kohr.

1986: Westfalen

Gruppe 1: Württemberg – Niederrhein 1:0, Rheinland – Baden 2:1, Württemberg – Rheinland 1:4, Niederrhein – Baden 5:2, Württemberg – Baden 0:2, Niederrhein – Rheinland 1:0. – **Gruppensieger:** Niederrhein (dank des Sieges im direkten Vergleich mit dem punkt- und torgleichen Rheinland).
Gruppe 2: Mittelrhein – Südwest 3:3, Niedersachsen – Schl.-Holstein 1:1, Mittelrhein – Niedersachsen 0:2, Südwest – Schl.-Holstein 3:0, Mittelrhein – Schl.-Holstein 1:1, Südwest – Niedersachsen 3:0. – **Gruppensieger:** Südwest.
Gruppe 3: Saarland – Westfalen 1:2, Südbaden – Hamburg 0:3, Südbaden – Saarland 1:3, Hamburg – Westfalen 1:3, Südbaden – Westfalen 0:0, Hamburg – Saarland 4:0. – **Gruppensieger:** Westfalen.
Gruppe 4: Bayern – Hessen 0:2, Bremen – Berlin 4:2, Bremen – Bayern 0:4, Berlin – Hessen 2:2, Bremen – Hessen 0:2, Berlin – Bayern 0:1. – **Gruppensieger:** Hessen.
Vorschlußrunde: Hessen – Westfalen 0:1, Südwest – Niederrhein 0:3.
Platz 3 (in Offenbach): Hessen – Südwest 2:1.
Endspiel (in Offenbach): Westfalen – Niederrhein 0:0 n. V., Westfalen 4:2-Sieger im Elfmeterschießen.
Westfalen: Asche – Brinkmann – Reekers, Ptok – Winskowsky, Heinemann, Dölitzsch, Butz, Spölming – Pache (Knäbel), Winkel (Sagel).

1987: Niedersachsen

Gruppe 1: Hessen – Württemberg 2:0, Westfalen – Hamburg 0:0*), Hessen – Westfalen 1:2, Württemberg – Hamburg 2:1, Württemberg – Westfalen 0:1, Hamburg – Hessen 1:4. – **Gruppensieger:** Westfalen.
Gruppe 2: Saarland – Rheinland 2:1, Südwest – Niederrhein 2:3, Saarland – Südwest 2:1, Rheinland – Niederrhein 1:1, Saarland – Niederrhein 3:3, Südwest – Rheinland 1:2. – **Gruppensieger:** Saarland.
Gruppe 3: Mittelrhein – Bremen 3:2, Bayern – Niedersachsen 0:0, Bayern – Mittelrhein 1:3, Niedersachsen – Bremen 2:0, Niedersachsen – Mittelrhein 2:1, Bremen – Bayern 1:1. – **Gruppensieger:** Niedersachsen.
Gruppe 4: Südbaden – Baden 1:2, Schl.-Holstein – Berlin 1:0, Südbaden – Berlin 0:5, Baden – Schl.-Holstein 4:1, Südbaden – Schl.-Holstein 1:1, Berlin – Baden 2:0. – **Gruppensieger:** Berlin.
*) Weil Hamburg einen vierten Spieler, Stichtag 1. 8. 1963, mitwirken ließ – erlaubt sind drei –, wurde das Spiel mit 2:0 Toren und 2:0 Punkten für Westfalen gewertet.
Vorschlußrunde: Niedersachsen – Saarland 2:1 n. V., Berlin – Westfalen 1:1 n. V., Berlin 3:0-Sieger im Eltmeterschießen.
Platz 3 (in Lingen-Laxten): Westfalen – Saarland 3:0.
Endspiel (in Meppen): Niedersachsen – Berlin 3:1.
Niedersachsen: Kröger – Bartels – Faltin, Wolff – Prange, Böttche, Tattermusch, Menke, Vorholt – Thoben, Sulmann (Hohmann).

1988: Württemberg

Gruppe 1: Bremen – Mittelrhein 0:2, Niedersachsen – Westfalen 4:0, Niedersachsen – Bremen 5:2, Westfalen – Mittelrhein 3:3, Niedersachsen – Mittelrhein 5:2, Westfalen – Bremen 2:1 – **Gruppensieger:** Niedersachsen.
Gruppe 2: Niederrhein – Berlin 3:2, Schl.-Holstein – Südwest 2:1, Niederrhein – Südwest 1:2, Schl.-Holstein – Berlin 1:3, Niederrhein – Schl.-Holstein 5:3, Berlin – Südwest 0:0. **Gruppensieger:** Niederrhein.
Gruppe 3: Rheinland – Bayern 3:0, Württemberg – Südbaden 4:1, Württemberg – Rheinland 4:1, Bayern – Südbaden 5:3, Bayern – Württemberg 1:2, Rheinland – Südbaden 1:4. – **Gruppensieger:** Württemberg.
Gruppe 4: Hamburg – Hessen 0:5, Baden – Saarland 2:1, Hamburg – Baden 1:1, Hessen – Saarland 3:2, Hessen – Baden 1:3, Hamburg – Saarland 1:1. – **Gruppensieger:** Baden.
Vorschlußrunde: Niederrhein – Niedersachsen 1:0, Baden – Württemberg 0:3.
Endspiel (in Böblingen): Württemberg – Niederrhein 2:0.
Württemberg: Bieber – Bauer – Schnalke, Bany – Gass, Lang (Heinkelein), Siebrecht, Weil, Buck – Hirsch, Sorg (Winter).

1989: Bayern

Gruppe 1: Niedersachsen – Hamburg 0:2, Westfalen – Mittelrhein 1:6, Hamburg – Westfalen 5:2, Niedersachsen – Mittelrhein 2:3, Westfalen – Niedersachsen 5:0, Hamburg – Mittelrhein 2:2. – **Gruppensieger:** Mittelrhein.
Gruppe 2: Niederrhein – Bremen 2:1, Berlin – Schl.-Holstein 0:0, Niederrhein – Schl.-Holstein 4:4, Bremen – Berlin 4:2, Berlin – Niederrhein 1:4, Bremen – Schl.-Holstein 4:2. – **Gruppensieger:** Niederrhein.
Gruppe 3: Baden – Südbaden 1:2, Hessen – Südwest 1:1, Südwest – Baden 1:0, Südbaden – Hessen 1:5, Südwest – Südbaden 2:2, Baden – Hessen 0:2. – **Gruppensieger:** Hessen
Gruppe 4: Rheinland – Saarland 2:2, Württemberg – Bayern 2:5, Bayern – Rheinland 1:1, Saarland – Württemberg 1:1, Bayern – Saarland 1:0, Württemberg – Rheinland 2:0. – **Gruppensieger:** Bayern
Vorschlußrunde: Hessen – Niederrhein 2:1, Bayern – Mittelrhein 3:1.
Endspiel (in Schweinfurt): Bayern – Hessen 2:2 n. V./4:2 im Elfmeterschießen.
Bayern: Mai – Kastenmaier – Hertreiter (Löbmann), Spanring – Pfister, Wirsching, Wolke, Pfeuffer, Renner – Daschner (Karl), Bender.

1990: Bayern

Gruppe 1: Niedersachsen – Berlin 1:2, Südwest – Saarland 0:2, Südwest – Berlin 4:0, Saarland – Niedersachsen 5:1, Saarland – Berlin 4:1, Südwest – Niedersachsen 4:0. **Gruppensieger:** Saarland.

Gruppe 2: Hamburg – Schleswig-Holstein 4:2, Hessen – Rheinland 0:0, Schleswig-Holstein – Hessen 1:1, Rheinland – Hamburg 2:3, Schleswig-Holstein – Rheinland 4:2, Hamburg – Hessen 4:2. – **Gruppensieger:** Hamburg.
Gruppe 3: Württemberg – Baden 1:2, Bremen – Mittelrhein 1:1, Baden – Bremen 2:5, Mittelrhein – Württemberg 3:0, Mittelrhein – Baden 0:3, Bremen – Württemberg 1:3. – **Gruppensieger:** Baden.
Gruppe 4: Bayern – Südbaden 4:0, Niederrhein – Westfalen 1:3, Westfalen – Bayern 1:4, Südbaden – Niederrhein 1:4, Südbaden – Westfalen 2:1, Bayern – Niederrhein 2:2. – **Gruppensieger:** Bayern.
Vorschlußrunde: Saarland – Bayern 0:1, Baden – Hamburg 2:2 n. V./3:1 im Elfmeterschießen.

Endspiel (in Grünberg): Bayern – Baden 3:0.
Bayern: Hillringhaus – Beierlorzer – Wolke, Dörr – Windsperger, Zeiler, Renner, Aigner, Daschner (Nielsen) – Mayer (Häcker), Osterkamp.

Deutscher Ligapokal

1972/73: Hamburger SV

Gruppensieger (8 Gruppen je 4 Vereine): Eintracht Braunschweig, Hamburger SV, Arminia Bielefeld, Schalke 04, Borussia Mönchengladbach, Fortuna Köln, Eintracht Frankfurt, Bayern Hof.
Viertelfinale: Arminia Bielefeld – Borussia Mönchengladbach 0:3 und 3:9, Fortuna Köln – Eintracht Frankfurt 2:3 und 3:3, Eintracht Braunschweig – Hamburger SV 2:1 und 0:2, Bayern Hof – Schalke 04 1:1 und 2:7.
Halbfinale: Borussia Mönchengladbach – Eintracht Frankfurt 3:1 und 0:1, Schalke 04 – Hamburger SV 1:0 und 1:4 n. V.

Endspiel: Hamburger SV – Borussia Mönchengladbach 4:0 (3:0)
Die Siegermannschaft: Kargus – Kaltz, Nogly, W. Schulz, Hidien (Krobbach) – Zaczyk, Björnmose, Hönig – Memering (Winkler), Heese, Volkert. – Hamburg, 6. 6. 1973. – Tore: Memering, Nogly, Hönig, Hidien. – SR: Wengenmayer (München). – Zuschauer: **30000.**

Deutscher Supercup

Die ersten beiden Austragungen waren private Absprachen zwischen den Klubs; seit 1987 offizieller DFB-Wettbewerb.
Die bisherigen Gewinner: 1977 Borussia Mönchengladbach – 1983 Bayern München – 1987 Bayern München – 1988 Werder Bremen – 1989 Borussia Dortmund – 1990 Bayern München.

1977

Hamburger SV – Borussia Mönchengladbach 2:3 (0:2)
HSV: Kargus (72. Kovacic) – Kaltz, Blankenburg (46. Memering), Nogly, Ripp – Björnmose, Ettmayer – Zaczyk – Steffenhagen, Keller, Reimann. – Trainer: Klötzer.
Borussia: Kneib (46. Kleff) – Bonhof, Wohlers, Schäffer, Klinkhammer – Kulik, Wimmer (46. Heidenreich), Köppel, Stielike – Simonsen, Hannes. – Trainer: Lattek.
Tore: 0:1 Wimmer (25.), 0:2 Bonhof (28.), 1:2 Kaltz (58., Handelfmeter), 2:2 Steffenhagen (64.), 2:3 Simonsen (71.). – Schiedsrichter: Tschenscher (Mannheim). – Zuschauer: 30000 am 8. 1. in Hamburg.

1983

Bayern München – Hamburger SV 1:1 (1:0)/4:2 Elfmeterschießen
Bayern: Müller – Martin, Beierlorzer, Grobe, Horsmann – Kraus (46. Nachtweih), Pflügler, Dremmler – Del'Haye, U. Hoeneß, K. H. Rummenigge (72. M. Rummenigge). – Trainer: Csernai.
HSV: Stein – Schröder, Groh, Jakobs, Wehmeyer – Kaltz, Hartwig, Magath, Hansen – Djordjevic, Bastrup. – Trainer: Happel.
Tore: 1:0 K. H. Rummenigge (40.), 1:1 Djordjevic (63.). – Schiedsrichter R. Walz (Waiblingen). – Zuschauer: 14000 am 2. 4. in München.
Tore aus dem Elfmeterschießen: 1:0 Grobe, Müller hält Kaltz-Strafstoß, 2:0 U. Hoeneß, 2:1 Bastrup, 3:1 Martin, Hartwig vorbei, M. Rummenigge drüber, 3:2 Hansen, 4:2 Dremmler, Magath brauchte nicht mehr anzutreten.

1987

Bayern München – Hamburger SV 2:1 (0:1)
Bayern: Aumann – Nachtweih – Winklhofer, Eder, Pflügler – Brehme (46. Flick), Matthäus, Dorfner, M. Rummenigge – Wohlfarth, Wegmann. – Trainer: Heynckes.
Hamburger SV: Stein (87. Golz) – Jakobs – Kaltz, Beiersdorfer, Hinz (90. Schmöller) – Jusufi, von Heesen, Kober (88. Golz), Kroth – Okonski, Kastl. – Trainer. Skoblar.
Tore: 0:1 Okonski (39.), 1:1, 2:1 Wegmann (60. und 87.). – Schiedsrichter: Pauly (Rheydt). – Zuschauer: 18000 am 28. 7. in Frankfurt. – Platzverweis: Stein (87.) wegen Tätlichkeit.

1988

Werder Bremen – Eintracht Frankfurt 2:0 (1:0)
Werder: Reck – Sauer – Borowka, Kutzop, Otten (46. Meier) – Schaaf, Votava, Hermann, Neubarth – Riedle, Ordenewitz (46. Burgsmüller). – Trainer: Rehhagel.
Eintracht: Stein – Binz – Sievers, Körbel, Studer – Schulz – Hobday (46. Roth), Schlindwein, Heidenreich (57. Balzis) – Andersen, Gründel. – Trainer: Feldkamp.
Tore: 1:0 Riedle (24.), 2:0 Burgsmüller (90.). – Schiedsrichter: Assenmacher (Fischenich). – Zuschauer: 20500 am 20. 7. in Frankfurt.

1989

Borussia Dortmund – Bayern München 4:3 (1:2)
Borussia: de Beer (76. Meyer) Kroth – Helmer, Schulz – Breitzke, Zorc, Möller, McLeod (46. Kutowski), M. Rummenigge – Wegmann, Driller. – Trainer: Köppel.
Bayern: Aumann – Augenthaler – Grahammer, Kohler – Reuter, Flick (46. Dorfner), Thon, Kögl, Pflügler – McInally, Mihailovic. – Trainer: Heynckes.
Tore: 0:1 McInally (21.), 1:1 Breitzke (40.), 1:2 Grahammer (42.), 2:2 Breitzke (56.), 3:2 Wegmann (64.), 3:3 Mihailovic (66.), 4:3 Möller (88.). – Schiedsrichter: Dellwing (Osburg). – Zuschauer: 16000 am 25. 7. 1989 in Kaiserslautern.

1990

Bayern München – 1. FC Kaiserslautern 4:1 (4:0)
Bayern: Aumann – Augenthaler – Grahammer, Kohler, Pflügler – Reuter, Strunz, Bender (68. Sternkopf), Effenberg – Laudrup (74. Wohlfahrth), Mihajlovic. – Trainer: Heynckes.
Kaiserslautern: Ehrmann – Stumpf (30. Roos) – Kadlec, Lutz – Scherr (56. Hoffmann), Dooley, Ernst, Schupp, Kranz – Hotic, Kuntz. – Trainer: Feldkamp.
Tore: 1:0 Reuter (6.), 2:0 Kohler (19.), 3:0 Bender (28.), 4:0 Strunz (45.), 4:1 Kuntz (62.) – Schiedsrichter: Weber (Essen). – Zuschauer: 27000 am 31. 8. in Karlsruhe.

TEIL V

DER DEUTSCHE LIGAFUSSBALL

Die Bundesliga

1963/64

1. 1. FC Köln	30	78:40	45–15
2. MSV Duisburg	30	60:36	39–21
3. Eintracht Frankfurt	30	65:41	39–21
4. Borussia Dortmund	30	73:57	33–27
5. VfB Stuttgart	30	48:40	33–27
6. Hamburger SV	30	69:60	32–28
7. 1860 München	30	66:50	31–29
8. Schalke 04	30	51:53	29–31
9. 1. FC Nürnberg	30	45:56	29–31
10. Werder Bremen	30	53:62	28–32
11. Eintracht Braunschweig	30	36:49	28–32
12. 1. FC Kaiserslautern	30	48:69	26–34
13. Karlsruher SC	30	42:55	24–36
14. Hertha BSC	30	45:65	24–36
15. Preußen Münster	30	34:52	23–37
16. 1. FC Saarbrücken	30	44:72	17–43

1964/65

1. Werder Bremen	30	54:29	41–19
2. 1. FC Köln	30	66:45	38–22
3. Bor. Dortmund	30	67:48	36–24
4. 1860 München	30	70:50	35–25
5. Hannover 96	30	48:42	33–27
6. 1. FC Nürnberg	30	44:38	32–28
7. MSV Duisburg	30	46:48	32–28
8. Eintr. Frankfurt	30	50:58	29–31
9. Eintr. Braunschw.	30	42:47	28–32
10. Bor. Neunkirchen	30	44:48	27–33
11. Hamburger SV	30	46:56	27–33
12. VfB Stuttgart	30	46:50	26–34
13. 1. FC Kaisersl.	30	41:53	25–35
14. Hertha BSC	30	40:62	25–35
15. Karlsruher SC	30	47:62	24–36
16. FC Schalke 04	30	45:60	22–38

1965/66

1. 1860 München	34	80:40	50–18
2. Bor. Dortmund	34	70:36	47–21
3. Bay. München	34	71:38	47–21
4. Werd. Bremen	34	76:40	45–23
5. 1. FC Köln	34	74:41	44–24
6. 1. FC Nürnberg	34	54:43	39–29
7. Eintr. Frankfurt	34	64:46	38–30
8. MSV Duisburg	34	70:48	36–32
9. Hamburger SV	34	64:52	34–34
10. Eintr. Braunschw.	34	49:49	34–34
11. VfB Stuttgart	34	42:48	32–36
12. Hannover 96	34	59:57	30–38
13. Bor. M'gladb.	34	57:68	29–39
14. FC Schalke 04	34	33:55	27–41
15. 1. FC Kaisersl.	34	42:65	26–42
16. Karlsruher SC	34	35:71	24–44
17. Bor. Neunkirch.	34	32:82	22–46
18. Tasmania	34	15:108	8–60

1966/67

1. Eintr. Braunschw.	34	49:27	43–25
2. 1860 München	34	60:47	41–27
3. Bor. Dortmund	34	70:41	39–29
4. Eintr. Frankfurt	34	66:49	39–29
5. 1. FC Kaisersl.	34	43:42	38–30
6. Bay. München	34	62:47	37–31
7. 1. FC Köln	34	48:48	37–31
8. Bor. M'gladb.	34	70:49	34–34
9. Hannover 96	34	40:46	34–34
10. 1. FC Nürnberg	34	43:50	34–34
11. MSV Duisburg	34	40:42	33–35
12. VfB Stuttgart	34	48:54	33–35
13. Karlsruher SC	34	54:62	31–37
14. Hamburger SV	34	37:53	30–38
15. FC Schalke 04	34	37:63	30–38
16. Wer. Bremen	34	49:56	29–39
17. Fort. Düsseld.	34	44:66	25–43
18. RW Essen	34	35:53	25–43

1967/68

1. 1. FC Nürnberg	34	71:37	47–21
2. Werder Bremen	34	68:51	44–24
3. Bor. M'gladbach	34	77:45	42–26
4. 1. FC Köln	34	68:52	38–30
5. Bay. München	34	68:58	38–30
6. Eintr. Frankfurt	34	58:51	38–30
7. MSV Duisburg	34	69:58	36–32
8. VfB Stuttgart	34	65:54	35–33
9. Eintr. Braunschw.	34	37:39	35–33
10. Hannover 96	34	48:52	34–34
11. Alem. Aachen	34	52:66	34–34
12. 1860 München	34	55:39	33–35
13. Hamburger SV	34	51:54	33–35
14. Bor. Dortmund	34	60:59	31–37
15. Schalke 04	34	42:48	30–38
16. 1. FC Kaisersl.	34	39:67	28–40
17. Bor. Neunkirch.	34	33:93	19–49
18. Karlsruher SC	34	32:70	17–51

1968/69

1. Bay. München	34	61:31	46–22
2. Alem. Aachen	34	57:51	38–30
3. Bor. M'gladb.	34	61:46	37–31
4. Eintr. Braunschw.	34	46:43	37–31
5. VfB Stuttgart	34	60:54	36–32
6. Hamburger SV	34	55:55	36–32
7. Schalke 04	34	45:40	35–33
8. Eintr. Frankfurt	34	46:43	34–34
9. Werder Bremen	34	59:59	34–34
10. 1860 München	34	44:59	34–34
11. Hannover 96	34	47:45	32–36
12. MSV Duisburg	34	33:37	32–36
13. 1. FC Köln	34	47:56	32–36
14. Hertha BSC Berlin	34	31:39	32–36
15. 1. FC Kaisersl.	34	45:47	30–38
16. Bor. Dortmund	34	49:54	30–38
17. 1. FC Nürnberg	34	45:55	29–39
18. Kick. Offenbach	34	42:59	28–40

1969/70

1. Bor. M'gladb.	34	71:29	51–17
2. Bay. München	34	88:37	47–21
3. Hertha BSC Berlin	34	67:41	45–23
4. 1. FC Köln	34	83:38	43–25
5. Bor. Dortmund	34	60:67	36–32
6. Hamburger SV	34	57:54	35–33
7. VfB Stuttgart	34	59:62	35–33
8. Eintr. Frankfurt	34	54:54	34–34
9. FC Schalke 04	34	43:54	34–34
10. 1. FC Kaisersl.	34	44:55	32–36
11. Werder Bremen	34	38:47	31–37
12. Rot-Weiß Essen	34	41:54	31–37
13. Hannover 96	34	49:61	30–38
14. RW Oberhausen	34	50:62	29–39
15. MSV Duisburg	34	35:48	29–39
16. Eintr. Braunschw.	34	40:49	28–40
17. 1860 München	34	41:56	25–43
18. Alem. Aachen	34	31:83	17–51

1970/71

1. Bor. M'Gladb.	34	77:35	50–18
2. Bay. München	34	74:36	48–20
3. Hertha BSC Berlin	34	61:43	41–27
4. Eintr. Braunschw.	34	52:40	39–29
5. Hamburger SV	34	54:63	37–31
6. FC Schalke 04	34	44:40	36–32
7. MSV Duisburg	34	43:47	35–33
8. 1. FC Kaisersl.	34	54:57	34–34
9. Hannover 96	34	53:49	33–35
10. Werder Bremen	34	41:40	33–35
11. 1. FC Köln	34	46:56	33–35
12. VfB Stuttgart	34	49:49	30–38
13. Bor. Dortmund	34	54:60	29–39
14. Arm. Bielefeld	34	34:53	29–39
15. Eintr. Frankfurt	34	39:56	28–40
16. RW Oberhausen	34	54:69	27–41
17. Kick. Offenbach	34	49:65	27–41
18. Rot-Weiß Essen	34	48:68	23–45

1971/72

1. Bay. München	34	101:38	55–13
2. FC Schalke 04	34	76:35	52–16
3. Bor. M'Gladb.	34	82:40	43–25
4. 1. FC Köln	34	64:44	43–25
5. Eintr. Frankfurt	34	71:61	39–29
6. Hertha BSC Berlin	34	46:55	37–31
7. 1. FC Kaisersl.	34	59:53	35–33
8. VfB Stuttgart	34	52:56	35–33
9. VfL Bochum	34	59:69	34–34
10. Hamburger SV	34	52:52	33–35
11. Werder Bremen	34	63:58	31–37
12. Eintr. Braunschw.	34	43:48	31–37
13. Fort. Düsseldorf	34	40:53	30–38
14. MSV Duisburg	34	36:51	27–41
15. RW Oberhausen	34	33:66	25–43
16. Hannover 96	34	54:69	23–45
17. Bor. Dortmund	34	34:83	20–48
18. Arm. Bielefeld	34	0:0	0–0
	(34	41:75	19–49)

Arm. Bielefeld wurde die Lizenz entzogen. Alle Spiele für den Verein nicht gewertet.

1972/73

1. Bay. München	34	93:29	54–14
2. 1. FC Köln	34	66:51	43–25
3. Fort. Düsseldorf	34	62:45	42–26
4. Wuppertaler SV	34	62:49	40–28
5. Bor. M'gladbach	34	82:61	39–29
6. VfB Stuttgart	34	71:65	37–31
7. Kick. Offenbach	34	61:60	35–33
8. Eintr. Frankfurt	34	58:54	34–34
9. 1. FC Kaisersl.	34	58:68	34–34
10. MSV Duisburg	34	53:54	33–35
11. Werder Bremen	34	50:52	31–37
12. VfL Bochum	34	50:68	31–37
13. Hertha BSC Berlin	34	53:64	30–38
14. Hamburger SV	34	53:59	28–40
15. FC Schalke 04	34	46:61	28–40
16. Hannover 96	34	49:65	26–42
17. Eintr. Braunschw.	34	33:56	25–43
18. RW Oberhausen	34	45:84	22–46

1973/74

1. Bay. München	34	95:53	49–19
2. Bor. M'gladbach	34	93:52	48–20
3. Fort. Düsseldorf	34	61:47	41–27
4. Eintr. Frankfurt	34	63:50	41–27
5. 1. FC Köln	34	69:56	39–29
6. 1. FC Kaisersl.	34	80:69	38–30
7. FC Schalke 04	34	72:68	37–31
8. Hertha BSC Berlin	34	56:60	33–35
9. VfB Stuttgart	34	58:57	31–37
10. Kick. Offenbach	34	56:62	31–37
11. Werder Bremen	34	48:56	31–37
12. Hamburger SV	34	53:62	31–37
13. Rot-Weiß Essen	34	56:70	31–37
14. VfL Bochum	34	45:57	30–38
15. MSV Duisburg	34	42:56	29–39
16. Wuppertaler SV	34	42:65	25–43
17. Fortuna Köln	34	46:79	25–43
18. Hannover 96	34	50:66	22–46

1974/75

1. Bor. M'gladbach	34	86:40	50–18
2. Hertha BSC Berlin	34	61:43	44–24
3. Eintr. Frankfurt	34	89:49	43–25
4. Hamburger SV	34	55:38	43–25
5. 1. FC Köln	34	77:51	41–27
6. Fort. Düsseldorf	34	66:55	41–27
7. FC Schalke 04	34	52:37	39–29
8. Kick. Offenbach	34	72:62	38–30
9. Eintr. Braunschw.	34	52:42	36–32
10. Bay. München	34	57:63	34–34
11. VfL Bochum	34	53:53	33–35
12. Rot-Weiß Essen	34	56:68	32–36
13. 1. FC Kaisersl.	34	56:55	31–37
14. MSV Duisburg	34	59:77	30–38
15. Werder Bremen	34	45:69	25–43
16. VfB Stuttgart	34	50:79	24–44
17. Tennis Borussia	34	38:89	16–52
18. Wuppertaler SV	34	32:86	12–56

Seit dieser Saison drei Absteiger.

1975/76

1. Bor. M'gladbach	34	66:37	45–23
2. Hamburger SV	34	59:32	41–27
3. Bayern München	34	72:50	40–28
4. 1. FC Köln	34	62:45	39–29
5. Eintr. Braunschw.	34	52:48	39–29
6. FC Schalke 04	34	76:55	37–31
7. 1. FC Kaisersl.	34	66:60	37–31
8. Rot-Weiß Essen	34	61:67	37–31
9. Eintr. Frankfurt	34	79:58	36–32
10. MSV Duisburg	34	55:62	33–35
11. Hertha BSC Berlin	34	59:61	32–36
12. Fort. Düsseldorf	34	47:57	30–38
13. Werder Bremen	34	44:55	30–38
14. VfL Bochum	34	49:62	30–38
15. Karlsruher SC	34	46:59	30–38
16. Hannover 96	34	48:60	27–41
17. Kick. Offenbach	34	40:72	27–41
18. Bayer Uerdingen	34	28:69	22–46

1976/77

1. Bor. M'gladbach	34	58:34	44–24
2. Schalke 04	34	77:52	43–25
3. Eintr. Braunschw.	34	56:38	43–25
4. Eintr. Frankfurt	34	86:57	42–26
5. 1. FC Köln	34	83:61	40–28
6. Hamburger SV	34	67:56	38–30
7. Bayern München	34	74:65	37–31
8. Bor. Dortmund	34	73:64	34–34
9. MSV Duisburg	34	60:51	34–34
10. Hertha BSC Berlin	34	55:54	34–34
11. Werder Bremen	34	51:59	33–35
12. Fort. Düsseldorf	34	52:54	31–37
13. 1. FC Kaisersl.	34	53:59	29–39
14. 1. FC Saarbrücken	34	43:55	29–39
15. VfL Bochum	34	47:62	29–39
16. Karlsruher SC	34	53:75	28–40
17. Tennis Borussia	34	47:85	22–46
18. Rot-Weiß Essen	34	49:103	22–46

1977/78

1. 1. FC Köln	34	86:41	48–20
2. Bor. M'gladbach	34	86:44	48–20
3. Hertha BSC Berlin	34	59:48	40–28
4. VfB Stuttgart	34	58:40	39–29
5. Fort. Düsseldorf	34	49:36	39–29
6. MSV Duisburg	34	62:59	37–31
7. Eintr. Frankfurt	34	59:52	36–32
8. 1. FC Kaisersl.	34	64:63	36–32
9. FC Schalke 04	34	47:52	34–34
10. Hamburger SV	34	61:67	34–34
11. Bor. Dortmund	34	57:71	33–35
12. Bayern München	34	62:64	32–36
13. Eintr. Braunschw.	34	43:53	32–36
14. VfL Bochum	34	49:51	31–37
15. Werder Bremen	34	48:57	31–37
16. 1860 München	34	41:60	22–46
17. 1. FC Saarbrücken	34	39:70	22–46
18. FC St. Pauli	34	44:86	18–50

1978/79

1. Hamburger SV	34	78:32	49–19
2. VfB Stuttgart	34	73:34	48–20
3. 1. FC Kaisersl.	34	62:47	43–25
4. Bayern München	34	69:46	40–28
5. Eintr. Frankf.	34	50:49	39–29
6. 1. FC Köln	34	55:47	38–30
7. Fort. Düsseld.	34	70:59	37–31
8. VfL Bochum	34	47:46	33–35
9. Eintr. Braunschw.	34	50:55	33–35
10. Bor. M'gladbach	34	50:53	32–36
11. Werder Bremen	34	48:60	31–37
12. Bor. Dortmund	34	54:70	31–37
13. MSV Duisburg	34	43:56	30–38
14. Hertha BSC	34	40:50	29–39
15. Schalke 04	34	55:61	28–40
16. Arm. Bielefeld	34	43:56	26–42
17. 1. FC Nürnberg	34	36:67	24–44
18. Darmstadt 98	34	40:75	21–47

1979/80

1. Bayern München	34	84:33	50–18
2. Hamburger SV	34	86:35	48–20
3. VfB Stuttgart	34	75:53	41–27
1. FC Kaiserslautern	34	75:53	41–27
5. 1. FC Köln	34	72:55	37–31
6. Bor. Dortmund	34	64:56	36–32
7. Bor. M'gladbach	34	61:60	36–32
8. FC Schalke 04	34	40:51	33–35
9. Eintr. Frankfurt	34	65:61	32–36
10. VfL Bochum	34	41:44	32–36
11. Fort. Düsseldorf	34	62:72	32–36
12. Leverkusen 04	34	45:61	32–36
13. 1860 München	34	42:53	30–38
14. MSV Duisburg	34	43:57	29–39
15. Uerdingen 05	34	43:61	29–39
16. Hertha BSC Berlin	34	41:61	29–39
17. Werder Bremen	34	52:93	25–43
18. Eintr. Braunschweig	34	32:64	20–48

1980/81

1. Bayern München	34	89:41	53–15
2. Hamburger SV	34	73:43	49–19
3. VfB Stuttgart	34	70:44	46–22
4. 1. FC Kaiserslautern	34	60:37	44–24
5. Eintr. Frankfurt	34	61:57	38–30
6. Bor. M'gladbach	34	68:64	37–31
7. Bor. Dortmund	34	69:59	35–33
8. 1. FC Köln	34	54:55	34–34
9. VfL Bochum	34	53:45	33–35
10. Karlsruher SC	34	56:63	32–36
11. Bayer Leverkusen	34	52:53	30–38
12. MSV Duisburg	34	45:58	29–39
13. Fort. Düsseldorf	34	57:64	28–40
14. 1. FC Nürnberg	34	47:57	28–40
15. Arm. Bielefeld	34	46:65	26–42
16. 1860 München	34	49:67	25–43
17. FC Schalke 04	34	43:88	23–45
18. Bayer Uerdingen	34	47:79	22–46

1981/82

1. Hamburger SV	34	95:45	48–20
2. 1. FC Köln	34	72:38	45–23
3. Bayern München	34	77:56	43–25
4. 1. FC Kaiserslautern	34	70:61	42–26
5. Werder Bremen	34	61:52	42–26
6. Borussia Dortmund	34	59:40	41–27
7. Borussia M'gladbach	34	61:51	40–28
8. Eintracht Frankfurt	34	83:72	37–31
9. VfB Stuttgart	34	62:55	35–33
10. VfL Bochum	34	52:51	32–36
11. Eintr. Braunschweig	34	61:66	32–36
12. Arminia Bielefeld	34	46:50	30–38
13. 1. FC Nürnberg	34	53:72	28–40
14. Karlsruher SC	34	50:68	27–41
15. Fortuna Düsseldorf	34	48:73	25–43
16. Bayer Leverkusen	34	45:72	25–43
17. SV Darmstadt 98	34	46:82	21–47
18. MSV Duisburg	34	40:77	19–49

1982/83

1. Hamburger SV	34	79:33	52–16
2. Werder Bremen	34	76:38	52–16
3. VfB Stuttgart	34	80:47	48–20
4. Bayern München	34	74:33	44–24
5. 1. FC Köln	34	69:42	43–25
6. 1. FC Kaiserslautern	34	57:44	41–27
7. Borussia Dortmund	34	78:62	39–29
8. Arminia Bielefeld	34	46:71	31–37
9. Fortuna Düsseldorf	34	63:75	30–38
10. Eintracht Frankfurt	34	48:57	29–39
11. Bayer Leverkusen	34	43:66	29–39
12. Bor. M'gladbach	34	64:63	28–40
13. VfL Bochum	34	43:49	28–40
14. 1. FC Nürnberg	34	44:70	28–40
15. Eintr. Braunschweig	34	42:65	27–41
16. FC Schalke 04	34	48:68	22–46
17. Karlsruher SC	34	39:86	21–47
18. Hertha BSC Berlin	34	43:67	20–48

1983/84

1. VfB Stuttgart	34	79:33	48–20
2. Hamburger SV	34	75:36	48–20
3. Bor. M'gladbach	34	81:48	48–20
4. Bayern München	34	84:41	47–21
5. Werder Bremen	34	79:46	45–23
6. 1. FC Köln	34	70:57	38–30
7. Bayer Leverkusen	34	50:50	34–34
8. Arminia Bielefeld	34	40:49	33–35
9. Eintr. Braunschweig	34	54:69	32–36
10. Bayer Uerdingen	34	66:79	31–37
11. SV Waldhof Mannh.	34	45:58	31–37
12. 1. FC Kaiserslautern	34	68:69	30–38
13. Borussia Dortmund	34	54:65	30–38
14. Fortuna Düsseldorf	34	63:75	29–39
15. VfL Bochum	34	58:70	28–40
16. Eintr. Frankfurt	34	45:61	27–41
17. Kickers Offenbach	34	48:106	19–49
18. 1. FC Nürnberg	34	38:85	14–54

1984/85

1. Bayern München	34	79:38	50–18
2. Werder Bremen	34	87:51	46–22
3. 1. FC Köln	34	69:66	40–28
4. Bor. Mönchengladbach	34	77:53	39–29
5. Hamburger SV	34	58:49	37–31
6. SV Waldhof Mannh.	34	47:50	37–31
7. Bayer Uerdingen	34	57:52	36–32
8. FC Schalke 04	34	63:62	34–34
9. VfL Bochum	34	52:54	34–34
10. VfB Stuttgart	34	79:59	33–35
11. 1. FC Kaiserslautern	34	56:60	33–35
12. Eintracht Frankfurt	34	62:67	32–36
13. Bayer Leverkusen	34	52:54	31–37
14. Borussia Dortmund	34	51:65	30–38
15. Fortuna Düsseldorf	34	53:66	29–39
16. Arminia Bielefeld	34	46:61	29–39
17. Karlsruher SC	34	47:88	22–46
18. Eintr. Braunschweig	34	39:79	20–48

1985/86

1. Bayern München	34	82:31	49–19
2. Werder Bremen	34	83:41	49–19
3. Bayer Uerdingen	34	63:60	45–23
4. Bor. Mönchengladbach	34	65:51	42–26
5. VfB Stuttgart	34	69:45	41–27
6. Bayer Leverkusen	34	63:51	40–28
7. Hamburger SV	34	52:35	39–29
8. SV Waldhof Mannheim	34	41:44	33–35
9. VfL Bochum	34	55:57	32–36
10. FC Schalke 04	34	53:58	30–38
11. 1. FC Kaiserslautern	34	49:54	30–38
12. 1. FC Nürnberg	34	51:54	29–39
13. 1. FC Köln	34	46:59	29–39
14. Fortuna Düsseldorf	34	54:78	29–39
15. Eintracht Frankfurt	34	35:49	28–40
16. Borussia Dortmund	34	49:65	28–40
17. 1. FC Saarbrücken	34	39:68	21–47
18. Hannover 96	34	43:92	18–50

1986/87

1. Bayern München	34	67:31	53–15
2. Hamburger SV	34	69:37	47–21
3. Bor. Mönchengladbach	34	74:44	43–25
4. Borussia Dortmund	34	70:50	40–28
5. Werder Bremen	34	65:54	40–28
6. Bayer Leverkusen	34	56:38	39–29
7. 1. FC Kaiserslautern	34	64:51	37–31
8. Bayer Uerdingen	34	51:49	35–33
9. 1. FC Nürnberg	34	62:62	35–33
10. 1. FC Köln	34	50:53	35–33
11. VfL Bochum	34	52:44	32–36
12. VfB Stuttgart	34	55:49	32–36
13. FC Schalke 04	34	50:58	32–36
14. SV Waldhof Mannheim	34	52:71	28–40
15. Eintracht Frankfurt	34	42:53	25–43
16. FC Homburg/Saar	34	33:79	21–47
17. Fortuna Düsseldorf	34	42:91	20–48
18. Blau-Weiß 90 Berlin	34	36:76	18–50

1987/88

1. Werder Bremen	34	61:22	52–16
2. Bayern München	34	83:45	48–20
3. 1. FC Köln	34	57:28	48–20
4. VfB Stuttgart	34	69:49	40–28
5. 1. FC Nürnberg	34	44:40	37–31
6. Hamburger SV	34	63:68	37–31
7. Bor. Mönchengladbach	34	55:53	33–35
8. Bayer Leverkusen	34	53:60	32–36
9. Eintracht Frankfurt	34	51:50	31–37
10. Hannover 96	34	59:60	31–37
11. Bayer Uerdingen	34	59:61	31–37
12. VfL Bochum	34	47:51	30–38
13. Borussia Dortmund	34	51:54	29–39
14. 1. FC Kaiserslautern	34	53:62	29–39
15. Karlsruher SC	34	37:55	29–39
16. SV Waldhof Mannheim	34	35:50	28–40
17. FC Homburg/Saar	34	37:70	24–44
18. FC Schalke 04	34	48:84	23–45

1988/89

1. Bayern München	34	67:26	50–18
2. 1. FC Köln	34	58:30	45–23
3. Werder Bremen	34	55:32	44–24
4. Hamburger SV	34	60:36	43–25
5. VfB Stuttgart	34	58:49	39–29
6. Bor. Mönchengladbach	34	44:43	38–30
7. Borussia Dortmund	34	56:40	37–31
8. Bayer Leverkusen	34	45:44	34–34
9. 1. FC Kaiserslautern	34	47:44	33–35
10. FC St. Pauli Hambg.	34	41:42	32–36
11. Karlsruher SC	34	48:51	32–36
12. SV Waldhof Mannheim	34	43:52	31–37
13. Bayer Uerdingen	34	50:60	31–37
14. 1. FC Nürnberg	34	36:54	26–42
15. VfL Bochum	34	37:57	26–42
16. Eintracht Frankfurt	34	30:53	26–42
17. Stuttgarter Kickers	34	41:68	26–42
18. Hannover 96	34	36:71	19–49

1989/90

1. Bayern München	34	64:28	49–19
2. 1. FC Köln	34	54:44	43–25
3. Eintracht Frankfurt	34	61:40	41–27
4. Borussia Dortmund	34	51:35	41–27
5. Bayer Leverkusen	34	40:32	39–29
6. VfB Stuttgart	34	53:47	36–32
7. Werder Bremen	34	49:41	34–34
8. 1. FC Nürnberg	34	42:46	33–35
9. Fortuna Düsseldorf	34	41:41	32–36
10. Karlsruher SC	34	32:39	32–36
11. Hamburger SV	34	39:46	31–37
12. 1. FC Kaiserslautern	34	42:55	31–37
13. FC St. Pauli Hamb.	34	31:46	31–37
14. Bayer Uerdingen	34	41:48	30–38
15. Bor. Mönchengladbach	34	37:45	30–38
16. VfL Bochum	34	44:53	29–39
17. SV Waldhof Mannheim	34	36:53	26–42
18. FC Homburg/Saar	34	33:51	24–44

Die 2. Liga

Die zweigeteilte Zweite Liga 1974–1981

Die bisherigen Meister:
Gruppe Süd:
1975 Karlsruher SC – 1976 1. FC Saarbrücken – 1977 VfB Stuttgart – 1978 SV Darmstadt 98 – 1979 TSV München 1860 – 1980 1. FC Nürnberg – 1981 SV Darmstadt 98

Gruppe Nord:
1975 Hannover 96 – 1976 Tennis Borussia Berlin – 1977 FC St. Pauli Hamburg – 1978 Arminia Bielefeld – 1979 Bayer Leverkusen – 1980 Arminia Bielefeld – 1981 Werder Bremen

Alle Tabellen der zweigeteilten Zweiten Liga finden Sie in den vorhergegangenen Almanachen.

Eingleisige Zweite Bundesliga

1981/82

1.	Schalke 04	38	70:35	51–25
2.	Hertha BSC Berlin	38	84:47	48–28
3.	Kickers Offenbach	38	70:67	46–30
4.	München 1860	38	87:56	45–31
5.	Hannover 96	38	72:52	45–31
6.	SV Waldhof Mannheim	38	51:44	44–32
7.	Stuttg. Kickers	38	76:55	43–33
8.	Hessen Kassel	38	56:46	43–33
9.	Alemannia Aachen	38	47:39	41–35
10.	Fortuna Köln	38	70:72	39–37
11.	Rot-Weiß Essen	38	60:62	38–38
12.	Bayer Uerdingen	38	47:57	38–38
13.	VfL Osnabrück	38	49:59	37–39
14.	SpVgg Fürth	38	61:60	35–41
15.	SC Freiburg	38	49:54	34–42
16.	Union Solingen	38	51:62	33–43
17.	Wattenscheid 09	38	41:62	31–45
18.	Wormatia Worms	38	34:74	24–52
19.	Freiburger FC	38	52:88	23–53
20.	SpVgg Bayreuth	38	40:76	22–54

Der TSV 1860 München erhielt für die Saison 1982/83 keine Lizenz.

1982/83

1.	SV Waldhof Mannheim	38	83:38	52–24
2.	Kickers Offenbach	38	77:45	50–26
3.	Bayer Uerdingen	38	65:44	48–28
4.	Hessen Kassel	38	69:54	45–31
5.	Stuttgarter Kickers	38	78:51	44–32
6.	Fortuna Köln	38	76:50	43–33
7.	SV Darmstadt 98	38	77:61	42–34
8.	SC Freiburg	38	50:45	42–34
9.	Alemannia Aachen	38	49:53	40–36
10.	VfL Osnabrück	38	66:65	38–38
11.	MSV Duisburg	38	55:57	37–39
12.	Hannover 96	38	70:72	36–40
13.	BV 08 Lüttringhausen	38	53:76	34–42
14.	Rot-Weiß Essen	38	56:60	33–43
15.	Wattenscheid 09	38	59:65	33–43
16.	Union Solingen	38	56:76	32–44
17.	FC Augsburg	38	32:54	32–44
18.	SpVgg Fürth	38	55:75	31–45
19.	FSV Frankfurt	38	50:86	26–50
20.	TuS Schloß Neuhaus	38	43:92	22–54

1983/84

1.	Karlsruher SC	38	94:45	57–19
2.	FC Schalke 04	38	95:45	55–21
3.	MSV Duisburg	38	69:41	50–26
4.	Hessen Kassel	38	68:39	48–28
5.	Union Solingen	38	70:54	44–32
6.	Alemannia Aachen	38	49:43	44–32
7.	SC Freiburg	38	50:49	43–33
8.	Stuttgarter Kickers	38	54:52	39–37
9.	Fortuna Köln	38	66:65	38–38
10.	1. FC Saarbrücken	38	61:69	38–38
11.	Hertha BSC Berlin	38	64:57	37–39
12.	SV Darmstadt 98	38	48:72	35–41
13.	SSV Ulm 46	38	58:68	32–44
14.	Hannover 96	38	54:69	32–44
15.	Wattenscheid 09	38	58:74	32–44
16.	Rot-Weiß Oberhsn.	38	51:62	31–45
17.	Rot-Weiß Essen	38	48:63	29–47
18.	SC Charlottenburg	38	49:68	29–47
19.	VfL Osnabrück	38	46:66	29–47
20.	BV 08 Lüttringhausen	38	36:87	18–58

1984/85

1.	1. FC Nürnberg	38	71:45	50–26
2.	Hannover 96	38	79:58	50–26
3.	1. FC Saarbrücken	38	70:41	49–27
4.	Hessen Kassel	38	72:48	49–27
5.	Alemannia Aachen	38	60:46	43–33
6.	Union Solingen	38	64:70	41-35
7.	Blau-Weiß 90 Berlin	38	66:56	39–37
8.	SC Freiburg	38	45:49	38–38
9.	Stuttgarter Kickers	38	51:49	37–39
10.	Wattenscheid 09	38	61:68	36–40
11.	Fortuna Köln	38	58:67	36–40
12.	RW Oberhausen	38	64:70	35–41
13.	MSV Duisburg	38	56:63	35–41
14.	Hertha BSC	38	50:59	35–41
15.	SV Darmstadt 98	38	52:64	35–41
16.	FC Homburg	38	57:58	34–42
17.	FC St. Pauli	38	48:59	33–43
18.	VfR Bürstadt	38	48:56	31–45
19.	Kickers Offenbach*)	38	43:56	30–44
20.	SSV Ulm 46	38	48:81	22–54

*) Offenbach wurden wg. Verstoßes gegen die DFB-Auflagen 2 Punkte abgezogen.

1985/86

1.	FC Homburg	38	75:42	49–27
2.	Blau-Weiß 90 Berlin	38	76:48	47–29
3.	Fortuna Köln	38	64:52	46–30
4.	Arminia Bielefeld	38	60:47	45–31
5.	Hessen Kassel	38	58:47	44–32
6.	Stuttgarter Kickers	38	73:55	43–33
7.	Karlsruher SC	38	64:50	43–33
8.	Alemannia Aachen	38	56:45	43–33
9.	Wattenscheid 09	38	63:56	43–33
10.	SV Darmstadt 98	38	63:57	41–35
11.	RW Oberhausen	38	61:60	37–39
12.	Eintracht Braunschweig	38	65:62	36–40
13.	Viktoria Aschaffenburg	38	57:59	35–41
14.	VfL Osnabrück	38	48:57	35–41
15.	Union Solingen	38	48:64	34–42
16.	SC Freiburg	38	54:62	33–43
17.	Hertha BSC Berlin	38	50:62	31–45
18.	SpVgg Bayreuth	38	40:73	31–45
19.	Tennis Borussia Berlin	38	48:73	29–47
20.	MSV Duisburg	38	34:86	15–61

1986/87

1.	Hannover 96	38	86:48	56–20
2.	Karlsruher SC	38	79:49	52–24
3.	FC St. Pauli	38	63:45	49–27
4.	SV Darmstadt 98	38	72:48	47–29
5.	Alemannia Aachen	38	55:36	46–30

6. VfL Osnabrück	38	69:66	44–32
7. Stuttgarter Kickers	38	72:55	42–34
8. SC Freiburg	38	59:56	39–37
9. Arminia Bielefeld	38	58:55	38–38
10. Rot-Weiß Essen	38	70:69	38–38
11. Wattenscheid 09	38	59:66	38–38
12. Union Solingen	38	61:65	35–41
13. SSV Ulm 46	38	55:63	35–41
14. Fortuna Köln	38	51:66	35–41
15. 1. FC Saarbrücken	38	53:71	34–42
16. RW Oberhausen	38	52:55	33–43
17. Eintracht Braunschweig	38	52:47	32–44
18. Viktoria Aschaffenburg	38	47:72	24–52
19. Hessen Kassel	38	40:75	22–54
20. FSV Salmrohr	38	48:94	21–55

1987/88

1. Stuttgarter Kickers	38	89:49	51–25
2. FC St. Pauli	38	65:38	49–27
3. SV Darmstadt 98	38	48:32	47–29
4. Wattenscheid 09	38	62:48	47–29
5. Fortuna Düsseldorf	38	63:38	46–30
6. Alemannia Aachen	38	60:45	46–30
7. Blau-Weiß 90 Berlin	38	65:48	43–33
8. Kickers Offenbach	38	56:49	39–37
9. VfL Osnabrück	38	47:47	38–38
10. SC Freiburg	38	61:63	38–38
11. Rot-Weiß Essen	38	53:60	34–42
12. Fortuna Köln	38	58:67	34–42
13. 1. FC Saarbrücken	38	57:67	34–42
14. SV Meppen	38	55:72	34–42
15. Union Solingen	38	48:65	34–42
16. Rot-Weiß Oberhausen	38	48:54	33–43
17. SpVgg Bayreuth	38	55:66	33–43
18. BVL 08 Remscheid	38	54:74	29–47
19. SSV Ulm 46	38	51:75	29–47
20. Arminia Bielefeld	38	29:67	22–54

Rot-Weiß Oberhausen erhielt für die Saison 1988/89 keine Lizenz.

1988/89

1. Fortuna Düsseldorf	38	85:52	49–27
2. FC Homburg	38	55:36	47–29
3. 1. FC Saarbrücken	38	53:43	46–30
4. Fortuna Köln	38	80:57	45–31
5. SC Freiburg	38	66:52	42–34
6. Wattenscheid 09	38	68:58	42–34
7. Alemannia Aachen	38	58:55	41–35
8. Blau-Weiß 90 Berlin	38	56:54	41–35
9. Eintracht Braunschweig	38	43:43	38–38
10. SV Meppen	38	55:54	37–39
11. SV Darmstadt 98	38	56:57	37–39
12. FC Schalke 04	38	58:51	36–40
13. Hertha BSC Berlin	38	45:44	36–40
14. VfL Osnabrück	38	58:66	36–40
15. Kickers Offenbach	38	51:53	35–41
16. Rot-Weiß Essen	38	54:60	35–41
17. SpVgg Bayreuth	38	52:60	34–42
18. Viktoria Aschaffenburg	38	47:60	34–42
19. FSV Mainz 05	38	44:76	29–47
20. Union Solingen	38	24:77	20–56

Kickers Offenbach 88/89 keine Lizenz

1989/90

1. Hertha BSC Berlin	38	65:39	53–23
2. Wattenscheid 09	38	70:35	51–25
3. 1. FC Saarbrücken	38	58:33	46–30
4. Stuttgarter Kickers	38	68:48	45–31
5. FC Schalke 04	38	69:51	43–33
6. Rot-Weiß-Essen	38	49:46	42–34
7. Eintracht Braunschweig	38	55:51	39–37
8. Hannover 96	38	53:43	38–38
9. Blau-Weiß 90 Berlin	38	46:52	37–39
10. MSV Duisburg	38	50:58	37–39
11. SV Meppen	38	47:57	36–40
12. Preußen Münster	38	45:65	36–40
13. SC Freiburg	38	53:52	34–42
14. Fortuna Köln	38	48:60	34–42
15. VfL Osnabrück	38	58:69	33–43
16. SV Darmstadt 98	38	43:55	33–43
17. Hessen Kassel	38	35:64	33–43
18. SpVgg Bayreuth	38	54:59	31–45
19. Alemannia Aachen	38	52:63	30–46
20. SpVgg Unterhaching	38	43:61	29–47

Alle Tabellen der geteilten 2. Liga (Nord und Süd) finden Sie in den voraufgegangenen Almanachen.

Fußballer des Jahres

1960 Uwe Seeler (Hamburger SV) – 1961 Max Morlock (1. FC Nürnberg) – 1962 Karl-Heinz Schnellinger (1. FC Köln) – 1963 Hans Schäfer (1. FC Köln) – 1964 Uwe Seeler (Hamburger SV) – 1965 Hans Tilkowski (Borussia Dortmund) – 1966 Franz Beckenbauer (Bayern München) – 1967 Gerd Müller (Bayern München) – 1968 Franz Beckenbauer (Bayern München) – 1969 Gerd Müller (Bayern München) – 1970 Uwe Seeler (Hamburger SV) – 1971 Hans-Hubert Vogts (Borussia Mönchengladbach) – 1972 Günter Netzer (Borussia Mönchengladbach) – 1973 Günter Netzer (Borussia Mönchengladbach) – 1974 Franz Beckenbauer (Bayern München) – 1975 Sepp Maier (Bayern München) – 1976 Franz Beckenbauer (Bayern München) – 1977 Sepp Maier (Bayern München) – 1978 Sepp Maier (Bayern München) – 1979 Hans-Hubert Vogts (Borussia Mönchengladbach) – 1980 Karl-Heinz Rummenigge (Bayern München) – 1981 Paul Breitner (Bayern München) – 1982 Karlheinz Förster (VfB Stuttgart) – 1983 Rudi Völler (Werder Bremen) – 1984 Harald Schumacher (1. FC Köln) – 1985 Hans-Peter Briegel (Hellas Verona) – 1986 Harald Schumacher (1. FC Köln) – 1987 Uwe Rahn (Borussia Mönchengladbach) – 1988 Jürgen Klinsmann (VfB Stuttgart) – 1989 Thomas Häßler (1. FC Köln) – 1990 Lothar Matthäus (Inter Mailand).

Bundesliga-Torschützenkönige

1964 Uwe Seeler (Hamburger SV) 30 – 1965 Brunnenmeier (München 1860) 24 – 1966 Emmerich (Borussia Dortmund) 31 – 1967 Emmerich (Borussia Dortmund) und Gerd Müller (Bayern München) je 28 – 1968 Löhr (1. FC Köln) 27 – 1969 Gerd Müller (Bayern München) 30 – 1970 Gerd Müller (Bayern München) 38 – 1971 Lothar Kobluhn (Rot-Weiß Oberhausen) 24 – 1972 Gerd Müller (Bayern München) 40 – 1973 Gerd Müller (Bayern München) 36 – 1974 Gerd Müller (Bayern München) und Jupp Heynckes (Borussia Mönchengladbach) je 30 – 1975 Jupp Heynckes (Borussia Mönchengladbach) 27 – 1976 Klaus Fischer (FC Schalke 04) 29 – 1977 Dieter Müller (1. FC Köln) 34 – 1978 Dieter Müller (1. FC Köln) und Gerd Müller (Bayern München) je 24 – 1979 Kl. Allofs (Fortuna Düsseldorf) 22 – 1980 K.-H. Rummenigge (Bayern München) 26 – 1981 K.-H. Rummenigge (Bayern München) 29 – 1982 Hrubesch (Hamburger SV) 27 – 1983 Völler (Werder Bremen) 23 – 1984 K.-H. Rummenigge (Bayern München) 26 – 1985 Kl. Allofs (1. FC Köln) 26 – 1986 Kuntz (VfL Bochum) 22 – 1987 Rahn (Borussia Mönchengladbach) 24 – 1988 Klinsmann (VfB Stuttgart) 19 – 1989 Th. Allofs (1. FC Köln) und Wohlfahrt (Bayern München) je 17 – 1990 Andersen (Eintracht Frankfurt) 18.

Gewinner der Bundesliga-Nachwuchsrunde

1979 1. FC Kaiserslautern (– VfB Stuttgart 2:0) – 1980 1. FC Kaiserslautern (– MSV Duisburg 2:1) – 1981 Bayer Leverkusen (– Karlsruher SC 3:2) – 1982 SV Waldhof Mannheim (– Borussia Mönchengladbach 2:0) – 1983 Borussia Mönchengladbach (– Eintracht Frankfurt 5:2) – 1984 nicht ausgespielt – Ab 1984/85 umbenannt in Adi-Daßler-Pokal. – 1985 Borussia Mönchengladbach (– Borussia Dortmund 1:0) – 1986 Borussia Dortmund (– VfB Stuttgart 4:3 n. V.) – 1987 bis 1990 ausgefallen.

Hallen-Masters

1987 (inoffiziell) in Stuttgart: **Hamburger SV** (– VfB Stuttgart 3:1) – 1988 (ab jetzt offiziell unter DFB-Regie) in Frankfurt: **Bayer 05 Uerdingen** (– Eintracht Frankfurt 5:3) – 1989 in Dortmund: **Werder Bremen** (– VfB Stuttgart 6:3) – 1990 in Dortmund: **Borussia Dortmund** (– Bayer Uerdingen 5:3).

Torschützenkönige der Zweiten Ligen

Zweite Liga Nord:
1975 Graul (Arminia Bielefeld) 30 – 1976 Stolzenburg (Tennis Borussia Berlin) 27 – 1977 Gerber (FC St. Pauli) 27 – 1978 Hrubesch (Rot-Weiß Essen) 41 – 1979 Mödrath (Fortuna Köln) 28 – 1980 Sackewitz (Arminia Bielefeld) 35 – 1981 Mill (Rot-Weiß Essen) 40.

Zweite Liga Süd:
1975 Hoffmann (Karlsruher SC) 25 – 1976 Granitza (Röchling Völklingen) 29 – 1977 Emmerich (Würzburg 04) 24 – 1978 Günther (Karlsruher SC) 27 – 1979 Kirschner (SpVgg. Fürth) 33 – 1980 Günther (Karlsruher SC) 28 – 1981 Neumann (Darmstadt 98) 27.

Eingleisig:
1982 Völler (München 1860) 37 – 1983 Schatzschneider (Fortuna Köln) 31 – 1984 Wohlfarth (MSV Duisburg) 30 – 1985 Burgsmüller (Rot-Weiß Oberhausen) 29 – 1986 Bunk (Blau-Weiß 90 Berlin) 26 – 1987 Reich (Hannover 96) 26 – 1988 Sane (SC Freiburg) 21 – 1989 Demandt (Fortuna Düsseldorf) 35 – 1990 Banach (Wattenscheid 09) 22.

Schiedsrichter des Jahres

1975 Heinz Aldinger (Waiblingen) – 1976 Biwersi (Bliesransbach) – 1977 Eschweiler (Euskirchen) – 1978 Frickel (München) – 1979 Redelfs (Hannover) – 1980 Roth (Salzgitter) – 1981 Ohmsen (Hamburg) – 1982 Horstmann (Hildesheim) – 1983 Hontheim (Trier) – 1984 Ahlenfelder (Oberhausen) – 1985 Pauly (Rheydt) – 1986 Roth (Salzgitter) – 1987 Schmidhuber (Ottobrunn) – 1988 Pauly (Rheydt) – 1989 Tritschler (Gundelfingen) – 1990 Pauly (Rheydt).

Der Aufstieg zur Bundesliga

1964

Qualifikationsspiele: Wuppertaler SV – FK 03 Pirmasens 0:2 und 1:2.
Gruppe I: Borussia Neunkirchen – FC Bayern München 0:1 und 2:0; Borussia Neunkirchen – Tasmania Berlin 1:5 und 1:0; Borussia Neunkirchen – FC St. Pauli Hamburg 4:1 und 1:0; FC Bayern München – Tasmania Berlin 1:1 und 0:3; FC Bayern München – FC St. Pauli Hamburg 6:1

und 4:0; Tasmania Berlin – FC St. Pauli Hamburg 3:3 und 0:3. – Gruppensieger und Aufsteiger: VfB Borussia Neunkirchen.
Gruppe II: Hannover 96 – KSV Hessen Kassel 3:1 und 2:1; Hannover 96 – Alemannia Aachen 2:1 und 2:3; Hannover 96 – FK Pirmasens 2:0 und 4:0; KSV Hessen Kassel – Alemannia Aachen 2:0 und 2:1; KSV Hessen Kassel – FK Pirmasens 1:4 und 4:2; Alemannia Aachen – FK Pirmasens 5:1 und 0:3. – Gruppensieger und Aufsteiger: Hannoverscher SV 96.

1965

Qualifikationsspiele: FC St. Pauli Hamburg – SSV 05 Reutlingen 1:0 und 1:4 nach Verlängerung.
Gruppe I: Borussia Mönchengladbach – SSV Reutlingen 7:0 und 1:1; Borussia Mönchengladbach – Holstein Kiel 1:0 und 2:4; Borussia Mönchengladbach – Wormatia Worms 1:1 und 5:1; SSV Reutlingen – Holstein Kiel 1:1 und 1:1; SSV Reutlingen – Wormatia Worms 3:0 und 2:1; Holstein Kiel – Wormatia Worms 3:4 und 3:0. – Gruppensieger und Aufsteiger: VfL Borussia Mönchengladbach.
Gruppe II: FC Bayern München – 1. FC Saarbrücken 5:0 und 0:1; Bayern München – Alemannia Aachen 2:1 und 1:1; Bayern München – Tennis Borussia Berlin 2:0 und 8:0; 1. FC Saarbrücken – Alemannia Aachen 3:1 und 1:2; 1. FC Saarbrücken – Tennis Borussia 5:0 und 2:5; Alemannia Aachen – Tennis Borussia 5:4 und 1:1. – Gruppensieger und Aufsteiger: FC Bayern München.

1966

Qualifikationsspiele: 1. FC Saarbrücken – SC Göttingen 05 4:0 und 3:0.
Gruppe I: Fortuna Düsseldorf – FK Pirmasens 2:0 und 2:3; Fortuna Düsseldorf – Hertha BSC Berlin 4:1 und 2:3; Fortuna Düsseldorf – Kickers Offenbach 2:0 und 5:1; FK Pirmasens – Hertha BSC Berlin 2:1 und 1:1; FK Pirmasens – Kickers Offenbach 2:0 und 2:2; Hertha BSC Berlin – Kickers Offenbach 2:1 und 0:1. – Gruppensieger und Aufsteiger: Fortuna Düsseldorf.
Gruppe II: Rot-Weiß Essen – FC St. Pauli Hamburg 0:1 und 0:1; Rot-Weiß Essen – 1. FC Saarbrükken 3:2 und 2:1; Rot-Weiß Essen – FC Schweinfurt 05 3:0 und 2:1; FC St. Pauli Hamburg – 1. FC Saarbrücken 3:2 und 1:3; FC St. Pauli Hamburg – FC Schweinfurt 05 3:1 und 1:2; 1. FC Saarbrükken – FC Schweinfurt 05 4:2 und 0:0. – Gruppensieger und Aufsteiger: Rot-Weiß Essen.

1967

Gruppe I: Borussia Neunkirchen – Schwarz-Weiß Essen 2:0 und 1:1; Borussia Neunkirchen – Arminia Hannover 2:1 und 4:3; Borussia Neunkirchen – Bayern Hof 4:0 und 2:5; Borussia Neunkirchen – Hertha BSC Berlin 0:1 und 2:1; Schwarz-Weiß Essen – Arminia Hannover 2:1 und 4:0; Schwarz-Weiß Essen – Bayern Hof 2:3 und 0:0; Schwarz-Weiß Essen – Hertha BSC 3:2 und 1:0; Arminia Hannover – Bayern Hof 3:0 und 2:1; Arminia Hannover – Hertha BSC 1:1 und 3:0; Bayern Hof – Hertha BSC 2:1 und 0:2. – Gruppensieger und Aufsteiger: VfB Borussia Neunkirchen.
Gruppe II: TSV Alemannia Aachen – Kickers Offenbach 2:1 und 2:3; Alemannia Aachen – 1. FC Saarbrücken 3:0 und 0:3; Alemannia Aachen – Göttingen 05 3:1 und 2:1; Alemannia Aachen – Tennis Borussia Berlin 7:2 und 4:3; Kickers Offenbach – 1. FC Saarbrücken 3:4 und 0:0; Kickers Offenbach – Göttingen 05 2:0 und 2:2; Kickers Offenbach – Tennis Borussia 2:0 und 2:0; 1. FC Saarbrücken – Göttingen 05 2:2 und 1:1; 1. FC Saarbrücken – Tennis Borussia 2:4 und 2:2; Göttingen 05 – Tennis Borussia 1:0 und 1:1. – Gruppensieger und Aufsteiger: TSV Alemannia Aachen.

1968

Gruppe I: Kickers Offenbach – Bayer Leverkusen 1:1 und 2:1; Kickers Offenbach – TuS Neuendorf 0:0 und 2:0; Kickers Offenbach – Tennis Borussia Berlin 4:1 und 4:1; Kickers Offenbach – Arminia Hannover 1:0 und 2:3; Bayer Leverkusen – TuS Neuendorf 1:1 und 1:1; Bayer Leverkusen – Tennis Borussia 4:2 und 4:1; Bayer Leverkusen – Arm. Hannover 1:1 und 4:1; TuS Neuendorf – Tennis Borussia 1:2 und 1:1; TuS Neuendorf – Arm. Hannover 1:0 und 1:1; Tennis Borussia – Arm. Hannover 1:0 und 2:1. – Gruppensieger und Aufsteiger: Kickers Offenbach.
Gruppe II: Hertha BSC Berlin – Rot-Weiß Essen 2:2 und 2:0; Hertha BSC – SV Alsenborn 1:2 und 1:1; Hertha BSC – Göttingen 05 1:0 und 0:0; Hertha BSC – Bayern Hof 2:0 und 3:2; Rot-Weiß Essen – SV Alsenborn 1:1 und 3:2; Rot-Weiß Essen – Göttingen 05 1:0 und 0:1; Rot-Weiß Essen – Bayern Hof 1:0 und 1:1; SV Alsenborn – Göttingen 05 0:3 und 3:2; SV Alsenborn – Bayern Hof 1:2 und 2:1; Göttingen 05 – Bayern Hof 3:1 und 1:5. – Gruppensieger und Aufsteiger: Hertha BSC Berlin.

1969

Gruppe I: Rot-Weiß Oberhausen – Freiburger FC 0:0 und 1:3; Rot-Weiß Oberhausen – SV Alsenborn 4:1 und 4:1; Rot-Weiß Oberhausen – Hertha Zehlendorf 1:0 und 2:3; Rot-Weiß Oberhausen – VfB Lübeck 1:0 und 4:1; Freiburger FC – SV Alsenborn 2:3 und 0:2; Freiburger FC – Hertha Zehlendorf 1:0 und 3:2; Freiburger FC – VfB Lübeck 5:1 und 2:1; SV Alsenborn – Hertha Zehlendorf 4:0 und 0:3; SV Alsenborn – VfL Lübeck 6:2 und 3:0; Hertha Zehlendorf – VfB Lübeck 3:1 und 4:4. – Gruppensieger und Aufsteiger: Rot-Weiß Oberhausen.

Gruppe II: Rot-Weiß Essen – VfL Osnabrück 3:1 und 3:3; Rot-Weiß Essen – Karlsruher SC 5:0 und 2:2; Rot-Weiß Essen – Tasmania Berlin 3:1 und 3:0; Rot-Weiß Essen – TuS Neuendorf 4:2 und 5:0; VfL Osnabrück – Karlsruher SC 2:1 und 1:1; VfL Osnabrück – Tasmania Berlin 2:0 und 2:0; VfL Osnabrück – TuS Neuendorf 2:0 und 0:0; Karlsruher SC – Tasmania Berlin 5:0 und 1:0; Karlsruher SC – TuS Neuendorf 2:4 und 2:1; Tasmania Berlin – TuS Neuendorf 2:0 und 2:1. – Gruppensieger und Aufsteiger: Rot-Weiß Essen.

1970

Gruppe I: Arminia Bielefeld – Karlsruher SC 3:1 und 0:1; Arminia Bielefeld – SV Alsenborn 3:0 und 1:0; Arminia Bielefeld – Tennis Borussia Berlin 1:1 und 2:0; Arminia Bielefeld – VfL Osnabrück 3:0 und 0:0; Karlsruher SC – SV Alsenborn 2:0 und 3:2; Karlsruher SC – Tennis Borussia 0:0 und 2:1; Karlsruher SC – VfL Osnabrück 6:0 und 1:2; SV Alsenborn – Tennis Borussia 5:1 und 1:0; SV Alsenborn – VfL Osnabrück 3:2 und 1:0; Tennis Borussia – VfL Osnabrück 1:1 und 3:1. – Gruppensieger und Aufsteiger: DSC Arminia Bielefeld.

Gruppe II: Kickers Offenbach – VfL Bochum 2:1 und 1:1; Kickers Offenbach – Hertha 03 Zehlendorf 3:0 und 1:2; Kickers Offenbach – VfL Wolfsburg 2:1 und 3:1; Kickers Offenbach – FK 03 Pirmasens 4:1 und 1:1; VfL Bochum – Hertha Zehlendorf 3:0 und 0:2; VfL Bochum – VfL Wolfsburg 4:0 und 0:1; VfL Bochum – FK Pirmasens 3:1 und 2:0; Hertha Zehlendorf – VfL Wolfsburg 5:1 und 1:3; Hertha Zehlendorf – FK Pirmasens 7:2 und 0:1; VfL Wolfsburg – FK Pirmasens 2:2 und 4:4. – Gruppensieger und Aufsteiger: Offenbacher FC Kickers.

1971

Gruppe I: VfL Bochum – VfL Osnabrück 3:1 und 4:2; VfL Bochum – FK Pirmasens 5:2 und 0:1; VfL Bochum – Karlsruher SC 1:0 und 2:1; VfL Bochum – Tasmania Berlin 4:2 und 4:2; VfL Osnabrück – FK Pirmasens 1:3 und 1:0; VfL Osnabrück – Karlsruher SC 1:1 und 3:0; VfL Osnabrück – Tasmania Berlin 1:0 und 1:2; FK Pirmasens – Karlsruher SC 3:1 und 0:1; FK Pirmasens – Tasmania Berlin 2:2 und 0:3; Karlsruher SC – Tasmania Berlin 2:1 und 3:1. – Gruppensieger und Aufsteiger: VfL Bochum.

Gruppe II: Fortuna Düsseldorf – Borussia Neunkirchen 2:0 und 2:2; Fortuna Düsseldorf – FC St. Pauli Hamburg 3:1 und 1:1; Fortuna Düsseldorf – 1. FC Nürnberg 2:1 und 2:0; Fortuna Düsseldorf – Wacker 04 Berlin 3:0 und 4:2; Borussia Neunkirchen – FC St. Pauli Hamburg 3:0 und 1:2; Borussia Neunkirchen – 1. FC Nürnberg 1:0 und 0:2; Borussia Neunkirchen – Wacker 04 Berlin 2:1 und 2:0; FC St. Pauli Hamburg – 1. FC Nürnberg 1:1 und 1:5; FC St. Pauli Hamburg – Wacker 04 Berlin 3:0 und 1:0; 1. FC Nürnberg – Wacker 04 Berlin 3:0 und 2:3. – Gruppensieger und Aufsteiger: Fortuna Düsseldorf.

1972

Gruppe I: Wuppertaler SV – VfL Osnabrück 5:0 und 4:0; Wuppertaler SV – Bor. Neunkirchen 3:2 und 2:0; Wuppertaler SV – Bayern Hof 2:0 und 2:1; Wuppertaler SV – Tasmania Berlin 5:2 und 3:0; VfL Osnabrück – Bor. Neunkirchen 2:0 und 0:2; VfL Osnabrück – Bayern Hof 4:3 und 1:1; VfL Osnabrück – Tasmania 1:0 und 0:0; Neunkirchen – Bayern Hof 4:3 und 1:3; Bor. Neunkirchen – Tasmania 10:0 und 1:3; Bayern Hof – Tasmania 6:0 und 1:3. – Gruppensieger und Aufsteiger: Wuppertaler SV (ohne Verlustpunkt!).

Gruppe II: Kickers Offenbach – Rot-Weiß Essen 2:2 und 1:1; Kick. Offenbach – FC St. Pauli Hamburg 6:0 und 0:0; Kick. Offenbach – Wacker 04 Berlin 4:1 und 6:0; Kick. Offenbach – Röchling Völklingen 7:2 und 3:1; RW Essen – FC St. Pauli 6:1 und 0:0; RW Essen – Wacker 04 5:0 und 4:0; RW Essen – Völklingen 2:1 und 2:1; FC St. Pauli – Wacker 04 1:2 und 1:1; FC St. Pauli – Völklingen 1:0 und 3:1; Wacker 04 – Völklingen 1:6 und 3:2. – Gruppensieger und Aufsteiger: Kickers Offenbach.

1973

Gruppe I: Fortuna Köln – FC St. Pauli Hamburg 2:3 und 2:1; Fortuna Köln – FSV Mainz 05 3:0 und 0:0; Fortuna Köln – Karlsruher SC 6:0 und 2:1; Fortuna Köln – Blau-Weiß 90 Berlin 7:0 und 3:0; FC St. Pauli Hamburg – FSV Mainz 05 2:2 und 0:3; FC St. Pauli Hamburg – Karlsruher SC 2:2 und 5:4; FC St. Pauli Hamburg – Blau-Weiß 90 Berlin 4:1 und 6:2; FSV Mainz 05 – Karlsruher SC 4:1 und 1:1; FSV Mainz 05 – Blau-Weiß 90 Berlin 5:1 und 2:3; Karlsruher SC – Blau-Weiß 90 Berlin 5:1 und 3:2. – Gruppensieger und Aufsteiger: Fortuna Köln.

Gruppe II: Rot-Weiß Essen – SV Darmstadt 98 3:1 und 2:2; Rot-Weiß Essen – Röchling Völklingen 3:1 und 4:0; Rot-Weiß Essen – VfL Osnabrück 4:1 und 2:1; Rot-Weiß Essen – Wacker 04

Berlin 3:0 und 2:2; SV Darmstadt 98 – Röchling Völklingen 5:0 und 1:1; SV Darmstadt 98 – VfL Osnabrück 5:3 und 1:2; SV Darmstadt 98 – Wacker 04 Berlin 2:2 und 1:1; Röchling Völklingen – VfL Osnabrück 2:0 und 2:1; Röchling Völklingen – Wacker 04 Berlin 3:1 und 1:2; VfL Osnabrück – Wacker 04 Berlin 2:1 und 2:0. – Gruppensieger und Aufsteiger: Rot-Weiß Essen.

1974

Gruppe I: Eintracht Braunschweig – 1. FC Nürnberg 2:0 und 0:1; Eintracht Braunschweig – Wattenscheid 09 2:3 und 0:0; Eintracht Braunschweig – Wacker 04 Berlin 2:1 und 3:1; Eintracht Braunschweig – 1. FC Saarbrücken 3:0 und 1:0; 1. FC Nürnberg – Wattenscheid 09 1:0 und 2:1; 1. FC Nürnberg – Wacker 04 Berlin 9:1 und 0:5; 1. FC Nürnberg – 1. FC Saarbrücken 3:1 und 2:2; Wattenscheid 09 – Wacker 04 Berlin 1:1 und 2:3; Wattenscheid 09 – 1. FC Saarbrücken 2:1 und 2:1; Wacker 04 Berlin – 1. FC Saarbrücken 0:1 und 1:0. – Gruppensieger und Aufsteiger: Eintracht Braunschweig.
Gruppe II: Tennis Borussia Berlin – FC Augsburg 2:2 und 2:2; Tennis Borussia – Rot-Weiß Oberhausen 3:1 und 0:4; Tennis Borussia – Borussia Neunkirchen 0:0 und 1:1; Tennis Borussia – FC St. Pauli 3:1 und 2:0; FC Augsburg – Rot-Weiß Oberhausen 2:2 und 2:3; FC Augsburg – Borussia Neunkirchen 2:1 und 1:1; FC Augsburg – FC St. Pauli 4:4 und 3:2; Rot-Weiß Oberhausen – Borussia Neunkirchen 1:2 und 1:0; Rot-Weiß Oberhausen – FC St. Pauli 2:1 und 0:3; Borussia Neunkirchen – FC St. Pauli 2:5 und 1:0. – Gruppensieger und Aufsteiger: Tennis Borussia Berlin.

1975

Nach Einführung der 2. Liga steigen die Sieger der beiden Gruppen direkt in die Bundesliga auf. Um den 3. Aufstiegsplatz werden zwei Spiele zwischen den Zweiten der beiden Gruppen der 2. Liga durchgeführt.
Meister 2. Liga Nord: Hannover 96, Meister 2. Liga Süd: Karlsruher SC.
Entscheidungsspiele zwischen den Gruppenzweiten:
FK Pirmasens – Bayer 05 Uerdingen 4:4 und 0:6.

1976

Meister 2. Liga Nord: Tennis Borussia Berlin, Meister 2. Liga Süd: 1. FC Saarbrücken.
1. FC Nürnberg – BV 09 Borussia Dortmund 0:1 und 2:3.

1977

Meister 2. Liga Nord: FC St. Pauli Hamburg, Meister 2. Liga Süd: VfB Stuttgart.
Arminia Bielefeld – TSV 1860 München 4:0, 0:4, 0:2 (in Frankfurt).

1978

Meister 2. Liga Nord: Arminia Bielefeld, Meister 2. Liga Süd: SV Darmstadt 98.
1. FC Nürnberg – Rot-Weiß Essen 1:0 und 2:2.

1979

Meister 2. Liga Nord: Bayer Leverkusen, Meister 2. Liga Süd: TSV 1860 München.
SpVgg Bayreuth – Bayer Uerdingen 1:1 und 1:2.

1980

Meister 2. Liga Nord: Arminia Bielefeld, Meister 2. Liga Süd: 1. FC Nürnberg.
Karlsruher SC – Rot-Weiß Essen 5:1 und 1:3.

1981

Meister 2. Liga Nord: Werder Bremen, Meister 2. Liga Süd: SV Darmstadt 98.
Kickers Offenbach – Eintracht Braunschweig 1:0 und 0:2.

1982

Neuer Modus nach Einführung der eingleisigen 2. Bundesliga. Automatisch steigen auf: der Erste (Schalke 04) und Zweite (Hertha BSC Berlin). Der Dritte spielt gegen den 16. der Bundesliga um Aufstieg bzw. Verbleib:
Kickers Offenbach – Bayer Leverkusen 0:1 und 1:2.

1983

Automatische Aufsteiger: SV Waldhof Mannheim (Meister) und Kickers Offenbach (Zweiter).
Dritter der 2. Liga gegen 16. der Bundesliga um Aufstieg bzw. Verbleib:
Bayer 05 Uerdingen – Schalke 04 3:1 und 1:1.

1984

Automatische Aufsteiger: Karlsruher SC (Meister) und Schalke 04 (Zweiter). Dritter der 2. Liga gegen 16. der Bundesliga um Aufstieg bzw. Verbleib:
MSV Duisburg – Eintracht Frankfurt 0:5 und 1:1.

1985

Automatische Aufsteiger: 1. FC Nürnberg (Meister) und Hannover 96 (Zweiter). Dritter der 2. Liga gegen 16. der Bundesliga um Aufstieg bzw. Verbleib:
1. FC Saarbrücken – Arminia Bielefeld 2:0 und 1:1.

1986

Automatische Aufsteiger: FC Homburg 08 (Meister) und Blau-Weiß 90 Berlin (Zweiter). Dritter der 2. Liga gegen 16. der Bundesliga um Aufstieg bzw. Verbleib:
Fortuna Köln – Borussia Dortmund 2:0, 1:3 und 0:8 (in Düsseldorf).

1987

Automatische Aufsteiger: Hannover 96 (Meister) und Karlsruher SC (Zweiter). Dritter der 2. Liga gegen 16. der Bundesliga um Aufstieg bzw. Verbleib:
FC Homburg 08 – FC St. Pauli Hamburg 3:1 und 1:2.

1988

Automatische Aufsteiger: Kickers Stuttgart (Meister) und FC St. Pauli Hamburg (Zweiter). Dritter der 2. Liga gegen 16. der Bundesliga um Aufstieg bzw. Verbleib:
SV Darmstadt 98 – SV Waldhof Mannheim 3:2, 1:2 und in Saarbrücken 0:0 n. V. / 4:5 im Elfmeterschießen.

1989

Automatische Aufsteiger: Fortuna Düsseldorf (Meister) und FC 08 Homburg (Zweiter); Dritter der 2. Liga gegen 16. der Bundesliga um Aufstieg bzw. Verbleib:
Eintracht Frankfurt – 1. FC Saarbrücken 2:0 und 1:2.

1990

Automatische Aufsteiger: Hertha BSC Berlin (Meister) und SG Wattenscheid 09 (Zweiter); Dritter der 2. Liga gegen den 16. der Bundesliga um Aufstieg bzw. Verbleib:
VfL Bochum – 1. FC Saarbrücken 1:1 und 1:0.

Die Meister der Landes- bzw. Regional-Verbände

(bis 1963, der Einführung der Bundesliga)

Süddeutschland:

1898 Freiburger FC – 1899, 1900 FV Straßburg – 1901 bis 1905 Karlsruher FV – 1906 FC Pforzheim – 1907 Freiburger FC – 1908 Stuttgarter Kickers – 1909 Phönix Karlsruhe – 1910, 1911, 1912 Karlsruher FV – 1913 Stuttgarter Kickers – 1914 SpVgg Fürth – 1916 1. FC Nürnberg – 1917 Stuttgarter Kickers – 1918 1. FC Nürnberg – 1920, 1921 1. FC Nürnberg – 1922 Wacker München – 1923 SpVgg Fürth – 1924 1. FC Nürnberg – 1925 VfR Mannheim – 1926 Bayern München – 1927 1. FC Nürnberg – 1928 Bayern München – 1929 1. FC Nürnberg – 1930 Eintracht Frankfurt – 1931 SpVgg Fürth – 1932 Eintracht Frankfurt – 1933 FSV Frankfurt – (ab 1945/46 Oberliga Süd) – 1946 VfB Stuttgart – 1947, 1948 1. FC Nürnberg – 1949 Kickers Offenbach – 1950 SpVgg Fürth – 1951 1. FC Nürnberg – 1952 VfB Stuttgart – 1953 Eintracht Frankfurt – 1954 VfB Stuttgart – 1955 Kickers Offenbach – 1956 Karlsruher SC – 1957 1. FC Nürnberg – 1958 Karlsruher SC – 1959 Eintracht Frankfurt – 1960 Karlsruher SC – 1961, 1962 1. FC Nürnberg – 1963 TSV 1860 München.

Westdeutschland:

1903 SC Köln 99 – 1904, 1905 Duisburger SpV – 1906 SC Köln 99 – 1907 Düsseldorfer SC 99 – 1908 Duisburger SpV – 1909 FC M.-Gladbach – 1910, 1911 Duisburger SpV – 1912 Kölner BC – 1913, 1914 Duisburger SpV – 1920 Borussia M'gladbach – 1921 Duisburger SpV – 1922 Arminia Bielefeld – 1923 Arminia Bielefeld (Vertreter) – 1924 Duisburger SpV – 1925 Duisburger SpV (ernannt) – 1926 VfR Köln – 1927 Duisburger SpV – 1928 Spvgg. Köln-Sülz 07 – 1929, 1930 FC Schalke 04 – 1931 Fortuna Düsseldorf – 1932, 1933 FC Schalke 04 – (ab 1947/48 Oberliga West)

– 1948, 1949, 1950 Borussia Dortmund – 1951 FC Schalke 04 – 1952 Rot-Weiß Essen – 1953 Borussia Dortmund – 1954 1. FC Köln – 1955 Rot-Weiß Essen – 1956, 1957 Borussia Dortmund – 1958 FC Schalke 04 – 1959 Westfalia Herne – 1960, 1961, 1962, 1963 1. FC Köln.

Norddeutschland:

1906, 1907 Victoria Hamburg – 1908 Eintracht Braunschweig – 1909 Altonaer FC 93 – 1910, 1911, 1912 Holstein Kiel – 1913 Eintracht Braunschweig – 1914 Altonaer FC 93 – 1917 Borussia Harburg – 1918 Kriegsgemeinschaft Victoria/Hamburger FC 88 – 1920 Arminia Hannover – 1921, 1922, 1923, 1924, 1925 Hamburger SV – 1926, 1927 Holstein Kiel – 1928, 1929 Hamburger SV – 1930 Holstein Kiel – 1931, 1932, 1933 Hamburger SV – (ab 1947/48 Oberliga Nord) – 1948, 1949, 1950, 1951, 1952, 1953 Hamburger SV – 1954 Hannover 96 – 1955, 1956, 1957, 1958, 1959, 1960, 1961, 1962, 1963 Hamburger SV.

Mitteldeutschland:

1902 Wacker Leipzig – 1903, 1904 VfB Leipzig – 1905 Dresdner SC – 1906, 1907 VfB Leipzig – 1908 Wacker Leipzig – 1909 SC Erfurt – 1910, 1911 VfB Leipzig – 1912 SpVgg Leipzig – 1913 VfB Leipzig – 1914 SpVgg Leipzig – 1916 Eintracht Leipzig – 1917 Halle 96 – 1918 VfB Leipzig – 1919 Halle 96 – 1920 VfB Leipzig – 1921 Wacker Halle – 1922 SpVgg Leipzig – 1923 Guts Muths Dresden – 1924 SpVgg Leipzig – 1925 VfB Leipzig – 1926 Dresdner SC – 1927 VfB Leipzig – 1928 Wacker Halle – 1929, 1930, 1931 Dresdner SC – 1932 Polizei Chemnitz – 1933 Dresdner SC.

Brandenburg:

1898 Britannia Berlin – 1899, 1900, 1901 Preußen Berlin – 1902 Viktoria 89 Berlin – 1903, 1904 Britannia Berlin – 1905 Union 92 Berlin – 1906 Hertha BSC Berlin – 1907, 1908, 1909 Viktoria 89 – 1910 BFC Preußen – 1911 Viktoria 89 – 1912 BFC Preußen – 1913 Viktoria 89 – 1914 Berliner BC – 1915 Hertha BSC – 1916 Viktoria 89 – 1917, 1918 Hertha BSC – 1919 Viktoria 89 – 1920 Union Oberschöneweide – 1921 Vorwärts Berlin – 1922 Norden-Nordwest Berlin – 1923 Union Oberschöneweide – 1924 Alemannia 1890 – 1925, 1926, 1927, 1928, 1929, 1930, 1931 Hertha BSC – 1932 Tennis Borussia – 1933 Hertha BSC.

Berlin (Oberliga):

1946 Wilmersdorf (BSV 92) – 1947 Charlottenburg (Tennis Borussia) – 1948 Union Oberschöneweide – 1949 Berliner SV 92 – 1950, 1951, 1952 Tennis Borussia – 1953 Union 06 – 1954 Berliner SV 92 – 1955, 1956 Viktoria 89 – 1957 Hertha BSC – 1958 Tennis Borussia – 1959, 1960 Tasmania 1900 – 1961 Hertha BSC – 1962 Tasmania 1900 – 1963 Hertha BSC.

Bis einschl. 1950 mit den Vereinen des Ostsektors, ab 1951 nur Westberliner Klubs.

Märkischer Fußball-Verband:

1903 Vorwärts 90 – 1904 Weißensee 1900 – 1905 Alemannia 90 – 1906 Norden-Nordwest – 1907 Alemannia 90 – 1908 Norden-Nordwest – 1909 bis 1911 Tasmania 1900.

Erläuterungen zu den Vereinen:

Britannia jetzt BSV 92, Union 92, Vorwärts 90 jetzt Blau-Weiß, Hertha BSC war eine Fusion von Hertha 92 und Berliner SC (1923–30). Nach der Trennung wurde der Name „Hertha BSC" beibehalten.

Südwestdeutschland:

1946 1. FC Saarbrücken – 1947, 1948, 1949, 1950, 1951 1. FC Kaiserslautern – 1952 1. FC Saarbrücken – 1953, 1954, 1955, 1956, 1957 1. FC Kaiserslautern – 1958, 1959, 1960 FK 03 Pirmasens – 1961 1. FC Saarbrücken – 1962 Borussia Neunkirchen – 1963 1. FC Kaiserslautern.

Baltenverband:*)

1908, 1909 VfB Königsberg – 1910 Prussia Samland – 1911 Lituania Tilsit – 1912 VfL Danzig – 1913, 1914 Prussia Samland – 1920 Titania Stettin – 1921, 1922, 1923, 1924, 1925, 1926 VfB Königsberg – 1927 Titania Stettin – 1928, 1929, 1930 VfB Königsberg – 1931 Prussia Samland – 1932 Hindenburg Allenstein – 1933 Prussia Samland.

Pommern:

1931 Polizei Stettin – 1932 Viktoria Stolp – 1933 SC Stettin.

*) Von 1914 bis 1930 mit Einschluß Pommerns, ab 1931 Pommernmeister getrennt.

Südostdeutschland:

1906, 1907 Schlesien Breslau – 1908 VfR Breslau – 1909 Alemannia Cottbus – 1910 VfR Breslau – 1911 Askania Forst – 1912 ATV Liegnitz – 1913, 1914 Askania Forst – 1920, 1921, 1922, 1923, 1924 Sportfreunde Breslau – 1925 Viktoria Forst – 1926 SC 08 Breslau – 1927 Sportfreunde Breslau – 1928 SC Breslau 08 – 1929 Preußen Hindenburg – 1930, 1931, 1932, 1933 Beuthen 09.

Landes- und Stadtmeister nach 1945

(soweit nicht unter den Regionalverbänden)

1946:
Hamburg: Hamburger SV
Niedersachsen: Eintr. Braunschw.
Niederrhein: Rot-Weiß Oberhaus.
Westfalen, Gr. 1: Schalke 04
Westfalen, Gr. 2: SpVgg Erkenschwick
Rheinbezirk: Düren 99
Südbaden West: FC Rastatt
Südbaden Ost: FC Konstanz
Spiel der Gruppensieger:
Rastatt – Konstanz 5:0

1947:
Hamburg: FC St. Pauli
Niedersachsen: Werder Bremen
Schleswig-Holstein: VfB Lübeck
Niederrhein: Rot-Weiß Oberhaus.
Westfalen: Borussia Dortmund
Rheinbezirk: VfR Köln

1951:
Niedersachsen: VfL Osnabrück

Die Gaumeister von 1934–1945

Ostpreußen

1934 Preußen Danzig – 1935 York Insterburg – 1936, 1937 Hindenburg Allenstein – 1938 York Insterburg – 1939 Hindenburg Allenstein – 1940 bis 1944 VfB Königsberg – 1945 nicht beendet.

Danzig-Westpreußen (seit 1941)

1941 Preußen Danzig – 1942 HUS Marienwerder – 1943 SV Neufahrwasser – 1944 LSV Danzig – 1945 nicht beendet.

Wartheland (seit 1942)

1942 Polizei Litzmannstadt – 43 DMW Posen – 44 SDW Posen – 1945 nicht beendet.

Generalgouvernement (seit 1942)

1942 LSV Boelcke Krakau – 43 Adler Deblin (Vertreter bei der DM: SG Warschau) – 44 LSV Mölders Krakau – 1945 nicht beendet.

Pommern

1934 Viktoria Stolp – 1935 Stettiner SC – 1936, 1937 Viktoria Stolp – 1938 Stettiner SC – 1939 Viktoria Stolp – 1940 VfL Stettin – 1941 LSV Stettin – 1942, 1943 LSV Pütnitz – 1944 HSV Groß-Born – 1945 nicht beendet.

Brandenburg

1934 Viktoria 89 – 1935 Hertha BSC – 1936 BSV 92 – 1937 Hertha BSC – 1938 BSV 92 – 1939 Blau-Weiß – 1940 Union Oberschöneweide – 1941 Tennis Borussia – 1942 Blau-Weiß – 1943 BSV 92 – 1944 Hertha BSC – 1945 nicht beendet.

Schlesien

1934 Beuthen 09 – 1935, 1936 VR Gleiwitz – 1937 Beuthen 09 – 1938, 1939, 1940, 1941 VR Gleiwitz. (Der Gau Schlesien wurde 1942 in Ober- und Niederschlesien unterteilt.)

Oberschlesien (seit 1942)

1942, 1943, 1944 Germania Königshütte – 1945 nicht beendet.

Niederschlesien (seit 1942)

1942 Breslau 02 – 1943 Reinecke Brieg – 1944 STC Hirschberg – 1945 nicht beendet.

Mitte

1934 Wacker Halle – 1935, 1936 1. SV Jena – 1937, 1938, 1939 Dessau 05 – 1940, 1941 1. SV Jena – 1942, 1943, 1944 Dessau 05 – 1945 nicht beendet.

Sachsen
1934 Dresdner SC – 1935, 1936 PSV Chemnitz – 1937, 1938 BC Hartha – 1939 bis 1941 Dresdner SC – 1942 SC Planitz – 1943, 1944 Dresdner SC – 1945 nicht beendet.

Nordmark
1934, 1935, 1936 Eimsbüttel – 1937, 1938, 1939 HSV – 1940 Eimsbüttel – 1941 HSV – 1942 Eimsbüttel. (Der Gau Nordmark wurde 1943 in die Gaue Hamburg, Mecklenburg und Schleswig-Holstein unterteilt.)

Hamburg (seit 1943)
1943 Victoria – 1944 LSV Hamburg – 1945 HSV.

Mecklenburg (seit 1943)
1943 TSG Rostock – 1944 LSV Rerick – 1945 nicht beendet.

Schleswig-Holstein (seit 1943)
1943, 1944 Holstein Kiel – 1945 nicht beendet.

Niedersachsen
1934 Werder Bremen – 1935 Hannover 96 – 1936, 1937 Werder Bremen – 1938 Hannover 96 – 1939, 1940 VfL Osnabrück – 1941 Hannover 96 – 1942 Werder Bremen. (1943) wurde Niedersachsen in die Gaue Weser-Ems und Südhannover-Braunschweig und 1944 in Osthannover unterteilt).

Weser-Ems (seit 1943)
1943, 1944 Wilhelmshaven 05 – 1945 nicht beendet.

Südhannover-Braunschweig (seit 1943)
1943, 1944 Eintracht Braunschweig – 1945 nicht beendet.

Osthannover (seit 1944)
1944 WSV Celle – 1945 nicht beendet.

Westfalen
1934 bis 1944 Schalke 04 – 1945 nicht beendet.

Niederrhein
1934, 1935 VfL Benrath – 1936 bis 1940 Fortuna Düsseldorf – 1941 TuS Helene Essen – 1942 Hamborn 07 – 1943 Westende Hamborn – 1944 KSG Duisburg – 1945 nicht beendet.

Mittelrhein
1934 Mülheimer SV – 1935 VfR Köln – 1936 CfR Köln – 1937 VfR Köln – 1938 SV Beuel 06*) – 1939 Spvgg. Köln-Sülz 07 – 1940 Mülheimer SV – 1941, 1942 VfL 99 Köln. (1943 wurde der Gau Mittelrhein in den Gau Köln-Aachen umbenannt und ein Teil des Spielgebietes dem Gau Moselland zugeteilt.)* Alemannia Aachen, das zunächst einen unbegründeten Protest eingelegt hatte, der aber nach vier Tagen verworfen wurde und in der gleichen Woche die Spiele zur deutschen Meisterschaft begannen, wurde vom DFB als Teilnehmer des Mittelrheins an den Endrundenspielen bestimmt.

Köln-Aachen (seit 1943)
1943 Victoria Köln – 1944 VfL 99/Sülz 07 Köln – 1945 nicht beendet.

Moselland (seit 1942)
1942 Stade Düdelingen – 1943, 1944 TuS Neuendorf – 1945 nicht beendet.

Hessen
1934 Borussia Fulda – 1935, 1936 FC Hanau 93 – 1937 Spielverein Kassel – 1938 FC Hanau 93 – 1939, 1940 SC 03 Kassel – 1941 Borussia Fulda. (1942 in Kurhessen umbenannt: ein Teil der Klubs Gau Hessen-Nassau zugeteilt).

Kurhessen (seit 1942)
1942 Borussia Fulda – 1943 Spielverein Kassel – 1944 Borussia Fulda – 1945 nicht beendet.

Südwest

1934 Kickers Offenbach – 1935 Phönix Ludwigshafen – 1936, 1937 Wormatia Worms – 1938 Eintracht Frankfurt – 1939 Wormatia Worms – 1940, 1941 Kickers Offenbach. (1942 aufgeteilt in Westmark und Hessen-Nassau.)

Hessen-Nassau (seit 1942)

1942 1. FC Kaiserslautern – 1943 FV Saarbrücken – 1944 KSG Saarbrücken – 1945 nicht beendet.

Baden

1934 SV Waldhof – 1935 VfR Mannheim – 1936, 1937 SV Waldhof – 1938, 1939 VfR Mannheim – 1940 SV Waldhof – 1941 VfL Neckarau – 1942 SV Waldhof – 1943, 1944 VfR Mannheim – 1945 SV Waldhof.

Elsaß (seit 1941)

1941 FC 93 Mülhausen – 1942 SS-Straßburg – 1943, 1944 FC 93 Mülhausen – 1945 nicht beendet.

Württemberg

1934 Union Böckingen – 1935 VfB Stuttgart – 1936 Kickers Stuttgart – 1937, 1938 VfB Stuttgart – 1939 bis 1942 Kickers Stuttgart – 1943 VfB Stuttgart und Kickers punkt- und torgleich, beide als Meister anerkannt; VfB Vertreter bei der DM – 1944 SV Göppingen – 1945 nicht beendet.

Bayern

1934 1. FC Nürnberg – 1935 SpVgg Fürth – 1936, 1937, 1938 1. FC Nürnberg – 1939 FC Schweinfurt 05 – 1940 1. FC Nürnberg – 1941 1860 München – 1942 FC Schweinfurt 05. (1943 wurde Bayern in die Gaue Nord- und Südbayern unterteilt.)

Nordbayern (seit 1943)

1943, 1944 1. FC Nürnberg – 1945 nicht beendet.

Südbayern (seit 1943)

1943 1860 München – 1944, 1945 Bayern München.

Ostmark (seit 1939)

1939 Admira Wien – 1940, 1941 Rapid Wien – 1942, 1943, 1944 Vienna Wien – 1945 nicht beendet.

Sudetenland (seit 1939)

1939 FK Warnsdorf – 1940 NSTG Graslitz – 1941 NSTG Prag – 1942 LSV Olmütz – 1943 MSV Brünn – 1944 NSTG Brüx – 1945 nicht beendet.

Böhmen-Mähren (seit 1944)

1944 MSV Brünn – 1945 nicht beendet.

Buntes Oberliga-Mosaik

Seit Gründung der Oberliga „immer dabei"

Süd (1945): 1. FC Nürnberg, VfB Stuttgart, Kickers Offenbach, Eintracht Frankfurt, FC Schweinfurt 05, VfR Mannheim, Karlsruher SC (als Phönix Karlsruhe bzw. VfB Mühlburg).
Nord (1947): Hamburger SV, FC St. Pauli, Werder Bremen, VfL Osnabrück.
West (1947): Schalke 04, Borussia Dortmund, Alemannia Aachen.
Südwest (1945): 1. FC Kaiserslautern, Wormatia Worms, FSV Mainz 05 (1963 Einführung der Bundesliga).

Beste Oberliga-Starter

Saison 1952/53	1. FC Köln	22:0 Punkte	31:9 Tore
Saison 1953/54	Hannover 96	22:0 Punkte	31:6 Tore
Saison 1961/62	Hamburger SV	22:0 Punkte	52:13 Tore

Vier weitere Vereine mit 18:0 Punkten.

Rekordmeister der Landesverbände

Nord: Hamburger SV 26 Titel (4mal Gaumeister)
Berlin: Hertha BSC 14 Titel (3mal Gaumeister)
Süd: 1. FC Nürnberg 13 Titel (7mal Gaumeister)
Südwest: 1. FC Kaiserslautern 11 Titel (1mal Gaumeister)

Mittel: VfB Leipzig 11 Titel
Baltenverband: VfB Königsberg 11 Titel (5mal Gaumeister)
West: Duisburger SV 11 Titel, Schalke 04 6 Titel (12mal Gaumeister).

Zuschauer-Rekorde

Süd: VfB Stuttgart – 1. FC Nürnberg	1952	77000
Nord: Arminia Hannover – Hamburger SV	1962	61250
Endrunden-Gruppenspiel Deutsche Meisterschaft:		
Tasmania Berlin – 1. FC Köln	1960	87739

Mannschaften mit über 100 Toren (Auswahl)

1947	1. FC Nürnberg	108:31
	Hamburger SV	101:33
1948	1. FC Kaiserslautern	151:18
	Borussia Neunkirchen	109:36
1949	1. FC Kaiserslautern	142:22
	Wormatia Worms	104:21
	Kickers Stuttgart	113:58
1950	1. FC Kaiserslautern	157:24
	Hamburger SV	101:39
1951	Hamburger SV	113:54
1952	1. FC Kaiserslautern	102:36
1953	1. FC Kaiserslautern	127:31
1954	1. FC Kaiserslautern	139:33
1955	Hamburger SV	109:41
1956	1. FC Kaiserslautern	108:41
1957	1. FC Kaiserslautern	129:40
1961	Hamburger SV	101:29
1962	Hamburger SV	100:34
	Borussia Neunkirchen	102:29
	FK Pirmasens	104:33
1963	Hamburger SV	100:40
	Werder Bremen	102:44
	1. FC Kaiserslautern	110:34

Wenigste Gegentore nach 9 Spielen:

1957/58	Alemannia Aachen	2 Tore
1950/51	1. FC Kaiserslautern	4 Tore
1950/51	Spvgg. Erkenschwick	4 Tore
1951/52	1. FC Saarbrücken	4 Tore
1951/52	Wormatia Worms	4 Tore
1955/56	Hamburger SV	5 Tore
1951/52	1. FC Nürnberg	5 Tore
1947/48	Bayern München	5 Tore
1956/57	Bremerhaven 93	5 Tore
1949/50	Eimsbüttel Hamburg	5 Tore

Vom Start weg längste Ungeschlagenenserie (Auswahl)

1960/61: Hertha BSC 24 Spiele.
1955/56: 1. FC Kaiserslautern 22 Spiele.
1949/50: Wormatia Worms 20 Spiele.
1958/59: Kickers Offenbach 19 Spiele.
1960/61: Hamburger SV 17 Spiele.
1947/48: 1. FC Kaiserslautern 17 Spiele.
1948/49: Kickers Offenbach 17 Spiele.
1948/49: 1. FC Kaiserslautern, Bor. Dortmund je 16 Spiele.
1954/55: Rot-Weiß Essen 15 Spiele.

Längste Ungeschlagenenserie während der Saison (Auswahl)

1952/53: 1. FC Kaiserslautern 23 Spiele (5.–27. Tag).
1952/53: Union 06 Berlin 23 Spiele (2.–24. Tag).
1958/59: FK Pirmasens 23 Spiele (6.–28. Tag).
1949/50: 1. FC Kaiserslautern 21 Spiele (9.–30. Tag).
1958/59: Eintracht Frankfurt 21 Spiele (10.–30. Tag).
1951/52: 1. FC Nürnberg 19 Spiele (8.–26. Tag).
1950/51: Borussia Dortmund 18 Spiele (4.–21. Tag).

Zweistellige Meisterschafts-Ergebnisse der alten Oberligen (Auswahl)

(nach dem 2. Weltkrieg und bis zur Einführung der Bundesliga 1963)

1945/46: 1860 München – Karlsruher FV 13:0.
1946/47: Kickers Stuttgart – Viktoria Aschaffenburg 12:1, 1. FC Kaiserslautern – FSV Trier-Kürenz 20:0, 1. FC Kaiserslautern – Wormatia Worms 10:1, Borussia Neunkirchen – FSV Trier-Kürenz 11:0.
1947/48: Singen 04 – SV Laupheim 10:0, FC St. Pauli – Hannover 96 10:0, Borussia Neunkirchen – FSV Trier-Kürenz 12:0, 1. FC Saarbrücken – SG Gonsenheim 10:1, Bayern München – Viktoria Aschaffenburg 11:0, 1. FC Kaiserslautern – SG Gonsenheim 13:0, Spvgg. Andernach 13:0, SV Völklingen 13:1, Spvgg. Andernach 11:2, Mainz 05 13:2.
1948/49: SSV Reutlingen – SV Biberach 12:3, Kickers Offenbach – FC Rödelheim 10:0, TuS

Neuendorf – Spvgg. Weisenau 10:0, SG Gonsenheim 10:0, 1. FC Kaiserslautern – VfL Neustadt 10:1, SG Gonsenheim 13:0, ASV Oppau 12:0, Spvgg. Weisenau 16:1, Eintracht Trier 14:0.
1949/50: Singen 04 – SV Kuppenheim 10:0, SV Kuppenheim – SV Hechingen 10:1, Wormatia Worms – FV Engers 15:0, TuS Neuendorf – VfR Kirn 11:1, VfL Neustadt – TuS Neuendorf 10:1, Alemannia 90 – Viktoria 89 Berlin 10:2, 1. FC Kaiserslautern – ASV Landau 10:0, FV Engers 13:0, FSV Trier-Kürenz 18:0, VfR Kirn 12:3 und 10:2.
1950/51: HSV – Concordia 10:1, Altona 93 10:3.
1951/52: Werder Bremen – Lüneburger SK 10:0, 1860 München – VfL Neckarau 10:0, 1. FC Kaiserslautern – Spvgg. Weisenau 12:0, FK Pirmasens – Eintracht Kreuznach 11:0, Alemannia Aachen – Rheydter SV 10:1.
1952/53: FK Pirmasens – VfR Kirn 10:0.
1953/54: Arminia Hannover – HSV 10:2, Saar 05 – Landau 10:1, 1. FC Kaiserslautern – Saar 05 10:1, Phönix Ludwigshafen 11:0.
1955/56: HSV – Arminia Hannover 10:0, Werder Bremen – VfL Wolfsburg 10:1, Viktoria 89 Berlin – Alemannia 90 10:0, 1. FC Kaiserslautern – Eintracht Kreuznach 10:1, 1. FC Saarbrücken – Mainz 05 10:1.
1956/57: Spandauer SV – Rapide Wedding 10:0, Eintracht Braunschweig – Göttingen 05 10:0, 1. FC Saarbrücken – Spvgg. Andernach 10:1, 1. FC Kaiserslautern – Sportfreunde Saarbrücken 10:1, Spvgg. Andernach 11:1.
1958/59: 1. FC Saarbrücken – Saar 05 12:1.
1959/60: HSV – Holstein Kiel 10:2, Eintracht Frankfurt – Bayern Hof 11:0, Karlsruher SC – Bayern Hof 10:1.
1960/61: Eintracht Frankfurt – Jahn Regensburg 11:0, FK Pirmasens – Sportfreunde Saarbrücken 10:2.
1961/62: Borussia Dortmund – Hamborn 07 10:3, Borussia Neunkirchen – Eintracht Kreuznach 11:0, Borussia Neunkirchen – Sportfreunde Saarbrücken 11:0, Hertha BSC – Union 06 10:1.
1962/63: SC Tegel – Hertha BSC 1:10, Borussia Dortmund – TSV Hüls 11:1, Werder Bremen – Hannover 96 10:2, 1. FC Kaiserslautern – SV Niederlahnstein 16:0.
Zusammenfassung: Südwest 45mal, Nord 10mal, Süd 8mal, Berlin 5mal, West 3mal.

Oberliga-Torschützenkönige von 1945–1963

Süd: 1946 **Schlienz (VfB Stuttgart) 45 Tore,** 1947 **Pöschl (1. FC Nürnberg) 37,** 1948 **Schlienz 31,** 1949 Maier (Kickers Offenbach), Thanner (1860 München) und Herbold (Waldhof) je 19, 1950 Schade (Spvgg. Fürth) 22, 1951 Morlock (1. FC Nürnberg) 28, 1952 Morlock und Preisendörfer (Kickers Offenbach) je 26, 1953 Baitinger (VfB Stuttgart) 23, 1954 Schade (1. FC Nürnberg) und Preisendörfer je 22, 1955 **Meyer (VfR Mannheim) 36,** 1956 Meyer 31, 1957 **Beck (Karlsruher SC) 33,** 1958 Gast (Kickers Offenbach) 20, 1959 Meyer (VfR Mannheim) 27, 1960 Strehl (1. FC Nürnberg) 30, 1961 Stein (Eintracht Frankfurt) 24, 1962 Schämer (Eintracht Frankfurt) 26, 1963 Haseneder (1. FC Nürnberg) 25.

Nord: 1948 Vetter (VfL Osnabrück) 26, 1949 Vetter 24, 1950 **Vetter 28,** 1951 **Wojtkowiak (HSV) 40,** 1952 Meyer (VfL Osnabrück) 25, 1953 Schlegel (Göttingen 05) 26, 1954 Heitkamp (FC St. Pauli) und Apel (Arminia Hannover) je 21, 1955 Schlegel (HSV) 30, 1956 **Uwe Seeler (HSV) 32,** 1957 Seeler 31, 1958 Thamm (Eintracht Braunschweig) 23, 1959 **Uwe Seeler 29,** 1960 **Uwe Seeler 36,** 1961 **Uwe Seeler 29,** 1962 Uwe Seeler 28, 1963 Meyer (Werder Bremen) 37.

West: 1948 Lenz (Borussia Dortmund) 22, 1949 **Preißler (Borussia Dortmund) 25,** 1950 Preißler 24, 1951 Kleina (Schalke 04) 25, 1952 Hetzel (Meidericher SV) 25, 1953 Schäfer (1. FC Köln) 26, 1954 Schäfer 25, 1955 Lorenz (Preußen Dellbrück) 23, 1956 Niepieklo (Borussia Dortmund) 23, 1957 Kelbassa (Borussia Dortmund) 28, 1958 Kelbassa 23, 1959 Clement (Westfalia Herne) 28, 1960 Schütz (Borussia Dortmund) 31, 1961 Schütz 27, 1962 Rummel (Schwarz-Weiß Essen) 26, 1963 Schütz 24.

Südwest: 1951 O. Walter (1. FC Kaiserslautern) 29, 1952 **Siedl (Borussia Neunkirchen) 27,** 1953 **F. Walter (1. FC Kaiserslautern) 38,** 1954 **Martin (1. FC Saarbrücken) 35,** 1955 Martin 27, 1956 Schmutzler (TuS Neuendorf) 30, 1957 Hölzemann (TuS Neuendorf) 27, 1958 **Trapp (Tura L'hafen) 29,** 1959 Kapitulski (FC Pirmasens) und Bast (FV Speyer) je 25, 1960 Kapitulski 27, 1961 Christ (Spfr. Saarbrücken) 24, 1962 **Dörrenbächer (Borussia Neunkirchen) 37,** 1963 Krafczyk (1. FC Saarbrücken) und Richter (1. FC Kaiserslautern) je 27. Den deutschen Torschützenkönig 1963 stellte Berlin mit **Altendorff (Hertha BSC) 41 Treffer.**

Fettdruck: gleichzeitig deutscher Torschützenkönig

Die Meister der Regionalligen

(ab 1963 nach Einführung der Bundesliga jetzt die zweite deutsche Klasse bis 1973/74)

Nord:

1964 FC St. Pauli Hamburg – 1965 Holstein Kiel – 1966 FC St. Pauli Hamburg – 1967, 1968 Arminia Hannover – 1969, 1970, 1971 VfL Osnabrück – 1972, 1973 FC St. Pauli – 1974 Eintracht Braunschweig

Süd:

1964 Hessen Kassel – 1965 Bayern München – 1966 FC 05 Schweinfurt – 1967 Kickers Offenbach – 1968 Bayern Hof – 1969 Karlsruher SC – 1970 Kickers Offenbach – 1971 1. FC Nürnberg – 1972 Kickers Offenbach – 1973 SV Darmstadt 98 – 1974 FC Augsburg

Berlin:

1964 Tasmania 1900 – 1965 Tennis Borussia – 1966, 1967, 1968 Hertha BSC – 1969, 1970 Hertha 03 Zehlendorf – 1971 Tasmania 1900 – 1972 Wacker 04 – 1973 Blau-Weiß 90 – 1974 Tennis Borussia

West:

1964 Alemannia Aachen – 1965 Borussia Mönchengladbach – 1966 Fortuna Düsseldorf – 1967 Alemannia Aachen – 1968 Bayer Leverkusen – 1969 Rot-Weiß Oberhausen – 1970, 1971 VfL Bochum – 1972 Wuppertaler SV – 1973 Rot-Weiß Essen – 1974 SG Wattenscheid 09

Südwest:

1964 Borussia Neunkirchen – 1965 1. FC Saarbrücken – 1966 FK Pirmasens – 1967 Borussia Neunkirchen – 1968, 1969, 1970 SV Alsenborn – 1971, 1972 Borussia Neunkirchen – 1973 FSV Mainz 05 – 1974 Borussia Neunkirchen

Torschützenkönige der Regionalligen

Süd: 1964 Jendrosch (Hessen Kassel) 34 – 1965 Ohlhauser (Bayern München) 42 – 1966 Mikulasch (ESV Ingolstadt) 29 – 1967 Windhausen (SpVgg. Fürth) 32 – 1968 Breuer (Bayern Hof) und Schäffner (VfR Mannheim) je 27 – 1969 Klier (FC Villingen 08) 23 – 1970 Klier 22 – 1971 Bründl (Kickers Stuttgart) 21 – 1972 Kostedde (Kickers Offenbach) 27 – 1973 Keller (München 1860) 26 – 1974 Obermeier (FC Augsburg) 25 Tore.

Südwest: 1964 Kapitulski (FK Pirmasens) 31 – 1965 Poklitar (1. FC Saarbrücken) 27 – 1966 Poklitar 30 – 1967 Brecht (Spvgg. Weisenau) 26 – 1968 Schieck (SV Alsenborn) 30 – 1969 Weinkauff (FK Pirmasens) 26 – 1970 Weinkauf 22 – 1971 Lenz (SV Alsenborn) 25 – 1972 Lenz 28 – 1973 Dier (Wormatia Worms), Ludwig (SV Alsenborn), Klier (FSV Mainz 05) je 19 – 1974 Klier 28 Tore.

Berlin: 1964 Fischer (Tasmania 1900) 24 – 1965 Kraus (Tennis Borussia) 22 – 1966 Tylinski (Tennis Borussia) 36 – 1967 Krampitz (Hertha BSC) 25 – 1968 Lunenburg (Tennis Borussia) 30 – 1969 Rendant (1. FC Neukölln) 25 – 1970 Faeder (Hertha Zehlendorf) 26 – 1971 Kipp (Wacker 04) 38 – 1972 John (Blau-Weiß) 39 – 1973 Stolzenburg (Hertha Zehlendorf) 33 – 1974 Stolzenburg (Tennis Borussia) 33 Tore.

Nord: 1964 Haecks (FC St. Pauli) 36 – 1965 Saborowski (Holstein Kiel) 34 – 1966 Haecks 26 – 1967 Pröpper (VfL Osnabrück) 25 – 1968 Kemmer (VfL Wolfsburg) 19 – 1969 Kaniber (VfL Osnabrück) 30 – 1970 Kemmer 25 – 1971 Schulz (Holstein Kiel) 21 – 1972 Hußner (FC St. Pauli) 23 – 1973 Segler (VfL Osnabrück) 24 – 1974 Gersdorff (Eintracht Braunschweig) 35 Tore.

West: 1964 Martinelli (Alemannia Aachen) 33 – 1965 Meyer (Fortuna Düsseldorf) und Rupp (Borussia M'gladbach) je 25 – 1966 Glenski (Alemannia Aachen) 26 – 1967 Kuster (Arminia Bielefeld) 23 – 1968 Kuster 28 – 1969 Kuster und Lippens (Rot-Weiß Essen) je 23 – 1970 Walitza (VfL Bochum) 31 – 1971 Walitza 28 – 1972 Pröpper (Wuppertaler SV) 52 – 1973 Burgsmüller (Bayer Uerdingen) 29 – 1974 Burgsmüller 29 Tore.

Die Zonen-Meisterschaften

Britisch besetzte Zone:

(Nur zweimal ausgetragen unter den Vereinen der damaligen Oberligen Nord und West)

1947: Hamburger Sport-Verein

Vorrunde: Borussia Dortmund – Werder Bremen 4:2, Eintracht Braunschweig – Rot-Weiß Oberhausen 2:3 n. V., VfR Köln – Holstein Kiel 2:1 n. V., Hamburger SV – Schalke 04 0:0 n. V. und 2:0.
Zwischenrunde: Borussia Dortmund – VfR Köln 5:4 n. V., Hamburger SV – Rot-Weiß Oberhausen 3:1.

Dritter Platz: VfR Köln – Rot-Weiß Oberhausen 4:0.
Endspiel: Hamburger SV – Borussia Dortmund 1:0.

1948: Hamburger Sport-Verein

Vorrunde: Hamborn 07 – Hamburger SV 0:1, FC St. Pauli – STV Horst Emscher 3:1, Sportfreunde Katernberg – Eintracht Braunschweig 1:2, Werder Bremen – Borussia Dortmund 2:3 n. V.
Zwischenrunde: Hamburger SV – Eintracht Braunschweig 3:2, FC St. Pauli – Borussia Dortmund 2:2 n. V. und 1:0.
Dritter Platz: Eintracht Braunschweig – Borussia Dortmund 0:2. (Dieses Spiel war eine private Abmachung. Zu dem vom Zonen-Fußball-Ausschuß offiziell angesetzten Spiel um den 3. Platz trat Dortmund nicht an, so daß Braunschweig zum Dritten erklärt wurde.)
Endspiel: Hamburger SV – FC St. Pauli 6:1.

Französisch besetzte Zone:

(Bis 1950 spielte die Südwestoberliga, gleichbedeutend mit der damaligen frz. Zone, in zwei Gruppen Nord und Süd. Die beiden Gruppensieger spielten den Zonenmeister – gleichbedeutend mit Südwestmeister – aus, die Nächstplazierten die Plätze für die Teilnahme an der deutschen Meisterschaft. Erst 1951 gab es eine gemeinsame Südwest-Oberliga.)
1946: 1. FC Saarbrücken – SV Rastatt 5:0 und 4:4.
1947: 1. FC Kaiserslautern – VfL Konstanz 8:1 und 8:4.
1948: 1. FC Kaiserslautern – SV Rastatt 3:0 und 6:1. Ausscheidungsspiel für den 2. Platz: Spvgg. (TuS) Neuendorf – Spvgg. Offenburg 5:1 und 2:0. Um den 2. Platz: Spvgg. (TuS) Neuendorf – SV Rastatt 3:1.
1949: 1. FC Kaiserslautern – Fortuna Freiburg 4:0 und 6:3. Ausscheidungsspiel für den 2. Platz: Wormatia Worms – SV Tübingen 5:0 und 3:0. Um den 2. Platz: Wormatia Worms – Fortuna Freiburg 3:0.
1950: 1. FC Kaiserslautern – SSV Reutlingen 6:1 n. V. Ausscheidungsspiel für den 2. Platz: Wormatia Worms – SV Tübingen 6:0. Um den 2. Platz: SSV Reutlingen – Wormatia Worms 4:3 n. V. Ausscheidungsspiel für den 3. Platz: TuS Neuendorf – Freiburger FC (Singen verzichtete) 4:1. Um den 3. Platz: TuS Neuendorf – Wormatia Worms 1:0.

Die Meister der deutschen Amateurligen

seit Einführung einer deutschen Amateurmeisterschaft 1951

Berlin:

1951 VfL Nord – 1952 SSC Südwest – 1953 Hertha Zehlendorf – 1954 Hertha BSC – 1955 Hertha Zehlendorf – 1956 BFC Südring – 1957 Alemannia 90 – 1958 Rapide Wedding – 1959 Norden Nord-West – 1960 Polizei SV – 1961 Union 06 – 1962 SC Tegel – 1963 Blau-Weiß 90 – 1964 Viktoria 89 – 1965 1. FC Neukölln – 1966 Rapide Wedding – 1967 Sportfreunde Neukölln – 1968 SC Staaken – 1969 TuS Wannsee – 1970 Alemannia 90 – 1971 BSV 92 – 1972 BFC Preußen – 1973 BBC Südost – 1974 SC Staaken – 1975 Spandauer SV – 1976 Union 06 – 1977 BFC Preußen – 1978 Wacker 04 – ab Saison 1978/79 siehe Amateur-Oberliga Berlin.

Bremen:

1951, 1952 SV Blumenthal – 1953, 1954, 1955 ATSV Bremen 1860 – 1956 Bremer SV – 1957 Werder Bremen Amateure – 1958 Bremer SV – 1959 SV Blumenthal – 1960 Polizei SV – 1961 Bremer SV – 1962 Werder Amateure – 1963 AGSV Bremen – 1964 SV Blumenthal – 1965 Bremer SV – 1966 TuS Eintracht Bremen – 1967, 1968 Werder Amateure – 1969 TuS Bremerhaven 93 Amateure – 1970, 1971 Polizei SV – 1972, 1973, 1974 SV Blumenthal – ab Saison 1974/75 siehe Amateur-Oberliga Nord (Verbands- oder Landesmeister jetzt viertklassig).

Hamburg:

1951 Victoria – 1952 Harburger TB – 1953 Victoria – 1954 Concordia – 1955 Victoria – 1956 Concordia – 1957 TSV Uetersen – 1958 ASV Bergedorf 85 – 1959 Eimsbüttel – 1960 Victoria – 1961 Harburger TB – 1962 Victoria – 1963 Barmbek-Uhlenhorst – 1964 VfL Pinneberg – 1965 Sperber – 1966 Barmbek-Uhlenhorst – 1967 St. Georg – 1968 VfL Pinneberg – 1969, 1970 TSV Langenhorn – 1971 VfL Pinneberg – 1972 ASV Bergedorf 85 – 1973 VfL Pinneberg – 1974 Victoria – ab Saison 1974/75 siehe Vermerk wie unter Bremen.

Niedersachsen:

1951 Staffel West: Kickers Emden, Staffel Ost: VfL Wolfsburg – 1952 West: VfB Oldenburg, Ost: VfL Wolfsburg – 1953 West: Eintracht Nordhorn (Meister), Ost: Eintracht Braunschweig – 1954 West: Eintracht Nordhorn (Meister), Ost: Teutonia Uelzen – 1955 West: Eintracht Nordhorn (Meister), Ost: VfV Hildesheim – 1956 West: Olympia Wilhelmshaven, Ost: Eintracht Braunschweig Amateure (Meister, wurde bestimmt) – 1957 West: VfB Oldenburg, Ost: Union Salzgitter (Meister) – 1958 West: Arminia Hannover, Ost: VfV Hildesheim (Meister) – 1959 West: VfB Oldenburg, Ost: Arminia Hannover (Meister) – 1960 West: Hannover 96 Amateure (Meister), Ost: Leu Braunschweig – 1961 West: Arminia Hannover, Ost: Leu Braunschweig (Meister) – 1962 West: Arm. Hannover (Meister), Ost: Leu Braunschweig – 1963 West: VfL Oldenburg, Ost: VfL Wolfsburg (Meister) – 1964 West: SV Meppen, Ost: Hannover 96 Amateure (Meister) – 1965, 1966, 1967 Hannover 96 Amateure – 1968 SV Meppen – 1969 Leu Braunschweig – 1970 Eintracht Braunschweig Amateure – 1971 OSV Hannover – 1972 VfB Oldenburg – 1973 Union Salzgitter – 1974 Preußen 07 Hameln – ab Saison 1974/75 siehe Vermerk wie unter Bremen.

Schleswig-Holstein:

1951, 1952 VfB Lübeck – 1953 VfR Neumünster – 1954 Itzehoer SV – 1955 VfB Lübeck – 1956 Heider SV – 1957 VfB Lübeck – 1958, 1959, 1960 Heider SV – 1961 Holstein Kiel Amateure – 1962, 1963 Heider SV – 1964 VfL Oldesloe – 1965 Itzehoer SV – 1966 VfR Neumünster – 1967 Phönix Lübeck – 1968 SV Friedrichsort – 1969 SV Friedrichsort Meister durch Los, VfB Kiel punktgleich – 1970 SV Friedrichsort – 1971, 1972 TSV Rendsburg – 1973, 1974 Flensburg 08 – ab Saison 1974/75 siehe Vermerk wie unter Bremen.

Saarland:

1952 Sportfreunde Saarbrücken – 1953 VfB Dillingen – 1954 SV Ludweiler – 1955 SV St. Ingbert – 1956 SC Hühnerfeld – 1957 FC Homburg 08 – 1958 VfB Theley – 1959 SC Friedrichsthal – 1960, 1961 SV Völklingen – 1962 SV Fraulautern – 1963, 1964 Viktoria Sulzbach – 1965 SV Ludweiler – 1966 FC Homburg 08 – 1967 SC Friedrichsthal – 1968 Teutonia Landsweiler-Reden – 1969 SC Friedrichsthal – 1970 VfB Theley – 1971 SV Fraulautern – 1972 VfB Theley – 1973 FC Ensdorf – 1974 SV St. Ingbert – 1975 ASC Dudweiler – 1976, 1977, 1978 Borussia Neunkirchen – ab Saison 1978/79 siehe Amateur-Oberliga Südwest.

Südwest:

1951 Rheinhessen: Spvgg. Weisenau, Westpfalz: SG Pirmasens, Vorderpfalz: ASV Hochfeld – 1952 Rheinhessen: SG Gonsenheim, Westpfalz: SC West Kaiserslautern, Vorderpfalz: Spvgg. Mundenheim – 1953 BSC Oppau – 1954 Spvgg. Weisenau – 1955 1. FC Sobernheim – 1956 Normannia Pfiffligheim – 1957 Hassia Bingen – 1958 SC Ludwigshafen – 1959 Hassia Bingen – 1960 1. FC Kaiserslautern Amateure – 1961 1. FC Sobernheim – 1962 Phönix Bellheim – 1963 ASV Landau – 1964 Eintracht Kreuznach – 1965 SV Alsenborn – 1966 VfR Kaiserslautern – 1967 SC Ludwigshafen – 1968 1. FC Kaiserslautern Amateure – 1969 ASV Landau – 1970 VfR Frankenthal – 1971 Phönix Bellheim – 1972, 1973 Eintracht Kreuznach – 1974 FK Clausen – 1975 Eintracht Kreuznach – 1976, 1977 Wormatia Worms – 1978 FSV Mainz 05 – ab Saison 1978/79 siehe Amateur-Oberliga Südwest.

Rheinland:

1951 Gruppe 1: Sportfreunde Herdorf, Gruppe 2: SC 07 Bad Neuenahr, Gruppe 3: TuS Konz – 1952 Gr. 1: TuS Mudersbach, Gr. 2: Spvgg. Bendorf, Gr. 3: VfL Trier – 1953 Spvgg. Bendorf – 1954, 1955 VfL Trier – 1956 SV Niederlahnstein – 1957 West: FC 1919 Bitburg, Ost: Germania Metternich (Meister) – 1958 West: TuS Mayen, Ost: Sportfreunde Herdorf (Meister) – 1959 West: SC Rhein-Ahr Sinzig, Ost: Germania Metternich (Meister) – 1960 West: Germania Metternich (Meister), Ost: Sportfreunde Herdorf – 1961 West: SV Ehrang (Meister), Ost: VfB Wissen – 1962 West: FC Alemannia Plaidt, Ost: VfB Wissen (Meister) – 1963 West: VfL Trier, Ost: VfL Neuwied

(Meister) – 1964 Germania Metternich – 1965 Spvgg. Bendorf – 1966 Germania Metternich – 1967 SSV Mülheim – 1968 Spvgg. Andernach – 1969 SSV Mülheim – 1970 VfL Neuwied – 1971 Spvgg. Andernach – 1972 Sportfreunde Eisbachtal – 1973 Spvgg. Andernach – 1974 SV Leiwen – 1975, 1976 Eintracht Trier – 1977, 1978 TuS Neuendorf-Koblenz – ab Saison 1978/79 siehe Amateur-Oberliga Südwest.

Mittelrhein:

1951 Gruppe 1: SSV Troisdorf 05 (Meister), Gruppe 2: SV Baesweiler 09 – 1952 Gr. 1: TuRa Bonn, Gr. 2: Viktoria Alsdorf (Meister) – 1953 Gr. 1: SC Bergisch Gladbach 09 (Meister), Gr. 2: Spvgg. Frechen 20 – 1954 Gr. 1: Rapid Köln (Meister), Gr. 2: SV Baesweiler 09 – 1955 Gr. 1: SC Bergisch Gladbach 09 (Meister), Gr. 2: SV Stolberg – 1956 Gr. 1: SSV Troisdorf 05 (Meister), Gr. 2: SC Bergisch Gladbach 09 – 1957 SV Stolberg – 1958 SC Bergisch Gladbach 09 – 1959 Bonner FV – 1960 SV Baesweiler 09 – 1961 SV Siegburg 04 – 1962 Tura Bonn – 1963 SG Düren 99 – 1964 SV Schlebusch – 1965 1. FC Köln Amateure – 1966 SG Düren 99 – 1967 1. FC Köln Amateure – 1968 Bonner SC (Fusion FV/Tura) – 1969, 1970, 1971 SC Jülich 10 – 1972 Bonner SC – 1973 Spvgg. Frechen 20 – 1974, 1975 Bayer Leverkusen – 1976 Bonner SC – 1977 1. FC Köln Amateure – 1978 Viktoria Köln – ab Saison 1978/79 siehe Amateur-Oberliga Nordrhein.

Niederrhein:

1951 Gruppe 1: SC Cronenberg 09 (Meister), Gruppe 2: VfB Bottrop – 1952 Gr. 1: SC Cronenberg 09 (Meister), Gr. 2: ASV Alstaden 09 – 1953 Gr. 1: Spvgg. Solingen-Gräfrath, Gr. 2: Homberger SpV (Meister), Gr. 3: 1. FC Styrum – 1954 Gr. 1: VfL Benrath (Meister), Gr. 2: Duisburg 48/99, Gr. 3: Spvgg. Sterkrade 06/07 – 1955 Gr. 1: VfB Marathon Remscheid (Meister), Gr. 2: Homberger SpV, Gr. 3: Spvgg. Sterkrade 06/07 – 1956 Gr. 1: SV Eller 04, Gr. 2: FV Duisburg 08, Gr. 3: VfB Speldorf (Meister) – 1957 VfL Benrath – 1958 TuS Lintfort – 1959 Duisburg 48/99 – 1960 BV Osterfeld – 1961 SV Neukirchen – 1962 FV Duisburg 08 – 1963, 1964 Homberger SpV – 1965 VfB Bottrop – 1966 VfR Neuß – 1967 VfB Bottrop – 1968 Eintracht Duisburg – 1969 SSVg. Velbert – 1970 Spvgg. Sterkrade 06/07 – 1971 Bayer Uerdingen – 1972 1. FC Styrum – 1973 Union Ohligs – 1974 VfB Marathon Remscheid – 1975 SG Union Solingen – 1976 1. FC Bocholt – 1977 Fortuna Düsseldorf Amateure – 1978 Olympia Bocholt – ab Saison 1978/79 siehe Amateur-Oberliga Nordrhein.

Bayern:

1951 VfL Neustadt b. Coburg – 1952 FC Amberg – 1953 ATSV Kulmbach – 1954 Nord: VfL Neustadt, Süd: Spvgg. Weiden – 1955 Nord: VfB Helmbrechts (Meister), Süd: FC Penzberg – 1956 Nord: VfB Bayreuth (Meister), Süd: ESV Ingolstadt – 1957 Nord: FC Bamberg (Meister), Süd: FC Penzberg – 1958 Nord: FC Bamberg (Meister), Süd: Wacker München – 1959 Nord: Spvgg. Bayreuth (Meister), Süd: Schwaben Augsburg – 1960 Nord: FC Lichtenfels, Süd: Schwaben Augsburg (Meister) – 1961 Nord: 1. FC Haßfurt (Meister), Süd: München 1860 Amateure – 1962 Nord: Spvgg. Büchenbach, Süd: ESV Ingolstadt (Meister) – 1963 Nord: FC Bamberg, Süd: TSV Straubing (Meister) – 1964 Wacker München – 1965 Spvgg. Weiden – 1966 BC Augsburg – 1967 Jahn Regensburg – 1968 ESV Ingolstadt – 1969 Spvgg. Bayreuth – 1970 Wakker München – 1971 Spvgg. Bayreuth – 1972 Wacker München – 1973 FC Augsburg – 1974 ASV Herzogenaurach – 1975 Jahn Regensburg – 1976 Wacker München – 1977 Kickers Würzburg – 1978 1. FC Haßfurt – ab Saison 1978/79 siehe Amateur-Oberliga Bayern.

Westfalen:

1951 Spvgg. Röhlinghausen – 1952 Arminia Ickern – 1953 Gruppe 1: VfB Bielefeld (Meister), Gruppe 2: SuS Niederschelden, Gruppe 3: Spvgg. Röhlinghausen, Gruppe 4: TSV Marl-Hüls, Gruppe 5: FV Hombruch 09 – 1954 Gr. 1: Paderborn 08, Gr. 2: Sportfreunde Siegen, Gr. 3: VfB Habinghorst, Gr. 4: TSV Marl-Hüls (Meister), Gr. 5: Tura Bergkamen – 1955 Gr. 1: VfB Bielefeld, Gr. 2: Sportfreunde Siegen, Gr. 3: Eintracht Gelsenkirchen (Meister), Gr. 4: SV Erle 08, Gr. 5: SC Dortmund 95 – 1956 Gr. 1: SVA Gütersloh, Gr. 2: Sportfreunde Siegen, Gr. 3: Arminia Ickern, Gr. 4: Sportfreunde Gladbeck, Gr. 5: SC Dortmund 95 (Meister) – 1957 Gr. 1: Spvgg. Beckum (Meister), Gr. 2: Sportfreunde Gladbeck – 1958 Gr. 1: Spvgg. Erkenschwick, Gr. 2: FV Hombruch 09 (Meister) – 1959 Gr. 1: Spvgg. Beckum (Meister), Gr. 2: Sportfreunde Siegen – 1960 Gr. 1: BV Selm 09 (Meister), Gr. 2: SSV Hagen – 1961 Gr. 1: Germania Datteln (Meister), Gr. 2: Sportfreunde Siegen – 1962 Gr. 1: Arminia Bielefeld (Meister), Gr. 2: BV Brambauer 13 – 1963 Gr. 1: VfB Bielefeld, Gr. 2: Lüner SV (Meister) – 1964 Gr. 1: Eintracht Gelsenkirchen (Meister), Gr. 2: SC Dortmund 95 – 1965 Gr. 1: Spvgg. Erkenschwick, Gr. 2: VfL Bochum (Meister) – 1966 Gr. 1: Spvgg. Hamm, Gr. 2: SSV Hagen – 1967 Gr. 1: Spvgg. Erkenschwick, Gr. 2: Lüner SV – 1968 Gr. 1: Spvgg. Erkenschwick (Meister), Gr. 2: SSV Hagen – 1969 Gr. 1: DJK Gütersloh (Meister), Gr.

2: SG Wattenscheid 09 – 1970 Gr. 1: Eintracht Gelsenkirchen (Meister), Gr. 2: Westfalia Herne – 1971 Gr. 1: SVA Gütersloh (Meister), Gr. 2: VfL Klafeld – 1972 Gr. 1: STV Horst Emscher, Gr. 2: Sportfreunde Siegen (Meister) – 1973 Gr. 1: VfB Bielefeld (Meister), Gr. 2: Rot-Weiß Lüdenscheid – 1974 Gr. 1: SC Recklinghausen, Gr. 2: TuS Neuenrade (Meister) – 1975 Gr. 1: SVA Gütersloh, Gr. 2: Westfalia Herne (Meister) – 1976 Gr. 1: SC Herford (Meister), Gr. 2: SV Holzwickede – 1977 Gr. 1: SVA Gütersloh, Gr. 2: Rot-Weiß Lüdenscheid (Meister) – 1978 Gr. 1: FC Paderborn, Gr. 2: DSC Wanne-Eickel (Meister) – ab Saison 1978/79 siehe Amateur-Oberliga Westfalen.

Hessen:

1951, 1952 Olympia Lampertheim – 1953 FC Hanau 93 – 1954 Borussia Fulda – 1955 Spvgg. 05 Bad Homburg – 1956 Spvgg. 03 Neu-Isenburg – 1957 Borussia Fulda – 1958 VfB Friedberg – 1959 VfL Marburg – 1960 Borussia Fulda – 1961 FC Hanau 93 – 1962 SV Darmstadt 98 – 1963 VfB Gießen – 1964 SV Darmstadt 98 – 1965 SC Opel Rüsselsheim – 1966 Germania Wiesbaden – 1967 SV Wiesbaden – 1968 Rot-Weiss Frankfurt – 1969 FSV Frankfurt – 1970 Eintracht Frankfurt Amateure – 1971 SV Darmstadt 98 – 1972 VfR Bürstadt – 1973 FSV Frankfurt – 1974 Viktoria Aschaffenburg – 1975 FSV Frankfurt – 1976 KSV Baunatal – 1977 VfR Bürstadt – 1978 FC Hanau 93 – ab Saison 1978/79 siehe Amateur-Oberliga Hessen.

Baden (Nordbaden):

1951 ASV Feudenheim – 1952 Karlsruher FV – 1953 FV Daxlanden – 1954, 1955, 1956, 1957 Amicitia Viernheim – 1958 VfL Neckarau – 1959 VfR Pforzheim – 1960 Phönix Mannheim – 1961 SV Sandhausen – 1962 VfL Neckarau – 1963 FV 09 Weinheim – 1964 SV 98 Schwetzingen – 1965 Karlsruher SC Amateure – 1966 Germania Forst – 1967 ASV Feudenheim – 1968 VfL Neckarau – 1969 Germania Forst – 1970 FV 09 Weinheim – 1971, 1972 SV Waldhof Mannheim – 1973 VfR Mannheim – 1974 Karlsruher FV – 1975 VfB Eppingen – 1976 VfR Mannheim – 1977 SV Neckargerach – 1978 FV 09 Weinheim – ab Saison 1978/79 siehe Amateur-Oberliga Baden-Württemberg.

Südbaden:

1951 FC Villingen 08 – 1952, 1953, 1954 FV Offenburg – 1955 FC Rastatt 04 – 1956 FC Villingen 08 – 1957 FC Konstanz – 1958 FV Offenburg – 1959 FC Singen 04 – 1960, 1961 FV Offenburg – 1962 SC Baden-Baden – 1963, 1964 FC Emmendingen – 1965 SC Freiburg – 1966 SV Oberkirch – 1967 FV Offenburg – 1968 SC Freiburg – 1969, 1970 SV Waldkirch – 1971 FC Emmendingen – 1972 FC Rastatt 04 – 1973 SC Baden-Baden – 1974, 1975 FV Offenburg – 1976 FC Villingen 08 – 1977 Freiburger FC – 1978 SC Freiburg – ab Saison 1978/79 siehe Amateur-Oberliga Baden-Württemberg.

Württemberg:

1951 VfR Aalen – 1952 Union Böckingen – 1953 VfL Sindelfingen – 1954 VfB Friedrichshafen – 1955 SSV Ulm – 1956 VfR Heilbronn – 1957 VfB Friedrichshafen – 1958 Union Böckingen – 1959 SC Geislingen – 1960 VfB Stuttgart Amateure – 1961 Nordwürttemberg: FV Kornwestheim, Schwarzwald-Bodensee: SC Schwenningen (Meister) – 1962 NW: VfR Heilbronn (Meister), S/B: FC Hechingen – 1963 NW: VfB Stuttgart Amateure, S/B: VfB Friedrichshafen (Meister) – 1964 NW: VfB Stuttgart Amateure (Meister), S/B: FV Ebingen – 1965 NW: VfB Stuttgart Amateure (Meister), S/B: FV Ebingen – 1966 NW: Normannia Gmünd (Meister), S/B: FC Villingen 08 – 1967 NW: VfB Stuttgart Amateure (Meister), S/B: FC Tuttlingen – 1968 NW: TSF Esslingen, S/B: FC Wangen (Meister) – 1969 NW: VfR Heilbronn (Meister), S/B: VfB Friedrichshafen – 1970 NW: SV Göppingen (Meister), S/B: SV Tübingen – 1971 NW: VfB Stuttgart Amateure (Meister), S/B: FC Singen 04 – 1972 NW: SSV Ulm 46 (Meister), S/B: FC Singen 04 – 1973 NW: SSV Ulm 46 (Meister), S/B: FC Villingen 08 – 1974 NW: VfR Aalen, S/B: FC Villingen 08 – 1975 NW: VfR Aalen, S/B: SSV Reutlingen (Meister) – 1976 Spvgg. Ludwigsburg 07 (Meister), S/B: BSV Schwenningen – 1977 NW: SSV Ulm 46, S/B: SSV Reutlingen (Meister) – 1978 NW: SSV Ulm 46, S/B: SSV Reutlingen (Meister) – ab Saison 1978/79 siehe Amateur-Oberliga Baden-Württemberg.

Die Meister der deutschen Amateur-Oberligen

Nord:

1975 VfB Oldenburg – 1976 Arminia Hannover – 1977 TuS Bremerhaven 93 – 1978, 1979 OSV Hannover – 1980 VfB Oldenburg – 1981 FC St. Pauli Hamburg – 1982 Werder Bremen Amateure – 1983 FC St. Pauli – 1984 Werder Bremen Amateure – 1985 VfL Osnabrück – 1986 FC St. Pauli – 1987 SV Meppen – 1988 Eintracht Braunschweig – 1989 TSV Havelse – 1990 VfB Oldenburg.

Berlin:

1979 Hertha Zehlendorf – 1980, 1981 BFC Preußen – 1982 Tennis Borussia – 1983 SC Charlottenburg – 1984 Blau-Weiß 90 – 1985 Tennis Borussia – 1986 SC Charlottenburg – 1987 Hertha BSC – 1988 Hertha BSC – 1989, 1990 Reinickendorfer Füchse.

Nordrhein:

1979 Rot-Weiß Oberhausen – 1980 1. FC Bocholt – 1981 1. FC Köln Amateure – 1982 BV 08 Lüttringhausen – 1983 Rot-Weiß Oberhausen – 1984 1. FC Bocholt – 1985, 1986 Rot-Weiß Essen – 1987 BVL 08 Remscheid – 1988, 1989 MSV Duisburg – 1990 Wuppertaler SV.

Westfalen:

1979 SC Herford – 1980 Spvgg. Erkenschwick – 1981 1. FC Paderborn – 1982 TuS Schloß Neuhaus – 1983 SC Eintracht Hamm – 1984 FC Gütersloh – 1985 SC Eintracht Hamm – 1986 ASC Schöppingen – 1987 Spvgg. Erkenschwick – 1988, 1989 Preußen Münster – 1990 Arminia Bielefeld.

Südwest:

1979 SV Völklingen – 1980 Borussia Neunkirchen – 1981 FSV Mainz 05 – 1982 FC Homburg 08 – 1983 1. FC Saarbrücken – 1984 FC Homburg 08 – 1985 FSV Salmrohr – 1986 Wormatia Worms – 1987 Eintracht Trier – 1988 FSV Mainz 05 – 1989 SV Edenkoben – 1990 FSV Mainz 05.

Hessen:

1979 VfR Bürstadt – 1980 Hessen Kassel – 1981 Viktoria Griesheim – 1982 FSV Frankfurt – 1983, 1984 VfR Bürstadt – 1985 Viktoria Aschaffenburg – 1986 Kickers Offenbach – 1987 Kickers Offenbach – 1988 Viktoria Aschaffenburg – 1989 Hessen Kassel – 1990 Rot-Weiss Frankfurt.

Baden-Württemberg:

1979 SSV Ulm 46 – 1980 VfB Stuttgart Amateure – 1981 SV Sandhausen – 1982, 1983 SSV Ulm 46 – 1984 Freiburger FC – 1985 SV Sandhausen – 1986 SSV Ulm 46 – 1987 SV Sandhausen – 1988 FV 09 Weinheim – 1989 SSV Reutlingen – 1990 Karlsruher SC Amat.

Bayern:

1979 ESV Ingolstadt – 1980 FC Augsburg – 1981 MTV Ingolstadt – 1982 FC Augsburg – 1983 Spvgg. Unterhaching – 1984 TSV München 1860 – 1985 Spvgg. Bayreuth – 1986 Spvgg. Landshut – 1987 Spvgg. Bayreuth – 1988, 1989 Spvgg. Unterhaching – 1990 Schweinfurt 05.

TEIL VI

DIE 1. BUNDESLIGA

FC Bayern München

Gegründet: 27. Februar 1900. Anschrift: Säbener Straße 51, 8000 München 90, Telefon (089) 69931-0, Telefax (089) 644165.
Deutscher Meister: 1932, 1969, 1972, 1973, 1974, 1980, 1981, 1985, 1986, 1987, 1989, 1990. – Deutscher Pokalsieger: 1957, 1966, 1967, 1969, 1971, 1982, 1984, 1986. – Europapokalsieger: 1967 (Pokal), 1974, 1975, 1976 (Landesmeister). – Weltpokalsieger: 1976. – Deutscher Superpokalsieger: 1983, 1987, 1990.
Präsident: Professor Dr. Fritz Scherer; Vizepräsident und Leiter der Amateurabteilung: Hans Schiefele; Schatzmeister: Kurt Hegerich; Geschäftsführer: Karl Hopfner; Klubmanager: Uli Hoeneß; PR und Presse: Markus Hörwick; Vereinsarzt: Dr. Hans-Wilhelm Müller-Wohlfahrt; Masseure: Alfred Binder, Wolfgang Gebhardt.
Vereinsfarben: Rot-Weiß. – Spielkleidung: weißes oder rotes Hemd, weiße oder rote Hose, weiße oder rote Stutzen.
Mitglieder: 16000. – Sportarten: Fußball, Handball, Tischtennis, Kunstturnen, Basketball, Schach, Kegeln.
Trainer: Jupp Heynckes, geb. 9. 5. 1945. – Co-Trainer: Egon Coordes.
Stadion: Olympiastadion, 73132 Plätze, davon knapp 40000 überdacht, 52532 sind Sitzplätze, 20600 Stehplätze.

TORHÜTER

Aumann, Raimond, geb. 12. 10. 1963, 1,82 m, 76 kg, seit 1980 bei Bayern, früher FC und SV Stadtwerke Augsburg, 107 BL-Spiele, 3 A, 7 U 21
Hillringhaus, Gerald (Amateur), geb. 22. 6. 1962, 1,88 m, 89 kg, seit 1990 bei Bayern, früher Türk Gücü und 1860 München, Spvgg. Bayreuth, TSV Gilching-Argelsried
Scheuer, Sven (Amateur), geb. 19. 1. 1971, 1,86 m, 83 kg, seit 1988 bei Bayern, früher SV Böblingen, 1 BL-Spiel

ABWEHR

Augenthaler, Klaus, geb. 26. 9. 1957, 1,82 m, 80 kg, seit 1975 bei Bayern, früher FC Vilshofen, 377 BL-Spiele, 50 Tore, 27 A, 8 B
Grahammer, Roland, geb. 3. 11. 1963, 1,78 m, 72 kg, seit 1988 bei Bayern, früher 1. FC Nürnberg, FC und Spvgg. Bärenkeller Augsburg, 175 BL-Spiele, 18 Tore, 14 OA, 1 B, 2 U 21
Hecht, Michael (Amateur), geb. 27. 4. 1965, 1,88 m, 83 kg, seit 1990 bei Bayern, früher Spvgg. Weiden, Wacker und 1860 München, Spvgg. Unterhaching
Kastenmaier, Thomas, geb. 31. 5. 1966, 1,88 m, 78 kg, seit 1987 bei Bayern, früher TSV Milbertshofen, Bayern München, SF Hart Eck, 9 BL-Spiele, 1 Tor
Kohler, Jürgen, geb. 6. 10. 1965, 1,86 m, 84 kg, seit 1989 bei Bayern, früher 1. FC Köln, SV Waldhof Mannheim, TB Jahn Lambsheim, 178 BL-Spiele, 10 Tore, 31 A, 11 U 21
Pflügler, Hans, geb. 27. 3. 1960, 1,82 m, 80 kg, seit 1975 bei Bayern, früher SV Vötting-Weihenstephan, 232 BL-Spiele, 35 Tore, 11 A
Reuter, Stefan, geb. 16. 10. 1966, 1,81 m, 75 kg, seit 1988 bei Bayern, früher 1. FC Nürnberg, TSV Dinkelsbühl, 165 BL-Spiele, 10 Tore, 22 A, 11 U 21

MITTELFELD

Dorfner, Hans, geb. 3. 7. 1965, 1,73 m, 69 kg, seit 1986 bei Bayern, früher 1. FC Nürnberg, Bayern München, ASV Undorf, 114 BL-Spiele, 17 Tore, 7 A, 3 U 21, 5 OA
Effenberg, Stefan, geb. 2. 8. 1968, 1,83 m, 82 kg, seit 1990 bei Bayern, früher Borussia M'gladbach, Victoria Hamburg, Bramfelder SV, 73 BL-Spiele, 10 Tore, 5 U 21
Nielsen, Allan, geb. 13. 3. 1971, 1,78 m, 70 kg, seit 1988 bei Bayern, früher Esbjerg FB
Schwabl, Manfred, geb. 18. 4. 1966, 1,70 m, 63 kg, seit 1989 bei Bayern, früher 1. FC Nürnberg, Bayern München, FC Holzkirchen, 120 BL-Spiele, 11 Tore, 4 A, 13 U 21
Strunz, Thomas, geb. 25. 4. 1968, 1,82 m, 75 kg, seit 1989 bei Bayern, früher MSV Duisburg, TuRa 88 Duisburg, 20 BL-Spiele, 5 Tore, 2 U 21
Thon, Olaf, geb. 1. 5. 1966, 1,70 m, 67 kg, seit 1988 bei Bayern, früher Schalke 04, STV Horst Emscher, 181 BL-Spiele, 51 Tore, 35 A, 3 U 21
Wörsdörfer, Thorsten (Amateur), geb. 29. 9. 1967, 1,78 m, 77 kg, seit 1990 bei Bayern, früher Spvgg. Bad Homburg, Bayer Leverkusen, Glas-Chemie Wirges, SV Langenhahn

Ziege, Christian, geb. 1. 2. 1972, 1,86 m, 72 kg, seit 1990 bei Bayern, früher Hertha Zehlendorf, TSV Rudow, Südstern Berlin

ANGRIFF

Bender, Manfred, geb. 24. 5. 1966, 1,89 m, 73 kg, seit 1989 bei Bayern, früher Spvgg. Unterhaching, TB, 1860 und MSV München, 20 BL-Spiele, 2 Tore

Laudrup, Brian, geb. 22. 2. 1969, 1,86 m, 78 kg, seit 1990 bei Bayern, früher Bayer Uerdingen, Bröndby IF, 34 BL-Spiele, 6 Tore, 18 A für Dänemark

McInally, Alan, geb. 10. 2. 1963, 1,86 m, 85 kg, seit 1989 bei Bayern, früher Aston Villa, Celtic Glasgow, Ayr United, 31 BL-Spiele, 10 Tore, 10 A für Schottland

Mihajlovic, Radmilo, geb. 19. 11. 1964, 1,81 m, 73 kg, seit 1989 bei Bayern, früher Dinamo Zagreb, Zeljeznicar Sarajevo, Sudjeska Foca, 25 BL-Spiele, 4 Tore, 6 A für Jugoslawien

Sternkopf, Michael, geb. 21. 4. 1970, 1,76 m, 70 kg, seit 1990 bei Bayern, früher Karlsruher SC, SV Nordwest Karlsruhe, 33 BL-Spiele, 4 Tore, 5 U 21

Wohlfarth, Roland, geb. 11. 1. 1963, 1,78 m, 77 kg, seit 1984 bei Bayern, früher MSV Duisburg, Borussia Bocholt, 187 BL-Spiele, 78 Tore, 2 A, 6 U 21

1. FC Köln

Gegründet: 13. Februar 1948 (Fusion Kölner BC 01, Sülz 07). Anschrift: Postfach 10 07 68, 5000 Köln 41, Cluballee, Telefon: (0221) 434431.

Deutscher Meister: 1962, 1964, 1978. – Deutscher Pokalsieger: 1968, 1977, 1978, 1983. – Deutscher Amateurmeister: 1981.

Präsident: Dietmar Artzinger-Bolten; Vizepräsident und Schatzmeister: Hans Neukirch; 3. Vorsitzender: Joseph Söller; Geschäftsführendes Vorstandsmitglied: Wolfgang Schänzler; Pressereferat: Holger Rathke; Vereinsarzt: Dr. Günter Enderer; Leiter der Jugendabteilung: Herbert Noack; Physiotherapeut: Jürgen Schäfer.

Vereinsfarben: Rot-Weiß. – Spielkleidung: ganz in Weiß oder ganz in Rot.

Mitglieder: 2100. – Sportarten: Fußball, Handball, Tischtennis, Gymnastik.

Trainer: Erich Rutemöller, geb. 8. 2. 1945. – Co-Trainer: Hannes Linßen. – Konditionstrainer: Rolf Herings.

Stadion: Müngersdorfer Stadion, 60398 Plätze (alle überdacht), davon 27922 Sitzplätze, 32476 Stehplätze.

TORHÜTER

Diergardt, Volker, geb. 26. 4. 1958, 1,81 m, 74 kg, seit 1989 bei 1. FCK, früher RW Essen, Union Solingen, Arminia Bielefeld, Fort. Düsseldorf, Wuppertaler SV, ASV Wuppertal, 22 BL-Spiele, 1 Am

Illgner, Bodo, geb. 7. 4. 1967, 1,87 m, 78 kg, seit 1985 beim 1. FCK, früher 1. FC Hardtberg, 119 BL-Spiele, 22 A, 7 U 21

ABWEHR

Andersen, Henrik, geb. 7. 5. 1965, 1,85 m, 82 kg, seit 1990 beim 1. FCK, früher RSC Anderlecht, Fremad Amager, 21 A für Dänemark

Baumann, Karsten, geb. 14. 10. 1969, 1,83 m, 75 kg, seit 1988 beim 1. FCK, früher VfB Oldenburg, TuS Eversten, 1 BL-Spiel

Gielchen, Andreas, geb. 27. 10. 1964, 1,76 m, 74 kg, seit 1983 beim 1. FCK, früher Alemannia Aachen, SG Eschweiler, 107 BL-Spiele, 2 Tore, 1 U 21

Giske, Anders, geb. 22. 11. 1959, 1,80 m, 78 kg, seit 1989 beim 1. FCK, früher 1. FC Nürnberg, Bayer Leverkusen, SK Brann Bergen, Lilleström SK, FK Kristiansund, Goma IL, 176 BL-Spiele, 6 Tore, 37 A für Norwegen

Higl, Alfons, geb. 17. 12. 1964, 1,84 m, 78 kg, seit 1989 beim 1. FCK, früher SC Freiburg, FC Augsburg, TSV Rehling, 30 BL-Spiele

Steiner, Paul, geb. 23. 1. 1957, 1,82 m, 75 kg, seit 1981 beim 1. FCK, früher MSV Duisburg, SV Waldhof Mannheim, TSV Strümpfelbrunn, 348 BL-Spiele, 27 Tore, 1 A, 5 B, 2 OA, 2 U 21

MITTELFELD

Britz, Axel, geb. 16. 1. 1969, 1,84 m, 79 kg, seit 1989 beim 1. FCK, früher FSV Salmrohr, FV Bad Honnef, SuS Metternich, 4 BL-Spiele

Daschner, Reinhold, geb. 16. 10. 1969, 1,80 m, 74 kg, seit 1990 beim 1. FCK, früher Bayern München, FC Hertha München

Flick, Hans-Dieter, geb. 24. 2. 1965, 1,77 m, 71 kg, seit 1990 beim 1. FCK, früher Bayern München, SV Sandhausen, Spvgg. Neckargemünd, BSC Mückenloch, 104 BL-Spiele, 5 Tore

Görtz, Armin, geb. 30. 8. 1959, 1,79 m, 75 kg, seit 1986 beim 1. FCK, früher SV Waregem, SK Beveren, Eintracht und FSV Frankfurt, SV Welver, Borussia Dortmund, SC Kirchhörde, 117 BL-Spiele, 8 Tore, 2 A, 9 OA

Greiner, Frank, geb. 3. 7. 1966, 1,74 m, 73 kg, seit 1988 beim 1. FCK, früher 1. FC Nürnberg, VfB und DJK Viktoria Coburg, 28 BL-Spiele, 1 Tor

Janßen, Olaf, geb. 8. 10. 1966, 1,77 m, 70 kg, seit 1985 beim 1. FCK, früher Bayer Uerdingen, FC Hüls, 100 BL-Spiele, 8 Tore, 1 U 21, 3 OA

Heldt, Horst, geb. 9. 12. 1969, 1,69 m, 66 kg, seit 1987 beim 1. FCK, früher FV Bad Honnef, SG Königswinter, 1 OA

Littbarski, Pierre, geb. 16. 4. 1960, 1,68 m, 64 kg, seit 1987 beim 1. FCK, früher Racing Paris, 1. FC Köln, Hertha Zehlendorf, VfL Schöneberg, 329 BL-Spiele, 110 Tore, 73 A, 1 B, 21 U 21

Ordenewitz, Frank, geb. 25. 3. 1965, 1,80 m, 76 kg, seit 1989 beim 1. FCK, früher Werder Bremen, TSV Dorfmark, 155 BL-Spiele, 40 Tore, 2 A, 3 OA, 1 U 21

Rudy, Andrzej, geb. 15. 10. 1965, 1,80 m, 74 kg, seit 1989 beim 1. FCK, früher GKS Kattowitz, Slaski Breslau, Odra Scinava, 18 BL-Spiele, 2 Tore, 12 A für Polen

ANGRIFF

Banach, Maurice, geb. 9. 10. 1967, 1,85 m, 78 kg, seit 1990 beim 1. FCK, früher Wattenscheid 09, Borussia Dortmund, Preußen Münster, 14 BL-Spiele, 2 Tore, 3 U 21

Fuchs, Uwe, geb. 23. 7. 1966, 1,87 m, 88 kg, seit 1990 beim 1. FCK, früher Fortuna Düsseldorf, Fortuna Köln, Kickers Stuttgart, FC Homburg, FK Pirmasens, VfB Stuttgart, 1. FC und ESC West Kaiserslautern, FSV Salmrohr, 27 BL-Spiele, 7 Tore, 1 U 21

Götz, Falko, geb. 26. 3. 1962, 1,81 m, 77 kg, seit 1988 beim 1. FCK, früher Bayer Leverkusen, Dynamo Berlin, ASK Vorwärts Berlin, 179 BL-Spiele, 42 Tore, 10 U 21 für DDR

Sturm, Ralf, geb. 18. 10. 1968, 1,80 m, 74 kg, seit 1974 beim 1. FCK, eigene Jugend, 40 BL-Spiele, 9 Tore, 4 U 21

Eintracht Frankfurt

Gegründet: 1. Mai 1899. – Anschrift: Sportplatz am Riederwald, Am Erlenbruch 25, 6000 Frankfurt 60, Telefon (069) 4209700.

Deutscher Meister: 1959. – Deutscher Pokalsieger: 1974, 1975, 1981, 1988. – UEFA-Pokalsieger: 1980.

Präsident: Dr. Matthias Ohms; Vizepräsident und Leiter der Lizenzspielerabteilung: Bernd Hölzenbein; Schatzmeister: Wolfgang Knispel; Manager: Klaus Gerster; Geschäftsführer: Peter Röder; Vereinsarzt: Dr. Georg Degenhardt; Masseur: Lutz Meinl; Zeugwart: Anton Hübler.

Vereinsfarben: Schwarz-Weiß. – Spielkleidung: schwarz-rot längsgestreiftes Trikot, schwarze Hose, schwarze oder weiße Stutzen, weißes Trikot mit schwarz und rot sowie schwarzen Sternen, schwarze Hosen und schwarze Stutzen.

Mitglieder: 6100. – Sportarten: Basketball, Boxen, Eissport, Fußball, Handball, Hockey, Leichtathletik, Rugby, Tennis, Tischtennis, Turnen, Volleyball.

Trainer: Jörg Berger, geb. 13. 10. 1944. – Co-Trainer: unbesetzt.

Stadion: Waldstadion, 61146 Plätze, davon 30546 Sitzplätze, hiervon 20364 überdacht.

TORHÜTER

Ernst, Thomas (Amateur), geb. 23. 12. 1967, 1,93 m, 78 kg, seit 1981 bei Eintracht, früher FV Biebrich 02, 1 BL-Spiel

Stein, Ulrich, geb. 23. 10. 1954, 1,84 m, 76 kg, seit 1987 bei Eintracht, früher Hamburger SV, Arminia Bielefeld, FC Wunstorf, 330 BL-Spiele, 6 A, 2 B, 5 Am

ABWEHR

Bindewald, Uwe (Amateur), geb. 13. 8. 1968, 1,80 m, 76 kg, seit 1987 bei Eintracht, früher Kickers Offenbach, SG Melbach-Södel, FSV Dornheim, 23 BL-Spiele

Binz, Manfred, geb. 22. 8. 1965, 1,84 m, 74 kg, seit 1979 bei Eintracht, früher VfR Bockenheim, BSC Schwarz-Weiß 1919 Frankfurt, 139 BL-Spiele, 9 Tore, 9 U 21
Klein, Michael, geb. 22. 2. 1965, 1,85 m, 76 kg, seit 1989 bei Eintracht, früher FSV Frankfurt, Viktoria Sindlingen, SG Hoechst, 12 BL-Spiele
Köhler, André, geb. 28. 2. 1965, 1,85 m, 78 kg, seit 1990 bei Eintracht, früher Wismut Aue, Chemie Böhlen, Dynamo Klingenthal
Körbel, Karl-Heinz, geb. 1. 12. 1954, 1,82 m, 75 kg, seit 1972 bei Eintracht, früher FC Dossenheim, 569 BL-Spiele (Rekord), 45 Tore, 6 A, 10 B, 5 Am
Roth, Dietmar, geb. 16. 9. 1963, 1,80 m, 74 kg, seit 1987 bei Eintracht, früher Schalke 04, Karlsruher SC, FV Liedolsheim, 167 BL-Spiele, 2 Tore, 1 B, 8 U 21

MITTELFELD

Bein, Uwe, geb. 26. 9. 1960, 1,78 m, 69 kg, seit 1989 bei Eintracht, früher Hamburger SV, 1. FC Köln, Kickers Offenbach, VfB Heringen, TSV Lengers, 183 BL-Spiele, 63 Tore, 10 A, 2 OA
Falkenmayer, Ralf, geb. 11. 2. 1963, 1,75 m, 65 kg, seit 1989 bei Eintracht, früher Bayer Leverkusen, Eintracht Frankfurt, SV Niederursel, 254 BL-Spiele, 31 Tore, 4 A, 1 OA, 16 U 21
Gründel, Heinz, geb. 13. 2. 1957, 1,78 m, 72 kg, seit 1988 bei Eintracht, früher Hamburger SV, Standard Lüttich, Thor Waterschei, Hertha BSC, Rapide/Wedding Berlin, 118 BL-Spiele, 19 Tore, 4 A
Lasser, Thomas, geb. 25. 10. 1969, 1,80 m, 74 kg, seit 1985 bei Eintracht, früher SV Wiesbaden, SV Wehen, 23 BL-Spiele, 2 OA, 1 U 21
Möller, Andreas, geb. 2. 9. 1967, 1,80 m, 70 kg, seit 1990 bei Eintracht, früher Borussia Dortmund, Eintracht Frankfurt, BSC SW Frankfurt 1919, 110 BL-Spiele, 29 Tore, 12 A, 4 U 21
Sievers, Ralf, geb. 30. 10. 1961, 1,75 m, 70 kg, seit 1982 bei Eintracht, früher Lüneburger SK, SV Eddelstorf, 204 BL-Spiele, 9 Tore, 1 B, 2 OA
Studer, Stefan, geb. 30. 1. 1964, 1,78 m, 72 kg, seit 1988 bei Eintracht, früher FC St. Pauli, Hamburger SV, TS Hausbruch-Neugraben, PSV Buxtehude, 56 BL-Spiele, 2 Tore
Weber, Ralf, geb. 31. 5. 1969, 1,82 m, 75 kg, seit 1989 bei Eintracht, früher Kickers Offenbach, Spvgg. Hainstadt, 18 BL-Spiele, 2 Tore, 1 U 21

ANGRIFF

Eckstein, Dieter, geb. 12. 3. 1964, 1,78 m, 73 kg, seit 1988 bei Eintracht, früher 1. FC Nürnberg, FV Kehl, 151 BL-Spiele, 51 Tore, 7 A, 3 OA, 6 U 21
Sippel, Lothar, geb. 9. 5. 1965, 1,78 m, 65 kg, seit 1989 bei Eintracht, früher Hessen Kassel, Göttingen 05, 18 BL-Spiele, 2 Tore
Turowski, Janusz, geb. 7. 2. 1961, 1,78 m, 70 kg, seit 1986 bei Eintracht, früher Pogon Stettin, Legia Warschau, 83 BL-Spiele, 22 Tore, 2 A für Polen
Yeboah, Anthony, geb. 6. 6. 1964, 1,80 m, 82 kg, seit 1990 bei Eintracht, früher 1. FC Saarbrükken, Okwawu United, Stones Kumasi, 26 A für Ghana

Borussia Dortmund

Gegründet: 19. Dezember 1909. Anschrift: Westfalenstadion, Strobelallee, Postfach 100509, 4600 Dortmund 1, Telefon (0231) 122083/84.

Deutscher Meister: 1956, 1957, 1963. Deutscher Pokalsieger: 1965, 1989. – Deutscher Supercupsieger 1989. – Europapokalsieger: 1966 (Pokalsieger).

Präsident: Dr. Gerd Niebaum; Vizepräsident: Dr. Ernst G. Breer; Schatzmeister: Hans-Jürgen Freundlieb; Manager: Michael Meier (Vorstandsmitglied); Hauptgeschäftsführer: Walter Maahs; Vereinsarzt: Dr. Harald Bartsch; Masseur: Hans Weinheimer.

Vereinsfarben: Schwarz-Gelb. – Spielkleidung: gelbes Hemd, schwarze Hose, gelbe Stutzen.

Mitglieder: 2300. – Sportarten: Fußball, Handball, Tischtennis.

Trainer: Horst Köppel, geb. 17. 5. 1948. – Co-Trainer: Michael Henke.

Stadion: Westfalenstadion, 52370 Plätze, davon 16296 Sitzplätze, alle überdacht.

TORHÜTER

de Beer, Wolfgang, geb. 2. 1. 1964, 1,85 m, 85 kg, seit 1986 bei Borussia, früher MSV Duisburg, TV Jahn Hiesfeld, 134 BL-Spiele, 1 U 21

Klos, Stefan (Amateur), geb. 16. 8. 1971, 1,82 m, 79 kg, seit 1988 bei Borussia, früher Eintracht Dortmund, TuS Eving-Lindenhorst
Meyer, Rolf, geb. 3. 10. 1955, 1,89 m, 88 kg, seit 1983 bei Borussia, früher VfL Osnabrück, Werder Bremen, BV Melchiorshausen, 5 BL-Spiele
Ortkemper, Andreas (Amat.), geb. 10. 3. 1966, 1,82 m, 76 kg, seit 1987 bei Borussia, früher SC Verl

ABWEHR

Gorlukowitsch, Sergej, geb. 18. 11. 1961, 1,82 m, 80 kg, seit 1989 bei Borussia, früher Lokomotive Moskau, Dynamo Minsk, 10 BL-Spiele, 19 A für Sowjetunion
Helmer, Thomas, geb. 21. 4. 1965, 1,85 m, 76 kg, seit 1986 bei Borussia, früher Arminia Bielefeld, SC Bad Salzuflen, 132 BL-Spiele, 12 Tore
Karl, Steffen, geb. 3. 2. 1970, 1,82 m, 75 kg, seit 1990 bei Borussia, früher Chemie Halle, 2 BL-Spiele
Kutowski, Günter, geb. 2. 8. 1965, 1,78 m, 74 kg, seit 1984 bei Borussia, früher SV Sande, 1. FC Paderborn, 170 BL-Spiele, 2 Tore, 11 U 21
Nikolic, Robert, geb. 1. 8. 1968, 1,78 m, 73 kg, seit 1988 bei Borussia, früher Bayer Leverkusen, Bonner SC, 38 BL-Spiele
Quallo, Peter (Amateur), geb. 2. 10. 1971, 1,83 m, 88 kg, seit 1988 bei Borussia, früher Eintracht Dortmund
Schulz, Michael, geb. 3. 9. 1961, 1,94 m, 88 kg, seit 1989 bei Borussia, früher 1. FC Kaiserslautern, VfB Oldenburg, TuS Syke, TuS Nettlingen, 72 BL-Spiele, 4 Tore, 7 OA

MITTELFELD

Breitzke, Günter, geb. 28. 6. 1967, 1,83 m, 72 kg, seit 1988 bei Borussia, früher SC Brück, SSG Berg. Gladbach, Bayer Leverkusen, Fortuna Köln, TuS Stammheim, 55 BL-Spiele, 14 Tore
Franck, Thomas, geb. 24. 2. 1971, 1,83 m, 76 kg, seit 1990 bei Borussia, früher SV Waldhof Mannheim, FC Heppenheim, 19 BL-Spiele, 2 Tore, 2 OA
Gutberlet, Tim (Amateur), geb. 23. 8. 1971, 1,83 m, 78 kg, seit 1988 bei Borussia, früher Eintracht Dortmund
Lusch, Michael, geb. 16. 6. 1964, 1,72 m, 70 kg, seit 1981 bei Borussia, früher TuS Lohauserholz, Germania Hamm, 127 BL-Spiele, 4 Tore, 1 U 21
McLeod, Murdo, geb. 24. 9. 1958, 1,76 m, 78 kg, seit 1987 bei Borussia, früher Celtic Glasgow, FC Dumbarton, 96 BL-Spiele, 3 Tore, 17 A für Schottland
Poschner, Gerhard, geb. 23. 9. 1969, 1,82 m, 76 kg, seit 1990 bei Borussia, früher VfB Stuttgart, Spvgg. Bissingen, 46 BL-Spiele, 6 U 21, 1 OA
Rummenigge, Michael, geb. 3. 2. 1964, 1,76 m, 74 kg, seit 1988 bei Borussia, früher Bayern München, Borussia Lippstadt, 213 BL-Spiele, 57 Tore, 2 A, 10 U 21
Strerath, Stefan, geb. 15. 1. 1967, 1,80 m, 73 kg, seit 1989 bei Borussia, früher SV Sandhausen, FV Mosbach, TSV Sulzbach, 7 BL-Spiele
Zorc, Michael, geb. 25. 8. 1962, 1,81 m, 73 kg, seit 1978 bei Borussia, früher TuS Eving-Lindenhorst, 241 BL-Spiele, 65 Tore, 1 B, 2 OA, 2 U 21
Zetzmann, Christian, geb. 14. 12. 1970, 1,80 m, 76 kg, seit 1987 bei Borussia, früher Tennis Borussia Berlin, Hertha Zehlendorf

ANGRIFF

Dickel, Norbert, geb. 27. 11. 1961, 1,90 m, 85 kg, seit 1986 bei Borussia, früher 1. FC Köln, Spfrde. Siegen, Spfrde. Edertal, SV Netphen, 123 BL-Spiele, 45 Tore, 2 OA, 1 U 21
Driller, Martin, geb. 2. 1. 1970, 1,79 m, 75 kg, seit 1989 bei Borussia, früher TuS Paderborn-Neuhaus, Spfrde. Blau-Weiß Paderborn, 24 BL-Spiele, 3 Tore
Mill, Frank, geb. 23. 7. 1958, 1,76 m, 72 kg, seit 1986 bei Borussia, früher Borussia Mönchengladbach, Rot-Weiß und Eintracht Essen, 282 BL-Spiele, 108 Tore, 17 A, 19 OA, 2 U 21
Müller, Andreas (Amateur), geb. 11. 12. 1971, 1,79 m, 79 kg, seit 1988 bei Borussia, früher Eintracht Dortmund, Spfrde. Siegen, TuS Erndtebrück
Povlsen, Fleming, geb. 3. 12. 1966, 1,82 m, 80 kg, seit 1990 bei Borussia, früher PSV Eindhoven, 1. FC Köln, FC Castilla, Aarhus GF, 71 BL-Spiele, 19 Tore, 33 A für Dänemark
Wegmann, Jürgen, geb. 31. 3. 1964, 1,75 m, 73 kg, seit 1989 bei Borussia, früher Bayern München, Schalke 04, Borussia Dortmund, Rot-Weiß Essen, DJK Wacker Bergeborbek, 183 BL-Spiele, 63 Tore, 4 U 21

Bayer 04 Leverkusen

Gegründet: 15. Juni 1904. Anschrift: Postfach 120140, 5090 Leverkusen, Telefon (0214) 69030.

UEFA-Cup-Sieger: 1988.

Vorsitzender: Gert-Achim Fischer; Schatzmeister: Klaus Beck; Vorsitzender der Fußball-Abteilung: Günther Kaebe; Manager: Reiner Calmund; Hauptkassierer: Helmut Schmidt; Vereinsärzte: Dr. Peter Bohne, Dr. Sepp Schmitt, Prof. Thomas Tiling; Sportphysiotherapeuten: Dieter Trzolek, Till Rothweiler.

Vereinsfarben: Rot-Weiß. – Spielkleidung: ganz in Weiß oder weißes Hemd mit roter Hose.

Mitglieder: 9000. – Sportarten: Fußball, Handball, Boxen, Leichtathletik, Basketball, Behindertensport, Eissport, Fechten, Judo, Kunstturnen, Prellball, Schwimmen, Volleyball, Faustball, Moderner Fünfkampf.

Trainer: Jürgen Gelsdorf, geb. 19. 1. 1953. – Co-Trainer: Peter Hermann.

Stadion: Ulrich-Haberland-Stadion, z. Zt. 25350 Plätze, alle überdacht, davon 12600 Stehplätze.

TORHÜTER

Heinen, Dirk (Amateur), geb. 3. 12. 1970, 1,87 m, 81 kg, seit 1980 bei Bayer, früher Rot-Weiß Zollstock, 1 OA

Vollborn, Rüdiger, geb. 12. 2. 1963, 1,83 m, 80 kg, seit 1981 bei Bayer, früher Blau-Weiß 90 und Traber FC Berlin, 229 BL-Spiele, 9 U21

ABWEHR

Foda, Franco, geb. 23. 4. 1966, 1,80 m, 76 kg, seit 1990 bei Bayer, früher 1. FC Kaiserslautern, 1. FC Saarbrücken, Arminia Bielefeld, FSV 05 und SVW Mainz, 139 BL-Spiele, 10 Tore, 2 A, 7 U 21

Hörster, Thomas, geb. 27. 11. 1956, 1,83 m, 79 kg, seit 1977 bei Bayer, früher Schwarz-Weiß und Blau-Weiß Essen, 318 BL-Spiele, 16 Tore, 4 A, 12 OA

Kree, Martin, geb. 27. 1. 1965, 1,84 m, 82 kg, seit 1989 bei Bayer, früher VfL Bochum, TuS Wickede, 198 BL-Spiele, 35 Tore, 1 B, 5 U21

Reinhardt, Alois, geb. 18. 11. 1961, 1,87 m, 80 kg, seit 1984 bei Bayer, früher 1. FC Nürnberg, TSV Höchstadt, 239 BL-Spiele, 8 Tore, 4 A, 1 B, 14 U 21, 8 OA

Seckler, Erich, geb. 26. 9. 1963, 1,85 m, 77 kg, seit 1981 bei Bayer, früher Sportfreunde Baumberg, 66 BL-Spiele, 2 Tore

Tschiedel, Jens (Amateur), geb. 5. 8. 1968, 1,87 m, 75 kg, seit 1984 bei Bayer, früher ASV Wuppertal

MITTELFELD

Buncol, Andrzej, geb. 21. 9. 1959, 1,75 m, 75 kg, seit 1987 bei Bayer, früher FC 08 Homburg, Legia Warschau, Ruch Chorzow, Piast Gleiwitz, 110 BL-Spiele, 16 Tore, 48 A für Polen

Feinbier, Markus, geb. 30. 11. 1969, 1,87 m, 75 kg, seit 1986 bei Bayer, früher Hertha Zehlendorf, Berliner SV 92, 38 BL-Spiele, 2 Tore, 1 U 21, 1 OA

Fischer, Andreas, geb. 20. 10. 1964, 1,87 m, 85 kg, seit 1989 bei Bayer, früher BVL 08 Remscheid, TuS Paderborn-Neuhaus, Preußen Münster, ESV Bonenburg, 31 BL-Spiele, 1 Tor

„Jorginho“, Jorge de Amorim Campos, geb. 17. 8. 1964, 1,76 m, 63 kg, seit 1989 bei Bayer, früher Flamengo und America FC Rio, 20 BL-Spiele, 2 Tore, 33 A für Brasilien

de Keyser, Jean-Pierre, geb. 13. 4. 1965, 1,83 m, 76 kg, seit 1982 bei Bayer, früher SV Siegburg 04, TSC Euskirchen, Rot-Weiß Hütte, 77 BL-Spiele, 1 Tor

Lupescu, Ion, geb. 9. 12. 1968, 1,83 m, 75 kg, seit 1990 bei Bayer, früher Dinamo Bukarest, 7 A für Rumänien

Reinhardt, Knut, geb. 27. 4. 1968, 1,81 m, 78 kg, seit 1977 bei Bayer, früher TuS Quettingen, 89 BL-Spiele, 5 Tore, 1 A, 12 U21

Schreier, Christian, geb. 4. 2. 1959, 1,80 m, 73 kg, seit 1984 bei Bayer, früher VfL Bochum, TuS Schloß Neuhaus, SuS Merklinde, 274 BL-Spiele, 89 Tore, 1 A, 22 OA, 1 B

ANGRIFF

Herrlich, Heiko (Amateur), geb. 3. 12. 1971, 1,86 m, 78 kg, seit 1989 bei Bayer, früher SC Freiburg, FC Emmendingen, FC Kollnau, 16 BL-Spiele, 2 OA

Kirsten, Ulf, geb. 4. 12. 1965, 1,75 m, 75 kg, seit 1990 bei Bayer, früher Dynamo Dresden, Stahl Riesa, BSC Chemie Riesa, 49 A für DDR
Lesniak, Marek, geb. 29. 2. 1964, 1,75 m, 74 kg, seit 1988 bei Bayer, früher Pogon Stettin, Pomorzanin Novograd, 61 BL-Spiele, 15 Tore, 11 A für Polen
Schröder, Marko (Amateur), geb. 18. 5. 1966, 1,80 m, 70 kg, seit 1987 bei Bayer, früher VfL Leverkusen, DJK Roland Bürrig, 1 BL-Spiel
Thom, Andreas, geb. 7. 9. 1965, 1,76 m, 70 kg, seit 1990 bei Bayer, früher Dynamo Berlin, TSG Herzfelde, 13 BL-Spiele, 3 Tore, 51 A für DDR

VfB Stuttgart

Gegründet: 9. September 1893. Anschrift: Mercedesstraße 109, 7000 Stuttgart 50, Telefon (0711) 550070, Telefax: (0711) 5500733, Telex: 7254808 vfb d.

Deutscher Meister: 1950, 1952, 1984. – Deutscher Pokalsieger: 1954, 1958. – Deutscher Amateurmeister: 1963, 1980.

Präsident: Gerhard Mayer-Vorfelder; Vizepräsident: Gerd Renz; weiter im Präsidium: Hubert H. Schaefer, Richard Steimle, Matthias Kleinert; Direktor, Finanzen, Recht, Verwaltung, Organisation: Ulrich Schäfer; Direktor Lizenzspieler, Marketing: Dieter Hoeneß; Vereinsärzte: Dr. Edgar Stumpf, Dr. Thomas Frölich; Masseur: Gerhard Wörn.

Vereinsfarben: Weiß-Rot. – Spielkleidung: weißes Trikot mit rotem Brustring, weiße Hose, weiße Stutzen.

Mitglieder: 2700. – Sportarten: Fußball, Handball, Leichtathletik, Tischtennis, Hockey, Faustball.

Trainer: Willi Entenmann, geb. 29. 9. 1943. – Co-Trainer: Lorenz-Günther Köstner.

Stadion: Neckarstadion, 67750 Plätze, davon 35194 Sitzplätze, hiervon 18156 überdacht.

TORHÜTER

Immel, Eike, geb. 27. 11. 1960, 1,87 m, 82 kg, seit 1986 beim VfB, früher Borussia Dortmund, TSV Eintracht Stadtallendorf, 365 BL-Spiele, 19 A, 1 B, 1 Am, 14 U 21
Trautner, Eberhard, geb. 7. 2. 1967, 1,84 m, 80 kg, seit 1981 beim VfB, früher SpVgg. 07 Ludwigsburg, FSV Oßweil, 19 BL-Spiele

ABWEHR

Allgöwer, Karl, geb. 5. 1. 1957, 1,81 m, 74 kg, seit 1980 beim VfB, früher Kickers Stuttgart, SC Geislingen, SV Altenstadt, 306 BL-Spiele, 121 Tore, 10 A, 2 B
Buchwald, Guido, geb. 24. 1. 1961, 1,88 m, 82 kg, seit 1983 beim VfB, früher Kickers Stuttgart, TSV Pliezhausen, SV Wannweil, 202 BL-Spiele, 17 Tore, 39 A, 9 OA, 1 U 21
Frontzeck, Michael, geb. 26. 4. 1964, 1,84 m, 80 kg, seit 1989 beim VfB, früher Borussia M'gladbach, SpVgg. Odenkirchen 05/07, 221 BL-Spiele, 21 Tore, 16 A, 6 U 21
Hartmann, Jürgen, geb. 27. 10. 1962, 1,81 m, 73 kg, seit 1985 beim VfB, früher FV Offenburg, FSV Seebach, FV Lahr, 141 BL-Spiele, 9 Tore
Schäfer, Günther, geb. 9. 6. 1962, 1,74 m, 67 kg, seit 1975 beim VfB, früher TSV Neustadt, 235 BL-Spiele, 7 Tore, 6 OA, 15 U 21
Schmäler, Nils, geb. 10. 11. 1969, 1,87 m, 81 kg, seit 1988 beim VfB, früher Eintracht und Victoria Braunschweig, 42 BL-Spiele, 1 Tor, 3 U 21, 1 OA
Schnalke, Manfred, geb. 9. 3. 1965, 1,87 m, 88 kg, seit 1989 beim VfB, früher FC Marbach, 6 BL-Spiele, 1 Tor
Schneider, Uwe, geb. 28. 8. 1971, 1,77 m, 69 kg, seit 1987 beim VfB, früher TSG Backnang
Strehmel, Alexander, geb. 20. 3. 1968, 1,84 m, 72 kg, seit 1981 beim VfB, früher SV Bolanden, SV Hoffeld, TSV Birkach, SSV Plittersdorf, Amerik. YA Heidelberg, 83 BL-Spiele, 2 Tore, 8 U 21

MITTELFELD

Basualdo, Jose Horacio, geb. 20. 6. 1963, 1,77 m, 74 kg, seit 1989 beim VfB, früher Dep. Mandiyu Corrientes, Villa Dolmine, 28 BL-Spiele, 2 Tore, 22 A für Argentinien
Buck, Andreas, geb. 29. 12. 1967, 1,80 m, 67 kg, seit 1990 beim VfB, früher SC Freiburg, VfL Kirchheim/Teck, SC Geislingen

Gaudino, Maurizio, geb. 12. 12. 1966, 1,83 m, 80 kg, seit 1987 beim VfB, früher SV Waldhof Mannheim, TSG Rheinau, 147 BL-Spiele, 23 Tore, 6 U 21
Jüptner, Axel, geb. 26. 4. 1969, 1,80 m, 69 kg, seit 1986 beim VfB, früher VfL Gemmrigheim, 17 BL-Spiele
Keller, Jens (Amateur), geb. 24. 11. 1970, 1,82 m, 73 kg, seit 1987 beim VfB, früher VfL Wangen/ Stuttgart
Kramny, Jürgen, geb. 18. 10. 1971, 1,82 m, 76 kg, seit 1984 beim VfB, früher Spvgg. Ludwigsburg 07
Sammer, Matthias, geb. 5. 9. 1967, 1,81 m, 75 kg, seit 1990 beim VfB, früher SG Dynamo Dresden, 22 A für DDR

ANGRIFF

Kastl, Manfred, geb. 23. 9. 1965, 1,86 m, 80 kg, seit 1989 beim VfB, früher Bayer Leverkusen, HSV, Spvgg. Fürth, SK Lauf, 1. FC, DJK Bayern und TSV Johannis 83 (alle Nürnberg), 81 BL-Spiele, 27 Tore, 2 U 21
Kögl, Ludwig, geb. 7. 3. 1966, 1,70 m, 65 kg, seit 1990 beim VfB, früher Bayern München, 1860 München, TSV Starnberg, FC Penzberg, 149 BL-Spiele, 8 Tore, 2 A, 16 U 21
Rasmussen, Peter, geb. 16. 5. 1967, 1,80 m, 72 kg, seit 1989 beim VfB, früher Aalborg BK, 13 BL-Spiele, 1 Tor, 1 A für Dänemark
Schmäler, Olaf, geb. 10. 11. 1969, 1,87 m, 81 kg, seit 1988 beim VfB, früher Eintracht und Victoria Braunschweig, 24 BL-Spiele, 5 Tore
Sverrisson, Eyjölfur (Amateur), geb. 3. 8. 1968, 1,86 m, 77 kg, seit 1990 beim VfB, früher UMF Tindastoll/Island, 3 BL-Spiele, 1 Tor
Walter, Fritz, geb. 21. 7. 1960, 1,72 m, 68 kg, seit 1987 beim VfB, früher SV Waldhof Mannheim, FV Weinheim, SG Hohensachsen, 226 BL-Spiele, 97 Tore, 8 OA

SV Werder Bremen

Gegründet: 1. Februar 1899. Anschrift: Weserstadion, 2800 Bremen 1, Telefon: (0421) 498106.

Deutscher Meister: 1965, 1988. – Deutscher Pokalsieger: 1961. – Deutscher Superpokalsieger: 1988. – Deutscher Amateurmeister: 1966, 1985.

Präsident: Dr. Franz Böhmert; Vizepräsident: Klaus-Dieter Fischer (Amateurabteilungen); 3. Präsident: Manfred Müller (Finanzen); Bundesliga-Manager: Willi Lemke; Geschäftsführer: Wolfgang Barkhausen; Vereinsarzt: Dr. Karl Meschede; Masseur: Holger Berger.

Vereinsfarben: Grün-Weiß. – Spielkleidung: grüne Hose, weißes Hemd, grün-weiße Stutzen. Auswechseltrikot: ganz in Grün oder ganz in Weiß.

Mitglieder: 2420. – Sportarten: Fußball, Handball, Leichtathletik, Tischtennis, Gymnastik, Turnspiele, Schach.

Trainer: Otto Rehhagel, geb. 9. 8. 1938. – Co-Trainer: Karl-Heinz Kamp

Stadion: Weserstadion, 40000 Plätze, davon 21400 überdachte Sitzplätze, 18600 Stehplätze, davon 8000 überdacht.

TORHÜTER

Reck, Oliver, geb. 27. 2. 1965, 1,92 m, 81 kg, seit 1985 bei Werder, früher Kickers Offenbach, SG Harheim, FSV Frankfurt, 112 BL-Spiele, 12 U 21
Rollmann, Jürgen, geb. 19. 10. 1966, 1,89 m, 85 kg, seit 1988 bei Werder, früher FSV Frankfurt, 1860 München, Kickers Offenbach, FC Lorbach, 2 BL-Spiele

ABWEHR

Bockenfeld, Manfred, geb. 23. 7. 1960, 1,84 m, 70 kg, seit 1989 bei Werder, früher SV Waldhof Mannheim, Fortuna Düsseldorf, 1. FC Bocholt, FC Südlohn-Oeding, 272 BL-Spiele, 34 Tore, 1 A, 11 OA
Borowka, Ulrich, geb. 19. 5. 1962, 1,77 m, 74 kg, seit 1987 bei Werder, früher Borussia M'gladbach, DSC Wanne-Eickel, SSC Kalthof, FC Oese, 236 BL-Spiele, 15 Tore, 6 A, 9 OA, 2 U 21
Bratseth, Rune, geb. 19. 3. 1961, 1,93 m, 85 kg, seit 1986 bei Werder, früher Rosenborg Trondheim, Nidelv, 109 BL-Spiele, 8 Tore, 27 A für Norwegen

Malchow, Alexander (Amateur), geb. 11. 9. 1969, 1,87 m, 84 kg, seit 1977 bei Werder, eigene Jugend

Otten, Jonny, geb. 31. 1. 1961, 1,80 m, 73 kg, seit 1979 bei Werder, früher SV Hagen, 289 BL-Spiele, 1 Tor, 6 A, 1 B, 16 U 21, 1 Am, 1 OA

Sauer, Gunnar, geb. 11. 6. 1964, 1,80 m, 76 kg, seit 1979 bei Werder, früher SV Cuxhaven, 97 BL-Spiele, 9 Tore, 4 U 21, 2 OA

Schaaf, Thomas, geb. 30. 4. 1961, 1,76 m, 74 kg, seit 1972 bei Werder, früher BBV Union Bremen, 214 BL-Spiele, 13 Tore, 2 U 21

MITTELFELD

Eilts, Dieter, geb. 13. 12. 1964, 1,78 m, 71 kg, seit 1984 bei Werder, früher SV Hage, 47 BL-Spiele, 1 Tor

Freund, Oliver, geb. 5. 4. 1970, 1,90 m, 84 kg, seit 1987 bei Werder, früher FV Lörrach

Harttgen, Uwe, geb. 6. 7. 1964, 1,87 m, 73 kg, seit 1987 bei Werder, früher FC Mahndorf, OT Bremen, 13 BL-Spiele, 5 Tore

Hermann, Günter, geb. 5. 12. 1960, 1,69 m, 66 kg, seit 1980 bei Werder, früher TSV Rehburg-Loccum, SC Stadthagen, RSV Rehburg, 173 BL-Spiele, 6 Tore, 2 A

Votava, Mirko, geb. 25. 4. 1956, 1,81 m, 76 kg, seit 1985 bei Werder, früher AC Madrid, Borussia Dortmund, VfL Witten, Dukla Prag, 350 BL-Spiele, 35 Tore, 5 A, 5 B

Wiedener, André (Amateur), geb. 14. 3. 1970, 1,75 m, 70 kg, seit 1987 bei Werder, früher SV Velpke, TSV Bahrdorf

Wolter, Thomas, geb. 4. 10. 1963, 1,80 m, 76 kg, seit 1984 bei Werder, früher HEBC Hamburg, 131 BL-Spiele, 8 Tore

ANGRIFF

Allofs, Klaus, geb. 5. 12. 1956, 1,74 m, 68 kg, seit 1990 bei Werder, früher Girondins Bordeaux, Olympique Marseille, 1. FC Köln, Fortuna Düsseldorf, TuS Gerresheim, 346 BL-Spiele, 159 Tore, 47 A

Bester, Marinus (Amateur), geb. 16. 1. 1969, 1,91 m, 80 kg, seit 1990 bei Werder, früher FC Süderelbe Hamburg, TSV Hittfeld

Bode, Marco (Amateur), geb. 23. 7. 1969, 1,90 m, 83 kg, seit 1988 bei Werder, früher VfR Osterode, 20 BL-Spiele, 4 Tore, 4 U 21

van Lent, Ari (Amateur), geb. 31. 8. 1970, 1,87 m, 71 kg, seit 1989 bei Werder, früher Sparta Opheusten/Holl.

Neubarth, Frank, geb. 29. 7. 1962, 1,93 m, 84 kg, seit 1982 bei Werder, früher Concordia Hamburg, 185 BL-Spiele, 77 Tore, 1 A, 4 U 21, 1 OA

Rufer, Wynton, geb. 29. 12. 1962, 1,81 m, 81 kg, seit 1989 bei Werder, früher Grasshoppers Zürich, FC Aarau, FC Zürich, Miramar Rangers, Wellington Diamond, 34 BL-Spiele, 10 Tore, 30 A für Neuseeland

1. FC Nürnberg

Gegründet: 4. Mai 1900. – Anschrift: Valznerweiherstraße 200, 8500 Nürnberg 30, Telefon (0911) 404045/46/47.

Deutscher Meister: 1920, 1921, 1924, 1925, 1927, 1936, 1948, 1961, 1968. – Deutscher Pokalsieger: 1935, 1939, 1962.

Präsident: Gerd Schmelzer; Vizepräsident: Sven Oberhof; Schatzmeister: Prof. Dr. Dr. Ingo Böbel; Leiter der Lizenzspielerabteilung: Hans-Willi Mausser; Geschäftsführer: Manfred Räntsch; Vereinsarzt: Dr. Klaus Haage; Masseure: Hannspeter Meyer, Peter Kuhnt, Gerhard Happ.

Vereinsfarben: Rot-Weiß. – Spielkleidung: ganz in Weiß oder ganz in Rot.

Mitglieder: 6700. – Sportarten: Fußball, Handball, Leichtathletik, Hockey, Schwimmen, Boxen, Tennis, Roll- und Eislauf, Wintersport.

Trainer: Arie Haan, geb. 16. 11. 1948. – Co-Trainer: Dieter Renner, Dieter Lieberwirth.

Stadion: Frankenstadion, z. Zt. 45570 Plätze (alle überdacht), davon 24422 Sitzplätze, Haupttribüne im Bau.

TORHÜTER

Köpke, Andreas, geb. 12. 3. 1962, 1,82 m, 82 kg, seit 1986 beim 1. FCN, früher Hertha BSC, SC Charlottenburg, Holstein Kiel, 130 BL-Spiele, 1 A, 8 OA

Kowarz, Kurt, geb. 12. 4. 1958, 1,80 m, 73 kg, seit 1988 beim 1. FCN, früher RW Oberhausen, Viktoria Aschaffenburg, VfR Bürstadt, Germania Ulmbach, SG Bad Soden, 4 BL-Spiele

ABWEHR

Bayerschmidt, Uli, geb. 3. 3. 1967, 1,83 m, 75 kg, seit 1989 beim 1. FCN, früher Bayern München, 31 BL-Spiele, 1 Tor

Dittwar, Jörg, geb. 1. 8. 1963, 1,81 m, 70 kg, seit 1987 beim 1. FCN, früher SpVgg. Bayreuth, TSV Stadtsteinach, 79 BL-Spiele, 4 Tore

Heidenreich, Hans-Jürgen, geb. 17. 8. 1967, 1,77 m, 70 kg, seit 1990 beim 1. FCN, früher Hessen Kassel, 1. FC Nürnberg, FC Thüngfeld, 18 BL-Spiele, 3 U 21

Kasalo, Vlado, geb. 11. 11. 1962, 1,88 m, 81 kg, seit 1989 beim 1. FCN, früher Dinamo Zagreb, FC Osijek, 5 BL-Spiele, 1 Tor, 15 A für Jugoslawien

Metschies, Ulf, geb. 22. 9. 1963, 1,78 m, 70 kg, seit 1988 beim 1. FCN, früher VfL und Spielverein 16 Osnabrück, 47 BL-Spiele, 3 Tore, 2 U 21

Oswald, Dieter (Amateur), geb. 23. 8. 1970, 1,70 m, 65 kg, seit 1988 beim 1. FCN, früher FV Ebingen

Philipkowski, Joachim, geb. 26. 2. 1962, 1,84 m, 75 kg, seit 1985 beim 1. FCN, früher FC St. Pauli und BU Hamburg, 139 BL-Spiele, 13 Tore

Wolf, Uwe, geb. 10. 8. 1967, 1,83 m, 76 kg, seit 1989 beim 1. FCN, früher SV Edenkoben, SV Waldhof Mannheim, 3 BL-Spiele

MITTELFELD

Brunner, Thomas, geb. 10. 8. 1962, 1,80 m, 81 kg, seit 1978 beim 1. FCN, früher ASV Cham, TSV Blaibach, 225 BL-Spiele, 12 Tore, 9 U 21

Drews, Günter, geb. 9. 7. 1967, 1,76 m, 70 kg, seit 1989 beim 1. FCN, früher Hannover 96, Bayer Leverkusen, BFC Preußen Berlin, SC Mariendorf, 100 BL-Spiele, 10 Tore, 6 U 21

Dusend, Ralf, geb. 28. 9. 1959, 1,78 m, 72 kg, seit 1987 beim 1. FCN, früher Fortuna Düsseldorf, Borussia M'gladbach, VfR Kleinenbroich, 309 BL-Spiele, 42 Tore, 1 Am, 6 U 21

Hausmann, Christian, geb. 21. 11. 1963, 1,78 m, 66 kg, seit 1989 beim 1. FCN, früher Bayer Leverkusen, Reinickendorfer Füchse, Blau-Weiß 90, Meteor 06, FC Alt-Holland (alle Berlin), 92 BL-Spiele, 4 Tore, 1 OA

Kurz, Marco, geb. 16. 5. 1969, 1,85 m, 77 kg, seit 1990 beim 1. FCN, früher VfB Stuttgart, VfL Sindelfingen, SV Sillenbruch, 1 BL-Spiel

Oechler, Marc (Amateur), geb. 11. 2. 1968, 1,80 m, 70 kg, seit 1973 beim 1. FCN, eigene Jugend, 18 BL-Spiele, 2 Tore

Schöll, Andreas, geb. 12. 11. 1969, 1,80 m, 76 kg, seit 1990 beim 1. FCN, früher Spvgg. Fürth, TSV Johannis 83 Nürnberg

Wagner, Martin, geb. 14. 6. 1963, 1,74 m, 70 kg, seit 1988 beim 1. FCN, früher FV Offenburg, FV Kehl, 37 BL-Spiele, 8 Tore, 2 U 21

Weidemann, Uwe, geb. 14. 6. 1963, 1,76 m, 72 kg, seit 1990 beim 1. FCN, früher RW Erfurt, Lok. Leipzig, BSG Traktor Weißensee, 10 A für DDR

ANGRIFF

Kajtaz, Sead, geb. 14. 2. 1963, 1,85 m, 77 kg, seit 1990 beim 1. FCN, früher Velez Mostar, 1 A für Jugoslawien

Klein, Thomas, geb. 23. 4. 1965, 1,78 m, 70 kg, seit 1989 beim 1. FCN, früher SV Edenkoben, TuS Niederkirchen, VfL Neustadt, FK Clausen, 1. FC Kaiserslautern, 11 BL-Spiele, 1 Tor

Türr, Frank, geb. 16. 9. 1970, 1,74 m, 66 kg, seit 1984 beim 1. FCN, früher FC Stein, 34 BL-Spiele, 7 Tore, 2 OA

Wirsching, Rainer, geb. 18. 1. 1963, 1,81 m, 70 kg, seit 1989 beim 1. FCN, früher FC Schweinfurt 05, SV Stammheim, 46 BL-Spiele, 13 Tore

Wück, Christian (Amateur), geb. 9. 6. 1973, 1,80 m, 72 kg, seit 1989 beim 1. FCN, früher FC Schweinfurt 05, DJK Gärnheim

Fortuna Düsseldorf

Gegründet: 6. Mai 1895. – Anschrift: Flinger Broich 87, 4000 Düsseldorf 1, Telefon (0211) 233059.

Deutscher Meister: 1933. – Deutscher Pokalsieger: 1979, 1980. – Deutscher Amateurmeister: 1977.

Präsident: Peter Förster; Vizepräsident: Werner Faßbender; Schatzmeister: Walter Horn; Geschäftsführer: Paul Jäger; Sportlicher Direktor: Karl-Heinz Thielen; Vereinsarzt: Dr. Jürgen Beßer; Masseur: Bernd Restle.

Vereinsfarben: Rot-Weiß. – Spielkleidung: Ganz in Rot oder ganz in Weiß.

Mitglieder: 1500. – Sportarten: Fußball, Handball.

Trainer: Aleksander Ristic, geb. 28. 6. 1944. – Co-Trainer: Bernd Klotz

Stadion: Rheinstadion, 68400 Plätze, davon 32803 Sitzplätze (29956 überdacht) und 6900 überdachte Stehplätze.

TORHÜTER

Schmadtke, Jörg, geb. 16. 3. 1964, 1,82 m, 72 kg, seit 1972 bei Fortuna, eigene Jugend, 70 BL-Spiele

Wittmann, Jürgen, geb. 14. 8. 1966, 1,90 m, 88 kg, seit 1989 bei Fortuna, früher MTV Ingolstadt, 1. FC Nürnberg, TSV Neustadt, 3 BL-Spiele

ABWEHR

Hutwelker, Karsten, geb. 27. 8. 1971, 1,85 m, 80 kg, seit 1988 bei Fortuna, früher ASV Wuppertal

Loose, Ralph, geb. 5. 1. 1963, 1,88 m, 79 kg, seit 1987 bei Fortuna, früher RW Oberhausen, Borussia Dortmund, SC Dorstfeld, 153 BL-Spiele, 11 Tore, 6 U 21

Spanring, Martin, geb. 14. 10. 1969, 1,80 m, 76 kg, seit 1989 bei Fortuna, früher 1860 München, 8 BL-Spiele, 1 Tor, 2 OA

Werner, Karl, geb. 21. 7. 1966, 1,87 m, 80 kg, seit 1988 bei Fortuna, früher VfL Frohnlach, ASV Herzogenaurach, 1. FC Nürnberg, BSC Erlangen, 31 BL-Spiele, 1 Tor

Wojtowicz, Rudolf, geb. 9. 6. 1956, 1,80 m, 77 kg, seit 1986 bei Fortuna, früher Bayer Leverkusen, Szombierki Beuthen, 126 BL-Spiele, 2 Tore, 6 A für Polen

MITTELFELD

Albertz, Jörg, geb. 29. 1. 1971, 1,92 m, 84 kg, seit 1990 bei Fortuna, früher Borussia und PSV Mönchengladbach

Baffoe, Anthony, geb. 25. 5. 1965, 1,89 m, 86 kg, seit 1989 bei Fortuna, früher Fortuna und 1. FC Köln, Kickers Stuttgart, RW Oberhausen, FV Godesberg, 28 BL-Spiele, 2 Tore

Büskens, Michael, geb. 19. 3. 1968, 1,84 m, 72 kg, seit 1988 bei Fortuna, früher VfL Benrath, Fortuna und Alemannia 08 Düsseldorf, 32 BL-Spiele, 2 Tore

Carracedo, Marcello, geb. 16. 4. 1970, 1,65 m, 68 kg, seit 1989 bei Fortuna, früher Atlanta Buenos Aires, 6 BL-Spiele

Hey, Antoine, geb. 19. 9. 1970, 1,80 m, 72 kg, seit 1986 bei Fortuna, früher Grasshoppers Zürich, Sportfreunde Glückauf Grefrath, VfB und Hilden 05/06, 1 BL-Spiel

Kaiser, Andreas, geb. 4. 5. 1964, 1,76 m, 73 kg, seit 1981 bei Fortuna, früher BV 04 Düsseldorf, 1. FC Monheim, 89 BL-Spiele, 7 Tore

Krümpelmann, Dirk, geb. 22. 8. 1966, 1,77 m, 70 kg, seit 1982 bei Fortuna, früher SC Düsseldorf-West, 54 BL-Spiele, 6 Tore

Schütz, Michael, geb. 12. 12. 1966, 1,74 m, 74 kg, seit 1984 bei Fortuna, früher Düsseldorfer SC 99, 30 BL-Spiele, 6 Tore

Walz, Richard, geb. 24. 8. 1967, 1,75 m, 67 kg, seit 1988 bei Fortuna, früher Eintracht Frankfurt, 23 BL-Spiele, 2 Tore

ANGRIFF

Allofs, Thomas, geb. 17. 11. 1959, 1,72 m, 70 kg, seit 1990 bei Fortuna, früher Racing Straßburg, 1. FC Köln, 1. FC Kaiserslautern, Fortuna Düsseldorf, TuS Gerresheim, 318 BL-Spiele, 127 Tore, 2 A, 4 B, 1 Am, 1 OA, 17 U 21

Anderson, Jörn, geb. 3. 2. 1963, 1,85 m, 80 kg, seit 1990 bei Fortuna, früher Eintracht Frankfurt, 1. FC Nürnberg, Valerengen Oslo, Fredrikstad FK, Östsiden IL, 132 BL-Spiele, 48 Tore, 24 A für Norwegen

Demandt, Sven, geb. 13. 2. 1965, 1,86 m, 78 kg, seit 1990 bei Fortuna, früher Bayer Leverkusen, Fortuna Düsseldorf, TuS Höhenhaus, 100 BL-Spiele, 20 Tore

Eversbach, Oliver, geb. 10. 7. 1969, 1,80 m, 72 kg, seit 1990 bei Fortuna, früher SC 09 Erkelenz, SV Rothenburg/Wümme, TSV Weißenburg, VSC Donauwörth

Gensch, Oliver, geb. 17. 2. 1969, 1,81 m, 74 kg, seit 1990 bei Fortuna, früher Spvgg. Unterhaching, Fortuna Düsseldorf, Bayern München, SV Gmund-Dürnbach
Klotz, Bernd, geb. 8. 9. 1958, 1,83 m, 74 kg, seit 1988 bei Fortuna, früher SV Waldhof Mannheim, Borussia Dortmund, VfB Stuttgart, FC Dürrn, 245 BL-Spiele, 53 Tore, 2 B, 5 OA, 8 U 21
Schuberth, Jörg, geb. 25. 1. 1968, 1,90 m, 84 kg, seit 1990 bei Fortuna, früher FSV Naila, VfB Helmbrechts, FC Bayern Hof

Karlsruher Sport-Club

Gegründet: 1. November 1894. Anschrift: Adenauerring 17, 7500 Karlsruhe 1, Telefon (0721) 60107-08.

Deutscher Meister: 1909 (als Phönix Karlsruhe). – Deutscher Pokalsieger: 1955, 1956.

Präsident: Roland Schmider; Vizepräsident und Schatzmeister: Fritz Becherer; Leiter der Amateurabteilung: Hans Peter Justl; Manager: Carl-Heinz Rühl; Vereinsarzt: Dr. Heinz-Walter Löhr; Masseur: Günther Kroth.

Vereinsfarben: Blau-Weiß. – Spielkleidung: Ganz in Weiß oder Blau.

Mitglieder: 3000. – Sportarten: Boxen, Fußball, Hockey, Leichtathletik, Schach, 2. Weg.

Trainer: Winfried Schäfer, geb. 10. 1. 1950. – Co-Trainer: Rainer Ulrich.

Stadion: Wildpark-Stadion, 44500 Plätze, davon alle 8300 Sitzplätze und 6000 Stehplätze überdacht.

TORHÜTER

Famulla, Alexander, geb. 20. 9. 1960, 1,90 m, 80 kg, seit 1986 beim KSC, früher SG Kirchheim, Gornik Zabrze, 98 BL-Spiele
Kahn, Oliver (Amateur), geb. 15. 6. 1969, 1,87 m, 80 kg, seit 1976 beim KSC, eigene Jugend, 4 BL-Spiele

ABWEHR

Bany, Ralph, geb. 1. 9. 1964, 1,85 m, 77 kg, seit 1989 beim KSC, früher 1. FC Pforzheim, VfL Kirchheim, Kickers und SV Stuttgart-Rot, 26 BL-Spiele
Bogdan, Srecko, geb. 5. 1. 1957, 1,83 m, 80 kg, seit 1985 beim KSC, früher Dinamo Zagreb, MTC Cakovec, Mursko Sredisce, 93 BL-Spiele, 5 Tore, 15 A für Jugoslawien
Kreuzer, Oliver, geb. 13. 11. 1965, 1,80 m, 60 kg, seit 1984 beim KSC, früher Spvgg. 05 Ketsch, 100 BL-Spiele, 6 Tore, 7 U 21
Lust, Matthias, geb. 27. 4. 1970, 1,88 m, 76 kg, seit 1990 beim KSC, früher Spvgg. Ludwigsburg, Kickers Stuttgart
Metz, Gunter, geb. 8. 8. 1967, 1,74 m, 72 kg, seit 1987 beim KSC, früher 1. FC Kaiserslautern, SC Hangen-Weisheim, 95 BL-Spiele, 12 U 21
Süss, Thomas, geb. 8. 4. 1962, 1,84 m, 84 kg, seit 1987 beim KSC, früher FC und Nordstern Basel, VfR Rheinfelden, 90 BL-Spiele, 6 Tore
Wittwer, Michael (Amateur), geb. 18. 2. 1967, 1,83 m, 78 kg, seit 1987 beim KSC, früher 1. FC Dietlingen, 3 BL-Spiele

MITTELFELD

Harforth, Michael, geb. 9. 2. 1959, 1,74 m, 72 kg, seit 1983 beim KSC, früher SV Wiesbaden, Freiburger FC, Karlsruher SC, 128 BL-Spiele, 12 Tore
Kastner, Frank, geb. 29. 11. 1969, 1,79 m, 74 kg, seit 1987 beim KSC, früher FC Olympia Kirrlach, 1. FC Kaiserslautern, 30 BL-Spiele, 1 Tor, 2 OA
Merx, Michael (Amateur), geb. 16. 4. 1971, 1,80 m, 73 kg, seit 1988 beim KSC, früher Karlsruher FV und KSC, FV Daxlanden, FC Leimersheim
Schmidt, Lars, geb. 13. 9. 1965, 1,75 m, 71 kg, seit 1985 beim KSC, früher Spvgg. Bad Homburg, Kickers Offenbach, Gemaa Tempelsee, SG Rosenhöhe, 76 BL-Spiele, 1 Tor, 1 U 21
Scholl, Mehmet (Amateur), geb. 16. 10. 1970, 1,75 m, 68 kg, seit 1984 beim KSC, früher SV Nordwest Karlsruhe, 3 BL-Spiele, 1 Tor
Schütterle, Rainer, geb. 21. 3. 1966, 1,80 m, 79 kg, seit 1989 beim KSC, früher VfB Stuttgart, KSC, FV Kehl, 90 BL-Spiele, 11 Tore, 3 U 21

Trapp, Wolfgang, geb. 1. 8. 1957, 1,80 m, 80 kg, seit 1985 beim KSC, früher Union Solingen, Kickers Offenbach, Eintracht Frankfurt, Germania Oberkriftel, 185 BL-Spiele, 12 Tore, 1 Am
Westerbeek, Oliver, geb. 8. 2. 1966, 1,83 m, 77 kg, seit 1990 beim KSC, früher FC Homburg, VfL Bochum, SSG Berg. Gladbach, TuS Höhenhaus, 51 BL-Spiele, 6 Tore

ANGRIFF

Carl, Eberhard, geb. 13. 5. 1965, 1,81 m, 75 kg, seit 1989 beim KSC, früher 1. FC Pforzheim, Spvgg. Böblingen, SV Gündringen, 16 BL-Spiele, 4 Tore
da Silva, Geovani, geb. 6. 4. 1964, 1,70 m, 70 kg, seit 1990 beim KSC, früher FC Bologna, Vasco da Gama Rio, 35 A für Brasilien
Glesius, Arno, geb. 22. 9. 1965, 1,76 m, 80 kg, seit 1986 beim KSC, früher FV Bad Honnef, Spfrde. Eisbachtal, TuS Mayen, TuS Koblenz, SSV Oberfall, 62 BL-Spiele, 14 Tore
Hermann, Helmut, geb. 16. 12. 1966, 1,79 m, 79 kg, seit 1984 beim KSC, früher Karlsruher FV, 88 BL-Spiele, 17 Tore
Mees, Stefan (Amateur), geb. 10. 7. 1969, 1,75 m, 66 kg, seit 1990 beim KSC, früher Jahn Zeiskam
Reichert, Peter, geb. 4. 8. 1961, 1,82 m, 73 kg, seit 1990 beim KSC, früher FC Toulouse, Racing Straßburg, VfB Stuttgart, SV Oberderdingen, 139 BL-Spiele, 42 Tore, 15 U 21
Simmes, Daniel, geb. 12. 8. 1966, 1,82 m, 79 kg, seit 1988 beim KSC, früher Borussia Dortmund, DJK Karlsglück Dorstfeld, 161 BL-Spiele, 18 Tore, 3 U 21
Streichsbier, Guido (Amateur), geb. 21. 10. 1969, 1,84 m, 76 kg, seit 1985 beim KSC, früher SV Blankenloch

Hamburger Sport-Verein

Gegründet: 29. September 1887. Anschrift: Rothenbaumchaussee 125, 2000 Hamburg 13, Telefon: (040) 4155-0, Telefax (040) 4155109

Deutscher Meister: 1922 (verzichtet), 1923, 1928, 1960, 1979, 1982, 1983. – Deutscher Pokalsieger: 1963, 1976, 1987. – Deutscher Ligapokalgewinner: 1973. – Europapokalsieger 1977 (Pokal), 1983 (Landesmeister).

Präsident (kommissarisch): Horst Becker; Schatzmeister: Ernst-Otto Rieckhoff; Organisationschef: Hartmut Diekhoff; Marketingchef: Jens Petersen; Kaufmännische Leiterin: Renate Nietfeld; Stadion-Organisation: Uwe Rainer Krause; Vereinsärzte: Dr. Ulrich Mann, Dr. Gerold Schwartz; Physiotherapeut: Hermann Rieger.

Vereinsfarben: Blau-Weiß-Schwarz. – Spielkleidung: weißes Hemd, rote Hose, blaue Stutzen.

Mitglieder: 5000. – Sportarten: Fußball, Badminton, Basketball, Bowling, Gymnastik, Handball, Hockey, Kinderturnen, Leichtathletik, Rehabilitations-Gymnastik, Rugby, Schwimmen, Tennis, Tischtennis, Tanzen, Volleyball.

Trainer: Gerd Volker Schock, geb. 8. 4. 1950. – Co-Trainer: Benno Möhlmann.

Stadion: Volksparkstadion, 61153 Plätze, davon 28363 Sitzplätze, hiervon 17614 überdacht, 32800 Stehplätze.

TORHÜTER

Bahr, Nils (Amateur), geb. 16. 12. 1969, 1,86 m, 75 kg, seit 1988 beim HSV, früher SV Siebeneichen
Golz, Richard, geb. 5. 6. 1968, 1,98 m, 95 kg, seit 1986 beim HSV, früher SC Tegel, Wacker 04 Berlin, 61 BL-Spiele, 6 U 21

ABWEHR

Ballwanz, Holger, geb. 7. 9. 1967, 1,88 m, 80 kg, seit 1987 beim HSV, früher Spvgg. Mölln, 21 BL-Spiele, 3 Tore
Beiersdorfer, Dietmar, geb. 16. 11. 1963, 1,87 m, 80 kg, seit 1986 beim HSV, früher Spvgg. Fürth, FC Bamberg, ASV Herzogenaurach, TSV Altenberg, TSC Cadolzburg, 107 BL-Spiele, 7 Tore, 1 U 21
Bode, Jörg, geb. 22. 8. 1969, 1,76 m, 72 kg, seit 1989 beim HSV, früher Arminia Bielefeld, VfL Osnabrück, TuRa Melle, 18 BL-Spiele, 1 Tor, 1 OA

Jakobs, Ditmar, geb. 28. 8. 1953, 1,80 m, 80 kg, seit 1979 beim HSV, früher MSV Duisburg, TB Berlin, RW Oberhausen, Arminia Lirich, 493 BL-Spiele, 45 Tore, 20 A, 5 B

Kober, Carsten, geb. 11. 10. 1967, 1,83 m, 72 kg, seit 1986 beim HSV, früher VfB Lübeck, VfL Bad Schwartau, 68 BL-Spiele, 1 Tor, 7 U 21

Kohn, Thorsten (Amateur), geb. 26. 6. 1966, 1,83 m, 78 kg, seit 1988 beim HSV, früher Spandauer BC, SC Tegel, VfB Hermsdorf, 1 BL-Spiel

Rohde, Frank, geb. 2. 3. 1960, 1,82 m, 80 kg, seit 1990 beim HSV, früher FC Berlin, SG Dynamo Rostock, 42 A für DDR

Stratos, Thomas, geb. 9. 10. 1966, 1,81 m, 73 kg, seit 1990 beim HSV, früher Arminia Bielefeld, FC Gütersloh, SuS Lage, SC Bad Salzuflen

MITTELFELD

Dammeier, Detlev, geb. 18. 10. 1968, 1,81 m, 74 kg, seit 1989 beim HSV, früher Hannover 96, SV Nordsehl, 68 BL-Spiele, 4 Tore, 8 U 21

Eck, Armin, 8. 12. 1964, 1,73 m, 73 kg, seit 1989 beim HSV, früher Bayern München, Spvgg. Bayreuth, TSV 08 Kulmbach, 73 BL-Spiele, 6 Tore

Fincke, Andreas (Amateur), geb. 17. 9. 1968, 1,78 m, 75 kg, seit 1988 beim HSV, früher Werder Bremen, HSV, OSC Bremerhaven, FTG Bremerhaven

von Heesen, Thomas, geb. 1. 10. 1961, 1,78 m, 76 kg, seit 1980 beim HSV, früher FC Paderborn, VfL Höxter, DJK Albaxen, 253 BL-Spiele, 75 Tore, 6 U 21

Jusufi, Sascha, geb. 20. 1. 1963, 1,84 m, 77 kg, seit 1986 beim HSV, früher 1. FC Saarbrücken, Bayer Uerdingen, Schalke 04, 159 BL-Spiele, 19 Tore

Matysik, Waldemar, geb. 27. 9. 1961, 1,78 m, 75 kg, seit 1990 beim HSV, früher AJ Auxerre, Gornik Zabrze, Carbo Gleiwitz, LZS Standort, 41 A für Polen

Schröder, Michael, geb. 10. 11. 1959, 1,83 m, 80 kg, seit 1989 beim HSV, früher VfB Stuttgart, HSV, FC St. Pauli, TuS Berne, 188 BL-Spiele, 23 Tore, 7 U 21

Spörl, Harald, geb. 31. 10. 1966, 1,70 m, 70 kg, seit 1987 beim HSV, früher VfL Frohnlach, FC Bamberg, 74 BL-Spiele, 13 Tore

ANGRIFF

Bochert, Jens (Amateur), geb. 15. 12. 1964. 1,84 m, 82 kg, seit 1990 beim HSV, früher PSV Schwerin, 2 BL-Spiele

Doll, Thomas, geb. 9. 4. 1966, 1,76 m, 69 kg, seit 1990 beim HSV, früher FC Berlin, Hansa Rostock, Lokomotive Malchin, 29 A für DDR

Furtok, Jan, geb. 9. 3. 1963, 1,76 m, 70 kg, seit 1988 beim HSV, früher GKS und Gornik MK Kattowitz, 54 BL-Spiele, 19 Tore, 22 A für Polen

Koch, Michael, geb. 27. 9. 1969, 1,80 m, 75 kg, seit 1990 beim HSV, früher Altona 93, HSV, Komet und Spvgg. Blankenese

„Nando" Fernando Pereira Pinho, geb. 3. 7. 1966, 1,86 m, 82 kg, seit 1989 beim HSV, früher Flamengo Rio, FC Bangu, 11 BL-Spiele, 4 Tore

1. FC Kaiserslautern

Gegründet: 2. Juli 1900. Anschrift: Fritz-Walter-Stadion, Postfach 2427, 6750 Kaiserslautern, Telefon (0631) 12005-07.

Deutscher Meister: 1951, 1953. – Deutscher Pokalsieger: 1990

Präsident: Norbert Thines; Vizepräsident und Leiter der Lizenzspielerabteilung: Rainer Geye; Schatzmeister: Günter Klingkowski; Geschäftsführer: Klaus Fuchs; Vereinsärzte: Dr. Stefan Thaler, Dr. Wolfgang Franz; Leiter der Amateur-Fußballabteilung: Peter Glöckner; Masseure: Heinrich Loch, Heinz Bossert.

Vereinsfarben: Rot-Weiß. – Spielkleidung: rotes Hemd, rote Hose, rote Stutzen – weißes Hemd, weiße Hose, weiße Stutzen – weißes Hemd, rote Hose, rote Stutzen.

Mitglieder: 3500. – Sportarten: Fußball, Basketball, Boxen, Handball, Hockey, Leichtathletik.

Trainer: Karlheinz Feldkamp, geb. 2. 6. 1934. – Co-Trainer: Reiner Hollmann.

Stadion: Fritz-Walter-Stadion am Betzenberg, 38500 Plätze, davon alle 9643 Sitzplätze überdacht und bis auf 500 alle Stehplätze überdacht.

TORHÜTER

Ehrmann, Gerald, geb. 18. 2. 1959, 1,84 m, 90 kg, seit 1984 beim 1. FCK, früher 1. FC Köln, TSV Tauberbischofsheim, 166 BL-Spiele
Serr, Michael, geb. 14. 7. 1962, 1,83 m, 72 kg, seit 1985 beim 1. FCK, früher ASV Landau, Phönix Bellheim, 36 BL-Spiele

ABWEHR

Friedmann, Kay, geb. 15. 5. 1963, 1,86 m, 85 kg, seit 1986 beim 1. FCK, früher FC Homburg, Südwest Ludwigshafen, SV Meckenheim, 84 BL-Spiele, 4 Tore
Kadlec, Miroslav, geb. 22. 6. 1964, 1,86 m, 79 kg, seit 1990 beim 1. FCK, früher TJ Vitkovice, 25 A für CSFR
Kranz, Markus, geb. 4. 8. 1969, 1,74 m, 70 kg, seit 1986 beim 1. FCK, früher FSV Schifferstadt, 8 BL-Spiele
Lutz, Riger, geb. 15. 7. 1964, 1,82 m, 72 kg, seit 1987 beim 1. FCK, früher FK Clausen, SV Linden, 7 BL-Spiele
Stadler, Jochim, geb. 15. 1. 1970, 1,91 m, 89 kg, seit 1989 beim 1. FCK, früher SV Schwetzingen, FV Mosbach, SV Waldhof Mannheim, VfB Breitenbronn, 7 BL-Spiele, 2 OA
Stumpf, Reinhard, geb. 26. 11. 1961, 1,90 m, 85 kg, seit 1989 beim 1. FCK, früher Kickers Offenbach, Karlsruher SC, SpVgg. Dietersheim, 28 BL-Spiele
Haber, Marco, geb. 21. 9. 1971, 1,82 m, 75 kg, seit 1985 beim 1. FCK, früher VfR Frankenthal, TV Kindesheim, 3 BL-Spiele
Hajradinovic, Elvis, geb. 1. 1. 1972, 1,86 m, 76 kg, seit 1990 beim 1. FCK, früher Vardar Skoplje

MITTELFELD

Dooley, Thomas, geb. 12. 5. 1961, 1,83 m, 73 kg, seit 1983 beim 1. FCK, früher FC Homburg, FK Pirmasens, TuS Landstuhl, TuS Bechhofen, 94 BL-Spiele, 6 Tore
Ernst, Rainer, geb. 31. 12. 1961, 1,86 m, 81 kg, seit 1990 beim 1. FCK, früher FC Berlin, Dynamo Neustrelitz, 56 A für DDR
Goldbaek, Bjarne, geb. 6. 10. 1968, 1,76 m, 75 kg, seit 1989 beim 1. FCK, früher Schalke 04, Naestved IF, 25 BL-Spiele, 3 Tore
Hoffmann, Guido, geb. 20. 12. 1965, 1,79 m, 75 kg, seit 1990 beim 1. FCK, früher FC Homburg, Borussia M'gladbach, TuS Höhenhaus, TuS Lindlar, 35 BL-Spiele
Lelle, Frank, geb. 4. 2. 1965, 1,78 m, 75 kg, seit 1985 beim 1. FCK, früher SV Rodalben, FK Pirmasens, 51 BL-Spiele, 4 Tore
Renner, Thomas, geb. 17. 3. 1967, 1,84 m, 78 kg, seit 1990 beim 1. FCK, früher FC Augsburg, 1860 München, TSG Augsburg, SV Wulfertshausen
Richter, Thomas, geb. 29. 6. 1967, 1,84 m, 71 kg, seit 1990 beim 1. FCK, früher VfB Helmbrechts, ATS Hof-West
Roos, Axel, geb. 19. 8. 1964, 1,76 m, 70 kg, seit 1979 beim 1. FCK, früher TuS Thaleischweiler-Fröschen, 118 BL-Spiele, 14 Tore
Schupp, Markus, geb. 7. 1. 1966, 1,80 m, 75 kg, seit 1981 beim 1. FCK, früher SpVgg. Nahbollenbach, 153 BL-Spiele, 13 Tore, 7 U 21
Scherr, Uwe, geb. 16. 1. 1966, 1,79 m, 72 kg, seit 1989 beim 1. FCK, früher FC Augsburg, 1. FC Nürnberg, FC Amberg, SG Siemens Amberg, 22 BL-Spiele

ANGRIFF

Hotic, Demir, geb. 9. 7. 1962, 1,79 m, 74 kg, seit 1989 beim 1. FCK, früher VfB und Kickers Stuttgart, Union Solingen, Fortuna und PSV Borussia Düsseldorf, TuS Gerresheim, Sloboda Bosanski Novi, 48 BL-Spiele, 13 Tore
Kuntz, Stefan, geb. 30. 10. 1962, 1,80 m, 80 kg, seit 1989 beim 1. FCK, früher Bayer Uerdingen, VfL Bochum, Borussia Neunkirchen, 226 BL-Spiele, 88 Tore, 1 B, 4 U 21
Labbadia, Bruno, geb. 8. 2. 1966, 1,78 m, 74 kg, seit 1988 beim 1. FCK, früher Hamburger SV, Darmstadt 98, SV Weiterstadt, FSV Schneppenhausen, 86 BL-Spiele, 22 Tore, 6 U 21
Winkler, Bernhard, geb. 24. 6. 1966, 1,83 m, 77 kg, seit 1990 beim 1. FCK, früher Schweinfurt 05, SV Türk Gücü München, FC Eibelstadt, SV Heidingsfeld, Kickers Würzburg, SV Veitshöchheim

FC St. Pauli Hamburg

Gegründet: 15. Mai 1910. Anschrift: Auf dem Heiligengeistfeld, 2000 Hamburg 36, Telefon 040/ 3193313, Telefax: (040) 3191870.

Präsident: Heinz Weisener; Vizepräsidenten: Dr. Hans Apel und Christian Hinzpeter; Geschäftsführer: Manfred Campe; Fußball-Obmann: Hermann Klauck; Vereinsärzte: Dr. Peter Benckendorf und Dr. Jürgen Küchlin; Masseur: Ronald Wollmann.

Vereinsfarben: Braun-Weiß. – Spielkleidung: ganz in Weiß oder braunes Hemd und weiße Hose.

Mitglieder: 1600. – Sportarten: Fußball, Baseball, Bowling, Handball, Kegeln, Rugby, Schach, Tischtennis.

Trainer: Helmut Schulte, geb. 14. 9. 1957. – Co-Trainer: Sepp Eichkorn.

Stadion: Wilhelm-Koch-Stadion am Millerntor, 20551 Plätze, davon 4551 überdachte Sitzplätze.

TORHÜTER

Ippig, Volker, geb. 28. 1. 1963, 1,86 m, 78,5 kg, seit 1980 beim FC, früher TSV Lensahn, FC St. Pauli, 53 BL-Spiele

Thomforde, Klaus, geb. 1. 12. 1962, 1,91 m, 86,5 kg, seit 1983 beim FC, früher SC Bremervörde, 15 BL-Spiele

Wessel, Jan, geb. 24. 6. 1966, 1,87 m, 84 kg, seit 1990 beim FC, früher TuS Hoisdorf, VfB Lübeck, HSV, TSV Reinbek

ABWEHR

Duve, Jens, geb. 25. 9. 1962, 1,94 m, 90 kg, seit 1986 beim FC, früher HSV, Hummelsbüttler SV, Urania, Concordia Hamburg, GW und Viktoria Harburg, 53 BL-Spiele, 3 Tore

Kocian, Jan, geb. 13. 3. 1958, 1,90 m, 84,5 kg, seit 1988 beim FC, früher Dukla Banska Bystrica, 59 BL-Spiele, 3 Tore, 17 A für CSFR

Olck, Bernhard, geb. 23. 10. 1962, 1,80 m, 82 kg, seit 1987 beim FC, früher Alemannia Aachen, Spvgg. Andernach, 44 BL-Spiele, 1 Tor

Schlindwein, Dieter, geb. 7. 2. 1961, 1,85 m, 78 kg, seit 1989 beim FC, früher Eintracht Frankfurt, Werder Bremen, Waldhof Mannheim, FC Karlsdorf, 149 BL-Spiele, 6 Tore, 1 OA

Trulsen, André, geb. 28. 5. 1965, 1,91 m, 85 kg, seit 1986 beim FC, früher SV Lurup, HEBC Hamburg, Osdorfer Born, 65 BL-Spiele, 1 Tor

MITTELFELD

Dahms, Michael, geb. 22. 12. 1958, 1,79 m, 78,5 kg, seit 1981 beim FC, früher SV Lurup, HSV, VfB und Phönix Lübeck, 47 BL-Spiele, 2 Tore

Dammann, Dirk, geb. 14. 8. 1967, 1,91 m, 75 kg, seit 1990 beim FC, früher VfL Stade

Gronau, Jürgen, geb. 25. 8. 1962, 1,83 m, 81 kg, seit 1975 beim FC, eigene Jgd., 65 BL-Spiele, 5 Tore

Knäbel, Peter, geb. 2. 10. 1966, 1,77 m, 72,5 kg, seit 1988 beim FC, früher VfL Bochum, Borussia Dortmund, 91 BL-Spiele, 7 Tore

Ottens, Klaus, geb. 4. 1. 1966, 1,87 m, 80 kg, seit 1988 beim FC, früher VfL Herzlake, HSV, Quitt Ankum, 49 BL-Spiele, 5 Tore

Wolf, Frank, geb. 9. 5. 1968, 1,75 m, 67 kg, seit 1990 beim FC, früher VfB Kiel

Zander, Dirk, geb. 13. 5. 1965, 1,79 m, 81 kg, seit 1986 beim FC, früher Viktoria Wilhelmsburg/ Veddel, 56 BL-Spiele, 12 Tore

ANGRIFF

Golke, André, geb. 15. 8. 1964, 1,76 m, 78 kg, seit 1982 beim FC, früher Hamburger SV, 65 BL-Spiele, 19 Tore

Großkopf, Jörn, geb. 29. 8. 1966, 1,77 m, 73 kg, seit 1988 beim FC, früher HEBC Hamburg, 29 BL-Spiele, 2 Tore

Knoflicek, Ivo, geb. 23. 2. 1962, 1,78 m, 75 kg, seit 1989 beim FC, früher Slavia Prag, 12 BL-Spiele, 2 Tore, 33 A für CSFR

Manzi, Leonardo, geb. 28. 4. 1969, 1,87 m, 81 kg, seit 1989 beim FC, früher FC Santos, 13 BL-Spiele, 1 Tor

Steubing, Waldemar, geb. 30. 11. 1959, 1,86 m, 79 kg, seit 1988 beim FC, früher SSV Ulm 46, Arminia Bielefeld, Union Solingen, Wattenscheid 09, Bayer Uerdingen, VfR Mannheim, 75 BL-Spiele, 6 Tore, 1 Am, 2 U21

Bayer 05 Uerdingen

Gegründet: 17. November 1905. Anschrift: 4150 Krefeld 11, Postfach 110, Telefon (02151) 472808.

Deutscher Pokalsieger: 1985.

Vorsitzender: Manfred Klinkert; 2. Vorsitzende: Ulrich Krücker, Otto Pütz, Hans-Dietrich Lindner; Schatzmeister: Alfred Sypitzki; Geschäftsführer: Kuno Wack (Vorstandsmitglied); Manager: Felix Magath; Vereinsärzte: Dr. Gerd Fobbe, Dr. Thomas Pauly; Masseur: Matthias Eschler.

Vereinsfarben: Blau-Rot. – Spielkleidung: Blau-Rot.

Mitglieder: 3400. – Sportarten: Fußball, Handball, Tischtennis, Leichtathletik, Judo, Badminton, Behindertensport, Wandern, Coronarsport, Gymnastik, Triathlon.

Trainer: Horst Wohlers, geb. 6. 8. 1949. – Co-Trainer: Jürgen Strack. – Konditionstrainer: Erich Klamma.

Stadion: Grotenburg-Kampfbahn, 34500 Plätze, davon 10000 Sitzplätze und 4000 Stehplätze überdacht.

TORHÜTER

Asche, Andreas, geb. 1. 2. 1960, 1,88 m, 83 kg, seit 1990 bei Bayer, früher Göttingen 05, TuS Schloß Neuhaus, TuS Hessisch Oldendorf, RW Oberhausen, Borussia Dortmund, TSV Havelse

Dreher, Bernd, geb. 2. 11. 1966, 1,87 m, 83 kg, seit 1990 bei Bayer, früher Bayer Leverkusen, SV Schlebusch, 9 BL-Spiele

ABWEHR

Bayertz, Markus, geb. 29. 1. 1971, 1,86 m, 80 kg, seit 1984 bei Bayer, früher Viktoria 07 Anrath

Chmielewski, Thorsten, geb. 21. 1. 1968, 1,72 m, 69 kg, seit 1983 bei Bayer, früher MSV Duisburg, RW Oberhausen, VfB Speldorf, 60 BL-Spiele, 1 U 21

Fach, Holger, geb. 6. 9. 1962, 1,86 m, 72 kg, seit 1987 bei Bayer, früher Fortuna Düsseldorf, ASV, Bayer und Wuppertaler SV, 218 BL-Spiele, 41 Tore, 5 A, 7 OA

Funkel, Wolfgang, geb. 10. 8. 1958, 1,92 m, 86 kg, seit 1984 bei Bayer, früher RW Oberhausen, Viktoria Goch, VfR Neuss, 186 BL-Spiele, 27 Tore, 2 A, 17 OA, 7 U 21

Kempkens, Werner, geb. 3. 11. 1969, 1,85 m, 76 kg, seit 1983 bei Bayer, früher Preußen Krefeld, 16 BL-Spiele

Kleppinger, Gerhard, geb. 1. 3. 1958, 1,86 m, 76 kg, seit 1988 bei Bayer, früher Borussia Dortmund, Schalke 04, Karlsruher SC, Hannover 96, Darmstadt 98, SKG Oberramstadt, 254 BL-Spiele, 20 Tore, 8 OA, 1 U 21

Klinger, Dietmar, geb. 8. 1. 1958, 1,86 m, 83 kg, seit 1983 bei Bayer, früher Rot-Weiß und Schwarz-Weiß Essen, 183 BL-Spiele, 14 Tore

Titgens, Marco, geb. 2. 6. 1970, 1,87 m, 82 kg, seit 1979 bei Bayer, eigene Jugend

Zietsch, Rainer, geb. 21. 11. 1964, 1,83 m, 72 kg, seit 1989 bei Bayer, früher VfB Stuttgart, SV Sandhausen, TSV Nordstern Gauangelloch, 158 BL-Spiele, 7 Tore, 1 B, 4 U 21

MITTELFELD

Bartram, Jan, geb. 6. 3. 1962, 1,88 m, 86 kg, seit 1988 bei Bayer, früher Bröndby IF, Glasgow Rangers, Silkeborg IF, Aarhus GF, 52 BL-Spiele, 5 Tore, 26 A für Dänemark

Paßlack, Stephan, geb. 24. 8. 1970, 1,84 m, 77 kg, seit 1986 bei Bayer, früher VfB Homberg, AV Asberg, 11 BL-Spiele, 1 Tor

Rolff, Wolfgang, geb. 26. 12. 1959, 1,78 m, 74 kg, seit 1990 bei Bayer, früher Racing Straßburg, Bayer Leverkusen, HSV, Fortuna Köln, OSC Bremerhaven, TSV Lamstedt, 228 BL-Spiele, 33 Tore, 37 A, 20 U 21

Scholtysik, Darius, geb. 4. 8. 1966, 1,76 m, 70 kg, seit 1987 bei Bayer, früher SCE Hamm, Bayer Leverkusen, Gornik Zabrze, 24 BL-Spiele

Steffen, Horst, geb. 3. 3. 1969, 1,85 m, 77 kg, seit 1975 bei Bayer, eigene Jugend, 66 BL-Spiele, 7 Tore, 9 U 21

Vorholt, Eckhard, geb. 18. 10. 1967, 1,86 m, 82 kg, seit 1990 bei Bayer, früher SV Meppen, SV Holte

ANGRIFF

Grein, Oliver, geb. 3. 9. 1966, 1,84 m, 71 kg, seit 1990 bei Bayer, früher SuS Krefeld, SV Hüls, Preußen Krefeld

Klauß, Michael, geb. 15. 9. 1970, 1,82 m, 75 kg, seit 1986 bei Bayer, früher MSV Duisburg, Union Mülheim, 6 BL-Spiel, 2 OA
Reich, Siegfried, geb. 29. 9. 1959, 1,79 m, 74 kg, seit 1989 bei Bayer, früher Hannover 96, Arminia Bielefeld, Borussia Dortmund, Borussia M'gladbach, VfL und FC Wolfsburg, 171 BL-Spiele, 65 Tore
Witeczek, Marcel, geb. 18. 10. 1966, 1,75 m, 75 kg, seit 1985 bei Bayer, früher Rot-Weiß und Post SV Oberhausen, 111 BL-Spiele, 17 Tore, 9 U 21

Borussia Mönchengladbach

Gegründet: 1. August 1900. Anschrift: Bökelstraße 165, 4050 Mönchengladbach 1, Telefon (02161) 10031-34, Telex 8-52219.

Deutscher Meister: 1970, 1971, 1975, 1976, 1977. – Deutscher Pokalsieger: 1960, 1973. – UEFA-Pokalsieger: 1975, 1979. – Deutscher Supercupsieger: 1977.

1. Vorsitzender: Dr. Helmut Beyer; 2. Vorsitzender und Geschäftsführer: Helmut Grashoff; 3. Vorsitzender und Schatzmeister: Dieter Frantzen; Manager: Rolf Rüßmann; Trainer: Gerd vom Bruch; Vereinsarzt: Dr. Jürgen-Sellmann; Sportphysiotherapeuten: Wolfgang Stiels und Peter Linnertz.

Vereinsfarben: Grün Weiß Schwarz. Spielkleidung: weißes Hemd, weiße Hose, weiße Stutzen, alles grün-schwarz abgesetzt.

Mitglieder: 1000. – Sportarten: Fußball, Handball, Tischtennis.

Trainer: Gerd vom Bruch, geb. 19. 8. 1941. – Co-Trainer: Uli Sude und Karl-Heinz Drygalski.

Stadion: Stadion am Bökelberg, 34500 Plätze, davon 8722 überdachte Sitzplätze.

TORHÜTER

Brunn, Uwe, geb. 20. 11. 1967, 1,94 m, 95 kg, seit 1988 bei Borussia, früher 1. FC Köln, BFC Preußen und SSC Südwest Berlin; 3 U 21
Kamps, Uwe, geb. 12. 6. 1964, 1,80 m, 81 kg, seit 1982 bei Borussia, früher BV 04 Düsseldorf, SV Wersten 04, 148 BL-Spiele, 8 OA

ABWEHR

Becker, Olaf (Amateur), geb. 21. 11. 1970, 1,81 m, 75 kg, seit 1987 bei Borussia, früher MSV Duisburg, 1. FC Hagenhof
Eichin, Thomas, geb. 9. 10. 1966, 1,77 m, 72 kg, seit 1985 bei Borussia, früher Freiburger FC, SV Eintracht Freiburg, 70 BL-Spiele
Huschbeck, Thomas, geb. 17. 12. 1967, 1,81 m, 76 kg, seit 1987 bei Borussia, früher TuS Höhenhaus, 17 BL-Spiele
Klinkert, Michael, geb. 7. 7. 1968, 1,82 m, 74 kg, seit 1989 bei Borussia, früher Schalke 04, 1. FC Saarbrücken, FVgg 08 Bous, 59 BL-Spiele, 3 Tore, 12 U 21
Pfannkuch, Thomas, geb. 21. 2. 1970, 1,91 m, 83 kg, seit 1990 bei Borussia, früher KSV Baunatal, TSK Hoof
Stefes, Manfred, geb. 28. 3. 1967, 1,73 m, 71 kg, seit 1974 bei Borussia, eigene Jugend, 24 BL-Spiele
Straka, Frantisek, geb. 21. 5. 1958, 1,82 m, 75 kg, seit 1988 bei Borussia, früher Sparta Prag, Dynamo Budweis, 61 BL-Spiele, 1 Tor, 35 A für CSFR
Winkhold, André, geb. 4. 3. 1962, 1,80 m, 65 kg, seit 1985 bei Borussia, früher Borussia Brand, VfR Venwegen, 218 Spiele, 3 Tore

MITTELFELD

Dreßen, Georg, geb. 30. 12. 1964, 1,80 m, 75 kg, seit 1990 bei Borussia, früher 1. FC Köln, Borussia M'gladbach, SV Mannesmann-Meer, 142 BL-Spiele, 21 Tore, 5 U 21
Hochstätter, Christian, geb. 19. 10. 1963, 1,80 m, 68 kg, seit 1982 bei Borussia, früher FC und Post SV Augsburg, 161 BL-Spiele, 47 Tore, 2 A, 8 U 21, 2 OA
Kettar, Delano, geb. 8. 1. 1969, 1,75 m, 71 kg, seit 1987 bei Borussia, früher 1. FC Viersen

Marell, Carsten, geb. 8. 9. 1970, 1,66 m, 60 kg, seit 1989 bei Borussia, früher Schalke 04, Spfrde. Herten, Vestia Disteln

Meier, Norbert, geb. 20. 9. 1958, 1,73 m, 69 kg, seit 1989 bei Borussia, früher Werder Bremen, Bergedorf 85, FC St. Pauli, VfL Lohbrügge, TSV Reinbek, Voran Ohe Hamburg, 255 BL-Spiele, 66 Tore, 16 A, 1 B

Neun, Jörg, geb. 7. 5. 1966, 1,80 m, 73 kg, seit 1987 bei Borussia, früher SV Waldhof Mannheim, Fortuna Köln, 1. FC Nürnberg, Kickers Offenbach, TSG Bleichenhain, 117 BL-Spiele, 4 Tore, 13 U 21

Schneider, Martin, geb. 24. 11. 1968, 1,80 m, 72 kg, seit 1990 bei Borussia, früher 1. FC Nürnberg, Bayern München, DJK Schweinfurt, 90 BL-Spiele, 2 Tore, 8 U 21

Schulz, Frank, geb. 18. 2. 1961, 1,86 m, 81 kg, seit 1990 bei Borussia, früher VfL Osnabrück, Eintracht Frankfurt, VfL Bochum, Westfalia Herne, VfB Remscheid, 166 BL-Spiele, 40 Tore, 1 OA

Spies, Michael, geb. 9. 7. 1965, 1,82 m, 73 kg, seit 1989 bei Borussia, früher Karlsruher SC, SSV Ulm 46, VfB und Kickers Stuttgart, 94 BL-Spiele, 19 Tore

Winter, Thomas, geb. 22. 9. 1967, 1,74 m, 73 kg, seit 1988 bei Borussia, früher SSV Reutlingen, TSV Sickenhausen, 25 BL-Spiele, 2 Tore

ANGRIFF

Belanow, Igor, geb. 25. 9. 1960, 1,74 m, 70 kg, seit 1989 bei Borussia, früher Dynamo Kiew, ZSKA Odessa, Schwarzmeer Odessa, Ordschonikidse, 14 BL-Spiele, 4 Tore, 36 A für Sowjetunion

Criens, Hans-Jörg, geb. 18. 12. 1960, 1,89 m, 79 kg, seit 1981 bei Borussia, früher VfR Neuß, 215 BL-Spiele, 69 Tore, 1 OA

Max, Martin, geb. 7. 8. 1968, 1,77 m, 75 kg, seit 1989 bei Borussia, früher FC Recklinghausen, 11 BL-Spiele

Pflipsen, Karlheinz, geb. 31. 10. 1970, 1,79 m, 75 kg, seit 1986 bei Borussia, früher SC Rheindalen, 1 BL-Spiel

Wynkhoff, Peter, geb. 29. 10. 1968, 1,80 m, 76 kg, seit 1989 bei Borussia, früher Reinickendorfer Füchse, Spandauer SV, 2 BL-Spiele

VfL Bochum

Gegründet: 1. Juli 1848 (Fußballabteilung: 15. April 1938). – Anschrift: Ruhrstadion, Castroper Straße 145, Postfach 102822, 4630 Bochum 1, Telefon (0234) 592079 und 592084.

Präsident: Ottokar Wüst; Vizepräsidenten: Heinz Hossiep, Günter Schweinsberg; Geschäftsführer: Detlef Romeiko; Vorsitzender des Wirtschaftsrates: Werner Altegoer; Vereinsmanager: Klaus Hilpert; Leiter der Lizenzabteilung: Erwin Höffken; Pressereferent: Wolfgang Hellmich; Leiter der Amateurabteilung: Jochen Wüst; Vereinsarzt: Dr. Kai Neumann; Masseur: Madjid Glatz.

Vereinsfarben: Blau-Weiß. – Spielkleidung: ganz in Blau oder in Weiß.

Mitglieder: 4800. – Sportarten: Badminton, Basketball, Fechten, Fußball, Handball, Hockey, Leichtathletik, Prellball, Schwimmen, Tanzsport, Tischtennis, Tennis, Turnen, Volleyball.

Trainer: Reinhard Saftig, geb. 23. 1. 1952. – Co-Trainer: Gerd Bode.

Stadion: Ruhrstadion, 42000 Plätze, alle überdacht, davon 11300 Sitzplätze.

TORHÜTER

Wessels, Andreas, geb. 6. 7. 1964, 1,87 m, 84 kg, seit 1986 beim VfL, früher Viktoria Goch, SC Kleve, SV Uedem, 28 BL-Spiele

Zumdick, Ralf, geb. 10. 5. 1968, 1,88 m, 87 kg, seit 1981 beim VfL, früher Preußen Münster, 235 BL-Spiele, 1 Tor, 1 B, 3 OA

ABWEHR

Dressel, Olaf, geb. 19. 9. 1968, 1,80 m, 67 kg, seit 1980 beim VfL (eigene Jugend), 24 BL-Spiele

Herrmann, Christian, geb. 16. 1. 1966, 1,88 m, 81 kg, seit 1990 beim VfL, früher FC Homburg, Schalke 04, BFC Preußen Berlin, 29 BL-Spiele, 1 Tor

Hubner, Michael, geb. 19. 1. 1966, 1,88 m, 75 kg, seit 1983 beim VfL, früher FC und SC Recklinghausen, 25 BL-Spiele, 2 Tore, 2 OA

Kempe, Thomas, geb. 17. 3. 1960, 1,80 m, 74 kg, seit 1985 beim VfL, früher VfB Stuttgart, MSV Duisburg, TV Voerde, 304 BL-Spiele, 37 Tore, 2 B, 11 U21, 1 OA
Oswald, Walter, geb. 8. 10. 1955, 1,80 m, 70 kg, seit 1978 beim VfL, früher FC St. Pauli, DJK Gütersloh, 360 BL-Spiele, 26 Tore
Reekers, Rob, geb. 7. 5. 1966, 1,88 m, 87 kg, seit 1986 beim VfL, früher ASC Schöppingen, FC Twente Enschede, Loscher BV, 115 BL-Spiele, 4 Tore, 3 A für Holland
Ridder, Andreas, geb. 27. 9. 1964, 1,84 m, 78 kg, seit 1989 beim VfL, früher Arminia Bielefeld, TBV Lemgo, 8 BL-Spiele, 1 Tor
Zanter, Peter, geb. 11. 11. 1965, 1,83 m, 70 kg, seit 1989 beim VfL, früher Hannover 96, Bayer Leverkusen, SV Wermelskirchen, SV Dabringhausen, 71 BL-Spiele, 4 U 21

MITTELFELD

Benatelli, Frank, geb. 19. 8. 1962, 1,82 m, 83 kg, seit 1981 beim VfL, früher Westfalia 09 Weitmar, SV Waldesrand Linden, 168 BL-Spiele, 11 Tore
Heinemann, Frank, geb. 8. 1. 1965, 1,75 m, 70 kg, seit 1977 beim VfL, früher Blau-Weiß Grümerbaum, SV Voerde, 85 BL-Spiele, 2 Tore
Legat, Thorsten, geb. 7. 11. 1968, 1,85 m, 75 kg, seit 1984 beim VfL, früher Vorwärts Werne, 76 BL-Spiele, 2 Tore, 1 U21
Rzehaczek, Michael, geb. 17. 1. 1967, 1,70 m, 70 kg, seit 1987 beim VfL, früher FC Recklinghausen, SG Hillen, 74 BL-Spiele, 10 Tore
Wegmann, Uwe, geb. 14. 1. 1964, 1,79 m, 74 kg, seit 1989 beim VfL, früher Rot-Weiß Essen, VfL Bochum, FC Sonthofen, TSV Fischen, 87 BL-Spiele, 15 Tore

ANGRIFF

Epp, Thomas, geb. 7. 4. 1968, 1,76 m, 73 kg, seit 1990 beim VfL, früher 1. FC Saarbrücken, VfL Bochum, VfB Stuttgart, Germania Bietigheim, 46 BL-Spiele, 4 Tore, 1 U21
Kohn, Stefan, geb. 9. 10. 1965, 1,78 m, 73 kg, seit 1989 beim VfL, früher Hannover 96, Bayer Leverkusen, Arminia Bielefeld, Kickers Stuttgart, VfR Aalen, 96 BL-Spiele, 20 Tore, 2 U 21
Leifeld, Uwe, geb. 24. 7. 1966, 1,78 m, 69 kg, seit 1985 beim VfL, früher Preußen und DJK Borussia Münster, 143 BL-Spiele, 46 Tore, 4 U 21
Nehl, Josef, geb. 13. 6. 1961, 1,83 m, 76 kg, seit 1986 beim VfL, früher Viktoria Köln, SC Jülich 1910, SV Eilendorf, 112 BL-Spiele, 18 Tore
Ostermann, Elgart (Amateur), geb. 15. 10. 1968, 1,80 m, 75 kg, seit 1989 beim VfL, früher TuS Hoisdorf, HT 16 Hamburg, Horner TV, SV Mümmelmannsberg, 21 BL-Spiele, 1 Tor
Sliwowski, Maciek, geb. 10. 1. 1967, 1,70 m, 72 kg, seit 1990 beim VfL, früher Stal Mielec, 7 A für Polen
Woitynek, Adam, geb. 30. 3. 1969, 1,76 m, 73 kg, seit 1990 beim VfL, früher RW Unna, Borussia und Eintracht Dortmund, Eintracht Scharnhorst

Hertha BSC Berlin

Gegründet: 25. Juli 1892. Anschrift: Reichsstraße 17, 1000 Berlin 19, Telefon (030) 3055001/02.
Deutscher Meister: 1930, 1931.
Präsident: Heinz Roloff; Vizepräsident: Michael Bob; Schatzmeister: Heinz Striek; Manager: Horst Wolter; Vereinsärzte: Professor Manfred Weigert, Dr. Thorsten Dolla; Masseur: Peter Bentin.
Vereinsfarben: Blau-Weiß. – Spielkleidung: blau-weiß gestreiftes oder weißes Hemd, blaue oder weiße Hose, blaue oder weiße Stutzen.
Mitglieder: 1500. – Sportarten: Fußball, Boxen, Kegeln, Tischtennis.
Trainer: Werner Fuchs, geb. 25. 10. 1948. – Co-Trainer: Hans Eder.
Stadion: Olympiastadion, 76000 Sitzplätze, davon 26000 überdacht.

TORHÜTER

Junghans, Walter, geb. 26. 10. 1958, 1,85 m, 79 kg, seit 1987 bei Hertha, früher Schalke 04, Bayern München, Victoria Hamburg, 177 BL-Spiele, 6 B, 2 OA
Mager, Reinhard, geb. 2. 5. 1953, 1,88 m, 85 kg, seit 1989 bei Hertha, früher Blau-Weiß 90 Berlin, VfL Bochum, BSV und VfB Schwenningen, SK Zimmern, 138 BL-Spiele

ABWEHR

Greiser, Dirk, geb. 24. 2. 1963, 1,91 m, 84 kg, seit 1988 bei Hertha, früher Wacker 04 und Tennis Borussia Berlin

Jakobs, Michael, geb. 18. 7. 1959, 1,83 m, 71 kg, seit 1988 bei Hertha, früher Schalke 04, VfL Bochum, MSV Duisburg, Wattenscheid 09, RW Oberhausen, 185 BL-Spiele, 8 Tore, 1 B

Halvorsen, Jan-Halvor, geb. 8. 3. 1963, 1,85 m, 81 kg, seit 1989 bei Hertha, früher Start Kristiansand, SK Brann Bergen, Eik Tönsberg, Porrs Grunn, Djerv 1919 Haugesund, 3 A für Norwegen

Holzer, Robert, geb. 2. 8. 1966, 1,77 m, 74 kg, seit 1989 bei Hertha, früher Blau-Weiß 90 Berlin, FC Augsburg, TSV Ottobeuren

Lünsmann, Mike, geb. 23. 11. 1969, 1,82 m, 74 kg, seit 1988 bei Hertha, früher Tennis Borussia Berlin

MITTELFELD

Gowitzke, Torsten, geb. 8. 1. 1967, 1,71 m, 65 kg, seit 1984 bei Hertha, früher Hertha Zehlendorf

Gries, Theo, geb. 10. 2. 1961, 1,83 m, 71 kg, seit 1988 bei Hertha, früher Alemannia Aachen, 1. FC Kaiserslautern, TuS Landstuhl, 1. FC Mittelbrunn, 1 BL-Spiel

Mischke, Frank, geb. 1. 6. 1961, 1,80 m, 70 kg, seit 1987 bei Hertha, früher Tennis Borussia, SC Charlottenburg, Blau-Weiß Spandau, SC Staaken

Scheinhardt, Daniel (Amateur), geb. 25. 10. 1970, 1,86 m, 72 kg, seit 1988 bei Hertha, früher Tennis Borussia, Hertha BSC Berlin

Schlegel, Norbert, geb. 9. 3. 1961, 1,82 m, 79 kg, seit 1990 bei Hertha, früher 1. FC Saarbrücken, 1. FC Nürnberg, ASV Sassanfahrt, 33 BL-Spiele

Sejna, Marco (Amateur), geb. 20. 3. 1972, 1,87 m, 75 kg, seit 1988 bei Hertha, früher FC Lübars, Hertha BSC

Patzke, Wolfgang, geb. 24. 2. 1959, 1,80 m, 76 kg, seit 1988 bei Hertha, früher Schalke 04, Bayer Leverkusen, VfL Bochum, Wattenscheid 09, RW Essen, SV Dümpten 13, 144 BL-Spiele, 30 Tore 3 OA, 1 U 21

Zernicke, Marco, geb. 5. 12. 1969, 1,78 m, 69 kg, seit 1985 bei Hertha, früher VfB Hermsdorf

ANGRIFF

Farrington, Mark, geb. 15. 6. 1965, 1,80 m, 74 kg, seit 1990 bei Hertha, früher Fortuna Sittard, Willem II Tilburg, AA Gent, Norwich City, FC Everton, FC Liverpool

Klaus, Fred, geb. 27. 2. 1967, 1,80 m, 68 kg, seit 1989 bei Hertha, früher Hamburger SV, FC St. Pauli, 1. FC Nürnberg, SC Eckenhaid, 21 BL-Spiele, 3 Tore

Kretschmer, Sven, geb. 31. 12. 1970, 1,71 m, 65 kg, seit 1988 bei Hertha, früher Tennis Borussia, SC Siemensstadt, FC Lübars, SC Berliner Amateure

Kruse, Axel, geb. 28. 9. 1967, 1,77 m, 72 kg, seit 1989 bei Hertha, früher Hansa Rostock, Motor Wolgast, Dynamo Wolgast

Rahn, Uwe, geb. 21. 5. 1962, 1,84 m, 77 kg, seit 1990 bei Hertha, früher 1. FC Köln, Borussia M'gladbach, SV Waldhof Mannheim, TSV Schönau, 270 BL-Spiele, 94 Tore, 14 A, 3 U 21, 5 OA

Unglaube, René, geb. 6. 11. 1965, 1,83 m, 73 kg, seit 1989 bei Hertha, früher Vorwärts Frankfurt/Oder, 1. FC Union Berlin

SG Wattenscheid 09

Gegründet: 18. September 1909. Anschrift: Postfach 600413, Lohrheidestr. 80, 4630 Bochum 6, Telefon: (02327) 321166, Telefax: (02327) 321117.

1. Vorsitzender: Günter Ritter; 2. Vorsitzender: Reinhold Klee; 3. Vorsitzender: Hans-Jürgen Steinmann; Spielausschußobmann: Manfred Krause; Vereinsarzt: Dr. Dieter Schneider; Masseur: Friedel Schüller.

Vereinsfarben: Schwarz-Weiß. – Spielkleidung: schwarze Hose, weißes Hemd, weiße Stutzen.

Mitglieder: 1100. – Sportart: Fußball.

Trainer: Hannes Bongartz, geb. 3. 10. 1951. – Co-Trainer: Peter Kunkel.

Stadion: Lohrheide, 27000 Plätze, davon 880 überdachte Sitz- und 2200 überdachte Stehplätze.

TORHÜTER

Eilenberger, Ralf, geb. 16. 11. 1965, 1,83 m, 80 kg, seit 1984 bei SG 09, früher Hasper SV
Mai, Udo, geb. 29. 7. 1967, 1,90 m, 90 kg, seit 1989 bei SG 09, früher FC Schweinfurt 05, DJK Üchtelhausen

ABWEHR

Bach, Jörg, geb. 20. 11. 1965, 1,91 m, 84 kg, seit 1988 bei SG 09, früher Spvgg. Wirges, BSV Weißenthurm
Kuhn, Stefan, geb. 29. 12. 1964, 1,76 m, 68 kg, seit 1990 bei SG 09, früher 1. FC Nürnberg, Wattenscheid 09, Hessen Kassel, 49 BL-Spiele, 2 Tore
Moser, Hans-Werner, geb. 24. 9. 1965, 1,76 m, 71 kg, seit 1990 bei SG 09, früher Hamburger SV, 1. FC Kaiserslautern, SV Rammelsbach, 162 BL-Spiele, 6 Tore, 9 U 21
Reimann, Martin, geb. 17. 3. 1963, 1,75 m, 74 kg, seit 1988 bei SG 09, früher BVL 08 Remscheid, SuS Hüsten 09, VfL Bochum, BSV Menden, DJK Bösperde
Siewert, Thomas, geb. 4. 11. 1961, 1,82 m, 75 kg, seit 1982 bei SG 09, früher Schalke 04, Arminia Ickern, 17 BL-Spiele, 1 Tor

MITTELFELD

Buckmaier, Eduard, geb. 9. 6. 1966, 1,70 m, 68 kg, seit 1988 bei SG 09, früher Eintracht Braunschweig
Emmerling, Stefan, geb. 10. 2. 1966, 1,78 m, 72 kg, seit 1988 bei SG 09, früher 1. FC Kaiserslautern, SV Sandhausen, TSV Meckesheim, 28 BL-Spiele, 1 Tor
Fink, Thorsten, geb. 29. 10. 1967, 1,83 m, 76 kg, seit 1989 bei SG 09, früher Borussia Dortmund, SV Roland Marten
Hartmann, Frank, geb. 27. 9. 1960, 1,76 m, 75 kg, seit 1989 bei SG 09, früher 1. FC Kaiserslautern, Schalke 04, 1. FC Köln, TuS Treis-Karden, TuS Binningen-Forst, 235 BL-Spiele, 56 Tore
Kontny, Dirk, geb. 30. 11. 1965, 1,80 m, 78 kg, seit 1979 bei SG 09, eigene Jugend
Langbein, Thomas, geb. 31. 1. 1967, 1,71 m, 62 kg, seit 1980 bei SG 09, eigene Jugend
Neuhaus, Uwe, geb. 26. 11. 1959, 1,84 m, 81 kg, seit 1989 bei SG 09, früher BVL 08 Remscheid, RW Essen, Spvgg. Erkenschwick, VfL Winz-Baak, SuS Hüsten 09, TuS Hattingen
Sobich, Jörg, geb. 15. 1. 1969, 1,78 m, 69 kg, seit 1987 bei SG 09, früher Schalke 04
Stoll, Thomas (Amateur), geb. 20. 5. 1970, 1,72 m, 70 kg, seit 1989 bei SG 09, früher Eintracht Frankfurt, VfB Friedberg

ANGRIFF

Ibrahim, Ali, geb. 1. 9. 1969, 1,80 m, 74 kg, seit 1990 bei SG 09, früher Great Olympics/Ghana
Jahn, Peter (Amateur), geb. 15. 11. 1066, 1,80 m, 71 kg, seit 1989 bei SG 09, früher SSV Buer 07/28
Jankovic, Srdjan, geb. 3. 1. 1960, 1,80, 75 kg, seit 1986 bei SG 09, früher FC Rad und Partizan Belgrad
Sane, Souleyman, geb. 26. 2. 1961, 1,74 m, 68 kg, seit 1990 bei SG 09, früher 1. FC Nürnberg, SC Freiburg, FV Donaueschingen, Blagniac, Viry Chatillon, Viry Sur-Seine, 57 BL-Spiele, 12 Tore, 12 A für Senegal
Schmitz, Werner, geb. 6. 11. 1969, 1,80 m, 68 kg, seit 1989 bei SG 09, früher Spvgg. Marl, SV Dorsten-Hardt
Tschiskale, Uwe, geb. 9. 7. 1962, 1,84 m, 68 kg, seit 1988 bei SG 09, früher Schalke 04, Bayern München, Wattenscheid 09, Preußen Münster, ASC Schöppingen, DJK Eintracht Coesfeld, 17 BL-Spiele, 4 Tore
Vossen, Heinz, geb. 8. 7. 1968, 1,87 m, 75 kg, seit 1990 bei SG 09, früher Rheydter SpV, Union Breyell, FC Dülken

TEIL VII

DIE 2. BUNDESLIGA

Blau-Weiß 90 Berlin

Gegründet: 2. November 1890. – Anschrift: Rathausstraße 10, 1000 Berlin 42, Telefon: (030) 7065092-94.

Deutscher Meister: 1905 (Union 92 Berlin).

Präsident: Tomas Hünerberg; Vizepräsident: Hans Maringer; 3. Vorsitzender: Heinz Brucker; Schatzmeister: Gerd Reuber; Manager: Michael Sziedat; Vereinsarzt: Professor Jürgen Bentzien; Masseur: Peter Meyer.

Vereinsfarben: Blau-Weiß. – Spielkleidung: blaues Hemd, weiße Hose oder weißes Hemd, blaue Hose, weiße Stutzen.

Mitglieder: 1000. – Sportarten: Fußball, Handball, Basketball.

Stadion: Berliner Olympiastadion, 76000 Sitzplätze, davon 26000 überdacht.

Trainer: Horst Ehrmanntraut, geb. 11. 12. 1955.

TORHÜTER
Holger Gehrke, 22. 8. 1960
Klaus Mösle, 5. 3. 1962 (Amateur)
Jan Schubert, 17. 9. 1971 (Amateur)

ABWEHR
Thomas Ahlgrimm, 7. 3. 1968 (Amateur)
Dietmar Drabow, 14. 1. 1963
Alexander Kutschera, 29. 3. 1968
Stanislav Levy, 2. 5. 1958, 28 A für CSFR
Dirk Muschiol, 13. 4. 1969
Christian Niebel, 3. 11. 1959
Stefan Rieger, 17. 11. 1968 (Amateur)
Michael Schmidt, 6. 8. 1962
Norbert Schock, 1. 9. 1964 (Amateur)

MITTELFELD
Peter Gartmann, 30. 8. 1968
Dirk Kunert, 4. 12. 1967
Thomas Motzke, 12. 5. 1968
Helmut Rahner, 29. 3. 1971
Thorsten Schlumberger, 29. 10. 1960
Karl-Heinz Wechsler, 23. 5. 1971 (Amateur)

ANGRIFF
Thomas Adler, 23. 1. 1965
Damir Bujan, 29. 3. 1966
René Deffke, 9. 11. 1966
Stefan Dinauer, 27. 5. 1963
Goran Markov, 25. 2. 1970 (Amateur)
Ralf Steinfurth, 7. 8. 1966 (Amateur)

Eintracht Braunschweig

Gegründet: 15. Dezember 1895. – Anschrift: Hamburger Straße 210, 3300 Braunschweig, Telefon: (0531) 32856/57.

Deutscher Meister: 1967.

Vereinspräsident: Harald Tenzer; Vizepräsident: Harald Schäfer; Schatzmeister: Jochen Dörge; im Präsidium zuständig für den Profibereich: Bernd Gersdorff; weitere Präsidiumsmitglieder: Helmut Kelpen, Reinhold Diedicke; Geschäftsstelle: Dieter Asmus; Vereinsarzt: Dr. Jürgen Stumm; Masseur: Heinz Gänse.

Vereinsfarben: Blau-Gelb. – Spielkleidung: gelbes Hemd, blaue Hose, gelbe Stutzen oder ganz in Weiß.

Mitglieder: 2500. – Sportarten: Basketball, Eishockey und Eiskunstlauf, Fußball, Gymnastik, Handball, Hockey, Leichtathletik, Schwimmen, Tanzen, Tennis, Turnen, Wasserball, Wintersport.

Stadion: Städtisches Stadion an der Hamburger Straße: 32000 Plätze, davon allerdings derzeit 8000 Stehplätze in der Südkurve gesperrt. 6750 Sitzplätze und 9300 Stehplätze sind überdacht.

Trainer: Joachim Streich, geb. 13. 4. 1951. – Co-Trainer: Heinz Patzig.

TORHÜTER
Uwe Hain, 18. 10. 1955
Oliver Lerch, 8. 9. 1969 (Amateur)

ABWEHR
Bernd Gorski, 4. 10. 1959, 4 U 21
Ronald Lotz, 21. 9. 1966
Michael Scheike, 11. 9. 1963, 2 U 21
Heinz-Günter Scheil, 9. 11. 1962
Thomas Schmidt, 19. 9. 1965
Dirk Schuster, 29. 12. 1967, 4 A für DDR

MITTELFELD
Jaczek Frackiewicz, 19. 11. 1969 (Amateur)
Michael Herberg, 8. 6. 1964 (Amateur)
Stefan Holze, 14. 5. 1966
Tino Löchelt, 13. 8. 1965
Andreas Pospich, 8. 12. 1961

Ulf-Volker Probst, 3. 10. 1964
Thomas Seeliger, 20. 9. 1966
Michael Wilke, 30. 5. 1966

ANGRIFF
Holger Aden, 25. 8. 1965

Bernd Buchheister, 21. 9. 1962
Dirk Holdorf, 3. 9. 1966 (Amateur)
Michael Köritzer, 13. 9. 1968 (Amateur)
Guido Naumann, 14. 4. 1968
Olaf Rose, 28. 10. 1967
Meik Tischler, 27. 2. 1967 (Amateur)

SV Darmstadt 98

Gegründet: 22. Mai 1898. – Anschrift: Nieder-Ramstädter Straße 170, 6100 Darmstadt, Telefon: (06151) 45002/03.

Präsidium (kommissarisches Gremium bis Ende September): Walter Kröger, Gisbert Helené, Karl-Heinz Salm, Hans-Joachim Wöbke; Vereinsarzt: Dr. Karl-Heinz-Hamsch; Physiotherapeuten: Dieter Scharf, Carsten Fiedler; Konditions- und Aufbautrainer: Richard Wagner.

Vereinsfarben: Blau-Weiß. – Spielkleidung: blau-blau, blau-weiß, weiß-weiß, blaue oder weiße Stutzen, Ausweichfarbe: Gelb.

Mitglieder: 1200. – Sportarten: Fußball, Basketball, Handball, Judo, Leichtathletik, Tischtennis, Wandern und allgemeine Abteilung.

Stadion: Böllenfalltor, 30000 Plätze, davon alle 4000 Sitzplätze überdacht (Tribüne).

Trainer: Jürgen Sparwasser, geb. 4. 6. 1948.

TORHÜTER
Wilhelm Huxhorn, 20. 9. 1955
Torsten Schambach, 21. 11. 1966 (Amateur)

ABWEHR
Jürgen Baier, 29. 6. 1958
Leonard Caic, 3. 12. 1969
Thomas Duchold, 8. 1. 1972 (Amateur)
Christian Heide, 8. 8. 1968
Freddy Heß, 7. 3. 1964
Martin Kowalewski, 9. 6. 1970
Rainer Scholz, 3. 9. 1954
Ulf Schott, 5. 5. 1970 (Amateur)
Markus Sittardt, 17. 10. 1970

MITTELFELD
Thorsten Beer, 22. 8. 1971 (Amateur)
Michael Blättel, 29. 9. 1960 (Amateur)
Yvo Hoffmann, 2. 7. 1968
Claas Jung-Kaiser, 12. 12. 1971 (Amateur)
Thomas Kloss, 26. 3. 1965
Jose Perez, 5. 11. 1970 (Amateur)
Roger Prinzen, 4. 3. 1969
Rafael Sanchez, 23. 6. 1963

ANGRIFF
Henrik Eichenauer, 7. 7. 1968, 1 U 21
Guangming Gu, 31. 1. 1959
Dieter Gutzler, 28. 7. 1964
Sven Härter, 24. 10. 1971 (Amateur)
Tomas Kriz, 17. 3. 1959, 12 A für CSFR
Stephan Täuber, 8. 10. 1966
Thomas Weiss, 12. 8. 1967

MSV Duisburg

Gegründet: 17. September 1902. – Anschrift: Westender Straße 38–41, 4100 Duisburg, Telefon: (0203) 428577, 4280767.

Deutscher Amateurmeister: 1987.

Präsident: Dieter Fischdick; Vizepräsident: Dieter Kleinbongardt; Schatzmeister: Lothar Niemeyer; Geschäftsführer: Dirk Keiper; Fußball-Amateurabteilung: Reiner Eichler; Fußballjugend: Helmut Golz; Vereinsarzt: Dr. Igor Hakenbeck; Masseur: Heinz Hinkelmann.

Vereinsfarben: Blau-Weiß. – Spielkleidung: blau-weiß gestreiftes Hemd, weiße Hosen, weiße Stutzen – oder ganz in Grün.

Mitglieder: 1957. – Sportarten: Fußball, Leichtathletik, Turnen, Handball, Hockey, Judo, Volleyball.

Stadion: Wedaustadion (31000 Plätze, davon 10000 Sitzplätze, 6000 überdacht).

Trainer: Willibert Kremer, geb. 15. 10. 1939. – Co-Trainer: Gerd Merheim.

TORHÜTER
Ralf Kellermann, 24. 9. 1968
Heribert Macherey, 3. 11. 1954

ABWEHR
Marco Köller, 25. 6. 1969
Massimo Mariotti, 22. 11. 1961
Patrick Notthoff, 26. 2. 1966
Toni Puszamszies, 14. 8. 1958
Michael Struckmann, 28. 8. 1964
Lothar Woelk, 3. 8. 1954

MITTELFELD
Rachid Azzouzi, 10. 11. 1969 (Amateur)
Dirk Bremser, 1. 10. 1965
Pietro Callea, 4. 9. 1969
Gyula Hajszan, 9. 10. 1961, 35 A für Ungarn
Uwe Kober, 24. 4. 1961
Ewald Lienen, 28. 11. 1953, 1 B
Franz-Josef Steininger, 9. 7. 1960, 1 U 21
Michael Tarnat, 27. 10. 1969 (Amateur)

ANGRIFF
Jörg Beyel, 2. 10. 1969
Ferenc Schmidt, 28. 7. 1963
Günter Thiele, 7. 11. 1961, 1 U 21
Michael Tönnies, 19. 12. 1959

Rot-Weiß Essen

Gegründet: 1. Februar 1907. – Anschrift: Hafenstraße 97a, 4300 Essen 1, Telefon: (0201) 660789.

Deutscher Meister: 1955. – Deutscher Pokalsieger: 1953.

Präsident: Anton Döbbe; Vizepräsident: Erich Schulz; Schatzmeister: Heinz Jürgen Bredendiek; Leiter der Amateurabteilung: Hans Jürgen Hoppen; Leiter der Jugendabteilung: Peter Kaiser; Manager: Johann Wüst; Vereinsärzte: Dr. Achim Vandenesch, Dr. Friedhelm Erkens; Masseur: Volker Zindler; Zeugwart: Hans Schädlich, Günter Bargfeld.

Vereinsfarben: Rot-Weiß. – Spielkleidung: rotes oder weißes Hemd, rote oder weiße Hosen, rot-weiße Stutzen.

Mitglieder: 1487. – Sportart: Fußball.

Stadion: Georg-Melches-Stadion an der Hafenstraße (städtisch): 36400 Plätze, davon 4500 überdachte Sitzplätze, 22000 überdachte Stehplätze.

Trainer: Hans-Werner Moors, geb. 24. 7. 1950. – Co-Trainer: Riko Weigand.

TORHÜTER
Frank Kurth, 15. 3. 1962
Wolfgang Wiesner, 20. 2. 1967
André Wissel, 22. 7. 1970 (Amateur)

ABWEHR
Ingo Pickenäcker, 7. 4. 1962
Dirk Pusch, 30. 1. 1962
Burkhard Steiner, 4. 10. 1958
Jörg Strube, 21. 2. 1971
Frank Thommessen, 31. 5. 1962

MITTELFELD
Mario Basler, 18. 12. 1968
Stefan Jörissen, 16. 10. 1969
Frank Kontny, 21. 12. 1964
Willi Landgraf, 29. 8. 1968
Jürgen Margref, 6. 1. 1969 (Amateur)
Peter Rada, 21. 8. 1958, 14 A für CSFR
Jürgen Röber, 25. 12. 1953, 3 B
Jürgen Serr, 21. 5. 1965
Dirk Wissel, 26. 3. 1969 (Amateur)

ANGRIFF
Detlef Dezelak, 1. 8. 1964
Uwe Erlebach, 26. 2. 1969 (Amateur)
Dirk Helmig, 3. 5. 1965
Ralf Regenbogen, 24. 3. 1960

SC Freiburg

Gegründet: 30. Mai 1904. – Anschrift: Schwarzwaldstraße 193, 7800 Freiburg, Telefon (0761) 36261 oder 62612.

1. Vorsitzender: Achim Stocker; 2. Vorsitzender: Helmut Gebhardt; 3. Vorsitzender: Wolfgang Mauz; Schatzmeister: Bernd Ziegelbauer; Mannschaftsbetreuer: Klaus-Werner Meyer; Mannschaftsarzt: Dr. Walter Hauk. Masseur: Michael Berger.

Vereinsfarben: Rot-Weiß. – Spielkleidung: rotes Hemd, weiße Hose, weiße Stutzen oder alles weiß oder alles blau.

Mitglieder: 700. – Sportarten: Fußball, Tennis.

Stadion: Dreisamstadion, 14000 Plätze, davon 2500 überdachte Sitzplätze auf Haupt- und Tortribüne. 11500 nicht überdachte Stehplätze.

Trainer: Eckhard Krautzun, geb. 13. 1. 1941. – Co-Trainer: Lutz Hangartner.

TORHÜTER
Michael Haas, 15. 12. 1963
Gerd Sachs, 22. 4. 1961

ABWEHR
Andreas Bornemann, 15. 9. 1971 (Amateur)
Joachim Klemensz, 16. 2. 1964 (Amateur)
Rolf Maier, 11. 4. 1960
Reinhard Marsing, 8. 6. 1963
Niels Schlotterbeck, 12. 3. 1967
Karl-Heinz Schulz, 21. 12. 1955 (Amateur)

MITTELFELD
Martin Braun, 18. 11. 1968
Andreas Golombek, 9. 8. 1968
Udo Lay, 13. 3. 1960
Marek Majka, 5. 1. 1959
Michael Pfahler, 29. 11. 1965
Oliver Schäfer, 27. 2. 1969
Thomas Schweizer, 13. 9. 1967
Jörg Steinebrunner, 22. 10. 1971 (Amateur)
Andreas Zeyer, 9. 6. 1968
Michael Zeyer, 9. 6. 1968

ANGRIFF
Holger Janz, 11. 9. 1966
Francesco Mammana, 30. 4. 1967
Dirk Manzke, 6. 10. 1971 (Amateur)
Michael Renner, 8. 12. 1966
Christian Simon, 30. 5. 1970 (Amateur)
Uwe Spies, 8. 7. 1967

Hannoverscher SV 96

Gegründet: 12. April 1896. – Anschrift: Clausewitzstraße 2, 3000 Hannover 1, Telefon: (0511) 282096/97, Telefax: (0511) 813609.

Deutscher Meister: 1938, 1954. – Deutscher Amateurmeister: 1960, 1964, 1965.

Präsident: Uwe-Jens Nonnsen; Vize-Präsident: Wolfgang Heinz; Schatzmeister: Dieter Braun; Manager: Hans-Dieter Schmidt; Vereinsarzt: Dr. Horst Mankow; Masseure: Günter Hoppek; Uwe Krömer. Mannschaftsbetreuer: Hans Heyer.

Vereinsfarben: Schwarz-Weiß-Grün. – Spielkleidung: rotes Hemd, schwarze Hose, weiße Stutzen oder ganz in Weiß.

Mitglieder: 1800. – Sportarten: Fußball, Tennis, Gymnastik, Leichtathletik, Hockey, Badminton.

Stadion: Niedersachsenstadion, 60449 Plätze (40300 überdacht), 39000 Sitzplätze.

Trainer: Michael Krüger, geb. 28. 5. 1954. – Co-Trainer: Eduard Kowalczuk und Rainer Behrends.

TORHÜTER
Oliver Kirchel, 27. 7. 1970 (Amateur)
Carsten Kruse, 2. 5. 1973 (Amateur)
Jörg Sievers, 22. 9. 1965

ABWEHR
Oliver Bock, 21. 11. 1971
Bernd Heemsoth, 10. 10. 1966
Jörg-Uwe Klütz, 21. 7. 1968 (Amateur)
Matthias Kuhlmey, 28. 2. 1966, 1 U 21
Roman Wojcicki, 8. 1. 1958, 59 A für Polen

MITTELFELD
Hakan Ricci, 1. 8. 1970

Martin Groth, 20. 10. 1969
Michael Karl, 15. 8. 1965
Michael Kautz, 14. 7. 1967 (Amateur)
Jörg Kretzschmar, 9. 12. 1964
Thomas Laumann, 11. 7. 1971
Nabil Maaloul, 25. 12. 1962, 67 A für Tunesien
Frank Pagelsdorf, 5. 2. 1958, 2 OA
Axel Sundermann, 23. 1. 1968

Karsten Surmann, 5. 10. 1959
Holm Windmann, 13. 11. 1969 (Amateur)

ANGRIFF
Uwe Eckel, 6. 7. 1966 (Amateur)
Patrick Grün, 20. 3. 1968
Jochen Heisig, 6. 10. 1965
Kai Pankow, 11. 9. 1970 (Amateur)
Niclas Weiland, 22. 7. 1972

TSV Havelse

Gegründet: 5. August 1912. – Anschrift: Hannoversche Straße 90–92, 3008 Garbsen 1, Telefon: (05137) 10451 und 10453.

Vorsitzende: Dieter Haaßengier, Hans-Albert Hesse; Schatzmeister: Rolf Oberwimmer; Vereinsarzt: Dr. Albrecht Nause-Brakebusch; Masseur: Uwe Korallus; Mannschaftsbetreuer: Horst Hardt. Vereinsfarben: Rot-Weiß. – Spielkleidung: rotes Hemd, rote Hose, rote Stutzen oder weißes Hemd, weiße Hose, weiße Stutzen.

Mitglieder: 1500. – Sportarten: Fußball, Tennis, Volleyball, Judo, Badminton, Schwimmen, Turnen, Tischtennis.

Stadion: TSV-Kampfbahn, 4000 Plätze (1000 überdacht), 250 Sitzplätze und Niedersachsenstadion, 60449 Plätze (40300 überdacht), 39000 Sitzplätze.

Trainer: Volker Finke, geb. 24. 3. 1948. – Co-Trainer: Achim Sarstedt.

TORHÜTER
Stefan Beneking, 24. 5. 1969
Holm Mauritz, 25. 4. 1956

ABWEHR
Karl Eggestein, 11. 1. 1963
Stefan Gähle, 17. 11. 1969
Christian Greiner, 16. 12. 1968
Willi Kronhardt, 17. 2. 1969
Joachim Trautmann, 16. 8. 1967
Thomas Vogel, 1. 3. 1967
Ulrich Wilke, 26. 5. 1965 (Amateur)
Andreas Zindler, 7. 1. 1965

MITTELFELD
Nenad Bankovic, 5. 3. 1965 (Amateur)
Lars-Peter Beike, 5. 11. 1963
Dieter Frommelt, 12. 12. 1970
Joachim Gehrmann, 15. 5. 1965
Gerald Knauer, 9. 6. 1963 (Amateur)
Jörg Mattern, 1. 1. 1972 (Amateur)
Andelko Urosevic, 1. 4. 1968

ANGRIFF
Bernardino Capocchiano, 16. 8. 1965
Christian Meier, 16. 8. 1964
Dirk Spannuth, 16. 8. 1967
Stefan Tiedgen, 12. 9. 1967 (Amateur)
Jens Todt, 5. 1. 1970

FC Homburg 08

Gegründet: 15. Juni 1908. – Anschrift: Untere Allee 42, 6650 Homburg/Saar, Telefon: (06841) 64051.

Deutscher Amateurmeister: 1983.

Präsident: Manfred Ommer; 1. Vorsitzender: Udo Geitlinger; 2. Vorsitzender: Felix Kürten; Geschäftsführer: Gerd Schwickert; Schatzmeister: Otto Moll; Leiter der Amateur-Abteilung: Felix Kürten; Vereinsärzte: Dr. Stefan Rupp, Dr. Thomas Hopf, Dr. Markus Gleitz; Masseur: Willi Wiehn.

Vereinsfarben: Grün-Weiß. – Spielkleidung: weißes oder grünes Hemd, weiße oder grüne Hose, weiße oder grüne Stutzen.

Mitglieder: 800. – Sportarten: Fußball.

Stadion: Waldstadion: 25000 Plätze, davon 1200 überdachte und 380 unüberdachte Sitzplätze.

Trainer: Gerd Schwickert, geb. 14. 8. 1949. – Co-Trainer: Kurt Knoll.

TORHÜTER
Hans-Jürgen Gundelach, 29. 11. 1963, 2 U 21 (Amateur)
Peter Laub, 22. 5. 1970 (Amateur)

ABWEHR
Dieter Finke, 11. 3. 1960
Tobias Homp, 31. 10. 1963
Klaus Theiss, 9. 7. 1963, 2 U 21
Achim Therre, 1. 6. 1963
Torsten Wohlert, 10. 12. 1965

MITTELFELD
Rodolfo Esteban Cardoso, 17. 10. 1968
Andreas Ellguth, 28. 8. 1964
Borce Gjurev, 2. 8. 1969 (Amateur)
Christof Kairys, 20. 9. 1959, 29 A für Polen
Uwe Kasper, 24. 9. 1963
Michael Kimmel, 8. 1. 1966
Thorsten Lahm, 11. 11. 1969 (Amateur)
Frank Ockert, 8. 11. 1968
Thomas Ziemer, 18. 6. 1969

ANGRIFF
Matthias Baranowski, 8. 2. 1967, 1 U 21
Bernd Gries, 26. 5. 1968
Christof Hetmanski, 15. 7. 1965
Daniel Jurgeleit, 15. 12. 1963
Sergio Silvana Maciel, 7. 12. 1965, 3 A für Argentinien

Fortuna Köln

Gegründet: 21. Februar 1948 (Fusion aus Victoria 1911, Bayenthaler SV 1920 und SV Köln 1927). – Anschrift: Am Vorgebirgstor 1–3, 5000 Köln 51, Telefon (0221) 362046.

Präsident: Hans (Jean) Löring; Geschäftsführendes Vorstandsmitglied: Rudolf Fähnrich; Vorstandsmitglieder: Richard Blömer, Jochen Büker, Dr. Herbert Ebertz, Rainer Maedge, Alexander Kirsch, Richard Schmidt, Vincent Schwindling; Schatzmeister: Klaus Wolf; Leiter: Anthony Woodcock; Mannschaftsarzt: Dr. Michael Lay; Masseur: Peter Gibbert.

Vereinsfarben: Rot-Weiß. – Spielkleidung: rote Hose, rot-weiß gestreiftes Hemd, rote Stutzen oder ganz in Weiß.

Mitglieder 1550. – Sportarten: Fußball, Handball, Trimm dich.

Stadion: Bezirkssportanlage Köln-Süd, Vorgebirgsstraße. 15000 Plätze, davon 2000 Sitzplätze überdacht.

Trainer: Franz-Josef Tenhagen, geb. 31. 10. 1952. – Co-Trainer: Dieter Epstein.

TORHÜTER
Frank Agaciak, 17. 2. 1964
Jacek Jarecki, 26. 6. 1958

ABWEHR
Ralf Außem, 1. 9. 1960
Dirk Hupe, 29. 5. 1957, 4 OA
Jürgen Niggemann, 4. 1. 1962
Peter Ritter, 9. 10. 1962
Andreas Trautmann, 21. 5. 1959, 14 A für DDR

MITTELFELD
Ünsal Bayzit, 25. 10. 1971
Andreas Brandts, 9. 4. 1962
Matthias Döschner, 12. 1. 1958, 40 A für DDR
Hans-Jürgen Gede, 14. 11. 1956
Dirk Lottner, 4. 3. 1972 (Amateur)
Victor Pasulko, 1. 1. 1961, 10 A für UdSSR
Hans-Uwe Pilz, 10. 11. 1958, 35 A für DDR
Hansjörg Schneider, 22. 1. 1966
Peter Seufert, 29. 11. 1964

ANGRIFF
Thorsten Bolzek, 7. 7. 1968
Holger Friz, 26. 4. 1965
Dirk Kurtenbach, 2. 8. 1964
Achim Weber, 11. 3. 1969

FSV Mainz 05

Gegründet: 16. März 1905. – Anschrift: Dr.-Martin-Luther-King-Weg, 6500 Mainz 1, Telefon: (06131) 387460.

Deutscher Amateurmeister: 1982.

Vorsitzender: Harald Strutz; stellvertretende Vorsitzende: Peter Arens und Dr. Wolfgang Enders; weitere Vorstandsmitglieder: Rudolf Fuchs, Jürgen Dötz, Karl Heinz Elsässer, Klaus Vogelsberger; Schatzmeister: Baldur Schneider; Geschäftsführer: Wolfgang Mägdefessel; Gerd Hendrich.

Vereinsfarben: Rot-Weiß. – Spielkleidung: weißes oder rotes Hemd, weiße oder rote Hose, weiße oder rote Stutzen.

Mitglieder: 1099. – Sportarten: Fußball, Handball, Tischtennis.

Stadion: Bruchwegstadion, am Dr.-Martin-Luther-King-Weg: 15000 Plätze, davon 1200 Tribünen-Sitzplätze (alle überdacht), 6000 Stehplätze sind überdacht.

Trainer: Robert Jung, geb. 19. 12. 1944.

TORHÜTER
Sven Helferich, 1. 11. 1971 (Amateur)
Stephan Kuhnert, 7. 9. 1960
Manfred Petz, 5. 5. 1961

ABWEHR
Steffen Herzberger, 21. 9. 1969
Mike Janz, 2. 9. 1967
Michael Müller, 4. 4. 1964
Bernd Münch, 8. 11. 1964
Ralf Puntheller, 11. 3. 1972 (Amateur)
Michael Schuhmacher, 20. 8. 1957
Michael Traupel, 5. 3. 1965 (Amateur)
Hendrik Weiß, 31. 7. 1965

MITTELFELD
Michael Becker, 11. 9. 1962
Fabrizio Hayer, 11. 5. 1969
Olaf Kirn, 30. 12. 1968
Frank Möller, 11. 7. 1967
Patrik Mohr, 29. 9. 1965
Gernot Ruof, 10. 2. 1964
Guido Schäfer, 14. 9. 1964

ANGRIFF
Äaron Biagioli, 26. 1. 1965
Norbert Hönnscheidt, 3. 11. 1960, 1 U 21
Norman Klein, 29. 11. 1969 (Amateur)
Jürgen Klopp, 16. 6. 1967
Karl-Helmut Mähn, 26. 10. 1960

SV Waldhof Mannheim

Gegründet: 11. April 1907. – Anschrift: Postfach 310446, 6800 Mannheim 31, Telefon: (0621) 742222/751364.

Präsident: Wilhelm Grüber jr.; Vizepräsident: Walter Klos; Präsidiumsmitglied für Sport; Richard Wirth; Präsidiumsmitglied für Finanzen: Manfred Göth; Geschäftsführer: Klaus Sinn; Vereinsärzte: Dr. Gerd Loßdörfer, Dr. Klaus Burger; Masseure: Robert Schreiner, Uwe Rippert.

Vereinsfarben: Blau-Schwarz. – Spielkleidung: blau-schwarz gestreiftes Trikot, blaue Hose, blaue Stutzen oder weißes Jersey, weiße Stutzen und blaue Hose.

Mitglieder 2000. – Sportarten: Fußball, Handball, Frauengymnastik, Tennis.

Stadion: Waldhof-Stadion am Alsenweg, 15200 Plätze, davon 3000 überdachte Sitzplätze.

Trainer: Günter Sebert, geb. 29. 5. 1948. – Co-Trainer: Valentin Herr.

TORHÜTER
Andreas Clauß, 13. 1. 1969 (Amateur)
Peter Eich, 18. 6. 1963
Ralph Kircheis, 14. 1. 1967 (Amateur)
Kari Laukkanen, 14. 12. 1963, 31 A für Finnland

ABWEHR
Roland Dickgießer, 9. 11. 1960, 7 OA, 4 U 21, 5 Am.
Alfred Schön, 13. 1. 1962, 1 B, 4 OA, 14 U 21
Dimitrios Tsionanis, 31. 8. 1961, 1 A für Griechenland
Christian Wörns, 10. 5. 1972, 2 OA

MITTELFELD
Damir Buric, 7. 7. 1964
Gerd Dais, 11. 8. 1963
Andreas Fellhauer, 16. 9. 1971
Dieter Hecking, 12. 9. 1964
Norbert Hofmann (Amateur)
Michael Kaiser, 20. 6. 1966
Jochen Müller, 18. 4. 1963
Bernd Schindler, 28. 12. 1961
Lutz Siebrecht, 26. 10. 1967

ANGRIFF
Lothar Dittmer, 2. 9. 1963
Lutz Hofmann, 4. 9. 1966
Andreas Lässig, 10. 11. 1971
Uwe Meyer, 21. 6. 1964
Jörg Wolff, 26. 11. 1962

SV Meppen

Gegründet: 29. November 1912. – Anschrift: Hindenburg-Stadion, Lathener Straße, 4470 Meppen, Telefon (05931) 2660.

Vorsitzender: Wolfgang Gersmann; stellvertretende Vorsitzende: Josef Niemann und Willi Brökerhoff; Geschäftsführer: Paul Schmolke; Liga-Obmann: Gerd van Zoest; Schatzmeister: Leo Schulte-Himmelpforten; Vereinsarzt: Dr. Wilhelm Schwarte und Gunther Bensch; Masseur: Bernd Bohlen; Zeugwart: Bodo Ventzke.

Vereinsfarben: Blau-Weiß. – Spielkleidung: blaues Hemd, weiße Hose, blaue Stutzen.

Mitglieder: 600. – Sportarten: Fußball.

Stadion: Hindenburg-Stadion, Lathener Straße, 15111 Plätze, davon 3100 überdacht (1600 Sitzplätze, 1500 Stehplätze).

Trainer: Rainer Persike, geb. 19. 7. 1947. – Co-Trainer: Hubert Hüring.

TORHÜTER
Hubert Koopmann, 6. 2. 1960 (Amateur)
Manfred Kubik, 25. 2. 1967, 1 U 21
Hermann Rülander, 21. 11. 1960

ABWEHR
Torsten Abeln, 29. 9. 1970 (Amateur)
Thomas Böttche, 14. 2. 1965
Horst Bruns, 23. 10. 1964
Bernd Deters, 18. 8. 1961
Frank Faltin, 22. 11. 1963
Gerd Heuermann, 26. 12. 1967

MITTELFELD
Christoph Hanses, 6. 10. 1964
Andreas Helmer, 25. 2. 1966
Frank Klobke, 4. 8. 1963
Christian Korek, 16. 6. 1965
Josef Menke, 3. 9. 1959
Helmut Rolfes, 3. 4. 1963
Werner Rusche, 3. 4. 1962
Manfred Schulte, 26. 9. 1966

ANGRIFF
Rainer Berk, 14. 2. 1972 (Amateur)
Bogdan Dlugajczyk, 3. 5. 1964 (Amateur)
Georg Overhoff, 13. 3. 1972
Martin van der Pütten, 27. 10. 1964
Robert Thoben, 17. 11. 1963

Preußen Münster

Gegründet: 30. April 1906. – Anschrift: Am Berg Fidel 7, 4400 Münster, Telefon (0251) 786462.

Präsident: Helmut König; Vizepräsident: Otto Schube; 3. Vorsitzender: Helmut Menzel; Schatzmeister: Hermann Brück; Geschäftsstellenleiter: Jörg Meinke; Vereinsarzt: Dr. Rainer Koch; Masseur: Peter Grüning; Zeugwart: Jo Ertlmeier.

Vereinsfarben: Schwarz-Weiß-Grün. – Spielkleidung: weißes oder grünes Hemd, weiße oder grüne Hose, weiße oder grüne Stutzen.

Mitglieder: 1100. – Sportarten: Fußball, Handball, Faustball, Hockey, Leichtathletik.

Stadion: Städtisches Stadion an der Hammer Straße, 28000 Plätze, davon 1750 Sitzplätze.

Trainer: Gerd Roggensack, geb. 5. 10. 1941.

TORHÜTER
Bernd Fuhr, 11. 4. 1960, 4 U 21
Thomas Revermann, 22. 9. 1968

ABWEHR
Berend Brinkman, 1. 11. 1963
Thomas Knauer, 2. 2. 1964
Martin Kollenberg, 13. 6. 1965
Uwe Ptok, 21. 2. 1963
Dirk Römer, 25. 11. 1963

MITTELFELD
Rachid Belarbi, 7. 1. 1964
André Bertelsbeck, 3. 12. 1971 (Amateur)
Reiner Edelmann, 19. 3. 1965
Ulrich Gäher, 6. 1. 1962 (Amateur)
Reinhard Geise, 17. 10. 1969
Thomas Gräbener, 15. 6. 1965 (Amateur)
Marcus Happe, 11. 2. 1972 (Amateur)
Peer Posipal, 3. 7. 1962
Dirk Riechmann, 12. 5. 1967
Martin Ritz, 29. 10. 1970 (Amateur)
Jörg Silberbach, 8. 3. 1965 (Amateur)
Jochen Terhaar, 6. 12. 1961

ANGRIFF
Henry Acquah, 31. 8. 1965
Guido Fleige, 7. 5. 1964
Ralf Haub, 26. 7. 1964

VfB Oldenburg

Gegründet: 24. Oktober 1897. – Anschrift: Donnerschweer Straße 171, 2900 Oldenburg, Telefon: (0441) 31522.

Präsident: Klaus Berster; Vizepräsident: Klaus Baumgart; 2. Vizepräsident: Peter Schrader; Schatzmeister: Jürgen Halle; Leiter der Fußball-Amateur-Abteilung: Wilfried Müller; Manager: Rudi Assauer; Vereinsarzt: Dr. Albrecht Glüse; Masseur: Eberhard Koj; Krankengymnast: Volker Brüggemann.

Vereinsfarben: Blau-Weiß. – Spielkleidung: weißes Hemd, blaue Hose oder ganz in Weiß.

Mitglieder: 1400. – Sportarten: Bowling, Fußball, Handball, Volleyball, Ringen, Tennis und Tischtennis.

Stadion: Donnerschweer Straße; 15000 Plätze, davon 1500 überdachte Sitzplätze.

Trainer: Wolfgang Sidka, geb. 26. 5. 1954. – Co-Trainer: Klaus-Peter Nemet.

TORHÜTER
Rainer Brauer, 18. 3. 1966 (Amateur)
Fred Kröger, 13. 7. 1965

ABWEHR
Lars Ellmerich, 2. 1. 1961
Thorsten Langheim, 22. 3. 1966 (Amateur)
Thomas Möller, 12. 7. 1967
Michael Pfitzner, 3. 6. 1972 (Amateur)
Jörg Wawrzyniak, 13. 5. 1964
Christof Zajac, 25. 2. 1958
Edgar Zoller, 18. 1. 1958

MITTELFELD
Holger Drieling, 21. 2. 1966 (Amateur)
Thomas Gerstner, 6. 11. 1966
Wladislaw Hanke, 12. 9. 1966 (Amateur)
Rainer Jahn, 21. 8. 1967
Thomas Ohlmeyer, 9. 4. 1967 (Amateur)
Paulo da Palma, 18. 3. 1965
Wolfgang Steinbach, 21. 9. 1954, 28 A für DDR
Arne Tammen, 29. 1. 1972 (Amateur)

ANGRIFF
Christian Claaßen, 25. 5. 1969 (Amateur)
Jerzy Hawrylewicz, 22. 12. 1958
Carsten Linke, 19. 9. 1965
Frank Meyer, 3. 3. 1966
Olaf Reder, 29. 3. 1968 (Amateur)

VfL Osnabrück

Gegründet: 19. April 1899. – Anschrift: Bremer Straße 24, 4500 Osnabrück, Telefon: (0541) 72011/12.

Präsident: Hartwig Piepenbrock; Vizepräsident: Dr. Friedel Baurichter; Schatzmeister: Helmut Wessling; Sportwart: Klaus Hermeling; Manager: Wolfgang Loos; Vereinsarzt: Siegfried Sonneck; Masseur: Kurt Standfuß.

Vereinsfarben: Lila-Weiß. – Spielkleidung: lila oder weißes Hemd, weiße Hose, weiße Stutzen.

Mitglieder 1400. – Sportarten: Fußball, Tennis, Tischtennis, Schwimmen, Gymnastik.

Stadion: Bremer Brücke (städtisch), 21226 Plätze, davon 3500 Sitzplätze (2100 überdacht), 12000 überdachte Stehplätze.

Trainer: Roland Koch, geb. 28. 10. 1952. – Co-Trainer: Flottmann und Hoppe.

TORHÜTER
Wolfgang Kellner, 14. 4. 1963
Christof Rekers, 25. 8. 1967, 1 U 21

ABWEHR
Mirco Baschetti, 2. 12. 1971 (Amateur)
Kai Braathen, 10. 10. 1963
Dirk Gellrich, 12. 9. 1964
Paul Jaschke, 18. 4. 1966
Dirk Lellek, 3. 1. 1964
Oswald Semlits, 7. 6. 1958
Ralf Voigt, 31. 12. 1964
Branko Zeravica, 18. 1. 1958 (Amateur)

MITTELFELD
Ansgar Brinkmann, 5. 7. 1969
Igor Bulanow, 15. 11. 1963
Ralf Heskamp, 22. 9. 1965
Holger Karp, 26. 3. 1971 (Amateur)
Volker Paul, 29. 9. 1971 (Amateur)
Roland Twyrdy, 21. 8. 1969
Claus-Dieter Wollitz, 19. 7. 1965

ANGRIFF
Uwe Igler, 14. 11. 1964
Uwe Jursch, 20. 6. 1963
Holger Kühnel, 2. 11. 1969 (Amateur)
Carsten Marquardt, 2. 6. 1967
Christian Neidhart, 1. 10. 1968

1. FC Saarbrücken

Gegründet: 18. April 1903. – Anschrift: Saaruferstr. 16, 6600 Saarbrücken, Telefon: (0681) 54341.

Präsident: Norbert Walter; Vizepräsident: Klaus Heller; Schatzmeister: Reiner Loth; 1. Vorsitzender: Lothar Wilding; Geschäftsstellenleiter: Bernd Entinger; Lizenzspielerobmann: Hanno Mouguet; Vereinsarzt: Dr. med. Heiner Klein.

Vereinsfarben: Blau-Schwarz. – Spielkleidung: blaues Hemd, weiße oder blaue Hose, blaue Stutzen.

Mitglieder: 1420. – Sportarten: Fußball, Handball, Tischtennis.

Stadion: Städtisches Ludwigspark-Stadion: 38000 Plätze, davon 8320 Sitzplätze.

Trainer: Klaus Schlappner, geb. 22. 5. 1940.

TORHÜTER
Heinz Böhmann, 14. 6. 1962 (Amateur)
Alfred Wahlen, 15. 11. 1958

ABWEHR
Bernd Eichmann, 12. 2. 1966
Wenanty Fuhl, 2. 12. 1960
Florian Gothe, 9. 8. 1962
Nasko Jelev, 9. 1. 1960
Uli Kiefer, 20. 10. 1967 (Amateur)
Michael Nushöhr, 14. 8. 1962
Adrian Spyrka, 1. 8. 1967, 6 U 21

MITTELFELD
Eugen Hach, 19. 9. 1960
Mathias Hönerbach, 13. 4. 1962, 2 U 21
Frank Kirchhoff, 13. 10. 1965, 2 U 21
Thomas Kristl, 18. 4. 1963
Christiaan Pförtner, 3. 3. 1966, 3 U 21
Lutz Schnürer, 17. 12. 1963
Axel Schwarz, 10. 12. 1965 (Amateur)

ANGRIFF
Jonathan Akpoborie, 20. 10. 1968
Heikko Glöde, 12. 7. 1961
Michael Krätzer, 12. 3. 1962
Michael Preetz, 17. 8. 1967, 2 U 21
Wolfgang Schüler, 17. 2. 1958

FC Schalke 04

Gegründet: 4. Mai 1904. – Anschrift: 4650 Gelsenkirchen, Postfach 110744 oder Geschäftsstelle Parkstadion, Telefon: (0209) 72024, 72075, 73672.

Deutscher Meister: 1934, 1935, 1937, 1939, 1940, 1942, 1958. – Deutscher Pokalsieger: 1937, 1972.

1. Vorsitzender: Günter Eichberg; 2. Vorsitzender: Herbert Schmitz; Schatzmeister: Rüdiger Höffken; Vereinsarzt: Dr. Langhorst; Masseur: Gerard Kuipers.

Vereinsfarben: Blau-Weiß. – Spielkleidung: blaues Hemd, weiße Hose, blau-weiße Stutzen oder weißes Hemd, blaue Hose, blau-weiße Stutzen.

Mitglieder: 8000. – Sportarten: Fußball, Handball, Leichtathletik, Tischtennis, Basketball, Damenfußball.

Stadion: Parkstadion: 70600 Plätze, davon 39000 Sitzplätze (22000 überdacht).

Trainer: Peter Neururer, geb. 26. 4. 1955. – Co-Trainer: Klaus Fischer.

TORHÜTER
Jens Lehmann, 16. 11. 1969, 2 OA
Jürgen Welp, 27. 12. 1959

ABWEHR
Yves Eigenrauch, 24. 4. 1971
Jürgen Gredig, 19. 1. 1966 (Amateur)
Günter Güttler, 31. 5. 1961
Matthias Herget, 14. 11. 1955, 39 A, 13 Am., 3 U 21
Jürgen Luginger, 8. 12. 1967, 13 U 21
Richard Mademann, 25. 4. 1968 (Amateur)
Andreas Müller, 13. 12. 1962
Michael Prus, 4. 2. 1968
Werner Ruthmann, 12. 8. 1969
Dietmar Schacht, 28. 9. 1962

MITTELFELD
Siegmar Bieber, 4. 1. 1968 (Amateur)
Egon Flad, 5. 3. 1964
Michael Kroninger, 12. 12. 1966
Jörg Mielers, 2. 11. 1964
Günter Schlipper, 13. 8. 1962
Thomas Zechel, 25. 1. 1965, 3 U 21

ANGRIFF

Ingo Anderbrügge, 2. 1. 1964, 3 U 21
Alexander Borodjuk, 30. 11. 1962, 6 A für UdSSR
Wladimir Ljuty, 20. 4. 1962, 4 A für UdSSR
Peter Sendscheid, 28. 9. 1965
Dirk Steinberg, 21. 9. 1971 (Amateur)

FC Schweinfurt 05

Gegründet: 5. Mai 1905. – Anschrift: Hadergasse 11, Postfach 1229, 8720 Schweinfurt, Telefon (09721) 18405 und 22105, Telefax (09721) 22241.

1. Vorsitzender: Peter Galm; 2. Vorsitzender: Edmund Richter; 3. Vorsitzender: Josef Freitag; 1. Kassier und Vereinsarzt: Dr. Robert Heinau; Lizenzspielerobmann: Gerhard Gschwender; Geschäftsführer: Thomas Erler; Masseur: Walter Curtius; Leiter der Amateure/Jugend: Heinz Schröttle.

Vereinsfarben: Schwarz-Rot-Grün. – Spielkleidung: grünes oder weißes Hemd, weiße oder grüne Hose, weiße oder grüne Stutzen.

Mitglieder: 1550. – Sportarten: Fußball, Badminton, Faustball, Freizeitsport (Gymnastik und Wandern), Handball, Hockey, Korbball, Leichtathletik, Volleyball.

Stadion: Willy-Sachs-Stadion, Niederwerner Straße 98: 16000 Plätze, davon 880 überdachte Sitzplätze. Keine überdachten Stehplätze.

Trainer: Elmar Wienecke, geb. 22. 8. 1960. – Co-Trainer: Georg Baier und Norbert Kleider.

TORHÜTER
Dietmar Diekmann, 11. 3. 1949
Peter Hofmann, 26. 6. 1968 (Amateur)
Karl-Heinz Müller, 24. 12. 1962

ABWEHR
Steffen Galm, 20. 10. 1971 (Amateur)
Werner Köhler, 9. 11. 1960
André Kulke, 12. 1. 1971 (Amateur)
Rüdiger Mauder, 20. 4. 1963
Jens Schürer, 25. 9. 1963
Oliver Wölfling, 7. 9. 1967

MITTELFELD
Aleksandar Abutovic, 9. 8. 1965
Claudiu Bozesan, 24. 7. 1966
Horst Derra, 18. 7. 1967 (Amateur)
Elmar Drenkard, 17. 2. 1960
Reiner Geyer, 20. 4. 1964
Rudolf Gürtler, 10. 3. 1965
Bernd Häcker, 13. 7. 1961
Martin Halbig, 26. 8. 1965
Wilfried Neuschäfer, 8. 9. 1970
Joachim Seufert, 26. 4. 1962
Carsten Weiß, 29. 1. 1962 (Amateur)

ANGRIFF
Erwin Albert, 27. 3. 1954
Georg Hetzelt, 7. 12. 1965 (Amateur)
Joachim Reuß, 12. 6. 1967 (Amateur)
Heiko Ueding, 4. 10. 1969
Dirk van der Ven, 1. 3. 1970

Stuttgarter Kickers

Gegründet: 21. September 1899. – Anschrift: Königssträßle 56, 7000 Stuttgart 70, Telefon (0711) 764014/15.

Präsident: Axel Dünnwald-Metzler; weiter im Präsidium: Günther Dengler (Schatzmeister), Dieter Dollmann (Bereich Lizenzspieler), Prof. Hans Wieland (Amateure, Jugendfußball) und Hermann Mäurle (übrige Abteilungen); Manager: Dieter Dollmann; Geschäftsführer: Rainer Trost; Geschäftsstellenleiterin: Edith Nieber; Vereinsarzt: Dr. Rüdiger Degwert; Masseur: Michael Schulze.

Vereinsfarben: Blau-Weiß. – Spielkleidung: Weiß/Weiß oder Blau/Blau.

Mitglieder: 2300. – Sportarten: Fußball, Schiedsrichter, Handball, Tischtennis, Leichtathletik.

Stadion: Waldau-Stadion Stuttgart-Degerloch, Fassungsvermögen: 10076, davon 1381 Sitzplätze, 500 auf der nicht überdachten Stahlrohrtribüne.

Trainer: Rainer Zobel, geb. 3. 11. 1948. – Co-Trainer: Frieder Schömezler.

TORHÜTER
Stefan Brasas, 31. 8. 1967
Bernd Schäfer, 25. 2. 1967 (Amateur)

ABWEHR
Hubertus Becker (Amateur)
Andreas Broß, 28. 2. 1971 (Amateur)

Oliver Dittberner, 18. 10. 1968
Andreas Keim, 8. 6. 1962
Heribert Stadler, 4. 1. 1964
Wolfgang Wolf, 24. 9. 1957, 1 Am.

MITTELFELD
Juan Cayasso, 24. 6. 1961, 31 A für Costa Rica
Gianni Coveli, 31. 7. 1970
Dirk Fengler, 3. 3. 1970
Bernd Grabosch, 23. 9. 1958
Matthias Imhof, 25. 5. 1968
Jochen Novodomsky, 4. 4, 1968
Thomas Ritter, 10. 10. 1967
Alois Schwartz, 28. 3. 1967
Reinhold Tattermusch, 11. 4. 1967

ANGRIFF
Gregor Grillemeier, 17. 2. 1959
Marcus Marin, 13. 12. 1966
Dimitrios Moutas, 15. 4. 1968
Dragan Terzic, 17. 8. 1970
Ralf Vollmer, 5. 7. 1962

TEIL VIII

DIE FUSSBALL-WELTMEISTERSCHAFT

DIE FUSSBALL-WELTMEISTER

1930	URUGUAY	1966	ENGLAND
1934	ITALIEN	1970	BRASILIEN
1938	ITALIEN	1974	DEUTSCHLAND
1950	URUGUAY	1978	ARGENTINIEN
1954	DEUTSCHLAND	1982	ITALIEN
1958	BRASILIEN	1986	ARGENTINIEN
1962	BRASILIEN	1990	DEUTSCHLAND

1930 in Uruguay

Alle Spiele 13.–30. Juli in Montevideo

Gruppe I: Argentinien

Frankreich – Mexiko 4:1, Argentinien – Chile 3:1, Frankreich – Chile 0:1, Mexiko – Argentinien 3:6, Frankreich – Argentinien 0:1, Mexiko – Chile 0:3.

Gruppe II: Jugoslawien

Jugoslawien – Brasilien 2:1, Jugoslawien – Bolivien 4:0, Brasilien – Bolivien 4:0.

Gruppe III: Uruguay

Rumänien – Peru 3:1, Uruguay – Peru 1:0, Uruguay – Rumänien 4:0.

Gruppe IV: USA

USA – Belgien 3:0, USA – Paraguay 3:0, Paraguay – Belgien 1:0.

Vorschlußrunde:

Argentinien – USA 6:1, Uruguay – Jugoslawien 6:1.

Endspiel:
Uruguay – Argentinien 4:2 (1:2)

Uruguay: Ballesteros; Mascheroni, Nasazzi; Andrade, Fernandez, Gestido, Dorado, Scarone (1), Castro (1), Cea (1), Iriarte (1).
Argentinien: Botasso; Della Torre, Paternoster; J. Evaristo, Monti, Juarez, Peucelle (1), Varallo, Stabile (1), Ferreeyra, M. Evaristo.
Montevideo, 30. Juli – SR: Langenus (Belgien) – Zuschauer: 80000.

1934 in Italien

Qualifikationsspiele:

Gruppe I: Mexiko. Haiti – Kuba 1:3, Haiti – Kuba 1:1, Haiti – Kuba 0:6, Mexiko – Kuba 3:2, Mexiko – Kuba 5:0, Mexiko – Kuba 4:1.
Gruppe II: Brasilien. Peru trat gegen Brasilien nicht an.
Gruppe III: Argentinien. Chile trat gegen Argentinien nicht an.
Gruppe IV: Ägypten. Ägypten – Palästina 7:1, Palästina – Ägypten 1:4.
Gruppe V: Schweden. Schweden – Estland 6:2, Litauen – Schweden 0:2.
Gruppe VI: Spanien. Spanien – Portugal 9:0, Portugal – Spanien 1:2.
Gruppe VII: Italien. Italien – Griechenland 4:0.
Gruppe VIII: Ungarn und Österreich. Bulgarien – Ungarn 1:4, Österreich – Bulgarien 6:1, Ungarn – Bulgarien 4:1.
Gruppe IX: Tschechoslowakei. Polen – Tschechoslowakei 1:2.
Gruppe X: Rumänien und Schweiz. Jugoslawien – Schweiz 2:2, Schweiz – Rumänien 2:2 (für Schweiz als gewonnen gewertet), Rumänien – Jugoslawien 2:1.
Gruppe XI: Holland und Belgien. Irland – Belgien 4:4, Holland – Irland 5:2, Belgien – Holland 2:4.
Gruppe XII: Deutschland u. Frankreich. Luxemburg – Deutschland 1:9, Luxemburg – Frankr. 1:6.

Alle Endrundenspiele 27. 5.–10. 6. 1934 in italienischen Städten

Qualifikationsspiel in Rom (24. 5. 1934): USA – Mexiko 4:2.

Achtelfinale:

Österreich – Frankreich 3:2 n. Verl. (Turin), Ungarn – Ägypten 4:2 (Neapel), Brasilien – Spanien 1:3 (Genua), Italien – USA 7:1 (Rom), Deutschland – Belgien 5:2 (Florenz), Argentinien – Schweden 2:3 (Bologna), Holland – Schweiz 2:3 (Mailand), Tschechoslowakei – Rumänien 2:1 (Triest).

Viertelfinale:

Österreich – Ungarn 2:1 (Bologna), Spanien – Italien 1:1 n. Verl. und 0:1 (Florenz), Deutschland – Schweden 2:1 (Mailand), Schweiz – Tschechoslowakei 2:3 (Turin).

Vorschlußrunde:

Österreich – Italien 0:1 (Mailand), Deutschland – Tschechoslowakei 1:3 (Rom).

Um den dritten Platz:

Deutschland – Österreich 3:2 (Neapel).

Endspiel:

Italien – Tschechoslowakei 2:1 (1:1, 0:0) nach Verlängerung.

Italien: Combi, Monzeglio, Allemandi; Ferraris IV, Monti, Bertolini; Guaita, Meazza, Schiavio (1), Ferrari, Orsi (1).
Tschechoslowakei: Planicka; Zenicek, Ctyroky; Kostalek, Cambal, Krcil; Junek, Svoboda, Sobotka, Nejedly, Puc (1).
Rom, 10. Juni – SR: Eklind (Schweden) – Zuschauer: 40000.

1938 in Frankreich

Qualifikationsspiele:

Gruppe I: Deutschland u. Schweden. Schweden – Finnland 4:0, Schweden – Estland 7:2, Finnland – Deutschland 0:2, Finnland – Estland 0:1, Deutschland – Estland 4:1, Deutschland – Schweden 5:0.
Gruppe II: Polen und Norwegen. Polen – Jugoslawien 4:0, Jugoslawien – Polen 1:0, Norwegen – Eire 3:2, Eire – Norwegen 3:3.
Gruppe III: Rumänien. Ägyten trat nicht an.
Gruppe IV: Schweiz. Schweiz – Portugal 2:1.
Gruppe V: Ungarn. Palästina – Griechenland 1:3, Griechenland – Palästina 1:0, Ungarn – Griechenland 11:1.
Gruppe VI: Tschechoslowakei. Bulgarien – Tschechoslowakei 1:1, Tschechoslowakei – Bulgarien 6:0.
Gruppe VII: Österreich. Lettland – Litauen 4:2, Litauen – Lettland 1:5, Österreich – Lettland 2:1.
Gruppe VIII: Holland und Belgien. Holland – Luxemburg 4:0, Luxemburg – Belgien 2:3, Belgien – Holland 1:1.
Gruppe IX: Brasilien und Kuba. Keine Ausscheidungsspiele.
Gruppe X: Niederländisch-Indien. Japan trat nicht an.

Alle Endrundenspiele 4.–19. Juni 1938 in französischen Städten

Achtelfinale:

Italien – Norwegen 2:1 n. Verlg. (Marseille), Frankreich – Belgien 3:1 (Paris), Brasilien – Polen 6:5 n. Verlg. (Straßburg), Tschechoslowakei – Holland 3:0 n. Verlg. (Le Havre). Deutschland – Schweiz 1:1 n. Verlg. und 2:4 (Paris), Ungarn – Niederländisch-Indien 6:0 (Reims), Kuba – Rumänien 3:3 n. Verlg. und 2:1 (Toulouse), Österreich war gegen Schweden ausgelost gewesen, jedoch fand das Spiel wegen des „Anschlusses" nicht statt.

Viertelfinale:

Frankreich – Italien 1:3 (Paris), Brasilien – Tschechoslowakei 1:1 n. Verlg. und 2:1 (Bordeaux), Schweiz – Ungarn 0:2 (Lille), Schweden – Kuba 8:0 (Antibes).

Vorschlußrunde:

Italien – Brasilien 2:1 (Marseille), Ungarn – Schweden 5:1 (Paris).

Um den dritten Platz:

Brasilien – Schweden 4:2 (Bordeaux).

Endspiel:
Italien – Ungarn 4:2 (3:1).
Italien: Olivieri; Foni, Rava; Serantoni, Andreolo, Locatelli; Biavati, Meazza, Piola (2), Ferrari, Colaussi (2).
Ungarn: Szabo, Polgar, Biro, Szalay, Szücs, Lazar; Sas, Vincze, Dr. Sarosi (1), Zsengeller, Titkos (1). Paris, 19. Juni – SR: Capderville (Frankreich) – Zuschauer: 60000.

1950 in Brasilien

Qualifikationsspiele:

Gruppe I: Kein Teilnehmer: Türkei – Syrien 7:0; Österreich trat nicht gegen die Türkei an. Als auch die Türkei verzichtete, erhielt Portugal die Chance, in Brasilien zu spielen. Es lehnte ebenfalls ab.
Gruppe II: Jugoslawien. – Jugoslawien – Israel 6:0, Israel – Jugoslawien 2:5, Frankreich – Jugoslawien 1:1 n. Verlg., Jugoslawien – Frankreich 1:1 n. Verlg., Jugoslawien – Frankreich (in Florenz) 3:2.
Gruppe III: Schweiz. Schweiz – Luxemburg 5:2, Luxemburg – Schweiz 2:3.
Gruppe IV: Schweden. Irland – Finnland 3:0, Finnland – Irland 1:1, Schweden – Irland 3:1, Irland – Schweden 1:3.
Gruppe V: Spanien. Spanien – Portugal 5:1, Portugal – Spanien 2:2.
Gruppe VI: England. England – Schottland 1:0, Nordirland – Wales 0:0, England – Wales 4:1, Schottland – Nordirland 8:2, England – Nordirland 9:2, Schottland – Wales 2:0. Schottland und das daraufhin genannte Frankreich verzichteten.
Gruppe Südamerika 1: Chile und Bolivien. Argentinien trat nicht an.
Gruppe Südamerika 2: Uruguay und Paraguay. Ecuador und Peru traten nicht an.
Gruppe Mittelamerika: USA und Mexiko. USA – Mexiko 0:6, Mexiko – USA 6:2, Kuba – USA 1:1, USA – Kuba 5:2, Kuba – Mexiko 0:3, Mexiko – Kuba 2:0.
Gruppe Asien: Burma und Philippinen verzichteten auf Ausscheidungsspiele gegen Indien. Teilnehmer: Indien (verzichtete später ebenfalls).

Alle Endrundenspiele 24. 6.–16. 7. 1950 in brasilianischen Städten

Gruppe 1: Brasilien. Brasilien – Mexiko 4:0, Jugoslawien – Schweiz 3:0, Brasilien – Jugoslawien 2:0, Mexiko – Schweiz 1:2, Brasilien – Schweiz 2:2, Mexiko – Jugoslawien 1:4.
Gruppe 2: Spanien. Chile – England 0:2, USA – Spanien 1:3, USA – England 1:0, Chile – Spanien 0:2, England – Spanien 0:1, Chile – USA 5:2.
Gruppe 3: Schweden. Schweden – Italien 3:2, Paraguay – Italien 0:2, Paraguay – Schweden 2:2.
Gruppe 4: Uruguay. Ergebnis: Uruguay – Bolivien 8:0.
Endrunde der Gruppensieger: Brasilien – Schweden 7:1 (Rio de Janeiro), Uruguay – Spanien 2:2 (Sao Paulo), Brasilien – Spanien 6:1 (Rio), Uruguay – Schweden 3:2 (Sao Paulo), Schweden – Spanien 3:1 (Sao Paulo), Brasilien – Uruguay 1:2 (Rio).
Uruguay: Maspoli; M. Gonzales, Tejera; Gambetta, Varela, Andrade; Ghiggia, Perez, Miguez, Schiaffino, Moran.
Brasilien: Barbosa; Augusto, Juvenal; Bauer, Danilo, Bigode; Friaca, Zezinho, Ademir, Jair, Chico.
Schweden: K. Svensson; Samuelson, Nilsson; Andersson, Johansson, Gaerd; Jonsson, Mellberg, Jepsson, Palmer, Sundqvist.
Spanien: Ramallets; Alonso, Gonzalvo II; Gonzalvo III, Parra, Puchades; Basora, Igos, Zarra, Panizo, Gainza.

1954 in der Schweiz

Qualifikationsspiele:

Gruppe I: Deutschland. Norwegen – Saar 2:3, Saar – Norwegen 0:0, Deutschland – Saar 3:0, Saar – Deutschland 1:3, Norwegen – Deutschland 1:1, Deutschland – Norwegen 5:1.
Gruppe II: Belgien. Finnland – Belgien 2:4, Belgien – Finnland 2:2, Schweden – Belgien 2:3, Belgien – Schweden 2:0, Finnland – Schweden 3:3, Schweden – Finnland 4:0.
Gruppe III: England und Schottland. Nordirland – Schottland 1:3, Wales – England 1:4, Schottland – Wales 2:2, England – Nordirland 3:1, Wales – Nordirland 1:2, Schottland – England 2:3.
Gruppe IV: Frankreich. Luxemburg – Frankreich 1:6, Frankreich – Luxemburg 8:0, Irland – Luxemburg 4:0, Luxemburg – Irland 0:1, Frankreich – Irland 5:3, Irland – Frankreich 0:1.
Gruppe V: Österreich. Österreich – Portugal 9:1, Portugal – Österreich 0:0.
Gruppe VI: Türkei. Spanien – Türkei 4:1, Türkei – Spanien 1:0, Türkei – Spanien (in Rom!) 2:2 nach Verlängerung. Losentscheid zugunsten der Türkei!

Gruppe VII: Ungarn. Polen trat nicht an.
Gruppe VIII: Tschechoslowakei. Tschechoslowakei – Rumänien 2:1, Rumänien – Tschechoslowakei 0:1, Tschechoslowakei – Bulgarien 2:1, Bulgarien – Tschechoslowakei 0:0, Rumänien – Bulgarien 3:1, Bulgarien – Rumänien 1:2.
Gruppe IX: Italien. Ägypten – Italien 1:2, Italien – Ägypten 5:1.
Gruppe X: Jugoslawien. Israel – Jugoslawien 0:1, Jugoslawien – Israel 1:0, Jugoslawien – Griechenland 1:0, Griechenland – Jugoslawien 0:1, Israel – Griechenland 0:2, Griechenland – Israel 1:0.
Gruppe XI: Mexiko. Mexiko – Haiti 8:0, Haiti – Mexiko 0:4, Mexiko – USA 3:1, USA – Mexiko 0:4, USA – Haiti 3:0, Haiti – USA 2:3.
Gruppe XII: Brasilien. Paraguay – Chile 4:0, Chile – Paraguay 1:3, Brasilien – Chile 2:0, Chile – Brasilien 0:1, Brasilien – Paraguay 4:1, Paraguay – Brasilien 0:1.
Gruppe XIII: Südkorea. Japan – Südkorea 1:5, Südkorea – Japan 2:2. (Rotchina verzichtete!).

Alle Endrundenspiele 16. 6. – 4. 7. 1954 in Schweizer Städten

Gruppe 1: Brasilien und Jugoslawien. Jugoslawien – Frankreich 1:0 (Lausanne), Brasilien – Mexiko 5:0 (Genf), Frankreich – Mexiko 3:2 (Genf), Brasilien – Jugoslawien 1:1 n. Verlg. (Lausanne).
Gruppe 2: Ungarn und Deutschland. Ungarn – Südkorea 9:0 (Zürich), Deutschland – Türkei 4:1 (Bern), Ungarn – Deutschland 8:3 (Basel), Türkei – Südkorea 7:0 (Genf), Entscheidungsspiel: Deutschland – Türkei 7:2 (Zürich).
Gruppe 3: Uruguay u. Österreich. Uruguay – Tschechoslowakei 2:0 (Bern), Österreich – Schottland 1:0 (Zürich), Uruguay – Schottland 7:0 (Basel), Österreich – Tschechoslowakei 5:0 (Zürich).
Gruppe 4: England und Schweiz. England – Belgien 4:4 n. Verlängerung (Basel), Schweiz – Italien 2:1 (Lausanne), Schweiz – England 0:2 (Bern), Italien – Belgien 4:1 (Lugano). Entscheidungsspiel: Schweiz – Italien 4:1 (Basel).

Viertelfinale:

Uruguay – England 4:2 (Basel), Schweiz – Österreich 5:7 (Lausanne), Deutschland – Jugoslawien 2:0 (Genf), Ungarn – Brasilien 4:2 (Bern).

Vorschlußrunde:

Deutschland – Österreich 6:1 (Basel), Ungarn – Uruguay 4:2 nach Verlängerung (Lausanne).

Um den dritten Platz:

Österreich – Uruguay 3:1 (Zürich).

Endspiel:
Deutschland – Ungarn 3:2 (2:2)

Deutschland: Turek – Posipal, Kohlmeyer – Eckel, Liebrich, Mai – Rahn (2), Morlock (1), O. Walter, F. Walter, Schäfer.
Ungarn: Grosics – Buzansky, Lantos – Bozsik, Lorant, Zakarias – Czibor (1), Kocsis, Hidegkuti, Puskas (1), M. Toth.
Bern, 4. Juli – Schiedsrichter: Ling (England) – Zuschauer: 65000.

1958 in Schweden

Qualifikationsspiele:

Europa I: England. Irland – Dänemark 2:1, England – Dänemark 5:2, England – Irland 5:1, Dänemark – England 1:4, Irland – England 1:1, Dänemark – Irland 0:2.
Europa II: Frankreich. Frankreich – Belgien 6:3, Frankreich – Island 8:0, Belgien – Island 8:3, Island – Frankreich 1:5, Island – Belgien 2:5, Belgien – Frankreich 0:0.
Europa III: Ungarn. Norwegen – Bulgarien 1:2, Norwegen – Ungarn 2:1, Ungarn – Bulgarien 4:1, Bulgarien – Ungarn 1:2, Bulgarien – Norwegen 7:0, Ungarn – Norwegen 5:0.
Europa IV: Tschechoslowakei. Wales – Tschechoslowakei 1:0, DDR – Wales 2:1, Tschechoslowakei – Wales 2:0, Tschechoslowakei – DDR 3:1, Wales – DDR 4:1, DDR – Tschechoslowakei 1:4.
Europa V: Österreich. Österreich – Luxemburg 7:0, Holland – Luxemburg 4:1, Österreich – Holland 3:2, Luxemburg – Holland 2:5, Holland – Österreich 1:1, Luxemburg – Österreich 0:3.
Europa VI: Sowjetunion. Sowjetunion – Polen 3:0, Finnland – Polen 1:3, Sowjetunion – Finnland 2:1, Finnland – Sowjetunion 0:10, Polen – Sowjetunion 2:1, Polen – Finnland 4:0; Entscheidungsspiel: Sowjetunion – Polen 2:0.

Europa VII: Jugoslawien. Griechenland – Jugoslawien 0:0, Griechenland – Rumänien 1:2, Rumänien – Jugoslawien 1:1, Rumänien – Griechenland 3:0, Jugoslawien – Griechenland 4:1, Jugoslawien – Rumänien 2:0.
Europa VIII: Nordirland. Portugal – Nordirland 1:1, Italien – Nordirland 1:0, Nordirland – Portugal 3:0, Portugal – Italien 3:0, Italien – Portugal 3:0, Nordirland – Italien 2:1.
Europa IX: Schottland. Spanien – Schweiz 2:2, Schottland – Spanien 4:2, Schweiz – Schottland 1:2, Spanien – Schottland 4:1, Schottland – Schweiz 3:2, Schweiz – Spanien 1:4.

Südamerika I: Brasilien. Peru – Brasilien 1:1, Brasilien – Peru 1:0.
Südamerika II: Argentinien. Chile – Bolivien 2:1, Bolivien – Chile 3:0, Bolivien – Argentinien 2:0, Chile – Argentinien 0:2, Argentinien – Chile 4:0, Argentinien – Bolivien 4:0.
Südamerika III: Paraguay. Kolumbien – Uruguay 1:1, Kolumbien – Paraguay 2:3, Uruguay – Kolumbien 1:0, Paraguay – Kolumbien 3:0, Paraguay – Uruguay 5:0, Uruguay – Paraguay 2:0.

Mittel- und Nordamerika: Mexiko.
Untergruppe 1: Guatemala – Costa Rica 2:6, Costa Rica – Guatemala 3:1, Costa Rica – Curacao 4:0, Guatemala – Curacao 1:3, Curacao – Costa Rica 1:2 (Guatemala trat zum Rückspiel in Curacao nicht an).
Untergruppe 2: Mexiko – USA 6:0, USA – Mexiko 2:7, Kanada – USA 5:1, Mexiko – Kanada 3:0, Kanada – Mexiko 0:2 (Spiel fand ebenfalls in Mexiko statt). USA – Kanada 2:3.
Entscheidungsspiele der Gruppensieger: Mexiko – Costa Rica 2:0, Costa Rica – Mexiko 0:0.

Asien/Afrika: Israel
Untergruppe 1: Indonesien. – Indonesien – Rotchina 2:0, Rotchina – Indonesien 4:3, Entscheidungsspiel Indonesien – Rotchina 0:0 (durch besseres Torverhältnis Indonesien Gruppensieger). (Nationalchina nicht angetreten.)
Untergruppe 2: Türkei trat zu den Ausscheidungsspielen gegen Israel nicht an.
Untergruppe 3: Zypern erhielt von den britischen Behörden keine Reiseerlaubnis und mußte auf die Spiele gegen Ägypten verzichten.
Untergruppe 4: Sudan. – Sudan – Syrien 1:0, Syrien – Sudan 1:1.
Entscheidungsspiele: Da Indonesien nur auf neutralem Boden gegen Israel antreten wollte, Ägypten und Sudan sich überhaupt weigerten, mit Israel zu spielen, wurde Israel zum Sieger der Asien/Afrika-Gruppe proklamiert, hatte aber zu Qualifikationsspielen gegen Wales (durch Los aus den europäischen Gruppenzweiten ermittelt) anzutreten.
Israel – Wales 0:2, Wales – Israel 2:0.

Alle Endrundenspiele 8. – 29. 6. 1958 in schwedischen Städten

Gruppe 1: Deutschland u. Nordirland. Deutschland – Argentinien 3:1 (Malmö), Deutschland – Tschechoslowakei 2:2 (Hälsingborg), Deutschland – Nordirland 2:2 (Malmö), Nordirland – Tschechoslowakei 1:0 (Halmstad), Nordirland – Argentinien 1:3 (Halmstad), Tschechoslowakei – Argentinien 6:1 (Hälsingborg); Entscheidungssp. um Platz 2: Nordirl. – Tschechoslowakei 2:1 n. V. (Malmö).
Gruppe 2: Frankreich und Jugoslawien. Frankreich – Jugoslawien 2:3 (Västeras), Frankreich – Paraguay 7:3 (Norrköping), Frankreich – Schottland 2:1 (Orebro), Jugoslawien – Paraguay 3:3 (Eskilstuna), Jugoslawien – Schottland 1:1 (Västeras), Paraguay – Schottland 3:2 (Norrköping).
Gruppe 3: Schweden und Wales. Schweden – Wales 0:0 (Stockholm), Schweden – Ungarn 2:1 (Stockholm), Schweden – Mexiko 3:0 (Stockholm), Wales – Ungarn 1:1 (Sandviken), Wales – Mexiko 1:1 (Stockholm), Ungarn – Mexiko 4:0 (Sandviken); Entscheidungsspiel um Platz 2: Wales – Ungarn 2:1 (Stockholm).
Gruppe 4: Brasilien und Sowjetunion. Brasilien – Sowjetunion 2:0 (Göteborg), Brasilien – England 0:0 (Göteborg), Brasilien – Österreich 3:0 (Uddevalla), Sowjetunion – England 2:2 (Göteborg), Sowjetunion – Österreich 2:0 (Boras), England – Österreich 2:2 (Boras); Entscheidungsspiel: Sowjetunion – England 1:0 (Göteborg).

Viertelfinale:

Deutschland – Jugoslawien 1:0 (Malmö), Schweden – Sowjetunion 2:0 (Stockholm), Frankreich – Nordirland 4:0 (Norrköping), Brasilien – Wales 1:0 (Göteborg).

Vorschlußrunde:

Schweden – Deutschland 3:1 (Göteborg), Brasilien – Frankreich 5:2 (Stockholm).

Um den dritten Platz:

Frankreich – Deutschland 6:3 (Göteborg).

Endspiel:
Schweden – Brasilien 2:5 (1:2)

Schweden: K. Svensson – Bergmark, Axbom – Börjesson, Gustavsson, Parling – Hamrin, Gren, Simonsson, Liedholm, Skoglund.
Brasilien: Gylmar – D. Santos, N. Santos – Zito, Bellini, Orlando – Garrincha, Didi, Vava, Pele, Zagalo.
Tore: Liedholm, Simonsson, Vava (2), Pele (2), Zagalo. – Schiedsrichter: Guige (Frankreich). – Zuschauer: 50000. – Stockholm, 29. Juni.

1962 in Chile

Qualifikationsspiele

Europa I: Schweiz. Schweden – Belgien 2:0, Belgien – Schweiz 2:4, Schweiz – Belgien 2:1, Schweden – Schweiz 4:0, Belgien – Schweden 0:2, Schweiz – Schweden 3:2, Entscheidungsspiel: Schweiz – Schweden (in Berlin) 2:1.
Europa II: Bulgarien. Finnland – Frankreich 1:2, Frankreich – Bulgarien 3:0, Finnland – Bulgarien 0:2, Frankreich – Finnland 5:1, Bulgarien – Finnland 3:1, Bulgarien – Frankreich 1:0; Entscheidungsspiel: Bulgarien – Frankreich (in Mailand) 1:0.
Europa III: Deutschland. Nordirland – Deutschland 3:4, Griechenland – Deutschland 0:3, Griechenland – Nordirland 2:1, Deutschland – Nordirland 2:1, Nordirland – Griechenland 2:0, Deutschland – Griechenland 2:1.
Europa IV: Ungarn. Ungarn – DDR 2:0, Holland – Ungarn 0:3, DDR – Holland 1:1, DDR – Ungarn 2:3, Ungarn – Holland 3:3; das Rückspiel Holland – DDR fiel wegen Visumschwierigkeiten aus.
Europa V: Sowjetunion. Norwegen – Türkei 0:1, Sowjetunion – Türkei 1:0, Sowjetunion – Norwegen 5:2, Norwegen – Sowjetunion 0:3, Türkei – Norwegen 2:1, Türkei – Sowjetunion 1:2.
Europa VI: England. Luxemburg – England 0:9, Portugal – Luxemburg 6:0, Portugal – England 1:1, England – Luxemburg 4:1, Luxemburg – Portugal 4:2, England – Portugal 2:0.
Europa VII: Italien. Israel – Italien 2:4, Italien – Israel 6:0.
Europa VIII: Tschechoslowakei. Schottland – Irland 4:1, Irland – Schottland 0:3, Tschechoslowakei – Schottland 4:0, Schottland – Tschechoslowakei 3:2, Irland – Tschechoslowakei 1:3, Tschechoslowakei – Irland 7:1; Entscheidungsspiel: Tschechoslowakei – Schottland (in Brüssel) 4:2 n. V.
Europa IX: Spanien. Wales – Spanien 1:2, Spanien – Wales 1:1, Spanien mußte noch gegen Sieger Afrika, Marokko, antreten: Marokko – Spanien 0:1, Spanien – Marokko 3:2.
Europa X: Jugoslawien. Jugoslawien – Polen 2:1, Polen – Jugoslawien 1:1, Jugoslawien mußte noch gegen Sieger Asien, Südkorea, antreten: Jugoslawien – Südkorea 5:1, Südkorea – Jugoslawien 1:3.

Südamerika I: Argentinien. Ecuador – Argentinien 3:6, Argentinien – Ecuador 5:0.
Südamerika II: Uruguay. Bolivien – Uruguay 1:1, Uruguay – Bolivien 2:1.
Südamerika III: Kolumbien. Kolumbien – Peru 1:0, Peru – Kolumbien 1:1.
Südamerika IV: Mexiko. – Paraguay war gesetzt, als Sieger der Untergruppe Nord- und Mittelamerika kam Mexiko hinzu. Ergebnisse: Mexiko – Paraguay 1:0, Paraguay – Mexiko 0:0.

Nord- und Mittelamerika: Mexiko.
Untergruppe 1: Mexiko. – Ergebnisse USA – Mexiko 3:3, Mexiko – USA 3:0.
Untergruppe 2: Costa Rica. – Ergebnisse: Costa Rica – Honduras 5:0, Guatemala – Costa Rica 4:4, Honduras – Costa Rica 2:1, Costa Rica – Guatemala 5:0, Honduras – Guatemala 1:1, Guatemala – Honduras 0:2 (abgebrochen); Entscheidungsspiel: Honduras – Costa Rica 0:1.
Untergruppe 3: Niederl. Antillen. – Ergebnisse: Surinam – Niederl. Antillen 1:2, Niederl. Antillen – Surinam 0:0.
Endrunde der Untergruppensiger: Mexiko. – Ergebnisse: Costa Rica – Mexiko 1:0, Costa Rica – Niederl. Antillen 6:0, Mexiko – Niederl. Antillen 7:0, Mexiko – Costa Rica 4:1, Niederl. Antillen – Costa Rica 2:0, Niederl. Antillen – Mexiko 0:0.

Naher Osten/Afrika: Israel. Zypern – Israel 1:1, Israel – Zypern 6:1, Israel als Sieger traf auf Äthiopien, beide Spiele in Israel: Israel – Äthiopien 1:0 und 3:2.

Afrika: Marokko
Untergruppe 1: Sudan und Ägypten zogen ihre Meldungen zurück.
Untergruppe 2: Marokko. – Ergebnisse: Marokko – Tunesien 2:1, Tunesien – Marokko 2:1; Entscheidungsspiel: Marokko – Tunesien (in Palermo) 1:1 nach Verlängerung. Los für Marokko.
Untergruppe 3: Ghana. – Ergebnisse: Ghana – Nigeria 4:1, Nigeria – Ghana 2:2.
Endrunde der Untergruppensieger: Marokko. – Ergebnisse: Ghana – Marokko 0:0, Marokko – Ghana 1:0.

Asien: Südkorea. Südkorea – Japan 2:1, Japan – Südkorea 0:2.

Alle Endrundenspiele 30. 5. – 17. 6. 1962 in chilenischen Städten

Gruppe A (in Arica): Sowjetunion und Jugoslawien. Uruguay – Kolumbien 2:1, Sowjetunion – Jugoslawien 2:0, Uruguay – Jugoslawien 1:3, Kolumbien – Sowjetunion 4:4, Uruguay – Sowjetunion 1:2, Kolumbien – Jugoslawien 0:5.
Gruppe B (in Santiago): Deutschland und Chile. Chile – Schweiz 3:1, Deutschland – Italien 0:0, Chile – Italien 2:0, Deutschland – Schweiz 2:1, Deutschland – Chile 2:0, Schweiz – Italien 0:3.
Gruppe C (in Vina del Mar): Brasilien und Tschechoslowakei. Brasilien – Mexiko 2:0, Spanien – Tschechoslowakei 0:1, Brasilien – Tschechoslowakei 0:0, Mexiko – Spanien 0:1, Brasilien – Spanien 2:1, Mexiko – Tschechoslowakei 3:1.
Gruppe D (in Rancagua): Ungarn u. England. Argentinien – Bulgarien 1:0, Ungarn – England 2:1, Argentinien – Engl. 1:3, Bulgarien – Ungarn 1:6, Argentinien – Ungarn 0:0, Bulgarien – England 0:0.

Viertelfinale:

Chile – Sowjetunion 2:1 (Arica), Deutschland – Jugoslawien 0:1 (Santiago), Brasilien – England 3:1 (Vina del Mar), Ungarn – Tschechoslowakei 0:1 (Rancagua).

Halbfinale:

Chile – Brasilien 2:4 (Santiago), Tschechoslowakei – Jugoslawien 3:1 (Vina del Mar).

Um den dritten Platz:

Chile – Jugoslawien 1:0 (Santiago).

Endspiel:
Brasilien – Tschechoslowakei 3:1 (1:1)

Brasilien: Gylmar – Djalma Santos, Nilton Santos – Zito, Mauro, Zozimo – Garrincha, Didi, Vava, Amarildo, Zagalo.
Tschechoslowakei: Schroif – Tichy, Novak – Masopust, Popluhar, Pluskal – Pospichal, Scherer, Kadraba, Kvasnak, Jelinek.
Tore: Amarildo, Zito, Vava (Masopust) – Schiedsrichter: Latyschew (Sowjetunion) – Zuschauer: 69000. – Santiago, 17. Juni.

1966 in England

Qualifikationsspiele:

Europa I: Bulgarien. Belgien – Israel 1:0, Bulgarien – Israel 4:0, Bulgarien – Belgien 3:0, Belgien – Bulgarien 5:0, Israel – Belgien 0:5, Israel – Bulgarien 1:2; Entscheidungsspiel in Florenz: Bulgarien – Belgien 2:1.
Europa II: Deutschland. Deutschland – Schweden 1:1, Deutschland – Zypern 5:0, Schweden – Zypern 3:0, Schweden – Deutschland 1:2, Zypern – Schweden 0:5, Zypern – Deutschland 0:6.
Europa III: Frankreich. Jugoslawien – Luxemburg 3:1, Luxemburg – Frankreich 0:2, Luxemburg – Norwegen 0:2, Frankreich – Norwegen 1:0, Jugoslawien – Frankreich 1:0, Norwegen – Luxemburg 4:2, Norwegen – Jugoslawien 3:0, Norwegen – Frankreich 0:1, Luxemburg – Jugoslawien 2:5, Frankreich – Jugoslawien 1:0, Frankreich – Luxemburg 4:1, Jugoslawien – Norwegen 1:1.
Europa IV: Portugal. Portugal – Türkei 5:1, Türkei – Portgual 0:1, Tschechoslowakei – Portugal 0:1, Rumänien – Türkei 3:0, Rumänien – Tschechoslowakei 1:0, Portugal – Rumänien 2:1, Tschechoslowakei – Rumänien 3:1, Türkei – Tschechoslowakei 0:6, Türkei – Rumänien 2:1, Portugal – Tschechoslowakei 0:0, Tschechoslowakei – Türkei 3:1, Rumänien – Portugal 2:0.
Europa V: Schweiz. Holland – Albanien 2:0, Nordirland – Schweiz 1:0, Albanien – Holland 0:2, Schweiz – Nordirland 2:1, Nordirland – Holland 2:1, Holland – Nordirland 0:0, Albanien – Schweiz 0:2, Schweiz – Albanien 1:0, Nordirland – Albanien 4:1, Holland – Schweiz 0:0, Schweiz – Holland 2:1, Albanien – Nordirland 1:1.
Europa VI: Ungarn. Österreich – DDR 1:1, DDR – Ungarn 1:1, Österreich – Ungarn 0:1, Ungarn – Österreich 3:0, Ungarn – DDR 3:2, DDR – Österreich 1:0.
Europa VII: Sowjetunion. Dänemark – Wales 1:0, Griechenland – Dänemark 4:2, Griechenland – Wales 2:0, Wales – Griechenland 4:1, Sowjetunion – Griechenland 3:1, Sowjetunion – Wales 2:1, Sowjetunion – Dänemark 6:0, Griechenland – Sowjetunion 1:4, Dänemark – Sowjetunion 1:3, Dänemark – Griechenland 1:1, Wales – Sowjetunion 2:1, Wales – Dänemark 4:2.

Europa VIII: Italien. Schottland – Finnland 3:1, Italien – Finnland 6:1, Polen – Italien 0:0, Polen – Schottland 1:1, Finnland – Schottland 1:2, Finnland – Italien 0:2, Finnland – Polen 2:0, Schottland – Polen 1:2, Polen – Finnland 7:0, Italien – Polen 6:1, Schottland – Italien 1:0, Italien – Schottland 3:0.
Europa IX: Spanien. Irland – Spanien 1:0, Spanien – Irland 4:1; Entscheidungsspiel in Paris: Spanien – Irland 1:0. (Syrien zog Meldung zurück.)

Südamerika I: Uruguay. Peru – Venezuela 1:0, Uruguay – Venezuela 5:0, Venezuela – Uruguay 1:3, Venezuela – Peru 3:6, Peru – Uruguay 0:1, Uruguay – Peru 2:1.
Südamerika II: Chile. Kolumbien – Ecuador 0:1, Ecuador – Kolumbien 2:0, Chile – Kolumbien 7:2, Kolumbien – Chile 2:0, Ecuador – Chile 2:2, Chile – Ecuador 3:1; Entscheidungsspiel in Lima: Chile – Ecuador 2:1.
Südamerika III: Argentinien. Paraguay – Bolivien 2:0, Argentinien – Paraguay 3:0, Paraguay – Argentinien 0:0, Argentinien – Bolivien 4:1, Bolivien – Paraguay 2:1, Bolivien – Argentinien 1:2.

Nord- und Mittelamerika: Mexiko
Untergruppe 1: Jamaica. Jamaica – Kuba 1:0, Kuba – Niederl. Antillen 1:1, Jamaica – Niederl. Antillen 2:0, Niederl. Antillen – Kuba 1:0, Niederl. Antillen – Jamaica 0:0, Kuba – Jamaica 2:1.
Untergruppe 2: Costa Rica. Trinidad – Surinam 4:1, Costa Rica – Surinam 1:0, Costa Rica – Trinidad 4:0, Surinam – Costa Rica 1:3, Trinidad – Costa Rica 0:1, Surinam – Trinidad 6:1.
Untergruppe 3: Mexiko. Honduras – Mexiko 0:1, Mexiko – Honduras 3:0, USA – Mexiko 2:2, Mexiko – USA 2:0, Honduras – USA 0:1, USA – Honduras 1:1.
Endrunde der Untergruppensieger: Mexiko. Costa Rica – Mexiko 0:0, Jamaica – Mexiko 2:3, Mexiko – Jamaica 8:0, Costa Rica – Jamaica 7:0, Mexiko – Costa Rica 1:0, Jamaica – Costa Rica 1:1.

Asien/Afrika: Nordkorea
Alle 15 afrikanischen Verbände, die gemeldet hatten, zogen ihre Meldungen zurück, ebenso Südkorea, Südafrika wurde von der FIFA suspendiert.
Die beiden verbliebenen Länder, Nordkorea und Australien, ermittelten in zwei Spielen auf neutralem Boden in Pnom Penh (Kambodscha) den Vertreter der Gruppe Asien/Afrika. Nordkorea gewann beide Spiele mit 6:1 und 3:1.

Alle Endrundenspiele 11. – 30. 7. 1966 in englischen Städten

Gruppe A (In London): England und Uruguay
England – Uruguay 0:0, Frankreich – Mexiko 1:1, Uruguay – Frankreich 2:1, England – Mexiko 2:0, Mexiko – Uruguay 0:0, England – Frankreich 2:0.
Gruppe B (in Birmingham und Sheffield): Deutschland und Argentinien
Deutschland – Schweiz 5:0, Argentinien – Spanien 2:1, Spanien – Schweiz 2:1, Argentinien – Deutschland 0:0, Argentinien – Schweiz 2:0, Deutschland – Spanien 2:1.
Gruppe C (in Liverpool und Manchester): Portugal und Ungarn
Brasilien – Bulgarien 2:0, Portugal – Ungarn 3:1, Ungarn – Brasilien 3:1, Portugal – Bulgarien 3:0, Portugal – Brasilien 3:1, Ungarn – Bulgarien 3:1.
Gruppe D (in Middlesbrough und Sunderland): Sowjetunion und Nordkorea
Sowjetunion – Nordkorea 3:0, Italien – Chile 2:0, Nordkorea – Chile 1:1, Sowjetunion – Italien 1:0, Nordkorea – Italien 1:0, Sowjetunion – Chile 2:1.

Viertelfinale:

England – Argentinien 1:0 (London), Deutschland – Uruguay 4:0 (Sheffield), Portugal – Nordkorea 5:3 (Liverpool), Sowjetunion – Ungarn 2:1 (Sunderland).

Halbfinale:

Deutschland – Sowjetunion 2:1 (Liverpool), England – Portugal 2:1 (London).

Um den dritten Platz:

Portugal – Sowjetunion 2:1 (London).

Endspiel:

England – Deutschland 4:2 n. Verlg. (2:2, 1:1)

England: Banks – Cohen, J. Charlton, Moore, Wilson – Stiles, R. Charlton, Peters – Ball, Hunt, Hurst.
Deutschland: Tilkowski – Höttges, Schulz, Weber, Schnellinger – Beckenbauer, Overath – Haller, Seeler, Held, Emmerich.
Tore: Hurst (3), Peters (Haller, Weber) – Schiedsrichter: Dienst (Schweiz) – Zuschauer: 97000. – London, 30. Juli.

1970 in Mexiko

Qualifikationsspiele:

Europa I: Rumänien. Schweiz – Griechenland 1:0, Portugal – Rumänien 3:0, Rumänien – Schweiz 2:0, Griechenland –Portugal 4:2, Portugal – Schweiz 0:2, Griechenland – Rumänien 2:2, Portugal – Griechenland 2:2, Schweiz – Rumänien 0:1, Rumänien – Portugal 1:0, Griechenland – Schweiz 4:1, Schweiz – Portugal 1:1, Rumänien – Griechenland 1:1.

Europa II: Tschechoslowakei. Dänemark – CSSR 0:3, CSSR – Dänemark 1:0, Irland – CSSR 1:2, Ungarn – CSSR 2:0, Dänemark – Irland 2:0, Irland – Ungarn 1:2, Dänemark – Ungarn 3:2, CSSR – Ungarn 3:3, CSSR – Irland 3:0, Irland – Dänemark 1:1, Ungarn – Dänemark 3:0, Ungarn – Irland 4:0; Entscheidungsspiel in Marseille: CSSR – Ungarn 4:1.

Europa III: Italien. Wales – Italien 0:1, DDR – Italien 2:2, DDR – Wales 2:1, Wales – DDR 1:3, Italien – Wales 4:1, Italien – DDR 3:0.

Europa IV: Sowjetunion. Nordirland – Türkei 4:1, Türkei – Nordirland 0:3, Nordirland – Sowjetunion 0:0, Sowjetunion – Türkei 3:0, Sowjetunion – Nordirland 2:0, Türkei – Sowjetunion 1:3.

Europa V: Schweden. Schweden – Norwegen 5:0, Frankreich – Norwegen 0:1, Norwegen – Schweden 2:5, Norwegen–Frankreich 1:3, Schweden–Frankreich 2:0, Frankreich–Schweden 3:0.

Europa VI: Belgien. Finnland – Belgien 1:2, Jugoslawien – Finnland 9:1, Belgien – Finnland 6:1, Belgien – Jugoslawien 3:0, Jugoslawien – Spanien 0:0, Spanien – Belgien 1:1, Belgien – Spanien 2:1, Spanien – Jugoslawien 2:1, Finnland – Jugoslawien 1:5, Finnland – Spanien 2:0, Spanien – Finnland 6:0, Jugoslawien – Belgien 4:0.

Europa VII: Deutschland. Österreich – Zypern 7:1, Österreich – Deutschland 0:2, Schottland – Österreich 2:1, Zypern – Deutschland 0:1, Zypern – Schottland 0:5, Schottland – Deutschland 1:1, Zypern – Österreich 1:2, Deutschland – Österreich 1:0, Schottland – Zypern 8:0, Deutschland – Zypern 12:0, Deutschland – Schottland 3:2, Österreich – Schottland 2:0.

Europa VIII: Bulgarien. Luxemburg – Holland 0:2, Bulgarien – Holland 2:0, Holland – Luxemburg 4:0, Polen – Luxemburg 8:1, Bulgarien – Luxemburg 2:1, Holland – Polen 1:0, Bulgarien – Polen 4:1, Polen – Holland 2:1, Luxemburg – Polen 1:5, Holland – Bulgarien 1:1, Polen – Bulgarien 3:0, Luxemburg – Bulgarien 1:3.

Südamerika I: Peru. Bolivien – Argentinien 3:1, Peru – Argentinien 1:0, Bolivien – Peru 2:1, Peru – Bolivien 3:0, Argentinien – Bolivien 1:0, Argentinien – Peru 2:2.

Südamerika II: Brasilien. Kolumbien – Venezuela 3:0, Venezuela – Kolumbien 1:1, Venezuela – Paraguay 0:2, Kolumbien – Brasilien 0:2, Venezuela – Brasilien 0:5, Kolumbien – Paraguay 0:1, Paraguay – Brasilien 0:3, Brasilien – Kolumbien 6:2, Paraguay – Venezuela 1:0, Paraguay – Kolumbien 2:1, Brasilien – Venezuela 6:0, Brasilien – Paraguay 1:0.

Südamerika III: Uruguay. Ekuador – Uruguay 0:2, Chile – Uruguay 0:0, Uruguay – Ekuador 1:0, Chile – Ekuador 4:1, Ekuador – Chile 1:1, Uruguay – Chile 2:0.

Zentral- und Nordamerika: El Salvador
Untergruppe A: Honduras. Costa Rica – Jamaica 3:0, Jamaica – Costa Rica 1:3, Honduras – Jamaica 3:1, Jamaica – Honduras 0:2, Honduras – Costa Rica 1:0, Costa Rica – Honduras 1:1.
Untergruppe B: Haiti. Guatemala – Trinidad 4:0, Trinidad – Guatemala 0:0, Trinidad – Haiti 0:4, Haiti – Trinidad 2:4, Haiti – Guatemala 2:0, Guatemala – Haiti 1:1.
Untergruppe C: El Salvador. Surinam – Niederl. Antillen 6:0, El Salvador – Surinam 6:0, Niederl. Antillen – Surinam 2:0, El Salvador – Niederl. Antillen 1:0, Niederl. Antillen – El Salvador 1:2, Surinam – El Salvador 4:1.
Untergruppe D: USA. Kanada – Bermudas 4:0, Kanada – USA 4:2, Bermudas – Kanada 0:0, USA – Kanada 1:0, USA – Bermudas 6:2, Bermudas – USA 0:2.
Halbfinalspiele: Haiti – USA 2:0 und 1:0; Honduras – El Salvador 1:0 und 0:3; Entscheidungsspiel in Mexico City: El Salvador – Honduras 3:2 n. Verlg.
Endspiele: Haiti – El Salvador 1:2 und 3:0; Entscheidungsspiel in Kingston/Jamaica: El Salvador – Haiti 1:0 n. Verlg.

Asien und Ozeanien: Israel
Turnier in Seoul: Australien. Japan – Australien 1:3 und 1:1; Südkorea – Japan 2:2 und 2:0; Südkorea – Australien 1:2 und 1:1.
Qualifikation in Laurenco Marques: Australien – Rhodesien 1:1, 0:0 und 3:1.
Turnier in Tel Aviv: Israel. Israel – Neuseeland 4:0 und 2:0.
Endspiele: Israel – Australien 1:0 und 1:1.

Afrika: Marokko
Untergruppe A: Algerien – Tunesien 1:2 und 0:0.

Untergruppe B: Marokko – Senegal 1:0 und 1:2; Entscheidungsspiel in Las Palmas (weil der Schiedsrichter entgegen dem Reglement das zweite Spiel gegen Senegal und Marokko nicht verlängern ließ): Marokko – Senegal 2:0.
Untergruppe C: Libyen – Äthiopien 2:0 und 1:5.
Untergruppe D: Zambia – Sudan 4:2 und 2:4 n. Verlg., Sudan qualifiziert, weil es im zweiten Spiel mehr Tore erzielte.
Untergruppe E: Nigeria – Kamerun 1:1 und 3:2.
Untergruppe F: Ghana (Freilos).
Halbfinalspiele: Tunesien – Marokko 0:0 und 0:0, Entscheidungsspiel in Marseille 2:2 n. Verlg., Los für Marokko; Äthiopien – Sudan 1:1 und 1:3; Nigeria – Ghana 2:1 und 2:1.
Endrunde: Marokko. Nigeria – Sudan 2:2, Marokko – Nigeria 2:1, Sudan – Nigeria 3:3, Sudan – Marokko 0:0, Marokko – Sudan 3:0, Nigeria – Marokko 2:0.

Alle Endrundenspiele 31. 5. – 21. 6. 1970 in mexikanischen Städten

Gruppe I (in Mexico City): UdSSR und Mexiko
UdSSR – Mexiko 0:0, Belgien – El Salvador 3:0, UdSSR – Belgien 4:1, Mexiko – El Salvador 4:0, UdSSR – El Salvador 2:0, Mexiko – Belgien 1:0.
Gruppe II (Puebla und Toluca): Italien und Uruguay
Uruguay – Israel 2:0, Italien – Schweden 1:0, Uruguay – Italien 0:0, Schweden – Israel 1:1, Uruguay – Schweden 0:1, Italien – Israel 0:0.
Gruppe III (Guadalajara): Brasilien und England
Rumänien – England 0:1, CSSR – Brasilien 1:4, Rumänien – CSSR 2:1, England – Brasilien 0:1, Rumänien – Brasilien 2:3, England – CSSR 1:0.
Gruppe IV (Leon): Deutschland und Peru
Peru – Bulgarien 3:2, Marokko – Deutschland 1:2, Peru – Marokko 3:0, Bulgarien – Deutschland 2:5, Peru – Deutschland 1:3, Bulgarien – Marokko 1:1.

Viertelfinale:

Sowjetunion – Uruguay 0:1 n. Verlg. (Mexico City), Italien – Mexiko 4:1 (Toluca), Brasilien – Peru 4:2 (Guadalajara), Deutschland – England 3:2 n. Verlg. (Leon).

Halbfinale:

Deutschland – Italien 3:4 n. Verlg. (Mexico City), Brasilien – Uruguay 3:1 (Guadalajara).

Um den dritten Platz:

Deutschland – Uruguay 1:0 (Mexiko City).

Endspiel:
Brasilien – Italien 4:1 (1:1)

Brasilien: Felix – Carlos Alberto, Brito, Piazza, Everaldo – Clodoaldo, Gerson – Jairzinho, Tostao, Pele, Rivelino.
Italien: Albertosi – Burgnich, Cera, Bertini (Juliano), Rosato, Facchetti – Domenghini, De Sisti, Mazzola – Boninsegna (Rivera), Riva.
Tore: Pele, Gerson, Jairzinho, Carlos Alberto (Boninsegna) – Schiedsrichter: Glöckner (DDR) – Zuschauer: 107000. – Mexiko, 21. Juni.

1974 in Deutschland

Qualifikationsspiele:

Europa I: Schweden. Malta – Ungarn 0:2, Österreich – Malta 4:0, Ungarn – Malta 3:0, Schweden – Ungarn 0:0, Österreich – Schweden 2:0, Österreich – Ungarn 2:2, Schweden – Malta 7:0, Malta – Österreich 0:2, Ungarn – Österreich 2:2, Schweden – Österreich 3:2, Ungarn – Schweden 3:3, Malta – Schweden 1:2; Entscheidungsspiel in Gelsenkirchen: Schweden – Österreich 2:1.
Europa II: Italien. Luxemburg – Italien 0:4, Schweiz – Italien 0:0, Luxemburg – Türkei 2:0, Türkei – Luxemburg 3:0, Italien – Türkei 0:0, Türkei – Italien 0:1, Italien – Luxemburg 5:0, Luxemburg – Schweiz 0:1, Schweiz – Türkei 0:0, Schweiz – Luxemburg 1:0, Italien – Schweiz 2:0, Türkei – Schweiz 2:0.
Europa III: Holland. Belgien – Island 4:0, Island – Belgien 0:4, Norwegen – Island 4:1, Norwegen – Belgien 0:2, Holland – Norwegen 9:0, Belgien – Holland 0:0, Island – Norwegen 0:4, Holland – Island 5:0, Island – Holland (in Holland) 1:8, Norwegen – Holland 1:2, Belgien – Norwegen 2:0, Holland – Belgien 0:0.
Europa IV: DDR. Finnland – Albanien 1:0, Finnland – Rumänien 1:1, DDR – Finnland 5:0, Rumänien – Albanien 2:0, DDR – Albanien 2:0, Albanien – Rumänien 1:4, Rumänien – DDR 1:0, Finnland – DDR 1:5, DDR – Rumänien 2:0, Albanien – Finnland 1:0, Rumänien – Finnland 9:0, Albanien – DDR 1:4.

Europa V: Polen. Wales – England 0:1, England – Wales 1:1, Wales – Polen 2:0, Polen – England 2:0, Polen – Wales 3:0, England – Polen 1:1.
Europa VI: Bulgarien. Portugal – Zypern 4:0, Zypern – Portugal 0:1, Bulgarien – Nordirland 3:0, Zypern – Bulgarien 0:4, Zypern – Nordirland 1:0, Nordirland – Portugal 1:1, Bulgarien – Portugal 2:1, Nordirland – Zypern 3:0, Nordirland – Bulgarien 0:0, Portugal – Bulgarien 2:2, Portugal – Nordirland 1:1, Bulgarien – Zypern 2:0.
Europa VII: Jugoslawien. Spanien – Jugoslawien 2:2, Jugoslawien – Griechenland 1:0, Griechenland – Spanien 2:3, Spanien – Griechenland 3:1, Jugoslawien – Spanien 0:0, Griechenland – Jugoslawien 2:4; Entscheidungsspiel in Frankfurt: Jugoslawien – Spanien 1:0.
Europa VIII: Schottland. Dänemark – Schottland 1:4, Schottland – Dänemark 2:0, Dänemark – Tschechoslowakei 1:1, Tschechoslowakei – Dänemark 6:0, Schottland – Tschechoslowakei 2:1, Tschechoslowakei – Schottland 1:0.
Europa IX: Sowjetunion. Frankreich – Sowjetunion 1:0, Irland – Sowjetunion 1:2, Irland – Frankreich 2:1, Sowjetunion – Irland 1:0, Frankreich – Irland 1:1, Sowjetunion – Frankreich 2:0.
Entscheidungsspiele Europa IX – Südamerika III
Sowjetunion – Chile 0:0, Chile – Sowjetunion (Sowjetunion nicht angetreten, **Chile** für die Endrunde qualifiziert).
Südamerika I: Uruguay. Kolumbien – Ekuador 1:1, Kolumbien – Uruguay 0:0, Ekuador – Kolumbien 1:1, Ekuador – Uruguay 1:2, Uruguay – Kolumbien 0:1, Uruguay – Ekuador 4:0.
Südamerika II: Argentinien. Bolivien – Paraguay 1:2, Argentinien – Bolivien 4:0, Paraguay – Argentinien 1:1, Bolivien – Argentinien 0:1, Paraguay – Bolivien 4:0, Argentinien – Paraguay 3:1.
Südamerika III: Chile. Peru – Chile 2:0, Chile – Peru 2:0; Entscheidungsspiel in Montevideo: Chile – Peru 2:1.
Zentral- und Nordamerika: Haiti
Untergruppe 1: Mexiko. Kanada – USA 3:2, Kanada – Mexiko 0:1, USA – Kanada 2:2, Mexiko – USA 3:1, Mexiko – Kanada 2:1, USA – Mexiko 1:2.
Untergruppe 2: Guatemala. Guatemala – El Salvador 1:0, El Salvador – Guatemala 0:1.
Untergruppe 3: Honduras. Honduras – Costa Rica 2:1, Costa Rica – Honduras 3:3.
Untergruppe 4: Niederländische Antillen. (Jamaica verzichtet.)
Untergruppe 5: Haiti. Haiti – Puerto Rico 7:0, Puerto Rico – Haiti 0:5
Untergruppe 6: Trinidad. Trinidad – Antigua 11:1, Antigua – Trinidad 1:2, Surinam – Trinidad 1:1, Trinidad – Surinam 2:1, Antigua – Surinam 0:6, Surinam – Antigua 3:1.
Endrundenspiele in Port-au-Prince/Haiti: Haiti. Honduras – Trinidad 2:1, Mexiko – Guatemala 0:0, Haiti – Niederländisch Antillen 3:0, Honduras – Mexiko 1:1, Haiti – Trinidad 2:1, Niederländisch Antillen – Guatemala 2:2, Haiti – Honduras 1:0, Mexiko – Niederländisch Antillen 8:0, Trinidad – Guatemala 1:0, Honduras – Niederländisch Antillen 2:2, Haiti – Guatemala 2:1, Trinidad – Mexiko 4:0, Honduras – Guatemala 1:1, Trinidad – Niederländisch Antillen 4:0, Haiti – Mexiko 0:1.

Asien und Ozeanien: Australien
Einteilungsspiele in Seoul: Südvietnam – Thailand 1:0, Israel – Japan 2:1, Hongkong – Malaysia 1:0.
Untergruppe A/1 (Turnier in Seoul): Hongkong. – Ergebnisse Japan – Südvietnam 4:0, Hongkong – Japan 1:0, Hongkong – Südvietnam 1:0.
Untergruppe A/2 (Turnier in Seoul): Israel. – Ergebnisse: Südkorea – Thailand 4:0, Israel – Malaysia 3:0, Südkorea – Malaysia 0:0, Israel – Thailand 6:0, Südkorea – Israel 0:0, Malaysia – Thailand 2:0.
Halbfinale: Südkorea – Hongkong 3:1, Israel – Japan 1:0 n. V.
Endspiel der Untergruppe A: Südkorea – Israel 1:0 n. V.
Untergruppe B/1 (Turnier in Australien): Australien. – Ergebnisse: Australien – Neuseeland 1:1, Australien – Irak 3:1, Neuseeland – Indonesien 1:1, Australien – Indonesien 2:1, Irak – Neuseeland 2:0, Australien – Neuseeland 3:3, Irak – Indonesien 1:1, Australien – Irak 0:0, Indonesien – Neuseeland 1:0, Irak – Indonesien 3:2, Australien – Indonesien 6:0, Irak – Neuseeland 4:0.
Gruppe B/2 (Turnier in Teheran): Iran. – Ergebnisse: Iran – Nordkorea 0:0, Syrien – Kuweit 2:1, Iran – Kuweit 2:1, Nordkorea – Syrien 1:1, Nordkorea – Kuweit 0:0, Iran – Syrien 1:0, Iran – Nordkorea 2:1, Syrien – Kuwait 2:0, Iran – Kuwait 2:0, Nordkorea – Syrien 3:0, Syrien – Iran 1:0, Kuweit – Nordkorea 2:0.
Endspiele der Untergruppe B: Australien – Iran 3:0, Iran – Australien 2:0.
Endspiele: Australien – Südkorea 0:0, Südkorea – Australien 2:2, Entscheidungsspiel in Hongkong: Australien – Südkorea 1:0.

Afrika: Zaire
Vorrunde:
Gruppe 1: Marokko – Senegal 0:0 und 2:1. **Gruppe 2:** Algerien – Guinea 1:0 und 1:5. **Gruppe 3:** Ägypten – Tunesien 2:1 und 0:2. **Gruppe 4:** Sierre Leone – Elfenbeinküste 0:1 und 0:2. **Gruppe 5:** Kenia – Sudan 2:0 und 0:1. **Gruppe 6:** Madagaskar verzichtet gegen Mauritius. **Gruppe 7:**

Äthiopien – Tansania 0:0, 1:1 und 3:0. **Gruppe 8:** Lesotho – Zambia 0:0 und 1:6. **Gruppe 9:** Nigeria – Kongo 2:1 und 1:1. **Gruppe 10:** Dahomey – Ghana 0:5 und 1:5. **Gruppe 11:** Togo – Zaire 0:0 und 0:4. **Gruppe 12:** Gabun verzichtet gegen Kamerun.

Zwischenrunde:

Gruppe 1: Guinea – Marokko 1:1 und 0:2. **Gruppe 2:** Tunesien – Elfenbeinküste 1:1 und 1:2. **Gruppe 3:** Mauritius – Kenia 1:3 und 2:2. **Gruppe 4:** Äthiopien – Zambia 0:0 und 2:4. **Gruppe 5:** Nigeria – Ghana 2:3 abgebrochen (wurde mit 2:0 Toren für Ghana gewertet) und 0:0. **Gruppe 6:** Kamerun – Zaire 0:1, 1:0 und 0:2.

Vorschlußrunde: Gruppe 1: Elfenbeinküste – Marokko 1:1 und 1:4. **Gruppe 2:** Zambia – Kenia 2:0 und 2:2. **Gruppe 3:** Ghana – Zaire 1:0 und 1:4.

Endrunde: Zambia – Marokko 4:0, Zambia – Zaire 0:2, Zaire – Zambia 2:1, Marokko – Zambia 2:0, Zaire – Marokko 3:0, Marokko – Zaire (Marokko verzichtet, Spiel wurde mit 2:0 Toren für Zaire gewertet).

Alle Endrundenspiele 13. 6. – 7. 7. 1974 in deutschen Städten

1. Finalrunde:

Gruppe I (in Berlin und Hamburg): DDR und Deutschland

Deutschland – Chile 1:0, DDR – Australien 2:0, Chile – DDR 1:1, Australien – Deutschland 0:3, Australien – Chile 0:0, DDR – Deutschland 1:0.

Gruppe II (in Frankfurt, Dortmund und Gelsenkirchen): Jugoslawien und Brasilien.

Brasilien – Jugoslawien 0:0, Zaire – Schottland 0:2, Jugoslawien – Zaire 9:0, Schottland – Brasilien 0:0, Zaire – Brasilien 0:3, Schottland – Jugoslawien 1:1.

Gruppe III (in Düsseldorf, Hannover und Dortmund): Holland und Schweden.

Schweden – Bulgarien 0:0, Uruguay – Holland 0:2, Holland – Schweden 0:0, Bulgarien – Uruguay 1:1, Bulgarien – Holland 1:4, Schweden – Uruguay 3:0.

Gruppe IV (in München und Stuttgart): Polen und Argentinien.

Italien – Haiti 3:1, Polen – Argentinien 3:2, Haiti – Polen 0:7, Argentinien – Italien 1:1, Argentinien – Haiti 4:1, Polen – Italien 2:1.

2. Finalrunde:

Gruppe A (in Gelsenkirchen, Hannover und Dortmund): Holland

Holland – Argentinien 4:0, Brasilien – DDR 1:0, DDR – Holland 0:2, Argentinien – Brasilien 1:2, Holland – Brasilien 2:0, Argentinien – DDR 1:1.

Gruppe B (in Düsseldorf, Stuttgart und Frankfurt): Deutschland.

Jugoslawien – Deutschland 0:2, Schweden – Polen 0:1, Polen – Jugoslawien 2:1, Deutschland – Schweden 4:2, Polen – Deutschland 0:1, Schweden – Jugoslawien 2:1.

Um den dritten Platz:

Polen – Brasilien 1:0 (0:0) in München.

Endspiel:

Deutschland – Holland 2:1 (2:1)

Deutschland: Maier – Vogts, Beckenbauer, Schwarzenbeck, Breitner – Hoeneß, Bonhof, Overath – Grabowski, Müller, Hölzenbein.

Holland: Jongbloed – Suurbier, Rijsbergen (de Jong), Haan, Krol – Jansen, Neeskens, van Hanegem – Reep, Cruyff, Rensenbrink (René van de Kerkhof).

Tore: Breitner, Müller / Neeskens. – Schiedsrichter: Taylor (England). – Zuschauer: 80000. – München, 7. Juli.

1978 in Argentinien

Qualifikationsspiele:

Europa I: Polen. Zypern – Dänemark 1:5, Portugal – Polen 0:2, Dänemark – Zypern 5:0, Polen – Zypern 5:0, Portugal – Dänemark 1:0, Zypern – Portugal 1:2, Dänemark – Polen 1:2, Zypern – Polen 1:3, Polen – Dänemark 4:1, Dänemark – Portugal 2:4, Polen – Portugal 1:1, Portugal – Zypern 4:0.

Europa II: Italien. Finnland – England 1:4, Finnland – Luxemburg 7:1, England – Finnland 2:1, Luxemburg – Italien 1:4, Italien – England 2:0, England – Luxemburg 5:0, Luxemburg – Finnland 0:1, Finnland – Italien 0:3, Luxemburg – England 0:2, Italien – Finnland 6:1, England – Italien 2:0, Italien – Luxemburg 3:0.

Europa III: Österreich. – Türkei – Malta 4:0, DDR – Türkei 1:1, Malta – Österreich 0:1, Malta – DDR 0:1, Österreich – Türkei 1:0, Österreich – Malta 9:0, Österreich – DDR 1:1, DDR – Österreich 1:1, DDR – Malta 9:0, Türkei – Österreich 0:1, Türkei – DDR 1:2, Malta – Türkei 0:3.

Europa IV: Holland. Island – Belgien 0:1, Island – Holland 0:1, Holland – Nordirland 2:2, Belgien – Nordirland 2:0, Belgien – Holland 0:2, Island – Nordirland 1:0, Holland – Island 4:1, Belgien – Island 4:0, Nordirland – Island 2:0, Nordirland – Holland 0:1, Holland – Belgien 1:0, Nordirland – Belgien 3:0.
Europa V: Frankreich. Bulgarien – Frankreich 2:2, Frankreich – Irland 2:0, Irland – Frankreich 1:0, Bulgarien – Irland 2:1, Irland – Bulgarien 0:0, Frankreich – Bulgarien 3:1.
Europa VI: Schweden. Schweden – Norwegen 2:0, Norwegen – Schweiz 1:0, Schweiz – Schweden 1:2, Schweden – Schweiz 2:1, Norwegen – Schweden 2:1, Schweiz – Norwegen 1:0.
Europa VII: Schottland. CSSR – Schottland 2:0, Schottland – Wales 1:0, Wales – CSSR 3:0, Schottland – CSSR 3:1, Wales – Schottland 0:2, CSSR – Wales 1:0.
Europa VIII: Spanien. Spanien – Jugoslawien 1:0, Rumänien – Spanien 1:0, Jugoslawien – Rumänien 0:2, Spanien – Rumänien 2:0, Rumänien – Jugoslawien 4:6, Jugoslawien – Spanien 0:1.
Europa IX: Ungarn. Griechenland – Ungarn 1:1, Sowjetunion – Griechenland 2:0, Ungarn – Sowjetunion 2:1, Griechenland – Sowjetunion 1:0, Sowjetunion – Ungarn 2:0, Ungarn – Griechenland 3:0.
Entscheidungsspiel Europa IX – 3. Südamerika
Ungarn – Bolivien 6:0, Bolivien – Ungarn 2:3.

Südamerika I: Brasilien. Kolumbien – Brasilien 0:0, Kolumbien – Paraguay 0:1, Paraguay – Kolumbien 1:1, Brasilien – Kolumbien 6:0, Praraguay – Brasilien 0:1, Brasilien – Paraguay 1:1.
Südamerika II: Bolivien. Venezuela – Uruguay 1:1, Bolivien – Uruguay 1:0, Venezuela – Bolivien 1:3, Bolivien – Venezuela 2:0, Uruguay – Venezuela 2:0, Uruguay – Bolivien 2:2.
Südamerika III: Peru. Ekuador – Peru 1:1, Ekuador – Chile 0:1, Chile – Peru 1:1, Peru – Ekuador 4:0, Chile – Ekuador 3:0, Peru – Chile 2:0.
Südamerika, Endrunde in Cali/Kolumbien: Brasilien und Peru. – Ergebnisse: Brasilien – Peru 1:0, Brasilien – Bolivien 8:0, Peru – Bolivien 5:0.

Nord-/Zentralamerika/Karibik: Mexiko
Gruppe 1 (Nordamerika): Mexiko, Kanada. Kanada – USA 1:1, USA – Mexiko 0:0, Kanada – Mexiko 1:0, Mexiko – USA 3:0, USA – Kanada 2:0, Mexiko – Kanada 0:0; Entscheidungsspiel in Haiti: Kanada – USA 3:0.
Gruppe 2 (Zentralamerika): Guatemala, El Salvador. Panama – Costa Rica 3:2, Panama – El Salvador 1:1, Costa Rica – Panama 3:0, El Salvador – Panama 4:1, Panama – Guatemala 2:4, Guatemala – Panama 7:0, El Salvador – Costa Rica 1:1, Costa Rica – Guatemala 0:0, Guatemala – El Salvador 3:1, Guatemala – Costa Rica 1:1, Costa Rica – El Salvador 1:1, El Salvador – Guatemala 2:0.
Gruppe 3 (Karibik): Haiti, Surinam
Ausscheidungsrunde: Haiti – St. Domingo 3:0 und 3:0.
1. Runde: Gruppe 1: Guyana – Surinam 2:0 und 0:3, **Gruppe 2:** Barbados – Trinidad 2:1, 0:1 und 1:3, **Gruppe 3:** Niederl. Antillen – Haiti 1:2 und 0:7, **Gruppe 4:** Jamaika – Kuba 1:3 und 0:2.
2. Runde: Gruppe 1: Surinam – Trinidad 1:1, 2:2 und 3:2 n. V., **Gruppe 2:** Kuba – Haiti 1:1, 1:1 und 0:2.
Endrunde in Mexiko: Mexiko. Guatemala – Surinam 3:2, El Salvador – Kanada 2:1, Mexiko – Haiti 4:1, Mexiko – El Salvador 3:1, Kanada – Surinam 2:1, Haiti – Guatemala 2:1, Mexiko – Surinam 8:1, Haiti – El Salvador 1:0, Kanada – Guatemala 2:1, Mexiko – Guatemala 2:1, El Salvador – Surinam 3:2, Kanada – Haiti 1:1, Mexiko – Kanada 3:1, Haiti – Surinam 1:0, Guatemala – El Salvador 2:2.

Asien und Ozeanien: Iran
Asien, Gruppe 1 (Turnier in Singapur): Hongkong. Singapur – Thailand 2:0, Hongkong – Indonesien 4:1, Malaysia – Thailand 6:4, Singapur – Hongkong 2:2, Indonesien – Malaysia 0:0, Hongkong – Thailand 2:1, Singapur – Malaysia 1:0, Thailand – Indonesien 3:2, Hongkong – Malaysia 1:1, Singapur – Indonesien 0:4, Entscheidungsspiel Erster – Zweiter: Hongkong – Singapur 1:0.
Asien, Gruppe 2: Südkorea. Israel – Südkorea 0:0, Israel – Japan 2:0 und 2:0, Südkorea – Israel 3:1, Japan – Südkorea 0:0, Südkorea – Japan 1:0.
Asien, Gruppe 3: Iran. Saudi-Arabien – Syrien 2:0, Syrien – Saudi-Arabien 2:1, Saudi-Arabien – Iran 0:3, Syrien – Iran 0:1, Iran – Syrien (kampflos 2:0), Iran – Saudi-Arabien 2:0.
Asien, Gruppe 4 (Turnier in Dohe/Katar): Kuwait. Kuwait – Bahrein 2:0, Katar – Bahrein 2:0, Katar – Kuwait 0:2, Kuwait – Bahrein 2:1, Katar – Bahrein 0:3, Katar – Kuwait 1:4.
Ozeanien: Australien. Australien – Taiwan 3:0, Taiwan – Australien 1:2, Neuseeland – Taiwan 6:0 und 6:0, Australien – Neuseeland 3:1, Neuseeland – Australien 1:1.
Endrunde:
Hongkong – Iran 0:2, Hongkong – Südkorea 0:1, Südkorea – Iran 0:0, Australien – Hongkong 3:0, Australien – Iran 0:1, Australien – Südkorea 2:1, Hongkong – Kuwait 1:3, Südkorea – Kuwait

1:0, Australien – Kuwait 1:2, Südkorea – Australien 0:0, Iran – Kuwait 1:0, Hongkong – Australien 2:5, Kuwait – Südkorea 2:2, Iran – Südkorea 2:2, Kuwait – Hongkong 4:0, Iran – Hongkong 3:0, Kuwait – Australien 1:0, Iran – Australien 1:0, Kuwait – Iran 1:2, Südkorea – Hongkong 5:2.

Afrika: Tunesien
Ausscheidungsrunde:
Sierra Leone – Niger 5:1, 1:2, Obervolta – Mauretanien 1:1 und 2:0.
1. Runde: Gruppe 1: Algerien – Libyen 1:0 und 0:0, **Gruppe 2:** Marokko – Tunesien 1:1, 1:1 n. V. (Elfmeterschießen 4:2 f. Tunesien), **Gruppe 3:** Togo – Senegal 1:0 und 1:1, **Gruppe 4:** Ghana – Guinea 2:1, 1:2 und 0:2, **Gruppe 5:** Zaire kampflos Sieger gegen Zentralafrika, **Gruppe 6:** Sierra Leone – Nigeria 0:0 und 2:6, **Gruppe 7:** Kongo – Kamerun 2:2 und 2:1 abgebr. (Kongo z. Sieger erklärt), **Gruppe 8:** Obervolta – Elfenbeinküste 1:1 und 0:2, **Gruppe 9:** Ägypten – Äthiopien 3:0 und 2:1, **Gruppe 10:** Kenia kampflos Sieger gegen Sudan, **Gruppe 11:** Uganda kampflos Sieger gegen Tansania, **Gruppe 12:** Sambia – Malawi 4:0 und 1:0.
2. Runde:
Gruppe 1: Tunesien – Algerien 2:0 und 1:1, **Gruppe 2:** Togo – Guinea 0:2 und 1:2, **Gruppe 3:** Nigeria kampflos Sieger gegen Zaire, **Gruppe 4:** Elfenbeinküste – Kongo 3:2 und 3:1, **Gruppe 5:** Kenia – Ägypten 0:0 und 0:1, **Gruppe 6:** Uganda – Sambia 1:0 und 2:4 n. V.
3. Runde: Gruppe 1: Guinea – Tunesien 1:0 und 1:3, **Gruppe 2:** Nigeria – Elfenbeinküste 4:0 und 2:2, **Gruppe 3:** Ägypten – Sambia 2:0 und 0:0.
Endrunde: Tunesien. Tunesien – Nigeria 0:0, Nigeria – Ägypten 4:0, Ägypten – Nigeria 3:1, Nigeria – Tunesien 0:1, Ägypten – Tunesien 3:2, Tunesien – Ägypten 4:1.

Alle Endrundenspiele 1. 6. – 25. 6. 1978 in argentinischen Städten

1. Finalrunde:

Gruppe I (in Mar del Plata und Buenos Aires): Italien und Argentinien
Italien – Frankreich 2:1, Argentinien – Ungarn 2:1, Italien – Ungarn 3:1, Argentinien – Frankreich 2:1, Frankreich – Ungarn 3:1, Argentinien – Italien 0:1.
Gruppe II (in Rosario, Cordoba und Buenos Aires): Polen und Deutschland
Deutschland – Polen 0:0, Tunesien – Mexiko 3:1, Polen – Tunesien 1:0, Deutschland – Mexiko 6:0, Polen – Mexiko 3:1, Deutschland – Tunesien 0:0.
Gruppe III (in Buenos Aires und Mar del Plata): Österreich und Brasilien
Österreich – Spanien 2:1, Brasilien – Schweden 1:1, Österreich – Schweden 1:0, Brasilien – Spanien 0:0, Spanien – Schweden 1:0, Brasilien – Österreich 1:0.
Gruppe IV (in Cordoba und Mendoza): Peru und Holland
Peru – Schottland 3:1, Holland – Iran 3:0, Schottland – Iran 1:1, Peru – Holland 0:0, Peru – Iran 4:1, Schottland – Holland 3:2.

2. Finalrunde:

Gruppe A (in Buenos Aires und Cordoba): Holland
Deutschland – Italien 0:0, Holland – Österreich 5:1, Deutschland – Holland 2:2, Italien – Österreich 1:0, Holland – Italien 2:1, Österreich – Deutschland 3:2.
Gruppe B (in Mendoza und Rosario): Argentinien
Brasilien – Peru 3:0, Argentinien – Polen 2:0, Polen – Peru 1:0, Argentinien – Brasilien 0:0, Brasilien – Polen 3:1, Argentinien – Peru 6:0.

Um den dritten Platz:

Brasilien – Italien 2:1 (0:1) in Buenos Aires.

Endspiel:

Argentinien – Holland 3:1 n. V. (1:1, 1:0)

Argentinien: Fillol – Olguin, Luis Galvan, Passarella, Tarantini – Ardiles (Larossa), Gallego, Kempes – Bertoni, Luque, Ortis (Houseman).
Holland: Jongbloed – Poortvliet, Krol, Brandts, Jansen (Suurbier) – Neeskens, Haan, Willy van de Kerkhof – Rene van de Kerkhof, Rep (Nanninga), Rensenbrink.
Tore: Kempes (2). Bertoni / Nanninga. – Schiedsrichter: Gonella (Italien). – Zuschauer: 78000. – Buenos Aires, 25. Juni.

1982 in Spanien

Qualifikationsspiele:

Europa I: Deutschland, Österreich. Deutschland – Österreich 2:0, 3:1; Deutschland – Bulgarien 4:0, 3:1; Deutschland – Albanien 8:0, 2:0; Deutschland – Finnland 7:1, 4:0; Österreich – Bulgarien 2:0, 0:0; Österreich – Albanien 5:0, 1:0; Österreich – Finnland 5:1, 2:0; Bulgarien – Albanien 2:1, 2:0; Bulgarien – Finnland 4:0, 2:0; Albanien – Finnland 2:0, 1:2.

Europa II: Belgien, Frankreich. Belgien – Frankreich 2:0, 2:3; Belgien – Irland 1:0, 1:1; Belgien – Holland 1:0, 0:3; Belgien – Zypern 3:2, 2:0; Frankreich – Irland 2:0, 2:3; Frankreich – Holland 2:0, 0:1; Frankreich – Zypern 4:0, 7:0; Irland – Holland 2:1, 2:2; Irland – Zypern 6:0, 3:2; Holland – Zypern 3:0, 1:0.

Europa III: Sowjetunion, CSSR. Sowjetunion – CSSR 2:0, 1:1; Sowjetunion – Wales 3:0, 0:0; Sowjetunion – Island 5:0, 2:1; Sowjetunion – Türkei 4:0, 3:0; CSSR – Wales 2:0, 0:1; CSSR – Island 6:1, 1:1; CSSR – Türkei 2:0, 3:0; Wales – Island 2:2, 4:0; Wales – Türkei 4:0, 1:0; Island – Türkei 2:0, 3:1.

Europa IV: Ungarn, England. Ungarn – England 1:3, 0:1, Ungarn – Rumänien 1:0, 0:0; Ungarn – Schweiz 3:0, 2:2; Ungarn – Norwegen 4:1, 2:1; England – Rumänien 0:0, 1:2; England – Schweiz 2:1, 1:2; England – Norwegen 4:0, 1:2; Rumänien – Schweiz 1:2, 0:0; Rumänien – Norwegen 1:0, 1:1; Schweiz – Norwegen 1:2, 1:1.

Europa V: Jugoslawien, Italien. Jugoslawien – Italien 1:1, 0:2; Jugoslawien – Dänemark 2:1, 2:1; Jugoslawien – Griechenland 5:1, 2:1; Jugoslawien – Luxemburg 5:0, 5:0; Italien – Dänemark 2:0, 1:3; Italien – Griechenland 1:1, 2:0; Italien – Luxemburg 1:0, 2:0; Dänemark – Griechenland 0:1, 3:2; Dänemark – Luxemburg 4:0, 2:1; Griechenland – Luxemburg 2:0, 2:0.

Europa VI: Schottland, Nordirland. Schottland – Nordirland 1:1, 0:0; Schottland – Schweden 2:0, 1:0; Schottland – Portugal 0:0, 1:2; Schottland – Israel 3:1, 1:0; Nordirland – Schweden 3:0, 0:1; Nordirland – Portugal 1:0, 0:1; Nordirland – Israel 1:0, 0:0; Schweden – Portugal 3:0, 2:1; Schweden – Israel 1:1, 0:0; Portugal – Israel 3:0, 1:4.

Europa VII: Polen. Polen – DDR 1:0, 3:2; Polen – Malta 6:0, 2:0; DDR – Malta 5:1, 2:1.

Spanien als Veranstalterland ist automatisch qualifiziert.

Südamerika I: Brasilien. Brasilien – Bolivien 3:1, 2:1; Brasilien – Venezuela 5:0, 1:0; Bolivien – Venezuela 3:0, 0:1.

Südamerika II: Peru. Kolumbien – Peru 1:1, Uruguay – Kolumbien 3:2, Peru – Kolumbien 2:0, Uruguay – Peru 1:2, Peru – Uruguay 0:0, Kolumbien – Uruguay 1:1.

Südamerika III: Chile. Chile – Ekuador 2:0, 0:0; Chile – Paraguay 3:0, 1:0; Ekuador – Paraguay 1:0, 1:3.

Argentinien als letzter Weltmeister ist automatisch qualifiziert.

Nord-/Mittelamerika: Honduras, El Salvador:

Qualifikationen:

Nordzone: Kanada. Kanada – Mexiko 1:1, 1:1; Kanada – USA 2:1, 0:0; Mexiko – USA 5:1, 1:2.

Karibikzone: Qualifikation: Guyana – Grenada 5:2 und 3:2.

Gruppe A: Kuba. Kuba – Surinam 3:0, 0:0; Kuba – Guyana 1:0, 3:0; Surinam – Guyana 4:0, 1:0.

Gruppe B: Haiti. Haiti – Trinidad 2:0, 0:1; Haiti – Niederl. Antillen 1:0, 1:1; Trinidad – Niederl. Antillen 0:0, 0:0.

Zentralzone: Honduras. Honduras – El Salvador 2:0, 1:2; Honduras – Guatemala 0:0, 1:0; Honduras – Costa Rica 1:1, 3:2; Honduras – Panama 5:0, 2:0; El Salvador – Guatemala 1:0, 0:0; El Salvador – Costa Rica 0:0, 2:0 nach FIFA-Urteil, da Costa Rica nicht angetreten; El Salvador – Panama 4:1, 3:1; Guatemala – Costa Rica 0:0, 3:0; Guatemala – Panama 5:0, 2:0; Costa Rica – Panama 2:0, 1:1.

Endrunde (Turnier in Honduras): Honduras, El Salvador. Honduras – El Salvador 0:0, Honduras – Mexiko 0:0, Honduras – Kanada 2:1, Honduras – Kuba 2:0, Honduras – Haiti 4:0, El Salvador – Mexiko 1:0, El Salvador – Kanada 0:1, El Salvador – Kuba 0:0, El Salvador – Haiti 1:0, Mexiko – Kanada 1:1, Mexiko – Kuba 4:0, Mexiko – Haiti 1:1, Kanada – Kuba 2:2, Kanada – Haiti 1:1, Kuba – Haiti 2:0.

Afrika: Algerien, Kamerun

1. Runde: Libyen – Gambia 2:1, 0:0; Äthiopien – Sambia 0:0, 0:4; Sierra Leone – Algerien 2:2, 1:3; Senegal – Marokko 0:1, 0:0; Guinea – Lesotho 3:1, 1:1; Kamerun – Malawi 3:0, 1:1; Tunesien – Nigeria 2:0, 0:2 n. V., Nigeria 4:3-Sieger im Elfmeterschießen; Kenia – Tansania 3:1, 0:5; Zaire – Mosambik 5:2, 2:1; Niger – Somalia 0:0, 1:1; Ghana verzichtet gegen Ägypten, Uganda verzichtet gegen Madagaskar; Freilose: Sudan, Liberia, Togo und Zimbabwe.

2. Runde: Kamerun – Zimbabwe 2:0, 0:1; Marokko – Sambia 2:0, 0:2; Marokko 5:4-Sieger im Elfmeterschießen; Madagaskar – Zaire 1:1, 2:3; Nigeria – Tansania 1:1, 2:0; Liberia – Guinea 0:0, 0:1; Algerien – Sudan 2:0, 1:1; Niger – Togo 0:1, 2:1; Libyen verzichtet gegen Ägypten.

3. Runde: Algerien – Niger 4:0, 0:1; Guinea – Nigeria 1:1, 0:1; Marokko – Ägypten 1:0, 0:0; Zaire – Kamerun 1:0, 1:6.

4. Runde: Nigeria – Algerien 0:2, 1:2; Marokko – Kamerun 0:2, 1:2.

Asien/Ozeanien: Kuwait, Neuseeland
Gruppe 1: Neuseeland. Neuseeland – Australien 3:3, 2:0; Neuseeland – Indonesien 5:0, 2:0; Neuseeland – Taiwan 2:0, 0:0; Neuseeland – Fidschi 13:0, 4:0; Australien – Fidschi 10:0, 4:1; Australien – Taiwan 3:2, 0:0; Australien – Indonesien 2:0, 0:1; Indonesien – Taiwan 1:0, 0:2; Indonesien – Fidschi 3:3, 0:0; Taiwan – Fidschi 0:0, 1:2.
Gruppe 2 (Turnier in Riad/Saudi-Arabien): Saudi-Arabien. Katar – Irak 0:1; Syrien – Bahrein 0:1; Irak – Saudi-Arabien 0:1; Katar – Bahrein 3:0; Syrien – Saudi-Arabien 0:2; Irak – Bahrein 2:0; Katar – Syrien 2:1; Bahrein – Saudi-Arabien 0:1; Irak – Syrien 2:1; Katar – Saudi-Arabien 0:1.
Gruppe 3 (Turnier in Kuwait): Kuwait. Malaysia – Südkorea 1:2, Kuwait – Thailand 6:0, Südkorea – Thailand 5:1, Kuwait – Malaysia 4:0, Malaysia – Thailand 2:2, Kuwait – Südkorea 2:0.
Gruppe 4 (Turnier in Hongkong). – Qualifikationsspiele: Hongkong – China 0:1, Nordkorea – Macao 3:0, Singapur – Japan 0:1. – **Gruppe A:** China. China – Macao 3:0, China – Japan 1:0, Japan – Macao 3:0. – **Gruppe B:** Nordkorea. Hongkong – Singapur 1:1, Hongkong – Nordkorea 2:2, Nordkorea – Singapur 1:0.
Halbfinale : China – Hongkong 0:0 n. V., China 5:4-Sieger im Elfmeterschießen, Nordkorea – Japan 1:0 n. V.
Endspiel: China – Nordkorea 4:2 n. V.
Endrunde:
China – Neuseeland 0:0 und 0:1, Neuseeland – Kuwait 1:2 und 2:2, China – Kuwait 3:0 und 0:1, Saudi-Arabien – Kuwait 0:1 und 0:2, Saudi-Arabien – China 2:4 und 0:2, Neuseeland – Saudi-Arabien 2:2 und 5:0.
Entscheidungsspiel in Singapur: Neuseeland – China 2:1.

Alle Endrundenspiele 13. 6. – 11. 7. 1982 in spanischen Städten

1. Finalrunde:

Gruppe 1 (in Vigo und La Coruna): Polen und Italien
Italien – Polen 0:0, Polen – Kamerun 0:0, Peru – Kamerun 0:0, Italien – Peru 1:1, Polen – Peru 5:1, Italien – Kamerun 1:1.
Gruppe 2 (in Gijon und Oviedo): Deutschland und Österreich
Deutschland – Algerien 1:2, Chile – Österreich 0:1, Deutschland – Chile 4:1, Algerien – Österreich 0:2, Algerien – Chile 3:2, Deutschland – Österreich 1:0.
Gruppe 3 (in Barcelona, Elche, Alicante): Belgien und Argentinien
Argentinien – Belgien 0:1, Ungarn – El Salvador 10:1, Argentinien – Ungarn 4:1, Belgien – El Salvador 1:0, Belgien – Ungarn 1:1, Argentinien – El Salvador 2:0.
Gruppe 4 (in Bilbao und Valladolid): England und Frankreich
England – Frankreich 3:1, CSSR – Kuwait 1:1, England – CSSR 2:0, Frankreich – Kuwait 4:1, Frankreich – CSSR 1:1, England – Kuwait 1:0.
Gruppe 5 (in Valancia, Saragossa): Nordirland und Spanien
Spanien – Honduras 1:1, Jugoslawien – Nordirland 0:0, Spanien – Jugoslawien 2:1, Honduras – Nordirland 1:1, Honduras – Jugoslawien 0:1, Spanien – Nordirland 0:1.
Gruppe 6 (in Sevilla und Malaga): Brasilien und UdSSR
Brasilien – UdSSR 2:1, Schottland – Neuseeland 5:2, Brasilien – Schottland 4:1, UdSSR – Neuseeland 3:0, UdSSR – Schottland 2:2, Brasilien – Neuseeland 4:0.

2. Finalrunde:

Gruppe A (Barcelona, Stadion Nou Camp): Polen
Polen – Belgien 3:0, Belgien – Sowjetunion 0:1, Polen – Sowjetunion 0:0.
Gruppe B (Madrid, Bernabeu-Stadion): Deutschland
Deutschland – England 0:0, Deutschland – Spanien 2:1, England – Spanien 0:0.
Gruppe C (Barcelona, Stadion Sarria): Italien
Italien – Argentinien 2:1, Brasilien – Argentinien 3:1, Italien – Brasilien 3:2.
Gruppe D (Madrid, Stadion Vicente Calderon): Frankreich
Österreich – Frankreich 0:1, Nordirland – Österreich 2:2, Nordirland – Frankreich 1:4.

Halbfinale:

Polen – Italien 0:2 (Barcelona), Deutschland – Frankreich 3:3 n. V., Deutschland 5:4-Sieger im Elfmeterschießen (Sevilla).

Um den dritten Platz:

Frankreich – Polen 2:3 (1:2) in Alicante.

Endspiel:

Italien – Deutschland 3:1 (0:0)

Italien: Zoff – Gentile, Scirea, Collovati, Bergomi – Cabrini, Oriali, Tardelli, Conti – Graziani (Altobelli, Causio), Rossi.
Deutschland: Schumacher – Kaltz, Stielike, Kh. Förster, B. Förster – Dremmler (Hrubesch), Breitner, Rummenigge (H. Müller), Briegel – Littbarski, Fischer.
Tore: Rossi, Tardelli, Altobelli / Breitner. – Schiedsrichter: Coelho (Brasilien). – Zuschauer 90000. – Madrid, 11. Juli.

1986 in Mexiko

Qualifikationsspiele:

Europa I: Polen, Belgien. Polen–Belgien 0:0, 0:2; Polen–Albanien 2:2, 1:0; Polen–Griechenland 3:1, 4:1; Belgien–Albanien 3:1, 0:2; Belgien–Griechenland 2:0, 0:0; Albanien–Griechenland 1:1, 0:2.
Europa II: Deutschland, Portugal. Deutschland – Portugal 0:1, 2:1; Deutschland – Schweden 2:0, 2:2; Deutschland – CSSR 2:2, 5:1; Deutschland – Malta 6:0, 3:2; Portugal – Schweden 1:3, 1:0; Portugal – CSSR 2:1, 0:1; Portugal – Malta 3:2, 3:1; Schweden – CSSR 2:0, 1:2; Schweden – Malta 4:0, 2:1; CSSR – Malta 4:0, 0:0.
Europa III: England, Nordirland. England – Nordirland 0:0, 1:0; England – Rumänien 1:1, 0:0; England – Finnland 5:0, 1:1; England – Türkei 5:0, 8:0; Nordirland – Rumänien 3:2, 1:0; Nordirland – Finnland 2:0, 0:1; Nordirland – Türkei 2:0, 0:0; Rumänien – Finnland 2:0, 1:1; Rumänien – Türkei 3:0, 3:1; Finnland – Türkei 1:0, 2:1.
Europa IV: Frankreich, Bulgarien. Frankreich – Bulgarien 1:0, 0:2; Frankreich – DDR 2:0, 0:2; Frankreich – Jugoslawien 2:0, 0:0; Frankreich – Luxemburg 6:0, 4:0; Bulgarien – DDR 1:0, 1:2; Bulgarien – Jugoslawien 2:1, 0:0; Bulgarien – Luxemburg 4:0, 3:1; DDR – Jugoslawien 2:3, 2:1; DDR – Luxemburg 3:1, 5:0; Jugoslawien – Luxemburg 1:0, 1:0.
Europa V: Ungarn. Ungarn – Holland 0:1, 2:1; Ungarn – Österreich 3:1, 3:0; Ungarn – Zypern 2:0, 2:1; Holland – Österreich 1:1, 0:1; Holland – Zypern 7:1, 1:0; Österreich – Zypern 4:0, 2:1.
Europa VI: Dänemark, Sowjetunion. Dänemark – Sowjetunion 4:2, 0:1; Dänemark – Schweiz 0:0, 0:1; Dänemark – Irland 3:0, 4:1; Dänemark – Norwegen 1:0, 5:1; Sowjetunion – Schweiz 4:0; 2:2; Sowjetunion – Irland 2:0, 0:1; Sowjetunion – Norwegen 1:0, 1:1; Schweiz – Irland 0:0, 0:3; Schweiz – Norwegen 1:1, 1:0; Irland – Norwegen 0:0, 0:1.
Europa VII: Spanien, Schottland. Spanien – Schottland 1:0, 1:3; Spanien – Wales 3:0, 0:3; Spanien – Island 2:1, 2:1; Schottland – Wales 0:1, 1:1; Schottland – Island 3:0, 1:0; Wales – Island 2:1, 0:1.
Zusätzliche Qualifikation: Belgien (Zweiter Europa I) – Holland (Zweiter Europa V) 1:0, 1:2; Schottland (Zweiter Europa VII) – Australien (Sieger Ozeanien-Gruppe) 2:0, 0:0.
Italien als letzter Weltmeister ist automatisch qualifiziert.

Südamerika I: Argentinien. Argentinien – Peru 2:2, 0:1; Argentinien – Kolumbien 1:0, 3:1; Argentinien – Venezuela 3:0, 3:2; Peru – Kolumbien 0:0, 0:1; Peru – Venezuela 4:1, 1:0; Kolumbien – Venezuela 2:0, 2:2.
Südamerika II: Uruguay. Uruguay – Chile 2:1, 0:2; Uruguay – Ekuador 2:1, 2:0; Chile – Ekuador 6:2, 1:1.
Südamerika III: Brasilien. Brasilien – Paraguay 1:1, 2:0; Brasilien – Bolivien 1:1, 2:0; Paraguay – Bolivien 3:0, 1:1.
Qualifikation um den 4. Endrundenteilnehmer: Paraguay. Halbfinale: Paraguay – Kolumbien 3:0, 1:2; Chile – Peru 4:2, 1:0; Endspiele: Paraguay – Chile 3:0, 2:2.
Nord-/Mittelamerika: Kanada und Mexiko. (Veranstalter).
1. Qualifikationsrunde (K.-o.-Runde): El Salvador – Puerto Rico 5:0, 3:0; USA – Niederländisch Antillen 4:0, 0:0; Honduras – Panama 1:0, 3:0; Haiti – Antigua 1:2, 4:0; Surinam – Guinea 1:0, 1:1; Jamaika verzichtet gegen Kanada; Grenada verzichtet gegen Trinidad/Tobago; Barbados verzichtet gegen Costa Rica; Guatemala (Freilos).
2. Runde:
Gruppe 1: Honduras. Honduras – El Salvador 0:0, 2:1; Honduras – Surinam 2:1, 1:1; El Salvador – Surinam 3:0, 3:0.
Gruppe 2: Kanada. Kanada – Guatemala 2:0, 1:1; Kanada – Haiti 2:0, 2:0; Guatemala – Haiti 4:0, 1:0.
Gruppe 3: Costa Rica. Costa Rica – USA 1:1, 1:0; Costa Rica – Trinidad/Tobago 1:1, 3:0; USA – Trinidad/Tobago 1:0, 2:1.
3. Runde:
Endrunde: Kanada. Kanada – Honduras 2:1, 1:0; Kanada – Costa Rica 1:1, 0:0; Honduras – Costa Rica 3:1, 2:2.

Ozeanien: Australien. Australien – Israel 1:1, 2:1; Australien – Neuseeland 2:0, 0:0; Australien – Taiwan 7:0, 8:0; Israel – Neuseeland 3:0, 1:3; Israel – Taiwan 6:0, 5:0; Neuseeland – Taiwan 5:1, 5:0. – Taiwan verzichtete auf sein Heimrecht und spielte beim jeweiligen Gegner.
Qualifikation gegen Schottland (Zweiter Europa VII). Schottland – Australien 2:0, 0:0.

Afrika: Marokko und Algerien
1. Runde: Ägypten – Simbabwe 1:0, 1:1; Kenia – Äthiopien 2:1, 3:3; Mauritius – Malawi 0:1, 0:4; Sambia – Uganda 3:0, 0:1; Tansania – Sudan 1:1, 0:0; Sierra Leone – Marokko 0:1, 0:4; Benin – Tunesien 0:2, 0:4; Elfenbeinküste – Gambia 4:0, 2:3; Nigeria – Liberia 3:0, 1:0; Angola – Senegal 1:0, 0:1 n. V., Angola 4:3-Sieger im Elfmeterschießen; Lesotho verzichtet gegen Madagaskar; Niger verzichtet gegen Libyen; Togo verzichtet gegen Guinea; Freilos erhielten für die 1. Runde Algerien, Kamerun (beide WM-Teilnehmer 1982) und Ghana (Afrika-Meister).
2. Runde: Sambia – Kamerun 4:1, 1:1; Marokko – Malawi 2:0, 0:0; Angola – Algerien 0:0, 2:3; Kenia – Nigeria 0:3, 1:3; Ägypten – Madagaskar 1:0, 0:1 n. V., Ägypten 4:2-Sieger im Elfmeterschießen; Guinea – Tunesien 1:0, 0:2; Sudan – Libyen 0:0, 0:4; Elfenbeinküste – Ghana 0:0, 0:2.
3. Runde: Algerien – Sambia 2:0, 1:0; Nigeria – Tunesien 1:0, 0:2; Ghana – Libyen 0:0, 0:2; Ägypten – Marokko 0:0, 0:2.
4. Runde: Tunesien – Algerien 1:4, 0:3; Marokko – Libyen 3:0, 0:1.

Asien: Südkorea und Irak.
1. Runde:
Gruppe 1:
Untergruppe 1A: Saudi-Arabien – VA Emirate 0:0, 0:1; Oman verzichtet.
Untergruppe 1B: Irak. Irak – Katar 2:1, 0:3; Irak – Jordanien 2:0, 3:2; Katar – Jordanien 2:0, 0:1; Libanon verzichtet.
Gruppe 2:
Untergruppe 2A: Syrien. Syrien – Kuwait 1:0, 0:0; Syrien – Nordjemen 3:0, 1:0; Kuwait – Nordjemen 5:0, 3:1.
Untergruppe 2B: Südjemen – Bahrein 1:4, 3:3; Iran wurde wegen der Weigerung, seine Heimspiele auf neutralen Plätzen auszutragen, disqualifiziert.
Gruppe 3:
Untergruppe 3A: Südkorea. Südkorea – Malaysia 2:0, 0:1; Südkorea – Nepal 4:0, 2:0; Malaysia – Nepal 5:0, 0:0.
Untergruppe 3B: Indonesien. Indonesien – Indien 2:1, 1:1; Indonesien – Thailand 1:0, 1:0; Indonesien – Bangladesch 2:0, 1:2; Indien – Thailand 1:1, 0:0; Indien – Bangladesch 2:1, 2:1; Thailand – Bangladesch 3:0, 0:1.
Gruppe 4:
Untergruppe 4A: Hongkong. Hongkong – China 0:0, 2:1; Hongkong – Macao 2:0, 2:0; Hongkong – Brunei 8:0, 5:1; China – Macao 6:0, 4:0; China – Brunei 8:0, 4:0; Macao – Brunei 2:0, 2:1.
Untergruppe 4B: Japan. Japan – Nordkorea 1:0, 0:0; Japan – Singapur 5:0, 3:1; Nordkorea – Singapur 2:0, 1:1.
2. Runde: Vereinigte Arabische Emirate – Irak 2:3, 2:1; Bahrein – Syrien 1:1, 0:1; Südkorea – Indonesien 2:0, 4:1; Japan – Hongkong 3:0, 2:1.
3. Runde: Syrien – Irak 0:0, 1:3; Japan – Südkorea 1:2, 0:1. – Irak absolvierte alle Heimspiele auf neutralen Plätzen.

Alle Endrundenspiele 31. 5.–29. 6. 1986 in mexikanischen Städten

1. Finalrunde:
Es qualifizierten sich die beiden Gruppenersten sowie die vier besten Gruppen-Dritten.
Gruppe A (Mexico City, Puebla): Argentinien, Italien, Bulgarien
Bulgarien – Italien 1:1, Argentinien – Südkorea 3:1, Italien – Argentinien 1:1, Südkorea – Bulgarien 1:1, Südkorea – Italien 2:3, Argentinien – Bulgarien 2:0.
Gruppe B (Mexico City, Toluca): Mexiko, Paraguay, Belgien
Belgien – Mexiko 1:2, Paraguay – Irak 1:0, Mexiko – Paraguay 1:1, Irak – Belgien 1:2, Irak – Mexiko 0:1, Paraguay – Belgien 2:2.
Gruppe C (Leon, Irapuato): Sowjetunion, Frankreich
Kanada – Frankreich 0:1, Sowjetunion – Ungarn 6:0, Frankreich – Sowjetunion 1:1, Ungarn – Kanada 2:0, Ungarn – Frankreich 0:3, Sowjetunion – Kanada 2:0.
Gruppe D (Guadalajara, Monterrey): Brasilien, Spanien
Spanien – Brasilien 0:1, Algerien – Nordirland 1:1, Brasilien – Algerien 1:0, Nordirland – Spanien 1:2, Nordirland – Brasilien 0:3, Algerien – Spanien 0:3.

Gruppe E (Queretaro, Nezahualcoyotl): Dänemark, Deutschland, Uruguay
Uruguay – Deutschland 1:1, Schottland – Dänemark 0:1, Deutschland – Schottland 2:1, Dänemark – Uruguay 6:1, Dänemark – Deutschland 2:0, Schottland – Uruguay 0:0.
Gruppe F (Monterrey, Guadalajara): Marokko, England, Polen
Marokko – Polen 0:0, Portugal – England 1:0, England – Marokko 0:0, Polen – Portugal 1:0, Portugal – Marokko 1:3, England – Polen 3:0

Achtelfinale (ab hier K.-o.-System):
Mexiko – Bulgarien 2:0 (Mexico City), Sowjetunion – Belgien 3:4 n. V. (Leon), Brasilien – Polen 4:0 (Guadalajara), Argentinien – Uruguay 1:0 (Puebla), Italien – Frankreich 0:2 (Mexico City), Marokko – Deutschland 0:1 (Monterrey), England – Paraguay 3:0 (Mexico City), Dänemark – Spanien 1:5 (Queretaro).

Viertelfinale:
Brasilien – Frankreich 1:1 n. V., 3:4 im Elfmeterschießen (Guadalajara), Deutschland – Mexiko 0:0 n. V., 4:1 im Elfmeterschießen (Monterrey), Argentinien – England 2:1 (Mexico City), Spanien – Belgien 1:1 n. V., 4:5 im Elfmeterschießen.

Halbfinale:
Frankreich – Deutschland 0:2 (Guadalajara), Argentinien – Belgien 2:0 (Mexico City).

Um den dritten Platz:
Frankreich – Belgien 4:2 n. V. (Puebla).

Endspiel:
Argentinien – Deutschland 3:2 (1:0)
Argentinien: Pumpido – Brown – Cuciuffo, Ruggeri, Olarticoechea – Giusti, Batista, Maradona, Enrique – Burruchaga (Trobbiani), Valdano.
Deutschland: Schumacher – Jakobs – Berthold, Kh. Förster, Briegel – Matthäus, Brehme, Magath (D. Hoeneß), Eder – K. H. Rummenigge, Kl. Allofs (Völler).
Tore: Brown, Valdano, Burruchaga/K. H. Rummenigge, Völler. – Schiedsrichter: Arppi Filho (Brasilien). – Zuschauer: 114800. – Mexico City, 29. Juni.

1990 in Italien

Qualifikationsspiele:

Europa I: Rumänien. Rumänien – Dänemark 3:1, 0:3; Rumänien – Griechenland 3:0, 0:0; Rumänien – Bulgarien 1:0, 3:1; Dänemark – Griechenland 7:1, 1:1; Dänemark – Bulgarien 1:1, 2:0; Griechenland – Bulgarien 1:0, 0:4.
Europa II: Schweden, England. Schweden – England 0:0, 0:0; Schweden – Polen 2:1, 2:0; Schweden – Albanien 3:1, 2:1; England – Polen 3:0, 0:0; England – Albanien 5:0, 2:0; Polen – Albanien 1:0, 2:1.
Europa III: Sowjetunion, Österreich. Sowjetunion – Österreich 2:0, 0:0; Sowjetunion – Türkei 2:0, 1:0; Sowjetunion – DDR 3:0, 1:2; Sowjetunion – Island 1:1, 1:1; Österreich – Türkei 3:2, 0:3; Österreich – DDR 3:0, 1:1; Österreich – Island 2:1, 0:0; Türkei – DDR 3:1, 2:0; Türkei – Island 1:1, 1:2; DDR – Island 2:0, 3:0.
Europa IV: Holland, Deutschland. Holland – Deutschland 1:1, 0:0; Holland – Finnland 3:0, 1:0; Holland – Wales 1:0, 2:1; Deutschland – Finnland 6:1, 4:0; Deutschland – Wales 2:1, 0:0; Finnland – Wales 1:0, 2:2.
Europa V: Jugoslawien, Schottland. Jugoslawien – Schottland 3:1, 1:1; Jugoslawien – Frankreich 3:2, 0:0; Jugoslawien – Norwegen 1:0, 2:1; Jugoslawien – Zypern 4:0, 2:1 (in Athen); Schottland – Frankreich 2:0, 0:3; Schottland – Norwegen 1:1, 2:1; Schottland – Zypern 2:1, 3:2; Frankreich – Norwegen 1:0, 1:1; Frankreich – Zypern 2:0, 1:1; Norwegen – Zypern 3:1, 3:0.
Europa VI: Spanien, Irland. Spanien – Irland 2:0, 0:1; Spanien – Ungarn 4:0, 2:2; Spanien – Nordirland 4:0, 2:0; Spanien – Malta 4:0, 2:0; Irland – Ungarn 2:0, 0:0; Irland – Nordirland 3:0, 0:0; Irland – Malta 2:0, 2:0; Ungarn – Nordirland 1:0, 2:1; Ungarn – Malta 1:1, 2:2; Nordirland – Malta 3:0, 2:0.
Europa VII: Belgien, CSFR. Belgien – CSFR 2:1, 0:0; Belgien – Portugal 3:0, 1:1; Belgien – Schweiz 1:0, 2:2; Belgien – Luxemburg 1:1, 5:0 (in Lille); CSFR – Portugal 2:1, 0:0; CSFR – Schweiz 3:0, 1:0; CSFR – Luxemburg 4:0, 2:0; Portugal – Schweiz 3:1, 2:1; Portugal – Luxemburg 1:0, 3:0 (in Saarbrücken); Schweiz – Luxemburg 2:1, 4:1.
Italien als Veranstalter automatisch qualifiziert.

Südamerika I: Uruguay. Uruguay – Bolivien 2:0, 1:2; Uruguay – Peru 2:0, 2:0; Bolivien – Peru 2:1, 2:1.
Südamerika II: Kolumbien. Kolumbien – Paraguay 2:1, 1:2; Kolumbien – Ecuador 2:0, 0:0; Paraguay – Ecuador 2:1, 1:3.
Südamerika III: Brasilien. Brasilien – Chile 1:0 abgebrochen, Wertung 2:0, 1:1; Brasilien – Venezuela 6:0, 4:0, Chile – Venezuela 5:0 (in Argentinien), 3:1.
Zusätzliche Qualifikation: Kolumbien – Israel (Sieger Ozeanien) 1:0, 0:0.
Ozeanien: 1. Runde: Neuseeland – Taiwan 4:1, 4:0 (beide Spiele in Neuseeland). Australien – Fidschi 5:1, 1:0; Israel Freilos.
Endrunde: Israel – Australien 1:1, 1:1; Israel – Neuseeland 1:0, 2:2; Australien – Neuseeland 4:1, 0:2.
Zusätzliche Qualifikation: Kolumbien – Israel 1:0, 0:0.

Nord-/Mittelamerika: Costa Rica, USA.
1. Runde: Trinidad & Tobago – Guyana 4:0, 1:0; Guatemala – Kuba 1:1, 1:0; Jamaika – Puerto Rico 1:0, 2:1; Niederl. Antillen – Antigua 3:1 n.V., 1:0; Costa Rica – Panama 1:1, 2:0.
Freilos: Kanada, Honduras, El Salvador, USA. Mexiko von der FIFA ausgeschlossen.
2. Runde: El Salvador – Niederl. Antillen 5:0, 1:0; USA – Jamaika 5:1, 0:0; Trinidad & Tobago – Honduras 0:0, 1:1, Guatemala – Kanada 1:0, 2:3; Costa Rica kampflos weiter.
Endrunde: Costa Rica – USA 1:0, 0:1; Costa Rica – Trinidad & Tobago 1:0, 1:0; Costa Rica – Guatemala 2:1, 0:1; Costa Rica – El Salvador 1:0, 4:2 abgebrochen (wurde 4:2 gewertet); USA – Trinidad & Tobago 1:1, 1:0; USA – Guatemala 2:1, 0:0; USA – El Salvador 0:0, 1:0 (in Honduras); Trinidad & Tobago – Guatemala 2:1, 1:0; Trinidad & Tobago – El Salvador 2:0, 0:0 (in Honduras), Guatemala – El Salvador nicht mehr gespielt worden.

Afrika: Ägypten, Kamerun.
1. Runde: Angola – Sudan 0:0, 2:1; Lesotho verzichtet gegen Zimbabwe; Ruanda verzichtet gegen Sambia; Malawi – Uganda 3:1, 0:1; Libyen – Burkina Faso 3:0, 0:2; Liberia – Ghana 2:0, 0:0; Tunesien – Guinea 5:0, 0:3; Togo verzichtet gegen Gabun. Freilos: Algerien, Kamerun, Ägypten, Kenia, Marokko, Elfenbeinküste, Nigeria, Zaire.
2. Runde (Gruppe A): Algerien – Elfenbeinküste 1:0, 0:0; Algerien – Zimbabwe 3:0, 2:1; Elfenbeinküste – Zimbabwe 5:0, 0:0; Libyen verzichtet.
2. Runde (Gruppe B): Ägypten – Liberia 2:0, 0:1; Ägypten – Malawi 1:0, 1:1; Ägypten – Kenia 2:0, 0:0; Liberia – Malawi 1:0, 0:0; Liberia – Kenia 0:0, 0:1; Malawi – Kenia 1:0, 1:1.
2. Runde (Gruppe C): Kamerun – Nigeria 1:0, 0:2; Kamerun – Angola 1:1, 2:1; Kamerun – Gabun 2:1, 3:1; Nigeria – Angola 1:0, 2:2; Nigeria – Gabun 1:0, 1:2; Angola – Gabun 2:0, 0:1.
2. Runde (Gruppe D): Tunesien – Sambia 1:0, 0:1; Tunesien – Zaire 1:0, 1:3; Tunesien – Marokko 2:1, 0:0; Sambia – Zaire 4:2, 0:1; Sambia – Marokko 2:1, 0:1; Zaire – Marokko 0:0, 1:1.
Endrunde: Ägypten – Algerien 1:0, 0:0; Kamerun – Tunesien 2:0, 1:0.

Asien: Südkorea, Vereinigte Arabische Emirate.
Gruppe 1: Katar – Irak 1:0, 2:2; Katar – Jordanien 1:0, 1:1; Katar – Oman 3:0, 0:0; Irak – Jordanien 4:0, 1:0; Irak – Oman 3:1, 1:1; Jordanien – Oman 2:0, 2:0.
Gruppe 2: Saudi Arabien – Syrien 5:4, 0:0; Saudi Arabien – Nordjemen 1:0, 1:0; Syrien – Nordjemen 2:0, 0:1.
Gruppe 3: Ver. Arab. Emirate – Kuwait 1:0, 2:3; Ver. Arab. Emirate – Pakistan 5:0, 4:1; Kuwait – Pakistan 2:0, 1:0; Volksrepublik Jemen verzichtet.
Gruppe 4: Südkorea – Malaysia 3:0, 3:0; Südkorea – Singapur 3:0, 3:0; Südkorea – Nepal 9:0, 4:0; Malaysia – Singapor 1:0, 2:2; Malaysia – Nepal 2:0, 3:0; Singapur – Nepal 3:0, 7:0. Das jeweils zuerst genannte Resultat wurde bei einem Turnier in Südkorea gespielt, das zweite bei einem Turnier in Singapur.
Gruppe 5: China – Iran 2:0, 2:3; China – Bangladesch 2:0, 2:0; China – Thailand 2:0, 3:0; Iran – Bangladesch 1:0, 2:1; Iran – Thailand 3:0, 3:0; Bangladesch – Thailand 3:1, 0:1.
Gruppe 6: Nordkorea – Japan 2:0, 1:2; Nordkorea – Indonesien 2:1, 0:0; Nordkorea – Hongkong 4:1, 2:1; Japan – Indonesien 5:0, 0:0; Japan – Hongkong 0:0, 0:0; Indonesien – Hongkong 3:2, 1:1.

Endrunde (Turnier in Singapur): Südkorea – Ver. Arab. Emirate 1:1 (in Kuala Lumpur); Südkorea – Katar 0:0; Südkorea – China 1:0; Südkorea – Saudi Arabien 2:0; Südkorea – Nordkorea 1:0; Ver. Arab. Emirate – Katar 1:1; Ver. Arab. Emirate – China 2:1; Ver. Arab. Emirate – Saudi Arabien 0:0; Ver. Arab. Emirate – Nordkorea 0:0; Katar – China 2:1; Katar – Saudi Arabien 1:1; Katar – Nordkorea 0:2; China – Saudi Arabien 2:1; China – Nordkorea 1:0; Saudi Arabien – Nordkorea 2:0 (in Kuantan).

Alle Endrundenspiele 8. 6.–8. 7. 1990 in italienischen Städten

1. Finalrunde:

Es qualifizierten sich die beiden Gruppenersten sowie die vier besten Gruppen-Dritten.

Gruppe A (Rom, Florenz): Italien, Tschechoslowakei
USA – CSFR 1:5, Italien – Österreich 1:0, Italien – USA 1:0, Österreich – CSFR 0:1, Italien – CSFR 2:0, Österreich – USA 2:1.

Gruppe B (Mailand, Neapel, Bari): Kamerun, Rumänien, Argentinien
Argentinien – Kamerun 0:1, Sowjetunion – Rumänien 0:2, Argentinien – Sowjetunion 2:0, Kamerun – Rumänien 2:1, Argentinien – Rumänien 1:1, Kamerun – Sowjetunion 0:4.

Gruppe C (Turin, Genua): Brasilien, Costa Rica
Brasilien – Schweden 2:1, Costa Rica – Schottland 1:0, Brasilien – Costa Rica 1:0, Schweden – Schottland 1:2, Brasilien – Schottland 1:0, Schweden – Costa Rica 1:2.

Gruppe D (Mailand, Bologna): Deutschland, Jugoslawien, Kolumbien
Vereinigte Arabische Emirate – Kolumbien 0:2, Deutschland – Jugoslawien 4:1, Jugoslawien – Kolumbien 1:0, Deutschland – VAE 5:1, Deutschland – Kolumbien 1:1, Jugoslawien – VAE 4:1.

Gruppe E (Verona, Udine): Spanien, Belgien, Uruguay
Belgien – Südkorea 2:0, Uruguay – Spanien 0:0, Belgien – Uruguay 3:1, Südkorea – Spanien 1:3, Belgien – Spanien 1:2, Südkorea – Uruguay 0:1.

Gruppe F (Palermo, Cagliari): England, Irland, Holland
England-Irland 1:1, Holland-Ägypten 1:1, England – Holland 0:0, Irland – Ägypten 0:0, Irland – Holland 1:1, England – Ägypten 1:0.

Achtelfinale (ab hier K.-o.-System):
Kamerun – Kolumbien 2:1 n.V. (Neapel), Tschechoslowakei – Costa Rica 4:1 (Bari), Brasilien – Argentinien 0:1 (Turin), Deutschland – Holland 2:1 (Mailand), Irland – Rumänien 0:0 n.V./5:4 im Elfmeterschießen (Genua), Italien – Uruguay 2:0 (Rom), Spanien – Jugoslawien 1:2 n.V. (Verona), England – Belgien 1:0 n.V. (Bologna).

Viertelfinale:
Tschechoslowakei – Deutschland 0:1 (Mailand), Kamerun – England 2:3 n.V. (Neapel), Irland – Italien 0:1 (Rom), Argentinien – Jugoslawien 0:0 n.V./3:2 im Elfmeterschießen (Florenz).

Halbfinale:
Deutschland – England 1:1 n.V./4:3 im Elfmeterschießen (Turin), Argentinien – Italien 1:1 n.V./ 4:3 im Elfmeterschießen (Neapel).

Um den dritten Platz:
Italien – England 2:1 (Bari).

Endspiel:
Deutschland – Argentinien 1:0 (0:0)
Deutschland: Illgner – Augenthaler – Berthold (Reuter), Kohler, Buchwald, Brehme – Häßler, Matthäus, Littbarski – Klinsmann, Völler.
Argentinien: Goycoechea – Simon – Serrizuela, Ruggeri (Monzon) – Troglio, Sensini, Burruchaga (Calderon), Basualdo, Lorenzo – Dezotti, Maradona.
Tor: Brehme. – Schiedsrichter: Codesal Mendez (Mexiko). – Zuschauer: 73607. – Rom, 8. Juli.

WM-Torschützenkönige

1930	Stabile (Argentinien)	8	1966	Eusebio (Portugal)	9
1934	Nejedly (Tschechoslowakei)	5	1970	Gerd Müller (Deutschland)	10
1938	Leonidas (Brasilien)	8	1974	Lato (Polen)	7
1950	Ademir (Brasilien)	9	1978	Kempes (Argentinien)	6
1954	Kocsis (Ungarn)	11	1982	Rossi (Italien)	6
1958	Fontaine (Frankreich)	13	1986	Lineker (England)	6
1962	Jerkovic (Jugoslawien)	5	1990	Schillaci (Italien)	6

Die deutschen Weltmeisterschafts-Aufgebote (alphabetisch)

1934: Eingesetzt: Bender, Busch, Conen, Gramlich, Haringer, Heidemann, Hohmann, Jakob, Janes, Kobierski, Kreß, Lehner, Münzenberg, Noack, Schwartz, Siffling, Szepan, Zielinski. – Nicht eingesetzt: Albrecht. – Abrufbereit: Buchloh, Dienert, Streb.

1934: Eingesetzt: Bender, Busch, Conen, Gramlich, Haringer, Heidemann, Hohmann, Jakob, Janes, Kobierski, Kreß, Lehner, Münzenberg, Noack, Schwartz, Siffling, Szepan, Zielinski. – Nicht eingesetzt: Albrecht. – Abrufbereit: Buchloh, Dienert, Streb.

1938: Eingesetzt: Gauchel, Gellesch, Goldbrunner, Hahnemann, Janes, Kitzinger, Kupfer, Lehner, Mock, Neumer, Pesser, Raftl, Schmaus, Skoumal, Streitle, Stroh, Szepan. – Nicht eingesetzt: Buchloh, Jakob, Münzenberg, Siffling, Wagner. – Abrufbereit: niemand.

1954: Eingesetzt: Bauer, Eckel, R.Herrmann, B. Klodt, Kohlmeyer, Kwiatkowski, Laband, Liebrich, Mai, Mebus, Morlock, Pfaff, Posipal, Rahn, Schäfer, Turek, F. Walter, O. Walter. – Nicht eingesetzt: Biesinger, Erhardt, Kubsch, Metzner. – Abrufbereit: niemand.

1958: Eingesetzt: Cieslarczyk, Eckel, Erhardt, Herkenrath, Juskowiak, Kelbassa, B. Klodt, Kwiatkowski, Rahn, Schäfer, A. Schmidt, Schnellinger, Uwe Seeler, Stollenwerk, Sturm, Szymaniak, F. Walter, Wewers. – Abrufbereit: R. Hoffmann, Nuber, Peters, Sawitzki.

1962: Eingesetzt: Brülls, Erhardt, Fahrian, Giesemann, Haller, Kraus, Koslowski, Nowak, Schäfer, Schnellinger, W. Schulz, Uwe Seeler, Sturm, Szymaniak. – Nicht eingesetzt: G. Herrmann, Kurbjuhn, Sawitzki, Strehl, Tilkowski, Vollmar, Werner, Wilden. – Abrufbereit: niemand.

1966: Eingesetzt: Beckenbauer, Brülls, Emmerich, Haller, Held, Höttges, Krämer, Lutz, Overath, Schnellinger, W. Schulz, Uwe Seeler, Tilkowski, Weber. – Nicht eingesetzt: Bernard, Grabowski, Hornig, Lorenz, Maier, Patzke, Paul, Sieloff. – Abrufbereit: niemand.

1970: Eingesetzt: Beckenbauer, Fichtel, Grabowski, Haller, Held, Höttges, Libuda, Löhr, Lorenz, Maier, G. Müller, Overath, Patzke, Schnellinger, W. Schulz, Uwe Seeler, Vogts, Weber, Wolter. – Nicht eingesetzt: Dietrich, Manglitz, Sieloff. – Abrufbereit: niemand.

1974: Eingesetzt: Beckenbauer, Bonhof, Breitner, Cullmann, Grabowski, Flohe, Herzog, Heynckes, U. Hoeneß, Hölzenbein, Höttges, Maier, G. Müller, Netzer, Overath, Schwarzenbeck, Vogts, Wimmer. – Nicht eingesetzt: Kapellmann, Kleff, H. Kremers, Nigbur. – Abrufbereit: niemand.

1978: Eingesetzt: Abramczik, Beer, Bonhof, Dietz, Fischer, Flohe, Hölzenbein, Kaltz, Konopka, Maier, Dieter Müller, Hans Müller, K. H. Rummenigge, Vogts, Rüßmann, Herbert Zimmermann. – Nicht eingesetzt: Burdenski, Cullmann, Kargus, Schwarzenbeck, Worm, Zewe. – Abrufbereit: niemand.

1982: Eingesetzt: Breitner, Briegel, Dremmler, Fischer, B. Förster, Kh. Förster, Hrubesch, Kaltz, Littbarski, Magath, Matthäus, Hans Müller, Reinders, K. H. Rummenigge, Schumacher, Stielike. – Nicht eingesetzt: Franke, Hannes, Immel. – Abrufbereit: T. Allofs, Engels, Hieronymus.

1986: Eingesetzt: Kl. Allofs, Augenthaler, Berthold, Brehme, Briegel, Eder, Kh. Förster, Herget, D. Hoeneß, Jakobs, Littbarski, Magath, Matthäus, Rolff, K. H. Rummenigge, Schumacher, Völler. – Nicht eingesetzt: Allgöwer, Immel, Rahn, Stein, Thon. – Abrufbereit: niemand.

1990: Eingesetzt: Augenthaler, Bein, Berthold, Brehme, Buchwald, Häßler, Illgner, Klinsmann, Kohler, Littbarski, Matthäus, Möller, Pflügler, Reuter, Riedle, Thon, Völler. – Nicht eingesetzt: Aumann, Hermann, Köpke, Mill, Steiner.

Hallen-Weltmeisterschaft
1989: Brasilien

5.–15. Januar 1989 in holländischen Städten
Gruppenspiele der ersten Finalrunde:

Gruppe A (Rotterdam, Amsterdam, Arnheim): **Holland, Paraguay**
Holland – Dänemark 4:2, Paraguay – Algerien 5:0, Holland – Algerien 4:1, Paraguay – Dänemark 2:2, Holland – Paraguay 2:2, Dänemark – Algerien 8:4.

Gruppe B (Leuwarden, s'Hertogenbosch): **Brasilien, Ungarn**
Ungarn – Brasilien 3:2, Saudi Arabien – Spanien 2:8, Brasilien – Saudi Arabien 8:0, Ungarn – Spanien 3:5, Ungarn – Saudi Arabien 11:2, Brasilien – Spanien 4:1

Gruppe C (Leuwarden, s'Hertogenbosch): **Belgien, Argentinien**
Japan – Belgien 0:3, Kanada – Argentinien 1:3, Belgien – Kanada 2:0, Argentinien – Japan 2:1, Japan – Kanada 2:6, Belgien – Argentinien 3:1

Gruppe D (Amsterdam, Arnheim): **USA, Italien**
Italien – Simbabwe 5:1, USA – Australien 1:1, Simbabwe – USA 1:5, Italien – Australien 6:1, Italien – USA 1:4, Simbabwe – Australien 1:4

Gruppenspiele der zweiten Finalrunde:

Gruppe 1 (Rotterdam): **Belgien, Holland**
Holland – Ungarn 3:3, Belgien – Italien 5:1, Holland – Italien 4:1, Ungarn – Belgien 2:2, Italien – Ungarn 3:1, Belgien – Holland 2:1

Gruppe 2 (Arnheim): **USA, Brasilien**
USA – Argentinien 3:1, Brasilien – Paraguay 5:1, Paraguay – USA 0:2, Brasilien – Argentinien 6:3, USA – Brasilien 5:3, Paraguay – Argentinien 4:3

Halbfinale (Rotterdam):

Brasilien – Belgien 3:3 n. V./5:3 im Achtmeterschießen, Holland – USA 2:1

Um den 3. Platz:

USA – Belgien (in Rotterdam) 3:2 n. V.

Endspiel am 15. Januar 1989 in Rotterdam:

Brasilien – Holland 2:1 (1:0)

Die Siegermannschaft: Lula, Cadinho, Dirceu, Gilson, Marquinhos, Benatti, Atila, Raul, Toca, Carlos Alberto, Neimar, Serginho, Adilio. – Tore: Benatti, Raul (Br), Loosveld (H). – SR: Crombie (Schottland).

Weltturnier „U 16" Junioren

Die bisherigen Gewinner:

1985 Nigeria – 1987 Sowjetunion – 1989 Saudi-Arabien.

1985: Nigeria

Vom 31. Juli bis 11. August 1985 in China

Gruppe A (Peking): **China und Guinea**
China – Bolivien 1:1, Guinea – USA 1:0, China – Guinea 2:1, USA – Bolivien 2:1, China – USA 3:1, Guinea – Bolivien 3:0.

Gruppe B (Tientsin): **Australien und Deutschland**
Deutschland – Kongo 4:1, Australien – Argentinien 1:0, Deutschland – Argentinien 1:1, Australien – Kongo 2:1, Deutschland – Australien 0:1, Argentinien – Kongo 4:2.

Gruppe C (Dalian): **Saudi-Arabien und Nigeria**
Saudi-Arabien – Costa Rica 4:1, Nigeria – Italien 1:0, Saudi-Arabien – Nigeria 0:0, Italien – Costa Rica 1:0, Saudi-Arabien – Italien 3:1, Nigeria – Costa Rica 3:0.

Gruppe D (Schanghai): **Ungarn und Brasilien**
Brasilien – Katar 2:1, Ungarn – Mexiko 0:0, Brasilien – Ungarn 0:0, Mexiko – Katar 3:1, Ungarn – Katar 3:0, Brasilien – Mexiko, 2:0.

Viertelfinale: China – Deutschland 2:4 (Peking), Brasilien – Saudi-Arabien 2:1 (Dalian), Nigeria – Ungarn 3:1 (Schanghai), Guinea – Australien 0:0/4:2 im Elfmeterschießen (Tientsin).

Halbfinale: Deutschland – Brasilien 4:3 (Peking), Nigeria – Guinea 5:3 (Schanghai).

Um den 3. Platz (Peking): Guinea – Brasilien 1:4 (0:2).

Endspiel am 11. August 1985 in Peking:
Deutschland – Nigeria 0:2 (0:1)
Die Siegermannschaft: Agbonsevafe – Duere, Ugbade, Atere, Numa – Aikhionbore, Babatunde, Adamu – Akpoborire (76. Nakade), Igbinoba, Momoh.
Deutschland: Ogrinc – Lewe, Schneider, Konerding, Gabriel – Gartmann, Jester, Dammeier –

Schlichting (62. Mirwald), Witeczek, Radojewski (41. Simon).
Tore: 0:1 Akpoborire (4.), 0:2 Igbinoba (79.). – SR: Bambridge (Australien). – Zuschauer: 65000.

1987: Sowjetunion

Vom 12. bis 25. Juli 1987 in Kanada

Gruppe A (Toronto): **Italien und Katar**
Italien – Kanada 3:0, Katar – Ägypten 1:0, Italien – Katar 1:1, Ägypten – Kanada 3:0, Italien – Ägypten 1:0, Katar – Kanada 2:1.

Gruppe B (St. John, Neu-Braunschweig): **Elfenbeinküste und Südkorea**
Elfenbeinküste – Südkorea 1:1, USA – Ekuador 1:0, Elfenbeinküste – USA 1:0, Ekuador – Südkorea 1:0, Elfenbeinküste – Ekuador 1:0, Südkorea – USA 4:2.

Gruppe C (Montreal): **Australien und Frankreich**
Frankreich – Brasilien 0:0, Australien – Saudi-Arabien 1:0, Frankreich – Australien 4:1, Saudi-Arabien – Brasilien 0:0, Australien – Brasilien 1:1, Saudi-Arabien – Frankreich 2:0

Gruppe C (St. Jean de Terra Neuve): **Sowjetunion und Nigeria**
Sowjetunion – Nigeria 1:1, Mexiko – Bolivien 2:2, Sowjetunion – Mexiko 7:0, Nigeria – Bolivien 3:2, Sowjetunion – Bolivien 4:2, Mexiko – Nigeria 1:0

Viertelfinale: Sowjetunion – Frankreich 3:2 (St. Jean), Elfenbeinküste – Katar 3:0 (St. John), Nigeria – Australien 1:0 (Montreal), Italien – Südkorea 2:0 (Toronto).

Halbfinale: Sowjetunion – Elfenbeinküste 5:1 (St. Jean), Nigeria – Italien 1:0 (Toronto).

Um den 3. Platz (St. John): Italien – Elfenbeinküste 1:2 (0:1).

Endspiel am 25. Juli 1987 in Toronto:
Sowjetunion – Nigeria 1:1 (1:1, 1:1) n. V., 3:1 im Elfmeterschießen
Die Siegermannschaft: Okroschidse – Assadow, Mokrizki, Bejenar, Moros – Wisokos (Kadirow), Matwejew, Muschinka, Kasimow – Nikiforow, Arutunjan (Russin).
Tore: 1:0 Nikiforow (6.), 1:1 Osundo (11.). – SR: J. Ramiz Wright (Brasilien). – Zuschauer: 15000.

1989: Saudi-Arabien

Vom 10. bis 24. Juni 1989 in Schottland

Gruppe A (Glasgow, Motherwell): **Bahrein, Schottland**
Schottland – Ghana 0:0, Kuba – Bahrein 0:3, Schottland – Kuba 3:0, Ghana – Bahrein 0:1, Schottland – Bahrein 1:1, Ghana – Kuba 2:2.

Gruppe B (Aberdeen): **DDR, Brasilien**
DDR – Australien 1:0, USA – Brasilien 1:0, DDR – USA 5:2, Australien – Brasilien 1:3, Brasilien – DDR 2:1, Australien – USA 2:2.

Gruppe C (Dundee): **Nigeria, Argentinien**
Argentinien – China 0:0, Nigeria – Kanada 4:0, Argentinien – Nigeria 0:0, China – Kanada 1:0, Argentinien – Kanada 4:1, Nigeria – China 3:0.

Gruppe D (Edinburgh): **Portugal, Saudi-Arabien**
Guinea – Kolumbien 1:1, Saudi-Arabien – Portugal 2:2, Guinea – Saudi-Arabien 2:2, Kolumbien – Portugal 2:3, Guinea – Portugal 1:1, Saudi-Arabien – Kolumbien 1:0

Viertelfinale: Bahrein – Brasilien 0:0 n. V./4:1 im Elfmeterschießen (Motherwell), DDR – Schottland 0:1 (Aberdeen), Nigeria – Saudi-Arabien 0:0 n. V./0:2 im Elfmeterschießen (Dundee), Portugal – Argentinien 2:1 (Edinburgh).

Halbfinale: Bahrein – Saudi-Arabien 0:1 (Glasgow), Schottland – Portugal 1:0 (Edinburgh).

Um den 3. Platz (Edinburgh): Portugal – Bahrein 3:0.

Endspiel am 24. Juni 1989 in Glasgow:
Saudi-Arabien – Schottland 2:2 (2:0, 2:2) n. V./5:4 im Elfmeterschießen.
Die Siegermannschaft: Al-Deayea – Al-Reshoudi, Abdulshkor, Burshaid, Al-Hambi, Al-Roaihi (Al-Mosa), Al-Hammali, Al-Shamrani, Al-Tereir, Al-Alwi, Al-Theneyan.
Tore: 0:1 Downie (7.), 0:2 Dickov (25.), 1:2 Al-Reshoudi (49.), 2:2 Al-Tereir (65.). – SR: Escobar (Guatemala). – Zuschauer: 51674. – Tore aus Elfmeterschießen: Al-Hamali, Al-Mosa, A-Shamrani, Al-Theneyan, Al-Tereir, Al-Alwi für Saudi-Arabien; Bollan, McLaren, Bain, Marshall für Schottland.

Junioren-Weltmeisterschaft „U 20“

Die bisherigen Gewinner:
1977 Sowjetunion – 1979 Argentinien – 1981 Deutschland – 1983 und 1985 Brasilien – 1987 Jugoslawien – 1989 Portugal.

1977: Sowjetunion

Vom 27. Juni bis 10. Juli 1977 in Tunesien

Gruppe A (Tunis, El Menzah). Frankreich – Spanien 1:2, Mexiko – Tunesien 6:0, Spanien – Mexiko 1:1, Tunesien – Frankreich 0:1, Frankreich – Mexiko 1:1, Spanien – Tunesien 0:1. – **Gruppensieger:** Mexiko.

Gruppe B (Tunis, Zouiten-Stadion). Marokko – Honduras 0:1, Uruguay – Ungarn 2:1, Honduras – Uruguay 0:1, Ungarn – Marokko 2:0, Ungarn – Honduras 0:2, Uruguay – Marokko 3:0. – **Gruppensieger:** Uruguay.

Gruppe C (Sousse): Italien – Elfenbeinküste 1:1, Brasilien – Iran 5:1, Iran – Italien 0:0, Elfenbeinküste – Brasilien 1:1, Iran – Elfenbeinküste, 3:0, Brasilien – Italien 2:0. – **Gruppensieger:** Brasilien.

Gruppe D (Sfax): UdSSR – Irak 3:1, Paraguay – Österreich 1:0, Irak – Österreich 5:1, Paraguay – UdSSR 1:2, Paraguay – Irak 4:0, Österreich – UdSSR 0:0. – **Gruppensieger:** Sowjetunion.

Semifinale: Mexiko – Brasilien 1:1, Mexiko 5:3-Sieger im Elfmeterschießen. Uruguay – Sowjetunion 0:0. Sowjetunion 4:3-Sieger im Elfmeterschießen.

Um den dritten Platz: Brasilien – Uruguay 4:0.

Endspiel: Sowjetunion – Mexiko 2:2 (0:0 n.V.), Sowjetunion 7:6-Sieger im Elfmeterschießen am 10. 7. 1977 in Tunis.

Die Siegermannschaft: Nowikow – Kriachka, Baltacha, Kaplin, Ilijn – Bal, Bessonow, Khidiatullin – Bychkow, Bodrow, Sopko (im weiteren Turnierverlauf eingesetzt: Khalaidsjian, Petrakow, Batich). SR: Vautrot (Frankreich). – Tore: 0:1 Iljin, 1:1 Garduna, 1:2 Bessonow, 2:2 Manzo. – Z.: 22000.

1979: Argentinien

Vom 25. August bis 7. September 1979 in Japan

Gruppe A (Tokio): Japan – Spanien 0:1, Mexiko – Algerien 1:1, Spanien – Mexiko 2:1, Algerien – Japan 0:0, Japan – Mexiko 1:1, Spanien – Algerien 0:1. – **Gruppensieger:** Spanien.

Gruppe B (Yokohama): Polen – Jugoslawien 2:0, Argentinien – Indonesien 5:0, Jugoslawien – Argentinien 0:1, Indonesien – Polen 0:6, Polen – Argentinien 1:4, Jugoslawien – Indonesien 5:0, **Gruppensieger:** Argentinien.

Gruppe C (Kobe): Kanada – Portugal 2:1, Paraguay – Südkorea 3:0, Portugal – Paraguay 1:0, Südkorea – Kanada 1:0, Kanada – Paraguay 0:3, Portugal – Südkorea 0:0. – **Gruppensieger:** Paraguay.

Gruppe D (Hiroshima): Ungarn – Uruguay 0:2, Guinea – Sowjetunion 0:3, Sowjetunion – Ungarn 5:1, Uruguay – Guinea 5:0, Sowjetunion – Uruguay 0:1, Ungarn – Guinea 2:0. – **Gruppensieger:** Sowjetunion.

Viertelfinale: Argentinien – Algerien 5:0, Uruguay – Portugal 1:0 n.V., Polen – Spanien 0:0 n.V., Polen 4:3-Sieger im Elfmeterschießen, Sowjetunion – Paraguay 2:2 n.V., Sowjetunion 4:3-Sieger im Elfmeterschießen.

Halbfinale: Argentinien – Uruguay 2:0, Sowjetunion – Polen 1:0.

Um den 3. Platz: Uruguay – Polen 1:1 n.V., Uruguay 5:3-Sieger im Elfmeterschießen.

Endspiel: Argentinien – Sowjetunion 3:1 (0:0) am 7. 9. 1979 in Tokio.

Die Siegermannschaft: Garcia – Simon, Carabelli, Rossi, Alves – Barbas, Rinaldi (Mezza), Maradona – Escudero, Diaz, Calderon (im weiteren Turnierverlauf eingesetzt: Bachino, Torres, Canao, Plaggio). – Tore: 0:1 Ponomarev (52.), 1:1 Alves (68.), 2:1 Diaz (71.), 3:1 Maradona (76.). – SR: Wright (Brasilien) – Z.: 52000.

Die ersten beiden Austragungen liefen unter der Bezeichnung „Jugend-Weltturnier“.

1981: Deutschland

Vom 3.–18. Oktober 1981 in Australien

Gruppe A (Brisbane): Polen – Katar 0:1, USA – Uruguay 0:3, USA – Katar 1:1, Uruguay – Polen 1:0, Katar – Uruguay 0:1, USA – Polen 0:4. – **Gruppensieger:** Uruguay.

Gruppe B (Melbourne): Italien – Südkorea 1:4, Rumänien – Brasilien 1:1, Italien – Brasilien 0:1, Südkorea – Rumänien 0:1, Südkorea – Brasilien 0:3, Italien – Rumänien 0:1. – **Gruppensieger:** Brasilien.

Gruppe C (Adelaide/Canberra): Deutschland – Mexiko 1:0, Spanien – Ägypten 2:2, Deutschland – Ägypten 1:2, Spanien – Mexiko 1:1, Deutschland – Spanien 4:2, Mexiko – Ägypten 3:3. – **Gruppensieger:** Deutschland.

Gruppe D (Sydney/Newcastle): England – Kamerun 2:0, Australien – Argentinien 2:1, Australien – Kamerun 3:3, England – Argentinien 1:1, Kamerun – Argentinien 0:1, England – Australien 1:1. – **Gruppensieger:** England.

Viertelfinale: Deutschland – Australien 1:0, Uruguay – Rumänien 1:2, Brasilien – Katar 2:3, England – Ägypten 4:2.

Halbfinale: Deutschland – Rumänien 1:0 n.V., Katar – England 2:1.

Um den 3. Platz: England – Rumänien 0:1.

Endspiel: Deutschland – Katar 4:0 (2:0) am 18. 10. 1981 in Sydney.

Die Siegermannschaft: Vollborn – Winklhofer, Zorc, Schmidkunz, Trieb – Sievers (Brunner), Schön, Loose – Anthes, Wohlfarth, Brummer (Herbst). – Im Verlauf des Turniers noch eingesetzt: Hermann, Nushöhr. – Tore: 1:0 Loose (28.), 2:0 Wohlfarth (43.), 3:0 Loose (65., Foulelfmeter), 4:0 Anthes (86). – SR: Coelho (Brasilien). – Zuschauer: 18500.

1983: Brasilien

Vom 5.–19. Juni 1983 in Mexiko

Gruppe A: Mexiko – Australien 1:1, Schottland – Südkorea 2:0, Mexiko – Südkorea 1:2, Australien – Schottland 2:1, Mexiko – Schottland 0:1, Australien – Südkorea 1:2. – **Gruppensieger:** Schottland.

Gruppe B: Uruguay – USA 3:2, Polen – Elfenbeinküste 7:2, USA – Elfenbeinküste 1:0, Uruguay – Polen 3:1, USA – Polen 0:2, Uruguay – Elfenbeinküste 0:0. – **Gruppensieger:** Uruguay.

Gruppe C: CSSR – Österreich 4:0, Argentinien – China 5:0, Argentinien – Österreich 3:0, CSSR – China 3:2, Argentinien – CSSR 2:0, China – Österreich 3:0. – **Gruppensieger:** Argentinien.

Gruppe D: Brasilien – Holland 1:1, Nigeria – UdSSR 1:0, Brasilien – Nigeria 3:0, Holland – UdSSR 3:2, Brasilien – UdSSR 2:1, Holland – Nigeria 0:0. – **Gruppensieger:** Brasilien.

Viertelfinale: Schottland – Polen 0:1, Uruguay – Südkorea 1:2 n.V., Argentinien – Holland 2:1, Brasilien – CSSR 4:1.

Halbfinale: Brasilien – Südkorea 2:1 (in Monterrey), Argentinien – Polen 1:0 (in Mexiko).

Um den 3. Platz: Polen – Südkorea 2:1 n.V. (Mexiko).

Endspiel: Brasilien – Argentinien 1:0 (1:0) am 19. 6. 1983 in Mexico City.

Die Siegermannschaft: Hugo – Heitor, Guto, Boni, Jorginho – Dunga, Gillmar (Demetrio), Geovani – Maurizinho, Marinho (Bebeto), Paulinho. – Tor: Geovani (31., Foulelfmeter). – SR: Biguet (Frankreich). – Zuschauer: 100000.

1985: Brasilien

Vom 24. 8.–7. 9. 1985 in der Sowjetunion

Gruppe A (Erewan): Ungarn – Kolumbien 2:2, Tunesien – Bulgarien 0:2, Ungarn Tunesien 2:1, Kolumbien – Bulgarien 1:1, Ungarn – Bulgarien 1:1, Kolumbien – Tunesien 2:1. – **Qualifiziert:** Bulgarien vor Kolumbien (Los).

Gruppe B (Tiflis): Irland – Brasilien 1:2, Saudi-Arabien – Spanien 0:0, Irland – Saudi-Arabien 0:1, Brasilien – Spanien 2:0, Irland – Spanien 2:4, Brasilien – Saudi-Arabien 1:0. – **Qualifiziert:** Brasilien vor Spanien.

Gruppe C (Minsk): Sowjetunion – Australien 0:0, Nigeria – Kanada 2:0, Sowjetunion – Nigeria 2:1, Australien – Kanada 0:0, Sowjetunion – Kanada 5:0, Australien – Nigeria 2:3. – **Qualifiziert:** Sowjetunion vor Nigeria.

Gruppe D (Baku): England – Paraguay 2:2, China – Mexiko 1:3, England – China 0:2, Paraguay – Mexiko 0:2, England – Mexiko 0:1, Paraguay – China 1:2. – **Qualifiziert:** Mexiko vor China.

Viertelfinale: Bulgarien – Spanien 1:2, Brasilien – Kolumbien 6:0, Sowjetunion – China 1:0, Mexiko – Nigeria 1:2.

Halbfinale: Sowjetunion – Spanien 2:2 n.V., Elfmeterschießen 4:3 für Spanien, Brasilien – Nigeria 2:0.

Um den 3. Platz: Sowjetunion – Nigeria 0:0 n.V., Elfmeterschießen 3:1 für Nigeria.

Endspiel: Brasilien – Spanien 1:0 (0:0, 0:0) n.V. am 7. 9. 1985 in Moskau.

Die Siegermannschaft: Claudio Taffarel – Luciano, Luis Carlos, Joao, Henrique – Dida, Silas (114. Marcal), Tosin, Gerson (110. Antonio Carlos) – Müller, Balalo. – Tor: Henrique (92.) – SR: Syme (Schottland). – Zuschauer: 41000.

1987: Jugoslawien

Vom 10.–25. 10. 1987 in Chile

Gruppe A (Santiago): Chile – Jugoslawien 2:4, Togo – Australien 0:2, Chile – Togo 3:0, Jugoslawien – Australien 4:0, Chile – Australien 2:0, Jugoslawien – Togo 4:1. **Qualifiziert:** Jugoslawien vor Chile.

Gruppe B (Concepcion): Brasilien – Nigeria 4:0, Italien – Kanada 2:2, Brasilien – Italien 0:1, Nigeria – Kanada 2:0, Brasilien – Kanada 1:0, Nigeria – Italien 0:2. **Qualifiziert:** Italien vor Brasilien.

Gruppe C (Valparaiso): DDR – Schottland 1:2, Kolumbien – Bahrein 1:0, DDR – Kolumbien 3:1, Schottland – Bahrein 1:1, DDR – Bahrein 2:0, Schottland – Kolumbien 2:2. **Qualifiziert:** DDR vor Schottland.

Gruppe D (Antofagasta): USA – Bulgarien 0:1, Deutschland – Saudi-Arabien 3:0, USA – Saudi-Arabien 1:0, Deutschland – Bulgarien 3:0, Deutschland – USA 2:1, Bulgarien – Saudi-Arabien 2:0. **Qualifiziert:** Deutschland vor Bulgarien.

Viertelfinale: Jugoslawien – Brasilien 2:1 (Santiago), Italien – Chile 0:1 (Concepcion), DDR – Bulgarien 2:0 (Valparaiso), Deutschland – Schottland 1:1 n.V., 4:3 im Elfmeterschießen (Antofagasta).

Halbfinale: Jugoslawien – DDR 2:1 (Santiago), Chile – Deutschland 0:4 (Concepcion).

Um den 3. Platz: DDR – Chile 1:1 n.V., 3:1 im Elfmeterschießen (Santiago).

Endspiel: Jugoslawien – Deutschland 1:1 (0:0, 1:1) n.V., 5:4 im Elfmeterschießen am 25. 10. 1987 in Santiago.

Die Siegermannschaft: Levkovic – Jankovic – Brnovic, Jarni – Boban, Pavlicic, Pavlovic (Zirojevic), Petric, Skoric – Mijucic, Suker.

Deutschland: Brunn – Luginger – Strehmel, Metz – Dammeier (H. J. Heidenreich), Spyrka, Möller, Schneider, K. Reinhardt – Eichenauer (Epp), Witeczek (im weiteren Turnierverlauf eingesetzt: Clauss, Würzburger, Praetz, Klinkert, Claasen).

1989: Portugal

Vom 17. 2.–3. 3. 1989 in Saudi-Arabien

Gruppe A (Riad): Nigeria – Saudi-Arabien 2:1, Portugal – CSSR 1:0, CSSR – Saudi-Arabien 1:0, Portugal – Nigeria 1:0, Saudi-Arabien – Portugal 3:0, Nigeria – CSSR 1:1. – **Qualifiziert:** Portugal vor Nigeria.

Gruppe B (Dammam): Costa Rica – Kolumbien 1:0, Sowjetunion – Syrien 3:1, Sowjetunion – Costa Rica 1:0, Kolumbien – Syrien 2:0, Costa Rica – Syrien 1:3, Kolumbien – Sowjetunion 1:3. – **Qualifiziert:** Sowjetunion vor Kolumbien.

Gruppe C (Dschidda): Brasilien – DDR 2:0, USA – Mali 1:1, Brasilien – Mali 5:0, DDR – USA 0:2, Brasilien – USA 3:1, DDR – Mali 3:0. – **Qualifiziert:** Brasilien vor USA.

Gruppe D (Taif): Irak – Norwegen 1:0, Spanien – Argentinien 2:1, Argentinien – Norwegen 2:0, Spanien – Irak 0:2, Norwegen – Spanien 4:2, Irak – Argentinien 1:0. – **Qualifiziert:** Irak vor Argentinien.

Viertelfinale: Portugal – Kolumbien 1:0 (Riad), Nigeria – Sowjetunion 4:4 (Dammam)/5:4 im Elfmeterschießen, USA – Irak 2:1 (Taif), Brasilien – Argentinien 1:0 (Dschidda).

Halbfinale: Brasilien – Portugal 0:1 (Riad), Nigeria – USA 2:1 (Dschidda).

Um den 3. Platz: Brasilien – USA 2:0 (Riad).

Endspiel: Portugal – Nigeria 2:0 (1:0) am 3. 3. 1989 in Riad.

Die Siegermannschaft: Bizarro – Valido – Silva-Abel, Paulo Madeira, Morgado – Helio, Tozé, Filipe, Jorge Couto – Amaral (Paulo Alves), Joao Pinto (Folha). – Tore: Silva, Couto. – SR: Schmidhuber (Deutschland). – Zuschauer: 70000.

TEIL IX

DER MITROPA-CUP

Der Mitropa-Cup

Die bisherigen Gewinner:

1927 Sparta Prag – 1928 Ferencvaros Budapest – 1929 Ujpest Budapest – 1930 Rapid Wien – 1931 Vienna Wien – 1932 FC Bologna – 1933 Austria Wien – 1934 FC Bologna – 1935 Sparta Prag – 1936 Austria Wien – 1937 Ferencvaros Budapest – 1938 Slavia Prag – 1939 Ujpest Budapest – 1940 bis 1954 ausgefallen – 1955 Vörös Lobogo (MTK) Budapest – 1956/57 Vasas Budapest – 1958 ausgefallen – 1959 Honved Budapest – 1960 Ungarn – 1961 FC Bologna – 1962 Vasas Budapest – 1963 MTK Budapest – 1964 Sparta Prag – 1965 Vasas Budapest – 1966 AC Florenz – 1967 Spartak Trnava – 1968 Roter Stern Belgrad – 1969 Inter Preßburg – 1970 Vasas Budapest – 1971/72 Celik Zenica – 1973/74 Tatabanya Banyasz – 1975/76 Wacker Innsbruck – 1977 Vojvodina Novi Sad – 1978 Partizan Belgrad – 1979 nicht ausgetragen – 1980 FC Uninese – 1981 Tatran Presov – 1982 AC Mailand – 1983 Vasas Budapest – 1984 SC Eisenstadt – 1985 Iskra Bogojno – 1986 SC Pisa – 1987 Ascoli Calcio – 1988 SC Pisa – 1989 Banik Ostrau – 1990 AS Bari

Erläuterungen: Austria, Rapid, Vienna, WAC, Admira, Wiener SK Wacker (alle aus Wien); Hungaria, Vörös Lobogo, Ferencvaros, MTK, Kispest, Honved, Phöbus, Ujpest, Vasas (alle Budapest); Sparta, Slavia, UDA, Dukla (alle Prag); Juventus (Turin), Ambrosiana, Inter (Mailand), Lazio (Rom); Beogradski, SK (Belgrad); Gradjanska (Agram/Zagreb); Young Fellows, Grasshopper (beide Zürich); Vojvodina (Novisad).

1927: Sparta Prag

Vorrunde: Hungaria – Beogradski 4:0, 4:2; Rapid – Hajduk 8:1, 1:0; Sparta – Admira 5:1, 3:5; Slavia – Ujpest 4:0, 2:2.
Zwischenrunde: Sparta – Hungaria (Sparta zum Sieger erklärt) 2:2, 0:0; Rapid – Slavia 2:2, 2:1.
Endspiel: Sparta – Rapid 6:2, 1:2.
Die Siegerelf: Hochmann; Burger, Perner; Kolenaty, Kada, Hajny; Patek, Sima, Miclik, Silny, Horeja.

1928: Ferencvaros Budapest

Vorrunde: Admira – Slavia 3:1, 3:3; Rapid – Hungaria 6:4, 1:3, 1:0; Ferencvaros – Beogradski 7:0, 6:1; Viktoria Zizkow – Gradjanska 2:3, 6:1.
Zwischenrunde: Rapid – Zizkow 3:4, 3:2, 3:1; Ferencvaros – Admira 2:1, 1:0.
Endspiel: Ferencvaros – Rapid 7:1, 3:5.
Die Siegerelf: Amsel; Takacs, Hungler; Lyka, Bukovi, Berkessy; Raszo, Takacs II, Turay, Sedlaczek, Kohuth.

1929: Ujpest Budapest

Vorrunde: Ujpest – Sparta 6:1, 0:2; Vienna – Hungaria 4:1, 2:1; Rapid – Genua 93 5:1, 0:0; Slavia – Juventus 0:1, 3:0.
Zwischenrunde: Slavia – Vienna 2:3, 4:2; Ujpest – Rapid 2:1, 2:3, 3:1.
Endspiel: Ujpest – Slavia 5:1, 2:2.
Die Siegerelf: Acht; Kövago, Fogl III; Borsanyi, Köves, Wilhelm; Ströck, Auer, Meszaros, Spitz, Szabo.

1930: Rapid Wien

Vorrunde: Ferencvaros – Slavia 2:2, 1:0; Sparta – Vienna 2:1, 3:2; Rapid – Genua 93 1:1, 6:1; Ambrosiana – Ujpest 4:2, 2:4, 1:1 n.V., 5:3.
Zwischenrunde: Sparta – Ambrosiana 2:2, 6:1; Rapid – Ferencvaros 5:1, 0:1.
Endspiel: Rapid – Sparta 2:0, 2:3.
Die Siegerelf: Bugala; Schramseis, Cejka; Rappan (Frühwirth), Smistik, Wana (Maydlmayr); Kirbes, Wesselik, Kaburek, Luef, Wessely.

1931: Vienna Wien

Vorrunde: Vienna – Bocskai Debrecen 3:0, 4:0; AS Rom – Slavia 1:1, 2:1; Sparta – Juventus 1:2, 1:0, 3:2; WAC – Hungaria 5:1, 1:3.
Zwischenrunde: Sparta – WAC 3:2, 3:4, 0:2; AS Rom – Vienna 2:3, 1:3.
Endspiel: Vienna Wien – WAC Wien 3:2, 2:1.
Die Siegerelf: Horeschofsky; Rainer, Blum; Schmaus, Hoffmann, Machu; Brosenbauer, Adelbrecht, Gschweidl, Tögel, Erdl.

1932: FC Bologna

Vorrunde: Slavia – Admira 3:0, 0:1; Vienna – Ujpest 5:3, 1:1; FC Bologna – Sparta 5:0, 0:3; Juventus – Ferencvaros 4:0, 3:3.
Zwischenrunde: FC Bologna – Vienna 2:0, 0:1; Juventus – Slavia 0:4, 2:0 abgebr.*
Die Siegerelf: Gianni; Monzeglio, Gasperi; Montesanto, Baldi, Martelli; Maini, Sansone, Schiavio, Fedullo, Reguzzoni.
* Beide wurden disqualifiziert und Bologna kampflos zum Sieger erklärt.

1933: Austria Wien

Vorrunde: Ujpest – Juventus 2:4, 2:6; Slavia – Austria 3:1, 0:3; Vienna – Ambrosiana 1:0, 0:4; Hungaria – Sparta 2:3, 1:2.
Zwischenrunde: Austria – Juventus 3:0, 1:1; Ambrosiana – Sparta 4:1, 2:2.
Endspiel: Austria – Ambrosiana 1:2, 3:1.
Die Siegerelf: Billich; Graf, Nausch; Najemnik, Mock, Gall (Adamek); Molzer, Stroh, Sindelar, Jerusalem (Spechtl), Viertl.

1934: FC Bologna

Vorrunde: Ferencvaros – Floridsdorf 8:0, 2:1; Kladno – Ambrosiana 1:1, 3:2; Bologna – Bocskai Debrecen 2:0, 1:2; Slavia – Rapid 1:3, 1:1; Austria – Ujpest 1:2, 1:2; Juventus – FK Teplitz 4:2, 1:0; Admira – Neapel 0:0, 2:2, 5:0; Hungaria – Sparta 4:5, 2:1, 2:5**; Hungaria – Sparta 2:1, 1:2, 1:1*** n.V.
Zwischenrunde: Ferencvaros – Kladno 6:0, 1:4; FC Bologna – Rapid 6:1, 1:4; Ujpest – Juventus 1:3, 1:1; Admira – Sparta 4:0, 2:3.
Vorschlußrunde: Ferencvaros – FC Bologna 1:1, 1:5; Admira gegen Juventus 3:1, 1:2.
Endspiel: FC Bologna – Admira 2:3, 5:1.
Die Siegerelf: Gianni; Monzeglio, Gasperi; Montesanto, Donati, Corsi; Maini, Sansone, Schiavio, Fedullo, Reguzzoni.
** Wiederholung der Spiele infolge nichtberechtigten Mitwirkens des Sparta-Spielers Fascinek.
*** Sparta Sieger durch Los.

1935: Sparta Prag

Vorrunde: Admira – Hungaria 3:2, 1:7; Pilsen – Juventus 3:3, 1:5; Vienna – Sparta 1:1, 3:5; Ujpest – AC Florenz 0:2, 3:4; Zidenice Brünn – Rapid 3:2, 2:2; AS Rom – Ferencvaros 3:1, 0:8; Szegedin – Slavia 1:4, 1:0; Ambrosiana – Austria 2:5, 1:3.
Zwischenrunde: Hungaria – Juventus 1:3, 1:1; Sparta – AC Florenz 7:1, 1:3, Zidenice – Ferencvaros 4:2, 1:6; Slavia – Austria 1:0, 1:2, 2:5.
Vorschlußrunde: Sparta – Juventus 2:0, 1:3, 5:1; Ferencvaros – Austria 4:2, 2:3.
Endspiel: Sparta – Ferencvaros 1:2, 3:0.
Die Siegerelf: Klenovec; Burger, Ctyrocki; Kostalek, Boucek, Srbk; Fascinek, Zajicek, Braine, Nejedly, Kaloczay.

1936: Austria Wien

Ausscheidungsspiele: Zidenice Brünn – Lausanne Sports 5:0, 1:2; Young Fellows – Phöbus 0:3, 2:6; FC Bern – AC Turin 1:4, 1:7; Austria – Grasshoppers 3:1, 1:1.
Vorrunde: Hungaria – Vienna 0:2, 1:5; Zidenice – Ambrosiana 2:3, 1:8; Sparta – Phöbus 5:2, 2:4; Rapid – AS Rom 3:1, 1:5; Admira – Prostejow 0:4, 3:2; AC Turin – Ujpest 2:0, 0:5; Bologna – Austria 2:1, 0:4; Ferencvaros – Slavia 5:2, 0:4.
Zwischenrunde: Vienna – Ambrosiana 2:0, 1:4; Austria – Slavia 3:0, 0:1; Sparta – AS Rom 3:0, 1:1; Prostejow – Ujpest 0:1, 0:2.
Vorschlußrunde: Ambrosiana – Sparta 3:5, 2:3; Ujpest – Austria 1:2, 2:5.
Endspiel: Austria – Sparta 0:0, 1:0.
Die Siegerelf: Zöhrer; Andritz, Sesta; Adamek, Mock, Nausch; Riegler, Stroh, Sindelar, Jerusalem, Viertl.

1937: Ferencvaros Budapest

Vorrunde: Slavia – Ferencvaros 2:2, 1:3; Vienna – Young Fellows 2:1, 0:1, 2:0; FC Bologna – Austria 1:2, 1:5; Venus Bukarest – Ujpest 4:6, 1:4; Admira – Sparta 1:1, 2:2, 2:0; Genua 93 – Gradjanska 3:1, 3:0; Hungaria – Lazio Rom 1:1, 2:3; Grasshoppers – Prostejow 4:3, 2:2.

Vorschlußrunde: Ferencvaros – Austria 1:4, 6:1.
Endspiel: Ferencvaros – Lazio 4:2, 5:4.
Die Siegerelf: Hada; Tatrai, Koranyi; Magda (Hamori), Polgar, Szekely (Lazar); Tänzer (Biro), Kisz, Sarosi, Toldi, Kemeny (Gyetvai).
* Das Rückspiel kam nicht zustande; beide ausgeschlossen.

1938: Slavia Prag

Vorrunde: Kladno – HASK Agram 3:1, 2:1; Zidenice – Ferencvaros 3:1, 0:3; Genua 93 – Sparta 4:2, 1:1; Beogradski – Slavia 2:3, 1:2; Hungaria – Juventus 3:3, 1:6; Ujpest – Rapid Bukarest 4:1, 0:4; Ambrosiana – Kispest 4:2, 1:1; Temesvar – AC Mailand 3:0, 1:3.
Zwischenrunde: Ferencvaros – Temesvar 5:4, 4:1; Juventus – Kladno 4:2, 2:1; Slavia – Ambrosiana 9:0, 1:3; Genua 93 – Rapid Bukarest 3:0, 1:2.
Vorschlußrunde: Genua 93 – Slavia 4:2, 0:4; Juventus – Ferencvaros 3:2, 0:2.
Endspiel: Slavia – Ferencvaros 2:2, 2:0.
Die Siegerelf: Bokcsai; Cerny, Daucik I; Prucha, Daucik II, Kopecky; Horak, Simonek, Bican, Bradac, Vytlacil.

1939: Ujpest Budapest

Vorrunde: Venus Bukarest – FC Bologna 1:0, 0:5; Ferencvaros – Sparta 2:3, 2:0; SK Belgrad – Slavia 3:0, 1:2; Ambrosiana – Ujpest 2:1, 0:3.
Zwischenrunde: FC Bologna – Ferencvaros 3:1, 1:4; SK Belgrad – Ujpest 4:2, 1:7.
Endspiel: Ujpest – Ferencvaros 4:1, 2:2.
Die Siegerelf: Sziklay; Futo, Fekete; Szalay, Szues, Balogh; Adam, Vincze, Zsengeller, Kallai, Kocsis.

1940–1954: ausgefallen

1955: Vörös Lobogo Budapest (MTK)

Ausscheidungsrunde: Vörös Lobogo – Wacker 3:3, 2:2, 5:1; Vojvodina – AS Rom 4:1, 5:4.
Viertelfinale: Wiener SK – Honved 2:5, 4:5; FC Bologna – UDA Prag 2:4, 0:3; Hajduk Split – Vörös Lobogo 0:6, 3:2; Vojvodina – Slovan Preßburg 0:0, 0:3.
Semifinale: Honved – Vörös Lobogo 5:2, 1:5; UDA Prag – Slovan 0:0, 2:2, 2:1.
Endspiel: Vörös Lobogo – UDA Prag 6:0, 2:1.
Die Siegerelf: Fazekas; Kovacs II, Kovacs III; Kovacs I, Börzsei, Zakarias; Sandor, Karasz, Hidegkuti, Molnar, Szimcsak.

1956: Vasas Budapest

Viertelfinale: Rapid – Slovan Preßburg 3:0, 1:3; Roter Stern Belgrad – Vörös Lobogo 1:1, 3:5; Wacker – Partizan Belgrad 1:1, 1:1, 0:4; Vasas – UDA Prag 2:0, 2:2.
Semifinale: Rapid – Vörös 3:3, 4:3; Vasas – Partizan 0:1, 6:1.
Endspiel: Vasas – Rapid 3:3, 1:1, 9:2.
Die Siegerelf: Kamaras; Karpati, Sarosi; Bundzsak, Kontha, Berendi; Raduly, Csordas, Szilagyi, Teleki, Lelenka.

1957: Vasas Budapest

Viertelfinale: Rapid – MTK 1:1, 3:3, 4:1; Vasas – Vienna 3:0, 1:2; Roter Stern Belgrad – Dukla 1:1, 1:1, 1:0; Slovan Preßburg – Vojvodina Novisad 1:0, 0:6.
Semifinale: Vasas – Roter Stern 3:1, 3:2; Rapid – Vojvodina 3:0, 1:4 (Rapid z. 3. Spiel nicht angetreten).
Endspiel: Vasas – Vojvodina 4:0, 1:2.
Die Siegerelf: Kovalik; Karpati, Sarosi; Szilagyi I, Kontha, Berendi; Raduly, Teleki, Szilagyi II, Bundzsak, Lelenka (Csordas).

1958: nicht ausgetragen

1959: Honved Budapest

Viertelfinale: Wiener AC – Honved Budapest 2:1, 0:7; MTK Budapest – Dynamo Prag 5:0, 2:4; Vojvodina Novisad – Vienna Wien 1:0, 3:3; Banik Ostrau – Partizan Belgrad 1:1, 2:3.
Semifinale: Honved – Partizan 3:3, 2:2 (Los für Honved); MTK – Vojvodina 0:0, 2:1.
Endspiel: Honved – MTK Budapest 4:3, 2:2.

Die Siegerelf: Farago; Töröcsik II, Dudas; Bozsik, Töröcsik I, Kotazs; Budai, Kazinczy, Tichy, Gilicz, Szilasi (Csinos).

1960: Ungarn

Am diesjährigen **Mitropa-Cup** nehmen fünf Nationen mit je sechs Mannschaften teil. Aus je 15 Vor- und Rückspielen werden die erkämpften Punkte für jedes Land addiert und es wird lediglich eine Nationenwertung errechnet.

Die Spiele: AC Florenz – Ujpest Budapest 1:0, 0:2; Hajduk Split – FC Bologna 3:1, 1:0; Austria Wien – Udinese 0:2, 4:2; Ferencvaros Budapest – Simmering 1:2, 5:1; Wiener SK – Dukla Prag 2:1, 1:2; Banik Ostrau – OFK Belgrad 2:1, 2:3; Partizan Belgrad – Slovan Preßburg 2:1, 1:4; SK Sarajewo – MTK Budapest 1:2, 1:2; Vienna Wien – Vasas Budapest 2:3, 1:3; Spartak Trnava – AS Rom 2:0, 0:1; ASK Linz – Sparta Prag 1:3, 1:3; Velez Mostar – Alessandria 4:1, 2:1; Vojvodina Novisad – Wiener AC 2:2, 5:0; FC Palermo – VTK Diosgyör 1:2, 2:0; Tatabanya – Roter Stern Preßburg 2:1, 3:3.

Nationenwertung:

1. Ungarn	**12**	**8**	**1**	**3**	**25:16**	**17–7**
2. Jugoslawien	**12**	**7**	**1**	**4**	**26:18**	**15–9**
3. Tschechoslowakei	**12**	**6**	**1**	**5**	**24:18**	**13–11**
4. Italien	**12**	**4**	**–**	**8**	**12:20**	**8–16**
5. Österreich	**12**	**3**	**1**	**8**	**17:32**	**7–17**

1961: FC Bologna

Gruppe 1: Austria Wien – Sparta Prag 2:1, Sampdoria Genua – FC Bologna 1:1, Austria – Sampdoria 5:2, Bologna – Sparta 3:1, Bologna – Austria 2:1, Sampdoria – Sparta 1:1. – **Sieger:** Bologna.

Gruppe 2: AC Turin – SVS Linz 5:3, Slovan Neutra – Roter Stern Preßburg 4:3, Neutra – Turin 5:1, Preßburg – Linz 8:2, Linz – Neutra 4:4, Preßburg – Turin 4:2. – **Sieger:** Neutra.

Gruppe 3: Wiener Neustadt – ASK Linz 4:1, Linz – FC Udinese 2:2, Kladno – Neustadt 5:0, Udinese – Neustadt 4:1, Kladno – Linz 1:1, Udinese – Kladno 3:2. – **Sieger:** Udinese, weiter teilnahmeberechtigt Kladno als Zweiter.

Semifinale: FC Bologna – Kladno 1:0, 2:1; Slovan Neutra – FC Udinese 4:3, 1:1.

Finale: FC Bologna – Slovan Neutra 2:2, 3:0.

Die Siegerelf: Cimpiel; Lorenzini, Taverna, Pavinato; Tumburus, Fogli; Perani, Rossini, Nielsen, Demarco, Pascutti.

1962: Vasas Budapest

Gruppe 1: Spartak Königgrätz – Ferencvaros Budapest 2:1, 1:0; Juventus Turin – Dinamo Zagreb 4:1, 1:2; Dinamo – Ferencvaros 2:0, 5:1; Juventus – Spartak 3:2, 0:2; Juventus – Ferencvaros 1:0, 1:1; Spartak – Dinamo 3:2, 1:2. – **Sieger:** Dinamo.

Gruppe 2: Partizan Belgrad – Banik Ostrau 2:2, 1:1; Atalanta Bergamo – MTK Budapest 0:0, 1:1; Atalanta – Partizan 3:3, 2:2; MTK – Banik 4:2, 1:3; Banik – Atalanta 0:0, 2:8; Partizan – MTK 2:1, 1:4. – **Sieger:** Atalanta.

Gruppe 3: Slovan Preßburg – Honved Budapest 1:2, 2:1; FC Bologna – Roter Stern Belgrad 2:1, 2:4; Roter Stern – Honved 1:0, 3:2; Bologna – Slovan 3:0, 1:2; Slovan – Roter Stern 1:0, 2:2; Bologna – Honved 2:1, 5:1. – **Sieger:** Bologna.

Gruppe 4: Vojvodina Novisad – Spartak Trnava 0:1, 0:0; FC Florenz – Vasas Budapest 0:0, 1:3; Florenz – Vojvodina 0:1, 2:2; Vasas – Trnava 5:0, 2:2; Vasas – Vojvodina 3:0, 3:1; Florenz – Trnava 4:3, 6:1. – **Sieger:** Vasas.

Semifinale: Atalanta – Vasas 1:0, 1:3; Dinamo – Bologna 1:1, 1:2.

Endspiele: Vasas Budapest – FC Bologna 5:1, 1:2.

Die Siegerelf: Szentmihalyi; Ihasz, Bakos; Bundzsak, Meszöly, Berendi; Kekesi, Pal I, Machos, Farkas, Pal II.

1963: MTK Budapest

Vorrunde: FC Bologna – MTK Budapest 1:1, 0:1; AC Turin – Admira Wien 0:1, 5:1; Austria Wien – Zeljeznicar Sarajewo 2:0, 1:4; Banik Ostrau – Vasas Budapest 1:1, 0:5.

Zwischenrunde: Vasas – Turin 5:1, 1:2; Zeljeznicar – MTK 1:1, 0:1.

Endspiele: MTK Budapest – Vasas Budapest 2:1 und 1:1.

Die Siegerelf: Kovalik; Keszei, Jenei; Nagy, Danszki, Kovacs III; Laczko, Vasas, Bödör, Kuti, Szimcsak.

1964: Sparta Prag

Vorrunde: Vasas Budapest – SVS Linz 3:1, 1:1; Slovan Preßburg – Zeljeznicar 3:0, 1:2; Sparta Prag – MTK Budapest 3:1, 1:1; FC Bologna – OFK Belgrad 1:0, 2:2.
Zwischenrunde: Sparta – Bologna 3:0, 2:2; Vasas – Slovan 0:2, 1:1.
Endspiele: Sparta Prag – Slovan Preßburg 0:0, 2:0.
Die Siegerelf: Kramerius; Kolar, Taborsky; Vojta, Tichy, Steiningl; Dyba, Mraz, Kraus, Masek, Vrana.

1965: Vasas Budapest

Ausscheidungsspiel: Vasas Budapest – FK Sarajewo 2:1, 2:0.
Semifinale: Vasas – Sparta Prag 5:4 n.V., AC Florenz – Rapid Wien 3:0.
3. Platz: Sparta Prag – Rapid Wien 2:0.
Endspiel: Vasas Budapest – AC Florenz 1:0.
Die Siegerelf: Varga; Bakosz, Ihasz; Matesz, Meszöly, Berendi, Molnar, Puskas, Farkas, Fister, Pal.

1966: AC Florenz

Viertelfinale: Slavia Prag – MTK Budapest 0:1, 2:0; Admira Wien – Jednota Trencin 2:1, 0:4; Roter Stern Belgrad – SSC Neapel 2:0, 1:2; FK Sarajewo – Wiener SK 2:1, 0:3. – **Freilos:** Vasas Budapest und AC Florenz.
Zwischenrunde: Slavia Prag – Wiener SK 4:1, 1:5; Roter Stern Belgrad – Trencin 1:3, 0:1. – **Freilos:** Vasas, Florenz.
Semifinale: AC Florenz – Wiener SK 4:2, Trencin – Vasas 1:0.
3. Platz: Vasas – Wiener SK 4:3.
Endspiel: AC Florenz – Jednota Trencin 1:0.
Die Siegerelf: Paolicchi; Rogora, Diomedi; Marchesi, Gonfiantini, Pirovano; Hamrin, Vieri, Brugnera, De Sisti, Chiarugi.

1967: Spartak Trnava

Achtelfinale: Spartak Trnava – Honved Budapest 4:0, 1:1; US Cagliari – FK Sarajewo 2:1, 1:3; Vienna Wien – AC Florenz 4:3, 1:3; Slavia Prag – Austria Wien 1:2, 0:2; Lazio Rom – Roter Stern Belgrad 3:0, 1:2; Ujpest Budapest – Slovan Preßburg 5:1, 1:1; Dinamo Zagreb – AC Mailand 1:0, 0:0; Tatabanya – Wacker Innsbruck 1:0, 2:1.
Viertelfinale: Tatabanya – Florenz 1:1, 0:1; Zagreb – Austria 3:3, 0:1; Sarajewo – Ujpest 1:2, 1:5; Lazio – Trnava 1:1, 0:1.
Semifinale: Trnava – Florenz 2:0, 1:2; Ujpest – Austria 3:0, 2:1.
Endspiele: Spartak Trnava – Ujpest/Dozsa Budapest 2:3, 3:1.
Die Siegermannschaft: Kozinka; Dobias (Zlocha), Jarabek, Hagara, Brumovszky, Kravarik, Martinkovics, Hruseczki, Kuna (Svec), Adamec, Kabat.

1968: Roter Stern Belgrad

Achtelfinale: Linzer ASK – Vardar Skoplje 0:0, 1:2; AS Rom – Spartak Trnava 1:1, 1:2; Austria Wien – Atalanta Bergamo 1:2, 2:0; Tatabanya – Inter Preßburg 3:1, 0:7; Jednota Trencin – Zeljeznicar Sarajewo 0:0, 0:1; US Cagliari – Banik Ostrau 6:0, 2:3; Roter Stern Belgrad – VTK Diosgyör 3:0, 1:3; Ujpest Budapest – Wiener SK 6:1, 1:1.
Viertelfinale: Trnava – Sarajewo 2:1, 2:2; Vadar – Cagliari 1:0, 1:0; Austria – Ujpest 2:2, 4:1; Inter – Roter Stern 3:2, 0:3.
– **Semifinale:** Trnava – Skoplje 4:1, 2:2; Roter Stern – Ujpest 4:1, 0:1.
Endspiele: Roter Stern Belgrad – Spartak Trnava 0:1, 4:1.
Die Siegermannschaft: Dujkovic (Racic); Doric, Krivokuca, Pavlovic, Dojcinovski, Klenkovski (Prosen); Antonijevic, Ostojic, Lazarevic, Acimovic (Stepanovic), Dzajic (Bukal).

1969: Inter Preßburg

Achtelfinale: Union Teplitz – Tatabanya 3:0, 3:3; Vasas Budapest – Sturm Graz 4:3, 2:1; Inter Preßburg – FC Palermo 3:0, 1:0; Wiener SK – US Cagliari 1:0, 1:2; Honved Budapest – Zeljeznicar Sarajevo 0:1, 0:1; Vardar Skoplje – Admira Wien 2:2, 0:3; Atalanta Bergamo – Roter Stern Belgrad 2:4, 1:5; Banik Ostrau – Hajduk Split 4:0, 2:4.
Viertelfinale: Admira – Inter 2:2, 1:1; Wiener SK-Union 1:1, 0:2; Roter Stern – Vasas 1:2, 2:3; Ostrau – Sarajevo 1:1, 0:4.
Semifinale: Inter – Vasas 2:2, 1:0; Union – Sarajevo 2:1, 1:1.

Endspiele: Inter Preßburg – Union Teplitz 4:1, 0:0.
Die Siegermannschaft: Fülle; Hrica, Solin, Deutsch, Binovsky; Oblozinsky, Szikora, Medvid; Levicky, Krnac, Ondrasek (Dano, Jurco).

1970: Vasas Budapest

Achtelfinale: Inter Preßburg – Vienna Wien 6:1 (2. Spiel nicht ausgetragen); Wacker Innsbruck – Csepel Budapest 2:1, 1:2 n.V., Los f. Innsbruck; Hajduk Split – AC Brescia 3:1, 0:0; Honved Budapest – Lazio Rom 1:1, 2:1; Vasas Budapest – Vardar Skoplje 1:1, 3:2; Radnicki Kragujevac – Lok. Kosice 2:0, 0:1; Slavia Prag – Hellas Verona 4:1, 3:0; Admira/Energie Wien – Bohemians Prag 2:1, 2:1.
Viertelfinale: Slavia – Hajduk 1:1, 2:2 (Slavia mehr Auswärtstore); Admira – Vasas 0:4, 1:3; Honved – Radnicki 4:0, 1:2; Wacker – Inter 0:3, 1:0.
Semifinale: Slavia – Vasas 1:1, 0:1; Honved – Inter 0:1, 1:2.
Endspiele: Vasas Budapest – Inter Preßburg 1:2, 4:1.
Die Siegermannschaft: Tamas (Mezaros); Fabian, Meszöly, Vidats, Varadi; Lakinger, Menczel (Müller); Puskas, Toth, Farkas (Törö), Ladinszki.

1971 Celik Zenica

Achtelfinale: Celik Zenica – CC Catania 3:0, 0:1; Grazer AK – FC Maribor 2:0, 1:3; Vasas Budapest – Austria Salzburg 3:1, 0:3; VTK Diosgyör – Lok. Kosice 2:0, 0:0; Linzer ASK – Skoda Pilsen 1:1, 0:4; Radnicki Kragujevac – Lanerossi Vicenza 1:0, 0:3 n.V.; Slavia Prag – Csepel Budapest 0:2, 0:0; AC Turin – MTK Budapest 1:1, 1:2 n.V.
Viertelfinale: Csepel – Skoda 0:0, 1:1; Graz – MTK 0:0, 1:2; Diosgyör – Celik 1:0, 1:4; Lanerossi – Austria 3:2, 1:3.
Halbfinale: Csepel – Austria 2:0, 1:4; Celik – MTK 1:1, 1:0.
Endspiel: Celik Zenica – Austria Salzburg 3:1.
Die Siegermannschaft: Vujacic; Dogandzic, Talic; Mitrovic (Cerimagic), Golubovic, Mujkic; Micic, Radulovic, Andreic, Gavran, Buza.

1972: Celik Zenica

Gruppe 1: Celik Zenica – Honved Budapest 3:0, 0:3; Celik – Sparta Prag 2:0, 2:0; Honved – Sparta 2:1, 3:2. – **Gruppensieger:** Celik.
Gruppe 2: AC Florenz – Partizan Belgrad 3:0, 1:2; Florenz – Vienna Wien 3:0, 2:1; Partizan – Vienna 3:0, 4:1. – **Gruppensieger:** Florenz.
Endspiele: Celik Zenica – AC Florenz 1:0, 0:0.
Die Siegermannschaft: Vujacic; Peles, Talic, Galijasevic, Hajduk, Mujkic, Buza, Brdarevic, Renic, Gavran, Bajric.

1973: Tatabanya Banyasz

Gruppe 1: Celik Zenica – Linzer ASK 2:0, 3:1; Linz – Zbrojovka Brünn 1:3, 1:1; Zbrojovka – Celik 2:1, 1:2. – **Gruppensieger:** Celik Zenica.
Gruppe 2: FC Bologna – Dinamo Zagreb 2:2, 1:3; Dinamo – Tatabanya 0:1, 1:0; Tatabanya – Bologna 3:0, 2:1. – **Gruppensieger:** Tatabanya.
Endspiele: Tatabanya Banyasz – Celik Zenica 2:1, 2:1.
Die Siegermannschaft: Csepecz; Laczko; Hernadi, Kovacs, L. Horvath; F. Horvath, Arany, Göröcs; Szabo, Kömüves, Nagy (Dakai).

1974: Tatabanya Banyasz

Gruppe 1: Tatabanya – Lanerossi Vicenza 1:1, 1:0; Tatabanya – Vorwerk Vorarlberg 5:2, 1:1; Lanerossi – Vorwerk 3:1, 0:0. – **Gruppensieger:** Tatabanya.
Gruppe 2: ZVL Zilina – Videoton Szekesfehervar 5:1, 0:3; Zilina – FK Sarajewo 4:0, 3:3; Videoton – Sarajewo 3:1, 1:3. – **Gruppensieger:** ZVL Zilina.
Endspiele: Tatabanya – Zilina 3:2, 2:0.
Die Siegermannschaft: Brünyi; Hernadi, Neder, Laczko, Horvath I; Arany, Kovacs, Knapik; Szabo, Kömüves (Takacs), Toth (Salloi).

1975: Wacker Innsbruck

Gruppe 1: Wacker Innsbruck – Tatabanya 4:1, 1:0; Innsbruck – FC Rijeka 1:0, 1:3; Rijeka – Tatabanya 3:1, 1:3. – **Gruppensieger:** Wacker Innsbruck.
Gruppe 2: Honved Budapest – AC Florenz 2:0, 0:0; Honved – Union Teplitz 4:2, 0:2; Teplitz – Florenz 2:0, 1:2. – **Gruppensieger:** Honved Budapest.

Endspiele: Wacker Innsbruck – Honved Budapest 3:1, 2:1.
Die Siegermannschaft: F. Koncilia; Kriess, Kordesch, Pezzey, Eigenstiller (Bajlic); Flindt, P. Koncilia, W. Schwarz; Rinker, Welzl, Metzler (Oberacher), im 2. Spiel Horvath für Kordesch.

1976: Wacker Innsbruck

Gruppe 1: Wacker Innsbruck – Zbrojovka Brünn 1:1, 3:4; Innsbruck – Ferencvaros Budapest 1:0, 2:0; Brünn – Ferencvaros 3:2, 1:7. – **Gruppensieger:** Wacker Innsbruck.
Gruppe 2: Velez Mostar – Austria/WAC Wien 2:0, 1:2; Velez – AC Perugia 0:0, 4:2; Austria/WAC – Perugia 1:2, 2:1. – **Gruppensieger:** Velez Mostar.
Endspiele: Wacker Innsbruck – Velez Mostar 3:1, 3:1.
Die Siegermannschaft: F. Koncilia; Pumm, Constantini, Pezzey, Kriess (2. Spiel Rinker); W. Schwarz, P. Koncilia, Stering (Hanschitz); Zanon, Welzl, Lechner (Oberacher, Gombasch).

1977: Vojvodina Novi Sad

Vasas Budapest – Vojvodina Novi Sad 3:2, 2:2; Vasas – Sparta Prag 2:0, 0:2; Vasas – AC Florenz 1:0, 1:2; Florenz – Vojvodina 0:0, 2:4; Florenz – Sparta 3:0, 0:2; Sparta – Vojvodina 0:0, 1:2.
Die Siegermannschaft: Janjus; Jablan (Passic), Vujkov, Trifunovic, Jakovljevic, Bosnjak, Misic, Radosalvjevic, Pavkovic, Lerinc (Dragojevic), Nikezic.

1978: Partizan Belgrad

Gruppe 1: Partizan Belgrad – Zbrojovka Brünn 5:1, 3:2; Brünn – AC Perugia 0:0, 0:1; Perugia – Partizan 2:1, 2. Spiel nicht ausgetragen. – **Gruppensieger:** Partizan Belgrad.
Gruppe 2: Honved Budapest – Vojvodina Novi Sad 6:0, 1:2; Rapid Wien verzichtet. – **Gruppensieger:** Honved Budapest.
Endspiel: Partizan Belgrad – Honved Budapest 1:0.
Die Siegermannschaft: Zalad; Durovic, Kozic, Trifunovic, Stojkovic, Lazicic, Zavisic, Zivkovic, Santrac (Varga, Jovic), Prekazi, Klincarski.

1979: nicht ausgetragen

1980: FC Udinese

Udinese – Roter Stern Eger 3:2, 0:2; Celik Zenica – MVSC Debrecen 0:0, 0:0; Udinese – Celik 0:0, 3:2; Eger – Debrecen 2:1, 1:2; Debrecen – Udinese 0:0, 0:2; Celik – Eger 3:1, 1:2.
Die Siegermannschaft: Della Corna; Catellani, Sgarbossa (Arrigoni), Cupini, Fellet, Pin (Francesconi), Riva (Fanesi), Osti, Macuglia, Vagheggi, Del Neri, De Agostini, Bilardi, Bencina, Ulivieri, De Bernardi, Vriz.

1981: Tatran Presov

AC Como – NK Zagreb 2:0, 1:2; Csepel Budapest – Tatran Presov 3:0, 0:0; Tatran – Como 4:1, 0:1; Zagreb – Csepel 0:0, 0:2; Csepel – Como 0:0, 1:2; Zagreb – Tatran 1:5, 1:2.
Die Siegermannschaft: Matkobis (Cepo); Varga, Oboril; Labun, Breuer (Svana), Rusnak; Majernik (Komanicki), Gombar, Anina, Salka, Comisso (Harajada, Filarsky, Sajanek, Valicek).

1982: AC Mailand

TJ Vitkovice – AC Mailand 2:1, 0:3; Haladas Szombathely – NK Osijek 4:2, 0:3; AC Mailand – Szombathely 2:0, 1:0; Osijek – Vitkovice 0:0, 1:2; Osijek – AC Mailand 1:1, 1:2; Szombathely – Vitkovice 2:2, 1:6.
Die Siegermannschaft: Piotti, Maldera, Tassotti, Icardi, Battistini, Buriani, Collovati, Baresi, Cambiaghi, Jordan, Ventura, Cuoghi, Evani, Novellino, Antonelli, Moro, Romano, Incocciati.

1983: Vasas Budapest

Galenika Zemun Belgrad – Vasas Budapest 2:1, 1:3; ZVL Zilina – Hellas Verona 4:0, 1:1; Vasas – Zilina 2:0, 1:3; Zilina – Galenika 2:0, 0:2; Galenika – Verona 4:2, 1:1; Verona – Vasas 1:2, 0:1.
Die Siegermannschaft: Leboniczky (Kakas), Farkas, Hires, Lukacs, Racz, Hegedos, Komyati, Birinij, Seres, Birkas, Kiss, Izso, Varadi, Csima, Balogh, Riker, Haidu, Balacz.

1984: SC Eisenstadt

Union Teplitz – Vasas Budapest 3:2, 1:2; FK Pristina – SC Eisenstadt 3:3, 2:4; Vasas – Pristina 1:1, 2:4; Teplitz – Eisenstadt 4:1, 1:1; Eisenstadt – Vasas 2:1, 2:1; Pristina – Teplitz 2:0, 1:1.
Die Siegermannschaft: Martinschitz, Schöll, Plaza, Eder, Andres, Füzi, Bicovsky, Schneider,

Steiger, Rupprecht, Marzi, Peischl, Fleischhacker, Soleder, Bucsich, R. Radakovits, Kloiber, I. Radakovits, Chr. Fischer, Lefor, Gü. Horvath.

1985: Iskra Bugojno

Spartakus Bekescsaba – Iskra Bugojno 1:1, 0:4; Atalanta Bergamo – Banik Ostrau 0:0, 0:0; Iskra – Atalanta 2:0, 0:1; Banik – Spartakus 1:0, 0:1; Spartakus – Atalanta 1:2, 2:2; Iskra – Banik 1:0, 1:1.

Die Siegermannschaft: Ladich, Skaro, Lihovac – Glamocak, Strukar, Glavass, Ceremidzic, Semiga, Oroz, Radovic, Z. Toskic, Petrinovic, Salkic, Omerhodzic, Stipic, Idic, Zjajo, Aleksic, Novokmet, Tolic, Condic – Pavlic, Vrabac, Bektac, Mirkovic, Orman, Karoglan.

1986: SC Pisa

Semifinale: SC Pisa – Sigma Olmütz 1:0; Protiv Debrecen – NK Rijeka 1:0.
Um Platz 3: Rijeka – Olmütz 3:2.
Endspiel: SC Pisa – Protiv Debrecen 2:0.
Die Siegermannschaft: Mannini; Colantuono, Volpecina; Mariani, Ipsaro, Progna; Bergreen, Armenise, Kieft, Giovanelli, Muro (Chiti, Baldieri).

1987: Ascoli Calcio

Semifinale: Bohemians Prag – Vasas Budapest 3:1; Ascoli Calcio – Subotica Spartak 2:1.
Um Platz 3: Vasas – Subotica 2:0.
Endspiel: Ascoli Calcio – Bohemians Prag 1:0.
Die Siegermannschaft: Pazzagli; Benedetti, Cimmino; Iachini, Trifunovic, Dell'Oglio; Bonomi, Pusceddu, Scarafoni (Marchetti), Greco, Barbuti.

1988: SC Pisa

Gruppe A: Pescara – Vaci Iszo/Ungarn 4:1; Slovan Preßburg – Pescara 1:0, Vaci Iszo – Slovan 6:0.
Gruppe B: SC Pisa – Rakoczi/Ungarn 2:0; Vojvodina Novi Sad – Rakoczi 3:0; Pisa – Vojvodina 1:0.
Endspiel: SC Pisa – Vaci Iszo 3:0.
Die Siegermannschaft: Nista (Grudina); Cavallo, Bernazzani; Faccenda, Sclosa, Dianda; Cuoghi, Caneo (Fiorentini), Dolcetti, Been (Gori), Cecconi.

1989: Banik Ostrau

Semifinale: FC Bologna – Ferencvaros Budapest 5:2, 3:3; Banik Ostrau – Vojvodina Novisad (N. verzichtet).
Endspiele: Banik Ostrau – FC Bologna 2:1, 2:1.
Die Siegermannschaft: Richter; Fabry, Onufer; Kula, Pryo, Zaleski; Chylek (Zajcek), Stas, Vrto, Necas, Sialini (Miklosko, Skarabela, Hyravy, Pecharek, Danek).

1990: AS Bari

Gruppe A: AS Bari – MSC Pecs 3:0, Radnicki Nisch – Pecs 1:0, Bari – Nisch 3:0.
Gruppe B: FC Genua 93 – Slavia Prag 0:0, Slavia – NK Osijek 2:0, Genua – Osijek 6:0.
Endspiel: AS Bari – FC Genua 93
Die Siegermannschaft: Mannini – Ceramicola, Carbone, Terracenere (Lupo), Righetti, Brambati, Perrone, Urbano, Joao Paulo, Gerson, Scarafoni (Monelli).

Mitropa-Supercup

1989: Banik Ostrau (SC Pisa 3:0 und 1:3 n.V.)

TEIL X

DIE EUROPAMEISTERSCHAFT

DIE FUSSBALL-EUROPAMEISTER

1960	SOWJETUNION	1976	TSCHECHOSLOWAKEI
1964	SPANIEN	1980	DEUTSCHLAND
1968	ITALIEN	1984	FRANKREICH
1972	DEUTSCHLAND	1988	HOLLAND

Dieser Wettbewerb wurde zunächst 1959/60 und 1963/64 unter der Bezeichnung „Europapokal der Länder" durchgeführt. Ab 1967/68 trägt er auch offiziell den Namen „Europameisterschaft".

1959/60: Sowjetunion

Qualifikation: Tschechoslowakei – Irland (Eire) 0:2, 4:0
Achtelfinale: Sowjetunion – Ungarn 3:1, 1:0; Spanien – Polen 4:2, 3:0; Rumänien – Türkei 3:0, 0:2; Tschechoslowakei – Dänemark 2:2, 5:1; Portugal – DDR 2:0, 3:2; Jugoslawien – Bulgarien 2:0, 1:1; Frankreich – Griechenland 7:1, 1:1; Österreich – Norwegen 1:0, 5:2.
Viertelfinale: Tschechoslowakei – Rumänien 2:0, 3:0; Jugoslawien – Portugal 1:2, 5:1; Frankreich – Österreich 5:2, 4:2; Sowjetunion – Spanien kampfl. durch spanischen Verzicht für die Sowjetunion.
Halbfinale: Sowjetunion – Tschechoslowakei 3:0; Jugoslawien – Frankreich 5:4.
Um den 3. Platz: Tschechoslowakei – Frankreich 2:0 in Marseille.

Endspiel (am 10. 7. 1960 in Paris):
Sowjetunion – Jugoslawien 2:1 n. Verl.
Sowjetunion: Jaschin – Tschocheli, Krutikow – Woinow, Masljonkin, Netto – Metreweli, Iwanow, Ponedjelnik, Bubukin, Mes'chi.
Tore: Metreweli, Ponedjelnik (Galic für Jugoslawien) – Schiedsrichter: Ellis (England) – Zuschauer: 18000.

1963/64: Spanien

Qualifikation: Norwegen – Schweden 0:2, 1:1; Dänemark – Malta 6:1, 3:1; Eire – Island 4:2, 1:1; England – Frankreich 1:1, 2:5; Polen – Nordirland 0:2, 0:2; Spanien – Rumänien 6:0, 1:3; Jugoslawien – Belgien 3:2, 1:0; Ungarn – Wales 3:1, 1:1; Bulgarien – Portugal 3:1, 1:3, 1:0 (3. Spiel in Rom); Holland – Schweiz 3:1, 1:1; DDR – Tschechoslowakei 2:1, 1:1; Italien – Türkei 6:0, 1:0.
Achtelfinale: Spanien – Nordirland 1:1, 1:0; Jugoslawien – Schweden 0:0, 2:3; Dänemark – Albanien 4:0, 0:1; Österreich – Eire 0:0, 2:3; Luxemburg – Holland 1:1, 2:1 (beide Spiele in Holland); Bulgarien – Frankreich 1:0, 1:3; Sowjetunion – Italien 2:0, 1:1; DDR – Ungarn 1:2, 3:3.
Viertelfinale: Luxemburg – Dänemark 3:3, 2:2, 0:1 (3. Spiel in Amsterdam); Spanien – Eire 5:1, 2:0; Frankreich – Ungarn 1:3, 1:2; Schweden – Sowjetunion 1:1, 1:3.
Halbfinale: Spanien – Ungarn 2:1 n. Verl. (Madrid); Sowjetunion – Dänemark 3:0 (Barcelona).
Um den 3. Platz: Ungarn – Dänemark 3:1 n. Verl.

Endspiel (am 21. 6. 1964 in Madrid):
Spanien – Sowjetunion 2:1
Spanien: Iribar – Rivilla, Calleja – Zocco, Olivella, Fuste – Amancio, Pereda, Marcelino, Suarez, Lapetra.
Tore: Pereda, Marcelino (Chusainow für die Sowjetunion) – Schiedsrichter: Holland (England) – Zuschauer: 105000.

1966/68: Italien

Gruppe I: Spanien. Spanien – Irland 2:0, 0:0; Spanien – Türkei 2:0, 0:0; Spanien – Tschechoslowakei 2:1, 0:1; Tschechoslowakei – Irland 2:0, 1:2; Türkei – Tschechoslowakei 0:0, 0:3; Irland – Türkei 2:1, 1:2.
Gruppe II: Bulgarien. Bulgarien – Schweden 3:0, 2:0; Portugal – Bulgarien 0:0, 0:1; Bulgarien – Norwegen 4:2, 0:0; Portugal – Schweden 1:2, 1:1; Schweden – Norwegen 5:2, 1:3; Portugal – Norwegen 2:1, 2:1.
Gruppe III: Sowjetunion. Sowjetunion – Finnland 2:0, 5:2; Griechenland – Sowjetunion 0:1, 0:4; Sowjetunion – Österreich 4:3, 0:1; Griechenland – Finnland 2:1, 1:1; Österreich – Finnland 2:1, 0:0; Österreich – Griechenland 1:1, abgebrochen (in der Tabelle nicht gewertet), 1:4.

Gruppe IV: Jugoslawien. Jugoslawien – Deutschland 1:0, 1:3; Jugoslawien – Albanien 4:0, 2:0; Deutschland – Albanien 6:0, 0:0.
Gruppe V: Ungarn. Ungarn – DDR 3:1, 0:1; Ungarn – Holland 2:1, 2:2; Ungarn – Dänemark 6:0, 2:0; DDR – Holland 4:3, 0:1; DDR – Dänemark 3:2, 1:1; Holland – Dänemark 2:0, 2:3.
Gruppe VI: Italien. Italien – Rumänien 3:1, 1:0; Schweiz – Italien 2:2, 0:4; Italien – Zypern 5:0, 2:0; Schweiz – Zypern 5:0, 1:2; Schweiz – Rumänien 7:1, 2:4; Rumänien – Zypern 7:0, 5:1.
Gruppe VII: Frankreich. Frankreich – Belgien 1:1, 1:2; Frankreich – Polen 2:1, 4:1; Frankeich – Luxemburg 3:1, 3:0; Belgien – Luxemburg 3:0, 5:0; Polen – Belgien 3:1, 4:2; Polen – Luxemburg 4:0, 0:0.
Gruppe VIII: England. England – Schottland 2:3, 1:1; England – Nordirland 2:0, 2:0; England – Wales 5:1, 3:0; Schottland – Wales 3:2, 1:1; Schottland – Nordirland 2:1, 0:1; Wales – Nordirland 2:0, 0:0. Die Spiele dieser Gruppe zählten zugleich auch als britische Meisterschaft.
Viertelfinale: Frankreich – Jugoslawien 1:1 und 1:5; Bulgarien – Italien 3:2 und 0:2; Ungarn – Sowjetunion 2:0 und 0:3; England – Spanien 1:0 und 2:1.

Endturnier in Italien
Halbfinale: Italien – Sowjetunion 0:0 n. Verlg., Los für Italien; Jugoslawien – England 1:0 (0:0).
Spiel um den 3. Platz: England – Sowjetunion 2:0 (1:0).

Endspiel (am 6. 6. 1968 in Rom):
Italien – Jugoslawien 1:1 n. Verl. (1:1, 0:1)
Italien: Zoff – Burgnich, Guarneri, Castano, Facchetti – Ferrini, Juliano, Lodetti – Domenghini, Anastasi, Prati.
Jugoslawien: Pantelic – Fazlagic, Paunovic, Holcer, Damjanovic – Pavlovic, Acimovic, Trivic – Petkovic, Musemic, Dzajic.
Tore: Dzajic, Domenghini – Schiedsrichter: Dienst (Schweiz) – Zuschauer: 80000.

Endspiel – Wiederholung (am 10. 6. 1968 in Rom):
Italien – Jugoslawien 2:0 (2:0)
Italien: Zoff – Burgnich, Guarneri, Rosato, Facchetti – De Sisti, Mazzola, Salvadore – Domenghini, Anastasi, Riva.
Jugoslawien: Pantelic – Fazlagic, Paunovic, Holcer, Damjanovic – Pavlovic, Acimovic, Trivic – Petkovic, Musemic, Dzajic.
Tore: Riva, Anastasi – Schiedsrichter: De Mendibil (Spanien) – Zuschauer: 55000.

1970/72: Deutschland

Gruppe 1: Rumänien. Rumänien – Tschechoslowakei 2:1, 0:1; Rumänien – Wales 2:0, 0:0; Rumänien – Finnland 3:0, 4:0; Tschechoslowakei – Wales 1:0, 3:1; Tschechoslowakei – Finnland 1:1, 4:0; Wales – Finnland 3:0, 1:0.
Gruppe 2: Ungarn. Ungarn – Bulgarien 2:0, 0:3; Ungarn – Frankreich 1:1, 2:0; Ungarn – Norwegen 4:0, 3:1; Bulgarien – Frankreich 2:1, 1:2; Bulgarien – Norwegen 1:1, 4:1; Frankreich – Norwegen 3:1, 3:1.
Gruppe 3: England. England – Schweiz 1:1, 3:2; England – Griechenland 3:0, 2:0; England – Malta 5:0, 1:0; Schweiz – Griechenland 1:0, 1:0; Schweiz – Malta 5:0, 2:1; Griechenland – Malta 2:0, 1:1;
Gruppe 4: Sowjetunion. Sowjetunion – Spanien 2:1, 0:0; Sowjetunion – Nordirland 1:0, 1:1; Sowjetunion – Zypern 6:1, 3:1; Spanien – Nordirland 3:0, 1:1; Spanien – Zypern 7:0, 2:0; Nordirland – Zypern 5:0, 3:0.
Gruppe 5: Belgien. Belgien – Portugal 3:0, 1:1; Belgien – Schottland 3:0, 0:1; Belgien – Dänemark 2:0, 2:1; Portugal – Schottland 2:0, 1:2; Portugal – Dänemark 5:0, 1:0; Schottland – Dänemark 1:0, 0:1.
Gruppe 6: Italien. Italien – Österreich 2:2, 2:1; Italien – Schweden 3:0, 0:0; Italien – Irland 3:0, 2:1; Österreich – Schweden 1:0, 0:1; Österreich – Irland 6:0, 4:1; Schweden – Irland 1:0, 1:1.
Gruppe 7: Jugoslawien. Jugoslawien – Holland 2:0, 1:1; Jugoslawien – DDR 0:0, 2:1; Jugoslawien – Luxemburg 0:0, 2:0; Holland – DDR 3:2, 0:1; Holland – Luxemburg 6:0, 8:0; DDR – Luxemburg 2:1, 5:0.
Gruppe 8: Deutschland. Deutschland – Polen 0:0, 3:1; Deutschland – Türkei 1:1, 3:0; Deutschland – Albanien 2:0, 1:0; Polen – Türkei 5:1, 0:1; Polen – Albanien 3:0, 1:1; Türkei – Albanien 2:1, 0:3.
Viertelfinale: England – Deutschland 1:3 und 0:0; Italien – Belgien 0:0 und 1:2; Jugoslawien – Sowjetunion 0:0 und 0:3; Ungarn – Rumänien 1:1, 2:2 und 2:1.

Endturnier in Belgien
Halbfinale: Sowjetunion – Ungarn 1:0; Belgien – Deutschland 1:2.
Spiel um den 3. Platz: Belgien – Ungarn 2:1.

Endspiel (am 18. 6. 1972 in Brüssel):

Deutschland – Sowjetunion 3:0 (1:0)

Deutschland: Maier – Höttges, Schwarzenbeck, Beckenbauer, Breitner – Hoeneß, Netzer, Wimmer – Heynckes, Gerd Müller, Erwin Kremers.
Sowjetunion: Rudakow – Dsodsuaschwili, Churtsilawa, Kaplitschni, Istomin – Kolotow, Troschkin, Konkow (Dolmatow) – Baidatschni, Banischefski (Kosinkewitsch), Onischenko.
Tore: Müller (2), Wimmer – Schiedsrichter: Marschall (Österreich) – Zuschauer: 40000.

1974/76: CSSR

Gruppe 1: CSSR. CSSR – England 2:1, 0:3; CSSR – Portugal 5:0, 1:1; CSSR – Zypern 4:0, 3:0; England – Portugal 0:0, 1:1; England – Zypern 5:0, 1:0; Portugal – Zypern 1:0, 2:0.
Gruppe 2: Wales. Wales – Ungarn 2:0, 2:1; Wales – Österreich 1:0, 1:2; Wales – Luxemburg 5:0, 3:1; Ungarn – Österreich 2:1, 0:0; Ungarn – Luxemburg 8:1, 4:2; Österreich – Luxemburg 6:2, 2:1.
Gruppe 3: Jugoslawien. Jugoslawien – Nordirland 1:0, 0:1; Jugoslawien – Schweden 3:0, 2:1; Jugoslawien – Norwegen 3:1, 3:1; Nordirland – Schweden 1:2, 2:0; Nordirland – Norwegen 3:0, 1:2; Schweden – Norwegen 3:1, 2:0.
Gruppe 4: Spanien. Spanien – Rumänien 1:1, 2:2; Spanien – Schottland 1:1, 2:1; Spanien – Dänemark 2:0, 2:1; Rumänien – Schottland 1:1, 1:1; Rumänien – Dänemark 6:1, 0:0; Schottland – Dänemark 3:1, 1:0.
Gruppe 5: Holland. Holland – Polen 3:0, 1:4; Holland – Italien 3:1, 0:1; Holland – Finnland 4:1, 3:1; Polen – Italien 0:0, 0:0; Polen – Finnland 3:0, 2:1; Italien – Finnland 0:0, 1:0.
Gruppe 6: Sowjetunion. Sowjetunion – Irland 2:1, 0:3; Sowjetunion – Türkei 3:0, 0:1; Sowjetunion – Schweiz 4:1, 1:0; Irland – Türkei 4:0, 1:1; Irland – Schweiz 2:1, 0:1; Türkei – Schweiz 2:1, 1:1.
Gruppe 7: Belgien. Belgien – DDR 1:2, 0:0; Belgien – Frankreich 2:1, 0:0; Belgien – Island 1:0, 2:0; DDR – Frankreich 2:1, 2:2; DDR – Island 1:1, 1:2; Frankreich – Island 3:0, 0:0.
Gruppe 8: Deutschland. Deutschland – Griechenland 1:1, 2:2; Deutschland – Bulgarien 1:0, 1:1; Deutschland – Malta 8:0, 1:0; Griechenland – Bulgarien 2:1, 3:3; Griechenland – Malta 4:0, 0:2; Bulgarien – Malta 5:0, 2:0.
Viertelfinale: Spanien – Deutschland 1:1, 0:2; Holland – Belgien 5:0, 2:1; Jugoslawien – Wales 2:0, 1:1; CSSR – Sowjetunion 2:0, 2:2.

Endturnier in Jugoslawien
Halbfinale: CSSR – Holland 3:1 n. V.; Jugoslawien – Deutschland 2:4 n. V.
Spiel um den 3. Platz: Jugoslawien – Holland 2:3 n. V.

Endspiel (am 20. Juni in Belgrad):

CSSR – Deutschland 2:2 (2:2, 2:1) n. V. – CSSR 5:3-Sieger im Elfmeterschießen

CSSR: Viktor – Pivarnik, Ondrus, Capkovic, Gögh – Dobias (Vesely), Panenka, Modr – Masny, Svehlik (Jurkemin), Nehoda.
Deutschland: Maier – Vogts, Beckenbauer, Schwarzenbeck, Dietz – Wimmer (Flohe), Bonhof, Beer (Bongartz) – Hoeneß, Dieter Müller, Hölzenbein.
Tore: Svehlik, Dobias/Dieter Müller, Hölzenbein – Schiedsrichter: Gonella (Italien) – Zuschauer: 35000 – Elfmeterschießen: 1:0 Masny, 1:1 Bonhof, 2:1 Nehoda, 2:2 Flohe, 3:2 Ondrus, 3:3 Bongartz, 4:3 Jurkemin, verschossen Hoeneß, 5:3 Panenka.

1978/80: Deutschland

Gruppe 1: England. Dänemark – Irland 3:3, 0:2; Irland – Nordirland 0:0, 0:1; Dänemark – England 3:4, 0:1; Dänemark – Bulgarien 2:2, 0:3; Irland – England 1:1, 0:2; Nordirland – Dänemark 2:1, 0:4; Bulgarien – Nordirland 0:2, 0:2; Bulgarien – Irland 1:0, 0:3; England – Nordirland 4:0, 5:1; Bulgarien – England 0:3, 0:2.
Gruppe 2: Belgien. Norwegen – Österreich 0:2, 0:4; Belgien – Norwegen 1:1, 2:1; Österreich – Schottland 3:2, 1:1; Portugal – Belgien 1:1, 0:2; Schottland – Norwegen 3:2, 4:0; Österreich – Portugal 1:2, 2:1; Portugal – Schottland 1:0, 1:4; Belgien – Österreich 1:1, 0:0; Norwegen – Portugal 0:1, 1:3; Belgien – Schottland 2:0, 3:1.
Gruppe 3: Spanien. Jugoslawien – Spanien 1:2, 1:0; Rumänien – Jugoslawien 3:2, 1:2; Spanien – Rumänien 1:0, 2:2; Spanien – Zypern 5:0, 3:1; Zypern – Jugoslawien 0:3, 0:5; Zypern – Rumänien 1:1, 0:2.
Gruppe 4: Holland. Island – Polen 0:2, 0:2; Holland – Island 3:0, 4:0; DDR – Island 3:1, 3:0; Schweiz – Holland 1:3, 0:3; Holland – DDR 3:0, 3:2; Polen – Schweiz 2:0, 2:0; DDR – Polen 2:1, 1:1; Polen – Holland 2:0, 1:1; Schweiz – DDR 0:2, 2:5; Schweiz – Island 2:0, 2:1.

Gruppe 5: Tschechoslowakei. Frankreich – Schweden 2:2, 3:1; Schweden – CSSR 1:3, 1:4; Luxemburg – Frankreich 1:3, 0:3; CSSR – Frankreich 2:0, 1:2; Luxemburg – CSSR 0:3, 0:4; Schweden – Luxemburg 3:0, 1:1.
Gruppe 6: Griechenland. Finnland – Griechenland 3:0, 1:8; Finnland – Ungarn 2:1, 1:3; UdSSR – Griechenland 2:0, 0:1; Ungarn – UdSSR 2:0, 2:2; Griechenland – Ungarn 4:1, 0:0; Finnland – UdSSR 1:1, 2:2.
Gruppe 7: Deutschland. Malta – Deutschland 0:0, 0:8; Türkei – Deutschland 0:0, 0:2; Wales – Deutschland 0:2, 1:5; Wales – Malta 7:0, 2:0; Wales – Türkei 1:0, 0:1; Türkei – Malta 2:1, 2:1.
Italien als Veranstalterland automatisch teilnahmeberechtigt.

Endturnier in Italien (erstmals mit 8 Mannschaften)
Gruppe 1: Deutschland. Deutschland – Tschechoslowakei 1:0, Griechenland – Holland 0:1, Deutschland – Holland 3:2, Tschechoslowakei – Griechenland 3:1, Deutschland – Griechenland 0:0, Tschechoslowakei – Holland 1:1.
Gruppe 2: Belgien. Belgien – England 1:1, Spanien – Italien 0:0, Spanien – Belgien 1:2, Italien – England 1:0, Spanien – England 1:2, Italien – Belgien 0:0.
Spiel um den dritten Platz: Tschechoslowakei – Italien 1:1, Elfmeterschießen 9:8 für die Tschechoslowakei.

Endspiel (am 22. Juni 1980 in Rom):
Deutschland – Belgien 2:1 (1:0)
Deutschland: Schumacher – Kaltz, Stielike, Kh. Förster, Dietz – Schuster, Briegel (Cullmann), H. Müller – Rummenigge, Hrubesch, Kl. Allofs.
Belgien: Pfaff – Millecamps, Gerets, Meeuws, Renquin – Cools, Vandereycken, van Moer – Mommens, Ceulemans, van der Elst.
Tore: Hrubesch (2)/Vandereycken – Schiedsrichter: Rainea (Rumänien) – Zuschauer: 47800.

1982/84: Frankreich
Gruppe 1: Belgien. Schottland – DDR 2:0, 1:2; Belgien – Schweiz 3:0, 1:3; Schweiz – Schottland 2:0, 2:2; Belgien – Schottland 3:2, 1:1; DDR – Belgien 1:2, 1:2; Schweiz – DDR 0:0, 0:3.
Gruppe 2: Portugal. Finnland – Polen 2:3, 1:1; Finnland – Portugal 0:2, 0:5; Portugal – Polen 2:1, 1:0; Sowjetunion – Portugal 5:0, 0:1; Sowjetunion – Finnland 2:0, 1:0; Polen – Sowjetunion 1:1, 0:2.
Gruppe 3: Dänemark. Luxemburg – Griechenland 0:2, 0:1; Dänemark – England 2:2, 1:0; Luxemburg – Dänemark 1:2, 0:6; Griechenland – England 0:3, 0:0; England – Luxemburg 9:0, 4:0; Luxemburg – Ungarn 2:6, 2:6; England – Ungarn 2:0, 3:0; Dänemark – Griechenland 1:0, 2:0; Ungarn – Griechenland 2:3, 2:2; Dänemark – Ungarn 3:1, 0:1.
Gruppe 4: Jugoslawien. Wales – Norwegen 1:0, 0:0; Norwegen – Jugoslawien 3:1, 1:2; Bulgarien – Norwegen 2:2, 2:1; Bulgarien – Jugoslawien 0:1, 2:3; Jugoslawien – Wales 4:4, 1:1; Wales – Bulgarien 1:0, 0:1.
Gruppe 5: Rumänien. CSSR – Schweden 2:2, 0:1; Rumänien – Zypern 3:1, 1:0; Italien – CSSR 2:2, 0:2; Zypern – Schweden 0:1, 0:5; Rumänien – Schweden 2:0, 1:0; Italien – Rumänien 0:0, 0:1; Zypern – Italien 1:1, 1:3; Zypern – CSSR 1:1, 0:6, Rumänien – CSSR 0:1, 1:1, Schweden – Italien 2:0, 3:0.
Gruppe 6: Deutschland. Österreich – Albanien 5:0, 2:1; Österreich – Nordirland 2:0, 1:3; Türkei – Albanien 1:0, 1:1; Nordirland – Deutschland 1:0, 1:0; Österreich – Türkei 4:0, 1:3; Albanien – Nordirland 0:0, 0:1; Nordirland – Türkei 2:1, 0:1; Albanien – Deutschland 1:2, 1:2, Türkei – Deutschland 0:3, 1:5; Österreich – Deutschland 0:0, 0:3.
Gruppe 7: Spanien. Malta – Island 2:1, 0:1; Island – Holland 1:1, 0:3; Holland – Irland 2:1, 3:2; Irland – Island 2:0, 3:0; Spanien – Island 1:0, 1:0; Irland – Spanien 3:3, 0:2; Malta – Holland 0:6, 0:5; Spanien – Holland 1:0, 1:2; Malta – Spanien 2:3, 1:12; Malta – Irland 0:1, 0:8.
Frankreich als Veranstalterland automatisch teilnahmeberechtigt.

Endturnier in Frankreich (12.–27. 6. 1984)
Gruppe 1: Frankreich, Dänemark. – Frankreich – Dänemark 1:0, Belgien – Jugoslawien 2:0, Frankreich – Belgien 5:0, Dänemark – Jugoslawien 5:0, Frankreich – Jugoslawien 3:2, Dänemark – Belgien 3:2.
Gruppe 2: Spanien, Portugal. – Deutschland – Portugal 0:0, Rumänien – Spanien 1:1, Deutschland – Rumänien 2:1, Portugal – Spanien 1:1, Deutschland – Spanien 0:1, Portugal – Rumänien 1:0.
Halbfinale: Frankreich – Portugal 3:2 n. V., Spanien – Dänemark 1:1 n. V., Spanien 5:4-Sieger im Elfmeterschießen.

Endspiel (am 27. Juni 1984 in Paris):

Frankreich – Spanien 2:0 (0:0)

Frankreich: Bats – Battiston (Amoros), Bossis, Le Roux, Domergue – Tigana, Giresse, Platini, Fernandez – Lacombe (Ghengini), Bellone.
Tore: Platini, Bellone. – Schiedsrichter: Christov (CSSR). – Zuschauer: 47368.

1986/88: Holland

Gruppe 1: Spanien. Rumänien – Österreich 4:0, 0:0; Österreich – Albanien 3:0, 1:0; Spanien – Rumänien 1:0, 1:3; Albanien – Spanien 1:2, 0:5; Rumänien – Albanien 5:1, 1:0; Österreich – Spanien 2:3, 0:2.
Gruppe 2: Italien. Schweden – Schweiz 2:0, 1:2; Portugal – Schweden 1:1, 1:0; Schweiz – Portugal 1:1, 0:0; Italien – Schweiz 3:2, 0:0; Malta – Schweden 0:5, 0:1; Malta – Italien 0:2, 0:5; Portugal – Italien 0:1, 0:3; Portugal – Malta 2:2, 1:0; Schweiz – Malta 4:1, 1:1; Schweden – Italien 1:0, 1:2.
Gruppe 3: Sowjetunion. Island – Frankreich 0:0, 0:2; Island – Sowjetunion 1:1, 0:2; Norwegen – DDR 0:0, 1:3; Frankreich – Sowjetunion 0:2, 1:1; DDR – Island 2:0, 6:0; Sowjetunion – Norwegen 4:0, 1:0; DDR – Frankreich 0:0, 1:0; Sowjetunion – DDR 2:0, 1:1; Norwegen – Frankreich 2:0, 1:1; Island – Norwegen 2:1, 1:0.
Gruppe 4: England. Nordirland – England 0:3, 0:2; Jugoslawien – Türkei 4:0, 3:2; England – Jugoslawien – 2:0, 4:1; Türkei – Nordirland 0:0, 0:1; Türkei – England 0:0, 0:8; Nordirland – Jugoslawien 1:2, 0:3.
Gruppe 5: Holland. Ungarn – Holland 0:1, 0:2; Polen – Griechenland 2:1, 0:1; Griechenland – Ungarn 2:1, 0:3; Holland – Polen 0:0, 2:0; Zypern – Griechenland 2:4, 1:3; Zypern – Holland 0:2, 0:4; Zypern – Ungarn 0:1, 0:1; Holland – Griechenland 1:1, 3:0; Polen – Zypern 0:0, 1:0; Ungarn – Polen 5:3, 2:3.
Gruppe 6: Dänemark. Finnland – Wales 1:1, 0:4; CSSR – Finnland 3:0, 0:3; Dänemark – Finnland 1:0, 1:0; CSSR – Dänemark 0:0, 1:1; Wales – CSSR 1:1, 0:2; Wales – Dänemark 1:0, 0:1.
Gruppe 7: Irland. Belgien – Irland 2:2, 0:0; Schottland – Bulgarien 0:0, 1:0; Irland – Schottland 0:0, 1:0; Luxemburg – Belgien 0:6, 0:3; Schottland – Luxemburg 3:0, 0:0; Belgien – Bulgarien 1:1, 0:2; Bulgarien – Irland 2:1, 0:2; Belgien – Schottland 4:1, 0:2; Luxemburg – Bulgarien 1:4, 0:3; Luxemburg – Irland 0:2, 1:2.
Deutschland als Veranstalterland automatisch teilnahmeberechtigt.

Endturnier in Deutschland (10.–25. 6. 1988)
Gruppe 1: Deutschland, Italien. – Deutschland – Italien (Düsseldorf) 1:1, Dänemark – Spanien (Hannover) 2:3, Deutschland – Dänemark (Gelsenkirchen) 2:0, Italien – Spanien (Frankfurt) 1:0, Deutschland – Spanien (München) 2:0, Italien – Dänemark (Köln) 2:0.
Gruppe 2: Sowjetunion, Holland. – England – Irland (Stuttgart) 0:1, Holland – Sowjetunion (Köln) 0:1, England – Holland (Düsseldorf) 1:3, Irland – Sowjetunion (Hannover) 1:1, England – Sowjetunion (Frankfurt) 1:3, Irland – Holland (Gelsenkirchen) 0:1.
Halbfinale: Deutschland – Holland (Hamburg) 1:2, Sowjetunion – Italien (Stuttgart) 2:0.

Endspiel (am 25. Juni 1988 in München):

Holland – Sowjetunion 2:0 (1:0)

Holland: van Breukelen – van Aerle, R. Koeman, Rijkaard, van Tiggelen – Wouters, Gullit, A. Mühren, E. Koeman – Vanenburg, van Basten.
Tore: Gullit, van Basten. – Schiedsrichter: Vautrot (Frankreich). – Zuschauer: 77000.

EM-Torschützenkönige

1960	Fontaine (Frankreich)	6
1964	Ole Madsen (Dänemark)	11
1968	Riva (Italien)	7
1972	Gerd Müller (Deutschland)	11
1976	Givens (Irland)	8
1980	Keegan (England), gesamt	7
	Kl. Allofs (Deutschland), Endturnier	3
1984	Platini (Frankreich), gesamt und Endturnier	9
1988	Claesen (Belgien), gesamt	7
	van Basten (Holland), gesamt	7
	van Basten (Holland), Endturnier	5

Junioren-Europameisterschaft „U 21“ / „U 23“

Die ersten drei Wettbewerbe „Unter 23“, ab 76/78 „Unter 21“

Die bisherigen Gewinner:

1970/72 Tschechoslowakei – 1972/74 Ungarn – 1974/76 Sowjetunion – 1976/78 Jugoslawien – 1978/80 Sowjetunion – 1980/82 und 1982/84 England – 1984/86 Spanien – 1986/88 Frankreich.

1970/72: Tschechoslowakei

Gruppe 1: Tschechoslowakei. Tschechoslowakei – Rumänien 1:0, 1:1; Tschechoslowakei – Finnland 5:2, 1:1; Rumänien – Finnland 3:1, 1:0.
Gruppe 2: Bulgarien. Bulgarien – Ungarn 1:0, 0:2; Bulgarien – Norwegen 5:0, 1:1; Bulgarien – Frankreich 1:0, 1:0; Ungarn – Norwegen 3:0, 0:1; Ungarn – Frankreich 3:0, 1:1; Norwegen – Frankreich 4:4, 0:0.
Gruppe 3: Griechenland. Griechenland – Schweiz 1:0, 2:0.
Gruppe 4: Sowjetunion. Sowjetunion – Spanien 1:1, 2:1.
Gruppe 5: Dänemark. Dänemark – Portugal 2:1, 1:1.
Gruppe 6: Schweden. Schweden – Italien 4:1, 0:1; Schweden – Österreich 2:0, 2:0; Italien – Österreich 3:1, 1:2.
Gruppe 7: Holland. Holland – Jugoslawien 5:2, 1:1; Holland – DDR 2:1, 1:3; Jugoslawien – DDR 3:1, 1:0.
Gruppe 8: Deutschland. Deutschland – Polen 1:0, 1:1; Deutschland – Albanien 2:0, 2:0; Deutschland – Türkei 3:0, 2:0; Polen – Albanien 2:1, 1:1; Polen – Türkei 3:0, 0:0; Albanien – Türkei 0:0, 0:0.
Viertelfinale: Dänemark – Griechenland 2:0 und 0:5; Bulgarien – Holland 2:2, 0:0 und 2:0; Schweden – Tschechoslowakei 0:1 und 1:3; Sowjetunion – Deutschland 3:1 und 0:0.
Halbfinale: Tschechoslowakei – Griechenland 2:0 und 2:1; Sowjetunion – Bulgarien 4:0 und 3:3.

Endspiele:

Sowjetunion – Tschechoslowakei 2:2 (0:0) am 22. 6. 1972 in Moskau.
Tschechoslowakei – Sowjetunion 3:1 (2:0) am 30. 6. 1972 in Ostrau.

Die Siegerelf: Keketi (Stovcik) – Suchanek, Samek, Dvorak, Koubek, Melichar, Bicovsky, Gajdusek, Masima, Nehoda (Pekarik), Albrecht (Herda).

1972/74: Ungarn

Gruppe 1: Tschechoslowakei. Tschechoslowakei – Schweden 1:3, 3:0; Tschechoslowakei – Österreich 4:0, 1:0; Schweden – Österreich 2:0, 1:1.
Gruppe 2: Italien. Italien – Türkei 1:0, 3:1.
Gruppe 3: Holland. Holland – Norwegen 1:0, 3:1.
Gruppe 4: DDR. DDR – Rumänien 2:1, 2:1; DDR – Albanien 6:0, 0:1; Rumänien – Albanien 2:1, 1:1.
Gruppe 5: Polen. Polen – Deutschland 0:0, 3:2; Polen – Dänemark 4:1, 2:0; Deutschland – Dänemark 3:0, 2:0.
Gruppe 6: Bulgarien. Bulgarien – Portugal 2:1, 0:0.
Gruppe 7: Ungarn. Ungarn – Jugoslawien 1:0, 0:4; Ungarn – Griechenland 2:0, 3:2; Jugoslawien – Griechenland 2:0, 0:2.
Gruppe 8: Sowjetunion. Sowjetunion – Finnland 4:0, 0:0; Sowjetunion – Frankreich 3:1, 1:0, Finnland – Frankreich 1:3, 2:1.
Viertelfinale: Ungarn – Holland 3:1, 1:2; DDR – Italien 2:1, 1:0; Polen – Bulgarien 0:0, 2:1, Sowjetunion – Tschechoslowakei 6:0, 1:2.
Halbfinale: Sowjetunion – Ungarn 2:0, 0:2 n. V. (Ungarn 4:3-Sieger im Elfmeterschießen); DDR – Polen 0:0, 2:2 (Auswärtstore entschieden für die DDR).

Endspiele:

DDR – Ungarn 3:2 (1:2) am 15. 5. 1974 in Dresden
Ungarn – DDR 4:0 (1:0) am 28. 5. 1974 in Budapest

Die Siegerelf: Meszaros – Harsany, Török, Horvath, Kantor, Toth (Kunszt), Ede Dunai, Laslo Nagy, Fekete, Kiss, Becsei (Varadi).

1974/76: Sowjetunion

Gruppe 1: England. England – Portugal 2:0, 3:2; England – CSSR 3:1, 1:1; Portugal – CSSR 2:0, 1:1.
Gruppe 2: Ungarn. Ungarn – Österreich 2:0, 2:2; Ungarn – Luxemburg 4:0, 3:0; Österreich – Luxemburg 2:1, 3:1.
Gruppe 3: Jugoslawien. Jugoslawien – Schweden 4:1, 1:1; Jugoslawien – Norwegen 2:0, 0:0; Schweden – Norwegen 2:1, 2:0.

Gruppe 4: Schottland. Schottland – Rumänien 4:0, 2:1; Schottland – Dänemark 4:1, 1:0; Rumänien – Dänemark 6:2, 1:1.
Gruppe 5: Holland. Holland – Italien 3:2, 1:1; Holland – Finnland 3:0, 3:0; Italien – Finnland 3:0, 3:2.
Gruppe 6: Sowjetunion. Sowjetunion – Türkei 3:0, 1:2.
Gruppe 7: Frankreich. Frankreich – DDR 1:2, 1:1; Frankreich – Belgien 1:0, 3:2; DDR – Belgien 1:2, 0:0.
Gruppe 8: Bulgarien. Bulgarien – Polen 1:0, 1:2; Bulgarien – Griechenland 2:1, 2:0; Polen – Griechenland 4:1, 1:2.
Viertelfinale: Ungarn – England 3:0, 1:3; Holland – Schottland 2:0, 0:2 n. V. (Holland 4:3-Sieger nach Elfmeterschießen); Bulgarien – Jugoslawien 2:3, 1:2; Frankreich – Sowjetunion 2:1, 1:2 n. V. (Sowjetunion 4:2-Sieger nach Elfmeterschießen).
Halbfinale: Ungarn – Jugoslawien 3:2, 1:1; Sowjetunion – Holland 3:0, 0:1.

Endspiele:

Ungarn – Sowjetunion 1:1 (1:0) am 19. 6. 1976 in Budapest
Sowjetunion – Ungarn 2:1 (2:0) am 22. 6. 1976 in Moskau

Die Siegerelf: Radajew – Kruglow, Swistsow, Gorbunow, Wisokin – An, Adzhem, Minajew – (Schwezow) – Gusajew, Kipiani, Slobodian (Fedorow, Pentrenko).

1976/78: Jugoslawien

Gruppe 1: Dänemark. Dänemark – Polen 6:2, 0:1; Dänemark – Schweden 2:0, 2:2; Polen – Schweden 4:2, 0:2.
Gruppe 2: Italien. Italien – Portugal 4:1, 0:1; Italien – Luxemburg 4:0, 5:1; Portugal – Luxemburg 3:0, 2:1.
Gruppe 3: DDR. DDR – Türkei 4:0, 1:1; DDR – Österreich 2:1, 6:1; Türkei – Österreich 2:1, 2:2.
Gruppe 4: Bulgarien. Bulgarien – Belgien 1:0, 1:0; Bulgarien – Frankreich 2:1, 1:1; Belgien – Frankreich 2:1, 1:1.
Gruppe 5: England. England – Norwegen 6:0, 2:1; England – Finnland 6:1, 1:0; Norwegen – Finnland 1:0, 4:1.
Gruppe 6: CSSR. CSSR – Schottland 0:0, 1:2; CSSR – Schweiz 4:0, 2:0; Schottland – Schweiz 3:1, 0:2.
Gruppe 7: Jugoslawien. Jugoslawien – Spanien 4:1, 0:1; Jugoslawien – Rumänien 2:0, 3:1; Spanien – Rumänien 3:0, 0:4.
Gruppe 8: Ungarn. Ungarn – Sowjetunion 1:0, 0:0; Ungarn – Griechenland 7:0, 1:1; Sowjetunion – Griechenland 3:0, 2:0.
Viertelfinale: CSSR – DDR 3:1 und 2:5; Jugoslawien – Ungarn 0:1 und 2:0; Dänemark – Bulgarien 4:1 und 0:3; England – Italien 2:1 und 0:0.
Halbfinale: Bulgarien – DDR 2:1 und 1:3; Jugoslawien – England 2:1 und 1:1.

Endspiele:

DDR – Jugoslawien 0:1 (0:0) am 17. 5. 1978 in Halle
Jugoslawien – DDR 4:4 (3:4) am 31. 5. 1978 in Mostar

Die Siegerelf: Stojanovic – Vujkov, Hrstic, Krmpotic (Obradovic), Zajec, Stojkovic, Bogdan, Bosnjak (Savic), Halilhodzic, Klincarski, Senica (Sliskovic, Starcevic, Verlasevic).

1978/80: Sowjetunion

Gruppe 1: England. Dänemark – England 1:2, 0:1; Dänemark – Bulgarien 2:0, 0:1; Bulgarien – England 1:3, 0:5.
Gruppe 2: Schottland. Belgien – Norwegen 4:0, 0:0; Portugal – Belgien 0:0, 1:2; Schottland – Norwegen 5:1, 2:2; Portugal – Schottland 0:3, 2. Spiel n. a.; Norwegen – Portugal 0:0, 2:1; Belgien – Schottland 0:1, 2:2.
Gruppe 3: Jugoslawien. Spanien – Jugoslawien 0:1, 1:1; Zypern – Spanien 0:0, 0:3; Jugoslawien – Zypern 1:0, 1:1.
Gruppe 4: DDR. DDR – Holland 2:0, 1:1; Polen – DDR 1:1, 1:4; Holland – Polen 2:3, 1:2.
Gruppe 5: CSSR. Frankreich – Schweden 2:1, 0:0; Schweden – CSSR 0:1, 0:1; CSSR – Frankreich 1:0, 0:1.
Gruppe 6: UdSSR. Finnland – Griechenland 0:1, 1:3; Griechenland – UdSSR 0:3, 1:2; Finnland – UdSSR 0:2, 1:1.
Gruppe 7: Ungarn. Türkei – Ungarn 2:3*, 0:5; Ungarn – Rumänien 1:0, 0:4; Rumänien – Türkei 2:1*, 0:2.
* Wegen Unregelmäßigkeiten auf türkischer Seite wurden die Spiele mit 3:0 Toren und 2:0 Punkten für den Gegner gewertet.

Gruppe 8: Italien. Luxemburg – Schweiz 0:3, 1:5; Schweiz – Italien 0:0, 0:1; Luxemburg – Italien 0:3, 0:1.
Viertelfinale: CSSR – Jugoslawien 1:1, 1:2; UdSSR – Italien 3:1, 0:0; England – Schottland 2:1, 0:0; Ungarn – DDR 2:0, 0:3.
Halbfinale: UdSSR – Jugoslawien 3:0, 1:0; England – DDR 1:2, 0:1.
Endspiele:

DDR – Sowjetunion 0:0 am 7. 5. 1980 in Rostock
Sowjetunion – DDR 1:0 (0:0) am 20. 5. 1980 in Moskau

Die Siegerelf: Tschanow (Nowikow) – Kaplun, Baltatscha, Shurawijow, Demjanenko – Darasseljia (Dumanski), Chatschatrjan, Susloparow, Bal – Chapsalis (Petrakow), Schengelija (Prudikow, Gassajew).

1980/82: England

Gruppe 1: Deutschland. Deutschland – Bulgarien 4:1, 0:1; Deutschland – Österreich 4:0, 1:0; Deutschland – Finnland 4:2, 2:1; Bulgarien – Österreich 1:0, 2:1; Bulgarien – Finnland 1:0, 1:0; Österreich – Finnland 0:0, 2:1.
Gruppe 2: Frankreich. Frankreich – Belgien 1:0, 2:1; Frankreich – Zypern 3:1, 1:2; Belgien – Zypern 2:1, 1:0.
Gruppe 3: Sowjetunion. Sowjetunion – Tschechoslowakei 0:0, 0:0; Sowjetunion – Türkei 1:0, 0:0; Tschechoslowakei – Türkei 3:0, 1:2.
Gruppe 4: England. England – Ungarn 1:0, 2:1; England – Rumänien 3:0, 0:4; England – Schweiz 5:0, 0:0; Ungarn – Rumänien 4:2, 1:2; Ungarn – Schweiz 5:1, 1:0; Rumänien – Schweiz 1:1, 0:3.
Gruppe 5: Italien. Italien – Jugoslawien 1:0, 0:1; Italien – Griechenland 1:0, 3:1; Jugoslawien – Griechenland 1:1, 2:0.
Gruppe 6: Schottland. Schottland – Dänemark 2:1, 1:1; Schottland – Schweden 4:0, 0:2; Dänemark – Schweden 2:1, 0:0.
Gruppe 7: Polen. Polen – Norwegen 4:0, 1:0; Polen – DDR 3:1, 3:2; Norwegen – DDR 1:1, 4:0.
Gruppe 8: Spanien. Spanien – Holland 2:1, 2:0; Spanien – Luxemburg 4:1, 5:1; Holland – Luxemburg 1:0, 2:0.
Viertelfinale: Frankreich – Sowjetunion 0:0, 2:4; Spanien – Deutschland 1:0, 0:2; Polen – England 1:2, 2:2; Italien – Schottland 0:1, 0:0.
Halbfinale: Sowjetunion – Deutschland 3:4, 0:5; Schottland – England 0:1, 1:1.
Endspiele:

England – Deutschland 3:1 (1:0) am 21. 9. 1982 in Sheffield
Deutschland – England 3:2 (0:0) am 12. 10. 1982 in Bremen

Die Siegerelf: Hesford – Thomas, Caton, Duxbury, Fenwick – Lee, Owen, McCall (Heath) – Goddard, Hodgson (Fashanu), Shaw (Ranson).
Deutschland: Immel – Geils, Strack (Möhlmann), Reinhardt, Otten – Rolff (Geiger, Dittus), Kempe (Kroth, von Heesen), Engels – Wuttke, Th. Allofs (Reichert), Völler (Littbarski).

1982/84: England

Gruppe 1: Schottland. Belgien – Schweiz 0:0, 2:0; Schottland – DDR 2:0, 1:1; Schweiz – Schottland 3:4, 1:2; Belgien – Schottland 1:2, 0:0; DDR – Belgien 2:1, 2:4: Schweiz – DDR 5:6, 1:2.
Gruppe 2: Polen. Sowjetunion – Polen 1:1, 1:2; Finnland – Polen 0:0, 0:4; Finnland – Portugal 1:1, 2:0; Portugal – Polen 1:0, 0:2; Sowjetunion – Finnland 2:2, 1:0, Sowjetunion – Portugal 1:1, 2:0.
Gruppe 3: England. Dänemark – England 1:4, 1:4; Griechenland – England 1:0, 1:2; England – Ungarn 1:0, 2:0; Dänemark – Griechenland 1:1, 0:1; Ungarn – Griechenland 1:1, 0:1; Dänemark – Ungarn 2:1, 1:5.
Gruppe 4: Jugoslawien. Wales – Norwegen 0:0, 3:2; Norwegen – Jugoslawien 2:2, 2:6; Bulgarien – Norwegen 2:0, 2:0; Bulgarien – Jugoslawien 0:2, 0:0; Jugoslawien – Wales 2:0, 0:1; Wales – Bulgarien 0:1, 1:1.
Gruppe 5: Italien. Zypern – Rumänien 1:2, 2:3; Italien – Rumänien 2:0, 1:0; CSSR – Italien 2:1, 1:2; Zypern – Italien 0:1, 0:2; CSSR – Zypern 2:0, 4:1; Rumänien – CSSR 1:4, 2:2.
Gruppe 6: Albanien. Österreich – Albanien 1:2, 0:3; Türkei – Albanien 0:1, 0:1; Österreich – Türkei 1:1, 0:5; Albanien – Deutschland 1:1, 1:1; Türkei – Deutschland 0:1, 0:7; Österreich – Deutschland 1:1, 1:2.
Gruppe 7: Spanien. Island – Holland 1:1, 1:1; Spanien – Island 1:0, 0:0; Holland – Spanien 5:0, 0:1.
Gruppe 8: Frankreich. Luxemburg – Schweden 0:4, 1:4; Frankreich – Schweden 1:0, 2:2; Luxemburg – Frankreich 0:5, 0:2.
Viertelfinale: England – Frankreich 6:1, 1:0; Schottland – Jugoslawien 2:1, 1:3 n. V.; Albanien – Italien 0:1, 0:1; Polen – Spanien 2:2, 1:4.
Halbfinale: England – Italien 3:1, 0:1; Jugoslawien – Spanien 0:1, 0:2.

Endspiele:

Spanien – England 0:1 (0:0) am 18. 5. 1984 in Sevilla
England – Spanien 2:0 (0:0) am 24. 5. 1984 in Sheffield

Die Siegerelf: Hucker (Bailey) – Sterland, Bracewell, Watson, Thomas, Stevens, Gayle, Hodge, Chamberlain – Hateley (D'Avray), Brock (Mountfield, Pickering, Callaghan).

1984/86: Spanien

Gruppe 1: Polen. Polen – Griechenland 5:1, 1:2; Polen – Albanien 2:0, 2:1; Griechenland – Albanien 2:0, 1:2.
Gruppe 2: Schweden. Schweden – Portugal 1:1, 1:0; Portugal – CSSR 0:1, 1:3; Deutschland – Schweden 1:0, 1:2; Portugal – Deutschland 2:1, 0:2; CSSR – Deutschland 1:1, 1:3; Schweden – CSSR 1:0, 2:0.
Gruppe 3: England. England – Finnland 2:0, 1:3; Türkei – Finnland 1:1, 0:0; Türkei – England 0:0, 0:3; Rumänien – Türkei 1:0, 2:2; Rumänien – England 0:0, 0:3; Finnland – Rumänien 2:2, 0:0.
Gruppe 4: Frankreich. Jugoslawien – Bulgarien 1:2, 6:3; DDR – Jugoslawien 1:1, 3:2; Frankreich – Bulgarien 2:1, 0:4; Jugoslawien – Frankreich 0:0, 0:7; Bulgarien – DDR 3:2, 1:1; Frankreich – DDR 1:1, 1:1.
Gruppe 5: Ungarn. Zypern – Österreich 1:1, 0:0; Ungarn – Österreich 2:0, 2:1; Holland – Ungarn 1:0, 0:1; Österreich – Holland 0:0, 1:2; Zypern – Ungarn 1:3, 0:1; Zypern – Holland 1:3, 0:5.
Gruppe 6: Dänemark. Norwegen – Schweiz 3:0, 1:1; Dänemark – Norwegen 2:2, 3:1; Norwegen – Sowjetunion 2:1, 1:2; Schweiz – Dänemark 1:1, 1:4; Schweiz – Sowjetunion 4:2, 0:1; Dänemark – Sowjetunion 1:0, 0:2.
Gruppe 7: Spanien. Schottland – Island 1:0, 0:2; Schottland – Spanien 0:2, 0:0; Island – Spanien 0:1, 0:1.
Gruppe 8: Italien. Belgien – Luxemburg 5:1, 1:3; Belgien – Italien 1:1, 0:3; Italien – Luxemburg 5:1, 6:0.
Viertelfinale: Schweden – Italien 1:1, 1:2; Dänemark – England 0:1, 1:1; Polen – Ungarn 1:0, 0:5; Spanien – Frankreich 3:1, 3:1.
Halbfinale: Italien – England 2:0, 1:1; Ungarn – Spanien 3:1, 1:4.
Endspiele:

Italien – Spanien 2:1 (0:1) am 15. 10. 1986 in Rom
Spanien – Italien 2:1 (1:1, 1:1) n. V., 3:0 im Elfmeterschießen am 29. 10. 1986 in Valladolid

Die Siegerelf: Ablanedo – Solana, Quique – Sanchis, Andriuna, Calderé – Llorente, Eusebio, Pineda (Pardeza), Roberto, Bustingorri (im 2. Spiel noch Eloy, Gallego, Gabino, Ramon Vaquez, J. Carlos).

1986/88: Frankreich

Gruppe 1: Spanien. Rumänien – Österreich 1:0, 1:2; Österreich – Albanien 1:0, 1:1; Spanien – Rumänien 1:0, 1:0; Albanien – Spanien 0:0, 0:3; Rumänien – Albanien 3:2, 2:1; Österreich – Spanien 1:1, 0:3.
Gruppe 2: Italien. Schweden – Schweiz 0:0, 0:0; Portugal – Schweden 2:0, 2:4; Schweiz – Portugal 3:1, 0:2; Italien – Schweiz 1:1, 3:0; Portugal – Italien 1:2, 0:6; Schweden – Italien 2:2, 0:0.
Gruppe 3: Frankreich. Norwegen – DDR 0:0, 1:1; Frankreich – Sowjetunion 2:1, 1:0; Sowjetunion – Norwegen 1:0, 2:0; DDR – Frankreich 1:0, 2:2; Sowjetunion – DDR 2:1, 1:5; Norwegen – Frankreich 1:2, 1:1.
Gruppe 4: England. Jugoslawien – Türkei 3:0, 2:3; England – Jugoslawien 1:1, 5:1; England – Türkei 1:1, 0:0.
Gruppe 5: Griechenland. Polen – Griechenland 1:0, 0:2; Griechenland – Ungarn 2:1, 2:2; Zypern – Griechenland 0:4, 1:5; Zypern – Ungarn 2:1, 1:4; Polen – Zypern 3:0, 1:0; Ungarn – Polen 3:0, 1:0.
Gruppe 6: CSSR. Finnland – Island 2:0, 2:2; Island – CSSR 0:4, 4:4; CSSR – Finnland 2:0, 2:3; Dänemark – Finnland 4:1, 1:0; CSSR – Dänemark 1:1, 1:0; Island – Dänemark 0:0, 3:1.
Gruppe 7: Schottland. Belgien – Schottland 0:0, 0:3; Irland – Schottland 1:2, 1:4; Belgien – Schottland 0:0, 0:1.
Gruppe 8: Holland. Deutschland – Bulgarien 2:0, 1:2; Bulgarien – Holland 1:0, 3:4; Luxemburg – Holland 0:2, 0:1; Deutschland – Luxemburg 4:1, 4:1; Holland – Deutschland 3:1, 2:0; Luxemburg – Bulgarien 0:1, 0:1.
Viertelfinale: Frankreich – Italien 2:1, 2:2; Griechenland – CSSR 1:1, 2:2; Spanien – Holland 1:0, 1:2 n. V., Schottland – England 0:1, 0:1.
Halbfinale: Frankreich – England 4:2, 2:2; Griechenland – Holland 5:0, 0:2.

Endspiele:

Griechenland – Frankreich 0:0 am 25. 5. 1988 in Athen
Frankreich – Griechenland 3:0 (0:0) am 12. 10. 1988 in Besançon

Die Siegermannschaft: Martini – Reuzeau, Silvestre, Roche (F. Passi), Galtier – Blanc, Dogon, Sauzée, Guérin – Paille, Lada (Zitelli). Im ersten Spiel noch eingesetzt: Barrabe, Buisine, Despayroux, Cantona.

1988/90:

Gruppe 1: Bulgarien. Griechenland – Dänemark 2:2, 0:3; Bulgarien – Rumänien 2:1, 1:2; Dänemark – Bulgarien 1:3, 0:6; Rumänien – Griechenland 2:0, 0:1; Bulgarien – Griechenland 2:0, 2:0; Dänemark – Rumänien 1:2, 2:1.
Gruppe 2: Schweden. England – Schweden 1:1, 0:1; Polen – Albanien 0:0, 1:0; Albanien – Schweden 0:2, 0:1; Albanien – England 1:2, 0:2; Schweden – Polen 4:0, 1:1; England – Polen 2:1, 3:1.
Gruppe 3: Sowjetunion. Österreich – Türkei 3:0, 1:1; Sowjetunion – Österreich 2:2, 2:0; Türkei – DDR 3:2, 0:0; Sowjetunion – DDR 1:0, 2:3; Türkei – Sowjetunion 0:3, 0:2; DDR – Österreich 2:0, 1:0.
Gruppe 4: Deutschland. Finnland – Deutschland 0:3, 0:2; Island – Holland 1:1, 3:2; Finnland – Island 2:1, 0:4; Deutschland – Holland 2:0, 1:0; Finnland – Holland 1:1, 1:2; Island – Deutschland 1:1, 1:1.
Gruppe 5: Jugoslawien. Norwegen – Schottland 1:1, 0:2; Frankreich – Norwegen 2:0, 1:1; Schottland – Jugoslawien 0:2, 1:4; Jugoslawien – Frankreich 2:2, 1:0; Schottland – Frankreich 2:3, 1:3; Norwegen – Jugoslawien 0:1, 1:0.
Gruppe 6: Spanien. Zypern – Ungarn 0:0, 0:1; Zypern – Spanien 0:1, 0:1; Ungarn – Spanien 1:0, 0:1.
Gruppe 7: Tschechoslowakei. Portugal – Belgien 1:1, 1:1; CSFR – Belgien 0:3, 1:1, CSFR – Luxemburg 4:0, 1:1; Portugal – Luxemburg 1:0, 3:0; Luxemburg – Belgien 0:0, 0:1; CSFR – Portugal 1:0, 3:0.
Gruppe 8: Italien. Schweiz – Italien 0:0, 0:1; San Marino – Schweiz 0:5, 0:3; San Marino – Italien 0:2, 0:2.
Viertelfinale: Jugoslawien – Bulgarien 2:0, 1:0; Sowjetunion – Deutschland 1:1, 2:1 n.V.; CSFR – Schweden 1:2, 0:4; Italien – Spanien 3:1, 0:1.
Halbfinale: Italien – Jugoslawien 0:0, 2:2; Sowjetunion – Schweden 1:1, 2:0.

Junioren-Europameisterschaft „U 18“ (früher UEFA-Turnier)

Seit 1948 führt die FIFA bzw. ab 1955 deren europäischer Zentralverband UEFA ein Turnier für Junioren durch. Diese internationale Bezeichnung entspricht unserer „Jugendklasse“. Teilnahmeberechtigt sind Spieler bis zum vollendeten 18. Lebensjahr. Ab 1981 erhielt das bisherige UEFA-Juniorenturnier die Bezeichnung „Junioren-Europameisterschaft“.

Die bisherigen Sieger der FIFA/UEFA-Juniorenturniere:
1948 England – 1949 Frankreich – 1950 Österreich – 1951 Jugoslawien – 1952 Spanien – 1953 Ungarn – 1954 Spanien – 1955 und 1956 wurden nur Gruppensieger ausgespielt – 1957 Österreich – 1958 Italien – 1959 Bulgarien – 1960 Ungarn – 1961 Portugal – 1962 Rumänien – 1963, 1964 England – 1965 DDR – 1966 UdSSR/Italien gemeinsam – 1967 UdSSR – 1968 Tschechoslowakei – 1969 Bulgarien – 1970 DDR – 1971, 1972, 1973 England – 1974 Bulgarien – 1975 England – 1976 UdSSR – 1977 Belgien – 1978 UdSSR – 1979 Jugoslawien – 1980 England.
Europameister: 1981 Deutschland – 1982 Schottland – 1983 Frankreich – 1984 Ungarn – 1984/86 DDR – 1986/88 Sowjetunion – 1988/90 Sowjetunion

1981: Deutschland

Gruppe 1: Wales – Irland 2:2, 2:0.
Gruppe 2: Schottland – Island 3:1, 1:0.
Gruppe 3: England – Nordirland 1:0, 3:0.
Gruppe 4: Schweden – Finnland 1:0, 1:1.
Gruppe 5: Polen – DDR 2:0, 2:1.
Gruppe 6: Dänemark – Norwegen 0:1, 3:1.
Gruppe 7: Belgien. Luxemburg – Holland 0:6, 1:5; Luxemburg – Belgien 0:4, 1:3; Belgien – Holland 0:0, 3:1.
Gruppe 8: Frankreich – Portugal 2:0, 1:0.
Gruppe 9: Italien – Malta 3:0, 5:1.
Gruppe 10: Spanien – Schweiz 4:1, 1:1.
Gruppe 11: Rumänien – Ungarn 1:0, 0:0.
Gruppe 12: Österreich – Türkei 4:0, 0:2.
Gruppe 13: CSSR – Sowjetunion 1:0 6:5 11-m-Sch., 0:1.
Gruppe 14: Bulgarien – Jugoslawien 1:0, 0:0.
Gruppe 15: Griechenland – Zypern 1:0, 3:1.
Deutschland als Veranstalterland automatisch qualifiziert.

Endrunde vom 25. 5. bis 3. 6. 1981 in Deutschland:
Gruppe A: Deutschland – Wales 5:0, Belgien – Griechenland 2:0, Deutschland – Belgien 3:2, Griechenland – Wales 0:1, Deutschland – Griechenland 1:0, Belgien – Wales 0:3. – **Gruppensieger:** Deutschland.
Gruppe B: Polen – Schweden 1:1, Rumänien – CSSR 3:2, Polen – Rumänien 3:1, Schweden – CSSR 1:1, Polen – CSSR 3:1, Schweden – Rumänien 1:1. – **Gruppensieger:** Polen.
Gruppe C: Italien – Frankreich 0:0, Bulgarien – Dänemark 2:2, Italien – Bulgarien 1:0, Frankreich – Dänemark 2:1, Italien – Dänemark 1:2, Frankreich – Bulgarien 3:0. – **Gruppensieger:** Frankreich.
Gruppe D: Österreich – Schottland 0:1, Spanien – England 2:1, Österreich – Spanien 0:3, Schottland – England 1:0, Österreich – England 0:7, Schottland – Spanien 1:1. – **Gruppensieger:** Spanien.
Halbfinale: Deutschland – Frankreich 1:1, D. 4:3-Sieger im Elfmeterschießen, Polen – Spanien 0:0, P. nach 4:4 schließlich 6:5-Sieger im Elfmeterschießen.
Um den 3. Platz am 2. 6. 1981 in Duisburg:
Frankreich – Spanien 1:1, Fr. 2:0-Sieger im Elfmeterschießen.

Endspiel am 3. Juni 1981 in Düsseldorf:
Deutschland – Polen 1:0 (0:0).
Tor: Anthes. – Schiedsrichter: Mathias (Österreich). – Zuschauer: 56000.
Die Siegerelf: Vollborn – Quaisser (68. Goldstein), Theiss, Schmidkunz, Falkenmayer – Aulbach, Brunner, Loose – Anthes, Herbst, Wohlfarth.

1982: Schottland

Gruppe 1: Holland – Wales 1:1, 1:1 4:2 11-m-Sch.
Gruppe 2: Irland – Nordirland 2:0, 0:1.
Gruppe 3: Belgien – Island 2:1, 2:2.
Gruppe 4: Schottland – England 1:0, 2:2.
Gruppe 5: Polen – Schweden 2:1, 0:0.
Gruppe 6: CSSR – Dänemark 3:0, 0:0.
Gruppe 7: Sowjetunion – Norwegen 1:0, 2:0.
Gruppe 8: Deutschland. Frankreich – Luxemburg 6:0, 4:2; Deutschland – Luxemburg 3:0, 5:0; Frankreich – Deutschland 0:2, 0:1.
Gruppe 9: Österreich – Italien 0:1, 3:1.
Gruppe 10: Spanien – Malta 5:0, 0:0.
Gruppe 11: Portugal – Schweiz 1:0, 1:1.
Gruppe 12: Ungarn – Griechenland 1:0, 1:1.
Gruppe 13: Bulgarien – Rumänien 2:0, 2:2.
Gruppe 14: Albanien – Zypern 4:0, 0:2.
Gruppe 15: Türkei – Jugoslawien 0:0, 0:0 4:2 11-m-Sch.
Finnland als Veranstalterland automatisch qualifiziert.

Endrunde vom 21. bis 30. 5. 1982 in Finnland:
Gruppe A: Österreich – Sowjetunion 1:4, Deutschland – Irland 1:0, Österreich – Deutschland 4:1, Sowjetunion – Irland 2:0, Irland – Österreich 2:4, Sowjetunion – Deutschland 1:0. – **Gruppensieger:** Sowjetunion.
Gruppe B: Spanien – Bulgarien 1:2, Polen – Belgien 1:0, Spanien – Polen 0:1, Bulgarien – Belgien 0:1, Spanien – Belgien 1:3, Bulgarien – Polen 0:0. – **Gruppensieger:** Polen.
Gruppe C: Portugal – Ungarn 2:1, CSSR – Finnland 2:1, Ungarn – Finnland 2:3, Portugal – CSSR 1:1, Portugal – Finnland 1:1, Ungarn – CSSR 0:2. – **Gruppensieger:** CSSR.
Gruppe D: Schottland – Albanien 3:0, Türkei – Holland 1:3, Schottland – Türkei 2:0, Albanien – Holland 1:3, Schottland – Holland 1:1, Albanien – Türkei 1:1. – **Gruppensieger:** Schottland.
Halbfinale: Sowjetunion – CSSR 0:1, Polen – Schottland 0:2.
Um den 3. Platz am 30. 5. 1982 in Hyvinkää: Sowjetunion – Polen 3:1.

Endspiel am 30. 5. 1982 in Helsinki:
Schottland – CSSR 3:1 (1:0)
Tore: Philliben, Nevinx, Mackay/Kula. – Schiedsrichter: Tritschler (Deutschland). – Zuschauer: 2500.
Die Siegerelf: Rae – Beaumont, Bowman, Dick, McGinnis, McStay, Mackay, Nevinx, Philliben. Rennie, Rice.

1983: Frankreich

Gruppe 1: Irland – Island 1:0, 1:1.
Gruppe 2: Schottland. Wales – Nordirland 2:0, 1:1; Schottland – Wales 1:1, 1:0; Nordirland – Schottland 0:3, 1:3.
Gruppe 3: Schweden – Dänemark 0:0, 2:1.
Gruppe 4: Finnland – Norwegen 2:1, 0:0.
Gruppe 5: Sowjetunion – Polen 1:0, 1:2.
Gruppe 6: CSSR – DDR 1:0, 2:1.
Gruppe 7: Belgien – Luxemburg 4:0, 1:1.
Gruppe 8: Frankreich – Portugal 1:0, 1:2.
Gruppe 9: Spanien – Holland 2:0, 0:1.
Gruppe 10: Deutschland – Schweiz 2:0, 1:1.
Gruppe 11: Italien – Malta 3:0, 3:0.
Gruppe 12: Rumänien – Zypern 5:0, 1:1..

Gruppe 13: Jugoslawien. Österreich – Jugoslawien 0:5, 0:2; Ungarn – Österreich 1:0, 1:0; Ungarn – Jugoslawien 1:0, 2:3.

Gruppe 14: Bulgarien – Albanien 4:0, 0:1.
Gruppe 15: Türkei – Griechenland 4:1, 0:2.
England als Veranstalterland automatisch qualifiziert.

Endrunde vom 13. bis 22. Mai 1983 in England:

Gruppe A: CSSR – Deutschland 3:1, Bulgarien – Schweden 1:0, CSSR – Bulgarien 0:0, Deutschland–Schweden 1:0, CSSR–Schweden 1:1, Deutschland–Bulgarien 3:1. – **Gruppensieger:** CSSR.
Gruppe B: Jugoslawien – Rumänien 2:0, Italien – Türkei 1:1, Jugoslawien – Italien 0:2, Rumänien – Türkei 6:0, Jugoslawien – Türkei 3:1, Rumänien – Italien 0:2. – **Gruppensieger:** Italien.
Gruppe C: England–Spanien 1:0, Schottland–Sowjetunion 3:0, England–Schottland 4:2, Spanien–Sowjetunion 1:0, England–Sowjetunion 0:2, Spanien–Schottland 1:1. – **Gruppensieger:** England.
Gruppe D: Finnland – Frankreich 1:3, Irland – Belgien 1:0, Finnland – Irland 0:0, Frankreich – Belgien 3:1, Finnland – Belgien 4:0, Frankreich – Irland 1:1. – **Gruppensieger:** Frankreich.
Halbfinale: CSSR – England 1:1, CSSR 4:2-Sieger im Elfmeterschießen, Italien – Frankreich 0:1.
Um den 3. Platz am 22. Mai 1983 in London (Tottenham): England – Italien 1:1, England 4:2-Sieger im Elfmeterschießen.

Endspiel am 22. Mai 1983 in London (Tottenham):
Frankreich – CSSR 1:0 (1:0).
Tor: Reuzeau. – Schiedsrichter: M. Petrovic (Jugoslawien). – Zuschauer: 4593.
Die Siegerelf: Sabonniere – Reuzeau, Prisette, Degrave, Hely – Ribar, Fournier, Frechet (Fernier), Thomas – Paille, Guion (Fourrier).

1984: Ungarn

Gruppe 1: Irland – Nordirland 3:0, 0:1.
Gruppe 2: Schottland – Wales 4:0, 4:2.
Gruppe 3: England – Island 3:0, 3:0.
Gruppe 4: Polen – Norwegen 0:0, 2:0.
Gruppe 5: Dänemark – Finnland 1:0, 2:2.
Gruppe 6: DDR – Schweden 3:1, 2:1.
Gruppe 7: Schweiz – Malta 3:0, 2:0.
Gruppe 8: Luxemburg – Holland 1:2, 0:1 annulliert, Wertung 3:0.
Gruppe 9: Portugal – Belgien 4:0, 0:2.
Gruppe 10: Spanien – Frankreich 3:1, 0:1.
Gruppe 11: CSSR – Zypern 3:0, 0:0.
Gruppe 12: Griechenland – Jugoslawien 1:1, 2:2.
Gruppe 13: Ungarn – Rumänien 1:0, 2:0.
Gruppe 14: Bulgarien – Türkei 2:1/4:2 11-m-Sch., 1:2.
Gruppe 15: Italien. Deutschland – Italien 0:0, 0:3; Deutschland – Österreich 1:1, 1:0; Österreich – Italien 0:2, 0:0.
Sowjetunion als Veranstalterland automatisch qualifiziert.

Endrunde vom 25. 5. bis 3. 6. 1984 in der Sowjetunion:

Gruppe A: Irland – Schottland 3:0, Portugal – Griechenland 3:1, Irland – Griechenland 1:1, Schottland – Portugal 3:1, Griechenland – Schottland 1:1, Irland – Portugal 3:2. – **Gruppensieger:** Irland.
Gruppe B: Bulgarien – Dänemark 2:2, Polen – Italien 1:0, Italien – Dänemark 3:0, Polen – Bulgarien 1:0, Bulgarien – Italien 1:0, Polen – Dänemark 1:0. – **Gruppensieger:** Polen.
Gruppe C: Sowjetunion – Luxemburg 5:0, DDR – England 1:1, Sowjetunion – England 1:1, DDR – Luxemburg 4:0, Sowjetunion – DDR 1:0, England – Luxemburg 2:0. – **Gruppensieger:** Sowjetunion.
Gruppe D: Ungarn – CSSR 3:0, Spanien – Schweiz 2:1, CSSR – Schweiz 2:1, Ungarn – Spanien 2:1, Spanien – CSSR 1:1, Ungarn – Schweiz 1:0. – **Gruppensieger:** Ungarn.
Halbfinale: Sowjetunion – Irland 2:1, Ungarn – Polen 2:0.
Um den 3. Platz am 2. Juni 1984 in Moskau (Leninstadion): Polen – Irland 2:1.

Endspiel am 3. Juni 1984 in Moskau (Leninstadion):
Ungarn – Sowjetunion 0:0 n. V., Ungarn 3:2-Sieger im Elfmeterschießen.
Schiedsrichter: Dos Santos (Portugal). – Zuschauer: 75000. – Tore aus dem Elfmeterschießen: Pinter, Zsivoczky, E. Kovacs für Ungarn, Chudoshilow, Iwanauskas für die Sowjetunion.
Die Siegerelf: Petry – Pinter, Haaz, Szelpal, Keller – Deak, E. Kovacs, Oravecz (Zsivoczky) – Vincze, K. Kovacs, Zsinka.

● Die künftigen Wettbewerbe gehen über zwei Jahre; dafür wird der Wettbewerb der U 16 künftig jährlich ausgetragen.

1984/86: DDR

Gruppe 1: England – Island 5:3 und 5:0; England – Schottland 1:2, 1:4; Irland – England 1:0, 0:2; Schottland – Irland 1:1, 1:0; Island – Schottland 0:2, 0:2; Island – Irland 1:2, 0:2; – **Gruppensieger:** Schottland.
Gruppe 2: Belgien – Holland 3:1, 2:2; Nordirland – Wales 1:2, 0:3; Wales – Holland 0:1, 1:1; Holland – Nordirland 2:1, 4:2; Belgien – Nordirland 0:0, 1:1; Wales – Belgien 3:3, 0:3. – **Gruppensieger:** Belgien.
Gruppe 3: Jugoslawien – Spanien 3:0, 3:1; Luxemburg – Frankreich 0:4, 0:12; Jugoslawien – Luxemburg 8:0, 6:1; Jugoslawien – Frankreich 1:2, 0:0; Spanien – Luxemburg – 3:0, 1:0; Frankreich – Spanien 1:1, 1:1. – **Gruppensieger:** Jugoslawien.
Gruppe 4: Portugal – Italien 0:2, 0:2; Malta – Portugal 0:2, 0:6; Malta – Italien 0:5, 0:4; Portugal – Österreich 0:3, 4:1; Österreich – Malta 3:0, 7:0; Österreich – Italien 2:1, 2:5. – **Gruppensieger:** Italien.
Gruppe 5: Schweiz – Dänemark 3:1, 1:1; Deutschland – Schweiz 2:0, 2:0; Dänemark – Deutschland 1:3, 1:3; Polen – Deutschland 0:2, 0:3; Polen – Dänemark 0:0, 2:2; Schweiz – Polen 1:1, ×. – **Gruppensieger:** Deutschland.
Gruppe 6: Norwegen – Schweden 0:1, 0:1; Finnland – Norwegen 0:1, 4:1; DDR – Norwegen 1:0, 1:1; DDR – Schweden 2:1, 0:0; Finnland – DDR 0:1, 0:2; Schweden – Finnland 1:1, 4:0. – **Gruppensieger:** DDR.
Gruppe 7: Zypern – Ungarn 1:4, 0:2; Zypern – Bulgarien 1:5, 0:6; Zypern – Griechenland 1:4, 2:3; Bulgarien – Ungarn 0:3, 1:0; Ungarn – Griechenland 2:0, 0:1; Bulgarien – Griechenland 5:1, 2:2. – **Gruppensieger:** Bulgarien.
Gruppe 8: CSSR – Türkei 1:0, 1:1; CSSR – Rumänien 2:0, 0:1; Türkei – Sowjetunion 1:1, 1:0; Türkei – Rumänien 0:1, 0:4; Rumänien – Sowjetunion 3:2, 2:2; Sowjetunion – CSSR 2:0, 2:2. – **Gruppensieger:** Rumänien.

Endrunde vom 9. bis 16. Oktober 1986 in Jugoslawien:

Viertelfinale: Deutschland – Rumänien 3:0, DDR – Jugoslawien 2:0, Italien – Belgien 2:1, Schottland – Bulgarien 1:0.
Halbfinale: Deutschland – DDR 0:1, Italien – Schottland 1:0.
Qualifikation für die WM 1987 in Chile: Jugoslawien – Rumänien 5:0, Bulgarien – Belgien 1:0. (Die beiden Sieger sowie die vier Halbfinalisten sind für Chile qualifiziert.)
Um den 3. Platz am 15. Oktober 1986 in Subotica: Deutschland – Schottland 1:0.

Endspiel am 15. Oktober 1986 in Subotica:

DDR – Italien 3:1 (2:1)

Tore: Kruse, Sammer, Köller/Impallomeni. – Schiedsrichter: Nemeth (Ungarn). – Zuschauer: 1000.
Die Siegerelf: Hiemann – Neitzel – Barylla, Ritter – Schuster, Prasse (Herzog), Steinmann, Köller, Minkwitz – Sammer, Kruse (Jähnig).

1986/88: Sowjetunion

Gruppe 1: Frankreich – Portugal 0:0, 0:2; Frankreich – Schweiz 3:0, 1:1; Portugal – Schweiz 1:0, 2:0; Schweiz – Deutschland 0:3, 1:3; Portugal – Deutschland 0:0, 3:3; Frankreich – Deutschland 2:1, 0:1. – **Gruppensieger:** Portugal.
Gruppe 2: Luxemburg – Spanien 0:4, 0:7; Malta – Italien 0:4, 0:2; Italien – Spanien 0:1, 0:1; Malta – Luxemburg 2:2, 1:2; Spanien – Malta 6:0, 2:0; Luxemburg – Italien 1:1, 0:6. – **Gruppensieger:** Spanien.
Gruppe 3: Norwegen – Schottland 0:0, 3:1; Schottland – Wales 1:1, 3:2; Schottland – Nordirland 2:2, 0:2; Nordirland – Wales 1:2, 4:1; Nordirland – Norwegen 0:2, 1:5; Norwegen – Wales 2:2, 2:0. – **Gruppensieger:** Norwegen.
Gruppe 4: Belgien – Dänemark 1:1, 0:3; Dänemark – Island 1:1, 2:0; Belgien – Polen 0:1, 2:1; Island – Belgien 2:3, 2:0; Polen – Island 0:0, 3:2; Dänemark – Polen 2:0, 0:2. – **Gruppensieger:** Dänemark.
Gruppe 5: Schweden – DDR 1:4, 2:2; DDR – Finnland 0:0, 3:0; DDR – Irland 4:0, 0:0; Finnland – Schweden 1:3, 1:1; Schweden – Irland 1:0, 2:2; Finnland – Irland 0:1, 1:1. – **Gruppensieger:** DDR.
Gruppe 6: Rumänien – Türkei 3:1, 2:3; Rumänien – Sowjetunion 4:1, 0:2; Türkei – Sowjetunion 0:1, 1:7; Sowjetunion – Österreich 3:0, 1:1; Rumänien – Österreich 2:1, 1:1; Österreich – Türkei 2:3, 1:1. – **Gruppensieger:** Sowjetunion.

Gruppe 7: Albanien – Ungarn 1:6, 0:3; Albanien – Holland 1:1, 0:2; Bulgarien – Albanien 4:0, 1:0; Bulgarien – Ungarn 4:1, 1:7; Bulgarien – Holland 1:0, 1:1; Holland – Ungarn 0:0, 1:0. – **Gruppensieger:** Holland.
Gruppe 8: Jugoslawien – Zypern 5:0, 3:1; Jugoslawien – Griechenland 4:0, 2:1; Jugoslawien – CSSR 1:2, 0:1; Zypern – Griechenland 1:0, 2:1; CSSR – Zypern 5:1, 0:0; CSSR – Griechenland 2:0, 1:0. – **Gruppensieger:** CSSR.

Endrunde vom 22. bis 27. Juli 1988 in der CSSR:

Viertelfinale: CSSR – Spanien 0:1, Sowjetunion – Norwegen 4:2, DDR – Dänemark 2:0, Holland – Portugal 0:3.
Halbfinale: Spanien – Portugal 0:2, DDR – Sowjetunion 0:3.
Um Platz 5 u. 6: Dänemark – Norwegen 1:1, Norwegen 5:4-Sieger im Elfmeterschießen. CSSR – Holland 1:0.
Um Platz 3: DDR – Spanien 2:0.

Endspiel am 27. Juli 1988 in Frydek-Mistek:

Sowjetunion – Portugal 3:1 (0:0, 1:1) n. V.

Schiedsrichter: Libich (Polen). – Zuschauer: 5000. – Tore aus dem Elfmeterschießen: Joao Pinto, Timoschenko, Nikiforow, Salenko.
Das Siegerteam: Stautsche – Bejenar, Benko, Tabunow, Asadow, Muschtschinka (Teiradse), Popowitsch, Kassimow, Timoschenko, Salenko, Kirijakow (Nikiforow).

An der WM U 20 1989 in Saudi-Arabien nehmen die ersten sechs Mannschaften teil, also: Sowjetunion, Portugal, DDR, Spanien, CSSR und Norwegen.

1988/90: Sowjetunion

Gruppe 1: Schottland – Schweden 0:0, 0:4; Schottland – Polen 1:2, 1:2; Deutschland – Polen 0:0, 0:1; Deutschland – Schottland 1:0, 2:1; Schweden – Deutschland 4:0, 1:2; Schweden – Polen 4:0, 2:2. – **Gruppensieger:** Schweden.
Gruppe 2: Norwegen – Holland 2:2, 5:1; Zypern – Norwegen 0:0, 0:1; Holland – Zypern 2:1, 0:0; Sowjetunion – Zypern 2:0, 2:1; Norwegen – Sowjetunion 0:1, 0:3; Holland – Sowjetunion 0:3, 1:2. – **Gruppensieger:** Sowjetunion.
Gruppe 3: England – Griechenland 5:0, 3:0; England – Frankreich 1:1, 0:0; Griechenland – Frankreich 2:3, 2:1; CSFR – Griechenland 0:0, 3:1; CSFR – England 1:0, 0:1; Frankreich – CSFR 1:0, 0:0. – **Gruppensieger:** England.
Gruppe 4: Albanien – Schweiz 4:0, 0:1; Portugal – Albanien 2:1, 2:0; Albanien – Italien 1:2, 0:1; Schweiz – Portugal 0:3, 0:2; Italien – Portugal 0:2, 0:0; Schweiz – Italien 0:2, 0:5. – **Gruppensieger:** Portugal.
Gruppe 5: DDR – Jugoslawien 0:1, 2:1; Belgien – DDR 1:1, 2:0; Jugoslawien – Wales 4:1, 0:2; Wales – Belgien 2:0, 1:5; Belgien – Jugoslawien 2:1, 0:1; Wales – DDR 0:0, 1:1. – **Gruppensieger:** Belgien.
Gruppe 6: Malta – Bulgarien 1:2, 0:1; Irland – Malta 2:0, 3:0; Irland – Bulgarien 3:0, 0:1 (Island hat nach dem ersten Spiel – 0:3 in Irland – seine Meldung zurückgezogen). – **Gruppensieger:** Irland.
Gruppe 7: Spanien – Dänemark 4:2, 0:2; Österreich – Spanien 1:2, 1:3; Österreich – Rumänien 1:1, 0:0; Rumänien – Spanien 1:3, 0:0; Dänemark – Rumänien 2:2, 1:3; Dänemark – Österreich 4:1, 0:0. – **Gruppensieger:** Spanien.
Gruppe 8: Finnland – Ungarn 0:1, 0:3; Luxemburg – Finnland 0:5, 1:5; Türkei – Luxemburg 3:1, 4:1; Ungarn – Luxemburg 6:0, 3:0; Finnland – Türkei 2:2, 0:1; Ungarn – Türkei 2:2, 0:0. – **Gruppensieger:** Ungarn.
Endrunde vom 24. bis 29. Juli 1990 in Ungarn:
Viertelfinale: Schweden – Sowjetunion 0:3, Irland – Spanien 0:3, Belgien – England 1:1 n.V./4:5 im 11-m-Schießen, Portugal – Ungarn 1:1 n.V./3:1 im 11-m-Schießen.
Halbfinale: Sowjetunion – England 3:1, Spanien – Portugal 1:2.
Um Platz 3: Spanien – England 1:0.
Um Platz 5–8: Ungarn – Irland 0:1, Schweden – Belgien 6:0.

Endspiel am 29. Juli 1990 in Bekescsaba:

Sowjetunion – Portugal 0:0 n.V./4:2 im 11-m-Schießen

Schiedsrichter: Kapl (Österreich. – Zuschauer: 1500.

Das Siegerteam: Pomazun – Krbasjan, Busmanow, Minko, Mamcsur – Guscsin (Pohlabejew), Grisin, Csaran – Mandreko (Kandurow), Lukin, Scherbakow.

An der WM U 20 1991 nehmen die ersten sechs Mannschaften teil, also: Sowjetunion, Portugal, Spanien, England, Irland und Schweden.

UEFA-Wettbewerb „U 16"

Die bisherigen Gewinner:

1980/82 Italien – 1982/84 Deutschland – 1985 Sowjetunion – 1986 Spanien – 1987 Titel vakant – 1988 Spanien – 1989 Portugal – 1990 Tschechoslowakei.

1980/82: Italien

Gruppe 1: Island – Schottland 1:3 und 1:4. – **Gruppensieger:** Schottland.
Gruppe 2: Finnland – Schweden 0:0, 2:2; Dänemark – Schweden 0:0, 0:3; Norwegen – Finnland 2:3, 0:3; Dänemark – Norwegen 1:1, 4:0; Schweden – Norwegen 2:0, 1:0; Finnland – Dänemark 2:0, 1:1. – **Gruppensieger:** Finnland.
Gruppe 3: Luxemburg – Deutschland 0:5, 0:7; Deutschland – Belgien 3:0, 0:0; Belgien – Luxemburg 1:0, 1:0; Holland – Luxemburg 8:0, 2:0; Belgien – Holland 1:1, 1:1; Holland – Deutschland 0:3, 1:4. – **Gruppensieger:** Deutschland.
Gruppe 4: Österreich – CSSR 1:1, 0:2; Österreich – DDR 0:1, 0:0; DDR – Polen 1:0, 1:1; CSSR – DDR 1:2, 1:1; Polen – CSSR 0:4, 0:2; Österreich – Polen 0:0, 0:0. – **Gruppensieger:** DDR.
Gruppe 5: Sowjetunion – Ungarn 3:0, 1:2; Rumänien – Sowjetunion 0:1, 2:7; Ungarn – Rumänien 3:0, 1:3. – **Gruppensieger:** Sowjetunion.
Gruppe 6: Jugoslawien – Bulgarien 1:0, 0:0; Griechenland – Jugoslawien 1:0, 0:1; Bulgarien – Griechenland 1:0, 0:1. – **Gruppensieger:** Jugoslawien.
Gruppe 7: Spanien – Portugal 5:1, 1:0; Spanien – Frankreich 1:2, 1:3; Portugal – Frankreich 1:0, 0:0. – **Gruppensieger:** Frankreich.
Gruppe 8: Malta – Schweiz 1:6, 0:8; Malta – Italien 0:5, 0:6; Italien – Schweiz 5:1, 3:2. – **Gruppensieger:** Italien.
Viertelfinale: DDR – Deutschland 1:1, 2:3; Frankreich – Italien 2:2, 0:3; Sowjetunion – Jugoslawien 2:0, 0:2, Jugoslawien 4:2-Sieger im Elfmeterschießen; Finnland – Schottland 1:2, 2:0.
Endrunde vom 5.–7. Mai 1982 in Italien
Halbfinale: Finnland – Italien 1:1, Italien 4:2-Sieger im Elfmeterschießen (in Falconara), Deutschland – Jugoslawien 2:1 (in Senegallia), beide am 5. 5.
Spiel um den 3. Platz am 7. 5. 1982 in Falconara:
Finnland – Jugoslawien 0:0, Jugoslawien 4:2-Sieger im Elfmeterschießen.

Endspiel am 7. 5. 1982 in Falconara:
Italien – Deutschland 1:0 (1:0).
Tor: Macina. – Zuschauer: 7500. – Schiedsrichter: Nyffenegger (Schweiz).
Die Siegerelf: Rosin – Galbagini, Carannante, Lucci, Olmi, Righetti, Monti, Giannini, Macina (Freggia), Simonetta (Pampaloni), Zagaria.
Deutschland spielte mit Nagel – Karp, Drehsen, Zietsch, Schröder – Wöber, Pomp, Klepper (Kurtenbach) – Koy, Glaß, Zechel (Wolff).

1982/84: Deutschland

Gruppe 1: Island – Schottland 1:2 und 1:1; Island – England 1:2, 0:4; England – Schottland 3:1, 4:0. – **Gruppensieger:** England.
Gruppe 2: DDR – Schweden 0:0, 0:1; Deutschland – DDR 5:0, 1:0; Norwegen – Schweden 1:2, 0:1; Schweden – Deutschland 0:1, 0:2; Norwegen – DDR 2:2, 1:5; Norwegen – Deutschland 0:2, 3:4; – **Gruppensieger:** Deutschland.
Gruppe 3: Sowjetunion – Polen 6:1, 2:1; Finnland – Sowjetunion 0:1, 1:2; Finnland – Polen 2:0, 1:2. – **Gruppensieger:** Sowjetunion.
Gruppe 4: Schweiz – Holland 1:1, 0:2; Luxemburg – Dänemark 0:0, 0:3; Holland – Dänemark 1:1, 2:0; Holland – Luxemburg 5:0, 5:0; Schweiz – Luxemburg 5:0, 5:1; Dänemark – Schweiz 2:0, 2:1. – **Gruppensieger:** Holland.
Gruppe 5: Österreich – Italien 0:2, 0:1; Malta verzichtet. – **Gruppensieger:** Italien.
Gruppe 6: Spanien – Belgien 3:0, 3:0; Frankreich – Portugal 3:0, 0:3; Portugal – Spanien 0:3,

3:1; Belgien – Frankreich 1:1, 0:2; Frankreich – Spanien 1:0, 2:0; Belgien – Portugal 3:0, 3:2. – **Gruppensieger:** Frankreich.
Gruppe 7: Griechenland – Jugoslawien 1:1, 2:4; Rumänien – Griechenland 1:0, 0:1; CSSR – Griechenland 3:2, 2:0; Rumänien – CSSR 1:0, 1:3; Rumänien – Jugoslawien 1:1, 1:3; Jugoslawien – CSSR 5:0, 0:1. – **Gruppensieger:** Jugoslawien.
Gruppe 8: Türkei – Bulgarien 1:2, 0:4; Ungarn – Bulgarien 1:1, 1:0; Ungarn – Türkei 3:0, 0:1. – **Gruppensieger:** Bulgarien.

Viertelfinale: Deutschland – Holland 2:2, 4:0; Frankreich – England 1:1, 0:4; Italien – Jugoslawien 1:1, 0:1; Bulgarien – Sowjetunion 1:0, 0:3.
Endrunde vom 1. bis 6. Mai 1984 in Deutschland
Halbfinale: Deutschland – Jugoslawien 5:1 (in Heilbronn), Sowjetunion – England 2:0 (in Ludwigsburg), beide am 3. 5.
Spiel um den 3. Platz am 5. 5. 1984 in Böblingen: England – Jugoslawien 1:0.
Endspiel am 5. 5. 1984 in Ulm:
Deutschland – Sowjetunion 2:0 (1:0)
Tore: Simmes, Janßen. – Zuschauer: 10000. – Schiedsrichter: Nemeth (Ungarn).
Die Siegerelf: Illgner – Eichin, Strich, Hahn, Hafner – Fritz (Reuter), Knäbel, Drews – Simmes, Janßen, Ostermann (Krümpelmann).
● Dieser Wettbewerb wird künftig jährlich ausgetragen.

1985: Sowjetunion

Gruppe 1: Schottland – Finnland 4:0, 1:3.
Gruppe 2: Island – Dänemark 1:0, 1:1.
Gruppe 3: Norwegen (Irland verzichtet).
Gruppe 4: DDR – Österreich 2:1, 2:1.
Gruppe 5: Deutschland, Schweden. Schweden – Deutschland 0:0, 1:5; Schweden – Polen 2:2, 0:0; Deutschland – Polen 5:0, 6:0.
Gruppe 6: Sowjetunion – CSSR 2:0, 1:0.
Gruppe 7: Spanien – Luxemburg 7:0, 2:0.
Gruppe 8: Italien, Portugal. Italien – Schweiz 3:0, 4:0; Portugal – Schweiz 1:0, 0:0; Portugal – Italien 0:4, 1:0.
Gruppe 9: Frankreich, Holland. Frankreich – Belgien 2:0, 0:0; Belgien – Holland 3:1, 0:2; Holland – Frankreich 1:1, 1:2.
Gruppe 10: Griechenland – Zypern 1:1, 2:1.
Gruppe 11: Bulgarien (Türkei nicht angetreten).
Gruppe 12: Jugoslawien – Rumänien 1:0, 1:2.
Ungarn als Ausrichterland automatisch qualifiziert.

Endrunde vom 15. bis 27. Mai 1985 in Ungarn:
Gruppe A: Ungarn – Sowjetunion 0:2, Deutschland – Portugal 1:1, Deutschland – Sowjetunion 1:2, Ungarn – Portugal 2:0, Sowjetunion – Portugal 2:0, Ungarn – Deutschland 0:1. – **Gruppensieger:** Sowjetunion.
Gruppe B: Italien – Jugoslawien 0:1, Spanien – Schweden 4:0, Italien – Spanien 0:0, Jugoslawien – Schweden 1:3, Italien – Schweden 2:5, Jugoslawien – Spanien 0:0. – **Gruppensieger:** Spanien.
Gruppe C: Bulgarien – Norwegen 0:1, DDR – Holland 1:1, Bulgarien – DDR 0:1, Norwegen – Holland 0:0, Bulgarien – Holland 4:2, Norwegen – DDR 0:0. – **Gruppensieger:** DDR.
Gruppe D: Island – Schottland 0:2, Frankreich – Griechenland 0:2, Island – Frankreich 0:4, Schottland – Griechenland 1:2, Island – Griechenland 0:4, Schottland – Frankreich 0:3. – **Gruppensieger:** Griechenland.
Halbfinale: Spanien – Griechenland 0:0, Gr. 4:3-Sieger im Elfmeterschießen, Sowjetunion – DDR 5:3.
Um den 3. Platz am 26. Mai in Budapest (Hungaria-Platz): Spanien – DDR 1:0.
Endspiel am 26. Mai in Budapest (Hungaria-Platz):
Sowjetunion – Griechenland 4:0 (2:0).
Tore: Pancsulija 2, Kobeljow, Kaszumow. – Schiedsrichter: Ilijevski (Jugoslawien). – Zuschauer: 500.
Die Siegermannschaft: Harin – Kaszumow, Baltuskinas, Bednij (Piszkunow), Kulumbekow – Litvinyenko, Kobeljow, Mjaszyikow, Revisvili (Markoszjan) – Mikashavidze, Pancsulija.

1986: Spanien

Gruppe 1: Norwegen – Irland 2:2, 1:0.
Gruppe 2: Dänemark – Nordirland 1:0, 0:0.
Gruppe 3: Schottland – Island 3:1, 2:1.
Gruppe 4: Schweden – Finnland 2:0, 2:2.

Gruppe 5: Spanien – Luxemburg 4:0, 5:0.
Gruppe 6: Portugal, Holland. Schweiz – Holland 2:0, 1:2; Portugal – Schweiz 2:0, 0:0; Holland – Portugal 1:1, 1:1.
Gruppe 7: Frankreich – Belgien 1:1, 0:2.
Gruppe 8: DDR, CSSR. Ungarn – CSSR 1:0, 0:2; DDR – Ungarn 1:0, 1:0; CSSR – DDR 1:2, 0:2.
Gruppe 9: Italien – Deutschland 1:3, 4:1.
Gruppe 10: Österreich – Polen 2:2, 2:2 n. V./3:1 11-m-Sch.
Gruppe 11: Sowjetunion – Zypern 5:0, 4:0.
Gruppe 12: Bulgarien – Jugoslawien 4:0,1:2.
Gruppe 13: Rumänien – Türkei 2:0, 1:2.
Griechenland als Veranstalterland automatisch qualifiziert.

Endrunde vom 28. 4. bis 12. 5. 1986 in Griechenland:

Gruppe A: Schottland – Portugal 5:1, Italien – Griechenland 3:0, Italien – Schottland 1:0, Portugal – Griechenland 3:0, Italien – Portugal 0:0, Schottland – Griechenland 1:0. – **Gruppensieger:** Italien.
Gruppe B: Bulgarien – Schweden 1:0, Spanien – Norwegen 2:0, Bulgarien – Spanien 0:0, Schweden – Norwegen 0:0, Spanien – Schweden 3:0, Norwegen – Bulgarien 1:1. – **Gruppensieger:** Spanien.
Gruppe C: DDR – Österreich 1:1, Dänemark – CSSR 1:1, Dänemark – DDR 1:2, Österreich – CSSR 0:4, DDR – CSSR 2:0, Dänemark – Österreich 2:0. – **Gruppensieger:** DDR.
Gruppe D: Sowjetunion – Holland 3:1, Frankreich – Rumänien 2:1, Holland – Frankreich 1:0, Sowjetunion – Rumänien 3:1, Frankreich – Sowjetunion 1:4, Rumänien – Holland 1:0. – **Gruppensieger:** Sowjetunion.
Halbfinale: Italien – DDR 2:2, lt. 4:2-Sieger im Elfmeterschießen, Spanien – Sowjetunion 2:1.
Um den 3. Platz am 10. Mai in Athen (Olympia-Stadion): DDR – Sowjetunion 1:1, SU 8:7-Sieger im Elfmeterschießen.

Endspiel am 10. Mai in Athen (Olympia-Stadion):
Spanien – Italien 2:1 (1:0)
Tore: Menguez, Eigentor Flamigni/Cappellini. – Schiedsrichter: Karlsson (Schweden). – Zuschauer: 600.
Die Siegermannschaft: Ruiz – Lopez Mateo, Zaballos – Blazquez, Machero, Baeza – Criado (Vidal Nova), Prieto, Herrera, Ballester Menguez, Salvador (Caseres Benito).

1987: Titel vakant*)

Gruppe 1: Portugal – Rumänien 3:1, 0:1.
Gruppe 2: Deutschland – Spanien 2:0, 2:2.
Gruppe 3: Israel – Belgien 1:0, 2:0.
Gruppe 4: Italien – Schweiz 4:0, 4:1.
Gruppe 5: Griechenland – Holland 4:0, 0:3.
Gruppe 6: DDR – Island 1:1, 2:1.
Gruppe 7: Nordirland – Irland 1:0, NI 5:3-Sieger im Elfmeterschießen, 0:1.
Gruppe 8: Norwegen – Finnland 1:2, 3:2.
Gruppe 9: Schottland – Ungarn 0:0, 1:0.
Gruppe 10: CSSR – Luxemburg 2:0, 6:0.
Gruppe 11: Türkei – Schweden 1:1, 3:2.
Gruppe 12: Österreich – Bulgarien 0:0, 2:1.
Gruppe 13: Sowjetunion – Polen 3:0, 1:1.
Gruppe 14: Dänemark, Jugoslawien. – Zypern – Jugoslawien 0:1, 0:1, Dänemark – Jugoslawien 0:3, 0:0, Dänemark – Zypern 3:0, 2:1.
Frankreich als Ausrichterland automatisch qualifiziert.

Endrunde vom 25. Mai bis 3. Juni 1987 in Frankreich:

Gruppe A: Israel – Dänemark 1:1, Türkei – Griechenland 0:0, Türkei – Israel 1:0, Griechenland – Dänemark 1:1, Türkei – Dänemark 1:0, Griechenland – Israel 0:0. – **Gruppensieger:** Türkei.
Gruppe B: Frankreich – Portugal 2:1, Schottland – DDR 2:2, Frankreich – Schottland 1:1, Portugal – DDR 1:0, Schottland – Portugal 1:3, DDR – Frankreich 0:3. – **Gruppensieger:** Frankreich.
Gruppe C: Deutschland – Nordirland 2:1, Italien – CSSR 2:1, CSSR – Deutschland 1:1, Italien – Nordirland 1:1, Nordirland – CSSR 0:0, Deutschland – Italien 2:2. – **Gruppensieger:** Italien (durch Losentscheid gegen Deutschland)*).
Gruppe D: Sowjetunion – Jugoslawien 4:0, Norwegen – Österreich 0:0, Sowjetunion – Österreich 1:0, Norwegen – Jugoslawien 2:0, Jugoslawien – Österreich 1:1, Sowjetunion – Norwegen 4:1. – **Gruppensieger:** Sowjetunion.
Halbfinale: Italien – Türkei 1:0*), Sowjetunion – Frankreich 0:0 n. V., 3:0 im Elfmeterschießen.
Um den 3. Platz am 3. Juni in Montataire: Frankreich – Türkei 3:0.

Endspiel am 3. Juni in Paris:

Italien – Sowjetunion 1:0 (1:0)*)

Tor: Gallo. – Schiedsrichter: Ziller (DDR). – Zuschauer: 10000.

Die Siegermannschaft: Lafuenti – Di Rocco, Gasparini – Secci, Stafico, Melli – Brunetti, Pessotto, Gallo, Bianchi, Cappellini.

*) Wegen nichtberechtigten Mitwirkens des Spielers Secci wurde Italien der Titel aberkannt, alle Spiele mit 0:3 Toren und 0:2 Punkten gegen Italien gewertet. Zur WM in Kanada darf Italien lt. FIFA-Beschluß trotzdem fahren.

1988: Spanien

Gruppe 1: Portugal – Bulgarien 1:0, 2:1.
Gruppe 2: Belgien – Luxemburg 3:0, 3:0.
Gruppe 3: DDR – Zypern 3:0, 0:1.
Gruppe 4: Frankreich – Holland 4:0, 1:0.
Gruppe 5: Österreich – Griechenland 2:0, 1, 2.
Gruppe 6: Finnland – Norwegen 3:0, 1:1; Norwegen – Dänemark 1:1, 4:1; Dänemark – Finnland 5:1, 0:2.
Gruppe 7: Deutschland – Schottland 1:1, 1:0.
Gruppe 8: Ungarn – CSSR 1:0, 1:2.
Gruppe 9: Schweden – Island 5:0, 3:3.
Gruppe 10: Irland – Nordirland 2:0, 0:0.
Gruppe 11: Türkei – Polen 1:1/5:4 im Elfmeterschießen, 1:1.
Gruppe 12: Schweiz – Italien 3:0, 0:3/8:9 im Elfmeterschießen.
Gruppe 13: Rumänien – San Marino 5:1, 6:2.
Gruppe 14: Jugoslawien – Sowjetunion 3:0, 1:2.
Spanien als Veranstalterland automatisch qualifiziert.

Endrunde vom 9. bis 22. Mai 1988 in Spanien:

Gruppe A: Finnland – Österreich 1:0, Deutschland – Norwegen 1:1, Norwegen – Finnland 2:0, Deutschland – Österreich 3:0, Deutschland – Finnland 2:1, Österreich – Norwegen 1:0. – **Gruppensieger:** Deutschland.

Gruppe B: DDR – Rumänien 1:1, Schweden – Jugoslawien 1:0, Rumänien – Schweden 1:1, DDR – Jugoslawien 1:0, DDR – Schweden 1:1, Rumänien – Jugoslawien 1:1. – **Gruppensieger:** DDR.

Gruppe C: Spanien – Ungarn 0:0, Frankreich – Türkei 1:0, Ungarn – Türkei 1:0, Spanien – Frankreich 1:0, Spanien – Türkei 4:2, Ungarn – Frankreich 1:1. – **Gruppensieger:** Spanien.

Gruppe D: Irland – Portugal 0:0, Belgien – Schweiz 2:1, Irland – Schweiz 2:2, Portugal – Belgien 1:0, Irland – Belgien 1:0, Portugal – Schweiz 1:0. – **Gruppensieger:** Portugal.

Halbfinale: Spanien – Deutschland 3:0, Portugal – DDR 4:0.

Um den 3. Platz am 21. Juni in Madrid: DDR – Deutschland 0:0 n. V., 5:4 im Elfmeterschießen.

Endspiel am 21. Juni in Madrid:

Spanien – Portugal 0:0 n. V., 4:2 im Elfmeterschießen

Zuschauer: 15000. – Schiedsrichter: Girard (Frankreich).

Die Siegermannschaft: Iglesias – Martinez, Elizondo, Dadie, Gallardo, Calvo, Cuellar (Porro), Torre (Lopez), Urzaiz, Lasa, Delgado.

1989: Portugal

Gruppe 1: Schottland – Finnland 5:0, 1:0.
Gruppe 2: DDR – Nordirland 3:1, 0:0.
Gruppe 3: Norwegen – Island 2:0, 0:1.
Gruppe 4: Italien – Liechtenstein 6:0, 7:0.
Gruppe 5: Holland – Israel 2:0, 1:1.
Gruppe 6: Portugal – Malta 6:0, 1:0.
Gruppe 7: Jugoslawien – Zypern 2:0, 3:1.
Gruppe 8: Österreich – Türkei 0:0, 1:1.
Gruppe 9: Schweiz – Rep. Irland 0:0, 1:0.
Gruppe 10: Frankreich – Luxemburg 3:0, 3:1.
Gruppe 11: Rumänien – Polen 4:0, 1:2.
Gruppe 12: Spanien – Schweden 2:0, 2:2.
Gruppe 13: Griechenland – Ungarn 1:0, 1:1; Ungarn – Belgien 2:1, 0:2; Griechenland – Belgien 2:0, 2:3.
Gruppe 14: Bulgarien – Tschechoslowakei 2:0, 1:0.
Gruppe 15: Sowjetunion – Deutschland 2:0, 1:0.
Dänemark als Veranstalterland automatisch qualifiziert.

Endrunde vom 4. bis 14. Mai 1989 in Dänemark:

Gruppe A: Portugal – Schweiz 2:0, Norwegen – Rumänien 0:1, Portugal – Norwegen 3:0, Schweiz – Rumänien 0:0, Portugal – Rumänien 4:0, Schweiz – Norwegen 4:1. – **Gruppensieger:** Portugal.

Gruppe B: Frankreich – Jugoslawien 0:0, Österreich – Dänemark 3:9, Frankreich – Österreich 3:2, Jugoslawien – Dänemark 2:0, Frankreich – Dänemark 3:1, Jugoslawien – Österreich 1:0. – **Gruppensieger:** Frankreich.

Gruppe C: Bulgarien – Griechenland 1:1, Spanien – Holland 2:0, Bulgarien – Spanien 0:2, Griechenland – Holland 3:3, Bulgarien – Holland 0:1, Griechenland – Spanien 0:1. – **Gruppensieger:** Spanien.
Gruppe D: Schottland – Sowjetunion 1:2, DDR – Italien 1:0, Schottland – DDR 2:2, Sowjetunion – Italien 1:1, Schottland – Italien 1:1, Sowjetunion – DDR 1:1/5:6 im 11-m-Schießen. – **Gruppensieger:** DDR.
Halbfinale: Portugal – Spanien 2:1, Frankreich – DDR 0:3.
Um den 3. Platz am 14. Mai in Brande: Frankreich – Spanien 3:2.

Endspiel am 14. Mai in Veile:
Portugal – DDR 4:1 (1:0).
Zuschauer: 1000. – Schiedsrichter: Uilenberg (Holland).
Tore: Figo, Simao, Lemos, Gomes/Kampf.
Die Siegermannschaft: Santos (Fonseca) – Cruz, Figo, Peixe, Xavier, Simao, Sousa, Lemos (Lourenco), Macaes, Gregorio, Gomes.

1990: Tschechoslowakei

Gruppe 1: Schweden – Island 5:3, 2:0.
Gruppe 2: Dänemark – Finnland 1:1, 3:1.
Gruppe 3: Nordirland – Wales 1:1, 3:2.
Gruppe 4: Deutschland – Luxemburg 3:0, 5:1.
Gruppe 5: Spanien – Liechtenstein 7:0, 3:0.
Gruppe 6: Malta – CSFR 0:2, 0:9.
Gruppe 7: Türkei – Österreich 0:1, 2:1.
Gruppe 8: Zypern – Griechenland 2:1, 2:1.
Gruppe 9: Polen – Holland 1:2, 4:0; Italien – Polen 1:1, 0:1; Italien – Holland 6:1, 0:1.
Gruppe 10: Ungarn – Bulgarien 0:2, 0:1. – B. wg. Spielerpaßfälschung zurückgezogen.
Gruppe 11: Frankreich – Schweiz 2:0, 0:1.
Gruppe 12: Portugal – San Marino 4:0, 3:0.
Gruppe 13: Schottland – Norwegen 2:0, 0:2; Norwegen – Rumänien 1:1, 1:3; Schottland – Rumänien 1:0, 2:2.
Gruppe 14: Belgien – Irland 2:1, 0:0.
Gruppe 15: Jugoslawien – Sowjetunion 2:0, 0:1.
DDR als Veranstalter automatisch qualifiziert.
Endrunde vom 15. bis 27. Mai 1990 in der DDR:
Gruppe A: Nordirland – Portugal 1:2, Dänemark – Türkei 3:0, Nordirland – Dänemark 0:6, Portugal – Türkei 2:2, Nordirland – Türkei 2:0, Portugal – Dänemark 3:1. – **Gruppensieger:** Portugal.
Gruppe B: Polen – Zypern 3:0, Schweden – Ungarn 2:2, Polen – Schweden 1:1, Zypern – Ungarn 2:0, Polen – Ungarn 2:0, Zypern – Schweden 0:3. – **Gruppensieger:** Polen.
Gruppe C: CSFR – Deutschland 0:0, Frankreich – Schottland 1:1, CSFR – Frankreich 2:0, Deutschland – Schottland 5:1, CSFR – Schottland 3:0, Deutschland – Frankreich 1:1. – **Gruppensieger:** CSFR.
Gruppe D: Spanien – DDR 3:1, Belgien – Jugoslawien 0:2, Spanien – Belgien 1:0, DDR – Jugoslawien 0:1, Spanien – Jugoslawien 0:1, DDR – Belgien 1:1. – **Gruppensieger:** Jugoslawien.
Halbfinale: Jugoslawien – Polen 4:1, CSFR – Portugal 0:0 n.V./5:3 im Elfmeterschießen.
Um den 3. Platz am 27. Mai in Erfurt: Polen – Portugal 3:2.

Endspiel am 27. Mai in Erfurt:
Tschechoslowakei – Jugoslawien 3:2 (0:1, 2:2) n.V.
Zuschauer: 500. – Schiedsrichter: Varga (Ungarn). – Tore: Penksa, Berger, Cizek/Pantelic, Stanojevic.
Die Siegermannschaft: Hyll – Kowar, Sulek, Repka, Cieslar, Vomacka (Roub), Vitava, Berger, Cizek, Penska, Matejka (Ungvölgyi).

Amateur-Wettbewerb der UEFA

1966/67: Österreich

Gruppe I: Schottland – Wales 2:0, 1:1; Irland – Schottland 0:4, 0:4; Wales – Irland 0:1, 2:1. – **Gruppensieger:** Schottland
Gruppe II: Italien – Frankreich 1:2, 1:3; Spanien – Italien 2:0, 2:1; Frankreich – Spanien 1:2, 1:4. – **Gruppensieger:** Spanien.
Gruppe III: Holland – Österreich 1:2, 1:2; Holland – England 0:0, 0:1; Österreich – England 3:0, 0:2. – **Gruppensieger:** Österreich.
Gruppe IV: Deutschland – Türkei 1:0, 0:1; Jugoslawien – Türkei 1:0, 0:2; Jugoslawien – Deutschland 0:0, 3:3. – **Gruppensieger:** Türkei.
Endrunde in Palma de Mallorca/Spanien; **Halbfinale** 16. 6. 1967: Österreich – Türkei 1:0 n. V.; Schottland – Spanien 3:1 n. V.

Spiel um den 3. Platz am 18. 6. 1967 in Palma de Mallorca: Spanien – Türkei 2:0.
Endspiel am 18. 6. in Palma de Mallorca: Österreich – Schottland 2:1. – Z.: 13000.
Die Siegerelf: Schorn – Scheffel, Babler, Zaczek IV, Suttner – Jaros, Komanovits, Milanovich – Langgruber, Hickersberger, Promintzer (Zaczek V, Burgholzer, Nekam, Lengyel, Leitner).

1969/70: Spanien

Gruppe I: Holland – Wales 3:1, 2:0; Holland – Schottland 3:0, 0:1; Wales – Schottland 1:1, 3:0. – **Gruppensieger:** Holland.
Gruppe II: Jugoslawien – Deutschland 2:1, 2:2; Jugoslawien – Österreich 2:1, 1:1; Deutschland – Österreich 2:0, 0:0. – **Gruppensieger:** Jugoslawien.
Gruppe III: Spanien – Frankreich 0:0, 1:0; Spanien – England 2:0, 2:1; Frankreich – England 3:2, 2:1. – **Gruppensieger:** Spanien.
Gruppe IV: Italien – Griechenland 1:0, 0:0; Italien – Malta 4:0, 1:1; Griechenland – Malta 5:0, 0:1. – **Gruppensieger:** Italien.
Endrunde in Pistoia und Forte dei Marmi/Italien: **Halbfinale** 1. 5. 1970 in Pistoia: Spanien – Italien 6:0; Forte dei Marmi: Holland – Jugoslawien 4:0.

Spiel um den 3. Platz am 2. 5. 1970 in Forte dei Marmi: Jugoslawien – Italien 3:0.
Endspiel am 3. 5. 1970 in Forte dei Marmi: Spanien – Holland 1:1 n. V., Wiederholung am 4. 5. 1970 in F. 2:1. – Z.: 5000 bzw. 4000.
Die Siegerelf: Castro Fabian – Marcias, Grande, Benito, Jose Manuel, Herrero II, Quini, Ortuno, Herrero I, Garzon, Bosmediano.

1973/74: Deutschland/Jugoslawien

Gruppe I: Holland – Frankreich 2:0, 2:0; Holland – Schottland 2:0, 3:1; Frankreich – Schottland 1:1, 3:0. – **Gruppensieger:** Holland.
Gruppe II: Deutschland – England 3:1, 0:1; Deutschland – Malta 4:0, 3:0; England – Malta 2:0, 3:0. – **Gruppensieger:** Deutschland.
Gruppe III: Spanien – Türkei 3:1, 1:0; Spanien – Griechenland 3:0, 1:0; Türkei – Griechenland 2:0, 3:2. – **Gruppensieger:** Spanien.
Gruppe IV: Jugoslawien – Österreich 4:0, 0:1; Jugoslawien – Italien 1:0, 2:2; Österreich – Italien 2:1, 0:1. – **Gruppensieger:** Jugoslawien.
Endrunde in Rijeka/Jugoslawien: **Halbfinale** 26. 4. 1974: Deutschland – Holland 1:1 n. V. (Deutschland 4:2-Sieger im Elfmeterschießen). Jugoslawien – Spanien 2:1.
Spiel um den 3. Platz am 28. 4. 1974 in Rijeka: Spanien – Holland 2:2 n. V. (Spanien 5:3-Sieger im Elfmeterschießen).
Endspiel Deutschland – Jugoslawien wegen morastigem Boden nicht ausgetragen. Beide Länder wurden zu Siegern erklärt.
Die deutsche Mannschaft im Spiel gegen Holland: Muche (Koitka) – Helmut Müller, Heinz Traser, E. Schmitt, Ernst Traser – Körbel, Hammes (Hiestermann), Kalb – Seliger, Krause, Werner Schneider.
Die jugoslawische Mannschaft im Spiel gegen Spanien: Dugalic – Zekanovic, Kocijancic, Cukon, Karadzic, Radin, Cordas, Lukacevic, Pejovic, Paunovic, Gligorovski, Olarevic, Tatovic.

1977/78: Jugoslawien

Gruppe I: Griechenland – Österreich 1:0, 0:0; Griechenland – Italien 0:0, 1:0; Österreich – Italien 2:1, 2:0. – **Gruppensieger:** Griechenland.
Gruppe II: Jugoslawien – Türkei 4:1, 2:0. – **Gruppensieger:** Jugoslawien.
Gruppe III: Irland – Holland 2:1, 2:2. – **Gruppensieger:** Irland.
Gruppe IV: Deutschland – Belgien 2:0, 3:0; Deutschland – Frankreich 2:0, 5:0; Belgien – Frankreich 3:1, 1:2. – **Gruppensieger:** Deutschland.
Endrunde in Athen/Griechenland: **Halbfinale** 13. 5. 1978: Deutschland – Jugoslawien 0:0 n. V. (Jugoslawien 3:1-Sieger im Elfmeterschießen). Griechenland – Irland 2:0.
Spiel um den 3. Platz am 15. 5. 1978 in Athen: Deutschland – Irland 3:0.
Endspiel am 15. 5. 1978 in Athen: Jugoslawien – Griechenland 2:1 n. V. – Z.: 4000.
Die Siegerelf: Marsalek – Guduric, Jovin, Bradvic, Starovlah – Breber, Vujadinovic (Grncarov), Kurcubic – Kojovic, Zrilic, Nenesic (Cilic, Saracevic, Bankovic).

TEIL XI

DIE EUROPAPOKALE

EUROPA-POKAL DER MEISTER

1956	REAL MADRID	1973	AJAX AMSTERDAM
1957	REAL MADRID	1974	BAYERN MÜNCHEN
1958	REAL MADRID	1975	BAYERN MÜNCHEN
1959	REAL MADRID	1976	BAYERN MÜNCHEN
1960	REAL MADRID	1977	FC LIVERPOOL
1961	BENFICA LISSABON	1978	FC LIVERPOOL
1962	BENFICA LISSABON	1979	NOTTINGHAM FOREST
1963	AC MAILAND	1980	NOTTINGHAM FOREST
1964	INTER MAILAND	1981	FC LIVERPOOL
1965	INTER MAILAND	1982	ASTON VILLA
1966	REAL MADRID	1983	HAMBURGER SV
1967	CELTIC GLASGOW	1984	FC LIVERPOOL
1968	MANCHESTER UNITED	1985	JUVENTUS TURIN
1969	AC MAILAND	1986	STEAUA BUKAREST
1970	FEYEN. ROTTERDAM	1987	FC PORTO
1971	AJAX AMSTERDAM	1988	PSV EINDHOVEN
1972	AJAX AMSTERDAM	1989	AC MAILAND
1990	AC MAILAND		

1955/56: Real Madrid

Achtelfinale: Sporting Lissabon – Partizan Belgrad 3:3, 2:5; MTK (Vörös Lobogo) Budapest – Anderlecht Brüssel 6:3, 4:1; Servette Genf – Real Madrid 0:2, 0:5; Rot-Weiß Essen – Hibernian Edinburgh 0:4, 1:1; Aarhus GF – Stade de Reims 0:2, 2:2; Rapid Wien – Philips Eindhoven 6:1, 0:1; Djurgarden Stockholm – Gwardia Warschau 0:0, 4:1; AC Mailand – 1. FC Saarbrücken 3:4, 4:1.

Viertelfinale: Hibernian Edinburgh – Djurgarden Stockholm 3:1, 1:0; Stade de Reims – MTK (Vörös Lobogo) Budapest 4:2, 4:4; Real Madrid – Partizan Belgrad 4:0, 0:3; Rapid Wien – AC Mailand 1:1, 2:7.

Halbfinale: Stade de Reims – Hibernian Edinburgh 2:0, 1:0; Real Madrid – AC Mailand 4:2, 1:2.

Endspiel am 12. 6. 1956 in Paris:

Real Madrid – Stade Reims 4:3 (2:2)

Real Madrid: Alonso – Atienza, Lesmes – Munoz, Marquitos, Zarraga – Joseito, Marchal, Di Stefano, Rial, Gento.

Tore: Rial (2), Di Stefano, Joseito (Leblond, Templin, Hidalgo für Reims); Schiedsrichter: Ellis (England) – Zuschauer: 40000.

1956/57: Real Madrid

1. Runde: Borussia Dortmund – Spora Luxemburg 4:3, 1:2, 7:0; Dinamo Bukarest – Galatasaray Istanbul 3:1, 1:2; Slovan Bratislava – Armeeklub (Legia) Warschau 4:0, 0:2; RSC Anderlecht – Manchester United 0:2, 0:10; Aarhus GF – OGC Nizza 1:1, 1:5; FC Porto – Atletico Bilbao 1:2, 2:3.

Achtelfinale: Manchester United – Borussia Dortmund 3:2, 0:0; Armeeklub Sofia – Dinamo Bukarest 8:1, 2:3; Slovan Bratislava – Grasshoppers Zürich 1:0, 0:2; Glasgow Rangers – OGC Nizza 2:1, 1:2, 1:3; Real Madrid – Rapid Wien 4:2, 1:3, 2:0; Rapid Heerlen – Roter Stern Belgrad 3:4, 0:2; AC Florenz – IFK Norrköping 1:1, 1:0; Atletico Bilbao – Honved Budapest 3:2, 3:3.

Viertelfinale: Atletico Bilbao – Manchester United 5:3, 0:3; AC Florenz – Grasshoppers Zürich 3:1, 2:2; Roter Stern Belgrad – Armeeklub Sofia 3:1, 1:2; Real Madrid – OGC Nizza 3:0, 3:2.
Halbfinale: Roter Stern Belgrad – AC Florenz 0:1 und 0:0; Real Madrid – Manchester United 3:1, 2:2.

Endspiel am 30. Mai 1957 in Madrid:

Real Madrid – AC Florenz 2:0 (0:0)

Real Madrid: Alonso – Torres, Lesmes – Munoz, Marquitos, Zarraga – Kopa, Mateos, Di Stefano, Rial, Gento.
Tore: Di Stefano, Gento – Schiedsrichter: Horn (Holland) – Zuschauer: 125000.

1957/58: Real Madrid

1. Runde: Armeeklub Sofia – Vasas Budapest 2:1, 1:6; Glasgow Rangers – AS St. Etienne 3:1, 1:2; Stade Düdelingen – Roter Stern Belgrad 0:5, 1:9; Aarhus GF – FC Glenavon Belfast 0:0; 3:0; Gwardia Warschau – Wismut Chemnitz 3:1, 1:3 (in Aue), 1:1 n. Verl. (in Berlin) (Los für Wismut); FC Sevilla – Benfica Lissabon 3:1, 0:0; Shamrock Rovers Dublin – Manchester United 0:6, 2:3; AC Mailand – Rapid Wien 4:1, 2:5, 4:2 (in Zürich).
Achtelfinale: FC Antwerpen – Real Madrid 1:2, 0:6; IFK Norrköping – Roter Stern Belgrad 2:2, 1:2; Wismut Chemnitz – Ajax Amsterdam 1:3 (in Aue), 0:1; Manchester United – Dukla Prag 3:0, 0:1; Young Boys Bern – Vasas Budapest 1:1 (in Genf), 1:2; Glasgow Rangers – AC Mailand 1:4, 0:2; Borussia Dortmund – Armeeklub Bukarest 4:2, 1:3, 3:1 (in Bologna); FC Sevilla – Aarhus GF 4:0, 0:2.
Viertelfinale: Manchester United – Roter Stern Belgrad 2:1, 3:3; Real Madrid – FC Sevilla 8:0, 2:2; Ajax Amsterdam – Vasas Budapest 2:2, 0:4; Borussia Dortmund – AC Mailand 1:1, 1:4.
Halbfinale: Real Madrid – Vasas Budapest 4:0, 0:2; Manchester United – AC Mailand 2:1, 0:4.

Endspiel am 29. Mai 1958 in Brüssel:

Real Madrid – AC Mailand 3:2 nach Verl. (2:2, 0:0)

Real Madrid: Alonso – Atienza, Lesmes – Santisteban, Santamaria, Zarraga – Kopa, Joseito, Di Stefano, Rial, Gento.
Tore: Di Stefano, Rial, Gento (Schiaffino, Grillo für Mailand) – Schiedsrichter: Alsteen (Belgien) – Zuschauer: 70000.

1958/59: Real Madrid

1. Runde: Kopenhagen BK – FC Schalke 04 3:0, 2:5, 1:3 (in Enschede); Standard Lüttich – Heart of Midlothian Edinburgh 5:1, 1:2; Jeunesse Esch – Göteborg IFK 1:2, 1:0, 1:5; Atletico Madrid – Drumcondra Dublin 8:0, 5:1; FC Newtonards – Stade de Reims 1:4, 2:6; Wismut Chemnitz – Petrolul Ploesti 4:2, 0:2, 4:0 (in Kiew); Polonia Beuthen – MTK Budapest 0:3, 0:3; Juventus Turin – Wiener Sport Klub 3:1, 0:7; Dynamo Zagreb – Dukla Prag 2:2, 1:2; DOS Utrecht – Sporting Lissabon 3:4, 1:2; Olympiakos Piräus verzichtet gegen Besiktas Istanbul.
Achtelfinale: Sporting Lissabon – Standard Lüttich 2:3, 0:3; Atletico Madrid – Armeeklub Sofia 2:1, 0:1, 3:1 n. Verl. (in Genf); MTK Budapest – Young Boys Bern 1:2, 1:4; Wiener Sport-Klub – Dukla Prag 3:1, 0:1; Göteborg IFK – Wismut Chemnitz 2:2, 0:4 (in Aue); Wolverhampton Wanderers – FC Schalke 04 2:2, 1:2; Stade de Reims – Palloseura Helsinki 4:0 (in Paris), 0:3 (in Rouen); Real Madrid – Besiktas Istanbul 2:0, 1:1.
Viertelfinale: Standard Lüttich – Stade de Reims 2:0, 0:3; Atletico Madrid – Schalke 04 3:0, 1:1; Wiener Sport-Klub – Real Madrid 0:0, 1:7; Young Boys Bern – Wismut Chemnitz 2:2, 0:0 (in Aue), 2:1 (in Amsterdam).
Halbfinale: Young Boys Bern – Stade de Reims 1:0, 0:3 (in Paris); Real Madrid – Atletico Madrid 2:1, 0:1, 2:1 (in Saragossa).

Endspiel am 3. Juni 1959 in Stuttgart:

Real Madrid – Stade Reims 2:0 (1:0)

Real Madrid: Dominguez – Marquitos, Zarraga, Santisteban, Santamaria, Ruiz – Kopa, Mateos, Di Stefano, Rial, Gento.
Tore: Mateos, Di Stefano – Schiedsrichter: Dusch (Deutschland) – Zuschauer: 70000.

1959/60: Real Madrid

1. Runde: OGC Nizza – Shamrock Rovers Dublin 3:2, 1:1; Armeeklub Sofia – FC Barcelona 2:2, 2:6; Wiener Sport-Klub – Petrolul Ploesti 0:0, 2:1; Jeunesse Esch – LKS Lodz 5:0, 1:2; FC Linfield Belfast – Göteborg IFK 2:1, 1:6; Roter Stern Bratislava – FC Porto 2:1, 2:0; Olympiakos Piräus – AC Mailand 2:2, 1:3; Fenerbahce Istanbul – Csepel Budapest 1:1, 3:2; Glasgow Ran-

gers – RSC Anderlecht 5:2, 2:0; Vorwärts Ost-Berlin – Wolverhampton Wanderers 2:1, 0:2; Kuopio PS verzichtet gegen Eintracht Frankfurt.
Achtelfinale: Odense BK 09 – Wiener Sport Klub 0:3, 2:2; Real Madrid – Jeunesse Esch 7:0, 5:2; Sparta Rotterdam – Göteborg IFK 3:1, 1:3, 3:1 (in Bremen); Young Boys Bern – Eintracht Frankfurt 1:4, 1:1; AC Mailand – FC Barcelona 0:2, 1:5; Roter Stern Belgrad – Wolverhampton Wanderers 1:1, 0:3; Glasgow Rangers – Roter Stern Bratislava 4:3, 1:1; Fenerbahce Istanbul – OGC Nizza 2:1, 1:2, 1:5 (in Genf).
Viertelfinale: OGC Nizza – Real Madrid 3:2, 0:4; FC Barcelona – Wolverhampton Wanderers 4:0, 5:2; Eintracht Frankfurt – Wiener Sport-Klub 2:1, 1:1; Sparta Rotterdam – Glasgow Rangers 2:3, 1:0, 2:3 (in London).
Halbfinale: Eintracht Frankfurt – Glasgow Rangers 6:1, 6:3; Real Madrid – FC Barcelona 3:1, 3:1.

Endspiel am 18. Mai 1960 in Glasgow:

Real Madrid – Eintracht Frankfurt 7:3 (3:1)

Real Madrid: Dominguez – Marquitos, Pachin – Vidal, Santamaria, Zarraga – Canario, Del Sol, Di Stefano, Puskas, Gento.
Eintracht Frankfurt: Loy – Lutz, Höfer – Weilbächer, Eigenbrodt, Stinka – Kreß, Lindner, Stein, Pfaff, Meier.
Tore: Puskas (4), Di Stefano (3) – Stein (2), Kreß – Schiedsrichter: Mowat (Schottland) – Zuschauer: 128000.

1960/61: Benfica Lissabon

1. Runde: FC Limerick – Young Boys Bern 0:5, 2:4; Frederikstad FK – Ajax Amsterdam 4:3, 0:0; Helsinki IFK – Malmö IFK 1:3, 1:2; Stade de Reims – Jeneusse Esch 6:1, 5:0; Rapid Wien – Besiktas Istanbul 4:0, 0:1; Aarhus GF – Legia Warschau 3:0, 0:1; FC Barcelona – Lierse SK 2:0, 3:0; Roter Stern Belgrad – Ujpest Budapest 1:2, 0:3; Heart of Midlothian Edinburgh – Benfica Lissabon 1:2, 0:3; Juventus Turin – Armeeklub Sofia 2:0, 1:4; Steaua Bukarest verzichtet gegen Spartak Kralovec, und Glenavon Belfast verzichtet gegen Wismut Chemnitz.
Achtelfinale: Aarhus GF – Frederikstad FK 3:0, 1:0; Malmö IFK – Armeeklub Sofia 1:0, 1:1; Young Boys Bern – Hamburger SV 0:5, 3:3; Spartak Kralovec – Panathinaikos Athen 1:0, 0:0; Benfica Lissabon – Ujpest Budapest 6:2, 1:2; Real Madrid – FC Barcelona 2:2, 1:2; Rapid Wien – Wismut Chemnitz 3:1, 0:2, 1:0 (in Basel); FC Burnley – Stade de Reims 2:0, 2:3 (in Paris).
Viertelfinale: FC Burnley – Hamburger SV 3:1, 1:4; FC Barcelona – Spartak Kralovec 4:0, 1:1; Benfica Lissabon – Aarhus GF 3:1, 4:1; Rapid Wien – Malmö IFK 2:0, 2:0.
Halbfinale: FC Barcelona – Hamburger SV 1:0, 1:2, 1:0 (in Brüssel); Benfica Lissabon – Rapid Wien 3:0, 1:1 (abgebrochen).

Endspiel am 31. Mai 1961 in Bern:

Benfica Lissabon – FC Barcelona 3:2 (2:1)

Benfica Lissabon: Costa Pereira – Joao, Angelo – Neto, Germano, Cruz – Augusto, Santana, Aguas, Coluna, Cavem.
Tore: Aguas, Augusto, Coluna (Kocsis, Czibor für Barcelona) – Schiedsrichter: Dienst (Schweiz) – Zuschauer: 27000.

1961/62: Benfica Lissabon

1. Runde: 1. FC Nürnberg – Drumcondra Dublin 5:0, 4:1; Vorwärts Ost-Berlin – FC Linfield Belfast 3:0, Rückspiel ausgefallen; AS Monaco – Glasgow Rangers 2:3, 2:3; Göteborg IFK – Feyenoord Rotterdam 0:3, 2:8; Armeeklub Sofia – Dukla Prag 4:4, 1:2; Vasas Budapest – Real Madrid 0:2, 1:3; Servette Genf – Hibernian La Valetta 5:0, 2:1; Standard Lüttich – Fredrikstad FK 2:1, 2:0 (in Oslo); Spora Luxemburg – Odense BK 1913 0:6, 2:9; Gornik Zabrze – Tottenham Hotspur London 4:2 (in Kattowitz), 1:8; Sporting Lissabon – Partizan Belgrad 1:1, 0:2; Panathinaikos Athen – Juventus Turin 1:1, 1:2; Armeeklub (Steaua) Bukarest – Austria Wien 0:0, 0:2.
Achtelfinale: Odense BK 1913 – Real Madrid 0:3, 0:9; Fenerbahce Istanbul – 1. FC Nürnberg 1:2, 0:1; Standard Lüttich – Haka Valkeakoski 5:1, 2:0; Austria Wien – Benfica Lissabon 1:1, 1:5; Feyenoord Rotterdam – Tottenham Hotspur London 1:3, 1:1; Servette Genf – Dukla Prag 4:3, 0:2; Partizan Belgrad – Juventus Turin 1:2, 0:5; Vorwärts Ost-Berlin – Glasgow Rangers 1:2, 1:4 (Rückspiel in Malmö).
Viertelfinale: 1. FC Nürnberg – Benfica Lissabon 3:1, 0:6; Standard Lüttich – Glasgow Rangers 4:1, 0:2; Dukla Prag – Tottenham Hotspur London 1:0, 1:4; Juventus Turin – Real Madrid 0:1, 1:0, 1:3 (in Paris).
Halbfinale: Benfica Lissabon – Tottenham Hotspur London 3:1, 1:2; Real Madrid – Standard Lüttich 4:0, 2:0.

Endspiel am 2. Mai 1962 in Amsterdam:

Benfica Lissabon – Real Madrid 5:3 (2:3).

Benfica Lissabon: Costa Pereira – Joao, Angelo – Cavem, Germano, Cruz – Jose Augusto, Eusebio, Aguas, Coluna, Simoes.
Tore: Eusebio (2), Aguas, Cavem, Coluna (Puskas schoß alle drei Tore für Real) – Schiedsrichter: Horn (Holland) – Zuschauer: 62000.

1962/63: AC Mailand

1. Runde: IFK Norrköping – Partisan Tirana 2:0, 1:1; Fredrikstad FK – Vasas Budapest 1:4, 0:7; FC Linfield Belfast – Esbjerg FB 1:2, 0:0; Austria Wien – IFK Helsinki 5:3, 2:0; Real Madrid – RSC Anderlecht 3:3, 0:1; FC Dundee – 1. FC Köln 8:1, 0:4; Dinamo Bukarest – Galatasaray Istanbul 1:1, 0:3; AC Mailand – Union Luxemburg 8:0, 6:0; Polonia Beuthen – Panathinaikos Athen 2:1 (in Chorzow), 4:1; Servette Genf – Feyenoord Rotterdam 1:3, 3:1, 1:3 n. V. (in Düsseldorf); Floriana La Valetta – Ipswich Town 1:4, 0:10; Armeeklub Sofia – Partizan Belgrad 2:1, 4:1; Shelbourne Dublin – Sporting Lissabon 0:2, 1:5; Vorwärts Ost-Berlin – Dukla Prag 0:3, 0:1.
Achtelfinale: Austria Wien – Stade de Reims 3:2, 0:5 (in Paris); Armeeklub Sofia – RSC Anderlecht 2:2, 0:2; Sporting Lissabon – FC Dundee 1:0, 1:4; IFK Norrköping – Benfica Lissabon 1:1, 1:5; Galatasaray Istanbul – Polonia Beuthen 4:1, 0:1 (in Kattowitz); Esbjerg FB – Dukla Prag 0:0 (in Vejle), 0:5; Feyenoord Rotterdam – Vasas Budapest 1:1, 2:2, 1:0 (in Antwerpen); AC Mailand – Ipswich Town 3:0, 1:2.
Viertelfinale: Galatasaray Istanbul – AC Mailand 1:3, 0:5; RSC Anderlecht – FC Dundee 1:4, 2:2; Benfica Lissabon – Dukla Prag 2:1, 0:0; Stade de Reims – Feyenoord Rotterdam 0:1, 1:1.
Halbfinale: Feyenoord Rotterdam – Benfica Lissabon 0:0, 1:3; AC Mailand – FC Dundee 5:1, 0:1.

Endspiel am 22. Mai 1963 in London:

AC Mailand – Benfica Lissabon 2:1 (0:1)

AC Mailand: Ghezzi – David, Trebbi – Benitez, Maldini, Trapattoni – Pivatelli, Sani, Altafini, Rivera, Mora.
Tore: Altafini (2), (Eusebio für Benfica) – Schiedsrichter: Holland (England) – Zuschauer: 46000.

1963/64: Internazionale Mailand

1. Runde: Lyn Oslo – Borussia Dortmund 2:4, 1:3; FC Dundalk – FC Zürich 0:3, 2:1; Partizan Belgrad – Anorthosis Famagusta 3:0, 3:1; Partisan Tirana – Spartak Plovdiv 1:0, 1:3; Galatasaray Istanbul – Ferencvaros Budapest 4:0, 0:2; Dukla Prag – FC La Valetta 6:0, 2:0; Dinamo Bukarest – Motor (Carl Zeiss) Jena 2:0, 1:0; FC Everton – Internazionale Mailand 0:0, 0:1; Gornik Zabrze – Austria Wien 1:0 (in Chorzow), 0:1, 2:1 (3. Spiel in Wien); AS Monaco – AEK Athen 7:2 (in Nizza), 1:1; Distillery Belfast – Benfica Lissabon 3:3, 0:5; Standard Lüttich – IFK Norrköping 1:0, 0:2; Haka Valkeakoski – Jeunesse Esch 4:1, 0:4; Esbjerg FB – Philips Eindhoven 3:4, 1:7; Glasgow Rangers – Real Madrid 0:1, 0:6.
Achtelfinale: Benfica Lissabon – Borussia Dortmund 2:1, 0:5; Dinamo Bukarest – Real Madrid 1:3, 3:5; Gornik Zabrze – Dukla Prag 2:0, 1:4; Spartak Plovdiv – Philips Eindhoven 0:1, 0:0; FC Zürich – Galatasary Istanbul 2:0, 0:2, 2:2 n. Verl. (in Rom), Los für Zürich; Jeunesse Esch – Partizan Belgrad 2:1, 2:6; Internazionale Mailand – AS Monaco 1:0, 3:1 (in Marseille); IFK Norrköping – AC Mailand 1:1, 2:5.
Viertelfinale: Real Madrid – AC Mailand 4:1, 0:2; Partizan Belgrad – Internazionale Mailand 0:2, 1:2; Philips Eindhoven – FC Zürich 1:0, 1:3, Dukla Prag – Borussia Dortmund 0:4, 3:1.
Halbfinale: Borussia Dortmund – Internazionale Mailand 2:2, 0:2; FC Zürich – Real Madrid 1:2, 0:6.

Endspiel am 27. Mai 1964 in Wien:

Internazionale Mailand – Real Madrid 3:1 (1:0)

Internazionale Mailand: Sarti – Burgnich, Facchetti – Tagnin, Guarneri, Picchi – Jair, Mazzola, Milani, Suarez, Corso.
Tore: Mazzola (2), Milani (Felo für Real) – Schiedsrichter: Stoll (Österreich) – Zuschauer: 72000.

1964/65: Internazionale Mailand

1. Runde: Partisan Tirana – 1. FC Köln 0:0, 0:2; Glentoran Belfast – Panathinaikos Athen 2:2, 2:3; KR Reykjavik – FC Liverpool 0:5, 1:6; RSC Anderlecht – FC Bologna 1:0, 1:2, 0:0 n. Verl. (in Barcelona), Los für Anderlecht; Sliema Wanderers – Dinamo Bukarest 0:2, 0:5; Rapid Wien – Shamrock Rovers 3:0, 2:0; Glasgow Rangers – Roter Stern Belgrad 3:1, 2:4, 3:1 (in London); AS

St. Etienne – La Chaux-de-Fonds 2:2, 1:2; Aris Bonneweg – Benfica Lissabon 1:5, 1:5; BK 1909 Odense – Real Madrid 2:5, 0:4; Dukla Prag – Gornik Zabrze 4:1, 0:3, 0:0 n. Verl. (in Duisburg), Los für Dukla; Chemie Leipzig – ETO Györ 0:2, 2:4; Lokomotive Sofia – Malmö FF 8:3, 0:2; DWS Amsterdam – Fenerbahce Istanbul 3:1, 1:0; Reipas Lahti – Lyn Oslo 2:1, 0:3.
Achtelfinale: Panathinaikos Athen – 1. FC Köln 1:1, 1:2; FC Liverpool – RSC Anderlecht 3:0, 1:0; Internazionale Mailand – Dinamo Bukarest 6:0, 1:0; Glasgow Rangers – Rapid Wien 1:0, 2:0; La Chaux-de-Fonds – Benfica Lissabon 1:1, 0:5; Real Madrid – Dukla Prag 4:0, 2:2; ETO Györ – Lokomotive Sofia 5:3, 3:4; DWS Amsterdam – Lyn Oslo 5:0, 3:1.
Viertelfinale: 1. FC Köln – FC Liverpool 0:0, 0:0, 2:2 n. Verl. (in Rotterdam), Los für Liverpool; Internazionale Mailand – Glasgow Rangers 3:1, 0:1; Benfica Lissabon – Real Madrid 5:1, 1:2; DWS Amsterdam – ETO Györ 1:1, 0:1.
Halbfinale: FC Liverpool – Internazionale Mailand 3:1, 0:3; ETO Györ – Benfica Lissabon 0:1, 0:4.

Endspiel am 27. Mai 1965 in Mailand:

Internazionale Mailand – Benfica Lissabon 1:0 (1:0)

Internazionale Mailand: Sarti – Burgnich, Facchetti – Bedin, Guarneri, Picchi – Jair, Mazzola, Peiro, Suarez, Corso.
Tor: Jair – Schiedsrichter: Dienst (Schweiz) – Zuschauer 89000.

1965/66: Real Madrid

1. Runde: Apoel Nikosia – Werder Bremen 0:5 (in Hamburg), 0:5; Drumcondra Dublin – Vorwärts Ost-Berlin 1:0, 0:3; Feyenoord Rotterdam – Real Madrid 2:1, 0:5; Nentori Tirana – FC Kilmarnock 0:0, 0:1; Fenerbahce Istanbul – RSC Anderlecht 0:0, 1:5; Lyn Oslo – Derry City 5:3, 1:5; Dinamo Bukarest – BK Odense 09 4:0, 3:2; IB Keflavik – Ferencvaros Budapest 1:4, 1:9; Panathinaikos Athen – Sliema Wanderers 4:1, 0:1; Partizan Belgrad – FC Nantes 2:0, 2:2; Lausanne Sports – Sparta Prag 0:0, 0:4; Linzer ASK – Gornik Zabrze 1:3, 1:2; HJK Helsinki – Manchester United 2:3, 0:6; Stade Düdelingen – Benfica Lissabon 0:8, 0:10; Djurgarden Stockholm – Levsky Sofia 2:1, 0:6; Internazionale Mailand Freilos.
Achtelfinale: Partizan Belgrad – Werder Bremen 3:0, 0:1; Vorwärts Ost-Berlin – Manchester United 0:2, 1:3; FC Kilmarnock – Real Madrid 2:2, 1:5; RSC Anderlecht – Derry City 9:0 (Derry City verzichtete auf 2. Spiel); Dinamo Bukarest – Internazionale Mailand 2:1, 0:2; Ferencvaros Budapest – Panathinaikos Athen 0:0, 3:1; Sparta Prag – Gornik Zabrze 3:0, 2:1; Levsky Sofia – Benfica Lissabon 2:2, 2:3.
Viertelfinale: RSC Anderlecht – Real Madrid 1:0, 2:4; Internazionale Mailand – Ferencvaros Budapest 4:0, 1:1; Sparta Prag – Partisan Belgrad 4:1, 0:5; Manchester United – Benfica Lissabon 3:2, 5:1.
Halbfinale: Real Madrid – Internazionale Mailand 1:0, 1:1; Partisan Belgrad – Manchester United 2:0, 0:1.

Endspiel am 11. Mai 1966 in Brüssel:

Real Madrid – Partisan Belgrad 2:1 (0:0)

Real Madrid: Araquistain – Pachin, De Felipe, Zocco, Sanchiz – Pirri, Velazquez – Serena, Amancio, Grosso, Gento.
Tore: Amancio, Serena (Vasovic) – Schiedsrichter: Kreitlein (Deutschland) – Zuschauer: 47000.

1966/67: Celtic Glasgow

Qualifikation: FC Waterford – Vorwärts Ost-Berlin 1:6, 0:6; Sliema Wanderers gegen Armeeklub Sofia 1:2, 0:4.
1. Runde: TSV 1860 München – Omonia Nikosia 8:0, 2:1 (in Pocking); Haka Valkeakoski – RSC Anderlecht 1:10, 0:2; Admira Wien – Vojvodina Novi Sad 0:1, 0:0; Aris Bonneweg – FC Linfield Belfast 3:3, 1:6; KR Reykjavik – FC Nantes 2:3, 2:5; Celtic Glasgow – FC Zürich 2:0, 3:0; Ajax Amsterdam – Besiktas Istanbul 2:0, 2:1; Armeeklub Sofia – Olympiakos Piräus 3:1, 0:1; Esbjerg FB – Dukla Prag 0:2, 0:4; Vasas Budapest – Sporting Lissabon 5:0, 2:0; Internazionale Mailand – Torpedo Moskau 1:0, 0:0; Malmö FF – Atletico Madrid 0:2, 1:3; FC Liverpool – Petrolul Ploesti 2:0, 1:3, 2:0 (in Brüssel); Gornik Zabrze – Vorwärts Ost-Berlin 2:1, 1:2, 3:1 (in Budapest); Valerengen Oslo kampflos durch Verzicht von Nentori Tirana.
Achtelfinale: TSV 1860 München – Real Madrid 1:0, 1:3; FC Nantes – Celtic Glasgow 1:3, 1:3; Dukla Prag – RSC Anderlecht 4:1, 2:1; Internazionale Mailand – Vasas Budapest 2:1, 2:0; Valerengen Oslo – FC Linfield Belfast 1:4, 1:1; Armeeklub Sofia – Gornik Zabrze 4:0, 0:3; Ajax Amsterdam – FC Liverpool 5:1, 2:2; Vojvodina Novi Sad – Atletico Madrid 3:1, 0:2, 3:2 (in Madrid).
Viertelfinale: Internazionale Mailand – Real Madrid 1:0, 2:0; FC Linfield – Armeeklub Sofia 2:2,

0:1; Vojvodina Novi Sad – Celtic Glasgow 1:0, 0:2; Ajax Amsterdam – Dukla Prag 1:1, 1:2.
Halbfinale: Celtic Glasgow – Dukla Prag 3:1, 0:0; Internazionale Mailand – Armeeklub Sofia 1:1, 1:1, 1:0 (in Bologna).

Endspiel am 25. Mai 1967 in Lissabon:

Celtic Glasgow – Internazionale Mailand 2:1 (0:1)

Celtic Glasgow: Simpson – Craig, McNeil, Clark, Gemmel – Murdoch, Auld – Johnstone, Wallace, Chalmers, Lennox.
Tore: Gemmel, Chalmers (Mazzola) – Schiedsrichter: Tschenscher (Deutschland) – Zuschauer: 45000.

1967/68: Manchester United

1. Runde: Manchester United – Hibernian La Valetta 4:0, 0:0; Olympiakos Nikosia – FC Sarajewo 2:2, 1:3; Gornik Zabrze – Djurgarden Stockholm 3:0, 1:0; Celtic Glasgow – Dynamo Kiew 1:2, 1:1; Skeid Oslo – Sparta Prag 0:1, 1:1; FC Chemnitz – RSC Anderlecht 1:3, 1:2; Ajax Amsterdam – Real Madrid 1:1, 1:2 n. Verl.; FC Basel – Hvidovre Kopenhagen 1:2, 3:3; Glentoran Belfast – Benfica Lissabon 1:1, 0:0; Valur Reykjavik – Jeunesse Esch 1:1, 3:3; FC Dundalk – Vasas Budapest 0:1, 1:8; AS St. Etienne – Kuopio PS 2:0, 3:0; Eintracht Braunschweig – Dinamo Tirana kampflos für Braunschweig; Rapid Wien – Besiktas Istanbul 3:0, 1:0; Olympiakos Piräus – Juventus Turin 0:0, 0:2; Trakia Plovdiv – Rapid Bukarest 2:0, 0:3 n. Verl.
Achtelfinale: FC Sarajewo – Manchester United 0:0, 1:2; Dynamo Kiew – Gornik Zabrze 1:2, 1:1; Sparta Prag – RSC Anderlecht 3:2, 3:3; Hvidovre Kopenhagen – Real Madrid 2:2, 1:4; Vasas Budapest – Valur Reykjavik 6:0, 5:1 (in Varpalota), Benfica Lissabon – AS St. Etienne 2:0, 0:1; Rapid Wien – Eintracht Braunschweig 1:0, 0:2; Juventus Turin – Rapid Bukarest 1:0, 0:0.
Viertelfinale: Manchester United – Gornik Zabrze 2:0, 0:1; Sparta Prag – Real Madrid 2:1, 0:3; Vasas Budapest – Benfica Lissabon 0:0, 0:3; Eintracht Braunschweig – Juventus Turin 3:2, 0:1, 0:1 (in Bern).
Halbfinale: Manchester United – Real Madrid 1:0, 3:3; Benfica Lissabon – Juventus Turin 2:0, 1:0.

Endspiel am 29. Mai 1968 in London:

Manchester United – Benfica Lissabon 4:1 n. Verl. (1:1, 0:0)

Manchester United: Stepney – Brennan, Dunne – Crerand, Foulkes, Stiles – Best, Kidd, B. Charlton, Sadler, Aston.
Tore: Charlton (2), Best, Kidd (Graca) – Schiedsrichter: Lo Bello (Italien) – Zuschauer: 93000.

1968/69: AC Mailand

1. Runde: 1. FC Nürnberg – Ajax Amsterdam 1:1, 0:4; Malmö FF – AC Mailand 2:1, 1:4; FC Zürich – Akademisk Kopenhagen 1:3, 2:1; RSC Anderlecht – Glentoran Belfast 3:0, 2:2; AS St. Etienne – Celtic Glasgow 2:0, 0:4; AEK Athen – Jeunesse Esch 3:0, 2:3; FC Waterford – Manchester United 1:3, 1:7; Rosenborg Trondheim – Rapid Wien 1:3, 3:3; Reipas Lahti – Floriana La Valetta 2:0, 1:1; Valur Reykjavik – Benfica Lissabon 0:0, 1:8; Real Madrid – Apollon Limassol 6:0, 6:0 (beide Spiele in Madrid); Manchester City – Fenerbahce Istanbul 0:0, 1:2; Steaua Bukarest – Spartak Trnava 3:1, 0:4; Roter Stern Belgrad kampflos Sieger über FC Carl Zeiss Jena; Levsky Sofia, Ferencvaros Budapest, Dynamo Kiew und Ruch Chorzow sind nicht angetreten.
Achtelfinale: Ajax Amsterdam – Fenerbahce Istanbul 2:0, 2:0; Manchester United – RSC Anderlecht 3:0, 1:3; Celtic Glasgow – Roter Stern Belgrad 5:1, 1:1; AEK Athen – Akademisk Kopenhagen 0:0, 2:0; Rapid Wien – Real Madrid 1:0, 1:2; Reipas Lahti – Spartak Trnava 1:9 (in Wien), 1:7; Freilos: AC Mailand und Benfica Lissabon.
Viertelfinale: AC Mailand – Celtic Glasgow 0:0, 1:0; Ajax Amsterdam – Benfica Lissabon 1:3, 3:1, 3:0 n. V. (in Paris); Manchester United – Rapid Wien 3:0, 0:0; Spartak Trnava – AEK Athen 2:1, 1:1.
Halbfinale: AC Mailand – Manchester United 2:0, 0:1; Ajax Amsterdam – Spartak Trnava 3:0, 0:2.

Endspiel am 28. Mai 1969 in Madrid:

AC Mailand – Ajax Amsterdam 4:1 (2:0)

AC Mailand: Cudicini – Anquiletti, Schnellinger – Rosato, Malatrasi, Trapattoni – Hamrin, Lodetti, Sormani, Rivera, Prati.
Tore: Prati (3), Sormani (Vasovic) – Schiedsrichter: Machin (Frankreich) – Zuschauer: 32000.

1969/70: Feyenoord Rotterdam

Qualifikation: Turku PS – KB Kopenhagen 0:1, 0:4.
1. Runde: FC Bayern München – AS St. Etienne 2:0, 0:3; Vorwärts Ost-Berlin – Panathinaikos Athen 2:0, 1:1; Austria Wien – Dynamo Kiew 1:2, 1:3; FC Basel – Celtic Glasgow 0:0, 0:2; Feye-

noord Rotterdam – KR Reykjavik 12:2, 4:0 (beide Spiele in Rotterdam); Hibernian La Valetta – Spartak Trnava 2:2, 0:4; Benfica Lissabon – KB Kopenhagen 2:0, 3:2; Armeeklub Sofia – Ferencvaros Budapest 2:1, 1:4; AC Florenz – Öster IF Växjö 1:0, 2:1; Standard Lüttich – Nentori Tirana 3:0, 1:1; Real Madrid – Olympiakos Nikosia 8:0, 6:1 (beide Spiele in Madrid); AC Mailand – Avenir Beggen 5:0, 3:0 (in Luxemburg); Leeds United – Lyn Oslo 10:0, 6:0; Roter Stern Belgrad – FC Linfield Belfast 8:0, 4:2; UT Arad – Legia Warschau 1:2, 0:8; Galatasaray Istanbul – FC Waterford 2:0, 3:2.
Achtelfinale: Vorwärts Ost-Berlin – Roter Stern Belgrad 2:1, 2:3; Dynamo Kiew – AC Florenz 1:2, 0:0; Leeds United – Ferencvaros Budapest 3:0, 3:0; AC Mailand – Feyenoord Rotterdam 1:0, 0:2; Spartak Trnava – Galatasaray Istanbul 1:0, 0:1 n. Verl.; Los für Istanbul; Celtic Glasgow – Benfica Lissabon 3:0, 0:3 n. Verl., Los für Glasgow; Legia Warschau – AS St. Etienne 2:1, 1:0; Standard Lüttich – Real Madrid 1:0, 3:2.
Viertelfinale: Standard Lüttich – Leeds United 0:1, 0:1; Vorwärts Ost-Berlin – Feyenoord Rotterdam 1:0, 0:2; Celtic Glasgow – AC Florenz 3:0, 0:1; Galatasaray Istanbul – Legia Warschau 1:1, 0:2.
Halbfinale: Leeds United – Celtic Glasgow 0:1, 1:2; Legia Warschau – Feyenoord Rotterdam 0:0, 0:2.

Endspiel am 6. Mai 1970 in Mailand:
Feyenoord Rotterdam – Celtic Glasgow 2:1 (1:1, 1:1) n. Verl.
Feyenoord: Graafland – Romeijin (Haak), Jansen, Israel, Van Duivenbode – Laseroms, Hasil, Van Hanegem – Wery, Kindvall, Moulijn.
Tore: Israel, Kindvall (Gemmel) – Schiedsrichter: Lo Bello (Italien) – Zuschauer: 54000.

1970/71: Ajax Amsterdam

Qualifikation: Levsky/Spartak Sofia – Austria Wien 3:1, 0:3.
1. Runde: Nentori Tirana – Ajax Amsterdam 2:2, 0:2; Jeunesse Esch – Panathinaikos Athen 1:2, 0:5; EPA Larnax – Borussia Mönchengladbach 0:6 (in Augsburg), 0:10; Fenerbahce Istanbul – FC Carl Zeiss Jena 0:4, 0:1; Spartak Moskau – FC Basel 3:2, 1:2; Atletico Madrid – Austria Wien 2:0, 2:1; Rosenborg Trondheim – Standard Lüttich 0:2, 0:5; Sporting Lissabon – Floriana La Valetta 5:0, 4:0; Slovan Preßburg – BK 1903 Kopenhagen 2:1, 2:2; Feyenoord Rotterdam – UT Arad 1:1, 0:0; FC Everton – IB Keflavik 6:2, 3:0 (in Reykjavik); IFK Göteborg – Legia Warschau 0:4, 1:2; Ujpest Budapest – Roter Stern Belgrad 2:0, 0:4; US Cagliari – AS St. Etienne 3:0, 0:1; Celtic Glasgow – Kokkola PV 9:0, 5:0; Glentoran Belfast – FC Waterford 1:3, 0:1.
Achtelfinale: Ajax Amsterdam – FC Basel 3:0, 2:1; Panathinaikos Athen – Slovan Preßburg 3:0, 1:2; Borussia Mönchengladbach – FC Everton 1:1, 1:1 n. Verl. (Everton 4:3-Sieger nach Elfmeterschießen); FC Carl Zeiss Jena – Sporting Lissabon 2:1, 2:1; Roter Stern Belgrad – UT Arad 3:0, 3:1; FC Waterford – Celtic Glasgow 0:7, 2:3; Standard Lüttich – Legia Warschau 1:0, 0:2; US Cagliari – Atletico Madrid 2:1, 0:3.
Viertelfinale: Ajax Amsterdam – Celtic Glasgow 3:0, 0:1; FC Everton – Panathinaikos Athen 1:1, 0:0; FC Carl Zeiss Jena – Roter Stern Belgrad 3:2, 0:4; Atletico Madrid – Legia Warschau 1:0, 1:2.
Halbfinale: Atletico Madrid – Ajax Amsterdam 1:0, 0:3; Roter Stern Belgrad – Panathinaikos Athen 4:1, 0:3.

Endspiel am 2. Juni 1971 in London:
Ajax Amsterdam – Panathinaikos Athen 2:0 (1:0)
Ajax: Stuy – Neeskens, Hülshoff, Vasovic, Suurbier – Rijnders (Blankenburg), Mühren – Swart (Haan), Cruijff, van Dijk, Keizer.
Tore: van Dijk, Haan – Schiedsrichter: Taylor (England) – Zuschauer: 84000.

1971/72: Ajax Amsterdam

Qualifikation: FC Valencia – Union Luxemburg 3:1; 1:0.
1. Runde: Cork Hibernian – Borussia Mönchengladbach 0:5, 1:2; Ajax Amsterdam – Dynamo Dresden 2:0, 0:0; Wacker Innsbruck – Benfica Lissabon 0:4, 1:3; Reipas Lahti – Grasshopper Zürich 1:1, 0:8; Galatasaray Istanbul – Armeeklub Moskau 1:1, 0:3; Standard Lüttich – FC Linfield Belfast 2:0, 3:2; B 1903 Kopenhagen – Celtic Glasgow 2:1, 0:3; Feyenoord Rotterdam – Olympiakos Nikosia 8:0, 9:0 (beide Spiele in Rotterdam); Dinamo Bukarest – Spartak Trnava 0:0, 2:2; Inter Mailand – AEK Athen 4:1, 2:3; Ujpest Budapest – Malmö FF 4:0, 0:1; Olympique Marseille – Gornik Zabrze 2:1, 1:1 (in Kattowitz); Armeeklub Sofia – Partisani Tirana 3:0, 1:0; FC Valencia – Hajduk Split 0:0, 1:1; Sliema Wanderers – IA Akranes 4:0, 0:0 (beide Spiele in Malta); Srömsgodset Drammen – Arsenal London 1:3 (in Oslo), 0:4.
Achtelfinale: Borussia Mönchengladbach – Inter Mailand 7:1 (annulliert), 2:4, 0:0 (in Berlin);

Grasshoppers Zürich – Arsenal London 0:2, 0:3; Olympique Marseille – Ajax Amsterdam 1:2, 1:4; Dinamo Bukarest – Feyenoord Rotterdam 0:3, 0:2; Celtic Glasgow – Sliema Wanderers 5:0, 2:1; Armeeklub Moskau – Standard Lüttich 1:0, 0:2; FC Valencia – Ujpest Budapest 0:1, 1:2; Benfica Lissabon – Armeeklub Sofia 2:1, 0:0.
Viertelfinale: Ujpest Budapest – Celtic Glasgow 1:2, 1:1; Feyenoord Rotterdam – Benfica Lissabon 1:0, 1:5; Ajax Amsterdam – Arsenal London 2:1, 1:0; Inter Mailand – Standard Lüttich 1:0, 1:2.
Halbfinale: Inter Mailand – Celtic Glasgow 0:0, 0:0 n. Verl. (Inter 5:4-Sieger nach Elfmeterschießen); Ajax Amsterdam – Benfica Lissabon 1:0, 0:0.

Endspiel am 31. Mai 1972 in Rotterdam:

Ajax Amsterdam – Inter Mailand 2:0 (0:0)

Ajax: Stuy – Suurbier, Hülshoff, Blankenburg, Krol – Neeskens, G. Mühren, Haan – Swart, Crujff, Keizer.
Tore: Crujff (2) – Schiedsrichter: Helies (Frankreich) – Zuschauer: 62000.

1972/73: Ajax Amsterdam

1. Runde: Galatasaray Istanbul – Bayern München 1:1, 0:6; 1. FC Magdeburg – Turku PS 6:0, 3:1; Real Madrid – IB Keflavik 3:0, 1:0 (in Reykjavik); RSC Anderlecht – Vejle BK 4:2, 3:0; Ujpest Budapest – FC Basel 2:0, 2:3; Celtic Glasgow – Rosenborg Trondheim 2:1, 3:1; Olympique Marseille – Juventus Turin 1:0 (in Lyon), 0:3; Malmö FF – Benfica Lissabon 1:0, 1:4; Wacker Innsbruck – Dynamo Kiew 0:1, 0:2; Sliema Wanderers – Gornik Zabrze 0:5, 0:5; Aris Bonneweg – FC Arges Pitesti 0:2 (in Luxemburg), 0:4; Derby County – Zeljeznicar Sarajewo 2:0 (in London), 2:1; FC Waterford – Omonia Nikosia 2:1, 0:2; Armeeklub Sofia – Panathinaikos Athen 2:1, 2:0. – Freilos: Ajax Amsterdam und Spartak Trnava.
Achtelfinale: Bayern München – Omonia Nikosia 9:0, 4:0 (in Augsburg); Juventus Turin – 1. FC Magdeburg 1:0, 1:0; Spartak Trnava – RSC Anderlecht 1:0, 1:0; Derby County – Benfica Lissabon 3:0, 0:0; Celtic Glasgow – Ujpest Budapest 2:1, 0:3; Dynamo Kiew – Gornik Zabrze 2:0, 1:2; FC Arges Pitesti – Real Madrid 2:1, 1:3; Armeeklub Sofia – Ajax Amsterdam 1:3, 0:3.
Viertelfinale: Ajax Amsterdam – Bayern München 4:0, 1:2; Juventus Turin – Ujpest Budapest 0:0, 2:2; Dynamo Kiew – Real Madrid 0:0 (in Odessa), 0:3; Spartak Trnava – Derby County 1:0, 0:2.
Halbfinale: Ajax Amsterdam – Real Madrid 2:1, 1:0; Juventus Turin – Derby County 3:1, 0:0.

Endspiel am 30. Mai 1973 in Belgrad:

Ajax Amsterdam – Juventus Turin 1:0 (1:0)

Ajax: Stuy – Suurbier, Hülshoff, Blankenburg, Krol – Neeskens, G. Mühren, Haan – Rep, Crujff, Keizer.
Tor: Rep – Schiedsrichter: Gugulovic (Jugoslawien) – Zuschauer: 90000.

1973/74: Bayern München

1. Runde: Bayern München – Atvidaberg FF 3:1, 1:3 n. V. (Bayern 4:3-Sieger nach Elfmeterschießen); Dynamo Dresden – Juventus Turin 2:0, 2:3; Armeeklub Sofia – Wacker Innsbruck 3:0, 1:0; FC Basel – Fram Reykjavik 5:0, 6:2 (in Olten); Jeunesse Esch – FC Liverpool 1:1, 0:2; Viking Stavanger – Spartak Trnava 1:2, 0:1; FC Waterford – Ujpest Budapest 2:3, 0:3; Benfica Lissabon – Olympiakos Piräus 1:0, 1:0; Turku PS – Celtic Glasgow 1:6, 0:3, Sarja Woroschilowgrad – Apoel Nikosia 2:0, 1:0; Roter Stern Belgrad – Stal Mielec 2:1, 1:0 (in Krakau); FC Brügge – Floriana La Valetta 8:0, 2:0; Atletico Madrid – Galatasaray Istanbul 0:0, 1:0 n. Verl.; Vejle BK – FC Nantes 2:2, 1:0; Crusaders Belfast – Dinamo Bukarest 0:1, 0:11. – Freilos: Ajax Amsterdam.
Achtelfinale: Bayern München – Dynamo Dresden 4:3, 3:3; FC Brügge – FC Basel 2:1, 4:6; Ajax Amsterdam – Armeeklub Sofia 1:0, 0:2 n. Verl.; Roter Stern Belgrad – FC Liverpool 2:1, 2:1; Spartak Trnava – Sarja Woroschilowgrad 0:0, 1:0; Dinamo Bukarest – Atletico Madrid 0:2, 2:2; Celtic Glasgow – Vejle BK 0:0, 1:0; Benfica Lissabon – Ujpest Budapest 1:1, 0:2.
Viertelfinale: Bayern München – Armeeklub Sofia 4:1, 1:2; FC Basel – Celtic Glasgow 3:2, 2:4 n. Verl.; Roter Stern Belgrad – Atletico Madrid 0:2, 0:0; Spartak Trnava – Ujpest Budapest 1:1, 1:1 n. V. (Budapest 4:3-Sieger nach Elfmeterschießen).
Halbfinale: Ujpest Budapest – Bayern München 1:1, 0:3; Celtic Glasgow – Atletico Madrid 0:0, 0:2.

Endspiele am 15. Mai in Brüssel und 17. Mai in Brüssel:

Bayern München – Atletico Madrid 1:1 n. V. und 4:0

Bayern München: Maier – Hansen, Schwarzenbeck, Beckenbauer, Breitner – Roth, Hoeneß, Zobel – Kapellmann, Müller, Torstensson (Dürnberger).
Tore im ersten Spiel: Luis/Schwarzenbeck – Schiedsrichter: Loraux (Belgien). – Zuschauer: 49000.

Tore im zweiten Spiel: Hoeneß (2), Müller (2). – Schiedsrichter: Delcourt (Belgien). – Zuschauer 24000.

1974/75: Bayern München

1. Runde: Levsky/Spartak Sofia – Ujpest Budapest 0:3, 1:4; Hajduk Split – IB Keflavik 7:1, 2:0 (beide Spiele in Split); Feyenoord Rotterdam – FC Coleraine 7:0, 4:1; Viking Stavanger – Ararat Erewan 0:2, 2:4; Hvidovre Kopenhagen – Ruch Chorzow 0:0, 1:2; Celtic Glasgow – Olympiakos Piräus 1:1, 0:2; AS St. Etienne – Sporting Lissabon 2:0, 1:1; Leeds United – FC Zürich 4:1, 1:2; Slovan Preßburg – RSC Anderlecht 4:2, 1:3; FC Valetta – HJK Helsinki 1:0, 1:4; Universitatea Craiova – Atvidaberg FF 2:1, 1:3; Jeunesse Esch – Fenerbahce Istanbul 2:3, 0:2; VÖEST Linz – FC Barcelona 0:0, 0:5; Omonia Nikosia verzichtet gegen Cork Celtic. – Freilos: Bayern München und 1. FC Magdeburg.

Achtelfinale: Bayern München – 1. FC Magdeburg 3:2, 2:1; Feyenoord Rotterdam – FC Barcelona 0:0, 0:3; RSC Anderlecht – Olympiakos Piräus 5:1, 0:3 (in Patras); Ruch Chorzow – Fenerbahce Istanbul 2:1, 2:0; Ujpest Budapest – Leeds United 1:2, 0:3; HJK Helsinki – Atvidaberg FF 0:3, 0:1; Hajduk Split – AS St. Etienne 4:1, 1:5 n. Verlg.; Cork Celtic – Ararat Erewan 1:2, 0:5.

Viertelfinale: Bayern München – Ararat Erewan 2:0, 0:1; Ruch Chorzow – AS St. Etienne 3:2, 0:2; Leeds United – RSC Anderlecht 3:0, 1:0; FC Barcelona – Atvidaberg FF 2:0, 3:0 (beide Spiele in Barcelona).

Halbfinale: AS St. Etienne – Bayern München 0:0, 0:2; Leeds United – FC Barcelona 2:1, 1:1.

Endspiel am 28. Mai 1975 in Paris:

Bayern München – Leeds United 2:0 (0:0)

Bayern München: Maier – Zobel, Beckenbauer, Schwarzenbeck, Dürnberger – Andersson (Josef Weiß), Roth, Kapellmann – Hoeneß (Wunder), Müller, Torstensson.
Tore: Roth, Müller – Schiedsrichter: Kitabdjan (Frankreich) – Zuschauer: 50000.

1975/76: Bayern München

1. Runde: Jeunesse Esch – Bayern München 0:5, 1:3; Borussia Mönchengladbach – Wacker Innsbruck 1:1, 6:1; Malmö FF – 1. FC Magdeburg 2:1, 1:2 n. V. (Malmö 2:1-Sieger nach Elfmeterschießen); Real Madrid – Dinamo Bukarest 4:1, 0:1; RWD Molenbeek – Viking Stavanger 3:2, 1:0; Floriana La Valetta – Hajduk Split 0:5 (in Gzira), 0:3; Ujpest Budapest – FC Zürich 4:0, 1:5; FC Linfield Belfast – PSV Eindhoven 1:2, 0:8; Armeeklub Sofia – Juventus Turin 2:1, 0:2; Ruch Chorzow – Kuopio PS 5:0, 2:2 (in Mikkeli); KB Kopenhagen – AS St. Etienne 0:2, 1:3; Olympiakos Piräus – Dynamo Kiew 2:2 (in Saloniki), 0:1; Glasgow Rangers – Bohemians Dublin 4:1, 1:1; Slovan Preßburg – Derby County 1:0, 0:3; Benfica Lissabon – Fenerbahce Istanbul 7:0, 0:1 (in Izmir); Omonia Nikosia – IA Akranes 2:1, 0:4.

Achtelfinale: Malmö FF – Bayern München 1:0, 0:2; Borussia Mönchengladbach – Juventus Turin 2:0, 2:2; Dynamo Kiew – IA Akranes 3:0, 2:0; Ruch Chorzow – PSV Eindhoven 1:3, 0:4; Hajduk Split – RWD Molenbeek 4:0, 3:2; Derby County – Real Madrid 4:1, 1:5 n. V.; AS St. Etienne – Glasgow Rangers 2:0, 2:1; Benfica Lissabon – Ujpest Budapest 5:2, 1:3.

Viertelfinale: Benfica Lissabon – Bayern München 0:0, 1:5; Borussia Mönchengladbach – Real Madrid 2:2 (in Düsseldorf), 1:1; Dynamo Kiew – AS St. Etienne 2:0 (in Simferopol), 0:3 n. V., Hajduk Split – PSV Eindhoven 2:0, 0:3 n. V.

Halbfinale: Real Madrid – Bayern München 1:1, 0:2; AS St. Etienne – PSV Eindhoven 1:0, 0:0.

Endspiel am 12. Mai in Glasgow:

Bayern München – AS St. Etienne 1:0 (0:0)

Bayern München: Maier – Hansen, Beckenbauer, Schwarzenbeck, Horsmann – Roth, Dürnberger, Kapellmann – Hoeneß, Müller, Rummenigge.
Tor: Roth. – Schiedsrichter Palotai (Ungarn) – Zuschauer: 54864.

1976/77: FC Liverpool

1. Runde: Köge BK – Bayern München 0:5 (in Kopenhagen), 1:2; Austria/WAC Wien – Bor. Mönchengladbach 1:0, 0:3; Dynamo Dresden – Benfica Lissabon 2:0, 0:0; FC Liverpool – Crusaders Belfast 2:0, 5:0; Sliema Wanderers – Turku PS 2:1 (in Gzira), 0:1; Ferencvaros Budapest – Jeunesse Esch 5:1, 6:2; Armeeklub Sofia – AS St. Etienne 0:0, 0:1; FC Dundalk – PSV Eindhoven 1:1, 0:6; Stal Mielec – Real Madrid 1:2, 0:1 (in Valencia); Dynamo Kiew – Partizan Belgrad 3:0, 2:0; Glasgow Rangers – FC Zürich 1:1, 0:1; FC Brügge – Steaua Bukarest 2:1, 1:1; Omonia Nikosia – PAOK Saloniki 0:2, 1:1; AC Turin – Malmö FF 2:1, 1:1; IA Akranes – Trabzonspor 1:3 (in Reykjavik), 2:3; Viking Stavanger – Banik Ostrau 2:1, 0:2.

Achtelfinale: Banik Ostrau – Bayern München 2:1, 0:5; AC Turin – Bor. Mönchengladbach 1:2, 0:0 (in Düsseldorf); Ferencvaros Budapest – Dynamo Dresden 1:0, 0:4; Real Madrid – FC Brüg-

ge 0:0 (in Malaga), 0:2; Trabzonspor – FC Liverpool 1:0, 0:3; AS St. Etienne – PSV Eindhoven 1:0, 0:0; Dynamo Kiew – PAOK Saloniki 4:0, 2:0; FC Zürich – Turku PS 2:0, 1:0.
Viertelfinale: Bayern München – Dynamo Kiew 1:0, 0:2; Bor. Mönchengladbach – FC Brügge 2:2 (in Düsseldorf), 1:0; AS Saint Etienne – FC Liverpool 1:0, 1:3; FC Zürich – Dynamo Dresden 2:1, 2:3.
Halbfinale: Dynamo Kiew – Bor. Mönchengladbach 1:0, 0:2 (in Düsseldorf); FC Zürich – FC Liverpool 1:3, 0:3.

Endspiel am 25. Mai in Rom:
FC Liverpool – Borussia Mönchengladbach 3:1 (1:0)
FC Liverpool: Clemence – Neal, Smith, Hughes, Jones, Case, McDermott, Kennedy – Keegan, Johnson, Heighway.
Gladbach: Kneib – Vogts, Wittkamp, Schäffer, Klinkhammer – Bonhof, Wohlers (Hannes), Stielike, Wimmer (Kulik) – Simonsen, Heynckes.
Tore: McDermott, Smith, Neal (Simonsen). – Schiedsrichter: Wurtz (Frankreich) – Zuschauer: 57000.

1977/78: FC Liverpool

1. Runde: Vasas Budapest – Bor. Mönchengladbach 0:3, 1:1; Dynamo Dresden – Halmstad BK 2:0, 1:2; FC Basel – Wacker Innsbruck 1:3, 1:0 (in Salzburg); Omonia Nikosia – Juventus Turin 0:3, 0:2; Kuopio PS – FC Brügge 0:4, 2:5; Celtic Glasgow – Jeunesse Esch 5:0, 6:1; Roter Stern Belgrad – Sligo Rovers 3:0, 3:0; Dinamo Bukarest – Atletico Madrid 2:1, 0:2; Lilleström SK – Ajax Amsterdam 2:0 (in Oslo), 0:4; Trabzonspor – B 1903 Kopenhagen 1:0, 0:2; Dukla Prag – FC Nantes 1:1, 0:0; Levsky/Spartak Sofia – Slask Breslau 3:0, 2:2; Floriana La Valetta – Panathinaikos Athen 1:1 (in Gzira), 0:4; Benfica Lissabon – Torpedo Moskau 0:0, 0:0 n. V. (Benfica 4:1-Sieger nach Elfmeterschießen); Valur Reykjavik – Glentoran Belfast 1:0, 0:2. – Freilos: FC Liverpool.
Achtelfinale: Roter Stern Belgrad – Bor. Mönchengladbach 0:3, 1:5; Celtic Glasgow – Wacker Innsbruck 2:1, 0:3 (in Salzburg); FC Liverpool – Dynamo Dresden 5:1, 1:2; Levsky/Spartak Sofia – Ajax Amsterdam 1:2, 1:2; FC Brügge – Panathinaikos Athen 2:0, 0:1; Benfica Lissabon – B 1903 Kopenhagen 1:0, 1:0; Glentoran Belfast – Juventus Turin 0:1, 0:5; FC Nantes – Atletico Madrid 1:1, 1:2.
Viertelfinale: Wacker Innsbruck – Bor. Mönchengladbach 3:1, 0:2; Ajax Amsterdam – Juventus Turin 1:1, 1:1 n. V. (Juventus 3:0-Sieger nach Elfmeterschießen); FC Brügge – Atletico Madrid 2:0, 2:3; Benfica Lissabon – FC Liverpool 1:2, 1:4.
Halbfinale: Bor. Mönchengladbach – FC Liverpool 2:1 (in Düsseldorf), 0:3; Juventus Turin – FC Brügge 1:0, 0:2 n. Verl.

Endspiel am 10. Mai 1978 in London:
FC Liverpool – FC Brügge 1:0 (0:0)
FC Liverpool: Clemence – Neal, Thompson, Hansen, Hughes – Case (Heighway), McDermott, Souness, Kennedy – Dalglish, Fairclough.
Tor: Dalglish. – Schiedsrichter: Corver (Holland). – Zuschauer: 92500.

1978/79: Nottingham Forest

Qualifikation: AS Monaco – Steaua Bukarest 3:0, 0:2.
1. Runde: 1. FC Köln – IA Akranes 4:1, 1:1 (in Reykjavik); Partizan Belgrad – Dynamo Dresden 2:0, 0:2 n. V.; (Dresden 5:4-Sieger im Elfmeterschießen); Vlaznija Shkodra – Austria Wien 2:0, 1:4; Grasshoppers Zürich – FC La Valetta 8:0, 5:3; FC Brügge – Wisla Krakau 2:1, 1:3; Fenerbahce Istanbul – PSV Eindhoven 2:1, 1:6; Real Madrid – Progres Niederkorn 5:0, 7:0 (in Differdingen); Juventus Turin – Glasgow Rangers 1:0, 0:2; Zbrojovka Brünn – Ujpest Budapest 2:2, 2:0; Nottingham Forest – FC Liverpool 2:0, 0:0; Haka Valkeakoski – Dynamo Kiew 0:1 (in Tampere), 1:3 (in Charkow); FC Linfield Belfast – Lilleström SK 0:0, 0:1 (in Oslo); Odense BK – Lokomotive Sofia 2:2, 1:2; Omonia Nikosia – Bohemians Dublin 2:1, 0:1 (in Cork); Malmö FF – AS Monaco 0:0, 1:0; AEK Athen – FC Porto 6:1, 1:4.
Achtelfinale: Lokomotive Sofia – 1. FC Köln 0:1, 0:4; AEK Athen – Nottingham Forest 1:2, 1:5; Glasgow Rangers – PSV Eindhoven 0:0, 3:2; Dynamo Kiew – Malmö FF 0:0 (in Charkow), 0:2; Real Madrid – Grasshoppers Zürich 3:1, 0:2; Bohemians Dublin – Dynamo Dresden 0:0 (in Dundalk), 0:6; Zbrojovka Brünn – Wisla Krakau 2:2, 1:1; Austria Wien – Lilleström SK 4:1, 0:0 (in Oslo).
Viertelfinale: 1. FC Köln – Glasgow Rangers 1:0, 1:1; Austria Wien – Dynamo Dresden 3:1, 0:1, Wisla Krakau – Malmö FF 2:1, 1:4; Nottingham Forest – Grasshoppers Zürich 4:1, 1:1.
Halbfinale: Nottingham Forest – 1. FC Köln 3:3, 1:0; Austria Wien – Malmö FF 0:0, 0:1.

Endspiel am 30. Mai in München:

Nottingham Forest – Malmö FF 1:0 (1:0)

Nottingham: Shilton – Anderson, Burns, Lloyd, Clark – McGovern, Bowyer, Francis – Birtles, Woodcock, Robertson.
Tor: Francis. – Schiedsrichter: Linemayr (Österreich). – Zuschauer: 57000.

1979/80: Nottingham Forest

Qualifikation: FC Dundalk – FC Linfield 1:1, 2:0.
1. Runde: Valur Reykjavik – Hamburger SV 0:3, 1:2; FC Liverpool – Dynamo Tiflis 2:1, 0:3; Arges Pitesti – AEK Athen 3:0, 0:2; Servette Genf – SK Beveren 3:1, 1:1; Levsky/Spartak Sofia – Real Madrid 0:1, 0:2; Vejle BK – Austria Wien 3:2, 1:1; Nottingham Forest – Öster Växjö 2:0, 1:1; FC Porto – AC Mailand 0:0, 1:0 n. V.; RB Differdingen – Omonia Nikosia 2:1, 1:6; Hajduk Split – Trabzonspor 1:0, 1:0; FC Dundalk – Hibernian La Valetta 2:0, 0:1; Start Kristiansand – Racing Straßburg 1:2, 0:4; Partisan Tirana – Celtic Glasgow 1:0, 1:4; HJK Helsinki – Ajax Amsterdam 1:8, 1:8; Ujpest Budapest – Dukla Prag 3:2, 0:2; Dynamo Berlin – Ruch Chorzow 4:1, 0:0.
Achtelfinale: Hamburger SV – Dynamo Tiflis 3:1, 3:2; Dynamo Berlin – Servette Genf 2:1, 2:2; Celtic Glasgow – FC Dundalk 3:2, 0:0; FC Porto – Real Madrid 2:1, 0:1; Vejle BK – Hajduk Split 0:3, 2:1; Ajax Amsterdam – Omonia Nikosia 10:0, 0:4; Dukla Prag – Racing Straßburg 1:0, 0:2 n. V.; Nottingham Forest – Arges Pitesti 2:0, 2:1.
Viertelfinale: Hamburger SV – Hajduk Split 1:0, 2:3; Nottingham Forest – Dynamo Berlin 0:1, 3:1; Racing Straßburg – Ajax Amsterdam 0:0, 0:4; Celtic Glasgow – Real Madrid 2:0, 0:3.
Halbfinale: Real Madrid – Hamburger SV 2:0, 1:5; Nottingham Forest – Ajax Amsterdam 2:0, 0:1.

Endspiel am 28. Mai in Madrid:

Nottingham Forest – Hamburger SV 1:0 (1:0)

Nottingham: Shilton – Anderson, Burns, Lloyd, Gray (Dunn) – McGovern, O'Neill, Bowyer, Mills (O'Hara) – Robertson, Birtles.
HSV: Kargus – Kaltz, Nogly, Buljan, Jakobs – Keegan, Hieronymus (Hrubesch), Magath, Memering – Reimann, Milewski.
Tor: Robertson – Schiedsrichter: Garrido (Portugal) – Zuschauer: 50000.

1980/81: FC Liverpool

Qualifikation: Honved Budapest – FC La Valetta 8:0, 3:0.
1. Runde: Olympiakos Piräus – Bayern München 2:4, 0:3; Dynamo Berlin – Apoel Nikosia 3:0, 1:2; FC Linfield Belfast – FC Nantes 0:1, 0:2; FC Aberdeen – Austria Wien 1:0, 0:0; IB Vestmannaeyar – Banik Ostrau 1:1, 0:1; Dinamo Tirana – Ajax Amsterdam 0:2, 0:1; FC Brügge – FC Basel 0:1, 1:4; Armeeklub Sofia – Nottingham Forest 1:0, 1:0; Oulu PS – FC Liverpool 1:1, 1:10; Viking Stavanger – Roter Stern Belgrad 2:3, 1:4; FC Limerick – Real Madrid 1:2, 1:5; Halmstad BK – Esbjerg FB 0:0, 2:3; Trabzonspor – Szombierki Beuthen 2:1, 0:3; Jeunesse Esch – Spartak Moskau 0:5, 0:4; Inter Mailand – Universitatea Craiova 2:0, 1:1; Sporting Lissabon – Honved Budapest 0:2, 0:1.
Achtelfinale: Bayern München – Ajax Amsterdam 5:1, 1:2; Banik Ostrau – Dynamo Berlin 0:0, 1:1; FC Basel – Roter Stern Belgrad 1:0, 0:2; FC Aberdeen – FC Liverpool 0:1, 0:4; Armeeklub Sofia – Szombierki Beuthen 4:0, 1:0; FC Nantes – Inter Mailand 1:2, 1:1; Spartak Moskau – Esbjerg FB 3:0, 0:2; Real Madrid – Honved Budapest 1:0, 2:0.
Viertelfinale: Bayern München – Banik Ostrau 2:0, 4:2; Spartak Moskau – Real Madrid 0:0, 0:2; FC Liverpool – Armeeklub Sofia 5:1, 1:0; Inter Mailand – Roter Stern Belgrad 1:1, 1:0.
Halbfinale: FC Liverpool – Bayern München 0:0, 1:1; Real Madrid – Inter Mailand 2:0, 0:1.

Endspiel am 27. Mai in Paris:

FC Liverpool – Real Madrid 1:0 (0:0)

Liverpool: Clemence – Neal, Hansen, Thompson, A. Kennedy – Mc Dermott, Souness, Lee, R. Kennedy – Johnson, Dalglish (Case).
Tor: A. Kennedy. – Schiedsrichter: Palotai (Ungarn). – Zuschauer: 48360.

1981/82: Aston Villa Birmingham

Qualifikation: AS St. Etienne – Dynamo Berlin 1:1, 0:2.
1. Runde: Östers Växjö – Bayern München 0:1, 0:5; Dynamo Berlin – FC Zürich 2:0, 1:3; Austria Wien – Partisan Tirana 3:1, 0:1; Start Kristiansand – AZ 67 Alkmaar 1:3, 0:1; Widzew Lodz – RSC Anderlecht 1:4, 1:2; Progres Niederkorn – Glentoran Belfast 1:1, 0:4; Hibernian La Valetta – Rot.

Stern Belgrad 1:2, 1:8; Dynamo Kiew – Trabzonspor 1:0, 1:1; Ferencvaros Budapest – Banik Ostrau 3:2, 0:3; KB Kopenhagen – Athlone Town 1:1, 2:2; Armeeklub Sofia – Real San Sebastian 1:0, 0:0; Univers. Craiova – Olympiakos Piräus 3:0, 0:2; Oulu PS – FC Liverpool 0:1, 0:7; Celtic Glasgow – Juventus Turin 1:0, 0:2; Aston Villa – Valur Reykjavik 5:0, 2:0; Benfica Lissabon – Omonia Nikosia 3:0, 1:0.

Achtelfinale: Benfica Lissabon – Bayern München 0:0, 1:4; Dynamo Berlin – Aston Villa 1:2, 1:0; Austria Wien – Dynamo Kiew 0:1, 1:1; RSC Anderlecht – Juventus Turin 3:1, 1:1; Banik Ostrau – Roter Stern Belgrad 3:1, 0:3; AZ 67 Alkmaar – FC Liverpool 2:2, 2:3; Armeeklub Sofia – Glentoran Belfast 2:0, 1:2 n. V.; KB Kopenhagen – Universitatea Craiova 1:0, 1:4.

Viertelfinale: Universit. Craiova – Bayern München 0:2, 1:1; Dynamo Kiew – Aston Villa 0:0 (in Simferopol), 0:2; FC Liverpool – Armeeklub Sofia 1:0, 0:2 n. V.; RSC Anderlecht – Roter Stern Belgrad 2:1, 2:1.

Halbfinale: Armeeklub Sofia – Bayern München 4:3, 0:4; Aston Villa – RSC Anderlecht 1:0, 0:0.

Endspiel am 26. Mai in Rotterdam:

Aston Villa – Bayern München 1:0

Aston Villa: Rimmer (Spink) – Swain, Evans, McNaught, Williams – Bremner, Mortimer, Cowans – Shaw, Withe, Morley.

Bayern: Müller – Dremmler, Weiner, Augenthaler, Horsmann – Mathy (Güttler), Kraus (Niedermayer), Breitner, Dürnberger – D. Hoeneß, Rummenigge.

Tor: Withe. – Schiedsrichter: Konrath (Frankreich). – Zuschauer: 45000.

1982/83: Hamburger SV

Qualifikation: Dinamo Bukarest – Valerengen Oslo 3:1, 1:2.

1. Runde: Dynamo Berlin – Hamburger SV 1:1, 0:2; Standard Lüttich – ETO Raba Györ 5:0, 0:3; Grasshoppers Zürich – Dynamo Kiew 0:1, 0:3; FC Dundalk – FC Liverpool 1:4, 0:1; AS Monaco – Armeeklub Sofia 0:0, 0:2 n. V.; Aston Villa – Besiktas Istanbul 3:1, 0:0; Omonia Nikosia – HJK Helsinki 2:0, 0:3; Hvidovre Kopenhagen – Juventus Turin 1:4, 3:3; Vikingur Reykjavik – Real S. Sebastian 0:1, 2:3; Avenir Beggen – Rapid Wien 0:5, 0:8; Hibernian La Valetta – Widzew Lodz 1:4, 1:3; Nentori Tirana – FC Linfield Belfast 1:0, 1:2; Olympiakos Piräus – Östers Växjö 2:0, 0:1; Dinamo Zagreb – Sporting Lissabon 1:0, 0:3; Celtic Glasgow – Ajax Amsterdam 2:2, 2:1; Dinamo Bukarest – Dukla Prag 2:0, 1:2 n. V.

Achtelfinale: Standard Lüttich – Juventus Turin 1:1, 0:2; HJK Helsinki – FC Liverpool 1:0, 0:5; Dinamo Bukarest – Aston Villa 0:2, 2:4; Real San Sebastian – Celtic Glasgow 2:0, 1:2; Hamburger SV – Olympiakos Piräus 1:0, 4:0; Rapid Wien – Widzew Lodz 2:1, 3:5; Armeeklub Sofia – Sporting Lissabon 2:2, 0:0; Nentori Tirana verzichtet gegen Dynamo Kiew.

Viertelfinale: Dynamo Kiew – Hamburger SV 0:3 (in Tiflis), 2:1; Widzew Lodz – FC Liverpool 2:0, 2:3; Aston Villa – Juventus Turin 1:2, 1:3; Sporting Lissabon – Real S. Sebastian 1:0, 0:2.

Halbfinale: Real San Sebastian – Hamburger SV 1:1, 1:2; Juventus Turin – Widzew Lodz 2:0, 2:2.

Endspiel am 25. Mai in Athen:

Hamburger SV – Juventus Turin 1:0 (1:0)

Hamburger SV: Stein – Kaltz, Hieronymus, Jakobs, Wehmeyer – Rolff, Groh, Magath, Milewski – Hrubesch, Bastrup (von Heesen).

Tor: Magath. – Schiedsrichter: Rainea (Rumänien). – Zuschauer: 73500.

1983/84: FC Liverpool

1. Runde: Dynamo Berlin – Jeunesse Esch 4:1, 2:0; Partizan Belgrad – Viking Stavanger 5:1, 0:0; Kuusysi Lahti – Dinamo Bukarest 0:1, 0:3; Dynamo Minsk – Grasshoppers Zürich 1:0, 2:2; ETO Raba Györ – Vikingur Reykjavik 2:1, 2:0; Lech Posen – Athletic Bilbao 2:0, 0:4; Fenerbahce Istanbul – Bohemians Prag 0:1, 0:4; Rapid Wien – FC Nantes 3:0, 1:3; Armeeklub Sofia – Omonia Nikosia 3:0, 1:4; Odense BK – FC Liverpool 0:1, 0:5; Benfica Lissabon – FC Linfield Belfast 3:0, 3:2; Hamrun Spartans – Dundee United 0:3, 0:3; AS Rom – IFK Göteborg 3:0, 1:2; Athlone Town – Standard Lüttich 2:3, 2:8; Ajax Amsterdam – Olympiakos Piräus 0:0, 0:2 n. V.; Freilos: Hamburger SV.

Achtelfinale: Dinamo Bukarest – Hamburger SV 3:0, 2:3; Dynamo Berlin – Partizan Belgrad 2:0, 0:1; Bohemians Prag – Rapid Wien 2:1, 0:1; Armeeklub Sofia – AS Rom 0:1, 0:1; FC Liverpool – Athletic Bilbao 0:0, 1:0; ETO Raba Györ – Dynamo Minsk 3:6, 1:3; Standard Lüttich – Dundee United 0:0, 0:4; Olympiakos Piräus – Benfica Lissabon 1:0, 0:3.

Viertelfinale: Rapid Wien – Dundee United 2:1, 0:1; Dynamo Minsk – Dinamo Bukarest 1:1 (in Tiflis), 0:1; AS Rom – Dynamo Berlin 3:0, 1:2; FC Liverpool – Benfica Lissabon 1:0, 4:1.

Halbfinale: Dundee United – AS Rom 2:0, 0:3; FC Liverpool – Dinamo Bukarest 1:0, 2:1.

Endspiel am 30. Mai in Rom:

AS Rom – FC Liverpool 1:1 (1:1, 1:1) n. V.

Liverpool 4:2-Sieger im Elfmeterschießen.

Liverpool: Grobbelaar – Neal, Hansen, Lawrenson, Kennedy – Lee, Johnston (Nicol), Souness, Whelan – Rush, Dalglish (Robinson).

Tore: Neal (Pruzzo). – Schiedsrichter: Frederiksson (Schweden). – Zuschauer: 60000.

Tore aus dem Elfmeterschießen: Neal, Souness, Rush, Kennedy für Liverpool (Nicol vergab); Di Bartolomei, Righetti für Rom (Conti, Graziani vergaben).

1984/85: Juventus Turin

1. Runde: Levsky/Spartak Sofia – VfB Stuttgart 1:1, 2:2; FC Aberdeen – Dynamo Berlin 2:1, 1:2 n. V., 4:5 Elfmeterschießen; Austria Wien – FC Valetta 4:0, 4:0; Avenir Beggen – IFK Göteborg 0:8 (in Luxemburg), 0:9; Lech Posen – FC Liverpool 0:1, 0:4; Dinamo Bukarest – Omonia Nikosia 4:1, 1:2; Ilves Kissat Tampere – Juventus Turin 0:4, 1:2; Roter Stern Belgrad – Benfica Lissabon 3:2, 0:2; Valerengen Oslo – Sparta Prag 3:3, 0:2; Trabzonspor – Dnjepropetrowsk 1:0, 0:3 (in Krivoj Rog); IA Akranes – SK Beveren 2:2 (in Reykjavik), 0:5; Labinoti Elbasan – Lyngby BK 0:3, 0:3 (in Kopenhagen); Grasshopper Zürich – Honved Budapest 3:1, 1:2; Feyenoord Rotterdam – Panathinaikos Athen 0:0, 1:2; Girondins Bordeaux – Athletic Bilbao 3:2, 0:0; FC Linfield Belfast – Shamrock Rovers 0:0, 1:1.

Achtelfinale: Dynamo Berlin – Austria Wien 3:3, 1:2; Levsky/Spartak Sofia – Dnjepropetrowsk 3:1, 0:2 (in Krivoj Rog); Panathinaikos Athen – FC Linfield 2:1, 3:3; Sparta Prag – Lyngby BK 0:0, 2:1; FC Liverpool – Benfica Lissabon 3:1, 0:1; Girondins Bordeaux – Dinamo Bukarest 1:0, 1:1 n. V.; IFK Göteborg – SK Beveren 1:0, 1:2 n. V.; Juventus Turin – Grasshopper Zürich 2:0, 4:2.

Viertelfinale: Austria Wien – FC Liverpool 1:1, 1:4; Juventus Turin – Sparta Prag 3:0, 0:1; Girondins Bordeaux – Dnjepropetrowsk 1:1, 1:1 n. V./5:3 Elfmeterschießen (in Krivoj Rog); IFK Göteborg – Panathinaikos Athen 0:1, 2:2.

Halbfinale: FC Liverpool – Panathinaikos Athen 4:0, 1:0; Juventus Turin – Girondins Bordeaux 3:0, 0:2.

Endspiel am 29. Mai in Brüssel:

FC Liverpool – Juventus Turin 0:1 (0:0).

Juventus: Tacconi – Favero, Scirea, Brio, Cabrini – Bonini, Platini, Tardelli, Boniek – Rossi (Vignola), Briaschi (Prandelli).

Tor: Platini. – Schiedsrichter: Daina (Schweiz). – Zuschauer: 60000.

1985/86: Steaua Bukarest

1. Runde: Gornik Zabrze – Bayern München 1:2 (in Chorzow), 1:4; IFK Göteborg – Trakia Plovdiv 3:2, 2:1; Dynamo Berlin – Austria Wien 0:2, 1:2; Girondins Bordeaux – Fenerbahce Istanbul 2:3, 0:0; FC Porto – Ajax Amsterdam 2:0, 0:0; Sparta Prag – FC Barcelona 1:2, 1:0; Jeunesse Esch – Juventus Turin 0:5 (in Luxemburg), 0:4; IA Akranes – FC Aberdeen 1:3 (in Reykjavik), 1:4; FC Linfield Belfast – Servette Genf 2:2, 1:2; Zenit Leningrad – Valerengen Oslo 2:0, 2:0; Vejle BK – Steaua Bukarest 1:1, 1:4; Rabat Ajax – Omonia Nikosia 0:5 (in Valetta), 0:5; Kuusysi Lahti – FC Sarajevo 2:1, 2:1; Honved Budapest – Shamrock Rovers 2:0, 3:1; Hellas Verona – PAOK Saloniki 3:1, 2:1; Freilos: RSC Anderlecht.

Achtelfinale: Bayern München – Austria Wien 4:2, 3:3; RSC Anderlecht – Omonia Nikosia 1:0, 3:1; FC Barcelona – FC Porto 2:0, 1:3; Honved Budapest – Steaua Bukarest – 1:0, 1:4; IFK Göteborg – Fenerbahce Istanbul 4:0, 1:2; Hellas Verona – Juventus Turin 0:0, 0:2; Zenit Leningrad – Kuusysi Lahti 2:1, 1:3 n. V.; Servette Genf – FC Aberdeen 0:0, 0:1.

Viertelfinale: Bayern München – RSC Anderlecht 2:1, 0:2; Steaua Bukarest – Kuusysi Lahti 0:0, 1:0 (in Helsinki); FC Aberdeen – IFK Göteborg 2:2, 0:0; FC Barcelona – Juventus Turin 1:0, 1:1.

Halbfinale: IFK Göteborg – FC Barcelona 3:0, 0:3 n. V./4:5 Elfmeterschießen; RSC Anderlecht – Steaua Bukarest 1:0, 0:3.

Endspiel am 7. Mai in Sevilla:

Steaua Bukarest – FC Barcelona 0:0 n. V.

Steaua 2:0-Sieger im Elfmeterschießen

Steaua: Ducadam – Belodedici – Iovan, Bumbescu, Barbulescu – Balint, Balan (Iordanescu), Majaru, Boloni – Lacatus, Piturca (Radu).

Schiedsrichter: Vautrot (Frankreich). – Zuschauer: 70000.

Tore aus dem Elfmeterschießen: Alesanco, Majaru, Pedraza, Bolonia, Alonso (alle gehalten), Lacatus 1:0, Marcos (gehalten), Balint 2:0.

1986/87: FC Porto

1. Runde: PSV Eindhoven – Bayern München 0:2, 0:0; Örgryte Göteborg – Dynamo Berlin 2:3, 1:4; Avenir Beggen – Austria Wien 0:3 (in Luxemburg), 0:3 (in Salzburg); FC Porto – Rabat Ajax 9:0, 1:0; Juventus Turin – Valur Reykjavik 7:0, 4:0; Roter Stern Belgrad – Panathinaikos Athen 3:0, 1:2; Beroe Stara Zagora – Dynamo Kiew 1:1 0:2; Young Boys Bern – Real Madrid 1:0, 0:5; RSC Anderlecht – Gornik Zabrze 2:0, 1:1; Bröndby IF – Honved Budapest 4:1, 2:2; Besiktas Istanbul – Dinamo Tirana 2:0, 1:0; Apoel Nikosia – HJK Helsinki 1:0, 2:3; Rosenborg Trondheim – FC Linfield 1:0, 1:1; Shamrock Rovers – Celtic Glasgow 0:1, 0:2; FC Paris St. Germain – TJ Vitkovice 2:2, 0:1; Freilos: Steaua Bukarest.

Achtelfinale: Bayern München – Austria Wien 2:0, 1:1; Bröndby IF – Dynamo Berlin 2:1, 1:1; Real Madrid – Juventus Turin 1:0, 0:1 n. V., 3:1 Elfmeterschießen; TJ Vitkovice – FC Porto 1:0, 0:3; Rosenborg Trondheim – Roter Stern Belgrad 0:3, 1:4; RSC Anderlecht – Steaua Bukarest 3:0, 0:1; Celtic Glasgow – Dynamo Kiew 1:1, 1:3; Besiktas Istanbul – Apoel Nikosia kampflos für Besiktas, Apoel nicht angetreten.

Viertelfinale: Bayern München – RSC Anderlecht 5:0, 2:2; Roter Stern Belgrad – Real Madrid 4:2, 0:2; FC Porto – Bröndby IF 1:0, 1:1; Besiktas Istanbul – Dynamo Kiew 0:5 (in Izmir), 0:2.

Halbfinale: Bayern München – Real Madrid 4:1, 0:1; FC Porto – Dynamo Kiew 2:1, 2:1.

Endspiel am 27. Mai in Wien:

FC Porto – Bayern München 2:1 (0:1)

FC Porto: Mlynarczyk – Joao Pinto, Eduardo Luis, Celso, Inacio (Frasco) – Andre, Magalhaes, Quim (Juary), Sousa – Futre, Madjer.

Bayern München: Pfaff – Nachtweih – Winklhofer, Eder, Pflügler – Flick (Lunde), Matthäus, Brehme, M. Rummenigge – D. Hoeneß, Kögl.

Tore: Madjer, Juary (Kögl). – Schiedsrichter: Ponnet (Belgien). – Zuschauer: 58000.

1987/88: PSV Eindhoven

1. Runde: Bayern München – Armeeklub Sofia 4:0, 1:0; Real Madrid – SSC Neapel 2:0, 1:1; Dynamo Kiew – Glasgow Rangers 1:0, 0:2; FC Porto – Vardar Skoplje 3:0, 3:0; Rapid Wien – Hamrun Spartans 6:0, 1:0; Girondins Bordeaux – Dynamo Berlin 2:0, 2:0; Benfica Lissabon – Partizan Tirana 4:0, Partizan wegen tätlicher Angriffe auf den SR disqualifiziert; Steaua Bukarest – MTK/VM Budapest 4:0, 0:2; Malmö FF – RSC Anderlecht 0:1, 1:1; Xamax Neuchatel – Kuusysi Lahti 5:0, 1:2; PSV Eindhoven – Galatasaray Istanbul 3:0, 0:2; Fram Reykjavik – Sparta Prag 0:2, 0:8; Olympiakos Piräus – Gornik Zabrze 1:1, 1:2; Shamrock Rovers – Omonia Nikosia 0:1, 0:0; Aarhus GF – Jeunesse Esch 4:1, 0:1; Lilleström SK – FC Linfield 1:1, 4:2.

Achtelfinale: Xamax Neuchatel – Bayern München 2:1, 0:2; Real Madrid – FC Porto 2:1 (in Valencia), 2:1; Lilleström SK – Girondins Bordeaux 0:0, 0:1; Aarhus GF – Benfica Lissabon 0:0, 0:1; Glasgow Rangers – Gornik Zabrze 3:1, 1:1; Sparta Prag – RSC Anderlecht 1:2, 0:1; Rapid Wien – PSV Eindhoven 1:2, 0:2; Steaua Bukarest – Omonia Nikosia 3:1, 2:0.

Viertelfinale: Bayern München – Real Madrid 3:2, 0:2; Girondins Bordeaux – PSV Eindhoven 1:1, 0:0; Steaua Bukarest – Glasgow Rangers 2:0, 1:2; Benfica Lissabon – RSC Anderlecht 2:0, 0:1.

Halbfinale: Real Madrid – PSV Eindhoven 1:1, 0:0; Steaua Bukarest – Benfica Lissabon 0:0, 0:2.

Endspiel am 25. Mai in Stuttgart

PSV Eindhoven – Benfica Lissabon 0:0 n. V.

Eindhoven 6:5-Sieger im Elfmeterschießen

PSV Eindhoven: van Breukelen – R. Koeman – Gerets, Nielsen, Heintze – Vanenburg, Linskens, Lerby, van Aerle – Gillhaus (Janssen), Kieft.

Schiedsrichter: Agnolin (Italien). – Zuschauer: 70000.

Elfmeterschießen: 1:0 Koeman, 1:1 Eko, 2:1 Kieft, 2:2 Dito, 3:2 Nielsen, 3:3 Haijri, 4:3 Vanenburg, 4:4 Pacheco, 5:4, Lerby, 5:5 Moser, 6:5 Janssen, Veloso gehalten.

1988/89: AC Mailand

1. Runde: Dynamo Berlin – Werder Bremen 3:0, 0:5; Valur Reykjavik – AS Monaco 1:0, 0:2; Pezoporikos Larnaka – IFK Göteborg 1:2, 1:5; AE Larissa – Xamax Neuchatel 2:1, 1:2 n. V./0:3 Elfmeterschießen; Hamrun Spartans – Nentori Tirana 2:1, 0:2; Sparta Prag – Steaua Bukarest 1:5, 2:2; Spartak Moskau – FC Glentoran 2:0, 1:1; Gornik Zabrze – Jeunesse Esch 3:0, 4:1; Honved Budapest – Celtic Glasgow 1:0, 0:4; Rapid Wien – Galatasaray Istanbul 2:1, 0:2; Vitoscha Sofia – AC Mailand 0:2, 2:5; FC Brügge – Bröndby IF 1:0, 1:2; FC Dundalk – Roter Stern Belgrad 0:5, 0:3; Real Madrid – Moss FK 3:0, 1:0; FC Porto – HJK Helsinki 3:0, 0:2; Freilos: PSV Eindhoven.

Achtelfinale: Celtic Glasgow – Werder Bremen 0:1, 0:0; AC Mailand – Roter Stern Belgrad 1:1, 1:1 n. V./4:2 Elfmeterschießen; Xamax Neuchatel – Galatasaray Istanbul 3:0, 0:5; PSV Eindhoven – FC Porto 5:0, 0:2; Steaua Bukarest – Spartak Moskau 3:0, 2:1; Nentori Tirana – IFK Göteborg 0:3, 0:1; FC Brügge – AS Monaco 1:0, 1:6; Gornik Zabrze – Real Madrid 0:1, 2:3.
Viertelfinale: Werder Bremen – AC Mailand 0:0, 0:1; IFK Göteborg – Steaua Bukarest 1:0, 1:5; PSV Eindhoven – Real Madrid 1:1, 1:2 n. V.; AS Monaco – Galatasaray Istanbul 0:1, 1:1.
Halbfinale: Steaua Bukarest – Galatasaray Istanbul 4:0, 1:1 (in Izmir); Real Madrid – AC Mailand 1:1, 0:5.

Endspiel am 24. Mai in Barcelona:

AC Mailand – Steaua Bukarest 4:0 (3:0)

Mailand: G. Galli – Baresi – Tassotti, Costacurta (F. Galli), Maldini – Colombo, Rijkaard, Ancelotti, Donadoni – van Basten, Gullit (Virdis).
Tore: Gullit (2), van Basten (2). – Schiedsrichter: Tritschler (Deutschland). – Zuschauer: 97000.

1989/90: AC Mailand

1. Runde: Glasgow Rangers – Bayern München 1:3, 0:0; Spora Luxemburg – Real Madrid 0:3 (in Saarbrücken), 0:6; Steaua Bukarest – Fram Reykjavik 4:0, 1:0; Ruch Chorzow – Armeeklub Sofia 1:1, 1:5; PSV Eindhoven – FC Luzern 3:0, 2:0; Derry City – Benfica Lissabon 1:2, 0:4; Malmö FF – Inter Mailand 1:0, 1:1; Dynamo Dresden – AEK Athen 1:0, 3:5; Rosenborg Trondheim – KV Mechelen 0:0, 0:5; AC Mailand – HJK Helsinki 4:0, 1:0; FC Tirol – Omonia Nikosia 6:0, 3:2; Olympique Marseille – Bröndby IF 3:0, 1:1; Sparta Prag – Fenerbahce Istanbul 3:1, 2:1; FC Linfield – Dnjepr Dnjepropetrowsk 1:2 (in Wrexham), 0:1; Sliema Wanderers – Nentori Tirana 1:0, 0:5; Honved Budapest – Vojvodina Novi Sad 1:0, 1:2.
Achtelfinale: Bayern München – Nentori Tirana 3:1, 3:0; Dnjepr Dnjepropetrowsk – FC Tirol 2:0, 2:2; Malmö FF – KV Mechelen 0:0, 1:4; Olympique Marseille – AEK Athen 2:0, 1:1; Sparta Prag – Armeeklub Sofia 2:2 (in Trnava), 0:3; AC Mailand – Real Madrid 2:0, 0:1; Steaua Bukarest – PSV Eindhoven 1:0, 1:5; Honved Budapest – Benfica Lissabon 0:2, 0:7.
Viertelfinale: Bayern München – PSV Eindhoven 2:1, 1:0; KV Mechelen – AC Mailand 0:0 (in Brüssel), 0:2 n.V.,; Benfica Lissabon – Dnjepr Dnjepropetrowsk 1:0, 3:0; Armeeklub Sofia – Olympique Marseille 0:1, 1:3.
Halbfinale: AC Mailand – Bayern München 1:0, 1:2 n.V., Olympique Marseille – Benfica Lissabon 2:1, 0:1.

Endspiel am 23. Mai in Wien:

AC Mailand – Benfica Lissabon 1:0 (0:0)

Mailand: G. Galli – Baresi – Tassotti, Costacurta, Maldini – Ancelotti (Massaro), Colombo (F. Galli), Rijkaard, Evani – van Basten, Gullit.
Tor: Rijkaard. – Schiedsrichter: Kohl (Österreich). – Zuschauer: 57500.

EUROPA-POKAL DER POKALSIEGER

1961	AC FLORENZ	1976	RSC ANDERLECHT
1962	ATLETICO MADRID	1977	HAMBURGER SV
1963	TOTTENHAM HOTSPUR	1978	RSC ANDERLECHT
1964	SPORTING LISSABON	1979	FC BARCELONA
1965	WEST HAM LONDON	1980	FC VALENCIA
1966	BORUSSIA DORTMUND	1981	DYNAMO TIFLIS
1967	FC BAYERN MÜNCHEN	1982	FC BARCELONA
1968	AC MAILAND	1983	FC ABERDEEN
1969	SLOVAN BRATISLAVA	1984	JUVENTUS TURIN
1970	MANCHESTER CITY	1985	FC EVERTON LIVERPOOL
1971	CHELSEA LONDON	1986	DYNAMO KIEW
1972	GLASGOW RANGERS	1987	AJAX AMSTERDAM
1973	AC MAILAND	1988	KV MECHELEN
1974	1. FC MAGDEBURG	1989	FC BARCELONA
1975	DYNAMO KIEW	1990	SAMPDORIA GENUA

1960/61: AC Florenz

Qualifikation: Glasgow Rangers – Ferencvaros Budapest 4:2, 1:2; Vorwärts Ost-Berlin – Roter Stern Brünn 2:1, 0:2.
Viertelfinale: Borussia Mönchengladbach – Glasgow Rangers 0:3, 0:8; Roter Stern Brünn – Dinamo Zagreb 0:0, 0:2; Austria Wien – Wolverhampton Wanderers 2:0, 0:5; FC Luzern – AC Florenz 0:3, 2:6.
Halbfinale: AC Florenz – Dinamo Zagreb 3:0, 1:2; Glasgow Rangers – Wolverhampton Wanderers 2:0, 1:1.

Endspiele am 17. Mai in Glasgow und 27. Mai 1961 in Florenz:
AC Florenz – Glasgow Rangers 2:0 und 2:1

AC Florenz: Albertosi – Robotti, Castelletti – Gonfilantini, Orzan, Rimbaldo – Hamrin, Micheli, Da Costa, Milan, Petris.
Tore: im ersten Spiel Milan (2) – Schiedsrichter: Steiner (Österreich), Tore im zweiten Spiel: Milan, Hamrin (Scott). – Schiedsrichter: Hernadi (Ungarn) – Zuschauer: 1. Spiel 80000; 2. Spiel 40000.

1961/62: Atletico Madrid

1. Runde: FC Chaux-de-Fonds – Leixoes Porto 6:2, 0:5; Dunfermline – St. Patrick Dublin 4:1, 4:0; Rapid Wien – Spartak Varna 0:0, 5:2; US Sedan – Atletico Madrid 2:3, 1:4; FC Glenavon Belfast – Leicester City 1:4, 1:3; Floriana La Valetta – Ujpest Budapest 2:5, 2:10; Swansea Town – Motor Jena 2:2 (in Linz) 1:5.
Achtelfinale: Werder Bremen – Aarhus GF 2:0, 3:2; Ajax Amsterdam – Ujpest Budapest 2:1, 1:3; Leicester City – Atletico Madrid 1:1, 0:2; Olympiakos Piräus – Dynamo Zilina 2:3, 0:1; Dunfermline – Vardar Skopije 5:0, 0:2; AC Florenz – Rapid Wien 3:1, 6:2; Leixoes Porto – Progresul Bukarest (in Lissabon) 1:1, 1:0; Motor Jena – Alliance Düdelingen 7:0, 2:2 (in Erfurt).
Viertelfinale: Werder Bremen – Atletico Madrid 1:1, 1:3; Ujpest Budapest – Dunfermline 4:3, 1:0; Dynamo Zilina – AC Florenz 3:2, 0:2; Motor Jena – Leixoes Porto 1:1, 3:1 (in Gera).
Halbfinale: AC Florenz – Ujpest Budapest 2:0, 1:0; Motor Jena – Atletico Madrid 0:1, 0:4 (in Malmö).

Endspiele am 10. Mai in Glasgow und 5. September 1962 in Stuttgart

Atletico Madrid – AC Florenz 1:1 n. V. und 3:0.

Atletico Madrid: Madinabeytia – Rivilla, Calleja – Ramiro, Griffa, Glaria – Jones, Adelardo, Mendoza, Peiro, Collar.
Tore im ersten Spiel: Peiro (Hamrin). – Schiedsrichter: Wharton (Schottland).
Tore im zweiten Spiel: Jones, Mendoza, Peiro. – Schiedsrichter: Tschenscher (Deutschland). – Zuschauer: 1. Spiel 30000; 2. Spiel 39000.

1962/63: Tottenham Hotspur London

1. Runde: Alliance Düdelingen – BK 1909 Odense 1:1 (in Esch), 1:8; OFK Belgrad – Chemie Halle 2:0, 3:3; Glasgow Rangers – FC Sevilla 4:0, 0:2; Bangor City – SSC Neapel 2:0, 1:3, 1:2 (in London); Ujpest Budapest – Zaglebie Sosnowitz 5:0, 0:0; Steaua Bukarest – Botev Plovdiv 3:2, 1:5; Lausanne Sports – Sparta Rotterdam 3:0, 2:4; AS St. Etienne – Vitoria Setubal 1:1, 3:0; Hibernian La Valetta – Olympiakos Piräus (Piräus verzichtete).
Achtelfinale: AS St. Etienne – 1. FC Nürnberg 0:0, 0:3; Atletico Madrid – Hibernian La Valetta 4:0, 1:0; Shamrock Rovers Dublin – Botev Plovdiv 0:4, 0:1; Grazer AK – BK 1909 Odense 1:1, 3:5; Tottenham Hotspur London – Glasgow Rangers 5:2, 3:2; OFK Belgrad – FC Portadown Belfast 5:1, 2:3; Ujpest Budapest – SSC Neapel 1:1, 1:1, 1:3 (in Lausanne); Lausanne Sports – Slovan Bratislava 1:1, 0:1.
Viertelfinale: OFK Belgrad – SSC Neapel 2:0, 1:3, 3:1 (in Marseille); Botev Plovdiv – Atletico Madrid 1:1, 0:4; Slovan Bratislava – Tottenham Hotspur London 2:0, 0:6; BK 1909 Odense – 1. FC Nürnberg 0:1 (in Augsburg), 0:6.
Halbfinale: 1. FC Nürnberg – Atletico Madrid 2:1, 0:2; OFK Belgrad – Tottenham Hotspur London 1:2, 1:3.

Endspiel am 15. Mai 1963 in Rotterdam:

Tottenham Hotspur – Atletico Madrid 5:1

Tottenham: Brown – Baker, Henry – Blanchflower, Norman, Marchi – Jones, White, Smith, Greaves, Dyson.
Tore: Greaves (2), Dyson (2), White (Collar). – Schiedsrichter: van Leuwen (Holland) – Zuschauer: 50000.

1963/64: Sporting Lissabon

1. Runde: Atalanta Bergamo – Sporting Lissabon 2:0, 1:3, 1:3 n. Verl. (in Barcelona); Apoel Nikosia – Gjövik Lyn 6:0, 0:1; Fenerbahce Istanbul – Petrolul Ploesti 4:1, 0:1; Palloseura Helsinki – Slovan Bratislava 1:4, 1:8; Sliema Wanderers – Borough United 0:0, 0:2; FC Basel – Celtic Glasgow 1:5, 0:5; Shelbourne FC Dublin – FC Barcelona 0:2, 1:3; Hamburger SV – Union Sportive Luxemburg 4:0, 3:2; Olympiakos Piräus – Zaglebie Sosnowitz 2:1, 0:1, 2:0 (in Wien); Willem II Tilburg – Manchester United 1:1, 1:6; MTK Budapest – Slavia Sofia 1:0, 1:1; Olympique Lyon – BK Odense 1913 3:1, 3:1; Linzer ASK – Dinamo Zagreb 1:0, 0:1, 1:1 n. Verl. (in Linz, Los für Zagreb).

Achtelfinale: Celtic Glasgow – Dinamo Zagreb 3:0, 1:2; Fenerbahce Istanbul – FC Linfield Belfast 4:1, 0:2; Sporting Lissabon – Apoel Nikosia 16:1, 2:0 (beide Spiele in Lissabon); Olympique Lyon – Olympiakos Piräus 4:1, 1:2; Motor Zwickau – MTK Budapest 1:0, 0:2; FC Barcelona – Hamburger SV 4:4, 0:0, 2:3 (in Lausanne); Tottenham Hotspur – Manchester United 2:0, 1:4; Borough United – Slovan Bratislava 1:2, 0:3.
Viertelfinale: Celtic Glasgow – Slovan Bratislava 1:0, 1:0; MTK Budapest – Fenerbahce Istanbul 2:0, 1:3, 1:0 (in Rom); Manchester United – Sporting Lissabon 4:1, 0:5; Hamburger SV – Olympique Lyon 1:1, 0:2.
Halbfinale: Olympique Lyon – Sporting Lissabon 0:0, 1:1, 0:1 (in Madrid); Celtic Glasgow – MTK Budapest 3:0, 0:4.

Endspiele am 13. Mai in Brüssel und 15. Mai 1964 in Antwerpen:

Sporting Lissabon – MTK Budapest 3:3 n. Verl. (3:3, 1:1) und 1:0 (1:0)

Sporting Lissabon: Carvalho – Gomes, Carlos – Peridis, Baptista, Mendes – Osvaldo – Mascarenhas, Figueiredo, Geo, Moraes (Geraldo, Bocaleri).
Tore: Im ersten Spiel Figueredo (2), Moraes (Kuti 2, Sandor für MTK), im zweiten Spiel Moraes – 1. Spiel: Schiedsrichter: van Nuffel (Belgien), Zuschauer: 4000 – 2. Spiel: Schiedsrichter: Versyp (Belgien), Zuschauer: 14000.

1964/65: West Ham United London

1. Runde: Union Sportive Luxemburg – TSV 1860 München 0:4, 0:6; FC Porto – Olympique Lyon 3:0, 1:0; Admira Wien – Legia Warschau 1:3, 0:1; Aufbau Magdeburg – Galatasaray Istanbul 1:1, 1:1, 1:1 n. Verl., Los für Istanbul (in Wien); Skeid Oslo – Haka Valkeakoski 1:0, 0:2; AC Turin – Fortuna 54 Geleen 3:1, 2:2; Steaua Bukarest – Derry City 3:0, 2:0; AEK Athen – Dinamo Zagreb 2:0, 0:3; FC Gent – West Ham United London 0:1, 1:1; Spartak Sokolovo Prag – Anorthosis Nikosia 10:0, 6:0 (in Pilsen); Cork Celtic – Slavia Sofia 0:2, 1:1; Lausanne Sports – Honved Budapest 2:0, 0:1; Esbjerg FB – Cardiff City 0:0, 0:1; FC La Valetta – Real Saragossa 0:3, 1:5.
Achtelfinale: FC Porto – TSV 1860 München 0:1, 1:1; Legia Warschau – Galatasaray Istanbul 2:1, 0:1, 1:0 (in Bukarest); Haka Valkeakoski – AC Turin 0:1, 0:5; Steaua Bukarest – Dinamo Zagreb 1:3, 0:2; West Ham United – Spartak Sokolovo Prag 2:0, 1:2; Slavia Sofia – Lausanne Sports 1:0, 1:2, 2:3 (in Rom); Sporting Lissabon – Cardiff City 1:2, 0:0; FC Dundee – Real Saragossa 2:2, 1:2.
Viertelfinale: Legia Warschau – TSV 1860 München 0:4, 0:0; AC Turin – Dinamo Zagreb 1:1, 2:1; Lausanne Sports – West Ham United 1:2, 3:4; Cardiff City – Real Saragossa 0:1, 2:2.
Halbfinale: AC Turin – TSV 1860 München 2:0, 1:3, 0:2 (in Zürich); West Ham United – Real Saragossa 2:1, 1:1.

Endspiel am 19. Mai 1965 in London:

West Ham United London – TSV 1860 München 2:0 (0:0)

West Ham United: Standen – Kirkup, Burkett – Peters, Brown, Moore – Sealey, Boyce, Hurst, Dear, Sissons.
München 1860: Radenkovic – Wagner, Reich, Luttrop, Kohlars – Bena, Grosser – Heiß, Küppers, Brunnenmeier, Rebele.
Tore: Sealey (2) – Schiedsrichter: Zsolt (Ungarn) – Zuschauer: 98000.

1965/66: Borussia Dortmund

1. Runde: Floriana La Valetta – Borussia Dortmund 1:5, 0:8; FC Limerick – Armeeklub Sofia 1:2, 0:2; Atletico Madrid – Dinamo Zagreb 4:0, 1:0; Wiener Neustadt – Stiinta Cluj 0:1, 0:2; Omonia Nikosia – Olympiakos Piräus 0:1, 1:1; FC Magdeburg – Spora Luxemburg 1:0, 2:0; FC Sion – Galatasaray Istanbul 5:1, 1:2; Go Ahead Deventer – Celtic Glasgow 0:6, 0:1; Aarhus GF – Vitoria Setubal 2:1, 2:1; FC Coleraine – Dynamo Kiew 1:6, 0:4; KR Reykjavik – Rosenborg Trondheim 1:3, 1:3; Juventus Turin – FC Liverpool 1:0, 0:2; Cardiff City – Standard Lüttich 1:2, 0:1, Reipas Lahti – Honved Budapest 2:10, 0:6; Dukla Prag – Stade Rennes 2:0, 0:0; Freilos: West Ham United.
Achtelfinale: Borussia Dortmund – Armeeklub Sofia 3:0, 2:4; Stiinta Cluj – Atletico Madrid 0:2, 0:4; West Ham United – Olympiakos Piräus 4:0, 2:2; FC Magdeburg – FC Sion 8:1, 2:2; Aarhus GF – Celtic Glasgow 0:1, 0:2; Rosenborg Trondheim – Dynamo Kiew 1:4, 0:2; FC Liverpool – Standard Lüttich 3:1, 2:1; Dukla Prag – Honved Budapest 2:3, 2:1.
Viertelfinale: Atletico Madrid – Borussia Dortmund 1:1, 0:1; West Ham United – FC Magdeburg 1:0, 1:1; Celtic Glasgow – Dynamo Kiew 3:0, 1:1; Honved Budapest – FC Liverpool 0:0, 0:2.
Halbfinale: West Ham United – Borussia Dortmund 1:2, 1:3; Celtic Glasgow – FC Liverpool 1:0, 0:2.

Endspiel am 5. Mai 1966 in Glasgow:

Borussia Dortmund – FC Liverpool 2:1 n. Verl. (1:1, 0:0)

Borussia Dortmund: Tilkowski – Cyliax, Redder – Kurrat, Paul, Assauer – Libuda, Schmidt, Held, Sturm, Emmerich.
Tore: Held, Libuda (Hunt) – Schiedsrichter: Schwinte (Frankreich) – Zuschauer: 42000.

1966/67: FC Bayern München

Qualifikation: Valur Reykjavik – Standard Lüttich 1:1, 1:8.
1. Runde: Tatran Presov – FC Bayern München 1:1, 2:3; Rapid Wien – Galatasaray Istanbul 4:0, 5:3; Standard Lüttich – Apollon Limassol 5:1, 1:0 (in Jamber Namur); AC Florenz – ETO Györ 1:0, 2:4; Floriana La Valetta – Sparta Rotterdam 1:1, 0:6; Shamrock Rovers – Spora Luxemburg 4:1, 4:1; Glentoran Belfast gegen Glasgow Rangers 1:1, 0:4; Swansea Town – Slavia Sofia 1:1, 0:4; OFK Belgrad – Spartak Moskau 1:3, 0:3; AEK Athen – Sporting Braga 0:1, 2:3; Servette Genf – AIFK Turku 1:1, 2:1 (in Helsinki); BK Aalborg – FC Everton Liverpool 0:0, 1:2; Skeid Oslo – Real Saragossa 3:2, 1:3; Chemie Leipzig gegen Legia Warschau 3:0, 2:2; Racing Straßburg – Steaua Bukarest 1:0, 1:1.

Achtelfinale: Shamrock Rovers – FC Bayern München 1:1, 2:3; Glasgow Rangers – Borussia Dortmund 2:1, 0:0; Spartak Moskau – Rapid Wien 1:1, 0:1; Racing Straßburg – Slavia Sofia 1:0, 0:2; Servette Genf – Sparta Rotterdam 2:0, 0:1; Real Saragossa – FC Everton Liverpool 2:0, 0:1; ETO Györ – Sporting Braga 3:0, 0:2; Chemie Leipzig – Standard Lüttich 2:1, 0:1.
Viertelfinale: Rapid Wien – FC Bayern München 1:0, 0:2 n. Verl.; ETO Györ – Standard Lüttich 2:1, 0:2; Servette Genf – Slavia Sofia 1:0, 0:3; Glasgow Rangers – Real Saragossa 2:0, 0:2 n. Verl.; Los für Glasgow Rangers.
Halbfinale: FC Bayern München – Standard Lüttich 2:0, 3:1; Slavia Sofia – Glasgow Rangers 0:1, 0:1.

Endspiel am 31. Mai 1967 in Nürnberg:

FC Bayern München – Glasgow Rangers 1:0 n. Verlg.

Bayern München: Maier – Nowak, Beckenbauer, Olk, Kupferschmidt – Roth, Koulmann – Nafziger, Ohlhauser, Müller, Brenninger.
Tor: Roth – Schiedsrichter: Lo Bello (Italien) – Zuschauer: 70000.

1967/68: AC Mailand

1. Runde: AC Mailand – Levsky Sofia 5:1, 1:1; ETO Györ – Apollon Limassol 5:0, 4:0; Altay Izmir – Standard Lüttich 2:3, 0:0; FC Aberdeen – KR Reykjavik 10:0, 4:1; FC Valencia – Crusaders Belfast 4:0, 4:2; Austria Wien – Steaua Bukarest 0:2, 1:2; Bayern München – Panathinaikos Athen 5:0, 2:1; Fredrikstad FK – Vitoria Setubal 1:5, 1:2; Hamburger SV – Freja Randers 5:3, 2:0; HJK Helsinki – Wisla Krakau 1:4, 0:4; Aris Bonneweg – Olympique Lyon 0:3, 1:2; Hajduk Split – Tottenham Hotspur 0:2, 3:4; Shamrock Rovers – Cardiff City 1:1, 0:2; Floriana La Valetta – NAC Breda 1:2, 0:1 (in Eindhoven); Torpedo Moskau – Motor Zwickau 0:0, 1:0; Lausanne Sports – Spartak Trnava 3:2, 0:2.
Achtelfinale: ETO Györ – AC Mailand 2:2, 1:1; Standard Lüttich – FC Aberdeen 3:0, 0:2; FC Valencia – Steaua Bukarest 3:0, 0:1; Bayern München – Vitoria Setubal 6:2, 1:1; Wisla Krakau – Hamburger SV 0:1, 0:4; Olympique Lyon – Tottenham 1:0, 3:4; NAC Breda – Cardiff City 1:1 (in Eindhoven), 1:4; Torpedo Moskau – Spartak Trnava 3:0 (in Taschkent), 3:1.
Viertelfinale: AC Mailand – Standard Lüttich 1:1, 1:1, 2:0 (in Mailand); FC Valencia – Bayern München 1:1, 0:1; Hamburger SV – Olympique Lyon 2:0, 0:2, 2:0 (in Hamburg); Cardiff City – Torpedo Moskau 1:0, 0:1 (in Taschkent), 1:0 (in Augsburg).
Halbfinale: AC Mailand – Bayern München 2:0, 0:0; Hamburger SV – Cardiff City 1:1, 3:2.

Endspiel am 23. Mai 1968 in Rotterdam:

AC Mailand – Hamburger SV 2:0 (2:0)

AC Mailand: Cudicini – Anquiletti, Schnellinger, Rosato, Scala – Trapattoni, Lodetti, Rivera, Hamrin, Sormani, Prati.
Hamburger SV: Özcan – Sandmann, W. Schulz, Horst, Kurbjuhn – Dieckmann, Krämer – B. Dörfel, Seeler, Hönig, G. Dörfel.
Tore: Hamrin (2) – Schiedsrichter: De Mendibil (Spanien) – Zuschauer: 54000.

1968/69: Slovan Bratislava

1. Runde: Girondins Bordeaux – 1. FC Köln 2:1, 0:3; Dunfermline Athletic – Apoel Nikosia 10:1, 2:0; FC Lugano – FC Barcelona 0:1, 0:3; Altay Izmir – Lyn Oslo 3:1, 1:4; Slovan Bratislava – FC Bor 3:0, 0:2; Crusaders Belfast – IFK Norrköping 2:2, 1:4; Shamrock Rovers – Freja Randers 1:2, 0:1; US Rumelingen – Sliema Wanderers 2:1 (in Esch), 0:1; FC Brügge – West Bromwich Albion 3:1, 0:2; Partisan Tirana – AC Turin 1:0, 1:3; Cardiff City – FC Porto 2:2, 1:2; ADO Den Haag – Grazer AK 4:1, 2:0; Olympiakos Piräus – KR Reykjavik 2:0 (in Athen), 2:0 (in Saloniki); Dinamo Bukarest kampflos gegen Raba Györ – Spartak Sofia, Gornik Zabrze, Dynamo Moskau und Union Ost-Berlin nicht angetreten.
Achtelfinale: ADO Den Haag – 1. FC Köln 0:1, 0:3; Lyn Oslo – IFK Norrköping 2:0, 2:3; Dunfermline Athletic – Olympiakos Piräus 4:0, 0:3; Freja Randers – Sliema Wanderers 6:0, 2:0; FC Porto – Slovan Bratislava 1:0, 0:4; Dinamo Bukarest – West Bromwich Albion 1:1, 0:4; Freilos: AC Turin und FC Barcelona.
Viertelfinale: AC Turin – Slovan Bratislava 0:1, 1:2; 1. FC Köln – Freja Randers 2:1, 3:0; Dunfermline Athletic – West Bromwich Albion 0:0, 1:0; FC Barcelona – Lyn Oslo 3:2, 2:2 (beide Spiele in Barcelona).
Halbfinale: 1. FC Köln – FC Barcelona 2:2, 1:4; Dunfermline Athletic – Slovan Bratislava 1:1, 0:1.

Endspiel am 21. Mai 1969 in Basel:

Slovan Bratislava – FC Barcelona 3:2 (3:1)

Slovan Bratislava: Vencel – Filo, Hrivnak (Zlocha), Horvath, Jan Zlocha – Hrdlicka, Joszef Capkovic – Cvetler, Moder (Hatar), Jokl, Jan Capkovic.
Tore: Cvetler, Hrivnak, Jan Capkovic (Zaldua, Rexach). – Schiedsrichter: van Ravens (Holland). – Zuschauer 20000.

1969/70: Manchester City

Qualifikation: Rapid Wien – Torpedo Moskau 0:0, 1:1.
1. Runde: Shamrock Rovers – FC Schalke 04 2:1, 0:3; 1. FC Magdeburg – MTK Budapest 1:0, 1:1 n. Verl.; Rapid Wien – PSV Eindhoven 1:2, 2:4; Frem Kopenhagen – FC St. Gallen 2:1, 0:1; Dukla Prag – Olympique Marseille 1:0, 0:2 n. Verl.; Glasgow Rangers – Steaua Bukarest 2:0, 0:0; Dinamo Zagreb – Slovan Bratislava 3:0, 0:0; IFK Norrköping – Sliema Wanderers 5:1, 0:1; Göztepe Izmir – Union Sportive Luxemburg 3:0, 3:2, FC Ards – AS Rom 0:0, 1:3; Lierse SK – Apoel Nikosia 10:1, 1:0, IB Vestmannaeyar – Levsky/Spartak Sofia 0:4, 0:4; Olympiakos Piräus – Gornik Zabrze 2:2, 0:5; Academica Coimbra – Kuopio Palloseura 0:0, 1:0; Atletico Bilbao – Manchester City 3:3, 0:3; IF Mjöndalen – Cardiff City 1:7, 1:5.
Achtelfinale: IFK Norrköping – FC Schalke 04 0:0, 0:1; Olympique Marseille – Dinamo Zagreb 1:1, 0:2; Gornik Zabrze – Glasgow Rangers 3:1, 3:1; AS Rom – PSV Eindhoven 1:0, 0:1 n. Verl.; Los für Rom, Göztepe Izmir – Cardiff City 3:0, 0:1; 1. FC Magdeburg – Academica Coimbra 1:0, 0:2; Lierse SK – Manchester City 0:3, 0:5; Levsky/Spartak Sofia – FC St. Gallen 4:0, 0:0.
Viertelfinale: Dinamo Zagreb – FC Schalke 04 1:3, 0:1; Levsky/Spartak Sofia – Gornik Zabrze 3:2, 1:2; Academica Coimbra – Manchester City 0:0, 0:1 n. Verl.; AS Rom – Götztepe Izmir 2:0, 0:0.
Halbfinale: FC Schalke 04 – Manchester City 1:0, 1:5; AS Rom – Gornik Zabrze 1:1, 2:2 n. Verl., 1:1 n. Verl. (in Straßburg), Los für Zabrze.

Endspiel am 29. April 1970 in Wien:

Manchester City – Gornik Zabrze 2:1 (2:0)

Manchester City: Corrigan – Book, Booth, Heslop, Pardoe – Doyle (Bowyer), Oakes – Bell, Lee, Young, Towers.
Tore: Young, Lee (Oslizlo) – Schiedsrichter: Schiller (Österreich) – Zuschauer: 8000.

1970/71: Chelsea London

Qualifikation: Atvidaberg FF – Partisan Tirana 1:1, 0:2; Bohemians Dublin – TJ Gottwaldow 1:2, 2:2.
1. Runde: Aris Saloniki – Chelsea London 1:1, 1:5; Hibernian La Valetta – Real Madrid 0:0, 0:5; Kickers Offenbach – FC Brügge 2:1, 0:2; Vorwärts Ost-Berlin – FC Bologna 0.0, 1:1 n. V., FC Zürich – IB Akureyri 7:1, 7:0 (in St. Gallen); Wacker Innsbruck – Partisan Tirana 3:2, 2:1; Olimpia Laibach – Benfica Lissabon 1:1, 1:8; Cardiff City – Pesoporikos Larnax 8:0, 0:0; Karpati Lwow – Steaua Bukarest 0:1, 3:3; Armeeklub Sofia – Haka Valkeakoski 9:0, 2:1; FC Aberdeen – Honved Budapest 3:1, 1:3 n. V. (Honved 5:4-Sieger nach Elfmeterschießen), Strömsgodset Drammen – FC Nantes 0:5, 3:2; Göztepe Izmir – Union Luxemburg 5:0, 0:1; TJ Gottwaldow – PSV Eindhoven 2:1, 0:1; Manchester City – FC Linfield Belfast 1:0, 1:2; Aalborg BK – Gornik Zabrze 0:1, 1:8.
Achtelfinale: Armeeklub Sofia – Chelsea London 0:1, 0:1; Real Madrid – Wacker Innsbruck 0:1, 2:0; Benfica Lissabon – Vorwärts Ost-Berlin 2:0, 0:2 n. V. (Vorwärts 5:3-Sieger nach Elfmeterschießen); FC Brügge – FC Zürich 2:0, 2:3, PSV Eindhoven – Steaua Bukarest 4:0, 3:0; Göztepe Izmir – Gornik Zabrze 0:1, 0:3; Honved Budapest – Manchester City 0:1, 0:2; Cardiff City – FC Nantes 5:1, 2:1.
Viertelfinale: FC Brügge – Chelsea London 2:0, 0:4 n. Verl., Cardiff City – Real Madrid 1:0, 0:2; Gornik Zabrze – Manchester City 2:0 (in Chorzow), 0:2 n. Verl., 1:3 (in Kopenhagen); PSV Eindhoven – Vorwärts Ost-Berlin 2:0, 0:1.
Halbfinale: Chelsea London – Manchester City 1:0, 1:0; PSV Eindhoven – Real Madrid 0:0, 1:2.

Endspiele am 19. Mai und 21. Mai 1971 in Athen:

Chelsea London – Real Madrid 1:1 n. V. (1:1, 0:0) und 2:1 (2:0)

Chelsea: Bonetti – Boyle, Harris, Hollins (Mulligan), Dempsey, Webb, Weller – Hudson, Osgood (Baldwin), Cooke, Houseman (Smethurst).
Tore: 1. Spiel Osgood (Zocco), 2. Spiel Dempsey, Osgood (Fleitas). – Schiedsrichter: Scheurer (Schweiz) im ersten, Bucheli (Schweiz) im zweiten Spiel. – Zuschauer: 40000 (1. Spiel), 22000 (2. Spiel).

1971/72: Glasgow Rangers

Qualifikation: BK 1909 Odense – Austria Wien 4:2, 0:2; Hibernian La Valetta – Fram Reykjavik 3:0, 0:2 (beide Spiele in Malta).

1. Runde: Skoda Pilsen – Bayern München 0:1, 1:6; Dynamo Ost-Berlin – Cardiff City 1:1, 1:1 n. V. (Ost-Berlin 5:4-Sieger nach Elfmeterschießen); Dinamo Tirana – Austria Wien 1:1, 0:1; Servette Genf – FC Liverpool 2:1, 0:2; Distillery Belfast – FC Barcelona 1:3, 0:4; Jeunesse Hautcharage – Chelsea London 0:8 (in Luxemburg), 0:13; FC Limerick – AC Turin 0:1, 0:4; Sporting Lissabon – Lyn Oslo 4:0, 3:0; Banyasz Komlo – Roter Stern Belgrad 2:7, 2:1; Olympiakos Piräus – Dynamo Moskau 0:2, 2:1; Stade Rennes – Glasgow Rangers 1:1, 0:1; Levsky/Spartak Sofia – Sparta Rotterdam 1:1, 0:2; Zaglebie Sosnowitz – Atvidaberg FF 3:4, 1:1; Hibernian La Valetta – Steaua Bukarest 0:0, 0:1; AC Beerschot – Anorthosis Famagusta 7:0, 1:0 (beide Spiele in Antwerpen); Mikkeli MP – Eskisehirspor 0:0, 0:4.

Achtelfinale: FC Liverpool – Bayern München 0:0, 1:3; AC Beerschot – Dynamo Ost-Berlin 1:3 (in Antwerpen), 1:3; Sparta Rotterdam – Roter Stern Belgrad 1:1, 1:2; AC Turin – Austria Wien 1:0, 0:0; Glasgow Rangers – Sporting Lissabon 3:2, 3:4 n. V.; Eskisehirspor – Dynamo Moskau 0:1, 0:1; FC Barcelona – Steaua Bukarest 0:1, 1:2; Atvidaberg FF – Chelsea London 0:0, 1:1.

Viertelfinale: Steaua Bukarest – Bayern München 1:1, 0:0; Atvidaberg FF – Dynamo Ost-Berlin 0:2 (in Stockholm), 2:2; AC Turin – Glasgow Rangers 1:1, 0:1; Roter Stern Belgrad – Dynamo Moskau 1:2, 1:1 (in Taschkent)

Halbfinale: Bayern München – Glasgow Rangers 1:1, 0:2; Dynamo Ost-Berlin – Dynamo Moskau 1:1 (in Lwow), 1:1 n. Verl. (Moskau 4:1-Sieger nach Elfmeterschießen).

Endspiel am 24. Mai 1972 in Barcelona:

Glasgow Rangers – Dynamo Moskau 3:2 (2:0)

Glasgow Rangers: McCloy – Jardine, D. Smith, Johnstone, Mathieson – Greig, McDonald, Conn – McLean, Stein, Johnston.

Tore: Stein, Johnston (2), (Estrekow, Machowikow) – Schiedsrichter: de Mendibil (Spanien) – Zuschauer: 25000.

1972/73: AC Mailand

1. Runde: FC Schalke 04 – Slavia Sofia 2:1, 3:1; FC Carl Zeiss Jena – Mikkeli MP 6:1, 2:3; SEC Bastia – Atletico Madrid 0:0 (in Ajaccio), 1:2; Red Boys Differdingen – AC Mailand 1:4, 0:3; Floriana La Valetta – Ferencvaros Budapest 1:0, 0:6; Standard Lüttich – Sparta Prag 1:0, 2:4; Spartak Moskau – FC Den Haag 1:0, 0:0; Vikingur Reykjavik – Legia Warschau 0:2, 0:9; MKE Ankaragücü – Leeds United 1:1, 0:1; Hajduk Split – FK Fredrikstad 1:0, 1:0; Rapid Wien – PAOK Saloniki 0:0, 2:2; FC Zürich – Wrexham 1:1, 1:2; Sporting Lissabon – Hibernian Edinburgh 2:1, 1:6; Rapid Bukarest – Landskrona BOIS 3:0, 0:1; Cork Hibernian – Pesoporikos Larnax 2:1, 4:1 (beide Spiele in Cork); Fremad Amager – FC Besa 1:1, 0:0 (in Durres).

Achtelfinale: Cork Hibernian – FC Schalke 04 0:0, 0:3; FC Carl Zeiss Jena – Leeds United 0:0, 0:2; Rapid Wien – Rapid Bukarest 1:1, 1:3; Wrexham – Hajduk Split 3:1, 0:2; Atletico Madrid – Spartak Moskau 3:4, 2:1; Hibernian Edinburgh – FC Besa 7:1 (in Durres), 1:1; Ferencvaros Budapest – Sparta Prag 2:0, 1:4; Legia Warschau – AC Mailand 1:1, 1:2 n. V.

Viertelfinale: FC Schalke 04 – Sparta Prag 2:1, 0:3; Spartak Moskau – AC Mailand 0:1 (in Sotschi), 1:1; Leeds United – Rapid Bukarest 5:0, 3:1; Hibernian Edinburgh – Hajduk Split 4:2, 0:3.

Halbfinale: AC Mailand – Sparta Prag 1:0, 1:0; Leeds United – Hajduk Split 1:0, 0:0.

Endspiel am 16. Mai 1973 in Saloniki:

AC Mailand – Leeds United 1:0 (1:0)

AC Mailand: Vecchi – Sabadini, Anquiletti, Turone, Zignoli – Rosato (Dolci), Benetti, Rivera – Sogliano, Bigon, Chiarugi.

Tor: Chiarugi – Schiedsrichter: Michas (Griechenland) – Zuschauer: 41000.

1973/74: 1. FC Magdeburg

1. Runde: IB Vestmannaeyar – Borussia Mönchengladbach 0:7 (in Reykjavik), 1:9; NAC Breda – 1. FC Magdeburg 0:0 (in Rotterdam), 0:2; Freja Randers – Rapid Wien 0:0, 1:2; RSC Anderlecht – FC Zürich 3:2, 0:1; Beroe Stara Zagora – Fola Esch 7:0, 4:1 (beide Spiele in Zagora); Banik Ostrau – Cork Hibernian 1:0, 2:1; Legia Warschau – PAOK Saloniki 1:1, 0:1; Vasas Budapest – FC Sunderland 0:2, 0:1; MKE Ankaragücü – Glasgow Rangers 0:2, 0:4; AC Mailand – Dinamo Zagreb 3:1, 1:0; Torpedo Moskau – Atletico Bilbao 0:0, 0:2; Gzira United Malta – Brann Bergen 0:2, 0:7; Chimia Ramnicu Vilcea – Glentoran Belfast 2:2, 0:2; Pesoporikos Larnax – Malmö FF 0:0, 0:11; Reipas Lahti – Olympique Lyon 0:0, 0:2; Cardiff City – Sporting Lissabon 0:0, 1:2.

Achtelfinale: Borussia Mönchengladbach – Glasgow Rangers 3:0, 2:3; Banik Ostrau – 1. FC Magdeburg 2:0, 0:3 n. V.; FC Zürich – Malmö FF 0:0, 1:1; AC Mailand – Rapid Wien 0:0, 2:0; FC Sunderland – Sporting Lissabon 2:1, 0:2; Beroe Stara Zagora – Atletico Bilbao 3:0, 0:1; Olympique Lyon – PAOK Saloniki 3:3, 0:4; Brann Bergen – Glentoran Belfast 1:1, 1:3.
Viertelfinale: Glentoran Belfast – Borussia Mönchengladbach 0:2, 0:5; 1. FC Magdeburg – Beroe Stara Zagora 2:0, 1:1; Sporting Lissabon – FC Zürich 3:0, 1:1; AC Mailand – PAOK Saloniki 3:0, 2:2.
Halbfinale: AC Mailand – Borussia Mönchengladbach 2:0, 0:1; Sporting Lissabon – 1. FC Magdeburg 1:1, 1:2.

Endspiel am 8. Mai in Rotterdam:

1. FC Magdeburg – AC Mailand 2:0

1. FC Magdeburg: Schulze, – Enge, Zapf, Abraham, Gaube – Pommerenke. Seguin, Tyll – Raugust, Sparwasser, Hoffmann.
Tore: Lanzi (Eigentor), Seguin – Schiedsrichter: van Gemert (Holland) – Zuschauer: 5000.

1974/75: Dynamo Kiew

1. Runde: Eintracht Frankfurt – AS Monaco 3:0, 2:2; Slavia Prag – FC Carl Zeiss Jena 1:0, 0:1 n. Verlg. (Jena 3:2-Sieger nach Elfmeterschießen); PSV Eindhoven – Ards Newtonards 10:0, 4:1; Dynamo Kiew – Armeeklub Sofia 1:0, 1:0; Gwardia Warschau – FC Bologna 2:1, 1:2 n. Verlg. (Warschau 5:3-Sieger nach Elfmeterschießen); FC Liverpool – Strömsgodset Drammen 11:0, 1:0 (in Oslo); PAOK Saloniki – Roter Stern Belgrad 1:0, 0:2 n. Verlg.; Benfica Lissabon – IF Vanlöse 4:0, 4:1 (in Kopenhagen); Ferencvaros Budapest – Cardiff City 2:0, 4:1; Fram Reykjavik – Real Madrid 0:2, 0:6; SV Waregem – Austria/WAC Wien 2:1, 1:4; Bursaspor – Finn Harps 4:2, 0:0; Dundee United – Jiul Petroseni 3:0, 0:2; Malmö FF – FC Sion 1:0, 0:1 n. Verlg. (Malmö 5:4-Sieger nach Elfmeterschießen); Sliema Wanderers – Reipas Lahti 2:0 (in Gzira), 1:4; Paralimni Famagusta verzichtet gegen Avenir Beggen.
Achtelfinale: Eintracht Frankfurt – Dynamo Kiew 2:3, 1:2; FC Carl Zeiss Jena – Benfica Lissabon 1:1, 0:0; Gwardia Warschau – PSV Eindhoven 1:5, 0:3; Dundee United – Bursaspor 0:0, 0:1; Malmö FF – Reipas Lahti 3:1, 0:0; Avenir Beggen – Roter Stern Belgrad 1:6 (in Luxemburg), 1:5; Real Madrid – Austria Wien 3:0, 2:2; FC Liverpool – Ferencvaros Budapest 1:1, 0:0.
Viertelfinale: Real Madrid – Roter Stern Belgrad 2:0, 0:2 n. Verlg. (Belgrad 6:5-Sieger nach Elfmeterschießen); Malmö FF – Ferencvaros Budapest 1:3, 1:1; PSV Eindhoven – Benfica Lissabon 0:0, 2:1; Bursaspor – Dynamo Kiew 0:1, 0:2.
Halbfinale: Dynamo Kiew – PSV Eindhoven 3:0, 1:2; Ferencvaros Budapest – Roter Stern Belgrad 2:1, 2:2.

Endspiel am 14. Mai in Basel:

Dynamo Kiew – Ferencvaros Budapest 3:0 (2:0)

Dynamo Kiew: Rudakow – Troschkin, Fomenko, Reschko, Matwienko – Konkow, Muntian, Burjak – Onischtschenko, Kolotow, Blochin.
Tore: Onischtschenko (2), Blochin – Schiedsrichter: Davidson (Schottland) – Zuschauer: 12000.

1975/76: RSC Anderlecht

1. Runde: Eintracht Frankfurt – FC Coleraine 5:1, 6:2; Panathinaikos Athen – Sachsenring Zwickau 0:0 (in Patras), 0:2; Rapid Bukarest – RSC Anderlecht 1:0, 0:2; Reipas Lahti – West Ham United 2:2 (in Helsinki), 0:3; Valur Reykjavik – Celtic Glasgow 0:2, 0:7; Haladas Szombathely – FC La Valetta 7:0, 1:1 (in Gzira); Spartak Trnava – Boavista Porto 0:0, 0:3; Ararat Erewan – Anorthosis Famagusta 9:0, 1:1 (in Nikosia); Home Farm Dublin – RC Lens 1:1, 0:6; Borac Banjaluka – US Rümelingen 9:0, 5:1 (in Esch); Besiktas Istanbul – AC Florenz 0:3, 0:3; Skeid Oslo – Stal Rzeszow 1:4, 0:4; Vejle BK – FC Den Haag 0:2, 0:2; Sturm Graz – Slavia Sofia 3:1, 0:1; Wrexham FC – Djurgarden Stockholm 2:1, 1:1; FC Basel – Atletico Madrid 1:2, 1:1.
Achtelfinale: Atletico Madrid – Eintracht Frankfurt 1:2, 0:1; AC Florenz – Sachsenring Zwickau 1:0, 0:1 n. V. (Zwickau 5:4-Sieger nach Elfmeterschießen); Ararat Erewan – West Ham United 1:1, 1:3; Wrexham FC – Stal Rzeszow 2:0, 1:1; Sturm Graz – Haladas Szombathely 2:0, 1:1; FC Den Haag – RC Lens 3:2, 3:1; Boavista Porto – Celtic Glasgow 0:0, 1:3; RSC Anderlecht – Borac Banjaluka 3:0, 0:1.
Viertelfinale: Sturm Graz – Eintracht Frankfurt 0:2, 0:1; Celtic Glasgow – Sachsenring Zwickau 1:1, 0:1; RSC Anderlecht – Wrexham FC 1:0, 1:1; FC Den Haag – West Ham United 4:2, 1:3.

Halbfinale: Eintracht Frankfurt – West Ham United 2:1, 1:3; Sachsenring Zwickau – RSC Anderlecht 0:3, 0:2.

Endspiel am 5. Mai in Brüssel:

RSC Anderlecht – West Ham United 4:2 (1:1)

Anderlecht: Ruiter – Lomme, Van Binst, Broos, Thissen – Dockx, Van der Elst, Haan – Ressel, Coeck (Vercauteren), Rensenbrink.
Tore: Rensenbrink (2), Van der Elst (2), (Holland, Robson) – Schiedsrichter: Wurtz (Frankreich) – Zuschauer: 65000.

1976/77: Hamburger SV

Qualifikation: Cardiff City – Servette Genf 1:0, 1:2.
1. Runde: Hamburger SV – IB Keflavik 3:0, 1:1 (in Reykjavik); 1. FC Lok Leipzig – Heart of Midlothian 2:0, 1:5; MTK/VM Budapest – Sparta Prag 3:1, 1:1; RSC Anderlecht – Roda JC Kerkrade 2:1, 3:2; Lierse SK – Hajduk Split 1:0, 0:3; Rapid Wien – Atletico Madrid 1:2, 1:1; Cardiff City – Dynamo Tiflis 1:0, 0:3; Bohemians Dublin – Esbjerg FB 2:1, 1:0; FC Southampton – Olympique Marseille 4:0, 1:2; AIK Stockholm – Galatasaray Istanbul 1:2, 1:1; CSU Galatz – Boavista Porto 2:3, 0:2; Carrick Rangers – Aris Bonneweg 3:1, 1:2 (in Luxemburg); Bodö Glimt – SSC Neapel 0:2, 0:1; Iraklis Saloniki – Apoel Nikosia 0:0, 0:2; Levsky/Spartak Sofia – Reipas Lahti 12:2, 7:1 (in Helsinki); Floriana La Valetta – Slask Breslau 1:4 (in Gzira), 0:2.
Achtelfinale: Hamburger SV – Heart of Midlothian 4:2, 4:1; Dynamo Tiflis – MTK/VM Budapest 1:4, 0:1; Atletico Madrid – Hajduk Split 1:0, 2:1; RSC Anderlecht – Galatasaray Istanbul 5:1, 5:1; Carrick Rangers – FC Southampton 2:5, 1:4; Boavista Porto – Levsky/Spartak Sofia 3:1, 0:2; Slask Breslau – Bohemians Dublin 3:0, 1:0; Apoel Nikosia – SSC Neapel 1:1, 0:2.
Viertelfinale: MTK/VM Budapest – Hamburger SV 1:1, 1:4; Levsky/Spartak Sofia – Atletico Madrid 2:1, 0:2; RSC Anderlecht – FC Southampton 2:0, 1:2; Slask Breslau – SSC Neapel 0:0, 0:2.
Halbfinale: Atletico Madrid – Hamburger SV 3:1, 0:3; SSC Neapel – RSC Anderlecht 1:0, 0:2.

Endspiel am 11. Mai in Amsterdam:

Hamburger SV – RSC Anderlecht 2:0 (0:0)

HSV: Kargus – Kaltz, Ripp, Nogly, Hidien – Memering, Magath – Steffenhagen, Reimann, Keller, Volkert.
Tore: Volkert, Magath – Schiedsrichter: Partridge (England) – Zuschauer: 58000.

1977/78: RSC Anderlecht

Qualifikation: Glasgow Rangers – Young Boys Bern 1:0, 2:2.
1. Runde: 1. FC Köln – FC Porto 2:2, 0:1 (in Coimbra); Hamburger SV – Reipas Lahti 8:1, 5:2; Glasgow Rangers – FC Twente 0:0, 0:3; FC Dundalk – Hajduk Split 1:0, 0:4; Betis Sevilla – AC Mailand 2:0, 1:2; Progres Niederkorn – Vejle BK 0:1 (in Differdingen), 0:9; Olympiakos Nikosia – Universitatea Craiova 1:6, 0:2; Brann Bergen – IA Akranes 1:0, 4:0; Besiktas Istanbul – VTK Diosgyör 2:0, 0:5; FC La Valetta – Dynamo Moskau 0:2, 0:5; Cardiff City – Austria Wien 0:0, 0:1; PAOK Saloniki – Zaglebie Sosnowitz 2:0, 2:0; Lokomotive Kosice – Östers Växjö 0:0, 2:2; AS St. Etienne – Manchester United 1:1, 0:2 (in Plymouth); Lokomotive Sofia – RSC Anderlecht 1:6, 0:2; FC Coleraine – 1. FC Lok Leipzig 1:4, 2:2.
Achtelfinale: Hamburger SV – RSC Anderlecht 1:2, 1:1; 1. FC Lok Leipzig – Betis Sevilla 1:1, 1:2; Austria Wien – Lokomotive Kosice 0:0, 1:1; FC Twente – Brann Bergen 2:0, 2:1; FC Porto – Manchester United 4:0, 2:5; Dynamo Moskau – Universitatea Craiova 2:0, 0:2 n. V. (Moskau 3:0-Sieger nach Elfmeterschießen); VTK Diosgyör – Hajduk Split 2:1, 1:2 n. V. (Split 4:3-Sieger nach Elfmeterschießen); Vejle BK – PAOK Saloniki 3:0, 1:2.
Viertelfinale: Vejle BK – FC Twente 0:3, 0:4; FC Porto – RSC Anderlecht 1:0, 0:3; Betis Sevilla – Dynamo Moskau 0:0 (in Tiflis), 0:3; Austria Wien – Hajduk Split 1:1, 1:1 n. V. (Austria 3:0-Sieger nach Elfmeterschießen).
Halbfinale: Dynamo Moskau – Austria Wien 2:1 (in Tiflis), 1:2 n. V. (Austria 5:4-Sieger nach Elfmeterschießen); FC Twente – RSC Anderlecht 0:1, 0:2.

Endspiel am 3. Mai in Paris:

RSC Anderlecht – Austria Wien 4:0 (3:0)

RSC Anderlecht: de Bree – van Binst, Broos, Dusbaba, Thissen – Haan, Coeck, Vercauteren (Dockx) – Nielsen, Van der Elst, Rensenbrink.
Tore: Rensenbrink (2), van Binst (2) – Schiedsrichter: Aldinger (Deutschland) – Zuschauer: 48000.

1978/79: FC Barcelona

1. Runde: Universitatea Craiova – Fortuna Düsseldorf 3:4, 1:1; Valur Reykjavik – 1. FC Magdeburg 1:1, 0:4; Zaglebie Sosnowitz – Wacker Innsbruck 2:3, 1:1; PAOK Saloniki – Servette Genf 2:0, 0:4; SK Beveren – Ballymena United 3:0, 3:0; AZ 67 Alkmaar – Ipswich Town 0:0, 0:2; Frem Kopenhagen – AS Nancy 2:0, 0:4; Sporting Lissabon – Banik Ostrau 0:1, 0:1; FC Barcelona – Schachtjor Donezk 3:0, 1:1; Marek Stanke Dimitrov – FC Aberdeen 3:2, 0:3; Ferencvaros Budapest – Kalmar FF 2:0, 2:2; Shamrock Rovers – Apoel Nikosia 2:0, 1:0; FC Rijeka – FC Wrexham 3:0, 0:2; Floriana La Valetta – Inter Mailand 1:3 (in Gzira), 0:5; Bodö Glimt – Union Luxemburg 4:1, 0:1; Freilos: Pokalsieger RSC Anderlecht.

Achtelfinale: Fortuna Düsseldorf – FC Aberdeen 3:0, 0:2; Banik Ostrau – Shamrock Rovers 3:0, 3:1; 1. FC Magdeburg – Ferencvaros Budapest 1:0, 1:2; Ipswich Town – Wacker Innsbruck 1:0, 1:1 n. V.; Servette Genf – AS Nancy 2:1, 2:2; RSC Anderlecht – FC Barcelona 3:0, 0:3 n. V. (Barcelona 4:1-Sieger nach Elfmeterschießen); Inter Mailand – Bodö Glimt 5:0, 2:1; FC Rijeka – SK Beveren 0:0, 0:2.

Viertelfinale: Fortuna Düsseldorf – Servette Genf 0:0, 1:1; 1. FC Magdeburg – Banik Ostrau 2:1, 2:4; Inter Mailand – SK Beveren 0:0, 0:1; Ipswich Town – FC Barcelona 2:1, 0:1.

Halbfinale: Fortuna Düsseldorf – Banik Ostrau 3:1, 1:2; FC Barcelona – SK Beveren 1:0, 1:0.

Endspiel am 16. Mai in Basel:

FC Barcelona – Fortuna Düsseldorf 4:3 (2:2, 2:2) n. V.

Barcelona: Artola – Zuviria, Costas (Martinez), Migueli, Albaladejo (de la Cruz) – Neeskens, Asensi, Sanchez – Rexach, Krankl, Carrasco.

Fortuna Düsseldorf: Daniel – Baltes, Zewe, Zimmermann, ab 81. Lund, Köhnen – Brei, ab 25. Weikl, Schmitz, Bommer, Th. Allofs – Kl. Allofs, Seel.

Tore: Sanchez, Rexach, Krankl, Asensi (Barc.), Seel (2), Th. Allofs (Fort.) – Schiedsrichter: Palotai (Ungarn) – Zuschauer: 58000.

1979/80: FC Valencia

Qualifikation: Glasgow Rangers – Lilleström SK 1:0, 2:0 (in Oslo); B 1903 Kopenhagen – Apoel Nikosia 6:0, 1:0.

1. Runde: Glasgow Rangers – Fortuna Düsseldorf 2:1, 0:0; FC Wrexham – 1. FC Magdeburg 3:2, 2:5 n. V.; Juventus Turin – ETO Raba Györ 2:0, 1:2; Panionios Athen – FC Twente 4:0, 1:3; Arka Gdingen – Beroe Stara Zagora 3:2, 0:2; Young Boys Bern – Steaua Bukarest 2:2, 0:6; Reipas Lahti – Aris Bonneweg 0:1, 0:1; Wacker Innsbruck – Lok Kosice 1:2, 0:1; B 1903 Kopenhagen – FC Valencia 2:2, 0:4; Sliema Wanderers – Boavista Porto 2:1, 0:8; Arsenal London – Fenerbahce Istanbul 2:0, 0:0; IFK Göteborg – FC Waterford 1:0, 1:1; AC Beerschot – FC Rijeka 0:0, 1:2; Cliftonville Belfast – FC Nantes 0:1, 0:7; IA Akranes – FC Barcelona 0:1, 0:5; Dynamo Moskau kampflos über Vllaznija Shkodra.

Achtelfinale: Arsenal London – 1. FC Magdeburg 2:1, 2:2; Aris Bonneweg – FC Barcelona 1:4 (in Luxemburg), 1:7; Panionios Athen – IFK Göteborg 1:0, 0:2; Lokomotive Kosice – FC Rijeka 2:0, 0:3; FC Nantes – Steaua Bukarest 3:2, 2:1; Dynamo Moskau – Boavista Porto 0:0, 1:1; Beroe Stara Zagora – Juventus Turin 1:0, 0:3 n. Verl.; FC Valencia – Glasgow Rangers 1:1, 3:1.

Viertelfinale: Arsenal London – IFK Göteborg 5:1, 0:0; FC Barcelona – FC Valencia 0:1, 3:4; Dynamo Moskau – FC Nantes 0:2 (in Tiflis), 3:2; FC Rijeka – Juventus Turin 0:0, 0:2.

Halbfinale: Arsenal London – Juventus Turin 1:1, 1:0; FC Nantes – FC Valencia 2:1, 0:4.

Endspiel am 14. Mai in Brüssel:

FC Valencia – Arsenal London 0:0 n. V.

Valencia 5:4-Sieger im Elfmeterschießen

Valencia: Pereira – Carrete, Arias, Tendillo, Botubot – Solsona, Bonhof, Subirats (Castellanos) – Saura, Kempes, Pablo.

Tore aus dem 11-m-Schießen: Solsona, Stapleton, Pablo, Sunderland, Castellanos, Talbot, Bonhof, Hollins, Arias (Pereira hielt Elfmeter von Brady und Rix, Jennings von Kempes) – Schiedsrichter: Christov (ČSSR) – Zuschauer: 40000.

1980/81: Dynamo Tiflis

Qualifikation: Celtic Glasgow – VTK Diosgyör 6:0, 1:2; Altay Izmir – Benfica Lissabon 0:0, 0:4.

1. Runde: Fortuna Düsseldorf – Austria Salzburg 5:0, 3:0; AS Rom – FC Carl Zeiss Jena 3:0, 0:4;

FC Sion – Haugar Haugesund 1:1, 0:2; Kastoria – Dynamo Tiflis 0:0, 0:2; Spora Luxemburg – Sparta Prag 0:6, 0:6; Hibernian La Valetta – FC Waterford 1:0, 0:4; Hvidovre Kopenhagen – Fram Reykjavik 1:0, 2:0; Omonia Nikosia – Thor Waterschei 1:3, 0:4; Slavia Sofia – Legia Warschau 3:1, 0:1; Ilves Tampere – Feyenoord Rotterdam 1:3, 2:4; Newport County – Crusaders Belfast 4:0, 0:0; Malmö FF – Partisani Tirana 1:0, 0:0; FC Valencia – AS Monaco 2:0, 3:3; FC Castilla – West Ham United 3:1, 1:5 n. V.; Dinamo Zagreb – Benfica Lissabon 0:0, 0:2; Celtic Glasgow – Politehnica Timisoara 2:1, 0:1.

Achtelfinale: Thor Waterschei – Fortuna Düsseldorf 0:0, 0:1; FC Carl Zeiss Jena – FC Valencia 3:1, 0:1; FC Waterford – Dynamo Tiflis 0:1, 0:4; West Ham United – Politehnica Timisoara 4:0, 0:1; Hvid. Kopenhagen – Feyen. Rotterdam 1:2, 0:1; Malmö FF – Benfica Lissabon 1:0, 0:2; Sparta Prag – Slavia Sofia 2:0, 0:3; Haugar Haugesund – Newport County 0:0, 0:6.

Viertelfinale: Fortuna Düsseldorf – Benfica Lissabon 2:2, 0:1; West Ham United – Dynamo Tiflis 1:4, 1:0; Slavia Sofia – Feyenoord Rotterdam 3:2, 0:4; FC Carl Zeiss Jena – Newport County 2:2, 1:0.

Halbfinale: Dynamo Tiflis – Feyenoord Rotterdam 3:0, 0:2; FC Carl Zeiss Jena – Benfica Lissabon 2:0, 0:1.

Endspiel am 13. Mai in Düsseldorf:

Dynamo Tiflis – FC Carl Zeiss Jena 2:1 (0:0)

Tiflis: Gabelija – Kostowa, Tschiwadse, Chisanischwili, Tawadse – Darasselija, Swanadse (Kakilaschwili), Sulakwelidse – Guzajew, Kipiani, Schengelija.

Tore: Guzajew, Darasselija (Tiflis), Hoppe (Jena) – Schiedsrichter: Lattanzi (Italien) – Zuschauer: 9000.

1981/82: FC Barcelona

Qualifikation: Politehnica Timisoara – 1. FC Lok Leipzig 2:0, 0:5.

1. Runde: Eintr. Frankfurt – PAOK Saloniki 2:0, 0:2 n. V. (Frankfurt Sieger nach Elfmeterschießen 5:4); Swansea City – 1. FC Lok Leipzig 0:1, 1:2; Dynamo Tiflis – Grazer AK 2:0, 2:2; Lausanne Sports – Kalmar FF 2:1, 2:3; Ajax Amsterdam – Tottenham Hotspur 1:3, 0:3; FC Floriana La Valetta – Standard Lüttich 1:3, 0:9; Jeunesse Esch – Velez Mostar 1:1, 1:6; Kotka TP – SEC Bastia 0:0, 0:5; Valerengen Oslo – Legia Warschau 2:2, 1:4; ASK Rostow – Ankaragücü 3:0, 2:0; Paralimni Famagusta – Vasas Budapest 1:0, 0:8; Ballymena United – AS Rom 0:2, 0:4; Fram Reykjavik – FC Dundalk 2:1, 0:4; Vejle BK – FC Porto 2:1, 0:3; Dukla Prag – Glasgow Rangers 3:0, 1:2; FC Barcelona – Trakia Plovdiv 4:1, 0:1.

Achtelfinale: ASK Rostow – Eintracht Frankfurt 1:0, 0:2; 1. FC Lok Leipzig – Velez Mostar 1:1, 1:1 n. V., (Leipzig 3:0-Sieger nach Elfmeterschießen); Legia Warschau – Lausanne Sports 2:1, 1:1; Dukla Prag – FC Barcelona 1:0, 0:4; FC Porto – AS Rom 2:0, 0:0; FC Dundalk – Tottenham Hotspur 1:1, 0:1; Vasas Budapest – Standard Lüttich 0:2, 1:2; SEC Bastia – Dynamo Tiflis 1:1, 1:3.

Viertelfinale: Tottenham Hotspur – Eintr. Frankfurt 2:0, 1:2; Legia Warschau – Dynamo Tiflis 0:1, 0:1; Standard Lüttich – FC Porto 2:0, 2:2; 1. FC Lok Leipzig – FC Barcelona 0:3, 2:1.

Halbfinale: Dynamo Tiflis – Standard Lüttich 0:1, 0:1; Tottenham Hotspur – FC Barcelona 1:1, 0:1.

Endspiel am 12. Mai in Barcelona:

FC Barcelona – Standard Lüttich 2:1 (1:1)

FC Barcelona: Urruti – Gerardo, Alesanco, Migueli, Manolo – Sanchez, Esteban, Moratalla – Simonsen, Quini, Carrasco.

Tore: Simonsen, Quini (Van der Smissen.) – Schiedsrichter: Eschweiler (Deutschland). – Zuschauer: 85000.

1982/83: FC Aberdeen

Qualifikation: FC Aberdeen – FC Sion 7:0, 4:1; Swansea City – Sporting Braga 3:0, 0:1.

1. Runde: Torpedo Moskau – Bayern München 1:1, 0:0; Dynamo Dresden – B 1893 Kopenhagen 3:2, 1:2; IFK Göteborg – Ujpest Budapest 1:1, 1:3; FC Limerick – AZ 67 Alkmaar 1:1, 0:1; Thor Waterschei – RB Differdingen 7:1, 1:0; IB Vestmannaeyar – Lech Posen 0:1, 0:3 Galatasaray Istanbul – Kuusysi Lahti 2:1, 1:1; Lok Sofia – FC Paris St. Germain 1:0, 1:5; Lilleström SK – Roter Stern Belgrad 0:4, 0:3; FC Barcelona – Apollon Limassol 8:0, 1:1; FC Baia Mare – Real Madrid 0:0, 2:5; Austria Wien – Panathinaikos Athen 2:0, 1:2; Inter Mailand – Slovan Bratislava 2:0, 1:2; FC Coleraine – Tottenham Hotspur 0:3, 0:4; FC Aberdeen – Dynamo Tirana 1:0, 0:0; Swansea City – Sliema Wanderers 12:0, 5:0.

Achtelfinale: Tottenham Hotspur – Bayern München 1:1, 1:4; Galatasaray Istanbul – Austria Wien 2:4, 1:0; Roter Stern Belgrad – FC Barcelona 2:4, 1:2; AZ 67 Alkmaar – Inter Mailand 1:0, 0:2; FC Aberdeen – Lech Posen 2:0, 1:0; Swansea City – FC Paris St. Germain 0:1, 0:2; B 93 Kopenhagen – Thor Waterschei 0:2, 1:4; Real Madrid – Ujpest Budapest 3:1, 1:0.
Viertelfinale: Bayern München – FC Aberdeen 0:0, 2:3; FC Paris-St. Germain – Thor Waterschei 2:0, 0:3 n. V.; Austria Wien – FC Barcelona 0:0, 1:1; Inter Mailand – Real Madrid 1:1, 1:2.
Halbfinale: FC Aberdeen – Thor Waterschei 5:1, 0:1; Austria Wien – Real Madrid 2:2, 1:3.

Endspiel am 11. Mai in Göteborg:

Real Madrid – FC Aberdeen 1:2 (1:1, 1:1) n. V.

FC Aberdeen: Leighton – Rougvie, Miller, McLeish, McMaster – Cooper, Simpson, Strachan – McGhee, Black (Hewitt), Weir.
Tore: Black, Hewitt (Juanito). – Schiedsrichter: Menegali (Italien). – Zuschauer: 17804.

1983/84: Juventus Turin

Qualifikation: Swansea City – 1. FC Magdeburg 1:1, 0:1.
1. Runde: Wacker Innsbruck – 1. FC Köln 1:0, 1:7; IA Akranes – FC Aberdeen 1:2, 1:1; FC La Valetta – Glasgow Rangers 0:8, 0:10; Glentoran Belfast – FC Paris St. Germain 1:2, 1:2; Juventus Turin – Lechia Danzig 7:0, 3:2; Paralimni Famagusta – SK Beveren 2:4, 1:3; Dinamo Zagreb – FC Porto 2:1, 0:1; Mersin Idmanyurdu – ESK Spartak Varna 0:0, 0:1; Manchester United – Dukla Prag 1:1, 2:2; Servette Genf – Avenir Beggen 4:0, 5:1; NEC Nimwegen – Brann Bergen 1:1, 1:0; AEK Athen – Ujpest Budapest 2:0, 1:4; Sligo Rovers – Haka Valkeakoski 0:1, 0:3; B 01 Nyköbing – Schachtjor Donezk 1:5, 2:4; Hammarby IF – Nentori Tirana 4:0, 1:2; 1. FC Magdeburg – FC Barcelona 1:5, 0:2.
Achtelfinale: Ujpest Budapest – 1. FC Köln 3:1, 2:4; Schachtjor Donezk – Servette Genf 1:0, 2:1; FC Paris St. Germain – Juventus Turin 2:2, 0:0; SK Beveren – FC Aberdeen 0:0, 1:4; Hammarby IF – Haka Valkeakoski 1:1, 1:2 n. Verl. (in Helsinki); NEC Nimwegen – FC Barcelona 2:3, 0:2; Glasgow Rangers – FC Porto 2:1, 0:1; Spartak Varna – Manchester United 1:2, 0:2.
Viertelfinale: Haka Valkeakoski – Juventus Turin 0:1 (in Straßburg), 0:1; Ujpest Budapest – FC Aberdeen 2:0, 0:3 n. Verl.; FC Barcelona – Manchester United 2:0, 0:3; FC Porto – Schachtjor Donezk 3:2, 1:1.
Halbfinale: Manchester United – Juventus Turin 1:1, 1:2; FC Porto – FC Aberdeen 1:0, 1:0.

Endspiel am 16. Mai in Basel:

Juventus Turin – FC Porto 2:1 (2:1)

Juventus: Tacconi – Gentile, Scirea, Brio, Cabrini – Bonini, Tardelli, Platini, Vignola (Caricola) – Rossi, Boniek.
Tore: Vignola, Boniek (Sousa). – Schiedsrichter: Prokop (DDR). – Zuschauer: 60000.

1984/85: FC Everton Liverpool

1. Runde: Bayern München – Moss FK 4:1, 2:1; Malmö FF – Dynamo Dresden 2:0, 1:4; Rapid Wien – Besiktas Istanbul 4:1, 1:1; Trakia Plovdiv – Union Luxemburg 4:0, 1:1; Apoel Nikosia – Servette Genf 0:3, 1:3; Dynamo Moskau – Hajduk Split 1:0, 5:2 (in Osijek); KB Kopenhagen – Fortuna Sittard 0:0, 0:3; Wisla Krakau – IB Vestmannaeyar 4:2, 3:1; Banyasz Siofok – FC Larissa 1:1 (in Szekesfehervar), 0:2; Ballymena United – Hamrun Spartans 0:1, 1:2; Inter Bratislava – Kuusysi Lahti 2:1, 0:0; AA Gent – Celtic Glasgow 1:0, 0:3; FC Wrexham – FC Porto 1:0, 3:4; FC Metz – FC Barcelona 2:4, 4:1; AS Rom – Steaua Bukarest 1:0, 0:0; UC Dublin – FC Everton 0:0, 0:1.
Achtelfinale: Bayern München – Trakia Plovdiv 4:1, 0:2; Fortuna Sittard – Wisla Krakau 2:0, 1:2; Dynamo Moskau – Hamrun Spartans 5:0, 1:0; Inter Bratislava – FC Everton 0:1, 0:3; AS Rom – FC Wrexham 2:0, 1:0; Rapid Wien – Celtic Glasgow 3:1 (0:3 annulliert), 1:0 (in Manchester); FC Larissa – Servette Genf 2:1, 1:0; Dynamo Dresden – FC Metz 3:1, 0:0.
Viertelfinale: Bayern München – AS Rom 2:0, 2:1; FC Everton – Fortuna Sittard 3:0, 2:0; FC Larissa – Dynamo Moskau 0:0, 0:1; Dynamo Dresden – Rapid Wien 3:0, 0:5.
Halbfinale: Bayern München – FC Everton 0:0, 1:3; Rapid Wien – Dynamo Moskau 3:1, 1:1.

Endspiel am 15. Mai in Rotterdam:

FC Everton – Rapid Wien 3:1 (0:0).

Everton: Southall – Stevens, Mountfield, Ratcliffe – van den Hauwe, Reid, Steven, Bracewell, Sheedy – Gray, Sharp.
Tore: Gray, Steven, Sheedy (Krankl.). – Schiedsrichter: Casarin (Italien). – Zuschauer: 45000.

1985/86: Dynamo Kiew

1. Runde: FC Zurrieq – Bayer Uerdingen 0:3 (in Valetta), 0:9; CS Brügge – Dynamo Dresden 3:2, 1:2; AS Monaco – Universitatea Craiova – 2:0, 0:3; Rapid Wien – Banyasz Tatabanya 5:0, 1:1; Galatasaray Istanbul – Widzew Lodz 1:0, 1:2, HJK Helsinki – Flamurtari Vlora 3:2, 2:1; Atletico Madrid – Celtic Glasgow 1:1, 2:1; FC Utrecht – Dynamo Kiew 2:1, 1:4; AIK Stockholm – Red Boys Differdingen 8:0, 5:0; FC Larissa – Sampdoria Genua 1:1, 0:1; AEL Limassol – Dukla Prag 2:2, 0:4; Fredrikstad FK – Bangor City 1:1, 0:0; Roter Stern Belgrad – FC Aarau 2:0, 2:2 (in Zürich); Fram Reykjavik – Glentoran Belfast 3:1, 0:1; Galway United – Lyngby BK 0:1, 2:3; Freilos: Benfica Lissabon.
Achtelfinale: Bayer Uerdingen – Galatasaray Istanbul 2:0, 1:1; Dukla Prag – AIK Stockholm 1:0, 2:2; Benfica Lissabon – Sampdoria Genua 2:0, 0:1; Rapid Wien – Fram Reykjavik 3:0, 1:2; Lyngby BK – Roter Stern Belgrad 2:2, 1:3; Universitatea Craiova – Dynamo Kiew 2:2, 0:3; Bangor City – Atletico Madrid 0:2, 0:1; HJK Helsinki – Dynamo Dresden 1:0, 2:7.
Viertelfinale: Dynamo Dresden – Bayer Uerdingen 2:0, 3:7; Rapid Wien – Dynamo Kiew 1:4, 1:5; Dukla Prag – Benfica Lissabon 1:0, 1:2; Roter Stern Belgrad – Atletico Madrid 0:2, 1:1.
Halbfinale: Atletico Madrid – Bayer Uerdingen 1:0, 3:2; Dynamo Kiew – Dukla Prag 3:0, 1:1.

Endspiel am 2. Mai in Lyon:

Dynamo Kiew – Atletico Madrid 3:0 (1:0)

Dynamo: Tschanow – Bessonow – Baltatscha (39. Bal), Kusnezow – Demjanenko, Jaremtschuk, Raz, Jakowlenko,Sawarow (69. Jewtuschenko) – Belanow, Blochin.
Tore: Sawarow, Blochin, Jewtuschenko. – Schiedsrichter: Wöhrer (Österreich). – Zuschauer: 45000.

1986/87: Ajax Amsterdam

1. Runde: VfB Stuttgart – Spartak Trnava 1:0, 0:0; Glentoran Belfast – Lokomotive Leipzig 1:1, 0:2; Rapid Wien – FC Brügge 4:3, 3:3; AS Rom – Real Saragossa 2:0, 0:2 n. V., 3:4 Elfmeterschießen; Benfica Lissabon – Lilleström SK 2:0, 2:1; Nentori Tirana – Dinamo Bukarest 1:0, 2:1; Malmö FF – Apollon Limassol 6:0, 1:2; FC Aberdeen – FC Sion 2:1, 0:3; FC Waterford – Girondins Bordeaux 1:2, 0:4; Bursaspor – Ajax Amsterdam 0:2, 0:5; FC Zurrieq – FC Wrexham 0:3, 0:4; Haka Valkeakoski – Torpedo Moskau 2:2, 1:3; Olympiakos Piräus – Union Luxemburg 3:0, 3:0; Fram Reykjavik – GKS Kattowitz 0:3, 0:1; B1903 Kopenhagen – Vitoscha Sofia 1:0, 0:2; Vasas Budapest – Velez Mostar 2:2, 2:3.
Achtelfinale: Torpedo Moskau – VfB Stuttgart 2:0, 5:3; Rapid Wien – Lokomotive Leipzig 1:1, 1:2 n. V., Benfica Lissabon – Girondins Bordeaux 1:1, 0:1; Nentori Tirana – Malmö FF 0:3, 0:0; Ajax Amsterdam – Olympiakos Piräus 4:0, 1:1; Real Saragossa – FC Wrexham 0:0, 2:2 n. V.; Vitoscha Sofia – Velez Mostar 2:0, 3:4; GKS Kattowitz – FC Sion 2:2, 0:3.
Viertelfinale: Lokomotive Leipzig – FC Sion 2:0, 0:0; Malmö FF – Ajax Amsterdam 1:0, 1:3; Girondins Bordeaux – Torpedo Moskau 1:0, 2:3 (in Tiflis); Real Saragossa – Vitoscha Sofia 2:0, 2:0.
Halbfinale: Girondins Bordeaux – Lokomotive Leipzig 0:1, 1:0 n. V., 5:6 Elfmeterschießen; Real Saragossa – Ajax Amsterdam 2:3, 0:3.

Endspiel am 13. Mai in Athen:

Ajax Amsterdam – Lokomotive Leipzig 1:0 (1:0)

Ajax: Menzo – Silooy, Verlaat, Boeve – Wouters, Winter, Rijkaard, A. Mühren (Scholten) – van't Schip, van Basten, Witschge (Bergkamp).
Tor: Van Basten. – Schiedsrichter: Agnolin (Italien). – Zuschauer: 35000.

1987/88: KV Mechelen

Qualifikation: AEL Limassol – Dunajska Streda 0:1, 1:5.
1. Runde: Avenir Beggen – Hamburger SV 0:5, 0:3; KV Mechelen – Dinamo Bukarest 1:0, 2:0; Lokomotive Leipzig – Olympique Marseille 0:0, 0:1; Aalborg BK – Hajduk Split 1:0, 0:1 n.V., (Split 4:2-Sieger nach Elfmeterschießen); Ajax Amsterdam – FC Dundalk 4:0, 2:0; Real San Sebastian – Slask Breslau 0:0 (in Bilbao), 2:0; Sporting Lissabon – FC Tirol 4:0, 2:4; Dynamo Minsk – Genclerbirligi 2:0, 2:1 (in Ankara); Rovaniemi PS – Glentoran Belfast 0:0, 1:1; Vlaznia Shkodra – Sliema Wanderers 2:0, 4:0; Dunajska Streda – Young Boys Bern 2:1, 1:3; IA Akranes – Kalmar FF 0:0, 0:1 n.V.; Vitoscha Sofia – Iraklion Kreta 1:0, 1:3; Ujpest Budapest – FC Den Haag 1:0, 1:3; FC St. Mirren – Tromsö IL 1:0, 0:0; Merthyr Tydfil – Atalanta Bergamo 2:1, 0:2.
Achtelfinale: Hamburger SV – Ajax Amsterdam 0:1, 0:2; Vlaznia Shkodra – Rovaniemi PS 0:1, 0:1; Iraklion Kreta – Atalanta Bergamo 1:0 (in Saloniki), 0:2; FC Den Haag – Young Boys Bern

2:1, 0:1; Real San Sebastian – Dynamo Minsk 1:1, 0:0; Kalmar FF – Sporting Lissabon 1:0, 0:5; KV Mechelen – FC St. Mirren 0:0, 2:0; Olympique Marseille – Hajduk Split 4:0, 2:0.
Viertelfinale: KV Mechelen – Dynamo Minsk 1:0, 1:1; Atalanta Bergamo – Sporting Lissabon 2:0, 1:1; Young Boys Bern – Ajax Amsterdam 0:1, 0:1; Rovaniemi PS – Olympique Marseille 0:1 (in Lecce), 0:3.
Halbfinale: KV Mechelen – Atalanta Bergamo 2:1, 2:1; Olympique Marseille – Ajax Amsterdam 0:3, 2:1.

Endspiel am 11. Mai in Straßburg:
KV Mechelen – Ajax Amsterdam 1:0 (0:0)
KV Mechelen: Preud'homme – Clijsters – Sanders, Rutjes, Deferm – Emmers, E. Koeman, de Wilde (Demesmaeker), Hofkens (Theunis) – Ohana, den Boer.
Tor: den Boer. – Schiedsrichter: Pauly (Deutschland). – Zuschauer: 39440.

1988/89: FC Barcelona

Qualifikation: ESSC Bekescsaba – Bryne IL 3:0, 1:2.
1. Runde: Grasshopper Zürich – Eintracht Frankfurt 0:0 (in Basel), 0:1; Omonia Nikosia – Panathinaikos Athen 0:1, 0:2; FC Floriana – Dundee United 0:0, 0:1; Sakaryaspor – ESSC Bekescsaba 2.0, 0:1; Dinamo Bukarest – Kuusysi Lathi 3:0, 3:0; Flamurtari Vlora – Lech Posen 2:3, 0:1; FC Jena – Kremser SC 5:0, 0:1; Derry City – Cardiff City 0.0, 0:4; IFK Norrköping – Sampdoria Genua 2:1, 0:2 (in Cremona); FC Metz – RSC Anderlecht 1:3, 0:2; Borac Banjaluka – Metallist Charkow 2:0, 0:4; Roda JC Kerkrade – Vitoria Guimaraes 2:0, 0:1; KV Mechelen – Avenir Beggen 5:0, 3:1; Inter Preßburg – Armeeklub Sofia 2:3, 0:5; Fram Reykjavik – FC Barcelona 0:2, 0:5; FC Glenavon – Aarhus GF 1:4, 1:3.
Achtelfinale: Eintracht Frankfurt – Sakaryaspor 3:1, 3:0; KV Mechelen – RSC Anderlecht 1:0, 2:0, Dundee United – Dinamo Bukarest 0:1, 1:1; FC Barcelona – Lech Posen 1:1, 1:1 n. V./5:4 Elfmeterschießen; FC Jena – Sampdoria Genua 1:1, 1:3; Armeeklub Sofia – Panathinaikos Athen 2:0, 1:0; Cardiff City – Aarhus GF 1:2, 0:4; Roda JC Kerkrade – Metallist Charkow 1:0, 0:0.
Viertelfinale: Eintracht Frankfurt – KV Mechelen 0:0, 0:1; Armeeklub Sofia – Roda JC Kerkrade 2:1, 1:2 n. V./4:3 Elfmeterschießen; Dinamo Bukarest – Sampdoria Genua 1:1, 0:0 (in Cremona); Aarhus GF – FC Barcelona 0:1, 0:0.
Halbfinale: FC Barcelona – Armeeklub Sofia 4:2, 2:1; KV Mechelen – Sampdoria Genua 2:1, 0:3.

Endspiel am 10. Mai in Bern:
FC Barcelona – Sampdoria Genua 2:0 (1:0)
FC Barcelona: Zubizarreta – Aloisio, Alesanco, Urbano – Milla (Soler), Amor, Eusebio, Roberto – Lineker, Julio Salinas, Beguiristain (Lopez-Rekarte).
Tore: Julio Salinas, Lopez-Rekarte. – Schiedsrichter: Courtney (England). – Zuschauer: 45000.

1989/90: Sampdoria Genua

Qualifikation: Tschernomoretz Burgas – Dinamo Tirana 3:1, 0:4.
1. Runde: Besiktas Istanbul – Borussia Dortmund 0:1, 1:2; Panathinaikos Athen – Swansea City 3:2, 3:3; RSC Anderlecht – Ballymena United 6:0, 4:0; Brann Bergen – Sampdoria Genua 0.2, 0:1; FC Barcelona – Legia Warschau 1:1, 1:0; Union Luxemburg – Djurgarden Stockholm 0:0, 0:5; Partizan Belgrad – Celtic Glasgow 2:1 (in Mostar), 4:5; Valur Reykjavik – Dynamo Berlin 1:2, 1:2; Slovan Preßburg – Grasshopper Zürich 3:0, 0:4 n.V.; Belenenses Lissabon – AS Monaco 1:1, 0:3; Real Valladolid – Hamrun Spartans 5:0, 1:0; Dinamo Tirana – Dinamo Bukarest 1:0, 0:2; FC Groningen – Ikast FS 1:0, 2:1; Ferencvaros Budapest – Haka Valkeakoski 5:1, 1:1; Admira/Wacker – AEL Limassol 3:0, 0:1; Torpedo Moskau – Cork City 5:0, 1:0.
Achtelfinale: Borussia Dortmund – Sampdoria Genua 1:1, 0:2; RSC Anderlecht – FC Barcelona 2:0, 1:2 n.V.; FC Groningen – Partizan Belgrad 4:3, 1:3; Admira/Wacker – Ferencvaros Budapest 1:0 1:0 (in Szeged); As Monaco – Dynamo Berlin 0:0, 1:1 n.V.; Real Valladolid – Djurgarden Stockholm 2:0, 2:2; Panathinaikos Athen – Dinamo Bukarest 0:2, 1:6; Torpedo Moskau – Grasshopper Zürich 1:1, 0:3.
Viertelfinale: Sampdoria Genua – Grasshopper Zürich 2:0, 2:1; RSC Anderlecht – Admira/Wakker 2:0, 1:1; Dinamo Bukarest – Partizan Belgrad 2:1, 2:0 (in Titograd); Real Valladolid – AS Monaco 0:0, 0:0 n.V./1:3 Elfmeterschießen.
Halbfinale: AS Monaco – Sampdoria Genua 2:2, 0:2; RSC Anderlecht – Dinamo Bukarest 1:0, 1:0.

Endspiel am 9. Mai in Göteborg:

Sampdoria Genua – RSC Anderlecht 2:0 (0:0, 0:0) n.V.

Sampdoria: Pagliuca – Pellegrini – Mannini, Vierchowod, Carboni – Invernizzi (Lombardo), Paris, Katanec (Salsano), Dossena – Vialli, Mancini.
Tore Vialli (2). – Schiedsrichter: Galler (Schweiz). – Zuschauer: 20103.

MESSEPOKAL/UEFA-POKAL

1958	STADTELF BARCELONA	1975	BORUSSIA M'GLADBACH
1960	FC BARCELONA	1976	FC LIVERPOOL
1961	AS ROM	1977	JUVENTUS TURIN
1962	FC VALENCIA	1978	PSV EINDHOVEN
1963	FC VALENCIA	1979	BORUSSIA M'GLADBACH
1964	REAL SARAGOSSA	1980	EINTRACHT FRANKFURT
1965	FERENCVAROS BUDAP.	1981	IPSWICH TOWN
1966	FC BARCELONA	1982	IFK GÖTEBORG
1967	DINAMO ZAGREB	1983	RSC ANDERLECHT
1968	LEEDS UNITED	1984	TOTTENHAM HOTSPUR
1969	NEWCASTLE UNITED	1985	REAL MADRID
1970	ARSENAL LONDON	1986	REAL MADRID
1971	LEEDS UNITED	1987	IFK GÖTEBORG
1972	TOTTENHAM HOTSPUR	1988	BAYER LEVERKUSEN
1973	FC LIVERPOOL	1989	SSC NEAPEL
1974	FEYEN. ROTTERDAM	1990	JUVENTUS TURIN

Ein 1955 begründeter Wettbewerb, der ursprünglich den Stadtmannschaften der „klassischen" europäischen Messestädte vorbehalten war. Doch schon im zweiten Wettbewerb 1959/60 übernahmen verschiedene Klubmannschaften die Vertretung ihrer Städte. Ab 1963 nahmen nur noch Klubmannschaften teil. Ursprünglich erstreckte sich jeder Wettbewerb über drei Jahre, ab 1961 wurde der Messepokal alljährlich ausgespielt und der Teilnehmerkreis vergrößert. Ab 1971/72 steht der Wettbewerb unter Leitung der UEFA und heißt seitdem UEFA-Pokal.

1955/58: Barcelona

Gruppe 1: Barcelona – Kopenhagen 5:2, 1:1; **Gruppe 2:** Lausanne – Leipzig 7:3, 3:6; **Gruppe 3:** Basel – London 0:5, 0:1; London – Frankfurt/Main 3:2, 0:1; Frankfurt/Main – Basel 5:1, 2:6; **Gruppe 4:** Internazionale Mailand – Birmingham 0:0, 1:2; Zagreb – Birmingham 0:1, 0:3; Zagreb – Internazionale Mailand 0:1, 0:4.
Halbfinale: Lausanne – London 2:1, 0:2; Birmingham – Barcelona 4:3, 0:1, 1:2.
Endspiele: London – Barcelona 2:2 und 0:6.
Die Siegermannschaft: Estrems (Ramallets); Olivella, Segarra; Gensana, Verges, Ribelles (Brugue); Basora, Evaristo, Martinez, Villaverde (Suarez), Tejada.

1958/60: FC Barcelona

Gruppe 1: FC Barcelona – FC Basel 5:2, 2:1; Internazionale Mailand – Olympique Lyon 7:0, 1:1; Belgrad – Lausanne 6:1, 5:3; Chelsea London – Frem Kopenhagen 4:1, 3:1; FC Barcelona – Inter Mailand 4:0, 4:2; Chelsea London – Belgrad 1:0, 1:4; Belgrad – FC Barcelona 1:1, 1:3.

Gruppe 2: Birmingham – Köln 2:0, 2:2; Zagreb – Ujpest Budapest 4:2, 0:1; Union St. Gilloise Brüssel – Leipzig 6:1, 0:1; AS Rom – Hannover 96 1:1, 3:1; Union St. Gilloise Brüssel – AS Rom 2:0, 1:1; Zagreb – Birmingham 3:3, 0:1; Birmingham – Union St. Gilloise Brüssel 4:2, 4:2.
Endspiele: FC Barcelona – Birmingham 1:1, 4:1.
Die Siegermannschaft: Ramallets; Olivella; Garcia; Verges, Rodri, Segarra; Coll, Ribelles, Martinez, Kubala, Czibor (Kocsis, Gensana).

1960/61: AS Rom

Gruppe 1: Dinamo Zagreb – FC Barcelona 1:1, 3:4; Olympique Lyon – Köln 1:3, 2:1; Union St. Gilloise Brüssel – AS Rom 0:0, 1:4; Lausanne verzichtet gegen Edinburgh; Köln – AS Rom 0:2, 2:0 und (auch in Rom) 1:4; FC Barcelona – Hibernian Edinburgh 4:4, 2:3; AS Rom – Hibernian Edinburgh 3:3, 2:2, 6:0 (in Rom).
Gruppe 2: BK Kopenhagen – Basel 8:1, 3:3; Birmingham – Ujpest Budapest 3:2, 2:1; Internazionale Mailand – Hannover 8:2, 6:1; Leipzig – Belgrad 5:2, 1:4; 0:2 (in Budapest); Internazionale Mailand – Belgrad 5:0, 0:1; Birmingham – Kopenhagen 5:0, 4:4; Internazionale Mailand – Birmingham 1:2, 1:2.
Endspiele: AS Rom – Birmingham 2:0, 2:2.
Die Siegermannschaft: Cudicini; Fontana, Corsini; Guiliano (Pestrin), Losi, Carpanesi; Orlando, Da Costa (Lojacono), Manfredini, Angelillo, Menichelli.

1961/62: FC Valencia

Gruppe 1: Spartak Brünn – Leipzig 2:2, 1:4; Racing Straßburg – MTK Budapest 1:3, 2:10; AC Mailand – Vojvodina Novi Sad 0:0, 0:2; Iraklis Saloniki – Vojvodina Novi Sad 2:1, 1:9; MTK Budapest – Leipzig 3:0, 0:3, 2:0 (in Preßburg); Vojvodina Novi Sad – MTK Budapest 1:4, 1:2.
Gruppe 2: Dinamo Zagreb – Kopenhagen 2:2, 7:2; Berlin (West) – FC Barcelona 1:0, 0:3; Olympique Lyon – Sheffield Wednesday 4:2, 2:5; FC Barcelona – Dinamo Zagreb 5:1, 2:2; Sheffield Wednesday – AS Rom 4:0, 0:1; Sheffield Wednesday – FC Barcelona 3:2, 0:2.
Gruppe 3: Hannover 96 – Espanol Barcelona 0:1, 0:2; FC Basel – Roter Stern Belgrad 1:1, 1:4; Belenenses Lissabon – Hibernian Edinburgh 1:3, 3:3; Roter Stern Belgrad – Hibernian Edinburgh 4:0, 1:0; Español Barcelona – Birmingham 5:2, 0:1; Roter Stern Belgrad – Español Barcelona 5:0, 1:2.
Gruppe 4: Heart of Midlothian – Union St. Gilloise Brüssel 2:0, 3:1; 1. FC Köln – Internazionale Mailand 4:2, 0:2 und (auch in Mailand) 3:5; FC Valencia – Nottingham Forest 2:0, 5:1; Heart of Midlothian Edinburgh – Internazionale Mailand 0:1, 0:4; FC Valencia – Lausanne Sports 4:3 (nur ein Spiel), FC Valencia – Internazionale Mailand 2:0, 3:3.
Halbfinale: MTK Budapest – FC Valencia 3:7, 0:3; FC Barcelona – Roter Stern Belgrad 4:1, 2:0.
Endspiele: FC Valencia – FC Barcelona 6:2, 1:1.
Die Siegermannschaft: Zamora; Piquer, Mestre; Sastre, Quincoces, Chicao; Nunez, Ribelles, Waldo, Guillot, Yosu.

1962/63: FC Valencia

Gruppe 1: DOS Utrecht – Tasmania Berlin 3:2, 2:1; Hibernian Edinburgh – BK 03 Kopenhagen 4:0, 3:2; DOS Utrecht – Hibernian Edinburgh 0:1, 1:2.
Gruppe 2: FC Barcelona – Belenenses Lissabon 1:1, 1:1, 3:2; Rapid Wien – Roter Stern Belgrad 1:1, 0:1, Roter Stern Belgrad – FC Barcelona 3:2, 0:1, 1:0.
Gruppe 3: Bayern München – FC Basel 3:0 (nur ein Spiel); Drumcondra Dublin – BK 09 Odense 4:1, 2:4; Bayern München – Drumcondra Dublin 6:0, 0:1.
Gruppe 4: Altay Izmir – AS Rom 2:3, 1:10; Glentoran Belfast – Real Saragossa 0:2, 2:6; AS Rom – Real Saragossa 2:1, 4:2.
Gruppe 5: Viktoria Köln – Ferencvaros Budapest 4:3, 1:4; Sampdoria Genua – Aris Bonneweg 1:0, 2:0; Sampdoria Genua – Ferencvaros Budapest 1:0, 0:6.
Gruppe 6: FC Porto – Dinamo Zagreb 1:2, 0:0; Olympique Marseille – Union St. Gilloise Brüssel 1:0, 2:4; Dinamo Zagreb – Union St. Gilloise Brüssel 2:1, 0:1, 3:2 (in Linz).
Gruppe 7: FC Everton – Dunfermline 1:0, 0:2; FC Valencia – Celtic Glasgow 4:2, 2:2; FC Valencia – Dunfermline 4:0, 2:6, 1:0 (in Lissabon).
Gruppe 8: Vojvodina Novi Sad – Leipzig 1:0, 0:2; Petrolul Ploesti – Spartak Brünn 4:0, 1:0; Petrolul Ploesti – Leipzig 1:0, 0:1, 1:0 (in Budapest).
Viertelfinale: Dinamo Zagreb – Bayern München 4:1, 0:0; Ferencvaros Budapest – Petrolul Ploesti 2:0, 0:1; AS Rom – Roter Stern Belgrad 3:0, 0:2; FC Valencia – Hibernian Edinburgh 5:0, 1:2.
Halbfinale: FC Valencia – AS Rom 3:0, 0:1; Dinamo Zagreb – Ferencvaros Budapest 2:1, 1:0.
Endspiele: FC Valencia – Dinamo Zagreb 2:0, 2:1.
Die Siegermannschaft: Zamora; Piquer, Chiaco; Paquito, Quincoces, Sastre; Manio, Sanchez-Lage, Waldo, Ribelles, Urtiada (Nunez).

1963/64: Real Saragossa

Gruppe 1: 1. FC Köln – La Gantoise Gent 3:1, 1:1; DOS Utrecht – Sheffield Wednesday 1:4, 1:4; 1. FC Köln – Sheffield Wednesday 3:2, 2:1.
Gruppe 2: Spartak Brünn – Servette Genf 5:0, 2:1; Glentoran Belfast – Partick Thistle 1:4, 0:3; Partick Thistle – Spartak Brünn 3:2, 0:4.
Gruppe 3: FC Arsenal London – BK Kopenhagen 2:3, 7:1; FC Lüttich – Aris Bonneweg 0:0, 2:0; FC Arsenal London – FC Lüttich 1:1, 1:3.
Gruppe 4: Lausanne Sports – Heart of Midlothian Edinburgh 2:2, 4:4, 3:2 n. V. (in Lausanne); Real Saragossa – Iraklis Saloniki 6:1, 3:0; Lausanne Sports – Real Saragossa 1:2, 0:3.
Gruppe 5: Atletico Madrid – FC Porto 2:1, 0:0; Juventus Turin – OFK Belgrad 2:1, 1:2, 1:0; Juventus Turin – Atletico Madrid 1:0, 2:1.
Gruppe 6: Shamrock Rovers – FC Valencia 0:1, 2:2; Rapid Wien – Racing Paris 1:0, 3:2; Rapid Wien – FC Valencia 0:0, 2:3.
Gruppe 7: Hertha BSC Berlin – AS Rom 1:3, 0:2; Jel Tresnjevka Zagreb – Belenenses Lissabon 0:2, 1:2; AS Rom – Belenenses Lissabon 2:1, 1:0.
Gruppe 8: Ujpest Budapest – SC Leipzig 3:2, 0:0; Lokomotive Plovdiv – Steagul Brasov 2:1, 3:1; Ujpest Budapest – Lokomotive Plovdiv 0:0, 3:1.
Viertelfinale: AS Rom – 1. FC Köln 3:1, 0:4; FC Valencia – Ujpest Budapest 5:2, 1:3; Juventus Turin – Real Saragossa 0:0, 2:3; FC Lüttich – Spartak Brünn 2:0, 0:2, 1:0.
Halbfinale: FC Valencia – 1. FC Köln 4:1, 0:2; FC Lüttich – Real Saragossa 1:0, 1:2, 0:2.
Endspiel: Real Saragossa – FC Valencia 2:1.
Die Siegermannschaft: Yarza; Cortize, Reija, Isal; Santamaria, Pais; Canario, Duca, Marcelino, Villa, Lapetra.

1964/65: Ferencvaros Budapest

Gruppe 1: Eintracht Frankfurt – FC Kilmarnock 3:0, 1:5; FC Everton – Valerengen Oslo 4:2, 5:2; FC Everton – Kilmarnock 4:1, 2:0.
Gruppe 2: Borussia Dortmund – Girondins Bordeaux 4:1, 0:2; Manchester United – Djurgarden Stockholm 6:1, 1:1; Manchester United – Borussia Dortmund 4:0, 6:1.
Gruppe 3: Celtic Glasgow – Leixoes Porto 3:0, 1:1; AC Florenz – FC Barcelona 0:2, 1:0; FC Barcelona – Celtic Glasgow 3:1, 0:0.
Gruppe 4: Racing Straßburg – AC Mailand 2:0, 0:1; FC Basel – Spora Luxemburg 2:0, 0:1; Racing Straßburg – FC Basel 5:2, 1:0.
Gruppe 5: Ferencvaros Budapest – Spartak Brünn 2:0, 0:1; Wiener SK – SC Leipzig 2:1, 1:0; Ferencvaros Budapest – Wiener SK 2:1, 0:1, 2:0.
Gruppe 6: Shelbourne Dublin – Belenenses Lissabon 0:0, 1:1, 2:1; Atletico Madrid – Servette Genf 6:1, 2:2; Atletico Madrid – Shelbourne Dublin 1:0, 1:0.
Gruppe 7: Lokomotive Plovdiv – Vojvodina Novi Sad 1:1, 1:1, 2:0; Petrolul Ploesti – Göztepe Izmir 2:1, 1:0; Lokomotive Plovdiv – Petrolul Ploesti 2:0, 0:1.
Gruppe 8: DOS Utrecht – BK 03 Kopenhagen 2:1, 4:3; FC Lüttich – FC Valencia 3:1, 1:1; FC Lüttich – DOS Utrecht 2:0, 2:0.
Gruppe 9: VfB Stuttgart – BK 1913 Odense 3:1, 1:0; Dunfermline – Örgryte Göteborg 4:2, 0:0, Dunfermline – VfB Stuttgart 1:0, 0:0.
Gruppe 10: Atletico Bilbao – OFK Belgrad 2:2, 2:0; FC Antwerpen – Hertha BSC Berlin 2:0, 1:2; Atletico Bilbao – FC Antwerpen 2:0, 1:0.
Gruppe 11: Stade Français Paris – Betis Sevilla 2:0, 1:1; Juventus Turin – Union St. Gilloise Brüssel 1:0, 1:0; Juventus Turin – Stade Français Paris 1:0, 0:0.
Gruppe 12: AS Rom – Aris Saloniki 3:0, 0:0; FC Zagreb – Grazer AK 3:2, 6:0; AS Rom – FC Zagreb 1:0, 1:1.
Achtelfinale: AS Rom – Ferencvaros Budapest 1:2, 0:1; Atletico Bilbao – Dunfermline 1:0, 0:1, 2:1; Manchester United – FC Everton 2:2, 2:1; Racing Straßburg – FC Barcelona 0:0, 2:2, 0:0; Los für Straßburg; Juventus Turin – Lokomotive Plovdiv 1:1, 1:1, 2:1; FC Lüttich – Atletico Madrid 1:0, 0:2.
Viertelfinale: Racing Straßburg – Manchester United 0:5, 0:0; Ferencvaros Budapest – Atletico Bilbao 1:0, 1:2, 3:0; Atletico Madrid und Juventus Turin Freilos.
Halbfinale: Atletico Madrid – Juventus Turin 3:1, 1:3, 1:3; Manchester United – Ferencvaros Budapest 3:2, 0:1, 1:2.
Endspiel: Ferencvaros Budapest – Juventus Turin 1:0 (in Turin).
Die Siegermannschaft: Gezei; Novak, Matrai; Horvath, Juhasz, Orosz; Karaba, Varga, Albert, Rakosi, Fenyvesi.

1965/66: FC Barcelona

1. Runde: 1. FC Nürnberg – FC Everton 1:1, 0:1; 1. FC Köln – Union Sportive Luxemburg 13:0, 4:0; DOS Utrecht – FC Barcelona 0:0, 1:7; FC Lüttich – FC Zagreb 1:0, 0:2; AC Mailand – Racing Straßburg 1:0, 1:2, 1:1 n. Verl., Los für Mailand; Chelsea London – AS Rom 4:1, 0:0; Hibernian Edinburgh – FC Valencia 2:0, 0:2, 0:3; Stade Français Paris – FC Porto 0:0, 0:1; AIK Stockholm – Daring Brüssel 3:1, 0:0; Malmö FF – TSV 1860 München 0:3, 0:4; Leeds United – AC Turin 2:1, 0:0; PAOK Saloniki – Wiener SK 2:1, 0:6; Spartak Brünn – Lokomotive Plovdiv 2:0, 0:1; Girondins Bordeaux – Sporting Lissabon 0:4, 1:6; Roter Stern Belgrad – AC Florenz 0:4, 1:3; FC Antwerpen – Glentoran Belfast 1:0, 3:3.
2. Runde: Aris Saloniki – 1. FC Köln 2:1, 0:2; Göztepe Izmir – TSV 1860 München 2:1, 1:9; Hannover 96 – FC Porto 5:0, 1:2; AC Mailand – CUF Barreiro 2:0, 0:2, 1:0; Chelsea London – Wiener SK 2:0, 0:1; Sporting Lissabon – Español Barcelona 2:1 3:4, 1:2; Ujpest Budapest – FC Everton 3:0, 1:2; SC Lok. Leipzig – Leeds United 1:2, 0:0; Heart of Midlothian Edinburgh – Valerengen Oslo 1:0, 3:1; FC Barcelona – FC Antwerpen 2:0, 1:2; Dunfermline – BK 03 Kopenhagen 5:0, 4:2; FC Valencia – FC Basel 5:1, 3:1; FC Zagreb – Steagul Brasov 2:2, 0:1; AIK Stockholm – Servette Genf 2:1, 1:4; AC Florenz – Spartak Brünn 2:0, 0:4; Shamrock Rovers – Real Saragossa 1:1, 1:2.
Achtelfinale: 1. FC Köln – Ujpest Budapest 3:2, 0:4; Servette Genf – TSV 1860 München 1:1, 1:4; Hannover 96 – FC Barcelona 2:1, 0:1, 1:1 n. Verl., Los für FC Barcelona; AC Mailand – Chelsea London 2:1, 1:2, 1:1 n. Verl., Los für Chelsea; Spartak Brünn – Dunfermline 0:0, 0:2; Español Barcelona – Steagul Brasov 3:1, 2:4, 1:0; Leeds United – FC Valencia 1:1, 1:0; Heart of Midlothian Edinburgh – Real Saragossa 3:3, 2:2, 0:1.
Viertelfinale: TSV 1860 München – Chelsea London 2:2, 0:1; Leeds United – Ujpest Budapest 4:1, 1:1; FC Barcelona – Español Barcelona 1:0, 1:0; Real Saragossa – Dunfermline 4:2, 0:1.
Halbfinale: FC Barcelona – Chelsea London 2:0, 0:2, 5:0; Real Saragossa – Leeds United 1:0, 1:2, 3:1.
Endspiele: FC Barcelona – Real Saragossa 0:1, 4:2 n. Verl.
Die Siegermannschaft: Sadurni; Foncho, Eladio; Montesino, Gallego, Torres; Zabella, Mas, Zaldua, Fuste, Pujol.

1966/67: Dinamo Zagreb

1. Runde: Frigg Oslo – Dunfermline 1:3, 1:3; Drumcondra Dublin – Eintracht Frankfurt 0:2, 1:6; DOS Utrecht – FC Basel 2:1, 2:2; Roter Stern Belgrad – Atletico Bilbao 5:0, 0:2; Union Sportive Luxemburg – FC Antwerpen 0:1, 0:1; OGC Nizza – Örgryte Göteborg 2:2, 1:2; Olimpia Laibach – Ferencvaros Budapest 3:3, 0:3; Spartak Brünn – Dinamo Zagreb 2:0, 0:2; Los für Zagreb: Wiener SK – SSC Neapel 1:2, 1:3; Arges Pitesti – FC Sevilla 2:0, 2:2; Djurgarden Stockholm – Lokomotive Leipzig 1:3, 1:2; Aris Saloniki – Juventus Turin 0:2, 0:5; Göztepe Izmir – FC Bologna 1:2, 1:3; FC Porto – Girondins Bordeaux 2:1, 1:2; Los für Bordeaux; 1. FC Nürnberg – FC Valencia 1:2, 0:2; VfB Stuttgart – FC Burnley 1:1, 0:2.
2. Runde: DWS Amsterdam – Leeds United 1:3, 1:5; FC Antwerpen – FC Kilmarnock 0:1, 2:7; Gantoise Gent – Girondins Bordeaux 1:0, 0:0; DOS Utrecht – West Bromwich Albion 1:1, 2:5; Lokomotive Leipzig – FC Lüttich 0:0, 1:0; FC Barcelona – Dundee United 1:2, 0:2; Eintracht Frankfurt – Hvidovre Kopenhagen 5:1, 2:2; FC Toulouse – Arges Pitesti 3:0, 1:5; FC Valencia – Roter Stern Belgrad 1:0, 2:1; BK Odense 09 – SSC Neapel 1:4, 1:2; Lausanne Sports – FC Burnley 1:3, 0:5; Sparta Prag – FC Bologna 2:2, 1:2; Dunfermline – Dinamo Zagreb 4:2, 0:2; Juventus Turin – Vitoria Setubal 3:1, 2:0; Örgryte Göteborg – Ferencvaros Budapest 0:0, 1:7; Spartak Plovdiv – Benfica Lissabon 1:1, 0:3.
3. Runde: Juventus Turin – Dundee United 3:0, 0:1; Leeds United – FC Valencia 1:1, 2:0; FC Burnley – SSC Neapel 3:0, 0:0; Lokomotive Leipzig – Benfica Lissabon 3:1, 1:2; FC Bologna – West Bromwich Albion 3:0, 3:1, FC Kilmarnock – Gantoise Gent 1:0, 2:1 n. Verl.; Arges Pitesti – Dinamo Zagreb 0:1, 0:0; Eintracht Frankfurt – Ferencvaros Budapest 4:1, 1:2.
Viertelfinale: Juventus Turin – Dinamo Zagreb 2:2, 0:3; Lokomotive Leipzig – FC Kilmarnock 1:0, 0:2; FC Bologna – Leeds United 1:0, 0:1; Los für Leeds; Eintracht Frankfurt – FC Burnley 1:1, 2:1.
Halbfinale: Eintracht Frankfurt – Dinamo Zagreb 3:0, 0:4 n. Verl.; Leeds United – FC Kilmarnock 4:2, 0:0.
Endspiele: Dinamo Zagreb – Leeds United 2:0, 0:0.
Die Siegermannschaft: Skoric; Gracanin, Brncic, Belin, Ramljak; Blaskovic, Cercek; Piric, Zambata, Gucmirtl, Rora.

1967/68: Leeds United

1. Runde: Malmö FF – FC Liverpool 0:2, 1:2; Lokomotive Leipzig – FC Linfield Belfast 5:1, 0:1; FC Bologna – Lyn Oslo 2:0, 0:0; AC Florenz – OGC Nizza 4:0, 1:0; Eintracht Frankfurt – Nottingham Forest 0:1, 0:4; Hibernian Edinburgh – FC Porto 3:0, 1:3; FC Brügge – Sporting Lissabon 0:0, 1:2; St. Patrick Dublin – Girondins Bordeaux 1:3, 3:6; Spora Luxemburg – Leeds Utd. 0:9, 0:7; Wiener SK – Atletico Madrid 2:5, 1:2; Glasgow Rangers – Dynamo Dresden 2:1, 1:1; Vojvodina Novi Sad – CUF

Barreiro 1:0, 3:1; Servette Genf – TSV 1860 München 2:2, 0:4; Atletico Bilbao – Frem Kopenhagen 3:2, 1:0; DWS Amsterdam – Dundee United 2:1, 0:3; SSC Neapel – Hannover 96 4:0, 1:1; FC Zürich – FC Barcelona 3:1, 0:1; FC Lüttich – PAOK Saloniki 3:2, 2:0; Dinamo Zagreb – Petrolul Ploesti 5:0, 0:2; FC Antwerpen – Göztepe Izmir 1:2, 0:0; DOS Utrecht – Real Saragossa 3:2, 1:3; 1. FC Köln – Slavia Prag 2:0, 2:2; Argesul Pitesti – Ferencvaros Budapest 3:1, 0:4; Partisan Belgrad – Lokomotive Plovdiv 5:1, 1:1.
2. Runde: FC Liverpool – TSV 1860 München 8:0, 1:2; Glasgow Rangers – 1. FC Köln 3:0, 1:3 n. Verl.; Nottingham Forest – FC Zürich 2:1, 0:1; SSC Neapel – Hibernian Edinburgh 4:1, 0:5; Dundee Utd. – FC Lüttich 3:1, 4:1; Vojvodina Novi Sad – Lok. Leipzig 0:0, 2:0; FC Bologna – Din. Zagreb 0:0, 2:1; Real Saragossa – Ferencvaros Budapest 2:1, 0:3; Sp. Lissabon – AC Florenz 2:1, 1:1; Girondins Bordeaux – Atl. Bilbao 1:3, 0:1; Partisan Belgrad – Leeds Utd. 1:2, 1:1; Atl. Madrid – Göztepe Izmir 2:0, 0:3.
3. Runde: Ferencvaros Budapest – FC Liverpool 1:0, 1:0; FC Zürich – Sp. Lissabon 3:0, 0:1; Leeds Utd. – Hibernian Edinburgh 1:0, 1:1; Vojvodina Novi Sad – Göztepe Izmir 1:0, 1:0; Freilos: Dundee Utd., Atl. Bilbao, Glasgow Rangers, FC Bologna.
Viertelfinale: Glasgow Rangers – Leeds Utd. 0:0, 0:2; Ferencvaros Budapest – Atl. Bilbao 2:1, 2:1; FC Bologna – Vojvodina Novi Sad 0:0, 2:0; Dundee Utd. – FC Zürich 1:0, 1:0.
Halbfinale: Ferencvaros Budapest – FC Bologna 3:2, 2:2; Leeds Utd. – Dundee Utd. 1:0, 1:1.
Endspiele: Leeds United – Ferencvaros Budapest 1:0, 0:0.
Die Siegermannschaft: Sprake; Reaney, Cooper, J. Charlton, Lorimer; Bremner, Hunter; Madeley, Jones (Belfitt), Giles (Greenhoff), Gray (Hibbit, Bates, O'Crady).

1968/69: Newcastle United

1. Runde: Atletico Bilbao – FC Liverpool 2:1, 1:2 (Lossieger Bilbao); Hannover 96 – Odense BK 3:2, 1:0; FC Metz – Hamburger SV 1:4, 2:3; Wacker Innsbruck – Eintracht Frankfurt 2:2, 0:3; Daring Club Brüssel – Panathinaikos Athen 2:1, 0:2; Slavia Sofia – FC Aberdeen 0:0, 0:2; Sporting Lissabon – FC Valencia 4:0, 1:4 n. Verl.; Standard Lüttich – Leeds United 0:0, 2:3; Trakia Plovdiv – Real Saragossa 3:1, 0:2; Aris Saloniki – Hibernian La Valetta 1:0, 6:0; FC Bologna – FC Basel 4:1, 2:1; Dinamo Zagreb – AC Florenz 1:1, 1:2; SSC Neapel – Grasshoppers Zürich 3:1, 0:1; Lausanne Sports – Juventus Turin 0:2, 0:2; Chelsea London – Greenock Morton 5:0, 4:3; DOS Utrecht – FC Dundalk 1:1, 1:2 n. Verl.; Skeld Oslo – AIK Stockholm 1:1, 1:2; Hansa Rostock – OGC Nizza 3:0, 1:2; Atletico Madrid – KSV Waregem 2:1, 0:1; Leixoes Porto – Argesul Pitesti 1:1, 0:0; AC Beerschot – DWS Amsterdam 1:1, 1:2; Olympia Laibach – Hibernian Edinburgh 0:3, 1:2; Vitoria Setubal – FC Linfield Belfast 3:0, 2:1; Newcastle United – Feyenoord Rotterdam 4:0, 0:2; Legia Warschau – 1860 München 6:0, 3:2; Rapid Bukarest – OFK Belgrad 3:1, 1:6 n. Verl.; Göztepe Izmir – Olympique Marseille 2:0, 0:2 (Lossieger Göztepe); Wiener Sportclub – Slavia Prag 1:0, 0:5; Glasgow Rangers – Vojvodina Novi Sad 2:0, 0:1; Olympique Lyon – Academica Coimbra 1:0, 0:1 (Lossieger Lyon); Lok Leipzig kampflos Sieger gegen KB Kopenhagen und Ujpest Budapest kampflos Sieger gegen Union Luxemburg.
2. Runde: AIK Stockholm – Hannover 96 4:2, 2:5; Hamburger SV – Slavia Prag 4:1, 1:3; Juventus Turin – Eintracht Frankfurt 0:0, 0:1 n. Verl.; OFK Belgrad – FC Bologna 1:0, 1:1; Hansa Rostock – AC Florenz 3:2, 1:2; Leeds United – SSC Neapel 2:0, 0:2 (Lossieger Leeds); FC Aberdeen – Real Saragossa 2:1, 0:3; Chelsea London – DWS Amsterdam 0:0, 0:0 (Lossieger DWS Amsterdam); Göztepe Izmir – Argesul Pitesti 3:0, 2:3; Vitoria Setubal – Olympique Lyon 5:0, 2:1; Glasgow Rangers – FC Dundalk 6:1, 3:0; Sporting Lissabon – Newcastle United 1:1, 0:1; Aris Saloniki – Ujpest Budapest 1:2, 1:9; KSV Waregem – Legia Warschau 1:0, 0:2; Hibernian Edinburgh – Lok Leipzig 3:1, 1:0; Panathinaikos Athen – Atletico Bilbao 0:0, 0:1.
Achtelfinale: Hamburger SV – Hibernian Edinburgh 1:0, 1:2; Leeds United – Hannover 96 5:1, 2:1; Atletico Bilbao – Eintracht Frankfurt 1:0, 1:1; Vitoria Setubal – AC Florenz 3:0, 1:2; Real Saragossa – Newcastle United 3:2, 1:2; DWS Amsterdam – Glasgow Rangers 0:2, 1:2; OFK Belgrad – Göztepe Izmir 3:1, 0:2; Legia Warschau – Ujpest Budapest 0:1, 2:2.
Viertelfinale: Leeds United – Ujpest Budapest 0:1, 0:2; Newcastle United – Vitoria Setubal 5:1, 1:3; Glasgow Rangers – Atletico Bilbao 4:1, 0:2; Göztepe Izmir kampflos Sieger gegen den Hamburger SV.
Halbfinale: Göztepe Izmir – Ujpest Budapest 1:4, 0:4; Newcastle – Glasgow Rangers 2:0, 0:0.
Endspiele: Newcastle United – Ujpest Budapest 3:0, 3:2.
Die Siegermannschaft: McFaul; Craig, Clark, Gibb, Burton, Moncur; Scott (Foggon); Robson, Davies, Arentoff, Sinclair.

1969/70: Arsenal London

1. Runde: VfB Stuttgart – Malmö FF 3:0, 1:1; Union Las Palmas – Hertha BSC Berlin 0:0, 0:1; TSV 1860 München – Skeid Oslo 2:2, 1:2; Hannover 96 – Ajax Amsterdam 2:1, 0:3; FC Carl Zeiss Jena – Altay Izmir 1:0, 0:0; FC Hansa Rostock – Panionios Athen 3:0, 0:2; Wiener SK – Ruch Chorzow 4:2, 1:4; Sporting Lissabon – Linzer ASK 4:0, 2:2; Lausanne Sports – ETO Györ 1:2, 1:2; FC Zürich – FC Kilmarnock 3:2, 1:3; FC Rouen – FC Twente 2:0, 0:1; FC Metz – SSC Neapel

1:1, 1:2; Jeunesse Esch – FC Coleraine 3:2, 0:4; SC Charleroi – FC Zagreb 2:1, 3:1; FC Liverpool – FC Dundalk 10:0, 4:0; Hvidovre Kopenhagen – FC Porto 1:2, 0:2; Arsenal London – Glentoran Belfast 3:0, 0:1; RSC Anderlecht – Valur Reykjavik 6:0, 2:0; Dunfermline – Girondins Bordeaux 4:0, 0:2; FC Barcelona – BK 13 Odense 4:0, 2:0; Rosenborg Trondheim – FC Southampton 1:0, 0:2; FC Sabadell – FC Brügge 2:0, 1:5; Dinamo Bacau – Floriana La Valetta 6:0, 0:1; Partisan Belgrad – Ujpest Budapest 2:1, 0:2; Vitoria Setubal – Rapid Bukarest 3:1, 4:1; Dundee United – Newcastle United 1:2, 0:1; Inter Mailand – Sparta Prag 3:0, 1:0; Juventus Turin – Lokomotive Plovdiv 3:1, 2:1; Vojvodina Novi Sad – Gwardia Warschau 1:1, 0:1; Aris Saloniki – US Cagliari 1:1, 0:3 (abgebr.); Vitoria Guimaraes – Banik Ostrau 1:0, 1:1; Slavia Sofia – FC Valencia 2:0, 1:1.

2. Runde: Hertha BSC Berlin – Juventus Turin 3:1, 0:0; VfB Stuttgart – SSC Neapel 0:0, 0:1; FC Carl Zeiss Jena – US Cagliari 2:0, 1:0; FC Hansa Rostock – Inter Mailand 2:1, 0:3; Ajax Amsterdam – Ruch Chorzow 7:0, 2:1; RSC Anderlecht – FC Coleraine 6:1, 7:3; Sporting Lissabon – Arsenal London 0:0, 0:3; Skeid Oslo – Dinamo Bacau 0:0, 0:2; Vitoria Setubal – FC Liverpool 1:0, 2:3; SC Charleroi – FC Rouen 3:1, 0:2; FC Porto – Newcastle Utd. 0:0, 0:1; FC Brügge – Ujpest Budapest 5:2, 0:3; Dunfermline – Gwardia Warschau 2:1, 1:0; Vitoria Guimaraes – FC Southampton 3:3, 1:5; FC Kilmarnock – Slavia Sofia 4:1, 0:2; ETO Györ – FC Barcelona 2:3, 0:2.

Achtelfinale: Vitoria Setubal – Hertha BSC Berlin 1:1, 0:1; FC Kilmarnock – Dinamo Bacau 1:1, 0:2; FC Rouen – Arsenal 0:0, 0:1; SSC Neapel – Ajax Amsterdam 1:0, 0:4 n. Verl.; RSC Anderlecht – Dunfermline 1:0, 2:3; Newcastle Utd. – FC Southampton 0:0, 1:1; FC Barcelona – Inter Mailand 1:2, 1:1; FC Carl Zeiss Jena – Ujpest Budapest 1:0, 3:0.

Viertelfinale: Hertha BSC Berlin – Inter Mailand 1:0, 0:2; RSC Anderlecht – Newcastle Utd. 2:0, 1:3; Dinamo Bacau – Arsenal London 0:2, 1:7; FC Carl Zeiss Jena – Ajax Amsterdam 3:1, 1:5.

Halbfinale: Arsenal London – Ajax Amsterdam 3:0, 0:1; RSC Anderlecht – Inter Mailand 0:1, 2:0.

Endspiele: RSC Anderlecht – Arsenal London 3:1, 0:3.

Die Siegermannschaft: Wilson; Storey, McLintock, McNab, Simpson; Kelly, Sammels, Graham; Armstrong, Radford, George (Kennedy).

1970/71: Leeds United

1. Runde: Sarpsborg IF – Leeds United 0:1, 0:5; GKS Kattowitz – FC Barcelona 0:1, 2:3; La Gantoise Gent – Hamburger SV 0:1, 1:7; 1. FC Köln – Racing Paris/Sedan 5:1, 0:1; Bayern München – Glasgow Rangers 1:0, 1:1; B 01 Nyköbing – Hertha BSC Berlin 2:4, 1:4; Partizan Belgrad – Dynamo Dresden 0:0, 0:6; FC Sevilla – Eskisehirspor 1:0, 1:3; AEK Athen – Twente Enschede 0:1, 0:3; Zeljeznicar Sarajewo – RSC Anderlecht 3:4,4:5; Lausanne Sports – Vitoria Setubal 0:2, 1:2; FC Liverpool – Ferencvaros Budapest 1:0, 1:1; FC Coleraine – FC Kilmarnock 1:1, 3:2; Akademisk Kopenhagen – Sliema Wanderers Malta 7:0, 3:2; Wiener Sportklub – SK Beveren-Waas 0:2, 0:3; FC Barreirense – Dinamo Zagreb 2:0, 1:6; Spartak Trnava – Olympique Marseille 2:0, 0:2 n. Verl. (Trnava 4:3-Sieger nach Elfmeterschießen); Hibernian Edinburgh – Malmö FF 6:0, 3:2; Ilves-Kissat Tampere – Sturm Graz 4:2, 0:3; Trakia Plovdiv – Coventry City 1:4, 0:2; Universitatea Cralova – Dozsa Pecs 2:1, 0:3; Lazio Rom – Arsenal London 2:2, 0:2; Juventus Turin – US Rümelingen 7:0, 4:0; Dinamo Bukarest – PAOK Saloniki 5:0, 0:1; Hajduk Split – Slavia Sofia 3:0, 0:1; Cork Hibernians – FC Valencia 0:3, 1:3; Dundee United – Grasshoppers Zürich 3:2, 0:0; Sparta Rotterdam – IA Akranes 6:0, 9:0; Inter Mailand – Newcastle United 1:1, 0:2; Sparta Prag – Atletico Bilbao 2:0, 1:1; Vitoria Guimaraes – AS Angouleme 3:0, 1:3; Ruch Chorzow – AC Florenz 1:1, 0:2.

2. Runde: Leeds United – Dynamo Dresden 1:0, 1:2; FC Barcelona – Juventus Turin 1:2, 1:2; Dinamo Zagreb – Hamburger SV 4:0, 0:1; AC Florenz – 1. FC Köln 1:2, 0:1; Bayern München – Coventry City 6:1, 1:2; Hertha BSC Berlin – Spartak Trnava 1:0, 1:3; Sparta Prag – Dundee United 3:1, 0:1; Hibernian Edinburgh – Vitoria Guimaraes 2:0, 1:2; Sparta Rotterdam – FC Coleraine 2:0, 2:1; Vitoria Setubal – Hajduk Split 2:0, 1:2; Sturm Graz – Arsenal London 1:0, 0:2; FC Liverpool – Dinamo Bukarest 3:0, 1:1; Akademisk Kopenhagen – RSC Anderlecht 1:3, 0:4; Newcastle United – Dozsa Pecs 2:0, 0:2 n. V. (Pecs 5:3-Sieger nach Elfmeterschießen); FC Valencia – SK Beveren-Waas 0:1, 1:1; Eskisehirspor – FC Twente Enschede 3:2, 1:6.

Achtelfinale: Leeds United – Sparta Prag 6:0, 3:2; Dozsa Pecs – Juventus Turin 0:1, 0:2; Spartak Trnava – 1. FC Köln 0:1, 0:3; Bayern München – Sparta Rotterdam 2:1, 3:1; Arsenal London – SK Beveren-Waas 4:0, 0:0; Dinamo Zagreb – FC Twente Enschede 2:2, 0:1; SC Anderlecht – Vitoria Setubal 2:1, 1:3 n. V.; Hibernian Edinburgh – FC Liverpool 0:1, 0:2.

Viertelfinale: Leeds United – Vitoria Setubal 2:1, 1:1; Juventus Turin – FC Twente Enschede 2:0, 2:2 n. V.; Arsenal London – 1. FC Köln 2:1, 0:1; FC Liverpool – Bayern München 3:0, 1:1.

Halbfinale: FC Liverpool – Leeds United 0:1, 0:0; 1. FC Köln – Juventus Turin 1:1, 0:2.

Endspiele: Juventus Turin – Leeds United 2:2, 1:1.

Die Siegermannschaft: Sprake; Reaney, Cooper, Bremner, J. Charlton, Hunter, Lorimer, Clarke, Jones (Bates), Giles, Madeley.

1971/72: Tottenham Hotspur

1. Runde: Hertha BSC Berlin – Elfsborg Boras 3:1, 4:1; Hamburger SV – FC St. Johnstone 2:1, 0:3 (in Perth); AS St. Etienne – 1. FC Köln 1:1, 1:2; Glentoran Belfast – Eintracht Braunschweig 0:1, 1:6; FC Carl Zeiss Jena – Lokomotive Plovdiv 3:0, 1:3; Chemie Halle – PSV Eindhoven 0:0 (Halle verzichtet wegen Brandkatastrophe); Lierse SK – Leeds United 0:2, 4:0; Rosenborg Trondheim – IFK Helsinki 3:0, 1:0; Vasas Budapest – Shelbourne Dublin 1:0, 1:1; IB Keflavik – Tottenham Hotspur 1:6, 0:9; RC Celta de Vigo – FC Aberdeen 0:2, 0:1; FC Den Haag – Aris Bonneweg 5:0, 2:2; Wolverhampton Wanderers – Academica Coimbra 3:0, 4:1; FC Lugano – Legia Warschau 1:3, 0:0; FC Porto – FC Nantes 0:2, 1:1; FC Southampton – Atletico Bilbao 2:1, 0:2; SSC Neapel – Rapid Bukarest 1:0, 0:2; FC Bologna – RSC Anderlecht 1:1, 2:0; Vitoria Setubal – Olympique Nimes 1:0, 1:2; Atletico Madrid – Panionios Athen 2:1, 0:1; FC Basel – Real Madrid 1:2, 1:2; FC Marsa Malta – Juventus Turin 0:6, 0:5; Dinamo Zagreb – Botev Vratza 6:1, 2:1; UT Arad – Austria Salzburg 4:1, 1:3; Fenerbahce Istanbul – Ferencvaros Budapest 1:1, 1:3; AC Mailand – Dighenis Akritas Morphu 4:0, 3:0; Spartak Moskau – VSS Kosice 2:0, 1:2; OFK Belgrad – Djurgarden Stockholm 4:1, 2:2; Zeljeznicar Sarajewo – FC Brügge 3:0, 1:3; Zaglebie Waldenburg – Union Teplitz 1:0, 3:2; Rapid Wien – Vlaznija Shkodra (Rapid kampflos Sieger); FC Dundee – Akademisk Kopenhagen 4:2, 1:0.

2. Runde: 1. FC Köln – FC Dundee 2:1, 2:4; Eintracht Braunschweig – Atletico Bilbao 2:1, 2:2; AC Mailand – Hertha BSC Berlin 4:2, 1:2; OFK Belgrad – FC Carl Zeiss Jena 1:1, 0:4; FC Den Haag – Wolverhampton Wanderers 1:3, 0:4; Real Madrid – PSV Eindhoven 3:1, 0:2; Spartak Moskau – Vitoria Setubal 0:0, 0:4; Zaglebie Waldenburg – UT Arad 1:1, 1:2 n. V.; Rosenborg Trondheim – Lierse SK 4:1, 0:3; FC St. Johnstone – Vasas Budapest 2:0, 0:1; Juventus Turin – FC Aberdeen 2:0, 1:1; Rapid Bukarest – Legia Warschau 4:0, 0:2; Zeljeznicar Sarajewo – FC Bologna 1:1, 2:2; FC Nantes – Tottenham Hotspur 0:0, 0:1; Ferencvaros Budapest – Panionios Athen 6:0 (Athen wegen unsportlichen Auftretens ausgeschlossen); Dinamo Zagreb – Rapid Wien 2:2, 0:0.

Achtelfinale: Eintracht Braunschweig – Ferencvaros Budapest 1:1, 2:5; AC Mailand – FC Dundee 3:0, 0:2; FC St. Johnstone – Zeljeznicar Sarajewo 1:0, 1:5; UT Arad – Vitoria Setubal 3:0, 0:1; Rapid Wien – Juventus Turin 0:1, 1:4; PSV Eindhoven – Lierse SK 1:0, 0:4; FC Carl Zeiss Jena – Wolverhampton Wanderers 0:1, 0:3; Tottenham Hotspur – Rapid Bukarest 3:0, 2:0.

Viertelfinale: AC Mailand – Lierse SK 2:0, 1:1; Juventus Turin – Wolverhampton Wanderers 1:1, 1:2; UT Arad – Tottenham Hotspur 0:2, 1:1; Ferencvaros Budapest – Zeljeznicar Sarajewo 1:2, 2:1 n. V. (Ferencvaros 5:4-Sieger nach Elfmeterschießen).

Halbfinale: Tottenham Hotspur – AC Mailand 2:1, 1:1; Ferencvaros Budapest – Wolverhampton Wanderers 2:2, 1:2.

Endspiele: Wolverhampton Wanderers – Tottenham Hotspur 1:2 und 1:1.

Die Siegermannschaft: Jennings – Kinnear, England, Beal, Knowles – Mullery, Perryman, Coates, Peters, Gilzean, Chivers.

1972/73: FC Liverpool

1. Runde: FC Aberdeen – Borussia Mönchengladbach 2:3, 3:6 (in Nürnberg); 1. FC Köln – Bohemians Dublin 2:1, 3:0; Stoke City – 1. FC Kaiserslautern 3:1, 0:4; FC Liverpool – Eintracht Frankfurt 2:0, 0:0; Dynamo Dresden – VÖEST Linz 2:0, 2:2; SC Angers – Dynamo Ost-Berlin 1:1, 1:2; Atvidaberg FF – FC Brügge 3:5, 2:1; Lyn Oslo – Tottenham Hotspur 3:6, 0:6; Manchester City – FC Valencia 2:2, 1:2; Honved Budapest – Partick Thistle 1:0, 3:0; Viking Stavanger – IB Vestmannaeyar 1:0, 0:0 (in Reykjavik); Feyenoord Rotterdam – US Rümelingen 9:0, 12:0 (in Esch); Olympique Nimes – Grasshoppers Zürich 1:2, 1:2; Vitoria Setubal – Zaglebie Sosnowitz 6:1, 0:1; RWD Molenbeck – CUF Barreiro 0:1, 0:2; AC Turin – Union Las Palmas 2:0, 0:4; FC Sochaux – Frem Kopenhagen 1:3, 1:2; Olympiakos Piräus – US Cagliari 2:1, 1:0; FC Porto – FC Barcelona 3:1, 1:0; Universitatea Cluj – Levsky/Spartak Sofia 4:1, 1:5 n. V.; Roter Stern Belgrad – Lausanne Sports 5:1, 2:3; Inter Mailand – FC La Valetta 6:1, 1:0; Beroe Stara Zagora – Austria Wien 7:0, 3:1; UT Arad – IFK Norrköping 1:2, 0:2; EPA Larnax – Ararat Erewan 0:1, 0:1; AEK Athen – BTC Salgotarjan 3:1, 1:1; Eskisehirspor – AC Florenz 1:2 (in Istanbul), 0:3; Dukla Prag – OFK Belgrad 2:2, 1:3; Slovan Preßburg – Vojvodina Novi Sad 6:0, 2:1; Dynamo Tiflis – FC Twente Enschede 3:2, 0:2; Ruch Chorzow – Fenerbahce Istanbul 3:0, 0:1; Hvidovre Kopenhagen – IFK Helsinki (kampflos für Hvidovre).

2. Runde: Borussia Mönchengladbach – Hvidovre Kopenhagen 3:0 (in Nürnberg), 3:1; Viking Stavanger – 1. FC Köln 1:0, 1:9; CUF Barreiro – 1. FC Kaiserslautern 1:3, 1:0; Dynamo Ost-Berlin – Levsky/Spartak Sofia 3:0, 0:2; Ruch Chorzow – Dynamo Dresden 0:1, 0:3; FC Porto – FC Brügge 3:0, 2:3; Roter Stern Belgrad – FC Valencia 3:1, 1:0; Inter Mailand – IFK Norrköping 2:2, 2:0; Beroe Stara Zagora – Honved Budapest 3:0, 0:1; Feyenoord Rotterdam – OFK Belgrad 4:3, 1:2; FC Liverpool – AEK Athen 3:0, 3:1; Vitoria Setubal – AC Florenz 1:0, 1:2; Grasshoppers

Zürich – Ararat Erewan 1:3, 2:4; Union Las Palmas – Slovan Preßburg 2:2, 1:0; Frem Kopenhagen – FC Twente Enschede 0:5, 0:4; Tottenham Hotspur – Olympiakos Piräus 4:0, 0:1.
Achtelfinale: 1. FC Köln – Borussia Mönchengladbach 0:0, 0:5; Ararat Erewan – 1. FC Kaiserslautern 2:0, 0:2 n. V. (Kaiserslautern 5:4-Sieger im Elfmeterschießen); FC Porto – Dynamo Dresden 1:2, 0:1; Dynamo Ost-Berlin – FC Liverpool 0:0, 1:3; Tottenham Hotspur – Roter Stern Belgrad 2:0, 0:1; FC Twente Enschede – Union Las Palmas 3:0, 1:2; OFK Belgrad – Beroe Stara Zagora 0:0, 3:1; Vitoria Setubal – Inter Mailand 2:0, 0:1.
Viertelfinale: 1. FC Kaiserslautern – Borussia Mönchengladbach 1:2, 1:7; FC Liverpool – Dynamo Dresden 2:0, 1:0; OKF Belgrad – FC Twente Enschede 3:2, 0:2; Tottenham Hotspur – Vitoria Setubal 1:0, 1:2;
Halbfinale: Borussia Mönchengladbach – FC Twente Enschede 3:0, 2:1; FC Liverpool – Tottenham Hotspur 1:0, 1:2.
Endspiele: FC Liverpool – Borussia Mönchengladbach 3:0 und 0:2.
Die Siegermannschaft: Clemence; Lawler, Smith, Lloyd, Lindsay; Hughes, Cormack, Callaghan; Keegan, Toshack, Heighway (Hall, Boersma).
Borussia Mönchengladbach: Kleff; Michallik (Surau), Netzer, Bonhof, Vogts; Wimmer, Danner, Kulik; Jensen, Rupp (Simonsen), Heynckes.

1973/74: Feyenoord Rotterdam

1. Runde: VfB Stuttgart – Olympiakos Nikosia 9:0, 4:0 (in Biberach); Fortuna Düsseldorf – Naestved IF 1:0, 2:2; Eskisehirspor – 1. FC Köln 0:0, 0:2; Ruch Chorzow – Wuppertaler SV 4:1 (in Kattowitz), 4:5; AC Turin – 1. FC Lok Leipzig 1:2, 1:2; FC Carl Zeiss Jena – Mikkeli MP 3:0, 3:0; Admira Wien – Inter Mailand 1:0, 1:2 n. V.; Panachaiki Patras – Grazer AK 2:1, 1:0; Grasshoppers Zürich – Tottenham Hotspur 1:5, 1:4; Lazio Rom – FC Sion 3:0, 1:3; Union Luxemburg – Olympique Marseille 0:5, 1:7; Östers Växjö – Feyenoord Rotterdam 1:3, 1:2; FC Dundee – FC Twente Enschede 1:3, 2:4; Ards Newtonards – Standard Lüttich 3:2, 1:6; Español Barcelona – RWD Molenbeek 0:3, 2:1; Tatran Presov – Velez Mostar 4:2, 1:1; VSS Kosice – Honved Budapest 1:0, 2:5; OGC Nizza – FC Barcelona 3:0, 0:2; Vitoria Setubal – AC Beerschot 2:0, 2:0; FC Aberdeen – Finn Harps 4:1, 3:1; Hibernian Edinburgh – IB Keflavik 2:0, 1:1; Belenenses – Wolverhampton Wanderers 0:2, 1:2; Ipswich Town – Real Madrid 1:0, 0:0; Strömsgodset Drammen – Leeds United 1:1, 1:6; B 1903 Kopenhagen – AIK Stockholm 2:1, 1:1; Sliema Wanderers – Lokomotive Plovdiv 0:2, 0:1; AC Florenz – Universitatea Craiova 0:0, 0:1; Ferencvaros Budapest – Gwardia Warschau 0:1, 1:2; Dynamo Tiflis – Slavia Sofia 4:1, 0:2; Panathinaikos Athen – OFK Belgrad 1:2, 1:0; Fenerbahce Istanbul – Arges Pitesti 5:1, 1:1; FK Fredrikstad – Dynamo Kiew 0:1, 0:4.
2. Runde: Olympique Marseille – 1. FC Köln 2:0, 0:6; VfB Stuttgart – Tatran Presov 3:1, 5:3 n. V.; Admira Wien – Fortuna Düsseldorf 2:1, 0:3; 1. FC Lok Leipzig – Wolverhampton Wanderers 3:0, 1:4; Ruch Chorzow – FC Carl Zeiss Jena 3:0, 0:1; Vitoria Setubal – RWD Molenbeek 1:0, 1:2; Panachaiki Patras – FC Twente Enschede 1:1, 0:7; Ipswich Town – Lazio Rom 4:0, 2:4; Dynamo Kiew – B 1903 Kopenhagen 1:0, 2:1; Lokomotive Plovdiv – Honved Budapest 3:4, 2:3; Leeds United – Hibernian Edinburgh 0:0, 0:0 n. V. (Leeds 5:4-Sieger nach Elfmeterschießen); Feyenoord Rotterdam – Gwardia Warschau 3:1, 0:1; Standard Lüttich – Universitatea Craiova 2:0, 1:1; FC Aberdeen – Tottenham Hotspur 1:1, 1:4; Dynamo Tiflis – OFK Belgrad 3:0, 5:1; OGC Nizza – Fenerbahce Istanbul 4:0, 0:2.
Achtelfinale: Fortuna Düsseldorf – 1. FC Lok Leipzig 2:1, 0:3; OGC Nizza – 1. FC Köln 1:0, 0:4; Dynamo Kiew – VfB Stuttgart 2:0, 0:3; Standard Lüttich – Feyenoord Rotterdam 3:1, 0:2; Honved Budapest – Ruch Chorzow 2:0, 0:5; Dynamo Tiflis – Tottenham Hotspur 1:1, 1:5; Ipswich Town – FC Twente Enschede 1:0, 2:1; Leeds United – Vitoria Setubal 1:0, 1:3.
Viertelfinale: VfB Stuttgart – Vitoria Setubal 1:0, 2:2; 1. FC Köln – Tottenham Hotspur 1:2, 0:3; Ipswich Town – 1. FC Lok Leipzig 1:0, 0:1 n. V. (Leipzig 4:3-Sieger nach Elfmeterschießen); Ruch Chorzow – Feyenoord Rotterdam 1:1, 1:3 n. V.
Halbfinale: Feyenoord Rotterdam – VfB Stuttgart 2:1, 2:2; 1. FC Lok Leipzig – Tottenham Hotspur 1:2, 0:2.
Endspiele: Tottenham Hotspur – Feyenoord Rotterdam 2:2 und 0:2.
Die Siegermannschaft: Treytel – Ramljak, Israel, van Daele, Vos – Jansen, de Jong, Rysbergen (van Hanegem) – Ressel, Schoemaker, Kristensen (Wery, Boskamp).

1974/75: Borussia Mönchengladbach

1. Runde: 1. FC Köln – Kokkolan PV 5:1, 4:1; Hamburger SV – Bohemians Dublin 3:0, 1:0; Wacker Innsbruck – Borussia Mönchengladbach 2:1, 0:3; AC Turin – Fortuna Düsseldorf 1:1, 1:3; Freja Randers – Dynamo Dresden 1:1, 0:0; Vorwärts Frankfurt/Oder – Juventus Turin 2:1, 0:3; Rapid Wien – Aris Saloniki 3:1, 0:1; Sturm Graz – FC Antwerpen 2:1, 0:1; Derby County – Servette Genf 4:1, 2:1; Ipswich Town – FC Twente 2:2, 1:1; Stoke City – Ajax Amsterdam 1:1, 0:0; FC Nantes – Legia Warschau 2:2, 1:0; Östers Växjö – Dynamo Moskau 3:2, 1:2; RWD Molenbeek – FC Dundee 1:0, 4:2; Valur

Reykjavik – FC Portadown 0:0, 1:2; Start Kristiansand – Djurgarden Stockholm 1:2, 0:5; KB Kopenhagen – Atletico Madrid 3:2, 0:4; Rosenborg Trondheim – Hibernian Edinburgh 2:3, 1:9; Olympique Lyon – Red Boys Differdingen 7:0, 4:1; Vitoria Setubal – Real Saragossa 1:1, 0:4; FC Porto – Wolverhampton Wanderers 4:1, 1:3; Etar Tarnovo – Inter Mailand 0:0, 0:3; FC Amsterdam – Hibernian La Valetta 5:0, 7:0; Real Sociedad San Sebastian – Banik Ostrau 0:1, 0:4; Lokomotive Plovdiv – ETO Raba Györ 3:1, 1:3 n. Verlg. (Györ 5:4-Sieger nach Elfmeterschießen); Gornik Zabrze – Partizan Belgrad 2:2, 0:3; Besiktas Istanbul – Steagul Rosu Brasov 2:0, 0:3; Spartak Moskau – Velez Mostar 3:1, 0:2; SSC Neapel – Videoton Shekesfehervar 2:0, 1:1; Grasshoppers Zürich – Panathinaikos Athen 2:0, 1:2; Boluspor – Dinamo Bukarest 0:1, 0:3; Pesoporikos Larnax verzichtet gegen Dukla Prag.
2. Runde: Borussia Mönchengladbach – Olympique Lyon 1:0, 5:2; Hamburger SV – Steagul Rosu Brasov 8:0, 2:1; Dinamo Bukarest – 1. FC Köln 1:1, 2:3; ETO Raba Györ – Fortuna Düsseldorf 2:0, 0:3; Dynamo Dresden – Dynamo Moskau 1:0, 0:1 n. Verlg. (Dresden 4:3-Sieger nach Elfmeterschießen); Inter Mailand – FC Amsterdam 1:2, 0:0; FC Nantes – Banik Ostrau 1:0, 0:2 n. Verlg.; Djurgarden Stockholm – Dukla Prag 0:2, 1:3; Partizan Belgrad – FC Portadown 5:0, 1:1; FC Twente – RWD Molenbeek 2:1, 1:0; Rapid Wien – Velez Mostar 1:1, 0:1; Derby County – Atletico Madrid 2:2, 2:2 n. Verlg. (Derby 7:6-Sieger nach Elfmeterschießen); Hibernian Edinburgh – Juventus Turin 2:4, 0:4; SSC Neapel – FC Porto 1:0, 1:0; Grasshoppers Zürich – Real Saragossa 2:1, 0:5; Ajax Amsterdam – FC Antwerpen 1:0, 1:2.
Achtelfinale: Hamburger SV – Dynamo Dresden 4:1, 2:2; Borussia Mönchengladbach – Real Saragossa 5:0, 4:2; Partizan Belgrad – 1. FC Köln 1:0, 1:5; FC Amsterdam – Fortuna Düsseldorf 3:0, 2:1; Dukla Prag – FC Twente 3:1, 0:5; SSC Neapel – Banik Ostrau 0:2, 1:1; Derby County – Velez Mostar 3:1, 1:4; Juventus Turin – Ajax Amsterdam 1:0, 1:2.
Viertelfinale: Banik Ostrau – Borussia Mönchengladbach 0:1, 1:3; 1. FC Köln – FC Amsterdam 5:1, 3:2; Juventus Turin – Hamburger SV 2:0, 0:0; Velez Mostar – FC Twente 1:0, 0:2.
Halbfinale: 1. FC Köln – Borussia Mönchengladbach 1:3, 0:1; FC Twente – Juventus Turin 3:1, 1:0.
Endspiele: Borussia Mönchengladbach – FC Twente Enschede 0:0 (in Düsseldorf) und 5:1.
Die Siegermannschaft: Kleff, Vogts, Wittkamp, Surau (Schäffer), Klinkhammer – Bonhof, Wimmer (Köppel), Danner (Del'Haye, Stielike), Simonsen, Jensen, Heynckes (Kulik).

1975/76: FC Liverpool

1. Runde: MSV Duisburg – Paralimni Famagusta 7:1, 3:2 (in Oberhausen); Hertha BSC Berlin – HJK Helsinki 4:1, 2:1; 1. FC Köln – B 1903 Kopenhagen 2:0, 3:2 n. V.; Young Boys Bern – Hamburger SV 0:0, 2:4; FC Carl Zeiss Jena – Olympique Marseille 3:0, 1:0; Glentoran Belfast – Ajax Amsterdam 1:6, 0:8; Grasshoppers Zürich – Real Sociedad San Sebastian 3:3, 1:1; PAOK Saloniki – FC Barcelona 1:0, 1:6; ASA Tirgu-Mures – Dynamo Dresden 2:2, 1:4; Molde FK – Östers Växjö 1:0, 0:6, Universitatea Craiova – Roter Stern Belgrad 1:3, 1:1; Bohemians Prag – Honved Budapest 1:2, 1:1; Tschernomore Odessa – Lazio Rom 1:0, 0:3 n. Verl.; Torpedo Moskau – SSC Neapel 4:1, 1:1; Vojvodina Novi Sad – AEK Athen 0:0, 1:3; AIK Stockholm – Spartak Moskau 1:1, 0:1; GAIS Göteborg – Slask Breslau 2:1, 2:4; VÖEST Linz – Vasas Budapest 2:0, 0:4; Holbaek IF – Stal Mielec 0:1, 1:2; Rapid Wien – Galatasaray Istanbul 1:0, 1:3; AS Rom – Dunav Russe 2:0, 0:1; Hibernian Edinburgh – FC Liverpool 1:0, 1:3; FC Everton – AC Mailand 0:0, 0:1; FC Antwerpen – Aston Villa 4:1, 1:0; Olympique Lyon – FC Brügge 4:3, 0:3; FC Porto – Avenir Beggen 7:0, 3:0; Feyenoord Rotterdam – Ipswich Town 1:2, 0:2; Levsky/Spartak Sofia – Eskisehirspor 3:0, 4:1; Athlone Town – Valerengen Oslo 3:1, 1:1; Inter Preßburg – Real Saragossa 5:0, 3:2; IB Keflavik – Dundee United 0:2, 0:4; Sliema Wanderers – Sporting Lissabon 1:2, 1:3.
2. Runde: MSV Duisburg – Levsky/Spartak Sofia 3:2, 1:2; Hertha BSC Berlin – Ajax Amsterdam 1:0, 1:4; Roter Stern Belgrad – Hamburger SV 1:1, 0:4; Spartak Moskau – 1. FC Köln 2:0, 1:0; FC Carl Zeiss Jena – Stal Mielec 1:0, 0:1 n. V. (Mielec 3:2-Sieger n. 11-m-schießen); Honved Budapest – Dynamo Dresden 2:2, 0:1; Athlone Town – AC Mailand 0:0, 0:3; Lazio Rom – FC Barcelona 0:3 kampfl., 0:4; Inter Preßburg – AEK Athen 2:0, 1:3; Slask Breslau – FC Antwerpen 1:1, 2:1; Östers Växjö – AS Rom 1:0, 0:2; Vasas Budapest – Sport. Lissabon 3:1, 1:2; Galatasaray Istanbul – Torpedo Moskau 2:4, 0:3; Ipswich Town – FC Brügge 3:0, 0:4; Dundee United – FC Porto 1:2, 1:1; Real Soc. San Sebastian – FC Liverpool 1:3, 0:6.
Achtelfinale: Hamburger SV – FC Porto 2:0, 1:2; Dynamo Dresden – Torpedo Moskau 3:0, 1:3 (in Simferopol); Slask Breslau - FC Liverpool 1:2, 0:3; Inter Preßburg – Stal Mielec 1:0, 0:2; AC Mailand – Spartak Moskau 4:0, 0:2 (in Sotschi); FC Barcelona – Vasas Budapest 3:1, 1:0; FC Brügge – AS Rom 1:0, 1:0; Ajax Amsterdam – Levsky/Spartak Sofia 2:1, 1:2; n. V. (Sofia 5:3-Sieger nach Elfmeterschießen).
Viertelfinale: Hamburger SV – Stal Mielec 1:1, 1:0; Dynamo Dresden – FC Liverpool 0:0, 1:2; FC Brügge – AC Mailand 2:0, 1:2, FC Barcelona – Levsky/Spartak Sofia 4:0, 4:5.
Halbfinale: Hamburger SV – FC Brügge 1:1, 0:1; FC Barcelona – FC Liverpool 0:1, 1:1.
Endspiele: FC Liverpool – FC Brügge 3:2 und 1:1.

Die Siegermannschaft: Clemence – Smith, Thompson, Hughes, Neal – Fairclough, Callaghan, Kennedy – Keegan, Toshack, Case, Heighway.

1976/77: Juventus Turin

1. Runde: FC Porto – FC Schalke 04 2:2 (in Lissabon), 2:3; 1. FC Köln – GKS Tychy 2:0, 1:1 (in Kattowitz); Paralimni Famagusta – 1. FC Kaiserslautern 1:3, 0:8; Eintr. Braunschweig – Holbaek IF 7:0, 0:1; Schachtjor Donezk – Dynamo Ost-Berlin 3:0, 1:1; 1. FC Magdeburg – AC Cesena 3:0, 1:3; Glentoran Belfast – FC Basel 3:2, 0:3; Fram Reykjavik – Slovan Preßburg 0:3, 0:5; Queen's Park Rangers – Brann Bergen 4:0, 7:0; Naestved IF – RWD Molenbeek 0:3, 0:4; Kuopio PS – Östers Växjö 3:2, 0:2; Feyenoord Rotterdam – Djurgarden Stockholm 3:0, 1:2; Celtic Glasgow – Wisla Krakau 2:2, 0:2; Derby County – Finn Harps 12:0, 4:1; Wacker Innsbruck – Start Kristiansand 2:1, 5:0; Ajax Amsterdam – Manchester United 1:0, 0:2; Belenenses Lissabon – FC Barcelona 2:2, 2:3; Hibernian Edinburgh – FC Sochaux 1:0, 0:0; Red Boys Differdingen – SC Lokeren 0:3, 1:3; Manchester City – Juventus Turin 1:0, 0:2; Español Barcelona – OGC Nizza 3:1, 1:2; Grasshoppers Zürich – Hibernian La Valetta 7:0, 2:0; Ujpest Budapest – Athletic Bilbao 1:0, 0:5; Dinamo Bukarest – AC Mailand 0:0, 1:2; Slavia Prag – Akademik Sofia 2:0, 0:3 n. Verlg.; AEK Athen – Dynamo Moskau 2:0, 1:2 n. Verlg.; Fenerbahce Istanbul – Videoton Szekesfehervar 2:1, 0:4; ASA Tirgu-Mures – Dinamo Zagreb 0:1, 0:3; Inter Mailand – Honved Budapest 0:1, 1:1; Austria Salzburg – Adanaspor 5:0, 0:2; Sportul Bukarest – Olympiakos Piräus 3:0, 1:2; Lokomotive Plovdiv – Roter Stern Belgrad 2:1, 1:4.
2. Runde: 1. FC Köln – Grasshoppers Zürich 2:0, 3:2; 1. FC Kaiserslautern – Feyenoord Rotterdam 2:2, 0:5; Eintr. Braunschweig – Español Barcelona 2:1, 0:2; Sportul Bukarest – Schalke 04 0:1, 0:4; 1. FC Magdeburg – Dinamo Zagreb 2:0, 2:2; Schachtjor Donezk – Honved Budapest 3:0, 3:2; Wisla Krakau – RWD Molenbeek 1:1, 1:1 n. Verlg. (Molenbeek 5:4-Sieger nach Elfmeterschießen); Hibernian Edinburgh – Östers Växjö 2:0, 1:4; Akademik Sofia – AC Mailand 4:3, 0:2; Slovan Preßburg – Queen's Park Rangers 3:3, 2:5; FC Basel – Athletic Bilbao 1:1, 1:3; AEK Athen – Derby County 2:0, 3:2; Wacker Innsbruck – Videoton Szekesfehervar 1:1, 0:1; Austria Salzburg – Roter Stern Belgrad 2:1, 0:1; FC Barcelona – SC Lokeren 2:0, 1:2; Manchester United – Juventus Turin 1:0, 0:3.
Achtelfinale: RWD Molenbeek – Schalke 04 1:0, 1:1; Queen's Park Rangers – 1. FC Köln 3:0, 1:4; 1. FC Magdeburg – Videoton Szekesfehervar 5:0, 0:1; AEK Athen – Roter Stern Belgrad 2:0, 1:3; Östers Växjö – FC Barcelona 0:3, 1:5; Español Barcelona – Feyenoord Rotterdam 0:1, 0:2; Athletic Bilbao – AC Mailand 4:1, 1:3; Juventus Turin – Schachtjor Donezk 3:0, 0:1.
Viertelfinale: 1. FC Magdeburg – Juventus Turin 1:3, 0:1; Feyenoord Rotterdam – RWD Molenbeek 0:0, 1:2; Athletic Bilbao – FC Barcelona 2:1, 2:2; Queen's Park Rangers – AEK Athen 3:0, 0:3 n. Verlg. (AEK 7:6-Sieger nach Elfmeterschießen).
Halbfinale: RWD Molenbeek – Athletic Bilbao 1:1, 0:0; Juventus Turin – AEK Athen 4:1, 1:0.
Endspiele: Juventus Turin – Athletic Bilbao 1:0 und 1:2.
Die Siegermannschaft: Zoff – Cuccureddu, Gentile, Scirea, Morini – Tardelli, Furino, Benetti – Causio, Boninsegna (Spinosi, Gori), Bettega.

1977/78: PSV Eindhoven

1. Runde: AC Florenz – FC Schalke 04 0:0 (mit 0:3 gewertet), 1:2; Eintracht Frankfurt – Sliema Wanderers 5:0, 0:0 (in Gzira); Dynamo Kiew – Eintracht Braunschweig 1:1, 0:0; Bayern München – Mjöndalen IF 8:0, 4:0 (in Oslo); Odra Oppeln – 1. FC Magdeburg 1:2, 1:1; FC Carl Zeiss Jena – Altay Izmir 5:1, 1:4; Rapid Wien – Inter Preßburg 1:0, 0:3; Linzer ASK – Ujpest Budapest 3:2, 0:7; Servette Genf – Athletic Bilbao 1:0, 0:2; Frem Kopenhagen – Grasshoppers Zürich 0:2, 1:6; FC Zürich – Armeeklub Sofia 1:0, 1:1 n. V.; SEC Bastia – Sporting Lissabon 3:2, 2:1; Bohemians Dublin – Newcastle United 0:0, 0:4; AZ 67 Alkmaar – Red Boys Differdingen 11:1, 5:0; FC Barcelona – Steaua Bukarest 5:1, 3:1; Marek Stanke Dimitrov – Ferencvaros Budapest 3:0, 0:2; Boavista Porto – Lazio Rom 1:0, 0:5; UD Las Palmas – Sloboda Tuzla 5:0, 3:4; Aston Villa – Fenerbahce Istanbul 4:0, 2:0; Dundee United – KB Kopenhagen 1:0, 0:3; Gornik Zabrze – Haka Valkeakoski 5:3, 0:0; RC Lens – Malmö FF 4:1, 0:2; RWD Molenbeek – FC Aberdeen 0:0, 2:1; Manchester City – Widzew Lodz 2:2, 0:0; Glenavon Belfast – PSV Eindhoven 2:6, 0:5; Landskrona BOIS – Ipswich Town 0:1, 0:5; Start Kristiansand – Fram Reykjavik 6:0, 2:0; ASA Tirgu-Mures – AEK Athen 1:0, 0:3; AC Turin – Apoel Nikosia 3:0, 1:1; Standard Lüttich – Slavia Prag 1:0, 2:3; Inter Mailand – Dynamo Tiflis 0:1, 0:0; Olympiakos Piräus – Dinamo Zagreb 3:1, 1:5.
2. Runde: FC Zürich – Eintracht Frankfurt 0:3, 3:4; 1. FC Magdeburg – FC Schalke 04 4:2, 3:1; Start Kristiansand – Eintr. Braunschweig 1:0, 0:4; Bayern München – Marek Stanke Dimitrov 3:0, 0:2; RWD Molenbeek – FC Carl Zeiss Jena 1:1, 1:1 n. V. (Jena 6:5-Sieger nach Elfmeterschießen); Widzew Lodz – PSV Eindhoven 3:5, 0:1; Inter Preßburg – Grasshoppers Zürich 1:0, 1:5; AEK Athen – Standard Lüttich 2:2, 1:4; AC Turin – Dinamo Zagreb 3:1, 0:1; SEC Bastia – Newcastle United 2:1, 3:1; KB Kopenhagen – Dynamo Tiflis 1:4, 1:2; Aston Villa – Gornik Zabrze 2:0, 1:1; Lazio Rom – RC Lens 2:0,

0:6 n. V.; Ipswich Town – UD Las Palmas 1:0, 3:3; Ujpest Budapest – Athletic Bilbao 2:0, 0:3 n. V.; AZ 67 Alkmaar – FC Barcelona 1:1, 1:1 n. V. (Barcelona 3:1-Sieger nach Elfmeterschießen).
Achtelfinale: Eintracht Frankfurt – Bayern München 4:0, 2:1; PSV Eindhoven – Eintr. Braunschweig 2:0, 2:1; 1. FC Magdeburg – RC Lens 4:0, 0:2; FC Carl Zeiss Jena – Standard Lüttich 2:0, 2:1; Dynamo Tiflis – Grasshoppers Zürich 1:0, 0:4; SEC Bastia – AC Turin 2:1, 3:2; Aston Villa – Athletic Bilbao 2:0, 1:1; Ipswich Town – FC Barcelona 3:0, 0:3 n. V. (Barcelona 5:4-Sieger nach Elfmeterschießen).
Viertelfinale: Eintracht Frankfurt – Grasshoppers Zürich 3:2, 0:1; 1. FC Magdeburg – PSV Eindhoven 1:0, 2:4; SEC Bastia – FC Carl Zeiss Jena 7:2, 2:4; Aston Villa – FC Barcelona 2:2, 1:2.
Halbfinale: Grasshoppers Zürich – SEC Bastia 3:2, 0:1; PSV Eindhoven – FC Barcelona 3:0, 1:3.
Endspiele: SEC Bastia – PSV Eindhoven 0:0, 0:3.
Die Siegermannschaft: van Beveren – Krijgh, van Kraay (Deacy), Brandts, Stevens – Willy van de Kerkhof, van der Kuylen, Poortvliet – Rene van de Kerkhof, Dejkers, Lubse.

1978/79: Borussia Mönchengladbach

1. Runde: Hertha BSC Berlin – Trakia Plovdiv 0:0, 2:1; MSV Duisburg – Lech Posen 5:0, 5:2; Borussia Mönchengladbach – Sturm Graz 5:1, 2:1; FC Basel – VfB Stuttgart 2:3, 1:4; Dynamo Berlin – Roter Stern Belgrad 5:2, 1:4; FC Carl Zeiss Jena – Lierse SK 1:0, 2:2; Arsenal London – 1. FC Lok Leipzig 3:0, 4:1; Hajduk Split – Rapid Wien 2:0, 1:2; Jeunesse Esch – Lausanne Sports 0:0, 0:2; Standard Lüttich – Dundee United 1:0, 0:0; FC Twente – Manchester City 1:1, 2:3; Dynamo Tiflis – SSC Neapel 2:0, 1:1; Honved Budapest – Adanaspor 6:0, 2:2; Dukla Prag – Lanerossi Vicenza 1:0, 1:1; FC Arges Pitesti – Panathinaikos Athen 3:0, 2:1; Armeeklub Sofia – FC Valencia 2:1, 1:4; Athletic Bilbao – Ajax Amsterdam 2:0, 0:3; Finn Harps – FC Everton 0:5, 0:5; FC Nantes – Benfica Lissabon 0:2, 0:0; Sporting Gijon – AC Turin 3:0, 0:1; Sporting Braga – Hibernian La Valetta 5:0, 2:3; Galatasaray Istanbul – West Bromwich 1:3, 1:3; Hibernian Edinburgh – IFK Norrköping 3:2, 0:0; Politehnica Timisoara – MTK/VM Budapest 2:0, 1:2; Pesoporikos Larnax – Slask Breslau 2:2, 1:5; Olympiakos Piräus – Levsky/Spartak Sofia 2:1, 1:3 n. V.; AC Mailand – Lokomotive Kosice 1:0, 0:1 n. V., Mailand 8:7-Sieger nach Elfmeterschießen; Kuopio PS – B 1903 Kopenhagen 2:1, 4:4; Torpedo Moskau – Molde FK 4:0, 3:3; Elfsborg Boras – Racing Straßburg 2:0, 1:4; Start Kristiansand – Esbjerg FB 0:0, 0:1; IB Vestmannaeyar – Glentoran Belfast 0:0, 1:1.
2. Runde: FC Carl Zeiss Jena – MSV Duisburg 0:0, 0:3 n. V.; Torpedo Moskau – VfB Stuttgart 2:1, 0:2; Hertha BSC Berlin – Dynamo Tiflis 2:0, 0:1; Benfica Lissabon – Borussia M'gladbach 0:0, 0:2 n. V.; Honved Budapest – Politehnica Timisoara 4:0, 0:2; FC Everton – Dukla Prag 2:1, 0:1; FC Arges Pitesti – FC Valencia 2:1, 2:5; Ajax Amsterdam – Lausanne Sports 1:0, 4:0; Sporting Braga – West Bromwich Albion 0:2, 0:1; Racing Straßburg – Hibernian Edinburgh 2:0, 0:1; Sporting Gijon – Roter Stern Belgrad 0:1, 1:1; Kuopio PS – Esbjerg FB 0:2, 1:4; IB Vestmannaeyar – Slask Breslau 0:2, 1:2; Manchester City – Standard Lüttich 4:0, 0:2; Hajduk Split – Arsenal London 2:1, 0:1; Levsky/Spartak Sofia – AC Mailand 1:1, 0:3.
Achtelfinale: Esbjerg FB – Hertha BSC Berlin 2:1, 0:4; Borussia Mönchengladbach – Slask Breslau 1:1, 4:2; VfB Stuttgart – Dukla Prag 4:1, 0:4; Racing Straßburg – MSV Duisburg 0:0, 0:4; Honved Budapest – Ajax Amsterdam 4:1, 0:2; AC Mailand – Manchester City 2:2, 0:3; FC Valencia – West Bromwich Albion 1:1, 0:2; Roter Stern Belgrad – Arsenal London 1:0, 1:1.
Viertelfinale: Hertha BSC Berlin – Dukla Prag 1:1, 2:1; Honved Budapest – MSV Duisburg 2:3, 2:1; Manchester City – Borussia Mönchengladbach 1:1, 1:3; Roter Stern Belgrad – West Bromwich Albion 1:0, 1:1.
Halbfinale: MSV Duisburg – Borussia Mönchengladbach 2:2, 1:4; Roter Stern Belgrad – Hertha BSC Berlin 1:0, 1:2.
Endspiele: Roter Stern Belgrad – Borussia M'gladbach 1:1 und 0:1 (in Düsseldorf).
Die Siegermannschaft: Kneib – Ringels, Vogts, Schäffer, Hannes – Wohlers (Gores), Kulik (Köppel), Schäfer, Nielsen (Danner) – Simonsen, Lienen.

1979/80: Eintracht Frankfurt

1. Runde: Borussia M'gladbach – Viking Stavanger 3:0, 1:1; FC Aberdeen – Eintracht Frankfurt 1:1, 0:1; VfB Stuttgart – AC Turin 1:0, 1:2 n. V.; FC Zürich – 1. FC Kaiserslautern 1:3, 1:5; Bohemians Prag – Bayern München 0:2, 2:2; Atletico Madrid – Dynamo Dresden 1:2, 0:3; FC Carl Zeiss Jena – West Bromwich 2:0, 2:1; Sporting Gijon – PSV Eindhoven 0:0, 0:1; Sporting Lissabon – Bohemians Dublin 2:0, 0:0; Zbrojovka Brünn – Esbjerg FB 6:0, 1:1; Galatasaray Istanbul – Roter Stern Belgrad 0:0, 1:3; Rapid Wien – VTK Diosgyör 0:1, 2:3; Inter Mailand – Real San Sebastian 3:0, 0:2; Aris Saloniki – Benfica Lissabon 3:1, 1:2; Widzew Lodz – AS St. Etienne 2:1, 0:3; Skeid Oslo – Ipswich Town 1:3, 0:7; Kalmar FF – IB Keflavik 2:1, 0:1; Dundee United – RSC Anderlecht 0:0, 1:1; Aarhus GF – Stal Mielec 1:1, 1:0; Kuopio PT – Malmö FF 2:1, 0:2; Feyenoord Rotterdam – FC Everton 1:0, 1:0; Glenavon Belfast – Standard Lüttich 0:1, 0:1; Lok Sofia – Ferencvaros Budapest 3:0, 0:2; SSC

Neapel – Olympiakos Piräus 2:0, 0:1; Schachtjor Donezk – AS Monaco 2:1, 0:2; Dinamo Bukarest – Alki Larnax 3:0, 9:0; Dynamo Kiew – Armeeklub Sofia 2:1, 1:1; AC Perugia – Dinamo Zagreb 1:0, 0:0; Orduspor – Banik Ostrau 2:0, 0:6; FC La Valetta – Leeds United 0:4, 0:3; Wiener Sportklub – Uni Craiova 0:0, 1:3; Progres Niederkorn – Grasshoppers Zürich 0:2 (in Differdingen), 0:4.
2. Runde: Borussia M'gladbach – Inter Mailand 1:1, 3:2 n. V.; Aarhus GF – Bayern München 1:2, 1:3; Sporting Lissabon – 1. FC Kaiserslautern 1:1, 0:2; Dinamo Bukarest – Eintracht Frankfurt 2:0, 0:3 n. V.; Dynamo Dresden – VfB Stuttgart 1:1, 0:0; Roter Stern Belgrad – FC Carl Zeiss Jena 3:2, 3:2; Grasshoppers Zürich – Ipswich Town 0:0, 1:1; Dundee United – VTK Diosgyör 0:1, 1:3; Zbrojovka Brünn – IB Keflavik 3:1, 2:1; PSV Eindhoven – AS St. Etienne 2:0, 0:6; Aris Saloniki – AC Perugia 1:1, 3:0; Universitatea Craiova – Leeds United 2:0, 2:0; Banik Ostrau – Dynamo Kiew 1:0, 0:2; Lokomotive Sofia – AS Monaco 4:2, 1:2; Standard Lüttich – SSC Neapel 2:1, 1:1; Feyenoord Rotterdam – Malmö FF 4:0, 1:1.
Achtelfinale: VTK Diosgyör – 1. FC Kaiserslautern 0:2, 1:6; Grasshoppers Zürich – VfB Stuttgart 0:2, 0:3; Borussia M'gladbach – Univers. Craiova 2:0, 0:1; Eintracht Frankfurt – Feyenoord Rotterdam 4:1, 0:1; Bayern München – Roter Stern Belgrad 2:0, 2:3; Lokomotive Sofia – Dynamo Kiew 1:0, 1:2; AS St. Etienne – Aris Saloniki 4:1, 3:3; Standard Lüttich – Zbrojovka Brünn 1:2, 2:3.
Viertelfinale: AS St. Etienne – Bor. M'gladbach 1:4, 0:2; 1. FC Kaiserslautern – Bayern München 1:0, 1:4; VfB Stuttgart – Lokomotive Sofia 3:1, 1:0; Eintracht Frankfurt – Zbrojovka Brünn 4:1, 2:3.
Halbfinale: VfB Stuttgart – Borussia M'gladbach 2:1, 0:2; Bayern München – Eintracht Frankfurt 2:0, 1:5 n. V.
Endspiele: Borussia M'gladbach – Eintracht Frankfurt 3:2 und 0:1.
Eintracht: Pahl – Neuberger, Pezzey, Körbel, Ehrmanntraut – Lorant, Borchers, B. Nickel, Hölzenbein (Nachtweih) – Karger (Trapp), Tscha (Schaub).
Borussia: Kneib – Schäfer, Hannes, Schäffer, Ringels (Fleer) – Matthäus, Kulik, Nielsen (Thychosen) – Del'Haye (Bödeker), H. Nickel, Lienen.
Tore: 1. Spiel: Kulik 2, Matthäus/Karger, Hölzenbein, 2. Spiel: Schaub – Schiedsrichter: 1. Spiel: Guruceta (Spanien), 2. Spiel: Ponnet (Belgien) – Zuschauer: 1. Spiel: 25000, 2. Spiel: 59000.

1980/81: Ipswich Town

1. Runde: Hamburger SV – FC Sarajevo 4:2, 3:3; IA Akranes – 1. FC Köln 0:4, 0:6; 1. FC Kaiserslautern – RSC Anderlecht 1:0, 2:3; VfB Stuttgart – Pesoporikos Larnax 6:0, 4:1; Schachtjor Donezk – Eintracht Frankfurt 1:0, 0:3; Ballymena Utd. – Vorw. Frankfurt/Oder 2:1, 0:3; 1. FC Magdeburg – FK Moss 2:1, 3:2; Dynamo Dresden – Napreda Krusevac 1:0, 1:0; RWD Molenbeek – AC Turin 1:2, 2:2 n. V.; Ujpest Budapest – Real San Sebastian 1:1, 0:1; Zbrojovka Brünn – VÖEST Linz 5:1, 2:0; Grasshoppers Zürich – KB Kopenhagen 3:1, 5:2; AZ 67 Alkmaar – Red Boys Differdingen 6:0, 4:0; Bohemians Prag – Sporting Gijon 3:1, 1:2; FC Porto – FC Dundalk 1:0, 0:0; Juventus Turin – Panathinaikos Athen 4:0, 4:2; Sliema Wanderers – FC Barcelona 0:2, 0:1; Vasas Budapest – Boavista Porto 0:2, 1:0; FC Twente – IFK Göteborg 5:1, 0:2; Manchester United – Widzew Lodz 1:1, 0:0; FC Sochaux – Servette Genf 2:0, 1:2; SC Lokeren – Dynamo Moskau 1:1, 1:0; PSV Eindhoven – Wolverhampton Wand. 3:1, 0:1; Slask Breslau – Dundee United 0:0, 2:7; Fenerbahce Istanbul – Beroe St. Zagora 0:1, 1:2; FC Arges Pitesti – FC Utrecht 0:0, 0:2; Linzer ASK – Radnicki Nisch 1:2, 1:4; Elfsborg Boras – FC St. Mirren 1:2, 0:0; Dynamo Kiew – Levsky/Spartak Sofia 1:1, 0:0; Standard Lüttich – Steaua Bukarest 1:1, 2:1; Ipswich Town – Aris Saloniki 5:1, 1:3; Kuopio PS – AS St. Etienne 0:7, 0:7.
2. Runde: PSV Eindhoven – Hamburger SV 1:1, 1:2; 1. FC Köln – FC Barcelona 0:1, 4:0; 1. FC Kaiserslautern – Standard Lüttich 1:2, 1:2; FC Utrecht – Eintracht Frankfurt 2:1, 1:3; VfB Stuttgart – Vorwärts Frankfurt/Oder 5:1, 2:1; AC Turin – 1. FC Magdeburg 3:1, 0:1; FC Twente – Dynamo Dresden 1:1, 0:0; Dundee United – SC Lokeren 1:1, 0:0; Zbrojovka Brünn – Real San Sebastian 1:1, 1:2; FC Sochaux – Boavista Porto 2:2, 1:0; Widzew Lodz – Juventus Turin 3:1, 1:3 n. V.; Lodz 4:1-Sieger im Elfmeterschießen; FC Porto – Grasshoppers Zürich 2:0, 0:3 n. V.; Ipswich Town – Bohemians Prag 3:0, 0:2; Levsky/Spartak Sofia – AZ 67 Alkmaar 1:1, 0:5; Beroe Stara Zagora – Radnicki Nisch 0:1, 1:2; FC St. Mirren – AS St. Etienne 0:0, 0:2.
Achtelfinale: Hamburger SV – AS Saint Etienne 0:5, 0:1; Eintracht Frankfurt – FC Sochaux 4:2, 0:2; VfB Stuttgart – 1. FC Köln 3:1, 1:4 n. V.; Ipswich Town – Widzew Lodz 5:0, 0:1; Standard Lüttich – Dynamo Dresden 1:1, 4:1; SC Lokeren – Real San Sebastian 1:0, 2:2; Radnicki Nisch – AZ 67 Alkmaar 2:2, 0:5; Grasshoppers Zürich – AC Turin 2:1, 1:2 n. V., Grasshoppers 4:3-Sieger im 11-m-schießen.
Viertelfinale: Standard Lüttich – 1. FC Köln 0:0, 2:3; Grasshoppers Zürich – FC Sochaux 0:0, 1:2; AS St. Etienne – Ipswich Town 1:4, 1:3; AZ 67 Alkmaar – SC Lokeren 2:0, 0:1.
Halbfinale: Ipswich Town – 1. FC Köln 1:0, 1:0; FC Sochaux – AZ Alkmaar 1:1, 2:3.
Endspiele: Ipswich Town – AZ 67 Alkmaar 3:0 und 2:4 (in Amsterdam).
Die Siegermannschaft: Cooper – Mills, Osman, Butcher, McCall – Thijssen, A. Mühren, Wark – Gates, Mariner, Brazil.

1981/82: IFK Göteborg

1. Runde: Hamburger SV – FC Utrecht 0:1, 6:3 (in Arnheim); Hajduk Split – VfB Stuttgart 3:1, 2:2; 1. FC Kaiserslautern – Akademik Sofia 1:0, 2:1; 1. FC Magdeburg – Borussia M'gladbach 3:1, 0:2; Dinamo Tirana – FC Carl Zeiss Jena 1:0, 0:4; Zenit Leningrad – Dynamo Dresden 1:2, 1:4; Rapid Wien – Videoton Szekesfehervar 2:2, 2:0; Sturm Graz – Armeeklub Moskau 1:0, 1:2; Xamax Neuchatel – Sparta Prag 4:0, 2:3; Grasshoppers Zürich – West Bromwich 1:0, 3:1; Bohemians Prag – FC Valencia 0:1, 0:1; FC Nantes – SC Lokeren 1:1, 2:4; PSV Eindhoven – Naestved IF 7:0, 1:2; Boavista Porto – Atletico Madrid 4:1, 1:3; SSC Neapel – Radnicki Nisch 2:2, 0:0; Banyasz Tatabanya – Real Madrid 2:1, 0:1; Aris Saloniki – Sliema Wanderers 4:0, 4:2; Malmö FF – Wisla Krakau 2:0, 3:1; Feyenoord Rotterdam – Szombierki Beuthen 2:0, 1:1; Ipswich Town – FC Aberdeen 1:1, 1:3; SK Beveren – FC Linfield Belfast 3:0, 5:0; AS Monaco – Dundee United 2:5, 2:1; Panathinaikos Athen – Arsenal London 0:2, 0:1; Spartak Moskau – FC Brügge 3:1, 3:1; Apoel Nikosia – FC Arges Pitesti 1:1, 0:4; Adanaspor – Inter Mailand 1:3, 1:4; Dinamo Bukarest – Levsky/Spartak Sofia 3:0, 1:2; FC Limerick – FC Southampton 0:3, 1:1; Sporting Lissabon – RB Differdingen 4:0, 7:0; Bryne IL – FC Winterslag 0:2, 2:1; Haka Valkeakoski – IFK Göteborg 2:3, 0:4; Vikingur Reykjavik – Girondins Bordeaux 0:4, 0:4.

2. Runde: Girondins Bordeaux – Hamburger SV 2:1, 0:2; Spartak Moskau – 1. FC Kaiserslautern 2:1, 0:4; Borussia M'gladbach – Dundee United 2:0, 0:5; Real Madrid – FC Carl Zeiss Jena 3:2, 0:0; Feyenoord Rotterdam – Dynamo Dresden 2:1, 1:1; Rapid Wien – PSV Eindhoven 1:0, 1:2; Sturm Graz – IFK Göteborg 2:2, 2:3; Grasshoppers Zürich – Radn. Nisch 2:0, 0:2 n. V., Nisch 3:0-Sieger im Elfmeterschießen; Malmö FF – Xamax Neuchatel 0:1, 0:1; FC Winterslag – Arsenal London 1:0, 1:2; SK Beveren – Hajduk Split 2:3, 2:1; Aris Saloniki – SC Lokeren 1:1, 0:4; FC Southampton – Sporting Lissabon 2:4, 0:0; FC Valencia – Boavista Porto 2:0, 0:1; FC Aberdeen – FC Arges Pitesti 3:0, 2:2; Inter Mailand – Dinamo Bukarest 1:1, 2:3 n. Verl.

Achtelfinale: FC Aberdeen – Hamburger SV 3:2, 1:3; SC Lokeren – 1. FC Kaiserslautern 1:0, 1:4; Radnicki Nisch – Feyenoord Rotterdam 2:0, 0:1; Rapid Wien – Real Madrid 0:1, 0:0; IFK Göteborg – Dinamo Bukarest 3:1, 1:0; Sporting Lissabon – Xamax Neuchatel 0:0, 0:1; FC Valencia – Hajduk Split 5:1, 1:4; FC Winterslag – Dundee United 0:0, 0:5.

Viertelfinale: Real Madrid – 1. FC Kaiserslautern 3:1, 0:5; Hamburger SV – Xamax Neuchatel 3:2, 0:0; FC Valencia – IFK Göteborg 2:2, 0:2; Dundee United – Radnicki Nisch 2:0, 0:3.

Halbfinale: 1. FC Kaiserslautern – IFK Göteborg 1:1, 1:2 n. V.; Radnicki Nisch – Hamburger SV 2:1, 1:5.

Endspiele: IFK Göteborg – Hamburger SV 1:0, 3:0

IFK Göteborg: Wernersson – Svensson, Hysen, Conny Karlsson, Frederiksson – Tord Holmgren, Strömberg, Jerry Karlsson – Corneliusson, Nilsson (Sandberg), Tommy Holmgren (Schiller).

HSV: Stein – Kaltz (Hidien), Hieronymus, Jakobs, Groh – Wehmeyer, Hartwig, Magath, von Heesen (Memering) – Hrubesch, Bastrup.

Tore: Tord Holmgren, Corneliusson, Nilsson, Frederiksson. – Schiedsrichter: Carpenter (Irland) u. Courtney (England). – Zuschauer: 42548/61000.

1982/83: RSC Anderlecht

1. Runde: AEK Athen – 1. FC Köln 0:1, 0:5; Borussia Dortmund – Glasgow Rangers 0:0, 0:2; 1. FC Kaiserslautern – Trabzonspor 3:0, 3:0; Vorw. Frankfurt/Oder – Werder Bremen 1:3, 2:0; Viking Stavanger – 1. FC Lok Leipzig 1:0, 2:3; FC Carl Zeiss Jena – Girondins Bordeaux 3:1, 0:5; Manchester United – FC Valencia 0:0, 1:2; Glentoran Belfast – Banik Ostrau 1:3, 0:1; FC Utrecht – FC Porto 0:1, 0:2; Progres Niederkorn – Servette Genf 0:1, 0:3; Benfica Lissabon – Betis Sevilla 2:1, 2:1; FC Haarlem – AA Gent 2:1, 3:3; AS St. Etienne – Banyasz Tababanya 4:1, 0:0; Bohemians Prag – Admira/Wacker Wien 5:0, 2:1; AS Rom – Ipswich Town 3:0, 1:3; Ferencvaros Budapest – Athl. Bilbao 2:1, 1:1; FC Zurrieq (Malta) – Hajduk Split 1:4, 0:4; RSC Anderlecht – Kuopio PT 3:0, 3:1; Slask Breslau – Dynamo Moskau 2:2, 1:0; Lyngby BK – Brage IK Borlänge 1:2, 2:2; Dundee United – PSV Eindhoven 1:1, 2:0; Spartak Moskau – Arsenal London 3:2, 5:2; Stal Mielec – SC Lokeren 1:1, 0:0; Fram Reykjavik – Shamrock Rovers 0:3, 0:4; FC Southampton – IFK Norrköping 2:2, 0:0; PAOK Saloniki – FC Sochaux 1:0, 2:1 n. V.; Universitatea Craiova – AC Florenz 3:1, 0:1; FC Sevilla – Levsky/Spartak Sofia 3:1, 3:0; Pesoporikos Larnax – FC Zürich 2:2, 0:1; Dynamo Tiflis – SSC Neapel 2:1, 0:1; Slavia Sofia – FC Sarajewo 2:2, 2:4; Grazer AK – Corvinul Hunedoara 1:1, 0:3.

2. Runde: Werder Bremen – Brage IK Borlänge 2:0, 6:2; Glasgow Rangers – 1. FC Köln 2:1, 0:5; SSC Neapel – 1. FC Kaiserslautern 1:2, 0:2; Slask Breslau – Servette Genf 0:2, 1:5; RSC Anderlecht – FC Porto 4:0, 2:3; FC Valencia – Banik Ostrau 1:0, 0:0; Spartak Moskau – FC Haarlem 2:0, 3:1; Benfica Lissabon – SC Lokeren 2:0, 2:1; AS St. Etienne – Bohemians Prag 0:0, 0:4; AS Rom – IFK Norrköping 1:0, 0:1 n. V. (4:2 Elf.); Hajduk Split – Girondins Bordeaux 4:1, 0:4; Shamrock Rovers – Universitatea

Craiova 0:2, 0:3; Ferencvaros Budapest – FC Zürich 1:1, 0:1; PAOK Saloniki – FC Sevilla 2:0, 0:4; Corvinul Hunedoara – FC Sarajewo 4:4, 0:4; Viking Stavanger – Dundee United 1:3, 0:0.
3. Runde: FC Sevilla – 1. FC Kaiserslautern 1:0, 0:4; 1. FC Köln – AS Rom 1:0, 0:2; Dundee United – Werder Bremen 2:1, 1:1; Servette Genf – Bohemians Prag 2:2, 1:2; RSC Anderlecht – FC Sarajewo 6:1, 0:1; FC Zürich – Benfica Lissabon 1:1, 0:4; Girondins Bordeaux – Uni Craiova 1:0, 0:2 n. V.; Spartak Moskau – FC Valencia 0:0, 0:2.
Viertelfinale: 1. FC Kaiserslautern – Uni Craiova 3:2, 0:1; Bohemians Prag – Dundee United 1:0, 0:0; AS Rom – Benfica Lissabon 1:2, 1:1; FC Valencia – RSC Anderlecht 1:2, 1:3.
Halbfinale: Bohemians Prag – RSC Anderlecht 0:1, 1:3; Benfica Lissabon – Univers. Craiova 0:0, 1:1.
Endspiele: RSC Anderlecht – Benfica Lissabon 1:0, 1:1
Anderlecht: Munaron – Hofkens, Olsen, Perusovic, De Groote – Friman, Coeck, Vercauteren, Lozano – Vandenbergh (Czerniatynski), Brylle (De Greef, Broos).
Tore: Brylle, Lozano (Sheu). – Schiedsrichter: Dotschev (Bulgarien)/Corver (Holland). – Zuschauer: 45000/80000.

1983/84: Tottenham Hotspur London

1. Runde: 1. FC Kaiserslautern – FC Watford 3:1, 0:3; Anorthosis Larnax – Bayern München 0:1 (in Limassol), 0:10; VfB Stuttgart – Levsky/Spartak Sofia 1:1, 0:1; Werder Bremen – Malmö FF 1:1, 2:1; IB Vestmannaeyar – FC Carl Zeiss Jena 0:0, 0:3; Nottingham Forest – Vorwärts Frankfurt/O. 2:0, 1:0; Girondins Bordeaux – 1. FC Lok. Leipzig 2:3, 0:4; Vitoria Guimaraes – Aston Villa 1:0, 0:5; Sparta Prag – Real Madrid 3:2, 1:1; FC Zürich – FC Antwerpen 1:4, 2:4; Sparta Rotterdam – FC Coleraine 4:0, 1:1; Banik Ostrau – B 1903 Kopenhagen 5:0, 1:1; Aris Bonneweg – Austria Wien 0:5 (in Luxemburg), 0:10; FC Sevilla – Sporting Lissabon 1:1, 2:3; PSV Eindhoven – Ferencvaros Budapest 4:2, 2:0; Hellas Verona – Roter Stern Belgrad 1:0, 3:2; Atletico Madrid – FC Groningen 2:1, 0:3; FC Larissa – Honved Budapest 2:0, 0:3 n. V.; Widzew Lodz – Elfsborg Boras 0:0 (in Bialystok), 2:2; Spartak Moskau – HJK Helsinki 2:0, 5:0; AA Gent – RC Lens 1:1, 1:2 n. V.; Bryne IL – RSC Anderlecht 0:3, 1:1; Celtic Glasgow – Aarhus GF 1:0, 4:1; Dynamo Kiew – Stade Laval 0:0, 0:1; Drogheda United – Tottenham Hotspur 0:6, 0:8; FC St. Mirren – Feyenoord Rotterdam 0:1, 0:2; Radnicki Nisch – FC St. Gallen 3:0, 2:1; Sportul Bukarest – Sturm Graz 1:2, 0:0; Lokomotive Plovdiv – PAOK Saloniki 1:2, 1:3; Universitatea Craiova – Hajduk Split 1:0, 0:1 n. V. (1:3 im Elfmeterschießen); Trabzonspor – Inter Mailand 1:0, 0:2 (in Cesena); Rabat Ajax (Malta) – Inter Preßburg 0:10, 0:6.
2. Runde: 1. FC Lok. Leipzig – Werder Bremen 1:0, 1:1; PAOK Saloniki – Bayern München 0:0, 0:0 n. V., Bayern 9:8-Sieger im Elfmeterschießen; Sparta Rotterdam – FC Carl Zeiss Jena 3:2, 1:1; Austria Wien – Stade Laval 2:0, 3:3; Hellas Verona – Sturm Graz 2:2, 0:0; Widzew Lodz – Sparta Prag 1:0 (in Bialystok), 0:3; RSC Anderlecht – Banik Ostrau 2:0, 2:2; Racing Club Lens – FC Antwerpen 2:2, 3:2; PSV Eindhoven – Nottingham Forest 1:2, 0:1; Sporting Lissabon – Celtic Glasgow 2:0, 0:5; Honved Budapest – Hajduk Split 3:2, 0:3; Tottenham Hotspur – Feyenoord Rotterdam 4:2, 2:0; FC Watford – Levsky/Spartak Sofia 1:1, 3:1 n. V.; FC Groningen – Inter Mailand 2:0, 1:5 (in Bari); Spartak Moskau – Aston Villa 2:2, 2:1; Radnicki Nisch – Inter Preßburg 4:0, 2:3.
Achtelfinale: Bayern München – Tottenham Hotspur 1:0, 0:2; Sturm Graz – 1. FC Lok. Leipzig 2:0, 0:1; Radnicki Nisch – Hajduk Split 0:2, 0:2; Austria Wien – Inter Mailand 2:1, 1:1; Sparta Rotterdam – Spartak Moskau 1:1, 0:2; RC Lens – RSC Anderlecht 1:1, 0:1; FC Watford – Sparta Prag 2:3, 0:4; Nottingham Forest – Celtic Glasgow 0:0, 2:1.
Viertelfinale: Sparta Prag – Hajduk Split 1:0, 0:2 n. V.; RSC Anderlecht – Spartak Moskau 4:2, 0:1 (in Tiflis); Tottenham Hotspur – Austria Wien 2:0, 2:2; Nottingham Forest – Sturm Graz 1:0, 1:1 n. V.
Halbfinale: Hajduk Split – Tottenham Hotspur 2:1, 0:1; Nottingham Forest – RSC Anderlecht 2:0, 0:3.
Endspiele: RSC Anderlecht – Tottenham Hotspur 1:1 und 1:1 n. V. Tottenham 4:3 Sieger im Elfmeterschießen.
Tottenham: Parks – Thomas, Miller (Ardiles), Hughton, Roberts – Perryman, Stevens (Marbutt, Dick), Hazard, Galvin – Archibald, Falco.
Tore: Miller (Olsen)/Roberts (Czerniatynski). – SR.: Galler (Schweiz)/Roth (Deutschland). – Zuschauer: 40000/48000. – Tore aus dem Elfmeterschießen: Roberts, Falco, Stevens, Archibald für Tottenham (Thomas vergab); Brylle, Scifo, Vercauteren für Anderlecht (Olsen, Gudjohnsen vergaben).

1984/85: Real Madrid

1. Runde: Dukla Banska Bystrica – Borussia M'gladbach 2:3, 1:4; RSC Anderlecht – Werder Bremen 1:0, 1:2; 1. FC Köln – Pogon Stettin 2:1, 1:0; FC Southampton – Hamburger SV 0:0, 0:2; 1. FC Lok. Leipzig – Lilleström SK 7:0, 0:3; Vorwärts Frankfurt/O. – PSV Eindhoven 2:0, 0:3; Östers Växjö – Linzer ASK 0:1, 0:1; Real Madrid – Wacker Innsbruck 5:0, 0:2; FC Sion – Atletico Madrid 1:0, 3:2; Olympiakos Piräus – Neuchatel Xamax (in Athen) 1:0, 2:2; Nottingham Forest – FC Brügge 0:0, 0:1; Odense BK – Spartak Moskau 1:5, 1:2; Bohemians Dublin – Glasgow Rangers 3:2, 0:2; FC Sliven –

Zeljeznicar Sarajevo 1:0, 1:5; Betis Sevilla – Universitatea Craiova 1:0, 0:1 n. V./3:5 Elfmeterschießen; Bohemians Prag – Apollon Limassol 6:1, 2:2; AS Monaco – Armeeklub Sofia 2:2, 1:2; Fenerbahce Istanbul – AC Florenz 0:1, 0:2; Rabat Ajax – Partizan Belgrad 0:2, 0:2; Sporting Braga – Tottenham Hotspur 0:3, 0:6; Glentoran Belfast – Standard Lüttich 1:1, 0:2; Red Boys Differdingen – Ajax Amsterdam 0:0, 0:14; Videoton Szekesfehervar – Dukla Prag 1:0, 0:0; Sporting Lissabon – AJA Auxerre 2:0, 2:2 n. V.; Manchester United – ETO Raba Györ 3:0, 2:2; Real Valladolid – FC Rijeka 1:0, 1:4; FC Paris St. Germain – Heart of Midl. 4:0, 2:2; AIK Stockholm – Dundee United 1:0, 0:3; KR Reykjavik – Queen's Park Rangers 0:3, 0:4; Dynamo Minsk – HJK Helsinki 4:0, 6:0; Widzew Lodz – Aarhus GF 2:0, 0:1; Sportul Bukarest – Inter Mailand 1:0, 0:2.
2. Runde: Standard Lüttich – 1. FC Köln 0:2, 1:2; Borussia M'gladbach – Widzew Lodz 3:2, 0:1; Hamburger SV – Armeeklub Sofia 4:0, 2:1; Queen's Park Rangers – Partizan Belgrad 6:2, 0:4; Inter Mailand – Glasgow Rangers 3:0, 1:3; 1. FC Lok. Leipzig – Spartak Moskau 1:1, 0:2; FC Paris St. Germain – Videoton 2:4, 0:1; Linzer ASK – Dundee United 1:2, 1:5; PSV Eindhoven – Manchester United 0:0, 0:1 n. V.; Zeljeznicar – FC Sion 2:1, 1:1; Uni Craiova – Olympiakos Piräus 1:0, 1:0; AC Florenz – RSC Anderlecht 1:1, 2:6; FC Brügge – Tottenham Hotspur 2:1, 0:3; Sporting Lissabon – Dynamo Minsk 2:0, 0:2 n. V./3:5 Elfmeterschießen; Ajax Amsterdam – Bohemians Prag 1:0, 0:1 n. V./2:4 Elfmeterschießen; FC Rijeka – Real Madrid 3:1, 0:3.
Achtelfinale: Spartak Moskau – 1. FC Köln 1:0 (in Tiflis), 0:2; Hamburger SV – Inter Mailand 2:1, 0:1; RSC Anderlecht – Real Madrid 3:0, 1:6; Uni Craiova – Zeljeznicar 2:0, 0:4; Widzew Lodz – Dynamo Minsk 0:2, 1:0 (in Tiflis); Tottenham Hotspur – Bohemians Prag 2:0, 1:1; Manchester United – Dundee United 2:2, 3:2; Videoton – Partizan Belgrad 5:0, 0:2.
Viertelfinale: Inter Mailand – 1. FC Köln 1:0, 3:1; Tottenham Hotspur – Real Madrid 0:1, 0:0; Manchester United – Videoton 1:0, 0:1 n. V./4:5 Elfmeterschießen; Zeljeznicar – Dynamo Minsk 2:0, 1:1.
Halbfinale: Inter Mailand – Real Madrid 2:0, 0:3; Videoton – Zeljeznicar 3:1, 1:2.
Endspiele: Videoton Szekesfehervar – Real Madrid 0:3, 1:0.
Real: Miguel Angel – Chendo, Stielike, Sanchis, Camacho – San Jose, Gallego, Michell – Butragueno (Juanito), Santillana (Salguero), Valdano.
Tore: Michell, Santillana, Valdano/Majer. – Schiedsrichter: Vautrot (Frankreich)/Ponnet (Belgien). – Zuschauer: 34000/90000.

1985/86: Real Madrid

1. Runde: 1. FC Köln – Sporting Gijon 0:0, 2:1; Schwarzmeer Odessa – Werder Bremen 2:1, 2:3; Borussia Mönchengladbach – Lech Posen 1:1, 2:0; Sparta Rotterdam – Hamburger SV 2:0, 0:2 n. V./4:3 Elfmeterschießen; Wismut Aue – Dnjepr Dnjepropetrowsk 1:3, 1:2 (in Krivoj Rog); FC Coleraine – Lokomotive Leipzig – 1:1, 0:5; Sporting Lissabon – Feyenoord Rotterdam – 3:1, 1:2; Glasgow Rangers – Atletico Osasuna 1:0, 0:2; Valur Reykjavik – FC Nantes 2:1, 0:3; ETO Raba Györ – Bohemians Prag 3:1, 1:4 n. V. (in Preßburg); Boavista Porto – FC Brügge 4:3, 1:3; Avenir Beggen – PSV Eindhoven 0:2, 0:4; Videoton Szekesfehervar – Malmö FF 1:0, 2:3; AJA Auxerre – AC Mailand 3:1, 0:3; Slavia Prag – FC St. Mirren 1:0, 0:3 n. V.; Spartak Moskau – Turku PS 1:0, 3:0; Bohemians Dublin – Dundee United 2:5, 2:2; Pirin Blagoevgrad – Hammarby IF 1:3, 0:4; Legia Warschau – Viking Stavanger 3:0, 1:1; KSV Waregem – Aarhus GF 5:2, 1:0; Inter Mailand – FC St. Gallen 5:1, 0:0; AEK Athen – Real Madrid 1:0, 0:5; Dinamo Tirana – Hamrun Spartans 1:0, 0:0; SC Portimonense – Partizan Belgrad 1:0, 0:4; Dinamo Bukarest – Vardar Skoplje 2:1, 0:1; AC Turin – Panathinaikos Athen 2:1, 1:1; Apoel Nikosia – Lokomotive Sofia 2:2, 2:4 n. V.; Linzer ASK – Banik Ostrau 2:0, 1:0; Hajduk Split – FC Metz 5:1, 2:2; Xamax Neuchatel – Sportul Bukarest 3:0, 4:4; Athletic Bilbao – Besiktas Istanbul 4:1, 1:0; FC Lüttich – Wacker Innsbruck 1:0, 3:1.
2. Runde: 1. FC Köln – Bohemians Prag 4:0, 4:2; Sparta Rotterdam – Borussia M'gladbach 1:1, 1:5; AC Mailand – Lokomotive Leipzig 2:0, 1:3; PSV Eindhoven – Dnjepr Dnjepropetrowsk 2:2, 0:1 (in Krivoj Rog); KSV Waregem – Atletico Osasuna 2:0, 1:2; Partizan Belgrad – FC Nantes 1:1, 0:4; Dundee United – Vardar Skoplje 2:0, 1:1; Linzer ASK – Inter Mailand 1:0, 0:4; Spartak Moskau – FC Brügge 1:0, 3:1; Videoton Szekesfehervar – Legia Warschau 0:1, 1:1; Hammarby IF – FC St. Mirren 3:3, 2:1; Lokomotive Sofia – Xamax Neuchatel 1:1, 0:0; FC Lüttich – Athletic Bilbao 0:1, 1:3; AC Turin – Hajduk Split 1:1, 1:3; Dinamo Tirana – Sporting Lissabon 0:0, 0:1; Real Madrid – Schwarzmeer Odessa 2:1, 0:0.
Achtelfinale: Hammarby IF – 1. FC Köln 2:1, 1:3; Borussia Mönchengladbach – Real Madrid 5:1 (in Düsseldorf), 0:4; Athletic Bilbao – Sporting Lissabon 2:1, 0:3; Dundee United – Xamax Neuchatel 2:1, 1:3 n. V.; Inter Mailand – Legia Warschau 0:0, 1:0 n. V.; Spartak Moskau – FC Nantes 0:1 (in Moskau), 1:1; Dnjepr Dnjepropetrowsk – Hajduk Split 0:1 (in Krivoj Rog), 0:2; KSV Waregem – AC Mailand 1:1, 2:1.
Viertelfinale: Sporting Lissabon – 1. FC Köln 1:1, 0:2; Real Madrid – Xamax Neuchatel 3:0, 0:2; Hajduk Split – KSV Waregem 1:0, 0:1 n. V./4:5 Elfmeterschießen; Inter Mailand – FC Nantes 3:0, 3:3.

Halbfinale: 1. FC Köln – KSV Waregem 4:0, 3:3 (in Courtrai); Inter Mailand – Real Madrid 3:1, 1:5 n. V.
Endspiele: Real Madrid – 1. FC Köln 5:1, 0:2 in Berlin.
Real: Augustin – Salguero (Maceda) – Solana, Camacho – Vasquez (Chendo), Michel, Juanito (Gallego), Gordillo – Butragueno, Sanchez (Santillana), Valdano.
1. FC Köln: Schumacher – Gielchen – Steiner, Prestin, Geils (Schmitz) – Geilenkirchen, Hönerbach, Bein (Häßler), Janssen (Pisanti) – Littbarski (Dickel), Kl. Allofs.
Tore: Valdano 2, Sanchez, Gordillo, Santillana (Kl. Allofs, Geilenkirchen). – Schiedsrichter: Courtney (England)/Valentine (Schottland). – Zuschauer: 65000/21185.

1986/87: IFK Göteborg

1. Runde: Atletico Madrid – Werder Bremen 2:0, 1:2 n. V.; Kalmar FF – Bayer Leverkusen 1:4, 0:3; Bayer Uerdingen – FC Carl Zeiss Jena 3:0, 4:0; Borussia Mönchengladbach – Partizan Belgrad 1:0, 3:1; Athletico Bilbao – 1. FC Magdeburg 2:0, 0:1; FC Coleraine – Stahl Brandenburg 1:1, 0:1; RC Lens – Dundee United 1:0, 0:2; FC Groningen – Galway United 5:1, 3:1; IA Akranes – Sporting Lissabon 0:9, 0:6; Jeunesse Esch – AA Gent 1:2, 1:1; SC Pecs – Feyenoord Rotterdam 1:0, 0:2; Sparta Prag – Vitoria Guimaraes 1:1, 1:2; Heart of Midlothian – Dukla Prag 3:2, 0:1; FC Nantes – AC Turin 0:4, 1:1; Dynamo Minsk – ETO Raba Györ 2:4, 1:0; Sigma Ölmütz – IFK Göteborg 1:1, 0:4; Glasgow Rangers – Ilves Tampere 4:0, 0:2; Legia Warschau – Dnjepr Dnjepropetrowsk 0:0, 1:0 (in Krivoj Rog); Linzer ASK – Widzew Lodz 1:1, 0:1; Xamax Neuenburg – Lyngby BK 2:0, 3:1; SK Beveren – Valerengen Oslo 1:0, 0:0; Iraklion Kreta – Hajduk Split 1:0, 0:4; Flamurtari Vlora – FC Barcelona 1:1, 0:0; AC Florenz – Boavista Porto 1:0, 0:1 n. V., 1:3 Elfmeterschießen; Hibernian La Valetta – Trakia Plovdiv 0:2, 0:8; FC Tirol – Sredec Sofia 3:0, 0:2; Inter Mailand – AEK Athen 2:0, 1:0; Sportul Bukarest – Omonia Nikosia 1:0, 1:1; FC Rijeka – Standard Lüttich 0:1, 1:1; Universitatea Craiova – Galatasaray Istanbul 2:0, 1:2; SSC Neapel – FC Toulouse 1:0, 0:1 n. V., 3:4 Elfmeterschießen; Spartak Moskau – FC Luzern 0:0, 1:0.
2. Runde: Widzew Lodz – Bayer Uerdingen 0:0, 0:2; Borussia Mönchengladbach – Feyenoord Rotterdam 5:1, 2:0; Dukla Prag – Bayer Leverkusen 0:0, 1:1; IFK Göteborg – Stahl Brandenburg 2:0, 1:1; FC Groningen – Xamax Neuenburg 0:0, 1:1; SK Beveren – Athletico Bilbao 3:1, 1:2; Glasgow Rangers – Boavista Porto 2:1, 1:0; Legia Warschau – Inter Mailand 3:2, 0:1; Vitoria Guimaraes – Atletico Madrid 2:0, 0:1; Sportul Bukarest – AA Gent 0:3, 1:1; AC Turin – ETO Raba Györ 4:0, 1:1; FC Barcelona – Sporting Lissabon 1:0, 1:2; Hajduk Split – Trakia Plovdiv 3:1, 2:2; FC Tirol – Standard Lüttich 2:1, 2:3; FC Toulouse – Spartak Moskau 3:1, 1:5; Dundee United – Universitatea Craiova 3:0, 0:1.
Achtelfinale: Bayer Uerdingen – FC Barcelona 0:2, 0:2; Glasgow Rangers – Borussia Mönchengladbach 1:1, 0:0; Spartak Moskau – FC Tirol 1:0 (in Simferopol), 0:2; Dundee United – Hajduk Split 2:0, 0:0; AA Gent – IFK Göteborg 0:1, 0:4; FC Groningen – Vitoria Guimaraes 1:0, 0:3; Dukla Prag – Inter Mailand 0:1, 0:0; AC Turin – SK Beveren 2:1, 1:0.
Viertelfinale: Borussia Mönchengladbach – Vitoria Guimaraes 3:0, 2:2; AC Turin – FC Tirol 0:0, 1:2; Dundee United – FC Barcelona 1:0, 2:1; IFK Göteborg – Inter Mailand 0:0, 1:1.
Halbfinale: Dundee United – Borussia Mönchengladbach 0:0, 2:0; IFK Göteborg – FC Tirol 4:1, 1:0.
Endspiele: IFK Göteborg – Dundee United 1:0, 1:1.
Göteborg: Wernersson – Larsson – Carlsson, Hysen, Frederiksson – Johansson (R. Nilsson), Tord Holmgren (Zetterlund), Andersson, Tommy Holmgren (Mordt), Pettersson, L. Nilsson.
Tore: Pettersson/L. Nilsson (Clark). – Schiedsrichter: Kirschen (DDR)/Igna (Rumänien). – Zuschauer: 50000/23000.

1987/88: Bayer 04 Leverkusen

1. Runde: Borussia Mönchengladbach – Espanol Barcelona 0:1, 1:4; Celtic Glasgow – Borussia Dortmund 2:1, 0:2; Mjöndalen IF – Werder Bremen 0:5, 1:0; Austria Wien – Bayer Leverkusen 0:0, 1:5; SK Beveren – Bohemians Prag 2:0, 0:1; Feyenoord Rotterdam – Spora Luxemburg 5:0, 5:2; Banyasz Tatabanya – Vitoria Guimaraes 1:1, 0:1; Grasshoppers Zürich – Dynamo Moskau 0:4, 0:1; Pogon Stettin – Hellas Verona 1:1, 1:3; Honved Budapest – SC Lokeren 1:0, 0:0; Bröndby – IF – IFK Göteborg 2:1, 0:0; Zenit Leningrad – FC Brügge 2:0, 0:5; Sportul Bukarest – GKS Kattowitz 1:0, 2:1 (in Chorzow); Panathinaikos Athen – AJA Auxerre 2:0, 2:3; EPA Larnaka – Victoria Bukarest 0:1, 0:3; Flamurtari Vlora – Partizan Belgrad 2:0, 1:2; Sportin Gijon – AC Mailand 1:0, 0:3 (in Lecce); FC Coleraine – Dundee United 0:1, 1:3; Sparta Moskau – Dynamo Dresden 3:0, 0:1; TJ Vitkovice – AIK Stockholm 1:1 (in Ostrau), 2:0; Turku PS – Admira/Wacker 0:1, 2:0; Besiktas Istanbul – Inter Mailand 0:0, 1:3; Lokomotive Sofia – Dynamo Tiflis 3:1, 0:3; Velez Mostar – FC Sion 5:0, 0:3; Bohemians Dublin – FC Aberdeen 0:0, 0:1; FC Barcelona – Belenenses Lissabon 2:0, 0:1; Wismut Aue – Valur Reykjavik 0:0, 1:1; Linzer ASK – FC Utrecht 0:0, 0:2; FC Valletta – Juventus Turin 0:4, 0:3; Universitatea Craiova – GD Chaves 3:2, 1:2; Roter Stern Belgrad – Trakia Plovdiv 3:0, 2:2; FC Toulouse – Panionios Athen 5:1, 1:0.

2. Runde: Borussia Dortmund – Velez Mostar 2:0, 1:2; Sparta Moskau – Werder Bremen 4:1, 2:6 n. V.; FC Toulouse – Bayer Leverkusen 1:1, 0:1; Vitoria Guimaraes – SK Beveren 1:0, 0:1 n. V. (Guimaraes 5:4-Sieger im Elfmeterschießen); AC Mailand – Espanol Barcelona 0:2 (in Lecce), 0:0; Wismut Aue – Flamurtari Vlora 1:0, 0:2; FC Aberdeen – Feyenoord Rotterdam 2:1, 0:1; GD Chaves – Honved Budapest 1:2, 1:3; FC Utrecht – Hellas Verona 1:1, 1:2; FC Barcelona – Dynamo Moskau 2:0, 0:0; Dundee United – TJ Vitkovice 1:2, 1:1; Bröndby IF – Sportul Bukarest 3:0, 0:3 n. V. (Bukarest 3:0-Sieger im Elfmeterschießen); Inter Mailand – Turku PS 0:1, 2:0; Panathinaikos Athen – Juventus Turin 1:0, 2:3; Roter Stern Belgrad – FC Brügge 3:1, 0:4; Victoria Bukarest – Dynamo Tiflis 1:2, 0:0.
Achtelfinale: Feyenoord Rotterdam – Bayer Leverkusen 2:2, 0:1; Werder Bremen – Dynamo Tiflis 2:1, 1:1; Borussia Dortmund – FC Brügge 3:0, 0:5 n. V.; Honved Budapest – Panathinaikos Athen 5:2, 1:5; FC Barcelona – Flamurtari Vlora 4:1, 0:1; Vitoria Guimaraes – TJ Vitkovice 2:0, 0:2 n. V. (Vitkovice 5:4-Sieger im Elfmeterschießen); Inter Mailand – Espanol Barcelona 1:1, 0:1; Hellas Verona – Sportul Bukarest 3:1, 1:0.
Viertelfinale: Bayer Leverkusen – FC Barcelona 0:0 (in Köln), 1:0; Hellas Verona – Werder Bremen 0:1, 1:1; Panathinaikos Athen – FC Brügge 2:2, 0:1; Espanol Barcelona – TJ Vitkovice 2:0, 0:0.
Halbfinale: Bayer Leverkusen – Werder Bremen 1:0, 0:0; FC Brügge – Espanol Barcelona 2:0, 0:3 n. V.
Endspiele: Espanol Barcelona – Bayer Leverkusen 3:0, 0:3 n. V. (Leverkusen 3:2-Sieger im Elfmeterschießen.
Leverkusen: Vollborn – Rolff – de Keyser (Seckler), A. Reinhardt, Hinterberger (Schreier) – Cha (Götz), Tita, Buncol, Falkenmayer (K. Reinhardt) – Waas, Täuber.
Tore: Losada 2, Soler. – Tita, Götz, Cha. – Schiedsrichter: Krchnak (CSSR)/Keizer (Holland). – Zuschauer: 40000/22000. – Tore im Elfmeterschießen: 0:1 Alonso, Falkenmayer (N'kono hält), 0:2 Job, 1:2 Rolff, Urkiaga (Lattenschuß), 2:2 Waas, Zuniga (Vollborn hält), 3:2 Täuber, Losado (über das Tor).

1988/89: SSC Neapel

1. Runde: FC Antwerpen – 1. FC Köln 2:4, 1:2; AS Rom – 1. FC Nürnberg 1:2, 3:1 n. V.; Bayer Leverkusen – Belenenses Lissabon 0:1, 0:1; VfB Stuttgart – Banyasz Tatabanya 2:0, 1:2; Bayern München – Legia Warschau 3:1, 7:3; Sliema Wanderers – Victoria Bukarest 0:2, 1:6; Union Luxemburg – FC Lüttich 1:7, 0:4; Vienna Wien – Ikast FS 1:0, 1:2; Besiktas Istanbul – Dinamo Zagreb 1:0, 0:2; Otelul Galatz – Juventus Turin 1:0, 0:5; Trakia Plovdiv – Dynamo Minsk 1:2, 0:0; Jalgiris Wilna – Austria Wien 2:0, 2:5; Dnjepr Dnjepropetrowsk – Girondins Bordeaux 1:1, 1:2; Turku PS – FC Linfield 0:0, 1:1 (in Wrexham); Molde FK – SV Waregem 0:0, 1:5; Partizan Belgrad – Slavia Sofia 5:0, 5:0; Öster Växjö – Dac Dunajska Streda 2:0, 0:6; Malmö FF – Torpedo Moskau 2:0, 1:2 n. V.; FC Groningen – Atletico Madrid 1:0 1:2; FC Aarau – 1. FC Lok Leipzig 0:3, 0:4; St. Patrick's Athletic – Heart of Midlothian 0:2, 0:2; Velez Mostar – Apoel Nikosia 1:0, 5:2; AEK Athen – Athletic Bilbao 1:0, 0:2; Servette Genf – Sturm Graz 1:0, 0:0; Real Sociedad San Sebastian – Dukla Prag 2:1, 2:3; Inter Mailand – IK Brage Borlänge 2:1, 2:1; Glasgow Rangers – GKS Kattowitz 1:0, 4:2; FC Aberdeen – Dynamo Dresden 0:0, 0:2; SC Montpellier – Benfica Lissabon 0:3, 1:3; SSC Neapel – PAOK Saloniki 1:0, 1:1; Sporting Lissabon – Ajax Amsterdam 4:2, 2:1; IA Akranes – Ujpest Budapest 0:0, 1:2.
2. Runde: Bayern München – DAC Dunajska Streda 3:1, 2:0; Dinamo Zagreb – VfB Stuttgart 1:3, 1:1; 1. FC Köln – Glasgow Rangers 2:0, 1:1; Partizan Belgrad – AS Rom 4:2, 0:2; Velez Mostar – Belenenses Lissabon 0:0, 0:0 n. V./4:3 Elfmeterschießen; Sporting Lissabon – Real Sociedad San Sebastian 1:2, 0:0; Heart of Midlothian – Austria Wien 0:0, 1:0; 1. FC Lok Leipzig – SSC Neapel 1:1, 0:2; Ujpest Budapest – Girondins Bordeaux 0:1, 0:1; Juventus Turin – Athletic Bilbao 5:1, 2:3; Dynamo Dresden – SV Waregem 4:1, 1:2; Vienna Wien – Turku PS 2:1, 0:1; Malmö FF – Inter Mailand 0:1, 1:1; FC Lüttich – Benfica Lissabon 2:1, 1:1; FC Groningen – Servette Genf 2:0, 1:1; Dynamo Minsk – Victoria Bukarest 2:1, 0:1.
Achtelfinale: Real Sociedad San Sebastian – 1. FC Köln 1:0, 2:2; Bayern München – Inter Mailand 0:2, 3:1; FC Groningen – VfB Stuttgart 1:3, 0:2; Dynamo Dresden – AS Rom 2:0, 2:0; Girondins Bordeaux – SSC Neapel 0:1, 0:0; Heart of Midlothian – Velez Mostar 3:0, 1:2; Victoria Bukarest – Turku PS 1:0, 2:3; FC Lüttich – Juventus Turin 0:1, 0:1.
Viertelfinale: VfB Stuttgart – Real Sociedad San Sebastian 1:0, 0:1 n. V./4:2 Elfmeterschießen; Hearts of Midlothian – Bayern München 1:0, 0:2; Juventus Turin – SSC Neapel 2:0, 0:3 n. V.; Victoria Bukarest – Dynamo Dresden 1:1, 0:4.
Halbfinale: SSC Neapel – Bayern München 2:0, 2:2; VfB Stuttgart – Dynamo Dresden 1:0, 1:1.

Endspiele: SSC Neapel – VfB Stuttgart 2:1, 3:3.
Neapel: Giuliani – Renica – Ferrara, Corradini (Crippa) – de Napoli, Alemao (Carannante), Fusi, Francini – Carega (Bigliardi), Maradonna, Carnevale.
VfB Stuttgart: Immel – Allgöwer – N. Schmäler, Hartmann, Buchwald – Schäfer, Katanec, Sigurvinnson, Schröder – Gaudino, Walter (Zietsch, O. Schmäler), Klinsmann.
Tore: Gaudino, Maradonna, Careca/Alemao, Klinsmann, Ferrara, Careca, de Napoli (Eigentor), O. Schmäler. – Schiedsrichter: Germanakos (Griechenland)/Sanchez (Spanien). – Zuschauer: 81093/66800.

1989/90: Juventus Turin

Qualifikation: AJ Auxerre – Dinamo Zagreb 0:1, 3:1.
1. Runde: VfB Stuttgart – Feyenoord Rotterdam 2:0, 1:2; 1. FC Köln – Plastika Nitra 4:1, 1:0; Örgryte Göteborg – Hamburger SV 1:2, 1:5; Lilleström SK – Werder Bremen 1:3 (in Oslo), 0:2; FC Aberdeen – Rapid Wien 2:1, 0:1; Dynamo Kiew – MTK/VM Budapest 4:0, 2:1; FC Wettingen – FC Dundalk 3:0, 2:0; FC Twente – FC Brügge 0:0, 1:4; FC Sochaux – Jeunesse Esch 7:0, 5:0; FC Karl-Marx-Stadt – Boavista Porto 1:0, 2:2 n.V.; Gornik Zabrze – Juventus Turin 0:1, 2:4; Hibernian Edinburgh – Videoton Szekesfehervar 1:0, 3:0; IA Akranes – FC Lüttich 0:2, 1:4; Jalgiris Wilna – IFK Göteborg 2:0, 0:1; FC Glentoran – Dundee United 1:3, 0:2; Hansa Rostock – Banik Ostrau 2:3, 0:4; Kuusysi Lathi – FC Paris St. Germain 0:0, 2:3; Austria Wien – Ajax Amsterdam 1:0, 1:1 abgebrochen (Wertung 3:0); Rovaniemi PS – GKS Kattowitz 1:1, 1:0; Zenit Leningrad – Naestved IF 3:1, 0:0; Apollon Limassol – Real Saragossa 0:3, 1:1; Atalanta Bergamo – Spartak Moskau 0:0, 0:2; FC Rad Belgrad – Olympiakos Piräus 2:1, 0:2; Vitoscha Sofia – FC Antwerpen 0:0, 3:4; FC Porto – Flacara Moreni 2:0, 2:1; Atletico Madrid – AC Florenz 1:0, 0:1 n.V./1:3 Elfmeterschießen (in Perugia); Iraklis Saloniki – FC Sion 1:0, 0:2; AJ Auxerre – Apolonia Fier 5:0, 3:0 (in Vlora); Sporting Lissabon – SSC Neapel 0:0, 0:0 n.V./3:4 Elfmeterschießen; Galatasaray Istanbul – Roter Stern Belgrad 1:1, 0:2; FC Valencia – Victoria Bukarest 3:1, 1:1; FC Valletta – First Vienna 1:4, 0:3.
2. Runde: 1. FC Köln – Spartak Moskau 3:1, 0:0; Zenit Leningrad – VfB Stuttgart 0:1, 0:5; Real Saragossa – Hamburger SV 1:0, 0:2 n.V.; Werder Bremen – Austria Wien 5:0, 0:2; FC Brügge – Rapid Wien 1:2, 3:4; AC Florenz – FC Sochaux 0:0 (in Perugia), 1:1; FC Sion – FC Karl-Marx-Stadt 2:1, 1:4; FC Paris St. Germain – Juventus Turin 0:1, 1:2; Roter Stern Belgrad – Jalgiris Wilna 4:1, 1:0; Hibernian Edinburg – FC Lüttich 0:0, 0:1 n.V.; FC Antwerpen – Dundee United 4:0, 2:3; Dynamo Kiew – Banik Ostrau 3:0, 1:1; Rovaniemi PS – AJ Auxerre 0:5, 0:3; FC Wettingen – SSC Neapel 0:0 (in Zürich), 1:2; FC Porto – FC Valencia 3:1, 2:3; First Vienna – Olympiakos Piräus 2:2, 1:1.
Achtelfinale: Roter Stern Belgrad – 1. FC Köln 2:0, 0:3; FC Antwerpen – VfB Stuttgart 1:0, 1:1; SSC Neapel – Werder Bremen 2:3, 1:5; Hamburger SV – FC Porto 1:0, 1:2; Rapid Wien – FC Lüttich 1:0, 1:3; Olympiakos Piräus – AJ Auxerre 1:1, 0:0; Juventus Turin – FC Karl-Marx-Stadt 2:1, 1:0; AC Florenz – Dynamo Kiew 1:0 (in Perugia), 0:0.
Viertelfinale: 1. FC Köln – FC Antwerpen 2:0, 0:0; FC Lüttich – Werder Bremen 1:4, 2:0; Hamburger SV – Juventus Turin 0:2, 2:1; AC Florenz – AJ Auxerre 1:0 (in Perugia), 1:0.
Halbfinale: Juventus Turin – 1. FC Köln 3:2, 0:0; Werder Bremen – AC Florenz 1:1, 0:0 (in Perugia).
Endspiele: Juventus Turin – AC Florenz 3:1, 0:0 (in Avellino).
Juventus: Tacconi – Bonetti – Napoli, Brio (Alessio), De Agostini – Galia, Aleijnikow, Rui Barros, Marocchi – Casiraghi, Schillaci (Rosa, Avallone), Bruno.
Tore: Galia, Casiraghi, De Agostini (Duso). Schiedsrichter: Aladren (Spanien)/Schmidhuber (Ottobrunn). – Zuschauer: 46000/32000.

Meistersieger in den europäischen Pokalwettbewerben

Verein	Pokal der Meister	Pokal der Pokalsieger	UEFA-Pokal	Gesamt-siege
Real Madrid	6	–	2	8
FC Liverpool	4	–	2	6
AC Mailand	4	2	–	6
FC Barcelona	–	3	2	5
Juventus Turin	1	1	2	4
Ajax Amsterdam	3	1	–	4
Bayern München	3	1	–	4
RSC Anderlecht	–	2	1	3
Tottenham Hotspurs	–	1	2	3
FC Valencia	–	1	2	3

Juventus Turin ist der bisher einzige Verein, der alle drei Pokalwettbewerbe gewonnen hat. HSV ist der einzige deutsche Verein, der schon in allen drei Endspielen stand.

Häufigste Endspielteilnahmen:
Real Madrid 12 (8mal E1, 2mal E2, 2mal E3), FC Barcelona 10mal (2mal E1, 4mal E2, 4mal E3), Juventus Turin 8 (3mal E1, 1mal E2, 4mal E3), FC Liverpool 8 (5mal E1, 1mal E2, 2mal E3), AC Mailand 8 (5mal E1, 3mal E2), Benfica Lissabon 8 (7mal E1, 1mal E3), RSC Anderlecht 7 (4mal E2, 3mal E3), Bayern München 6 (5mal E1, 1mal E2), Ajax Amsterdam 6 (4mal E1, 2mal E2), Hamburger SV 5 (2mal E1, 2mal E2, 1mal E3), Borussia Mönchengladbach 5 (1mal E1, 4mal E3).

TEIL XII

DER JUGENDFUSSBALL

Die Bilanz der Juniorenländerspiele „U 20"

Gegner	Spiele	Siege	Unentsch.	Niederl.	Tore	11-m-Sch.
Bulgarien	1	1	–	–	3:0	
Chile	2	2	–	–	6:0	
Dänemark	1	–	1	–	1:1	
Kanada	1	1	–	–	1:0	
Jugoslawien	1	–	–	1	1:1	4:5
Saudi-Arabien	1	1	–	–	3:0	
Schottland	1	1	–	–	1:1	4:3
USA	1	1	–	–	2:1	
Gesamt:	9	7	1	1	18:4	

Die durch Elfmeterschießen entschiedenen Spiele werden als Siege oder Niederlagen gewertet, aber ohne die Tore aus diesem Elfmeterschießen, die auch nicht in der Torübersicht zählen.

Die Nationalmannschaften der Junioren „U 20"

1987: 9 Spiele: 7 Siege, 1 Unentschieden, 1 Niederlage

1 **Chile,** 6. 5., Solingen, 2:0 gewonnen: Ernst – Spyrka – H. J. Heidenreich, Metz, Gabriel (Strehmel) – Haun (Kostner 1), K. Reinhardt (Walz), Legat, Luginger – Banach, Eichenauer 1 (Preetz). – K: Luginger. – SR: Ahlenfelder (Deutschland).

2 **Dänemark,** 19. 8., Einbeck, 1:1 unentschieden: Brunn – Klinkert (1), Spyrka (Schneider), Metz – H. J. Heidenreich, Luginger, Möller, K. Reinhardt (Eichenauer), Vorholt (Haun) – Banach (Witeczek), Epp (Preetz). – K: Luginger. – SR: Wiesel (Deutschland).

3 **Kanada,** 16. 9., Neuss, 1:0 gewonnen: Brunn (Rekers) – Klinkert, Spyrka, Strehmel (Prus) – Schneider, Hägele, Steffen (Würzburger), Vorholt – Dammeier, Epp (1), Eichenauer (Witeczek). – K: Spyrka. – SR: Assenmacher (Deutschland).

4 **Saudi-Arabien,** 12. 10., Antofagasta, 3:0 gewonnen (WM-Gruppenspiel): Brunn – Luginger – H. J. Heidenreich, Strehmel (1), Metz – Spyrka, Möller, Schneider, Dammeier (1) – Witeczek 1 (Pretz), Epp 1 (Eichenauer). – K: Luginger. – SR: Longhi (Italien).

5 **Bulgarien,** 15. 10., Antofagasta, 3:0 gewonnen (WM-Gruppenspiel): Clauss – Strehmel – Klinkert, Metz – Luginger, Spyrka, Schneider, Möller (H. J. Heidenreich), Dammeier (K. Reinhardt 1) – Witeczek (2), Epp. – K: Luginger. – SR: Marin (Chile).

6 **USA,** 17. 10., Antofagasta, 2:1 gewonnen (WM-Gruppenspiel): Brunn – Spyrka – Claasen, Strehmel, H. J. Heidenreich – Möller (1), Schneider, K. Reinhardt – Würzburger (Dammeier), Preetz (Eichenauer), Witeczek (1). – K: Möller. – SR: Sano (Japan).

7 **Schottland,** 21. 10., Antofagasta, 1:1 n. V., 4:3 im Elfmeterschießen (WM-Viertelfinale): Brunn – Luginger – Strehmel, Metz, H. J. Heidenreich – Spyrka, Schneider, Möller, K. Reinhardt (1) – Epp (Dammeier), Witeczek. – K: Luginger. – SR: Loustau (Argentinien). – Tore aus dem Elfmeterschießen: Witeczek, Metz, Luginger, Spyrka (zählen nicht in der Torschützenstatistik).

8 **Chile,** 23. 10., Concepcion, 4:0 gewonnen (WM-Halbfinale): Brunn – Luginger – Strehmel, Metz – Dammeier (1), Spyrka, Möller (Preetz), Schneider, K. Reinhardt – Eichenauer (1), Witeczek (2). – K: Luginger. – SR: Bouillet (Frankreich).

9 **Jugoslawien,** 25. 10., Santiago, 1:1 n. V., 4:5 im Elfmeterschießen (WM-Finale): Brunn – Luginger – Strehmel, Metz – Dammeier (H. J. Heidenreich), Spyrka, Möller, Schneider, K. Reinhardt – Eichenauer (Epp), Witeczek (1). – K: Luginger. – SR: Loustau (Argentinien). – Tore aus dem Elfmeterschießen: Metz, Luginger, Spyrka, K. Reinhardt (zählen nicht in der Torschützenstatistik, dienen nur der Ermittlung des Siegers).

Die Bilanz der Juniorenländerspiele „U 19"

Gegner	Spiele	Siege	Unentsch.	Niederl.	Tore	11-m-Sch.
Ägypten	1	–	–	1	1:2	
Australien	1	1	–	–	1:0	
Brasilien	1	1	–	–	2:0	
DDR	1	–	–	1	0:1	
Frankreich	1	–	1	–	2:2	
Katar	1	1	–	–	4:0	
Mexiko	1	1	–	–	1:0	
Rumänien	2	2	–	–	4:0	
Schottland	2	2	–	–	4:2	
Spanien	2	1	1	–	5:3	
Gesamt:	**13**	**9**	**2**	**2**	**24:10**	

Die durch Elfmeterschießen entschiedenen Spiele werden als Siege oder Niederlagen gewertet, aber ohne die Tore aus diesem Elfmeterschießen, die auch nicht in der Torübersicht zählen.

Die Nationalmannschaften der Junioren „U 19"

Nachdem der DFB erstmals an der Junioren-Weltmeisterschaft teilnahm, wurde die neue „U 19" ins Leben gerufen. Es sind jene Spieler, die der Jugend A (bis 18 Jahre) inzwischen entwachsen sind.

1981: 6 Spiele: 5 Siege, 1 Niederlage

1 **Mexiko,** 3. 10., Adelaide, 1:0 gewonnen (Gruppenspiel zur Junioren-WM): Vollborn – Winklhofer, Zorc, Schmidkunz – Sievers, Brunner, Loose (1), Schön – Anthes, Herbst, Wohlfarth (Hermann) – Kapitän: Loose. – Schiedsrichter: Valentine (Schottland).

2 **Ägypten,** 6. 10., Adelaide, 1:2 verloren (Gruppenspiel zur Junioren-WM): Vollborn – Winklhofer, Zorc, Schmidkunz, Nushöhr (Trieb) – Sievers, Brunner, Loose (1) – Anthes, Herbst, Wohlfarth (Brummer) – K: Loose. – SR: Mendez (Guatemala).

3 **Spanien,** 8. 10., Canberra, 4:2 gewonnen (Gruppenspiel zur Junioren-WM): Vollborn – Winklhofer, Zorc, Schmidkunz – Trieb (1), Sievers, Loose, Schön (Brunner) – Anthes (1) (Brummer), Herbst, Wohlfarth (2) – K: Loose. – SR: Coelho (Brasilien).

4 **Australien,** 11. 10., Canberra, 1:0 gewonnen (Viertelfinale zur Junioren-WM): Vollborn – Winklhofer, Zorc, Schmidkunz – Trieb, Sievers, Loose (Brunner), Schön – Anthes, Herbst, Wohlfarth (1) – K: Loose/Brunner. – SR: Sörensen (Dänemark).

5 **Rumänien,** 14. 10., Melbourne, 1:0 n. V. gewonnen (Halbfinale zur Junioren-WM): Vollborn – Winklhofer, Zorc, Schmidkunz, Trieb – Schön (1), Sievers, Loose – Anthes (Brunner), Herbst (Brummer), Wohlfarth – K: Loose. – SR: Valentine (Schottland).

6 **Katar,** 18. 10., Sydney, 4:0 gewonnen (Endspiel um die Junioren-WM): Vollborn – Winklhofer, Zorc, Schmidkunz, Trieb – Sievers (Brunner), Schön, Loose (2) – Anthes (1), Wohlfarth (1), Brummer (Herbst) – K: Loose. – SR: Coelho (Brasilien)

1986: 4 Spiele: 3 Siege, 1 Niederlage

7 **Schottland,** 9. 9., Glasgow, 3:2 gewonnen: Brunn – Luginger – Strehmel, Cláasen (K. Reinhardt), Prus (1) – Metz (Witeczek), Spyrka, Wörsdorfer, Möller (1) – Banach (Patzschke), Bierhoff (1). – K: Luginger. – SR: Gunn (England).

8 **Rumänien,** 11. 10., Kula, 3:0 gewonnen (EM-Viertelfinale U18): Brunn – Luginger – Metz, Strehmel, Haun – Heidenreich (1), Wörsdorfer (Schneider), Spyrka, Dammeier – Bierhoff (1), Eichenauer (1). – K: Luginger. – SR: Wijngaerts (Belgien).

9 **DDR,** 13. 10., Sombor, 0:1 verloren (EM-Halbfinale U18): Brunn – Luginger – Metz (Wörsdorfer, Banach), Strehmel, Haun – Heidenreich, Spyrka, Schneider, Laubinger – Bierhoff, Eichenauer. – K: Luginger. – SR: Hope (Schottland).

10 **Schottland,** 15. 10., Subotica, 1:0 gewonnen (3. Platz EM U18): Brunn – Luginger – Strehmel, Wichterich – Heidenreich, Haun, Schneider,Spyrka (Bierhoff) – Dammeier (1), Laubinger, Banach (Eichenauer). – K. Luginger. – SR: Kohl (Österreich).

1990: 3 Spiele: 1 Sieg, 2 Unentschieden

11 **Brasilien,** 11. 2., Maspalomas, 2:0 gewonnen: Heinen – Haber – Ewen, Wörns, Strube – Schneider, Becker 1 (Kramny), Zetzmann, Franck – Herrlich (1), Klauß. – K: Klauß. – SR: Carmello (Spanien).

12 **Spanien,** 14. 2., Maspalomas, 1:1 unentschieden: Heinen – Wörns (1), Schneider, Haber, Strube – Oßwald (Kramny), Ewen, Franck (Spieler), Zetzmann – Herrlich, Klauß. – K: Klauß. – SR: Gonzales (Spanien).

13 **Frankreich,** 16. 2., Maspalomas, 2:2 unentschieden: Heinen – Oßwald (Kramny), Wörns (1), Haber, Strube – Zetzmann, Schneider (Spieler), Franck, Ewen – Weiland (1), Klauß. – K: SR: Saavedre (Spanien).

Die Spiele zur Europameisterschaft U 18 wurden bereits von unseren Spielern der U 19 bestritten, weil die Endrunde in den Herbst gelegt wurde. In den Statistiken werden Spiele und Spieler daher der U 19 hinzugerechnet.

Bilanz der A1- und A2-Juniorenauswahl (U 18, U 17)

Gegner	Spiele	Siege	Unentsch.	Niederl.	Tore	11-m-Sch.
Ägypten	1	–	–	1	0:1	
Algerien	1	1	–	–	3:0	
Argentinien	2	1	1	–	4:3	
Australien	1	–	–	1	0:1	
Belgien	15	8	6	1	30:11	4:1
Brasilien	3	1	1	1	6:6	
Bulgarien	9	4	1	4	14:14	
China	5	2	–	3	10:10	
Dänemark	18	13	2	3	45:16	
DDR	10	5	4	1	19:12	3:2
England	15	4	3	8	19:24	
Finnland	16	13	2	1	40:13	
Frankreich	48	20	12	16	64:58	4:3
Griechenland	5	2	–	3	9:13	
Holland	22	14	4	4	45:27	
Irland	5	4	1	–	11:3	
Island	1	1	–	–	5:0	
Israel	9	6	2	1	13:6	
Israel U 19	2	1	1	–	3:1	
Italien	14	5	4	5	15:13	3:4
Jugoslawien	16	6	4	6	18:18	
Kongo	1	1	–	–	4:1	
Liechtenstein	2	2	–	–	15:1	
Luxemburg	9	8	–	1	47:7	
Malta	3	3	–	–	10:0	
Mexiko	1	–	–	1	2:3	
Nigeria	1	–	–	1	0:2	
Nordirland	1	1	–	–	6:1	
Norwegen	11	8	2	1	24:8	
Österreich	16	9	5	2	32:18	
Polen	16	11	2	3	29:12	
Portugal	9	1	4	4	7:10	
Rumänien	7	1	2	4	1:7	
Saarland	1	1	–	–	6:1	
Schottland	14	6	5	3	15:13	3:0
Schweden	23	14	7	2	37:23	
Schweiz	20	18	2	–	50:17	
Spanien	15	7	4	4	20:24	5:3
Tschechoslowakei	15	7	2	6	17:20	
Türkei	4	4	–	–	9:1	
Tunesien	1	1	–	–	5:2	
UdSSR	27	7	7	13	23:39	
Ungarn	13	8	3	2	32:17	
USA	9	7	1	1	23:6	
Wales	2	2	–	–	8:2	
Gesamt:	**439**	**238**	**94**	**107**	**795:485**	

Die durch Elfmeterschießen entschiedenen Spiele werden in der Statistik als Sieg (bzw. Niederlage) gewertet, aber ohne die im zusätzlichen Elfmeterschießen erzielten Tore.

1989: 20 Spiele: 13 Siege, 3 Unentschieden, 4 Niederlagen

416 **Belgien,** 11. 1., Leningrad, 0:0 unentschieden (Halle – Granatkin-Turnier): Klos – Gowik, Kramny (J. Müller), Haber, Bock – Golchert (Mumme), Wörns, Fabi – A. Müller (Fouquet), Herrlich, Auerbacher.

417 **China,** 15. 1., Leningrad, 0:1 verloren (Halle – Granatkin-Turnier): Cordes – Mumme, Kramny, Haber, Bock – Ewen, Wörns, Golchert, Gowik (Fabi) – A. Müller (Herrlich), J. Müller.

418 **USA,** 17. 1., Leningrad, 4:0 gewonnen (Halle – Granatkin-Turnier): Klos – Mumme (Kramny 1), Ewen, Haber (Fouquet), Bock – Golchert, Wörns, Fabi (1) – J. Müller 1 (A. Müller), Herrlich (1), Auerbacher (Gowik).

419 **Sowjetunion,** 19. 1., Leningrad, 0:0 unentschieden (Halle – Granatkin-Turnier): Klos – Mumme, Ewen, Haber, Bock – Kramny, Wörns, Fabi – J. Müller (Fouquet), Herrlich, Auerbacher (Gowik).

420 **Österreich,** 4. 4., Kufstein, 5:0 gewonnen: Cordes – Schneider, Bock (Gutberlet), Quallo Haber (1) – Lässig (Wörns), Kramny (1), Ziege, Becker (Palm) – Herrlich 2 (Peuker), Weiland 1 (Lehmann).

421 **Österreich,** 6. 4., Raubling, 4:1 gewonnen: Klos – Schneider (Haber), Bock (Quallo), Wörns, Mumme – Ewen, Kramny, Fabi 1 (Ziege), Gutberlet (Weiland) – Herrlich 2 (Lehmann 1), Müller.

422 **Polen,** 19. 4., Heilbronn, 0:0 unentschieden (EM-Qualifikation): Klos – Kramny – Schneider, Wörns, Bock, Ewen – Haber, Fabi, Ziege (Müller) – Herrlich, Weiland.

423 **Schottland,** 3. 5., Frankfurt, 1:0 gewonnen (EM-Qualifikation): Klos – Kramny – Mumme, Schneider, Bock – Haber, Gutberlet, Ewen, Ziege (Lehmann) – Herrlich (1), Weiland (Wörns).

424 **Polen,** 4. 5., Wasquehal, 2:1 gewonnen: Heinen – Gradwohl – Becker, Strube – Neuschäfer, Marell, Hohl, Franck, Zetzmann – Klauß (2), Türr (Spieler).

425 **CSSR,** 5. 5., Caudry, 2:1 gewonnen: Heinen – Gradwohl – Becker, Strube – Neuschäfer (1), Marell (Hartig), Albertz, Franck (Kißlinger), Zetzmann – Klauß, Türr (1).

426 **Frankreich,** 7. 5., Robaix, 3:0 gewonnen: Heinen – Gradwohl – Strube, Becker, Neuschäfer (Marell) – Zetzmann (Hohl), Albertz, Kißlinger – Franck (1), Klauß (Spieler), Türr (2).

427 **Schweiz,** 8. 5., Wasquehal, 1:0 gewonnen: Heinen – Gradwohl (1) – Strube, Becker, Neuschäfer – Zetzmann, Albertz, Kißlinger – Franck (Hohl), Klauß (Marell), Türr.

428 **Schweden,** 24. 5., Lomma, 0:4 verloren (EM-Qualifikation): Klos – Schneider, Wörns (Lehmann), Quallo, Ewen – Haber, Lässig, Kramny, Becker (Ziller) – Herrlich, Weiland.

429 **Malta,** 13. 9., Ta'qali, 2:0 gewonnen: Klos (Koch) – Haber – Mumme, Wörns, Vozic – Ewen 1 (Flock), Gutberlet, Schneider (Jung) – A. Müller, Herrlich 1 (Weiland), Ziege.

430 **Malta,** 15. 9., Ta'qali, 3:0 gewonnen: Klos – Haber – Mumme, Wörns, Ronca (Vozic) – Ewen (1), Gutberlet, Schneider (Jung) – A. Müller 1 (Quallo), Weiland (1), Ziege (Flock).

431 **Frankreich,** 19. 9., Burgsolms, 2:1 gewonnen: Kruse – Posch – Tewes, Janitz, Babbel, Münch – Otto (Abels), Nerlinger – Helfenstein (Jesse 1), Trenner (1), Vana (Kienle).

432 **Frankreich,** 21. 9., Marburg, 0:2 verloren: Oberhofer – Posch – Tewes, Janitz, Otto – Kienle, Münch, Nerlinger (Krüger/Helfenstein) – Jesse, Trenner, Vana (Abels).

433 **Polen,** 27. 9., Jaworzno, 0:1 verloren (EM-Qualifikation): Klos – Haber – Schneider, Wörns – Mumme, Gutberlet (Flock), Kramny, Ewen (Ziege), Horatz – Weiland, Herrlich.

434 **Schottland,** 18. 10., Motherwell, 2:1 gewonnen (EM-Qualifikation): Klos – Haber – Quallo (Ewen), Wörns, Horatz – Schneider, Ziege, Kramny (1) – Flock, Weiland (Gutberlet), Herrlich (1).

435 **Schweden,** 1. 11., Kassel, 2:1 gewonnen (EM-Qualifikation): Klos – Haber – Quallo, Wörns, Horatz – Ziege, Ewen (Trenner 1), Kramny (1), Flock – Herrlich, Gutberlet (Fellhauer).

1990: 4 Spiele: 1 Sieg, 2 Unentschieden, 1 Niederlage

436 **China,** 11. 1., Leningrad, 0:3 verloren (Halle – Granatkin-Turnier): Kruse – Babbel – Schneider, Otto, Sellmann (Janitz) – Tewes (Mazzucato), Unger (Schlösser), Nerlinger, Münch – Jesse (Helfenstein), Trenner.

437 **Finnland,** 13. 1., Leningrad, 2:0 gewonnen (Halle – Granatkin-Turnier): Kruse – Babbel – Schneider, Otto, Janitz – Schlösser, Unger, Nerlinger (1), Münch – Helfenstein (Jesse), Trenner (1).

438 **DDR,** 15. 1., Leningrad, 0:0 unentschieden (Halle – Granatkin-Turnier): Kruse – Babbel – Schneider, Otto, Janitz – Schlösser, Unger, Nerlinger, Münch – Helfenstein (Jesse), Trenner.

439 **Sowjetunion,** 19. 1., Leningrad, 2:2 unentschieden (Halle – Granatkin-Turnier): Kruse – Babbel – Schneider, Tewes, Otto – Schlösser (Mazzucato), Unger, Nerlinger, Sellmann – Jesse 1 (Helfenstein), Trenner (1).

- **Die Jugend-A-Länderspiele (U 18, U 17) finden Sie im KICKER-Almanach von 1989, die dann folgenden nur noch von Saison zu Saison im jeweiligen Almanach danach.**

Bilanz der B1-Junioren-Auswahl (U 16)

Gegner	Spiele	Siege	Unentsch.	Niederl.	Tore	11-m-Sch.
Belgien	1	1	–	–	3:0	
Bulgarien	4	3	1	–	6:3	
Dänemark	7	4	–	3	16:10	
DDR	3	2	–	1	6:0	4:5
England	4	2	1	1	9:8	
Finnland	4	3	–	1	6:3	
Frankreich	10	1	1	5	13:14	
Israel	5	2	1	2	5:6	
Island	4	4	–	–	14:5	
Italien	7	3	2	2	10:9	1:3
Luxemburg	3	2	–	–	13:1	
Malta	1	1	–	–	12:0	
Nordirland	1	1	–	–	2:1	
Norwegen	4	2	2	–	13:4	
Österreich	1	1	–	–	3:0	
Polen	3	2	1	–	13:2	
Portugal	5	–	3	2	5:8	
Schottland	4	2	2	–	7:2	
Schweden	6	4	1	1	18:11	3:1
Schweiz	4	3	1	–	6:1	
Spanien	7	1	2	4	5:11	
Sowjetunion	7	1	1	5	6:10	
Tschechoslowakei	5	1	4	–	4:2	
Ungarn	2	1	–	1	1:2	
Gesamt:	102	51	23	28	196:113	

Die durch Elfmeterschießen entschiedenen Spiele gelten als Siege oder Niederlagen, aber ohne die Tore aus diesem Elfmeterschießen.

1989: 14 Spiele: 5 Siege, 4 Niederlagen, 5 Unentschieden

82 **Israel,** 13. 2., Herzliya, 0:1 verloren: Oberhofer – Tewes, Posch, Otto, Thede – Kienle, Unger, Münch (Janitz) – Jesse, Trenner (Abels), Nerlinger (Schlösser).

83 **Israel,** 15. 2., Herzliya, 1:0 gewonnen: Osigus – Tewes, Posch, Otto, Thede (Fedl) – Kienle (Abels), Unger, Münch – Jesse 1 (Purtz), Trenner (Schlösser), Radlspeck (Nerlinger).

84 **Sowjetunion,** 29. 3., Kischinew, 0:2 verloren (EM-Qualifikation): Kruse – Otto, Thede, Posch, Tewes – Unger, Kienle, Münch – Jesse, Nerlinger (Abels), Trenner (Schmidt).

85 **Schweiz,** 16. 9., Bonn, 1:1 unentschieden: Gospodarek – Schwiderowski – Nowotny, Keckeisen, Eberl 1 (Ziegler) – O. Schmidt, Strobel (Bertsch), A. Schmidt – Nikolajewicz, F. Schmidt (Kristl), Reis.

86 **Spanien,** 17. 10., Chiavati, 0:0 unentschieden: Gospodarek – Schwiderowski – Lieberknecht, Nowotny, Eberl – Keckeisen, Bittmann (Milinkovic), Nikolajewicz – Protzel, F. Schmidt (Greve), Reis (Büttner).

87 **Frankreich,** 18. 10., Chiavati, 4:1 gewonnen: Gospodarek (Willig) – Schwiderowski – Lieberknecht, Nowotny 1 (Neumann), Keckeisen – Eberl (1), Milinkovic, Büttner – Nikolajewicz, F. Schmidt 1 (Bittmann), Reis 1 (Greve).

88 **Schottland,** 19. 10., Chiavati, 0:0 unentschieden: Gospodarek (Willig) – Schwiderowski – Lieberknecht, Nowotny, Eberl – Milinkovic, Neumann (Keckeisen), Büttner – Nikolajewicz, F. Schmidt, Reis (Greve).

89 **Sowjetunion,** 21. 10., Chiavati, 0:2 verloren: Gospodarek – Schwiderowski – Lieberknecht (Neumann), Keckeisen, Eberl – Protzel, Nowotny, Büttner – Milinkovic (Reis), Nikolajewicz (Greve), F. Schmidt.

90 **England,** 23. 10., Genua, 2:1 gewonnen: Willig – Schwiderowski – Nowotny (Milinkovic), Keckeisen, Eberl – Bittmann, Neumann, Nikolajewicz (1) – Büttner (Protzel), Greve (F. Schmidt), Reis (1).

91 **Luxemburg,** 13. 12., Luxemburg, 5:1 gewonnen (EM-Qualifikation): Gospodarek – Schwiderowski – Lieberknecht, Keckeisen, Eberl – Nowotny 1 (Jörres), Protzel, Büttner (1) – Nikolajewicz (1), F. Schmidt 2 (Breitenreiter), Reis.

92 **Portugal,** 28. 12., Haifa, 0:0 unentschieden: Gospodarek – Schwiderowski – Eberl (Jörres), Keckeisen, Lieberknecht – Protzel, Nowotny, Büttner (Ploeger) – Nikolajewicz (Oswald), F. Schmidt, Reis (Breitenreiter).

93 **Ungarn,** 29. 12., Lod, 0:2 verloren: Gospodarek – Schwiderowski – Lieberknecht, Ploeger, Keckeisen – Büttner (F. Schmidt), Nowotny, Protzel – Nikolajewicz (Jörres), Oswald, Reis (Breitenreiter).

94 **Malta,** 30. 12., Holon, 12:0 gewonnen: Wache – Schwiderowski – Keckeisen (Eberl), Lieberknecht (1), Protzel – Jörres (Ploeger), Nowotny (Reis 1), Büttner – Oswald (2), F. Schmidt (4), Breitenreiter (4).

95 **Polen,** 31. 12., Lod, 2:2 unentschieden: Wache – Schwiderowski – Jörres, Keckeisen (Büttner), Lieberknecht – Breitenreiter, Nowotny (1), Protzel – Oswald, F. Schmidt (Ploeger), Reis (1).

1990: 7 Spiele: 2 Siege, 5 Unentschieden

96 **Portugal,** 24. 2., Silves, 2:2 unentschieden: Gospodarek – Schwiderowski – Lieberknecht, Ploeger, Jörres (Keckeisen) – Neumann, Protzel, Thiele (Jekabsons) – Breitenreiter (1), F. Schmidt (Sobotzik), Reis (1).

97 **Sowjetunion,** 25. 2., Vila-Real de St. Antonio, 2:2 unentschieden: Gospodarek – Schwiderowski – Lieberknecht, Keckeisen, Jekabsons (1) – Neumann (Ploeger), Protzel, Thiele – Breitenreiter, Sobotzik (F. Schmidt), Reis (1).

98 **Israel,** 27. 2., Loule, 0:0 unentschieden: Wache – Schwiderowski – Lieberknecht, Keckeisen, Jörres – Neumann, Jekabsons, Thiele (Ploeger) – Breitenreiter (F. Schmidt), Sobotzik, Reis.

99 **Luxemburg,** 4. 4., Saarbrücken, 3:0 gewonnen (EM-Qualifikation): Gospodarek – Schwiderowski – Lieberknecht, Jörres – Protzel, Keckeisen, Nowotny (Neumann), Thiele (1) – Oswald (Jekabsons), F. Schmidt, Breitenreiter (2).

100 **Tschechoslowakei,** 17. 5., Ruhla, 0:0 unentschieden (EM-Endrunde): Gospodarek – Schwiderowski – Lieberknecht, Keckeisen – Jörres, Neumann, Nowotny, Breitenreiter (Thiele), Protzel – Sobotzik (Greve), Reis.

101 **Schottland,** 19. 5., Sömmerda, 5:1 gewonnen (EM-Endrunde): Gospodarek – Schwiderowski (Thiele) – Lieberknecht, Keckeisen – Jörres, Neumann, Nowotny (1), Breitenreiter (1), Protzel – Sobotzik 1 (Greve 1), Reis (1).

102 **Frankreich,** 21. 5., Sondershausen, 1:1 unentschieden (EM-Endrunde): Gospodarek – Schwiderowski – Keckeisen, Lieberknecht – Jörres, Neumann, Nowotny (Thiele), Breitenreiter, Protzel (Greve) – Sobotzik, Reis (1 Eigentor).

● **Die Jugend-B-Länderspiele (U 16) finden Sie im KICKER-Almanach von 1989, die dann folgenden nur noch von Saison zu Saison im jeweiligen Almanach danach.**

Bilanz der B2-Junioren-Auswahl (U 15, Schüler)

Gegner	Spiele	Siege	Unentsch.	Niederl.	Tore	11-m-Sch.
Ägypten	1	1	–	–	2:1	
Belgien (U 15, U 16)	5	2	2	1	20:4	
Dänemark	1	1	–	–	2:0	
England	58	22	12	24	88:94	
Frankreich	37	13	11	13	61:49	
Holland	16	10	3	3	46:16	
Italien	2	1	–	1	2:2	
Luxemburg	1	1	–	–	1:0	
Malta	2	1	1	–	5:0	
Nordirland	3	1	–	2	10:8	
Republik Irland	7	5	1	1	14:4	
Österreich	1	1	–	–	3:0	
Portugal (U 16)	1	1	–	–	2:1	
Schottland	5	3	1	1	13:10	
Schweden (U 16)	1	–	–	1	0:3	
Schweiz	8	7	1	–	23:2	
Sowjetunion	2	–	–	2	2:4	
Spanien	1	–	1	–	0:0	
Wales	10	7	3	–	21:7	
Ungarn	6	1	1	4	8:7	
Gesamt:	168	78	37	53	323:212	

Die durch Elfmeterschießen entschiedenen Spiele gelten als Siege oder Niederlagen, aber ohne die in diesem Elfmeterschießen erzielten Tore.

Junioren-Nationalspieler mit den meisten Berufungen

Spieler und Vereinsangabe	U 18 U 17	U 16	U 15	Gesamt
Michael Geiger (Union Böckingen)	34	7	4	45
Ralf Loose (Borussia Dortmund)	35	4	2	41
Martin Schneider (DJK Schweinfurt, Bayern München)	20	10	7	37
Thomas Siewert (FC Schalke 04)	23	5	7	35
Thomas Brunner (ASV Cham, 1. FC Nürnberg)	22	4	7	33
Bernd Dierßen (Arminia Hannover)	30	2	–	32
Hans Jürgen Salewski (FC Schalke 04)	26	–	6	32
Thomas Kruse (FC Schalke 04)	19	5	8	32
Uwe Haas (SV Merschweiler, 1. FC Saarbrücken)	18	4	9	31
Karl-Heinz Körbel (FC Dossenheim, Eintracht Frankfurt)	30	–	–	30
Olaf Janßen (Bayer 05 Uerdingen, 1. FC Köln)	21	3	6	30
Ralf Augustin (Borussia Dortmund)	20	6	4	30
Ralf Ewen (SV Hagen, Bayer 04 Leverkusen)	14	10	6	30
Ronald Worm (MSV Duisburg)	25	–	4	29
Holger Anthes (FSV Frankfurt)	20	4	4	28
Daniel Simmes (Borussia Dortmund)	20	2	6	28
Jürgen Kramny (VfB Stuttgart)	14	11	3	28
Stefan Kohn (VfR Aalen, Kickers Stuttgart, Bayer 04 Leverkusen)	21	2	4	27
Stefan Wöber (SV Erlenbach, Eintracht Frankfurt)	18	2	7	27
Detlev Dammeier (Hannover 96)	11	10	6	27
Dirk Konerding (Arminia Bielefeld)	11	10	6	27
Ralf Lewe (SG Wattenscheid 09)	10	10	7	27
Oliver Geier (SV West-Eimsbüttel, Hamburger SV)	13	9	5	27
Bernd Thiele (FC Schalke 04)	22	–	4	26
Rudi Lorch (SB Heidenheim, VfB Stuttgart)	19	–	7	26
Michael Hubner (FC Recklinghausen, VfL Bochum)	13	9	4	26
Winfried Stradt (FC Paderborn, Eintracht Frankfurt)	17	–	8	25
Axel Brummer (1. FC Kaiserslautern)	15	5	5	25
Marcel Witeczek (RW Oberhausen, Bayer 05 Uerdingen)	9	9	7	25
Thomas Gradwohl (SV Weingarten, VfB Stuttgart)	6	12	7	25
Markus Schwiderowski (FC Schalke 04)	–	18	7	25
Markus Pomp (Bayer 04 Leverkusen)	22	2	–	24
Günter Hutwelker (1. FC Köln)	22	4	4	24
Paul Jaschke (VfL Osnabrück)	20	4	–	24
Uwe Höfer (FC Schalke 04)	20	–	4	24
Thomas Eichin (Eintracht und FC Freiburg)	20	–	4	24
Frank Türr (1. FC Nürnberg)	6	11	7	24
Thomas Reis (FC Wertheim-Eichel, VfB Stuttgart)	–	17	7	24
Rüdiger Abramczik (FC Schalke 04)	23	–	–	23
Hartmut Huhse (SV Brackwede)	20	–	–	23
Andreas Hahn (VfL Kamen, Borussia Dortmund)	16	3	4	23
Jürgen Luginger (TSV München 1860)	15	1	7	23
Ralf Jester (Bramfelder SV)	8	9	6	23
Gerhard Poschner (VfB Stuttgart)	6	9	8	23
Wilfried Neuschäfer (TuS Paderborn-Neuhaus)	5	11	7	23
Werner Dorok (1. FC Nürnberg)	22	–	–	22
Rainer Zietsch (SV Sandhausen)	22	–	–	22
Leo Bunk (FC Augsburg, TSV München 1860)	19	3	–	22
Bodo Illgner (1. FC Hardtberg, 1. FC Köln)	19	3	–	22
Bernhard Trares (SV Kirchhausen, Eintracht Frankfurt)	15	4	3	22
Fred Schaub (SV Neuhof, Eintracht Frankfurt)	15	4	3	22
Mike Voßnacke (MSV Duisburg)	14	2	6	22
Uwe Schneider (VfB Stuttgart)	11	11	–	22
Peter Gartmann (FC Augsburg)	9	6	7	22

Spieler und Vereinsangabe	U 18 U 17	U 16	U 15	Gesamt
Tim Gutberlet (Eintracht und Borussia Dortmund)	8	11	3	22
Michael Clauß (MSV Duisburg, Bayer 05 Uerdingen)	6	11	5	22
Carsten Marell (FC Schalke 04)	6	11	5	22
Michael Keckeisen (TSV Grünkraut, VfB Stuttgart)	–	18	4	22
Frank Schmidt (TSG Giengen)	–	17	5	22
Werner Protzel (FC Bayern München)	–	15	7	22
Norbert Dörmann (FC Schalke 04)	21	–	–	21
Ulf Quaisser (Phönix und Waldhof Mannheim)	18	3	–	21
Günter Drews (BFC Preußen Berlin, Bayer 04 Leverkusen)	18	3	–	21
Marco Haber (1. FC Kaiserslautern)	16	5	–	21
Heinz Wilhelmi (1. FC Kaiserslautern)	16	–	5	21
Theo Schneider (Borussia Dortmund)	12	5	4	21
Peter Knäbel (Borussia Dortmund)	12	3	6	21
Christian Pförtner (FC Bayern München)	9	4	8	21
Rene Schlichting (Eintracht Frankfurt)	8	8	5	21
Markus Jesse (Karlsruher SC, 1. FC Köln)	6	8	7	21
Dieter Oßwald (SV Ebingen)	2	12	7	21
Harry Schmid (Offenbacher Kickers)	20	–	–	20
Karl-Heinz Förster (Waldhof Mannheim, VfB Stuttgart)	20	–	–	20
Lutz Gerresheim (Westfalia Herne)	20	–	–	20
Klaus Theiß (TuS Ergenzingen)	20	–	–	20
Andreas Nagel (SV Hagen)	20	–	–	20
Karl-Heinz Bührer (FC Freiburg)	18	2	–	20
Egon Flad (FC Tailfingen, VfB Stuttgart)	17	3	–	20
Uli Hoeneß (TSG Ulm)	17	–	3	20
Tino Loechelt (1. FC Kaiserslautern)	16	4	–	20
Andreas Müller (Eintracht und Borussia Dortmund)	8	7	5	20
Sven Scheuer (SV Böblingen, FC Bayern München)	5	10	5	20
Peter Jung (FV Ottersdorf, SV Kuppenheim)	4	9	7	20
Karl-Heinz Pfipsen (Borussia Mönchengladbach)	2	11	7	20
Jens Nowotny (FC Friedrichstal)	–	15	5	20
Uwe Gospodarek (Jahn Regensburg, FC Bayern München)	–	14	6	20

Deutsche Meisterschaft „A"-Junioren „U 18"

Die bisherigen Meister:

1969 VfL Bochum – 1970 Hertha Zehlendorf – 1971 1. FC Köln – 1972 MSV Duisburg – 1973 VfB Stuttgart – 1974 1. FC Nürnberg – 1975 VfB Stuttgart – 1976 Schalke 04 – 1977 und 1978 MSV Duisburg – 1979 Kickers Stuttgart – 1980 SV Waldhof Mannheim – 1981 VfB Stuttgart – 1982 und 1983 Eintracht Frankfurt – 1984 VfB Stuttgart – 1985 Eintracht Frankfurt – 1986 Bayer Leverkusen – 1987 Bayer Uerdingen – 1988, 1989, 1990 VfB Stuttgart.

1969

Qualifikation: Karlsruher SC – Hertha BSC Berlin 0:3.
Vorschlußrunde: VfL Bochum – Hertha BSC Berlin 2:0, 1. FC Saarbrücken – VfL Wolfsburg 5:3.
Um den dritten Platz: Hertha BSC Berlin – VfL Wolfsburg 3:2.
Endspiel: VfL Bochum – 1. FC Saarbrücken 5:3 (0:3).
Der Deutsche Jugendmeister VfL Bochum siegte im Endspiel mit: Daniel – Strehlke (ab 47. Paschke), Pommerin (1) – Böhmer (ab 60. Berns), Mosch (1), Halstenberg – Böckmann (1), Kerkemeier, Köper, Etterich (2), Kandula. – Trainer: Attern.

1970

Qualifikation: Concordia Hamburg – TuS Altrip 0:3.
Vorschlußrunde: Hertha Zehlendorf – Eintracht Frankfurt 0:0 n. V. (Sieger durch Los: Zehlendorf), VfL Bochum – TuS Altrip 0:1.
Um den dritten Platz: VfL Bochum – Eintracht Frankfurt 1:6.
Endspiel: Hertha Zehlendorf – TuS Altrip 3:2 (1:2).
Zehlendorf siegte im Endspiel mit: Hartfiel – Ludwig, Rieger, Hochheim, Kullak (Biermann) – Hanisch, Bertz (Boenke) – Winker, Stolzenburg (1), Pfisterer, Kunert (2). – Trainer: Bialek.

1971

Qualifikation: BFC Preußen Berlin – 1. FC Köln 0:2.
Vorschlußrunde: 1. FC Köln – Ludwigshafener SC 6:0, 1. FC Nürnberg – Eintracht Braunschweig 3:0.
Um den dritten Platz: Eintracht Braunschweig – Ludwigshafener SC 6:1.
Endspiel: 1. FC Köln – 1. FC Nürnberg 3:1 (2:0).
Köln siegte im Endspiel mit: Szczepanski – Liebig, Zock, Konopka (2), Nicot – Bläser, Neumann (1), Hein – Evers, Glowacz, Bosbach – Trainer: Jupp Röhrig.

1972

Vorrundengruppe Lörrach: FV Lörrach – Dornbreite Lübeck 4:2, MSV Duisburg – SV Fraulautern 2:1, Lübeck – Fraulautern 1:1 n. V. (Elfmeterschießen 4:2 für Fraulautern), Lörrach – Duisburg 1:3.
Vorrundengruppe Bremerhaven: Bremerhaven 93 – Karlsruher SC 3:5, Eintr. Trier – Bayern München 1:4, Bremerhaven – Trier 3:4, Bayern München – Karlsruhe 5:0.
Vorrundengruppe Bonn: Bonner SC – Blau-Weiß Berlin 3:2, Kickers Offenbach – Hamburger SV 3:2, Hamburg – Berlin 6:1, Bonn – Offenbach 2:3.
Vorrundengruppe Kaiserslautern: 1. FC Kaiserslautern – VfB Stuttgart 0:1, Hannover 96 – Borussia Dortmund 6:2, Kaiserslautern – Dortmund 2:3, Stuttgart – Hannover 2:1.
Endturnier in Stuttgart (1./2. 7.): MSV Duisburg – Kick. Offenbach 0:0 n. V. (Elfmeterschießen für Duisburg), VfB Stuttgart – Bayern München 3:1, um den 3. Platz: Kick. Offenbach – Bay. München 5:0.
Endspiel: MSV Duisburg – VfB Stuttgart 2:0.
MSV Duisburg spielte mit: Edelhoff – Häming, Taubenbach, Bruckmann, Schwope – Savkovic, Baake (1), Lothar Schneider – Werner Schneider (1), Worm, Sobbe (Moersdorf, Killich). – Trainer: Willibert Kremer.

1973

Vorrundengruppe Saarbrücken: Schalke 04 – Saar 05 5:1, Hamburger SV – FV Lörrach 3:1, FV Lörrach – Saar 05 6:5, Schalke 04 – Hamburger SV 2:0.
Vorrundengruppe Andernach: VfB Stuttgart – SpVgg Andernach 5:0, Alemannia Aachen – Werder Bremen 5:2, Werder Bremen – SpVgg Andernach 6:2, VfB Stuttgart – Alemannia Aachen 6:0.

Vorrundengruppe Offenbach: Blau-Weiß Berlin – Heider SV 2:0, Kickers Offenbach – Fortuna Düsseldorf 5:1, Fortuna Düsseldorf – Heider SV 8:4, Kickers Offenbach – Blau-Weiß Berlin 3:2.

Vorrundengruppe Karlsruhe: Bayern München – Karlsruher SC 6:0, Eintracht Braunschweig – Mainz 05 6:1, Karlsruher SC – Mainz 05 9:2, Bayern München – Eintracht Braunschweig 5:2.

Endturnier in München (7./8. 7.): VfB Stuttgart – Bayern München 3:2, Kickers Offenbach – Schalke 04 1:1 (Elfmeterschießen 5:4 für Offenbach); um den 3. Platz: Schalke 04 – Bayern München 5:1.

Endspiel: VfB Stuttgart – Kickers Offenbach 3:1.

VfB Stuttgart siegte im Endspiel mit: Dreher – Hangstorfer, Schmid, Schäfer, Götz – Martin (1), Hägele, W. Günther – Peters, Salzinger (1), Tochtermann (ein Offenbacher Eigentor). – Trainer: Bögelein.

1974

Vorrundengruppe Hannover: Hannover 96 – Hertha Zehlendorf 2:3, Mainz 05 – 1. FC Nürnberg 0:0 (Elfmeterschießen 3:0 für Nürnberg), Hannover 96 – Mainz 05 4:1, Hertha Zehlendorf – 1. FC Nürnberg 2:5.

Vorrundengruppe Duisburg: MSV Duisburg – Schalke 04 2:3, Borussia Neunkirchen – Offenbacher Kickers 2:3, MSV Duisburg – Borussia Neunkirchen 0:1, Schalke 04 – Offenbacher Kickers 2:2 (Elfmeterschießen 3:2 für Offenbach).

Vorrundengruppe Hamburg: Hamburger SV – Sportfreunde Eisbachtal 4:0, Werder Bremen – Freiburger FC 1:3, Sportfreunde Eisbachtal – Werder Bremen 1:1 (Elfmeterschießen 4:2 für Eisbachtal), Hamburger SV – Freiburger FC 2:0.

Vorrundengruppe Kiel: Holstein Kiel – VfB Stuttgart 2:6, 1. FC Köln – Karlsruher SC 1:0, Holstein Kiel – Karlsruher SC 5:1, VfB Stuttgart – 1. FC Köln 1:2.

Endturnier in Stade (8./9. 6.): 1. FC Nürnberg – Hamburger SV 3:1, 1. FC Köln – Offenbacher Kickers 0:0 (Elfmeterschießen 3:2 für Köln); um den 3. Platz: Hamburger SV – Offenbacher Kickers 2:2 (Elfmeterschießen 2:1 für den HSV).

Endspiel: 1. FC Nürnberg – 1. FC Köln 1:0.

1. FC Nürnberg siegte im Endspiel mit: Müller – Lindner, Dämpfling (1), Kraus, Kosian – Weyerich, Reichenbach, Steuerwald – Suffel, Sommer, Dorok – Trainer: Kreißel.

1975

Vorrunde: VfB Lübeck – Schalke 04 1:3 und 0:6, SV Bliesen – SpVgg Andernach 3:1 und 1:7, Singen 04 – OSC Bremerhaven 2:2 und 0:3, 1. FC Nürnberg – Kickers Offenbach 0:2 und 0:2, 1. FC Köln – Mainz 05 3:0 und 2:1, VfB Stuttgart – Borussia Münchengladbach 0:2 und 4:1, Hamburger SV – Atlas Delmenhorst 3:2 und 5:2, SC Chio Waldhof – Rapide Wedding Berlin 7:3 und 6:0.

Zwischenrunde: SpVgg Andernach – Schalke 04 1:1 und 1:3, OSC Bremerhaven – Kickers Offenbach 0:1 und 0:3, 1. FC Köln – VfB Stuttgart 0:6 und 2:6, SV Chio Waldhof – Hamburger SV 6:1 und 5:1.

Vorschlußrunde: VfB Stuttgart – SV Chio Waldhof 5:2 und 3:2, Schalke 04 – Kickers Offenbach 2:0 und 1:2.

Endspiel (12. 7.) in Marburg: VfB Stuttgart – Schalke 04 4:0 (1:0)

VfB Stuttgart siegte mit folgender Mannschaft: Höck – Fleischmann, Jost, Günther, Lang – Wörn, Müller, Jakob (1) – Klotz, Beck (3), Fick. – Trainer: Hartl.

1976

Vorrunde: Werder Bremen – VfB Lübeck 0:0 und 2:1; VfR Mannheim – 1. FC Nürnberg 0:2 und 1:1; SpVgg Andernach – Rot-Weiß Essen 1:3 und 0:5; 1. FC Köln – ASV Idar-Oberstein 3:3 und 1:1 n. V. (Köln 5:4-Sieger im Elfmeterschießen); Eintracht Frankfurt – FC St. Pauli 5:2 und 5:2; VfB Stuttgart – Freiburger FC 4:2 und 1:0, SC Saarlouis-Roden – Eintracht Braunschweig 2:3 und 4:0; Blau-Weiß 90 Berlin – Schalke 04 0:1 und 0:5.

Zwischenrunde: Rot-Weiß Essen – 1. FC Köln 3:1 und 2:3; Eintracht Frankfurt – VfB Stuttgart 2:2 und 1:3; SC Saarlouis-Roden – FC Schalke 04 1:5 und 0:10; Werder Bremen – 1. FC Nürnberg 1:5 und 2:1.

Vorschlußrunde: FC Schalke 04 – 1. FC Nürnberg 2:0 und 4:3; Rot-Weiß Essen – VfB Stuttgart 4:3 und 2:0.

Endspiel (24. 7.) in Herne: FC Schalke 04 – Rot-Weiß Essen 5:1 (2:1)

Schalke 04 siegte mit folgender Mannschaft: Sandhofe – Gorka, Dörmann, Köster (Reichel),

Schipper – Santanius (Feldmann), Bittcher (1), Lander (1) – Mentzel, Höfer(2), Schütte (dazu 1 Eigentor von Holznagel/RWE). – Trainer: Maslo.

1977

Vorrunde: Röchling Völklingen – Mainz 05 2:5 und 2:4; Eintracht Braunschweig – Freiburger FC 1:4 und 3:6; MSV Duisburg – Werder Bremen 2:0 und 3:1; Alemannia Aachen – 1. FC Nürnberg 1:6 und 0:8; SV Mehring – FC St. Pauli 1:1 und 1:4; FC Schalke 04 – SC Staaken 3:0 und 7:0; VfB Stuttgart – SV Itzehoe 1:0 und 1:1 Karlsruher SC – SC Burgsolms 3:1 und 6:0.

Zwischenrunde: MSV Duisburg – 1. FC Nürnberg 3:2 und 5:2; VfB Stuttgart – Karlruher SC 2:3 und 3:0; FC St. Pauli – Schalke 04 1:7 und 2:5; FSV Mainz 05 – Freiburger FC 2:1 und 3:4 (nach Elfmeterschießen 9:8).

Vorschlußrunde: Mainz 05 – MSV Duisburg 4:1 und 0:4; Schalke 04 – VfB Stuttgart 4:5 und 0:2.

Endspiel (23. 7.) in Mannheim-Waldhof: MSV Duisburg – VfB Stuttgart 2:1 (0:0)
MSV Duisburg siegte mit folgender Mannschaft: Strozyk – Hörstgen, Brocker, Fenten, Jakobs – Quabeck, Klein, Ulitzka (2), Vengels – Jasinek, Schrafen, Buttgereit (Wuschka) – Trainer: Schafstall.

1978

Vorrunde: Hamburger SV – Hertha Zehlendorf 1:7 und 2:0, Arminia Hannover – 1. FC Köln 2:2 und 1:2, Freiburger FC – 1. FC Saarbrücken 6:0 und 2:3, Kickers Stuttgart – OSC Bremerhaven 0:2 und 1:0, FC Augsburg – MSV Duisburg 1:2 und 3:3, Mainz 05 – SpVgg Wirges 2:2 und 1:1, Wirges 5:4-Sieger im Elfmeterschießen, Borussia Dortmund – SV Chio Waldhof Mannheim 2:2 und 0:1, Eintracht Frankfurt – VfB Lübeck 2:0 und 4:2.

Zwischenrunde: Hertha Zehlendorf – 1. FC Köln 3:0 und 4:2, Freiburger FC – OSC Bremerhaven 4:2 und 3:1, MSV Duisburg – SpVgg Wirges 2:1 und 1:1, SV Chio Waldhof Mannheim – Eintracht Frankfurt 2:3 und 0:5.

Vorschlußrunde: MSV Duisburg – Eintracht Frankfurt 1:1 und 2:1, Hertha Zehlendorf – Freiburger FC 3:2 und 1:2, Hertha 3:2-Sieger im Elfmeterschießen.

Endspiel (15. 7.) in Essen: MSV Duisburg – Hertha Zehlendorf 5:2 (2:2)
MSV Duisburg siegte mit folgender Mannschaft: Fuchs; Jasinek, Gebauer, Blum, Brings; Piepenburg, Wuschka (1), Steininger (Schmidt); Weecks (1), Ulitzka (1), Kowalzik (2) (Meyer) – Trainer: Wenzlaff.

1979

Vorrunde: SV Waldhof Mannheim – SFL Bremerhaven 2:0 und 4:0, 1. FC Köln – Kickers Offenbach 1:1 und 2:3, Holstein Kiel – VfR Sölde 0:2 und 1:3, Eintracht Braunschweig – 1. FC Nürnberg 2:2 und 2:4, Fortuna Düsseldorf – SC Staaken 2:1 und 4:0, Kickers Stuttgart – Concordia Hamburg 5:2 und 3:1, Borussia Neunkirchen – 1. FC Kaiserslautern 2:2 und 0:3, FC Emmendingen – TuS Neuendorf 1:2 und 2:3.

Zwischenrunde: SV Waldhof Mannheim – Kickers Offenbach 4:0 und 1:5, Waldhof 4:3-Sieger im Elfmeterschießen, VfR Sölde – 1. FC Nürnberg 1:3 und 0:3, Fortuna Düsseldorf – Kickers Stuttgart 0:5 und 1:7, 1. FC Kaiserslautern – TuS Neuendorf 7:0 und 5:0.

Vorschlußrunde: SV Waldhof Mannheim – 1. FC Nürnberg 0:0 und 0:2, Kickers Stuttgart – 1. FC Kaiserslautern 7:2 und 3:3.

Endspiel (29. 7.) in Karlsruhe: Kickers Stuttgart – 1. FC Nürnberg 2:1 (2:0)
Kickers siegten mit Rauscher; Stadtmüller, Müller (1), Schröck, Steinbach; Hägele (Kaiser), Bazien, Schulz; Kurbos (1), Buchwald (Eblen), Dienelt. – Trainer: Philipp.

1980

Vorrunde: Werder Bremen – 1. FC Nürnberg 1:1 und 2:2, Nürnberg 3:1-Sieger im Elfmeterschießen, Concordia Hamburg – 1. FC Saarbrücken 1:0 und 0:0, 1. FC Kaiserslautern – Kickers Offenbach 1:1 und 4:2, Arminia Hannover – Rot-Weiß Essen 2:1 und 3:2, Eintracht Segeberg – TuS Neuendorf 1:5 und 0:5, Blau-Weiß 90 Berlin – SSV Ulm 46 2:0 und 1:2, Bayer 04 Leverkusen – SV Waldhof Mannheim 2:3 und 2:5, FC Emmendingen – Schalke 04 2:5 und 1:3.

Zwischenrunde: SV Waldhof Mannheim – 1. FC Kaiserslautern 3:1 und 1:1, TuS Neuendorf – Schalke 04 1:1 und 0:2, Arminia Hannover – Blau-Weiß 90 Berlin 1:1 und 2:0, Concordia Hamburg – 1. FC Nürnberg 0:7 und 0:6.

Vorschlußrunde: Arminia Hannover – Schalke 04 1:2 und 0:7, SV Waldhof Mannheim – 1. FC Nürnberg 3:2 und 1:1.

Endspiel (12. 7.) in Oberhausen: SV Waldhof Mannheim – Schalke 04 2:1 (1:0)
Waldhof siegte mit Uwe Zimmermann – P. Tsionanis, Pennese, D. Tsionanis, Quaisser – Rühl (Weixler), Rahn (1), Schön – Kispert (Weißenseel), Emig, Egbert Zimmermann (1). – Trainer: Kobberger.

1981

Vorrunde: Freiburger FC – Werder Bremen 1:0 und 2:1, VfB Stuttgart – VfB Lübeck 7:0 und 4:0, FC St. Pauli Hamburg – Bayer Leverkusen 0:2 und 3:1, St. Pauli 3:1-Sieger im Elfmeterschießen, 1. FC Saarbrücken – SpVgg Andernach 3:3 und 4:1, Blau-Weiß Berlin – VfL Wolfsburg 4:1 und 1:2, Karlsruher SC – Borussia Mönchengladbach 1:1 und 2:2, Gladbach 4:3-Sieger im Elfmeterschießen, Bayern München – 1. FC Kaiserslautern 0:0 und 0:1, Schalke 04 – Eintracht Frankfurt 3:1 und 3:1.

Zwischenrunde: Borussia Mönchengladbach – VfB Stuttgart 0:5 und 0:0, 1. FC Kaiserslautern – FC St. Pauli 1:1 und 1:0, Blau-Weiß Berlin – Freiburger FC 0:0 und 3:0, Schalke 04 – 1. FC Saarbrücken 3:0 und 5:0.

Vorschlußrunde: VfB Stuttgart – 1. FC Kaiserslautern 2:0 und 2:1, Blau-Weiß Berlin – Schalke 04 4:4 und 0:4.

Endspiel (25. 7.) in Karlsruhe: VfB Stuttgart – Schalke 04 4:0 (1:0)
VfB siegte mit Jäger – Beital, Rath, Stadler, Flad – Jeske (1), Müller, Secker – Tochtermann (1), Bialon (1), Zimmermann (1). – Trainer: Arnold.

1982

Vorrunde: VfB Stuttgart – 1. FC Saarbrücken 2:0 und 1:0, SG Wattenscheid 09 – VfR Mannheim 3:1 und 1:1, 1. FC Kaiserslautern – BFC Preußen Berlin 7:1 und 0:0, Bayer Leverkusen – München 1860 3:2 und 0:3, Eintracht Frankfurt – Glas Chemie Wirges 9:0 und 1:1, Hamburger SV – SC Freiburg 3:0 und 4:0, MSV Duisburg – Eintracht Braunschweig 2:0 und 0:5, Werder Bremen – VfB Lübeck 3:1 und 1:1.

Zwischenrunde: VfB Stuttgart – SG Wattenscheid 09 1:0 und 2:2, 1. FC Kaiserslautern – München 1860 2:0 und 1:2, Eintracht Frankfurt – Hamburger SV 3:1 und 4:0, Eintracht Braunschweig – Werder Bremen 4:2 und 3:6.

Vorschlußrunde: VfB Stuttgart – 1. FC Kaiserslautern 5:0 und 4:1, Eintracht Frankfurt – Werder Bremen 5:4 und 7:2.

Endspiel (17. 7.) in Karlsruhe: Eintracht Frankfurt – VfB Stuttgart 2:0 (2:0)
Eintracht siegte mit Gundelach – Boy, Hofmann, Kahlhofen, Ernst – Kühn, Gabriel, Wöber – Kramer, Müller, Rieth (Berthold). – Trainer: Mank.

1983

Vorrunde: Schalke 04 – SV Sandhausen 2:0 und 2:2, München 1860 – Eintracht Frankfurt 3:2 und 0:4, Borussia Mönchengladbach – VfB Stuttgart 0:5 und 2:5, Freiburger FC – VfL Osnabrück 0:2 und 1:5, TuS Mayen – VfB Lübeck 2:2 und 1:2, Preußen Berlin – 1. FC Kaiserslautern 1:2 und 1:2, TuS Wulsdorf – 1. FC Köln 4:6 und 1:12, Hamburger SV – Borussia Neunkirchen 3:0 und 1:2.

Zwischenrunde: Schalke 04 – Eintracht Frankfurt 4:4 und 2:5, VfB Stuttgart – VfL Osnabrück 2:1 und 2:1, VfB Lübeck – 1. FC Kaiserslautern 1:3 und 0:9, 1. FC Köln – Hamburger SV 6:1 und 2:1.

Vorschlußrunde: Eintracht Frankfurt – VfB Stuttgart 5:1 und 1:2, 1. FC Kaiserslautern – 1. FC Köln 1:3 und 3:2.

Endspiel (16. 7.) in Marburg: Eintracht Frankfurt – 1. FC Köln 2:0 (1:0)
Eintracht siegt mit Hollenbach – Klepper, Trares, Borkenhagen, Kraaz – Piesker, Binz (Conrad), Rieth, Heider, Wöber (Völker) – Friz (2). – Trainer: Mank.

1984

Vorrunde: 1. FC Kaiserslautern – Freiburger FC 5:0 und 8:0, 1. FC Nürnberg – VfL Marburg 1:0 und 2:1, 1. FC Saarbrücken – Concordia Hamburg 1:1 und 0:4, TSV Havelse – TSB Flensburg 3:0 und 6:1, Eintracht Trier – Bayer Uerdingen 1:0 und 0:5, VfB Stuttgart – SV Waldhof Mannheim 1:0 und 2:2, Hertha Zehlendorf – 1. FC Köln 1:0 und 1:2, Z. 4:3-Sieger im 11-m-Schießen, Werder Bremen – VfL Bochum 0:3 und 0:3.

Zwischenrunde: 1. FC Kaiserslautern – 1. FC Nürnberg 4:0 und 1:2, Concordia Hamburg – TSV Havelse 4:2 und 4:5, Bayer Uerdingen – VfB Stuttgart 1:3 und 1:4, Hertha Zehlendorf – VfL Bochum 4:2 und 0:1.

Vorschlußrunde: 1. FC Kaiserslautern – Concordia Hamburg 5:2 und 2:2, VfB Stuttgart – Hertha Zehlendorf 8:0 und 1:2.

Endspiel (28. 7.) in Heilbronn: VfB Stuttgart – 1. FC Kaiserslautern 3:1 (1:0, 1:1) n. V.
VfB siegte mit Weber – Rothfuß (Skultety), Pfiz, Scheiffele, Szichta – Cyklarz, Waldner, Fritz – Lorch, Peukert, Kipper (Hertfelder) – Trainer: Günter.

1985

Vorrunde: Bayer Uerdingen – Borussia Dortmund 1:4 und 1:3, 1. FC Kaiserslautern – Bayer Leverkusen 1:1 und 0:1, Borussia Neunkirchen – Werder Bremen 2:1 und 0:3, Bayern München – Karlsruher SC 2:2 und 0:5, Glas-Chemie Wirges – VfB Stuttgart 0:5 und 0:2, FC Konstanz – Eintracht Braunschweig 1:4 und 0:5, Reinickendorfer Füchse – TSV Rendsburg 1:1 und 3:1, Eintracht Frankfurt – TSV Reinbek/Hamburg 3:1 und 5:2.

Zwischenrunde: Borussia Dortmund – Bayer Leverkusen 0:4 und 3:2, Werder Bremen – Karlsruher SC 1:1 und 0:4, VfB Stuttgart – Eintracht Braunschweig 0:0 und 3:1, Reinickendorfer Füchse – Eintracht Frankfurt 2:7 und 0:8.

Vorschlußrunde: Bayer Leverkusen – Karlsruher SC 1:0 und 2:2, VfB Stuttgart – Eintracht Frankfurt 3:0 und 0:4.

Endspiel (12. 7.) in Mannheim: Eintracht Frankfurt – Bayer Leverkusen 4:2 (1:0)
Eintracht siegte mit Rogowski – Conrad, Reussing (Pistauer), Iglesias – Vucak, Möller, Völker (Gruner), Hestermann, Dembowki – Walz, Reubold – Trainer: Gerster.

1986

Vorrunde: SC Freiburg – Hamburger SV 1:0 und 0:2, Fortuna Düsseldorf – TSB Flensburg 2:2 und 5:0, Reinickendorfer Füchse – 1. FC Nürnberg 2:2 und 0:3, Germania Metternich – Werder Bremen1:1 und 4:7, FC Homburg – Karlsruher SC 1:2 und 0:5, Borussia Dortmund – Bayer Leverkusen 1:1 und 0:2, 1. FC Kaiserslautern – Eintracht Braunschweig 3:0 und 2:2, SSV Reutlingen – Eintracht Frankfurt 1:3 und 1:4.

Zwischenrunde: Hamburger SV – Fortuna Düsseldorf 0:2 und 1:2, 1. FC Nürnberg – Werder Bremen 8:0 und 3:2, Karlsruher SC – Bayer Leverkusen 0:0 und 0:6, 1. FC Kaiserslautern – Eintracht Frankfurt 2:1 und 0:1/7:8 im Elfmeterschießen.

Vorschlußrunde: Fortuna Düsseldorf – 1. FC Nürnberg 1:0 und 0:1/2:4 im Elfmeterschießen, Bayer Leverkusen – Eintracht Frankfurt 5:4 und 3:0.

Endspiel (11. 7.) in Leverkusen: Bayer Leverkusen – 1. FC Nürnberg 2:0 (1:0)
Leverkusen siegte mit: Deus – Job – Kühn, Nicolic, Gerhards – Drysdi (Hübner), Schwarz, Reinhardt, Wörsdörfer – Rehbein, Legerlotz (Petersen). – Trainer: Reschke.

1987

Vorrunde: Karlsruher SC – Bayer Leverkusen 2:1 und 0:3, VfB Stuttgart – Bayern München 3:0 und 0:3/3:4 im 11-m-Schießen, Werder Bremen – Hannover 96 1:2 und 2:1/2:4 im 11-m-Schießen, Eintracht Frankfurt – Olympia Neumünster 5:0 und 1:1, Spvgg. Andernach – VfL Bochum 0:3 und 0:2, Hamburger TS 1816 – Reinickendorfer Füchse 1:2 und 2:0, 1. FC Kaiserslautern – Bayer Uerdingen 2:2 und 1:3, ASC Dudweiler und FV Donaueschingen 0:0 und 3:3/4:2 im 11-m-Schießen.

Zwischenrunde: Bayer Leverkusen – Bayern München 3:0 und 2:1, Hannover 96 – Eintracht Frankfurt 3:2 und 0:5, VfL Bochum – Hamburger TS 1816 2:1 und 4:0, Bayer Uerdingen – ASC Dudweiler 2:1 und 4:2.

Vorschlußrunde: VfL Bochum – Bayer Uerdingen 1:2 und 2:2, Bayer Leverkusen – Eintracht Frankfurt 2:1 und 1:2/3:4 im 11-m-Schießen.

Endspiel (17. 7.) in Uerdingen: Bayer Uerdingen – Eintracht Frankfurt 2:1 (0:0)
Uerdingen siegte mit Teroede – Kempkens – Titgens (Schroers), Brinkmann – Hofschen, Jörißen, Steffen, Fallak – Dondera, Wolff, Witeczek. – Trainer: Rangs.

1988

Vorrunde: Hannover 96 – SV Kuppenheim 3:0 und 1:0, Werder Bremen – Tennis Borussia Berlin 2:1 und 3:2, TSV München 1860 – 1. FC Saarbrücken 0:0 und 3:0, VfB Stuttgart – FC Paderborn-Neuhaus 2:0 und 9:0, Eintracht Frankfurt – VfB Kiel 2:1 und 4:1, Bayer Uerdingen – 1. FC Kaiserslautern 0:1 und 1:0, Kaiserslautern 5:4-Sieger im Elfmeterschießen, Bayer Leverkusen – Eintracht Trier 2:0 und 6:0, Hamburger SV – Karlsruher SC 1:1 und 2:3.

Zwischenrunde: Hannover 96 – Werder Bremen 1:4 und 2:2, TSV München 1860 – VfB Stuttgart

2:1 und 0:2, Eintracht Frankfurt – Bayer Uerdingen 2:0 und 3:5, Frankfurt 3:1-Sieger im Elfmeterschießen, Bayer Leverkusen – Karlsruher SC 4:0 und 1:1.

Vorschlußrunde: Werder Bremen – VfB Stuttgart 1:1 und 2:2, Stuttgart 4:3-Sieger im Elfmeterschießen, Eintracht Frankfurt – Bayer Leverkusen 2:0 und 0:3.

Endspiel (15. 7.) in Stuttgart: VfB Stuttgart – Bayer Leverkusen 4:1 (1:1)
VfB siegte mit Welz – Gradwohl – Lang, Fritz, Mayer, Keller, Bufka, Marche (Seitz), Richter – Latifovic, Terzic.

1989

Vorrunde: SV Auersmacher – Bayer Uerdingen 0:5 und 0:6, Werder Bremen – Borussia Dortmund 1:1 und 0:4, 1. FC Nürnberg – FV Kehl 3:0 und 7:0, 1. FC Kaiserslautern – Bayer Leverkusen 2:2 und 0:3, SG Betzdorf – Holstein Kiel 0:0 und 1:3, Hertha Zehlendorf – Hamburger SV 2:1 und 1:2/3:4 im Elfmeterschießen, SV Waldhof Mannheim – Hannover 96 5:1 und 0:3, VfB Stuttgart – VfL Marburg 6:0 und 7:0.

Zwischenrunde: 1. FC Nürnberg – Bayer Leverkusen 3:3 und 2:1, Holstein Kiel – Hamburger SV 0:6 und 1:5, SV Waldhof Mannheim – VfB Stuttgart 1:0 und 0:1/8:9 im Elfmeterschießen, Bayer Uerdingen – Borussia Dortmund 2:1 und 0:1/5:3 im Elfmeterschießen.

Vorschlußrunde: Hamburger SV – VfB Stuttgart 0:2 und 0:2, Bayer Uerdingen – 1. FC Nürnberg 1:2 und 1:2.

Endspiel (14. 7.) in Stuttgart: VfB Stuttgart – 1. FC Nürnberg 3:2 (1:2)
VfB siegte mit Strotbek – Richter – Schneider, Latifovic – Santelli (Dense), Mayer, Keller, Gradwohl, Kramny – Beierle, Terzic (Chatzikiriakos).

1990

Vorrunde: Hertha Zehlendorf – Hamburger SV 2:0 und 2:1, VfB Kiel – Hannover 96 1:0 und 4:5/5:4 im Elfmeterschießen, Werder Bremen – Bayer Leverkusen 0:2 und 1:2, Eintracht Trier – Borussia Dortmund 0:2 und 1:3, SV Waldhof Mannheim – Eintracht Frankfurt 0:0 und 1:1/3:5 im Elfmeterschießen, FC 08 Homburg – VfB Stuttgart 0:6 und 3:6, Bayer Uerdingen – 1. FC Kaiserslautern 1:0 und 1:2/2:4 im Elfmeterschießen, SC Freiburg – FC Augsburg 0:1 und 0:3.

Zwischenrunde: Hertha Zehlendorf – VfB Kiel 8:2 und 5:0, Bayer Leverkusen – Borussia Dortmund 1:0 und 0:1/3:5 im Elfmeterschießen, Eintracht Frankfurt – VfB Stuttgart 2:5 und 0:4, 1. FC Kaiserslautern – FC Augsburg 2:0 und 2:1.

Vorschlußrunde: Hertha Zehlendorf – Borussia Dortmund 3:0 und 0:3/4:3 im Elfmeterschießen, VfB Stuttgart – 1. FC Kaiserslautern 3:1 und 3:0.

Endspiel (6. 7.) in Berlin: Hertha Zehlendorf – VfB Stuttgart 1:5 (1:3)
VfB siegte mit Sick – Santelli – Papadopoulos, Posch – Endress (Th. Schneider), Obeida, Otto, Trunkl, Krinke – Kosztovics (Kienle), Beierle.

Deutsche Meisterschaft „B“-Junioren „U 16“

Die bisherigen Meister:

1977 Eintracht Frankfurt – 1978 Schalke 04 – 1979 Blau-Weiß 90 Berlin – 1980 Eintracht Frankfurt – 1981 Borussia Mönchengladbach – 1982 SG Wattenscheid 09 – 1983 1. FC Kaiserslautern – 1984 Borussia Dortmund – 1985 VfL Bochum – 1986 VfB Stuttgart – 1987 Bayer Uerdingen – 1988 Hertha Zehlendorf – 1989 Bayern München – 1990 1. FC Köln.

1977

Qualifikation: Hamburger SV – SC Staaken 1:3.

Halbfinale in Daxlanden: Schalke 04 – FSV Mainz 05 5:2; Eintracht Frankfurt – SC Staaken 2:1.

Endturnier in Niefern (3. 7.): Um den 3. Platz: SC Staaken – FSV Mainz 05 2:1;
Endspiel: Eintracht Frankfurt – Schalke 04 2:1.
Frankfurt siegte mit den Spielern: Brose, Bachmann, Hohmann, Werner, Koch, Kura, Kraus, Wörner, Brück, Raps, Castellano, Täubert, Müller, Strauß und Sarocca.

1978

Qualifikation: VfR Mannheim – Mainz 05 0:2.

Halbfinale in Menden: Schalke 04 – Mainz 05 3:1, Concordia Hamburg – Hertha Zehlendorf 2:3.

Endturnier in Hamm (2. Juli): Um den 3. Platz: Mainz 05 – Concordia Hamburg 2:1.

Endspiel: Schalke 04 – Hertha Zehlendorf 6:0.
Schalke siegte mit: Vogel (Schwarz); Keiner, Hause, Siewert, Draxler; Opitz, Trompeter, Kügler (Kreuz); Wuttke, Schröder, Falzer.

1979

Vorrunde: Werder Bremen – Borussia Dortmund 0:1 und 2:2, Arminia Hannover – Fortuna Düsseldorf 0:0 und 2:2, Arminia 4:3-Sieger im Elfmeterschießen, VfB Lübeck – Blau-Weiß Berlin 0:4 und 1:1, FC St. Pauli Hamburg – 1. FC Köln 1:1 und 2:0, Mainz 05 – Kickers Offenbach 0:0 und 2:1, Freiburger FC – Saar 05 Saarbrücken 5:0 und 1:0, Kickers Stuttgart – SpVgg Andernach 4:0 und 3:1, FC Augsburg – VfR Mannheim 2:1 und 3:0.

Zwischenrunde: Borussia Dortmund – Arminia Hannover 1:2 und 0:6, Blau-Weiß Berlin – FC St. Pauli Hamburg 0:1 und 2:0, Mainz 05 – Freiburger FC 1:2 und 5:2, Kickers Stuttgart – FC Augsburg 1:2 und 1:1.

Vorschlußrunde: Arminia Hannover – Blau-Weiß Berlin 1:2 und 2:2, Mainz 05 – FC Augsburg 1:2 und 0:5.

Endspiel (29. 7.) in Berlin: Blau-Weiß Berlin – FC Augsburg 1:1 (0:0) n. V., Berlin 5:4-Sieger im Elfmeterschießen.
Blau-Weiß siegte mit Vollborn; Rießler, Paulitz, Collack, Olschewski, Brandenburger, Schröder (Schubert), Schulze; Schmidt, Klatt (Pagels), Geesdorf.

1980

Vorrunde: Fortuna Düsseldorf – Werder Bremen 1:0 und 1:2, Fortuna 3:2-Sieger im Elfmeterschießen, 1. FC Köln – Holstein Kiel 5:0 und 3:2, Blau-Weiß 90 Berlin – Schalke 04 3:1 und 1:6, SpVgg Andernach – SV Waldhof Mannheim 0:3 und 1:1, Eintracht Frankfurt – FC Tailfingen 3:0 und 5:0, München 1860 – 1. FC Kaiserslautern 1:1 und 0:1, Offenburger FV – SV Merchweiler 1:2 und 2:1, Merchweiler 4:2-Sieger im Elfmeterschießen, Concordia Hamburg – Arminia Hannover 2:2 und 2:3.

Zwischenrunde: Fortuna Düsseldorf – Arminia Hannover 2:1 und 4:3, 1. FC Köln – Schalke 04 1:2 und 2:3, SV Waldhof Mannheim – Eintracht Frankfurt 0:2 und 1:5, 1. FC Kaiserslautern – SV Merchweiler 2:2 und 1:0.

Vorschlußrunde: Fortuna Düsseldorf – Schalke 04 3:2 und 1:3, Eintracht Frankfurt – 1. FC Kaiserslautern 2:1 und 1:0.

Endspiel (13. 7.) in Gelsenkirchen: Eintracht Frankfurt – Schalke 04 2:1 (1:0).
Eintracht siegte mit Gundelach – Boy, Ernst, Kühn, Hofmann – Gabriel, Kramp (Schmidt), Rudel – Berthold, Krämer (Lenz), Müller.

1981

Vorrunde: FC Villingen – 1. FC Kaiserslautern 0:7 und 2:6, VfL Bochum – Hamburger SV 2:1 und 0:1, Bochum 4:3-Sieger im Elfmeterschießen, VfR Neumünster – TSV Osterholz/Tenever 1:2 und 1:3, Borussia Mönchengladbach – 1. FC Köln 1:3 und 2:0, Gladbach 7:6-Sieger im Elfmeterschießen, FC Ensdorf – SpVgg Andernach 2:0 und 5:0, FC Augsburg – Eintracht Frankfurt 1:3 und 0:4, Spandauer SV – Hannover 96 0:2 und 1:2, VfB Stuttgart – Karlsruher SC 1:0 und 4:0.

Zwischenrunde: VfL Bochum – Hannover 96 1:0 und 4:2, TSV Osterholz/Tenever – Borussia Mönchengladbach 1:2 und 1:3, FC Ensdorf – Eintracht Frankfurt 0:3 und 0:6, VfB Stuttgart – 1. FC Kaiserslautern 0:5 und 2:2.

Vorschlußrunde: VfL Bochum – Borussia Mönchengladbach 3:3 und 1:2, Eintracht Frankfurt – 1. FC Kaiserslautern 5:3 und 2:2.

Endspiel (26. 7.) in Rheydt: Borussia Mönchengladbach – Eintracht Frankfurt 1:0 (1:0).
Borussia siegte mit Zimmermann – Kühn, Drehsen, Thomessen, Nelles – Meusen, Naumann, Dohrmann – Krahen, Kopp, Völl.

1982

Vorrunde: Borussia Mönchengladbach – Concordia Hamburg 3:4 und 1:2, TSV Osterholz/Tenever – 1. FC Köln 2:2 und 0:7, SG Wattenscheid 09 – Hertha 03 Zehlendorf 3:1 und 2:3, VfR Neumünster – Arminia Hannover 2:1 und 0:0, SV Weil – Eintracht Frankfurt 0:3 und 0:7, FC Ensdorf – SV Waldhof Mannheim 0:3 und 3:2, 1. FC Nürnberg – TuS Koblenz 3:0 und 4:0, 1. FC Kaiserslautern – VfB Stuttgart 4:2 und 0:1.

Zwischenrunde: Concordia Hamburg – 1. FC Köln 3:3 und 1:1, Concordia 5:3-Sieger im 11-m-Schießen, SG Wattenscheid 09 – VfR Neumünster 3:2 und 6:0, Eintracht Frankfurt – SV Waldhof Mannheim 3:0 und 5:4, 1. FC Kaiserslautern – 1. FC Nürnberg 3:0 und 1:0.

Vorschlußrunde: Concordia Hamburg – SG Wattenscheid 09 1:2 und 0:6, Eintracht Frankfurt – 1. FC Kaiserslautern 0:0 und 3:0.

Endspiel (18. 7.) in Wattenscheid: SG Wattenscheid 09 – Eintracht Frankfurt 3:1 (2:1)
Wattenscheid siegte mit Hildebrand – Zander, Skibbe, Appel, Heinke – Löring (Drews), Schmies, Yavuz (Linnemann), Kontny – Schmidt, Hilligloh.

1983

Vorrunde: Hannover 96 – Rot-Weiß Essen 3:2 und 1:2, Elfmeterschießen 5:4 für 96, Borussia Dortmund – Werder Bremen 1:2 und 0:0, TSV Rendsburg – Spandauer SV 0:0 und 2:1, TSV Reinbek – Bayer Leverkusen 0:1 und 1:2, Röchling Völklingen – Bayern München 0:8 und 2:4, 1. SV Moersch – Kickers Offenbach 0:4 und 1:4, 1. FC Kaiserslautern – SV Waldhof Mannheim 1:0 und 3:1, TuS Koblenz – SSV Ulm 46 0:1 und 0:1.

Zwischenrunde: Hannover 96 – Werder Bremen 1:2 und 1:5, TSV Rendsburg – Bayer Leverkusen 1:3 und 0:4; Bayern München – 1. FC Kaiserslautern 0:2 und 2:4, Kickers Offenbach – SSV Ulm 46 3:0 und 2:1.

Vorschlußrunde: Werder Bremen – Bayer Leverkusen 1:1 und 2:0, 1. FC Kaiserslautern – Kickers Offenbach 0:0 und 2:2, 1. FC Kaiserslautern 3:1-Sieger im Elfmeterschießen.

Endspiel (17. 7.) in Kaiserslautern: 1. FC Kaiserslautern – Werder Bremen 2:1 (1:0)
Kaiserslautern siegte mit Bertram – Wetz, Strich, Schultheiß, Brenner – Kimmel, Denger, Kunz – Gerstner (Hirschfeld), Kauf, Auschill.

1984

Vorrunde: TSV Osterholz/Tenever – Bramfelder SV 3:7 und 1:6, BFC Preußen Berlin – Hannover 96 2:2 und 1:1, B. 5:3-Sieger im 11-m-Schießen, MSV Duisburg – Bayer Leverkusen 1:1 und 0:0, L. 4:2-Sieger im 11-m-Schießen, VfB Lübeck – Borussia Dortmund 1:3 und 2:4, VfB Stuttgart – 1. FC Kaiserslautern 1:1 und 2:1, München 1860 – Eintracht Frankfurt 1:2 und 3:2, M. 4:2-Sieger im 11-m-Schießen, Glas Chemie Wirges – SC Freiburg 1:2 und 3:3, FC Ensdorf – SV Waldhof Mannheim 0:4 und 0:5.

Zwischenrunde: VfB Stuttgart – München 1860 0:1 und 0:7, SC Freiburg – SV Waldhof Mannheim 0:3 und 0:9, Bayer Leverkusen – Borussia Dortmund 1:5 und 0:4, Bramfelder SV – BFC Preußen Berlin 2:3 und 3:1.

Vorschlußrunde: München 1860 – SV Waldhof Mannheim 3:2 und 2:2, Bramfelder SV – Borussia Dortmund 1:0 und 0:2.

Endspiel (29. 7.) in Dortmund: Borussia Dortmund – München 1860 1:0 (1:0)
Dortmund siegte mit Dildey – Gläß, Spyrka, Schacht, Germann – Fink (Hill), Mielke, Imming, Wisse – Bolst (Stüwe), Banach.

1985

Vorrunde: Sportfreunde Eisbachtal – 1. FC Kaiserslautern 0:3 und 1:3, Bayern München – ASC Dudweiler 4:1 und 1:1, Hamburger SV – OSC Bremerhaven 4:0 und 2:2, VfB Stuttgart – Kickers Offenbach 1:3 und 2:1, SV Waldhof Mannheim – FV Offenburg 0:0 und 2:1, Fortuna Düsseldorf – Hertha Zehlendorf 1:1 und 1:1, Z. 5:4-Sieger im 11-m-Schießen, VfL Bochum – Bayer Leverkusen 2:0 und 3:2, Eintracht Braunschweig – Holstein Kiel 1:2 und 2:1, K. 3:2-Sieger im 11-m-Schießen.

Zwischenrunde: 1. FC Kaiserslautern – Bayern München 1:3 und 2:4, Kickers Offenbach – SV Waldhof Mannheim 2:0 und 1:1, Hamburger SV – Hertha Zehlendorf 2:0 und 3:4, VfL Bochum – Holstein Kiel 5:0 und 5:1.

Vorschlußrunde: Bayern München – Kickers Offenbach 0:2 und 2:0, Kickers 3:2-Sieger im 11-m-Schießen, Hamburger SV – VfL Bochum 0:1 und 1:4.

Endspiel (14. 7.) in Offenbach: Kickers Offenbach – VfL Bochum 0:3 (0:1).
Bochum siegte mit Dorny – Wisniewski, Urban, Broos – Tasewski (Felber), Dressel, Liese, Poll, Legat – Trioani (Sieweke), Kirschke – Trainer: Schiller.

1986

Vorrunde: TuS Paderborn/Neuhaus – VfB Kiel 4:0 und 5:2, West Eimsbüttel Hamburg – Werder Bremen 2:0 und 2:2, Hannover 96 – Schwarz-Weiß Essen 0:1 und 3:2, Bayer Leverkusen – Hertha Zehlendorf 0:2 und 0:2, VfB Stuttgart – Sportfreunde Eisbachtal 8:0 und 5:0, SC Freiburg – Borussia Neunkirchen 5:1 und 1:3, Bayern München – 1. FC Kaiserslautern 1:1 und 1:2, SV Waldhof – Eintracht Frankfurt 2:2 und 0:2.

Zwischenrunde: TuS Paderborn/Neuhaus – West Eimsbüttel Hamburg 5:2 und 2:3, Schwarz-Weiß Essen – Hertha Zehlendorf 0:3 und 5:1, VfB Stuttgart – SC Freiburg 6:0 und 4:0, 1. FC Kaiserslautern – Eintracht Frankfurt 3:2 und 1:3.

Vorschlußrunde: TuS Paderborn/Neuhaus – Schwarz-Weiß Essen 4:1 und 0:3/3:4 im Elfmeterschießen, VfB Stuttgart – Eintracht Frankfurt 1:1 und 3:1.

Endspiel (13. 7.) in Essen: Schwarz-Weiß Essen – VfB Stuttgart 0:5 (0:0)
VfB siegte mit Welz – Weippert – Fritz, Bufka – Lang, Kuhn, Edelmann (Bollian), Poschner – Latifovic (Schneider), Ueding, Nickel. – Trainer: Mosthaf.

1987

Vorrunde: Olympia Neumünster – 1. FC Köln 2:2 und 1:1/8:9 im 11-m-Schießen, VfL Bochum – Tennis Borussia Berlin 0:1 und 1:2, OSC Bremerhaven – Bayer Uerdingen 1:3 und 1:2, Hamburger SV – Hannover 96 0:1 und 7:2, Karlsruher SC – SV Auersmacher 3:0 und 1:2, SV Wittlich – 1. FC Nürnberg 0:3 und 0:5, Freiburger FC – Eintracht Frankfurt 0:3 und 0:4, VfB Stuttgart – 1. FC Kaiserslautern 1:0 und 2:0.

Zwischenrunde: 1. FC Köln – Tennis Borussia 0:0 und 1:1/2:4 im 11-m-Schießen, Bayer Uerdingen – Hamburger SV 3:0 und 2:1, Karlsruher SC – 1. FC Nürnberg 0:2 und 1:1, Eintracht Frankfurt – VfB Stuttgart 0:1 und 1:4.

Vorschlußrunde: Tennis Borussia – Bayer Uerdingen 0:1 und 0:0, 1. FC Nürnberg – VfB Stuttgart 1:2 und 3:1.

Endspiel (8. 7.) in Nürnberg: 1. FC Nürnberg – Bayer Uerdingen 0:4 (0:2)
Bayer siegte mit Schonz – Schoots – Welzing, McConner, Neber, Paßlack – Lewitzky (65. Borgmann), Lanzafame, Bayertz – Trienekens (65. Herrmann), Klauß. – Trainer: Maes.

1988

Vorrunde: SV Waldhof Mannheim – SC Freiburg 3:1 und 3:1, 1. FC Kaiserslautern – SpVgg Andernach 6:1 und 2:1, Eintracht Frankfurt – 1. FC Saarbrücken 5:0 und 5:4, VfB Stuttgart – Bayern München 2:0 und 1:1, Hamburger SV – Itzehoer SV 2:1 und 2:0, Hertha Zehlendorf – Werder Bremen 3:1 und 1:1, Bayer Leverkusen – TSV Havelse 2:1 und 0:0, Eintracht Dortmund – Fortuna Düsseldorf 4:0 und 3:2.

Zwischenrunde: SV Waldhof Mannheim – 1. FC Kaiserslautern 1:1 und 1:2, Eintracht Frankfurt – VfB Stuttgart 0:4 und 1:5, Hamburger SV – Hertha Zehlendorf 0:3 und 0:2, Bayer Leverkusen – Eintracht Dortmund 0:1 und 0:1.

Vorschlußrunde: 1. FC Kaiserslautern – VfB Stuttgart 2:3 und 1:4, Hertha Zehlendorf – Eintracht Dortmund 2:1 und 3:1.

Endspiel (17. 7.) in Berlin: Hertha Zehlendorf – VfB Stuttgart 2:1 (0:1)

Hertha siegte mit Sommer – Kolbuch – Kremer, Gatti, Polat – Schleite, Block, Ziege, Braun (Fulmek) – Gehrwald, Lehmann.

1989

Vorrunde: 1. FC Köln – Hertha Zehlendorf 0:0 und 0:0/3:5 im Elfmeterschießen, Hannover 96 – Concordia Hamburg 5:1 und 4:2, Schalke 04 – VfB Kiel 4:1 und 1:0, Schwarz-Weiß Essen – Werder Bremen 2:0 und 1:1, Eintracht Frankfurt – 1. FC Kaiserslautern 1:0 und 2:0, SC Freiburg – VfB Stuttgart 1:6 und 1:3, Bayern München – FC Homburg 7:0 und 9:0, Spvgg. Andernach – SV Waldhof Mannheim 0:0 und 2:8.

Zwischenrunde: Hertha Zehlendorf – Hannover 96 2:0 und 3:1, Schalke 04 – Schwarz-Weiß Essen 0:0 und 3:0, Eintracht Frankfurt – VfB Stuttgart 0:0 und 1:1/5:4 im Elfmeterschießen, Bayern München – SV Waldhof Mannheim 4:1 und 4:1.

Vorschlußrunde: Hertha Zehlendorf – Schalke 04 1:0 und 0:1/4:3 im Elfmeterschießen, Eintracht Frankfurt – Bayern München 1:2 und 1:3.

Endspiel (16. 7.) in München: Bayern München – Hertha Zehlendorf 1:1 (0:0, 1:1) n. V./5:4 im Elfmeterschießen

Bayern siegte mit Schöttl – Babbel – Punzelt (Karaula), Schönberger – Roth, Schmidt, Nerlinger, Eberl, Gehann – Tripp (Bauer), Papachristous.

1990

Vorrunde: Bramfelder SV – Bayer Uerdingen 1:1 und 1:2, VfB Kiel – SC Siemensstadt Berlin 0:4 und 0:2, Borussia Dortmund – Werder Bremen 2:2 und 0:5, FC 08 Homburg – 1. FC Nürnberg 0:5 und 0:8, KSV Baunatal – SV Waldhof Mannheim 1:2 und 1:2, FV Offenburg – Spfrde. Eisbachtal/Heilberscheid 1:0 und 2:0, 1. FC Köln – Hannover 96 3:0 und 0:0, VfB Stuttgart – 1. FC Kaiserslautern 1:1 und 3:1.

Zwischenrunde: 1. FC Köln – Bayer Uerdingen 3:1 und 1:3/8:7 im Elfmeterschießen, SC Siemensstadt Berlin – Werder Bremen 0:0 und 3:2, 1. FC Nürnberg – SV Waldhof Mannheim 6:1 und 1:0, FV Offenburg – VfB Stuttgart 1:9 und 1:7.

Vorschlußrunde: 1. FC Nürnberg – VfB Stuttgart 1:1 und 1:2, 1. FC Köln – SC Siemensstadt Berlin 3:0 und 0:1.

Endspiel (22. 7.) in Köln: 1. FC Köln – VfB Stuttgart 2:1 (0:0)

Köln siegte mit Sömezoglu – Ploeger – Chang, Schmitt – Carl, Bodelier, Jöres, Jores (Kötting), Koob (Biechmann) – Thiam, Lenhart

DFB-Jugend-Kicker-Pokal der „U 18"

Die bisherigen Sieger:

1987, 88 1. FC Nürnberg – 1989 VfL Bochum – 1990 Kickers Stuttgart

1987

Vorrunde: Borussia Mönchengladbach – Blau-Weiß 90 Berlin 7:0, Schalke 04 – Eintracht Braunschweig 2:1 n. V., TSB Flensburg – TSV Osterholz-Tenever 2:0, Alemannia Aachen – Hamburger SV 3:2, SV Darmstadt – 1. FC Nürnberg 1:2 n. V., Germania Metternich – TSB Schwäbisch-Gmünd 2:0 n. V., Borussia Neunkirchen – FV Kuppenheim 4:3, FK Pirmasens – SV Waldhof Mannheim 2:1.

Zwischenrunde: Borussia Mönchengladbach – Schalke 04 3:1, TSB Flensburg – Alemannia Aachen 1:4, 1. FC Nürnberg – Germania Metternich 2:0, Borussia Neunkirchen – FK Pirmasens 5:2.

Vorschlußrunde: Borussia Mönchengladbach – Alemannia Aachen 1:0, 1. FC Nürnberg – Borussia Neunkirchen 1:0.

Endspiel (4. 7.) in M'gladbach-Rheydt: Borussia Mönchengladbach – 1. FC Nürnberg 1:2 (0:0)
Nürnberg siegte mit Romeis – Lang – Kaptan, Grimm, Schilling (Stirnweiß) – Meyer, Frauenknecht, Röhrer, Ziemer – Sentürk, Schleicher.

1988

Vorrunde: SC Pfullendorf – VfR Eintracht Koblenz 3:2, 1. FC Nürnberg – SC Großrosseln 7:2, Kickers Stuttgart – SV Waldhof Mannheim 2:2 n. V., Mannheim 7:6-Sieger im Elfmeterschießen, MTV 1817 Mainz – SG Hoechst 3:1, Blau-Weiß 90 Berlin – TuRa Bremen 5:1, VfL Osnabrück – Hamburger SV 1:2, TuS Höhenhaus – Holstein Kiel 0:1, VfL Bochum – Borussia Mönchengladbach 2:6.

Zwischenrunde: SC Pfullendorf – 1. FC Nürnberg 1:7, SV Waldhof Mannheim – MTV 1817 Mainz 0:1 n. V., Hamburger SV – Blau-Weiß 90 Berlin 1:0, Holstein Kiel – Borussia Mönchengladbach 1:5.

Vorschlußrunde: 1. FC Nürnberg – MTV 1817 Mainz 3:2 n. V., Borussia Mönchengladbach – Hamburger SV 3:0.

Endspiel (8. 7.) in Fürth (Ronhof): 1. FC Nürnberg – Borussia Mönchengladbach 1:0 (0:0)
Nürnberg siegte mit Beims – Meyer – Messingschlager, Stirnweiß – Baumgartl, Thomas, Plößner, Ziemer (Herion), Bernhardt (Schneider) – Sentürk, Türr.

1989

Vorrunde: 1. FC Saarbrücken – FC Augsburg 0:3, VfL Bochum – SC Norderstedt 9:0, Tasmania Berlin – VfL Wolfsburg 0:2, Borussia Mönchengladbach – VfB Kiel 4:2, 1. FC Köln – Tura Bremen 5:1, TV 1817 Mainz – SC Geislingen 2:0, CSC 03 Kassel – Spvgg. Wirges 1:3, Karlsruher SC – Freiburger FC 4:0.

Zwischenrunde: VfL Wolfsburg – VfL Bochum 0:2, Spvgg. Wirges – TV 1817 Mainz 0:4, FC Augsburg – Karlsruher SC 2:4, Borussia Mönchengladbach – 1. FC Köln 4:1.

Vorschlußrunde: VfL Bochum – Borussia Mönchengladbach 3:1, TV 1817 Mainz – Karlsruher SC 2:6.

Endspiel (7. 7.) in Bochum: VfL Bochum – Karlsruher SC 4:1 (2:0)
Bochum siegte mit Roch – Schmugge – Guder, Renkhoff – Golicki, Kusch, Vogelgesang, Bredenböcker (Zahlmann), Kreielkamp – Yacizi (Schröder), Kotthaus.

1990

Vorrunde: Rheydter SpV – TuS Schwachhausen 2:3, VfL Bochum – Viktoria Köln 10:1, Itzehoer SV – Lüneburger SK 0:3, Kickers Stuttgart – Spvgg. Andernach 2:1; TSV München 1860 – SV Sandhausen 2:2 n.V./2:4 im Elfmeterschießen, SC Siemensstadt Berlin – Spvgg. Blankenese 0:0 n.V./1:3 im Elfmeterschießen, Darmstadt 98 – FC Villingen 0:0 n.V./3:4 im Elfmeterschießen, SV Fraulautern – Wormatia Worms 1:2.

Zwischenrunde: TuS Schwachhausen – VfL Bochum 0:3, Spvgg. Blankenese – Lüneburger SK 0:1, FC Villingen – Kickers Stuttgart 1:2, SV Sandhausen – Wormatia Worms 5:1.

Vorschlußrunde: VfL Bochum – Lüneburger SK 1:1 n.V./5:6 im Elfmeterschießen, Kickers Stuttgart – SV Sandhausen 5:0.

Endspiel (29. 6.) in Stuttgart: Kickers Stuttgart – Lüneburger SK 3:0 (1:0)
Stuttgart siegte mit Kukulinus – Kleyer – Straubmüller, Straube – Lösch, Skibowski, Ziller, Hübner, Ströbel – Kolb, Bobic (Intemperante).

B 1-Junioren-Länderpokal

Von 1953–1973 A-Junioren-Länderpokal der Regionalverbände, 1974–1983 A-Junioren der 16 Landesverbände, ab 1984 B 1-Junioren U 16 der 16 Landesverbände.
Die bisherigen Sieger:
1953 Nord – 1954, 55, 56 West – 1957 Süd – 1958 Nord – 1959 West – 1960 Nord – 1961, 62, 63 West – 1964 Südwest – 1965 West – 1966 Süd – 1967 Südwest und West (beide zum Sieger nach 2:2 erklärt) – 1968 Berlin – 1969 West – 1970 Süd – 1971 West – 1972 Nord – 1973 West – 1974 (ab hier Landesverbände) Niederrhein – 1975 Südwest – 1976 Westfalen – 1977, 78 Bayern – 1979 Hessen – 1980 Mittelrhein – 1981 Niedersachsen – 1982 Bayern – 1983 Niedersachsen – 1984 Niederrhein – 1985 Westfalen – 1986 Mittelrhein – 1987 Württemberg – 1988 Westfalen 1989 Württemberg.

TEIL XIII

DER DAMENFUSSBALL

Die Bilanz der Damen-Länderspiele

Gegner	Spiele	Siege	Unentsch.	Niederl.	Tore	11-m-Sch.
Belgien	3	–	2	1	2:4	
Bulgarien	2	2	–	–	7:2	
Dänemark	5	2	1	2	4:5	
England	1	1	–	–	2:0	
Finnland	2	1	–	1	1:1	
Frankreich	1	1	–	–	2:0	
Holland	5	2	3	–	10:8	
Italien	7	3	1	3	8:6	4:3
Island	4	4	–	–	17:3	
Norwegen	4	1	1	2	7:8	
Schweiz	4	3	1	–	17:1	
Tschechoslowakei	4	3	1	–	9:1	
Ungarn	5	3	1	1	7:2	
USA	1	–	–	1	1:2	
Gesamt:	48	26	11	11	94:43	

Die durch Elfmeterschießen entschiedenen Spiele werden als Siege oder Niederlagen gewertet, aber ohne die Tore aus diesem Elfmeterschießen, die auch nicht in der Torübersicht zählen.

Die Damen-Mannschaften

1982: 1 Spiel: 1 Sieg

1 **Schweiz,** 10. 11., Koblenz, 5:1 gewonnen: Feiden (Reichler) – Dlugi-Winterberg (Klinzmann), Landers, Degwitz, Klinz – Koekkoek (Neid 2), Trabant, Krug (Offermann) – Bormann (1), Kresimon (1), Gebauer (1) (Bartelmann). Kapitän: Trabant. – Schiedsrichter: Föckler (Deutschland).

1983: 7 Spiele: 1 Sieg, 5 Unentschieden, 1 Niederlage

2 **Belgien,** 5. 3., Bergisch Gladbach, 1:1 unentschieden (UEFA-Wettbewerb): Feiden – Dlugi-Winterberg, Landers, Klinz (Knopf), Degwitz – Raith (Neid), Koekkoek, Trabant – Bormann, Kresimon, Gebauer (1). – K: Trabant. – SR: Pauly (Deutschland).

3 **Holland,** 19. 3., Venray, 2:2 unentschieden (UEFA-Wettbewerb): Feiden – Dlugi-Winterberg, Landers, Degwitz, Krug – Raith (Bartelmann), Trabant, Neid (Eichenlaub) – Bormann (1), Kresimon, Koekkoek. – K: Trabant. – SR: Ettekoven (Holland). – Dazu ein Eigentor der Holländerin Campers.

4 **Dänemark,** 1. 5., Delmenhorst, 1:1 unentschieden (UEFA-Wettbewerb): Feiden – Dlugi-Winterberg, Degwitz (Krug), Landers – Bartelmann, Raith, Koekkoek (1), Trabant – Bormann (Neid), Kresimon, Gebauer. – K: Trabant. – SR: Redelfs (Deutschland).

5 **Schweiz,** 7. 9., Basel, 2:0 gewonnen: Feiden (Breuer) – Klinz, Dlugi-Winterberg, Degwitz, Richter – Raith, Bartelmann (1), Knüpp (Trabant) – Bormann (Neid), Kresimon, Eichenlaub 1 (Fischer). – K: Dlugi-W. – SR: Blattmann (Schweiz).

6 **Dänemark,** 24. 9., Sonderburg, 0:1 verloren (UEFA-Wettbewerb): Feiden – Dlugi-Winterberg, Klinz, Degwitz, Richter – Neid, Trabant, Raith – Bormann (Doll), Kresimon, Bartelmann (Eichenlaub). – K: Trabant. – SR: Sörensen (Dänemark).

7 **Holland,** 8. 10., Siegen, 1:1 unentschieden (UEFA-Wettbewerb): Feiden – Richter, Klinz, Degwitz, Dlugi-Winterberg – Raith, Bormann (Henkel), Neid – Offermann (Fischer), Trabant, Eichenlaub (1). – K: Trabant. – SR: Assenmacher (Deutschland).

8 **Belgien,** 22. 10., Brüssel, 1:1 unentschieden (UEFA-Wettbewerb): Feiden – Dlugi-Winterberg, Dietrich, Degwitz, Klinz – Raith, Neid (1), Offermann, Trabant (Bartelmann) – Bormann, Eichenlaub (Kresimon). – K: Trabant/Dlugi-Winterberg. – SR: Crucke (Belgien).

1984: 8 Spiele: 3 Siege, 1 Unentschieden, 4 Niederlagen

9 **Italien,** 25. 1., Mailand, 1:2 verloren: Feiden (Neuser) – Richter (Jahn), Klinz, Degwitz, Doll – Raith (Kreuzberg), Bartelmann, Neid (1) – Koekkoek, Offermann, Eichenlaub (Henkel). – K: Klinz. – SR: Benini (Italien). – Vereinbarungsgemäß wurde nur über 2×35 Minuten gespielt.

10 **Norwegen,** 2. 5., Helmstedt, 1:4 verloren: Feiden (Melka) – Richter, Doll, I. Zimmermann, Scharras (Klinzmann) – Danner (Schute), Bartelmann, Koekkoek, Henkel – Neid, Kreuzberg (1). – K.: Koekkoek. – SR: Dr. Umbach (Deutschland).

11 **Italien,** 19. 8., Caorle, 2:1 gewonnen (Vier-Länder-Turnier): Feiden – Richter, I. Zimmermann, Degwitz, Klinzmann – Raith, Koekkoek, Neid – Henkel, Bartelmann (1), Kreuzberg (Eichenlaub 1). – K: Koekkoek. – SR: Podavini (Italien).

12 **England,** 22. 8., Jesolo, 2:0 gewonnen (Vier-Länder-Turnier): Feiden – Richter, I. Zimmermann, Degwitz, Klinzmann – Raith (Schute), Koekkoek (Gehlen), Neid (2) – Henkel, Bartelmann, Kreuzberg. – K: Koekkoek/Neid – SR: Portelli (Italien).

13 **Belgien,** 23. 8., Caorle, 0:2 verloren (Vier-Länder-Turnier): Neuser (Melka) – Richter, Doll, Klinzmann, Gehlen – Raith, Koekkoek, Neid – Kreuzberg (I. Zimmermann), Schute (Eichenlaub), Bartelmann. – K: Koekkoek. – SR: Podavini (Italien).

14 **Italien,** 26. 8., Jesolo, 1:3 verloren (Endspiel Vier-Länder-Turnier): Feiden – Richter, I. Zimmermann, Degwitz, Klinzmann (Scharras) – Raith, Koekkoek, Gehlen – Bartelmann, Kreuzberg (1), Eichenlaub (Schute). – K: Koekkoek. – SR: Zaza (Italien).

15 **Finnland,** 3. 10., Lüdenscheid, 1:0 gewonnen (2. UEFA-Wettbewerb): Feiden – Richter, I. Zimmermann, Degwitz, Klinzmann – Raith, Neid, Koekkoek – Kreuzberg (Voß), Offermann, Eichenlaub (1). – K: Koekkoek. – SR: van Swieten (Holland).

16 **Holland,** 21. 11. Waalwijk, 1:1 unentschieden: Feiden (Heidecke) – Richter, Kuhlmann, Degwitz, Klinzmann (Unsleber) – Raith, Koekkoek, Neid (Israel) – Voss, Kreuzberg (1), Eichenlaub (Damm). – K: Koekkoek. – SR: van Swieten (Holland).

1985: 4 Spiele: 4 Niederlagen

17 **Ungarn,** 9. 4., Siofok, 0:1 verloren: Feiden – Richter, J. Zimmermann, Kuhlmann (Unsleber), Klinzmann – Raith, Koekkoek, Neid (Gehlen) – Kreuzberg (Voss), Bartelmann, Offermann (Lasrich). – K: Koekkoek. – SR: Kovacs (Ungarn).

18 **Dänemark,** 1. 5., Sonerborg, 0:3 verloren (2. UEFA-Wettbewerb): Feiden – Haberlaß, Richter, Klinzmann, I. Zimmermann – Raith (Israel), Koekkoek, Neid – Kreuzberg (Lasrich), Offermann, Bartelmann. – K: Koekkoek. – SR: Crucke (Belgien).

19 **Norwegen,** 7. 9., Lüneburg, 2:3 verloren (EM-Qualifikation): Reichler – Zimmermann – Paul (Kuhlmann), Haberlaß, Klinzmann – Neid, Raith, Koekkoek, Richter – Kratz, Limper (2). – K: Koekkoek. – SR: Kayser (Luxemburg).

20 **Finnland,** 5. 10., Turku, 0:1 verloren (EM-Qualifikation): Reichler – Haberlaß, Klinzmann, Kuhlmann, Klinz – Neid, Koekkoek, Richter – Kratz (Raith), Limper, Eichenlaub. – K: Koekkoek. – SR: Bo Helen (Schweden).

1986: 6 Spiele: 5 Siege, 1 Unentschieden

21 **Ungarn,** 15. 4., Straubing, 2:1 gewonnen: Isbert (Neuser) – Haberlaß 1 (Unsleber), Richter, Klinzmann, Kuhlmann – Damm (1), Pirrung (Henkel), Koekkoek – Voß, Neid, Chaladyniak (Raith). – K: Koekkoek. – SR: Ermer (Deutschland).

22 **Norwegen,** 19. 5., Oslo, 0:0 unentschieden (EM-Qualifikation): Isbert – Degwitz, Klinzmann, Kuhlmann, Richter – Neid, Koekkoek, Limper (Haberlaß) – Damm, Mohr (Henkel), Voß. – K: Koekkoek. – SR: Larsson (Schweden).

23 **Island,** 27. 7., Kopavogur, 4:1 gewonnen: Neuser (Butcher) – Degwitz, Kuhlmann (I. Zimmermann), Richter, Klinzmann – Neid, Koekkoek (Raith), Damm (Limper 1) – Voß 1 (Henkel), Mohr (1), Bartelmann (1). – K: Koekkoek/Neid. – SR: Olafsson (Island).

24 **Island,** 30. 7., Reykjavik, 5:0 gewonnen: Neuser – Degwitz, I. Zimmermann, Richter (1), Klinzmann (1) – Neid (2), Koekkoek, Limper (Raith) – Voß (1), Mohr, Bartelmann (Henkel). – K: Koekkoek. – SR: Olson (Island).

25 **Dänemark,** 4. 10., Bergisch Gladbach, 2:0 gewonnen (EM-Qualifikation): Isbert – Paul (Damm), Degwitz, Kuhlmann, Richter – Raith, Neid, Koekkoek – Voß, Fitschen 1 (Mohr), Bartelmann (1). – K: Koekkoek. – SR: Costatin (Belgien).

26 **Holland,** 19. 11., Nordhorn, 3:1 gewonnen: Isbert (Neuser) – Paul (Haberlaß), Degwitz, Richter, Kuhlmann – Raith, Koekkoek, Neid (1) – Voß (1), Mohr 1 (Nardenbach), Bartelmann (Hümme). – K: Koekkoek. – SR: Osmers (Deutschland).

1987: 6 Spiele: 6 Siege

27 **Holland,** 1. 4., Bad Neuenahr-Ahrweiler, 3:1 gewonnen: Isbert – Haberlaß (Scharras), Kuhlmann, Degwitz, Raith – Richter, Neid 1 (Damm), Koekkoek – Voß (1), Fitschen 1 (Mohr), Bartelmann. – K: Koekkoek. – SR: Assenmacher (Deutschland).

28 **Frankreich,** 16. 5., Dillingen/Saar, 2:0 gewonnen: Isbert (Neuser) – Kuhlmann (Limper) – Paul, Dewitz, Trauschke (Minor) – Richter, Koekkoek, Neid (1) – Voß 1 (Stumpf), Fitschen (Mohr), Bartelmann. – K: Koekkoek. – SR: Dellwing (Deutschland).

29 **Island,** 4. 9., Verden, 5:0 gewonnen: Neuser – Kuhlmann (1) – Unsleber (1), Klinzmann – Neid, Damm (Mohr), Koekkoek (1), Raith (Scharras) – Voss, Fitschen (1), Stumpf (Nardenbach 1). – K: Koekkoek. – SR: Mierswa (Deutschland).

30 **Island,** 6. 9., Delmenhorst, 3:2 gewonnen: Wagner – Kuhlmann – Unsleber, Raith – Neid (3), Damm (Richter), Koekkoek (Hümme) – Voss, Nardenbach (Mohr), Stumpf (Fitschen). – K: Koekkoek/Neid. – SR: Heitmann (Deutschland).

31 **Ungarn,** 7. 10., Budapest, 1:0 gewonnen (EM-Qualifikation): Isbert – Richter, Raith, Unsleber, Degwitz-Steinmetz – Damm, Neid, Koekkoek (Mohr) – Voss, Fitschen (1), Stumpf. – K: Koekkoek/Voss. – SR: Petrescu (Rumänien).

32 **Italien,** 15. 11., Burghausen, 3:0 gewonnen (EM-Qualifikation): Isbert – Limper – Unsleber (1), Raith, Klinzmann – Richter, Voss, Koekkoek (Damm), Neid – Fitschen (2), Bartelmann (Mohr). – K: Koekkoek/Voss. – SR: Goris (Belgien).

1988: 6 Spiele, 3 Siege, 1 Unentschieden, 2 Niederlagen

33 **Italien,** 2. 4., Andria, 0:0 unentschieden (EM-Qualifikation): Isbert – Kuhlmann – Unsleber, Haberlass, Klinzmann – Richter (Fütterer), Damm, Fitschen, Neid – Voss, Mohr. – K: Neid. – SR: Lartigot (Frankreich).

34 **Schweiz,** 14. 5., Pforzheim, 0:0 unentschieden (EM-Qualifikation): Isbert – Kuhlmann – Unsleber, Raith, Klinzmann – Damm, Fitschen, Neid – Voss, Fischer (Fütterer), Henkel. – K: Neid. – SR: Lemmer (Luxemburg).

35 **Italien,** 20. 7., Arco, 0:1 verloren (Turnier): Wagner – Unsleber (Hümme), Landers, Kuhlmann, Raith, Voss, Damm, Mohr, Fehrmann, Fitschen (Engel), Krause (Trauschke). – K: Raith. – SR: Pozzati (Algerien).

36 **USA,** 22. 7., Arco, 1:2 verloren (Turnier): Lüttke – Fehrmann, Kuhlmann, Landers, Raith (1), Klinzmann (Trauschke), Damm, Unsleber, Neid (Krause), Voss, Mohr. – K: Neid/Raith. – SR: Cafiero di Roma (Italien).

37 **Schweiz,** 17. 9., Binningen, 10:0 gewonnen (EM-Qualifikation): Isbert – Landers – Unsleber, Fehrmann, Raith (1) – Sonn (2), Damm (Wiese), Neid (1) – Voss (1), Mohr (4), Krause 1 (Landwehr). – K: Neid. – SR: Girard (Frankreich).

38 **Ungarn,** 30. 10., Passau, 4:0 gewonnen (EM-Qualifikation): Isbert – Landers – Unsleber (1), Fehrmann, Raith (1) – Sonn (Nardenbach), Damm, Wiese – Krause (1), Fitschen 1 (Bindl), Mohr. – K: Raith. – SR: Goethals (Belgien).

39 **Tschechoslowakei,** 26. 11., Preßburg, 1:1 unentschieden (EM-Viertelfinale): Isbert – Landers – Unsleber, Nardenbach, Raith – Sonn, Damm (Fitschen), Neid – Voss, Mohr, Krause (Bindl 1). – K: Neid. – SR: Craciunescu (Rumänien).

40 **Tschechoslowakei,** 17. 12., Kaiserslautern, 2:0 gewonnen (EM-Viertelfinale): Isbert – Landers – Unsleber, Nardenbach, Raith, Sonn (Damm), Fehrmann (Fitschen), Neid (1) – Voss, Mohr (1), Bindl. – K: Neid. – SR: Gilson (Luxemburg).

1989: 6 Spiele, 5 Siege, 1 Unentschieden

41 **Bulgarien,** 21. 3., Sofia, 3:1 gewonnen: Isbert (Walther) – Landers – Nardenbach, Unsleber, Raith – Sonn 1 (Fitschen), Fehrmann (Damm), Neid (Kuhlmann) – Voss, Mohr (1), Bindl 1 (Lohn). – K: Raith. – SR: Alexandrov (Bulgarien).

42 **Dänemark,** 10. 5., Osnabrück, 1:0 gewonnen: Isbert – Landers – Unsleber (Haberlaß), Nardenbach (Fehrmann), Raith (Kuhlmann) – Damm, Neid, Fitschen (Bindl) – Lohn (1), Mohr, Bartelmann (Gottschlich). – K: Neid. – SR: Mierswa (Deutschland).

43 **Italien,** 28. 6., Siegen, 1:1 unentschieden/4:3 im Elfmeterschießen (EM-Halbfinale): Isbert – Landers – Kuhlmann, Nardenbach, Raith – Damm, Fitschen, Neid 1 (Fehrmann) – Voss, Mohr, Lohn (Bindl). – K: Neid/Raith. – SR: Hill (England). – Wird in allen Statistiken als Sieg gewertet. – Tore aus dem Elfmeterschießen (werden nicht in der Torestatistik gewertet, sondern dienen lediglich der Ermittlung des Siegers): Kuhlmann, Bindl, Fitschen, Isbert.

44 **Norwegen,** 2. 7., Osnabrück, 4:1 gewonnen (Endspiel um die Europameisterschaft): Isbert – Kuhlmann – Nardenbach, Raith – Haberlaß (Bindl), Fitschen (Fehrmann 1), Neid, Damm, Voss, Mohr (1), Lohn (2). – K: Neid. – SR: Silva Valente (Portugal).

45 **Ungarn,** 1. 10., Straubing, 0:0 unentschieden (EM-Qualifikation): Isbert – Kuhlmann – Nardenbach, Unsleber, Raith – Damm, Wiegmann, Neid – Gottschlich, Fitschen (Sonn), Lohn. – K.: Neid. – SR: Martino (Schweiz).

46 **Tschechoslowakei,** 22. 11., Marburg, 5:0 gewonnen (EM-Qualifikation): Isbert – Landers – Raith, Übelhör, Nardenbach – Bindl 1 (Gottschlich), Neid (1), Unsleber (1), Sonn (Damm) – Mohr (2), Bartelmann. – K.: Neid. – SR: Steindl (Österreich).

1990: 2 Spiele: 2 Siege

47 **Bulgarien,** 11. 4., Sofia, 4:1 gewonnen (EM-Qualifikation): Isbert – Übelhör – Nardenbach, Raith, Unsleber (1), Fitschen, Bindl, Damm (1) – Lohn (1), Mohr (1), Bartelmann (Gottschlich). – K.: Raith. – SR: Constantin (Rumänien).

48 **Tschechoslowakei,** 29. 4., Frydek-Mistek, 1:0 gewonnen (EM-Qualifikation): Isbert – Übelhör – Nardenbach (1), Raith – Unsleber, Damm, Fitschen, Bindl (Kuhlmann) – Lohn, Mohr, Bartelmann. – K.: Raith. – SR: Pireaux (Belgien).

Zu Damen-Länderspielen wurden berufen:

25 **Bartelmann** Petra (SC Klinge Seckach 3, SSG Bergisch Gladbach 11, TSV Siegen 7, Asker Club Oslo 4) 1982 Sz – 1983 H, D, Sz, D, Bg – 1984 It, N, It, E, Bg, It – 1985 U, D – 1986 Is, Is, D, H – 1987 H, Fr, It – 1989 D, Tsch – 1990 Bu, Tsch

10 **Bindl** Roswitha (Bayern München) 1988 U, Tsch, Tsch – 1989 Bu, D, It, N, Tsch – 1990 Bu, Tsch

8 **Bormann** Birgit (SC Bad Neuenahr) 1982 Sz – 1983 Bg, H, D, Sz, D, H, Bg

1 **Breuer** Maria (SC Bad Neuenahr) 1983 Sz

1 **Butscher** Brigitte (SG Aulendorf) 1986 Is

1 **Chaladyniak** Christine (TSV Siegen) 1986 U

26 **Damm** Petra (VfR Eintracht Wolfsburg) 1984 H – 1986 U, N, Is, D – 1987 H, Is, Is, U, It – 1988 It, Sz, It, USA, Sz, V, Tsch, Tsch – 1989 Bu, D, It, N, U, Tsch – 1990 Bu, Tsch

1 **Danner** Karin (Bayern München) 1983 N

22 **Degwitz-Steinmetz** Monika (SSG Bergisch Gladbach) 1982 Sz – 1983 Bg, H, D, Sz, D, H, Bg – 1984 It, It, E, It, Fi, H – 1986 N, Is, Is, D, H – 1987 H, Fr, U

1 **Dietrich** Helene (TuS Ahrbach) 1983 Bg

8 **Dlugi-Winterberg** Gaby (SSG Bergisch Gladbach) 1982 Sz – 1983 Bg, H, D, Sz, D, H, Bg

4 **Doll** Cornelia (Bayern München) 1983 D – 1984 It, N, Bg

12 **Eichenlaub** Rosi (Bayern München) 1983 H, Sz, D, H, Bg – 1984 It, It, Bg, It, Fi, H – 1985 Fi

1 **Engel** Heidi (SSg Bergisch Gladbach) 1988 It

9 **Fehrmann** Angelika (SSG Bergisch Gladbach) 1988 It, USA, Sz, U, Tsch – 1989 Bu, d, It, N

39 **Feiden-Isbert** Marion (TuS Ahrbach) 1982 Sz – 1983 Bg, H, D, Sz, D, H – 1984 Bg, It, N, It, E, It, Fi, H – 1985 U, D – 1986 U, N, D, H – 1987 H, Fr, U, It – 1988 It, Sz, Sz, U, Tsch, Tsch – 1989 Bu, It, D, N, U, Tsch – 1990 Bu, Tsch

3 **Fischer** Nicole (Sportfreunde Schliengen) 1983 Sz, H – 1988 Sz

20 **Fitschen** Doris (TUS Westerholz 9, VfR Eintracht Wolfsburg 11) 1986 D – 1987 H, Fr, Is, Is, U, It – 1988 It Sz, It, U, Tsch, Tsch – 1989 Bu, D, It, N, U – 1990 Bu, Tsch

2 **Fütterer** Christine (FC Spöck) 1988 It, Sz

3 **Gebauer** Ingrid (SSG Bergisch Gladbach) 1982 Sz – 1983 Bg, D

4 **Gehlen** Marie-Luise (STV Lövenich) 1984 E, Bg, It – 1985 U

4 **Gottschlich** Gudrun (KBC Duisburg) 1989 D, U, Tsch – 1990 Bu

10 **Haberlaß** Andrea (SSG Bergisch Gladbach 1, TSV Siegen 9) 1985 D, N, Fi – 1986 U, N, H – 1987 H, It – 1989 D, N

1 **Heidecke** Astrid (ABC Wesseln) 1984 H

10 **Henkel** Beate (TSV Siegen) 1983 H – 1984 It, N, It, E – 1986 U, N, Is, Is – 1988 Sz

3 **Hümme** Anja (Fortuna Sachsenroß Hannover) 1986 H – 1987 Is – 1988 It

2 **Israel** Regine (TuS Wörrstadt) 1984 H – 1985 D

1 **Jahn** Susanne (FSV Frankfurt) 1984 It

8 **Klinz** Brigitte (SSG Bergisch Gladbach) 1982 Sz – 1983 Bg, Sz, D, H, Bg – 1984 It – 1985 Fi

21 **Klinzmann** Christel (VfR Eintracht Wolfsburg) 1982 Sz – 1984 N, It, E, Bg, It, Fi, H – 1985 U, D, N, Fi – 1986 U, N, Is, Is – 1987 Is, It – 1988 It, Sz, USA

1 **Knopf** Maike-Katrin (VfR Eintracht Wolfsburg) 1983 Bg

1 **Knüpp** Anne (Tennis Borussia Berlin) 1983 Sz

28 **Koekkoek** Rike (FSV Frankfurt 18, TSV Siegen 10) 1982 Sz – 1983 Bg, H, D – 1984 It, N, It, E, Bg, It, Fi, H – 1985 U, D, N, Fi – 1986 U, N, Is, Is, D, H – 1987 H, Fr, Is, Is, U, It

2 **Kratz** Margret (1. FC Kaiserslautern) 1985 N, Fi

5 **Krause** Thekla (Fortuna Sachsenroß Hannover) 1988 It, USA, Sz, U, Tsch

7 **Kresimon** Doris (SSG Bergisch Gladbach) 1982 Sz – 1983 Bg, H, D, Sz, D, Bg

10 **Kreuzberg** Anne (SC Bad Neuenahr) 1984 It, N, It, E, Bg, It, Fi, H – 1985 U, D

3 **Krug** Bettina (SSG Bergisch Gladbach) 1982 Sz – 1983 H, D

23 **Kuhlmann** Frauke (SSV Schmalfeld 21, TSV Siegen 2) 1984 H – 1985 U, N, Fi – 1986 U, N, Is, D, H – 1987 H, Fr, Is, Is – 1988 It, Sz, It, USA – 1989 Bu, D, It, N, U – 1990 Tsch

14 **Landers** Petra (SSG Bergisch Gladbach) 1982 Sz – 1983 Bg, H, D – 1988 It, USA, Sz, U, Tsch, Tsch – 1989 Bu, D, It, Tsch

1 **Landwehr** Ursula (VfB Rheine) 1988 Sz

2 **Lasrich** Melanie (VfB Uerdingen) 1985 U, D

7 **Limper** Andrea (KBC Duisburg) 1985 N, Fi – 1986 N, Is, Is – 1987 Fr, It

7 **Lohn** Ursula (Grün-Weiß Brauweiler) 1989 Bu, D, It, N, U – 1990 Bu, Tsch
1 **Lüttke** Manuela (Tennis Borussia Berlin) 1988 USA

2 **Melka** Petra (FSV Frankfurt) 1984 N, Bg
1 **Minor** Eva (VfR 09 Saarbrücken) 1987 Fr
25 **Mohr** Heidi (SV Laudenbach) 1986 N, Is, Is, D, H – 1987 H, Fr, Is, Is, U, It – 1988 It, It, USA, Sz, U, Tsch, Tsch – 1989 Bu, D, It, N, Tsch – 1990 Bu, Tsch

14 **Nardenbach** Jutta (TuS Ahrbach) 1986 H – 1987 Is, Is – 1988 U, Tsch, TSch – 1989 Bu, D, It, N, U, Tsch – 1990 Bu, Tsch
43 **Neid** Silvia (SC Klinge Seckach 4, SSG Bergisch Gladbach 13, TSV Siegen 26) 1982 Sz – 1983 Bg, H, D, Sz, D, H, Bg – 1984 It, N, It, E, Bg, Fi, H – 1985 U, D, N, Fi – 1986 U, N, Is, Is, D, H – 1987 H, Fr, Is, Is, U, H – 1988 It, Sz, USA, Sz, TSch, Tsch – 1989 Bu, D, It, N, U, Tsch
8 **Neuser** Rosemarie (SSG Bergisch Gladbach 2, TSV Siegen 6) 1984 It, Bg – 1986 U, Is, Is, H – 1987 Fr, Is

7 **Offermann** Birgit (KBC Duisburg) 1982 Sz – 1983 H, Bg – 1984 It, Fi – 1985 U, D

4 **Paul** Christine (Bayern München) 1985 N – 1986 D, H – 1987 Fr
1 **Pirrung** Eva (SV Beeden) 1986 U

43 **Raith** Sigrid (Wacker München 8, FSV Frankfurt 8, TSV Siegen 27) 1983 Bg, H, D, Sz, D, H, Bg – 1984 It, It, E, Bg, It, Fi, H – 1985 U, D, N, Fi – 1986 U, Is, Is, D, H – 1987 H, Is, Is, U, It, Sz – 1988 It, USA, Sz, U, Tsch, Tsch – 1989 Bu, D, It, N, U, Tsch – 1990 Bu, Tsch
3 **Reichler** Claudia (BV 08 Lüttringhausen 1, KBC Duisburg 2) 1982 Sz – 1985 N, Fi
27 **Richter** Elke (Rot-Weiß Berrendorf) 1983 Sz, D, H – 1984 It, N, It, E, Bg, It, Fi, H – 1985 U, D, N, Fi – 1986 U, N, Is, Is, D, H – 1987 H, Fr, Is, U, It – 1988 It

4 **Scharras** Susanne (SC Hamm 2, SC Poppenbüttel 2) 1984 N, It – 1987 H, Is
4 **Schute** Eva (VfL Wildeshausen) 1984 N, E, Bg, It
7 **Sonn** Claudia (SC Husen-Kurl) 1988 Sz, U, Tsch, Tsch – 1989 Bu, U, Tsch
4 **Stumpf** Daniela (FSV Frankfurt) 1987 Fr, Is, Is, U

8 **Trabant** Anne (SSG Bergisch Gladbach) 1982 Sz – 1983 Bg, H, D, Sz, D, H, Bg
3 **Trauschke** Cornelia (VfB Uerdingen 1, SSG Bergisch Gladbach 2) 1987 Fr – 1988 It, USA
3 **Übelhör** Dagmar (Bayern München) 1989 Tsch – 1990 Bu, Tsch

21 **Unsleber** Britta (FSV Frankfurt) 1984 H – 1985 U – 1986 U – 1987 Is, Is, U, It – 1988 It, Sz, It, USA, Sz, U, Tsch, Tsch – 1989 Bu, D, U, Tsch – 1990 Bu, Tsch

25 **Voß** Martina (KBC Duisburg 22, TSV Siegen 3) 1984 Fi, H – 1985 U – 1986 U, N, Is, Is, D, H – 1987 H, Fr, Is, Is, U, It – 1988 It, Sz, It, USA, Sz, Tsch, Tsch – 1989 It, It, N

2 **Wagner** Marion (Jahn Delmenhorst) 1987 Is – 1988 It
1 **Walther** Elke (VfL Sindelfingen) 1989 Bu
1 **Wiegemann** Bettina (Grün-Weiß Brauweiler) 1989 U
2 **Wiese** Birgit (TSV Siegen) 1988 Sz, U

11 **Zimmermann** Ingrid (FSV Frankfurt) 1984 N, It, E, Bg, It, Fi – 1985 U, D, N, Is, Is

Die erfolgreichsten Vereine (Abstellungen/Spielerinnen)

SSG Berg. Gladb.	112 Beruf./15 Spielerinnen	VfL Wolfsburg	59 Berufungen/ 4 Spielerinnen
TSV Siegen	103 Beruf./11 Spielerinnen	TuS Ahrbach	54 Berufungen/ 3 Spielerinnen
FSV Frankfurt	65 Berufungen/ 7 Spielerinnen	KBC Duisburg	42 Berufungen/ 5 Spielerinnen

Alle Torschützen der Damenländerspiele

Neid	18	Limper	3	Nardenbach	2
Mohr	12	Raith	3	Fehrmann	1
Fitschen	7	Sonn	3	Haberlaß	1
Voß	6	Bindl	3	Klinzmann	1
Unsleber	5	Bormann	2	Kresimon	1
Bartelmann	4	Gebauer	2	Kuhlmann	1
Eichenlaub	4	Koekkoek	2	Richter	1
Lohn	4	Krause	2	Selbsttore des Gegners	1
Kreuzberg	3	Damm	2		

Die meisten Einsätze

Neid	43	Damm	26	Klinzmann	23
Raith	43	Voß	25	Degwitz-Steinmetz	22
Feiden-Isbert	39	Bartelmann	25	Unsleber	21
Koekkoek	28	Mohr	25	Fitschen	20
Richter	27	Kuhlmann	23		

Ehrentafel

DER DEUTSCHEN DAMEN-MEISTER

1974	TuS Wörrstadt	1982	SSG Bergisch Gladbach
1975	Bonner SC	1983	SSG Bergisch Gladbach
1976	Bayern München	1984	SSG Bergisch Gladbach
1977	SSG Bergisch Gladbach	1985	KBC Duisburg
1978	SC Bad Neuenahr	1986	FSV Frankfurt
1979	SSG Bergisch Gladbach	1987	TSV Siegen
1980	SSG Bergisch Gladbach	1988	SSG Bergisch Gladbach
1981	SSG Bergisch Gladbach	1989	SSG Bergisch Gladbach
		1990	TSV Siegen

Die Spiele um die deutsche Damen-Meisterschaft

1974: TuS Wörrstadt

Gruppe 1: Bayern München – SpVgg Wiehre/Freiburg 3:2, TSV Grötzingen – SV Bubach/Calmesweiler 0:9, Wiehre – Grötzingen 5:1, Bubach – Bayern 3:2, Grötzingen – Bayern 1:5, Wiehre – Bubach 2:5 – Gruppensieger: SV Bubach/Calmesweiler.

Gruppe 2: TuS Wörrstadt – Preußen Krefeld 5:1, Oberst Schiel 02 Niederrad – SV Untergrombach 4:0, Krefeld – Niederrad 0:2, Untergrombach – Wörrstadt 0:5, Niederrad – Wörrstadt 0:1, Krefeld – Untergrombach 4:0. Gruppensieger: TuS Wörrstadt.

Gruppe 3: SC 07 Bad Neuenahr – Sparta Göttingen 5:0, Bonner SC – SV Kiel-Wik 1:0, Göttingen – Bonn 2:3, Kiel – Neuenahr 0:4, Bonn – Neuenahr 1:0, Göttingen – Kiel 6:1 – Gruppensieger: Bonner SC.

Gruppe 4: Werder Bremen – Tennis Borussia Berlin 1:1, Buxtehuder SV – DJK Eintracht Erle 0:2, Tennis – Buxtehude 1:1, Erle – Werder 5:1, Buxtehude – Werder 1:1, Tennis – Erle 1:2 – Gruppensieger: DJK Eintracht Erle.

Vorschlußrunde am 7. September 1974 in Bingen: SV Bubach/Calmesweiler – DJK Eintracht Erle 1:3, Bonner SC – TuS Wörrstadt 1:3.

Um den 3. Platz am 8. September 1974 in Mainz: SV Bubach/Calmesweiler – Bonner SC 7:4 (0:1, 2:2, 3:3) nach Verlängerung und Elfmeterschießen.

Endspiel am 8. September in Mainz:
TuS Wörrstadt – DJK Eintracht Erle 4:0 (1:0)

Die Siegermannschaft: Manewal; Jung, Mayer (Nickel), Ellmer, Pätzold, Solbach, Israel, Wohlleben, Demler (Petzold), Haarbach, Binder.

1975: Bonner SC

Gruppe 1: Jahn Delmenhorst – Tennis Borussia Berlin 1:4 und 1:4, SV Kiel-Wik – TSV Wulsdorf 2:1 und 2:2; – Gruppenendspiele: Tennis Borussia – SV Kiel-Wik 2:1 und 2:0.

Gruppe 2: Kaßlerfelder BC Duisburg – DJK Eintracht Erle 0:1 und 1:1, FT Lorbeer Hamburg – Bonner SC 1:2 und 0:7. – Gruppenendspiele: DJK Eintracht Erle – Bonner SC 0:5 und 0:6.

Gruppe 3: TSV Battenberg – SC 07 Bad Neuenahr 2:2 und 0:4, TuS Wörrstadt – SpVgg Freiburg/Wiehre 2:1 und 5:0. – Gruppenendspiele SC 07 Bad Neuenahr – TuS Wörrstadt 0:3 und 0:2.

Gruppe 4: SV Schlierstadt – VfL Schorndorf 1:1 und 1:4, Bayern München – FC Marpingen 6:1 und 1:1. – Gruppenendspiele VfL Schorndorf – Bayern München 0:5 und 1:6.

Vorschlußrunde am 14. Juni 1975 in Köln-Wesseling: Bayern München – Tennis Borussia Berlin 2:1, TuS Wörrstadt – Bonner SC 0:4.

Um den 3. Platz am 15. Juni 1975 in Bad Godesberg: Tennis Borussia Berlin – TuS Wörrstadt 3:2.

Endspiel am 15. Juni in Bad Godesberg:

Bonner SC – Bayern München 4:2 (1:2)

Die Siegermannschaft: Klein, Bädorf, Riebartsch, Schmidt, Christa Nüsser, Neuenfeld, Ranger, Pätzold, Charlotte Nüsser, Haarbach-Trabant, Wurps.

1976: Bayern München

Gruppe 1: SC 07 Bad Neuenahr – Oberst Schiel 02 Frankfurt 0:0 und 1:2, VfR Rheinfelden – TSV Siegen 2:2 und 2:3. – Gruppenendspiele: TSV Siegen – Oberst Schiel Frankfurt 2:0 und 2:2.

Gruppe 2: SV Kiel-Wik – Tennis Borussia Berlin 1:2 und 0:1; Hamburger SV – FC Marpingen 2:1 und 0:4. – Gruppenendspiele: Tennis Borussia Berlin – FC Marpingen 6:0 und 1:2.

Gruppe 3: Bayern München – VfL Schorndorf 2:1 und 4:0; TuS Niederkirchen – Bonner SC 2:8 und 0:2. – Gruppenendspiele: Bonner SC – Bayern München 1:1 und 2:3.

Gruppe 4: TSV Wulsdorf – KBC Duisburg 0:7 und 0:3; SV Schlierstadt – Sparta Göttingen 2:4 und 1:3. – Gruppenendspiele: KBC Duisburg – Sparta Göttingen 4:3 und 1:3 n. Verl.

Vorschlußrunde am 18. Juni 1976 in Siegen-Geisweid: Sparta Göttingen – Tennis Borussia Berlin 1:3 n. Verl., Bayern München – TSV Siegen 3:2.

Um den 3. Platz am 20. Juni 1976 in Siegen: Sparta Göttingen – TSV Siegen 2:1.

Endspiel am 20. Juni in Siegen:

Bayern München – Tennis Borussia Berlin 4:2 (1:1, 2:2) n. Verl.

Die Siegermannschaft: Köhl; Kasimir, Lehner, Völkl, Doll, Niederlöhner (70. Leroy), Raith, Süß, Mayerhofer, Schmidt, Langer (58. Wagner).

1977: SSG Bergisch Gladbach

Vorrunde: KBC Duisburg – SSG Bergisch Gladbach 1:4 und 0:2, SV Schlierstadt – VfL Wildeshausen 1:1 und 3:2; TuS Niederkirchen – TV Farmsen/Hamburg 1:2 und 3:1; SC Freiburg – Schalke 04 0:1 und 3:0; VfL Schorndorf – Bayern München 2:2 und 2:4; TSV Wulsdorf – TSV Rendsburg 0:5 und 0:4; Oberst Schiel 02 Frankfurt – Tennis Borussia Berlin 2:2 und 2:1; FC Marpingen – SC 07 Bad Neuenahr 2:2 und 2:3.

Zwischenrunde: SC 07 Bad Neuenahr – SSG Bergisch Gladbach 2:2 und 0:1; SC Freiburg – SV Schlierstadt 0:1 und 0:2; Bayern München – TuS Niederkirchen 0:0 und 2:0; Oberst Schiel 02 Frankfurt – TSV Rendsburg 6:0 und 1:2.

Vorschlußrunde: Bayern München – SSG Bergisch Gladbach 1:3 und 0:4; SV Schlierstadt – Oberst Schiel 02 Frankfurt 1:2 und 1:3.

Endspiele (18. und 25. Juni):

SSG Bergisch Gladbach – Oberst Schiel 02 Frankfurt 0:0 und 1:0

Die Siegermannschaft: Schmoll; Göbel, Winkel, Stoffels, Krug; Neuenfeldt, Lesink, Trabant-Haarbach; Dlugi (Frese), Ranger (Hamburger, Klinz), Gebauer.

1978: SC Bad Neuenahr

Vorrunde: Rot-Weiß Berrendorf – KBC Duisburg 0:2 und 0:3, TSV Wulsdorf – FC Marpingen 0:3 und 0:4; SV Schlierstadt – TV Farmsen/Hamburg 0:0 und 1:3, Meteor 06 Berlin – Kickers Offenbach 1:0 und 0:2, TSV Siegen – TuS Wörrstadt 1:1 und 3:0, Rotenburger SV – Bayern München 1:6 und 1:1, SC Freiburg – VfL Schorndorf 4:1 und 1:1, SC Bad Neuenahr – Rendsburger TV 6:0 und 3:1.

Zwischenrunde: KBC Duisburg – TV Farmsen/Hamburg 3:2 und 0:0, TSV Siegen – Kickers Offenbach 0:1 und 1:2, SC Bad Neuenahr – SC Freiburg 1:1 und 2:1, FC Marpingen – Bayern München 2:2 und 1:0.

Vorschlußrunde: Kickers Offenbach – FC Marpingen 1:1 und 1:2, SC Bad Neuenahr – KBC Duisburg 0:0 und 2:0.

Endspiele (17. und 25. Juni):

SC Bad Neuenahr – FC Marpingen 2:0 und 0:1

Die Siegermannschaft: Breuer; Esch (Bünning), Weyer, Schreiber (Kullmann), Eisenhuth; Richelmann, Förster, Nüsser, Wohlleben, Pütz, Keller.

1979: SSG Bergisch Gladbach

Vorrunde: SC Bad Neuenahr – Meteor Berlin 1:1 und 5:2, FC Marpingen – KBC Duisburg 1:0 und 0:3, Jahn Delmenhorst – VfL Schorndorf 0:1 und 4:2 n. Verl., TSV Siegen – Oberst Schiel 02 Frankfurt 1:3 und 5:2, Bayern München – SC Freiburg 3:0 und 4:0, FSV Harburg – TuS Wörrstadt 1:0 und 2:2, SSG Bergisch Gladbach – SV Schlierstadt 2:0 und 2:1, TV Rendsburg – TSV Wulsdorf 1:0 und 2:0.

Zwischenrunde: KBC Duisburg – TV Rendsburg 2:0 und 1:0, TSV Siegen – Jahn Delmenhorst 1:1 und 2:2 n. Verl., Jahn 3:1-Sieger im Elfmeterschießen, SC Bad Neuenahr – Bayern München 2:0 und 0:4 n. Verl., SSG Bergisch Gladbach – FSV Harburg 5:0 und 1:0.

Vorschlußrunde: SSG Bergisch Gladbach – KBC Duisburg 1:0 und 3:0, Jahn Delmenhorst – Bayern München 2:5 und 2:5.

Endspiele (17. und 24. Juni):

SSG Bergisch Gladbach – Bayern München 1:0 und 3:2

Die Siegermannschaft: Schmoll; Klinz, Dlugi, Krug, Winkel, Neuenfeldt, Degwitz, Lesnik, (Pestel), Kresimon, Trabant-Haarbach, Gebauer (Frauenrath).

1980: SSG Bergisch Gladbach

Vorrunde: Bayern München – Schalke 04 2:0 und 2:1, Meteor Berlin – KBC Duisburg 0:2 und 1:3, FSV Frankfurt – SSG Bergisch Gladbach 0:4 und 0:5, TuS Niederkirchen – FC Marpingen 1:0 und 2:1, VfL Schorndorf – VfL Wildeshausen 1:0 und 0:3, FSV Harburg – SC Lauchringen 5:2 und 2:0, TSV Wulsdorf – SC 07 Bad Neuenahr 0:2 und 0:11, TSV Rendsburg – SV Schlierstadt 0:5 und 2:6.

Zwischenrunde: SV Schlierstadt – KBC Duisburg 0:2 und 1:3, VfL Wildeshausen – SC 07 Bad Neuenahr 1:0 und 0:2, SSG Bergisch Gladbach – TuS Niederkirchen 4:1 und 7:0, Bayern München – FSV Harburg 5:0 und 0:4.

Vorschlußrunde: Bayern München – SSG Bergisch Gladbach 0:2 und 0:6, KBC Duisburg – SC 07 Bad Neuenahr 5:1 und 6:0.

Endspiel am 15. Juni in Bergisch Gladbach:

SSG Bergisch Gladbach – KBC Duisburg 5:0 (2:0)

Die Siegermannschaft: Manewal – Klinz, Winkel, Schmoll, Dlugi – Krug, Neuenfeldt, Trabant-Haarbach (Pestel) – Degwitz (Budney), Kresimon, Gebauer.

1981: SSG Bergisch Gladbach

Vorrunde: SFD Düsseldorf – VfL Wildeshausen 5:3 und 1:2, VfL Schorndorf – TuS Wulsdorf 6:0 und 5:0, FSV Harburg – Tennis Borussia Berlin 2:2 und 1:6, SC 07 Bad Neuenahr – SC Freiburg 3:1 und 0:1, Schalke 04 – TuS Wörrstadt 0:1 und 0:4, FSV Frankfurt – TSV Rendsburg 3:0 und 5:0, SV Schlierstadt – SV Weiskirchen 3:0 und 4:0, SSG Bergisch Gladbach – Bayern München 3:0 und 0:1.

Zwischenrunde: FSV Frankfurt – SSG Bergisch Gladbach 1:3 und 1:6, TuS Wörrstadt – SFD Düsseldorf 4:1 und 2:3, SC 07 Bad Neuenahr – SV Schlierstadt 3:0 und 1:1, Tennis Borussia Berlin – VfL Schorndorf 2:0 und 4:3.

Vorschlußrunde: Tennis Borussia Berlin – TuS Wörrstadt 4:0 und 4:2, SC 07 Bad Neuenahr – SSG Bergisch Gladbach 0:3 und 1:0.

Endspiel am 20. Juni in Bergisch Gladbach:

SSG Bergisch Gladbach – Tennis Borussia Berlin 4:0 (3:0)

Die Siegermannschaft: Geilen (Domhoff) – Klinz, Winkel, Krug, Dlugi – Schmoll, Neuenfeldt, Trabant-Haarbach – Degwitz, Kresimon, Gebauer (Haberlass).

1982: SSG Bergisch Gladbach

Vorrunde: SC Klinge Seckach – TuS Niederkirchen 3:2 und 7:0, Bayern München – SG Thumby 6:0 und 12:0, Eintracht Wolfsburg – Lorbeer Hamburg 1:0 und 2:0, TSV Siegen – FSV Frankfurt 0:1 und 0:0, Meteor 06 Berlin – VfL Schorndorf 2:3 und 1:4, SSG Bergisch Gladbach – SC Freiburg 11:0 und 11:0, VfR 09 Saarbrücken – TSV Wulsdorf 2:0 und 0:0, SC 07 Bad Neuenahr – KBC Duisburg 2:3 und 2:3.

Zwischenrunde: SSG Bergisch Gladbach – VfL Schorndorf 6:0 und 5:0, FSV Frankfurt – Bayern München 0:3 und 3:1 n. Verl., VfR 09 Saarbrücken – SC Klinge Seckach 1:2 und 2:4, KBC Duisburg – Eintracht Wolfsburg 2.0 und 2:1.

Vorschlußrunde: Bayern München – KBC Duisburg 1:1 und 2:1, SC Klinge Seckach – SSG Bergisch Gladbach 0:4 und 0:3.

Endspiel am 17. Juni in Bergisch Gladbach:

SSG Bergisch Gladbach – Bayern München 6:0 (1:0)

Die Siegermannschaft: Domhoff – Dlugi, Winkel, Degwitz, Klinz – Krug (Kozany), Landers, Trabant-Haarbach – Dahl (Frauenrath), Kresimon, Gebauer.

1983: SSG Bergisch Gladbach

Vorrunde: Bayern München – VfL Wildeshausen 1:1 und 2:0, SC 07 Bad Neuenahr – BTS Neustadt 7:0 und 3:0, Tennis Borussia Berlin – VfR 09 Saarbrücken 7:0 und 3:1, TSV Rendsburg – VfB Unzhurst 2:3 und 3:1, FSV Frankfurt – KBC Duisburg 1:1 und 2:4, SSG 09 Bergisch Gladbach – TSV Siegen 2:0 und 2:0, TuS Niederkirchen – FSV Harburg 5:1 und 0:2, TSV Vilsingen – SC Klinge Seckach 1:8 und 0:2.

Zwischenrunde: SC 07 Bad Neuenahr – TSV Rendsburg 4:0 und 3:0, Bayern München – KBC Duisburg 1:2 und 0:1, TuS Niederkirchen – Tennis Borussia 2:4 und 1:3, SSG 09 Bergisch Gladbach – SC Klinge Seckach 5:0 und 5:0.

Vorschlußrunde: KBC Duisburg – SSG 09 Bergisch Gladbach 1:2 und 1:4, Tennis Borussia – SC 07 Bad Neuenahr 0:1 und 4:2.

Endspiel am 25. Juni in Bergisch Gladbach:

SSG Bergisch Gladbach – Tennis Borussia Berlin 6:0 (1:0)

Die Siegermannschaft: Domhoff – Dlugi-Winterberg, Landers, Degwitz, Klinz – Schauerova (Winkel), Krug, Trabant-Haarbach – Dahl (Neuenfeldt), Kresimon, Gebauer.

1984: SSG Bergisch Gladbach

Vorrunde: BTS Neustadt – ASV Feudenheim 1:0 und 3:6 n. V., VfR Eintracht Wolfsburg – TuS Niederkirchen 4:1 und 2:0, FSV Frankfurt – SV Weiskirchen 6:1 und 4:1, SC Freiburg – Bayern München 0:2 und 2:7, Lorbeer Hamburg – SSG 09 Bergisch Gladbach 0:3 und 1:7, VfL Schorndorf – KBC Duisburg 3:4 und 0:7, Tennis Borussia Berlin – TSV Wentorf 4:0 und 7:1, Schalke 04 – SC 07 Bad Neuenahr 2:0 und 2:5 n. V.

Zwischenrunde: Tennis Borussia – KBC Duisburg 1:3 und 2:7, ASV Feudenheim – FSV Frankfurt 0:4 und 0:9, Bayern München – VfR Eintracht Wolfsburg 3:1 und 3:0, SC 07 Bad Neuenahr – SSG Bergisch Gladbach 0:2 und 0:6.

Vorschlußrunde: KBC Duisburg – FSV Frankfurt 0:2 und 1:2, Bayern München – SSG Bergisch Gladbach 0:3 und 0:2.

Endspiel am 30. Juni in Frankfurt:

FSV Frankfurt – SSG Bergisch Gladbach 1:3 (1:1)

Die Siegermannschaft: Neuser – Krug, Neuenfeldt, Dlugi-Winterberg, Degwitz – Schauerova, Neid, Bartelmann – Dahl, Kresimon, Gebauer (Haberlass).

1985: KBC Duisburg

Vorrunde: Schalke 04 – SSG 09 Bergisch Gladbach 0:9 und 0:5, FSV Frankfurt – VfL Wildeshausen 3:2 und 3:0, Meteor 06 Berlin – KBC Duisburg 0:4 und 1:5, Bayern München – TuS Niederkirchen 5:0 und 1:0, TSV Wentorf – TuS Ahrbach 1:0 und 1:4, FSV Harburg – TuS Binzen 1:3 und 0:4, Polizei Bremen – SC Klinge Seckach 0:7 und 1:5, Eintracht Stuttgart – VfR 09 Saarbrücken 1:1 und 2:8.

Zwischenrunde: TuS Binzen – VfR 09 Saarbrücken 1:1 und 0:2, KBC Duisburg – SC Klinge Seckach 7:0 und 2:0, TuS Ahrbach – Bayern München 0:1 und 1:3, FSV Frankfurt – SSG 09 Bergisch Gladbach 1:1 und 0:3.

Vorschlußrunde: VfR 09 Saarbrücken – Bayern München 1:4 und 0:12, SSG 09 Bergisch Gladbach – KBC Duisburg 1:2 und 1:2.

Endspiel am 30. Juni in Duisburg:

KBC Duisburg – Bayern München 1:0 (0:0)

Die Siegermannschaft: Reichler – de Koning, Thulke, Dieckmann, Patzel – Limper (Klinkowski), Schiffer, Hohmann (Frey) – Voss, Offermann, Pohl.

1986: FSV Frankfurt

Vorrunde: Bayern München – TuS Binzen 2:0 und 6:1, Tennis Borussia Berlin – TSV Crailsheim

2:0 und 0:1, FSV Frankfurt – Lorbeer Hamburg 4:1 und 4:0, KBC Duisburg – TSV Siegen 0:2 und 0:1, SC Klinge Seckach – VfR 09 Saarbrücken 1:1 und 1:3, Polizei SV Bremen – VfL Wildeshausen 0:1 und 0:3, SSG 09 Bergisch Gladbach – SSV Schmalfeld 9:1 und 5:1, TuS Ahrbach – TuS Wörrstadt 3:0 und 0:0.

Zwischenrunde: FSV Frankfurt – Tennis Borussia Berlin 0:1 und 2:0, Bayern München – VfR 09 Saarbrücken 2:1 und 0:0, SSG 09 Bergisch Gladbach – VfL Wildeshausen 3:0 und 3:0, TuS Ahrbach – TSV Siegen 0:3 und 1:2.

Vorschlußrunde: Bayern München – SSG 09 Bergisch Gladbach 0:3 und 2:0, FSV Frankfurt – TSV Siegen 2:2 und 0:0 n. V., 3:1 im Elfmeterschießen.

Endspiel am 28. Juni in Bergisch Gladbach:

SSG 09 Bergisch Gladbach – FSV Frankfurt 0:5 (0:1)

Die Siegermannschaft: Melka – Zimmermann – Metz, Lissner, Unsleber – Koekkoek, Jahn, Strauch (Haft), Hamza (Pfeifer) – Mantel, Laufer.

1987: TSV Siegen

Vorrunde: SC 07 Bad Neuenahr – FSV Frankfurt 0:6 und 0:2, KBC Duisburg – VfR 09 Saarbrükken 3:1 und 5:1, VfL Sindelfingen – Spvgg. Wiehre – 1:0 und 0:1 n. V./4:3 im 11-m-Schießen, Bayern München – SC Siegelbach 1:0 und 3:0, SSG 09 Bergisch Gladbach – Lorbeer Hamburg 3:0 und 2:0, VfR Eintracht Wolfsburg – Tennis Borussia Berlin 1:3 und 0:0, ATSV Stockelsdorf – TSV Siegen 2:2 und 0:9, FC Spöck – Polizei SV Bremen 2:1 und 0:1 n. V./4:3 im 11 m Schießen.

Zwischenrunde: VfL Sindelfingen – KBC Duisburg 0:4 und 1:6, TSV Siegen – Bayern München 2:1 und 2:0, Tennis Borussia Berlin – FSV Frankfurt 0:1 und 0:1, FC Spöck – SSG 09 Bergisch Gladbach 0:2 und 1:2.

Vorschlußrunde: KBC Duisburg – FSV Frankfurt 2:3 und 2:1/4:5 im 11-m-Schießen, TSV Siegen – SSG 09 Bergisch Gladbach 3:0 und 1:0.

Endspiel am 28. Juni in Siegen:

TSV Siegen – FSV Frankfurt 2:1 (0:1)

Die Siegermannschaft: Neuser – Kozany – Thomas, Sänger – Haberlaß (Hamm), Koekkoek, Raith, Neid – Czyganowski, Chaladyniak (Pick), Bartelmann.

1988: SSG Bergisch Gladbach

Vorrunde: FC Spöck – Polizei SV Bremen 6:0 und 1:0, Lorbeer Hamburg – TSV Siegen 0:5 und 0:1, ATSV Stockelsdorf – TuS Wörrstadt 0:1 und 0:4, Tennis Borussia Berlin – KBC Duisburg 0:4 und 1:1, FSV Frankfurt – Fortuna Sachsenroß Hannover 2:2 und 1:3, SSG 09 Bergisch Gladbach – TSV Crailsheim 2:1 und 3:0, VfR 09 Saarbrücken – TuS Binzen 4:0 und 2:1, TuS Ahrbach – Bayern München 2:2 und 0:0 n. V., Ahrbach 3:1-Sieger im Elfmeterschießen.

Zwischenrunde: TuS Wörrstadt – TSV Siegen 0:3 und 0:1, KBC Duisburg – FC Spöck 2:1 und 4:0, TuS Ahrbach – SSG 09 Bergisch Gladbach 2:1 und 0:2, Fortuna Sachsenroß Hannover – VfR 09 Saarbrücken 1:1 und 3:1.

Vorschlußrunde: KBC Duisburg – Fortuna Sachsenroß Hannover 1:0 und 1:0, SSG 09 Bergisch Gladbach 2:0 und 2:0.

Endspiel am 26. Juni 1988 in Bergisch Gladbach:

SSG 09 Bergisch Gladbach – KBC Duisburg 0:0 n. V.,

SSG Bergisch Gladbach 5:4-Sieger im Elfmeterschießen

Die Siegermannschaft: Weiß – Landers – Trauschke, Fehrmann – Meyer, Dahl, Knüpp, Holzhüter, Bünger – Tai-Ying, Jansen (Schute).

1989: SSG Bergisch Gladbach

Vorrunde: SSG 09 Bergisch Gladbach – Tennis Borussia Berlin 4:0 und 1:1; KBC Duisburg – TuS Niederkirchen 1:0 und 2:0; Lorbeer Rothenburgsort/Hamburg – VfL Sindelfingen 1:2 und 1:3; SSV Schmalfeld – TSV Siegen 0:4 und 0:2; VfR Saarbrücken – SC Klinge Seckach 2:0 und 1:0; TuS Ahrbach – Eintracht Bremen 7:0 und 4:0; FSV Frankfurt – Bayern München 1:0 und 4:2; TuS Binzen – Fortuna Sachsenroß Hannover 1:2 und 1:2.

Zwischenrunde: KBC Duisburg – FSV Frankfurt 1:5 und 0:2; VfL Sindelfingen – SSG 09 Bergisch Gladbach 1:3 und 1:3; TuS Ahrbach – TSV Siegen 0:0 und 0:0 n. V./6:5 im Elfmeterschießen; Fortuna Sachsenroß Hannover – VfR Saarbrücken 0:1 und 0:3.

Vorschlußrunde: TuS Ahrbach – FSV Frankfurt 3:2 und 2:1; VfR Saarbrücken – SSG 09 Bergisch Gladbach 0:2 und 0:5.

Endspiel am 8. Juli 1989 in Montabaur:

SSG 09 Bergisch Gladbach – TuS Ahrbach 2:0 (0:0)

Die Siegermannschaft: Wego – Landers – Trauschke, Jansen (Bünger), Hartmann – Meyer (Pradella), Holzhüter, Fehrmann, Dahl – Flues, Ruppaner.

1990: TSV Siegen

Vorrunde: 1. FC Neukölln – VfR 09 Saarbrücken 1:2 und 1:4, TuS Niederkirchen – SSV Schmalfeld 1:0 und 2:3 n.V./1:3 im Elfmeterschießen, VfL Sindelfingen – SC Klinge-Seckach 1:0 und 4:0, SSG Bergisch Gladbach – KBC Duisburg 3:2 und 2:2, TSV Siegen – TuS Binzen 3:0 und 1:0, Bayern München – Polizei Bremen 4:0 und 3:0, FSV Frankfurt – SC Bad Neuenahr 8:0 und 6:1, Lorbeer Rothenburgsort/Hamburg – VfR Eintracht Wolfsburg 0:2 und 1:2.
Zwischenrunde: FSV Frankfurt – TSV Siegen 1:2 und 1:1, VfR 09 Saarbrücken – Bayern München 0:0 und 1:2, VfL Sindelfingen – VfR Eintracht Wolfsburg 4:1 und 1:2, SSV Schmalfeld – SSG Bergisch Gladbach 0:5 und 0:2.
Vorschlußrunde: TSV Siegen – VfL Sindelfingen 2:0 und 1:1, Bayern München – SSG Bergisch Gladbach 2:1 und 0:1 n.V./3:4 im Elfmeterschießen.

Endspiel am 24. Juni 1990 in Siegen:

TSV Siegen – SSG Bergisch Gladbach 3:0 (2:0)

Die Siegermannschaft: Neuser – Kozany – Sänger, Raith – Wiese, Henkel, Hennecke, Czyganowski (Neid), Knieper – Voß, Fitzner (Kern).

Länderpokal der Damen

Die bisherigen Gewinner:
1981 Mittelrhein – 1982 Niederrhein – 1983 Bayern – 1984 Hessen – 1985 bis 1987 Niederrhein – 1988 Mittelrhein – 1989 Württemberg – 1990 Hessen.

1981: Mittelrhein

Vorrunde: Saarland – Südbaden 1:1 und 5:2, Württemberg – Bayern 2:2 und 0:2, Niederrhein – Berlin 3:1 und 1:1, Westfalen – Niedersachsen 0:1 und 1:1 n. Verl., Hamburg – Mittelrhein 1:3 und 1:5, Südwest – Hessen 0:4 und 0:0, Rheinland Freilos.

Zwischenrunde: Rheinland – Hessen 1:1 und 5:4, Niederrhein – Mittelrhein 1:0 und 0:2, Niedersachsen – Bayern 4:0 und 0:1, Saarland Freilos.

Halbfinale: Niedersachsen – Rheinland 4:0 und 2:0, Mittelrhein – Saarland 8:0 und 5:0.

Endspiel am 10. Mai in Bergisch Gladbach:
Mittelrhein – Niedersachsen 1:0 (1:0)

Die Siegermannschaft: Keulen – Ochs, Dlugi, Krug, Klinz, Neuenfeldt, Schmoll, Degwitz (Lambertz), Kresimon, Theune-Meyer (Schüffler), Gebauer.

1982: Niederrhein

Vorrunde: Südwest – Rheinland 0:0 und 1:1, Südwest 3:2-Sieger im Elfmeterschießen, Baden – Saarland 1:1 und 2:1, Südbaden – Bayern 1:3 und 0:1, Württemberg – Hessen 0:1 und 1:1, Hamburg – Berlin 1:5 und 1:6, Niedersachsen – Niederrhein 0:1 und 1:2, Mittelrhein – Westfalen 3:1 und 1:2.

Zwischenrunde: Berlin – Niederrhein 0:1 und 1:3, Südwest – Baden 1:1 und 4:0, Bayern – Hessen 0:1 und 0:2, Mittelrhein Freilos.

Vorschlußrunde: Mittelrhein – Hessen 2:1 und 2:0, Niederrhein – Südwest 4:2 und 2:3.

Endspiel am 9. Mai in Düsseldorf:
Niederrhein – Mittelrhein 2:0 (1:0)

Die Siegermannschaft: Reichler – Hanen, Thulke, Schuh, Schiffer, van Genabith, Herbeck (Freund), Kruschel, Offermann, Heckmann (Schreiber), Carastergiou.

1983: Bayern

Gruppe 1: Südwest – Südbaden 3:1, Rheinland – Bayern 1:2, Südwest – Rheinland 1:2, Südbaden – Bayern 1:4, Südwest – Bayern 2:1, Südbaden – Rheinland 2:1. **Gruppensieger:** Bayern

Gruppe 2: Württemberg – Baden 1:4, Saarland – Hessen 1:3, Württemberg – Saarland 2:3, Baden – Hessen 1:1, Württemberg – Hessen 2:8, Baden – Saarland 2:4. – **Gruppensieger:** Hessen

Gruppe 3: Hamburg – Berlin 3:3, Schl.-Holstein – Bremen 4:0, Schl.-Holstein – Hamburg 1:1, Bremen – Berlin 0:6, Schl.-Holstein – Berlin 1:1, Bremen – Hamburg 1:1. – **Gruppensieger:** Berlin

Gruppe 4: Niedersachsen – Niederrhein 1:2, Mittelrhein – Westfalen 2:0, Mittelrhein – Niedersachsen 0:0, Westfalen – Niederrhein 2:2, Mittelrhein – Niederrhein 1:1, Westfalen – Niedersachsen 0:2. – **Gruppensieger:** Mittelrhein

Vorschlußrunde: Mittelrhein – Bayern 1:2, Hessen – Berlin 2:0

Um den 3. Platz: Mittelrhein – Berlin 1:0

Endspiel am 17. April in Grünberg:
Bayern – Hessen 1:1 (1:1, 1:1) n. Verl., Bayern 4:3-Sieger im Elfmeterschießen

Die Siegermannschaft: Kroijer – Schenk, Heuplik, Schnaus (Janot), Schweizer, Raith, Yamak, Schmidt, Mayerhofer, Mayer, Eichenlaub (Röttger).

1984: Hessen

Gruppe 1: Bayern – Baden 3:1, Südbaden – Saarland 0:4, Südbaden – Bayern 1:5, Saarland – Baden 1:0, Südbaden – Baden 1:0, Saarland – Bayern 1:2. – **Gruppensieger:** Bayern

Gruppe 2: Württemberg – Südwest 3:0, Hessen – Rheinland 0:0, Hessen – Württemberg 3:1, Rheinland – Südwest 5:1, Hessen – Südwest 4:1, Rheinland – Württemberg 1:0. – **Gruppensieger:** Hessen

FSV FRANKFURT Damenpokalsieger 1990. Hinten v. l.: Trainerin Koch-Emsermann, Senkler, Birkenbach, Pohlmann, Bornschein, Weisel, 1. Reihe v. l.: Heinrich, Leisegang, Kraus, Schreder, Mink, unten v. l.: Walter, Mantel, König, Harvey, Unsleber, Maier.
Foto: Moenkebild

Gruppe 3: Niederrhein – Niedersachsen 0:0, Schl.-Holstein – Hamburg 2:3, Niederrhein – Schl.-Holstein 6:1, Niedersachsen – Hamburg 5:0, Niederrhein – Hamburg 4:0, Niedersachsen – Schl.-Holstein 7:0. – **Gruppensieger:** Niedersachsen

Gruppe 4: Westfalen – Mittelrhein 0:4, Berlin – Bremen 6:0, Westfalen – Berlin 4:0, Mittelrhein – Bremen 8:0, Westfalen – Bremen 1:0, Mittelrhein – Berlin 5:1. – **Gruppensieger:** Mittelrhein

Vorschlußrunde: Bayern – Hessen 1:3 n. V., Mittelrhein – Niedersachsen 4:0.

Um den 3. Platz: Niedersachsen – Bayern 2:2 n. V., Bayern 4:3-Sieger im Elfmeterschießen

Endspiel am 15. April in Barsinghausen:

Hessen – Mittelrhein 2:0 (0:0, 0:0) n. V.

Die Siegermannschaft: Melka – Zimmermann, Pfeifer (Lissner), Jannermann, Unsleber – Jahn, Mantel, Strauch, Koekkoek – Austermühl, Hillmann (Schneider).

1985: Niederrhein

Gruppe 1: Baden – Hessen 0:4,Südbaden – Württemberg 1:3, Baden – Südbaden 0:1, Hessen – Württemberg 2:4, Baden – Württemberg 1:3, Hessen – Südbaden 2:0. – **Gruppensieger:** Württemberg.

Gruppe 2: Rheinland – Bayern 1:0, Südwest – Saarland 1:0, Rheinland – Südwest 0:0, Bayern – Saarland 5:2, Rheinland – Saarland 3:1, Bayern – Südwest 2:0. – **Gruppensieger:** Rheinland.

Gruppe 3: Hamburg – Niederrhein 0:3, Mittelrhein – Schl.-Holstein 1:0, Hamburg – Mittelrhein 1:6, Niederrhein – Schl.-Holstein 2:2, Hamburg – Schl.-Holstein 0:1, Niederrhein – Mittelrhein 2:1. – **Gruppensieger:** Niederrhein.

Gruppe 4: Bremen – Berlin 0:1, Westfalen – Niedersachsen 0:0, Bremen – Westfalen 1:2, Berlin – Niedersachsen 0:3, Bremen – Niedersachsen 0:6, Berlin – Westfalen 2:4. – **Gruppensieger:** Niedersachsen.

Vorschlußrunde: Niederrhein – Niedersachsen 2:0, Rheinland – Württemberg 1:0.

Um den 3. Platz: Niedersachsen – Württemberg 3:1 n. V.

Endspiel am 21. April in Krefeld

Niederrhein – Rheinland 2:0 (0:0)

Die Siegermannschaft: Reichler – de Koning, Thulke, Trauschke, Dieckmann, Limper, Carastergiou (M. Schiffer), Offermann, van Genabith, Lasrich, Rohrmann.

1986: Niederrhein

Gruppe 1: Saarland – Württemberg 0:1, Baden – Südbaden 6:0, Saarland – Baden 1:1, Württemberg – Südbaden 4:0, Saarland – Südbaden 4:0, Württemberg – Baden 0:3. – **Gruppensieger:** Baden.

Gruppe 2: Hessen – Rheinland 2:0, Bayern – Südwest 1:0, Bayern – Hessen 1:0, Südwest – Rheinland 1:5, Bayern – Rheinland 2:4, Südwest – Hessen 1:6. – **Gruppensieger:** Hessen.

Gruppe 3: Berlin – Schl.-Holstein 2:1, Niederrhein – Mittelrhein 4:1, Berlin – Niederrhein 0:5, Schl.-Holstein – Mittelrhein 0:2, Berlin – Mittelrhein 1:2, Schl.-Holstein – Niederrhein 0:0. – **Gruppensieger:** Niederrhein.

Gruppe 4: Niedersachsen – Hamburg 4:1, Bremen – Westfalen 0:7, Niedersachsen – Bremen 3:0, Hamburg – Westfalen 0:4, Niedersachsen – Westfalen 0:1, Hamburg – Bremen 3:0. – **Gruppensieger:** Westfalen.

Vorschlußrunde: Westfalen – Baden 3:2, Niederrhein – Hessen 1:0.

Um den 3. Platz: Hessen – Baden 4:0.

Endspiel am 13. April in Siegen:

Niederrhein – Westfalen 1:0 (1:0)

Die Siegermannschaft: Reichler – de Koning, Filter, Thulke, Trauschke, Schiffer, Dieckmann, Carastergiou, van Genabith (Freund), Offermann, Voß.

1987: Niederrhein

Gruppe 1: Südwest – Westfalen 2:2, Bremen – Hamburg 0:2, Südwest – Hamburg 0:0, Bremen – Westfalen 0:6, Südwest – Bremen 1:0, Westfalen – Hamburg 5:0. – **Gruppensieger:** Westfalen.

Gruppe 2: Baden – Berlin 1:1, Saarland – Schl.-Holstein 2:1, Baden – Schl.-Holstein 2:3, Saarland – Berlin 5:0, Baden – Saarland 2:0, Berlin – Schl.-Holstein 1:2. – **Gruppensieger:** Saarland.

Gruppe 3: Niedersachsen – Mittelrhein 1:2, Hessen – Rheinland 1:0, Niedersachsen – Rheinland

2:0, Hessen – Mittelrhein 1:2, Niedersachsen – Hessen 2:0, Mittelrhein – Rheinland 3:0. – **Gruppensieger:** Mittelrhein.
Gruppe 4: Bayern – Württemberg 2:1, Südbaden – Niederrhein 0:6, Bayern – Niederrhein 0:3, Südbaden – Württemberg 1:4, Bayern – Südbaden 4:0, Württemberg – Niederrhein 1:3. – **Gruppensieger:** Niederrhein.
Vorschlußrunde: Saarland – Niederrhein 1:7, Mittelrhein – Westfalen 0:2.
Um den 3. Platz: Mittelrhein – Saarland 3:1.

Endspiel am 12. April in Düsseldorf:
Niederrhein – Westfalen 1:1 (1:1, 1:1) n. V., 4:1 im Elfmeterschießen
Die Siegermannschaft: Reichler – de Koning, Schiffer, Trauschke, Dieckmann, van Genabith, Voß, Kutscher (Joppien), Lasrich, Limper, Offermann.

1988: Mittelrhein

Gruppe 1: Rheinland – Saarland 1:2, Baden – Westfalen 1:3, Rheinland – Westfalen 0:2, Baden – Saarland 2:0, Rheinland – Baden 2:4, Saarland – Westfalen 1:5. – **Gruppensieger:** Westfalen.
Gruppe 2: Hamburg – Bremen 3:1, Südwest – Mittelrhein 0:5, Hamburg – Mittelrhein 2:2, Südwest – Bremen 2:0, Hamburg – Südwest 2:2, Bremen – Mittelrhein 0:3. – **Gruppensieger:** Mittelrhein.
Gruppe 3: Niederrhein – Hessen 2:2, Niedersachsen – Berlin 2:0, Niederrhein – Berlin 4:0, Niedersachsen – Hessen 5:0, Niederrhein – Niedersachsen 2:1, Hessen – Berlin 1:1. – **Gruppensieger:** Niederrhein.
Gruppe 4: Schl.-Holstein – Südbaden 0:5, Bayern – Württemberg 2:3, Schl.-Holstein – Württemberg 0:2, Bayern – Südbaden 1:1, Südbaden – Württemberg 2:0, Schl.-Holstein – Bayern 1:1. – **Gruppensieger:** Südbaden.
Vorschlußrunde: Niederrhein – Westfalen 2:1, Mittelrhein – Südbaden 2:0.
Um den 3. Platz: Westfalen – Südbaden 1:1 n. V., Westfalen 3:2-Sieger im Elfmeterschießen.

Endspiel am 17. April in Kappelrodeck:
Mittelrhein – Niederrhein 0:0 n. V., Mittelrhein 4:2-Sieger im Elfmeterschießen
Die Siegermannschaft: Wego – Steinmetz, Gehlen, Trauschke, Corica (Armborst), Richter, Meyer, Wiegmann, Schüffler, Lohn, Hartmann.

1989: Württemberg

Gruppe 1: Bayern – Bremen 5:0, Berlin – Schl.-Holstein 1:2, Berlin – Bayern 0:1, Schl.-Holstein – Bremen 4:1, Berlin – Bremen 2:0, Schl.-Holstein – Bayern 1:3. – **Gruppensieger:** Bayern.
Gruppe 2: Westfalen – Hamburg 8:0, Baden – Saarland 3:3, Westfalen – Baden 5:0, Hamburg – Saarland 0:3, Westfalen – Saarland 1:0, Hamburg – Baden 1:5. – **Gruppensieger:** Westfalen.
Gruppe 3: Südwest – Hessen 0:3, Mittelrhein – Niederrhein 1:2, Mittelrhein – Südwest 5:2, Niederrhein – Hessen 0:0, Mittelrhein – Hessen 0:1, Niederrhein – Südwest 4:1. – **Gruppensieger:** Niederrhein.
Gruppe 4: Württemberg – Rheinland 1:1, Niedersachsen – Südbaden 4:0, Württemberg – Niedersachsen 2:1, Rheinland – Südbaden 1:1, Württemberg – Südbaden 2:0, Rheinland – Niedersachsen 0:3. – **Gruppensieger:** Württemberg.
Vorschlußrunde: Württemberg – Bayern 3:1, Westfalen – Niederrhein 0:2.
Um den 3. Platz: Bayern – Westfalen 5:2.

Endspiel am 17. April 1989 in Crailsheim:
Württemberg – Niederrhein 1:1 n. V., Württemberg 3:2-Sieger im 11-m-Schießen.
Die Siegermannschaft: Walther – Gütinger, Seidenleder, Fengler, Lukic, Bark-Spindler, Holinka, Grimm, Menge (Müller, Schwarz), Muntowitz, Duile.

1990: Hessen

Gruppe 1: Saarland – Berlin 5:0, Schleswig-Holstein – Niedersachsen 3:1, Saarland – Schl.-Holstein 3:1, Berlin – Niedersachsen 0:4, Berlin – Schl.-Holstein 3:5, Saarland – Niedersachsen 0:1. – **Gruppensieger:** Saarland.
Gruppe 2: Rheinland – Baden 0:1, Südbaden – Mittelrhein 2:0, Südbaden – Rheinland 1:0, Mittelrhein – Baden 1:1, Südbaden – Baden 0:1, Mittelrhein – Rheinland 3:1. – **Gruppensieger:** Baden.
Gruppe 3: Hessen – Württemberg 1:1, Niederrhein – Bayern 2:3, Hessen – Niederrhein 4:2, Württemberg – Bayern 2:1, Hessen – Bayern 4:1, Württemberg – Niederrhein 1:0. – **Gruppensieger:** Hessen.

Gruppe 4: Hamburg – Südwest 1:1, Bremen – Westfalen 1:5, Bremen – Hamburg 0:1, Westfalen – Südwest 5:1, Bremen – Südwest 0:4, Westfalen – Hamburg 5:0. – **Gruppensieger:** Westfalen.
Vorschlußrunde: Baden – Westfalen 1:2, Hessen – Saarland 3:2.
Um den 3. Platz: Saarland – Baden 2:1.

Endspiel am 1. April 1990 in Laudenbach:

Hessen – Westfalen 4:0 (2:0)

Die Siegermannschaft: Harvey – Stumpf, Unsleber, Birkenbach (Jannermann), Heinrich, König, Pohlmann, Austermühl, Hamacher (Jones-Fields), Funk, Mink.

Damen-DFB-Vereinspokal

Die bisherigen Gewinner:
1981 und 1982 SSG Bergisch Gladbach — 1983 KBC Duisburg – 1984 SSG Bergisch Gladbach – 1985 FSV Frankfurt – 1986 bis 1989 TSV Siegen – 1990 FSV Frankfurt.

1981: SSG Bergisch Gladbach

Vorrunde: VfB Komet Bremen – BFC Meteor 06 Berlin 0:14 und 0:7, KBC Duisburg – VfR Eintracht Wolfsburg 1:1 und 2:1, SSG 09 Bergisch Gladbach – TSV Siegen 3:1 und 2:1, FV Bellenberg – TSV Hungen 4:2 und 1:4, FC Hellas Marpingen – SC 07 Bad Neuenahr 0:1 und 0:2, SV Schlierstadt – VfR Rheinfelden 8:1 und 6:0, SV Inter-Bergsteig Amberg – TuS Wörrstadt 0:0 und 1:4, Wedeler SV – TSG Thumby 1:0 und 1:1.

Zwischenrunde: BFC Meteor 06 Berlin – Wedeler SV 5:1 und 5:3, KBC Duisburg – SSG 09 Bergisch Gladbach 0:0 und 2:3, TSV Hungen – SC 07 Bad Neuenahr 1:2 und 1:1, SV Schlierstadt – TuS Wörrstadt 1:2 und 2:3.

Vorschlußrunde: TuS Wörrstadt – BFC Meteor 06 Berlin 1:0 und 1:0, SSG 09 Bergisch Gladbach – SC 07 Bad Neuenahr 6:0 und 3:0.

Endspiel am 2. Mai in Stuttgart:
SSG Bergisch Gladbach – TuS Wörrstadt 5:0 (2:0)

Die Siegermannschaft: Geilen – Klinz, Dlugi, Krug, Neuenfeldt (Budny) – Winkel, Degwitz, Trabant-Haarbach – Schmoll (Haberlass), Kresimon, Gebauer.

1982: SSG Bergisch Gladbach

Vorrunde: TSV Rendsburg – TSV Farge-Rekum Bremen 2:1, FSV Frankfurt – SC Freiburg 5:0, VfL Schorndorf – TSV Bäumenheim 2:1, VfL Wildeshausen – Meteor Berlin 3:0, FTSV Lorbeer Hamburg – SSG 09 Bergisch Gladbach 1:4, TSV Siegen – KBC Duisburg 0:1 n. Verl., TuS Niederkirchen – SC 07 Bad Neuenahr 0:2, SV Weiskirchen – SC Germania Untergrombach 1:1 n. Verl., und 3:0.

Zwischenrunde: FSV Frankfurt – VfL Schorndorf 3:0, TSV Rendsburg – VfL Wildeshausen 0:4, SC 07 Bad Neuenahr – SV Weiskirchen 6:0, SSG 09 Bergisch Gladbach – KBC Duisburg 2:0.

Vorschlußrunde: SSG 09 Bergisch Gladbach – FSV Frankfurt 9:0, SC 07 Bad Neuenahr – VfL Wildeshausen 0:2.

Endspiel am 1. Mai in Frankfurt:
SSG Bergisch Gladbach – VfL Wildeshausen 3:0 (1:0)

Die Siegermannschaft: Domhoff – Klinz, Winkel, Degwitz, Dlugi-Winterberg – Krug, Dahl (Landers), Trabant-Haarbach – Frauenrath, Kresimon, Gebauer (Kozany).

1983: KBC Duisburg

Vorrunde: Bayern München – SV Oberteuringen 12:1, SC Klinge Seckach – TuS Binzen 5:0, BTS Neustadt – VfL Wildeshausen 2:7, TSV Rendsburg – FSV Harburg 3:4 n. Verl., Schalke 04 – KBC Duisburg 0:5, Tennis Borussia Berlin – SSG 09 Bergisch Gladbach 3:1, FSV Frankfurt – Viktoria 09 DJK Neunkirchen 2:0, TuS Wörrstadt – SC 07 Bad Neuenahr 1:4.

Zwischenrunde: FSV Harburg – VfL Wildeshausen 2:4 n. Verl., KBC Duisburg – Tennis Borussia Berlin 5:2, FSV Frankfurt – SC 07 Bad Neuenahr 1:0, Bayern München – SC Klinge Seckach 2:3.

Vorschlußrunde: VfL Wildeshausen – KBC Duisburg 0:1, FSV Frankfurt – SC Klinge Seckach 3:0.

Endspiel am 8. Mai in Frankfurt:
FSV Frankfurt – KBC Duisburg 0:3 (0:1)

Die Siegermannschaft: Dykstra – De Koning, Thulke, Halfmann, Frey – Frauenrath, Dieckmann, Carastergiou – Voß, Offermann, Schuh.

1984: SSG Bergisch Gladbach

Vorrunde: TSV Siegen – SSG Bergisch Gladbach 0:5, SC 07 Bad Neuenahr – VfL Unzhurst 5:3, 1. FC Kaiserslautern – VfR 09 Saarbrücken 4:0, Meteor 06 Berlin – FSV Harburg 1:4, KBC Duisburg – BTS Neustadt 16:1, Eintracht Wolfsburg – ATSV Stockelsdorf 4:2, VfL Schorndorf – SC Klinge Seckach 4:1, FC Schweinfurt – FSV Frankfurt 0:8.

Zwischenrunde: FSV Harburg – Eintracht Wolfsburg 0:6, SSG Bergisch Gladbach – KBC Duisburg 1:0, VfL Schorndorf – FSV Frankfurt 2:3, SC 07 Bad Neuenahr – 1. FC Kaiserslautern 4:1.

Vorschlußrunde: SC 07 Bad Neuenahr – Eintracht Wolfsburg 1:2, SSG Bergisch Gladbach – FSV Frankfurt 2:0.

Endspiel am 31. Mai in Frankfurt:

SSG Bergisch Gladbach – VfR Eintracht Wolfsburg 2:0 (1:0)

Die Siegermannschaft: Neuser – Dlugi-Winterberg, Neuenfeldt, Degwitz, Corica (Gebauer) – Dahl, Krug, Klinz (Neid), Schauerova – Kresimon, Bartelmann.

1985: FSV Frankfurt

Vorrunde: SV Weiskirchen Bayern München 2:4, SC Klinge Seckach – VfL Schorndorf 8:1, BTS Neustadt – Lorbeer Hamburg 1:2, VfL Wildeshausen – Tennis Borussia Berlin 4:0, Schalke 04 – KBC Duisburg 0:1, SC 07 Bad Neuenahr – 1. FC Kaiserslautern 3:1 n. V., Rot-Weiß Berresdorf – ATSV Stockelsdorf 4:2, FSV Frankfurt – SC Freiburg 2:0

Zwischenrunde: Lorbeer Hamburg – VfL Wildeshausen 0:3, KBC Duisburg – Rot-Weiß Berrendorf 2:0, Bayern München – SC 07 Bad Neuenahr 3:2, FSV Frankfurt – SC Klinge Seckach 2:0.

Vorschlußrunde: FSV Frankfurt – VfL Wildeshausen 2:1, KBC Duisburg – Bayern München 2:1.

Endspiel am 26. Mai in Berlin:

FSV Frankfurt – KBC Duisburg 1:1 (1:0, 1:1) n. V.

FSV 4:3-Sieger im Elfmeterschießen

Die Siegermannschaft: Melka – Kurt (Unsleber), Zimmermann, Lissner, Pfeifer – Strauch, Koekkoek, Hamza – Raith, Mantel, Laufer (Scheler).

1986: TSV Siegen

Vorrunde: SV 09 Flörsheim – SC Klinge Seckack 2:3, VfR 09 Saarbrücken – Bayern München 0:4, TuS Niederkirchen – SV Oberteuringen 7:0, TuS Binzen – SC 07 Bad Neuenahr 0:4, KBC Duisburg – Schmalfelder SV 6:0, SSG Bergisch Gladbach – VfR Eintracht Wolfsburg 1:0, BTS Neustadt – TSV Siegen 0:4, Meteor 06 Berlin – FTSV Lorbeer Hamburg 0:0 n. V., Wiederholung 1:0 für Lorbeer.

Zwischenrunde: TSV Siegen – KBC Duisburg 5:0, Bayern München – SC Klinge Seckach 5:0, TuS Niederkirchen – SC 07 Bad Neuenahr 2:4, FTSV Lorbeer Hamburg – SSG Bergisch Gladbach 0:4.

Vorschlußrunde: Bayern München – SSG Bergisch Gladbach 0:5, SC 07 Bad Neuenahr – TSV Siegen 0:3.

Endspiel am 3. Mai in Berlin:

TSV Siegen – SSG Bergisch Gladbach 2:0 (1:0)

Die Siegermannschaft: Neuser – Kozany – Haberlaß, Sänger, Goebel (Hamm) – Neid, Bartelmann, Raith, Thomas – Henkel, Chaladyniak (Fischbach).

1987: TSV Siegen

Vorrunde: SC 07 Bad Neuenahr – STV Lövenich 2:3, Viktoria Jägersburg – TuS Niederkirchen 1:0, Lorbeer Hamburg – Mariendorfer SV Berlin 2:1, FSV Frankfurt – SV Oberteuringen 7:0, Wittenseer SV – TSV Siegen 0:5, FC Spöck – TuS Binzen 0:1, Polizei SV Bremen – VfL Wildeshausen 0:3, VfB Uerdingen – Bayern München 1:1 n. V., Wiederholung 2:0 für Bayern.

Zwischenrunde: Viktoris Jägersburg – Lorbeer Hamburg 0:1, VfL Wildeshausen – FSV Frankfurt 0:3, Bayern München – TSV Siegen 0:4, STV Lövenich – TuS Binzen 4:1.

Vorschlußrunde: STV Lövenich – Lorbeer Hamburg 4:0, TSV Siegen – FSV Frankfurt 2:1 n. V.

Endspiel am 20. Juni in Berlin:

TSV Siegen – STV Lövenich 5:2 (2:0)

Die Siegermannschaft: R. Neuser – Kozany – Thomas, Hennecke (Hamm) – Sänger, Raith, Czyganowski, Koekkoek, Neid – Chaladyniak (Pick), Bartelmann.

1988: TSV Siegen

Vorrunde: SC 07 Bad Neuenahr – SC Klinge Seckach 2:3, Husum 18 – FSV Viktoria Jägersburg 0:6, TSV Fortuna Sachsenroß Hannover – FSV Frankfurt 1:5 – TSV Siegen – Polizei SV Bremen 6:0, KBC Duisburg – TuS Binzen 4:0, SSG 09 Bergisch Gladbach – TuS Wörrstadt 2:0, Spvgg. 1912 Groß-Flottbek/Hamburg – VfL Sindelfingen 0:1, Tennnis Borussia Berlin – Bayern München 0:3.

Zwischenrunde: Viktoria Jägersburg – Bayern München 0:4, TSV Siegen – KBC Duisburg 3:1 n. V., FSV Frankfurt – VfL Sindelfingen 1:0, SC Klinge Seckach – SSG 09 Bergisch Gladbach 0:1

Vorschlußrunde: TSV Siegen – FSV Frankfurt 4:0, Bayern München – SSG 09 Bergisch Gladbach 1:0.

Endspiel am 28. Mai in Berlin:

TSV Siegen – Bayern München 4:0 (2:0)

Die Siegermannschaft: Neuser – Kozany – Raith, Sänger – Czyganowski, Thomas (Hamm), Neid, Koekkoek, Wiese – Henkel, Cox.

1989: TSV Siegen

Vorrunde: TSV Ludwigsburg – Tennis Borussia Berlin 2:0, TuS Binzen – Lorbeer Hamburg 0:4, FT Geestemünde – TuS Ahrbach 1:4, FC Spöck – Bayern München 1:4, FSV Frankfurt – VfR 09 Saarbrücken 2:0, TuS Wörrstadt – TSV Siegen 1:3, SSG 09 Bergisch Gladbach – VfR Eintracht Wolfsburg 1:0, ATSV Stockelsdorf – KBC Duisburg 0:8.

Zwischenrunde: FSV Frankfurt – Bayern München 3:0, TSV Siegen – TSV Ludwigsburg 2:0, TuS Ahrbach – Lorbeer Hamburg 3:0, KBC Duisburg – SSG 09 Bergisch Gladbach 0:0 n. V., 3:3 n. V., 5:6 im 11-m-Schießen.

Vorschlußrunde: SSG 09 Bergisch Gladbch – TSV Siegen 1:3, FSV Frankfurt – TuS Ahrbach 4:0.

Endspiel am 24. Juni 1989 in Berlin:

TSV Siegen – FSV Frankfurt 5:1 (3:0)

Die Siegermannschaft: Neuser – Kozany – Sänger, Raith – Haberlaß, Neid, Voß, Koekkoek – Henkel, Kern (Schäfer), Knieper (Czyganowski).

1990: FSV Frankfurt

Vorrunde: VfR 09 Saarbrücken – TuS Wörrstadt 3:0, TuS Ahrbach – Grün-Weiß Brauweiler 1:2, VfR Eintracht Wolfsburg – VfL Sindelfingen 1:3, Spvgg. Wiehre – 1. FC Neukölln 6:2, KBC Duisburg – FSV Frankfurt 3:5, SC Poppenbüttel – SSV Schmalfeld 0:3, SC Klinge Seckach – Polizei SV Bremen 6:0, Bayern München – TSV Siegen 1:1 n.V., W.: 1:1 n.V./Bayern 5:3-Sieger im Elfmeterschießen.

Viertelfinale: SSV Schmalfeld – VfR 09 Saarbrücken 0:2, FSV Frankfurt – Spvgg. Wiehre 10:0, SC Klinge Seckach – Bayern München 1:2, VfL Sindelfingen – Grün-Weiß Brauweiler 0:1.

Halbfinale: Grün-Weiß Brauweiler – Bayern München 0:1, VfR 09 Saarbrücken – FSV Frankfurt 1:1 n.V., W.: 3:2 n.V. für FSV.

Endspiel am 19. Mai 1990 in Berlin:

FSV Frankfurt – Bayern München 1:0 (1:0)

Die Siegermannschaft: Harvey – Heinrich – Stumpf, Unsleber, K. Pohlmann – König, Mantel, D. Pohlmann, Boroschein – Walter (Birkenbach), Mink (Rotard).

Damen-Regional- bzw. Oberligameister

Nach deren Einführung höchste deutsche Spielklasse der Damen (in den anderen Verbänden noch Landesligen).

West:

1986 TSV Siegen – 1987 TSV Siegen – 1988 SSG 09 Bergisch Gladbach – 1989, 1990 TSV Siegen.

Nord:

1987, 1988 Lorbeer Hamburg-Rothenburgsort – 1989 Fortuna Sachsenroß Hannover – 1990 VfR Eintracht Wolfsburg.

DFB-Mädchen-Turnier

Die bisherigen Gewinner:

1988 Hessen – 1989 Niederrhein.

UEFA-Wettbewerb der Damen

Die bisherigen Gewinner:

1982/84 Schweden – 1985/87 Norwegen – 1987/89 Deutschland

1982/84: Schweden

Gruppe 1: Finnland – Schweden 0:6, 0:5; Norwegen – Island 2:2, 1:0; Island – Schweden 0:6, 0:5; Finnland – Norwegen 0:3, 0:3; Schweden – Norwegen 2:0, 2:1; Island – Finnland 0:2, 0:3. – **Gruppensieger:** Schweden.

Gruppe 2: Nordirland – Schottland 1:2, 0:3; England – Nordirland 7:1, 4:0, Schottland – Irland 3:0, 1:1; Nordirland – Irland 1:2, 2:3; Schottland – England 0:4, 0:2; Irland – England 0:1, 0:6. – **Gruppensieger:** England.

Gruppe 3: Schweiz – Portugal 2:0, 1:1; Frankreich – Italien 1:0, 0:3; Italien – Portugal 3:0, 2:0; Portugal – Frankreich 0:0, 0:2; Frankreich – Schweiz 1:1, 0:0; Schweiz – Italien 0:2, 0:2. – **Gruppensieger:** Italien.

Gruppe 4: Belgien – Holland 3:2, 0:5; Holland – Dänemark 2:1, 0:2; Dänemark – Belgien 1:0, 2:2; Deutschland – Belgien 1:1, 1:1; Holland – Deutschland 2:2, 1:1; Deutschland – Dänemark 1:1, 0:1. – **Gruppensieger:** Dänemark.

Halbfinale: England – Dänemark 2:1, 1:0; Schweden – Italien 3:2, 2:1.

Endspiele:

Schweden – England 1:0 (0:0) am 21. 5. 1984 in Göteborg
England – Schweden 1:0 (0:0) am 27. 5. 1984 in Luton

Schweden 4:3-Sieger im Elfmeterschießen

1. Spiel: Tor: Pia Sundhage. – Schiedrichter: Bakker (Holland). – Zuschauer: 5552. – 2. Spiel: Tor: Linda Curl. – Schiedrichter: Goris (Belgien). – Zuschauer: 2665.

Schweden: Leidinge – Jansson, Börjesson, Burevik, Kaberg, Svenjeby, Andersson, Hansson (2. Spiel Johannsson), Ahman-Svensson, Videkull (2. Spiel ab 30. Uusitalo), Sundhage.

1985/87: Norwegen

Gruppe 1: Finnland – Norwegen 0:0, 0:2; Deutschland – Finnland 1:0, 0:1; Dänemark – Finnland 1:1, 2:0; Dänemark – Deutschland 3:0, 0:2; Deutschland – Norwegen 2:3, 0:0; Norwegen – Dänemark 2:2, 5:2. – **Gruppensieger:** Norwegen.

Gruppe 2: England – Schottland 4:0, 3:1; Irland – Nordirland 1:0, 1:0; Irland England 0:6, 0:4; Nordirland – Schottland 1:9, 0:7. – **Gruppensieger:** England.

Gruppe 3: Holland – Frankreich 1:0, 5:3; Belgien – Frankreich 3:1, 1:3; Frankreich – Schweden 0:4, 0:1; Schweden – Holland 2:0, 0:2; Belgien – Holland 3:1, 0:3; Schweden – Belgien 5:0, 2:1. – **Gruppensieger:** Schweden.

Gruppe 4: Ungarn – Spanien 1:0, 2:1; Ungarn – Italien 2:3, 0:1; Spanien – Schweiz 0:2, 3:0; Italien – Schweiz 3:0, 2:1; Schweiz – Ungarn 1:2 1:1; Spanien – Italien 2:3, 1:1. – **Gruppensieger:** Italien.

Endrunde 11. bis 14. Juni 1987 in Norwegen:

Halbfinale: Norwegen – Italien 2:0 (1:0) in Oslo, Schweden – England 2:2 (1.1) n. V./3:2 im 11-m-Schießen (beide 11. 6.).

Um den 3. Platz am 13. 6. in Drammen: Italien – England 2:1 (1:1).

Endspiel am 14. 6. in Oslo:

Norwegen – Schweden 2:1 (1:0)

Tore: Stendal 2/Videkull. – Schiedsrichter: Aaho (Finnland). – Zuschauer: 8470.

Norwegen: Andreassen – Hoch-Nielsen, Straedet, Storhaug, Mortensen, Scheel, Støre, Haugen, Stendal, Nyborg, Nielsen (Bakken).

1987/89: Deutschland

Gruppe 1: Finnland – Norwegen 3:3, 2:0; Norwegen – Dänemark 0:1, 2:3; Finnland – England 1:2, 1:1; England – Dänemark 2:1, 0:2; Dänemark – Finnland 3:1, 2:1; Norwegen – England 2:0, 3:1. – **Qualifiziert:** Dänemark vor Norwegen.

Gruppe 2: Schweden – Holland 0:0, 0:1; Holland Schottland 4:0, +); Irland – Holland 0:1, 0:2;

Irland – Schottland 2:1, +); Irland – Schweden 1:1, 0:4; Schweden – Schottland +), +). – Schottland zurückgezogen, alle Spiele annulliert.– **Qualifiziert:** Holland vor Schweden.

Gruppe 3: Ungarn – Deutschland 0:1, 0:4; Ungarn – Schweiz 7:1, 0:3; Deutschland – Italien 3:0, 0:0, Italien – Ungarn 5:1, 0:0; Deutschland – Schweiz 0:0, 10:0; Italien – Schweiz 5:0, 6:0. – **Qualifiziert:** Deutschland (ohne Gegentor!) vor Italien.

Gruppe 4: Bulgarien – Spanien 1:1, 0:1; Belgien – CSSR 1:1, 0:0; Belgien – Frankreich 0:2, 0:0; CSSR – Spanien 1:0, 2:0; Frankreich – Bulgarien 5:0, 2:0; Spanien – Belgien 1:0, 0:1; Bulgarien – Belgien 0:0, 0:5; Frankreich – Spanien 0:0, 3:1; Bulgarien – CSSR 0:1, 0:3; Frankreich – CSSR 2:2, 0:0. – **Qualifiziert:** Frankreich vor CSSR.

Viertelfinale: Norwegen – Holland 2:1, 3:0; Dänemark – Schweden 1:5, 1:1; CSSR – Deutschland 1:1, 0:2; Italien – Frankreich 2:0, 2:1.

Endrunde 28. 6. bis 2. 7. 1989 in Deutschland:

Halbfinale: Deutschland – Italien 1:1 (0:0, 1:1) n. V./4:3 im Elfmeterschießen in Siegen, Schweden – Norwegen 1:2 (0:1) in Lüdenscheid (beide 28. 6.).

Um den 3. Platz am 30. 6. in Osnabrück: Schweden – Italien 2:1 (0:1, 1:1) n. V.

Endspiel am 2. Juli in Osnabrück:

Deutschland – Norwegen 4:1 (2:0)

Tore: Lohn 2, Mohr, Fehrmann (Grude). – Schiedsrichter: Silva Valente (Portugal). – Zuschauer: 22000.

Deutschland: Isbert – Kuhlmann – Nardenbach, Raith – Haberlass (Bindl), Fitschen (Fehrmann), Neid, Damm – Voss, Mohr, Lohn.

TEIL XIV

DER DDR-FUSSBALL

Die Bilanz der Länderspiele der DDR (Stand 30. 6. 1990)

Gegner	Spiele	Siege	Unentsch.	Niederl.	Tore
Ägypten	5	5	–	–	22:1
Argentinien	2	–	1	1	1:3
Albanien	3	2	1	–	7:2
Algerien	4	3	1	–	14:4
Australien	1	1	–	–	2:0
Belgien	7	2	2	3	5:8
Brasilien	4	–	1	3	4:10
Bulgarien	18	4	8	6	22:22
Burma	1	1	–	–	5:1
Ceylon	1	1	–	–	12:1
Chile	4	2	1	1	7:4
Dänemark	6	2	2	2	10:10
Deutschland, BR	1	1	–	–	1:0
Ekuador	2	1	1	–	4:3
England	4	–	1	3	3:7
Finnland	7	4	1	2	21:8
Frankreich	7	3	2	2	7:8
Ghana	2	1	–	1	4:3
Griechenland	8	6	–	2	12:7
Guinea	1	1	–	–	3:2
Holland	9	2	1	6	10:17
Indonesien	2	1	1	–	5:3
Irak	5	1	3	1	8:4
Island	11	9	1	1	26:5
Italien	4	1	2	1	3:5
Jugoslawien	6	1	2	3	8:11
Kanada	3	3	–	–	12:1
Kolumbien	1	1	–	–	2:0
Kuba	1	1	–	–	5:0
Kuwait	1	1	–	–	2:1
Luxemburg	5	5	–	–	18:2
Mali	1	1	–	–	2:1
Malta	5	5	–	–	21:2
Marokko	4	1	–	3	5:8
Mexiko	4	2	2	–	5:3
Norwegen	7	5	1	1	15:8
Österreich	6	1	4	1	5:7
Polen	19	6	4	9	27:26
Portugal	3	1	–	2	5:6
Rumänien	18	10	3	5	31:23
Schottland	6	3	1	2	4:6
Schweden	5	3	1	1	8:4
Schweiz	5	4	1	–	13:3
Sowjetunion	17	4	6	7	18:25
Spanien	3	1	2	–	1:0
Tschechoslowakei	17	8	5	4	23:22
Tunesien	4	4	–	–	11:0
Türkei	5	1	1	3	5:10
Ungarn	16	4	4	8	17:25
Uruguay	6	3	2	1	7:4
USA	1	1	–	–	3:2
Wales	4	3	–	1	8:7
Gesamt	**292**	**137**	**69**	**86**	**499:345**

Die erfolgreichsten Länderspieltorschützen

Streich	55	Peter Ducke	16	Erler	12
Kreische	25	Nöldner	16	Löwe	12
Vogel	25	Thom	16	Tröger	11
Ernst	20	Sparwasser	15	Wirth	10
Frenzel	19	Kirsten	14		
Hoffmann	16	Schröter	13		

Die meisten Länderspieleinsätze

Streich	102	Ernst	56	Schröter	39
Dörner	100	Sparwasser	53	Zötzsche	38
Croy	94	Thom	51	Rol. Ducke	37
Weise	86	Kreische	50	Minge	36
Vogel	74	Kirsten	49	Pilz	35
Bransch	72	Erler	47	Weber	35
Peter Ducke	68	René Müller	46	Urbanczyk	34
Hoffmann	66	Stahmann	46	Fräsdorf	33
Kurbjuweit	66	Stübner	46	Körner	33
Kreer	65	Schnuphase	45	Lauck	33
Kische	63	Löwe	43	Rudwaleit	33
Liebers	59	Rohde	42	M. Kaiser	31
Häfner	58	Irmscher	41	Schade	31
Pommerenke	57	Riediger	41	Nöldner	30
Frenzel	56	Döschner	40		

Die Länderspiele der DDR

1989

276 **Ägypten 4:0 (2:0):** Müller; Rohde; Scholz (Köhler), Trautmann, Lindner, Kreer; Doll (Marschall), Sammer, Steinmann (Bonan); Kirsten (2), Thom (2). – Kairo, 13. 2. – SR: Hussam (Ägypten).

277 **Griechenland 2:3 (0:2):** Müller; Rohde; Schößler, Kreer, Lindner, Stübner; Sammer, Halata 1 (Marschall), Wahl (Doll); Kirsten, Thom (1). – Athen, 8. 3. – SR: Longhi (Italien).

278 **Finnland 1:1 (0:1):** Müller; Rohde; Lindner, Trautmann (1), Kreer; Stübner, Halata (Hauptmann), Sammer (Doll), Wosz; Kirsten, Thom (Gütschow). – Dresden, 22. 3. – SR: Marko (CSSR).

279 **Türkei 0:2 (0:1):** Müller, Rohde; Trautmann, Lindner, Hauptmann; Stübner (Wuckel), Pilz (Doll), Minge, Sammer; Kirsten, Thom. – Magdeburg, 12. 4. – SR: Damgaard (Dänemark).

280 **Sowjetunion 0:3 (0:3):** Weißflog, Lieboram; Hauptmann (März), Köhler, Trautmann, Döschner; Scholz (Kirsten), Sammer, Wosz; Doll; Thom. – Kiew, 26. 4. – SR. Hope (Schottland).

281 **Österreich 1:1 (0:1):** Weißflog; Stahmann; Lindner, Trautmann (Doll); Stübner, Sammer (Weidemann), Rohde, Steinmann, Kreer; Kirsten (1), Thom. – Leipzig, 20. 5. – SR. Constantine (Belgien).

282 **Bulgarien 1:1 (1:1):** Heyne; Stahmann; Kreer, Reich, Lindner, Döschner; Sammer, Ernst, Steinmann (Wosz); Kirsten 1 (Doll), Thom. – Erfurt, 23. 8. – SR: Porumboiu (Rumänien).

283 **Island 3:0 (0:0):** Heyne; Stahmann; Kreer, Lindner, Reich, Döschner; Stübner, Sammer (1), Ernst 1 (Steinmann); Kirsten, Doll (1). – Reykjavik, 6. 9. – SR: Copper (Wales).

284 **Sowjetunion 2:1 (0:0):** Heyne; Stahmann; Kreer, Lindner, Döschner; Stübner, Sammer (1), Ernst (Doll), Steinmann (Weidemann); Kirsten, Thom (1). – Karl-Marx-Stadt, 8. 10. – SR: Helen (Schweden).

285 **Malta 4:0 (2:0):** Heyne (Bräutigam); Lindner; Schößler, Kreer, Reich, Döschner (Herzog); Weidemann, Ernst (Steinmann 2), Sammer (Stübner); Kirsten, Doll 2 (Thom). – Valletta, 25. 10. – SR: Azzopardi (Malta).

286 **Österreich 0:3 (0:2):** Heyne, Stahmann; Kreer, Schößler, Lindner, Döschner (Doll); Steinmann, Sammer (Weidemann), Stübner; Kirsten, Thom. – Wien, 15. 11. – SR: Werner (Polen).

1990

287 **Frankreich 0:3 (0:2):** Heyne; Wagenhaus; Maucksch, Reich, Herzog; Stübner (Weidemann), Sammer (Weilandt), Wosz (Wuckel), Steinmann; Kirsten, Doll. – Kuwait, 24. 1. – SR: Al-Moussa (Kuwait).

288 **Kuwait 2:1 (1:0):** Teuber; Wagenhaus; Herzog, Lindner, Reich, Weidemann; Weilandt, Steinmann (Stübner), Wosz; Wuckel (2), Rösler (Kirsten). – Kuwait, 26. 1. – SR: Al-Haddad (Kuwait).

289 **USA 3:2 (2:1):** Heyne; Peschke; Herzog, Lindner, Schuster, Büttner; Sammer, Ernst (Minkwitz), Steinmann; Kirsten 3 (Rösler), Thom (Doll). – Berlin, 28. 3. – SR: Wiesel (BRD).

290 **Ägypten 2:0 (2:0):** Heyne; Peschke (1); Böger, Herzog, Schuster (Büttner), Minkwitz; Sammer (1), Ernst, Wosz (Weidemann); Steinmann (Heidrich), Rösler. – Karl-Marx-Stadt, 11. 4. – SR: Nervig (Norwegen).

291 **Schottland 1:0 (0:0):** Bräutigam; Peschke; Böger, Herzog, Lindner, Schuster; Sammer, Stübnr (Büttner), Ernst; Kirsten, Doll (1). – Glasgow, 25. 4. – SR: Midgley (England).

292 **Brasilien 3:3 (0:1):** Bräutigam; Peschke; Böger, Herzog, Lindner, Schuster; Hauptmann (Steinmann 1), Ernst (1), Weidemann (Rösler); Kirsten, Doll (1). – Rio, 13. 5. – SR: Felix (Brasilien).

● **Die DDR-Länderspiele Nr. 1 bis 201 finden Sie im KICKER-Almanach 1982, die Spiele 202 bis 234 im KICKER-Almanach 1986, ab Spiel 235 dann im folgenden KICKER-Almanach jeweils danach.**

Die Meisterschaft

1988/89

1. Dynamo Dresden	26	61:26	40–12
2. Dynamo Berlin	26	51:32	32–20
3. FC K.-Marx-Stadt	26	38:36	30–22
4. Hansa Rostock	26	34:31	29–23
5. 1. FC Lok. Leipzig	26	39:26	28–24
6. 1. FC Magdeburg	26	35:30	28–24
7. Wismut Aue	26	35:35	28–24
8. FC Jena	26	35:24	27–25
9. Chemie Halle	26	36:38	25–27
10. Energie Cottbus	26	29:41	23–29
11. Stahl Brandenburg	26	36:43	22–30
12. Rot-Weiß Erfurt	26	27:39	21–31
13. Sachsenr. Zwickau	26	25:49	16–36
14. Union Berlin	26	22:53	15–37

1989/90

1. Dynamo Dresden	26	47:26	36–16
2. FC Karl-Marx-Stadt	26	35:20	36–16
3. 1. FC Magdeburg	26	39:22	34–18
4. FC Berlin	26	38:35	30–22
5. FC Jena	26	29:27	30–22
6. Hansa Rostock	26	38:33	27–25
7. Energie Cottbus	26	36:37	27–25
8. 1. FC Lok Leipzig	26	34:33	25–27
9. Chemie Halle	26	38:38	24–28
10. Stahl Brandenburg	26	35:37	24–28
11. Rot-Weiß Erfurt	26	29:40	19–33
12. Eisenhüttenstadt	26	22:31	18–34
13. Wismut Aue	26	25:36	18–34
14. Bischofswerda	26	22:52	16–36

● **Die gesamten DDR-Tabellen ab 1949/50 finden Sie im KICKER-Almanach 1982, die dann folgenden im jeweiligen KICKER-Almanach danach.**

Die bisherigen Meister:

1948 SG Planitz – 1949 ZSG Halle – 1950 Horch Zwickau – 1951 Chemie Leipzig – 1952 Turbine Halle – 1953 Dynamo Dresden – 1954, 1955 Turbine Erfurt – 1955 Übergangsrunde Wismut Karl-Marx-Stadt – 1956, 1957 Wismut Karl-Marx-Stadt – 1958 Vorwärts Ost-Berlin – 1959 Wismut Karl-Marx-Stadt – 1960 Vorwärts Ost-Berlin – 1961 Übergangsrunde (mit drei Spieldritteln), daher kein Meister – 1962 Vorwärts Ost-Berlin – 1963 Motor Jena – 1964 Chemie Leipzig – 1965, 1966 Vorwärts Ost-Berlin – 1967 FC Karl-Marx-Stadt – 1968 FC Carl Zeiss Jena – 1969 Vorwärts Ost-Berlin – 1970 FC Carl Zeiss Jena – 1971 Dynamo Dresden – 1972 1. FC Magdeburg – 1973 Dynamo Dresden – 1974, 1975 1. FC Magdeburg – 1976 bis 1978 Dynamo Dresden – 1979 bis 1988 Dynamo Berlin – 1989 Dynamo Dresden – 1990 Dynamo Dresden.

DDR-Oberliga 1989/90

	Dresden	KM-Stadt	Magdeburg	FC Berlin	Jena	Rostock	Cottbus	Leipzig	Halle	Brandenburg	Erfurt	Eisenhüttens.	Aue	Bischofsw.	g.	u.	v.	Tore	Pkt.	Gesamt Tore	Gesamt Punkte
															Heimbilanz Auswärtsbilanz						
1. Dynamo Dresden	● ●	2:0 1:1	3:1 1:1	6:1 1:1	0:4 1:1	1:1 0:0	3:0 0:0	3:1 1:1	2:0 2:2	3:2 2:2	3:1 0:2	2:1 2:2	3:0 1:1	3:0 1:0	11 1	1 11	1 1	34:12 13:14	23-3 13-13	**47:26**	**36-16**
2. FC Karl-Marx-Stadt	1:1 0:2	● ●	1:0 1:1	0:0 0:0	3:0 1:1	1:0 2:2	3:1 0:0	2:1 2:1	4:0 0:4	3:0 2:2	2:0 0:1	1:0 0:0	1:0 1:1	2:1 2:1	11 2	2 8	0 3	24:4 11:16	24-2 12-14	**35:20**	**36-16**
3. 1. FC Magdeburg	1:1 1:3	1:1 0:1	● ●	3:1 1:2	0:2 2:0	2:1 0:0	4:1 0:2	2:2 2:1	3:1 5:0	1:1 1:0	1:0 1:1	2:1 0:0	1:0 0:0	4:0 1:0	8 5	4 4	1 4	25:12 14:10	20-6 14-12	**39:22**	**34-18**
4. FC Berlin	1:1 1:6	0:0 0:0	2:1 1:3	● ●	2:0 1:1	3:0 1:3	1:1 2:2	1:3 2:1	3:1 2:1	5:1 1:1	2:2 3:1	0:0 1:1	1:4 0:0	1:0 1:1	6 3	5 7	2 3	22:14 16:21	17-9 13-13	**38:35**	**30-22**
5. FC Carl Zeiss Jena	1:1 4:0	1:1 0:3	0:2 2:0	1:1 0:2	● ●	2:1 1:0	1:0 0:1	0:0 0:1	2:0 1:1	2:2 0:4	1:0 1:4	1:1 2:1	1:0 0:0	1:0 4:1	6 5	6 2	1 6	14:9 15:18	18-8 12-14	**29:27**	**30-22**
6. Hansa Rostock	0:0 1:1	2:2 0:1	0:0 1:2	3:1 0:3	0:1 1:2	● ●	3:0 1:3	3:3 2:2	2:1 1:1	1:0 1:1	4:1 1:0	1:0 1:1	2:1 2:3	1:2 4:1	7 2	4 5	2 6	22:12 16:21	18-8 9-17	**38:33**	**27-25**
7. Energie Cottbus	0:0 0:3	0:0 1:3	2:0 1:4	2:2 1:1	1:0 0:1	3:1 0:3	● ●	1:0 0:2	1:1 0:3	3:1 0:2	4:2 2:2	3:1 1:1	2:1 1:2	3:0 4:1	9 1	4 3	0 9	25:9 11:28	22-4 5-21	**36:37**	**27-25**
8. 1. FC Lok Leipzig	1:1 1:3	1:2 1:2	1:2 2:2	1:2 3:1	1:0 0:0	2:2 3:3	2:0 0:1	● ●	1:0 0:1	0:1 1:1	2:1 0:2	2:0 2:2	2:1 1:0	3:1 1:2	7 2	2 5	4 6	19:13 15:20	16-10 9-17	**34:33**	**25-27**
9. Chemie Halle	2:2 0:2	4:0 0:4	0:5 1:3	1:2 1:3	1:1 0:2	1:1 1:2	3:0 1:1	1:0 0:1	● ●	1:3 1:1	3:0 1:1	2:2 1:0	3:1 1:1	4:0 4:0	6 2	4 4	3 7	26:17 12:21	16-10 8-18	**38:38**	**24-28**
10. Stahl Brandenburg	2:2 2:3	2:2 0:3	0:1 1:1	1:1 1:5	4:0 2:2	1:1 0:1	2:0 1:3	1:1 1:0	1:1 3:1	● ●	1:1 0:0	0:0 1:3	4:2 3:0	0:2 1:1	3 3	8 4	2 6	19:14 16:23	14-12 10-16	**35:37**	**24-28**
11. Rot-Weiß Erfurt	2:0 1:3	1:0 0:2	1:1 0:1	1:3 2:2	4:1 0:1	0:1 1:4	2:2 2:4	2:0 1:2	1:1 0:3	0:0 1:1	● ●	0:0 2:2	1:1 0:3	3:0 1:2	5 0	6 3	2 10	18:10 11:30	16-10 3-23	**29:40**	**19-33**
12. Eisenhüttenstadt	2:2 1:2	0:0 0:1	0:0 1:2	1:1 0:0	1:2 1:1	1:1 0:1	1:1 1:3	2:2 0:2	0:1 2:2	3:1 0:0	2:2 0:0	● ●	0:0 1:2	2:0 0:2	2 0	9 5	2 8	15:13 7:18	13-13 5-21	**22:31**	**18-34**
13. Wismut Aue	1:1 0:3	1:1 0:1	0:0 0:1	0:0 4:1	0:0 0:1	3:2 1:2	2:1 1:2	0:1 1:2	1:1 1:3	0:3 2:4	3:0 1:1	2:1 0:0	● ●	1:3 0:1	4 1	6 2	3 10	14:14 11:22	14-12 4-22	**25:36**	**18-34**
14. Bischofswerda	0:1 0:3	1:2 1:2	0:1 0:4	1:1 0:1	1:4 0:1	1:4 2:1	1:4 0:5	2:1 1:3	0:4 0:4	1:1 2:0	2:1 0:3	2:0 0:2	1:0 3:1	● ●	4 3	2 0	7 10	13:24 9:28	10-16 6-20	**22:52**	**16-36**

Absteiger: Fortschritt Bischofswerda, Wismut Aue. — **Aufsteiger:** FC Vorwärts Frankfurt/Oder, Chemie Böhlen. — **Pokalendspiel:** Dynamo Dresden — PSV Schwerin 2:1.

Torschützenkönige

1950 Satrapa (Horch Zwickau) 23, 1951 Schöne (Babelsberg) 38, 1952 Krause (Chemie Leipzig) und Weißenfels (Lok. Stendal) je 27, 1953 Arlt (Rot. Dresden) 26, 1954 Satrapa (Aue) und Vollrath (Turbine Erfurt) je 21, 1955 Tröger (Wismut Chemnitz) 22, 1956 Lindner (Lok. Stendal) 18, 1957 Kaulmann (ASK Vorwärts Berlin) 15, 1958 H. Müller (Motor Jena) 17, 1959 Bauchspieß (Chemie Zeitz) 18, 1960 Bauchspieß (Chemie Zeitz) 25, 1961 Übergangsrunde, o. Meisterliste – 1962 Bialas (Empor Rostock) 23, 1963 P. Ducke (Mot. Jena) 20, 1964 Backhaus (Lok. Stendal) 15, 1965 Bauchspieß (Chemie Leipzig) 14, 1966 Frenzel (1. FC Lok. Leipzig) 22, 1967 Rentzsch (Motor Zwickau) 17, 1968 Kostmann (Hansa Rostock) 15, 1969 Kostmann (Hansa Rostock) 18, 1970 Skrowny (Chemie Leipzig) 12, 1971 Kreische (Dynamo Dresden) 17, 1972 Kreische (Dynamo Dresden) 14, 1973 Kreische (Dynamo Dresden) 26, 1974 Matoul (Lok. Leipzig) 20, 1975 Vogel (Chemie Halle) 17, 1976 Kreische (Dynamo Dresden) 24, 1977 Streich (1. FC Magdeburg) 17, 1978 Havenstein (Chemie Böhlen) 15, 1979 Streich (1. FC Magdeburg) 23, 1980 Kühn (Lok. Leipzig) 21, 1981 Streich (1. FC Magdeburg) 20, 1982 Schnuphase (Carl Zeiss Jena) 19, 1983 Streich (1. FC Magdeburg) 19, 1984 Ernst (Dynamo Berlin) 20, 1985 Ernst (Dynamo Berlin) 24, 1986 Sträßer (Union Berlin) 14 – 1987 Pastor (Dynamo Berlin) 17 – 1988 Andreas Thom (Dynamo Berlin) 20 – 1989 Gütschow (Dynamo Dresden) 17 – 1990 Gütschow (Dynamo Dresden) 18.

Fußballer des Jahres

1963 Manfred Kaiser (Wismut Aue) – 1964 Urbanczyk (SC Chemie Halle) – 1965 Weigang (SC Leipzig) – 1966 Nöldner (FC Vorwärts Berlin) – 1967 Erler (FC Karl-Marx-Stadt) – 1968 Bransch (HFC Chemie Halle) – 1969 Eberhard Vogel (FC Chemnitz) – 1970 Roland Ducke (FC Carl Zeiss Jena) – 1971 Peter Ducke (FC Carl Zeiss Jena) – 1972 Jürgen Croy (Motor Zwickau) – 1973 Hans-Jürgen Kreische (Dynamo Dresden) – 1974 Bransch (FC Carl Zeiss Jena) – 1975 Pommerenke (1. FC Magdeburg) – 1976 Croy (Sachsenring Zwickau) – 1977 Dörner (Dynamo Dresden) – 1978 Croy (Sachsenring Zwickau) – 1979 Streich (1. FC Magdeburg) – 1980 Grapenthin (FC Carl Zeiss Jena) – 1981 Grapenthin (FC Carl Zeiss Jena) – 1982 Schnuphase (FC Carl Zeiss Jena) – 1983 Streich (1. FC Magdeburg) – 1984 Dörner (Dynamo Dresden) – 1985 Dörner (Dynamo Dresden) – 1986 René Müller (1. FC Lok. Leipzig) – 1987 René Müller (1. FC Lok. Leipzig) – 1988 Andreas Thom (Dynamo Berlin) – 1989 Trautmann (Dynamo Dresden) – 1990 Kirsten (Dynamo Dresden)

Die Pokalendspiele

1949	Waggonbau Dessau – Gera Süd	1:0
1950	EHW Thale – KWU Erfurt	4:0
1951	nicht ausgetragen	
1952	VP Dresden – Einheit Pankow	3:0
1953	nicht ausgetragen	
1954	ASK Vorw. Berlin – Mot. Zwickau	2:1
1955	Wism. K.-M.-Stadt – Em. Rostock	n.V. 3:2
1956	Chemie Halle – Vorwärts Berlin	2:1
1957	SC Lok. Leipz. – Empor Rostock	n. V. 2:1
1958	SC Einh. Dresd. – SC Lok. Leipz.	n. V. 2:1
1959	Dynamo Berlin – Wismut K.-M.-Stadt n. V. und 3:2 (Wiederholung)	0:0
1960	Übergangsrunde, kein Endspiel	
1960	Motor Jena – Empor Rostock	n. V. 3:2
1961	Übergangsrunde, kein Endspiel	
1962	Chemie Halle – Dynamo Berlin	3:1
1963	Motor Zwickau – Chemie Zeitz	3:0
1964	Aufbau Magdeb. – SC Leipzig	3:2
1965	Aufbau Magdeb. – Motor Jena	2:1
1966	Chemie Leipzig – Lok. Stendal	1:0
1967	Motor Zwickau – Hansa Rostock	3:0
1968	Union Berlin – FC Jena	2:1
1969	1. FC Magdeburg – FC K.-M.-Stadt	4:0
1970	Vorwärts Berlin – 1. FC Lok. Leipzig	4:2
1971	Dynamo Dresden – Dynamo Berlin	n. V. 2:1
1972	FC Jena – Dynamo Dresden	2:1
1973	1. FC Magdeburg – 1. FC Lok. Leipzig	3:2
1974	FC Jena – Dynamo Dresden	n. V. 3:1
1975	Sachsenr. Zwick. – Dyn. Dresden Zwickau 4:3-Sieger im 11-m-Schießen	n.V. 2:2
1976	1. FC Lok. Leipzig – Vorw. Frankfurt	3:0
1977	Dynamo Dresden – 1. FC Lok. Leipz.	3:2
1978	1. FC Magdebg. – Dynamo Dresden	1:0
1979	1. FC Magdebg. – Dynamo Berlin	n.V. 1:0
1980	FC Jena – Rot-Weiß Erfurt	n. V. 3:1
1981	1. FC Lok. Leipz. – Vorw. Frankfurt	4:1
1982	Dynamo Dresd. – Dynamo Berl. Dresden 5:4-Sieger im 11-m-Schießen	n. V. 1:1
1983	1. FC Magdeb. – FC K.-Marx-Stadt	4:0
1984	Dynamo Dresden – Dynamo Berlin	2:1
1985	Dynamo Dresden – Dynamo Berlin	3:2
1986	1. FC Lok. Leipzig – Union Berlin	5:1
1987	1. FC Lok Leipzig – Hansa Rostock	4:1
1988	Dynamo Berlin – FC Jena	n. V. 2:0
1989	Dynamo Berlin – FC K.-Marx-Stadt	1:0
1990	Dynamo Dresden – PSV Schwerin	2:1

TEIL XV

DER
DFB UND SEINE VERBÄNDE

Deutscher Fußball-Bund e. V.

6000 Frankfurt/Main 71, Otto-Fleck-Schneise 6, Tel. 069/67881

Telegrammadresse: Fußball Frankfurt – Telex 04-16815

Vorstand und Ausschüsse des DFB

Der Vorstand

Präsident: Dr. h. c. Hermann Neuberger (Saarbrücken); Vizepräsident: Otto Andres (Hanau); Schatzmeister: Egidius Braun (Aachen); Vorsitzender des Ligaausschusses: Gerhard Mayer-Vorfelder (Stuttgart); Vertreter der Mitgliedsverbände: Engelbert Nelle (Hildesheim). (Präsident, Vizepräsident, Schatzmeister, der Vorsitzende des Ligaausschusses und der Vertreter der Mitgliedsverbände bilden das Präsidium.)
Vorsitzender des Spielausschusses: Jürgen Werner (Hamburg); Vorsitzender des Jugendausschusses: Willi Scheuerl (Gelsenkirchen); Vorsitzender des Kontrollausschusses: Hans Kindermann (Stuttgart); Vorsitzender des Schiedsrichterausschusses: Johannes Malka (Herten); Vorsitzender des Steuer- und Wirtschaftsausschusses: Edgar Roth (Limburg); Beisitzer: Boris Bockelmann (Mannheim), Dr. Hans-Georg Skambraks (Rendsburg); Vertreter der Mitgliedsverbände: Dr. Horst Barrelet (Hamburg), Uwe Hammer (Berlin), Ernst Knoesel (München), Paul Rasche (Hagen), Karl Schmidt (Klein-Winternheim); Stellvertretender Vorsitzender des Ligaausschusses: Dr. Hans Spick (Duisburg); Vertreter der Bundesliga: Dr. Franz Böhmert (Bremen); Vertreter der 2. Bundesliga: Hartwig Piepenbrock (Osnabrück).

Rechtsorgane des DFB

Bundesgericht: Vorsitzender: Georg Adolf Schnarr (Bruchmühlbach); Wilhelm Hennes (Aachen), Hans Hermann Eckert (Obertshausen), Karl-Heinz Fust (Bielefeld), Walter Hützen (Mönchengladbach), Richard Jacobs (Bühl), Helmut Kühn (Berlin), Friedel Rahe (Osnabrück), Siegfried Steffensen (Lohe-Rickelshof).
Beisitzer in Verfahren gegen Fußball-Lehrer und Trainer: Herbert Binkert (Bischmisheim), Helmuth Johannsen (Hamburg).
Beisitzer in Verfahren gegen Lizenzspieler: Guido Buchwald (VfB Stuttgart), Dirk Greiser (Hertha BSC Berlin), Karl-Heinz Körbel (Eintracht Frankfurt), Thomas Kroth (Borussia Dortmund), Udo Lay (SC Freiburg), Karl Pflügler (SpVgg. Unterhaching), Uwe Seiler (VfL Osnabrück), Rüdiger Vollborn (Bayer 04 Leverkusen).

Sportgericht: Vorsitzender: Hanns Bär (München); Karl Schuberth (Homburg/Saar), Horst Buchterkirche (Drensteinfurt), Hans van Detten (Emden), Heinz-Wilhelm Fink (Koblenz), Egon Kähler (Bremen), Horst Lindner (Berlin), Hans-Hermann Menzel (Inden), Dietmar Pheiffer (Siegen), Dr. Herbert Schless (Kassel), Rudolf Ziegler (Bruckmühl).
Beisitzer in Verfahren gegen Fußball-Lehrer und Trainer: Klaus Schlappner (Biblis), Heinz Lucas (Mettmann).
Beisitzer in Verfahren gegen Lizenzspieler: Raimond Aumann (FC Bayern München), Dietmar Beiersdorfer (Hamburger SV), Thomas Brunner (1. FC Nürnberg), Michael Dämgen (Alemannia Aachen), Roland Dickgießer (SV Waldhof Mannheim), Holger Fach (Bayer 05 Uerdingen), Heinz-Jürgen Gede (Fortuna Köln), Holger Gehrke (Blau-Weiß 90 Berlin), Karl Heinz Geils (Hannover 96), Frank Greiner (1. FC Köln), Roland Grüner (SpVgg. Bayreuth), Eugen Hach (1. FC Saarbrücken), Frank Hartmann (1. FC Kaiserslautern), Christian Hochstätter (Borussia Mönchengladbach), Peter Knäbel (FC St. Pauli), Thomas Kneuer (Hessen Kassel), Oliver Koch (Rot-Weiß Essen), Jörg Kretzschmar (SV Meppen), Oliver Kreuzer (Karlsruher SC), Uwe Kuhl (SV Darmstadt 98), Ralf Loose (Fortuna Düsseldorf), Walter Oswald (VfL Bochum), Dirk Römer (Preußen Münster), Thomas Schaaf (Werder Bremen), Ditmar Schacht (FC Schalke 04), Michael Scheike (Eintracht Braunschweig), Klaus Scherer (FC 08 Homburg), Uwe Tschiskale (SG Wattenscheid 09), Lothar Woelk (MSV Duisburg), Wolfgang Wolf (Stuttgarter Kickers).

DFB-Ausschüsse

Spielausschuß: Vorsitzender: Jürgen Werner (Hamburg); stellvertretender Vorsitzender und Spielleiter der Bundesliga: Hans-Georg Noack (Düsseldorf); Spielleiter der 2. Bundesliga: Willi Boxheimer (Mannheim), Günter Nupnau (Berlin), Heinz Leopold Schneider (Bochum), Helmut Seitlinger (Dettum), Hermann Selbherr (Wangen), Hans-Walter Stein (Worms); als Vorsitzende des Ausschusses für Damenfußball: Hannelore Ratzeburg (Hamburg).

Schiedsrichterausschuß: Vorsitzender: Johannes Malka (Herten); Ferdinand Biwersi (Bliesransbach), Peter Gabor (Berlin), Rolf Göttel (Mönchengladbach), Jan Redelfs (Hannover), Kurt Tschenscher (Reilingen); Lehrwart: Hans Ebersberger (Fürth).

Jugendausschuß: Vorsitzender: Willi Scheuerl (Gelsenkirchen); Eberhard Bernatzki (Berlin); Lothar Bornhuse (Hinte), Dr. Hans-Dieter Drewitz (Haßloch), Heinz-Herbert Kreh (Haßfurt), Norbert Petry (Bonn); als Vorsitzender des Schulfußballausschusses: Joachim Albrecht (Berlin); als Vorsitzende des Mädchenfußballausschusses: Gisela Gattringer (Göppingen).

Schulfußballausschuß: Vorsitzender: Joachim Albrecht (Berlin); Jürgen Crauser (Dudweiler), Rigoberth Falk (Wiesbaden), Gerhard Fischer (Berlin), Rolf Lüpertz (Mönchengladbach), Wolfgang Waßmund (Buchholz); als Vertreterin des Mädchenfußballausschusses: Rita Wahl (Herten).

Mädchenfußballausschuß: Vorsitzende: Gisela Gattringer (Göppingen); Dagmar Hecker (Berlin); Annelie Neuser (Boppard), Christel Rother (Weißenburg), Rita Tiedtke (Stade), Rita Wahl (Herten); als Vertreterin des Ausschusses für Damenfußball: Hannelore Ratzeburg (Hamburg).

Kontrollausschuß: Vorsitzender: Hans Kindermann (Stuttgart); Georg Heigl (Neugilching), Horst Hilpert (Bexbach), Hans-Joachim Kühlthau (Wuppertal), Günter Menz (Berlin), Kurt Siewers (Eutin).

Ligaausschuß: Vorsitzender: Gerhard Mayer-Vorfelder (Stuttgart); stellvertretender Vorsitzender: Dr. Hans Spick (Duisburg); Dr. Helmut Beyer (Mönchengladbach), Dr. Franz Böhmert (Bremen), Axel Dünnwald-Metzler (Stuttgart), Hans Ehrt (Fürth), Dr. Karl-Ernst Engelbrecht (Darmstadt), Dr. Klaus Gramlich (Frankfurt), Dr. Wolfgang Klein (Hamburg), Hartwig Piepenbrock (Osnabrück); Prof. Fritz Scherer (Pöcking), Harald Tenzer (Braunschweig).

Vertreter der Bundesliga und 2. Bundesliga im Beirat: Bundesliga: Gert-Achim Fischer (Leverkusen), Gerhard Renz (Stuttgart); 2. Bundesliga: Heinz Pietzsch (Berlin), Günter Ritter (Wattenscheid).

Steuer- und Wirtschaftsausschuß: Vorsitzender: Edgar Roth (Limburg); Bernd Fiedler (Berlin), Alwin Knoblehar (Bremerhaven), Werner Leonhard (Lörrach), Karl-Wilhelm Wissing (Gelsenkirchen), Dr. Theo Zwanziger (Altendiez).

Ausschuß für Damenfußball: Vorsitzende: Hannelore Ratzeburg (Hamburg); Inge Demski (Gelsenkirchen), Ilse Gruhn (Hamburg), Hannelore Kloninger (Berlin), Bärbel Petzold (Alzey), Claudia Senn (Vogtsburg); als Vertreterin des Mädchenfußballausschusses: Gisela Gattringer (Göppingen).

Kassenprüfer: Willi Engels (Aachen), Dieter Jerzewski (Bremen), Dr. Klaus Kneppe (Tübingen).

Geschäftsstelle

Generalsekretär: Dr. Wilfried Gerhardt; Ligasekretär: Wilfried Straub; Justitiar: Goetz Eilers; Abteilung Organisation und Ausbildung: Horst R. Schmidt; Abteilung Spielbetrieb: Horst Schmidt; Abteilung Jugend: Bernd Pfaff, Klaus Koltzenburg; Pressestelle: Wolfgang Niersbach; Buchhaltung: Wilhelm Ost.

Sportlehrer

Bundestrainer: Berti Vogts (Korschenbroich); Sportlehrer: Rainer Bonhof (Mönchengladbach), Gero Bisanz (Overath), Hannes Löhr (Köln), Bernd Stöber (Bergisch Gladbach), Fritz Bischoff (Neuwied).

Sportärztliche Berater

Dr. Heinrich Hess (Kleinbittersdorf), Dr. Hans Eike van Alste (Hannover), Dr. Josef Schmitt (Bergisch Gladbach), Dr. Hans-Jochen Siering (Recklinghausen).

Die Regional- und Landesverbände

Norddeutscher Fußball-Verband

2000 Hamburg 6, Schäferkampsallee 1, Tel. 040/457184. – 1. Vorsitzender: Engelbert Nelle (Hildesheim); Geschäftsführerin: Ursula Voss (Ellerbek).

Bremer Fußball-Verband, 2800 Bremen 1, Eduard-Grunow-Str. 30, Tel. 0421/74061/62; 1. Vorsitzender: Egon Kähler (Bremen); Geschäftsführer: Dieter Karsch (Bremen).

Hamburger Fußball-Verband, 2000 Hamburg 6, Schäferkampsallee 1, Tel. 040/41211; 1. Vorsitzender: Dr. Horst Barrelet (Hamburg), Geschäftsführer: Gunter Christlieb (Hamburg).

Niedersächsischer Fußball-Verband, 3013 Barsinghausen 1, Schillerstr. 4, Tel. 05105/750; 1. Vorsitzender: Engelbert Nelle (Hildesheim); Geschäftsführer: Otto Gereke (Barsinghausen).

Schleswig-Holsteinischer Fußball-Verband, 2300 Kiel 1, Winterbeker Weg 49, Tel. 0431/648659; 1. Vorsitzender: Peter Ehlers (Altenholz).

Westdeutscher Fußball-Verband

4100 Duisburg 1, Friedrich-Alfred-Str. 15, Tel. 0203/738102. – 1. Vorsitzender: Paul Rasche (Hagen), Geschäftsführerin: Marlies Strack (Rheinberg).

Fußball- und Leichtathletik-Verband Westfalen, 4708 Kamen 5, Jakob-Koenen-Str. 5, Tel. 02307/3710; 1. Vorsitzender: Paul Rasche (Hagen), Geschäftsführer: Klaus-Dieter Roszak (Kamen).

Fußball-Verband Niederrhein, 4000 Düsseldorf, Kronenstr. 62, Tel. 0211/334833; 1. Vorsitzender: Walter Hützen (Mönchengladbach), Geschäftsführer: Rainer Lehmann (Wuppertal).

Fußball-Verband Mittelrhein, 5000 Köln 1, Kleingedankstr. 7, Tel. 0221/312017–19; 1. Vorsitzender: Egidius Braun (Aachen), Geschäftsführer: Alexander Pohlen (Bornheim).

Süddeutscher Fußball-Verband

8000 München 2, Brienner Str. 50, Tel. 089/5233953. – 1. Vorsitzender: Ernst Knoesel (München), Geschäftsführer: Hans Scheuerer (München).

Badischer Fußball-Verband, 7500 Karlsruhe 41, Sepp-Herberger-Weg 2, Tel. 0721/409040; 1. Vorsitzender: Boris Bockelmann (Mannheim), Geschäftsführer: Werner Kraft (Ettlingen).

Bayerischer Fußball-Verband, 8000 München 2, Brienner Str. 50, Tel. 089/523520; 1. Vorsitzender: Ernst Knoesel (München), Geschäftsführer: Wilhelm Küffner (Anzing).

Südbadischer Fußball-Verband, 7800 Freiburg, Friedrichstr. 44, Tel. 0761/381076; 1. Vorsitzender: Richard Jacobs (Bühl-Balzhofen), Geschäftsführer: Günter Nageleisen (Freiburg).

Hessischer Fußball-Verband, 6000 Frankfurt 71, Otto-Fleck-Schneise 4, Tel. 069/6789–232 oder 234; 1. Vorsitzender: Hans Hermann Eckert (Oberhausen), Geschäftsführer: Helmut Walter (Frankfurt).

Württembergischer Fußball-Verband, 7000 Stuttgart 1, Goethestr. 9, Tel. 0711/227640; 1. Vorsitzender: Alfred Sengle (Ammerbuch), Geschäftsführer: Rainer Grimm (Ilsfeld).

Fußball-Regionalverband Südwest

6750 Kaiserslautern, Barbarossaring 56, Tel. 0631/40802. – 1. Vorsitzender: Karl Schmidt (Klein-Winternheim), Geschäftsführer: Karl-Heinz Seffrin (Waldfischbach-Burgalben).

Fußball-Verband Rheinland, 5400 Koblenz-Oberwerth, Rheinau 11, Tel. 0261/135130; 1. Vorsitzender: Toni Kahl (Vallendar), Geschäftsführer: Werner Lunnebach (Koblenz).

Südwestdeutscher Fußball-Verband, 6700 Ludwigshafen, Mundenheimer Str. 153, Tel. 0621/568065–67; 1. Vorsitzender: Georg Adolf Schnarr (Bruckmühlbach), Geschäftsführer: Gerd Gaisbauer (Ludwigshafen).

Saarländischer Fußball-Verband, 6600 Saarbrücken, Saaruferstr. 16, Tel. 0681/54051/2; 1. Vorsitzender: Kurt Gluding (Neunkirchen), Geschäftsführer: Hans Scheer (Spiesen-Elversberg).

Berliner Fußball-Verband

1000 Berlin 33, Humboldtstr. 8a, Tel. 030/8911047/8; 1. Vorsitzender: Otto Höhne (Berlin), Geschäftsführer: Rainer Gentz (Berlin).

TEIL XVI

ANHANG

Europas Meister und Pokalsieger 1990

Land	Meister	Pokalsieger
Albanien	Dinamo Tirana	Dinamo Tirana
Belgien	FC Brügge	FC Lüttich
Bulgarien	ZSKA Sofia	FC Sliven
Dänemark	*)	Lyngby BK
Deutschland	Bayern München	1. FC Kaiserslautern
DDR	Dynamo Dresden	Dynamo Dresden
England	FC Liverpool	Manchester United
Finnland	*)	
Frankreich	Olympique Marseille	PSC Montpellier
Griechenland	Panathinaikos Athen	Olympiakos Piräus
Holland	Ajax Amsterdam	PSV Eindhoven
Irland	St. Patrick'S Athl.	Bray Wanderers
Island	*)	
Italien	SSC Neapel	Juventus Turin
Jugoslawien	Roter Stern Belgrad	Roter Stern Belgrad
Luxemburg	Union Luxemburg	Swift Hesperingen
Malta	FC La Valetta	Sliema Wanderers
Nordirland	Portadown	Glentoran
Norwegen	*)	
Österreich	FC Tirol Innsbruck	Austria Wien
Polen	Lech Posen	Legia Warschau
Portugal	FC Porto	Estrela Amadora
Rumänien	Dinamo Bukarest	Dinamo Bukarest
Schottland	Glasgow Rangers	FC Aberdeen
Schweden	*)	Djurgarden Stockholm
Schweiz	Grasshoppers Zürich	Grasshoppers Zürich
Sowjetunion	*)	Dynamo Kiew
Spanien	Real Madrid	FC Barcelona
Tschechoslowakei	Sparta Prag	Dukla Prag
Türkei	Besiktas Istanbul	Besiktas Istanbul
Ungarn	Ujpest-Doszsa Bud.	MSC Pecs
Wales	keine Meisterschaft	FC Hereford
Zypern	Apoel Nikosia	Nea Salamis

Ligacup: England: Nottingham Forest.; Schottland: FC Aberdeen.
Supercup: Belgien: FC Brügge, Finnland (1989): Kuusysi, Island (1989): KA, Portugal: FC Porto.

*) Meisterschaft wird erst im Spätherbst beendet.

Europas Fußballer des Jahres

1956 Matthews (England) – 1957 Di Stefano (Spanien) – 1958 Kopa (Frankreich) – 1959 Di Stefano (Spanien) – 1960 Suarez (Spanien) – 1961 Sivori (Italien) – 1962 Masopust (CSSR) – 1963 Jaschin (Sowjetunion) – 1964 Law (Schottland) – 1965 Eusebio (Portugal) – 1966 B. Charlton (England) – 1967 Albert (Ungarn) – 1968 Best (Nordirland) – 1969 Rivera (Italien) – 1970 Gerd Müller (Deutschland) – 1971 Cruyff (Holland) – 1972 Beckenbauer (Deutschland) – 1973 und 1974 Cruyff – 1975 Blochin (Sowjetunion) – 1976 Beckenbauer – 1977 Simonsen (Dänemark) – 1978 Keegan (England) – 1979 Keegan – 1980 Rummenigge (Deutschland) – 1981 Rummenigge – 1982 Rossi (Italien) – 1983 Platini (Frankreich) – 1984 Platini – 1985 Platini – 1986 Belanow (Sowjetunion) – 1987 Gullit (Holland) – 1988 van Basten (Holland) – 1989 van Basten.

Super-Europa-Cup

(Europapokalsieger der Landesmeister gegen Europapokalsieger der Cupgewinner) 1972: Ajax Amsterdam (– Glasgow Rangers 3:2 und 3:1) – **1973: Ajax Amsterdam** (– AC Mailand 6:0 und 0:1) – **1974: nicht ausgetragen – 1975: Dynamo Kiew** (– Bayern München 2:0 und 1:0) – **1976: RSC Anderlecht** (– Bayern München 4:1 und 1:2) – **1977: FC Liverpool** (– Hamburger SV 6:0 und 1:1) – **1978: RSC Anderlecht** (– FC Liverpool 3:1 und 1:2) – **1979: Nottingham Forest** (– FC Barcelona 1:0 und 1:1) – **1980: FC Valencia** (– Nottingham Forest 1:2 und 1:0) – **1981: nicht ausgetragen – 1982: Aston Villa** (– FC Barcelona 0:1 und 3:0) – **1983: FC Aberdeen** (– Hamburger SV 2:0, 0:0) – **1984: Juventus Turin** (– FC Liverpool 2:0) – **1985:** ausgefallen – **1986: Steaua Bukarest** (– Dynamo Kiew 1:0) – **1987: FC Porto** (– Ajax Amsterdam 1:0 und 1:0) – **1988: KV Mechelen** (– PSV Eindhoven 3:0 und 0:1) – **1989: AC Mailand** (– FC Barcelona 1:0, 1:1).

Welt-Pokal

(Europapokalsieger der Landesmeister gegen Südamerikasieger)

1960: Real Madrid (– Penarol Montevideo 5:1 und 0:0) – **1961: Penarol Montevideo** (– Benfica Lissabon 5:0, 0:1 und 2:1) – **1962: FC Santos** (– Benfica Lissabon 3:2 und 5:2) – **1963: FC Santos** (– AC Mailand 4:2, 2:4 und 1:0) – **1964: Inter Mailand** (– Independiente Buenos Aires 2:0, 0:1, 1:0 n. V.) – **1965: Inter Mailand** (– Independiente 3:0 und 0:0) – **1966: Penarol** (– Real Madrid 2:0 und 2:0) – **1967 Racing Buenos Aires** (– Celtic Glasgow 2:1, 0:1 und 1:0) – **1968: Estudiantes Buenos Aires** (– Manchester United 1:0 und 1:1) – **1969: AC Mailand** (– Estudiantes 3:0 und 1:2) – **1970: Feyenoord Rotterdam** (– Estudiantes 1:0 und 2:2) – **1971: Nacional Montevideo** (– Panathinaikos Athen 2:1 und 1:1. – Ajax Amsterdam verzichtete) – **1972: Ajax Amsterdam** (– Independiente 3:0 und 1:1) – **1973 Independiente Buenos Aires** (– Juventus Turin 1:0 – nur ein Spiel. – Ajax verzichtete.) – **1974: Atletico Madrid** (– Bayern München verzichtete – Independiente 2:0 und 0:1) – **1975: nicht ausgetragen – 1976: Bayern München** (– Cruzeiro Belo Horizonte 2:0 und 0:0) – **1977: Boca Juniors Buenos Aires** (– Borussia Mönchengladbach 2:2 und 3:0 in Karlsruhe – FC Liverpool verzichtete) – **1978: nicht ausgetragen – 1979: Olimpia Asuncion** (– Malmö FF 2:1 und 1:0 – Nottingham verzichtete) – **1980: Nacional Montevideo** (– Nottingham Forest 1:0) – **1981: Flamengo Rio de Janeiro** (– FC Liverpool 3:0) – **1982: Penarol Montevideo** (– Aston Villa 2:0) – **1983: Gremio Porto Alegre** (– Hamburger SV 2:1 n. V.) – **1984: Independiente Buenos Aires** (– FC Liverpool 1:0) – **1985: Juventus Turin** (– Argentinos Juniors Buenos Aires 2:2 n. V., 4:2 im Elfmeterschießen) – **1986: River Plate Buenos Aires** (– Steaua Bukarest 1:0) – **1987: FC Porto** (– Penarol Montevideo 2:1 n.V.) – **1988 Nacional Montevideo** (– PSV Eindhoven 2:2 n. V., 7:6 im Elfmeterschießen) – **1909 AC Mailand** (– Nacional Medellin 1:0 n.V.).

Südamerika-Pokal

1960: Penarol Montevideo (– Olimpia Asuncion 1:0 und 1:1) – **1961: Penarol Montevideo** (– Palmeiras Sao Paulo 1:0 und 1:1) – **1962: FC Santos** (– Penarol 1:0, 2:3 und 3:0) – **1963: FC Santos** (– Boca Juniors Buenos Aires 2:1 und 3:2) – **1964: Independiente Buenos Aires** (– Nacional Montevideo 0:0 und 1:0) – **1965: Independiente** (– Penarol 1:0, 2:3 und 4:1) – **1966: Penarol** (– River Plate Buenos Aires 2:0, 2:3 und 4:2 n. V.) – **1967: Racing Buenos Aires** (– Nacional Montevideo 0:0, 0:0 n. V., 2:1) – **1968: Estudiantes Buenos Aires** (– Palmeiras 1:3, 2:1 und 2:0) – **1969: Estudiantes** (– National 1:0 und 2:0) – **1970: Estudiantes** (– Penarol 1:0 und 0:0) – **1971: Nacional Montevideo** (– Estudiantes 0:1, 1:0 und 2:0) – **1972: Independiente** (– Universitario Lima 0:0 und 2:1) – **1973: Independiente** (– Colo Colo Santiago 1:1, 0:0 und 2:1 n. V.) – **1974: Independiente** (– FC Sao Paulo 1:2, 2:0 und 1:0) – **1975: Independiente** (– Union Espagnola Santiago 0:1, 3:1 und 2:0) – **1976: Cruzeiro Belo Horizonte** (– River Plate 4:1, 1:2 und 3:2) – **1977: Boca Juniors Buenos Aires** (– Cruzeiro 1:0, 0:1, 0:0 – Boca 5:4-Sieger im 11-m-Schießen) – **1978: Boca Juniors** (– Deportivo Cali 4:0 und 0:0) – **1979: Olimpia Asuncion** (– Boca Juniors 2:0 und 0:0) – **1980: Nacional Montevideo** (– Internazionale Porto Alegre 1:0 und 0:0) – **1981: Flamengo Rio de Janeiro** (– Cobreloa Santiago 2:1, 0:1, 2:0) – **1982: Penarol Montevideo** (– Cobreloa Santiago 1:0, 0:0) – **1983: Gremio Porto Alegre** (– Penarol Montevideo 2:1,1:1) – **1984: Independiente Buenos Aires** (– Gremio Porto Alegre 1:0, 0:0) –**1985: Argentinos Juniors Buenos Aires** (– America Cali 1:0, 0:1, 1:1 n. V., 5:4 im Elfmeterschießen). – **1986: River Plate Buenos Aires** (– America Cali 1:0, 2:1) – **1987: Penarol Montevideo** (– America Cali 2:1, 0:2, 1:0 n.V.) – **1988: Nacional Montevideo** (– Newell's Old Boys Rosario 3:0, 0:1) – **1989: Nacional Medellin** (– Olimpia Asuncion 2:0 n.V., 5:4 im Elfmeterschießen, 0:2).

Südamerikanische Meisterschaft

(für Nationalmannschaften)

1916, 17 Uruguay – 1919 Brasilien – 1920 Uruguay – 1922 Brasilien – 1923, 24 Uruguay – 1925 Argentinien – 1926 Uruguay – 1927 und 1929 Argentinien – 1935 Uruguay – 1937 Argentinien – 1939 Peru – 1941 Argentinien – 1942 Uruguay – 1945, 46, 47 Argentinien – 1949 Brasilien – 1953 Paraguay – 1955 Argentinien – 1956 Uruguay – 1957 und 1959 Argentinien (1959 zweite Austragung Uruguay) – 1963 Bolivien – 1967 Uruguay – 1975 Peru – 1979 Paraguay – 1983 und 1987 Uruguay – 1989 Brasilien.

Wichtige Termine für das Fußballjahr 1990/91

A-Länderspiele

1990

29. 8. Portugal in Lissabon
10. 10. Schweden in Stockholm
31. 10. Luxemburg in Luxemburg, EM-Qual.
21. 11. DDR in Leipzig

1991

27. 3. Sowjetunion in Frankfurt
1. 5. Belgien in Hannover, EM-Qual.
5. 6. Wales in W., EM-Qual.

U 21 (oder OA)

28. 8. Portugal in P.
9. 10. Schweden in S.
30. 10. Luxemburg in L., EM-Qual.
20. 11. DDR in der DDR, EM-Qual.
26. 3. Sowjetunion in D.
30. 4. Belgien in D., EM-Qual.
4. 6. Uni Guadalaja

Damen-Länderspiele

30. 7.–13. 8. Wettspielreise
26. 9. Bulgarien in D., EM-Qual.
14. 10. Ungarn in U., EM-Qual.
21. 11. geplant
2. 12. geplant
Dezember Asienreise
28. 3. geplant (oder 30. 3.)
26. 5. geplant
30. 6. geplant
Juni EM-Endrunde

U 19

25. 9. geplant

Europa-Pokal

1. Runde: 19. September/3. Oktober
2. Runde: 24. Oktober/7. November
3. Runde (nur UEFA): 28. 11. und 12. 12.
Viertelfinale: 2. und 20. März
Halbfinale: 10. und 24. April
1. UEFA-Cup-Finale: 8. Mai
2. UEFA-Cup-Finale: 22. Mai
Pokalsieger-Finale: 15. Mai
Meister-Finale: 29. Mai

DFB-Pokal Herren

1. Runde: 4. August, Wiederh. 14. 8.
2. Runde: 3. November, Wiederh. 13. 11.
Achtel: 1. Dezember, Wiederh. 18. 12.
Viertel: 30. März, Wiederh. 9. 4.
Halbfinale: 23.–25. April
Finale: 22. Juni in Berlin

DFB-Pokal Damen

Achtel: 26. August
Viertel: 25. November, Wiederh. 9. 12.
Halbfinale: 5. Mai, Wiederh. nach Vereinb.
Finale: 22. Juni in Berlin

Länderpokal Herren

1. Spieltag: 28./29. August
2. Spieltag: 11./12. September
3. Spieltag: 20./21. Oktober
Doppelspieltage: 25./25. November
Endspiel: 15. oder 16 Dezember
Es nehmen bereits die Länder der DDR teil

Länderpokal Damen

1. Spieltag: 22./23. September
2. Spieltag: 10./11. November
3. Spieltag: 8./9. Dezember
Doppelspieltage: 20./21. April
Endspiel: 25. oder 26. Mai
Es nehmen bereits die Länder der DDR teil

Amateurmeisterschaft

Spieltage: 19. 5. – 26. 5. – 2. 6.
Endspiel: 9. Juni

Damenmeisterschaft

Nach Ende der Meisterschaft der beiden Staffeln Nord und Süd:
Halbfinale: 2. und 9. Juni
Finale: 16. Juni

Aufstieg zur Damen-Bundesliga

Spieltage: 2. 6. – 9. 6. – 16. 6. – 30. 6. – 7. 7. – 14. 7.

Aufstieg zur 2. Bundesliga

Nord: 15./16. 5. – 19. 5. – 22./23. 5. – 26. 5. – 29./30. 5. – 2. 6. – 5./6. 6. – 9. 6. – 12. 6. – 16. 6.
Süd: 19. 5. – 26. 5. – 2. 6. – 9. 6. – 12. 6. – 16. 6.

Bundesliga-Qualifikation

19. 6. – 23. 6. – evtl. 3. Spiel: 29. 6.

Fußball in der DDR

A-Länderspiele

22. 8. Türkei – DDR, Fr'spiel
12. 9. Belgien – DDR, EM-Qual.
17. 10. DDR – Luxemburg, EM-Qual.
21. 11. DDR – BR Deutschland in Leipzig

Damen-Auswahl

14. 11. DDR-Auswahl Hessen in Jona

Ein Blick voraus

14.–30. 6. 1991: 6. Junioren-WM der U 20 in Portugal
19. 7.–4. 8. 1991: 1. FIFA-U 17-Weltturnier in Ecuador (löst das U 16-Weltturnier ab)
16.–30. 11. 1991: Erste offizielle Frauen-Weltmeisterschaft in China
10.–26. 6. 1992: Europameisterschaft in Schweden
25. 7.–8. 8. 1992: Olympisches Fußball-Turnier in Spanien
1993: 7. Junioren-WM U 20 in Australien
1993: 2. FIFA-U 17-Weltmeisterschaft

Die Ergebnisse meines Vereins in der Saison 1990/91

Heimmannschaft	Gastmannschaft	Ergebnis

Die Ergebnisse meines Vereins in der Saison 1990/91

Heimmannschaft	Gastmannschaft	Ergebnis

Die Ergebnisse meines Vereins in der Saison 1990/91

Heimmannschaft	Gastmannschaft	Ergebnis

Die Ergebnisse meines Vereins in der Saison 1990/91

Heimmannschaft	Gastmannschaft	Ergebnis

Die Ergebnisse meines Vereins in der Saison 1990/91

Heimmannschaft	Gastmannschaft	Ergebnis

Die Ergebnisse meines Vereins in der Saison 1990/91

Heimmannschaft	Gastmannschaft	Ergebnis

Notizen